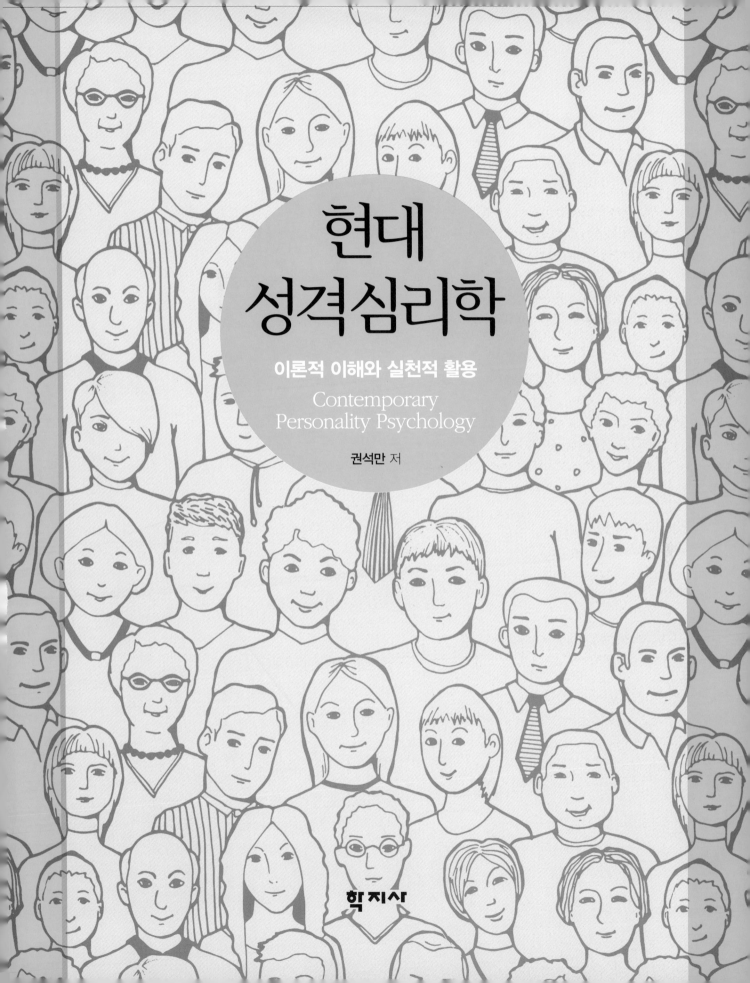

현대 성격심리학

이론적 이해와 실천적 활용

Contemporary Personality Psychology

권석만 저

학지사

머리말

심리학은 자기이해와 인간이해를 추구하는 자기성찰적 학문이다. 지적인 호기심이 많은 인간은 이 세상 모든 것에 대해서 학문적인 연구를 하고 있다. 밤하늘에 빛나는 별과 우주에 대해서, 전자현미경으로나 관찰할 수 있는 미세물질에 대해서, 식물과 동물을 포함한 모든 생명체에 대해서, 그리고 갈등과 분쟁으로 얼룩진 인간사회에 대해서 학문적으로 연구하고 있다. 이처럼 대부분의 학문분야는 인간의 삶에 영향을 미치는 외부적 환경의 다양한 측면을 탐구하고 있다. 반면에, 심리학은 인간 자신에 대한 이해를 추구하는 내향적인 자기성찰적 학문이다. 심리학은 "인간이란 어떤 존재인가?" "인간의 마음은 어떻게 작동하는가?" "인간은 어떤 욕망을 지니며 어떻게 생각하고 체험하며 행동하는 존재인가?" "과연 나는 누구인가?"라는 자기반성적 물음을 제기하고 그에 대한 답을 추구하고 있기 때문이다.

성격(性格, personality)은 자기이해와 인간이해를 위한 탐구의 핵심적인 주제다. 성격은 인간의 본질을 의미하는 동시에 개인의 진면목을 뜻하기 때문이다. 상황에 따라 다양하게 나타나는 개인의 행동에 일관성을 부여하는 동시에 수시로 변화하는 행동의 이면에 존재하는 변화하지 않은 개인의 본질이 바로 성격이다. 따라서 한 인간을 이해한다는 것은 그의 성격을 이해하는 것이라고 할 수 있다. 원만하고 효율적인 인간관계를 위해서는 지피지기(知彼知己), 즉 상대방과 자신의 성격을 잘 이해하는 것이 중요하다.

성격심리학은 인간이해를 지향하는 심리학에서 중심적인 위치를 차지하고 있다. 심리학에는 다양한 심리적 기능의 특정한 측면을 집중적으로 연구하는 여러 전문분야(인지심리학, 정서심리학, 사회심리학, 발달심리학, 이상심리학 등)가 있지만, 성격심리학은 세부적인 다양한 심리학 분야의 연구를 통합하여 인간의 전체 모습을 구성하고자 하기 때문이다. 성격심리학은 개인의 통합적 이해를 추구하는 동시에 개인의 본질과 진면목을 탐구하는 심리학 분야다. '심리학적 인간론'이 바로 성격심리학이라고 할 수 있다.

이 책은 전통적인 성격심리학의 내용뿐만 아니라 여러 심리학 분야(임상심리학, 이상심리학, 상담심리학, 긍정심리학, 발달심리학 등)의 연구결과를 종합하여 인간과 인생의 전체적인 모습을 통합적으로 살펴보고자 했다. 성격에 대한 최근의 연구결과를 소개할 뿐만 아니라 성격의 장애와 강점, 성격의 발달과 심리적 과정, 성격이 개인의 삶에 미치는 영향, 그리고 성격의 변화와 성장에 초점을 맞춤으로써 성격에 대한 이론적 이해뿐만 아니라 실천적 활용에도 도움이 되도록 노력했다.

필자의 성격과 욕심으로 인해서 6부 28장의 방대한 책이 되었다. 제1부 '성격의 현상적 이해'에서는 인간이 나타내는 다양한 삶의 모습을 성격의 측면에서 이해하려는 심리학의 노력을 살펴보았다. 제2부 '성격의 주요 이론'

은 역사적으로 인간의 성격 이해에 심대한 영향을 미쳐 온 주요한 대이론(grand theory)들을 소개했다. 제3부 '성격의 발달과 형성'에서는 태아가 독특한 성격의 소유자로 성장하는 발달과정을 살펴보았을 뿐만 아니라 유전과 문화가 성격형성에 미치는 영향을 고찰하였다. 제4부 '성격의 구성요소와 심리적 과정'은 성격의 구조와 과정을 동기, 인지, 정서, 행동의 네 측면으로 나누어 소개했다. 제5부 '성격과 인생의 관계'에서는 성격이 대인관계와 직업적 성취를 비롯한 삶의 주요한 영역에 미치는 영향을 살펴보았다. 마지막으로 제6부 '성격의 변화와 성숙'에서는 성인기에서의 성격 변화, 성격장애의 치료와 긍정성품의 함양 방법, 그리고 인간의 인격적 성숙과 자아초월에 대해서 논의하였다. 이 책에는 필자가 이미 발표한 여러 논문과 저서의 일부 내용이 발췌되거나 편집되어 포함되었음을 밝혀둔다.

나는 누구인가? 인간은 어떤 존재인가? 무엇을 위해 어떻게 살아야 하는가? 이러한 물음들은 삶에 대한 회의로 방황하던 젊은 시절에 심리학을 공부하면서 희미한 해답이라도 발견할 수 있기를 소망했던 인생의 과제였다. 그 해답은 여전히 오리무중(五里霧中)이지만 유사한 물음을 가슴에 담고 살아가는 많은 심리학자를 만날 수 있었고, 그들의 연구와 저술에서 해답의 실마리를 발견하는 기쁨을 얻을 수 있었다. 이 책은 필자에게 배움과 깨달음의 기쁨을 선사했던 많은 심리학자의 연구와 저술에 근거하여 저술되었다. 이 책이 같은 물음을 지니고 살아가는 독자들에게 작은 기쁨이 될 수 있다면 저술을 위해 연구실에서 머물렀던 많은 시간에 대한 큰 보답이 될 것이다.

오래전부터 구상하고 준비해 왔으나 이제야 이 책을 세상에 내어놓게 되었다. 오랜 인연으로 이제는 필자의 속마음까지 꿰뚫어 보는 김진환 학지사 사장님은 이 책이 세상에 나오도록 당겨 주고 밀어주는 산파 역할을 해 주었다. 이 자리를 빌려 감사의 마음을 전한다. 매번 책을 낼 때마다 세심하게 편집해 주신 이지혜 부장님께도 감사드린다. 아울러 책의 마지막 교정과정을 도와준 서울대학교 심리학과 대학원의 정노아 군과 민정향, 이지선 양에게 고마움을 전한다. 아무쪼록 이 책이 인간을 좀 더 깊이 이해하고 지피지기하는 데 도움이 되기를 소망한다.

2015년 12월
관악의 연구실에서
권석만

총 차례

차 례

제3장 성격의 병리-성격장애 … 81

제4장 성격의 덕목-성격강점 … 107

제2부 성격의 주요 이론

제8장 행동주의 이론 ⋯ 215

제9장 인지주의 이론 ⋯ 239

제3부 성격의 발달과 형성

제6부 성격의 변화와 성숙

제28장 성격의 성숙과 자아초월 … 797

제1장
성격에 대한 심리학적 탐구

1. 성격에 대한 관심: 지피지기(知彼知己)

우리 삶의 대부분은 인간관계 속에서 펼쳐진다. 어떤 사람을 만나 어떤 관계를 맺느냐에 따라 우리 인생의 상당 부분이 결정된다. 한 사람과의 만남이 좋은 인연으로 발전하려면 그가 어떤 사람인지를 잘 이해하는 것이 중요하다. 그 사람에 대한 피상적 이해와 잘못된 믿음이 훗날 실망과 배신을 낳을 수 있기 때문이다. 우리의 삶에서 중요한 의미를 지니는 한 사람 한 사람을 잘 알고 이해하는 것은 참으로 중요한 일이다.

한 사람을 이해하는 것의 핵심은 그의 성격을 이해하는 것이다. 성격은 다른 사람과 구별되는 그 사람의 개성과 독특성을 의미하기 때문이다. 즉, 어떤 사건에 직면해서 독특한 방식으로 생각하고 느끼고 행동하는 그 사람의 고유한 패턴을 의미하기 때문이다. 또한 성격은 시간의 흐름과 상황의 변화에도 불구하고 큰 변화 없이 유지되는 그 사람의 지속적인 스타일을 반영한다. 따라서 한 사람의 성격을 잘 이해한다는 것은 미래의 특정한 상황에서 그가 어떻게 생각하고 정서적으로 반응하며 행동할 것인지를 상당 부분 예측할 수 있다는 것을 의미한다. 그래서 우리는 다른 사람이 어떤 성격의 소유자인지를 파악하기 위해서 많은 노력을 기울이며 살아가고 있다.

#1 대학에 진학한 모든 대학생에게 미팅과 연애는 주된 관심사다. 미팅이나 소개팅을 통해서 호감을 느끼는 이성을 만나 친밀한 관계를 형성하고 낭만적인 사랑을 경험해 보는 것은 대학생활의 중요한 과제 중 하나다. 그러나 이성관계는 결코 쉬운 일이 아니다. 마음에 드는 이성을 만나는 것도 쉽지 않지만 그런 이성과 친밀하게 안정된 관계를 맺는 것은 더욱 어려운 일이기 때문이다. 미팅이나 소개팅에서 만난 상대방은 어떤 사람일까? 어떤 성격의 소유자일까? 앞

으로 계속 사귀면 어떤 행동을 보여 줄까? 지금은 웃으며 친절한 모습을 보이고 있지만 '나쁜 남자' (또는 '나쁜 여자')는 아닐까? 친해지면 이런저런 요구를 많이 하며 나의 자유를 구속할 집착이 많은 사람은 아닐까? 돈 씀씀이가 지나치게 인색하거나 아니면 사치와 허영을 좋아하는 낭비벽이 심한 사람은 아닐까? 과연 내 마음을 줄 만큼 정말 믿을 수 있는 사람일까? 어떻게 해야 이 사람의 진면목, 즉 성격을 잘 알 수 있을까?

#2 기업은 매년 신입사원을 선발한다. 모든 기업은 신입사원을 선발할 때 지원자의 능력과 경력뿐만 아니라 성격을 매우 중요하게 고려한다. 아무리 유능한 사람이라도 직장에서 주어진 업무를 성실하게 수행하지 못하거나 상사나 동료들과 원활한 관계를 형성하지 못하면 회사에 도움이 되지 않기 때문이다. 하지만 모든 지원자가 자신의 강점을 제시하며 회사를 위해 성실하게 그리고 최선을 다해 일하겠다고 말하고 있기 때문에 인사담당자는 곤혹스럽다. 과연 이 지원자는 출퇴근 시간을 잘 지키고 주어진 업무를 성실하게 해낼 수 있을까? 업무 스트레스를 잘 견디며 어떤 부서에서도 잘 적응할 수 있을까? 좀 더 많은 연봉을 제시하면 다른 회사로 옮겨 가거나 심지어 회사의 비밀까지 빼내어 경쟁사로 옮겨 갈 신의 없는 사람은 아닐까? 많은 기업이 지원자의 성격을 평가하기 위해서 심층면접과 성격검사를 실시할 뿐만 아니라 다양한 상황에서 행동적 반응을 평가할 수 있는 숙박면접을 하기도 한다.

#3 우리나라는 OECD 국가 중에서 이혼율이 가장 높은 나라에 속한다. 매년 약 11만 5,000쌍이 이혼하고 있다. 행복한 결혼생활을 꿈꾸며 결혼식에서 "검은 머리가 파뿌리가 되도록 사랑하겠다"라고 맹세했던 많은 부부들은 왜 이혼이라는 불행한 결말을 맞게 되는 것일까? 통계청 자료에 따르면, 가장 흔한 이혼 사유는 '성격차이' 다. 성격차이는 부부생활에서 크고 작은 다양한 갈등을 초래하고 그로 인한 부정적 감정이 누적되면서 급기야 이혼까지 하게 되는 것이다. 원만하고 행복한 결혼생활을 위해서는 성격이 서로 잘 맞는 배우자를 선택하는 것이 중요하다. 과연 어떤 성격을 지닌 사람이 나에게 적합한 배우자일까? 긍정적인 모습만 보여 주려고 애쓰는 결혼후보자의 진짜 성격은 어떤 것일까? 어떻게 해야 그 사람의 진면목과 성격을 알 수 있을까?

#4 직장인의 가장 큰 스트레스 중 하나는 직장동료와의 관계갈등이다. 직장의 상사들은 부하직원이 자기중심적이고 업무에 최선을 다하지 않을 뿐만 아니라 기본적인 예의조차 지키지 않는다며 분노를 느끼는 반면, 부하직원들은 상사가 일방적이고 권위주의적일 뿐만 아니라 자신의 인격을 무시한다며 불만을 터뜨린다. 원활한 직장생활을 위해서는 상사든 부하직원이든 동료직원의 성격을 잘 이해하는 것이 중요하다. 직장생활을 하면서 업무지시와 감독을 받아야 하는 내 직속상사는 어떤 성격과 업무스타일을 지닌 사람일까? 새롭게 우리 부서로 배치된 부하직원은 어떤 성격과 장단점을 지닌 사람일까? 리더십이 뛰어난 상사는 부하직원 개개인의 성격과 장단점을 잘 파악하여 그에 적합한 업무를 맡길 뿐만 아니라 부하직원의 개성에 맞추어 효과적으로 소통한다. 또한 유능한 직원은 상사의 성격과 업무스타일을 잘 파악하여 그에 적합한 소통방식을 선택한다. 인간관계 갈등의 대부분은 서로의 성격을 이해하지 못한 채 자신의 생각과 행동을 상대방에 맞추어 적절히 조율하지 못한 결과다.

상대방의 성격을 파악하는 것이 중요한 여러 가지 상황들

#5 국가 간 정상회담은 두 국가의 최고결정권자가 만나서 국가적 중대사를 논의하고 협상하는 매우 중요한 회의다. 세부적인 사안은 실무자 선에서 논의되는 경우가 많지만, 매우 중대한 사안은 국가정상들이 만나 밀고 당기며 협상을 통해 결정된다. 과연 상대국의 정상은 어떤 성격의 소유자인가? 어떤 스타일로 협상을 진행하고 어떤 방식으로 결판을 내는 사람인가? 매우 치밀하게 세부적인 자료를 분석하고 끈질기게 논리적인 협상을 통해 결론에 이르는가 아니면 커다란 관점에서 핵심적인 사안을 파악하여 화통하게 하나를 양보하는 대신 다른 것을 얻어 내는 협상 스타일인가? 중대한 사안을 개인적으로 과감하게 판단하여 결정하는 스타일인가 아니면 보좌진의 의견을 충분히 경청하며 조심스럽게 판단하는 스타일인가? 각각 독특한 성격을 지닌 상대방에게 어떤 방식으로 접근해야 효과적으로 설득하여 최선의 회담결과를 얻어 낼 수 있을까?

인간은 사회적 동물이다. 인간은 다른 사람과의 관계 속에서 삶을 영위하도록 진화했을 뿐만 아니라 다른 사람과의 관계 속에서 행복을 추구하는 존재이기도 하다. 인간은 누구나 다른 사람의 인정과 사랑을 추구하는 동시에 다른 사람과의 친밀한 관계 속에서 기쁨과 행복을 경험한다.

이처럼 인간관계는 행복의 가장 큰 원천인 동시에

불행의 가장 큰 원천이기도 하다. 많은 현대인이 호소하는 고통과 불행의 주된 원인은 인간관계 갈등이다. 원만한 인간관계 속에서 행복한 삶을 누리기 위해서는 상대방의 성격을 잘 이해하는 동시에 자신의 성격 또한 잘 이해하는 것, 즉 지피지기(知彼知己)의 노력이 매우 중요하다. 심리학자들이 인간의 성격에 대해서 깊은 관심을 지니고 연구하는 이유가 여기에 있다.

2. 한 사람의 본질, 성격

'한 사람을 이해하는 것'은 결코 쉬운 일이 아니다. 잘 알고 있다고 생각했던 사람이 우리의 예측과 달리 행동하는 경우는 매우 흔하다. 말수가 적은 내성적인 성격의 소유자로 생각했던 사람이 어떤 모임에서는 말을 많이 하며 활발한 모습을 보이기도 한다. 직장에서는 합리적으로 행동하고 인간관계 역시 원만한 사람이 가정에서는 독선적이고 자기주장이 강한 폭군적 행동

을 나타내기도 한다. 평소에 수줍음이 많고 소심하다고 여겼던 사람이 알고 보니 재즈 댄스와 암벽타기 마니아인 경우도 있다. 이처럼 개인은 다양한 모습을 지닐 뿐만 아니라 때로는 상반되는 행동을 나타내기도 한다. 또한 개인은 상황에 따라 다양한 행동을 나타내기 때문에 과연 무엇이 그 사람의 진짜 모습인지를 판단하기 어렵다. 더구나 개인이 나타내는 다양한 행동을 일관성 있게 이해할 수 있는 성격 특징을 파악하는 것은 결코 쉬운 일이 아니다.

인간은 누구나 소우주(小宇宙)라고 할 만큼 매우 다양한 측면을 지닌 복잡한 존재다. 개인이 나타내는 행동은 매우 독특하고 다양할 뿐만 아니라 시간과 상황에 따라 가변적이다. "열 길 물속은 알아도 한 길 사람 마음속은 알 수 없다"라는 말이 있듯이, 개인의 속마음을 이해하기란 쉬운 일이 아니다.

그러나 이렇게 다양하고 가변적인 개인의 행동에도 어떤 일관성이 있는 것은 아닐까? 인간은 과연 무언가 일관성에 따라 행동하는 존재일까 아니면 상황에 따라

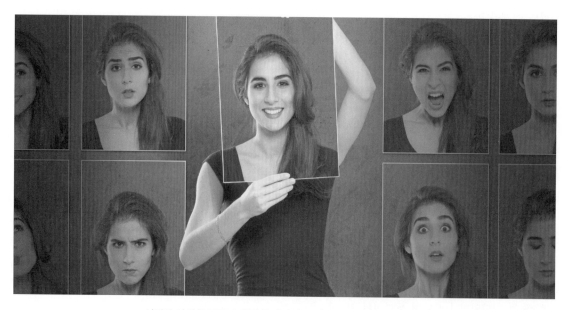

성격은 다양한 감정과 행동을 나타내는 개인의 본질을 의미한다.

일관성 없이 즉흥적으로 행동하는 존재일까? 인간은 다양한 상황에서 나름대로 일관성을 지니고 행동하는 존재인가 아니면 특정한 상황에서 어떻게 행동할지를 전혀 예측할 수 없는 변덕스러운 존재인가? 인간은 등뼈를 가진 척추동물처럼 안정된 형태의 심리적인 골격을 가진 존재인가 아니면 연체동물처럼 고정된 형태 없이 상황에 따라 다양하게 변화하는 존재인가? 인간은 그가 특정한 상황에서 어떻게 행동할지를 예측할 수 있는 존재인가 아니면 전혀 예측할 수 없는 존재인가?

인간은 현상 속에서 본질을 파악하려고 한다. 현상 (phenomenon)은 매순간 우리의 감각에 인식되는 가변적인 경험인 반면, 본질(essence)은 그러한 현상의 생성에 영향을 미치는 불변의 내재적 실체를 뜻한다. 인간은 끊임없이 변화하는 다양한 현상의 이면에서 그러한 현상을 생성시키는 변화하지 않는 본질을 찾아내고자 한다. 현상은 외현적이고 가변적인 반면, 본질은 내재적이고 불변적이다. 플라톤이 동굴의 비유에서 제시한 바 있듯이, 현상은 불빛에 따라 다양한 모습으로 변하는 그림자인 반면, 본질은 다양한 그림자를 만들어 내는 불변의 실체라고 할 수 있다.

현상과 본질의 개념을 적용하면, 성격은 행동이라는 현상의 본질이라고 할 수 있다. 개인이 나타내는 다양한 행동은 현상에 해당하는 반면, 그러한 행동을 가능하게 만드는 개인의 본질이 바로 '성격'이라고 할 수 있다. 심리학자들은 시간과 상황의 변화에도 불구하고 개인의 행동에 일관성과 지속성을 부여하는 개인의 본질적 특성을 성격이라고 지칭한다. 이런 점에서 성격은 '김○○다움'을 뜻하는 개인의 본질적 성품이자 진면목이라고 할 수 있다.

'한 사람을 이해하는 것'의 핵심은 그 사람의 성격을 이해하는 것이다. 한 사람의 성격을 이해하는 것은 그 사람의 가장 본질적인 모습, 즉 진면목을 이해하는 것이라고 할 수 있다. 개인의 성격을 정확하게 이해하게 되면, 그 사람이 다양한 상황에서 나타내는 행동의 일관성을 이해할 수 있을 뿐만 아니라 그 사람이 미래에 특정한 상황에서 나타낼 행동의 상당 부분을 예측할 수 있게 된다.

3. 성격심리학의 주요 관심사

모든 인간은 외모뿐만 아니라 성격도 각기 다르다. 사람들의 성격은 각기 어떻게 다른 걸까? 성격이 그렇게 다른 이유는 무엇일까? 성격심리학의 일차적 관심은 성격의 개인차(individual difference)를 이해하고 설명하는 것이다. 다른 사람들과 구별되는 개인의 독특한 심리적 특성을 이해하는 일이다. 그러나 개인의 성격에는 인간의 보편적인 특성도 포함되어 있다. 한 사람은 다른 사람들과 구별되는 독특성을 지닌 개인인 동시에 다른 사람들과 공통점을 지닌 인간 집단의 구성원이기도 하다. 성격심리학은 모든 인간이 보편적으로 지니고 있는 공통적 특성, 즉 인간 본성(human nature)을 밝히는 일에도 깊은 관심을 지닌다. 인간은 어떤 심리적 존재인가? 인간은 어떤 욕망을 지니며 무엇을 생각하고 느끼며 어떻게 행동하는 존재인가? 다양한 삶의 모습을 나타내는 인간의 심리적 본질은 무엇인가? 이러한 물음은 심리학의 가장 기본적인 물음이자 성격심리학이 해결하고자 하는 가장 궁극적인 질문이다.

"인간은 어떤 심리적 존재인가?"라는 물음은 크게 세 가지 측면에서 탐구될 수 있다. 인간은 누구나 다음과 같은 세 가지의 심리적 측면에서 이해될 수 있기 때문이다. [그림 1-1]에 도식적으로 제시되어 있듯이, 개인은 한 명의 인간으로서 인류 진화의 보편적 유산을 지니고 있는 존재인 동시에 여러 집단의 구성원으로서

[그림 1-1] 개인의 성격을 구성하는 세 가지 영역의 특성

그 집단의 독특한 문화를 내면화하고 있으며 또한 이 세상 누구와도 다른 자신만의 고유한 심리적 특성을 지닌 존재다. 이처럼 개인의 성격은 인간보편적 특성, 집단공유적 특성 그리고 개인적 특성의 3층 구조를 지닌 것으로 이해할 수 있다. 한 인간을 이해하기 위해서 이러한 세 가지 측면의 통합적 이해가 필요하다.

1) 성격의 개인적 특성-개인차

성격심리학의 가장 큰 관심사는 개인의 독특한 성격특징, 즉 개인차(individual difference)를 이해하고 설명하는 것이다. 백인백색(百人百色)이라는 말이 있듯이, 인간은 각기 독특한 개성을 지닌 존재다. 인간은 각자의 삶에서 충족시키려는 욕망과 추구하는 가치가 다를 뿐만 아니라 생활 속에서 접하는 사건들을 해석하고 판단하는 방식이 다르다. 또한 다양한 사건에 직면해서 체험하는 감정이 다를 뿐만 아니라 그러한 감정을 표현하고 대응하는 행동방식이 사람마다 다르다. 성격심리학은 개인이 지닌 고유한 성격적 특성을 다양한 측면에

서 연구하는 데에 가장 주된 관심을 기울이고 있다.

사람들이 성격에 관심을 갖는 이유는 개인의 성격특성을 이해하기 위한 것이다. 결혼상대를 선택하거나 신입사원을 선발하거나 협상상대를 탐색하는 상황에서 우리가 궁금해 하는 것은 상대방 개인의 성격이다. 성격심리학은 개인의 성격이 어떤 심리적 특성들로 구성되어 있는지, 성격을 어떻게 신뢰롭게 측정할 수 있는지, 특정한 성격은 어떤 과정을 통해서 형성되는지에 대해서 설명하고자 노력한다. 개인의 심리적 특성에 대한 이러한 심리학적 논의는 개인특성론(個人特性論)이라고 할 수 있으며 개인차 연구(individual differences research)를 통해서 이루어진다.

2) 성격의 집단공유적 특성

개인은 누구나 다양한 집단의 구성원으로 성장하면서 집단의 문화적 특성을 내면화한다. 개인의 성격을 이해하기 위해서는 이처럼 집단구성원들이 공유하고 있는 심리적 특성을 이해하는 것이 중요하다. 인간은

심리학의 인간본성론: 사회과학과 인문학에 미치는 영향

사회과학(social sciences)은 인간사회에서 일어나는 다양한 현상과 개인들 간의 관계를 탐구하는 과학의 한 분야로서 경제학, 정치학, 사회학, 지리학, 인류학, 사회복지학, 언론학 등의 다양한 학문이 포함된다. 사회과학을 좀 더 넓게 정의하면, 사회과학에는 역사학, 언어학, 법학, 경영학, 교육학, 고고학 등의 학문분야가 포함되기도 한다. 사회과학자들은 개인적으로 선호하는 연구방법에 따라 실증주의자와 해석주의자로 나눠질 수 있다.

실증적인 사회과학자들(positivistic social scientists)은 사회현상을 이해하기 위해서 수량적 측정과 통계학적 분석을 사용하는 자연과학적 연구방법을 선호한다. 이러한 사회과학자들은 실증적인 연구방법의 사용 여부에 따라 사회과학을 엄격하게 정의하는 경향이 있다. 반면에, 해석주의적 사회과학자들(interpretivistic social scientists)은 사회비평이나 상징해석과 같은 사변적이고 인문학적인 접근법을 통해서 사회현상의 의미를 이해하고자 한다. 이러한 입장의 사회과학자들은 사회과학을 넓게 정의하여 역사학, 언어학, 법학, 고고학과 같은 다양한 학문분야를 포함시키기도 한다.

인문학(humanities)은 인간의 문화를 연구하는 학문분야를 총칭하며 특히 실증적인 자연과학적 연구방법보다 사색적이고 비평적이며 해석학적인 연구방법을 사용한다. 이러한 인문학 분야에는 문학, 철학, 역사학, 미학, 종교학, 법학, 인류학, 고고학, 언어학과 같은 다양한 학문이 포함된다.

사회과학이든 인문학이든 인간의 문화와 사회를 연구대상으로 하는 학문분야는 인간의 심리적 속성을 어떻게 인식하느냐에 따라 학문적 논의가 달라진다. 예컨대, 정치학에서는 국가가 국민의 삶에 얼마나 개입해야 하느냐는 관점에 따라 국가권력의 범위와 기능에 대한 주장이 달라진다. 인간의 본성을 선하고 이타적인 것으로 인식하는 입장에서는 국가가 국민의 삶에 최소한 개입하는 것이 바람직하다고 주장하는 반면, 인간의 본성을 악하고 이기적인 것으로 인식하는 입장에서는 국가권력이 국민의 삶에 최대한 개입하여 갈등과 불평등을 해소해야 한다고 주장한다.

경제학은 인간이 이기적인 목적을 추구하는 합리적 존재라는 가정에 근거하고 있다. 즉, 인간은 최소의 비용으로 최대의 이익을 얻기 위해서 합리적으로 경제행위를 하는 존재라는 가정 위에서 경제학의 이론이 전개되었다. 그러나 미국의 심리학자인 Daniel Kahneman(1999)은 인간의 경제적 판단과 선택이 자신의 이익을 최대화하는 합리적인 방식으로 이루어지지 않는다는 것을 실증적으로 입증함으로써 경제학 전반의 발전에 기여한 공로로 2002년에 노벨경제학상을 받은 바 있다.

역사적 사건이 발생하게 된 원인을 설명하는 역사학에서도 그 당시의 사회경제적 요인뿐만 아니라 그러한 사건에 관여한 정치적 인물의 성격과 신념체계 그리고 그들의 정치적 선택과 판단을 중심으로 이해하려는 입장도 있다. 이처럼 사회과학과 인문학의 여러 분야는 인간의 본성 또는 심리적 속성을 어떻게 인식하느냐에 따라 학문적 입장이 달라지고 사회현상을 설명하는 방식이 변화하게 된다. 이런 점에서 "인간은 어떤 심리적 존재인가?"라는 물음에 깊은 고찰, 즉 인간 본성에 대한 깊은 이해의 바탕 없이 이루어지는 사회과학적 또는 인문학적 논의는 심각한 한계를 지닐 수밖에 없다.

남자 또는 여자로서 남성적 또는 여성적 특성을 공유한다. 또한 인간은 특정한 연령층에 속할 뿐만 아니라 특정한 종족이나 민족, 생활문화권, 사회경제적 계층, 교육수준, 직업, 성격유형과 같은 다양한 집단의 구성원이기도 하다.

과연 남자와 여자는 심리적 특성에 있어서 어떻게 다른가? 인간은 연령층, 즉 발달단계에 따라 어떤 독특한 심리적 특성을 나타내는가? 특정한 직업(예: 교육자, 법조인, 군인, 공무원, 세무사, 사업가, 운전기사)이나 성격유형(예: 내향형, 비관주의자, 완벽주의자)에 속하는 사람은 어떤 심리적 특성을 지니는가? 특정한 국가의 국민이나 민족은 어떤 성격적 특성을 공통적으로 지니고 있는가? 예컨대, 한국인은 어떤 성격적 특성을 지니는가? 동양인과 서양인(또는 한국인과 일본인)은 심리적 측면에서 어떻게 다른가? 이러한 물음에 대한 심리학적 논의는 집단특성론(集團特性論)이라고 할 수 있으며 집단을 구분하는 기준에 따라 매우 다양한 연구주제가 제기될 수 있다. 최근에는 문화권에 따른 구성원들의 심리적 차이를 규명하는 동시에 다양한 심리적 요인에 대한 문화의 영향을 탐색하는 학문분야가 발전하고 있으며 문화심리학(cultural psychology), 비교문화 심리학(cross-cultural psychology), 토착심리학(indigenous psychology)으로 지칭되고 있다.

3) 성격의 인간보편적 특성-인간 본성

개인은 누구나 독특한 성격을 지닌 개성적 존재일 뿐만 아니라 모든 인간이 공유하는 보편적인 심리적 속성을 지닌 존재다. 개인을 이해하려면 그 사람의 바탕에 깔려 있는 인간보편적인 특성을 이해하는 것이 필수적이다. 과연 인간은 어떤 존재인가? 인간의 본성은 무엇인가? 인간은 본래 선한 존재인가 악한 존재인가? 어떤 욕망을 지니고 어떻게 생각하고 느끼며 행동하는 존재인가? 인간은 합리적인 존재인가 비합리적인 존재인가? 인간은 누구나 자신의 이익을 가장 우선시하는 이기적인 존재인가 아니면 타인의 안전과 행복을 중시하는 이타적인 존재인가?

이와 같이 인간보편적 속성에 관한 다양한 심리학적 논의는 인간본성론(人間本性論)이라고 할 수 있다. 인간본성론은 다양한 사회과학의 기본 전제가 되고 있다. 다양한 정치사상과 경제사상은 인간의 본성에 대한 나름대로의 가정에 근거하고 있다. 따라서 인간의 본성, 즉 사회를 구성하는 인간의 기본적인 심리적 성향을 어떻게 보느냐에 따라 바람직한 정부형태나 효과적인 경제정책이 달라질 수 있다.

4. 성격이란 무엇인가

인간을 통합적으로 이해하기 위해서는 앞에서 제시한 세 가지 측면의 이해가 필요하다. 그러나 성격심리학은 개인의 성격특징을 설명할 수 있는 성격의 개인차 연구에 초점을 맞추고 있다. 그렇다면 과연 성격이란 무엇인가? 개인의 심리적 속성 중 무엇을 성격이라 하는가? 성격에 속하는 것과 속하지 않는 것은 어떻게 구분되는가? 성격심리학자들은 성격(性格, personality)을 다양하게 정의하고 있다.

초기 성격연구의 대표적 인물인 Allport(1961)는 성격을 "한 개인의 독특한 행동과 사고 및 감정의 패턴을 생성해 내는 개인 내부에 존재하는 심리·신체적 체계의 역동적 조직"이라고 정의했다. 저명한 성격심리학자이자 저술가인 Pervin(2003; Pervin & John, 2001)은 성격을 "한 개인이 감정을 느끼고 사고하고 행동할 때 나타나는 일관성 있는 패턴을 설명할 수 있는 개인의

모든 사람은 각기 독특한 성격을 지니고 있다.

특성들"이라고 정의한 바 있다. Liebert와 Liebert(1998)에 따르면, 성격은 한 개인의 심리적 특징들로 구성된 독특하고 역동적인 조직으로서 이러한 특징들은 사회적 · 물리적 환경에 대한 개인의 행동과 반응에 영향을 미치며 이러한 특징 중 어떤 것은 그 개인에게 전적으로 독특한 것일 수 있고 어떤 것은 타인과 공유하는 것일 수도 있다.

최근에 『성격의 이론(*Theories of Personality*)』이라는 저서의 열 번째 개정판을 출간한 Rychman(2013)은 다음과 같이 성격을 정의하고 있다. "성격은 다양한 상황에서 인지, 동기, 행동에 독특하게 영향을 미치는 역동적이고 조직화된 개인적 특징들의 조합이다. 성격은 개인의 독특한 유전적 배경과 성장과정의 학습경험 그리고 다양한 환경과 상황의 맥락에서 그 사람이 반응하는 방식을 설명하기 위한 심리학적인 구성개념(psychological construct)이라고 할 수 있다."

성격심리학은 인간의 보편적 본성과 인간 집단(남자와 여자, 동양인과 서양인, 내향형과 외향형 등)의 차별적 속성에 관심을 두고 있지만, 개인의 독특한 속성, 즉 개인차가 관심의 초점이라고 할 수 있다(Liebert & Liebert,

1998). 이러한 관심을 반영하듯이, 여러 성격심리학자가 제시하고 있는 성격의 정의 역시 개인의 특성에 초점을 맞추고 있다. 성격에 대한 다양한 정의를 종합하면 다음과 같은 몇 가지 요소로 요약될 수 있다.

첫째, 성격은 개인이 나타내는 행동의 독특성(uniqueness)을 설명하는 개념이다. 백인백색(百人百色)이듯이, 성격은 개인이 지니고 있는 독특한 심리적 색깔을 의미한다. 개인의 성격은 다른 사람과 구별되는 그 사람만의 고유성, 독특성, 특이성을 설명할 수 있어야 한다. 이런 점에서 성격은 개인차, 즉 개인들 간의 심리적 차이를 설명하는 개념이라고 할 수 있다.

둘째, 성격은 개인이 나타내는 다양한 행동을 관통하는 일관성(consistency)을 설명하는 개념이다. 성격은 개인이 여러 상황에서 나타내는 다양한 행동들의 공통성을 설명할 수 있어야 한다. 정교하게 관찰하면, 개인은 매순간 각기 다른 독특한 행동을 나타낸다. 그러한 독특한 행동들을 그 공통성에 근거하여 통합적으로 설명할 수 있는 것이 바로 성격이다. 이런 점에서 성격은 다양한 구체적 행동들에 포함된 일관된 속성을 추상화하여 설명하는 개념이라고 할 수 있다.

셋째, 성격은 시간과 상황의 변화에도 불구하고 일관성 있게 지속적으로 나타나는 개인 행동의 안정성(stability)을 반영하는 개념이다. 개인의 행동은 상황에 따라 다를 뿐만 아니라 개인의 심리적 취향도 시간의 흐름에 따라 변화한다. 이처럼 수시로 변화하거나 일시적으로 나타나는 행동 패턴은 성격이라고 할 수 없다. 시간과 상황의 변화에도 불구하고 일관된 행동 패턴이 지속적이고 안정적으로 나타날 때, 그러한 패턴을 성격이라고 할 수 있다.

넷째, 성격은 구조를 지니고 역동적으로 기능하는 내면적 조직체(organization)라고 할 수 있다. 인간의 다양한 행동은 외부 자극에 대한 반사적 반응이 아니라 내면적 조직체의 심리적 과정을 통해서 표출된 것이다. 안정된 구조를 지닌 내면적 조직체로 인해서 개인의 행동이 일관성 있게 안정된 방식으로 나타날 수 있는 것이다. 그러나 이러한 조직체는 상황의 변화에 따라 유연하게 반응하도록 내면적 구조 간의 역동적 과정을 통해서 기능한다. 성격이라는 내면적 조직체는 물질적인 형태로 존재하거나 감각적으로 인식할 수 있는 실체가 아니라 개인 행동의 독특성과 일관성을 설명하기 위한 심리학적 구성개념(psychological construct)이라고 할 수 있다.

 성격과 관련된 유사한 용어들

성격(性格)은 영어인 'personality'를 번역한 용어다. '성(性)'은 사람의 타고난 성품 또는 사람이나 사물의 본질이나 본바탕을 뜻한다. '격(格)'은 인품, 모양, 지위를 의미하는 동시에 환경이나 사정에 자연스럽게 어울리는 분수나 품위를 의미한다. 현재 심리학계에서는 personality를 '성격'이라고 번역하여 사용하고 있다. 그러나 personality를 '인성(人性)' 또는 '인격(人格)'으로 번역하여 사용하는 경우도 있다. personality가 인성(人性)으로 번역된 것은 'person'이 '인간'을 뜻하고 '-ity'라는 어미가 '속성'을 의미하므로 이를 합성하여 인간의 속성, 즉 인성이라는 용어가 선택된 때문이다. 이처럼 personality가 인성으로 번역된 대표적인 경우는 심리검사인 MMPI(Minnesota Multiphasic Personality Inventory)가 '다면적 인성검사'라고 번역된 것이다. 또한 personality를 인격(人格)이라고 번역하는 경우도 있는데, 이는 적절치 않은 번역이라고 할 수 있다. 그 대표적인 경우가 personality disorder를 '인격장애'라고 번역하는 것이다. 인격은 사람의 품격 또는 도덕적 주체로서의 개인을 뜻하는 반면, personality는 도덕적 가치판단을 배제한 기술적 개념이기 때문이다. 단어의 의미는 맥락에 따라 달라질 수 있지만, personality는 성격이라고 번역하는 것이 바람직하다.

성격과 유사한 개념으로 character라는 용어가 있는데, character는 일반적으로 가치판단을 통해 긍정적이라고 평가되는 개인적 성향을 뜻하는 것으로서 '성품'(또는 인품, 품성)이라고 번역되고 있다. 요즘 우리 사회에서 관심을 모으고 있는 인성교육은 영어로 character education에 해당한다. 또한 individuality는 개인의 독특성을 강조한 용어로서 '개성' 또는 '개체성'으로 번역되고 있다. 이 밖에도 trait는 특질, tendency는 경향성 또는 성향, characteristics는 특징, habit은 습관으로 번역되고 있다. 성격심리학에 관한 저술이나 논문을 이해하기 위해서는 성격과 관련된 개념과 용어에 대한 정확한 이해가 필요하다.

마지막으로, 성격은 개인의 독특한 심리적 반응을 다양한 측면, 즉 동기, 인지, 정서, 행동의 측면에서 설명하는 개념이다. 개인마다 동일한 자극 상황에서 나타내는 동기, 사고, 감정, 행동의 반응이 다르다. 성격은 다양한 생활사건에 반응하는 개인의 독특성을 동기(주된 욕구와 행동 동기), 인지(사고방식과 신념체계), 정서(정서적 체험과 행동적 표현방식), 행동[1](외현적 반응방식과 습관)의 측면에서 설명할 수 있어야 한다. 요컨대, 성격은 동기, 인지, 정서, 행동에 있어서 개인의 독특성, 일관성, 안정성을 설명하는 개념으로서 내면적인 구조와 역동을 지닌 심리적 조직체로 가정되고 있다.

5. 성격심리학의 연구주제

성격심리학은 인간의 성격을 연구대상으로 하는 경험과학이다. 대부분의 경험과학(empirical science)은 크게 네 가지의 기본적 기능을 지닌다(Popper, 1959). 첫째, 연구대상에 대한 기술이다. 기술(description)은 연구대상의 현상적 특성을 관찰하고 측정하며 기록하고 분류하는 기능을 포함한다. 즉, 연구대상을 있는 그대로 파악하고 이해하는 일이다. 둘째는 연구대상에 관하여 설명하는 기능이다. 설명(explanation)은 연구대상을 구성하는 세부적 구조를 분석하거나 연구대상의 변화와 그 인과관계를 밝히는 일이다. 셋째는 연구대상에 관한 예측이다. 예측(prediction)은 연구대상이 앞으로 어떻게 변화할 것이라는 것을 예견하는 일이다. 경험과학의 마지막 기능은 통제다. 통제(control)란 연구대상

에 인위적 조작을 가하여 인간이 원하는 방향으로 변화가 일어나도록 하는 일이다. 일반적으로 경험과학은 발전정도에 따라 그 기능이 확대된다. 어떤 경험과학 분야는 현상을 기술하는 수준에 머무르는 반면, 다른 분야는 현상의 기술뿐만 아니라 설명, 예측, 통제의 기능을 지니기도 한다.

성격심리학은 19세기 말에 과학적 심리학의 태동과 더불어 시작되어 20세기에 현저한 발전을 이루었으며 21세기에는 지속적인 진전이 예상되는 학문분야다. 이러한 성격심리학은 위에서 언급한 경험과학의 모든 속성을 지니고 있는 매우 발전된 학문분야로서 성격에 대한 현상적 기술, 원인의 설명 그리고 예측과 통제를 지향한다. 성격심리학자들의 학문적 관심사를 몇 가지 주제별로 나누어 제시하면 다음과 같다.

1) 성격의 현상적 기술과 분류

성격심리학은 일차적으로 개인의 성격을 구체적이고 체계적으로 기술하는 데에 관심을 지닌다. 백인백색으로 사람마다 성격이 각기 다르다. 이렇게 무수하게 다양한 사람들의 성격을 좀 더 명료하게 이해할 수 있는 성격의 유형이나 분류체계를 제시하고자 노력한다. 아울러 매우 다양한 행동으로 발현되는 성격의 독특성을 체계적으로 파악할 수 있는 성격의 차원이나 특질을 찾아내고자 노력한다. 이처럼 성격의 현상적 기술과 분류에 대한 학문적 물음을 소개하면 다음과 같다.

---

1) 여기에서는 '행동(behavior)'을 좁은 의미로 사용했으며 제3자가 관찰할 수 있도록 외현적으로 표현된 신체적 반응을 뜻한다. 그러나 심리학에서 행동은 관찰 가능할 뿐만 아니라 측정 가능한 모든 반응으로 넓게 정의되기도 한다. 예컨대, 면접을 통해서 보고되거나 심리검사를 통해서 측정된 내면적인 정서상태, 사고내용이나 신념, 추구하는 동기나 충족시키고자 하는 욕구 등도 넓은 의미의 행동으로 기술된다.

- 개인이 지닌 성격의 독특성을 어떻게 기술할 것인가?
- 인간의 다양한 성격은 어떤 유형으로 분류될 수 있는가?
- 개인들 간의 성격차이를 설명할 수 있는 심리적 특성은 무엇인가?
- 성격의 개인차를 설명할 수 있는 기본단위는 무엇인가?
- 인간의 다양한 성격은 어떤 차원 또는 특질로 설명될 수 있는가?
- 개인의 삶을 부적응 상태로 몰아가는 병리적 성격 특성에는 어떤 것이 있는가?
- 부적응적인 성격패턴 또는 성격장애에는 어떤 유형이 있는가?
- 개인의 행복과 적응에 기여하는 긍정적 성격특성 또는 성격강점에는 어떤 것들이 있는가?
- 인류사회에 공헌한 위인들은 어떤 특별한 성격적 특성을 지니고 있는가?
- 개인의 성격은 어떻게 알 수 있는가?
- 개인의 성격을 어떻게 객관적으로 측정하고 체계적으로 평가할 수 있는가?

2) 성격의 구조와 심리적 과정

성격은 구조를 지니고 역동적으로 기능하는 내면적 조직체라고 할 수 있다. 성격심리학의 주요한 관심사는 개인마다 독특한 성격과 행동 패턴을 나타내도록 만드는 내면적 조직체의 구조와 역동을 밝혀내는 것이다. 인간의 마음속에는 어떤 심리적 구조가 있고 어떤 심리적 과정이 진행되기에 사람마다 독특한 방식의 행동을 나타내는지를 설명하는 것이다. 성격심리학의 주요한 이론들은 마음의 구조와 심리적 과정에 대한 모델을 제시하고 이를 실증적으로 검증하는 노력을 기울이고 있다. 현대 성격심리학의 중요한 추세 중 하나는 성격의 구조와 과정을 통합하려는 노력이다.

개인의 행동은 성격이라는 내면적 요인과 상황이라는 외부적 요인의 상호작용에 의해서 결정되는 것으로 여겨지고 있다. 성격심리학의 중요한 연구관심사는 성격이 상황적 요인과 상호작용하여 특정한 행동을 산출하는 심리적 과정이다. 성격의 구조와 심리적 과정 그

사람마다 성격이 다른 것은 어떤 심리적 구조와 과정 때문일까?

리고 환경과의 상호작용에 대한 학문적 관심은 다음과 같은 다양한 물음으로 제시될 수 있다.

- 개인이 지닌 성격의 독특성과 일관성은 어떤 심리적인 구조와 역동에 의해서 생겨나는가?
- 개인의 성격을 형성하는 기본적인 구성요소는 무엇인가?
- 인간의 행동과 성격에 영향을 미치는 가장 중요한 심리적 요인은 무엇인가?
- 인간의 성격을 구성하는 심리적 요인들은 어떻게 상호작용하는가?
- 개인의 성격적 특성은 어떤 심리적 과정을 통해서 구체적인 행동으로 표출되는가?
- 성격적 특성을 반영하는 특정한 행동이 표출되기까지 개인의 내면에서는 어떤 심리적 세력들에 의해서 어떤 역동적 과정이 일어나는가?
- 성격은 상황적 요인과 어떻게 상호작용하여 특정한 행동을 만들어 내는가?
- 성격은 사회적 상황에서 표출되는 행동적 반응에 어떤 영향을 미치는가?
- 어떤 성격요인이 특정한 사회적 행동에 영향을 미치는가?
- 성격의 어떤 구조가 특정한 사회적 상황에서 어떤 심리적 과정을 유발하여 어떤 행동적 반응을 산출하는가?

3) 성격의 결정요인: 선천적 요인과 후천적 요인

성격심리학의 또 다른 주요 관심사는 사람마다 각기 다른 성격이 어떤 요인에 의해서 결정되는지를 밝히는 것이다. 성격은 선천적으로 타고나는 것인지 아니면 후천적으로 형성되는 것인지를 규명하는 것이다. 유전적

요인과 환경적 요인이 어떻게 상호작용하여 한 사람의 성격을 결정하는지를 설명하는 것이다. 이러한 성격의 결정요인에 관한 학문적 물음은 다음과 같다.

- 성격은 선천적으로 타고나는 것인가 아니면 후천적으로 형성되는 것인가?
- 성격의 발달과 형성에는 유전적 요인과 환경적 요인 중 어떤 것이 더 중요한가?
- 유전적 요인은 어떤 성격특성에 강력한 영향을 미치는가?
- 성격 발달에 중요한 영향을 미치는 후천적 요인은 무엇인가?
- 유전적 요인과 환경적 요인은 어떻게 상호작용하여 성격발달에 영향을 미치는가?
- 어떤 후천적 경험이 어떤 심리적 과정을 통해 어떤 성격특성에 영향을 미치는가?
- 문화는 개인의 성격형성에 어떤 영향을 미치는가?

4) 성격의 발달과 변화

성격심리학은 성격이 발달하는 과정과 단계를 설명하는 데에 깊은 관심을 지닌다. 무력한 신생아가 독특한 성격의 소유자로 발달하여 개성을 지닌 한 인간으로 성장하는 과정은 흥미로울 뿐만 아니라 신비롭기까지 하다. 일반적으로 개인의 성격은 아동기와 청소년기의 발달과정을 거쳐 성인기에 상당히 안정된 패턴을 나타내게 된다. 그러나 어떤 연령대에 성격이 비교적 안정된 상태로 정착하는지에 대해서는 논란이 존재한다. 또한 과연 성인기 이후에는 어떤 성격발달이 이루어지는지 그리고 성인기 이후에도 성격이 변화하는지는 중요한 연구관심사로 떠오르고 있다.

- 성격은 어떤 심리적 과정을 통해서 발달하는가?
- 성격은 어떤 심리적 발달단계를 통해서 형성되는가?
- 발달단계마다 어떤 성격요인의 발달이 이루어지는가?
- 성격은 세월의 흐름과 연령의 증가에 따라 어떻게 변화하는가?
- 어떤 성격특성이 연령의 증가에 따라 어떤 패턴으로 변화하는가?
- 성격이 형성된 성인기 이후에는 성격이 고정되어 불변하는가 아니면 변화하는가?
- 성격의 발달과 변화에 영향을 미치는 요인들은 무엇인가?
- 어떤 심리사회적 요인이 성격의 발달과 변화에 어떻게 영향을 미치는가?

5) 부정적 성격의 치료와 긍정적 성격의 함양

성격심리학을 비롯한 심리학의 여러 전문분야(임상심리학, 상담심리학, 긍정심리학 등)는 부정적 성격을 긍정적으로 변화시키는 치료적 방법에 관심을 지닌다. 실증과학으로서 심리학은 심리적 현상을 기술하고 설명하는 동시에 미래의 행동을 예측할 뿐만 아니라 의도적 노력과 인위적 처치를 통해 행동을 변화시키거나 통제하는 일에도 관심을 지닌다. 개인이 스스로 불편하게 여기거나 사회적 부적응을 초래하는 부정적 성격을 긍정적으로 변화시키는 일은 심리학의 주요한 관심사 중하나다.

심리적 부적응과 정신장애를 이해하고 치료하는 정신건강 전문가들은 개인의 성격을 이해하고 그 변화방법을 익히는 것이 필수적이다. 개인의 심리적 고통과사회적 부적응은 개인의 성격적 문제와 밀접하게 얽혀있는 경우가 대부분이기 때문이다. 성격의 긍정적 변화에 대한 관심은 성격심리학뿐만 아니라 임상심리학, 상담심리학, 긍정심리학을 비롯한 여러 심리학 분야의 중요한 관심사이기도 하다.

- 과연 성격은 인위적인 노력을 통해서 변화될 수 있는가?
- 성격을 변화시키기 위해서는 어떤 노력이 필요한가?
- 어떤 성격특성이 어떤 방법에 의해서 어느 정도 변화될 수 있는가?
- 부정적 성격, 즉 성격장애는 어떻게 치료될 수 있는가?
- 긍정적 성격, 즉 성격강점은 어떻게 함양할 수 있는가?
- 자녀가 건강한 성격을 갖게 하려면, 부모는 어떻게 양육해야 하는가?
- 인성교육은 가정과 학교에서 어떻게 이루어질 수 있는가?

6) 인간의 본성과 집단의 성격

이 밖에도 성격심리학은 인간의 성격과 심성에 관한 매우 다양한 주제에 대해서 학문적인 관심을 지닌다. 인간의 본성을 비롯하여 다양한 문화적 집단의 성격적 특성을 밝히는 것도 성격심리학의 중요한 과제 중 하나다. 다음과 같은 질문들은 성격심리학의 연구과제라고 할 수 있다.

- 인간의 본성은 무엇인가?
- 인간은 선천적으로 어떤 심리적 성향을 지니고 태어나는가?
- 인간을 움직이는 가장 기본적인 심리적 요인은 무엇인가?
- 모든 인간이 공유하는 보편적인 심리적 속성에는 어떤 것이 있는가?
- 남자와 여자는 심리적 측면에 있어서 어떻게 다른가?

• 다른 문화적 배경을 지닌 집단(동양인과 서양인, 한국인과 일본인 등)은 성격적 측면에서 어떤 차이를 나타내는가?
• 특정한 집단구성원(예: 한국인)이 공유하는 성격적 특성이 존재하는가?
• 만약 존재한다면, 그 집단구성원(예: 한국인)은 어떤 성격적 특성을 지니는가?

6. 성격심리학의 연구방법

성격을 이해하는 일은 인간의 주요한 관심사이기 때문에 동서고금을 막론하고 성격에 관한 많은 주장과 이론이 제기되었다. 이러한 과거의 인간심성론이나 성격이론과 현대의 성격심리학이 구별되는 점은 과학적인 연구방법에 있다. 현대의 성격심리학은 주관적이고 사변적인 연구방법을 지양하는 동시에 객관적이고 실증적인 연구방법에 근거하고 있다. 객관적으로 측정되고 체계적으로 관찰된 자료에 근거하여 성격을 정교하게 기술하고 분석할 뿐만 아니라 성격에 영향을 미치는 다양한 요인들을 과학적 방법으로 밝혀내고 있다. 현재 성격의 심리학적 연구를 위해서 사용하고 있는 연구방법은 매우 다양하다.

성격심리학의 연구는 역사적으로 크게 세 가지의 연구전통에 의해서 이루어졌다(Cervone & Pervin, 2013; Pervin, 2003). 그 첫째는 임상적 연구전통으로서 심리적 장애를 지닌 환자를 치료하는 과정에서 환자 개인에 대한 사례연구를 통해 성격의 구조와 역동에 관한 다양한 이론을 제시하였다. 둘째는 상관적 연구전통으로서 성격에 관한 측정자료들 간의 상관관계를 통계적으로 분석함으로써 성격의 기본적 특질과 관련된 속성을 제시했다. 마지막으로 세 번째 전통은 실험적 연구전통으

로서 실험실에서 개인의 성격에 영향을 미치는 요인을 조작하고 그 결과를 통해 성격에 영향을 미치는 원인적 요인을 밝히려는 데 기여했다. 현대 심리학의 발전에 기여한 세 연구전통은 각기 나름대로의 장점과 단점을 지니고 있다.

1) 임상적 연구전통

임상적 연구전통(clinical research tradition)은 심리적 고통과 장애를 호소하는 환자를 평가하고 치료하는 과정에서 수집된 자료에 근거하여 성격을 연구하는 접근법이다. 정신건강 분야의 임상가들은 환자 개인에 관한 다양한 정보를 수집하여 통합하는 사례연구를 통해서 환자의 심리적 증상과 더불어 그러한 증상을 유발하는 내면적 구조와 역동을 추정할 수 있다. 환자의 증상을 치료하기 위해서는 환자가 그러한 증상을 갖게 된 삶의 배경과 심리적 원인을 나름대로 구성해야 하기 때문이다. 이처럼 임상가들은 다양한 증상을 나타내는 많은 환자들의 사례를 정밀하게 분석하고 공통점을 발견하여 일반화함으로써 인간 성격의 심리적 구조와 역동을 설명하는 심리학적 이론을 제시할 수 있다.

임상적 연구전통의 가장 주된 연구방법은 사례연구다. 사례연구(case study)는 개인에 관한 다양한 정보를 수집하여 분석하는 방법이다. 사례연구에서는 개인이 나타내고 있는 현재의 독특한 행동들이나 심리적 문제, 심리적 문제의 발생경위와 최근 생활상황, 개인의 성장과정(유아기, 아동기, 청소년기, 성인기의 발달과정 및 특이사항 등), 가족적 배경(조부모, 부모, 형제자매, 자녀 등의 특성 및 관계), 학업 및 직업 적응상태, 혼인상태, 성(性)적 적응상태, 신체적 질병경력, 여러 심리검사의 자료를 수집하여 체계적으로 분석한다. 이러한 사례연구는 개인에 관해 풍부하고 자세한 정보를 제공하기 때문에

개인 환자의 사례연구와 많은 정상인의 측정자료를 통해서 성격을 연구한다.

성격의 양상, 발달과정, 영향요인 등을 정밀하게 분석할 수 있는 좋은 연구방법이다.

임상적 연구전통은 성격장애뿐만 아니라 성격에 관한 심층심리학적 이해를 증진하는 데 기여했으며 그 대표적인 성격이론이 Freud의 정신분석이론이다. 성격의 내면적 구조와 역동을 설명할 뿐만 아니라 성격 문제의 치료방법을 제시하는 이론들은 대부분 임상적 전통에서 도출되었다. 정신분석이론 외에도 Jung의 분석심리학, Adler의 개인심리학, Rogers의 인본주의 심리학, 그리고 Ellis와 Beck의 인지주의적 이론들은 이러한 임상적 전통에서 발전되었다.

임상적 연구전통은 심리적 증상과 성격의 원인적 요인을 탐색할 뿐만 아니라 개인의 삶 전체에 관한 자료에 근거하여 성격을 통합적으로 설명하려는 경향이 있기 때문에 다양한 설명개념과 복잡한 체계를 지닌 방대한 성격이론을 제시하고 있다. 이러한 이론들은 개인의 성격을 전체적으로 설명할 수 있을 뿐만 아니라 다양한 심리적 증상의 치료방법을 제시하고 있어 높은 설명력과 유용성을 지니고 있다. 그러나 임상적 전통에서 발전한 정신역동이론들은 대부분 설명개념이 추상적이어서 이론의 타당성을 실증적으로 확인하는 데에 한계

가 있다는 단점을 지니고 있다. 또한 임상적 전통의 사례연구는 한 개인에 대한 자료에 근거하기 때문에 그 결과를 다른 사람에게 일반화하여 적용하기 어렵다. 반면에, 임상적 전통에서 제시된 인지주의적 이론들은 구체적인 설명개념을 사용하고 있어 실증적 검증작업이 상대적으로 용이하지만 성격 전반에 대한 설명력이 미약하다는 한계를 지니고 있다.

2) 상관적 연구전통

상관적 연구전통(correlational research tradition)은 주로 정상인을 대상으로 수집된 성격 관련 자료들을 통계적으로 분석하여 상관관계를 밝힘으로써 성격에 관한 다양한 사실을 밝혀왔다. 소수의 특별한 사람들을 대상으로 하는 사례연구와 달리, 상관 연구(correlational research)는 다수의 일반인을 대상으로 성격에 관한 수량화된 자료를 수집하고 통계적 방법을 통해 자료들 간의 상관관계를 분석함으로써 성격특성의 관계나 성격에 영향을 미치는 요인들을 규명하는 연구방법이다.

상관적 연구전통은 성격을 설명하는 주요한 특질과 차원을 추출하는 데에 기여했다. Cattell이나 Eysenck

와 같은 특질이론가들은 성격의 개인차를 설명할 수 있는 중요한 특질들을 발견하기 위해서 요인분석을 사용했다. 요인분석(factor analysis)은 어떤 현상에 대한 많은 측정치들 간의 상관관계를 분석함으로써 서로 높은 상관을 나타내는 군집의 수를 통계적으로 찾아내는 방법이다. 예컨대, 성격을 묘사하는 다양한 형용사(예: 내성적인, 침착한, 변덕스러운, 완고한)를 사용하여 많은 사람에게 자신의 성격을 1~9점의 평정척도에서 평가하게 한 측정자료의 상관관계를 분석하면, 서로 상관이 높게 나타나는 형용사들의 군집을 발견할 수 있다. 이러한 군집의 수는 사람들이 성격을 평가하는 주요한 차원, 즉 특질의 수를 반영하며, 같은 군집에 소속된 형용사들의 공통점을 분석하면 성격특질의 의미를 발견할 수 있다.

현재 널리 받아들여지고 있는 성격의 5요인 이론을 비롯한 대부분의 특질이론은 상관적 연구전통에서 발전한 것이다. 상관적 연구전통은 성격의 개인차를 기술하는 주요한 특질을 발견하고 객관적인 성격검사를 개발하는 데에 기여하였다. 그러나 상관적 연구전통은 성격을 구성하는 특질을 밝히고 성격과 다른 요인들과의 상관관계를 규명하는 데에는 공헌했으나 성격의 내면적 구조나 역동을 설명하거나 인과적 관계를 밝히는 데에는 한계를 지니고 있다.

3) 실험적 연구전통

실험적 연구전통(experimental research tradition)은 엄격한 과학적 방법론에 근거하여 성격과 관련된 요인들의 인과관계를 규명하려는 전통이다. 실험 연구(experimental research)는 연구자가 원인적 요인(독립변인)을 의도적으로 변화시켰을 때 그 영향으로 인해 결과적 요인(종속변인)이 예상한 대로 변화하는 것을 확인함으로써 두 변인 간의 인과관계를 규명하는 최선의 방

법이다. 실험적 연구전통은 연구와 무관한 오염변인이 차단된 실험실에서 개인의 행동을 객관적으로 측정하고 성격과 관련된 독립변인을 조작하여 종속변인에 대한 그 효과를 확인함으로써 성격과 행동에 영향을 미치는 심리적 과정과 원인을 밝히는 데 기여했다.

성격심리학의 실험적 연구전통은 Wundt의 실험실 연구전통과 더불어 Watson, Hull, Skinner 등의 행동주의 연구전통에서 유래한 것으로서 자극-반응이론과 조작적 조건형성 이론에 근거하여 다양한 성격 현상이 연구되었다. 또한 1960년대의 인지혁명으로 인해 발전한 인지심리학의 실험방법을 도입하여 성격의 암묵적 또는 무의식적 측면을 탐색할 수 있게 되었다. Bandura, Rotter, Kihlstrom 등에 의해 제시된 성격의 사회인지이론과 정보처리이론은 실험적 연구전통에서 발전한 대표적 이론이다.

그러나 실험적 연구전통은 성격을 연구하는 데에 심각한 한계를 지니고 있다. 성격은 상당히 안정된 특성이기 때문에 실험실에서의 처치나 조작에 의해서 쉽게 변화되지 않는다. 또한 실험실에서 성격에 영향을 미칠 수 있는 요인을 인위적으로 조작하는 것은 현실적으로 쉽지 않을 뿐만 아니라 윤리적인 문제를 지니고 있다. 그리고 실험실의 상황이 자연스러운 현실세계와 달리 인위적인 것이기 때문에 연구결과를 일반화하는 데에도 한계를 지닌다.

이러한 한계에도 불구하고 실험적 연구전통은 성격에 영향을 미치는 원인적 요인을 밝히는 최선의 방법이라고 할 수 있으며 종단적 연구를 통해서 그 한계를 상당 부분 극복할 수 있다. 종단적 연구(longitudinal research)는 두 시점 이상에서 상당한 시간차를 두고 자료를 수집하여 인과관계를 밝히는 방법이다. 예컨대, 한 시점에서 많은 사람이 성격특성을 측정하고 그 후 일정 기간 내에 충격적인 외상경험(예: 실직, 강간, 가족

성격의 측정과 연구자료의 수집 방법

과학으로서의 성격심리학은 성격에 대한 객관적 평가와 측정에서 출발한다. 객관적 평가도구는 인간의 다양한 행동을 정교하게 변별할 수 있을 뿐만 아니라 신뢰도와 타당도가 높은 도구를 지칭한다. 여기서 신뢰도(reliability)는 그 측정도구가 이상행동을 일관성 있는 방식으로 평가하는 정도를 나타내며, 타당도(validity)는 그 측정도구가 본래 측정하려고 하는 이상행동을 평가하는 정도를 의미한다. 성격심리학의 연구에서는 개인의 성격을 평가하기 위해서 면접법, 행동관찰법, 질문지법, 과제수행법 등의 다양한 평가방법이 사용된다.

면접법(interview)은 대화나 의사소통을 통해 사람의 심리적 특징을 알아보는 방법이다. 대화 시에 보이는 언어적 표현의 내용과 방식에는 그 사람의 심리적 특징이 잘 나타나기 때문이다. 면접법은 질문과 응답으로 이루어지는 언어적 의사소통을 통해 피면접자의 언어적 반응내용과 방식을 정밀히 분석하고 수량화하는 방법이다. 이러한 면접법을 사용할 경우에는 두 명 이상의 면접자가 동일한 평가를 하는 정도를 반영하는 평가자 간의 일치도(interrater reliability)에 의해서 그 객관성을 평가하게 된다.

개인의 심리적 특성을 알아보는 한 방법은 그 사람이 어떻게 행동하는지를 잘 관찰하는 것이다. 행동은 내면적인 심리적 특성이 밖으로 드러난 것이기 때문이다. 행동관찰법(behavior observation)은 개인이 특정한 상황에서 어떤 행동을 하는지를 유심히 관찰하여 그 행동의 내용을 구체적으로 기술하고 그 빈도나 강도를 수량화하는 방법이다. 이러한 행동관찰의 내용은 그 사람의 심리적인 특성을 평가하는 객관적인 자료가 된다.

질문지법(questionnaire method)은 연구자가 묻고자 하는 사항을 문장으로 기술한 문항을 제시하고 피검자로 하여금 그 문항에 대한 자신의 상태를 응답하게 하는 방법이다. 이 방법은 많은 심리검사에서 채택하고 있는데 NEO 성격질문지(NEO-PI-R), 다면적 인성검사(MMPI), 성격유형검사(MBTI) 등과 같은 자기보고형 검사가 이러한 질문지법을 사용한 대표적인 심리검사다.

개인의 성격을 평가하는 또 다른 방법은 해결해야 할 과제를 주고 그 사람이 그 과제를 어떻게 수행하는지를 보는 방법이다. 과제수행법(task performance)은 평가하고자 하는 심리적 특성이 요구되는 과제를 주고 그 과제의 수행에 소요된 시간, 수행반응의 내용 및 정확도, 수행방식 등의 면에서 과제수행반응을 객관적으로 수량화하고 이를 통해 심리적 특성을 평가하는 방법이다. 특정한 성격특성(예: 외향성, 정서적 불안정성)을 지닌 사람들에게 다양한 과제(예: 표정을 통한 정서상태의 판단과제, Stroop 과제와 같은 인지적 과제)를 수행하게 하고 그 결과를 분석하여 그러한 성격특성과 관련된 다양한 심리적 특징을 밝혀낼 수 있다.

성격과 관련된 심리생리적 반응 특성을 측정하기 위해서 심리생리적 측정법이 사용되기도 한다. 심리생리적 측정법(psychophysiological measurement)은 뇌파, 심장박동, 혈압, 근육긴장도, 피부전기저항반응 등의 생리적 상태를 측정할 수 있는 측정도구를 통해 심리적 상태나 특성을 평가하는 방법이다. 이 밖에도 성격과 관련된 뇌의 구조적 특성이나 생리적 활동을 측정하기 위해서 전산화된 단층촬영술(CT), 자기공명영상술(MRI), 양전자방출 단층촬영술(PET) 등과 같은 뇌영상술(brain imaging)이 사용되기도 한다.

Block(1993)은 성격연구에 사용되는 연구자료를 그 속성에 따라 크게 네 유형으로 구분하여 'LOTS자료'라고 제시하고 있다. 이러한 분류는 성격의 평가방법에 의한 것이 아니라 연구자료가 성격의 어떤 측면을 나타내느냐에 의한 것이라고 할 수 있다.

L자료(Life-record data)는 생활기록 자료로서 개인의 성장과정, 가족관계, 현재 생활상황 등과 같은 개인의 생활사에 관한 자료를 뜻한다. 이러한 자료는 개인의 성격이 형성된 과정을 이해하는 데에 도움이 된다. 특히 사례연구에서는 L자료가 중요한 역할을 하게 된다.

O자료(Observer-rating data)는 관찰자 평정자료로서 연구자 또는 개인을 잘 알고 있는 사람(예: 부모, 교사, 배우자, 친구)이 개인에 대해서 관찰한 자료를 의미한다. 타인은 사회적 거울이라는 말이 있듯이, 다른 사람의 눈을 통해 관찰된 자료는 개인의 성격을 이해할 수 있는 중요한 정보를 제공한다. O자료는 개인에 대한 관찰자의 언어적 보고뿐만 아니라 관찰자가 개인의 여러 속성을 Likert 척도(예: 1~4점)로 평정하여 수량화한 형태로 사용될 수 있다.

T자료(Test data)는 검사자료로서 표준화된 성격검사나 실험과제를 통해 수집된 객관적인 자료를 뜻한다. 개인에게 검사문항이나 실험과제를 제시하고 그 반응과 수행결과를 객관적으로 측정함으로써 개인의 성격특성을 평가할 수 있다.

S자료(Self-report data)는 자기보고 자료로서 개인이 자신에 관해 스스로 설명하거나 질문에 대해 응답한 자료를 의미한다. 개인의 행동은 주관적인 생각과 믿음에 의해서 유발될 뿐만 아니라 중요한 내면적 경험들은 외현적 행동으로 표출되지 않기 때문에 제3자에 의해서 관찰될 수 없다. 자기보고 자료는 성격을 반영하는 내면적 경험과 주관적인 생각을 평가할 수 있는 중요한 자료가 된다.

의 사망 등)을 한 사람들과 그렇지 않은 사람들의 성격특성을 다시 측정함으로써 외상경험이 특정한 성격의 변화에 미치는 영향을 살펴볼 수 있을 것이다. 이러한 종단적 연구는 실제 생활에서 일어나는 경험과 성격의 인과적 관계를 연구할 수 있는 장점이 있는 반면, 많은 사람을 대상으로 장기간 동안 연구를 진행해야 한다는 단점이 있다.

---

7. 성격심리학의 역사

심리학의 과거는 길지만 역사는 짧다. 심리학의 과거는 서양의 경우 고대 그리스의 Aristotle로 거슬러 올라갈 수 있지만, 현대 심리학의 역사는 19세기 후반 독일의 Wilhelm Wundt가 인간의 지각과정을 실험실에서 연구하면서 시작되었다. 성격심리학 역시 역사는 짧지만 그 과거는 길다. 현대의 성격심리학이 시작된 것은 20세기 초반이지만, 성격에 대한 학문적 관심은 기원전의 고대사회로 거슬러 올라간다. 고대 그리스의 의학자인 Hippocrates(460~377 BC)는 인체를 구성하는 네 종류의 체액, 즉 혈액, 흑담즙, 황담즙, 점액 중 어떤 체액이 우세하냐에 따라서 개인의 성격과 행동방식이 달라진다고 주장했다. 로마의 의학자인 Galen(129~200 AD)은 Hippocrates의 체액론을 발전시켜 인간의 기질을 다혈형, 우울형, 점액형, 담즙형으로 분류함으로써 최초의 기질 유형론을 제시하였다.

성격은 시대와 장소를 막론하고 인간의 주요한 관심사였기 때문에 이후에도 많은 주장이 제기되었다. 주로 철학자나 의학자에 의해서 인간의 성격은 다양한 방식으로 분류되고 그러한 성격이 형성되는 원인에 대한 주장도 제시되었다. 그러나 이러한 주장은 개인의 주관적인 관찰과 사색에 근거한 것으로서 객관성이 부족하였다.

1) 성격심리학의 5가지 접근

인간의 심리적 현상을 엄격한 과학적 방법으로 연구하는 현대의 심리학은 19세기 후반에 태동되었다. 1879년 Wilhelm Wundt(1832~1920)가 독일의 Leipzig 대학에 심리학 실험실을 개설하고 인간의 정신현상에 대한 과학적 연구를 시작한 것이 현대 심리학의 효시로 여겨지고 있다. 미국에서는 William James(1842~1910)가 1900년에 『심리학의 원리(*Principles of Psychology*)』를 발간하여 심리학의 주된 연구주제를 제시함으로써 미국심리학의 아버지로 여겨지고 있다. 현대 심리학이 태동된 이후로 성격심리학은 크게 5가지의 접근을 통해 발전해 왔다.

그 첫째는 20세기 초에 유럽에서 시작된 정신분석적 접근이다. Freud는 20세기가 시작되는 1900년에 『꿈의 해석(*The Interpretation of Dreams*)』을 발간하여 정신분석학 이론을 창시했으며 이후 많은 저술을 통해서 성격에 대한 심층심리학적 이론을 제시하였다. 미국 심리학자이자 Columbia 대학의 총장이었던 Stanley Hall의 초청으로 1909년에 Freud가 미국을 방문하면서 정신분석학이 미국에 전파되었다. 한때 Freud의 동료였던 Jung과 Adler는 의견차이로 각자 독립적인 연구를 수행하여 분석심리학과 개인심리학을 제창하였다. 정신역동적 입장은 그 영향력이 점차 약화되고 있지만 개인의 전체적 성격을 설명하고 있을 뿐만 아니라 무의식의 심층심리를 제시하고 있다는 점에서 현재까지 성격을 설명하는 중요한 이론적 입장으로서 그 위치를 유지하고 있다.

둘째는 미국에서 발전한 실험적 연구전통의 행동주의적 접근이다. 미국에서는 20세기 초반에 정신분석적 접근에 반대하며 엄격한 과학적 연구를 강조하는 행동주의 심리학이 대두되었다. 개인의 내면적 요인보다는 환경적 요인을 강조한 행동주의 심리학에서는 환경에 의해서 학습되거나 강화된 행동 패턴 또는 습관적 행동으로서 개인의 성격적 특성이 연구되었다. Pavlov에 의한 고전적 조건형성, Skinner를 위시한 조작적 조건형성, Bandura에 의해 사회적 학습이론이 제시되었다. 1970년 이후 행동주의적 이론은 인지혁명의 영향을 받

심리학의 태동에 기여한 Wilhelm Wundt(왼쪽)와 William James

아 성격의 사회인지이론과 정보처리이론으로 발전하였다.

셋째는 상관적 연구전통에 근거한 특질이론적 접근이다. 성격심리학이 심리학의 중요한 연구분야로 주목받게 된 것은 미국의 심리학자인 Gordon Allport가 1937년에 『성격: 심리학적 해석(*Personality: A Psychological Interpretation*)』을 발간하면서부터다. 이 책에서 Allport는 성격의 분석단위로서 특질(trait)이라는 개념을 제시하였다. 이를 계기로 성격특질을 측정하는 다양한 심리검사들이 개발되면서 본격적인 성격심리학의 연구가 시작되었다. 1949년에는 Cattell이 16개의 성격특질을 제시하고 그러한 특질을 측정하는 성격검사인 16PF를 발간했으며 1960년에 Eysenck는 성격질문지를 개발하고 성격의 3요인 이론을 제시하였다. 이후에 성격을 구성하는 특질의 수에 대한 논란이 제기되었으나 여러 요인분석 연구에서 5개의 특질이 공통적으로 발견되었다. 1981년에 Goldberg는 이러한 5개의 성격특질을 'Big Five'라는 별칭으로 불러 관심을 끌었다. 1985년에 Costa와 McCrae가 성격의 5요인을 측정하는 NEO 성격질문지(NEO-PI)를 개발하고 여러 연구를 통해서 5요인의 안정성과 문화보편성을 밝히면서 성격의 5요인 이론은 대표적인 특질이론으로 자리 잡게 되었다.

넷째는 인간의 성격에 대한 긍정적 관점을 제시한 인본주의적 접근이다. Rogers와 Maslow는 정신분석과 행동주의 심리학을 비판하면서 인본주의 심리학을 제시하였다. 1942년에 Carl Rogers가 인간의 자기실현 경향성을 강조하는 인간중심치료(person-centered therapy)를 제시했으며 1954년에 Abraham Maslow는 『동기와 성격(*Motivation and Personality*)』을 발간하고 자기실현을 정점으로 하는 동기의 위계적 발달이론을 제시했다. 인간의 성장지향 동기와 자기실현적 인간상을 제시함으로써 성격심리학의 발전에 기여한 인본주의적 접근은 체계적인 이론과 실증적인 연구방법의 부재로 인해서 쇠락하였다. 그러나 최근에 대두된 긍정심리학을 통해서 인간의 긍정적 측면을 강조하는 인본주의 심리학의 기본정신이 이어지고 있다.

마지막으로 다섯째는 인간의 사고과정을 강조하는 인지주의적 접근이다. 1955년에 미국의 심리학자인 George Kelly는 『개인적 구성개념의 심리학(*Psychology of Personal Construct*)』을 발간하여 개인의 성격과 행동을 이해함에 있어서 인지적 요인의 중요성을 강조했다. 1958년에는 Albert Ellis가 합리적 정서치료(rational emotive therapy)를 제안했으며 1964년에 Aaron Beck은 인지치료(cognitive therapy)를 제시했다. 1950년대에 인지혁명과 더불어 정보처리이론이 발전하면서 성격에 대한 인지주의적 이론이 급격하게 발전하였다. 인지주의적 이론은 임상적 연구전통에서 시작되었으나 이후에 실험적 연구전통과 통합되어 객관적 과학성과 임상적 유용성을 확보함으로써 성격심리학뿐만 아니라 임상심리학에서도 각광을 받게 되었다. 1970년대에 인지주의적 접근은 행동주의적 접근과 접목되면서 정신장애를 설명하고 치료하는 인지행동적 접근으로 발전하였다.

2) 성격심리학의 최근 추세

성격심리학은 심리학의 핵심 분야로서 지난 세기 동안 많은 발전을 이루었다. 21세기에 접어든 현재에도 성격에 관한 수많은 연구가 세계 곳곳에서 진행되고 있다. 다양한 주제에 대한 연구가 진행되고 있으나 최근의 성격심리학 연구는 몇 가지 추세로 요약할 수 있다.

그 첫째는 성격의 분석단위가 다양화되고 있다는 점이다. 개인의 성격 전체로부터 특질(trait), 심리도식(schema), 자기(self), 심리양식(mode), 행동각본(script)

표 1-1   성격심리학의 발전에 기여한 주요 사건들

1879	Wilhelm Wundt가 독일의 Leipzig 대학에 심리학 실험실을 개설함으로써 현대 심리학의 효시를 이루다.
1900	William James가 『심리학의 원리』를 발간하여 심리학의 이론적 기초를 마련하다.
1900	Freud가 『꿈의 해석』을 발간하여 정신분석이론을 제시하다.
1906	Pavlov가 고전적 조건형성을 발견하다.
1915~ 1918	미국심리학자들이 제1차 세계대전 동안 참전군인의 선발을 위한 최초의 집단용 성격검사(Personal Data Sheet)를 개발하다.
1921	Jung이 『성격유형론』을 발표하다.
	Rorschach가 최초의 투사적 검사인 로르샤흐 검사를 개발하다.
1927	Adler가 『개인심리학의 이론과 실제』를 발표하다.
1937	Allport가 『성격: 심리학적 해석』을 발간하여 성격심리학 연구의 토대를 제시하다.
1938	Murray가 『성격의 탐구』를 발간하다.
1940	Hathaway와 McKinley가 다면적 인성검사(MMPI)를 개발하다.
1942	Rogers가 인간중심치료를 제안하다.
1949	Cattell이 16개의 성격요인 검사(16PF)를 발행하다.
1953	Skinner가 조작적 조건형성의 원리를 발표하다.
1954	Maslow가 『동기와 성격』을 발간하다.
1955	Kelly가 『개인적 구성개념의 심리학』을 발간하다.
1958	Ellis가 합리적 정서치료를 제안하다.
1960	Eysenck가 성격의 3요인 이론을 제시하다.
1961	Tupes와 Charital이 처음으로 성격의 5요인 구조를 제안하다.
1963	Norman이 성격의 5요인 구조를 주장하다.
	Erickson이 『아동기와 사회』를 발간하다.
1968	Mischel이 '개인-상황 논쟁'을 제기하다.
1976	Beck이 동료들과 함께 『우울증의 인지치료』를 발표하다.
1977	Bandura가 자기효용감 이론을 제시하다.
1981	Goldberg가 성격 5요인에 대해서 'Big Five'라는 별칭을 붙이다.
	Carver와 Scheier가 자기조절이론을 제시하다.
1985	Costa와 McCrae가 성격의 5요인을 측정하는 NEO성격질문지(NEO-PI)를 발행하다.
1990	McCrea와 Costa가 성격 5요인의 안정성과 문화보편성을 밝히다.
	Beck와 Freeman이 『성격장애의 인지치료』를 발간하다.
	Plomin이 성격의 유전적 영향을 강조한 『천성과 양육』을 발간하다.
1991	Buss가 「진화론적 성격심리학」을 발표하다.
	Millon이 『새로운 성격학의 모색: 진화론적 모델』을 발간하다.
1994	미국정신의학회가 『DSM-IV』에서 성격장애의 10가지 하위유형을 제시하다.
	Cloninger가 기질-성격척도(TCI)를 발행하다.
1995	Mischel과 Shoda가 성격의 인지-정서체계이론을 발표하다.
1998	Seligman이 긍정심리학을 제창하다.
1999	Bandura가 성격의 사회인지이론을 발표하다.
2000	Deci와 Ryan이 자기결정이론을 제시하다.
2003	Young이 성격장애의 통합적 치료법인 『심리도식치료』를 발간하다.
2004	Peterson과 Seligman이 『성격강점과 덕목』을 출간하여 성격강점의 분류체계를 제시하다.
	Beck, Freeman과 Davis가 『성격장애의 인지치료』(3판)를 발간하다.
2013	미국정신의학회에서 발행한 『DSM-5』에서 최초로 성격장애의 분류와 성격 5요인 이론을 통합한 대안모델을 제시하다.

에 이르기까지 다양해지고 있다(Pervin, 2006). 거시적 관점에서 성격 전체를 통합적으로 설명하고자 하는 거대이론에서부터 성격의 세부적인 분석단위를 미시적으로 정교하게 설명하는 미세이론에 이르기까지 다양한 연구가 진행되고 있다.

둘째, 성격과 상황의 상호작용에 대한 연구가 대세를 이루고 있다. 개인의 행동을 예측함에 있어서 성격 요인의 설명력에 의문을 제기하는 개인-상황 논쟁(person-situation controversy) 이후로 성격 개념에 대한 회의와 함께 성격의 연구가 일시적으로 위축되었다. 그러나 최근에 개인의 행동을 설명하고 예측하는 데에는 상황 요인뿐만 아니라 성격 요인을 함께 고려하는 것이 필수적이라는 결론에 도달하게 되면서 다시 성격 연구가 활발해지고 있다. 현대의 많은 실증적 연구들은 어떤 성격특성을 지닌 사람이 어떤 사회적 상황에서 어떤 행동적 반응을 나타내는지에 초점을 맞추고 있다(Funder, 2008).

셋째, 인간의 성격과 행동을 설명하고 예측하는 데에 있어서 인지적 요인의 중요함이 더욱 부각되고 있다. 성격심리학 연구의 중요한 관심사는 성격이 상황적 요인과 상호작용하여 특정한 행동을 산출하는 심리적 과정에 있다. 개인이 사회적 상황을 어떻게 인식하고 해석하느냐에 따라 행동이 달라지기 때문이다. 이렇게 사회적 상황을 해석하는 방식은 성격과 밀접히 연결되어 있다. 성격을 구성하는 인지적 요인들, 즉 자신과 세상에 대한 신념, 인지도식, 자기개념, 귀인 등에 대한 연구가 증가하고 있다(Pervin, 2003). 성격의 사회인지적 모델들은 개인이 사회적 상황을 특정한 방향으로 해석하여 행동하게 만드는 인지적 과정에 초점을 맞추고 있다. 특정한 상황에서 나타나는 개인의 행동을 설명함

에 있어서 성격이라는 조절 변인(moderator)과 심리적 과정이라는 매개 변인(mediator)의 역할을 탐색하는 것은 현대 성격심리학 연구의 중요한 주제다(Mischel & Shoda, 2008).

넷째, 인간의 성격을 생물학적 관점에서 설명하려는 접근이 활발해지고 있다. 1990년대에 발전한 진화심리학의 관점에서 인간의 성격과 행동을 설명하려는 다각적인 시도가 이루어지고 있다(Buss, 1991). 특히 인간의 본성과 남녀의 성격차이를 설명하는 데에 진화심리학적 관점이 커다란 기여를 하였다. 또한 유전생물학과 신경과학이 발전하면서 유전적 요인과 뇌의 신경생리학에 근거하여 성격과 행동을 설명하려는 다양한 이론(예: Cloninger의 심리생물학적 이론)이 제시되고 있다(Canli, 2008; Krueger & Johnson, 2008).

마지막으로 성격의 극단적 형태, 즉 성격장애와 성격강점에 대한 관심이 증가하고 있다. 최근에 발간된 정신장애 분류체계인 DSM-5(American Psychiatric Association, 2013)에서는 성격의 5요인 이론과 접목한 성격장애의 진단기준이 대안모델로 제시되었다. 성격장애의 심리적 특성을 다각적으로 탐색하는 연구가 진행되고 있을 뿐만 아니라 성격장애의 다양한 치료법들이 개발되고 있다(Beck, Freeman, & Davis, 2004; Young, Klosko, & Weishaar, 2003). 또한 최근에 긍정심리학이 발전하면서 성격의 긍정적 측면에 대한 관심이 증가하고 있다. 2004년에 Peterson과 Seligman에 의해서 성격적 강점과 미덕에 대한 분류체계가 제시되었으며 성격강점을 함양하는 다양한 방법에 대한 연구가 이루어지고 있다. 이처럼 성격의 변화에 대한 관심이 증가하고 있으며 특히 성격장애의 치료와 성격강점의 육성은 심리학의 중요한 관심사가 될 것으로 전망된다.

요약

1. 인간은 사회적 동물이다. 인간관계 속에서 행복한 삶을 누리기 위해서는 상대방의 성격을 잘 이해하는 동시에 자신의 성격 또한 잘 이해하는 것, 즉 지피지기(知彼知己)의 노력이 중요하다. '한 사람을 이해하는 것'의 핵심은 그 사람의 성격을 이해하는 것이다. 한 사람의 성격을 이해하는 것은 그 사람의 가장 본질적인 모습, 즉 진면목을 이해하는 것이라고 할 수 있다.

2. 성격심리학의 일차적 관심은 성격의 개인차(individual difference)를 이해하고 설명하는 것이다. 개인의 성격은 개인적 특성뿐만 아니라 인간보편적 특성과 집단공유적 특성을 포함하는 3층 구조를 지닌 것으로 이해될 수 있다. 한 인간을 이해하기 위해서 이러한 세 가지 측면의 통합적 이해가 필요하다.

3. 성격은 다양하게 정의되고 있지만 동기, 인지, 정서, 행동에 있어서 개인의 독특성, 일관성, 안정성을 설명하는 구성개념으로서 내면적인 구조와 역동을 지닌 심리적 조직체로 가정되고 있다.

4. 성격심리학은 경험과학으로서 성격에 관한 현상을 기술하고 그 원인을 설명할 뿐만 아니라 성격과 행동의 예측과 통제를 지향하는 심리학의 핵심 분야다. 성격심리학은 성격의 현상적 기술과 분류, 성격의 구조와 심리적 과정, 성격의 결정요인(선천적 요인과 후천적 요인), 성격의 발달과 변화, 인간의 본성과 집단의 성격 등과 같은 다양한 주제를 탐구한다.

5. 성격심리학의 연구는 역사적으로 크게 세 가지의 연구전통, 즉 임상적 전통, 상관적, 전통, 실험적 전통에 의해서 이루어졌다. 임상적 연구전통은 심리적 장애를 지닌 환자를 치료하는 과정에서 사례연구를 통해 성격의 구조와 역동을 설명하는 이론을 제시한 반면, 상관적 연구전통은 성격에 관한 측정자료들 간의 상관관계를 통계적으로 분석함으로써 성격의 기본적 특질을 제시했다. 실험적 연구전통은 실험실에서 개인의 성격에 영향을 미치는 요인을 조작하고 그 결과를 통해 성격에 영향을 미치는 원인적 요인을 밝히려는 데 기여했다.

6. 과학으로서의 성격심리학은 성격에 대한 객관적 평가와 측정에서 출발한다. 성격심리학의 연구에서는 개인의 성격을 평가하기 위해서 면접법, 행동관찰법, 질문지법, 과제수행법 등의 다양한 평가방법이 사용된다.

7. 현대의 성격심리학은 20세기 초반에 시작되었으며 크게 5가지의 접근, 즉 정신분석적 접근, 행동주의적 접근, 특질이론적 접근, 인본주의적 접근, 인지주의적 접근을 통해서 발전해왔다.

8. 성격심리학 최근 연구추세는 (1) 성격 분석단위의 다양화, (2) 성격과 상황의 상호작용을 통한 행동 예측, (3) 성격의 이해에 있어서 인지적 요인의 중요성 부각, (4) 성격에 대한 생물학적 기반의 탐색, (5) 성격장애와 성격강점에 대한 관심의 증가로 요약될 수 있다.

제1부

:

성격의 현상적 이해

제2장

성격의 유형과 특질

1. 성격유형론

한 사람을 이해하기 위해서는 그의 성격을 파악하는 것이 핵심이다. 특히 밀접한 관계를 통해서 우리의 삶에 커다란 영향을 미칠 사람의 경우에는 그의 외모나 학벌보다 성격을 이해하는 것이 더 중요하다. 성격의 이해를 통해서 그가 앞으로 우리와의 관계에서 어떤 행동 패턴을 나타낼지를 예상할 수 있기 때문이다.

개인의 성격은 어떻게 이해할 수 있을까? 백인백색(百人百色)이듯이, 사람마다 각기 성격이 다르다. 또한 어떤 사람이든 개인의 성격특성은 결코 단순하지 않다. 성격의 다양성과 복잡성을 이해하는 것은 매우 어려운 일이다. 인간의 성격은 이 세상에서 가장 이해하기 어려운 복잡한 현상이라고 할 수 있다.

다양하고 복잡한 현상을 좀 더 단순한 방식으로 이해하기 위해서 인간이 흔히 사용하는 방법이 바로 분류

(classification)다. 복잡한 현상을 유사성에 근거하여 몇 개의 덩어리로 단순화하는 것이다. 인간의 다양한 성격을 몇 가지 유형으로 분류하고 개인을 그중 하나의 성격유형에 속하는 것으로 간주하여 그 사람의 성격 전반을 이해하고자 하는 것이 성격유형론이다. 성격유형론은 인간의 다양한 성격을 이해하는 매우 거친 방법이지만 일반인들에게는 매우 흥미로운 것으로 여겨지고 있다.

인간의 성격을 몇 가지 유형으로 분류하려는 노력은 고대부터 매우 다양하게 이루어졌다. 단순한 기준에 의해 사람의 성격을 몇 가지 유형으로 구분하여 손쉽게 파악하려는 인간의 욕구는 매우 보편적이고 강렬한 것이다. 동서고금을 통해 매우 다양한 성격유형론이 제시되었으며 이들 중에는 상당한 설득력을 지닌 것도 있지만 비과학적인 근거에 의한 허황한 것도 있다.

1) 체질에 근거한 성격유형론

고대 그리스의 의학자인 Hippocrates(460~377 BC)는 인간의 성격을 체액에 따라 네 가지 유형으로 분류했다. 그에 따르면, 인간의 몸은 네 종류의 체액, 즉 혈액, 흑담즙, 황담즙, 점액으로 구성되어 있으며 어떤 체액이 우세하냐에 따라서 개인의 성격과 행동방식이 달라진다. 인간의 감정, 기분, 행동은 네 가지 체액의 과잉이나 부족에 의해서 영향을 받는다. Hippocrates의 체액론은 인간의 성격이 신체적 조건에 따라 달라진다고 주장한 최초의 생물학적 성격이론이라고 할 수 있다.

로마 시대의 의학자인 Galen(129~200 AD)은 Hippocrates의 체액론을 발전시켜 좀 더 구체적인 기질유형론을 제시했다. 그는 뜨거움-차가움과 건조함-다습함의 두 차원에 따라 사람들의 기질을 네 가지의 유형, 즉 다혈형, 우울형, 점액형, 담즙형으로 분류하고 각 유형의 기질과 성격특징을 다음과 같이 제시했다. 혈액이 우세한 다혈형(sanguine)은 낙천적이고 활동적인 리더와 같은 기질을 지니는 반면, 흑담즙을 많이 지닌 우울형(melancholic)은 조용하고 생각이 많은 사색

가와 같은 성격을 지닌다. 점액이 우세한 점액형(phlegmatic)은 느긋하고 온화한 평화주의자의 기질을 지니는 반면, 담즙이 많은 담즙형(choleric)은 성질이 급하고 공격적인 전사의 성격을 지닌다.

이 밖에도 체액에 근거한 다양한 성격유형론이 제시되었다. 예컨대, 이슬람 문화의 황금시대에 활약했던 페르시아 대학자인 Avicenna(980~1037 AD)는 체액에 근거한 네 가지 기질유형을 제시하고 각 유형의 정서적 측면, 정신능력, 도덕적 태도, 자기자각, 움직임과 야망을 설명하는 성격이론을 발전시켰다. 영국의 식물학자이자 천문학자인 Nicholas Culpeper(1616~1654)는 체액이 별자리와 연합되어 신체적 건강뿐만 아니라 성격에도 영향을 미친다고 주장하기도 했다. 이후에도 Immanuel Kant, Ernst Kretschmer, Alfred Adler, Eric Fromm 등은 네 가지 체액유형론을 다른 명칭으로 이론화하여 제시하였다.

Hans Eysenck(1916~1997)는 네 가지 성격유형론을 심리학이론으로 설명한 최초의 학자라고 할 수 있다. 그는 요인분석이라는 통계적 방법을 사용하여 두 개의 요인, 즉 사교적인 활동을 좋아하는 외향성(Extraversion)과 부정적인 감정을 쉽게 경험하는 신경과민성(Neuroticism)을 발견했다. 이러한 두 성격요인의 높고 낮음에 따라서 네 가지 성격유형을 구분하였으며 이러한 성격유형은 생물학적인 요인(뇌의 구조와 기능)에 근거한다고 주장했다. Eysenck가 주장한 성격유형론은 그 도출 근거와 방법이 다르지만 각 유형의 성격특징은 고대의 기질유형론과 상당히 유사한 점이 있다.

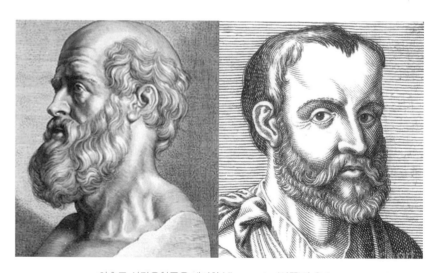

최초로 성격유형론을 제시한 Hippocrates(왼쪽)와 Galen

 사상체질과 성격

　우리나라에서도 체질에 근거한 네 가지의 성격유형론이 제시된 바 있다. 조선 후기의 한의학자인 이제마(李濟馬, 1836~1900)는 주역(周易)의 태극설인 태양(太陽), 소양(小陽), 태음(太陰), 소음(小陰)의 사상(四象)을 인체에 적용하여 기질과 성격을 네 가지 유형으로 나누었으며 그에 적절한 치료방법을 제시한 '사상의학(四象醫學)'을 창안하였다. 이제마가 사상의학에서 제시한 네 가지의 사상체질과 기질유형은 일종의 성격유형론이라고 할 수 있다.

　태양인(太陽人)은 폐대간소(肺大肝小)하여 폐가 실하고 간이 허한 체질이므로 상체가 발달하고 하체는 약한 편이다. 대체로 체형은 마르고 키가 큰 편으로서 목 부위가 굵고 머리가 크며, 눈에서 광채가 나고, 허리와 다리가 약하여 오래 앉아 있거나 오래 걷는 것을 싫어하며, 눕거나 기대기를 좋아한다. 성격특징은 용의 성질을 가졌으며, 과단성 있고, 머리가 명석하며, 독창적인 일을 잘 하고 대인관계가 능하다. 또한 진취적 기상이 충만하며 고집이 강한 성격이라서 굽힐 줄을 잘 모른다.

　태음인(太陰人)은 간대폐소(肝大肺小)하여 간이 실하고 폐가 허한 체질이므로 허리가 발달하고 목 부위가 약하다. 대체로 체형은 살이 많고 골격이 큰 편으로서 상체보다 하체가 튼튼하고 얼굴의 윤곽이 뚜렷한 편이다. 성격특징은 소의 성질을 지녔으며, 고집과 욕심이 많고 대범하여 일의 착수는 느리나 한번 시작한 것을 끝까지 완수하는 강한 지구력의 소유자다. 기질이 무겁고 점잖으며 민첩하지 못하고 잘 움직이려 하지 않는다.

　소양인(少陽人)은 비대신소(脾大腎小)하여 비장이 실하고 신장이 허한 체질이므로 가슴이 발달하고 허리 아래 부위는 약하다. 대체로 체형은 뚱뚱하지 않은 편이며, 걸음걸이가 빠르고, 피부는 희고 윤기가 적으며, 땀이 별로 없는 편이다. 성격특징은 말의 성질을 가졌으며, 성격이 급하고 예민하며 민첩하나 꾸준하지 않다. 빠르고 똘똘한 기상을 가졌으며, 가만히 있지 못하고 항상 무언가를 도모하는 경향이 있다.

　소음인(少陰人)은 신대비소(腎大脾小)하여 신장이 실하고 비장이 허한 체질이므로 상체보다는 하체가 발달하였으나 전체적으로 균형이 잘 잡혀 있다. 대체로 키가 작거나 보통 정도이며 피부가 매우 부드럽고 땀이 적은 편이다. 성격특징은 당나귀의 성질을 지녔으며 온순하고 소심하며 윗사람을 받들고 아랫사람을 다스리는 데 능숙하다. 기상은 단정하고 태평하며 밖으로 돌아다니지 않고 항상 집안에 머무르려는 경향이 있다.

2) 체형에 근거한 성격유형론

　독일의 정신의학자인 Ernst Kretschmer(1888~1964)는 체형(body type)에 따라 성격특징이 다르다고 주장했다. 그는 체형을 네 가지 유형으로 나누고 각각의 성격특징을 제시했을 뿐만 아니라 각 유형이 극단적인 경우에 나타나는 정신장애까지 제시했다. 예컨대, 뚱뚱한 체형인 사람들은 사교적이고 호의적이며 의존적인 성격을 지니고 극단적인 경우에는 조울증을 나타내는 반면, 마른 체형의 사람들은 내성적이고 소심하며 극단적인 경우에는 정신분열증을 나타낼 수 있다고 주장했다.

관상학: 얼굴모습과 성격의 관계

개인의 성격을 알고자 하는 욕구는 동서고금을 막론하고 보편적인 것이다. 그러나 성격은 내면적인 심리적 특성이므로 파악하기가 쉽지 않다. 그래서 쉽게 관찰할 수 있는 신체적 특징이나 외적인 정보에 근거하여 성격을 판단하려는 시도가 다양하게 이루어졌다. 얼굴모습을 보고 성격을 파악하려는 관상학(觀相學)을 비롯하여 발의 형태에 근거한 족상학(足相學), 글씨체를 분석하여 성격을 추정하는 필적학(筆跡學), 출생시점에 근거하여 성격과 운명을 판단하려는 사주명리학(四柱命理學) 등이 그것이다.

관상학(觀相學, physiognomy)은 인간의 외모(특히 얼굴)에 근거하여 그 사람의 성격을 파악하려는 유사과학 분야다. 사람을 만났을 때 가장 먼저 접하게 되는 얼굴의 외형적 특성에 근거하여 내면적인 성격을 파악할 수 있다는 주장은 매우 매력적인 것으로서 동서양을 막론하고 고대부터 시작되었다. 서양의 경우, 그리스 시대에 외모가 성격특성과 관련되어 있다는 주장이 제기되었으며 그 이후 중세시대를 통해 지속적으로 발전하였다. 동양의 경우는 중국 춘추시대(春秋時代)의 진(晉)나라에 살고 있던 고포자경(姑布子卿)이라는 사람이 공자(孔子)의 얼굴을 보고 장차 대성인(大聖人)이 될 것을 예언한 데서 관상학이 유래했다고 전해진다. 관상학이 우리나라에 들어온 것은 신라시대로 알려져 있으며 고려와 조선 시대에 유행하면서 얼굴모습이 성격과 관련된다는 생각이 널리 유포되었다.

관상학은 여러 분파로 나눌 수 있으나 다음과 같은 네 가지의 얼굴특성에 근거하여 개인의 성격과 운명을 예측하고자 한다. 그 첫째는 기본인상(基本人相)으로서 머리, 이마, 눈, 코, 입, 귀 등 중요한 부위를 관찰하고 다시 얼굴을 삼등분하여 위에서부터 이마의 윗선과 눈썹 사이의 미간에 이르는 상정(上停), 미간 이하 코의 끝에 이르는 중정(中停), 인중의 시작에서 턱의 끝부분에 이르는 하정(下停)으로 나누어 살펴본다. 둘째는 얼굴의 세부적인 특성을 십이궁(十二宮)으로 나누어 관찰하며 개인의 운명(출세운, 수명운, 결혼운, 재산운 등)을 예측하는 데 활용한다. 셋째는 찰색(察色)으로 여러 얼굴부위의 혈색을 관찰하여 기운과 에너지를 평가한다. 마지막으로, 얼굴의 특이한 속성(주름살, 사마귀, 점, 모발 등)과 동작(언어, 호흡, 식사, 걸음걸이, 앉은 모양 등)을 관찰한다.

얼굴의 관찰내용에 대한 해석방법은 다양하지만, 얼굴특성을 특정한 성격이나 운명과 연결하여 해석하는 것이 일반적이다. 예컨대, 이마가 넓으면 리더십이 있고, 눈이 옆으로 길게 찢어지면 부정적 감정을 공격적으로 표현하는 스타일이며, 귓볼이 길게 늘어지면 성격이 느긋하고, 입이 작고 처지면 강한 책임감과 중압감으로 스트레스가 많다는 식이다. 그러나 현재까지 어떤 외모 특성이 성격과 관련되어 있다는 과학적인 증거는 존재하지 않는다. 세계적인 과학학술지인 *New Scientist*의 2009년 2월호에 따르면, 사람의 관상과 성격 간에는 의미 있는 연관성이 발견되지 않았으며 관상학은 과학적 근거가 부족한 유사과학(pseudoscience)에 속하는 것으로 결론내리고 있다(Highfield, Wiseman, & Jenkins, 2009). 그럼에도 불구하고 여전히 일부의 사람들이 얼굴과 성격의 관련성을 믿는 것은 자기충족적 예언(self-fulfilling prophecy)과 포러 효과(Forer effect)에 의한 것으로 여겨지고 있다.

1940년대에 미국의 심리학자인 William Sheldon (1898~1977)은 Kretschmer의 영향을 받아 좀 더 정교한 성격유형론을 제시했다. 그는 체형을 세 가지의 유형, 즉 내배엽형(endomorphy: 비만체형), 중배엽형(mesomorphy: 근육체형), 외배엽형(ectomorphy: 마른체형)으로 분류하고 각 체형이 특정한 성격특질과 관련된다고 주장했다. 그에 따르면, 내배엽형은 내장긴장형(viscerotonics)으로서 유쾌하고 사교적인 성격을 지니며 안락함과 음식을 즐기는 경향이 있다. 중배엽형은 신체긴장형(somatotonics)으로서 열정적이고 지배적인 성격을 지니고 신체적 모험과 운동을 즐긴다. 반면, 외배엽형은 대뇌긴장형(cerebrotonics)으로서 내향적이고 예민하며 긴장된 성격을 지니고 수면에 어려움을 겪으며 몸을 움직이지 않고 혼자 있는 것을 좋아하는 경향이 있다. Kretschmer와 Sheldon의 주장은 그 당시 일반인의 인기를 끌었으나 현재 심리학계에서는 과학적 근거가 부족한 것으로 여겨지고 있다.

3) 혈액형에 근거한 성격유형론

우리 주변에는 혈액형이 성격과 밀접한 관련성을 지닌다고 믿는 사람들이 많다. 이러한 생각은 특히 한국을 비롯한 동아시아인에게 널리 퍼져 있다. 서양인의 경우에는 혈액형보다 별자리가 성격과 밀접하다는 생각을 널리 지니고 있다.

혈액형과 성격특성의 관계는 제2차 세계대전 중에 일본 학자에 의해서 주장되었다. 1927년에 동경여자사범대학 교수인 후루가와 다케지(古川竹二)는 「혈액형을 통한 기질의 연구」라는 논문을 *Psychological Research*라는 학술지에 발표했다. 혈액형이 성격특성과 관련되어 있다는 생각은 과학적인 근거가 부족한 것이었음에도 불구하고 일본에서 대중적인 인기를 얻었을 뿐만 아니라 그 당시 일본의 군국주의 정부는 이상적인 군인 양성과 선발을 위해 이러한 연구를 지원했다. 그러나 이 당시에 시행된 연구는 소수의 사람을 대상으로 이루어진 것으로서 일반화하기에는 매우 미흡한 것이었다.

또한 후루가와는 대만의 포모사인과 홋카이도의 아이누인을 대상으로 한 혈액형 분포를 비교했다. 이러한 연구가 이루어진 배경은 정치적인 사건과 관련되어 있다. 일본이 대만을 강점한 이후 원주민들은 점령군에게 강렬하게 저항했다. 후루가와의 연구목적은 강렬하게 저항하며 잔인하게 행동하는 대만인의 민족특성을 파악하는 것이었다. 대만인의 41%가 O형이라는 결과에 근거하여, 후루가와는 대만인의 저항성은 유전적으로 결정된 것이라고 주장했다. 반면에, 상대적으로 순종적인 모습을 보이는 아이누인들은 23%만이 O형이었다는 사실을 제시하며 혈액형 분포와 민족특성의 관련성을 주장했다. 이러한 연구결과에 근거하여 후루가와는 대만인의 O형 비율을 감소시키기 위해서 일본인과 대만인의 혼인을 증가시켜야 한다고 주장했다.

그 후에 이러한 주장은 퇴조했으나 1970년대에 방송인이었던 노미 마사히코(能見正比古)가 쓴 책 『혈액형 인간학(血液型 人間學)』이 선풍적인 인기를 끌면서 다시 부활했다. 노미의 책은 일화적인 경험에 의한 것으로서 과학적인 근거가 없었음에도 불구하고 일본사회에서 커다란 인기를 끌었다. 하지만 그 당시에 일본의 심리학계는 노미의 주장을 강력하게 비판한 바 있다.

일반적으로 네 가지 혈액형에 대한 성격특질은 다음과 같이 회자되고 있다. (1) A형은 보수적이고 내향적이며 인내심이 강하고 완벽주의적인 성향을 지니는 반면, 강박적이고 완고하며 자의식이 강하고 긴장도가 높다. 기본적으로 '농부'의 속성을 지니며 다른 사람을 배려하고 자신의 감정을 잘 드러내지 않는다. (2) B형은 창의적이고 융통성이 많으며 개인주의적이고 열정적인 반면, 자기중심적이고 약속을 잘 지키지 못하며 무책임한 경향이 있다. 기본적으로 '사냥꾼'의 속성을 지니며 독립적이고 타인에 대한 배려가 부족하다. 유독 한국에서는 B형에 대한 평판이 좋지 않다. 특히 B형 남자는 여자에게 처음에는 매력적으로 느껴지지만 나중에는 그렇지 못한 사람으로 판명되는 '나쁜 남자'로 여겨지고 있으며 좋은 남편감으로 여겨지지 않고 있다. 그러나 B형 여자에 대해서는 부정적인 인식이 없다. (3) AB형은 냉정하고 절제력이 강하고 합리적이며 적응력이 뛰어난 반면, 비판적이고 우유부단하며 이중성격적인 경향이 있다. '휴머니스트'로서 이성적이고 다른 사람과의 조화를 좋아하지만 믿지 못할 이중적인 모습을 나타내기도 한다. (4) O형은 야망이 있고 강인하며 자신감 있고 의지력이 강한 반면, 오만하고 둔감하며 무례하거나 허영심이 있다. 자기중심적이고 냉정하며 의심이 많고 일중독 경향성을 나타낸다. 기본적으로 '투사'의 속성을 지니며 행동적이고 열정적이어서 리더의 속성을 지니지만 성공과 승리에 대한 집착이 강해서 위험을 무시하는 투기적인 측면이 있다.

혈액형과 성격의 관련성은 과학적 근거가 있는 것일까? 20세기에 많은 연구가 이루어졌으나 혈액형과 성격특성의 관계에 대한 일관성 있는 결과는 나타나지 않았다. 예컨대, 일부 연구(예: Angst & Maurer-Groeli, 1974; Gupta, 1990)에서는 B형이 신경과민성이 높은 것으로 나타났으나, 다른 연구(Cattell, Boutourline, & Hundleby, 1964; Rinieris, Christodoulou, & Stefanis, 1980)에서는 신경과민성이 혈액형과 무관한 것으로 나타났다. Lester와 Gatto(1987)의 연구에서는 O형과 AB형이 높은 외향성을 지니는 것으로 나타났으나 Angst와 Maurer-Groeli(1974)의 연구에서는 AB형이 오히려 내향적인 것으로 나타났으며 Cattell 등(1964)의 연구에서는 외향성이 혈액형과 무관한 것으로 나타났다.

현재 심리학계에서 널리 받아들여지고 있는 성격의 5요인과 혈액형의 관계를 검증한 실증적 연구들이 실시되었다. 최근의 연구들(Cramer & Imaike, 2002; Rogers & Glendon, 2003; Wu, Lindsted, & Lee, 2005)에서는 혈액형이 성격 5요인과 무관한 것으로 나타났다. 특히 Wu 등(2005)은 대만 청소년 2,681명을 대상으로 NEO 성격질문지에 의해 측정된 성격 5요인과 혈액형의 관계를 분석한 결과, 성격특성은 혈액형과 무관한 것으로 나타났다. 최근에 국내에서도 주현덕과 박세니(2006)는 혈액형과 사랑유형 또는 연애태도와의 관련성을 조사한 바 있으나 어떠한 관련성도 발견하지 못했다.

이러한 연구결과를 종합하면, 혈액형과 성격은 특별한 관계를 지니지 않은 것으로 판단된다. 성격은 유전적 요인뿐만 아니라 다양한 후천적인 경험과 복잡한 심리적 과정을 통해서 형성되는 것이다. 혈액형만으로 개인의 성격을 판단하는 것은 지나치게 단순하고 무모한 일이다.

재미있는 사실 중 하나는 종족과 국가에 따라 혈액형의 빈도분포가 다르다는 점이다. 예컨대, 한국인과 일본인은 AB형(11%)이 약간 적지만 대체로 네 혈액형이 비슷한 분포를 이루는 반면, 서유럽인(영국인, 프랑스인, 이탈리아인들)은 O형과 A형이 각각 40% 수준으로 많고 B형과 AB형은 각각 10% 이내로 적다. 특히 미국과 페루의 인디언들은 O형이 70% 이상 압도적으로 많다. 혈액형과 성격의 관련성에 대한 믿음은 특정한 혈액형을 지닌 개인뿐만 아니라 특정한 인종이나 국민에 대한 편견과 고정관념을 초래할 수 있기 때문에 위험한 것이다.

요컨대, 혈액형과 성격특성의 관련성에 대한 믿음은 과학적 근거가 없는 잘못된 믿음이다. 그럼에도 불구하고 여전히 혈액형이 성격특성과 밀접하게 연관되어 있다는 믿음을 지닌 사람들이 많다. 이러한 믿음은 특히 한국과 일본 사회에 널리 퍼져 있다. 과학적 근거가 없음에도 많은 사람은 왜 혈액형과 성격의 관련성을 믿는 것일까? 성격특성이 혈액형뿐만 아니라 얼굴생김새, 체형, 별자리 등과 관련되어 있다고 믿는 사람들도 많다. 이러한 잘못된 믿음을 유지하게 되는 이유 중 하나는 바로 '포러 효과' 때문이다.

포러 효과: 과학적 근거가 없는 주장을 신봉하게 되는 이유

우리 사회에는 성격에 관한 근거 없는 고정관념과 편견이 널리 퍼져 있다. 성격이 얼굴모습, 사주(출생시점), 별자리, 혈액형 등과 밀접히 관련되어 있다는 믿음이 그 대표적인 예다. 특히 한국사회에는 혈액형과 성격의 관련성을 굳게 믿는 사람들이 많다. 이러한 믿음은 과학적인 근거가 없는 잘못된 것임이 밝혀졌음에도 불구하고 여전히 많은 사람이 그러한 믿음을 고수하는 심리적인 이유는 무엇일까?

포러 효과(Forer effect)는 일반적인 모호한 성격묘사를 자신에게 해당되는 것으로 잘못 판단하는 현상을 의미한다. 사람들은 자신의 성격을 묘사하는 것으로 어떤 내용을 제시하면, 사실은 그 내용이 대부분의 사람에게 해당하는 모호하고 일반적인 것임에도 불구하고, 그러한 성격 묘사가 자신에게 매우 정확하게 해당하는 것이라고 인식하는 현상을 말한다. 이러한 포러 효과는 사람들이 단순한 성격검사의 결과뿐만 아니라 점성술, 필적학, 종교적 예언의 경우처럼 근거가 부족한 주장을 널리 받아들이고 신봉하게 되는 이유를 설명하고 있다.

1948년에 미국 심리학자인 Bertram Forer는 대학생 집단에게 성격검사를 실시하고 1주일 후에 모든 학생에게 동일한 검사결과를 개인적으로 전달했다. 학생들에게 전달된 성격검사 결과는 13문장으로 이루어졌는데, 그 내용의 일부는 다음과 같다.

- 당신은 다른 사람들이 당신을 좋아하고 찬양해 주기를 바라는 욕구를 지니고 있다.
- 당신은 자신에 대해서 비판적인 경향을 지니고 있다.
- 당신은 아직 자신의 강점으로 발휘하지 못한 많은 능력을 지니고 있다.
- 당신은 겉으로 자신을 잘 조절하고 있는 듯이 보이지만 내면적으로는 걱정이 많고 불안정한 경향이 있다.

학생들에게 이러한 검사결과가 자신에게 얼마나 정확한지를 평가하게 한 결과, 5점 만점에 평균 4.26점으로 나타났다. 이러한 포러 효과는 여러 연구에서 반복적으로 검증되었으며 다양한 문화권에서도 동일하게 나타나는 것으로 확인되었다. 특히 피평가자가 검사결과를 자신에게만 해당하는 것으로 판단하고 성격묘사 내용을 자기 나름대로 해석하여 받아들이는 경우, 평가자의 권위를 신뢰하는 경우, 그리고 자신의 성격을 긍정적으로 묘사하는 경우에는 그 정확도를 더 높게 평가하는 것으로 나타났다.

포러 효과는 바넘 효과(Barnum effect)라고도 지칭되는데, 이는 1956년에 미국 심리학자인 Paul Meehl이 사이비 심리검사에서 사용하는 모호한 성격묘사를 지칭하기 위해서 당시의 유명한 연예인이었던 Phineas Barnum의 행위에 빗대어 언급한 데서 비롯되었다. Barnum은 다른 사람들을 장난삼아 잘 속이는 악명 높은 연예인이었다고 한다.

이 밖에도 근거 없는 주장을 믿게 되는 다양한 심리적 이유가 존재한다. 주관적 타당화(subjective validation)는 전혀 무관한 두 사건을 제시할 경우에 개인이 지닌 신념이나 기대로 인해서 두 사건이 서로 관련성을 지닌 것으로 잘못 인식하는 현상을 의미한다. 객관적인 증거에 근거하기보다는 개인의 주관적인 판단에 의해서 현상들 간에 상관관계나 인과관계가 있는 것으로 인식하고 그러한 생각을 타당한 것으로 믿게 되는 것을 말한다. 자신의 믿음과 일치하는 현상에는 선택적 주의(selective attention)를 기울이는 반면, 그렇지 않은 현상은 예외적인 것으로 무시할 수 있다. 자신의 믿음에 근거하여 이미 많은 선택과 행동을 해왔기 때문에 그와 반증되는 사실을 접하더라도 인지부조화(cognitive dissonance)를 피하기 위해 그러한 사실을 외면하거나 중요성을 평가절하할 수 있다. 또한 잘못된 것이지만 그러한 믿음으로 인해서 이해할 수 없었던 다양한 현상을 이해할 수 있게 되었을 뿐만 아니라 미래를 예측하거나 불운을 피할 수 있었다는 현실 왜곡적인 착각을 할 수도 있다. 이러한 잘못된 믿음은 개인의 행동에 영향을 미쳐서 그러한 믿음과 일치하는 결과를 유인하는 자기충족적 예언(self-fulfilling prophecy)에 의해서도 강화될 수 있다.

4) 에니어그램의 성격유형론

에니어그램(Enneagram)은 인간의 성격을 서로 연결된 9가지 유형으로 구분하여 직장적응이나 영성개발에 적용하고 있는 일종의 성격유형론이라고 할 수 있다. 그리스어로 9를 뜻하는 ennear와 도형을 뜻하는 grammos의 합성어로서 '9개의 점이 있는 도형'이라는 의미를 지니는 에니어그램은 [그림 2-1]에서 볼 수 있듯이 원, 삼각형, 육각 도형을 조합한 것으로서 각 꼭 지마다 성격유형을 의미하는 1~9의 숫자가 붙어 있다.

에니어그램은 인간의 성격을 9가지 유형, 즉 1번 유형(이성적이고 완벽주의적인 개혁가), 2번 유형(사교적이고 남을 도와주기 좋아하는 조력자), 3번 유형(야망이 있으며 지위와 명예를 추구하는 성취자), 4번 유형(자기중심적이고 창의적인 예술가), 5번 유형(분석력이 있으며 지식을 탐구하는 사색가), 6번 유형(책임감이 강하며 주어진 틀에 잘 적응하는 순응자), 7번 유형(낙천적이며 쾌락과 재미를 추구하는 풍류가), 8번 유형(리더십이 강하고 권력과 승리를 추구하는 지도자), 9번 유형(안정과 평화를 추구하며 넓은 포용력을 지닌 중재자)으로 구분하고 있다. 이러한 성

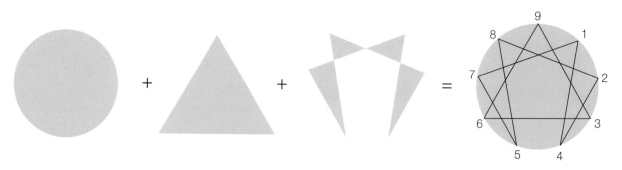

[그림 2-1] 세 도형을 조합한 에니어그램

격유형은 각기 독특한 성격특징, 장점과 단점, 집착과 열정, 대인관계 방식을 지니며 에니어그램의 연결선에 따라 서로 밀접한 관계를 지니고 있다. 각 유형은 인접한 성격유형의 요소를 부분적으로 지니고 있으며 삶의 과정에 따라 성격유형이 변화할 수 있는데, 자기성장과 의식수준이 증진됨에 따라 변화하는 성장 방향(예: 1번 유형 → 7번 유형 → 5번 유형 → 8번 유형 등)과 스트레스가 증가하는 시기의 후퇴 방향(예: 1번 유형 → 4번 유형 → 2번 유형 → 8번 유형 등)을 제시하고 있다.

에니어그램의 시작과 발달과정에 대해서는 논란이 많다. 구전으로 전해 내려온 고대의 지혜와 보편적 진리를 집대성한 것으로서 기독교, 불교, 이슬람교, 유태교 등 종교의 가르침과 여러 가지 철학을 반영한 것이라고 주장하고 있다. 구전으로 전해져 오던 에니어그램의 개념체계를 서구에 처음으로 소개한 것은 러시아의 신비주의자 George Gurdjieff다. 러시아 신비주의자이자 영적 지도자였던 Gurdjieff는 에니어그램을 만들었지만 9가지 성격유형을 제시하지는 않았다. 볼리비아 태생의 철학자 Oscar Ichazo가 현재의 에니어그램 성격유형론을 주장한 것으로 알려져 있다. Ichazo는 개인의 자아가 생의 초기에 영혼 내에서 고착되는 9가지 방식을 발견했다. 이러한 자아고착은 자기상의 핵심을 이루며 그 주변으로 심리적인 성격이 발달한다고 보았다. 그는 1950년대에 자기개발을 위한 프로그램에서 이러한 주장을 펼치기 시작했으며 칠레에 아리카 연구소를 개설했고 이후에 미국으로 이주하여 "성격의 에니어그램"이라는 용어를 만들었다. 칠레 출신의 정신과의사인 Claudio Naranjo는 칠레에서 Ichazo로부터 에니어그램을 배웠으며 1970년대에 미국에서 이주하여 독자적인 이론을 주장하면서 가톨릭 사제를 대상으로 영성개발에 사용하기 시작했다. 이 밖에도 1980년대에 많은 사람이 에니어그램에 대한 책을 출간하면서 다양한 주장이 무성하게 제시되었다.

에니어그램은 학문적인 심리학의 이론과 방법에 의해서 발전된 성격유형론이 아니라 신비적 또는 영적 전통에서 발전한 성격유형론으로서 심리학 분야보다는 기업체나 종교기관에서 자기이해와 자기개발을 위해 사용되고 있다. 현재 에니어그램은 성격유형에 대한 해석이 주관적이고 과학적인 검증이 어렵다는 점에서 비판받고 있다. 가톨릭 교계에서도 에니어그램은 과학적 근거가 부족하므로 영적 성장을 위한 도구로 사용할 때 주의해야 한다는 공식적인 입장을 표명한 바 있다. 또한 에니어그램의 지지자들 간에도 성격유형의 측정방법과 해석방법에 관해서 많은 논란과 갈등이 있다. 예컨대, Ichazo는 자신의 제자인 Naranjo를 비롯하여 다른 에니어그램 저술가들을 비판하며 그들과의 관계를 단절했다.

5) Jung의 성격유형론

Carl Jung은 스위스의 심리학자이자 정신과의사로서 분석심리학을 제시한 저명한 인물이다. 그가 주장한 분석심리학의 이론체계에 대해서는 7장에서 상세하게 소개될 것이다. Jung은 개인의 다양한 성격특성을 심리적 태도와 기능의 차이로 설명하고 있다.

심리적 태도는 개인이 내면적 세계 또는 외부적 세계에 대해서 관심과 에너지를 투여하는 방향성을 의미하며 외향성(extraversion)과 내향성(introversion)으로 구분된다. 외향성은 외부세계에 관심을 지니는 객관적 태도인 반면, 내향성은 내면세계에 관심을 두는 주관적 태도다. 개인은 상황에 따라 외향적일 수도 있고 내향적일 수도 있지만 대부분의 경우 어느 한쪽의 태도가 우세하다.

성격의 기능은 사고, 감정, 감각, 직관의 네 가지로

구분된다. 사고(thinking)는 사물을 이해하는 지적 기능으로서 여러 관념을 연결시켜 문제를 해결하는 역할을 하고, 감정(feeling)은 평가 기능을 담당하며 어떤 관념이 긍정적 또는 부정적 감정을 일으키는지에 따라 그 관념을 받아들일 것인지 물리칠 것인지를 결정한다. 감각(sensing)은 감각기관의 자극에 의해 생기는 모든 의식적 경험을 의미하며, 직관(intuition)은 직접적으로 주어지는 경험으로서 갑자기 나타나며 그 근원과 과정을 설명할 수 없다.

두 가지의 태도와 네 가지의 기능을 조합하면 다음과 같은 여덟 가지의 성격유형으로 구분될 수 있다. (1) 외향적 사고형은 객관적 사고가 특징적이며 객관적 세계에 관해 최대한 많이 배우고자 하는 과학자의 특성을 지닌다. (2) 내향적 사고형은 사고의 방향이 내면으로 향해져 있으며 자기존재의 현실을 이해하고자 하는 철학자나 실존심리학자가 그 대표적인 예다. (3) 외향적 감정형은 생각보다 감정을 우선시하기 때문에 상황에 따라 감정의 변화가 심하고 정서적 표현이 적극적이다. (4) 내향적 감정형은 자신의 감정을 잘 표현하지 않으며 말수가 적어서 마음을 헤아리기가 어렵다. (5) 외향적 감각형은 외부세계의 사실을 수집하는 일에 흥미를 지니며 현실주의적이고 실제적이다. (6) 내향적 감각형은 자신의 내면적 감각에 몰두하며 예술을 통해 표현하는 경우를 제외하면 자신을 표현하는 일에 어려움을 느낀다. (7) 외향적 직관형은 외부세계에서 새로운 가능성을 발견하는 일에 적극적이지만 한 가지 일을 꾸준하게 추구하지 못하는 경향이 있다. (8) 내향적 직관형은 내면세계에 탐닉하면서 새로운 통찰을 추구하는 경향이 있으며 예술성과 상상력이 풍부하다.

현재 우리 사회에서 널리 사용되고 있는 MBTI는 이러한 Jung의 성격유형론에 근거하고 있다. 마이어스-브릭스 선호지표(MBTI: Myer-Briggs Type Indicator)는 Katharine Briggs와 그의 딸 Isabel Myers가 Jung의 성격유형론에 근거하여 개발한 성격검사다. MBTI는 개인이 지닌 성격의 선호경향을 〈표 2-1〉과 같은 네 척도로 평가한다.

MBTI의 네 척도마다 양극의 성격특성을 반영하므로 인간의 성격은 $2^4 = 16$가지의 성격유형으로 구분된다. 〈표 2-2〉에 MBTI를 통해 평가되는 16가지 성격유형이 제시되어 있듯이, 각 성격유형은 각 척도의 알파벳을 따서 네 글자로 지칭된다. MBTI에 대해서는 5장에서 좀 더 자세하게 설명될 것이다.

표 2-1	MBTI의 네 가지 선호경향	
선호지표	**성격의 선호경향**	**선호 지표**
외향(Extraversion)	주의 초점: 에너지의 방향이 외부인가 내부인가?	내향(Introversion)
감각(Sensing)	인식기능: 구체적 자료 또는 직관적 판단에 근거하는가?	직관(Intuition)
사고(Thinking)	판단기능: 판단/선택기준이 사고인가 감정인가?	감정(Feeling)
판단(Judging)	생활양식: 가치판단적인가 사실수용적인가?	인식(Perceiving)

표 2-2	MBTI로 평가되는 16가지 성격유형			
	감각/사고	감각/감정	직관/감정	직관/사고
내향/판단	ISTJ	ISFJ	INFJ	INTJ
내향/인식	ISTP	ISFP	INFP	INTP
외향/인식	ESTP	ESFP	ENFP	ENTP
외향/판단	ESTJ	ESFJ	ENFJ	ENTJ

2. 성격특질론

1) 성격유형론에서 성격특질론으로

성격유형론은 성격의 개인차를 이해하는 데에 기여했다. 인간의 매우 다양한 성격을 몇 가지 유형으로 단순화하여 좀 더 선명한 인간 이해의 틀을 제시했다. 그러나 대부분의 성격유형론은 여러 가지의 심각한 한계점을 지니고 있다.

그 첫째는 동일한 성격유형에 속하는 사람들 간에 매우 커다란 개인차가 존재한다는 점이다. 성격유형론은 대부분의 경우 지나친 단순화로서 동일한 성격유형에 매우 이질적인 구성원들이 포함되어 있다. 따라서 개인의 독특한 성격특성을 세밀하게 이해하고 평가하는 데에는 심각한 제한점을 지니고 있다.

두 번째의 한계점은 성격유형을 구분하는 기준의 과학적 근거가 부족하다는 점이다. 예컨대, 혈액형이 성격과 어떤 인과적 관계를 지니고 있는지에 대한 실증적 근거가 부족하다. Jung이 제시한 성격유형론도 그의 개인적인 관찰에 근거한 것일 뿐 과학적인 원리나 실증적인 자료에 근거한 것이 아니다.

셋째는 성격유형론은 성격에 대한 기술적인 이론일 뿐 설명적인 이론이 아니다. 성격유형론은 다양한 성격을 몇 가지 유형으로 분류하여 기술하는 초보적인 수준의 이론체계라고 할 수 있다. 각각의 성격유형이 어떤 원인과 발달과정을 통해서 형성되는지 그리고 어떤 심리적 구조와 과정을 통해서 발현되는지에 대한 설명을 제시하고 있지 않을 뿐만 아니라 성격의 변화와 수정에 대한 시사점이 부족하다.

마지막으로, 성격유형론은 개인에 대한 고정관념과 편견을 초래할 수 있다. 개인을 특정한 성격유형으로 분류할 경우, 그 사람의 다양한 개인적 특성을 무시한 채 성격유형의 전형적 특성을 지닌 존재로 판단하는 고정관념을 유발할 수 있다. 특히 부정적인 특성을 지닌 성격유형의 경우에는 본인 스스로나 타인에 의해서 부정적인 존재로 매도당하는 낙인효과를 초래할 수 있다. 예컨대, 한국의 경우 B혈액형을 지닌 남자들에 대한 잘못된 고정관념과 편견이 널리 퍼져 있다.

현대의 성격심리학에서는 대부분의 성격유형론을 부정확하거나 부적절한 것으로 여기고 있다. 성격의 개인차는 질적인 것이 아니라 양적인 것으로 간주되고 있다. 비유컨대, 멀리서 대충 보면 어떤 현상들이 질적인 차이를 지닌 것으로 여겨지지만, 가까이에서 정밀하게 보면 양적인 차이에 불과한 경우가 많다. 성격유형론은 성격의 개인차를 지나치게 단순화하여 파악하려는 구시대적 접근법이라고 할 수 있다.

성격심리학이 발전하면서 성격유형론에서 성격특질론으로 전환되었다. 인간의 다양한 성격특성을 좀 더 정교하게 이해하고 평가하기 위해서는 범주적 분류에 근거한 성격유형론보다 차원적 분류에 근거한 성격특질론이 더 유용하기 때문이다. 성격의 개인차를 질적인 문제로 보는가 아니면 양적인 문제로 보는가에 따라 범주적 분류와 차원적 분류로 구분할 수 있다. 범주적 분류(categorical classification)에서는 성격의 개인차를 질적인 것으로 간주하며 동질적 속성을 공유하는 여러 개의

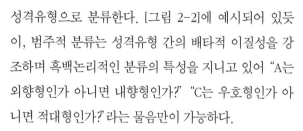

[그림 2-2] **성격의 범주적 분류-성격유형론**

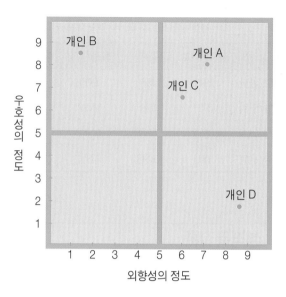

[그림 2-3] **성격의 차원적 분류-성격특질론**

성격유형으로 분류한다. [그림 2-2]에 예시되어 있듯이, 범주적 분류는 성격유형 간의 배타적 이질성을 강조하며 흑백논리적인 분류의 특성을 지니고 있어 "A는 외향형인가 아니면 내향형인가?" "C는 우호형인가 아니면 적대형인가?"라는 물음만이 가능하다.

반면에 차원적 분류(dimensional classification)는 성격의 개인차가 양적인 것으로서 정도의 문제일 뿐 질적인 차이는 없다는 가정에 근거한다. 따라서 차원적 분류에서는 개인의 성격을 특정한 성격유형으로 분류하기보다 몇 가지 성격차원의 특정한 지점에 위치하는 것으로 평가한다. 예컨대, 동일한 외향형에 속하는 사람들도 외향성의 정도가 각기 다르다. 또한 외향형에 속한 사람들은 우호성이라는 다른 성격차원에서도 각기 다르다. 따라서 차원적 분류에서는 한 사람(A)의 성격을 외향성 차원(예: 7점)과 우호성 차원(예: 8점)에서 평가하고 [그림 2-3]처럼 두 성격차원을 각각 X축과 Y축으로 하는 좌표 상에 개인의 성격을 위치시킬 수 있다.

그러나 성격의 차원적 분류와 범주적 분류의 유용성

은 연구주제나 연구목적에 따라 다를 수 있다. 예컨대, 신체적 문제인 고혈압의 경우, 혈압수준은 연속적이기 때문에 차원적 분류가 적절하지만, 고혈압의 원인과 치료방법을 연구하기 위해서는 특정한 수준 이상의 혈압을 나타내는 사람들로 범주화하는 것이 유용하다. 이와 마찬가지로, 성격장애는 부적응의 정도 문제로서 차원적 분류를 적용하는 것이 적절하지만 현실적인 유용성을 위해서 범주적 분류가 적용되고 있다. 다음 장에서 상세하게 소개되겠지만, 최근에 개정된 DSM-5에서는 성격장애를 차원적 분류방식으로 평가하는 새로운 시도가 제시되었다.

2) Allport의 특질 개념

현대 심리학에서는 개인의 성격을 특질의 관점에서 기술하고 이해하려는 입장이 대세를 이루고 있다. 특질(trait)이라는 개념은 Gordon Allport(1897~1967)에 의해서 심리학에 도입되었다. Allport는 미국의 심리학자

성격심리학의 개척자 Gordon Allport

로서 Harvard 대학교 교수로 재직했으며 1937년에 성격심리학의 고전에 해당하는 『성격: 심리학적 해석(*Personality: A Psychological Interpretation*)』을 출간함으로써 성격심리학의 개척자로 평가되는 인물이다.

Allport에 따르면, 특질은 성격의 기본적 구성요소로서 자극에 대해서 특정한 방식으로 반응하는 경향성을 의미한다. 이러한 특질은 신경정신적 구조(neuropsychic structure)로서 다양한 자극에 대해서 동일한 반응을 일관성 있게 나타내도록 만든다. 특질은 직접 관찰할 수는 없지만 일련의 행동을 통해서 평가될 수 있는 내면적 경향성이다. 예컨대, A라는 사람은 다양한 자극상황에서 강렬한 감각과 흥분을 추구하는 행동을 나타낸다. A는 평소에 자동차를 빠른 속도로 몰고, 빙벽등반과 스키를 즐기며, 공포영화를 좋아하고, 자주 폭음을 하며, 스포츠를 관람할 때 열광적으로 응원한다. 이처럼 다양한 자극상황에서 강렬한 감각을 추구하는 반응을 일관성 있게 나타낼 경우에 A는 '감각추구'라는 특질을 지닌 것으로 평가될 수 있다. 이처럼 특질은 다양한 자극상황에서 유사한 방식으로 행동하는 반응성향을 뜻한다.

Allport는 특질이 이론적인 허구적 개념이 아니라 인간의 내면에 실재하는 것으로 여겼다. 모든 사람은 특질이라는 행동경향성을 지니고 있으며 이러한 행동경향성의 본질을 밝혀내는 것이 성격심리학의 과제라고 주장했다. 특질의 존재는 뇌의 신경학적 기반을 지닐 뿐만 아니라 자극-반응의 일관성을 행동관찰, 사례연구, 통계분석 등의 실증적인 방법으로 평가함으로써 입증할 수 있다고 주장했다.

Allport는 공통특질과 개인특질을 구분했다. 공통특질(common traits)은 동일한 문화에 속한 구성원들이 공통적으로 지니고 있으며 다만 그 정도에서 차이를 나타내는 일반적인 성향을 의미한다. 공통특질은 요인분석 방법을 통해서 발견할 수 있으며 현재의 성격 5요인 이론에 주장하는 특질들(예: 외향성, 신경과민성, 우호성 등)이 이에 해당한다. 공통특질은 정상분포를 나타내며 표준화된 측정도구를 통해서 개인 간의 차이를 확인할 수 있다.

그러나 개인은 다른 사람과 비교될 수 없는 그만의 독특한 행동성향을 지닐 수 있다. Allport는 개인으로 하여금 독특한 행동을 하도록 만드는 내면적 성향을 개인특질(individual traits)이라고 명명했다. 그에 따르면, 개인의 성격적 특성을 잘 반영하는 것은 바로 개인특질이다. 개인의 진정한 성격은 개인특질을 통해서 이해될 수 있으며 개인적인 정보(예: 성장사, 개인력, 일기나 편지, 개인적 기록)를 활용함으로써 파악할 수 있다.

Allport는 용어의 혼동을 피하기 위해서 나중에 공통특질을 단순히 특질이라고 지칭하고 개인특질은 개인적 성향(personal disposition)이라고 바꾸어 불렀다. 개인적 성향을 위계적으로 세분화하여 기본성향, 중심성향, 이차성향으로 구분했다. 기본성향(cardinal disposition)은 개인의 생활 전반에 광범위하게 퍼져 있어 대부분의 행동에 영향력을 발휘하는 성향을 뜻한다. 예를 들어, 히

성격심리학의 개별사례 접근법과 법칙정립 접근법

Allport는 성격의 연구방법을 개별사례 접근법과 법칙정립 접근법으로 구분했다. 개별사례 접근법(idiographic approach)은 개인을 대상으로 그의 독특한 특질을 탐색하고 개인 내에서 특질들이 어떻게 조직화되어 있는지를 탐구하는 방법을 뜻한다. 반면에, 법칙정립 접근법(nomothetic approach)은 대부분의 사람에게 보편적으로 적용될 수 있는 성격에 관한 법칙을 정립하기 위해서 다수의 사람들을 대상으로 성격특질을 연구하는 방법을 의미한다. Allport는 개인의 진정한 성격을 탐색하는 개발사례 접근법을 더 중요하게 여겼으나 후대의 많은 성격연구자는 법칙정립 접근법을 중시하는 경향이 있다.

Allport에 의해서 제기된 개별사례 접근법과 법칙정립 접근법의 중요성에 대한 논쟁은 성격심리학의 중요한 논쟁주제 중 하나다. 일반적으로 임상가들은 임상장면에서 개인의 성격을 파악하는 데에 초점을 맞추는 반면, 과학자들은 많은 사람에게 보편적으로 적용될 수 있는 법칙을 발견하는 일에 관심을 갖는다. 이러한 두 접근법은 연구자 개인의 인간관이나 학문관에 따라서 달리 선택될 뿐만 아니라 연구의 주제나 영역(예: 개인에 대한 집중적 연구 대 집단을 통한 실험적 연구, 임상적 예언 대 통계적 예언, 전체적–역동적 견해 대 분석적–요소적 견해, 인문학적 접근 대 자연과학적 접근)에 따라 차별적으로 적용될 수 있다.

틀러의 경우는 권력추구라는 기본성향을 통해서 그의 인생 대부분을 이해할 수 있다. 돈 후안은 성적 탐닉이라는 기본성향으로, 마더 테레사는 인간애라는 기본성향으로 이해될 수 있다. 그러나 대부분의 사람은 하나의 기본성향보다 여러 개의 중심성향에 의해 움직인다. 중심성향(central disposition)은 기본성향보다 제한된 범위의 상황에 영향을 미치지만 상당한 일관성을 지닌 것으로서 친절함, 솔직성, 용감성 등이 이에 해당된다. Allport에 따르면, 사람들은 5~10개의 중심성향을 지니고 있다. 이차성향(secondary disposition)은 중심성향보다 영향력이 더 제한적이고 일관성도 더 낮은 개인적 성향으로서 특정한 대상이나 특정 상황에 대한 행동경향성(예: 음식에 대한 기호, 스포츠 관람시의 행동)을 의미한다.

3) Cattell의 특질 연구: 16 성격요인

성격특질에 관한 실증적 연구를 본격적으로 시작한 심리학자는 Raymond Cattell(1905~1998)이다. Cattell은 영국 출신으로 London 대학교에서 박사학위를 받고 미국으로 건너가 Illinois 대학교의 심리학과 교수로 재직하면서 요인분석을 통해 성격구조를 밝히는 데 기여한 성격심리학의 주요한 인물이다. 그는 요인분석이라는 통계적 기법을 사용하여 특질을 찾아내고 이를 측정할 수 있는 성격검사를 제작하였으며 특질의 형성에 유전과 환경이 미치는 영향을 밝히고자 노력했다. Allport는 개인의 독특한 성격특질을 강조하면서 개별사례 접근법을 선호한 사변적인 인문주의자인 반면, Cattell은 인간에게 보편적인 특질들을 통계적 방법으로 밝혀내고 그러한 특질에 영향을 미치는 요인들을 밝혀내고자 했던 실증주의적인 과학자라고 할 수 있다.

인 16 Personality Factor(16PF)를 개발했다. 16PF를 통해 측정된 16개 성격요인 점수를 프로화일 형태로 표시함으로써 개인의 성격패턴을 이해할 수 있다. Cattell이 제시한 16개의 성격요인은 다음과 같다.

Cattell의 16 성격요인들

1. 내향적인 …… 외향적인
2. 머리회전이 느린 …… 머리회전이 빠른
3. 안정적인/자아가 강한 …… 감정적인/신경증적인
4. 겸손한 …… 자기주장적인
5. 절제하는 …… 향락적인
6. 편의적인/임기응변적인 …… 성실한/원칙주의적인
7. 수줍은 …… 과감한
8. 대범한 …… 소심한
9. 잘 믿는 …… 의심 많은
10. 현실적인 …… 공상적인
11. 우직한 …… 교활한
12. 태평한 …… 걱정 많은
13. 보수적인 …… 실험적인
14. 집단 의존적인 …… 자기 충족적인
15. 제멋대로인 …… 통제된
16. 느긋한 …… 긴장된

특질연구의 선구자 Raymond Cattell

Cattell은 표면특질과 근원특질을 구분했다. 표면특질(surface trait)은 제3자에 의해서 관찰될 수 있는 외현적 또는 행동적 반응들의 군집을 의미하며 조급함, 부지런함, 변덕스러움 등이 이에 속한다. Cattell은 다양한 행동적 반응에 대한 요인분석을 통해서 46개의 표면특질을 발견했다. 반면에, 근원특질(source trait)은 외현적인 행동을 유발하는 내면적인 성격특성을 뜻한다. 외현적인 행동들의 공통성을 반영하는 표면특질과 달리, 근원특질은 성격의 핵심을 구성하는 내면적인 구조를 의미한다. 여러 개의 표면특질로부터 하나의 근원특질이 도출될 수 있다.

Cattell은 근원특질을 성격의 기본 구조로 여겼다. 사람들은 모두 동일한 근원특질을 지니고 있으며 다만 그 정도에 있어서 다르다고 보았다. 근원특질을 밝히는 것은 모든 사람에게 공통적인 성격구조를 밝히는 매우 중요한 작업인 것이다. Cattell은 많은 사람의 생애기록, 자기평정, 객관적 심리검사를 통해 수집된 자료를 요인분석하여 16개의 근원특질을 추출했다. 이렇게 도출된 근원특질을 성격요인(personality factors)이라고 지칭하고 이를 측정할 수 있는 자기보고형 검사

Cattell은 특질, 즉 성격요인의 발달과정에 대해서도 깊은 관심을 지녔다. 성격에 관한 측정자료를 복잡한 통계적 방법으로 분석함으로써 개별적인 특질에 대해서 유전과 환경이 미치는 영향력의 비율을 정확하게 밝히려고 노력했다. 또한 특질이 연령 증가에 따라 상당히 안정적임을 보여 주었으며 성인이 나타내는 다양한 특질 중에서 1/3만이 4세 이하의 아동에게서 발견된다고 보고하였다. 이 밖에도 그는 성격의 구조적 측면과 역동적 측면에도 관심을 지녔을 뿐만 아니라 특질과 더

불어 동기와 상황 요인에 근거하여 행동을 예측하는 공식을 개발하고자 시도했다.

4) Eysenck의 특질 연구: 3요인 모델

Hans Eysenck(1916~1997)는 독일에서 태어나 나치의 박해를 피해 영국으로 이주한 심리학자로서 특질이론의 발전에 기여한 중요한 인물이다. 그는 엄격한 과학적 연구를 강조하고 개념의 명료성과 객관적 측정을 중시한 과학자로서 정신분석이론의 가장 혹독한 비판자로 알려져 있다.

Cattell의 성격모델은 너무 많은 특질을 포함하고 있을 뿐만 아니라 위계적인 구조가 결여되어 있다는 비판을 받았다. Eysenck는 좀 더 적은 수의 기본적인 성격특질에 초점을 맞추었으며 [그림 2-4]와 같이 네 수준의 위계구조를 지닌 성격모델을 제시했다. 성격구조의 최상위에 위치하는 성격유형(type or supertrait)은 여러 특질들로 구성되어 있으며 성격전반에 가장 강력한 영

특질이론의 발전에 기여한 Hans Eysenck

향을 미친다. [그림 2-4]에 제시되어 있듯이, 특질(trait)은 여러 개의 습관적인 반응(habitual response)으로 구성되어 있다. 성격의 가장 세부적인 수준에 존재하는 구체적인 반응(specific response)은 개인의 습관적 반응을 구성한다.

Eysenck(1967, 1970)는 다양한 집단으로부터 수집한

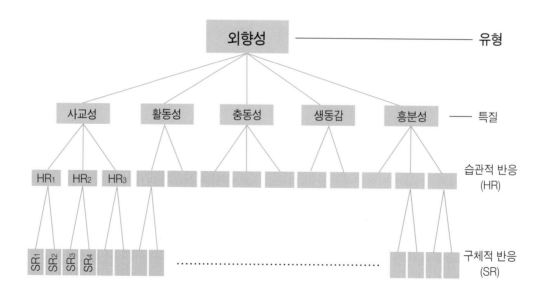

[그림 2-4] 네 수준의 위계구조를 지닌 성격모델

자료의 요인분석을 통해서 성격의 최상위 구조를 구성하는 세 개의 기본적인 성격요인, 즉 외향성, 신경과민성, 정신병질성을 제시했다. 이러한 주장을 성격의 3요인 모델 또는 세 요인의 첫 글자를 따서 PEN 모델이라고 부른다. Eysenck는 이러한 세 성격요인을 측정하기 위한 도구로서 EPQ(Eysenck Personality Questionnaire; Eysenck & Eysenck, 1975)를 개발했다.

외향성(Extraversion: E)은 사회적·물리적 환경의 외적인 자극에 관심이 많은 사람들의 특징으로서 반대의 극단에는 내면적인 문제에 관심을 지니는 내향성이 존재한다. 외향적인 사람들은 사교적이고 파티를 좋아하며 친구가 많고 흥미진진한 것을 추구하며 순간의 기분에 따라 행동하는 경향이 있다. Eysenck에 따르면, 외향성은 사교성, 활동성, 충동성, 생동감, 흥분성의 하위특질로 구성된다.

신경과민성[1](Neuroticism: N)은 정서적으로 불안정한 성향을 의미하며 기본적으로 정서적 안정성-불안정성의 차원을 반영한다. 신경과민성이 높은 사람들은 정서적으로 과민하여 불안, 우울, 분노와 같은 부정 정서를 자주 경험하며 정서적으로 변덕스럽고 신체적 통증의 호소가 빈번하다. 반면에, 정서적으로 안정된 사람들은 침착하고 마음이 안정되어 있으며 신뢰감을 주고 정서적 조절능력이 우수하다.

정신병질성[2](Psychoticism: P)은 빈약한 현실감과 무기력을 특징으로 나타내는 정신병의 취약성과 타인의 권리를 존중하지 않는 반사회적 성향을 포함한다. 정신병질성이 높은 사람들은 공격적이고 차가우며 자기중심적이고 비정하며 반사회적·비관습적인 성향을 지닌다. Eysenck는 이러한 성격특질을 정신분열증과 같은 정신병의 취약성 요인으로 여겼다.

Eysenck는 성격의 세 요인이 문화권에 상관없이 공통적인 것이며 강한 유전적 기반과 진화적 증거를 지닌다고 주장했다. 원숭이의 다양한 행동을 요인분석한 결과, 외향성(무리와 함께 어울리며 놀이하는 행동), 신경과민성(무서워하며 위축되는 행동), 정신병질성(상대를 공격하거나 배척하는 행동)과 유사한 요인들이 발견되었다.

Eysenck는 세 성격차원에 생물학적 기반이 존재한다고 생각하고 이를 밝히는 연구를 수행했다. 외향형은 신경생리적 측면에서 외부자극에 의해 쉽게 각성되지 않으며 최적의 각성수준을 유지하기 위해서 사회적 자극을 추구하는 경향이 있는 반면에, 내향형은 외부자극에 쉽게 각성되기 때문에 사회적 자극을 회피하는 경향이 있다. 그는 각성수준을 조절하는 망상체와 정서 및 동기를 담당하는 변연계의 기능에 초점을 맞추어 세 성격요인의 신경생리적 기반을 제시하기도 했다. 활달하고 사교적인 행동을 반영하는 외향성은 망상체의 활성

1) 2) 'Neuroticism' 과 'Psychoticism' 은 정신병리학의 역사와 관련된 용어로서 신경증(neurosis)과 정신병(psychosis)의 취약성을 의미한다. 20세기 중·후반까지 정신장애는 크게 신경증과 정신병으로 구분되었다. 신경증(neurosis)이라는 용어는 1769년에 스코틀랜드의 의사인 William Cullen이 신경계통의 문제로 인해 유발되는 감각과 운동의 장애를 지칭하기 위해서 처음으로 사용하였다. Cullen은 생리학적으로 설명되지 않는 다양한 신경학적 증상을 지칭하기 위해서 이 용어를 사용했는데, Freud를 비롯한 정신분석학자들에 의해 새롭게 정의되어 사용되었다. 신경증은 현실검증력에 별 문제가 없지만 다양한 심리적 증상을 나타내는 정신장애(예: 불안장애, 우울장애, 신체화장애 등)를 지칭하는 반면, 정신병은 현실검증력이 손상되어 환각과 망상을 나타내는 심각한 정신장애(예: 정신분열증, 망상장애, 조울증)를 지칭한다. 현재 DSM과 같은 공식적인 정신장애 분류체계에서는 이러한 용어를 사용하고 있지 않지만 과거에 흔히 사용되는 용어였기 때문에 성격특질의 명칭에 적용된 것이다. 이 책에서는 용어의 어원적·역사적 의미를 살려서 Neuroticism을 '신경과민성'이라고 번역하여 사용하고자 한다. Psychoticism은 Eysenck가 공격성과 대인관계적 적대성을 지칭하기 위해서 사용한 독특한 용어로서 정신분열증과 같은 정신병의 취약성으로 여겼기 때문에 이 책에서는 '정신병질성'으로 번역하여 사용한다.

화에 의해서 매개되는 반면, 정서적으로 불안정한 신경 과민성은 정서조절과 관련된 변연계와 연결되어 있으며, 공격성과 적대성을 반영하는 정신병질성은 도파민 수준과 관련된다고 주장했다. Eysenck는 실증적 자료에 근거하여 성격특질의 위계적 구조를 구체적으로 제시했을 뿐만 아니라 성격특질의 생물학적 근거를 제시한 최초의 심리학자라고 할 수 있다.

3. 성격의 5요인 이론

대부분의 성격심리학자들은 특질이 성격의 기본단위라는 점에 동의했으나 특질의 수와 내용에 대해서는 서로 다른 의견을 지니고 있었다. 이처럼 특질이론의 핵심적 사항에 대한 현저한 의견차이로 인해서 특질이라는 개념 자체에 대한 비판과 회의가 확산되고 있었다. 그러나 1960년대부터 다양한 표본과 측정도구를 사용한 여러 연구에서 5개의 유사한 성격요인이 반복적으로 발견되었다. 성격의 5요인 이론(Five Factor Theory: FFT)은 이러한 많은 연구결과에 근거하고 있으며 현재 가장 대표적인 특질이론으로 인정되고 있다.

1) 5요인 이론의 발달과정

성격의 5요인 이론은 많은 연구자의 노력에 의해서 발전되었다. Cattell이 제시한 16개의 성격요인 이론은 너무 복잡하고 요인의 수가 많았기 때문에, 특질 연구자들은 성격 구조를 명료하고 경제적으로 설명할 수 있는 좀 더 적은 수의 성격요인과

더불어 다양한 문화에 보편적으로 적용할 수 있는 성격 특질을 찾는 노력을 기울였다.

1949년에 Fiske가 Cattell의 16PF 이론을 대체할 수 있는 5요인 모델을 제시한 바 있으나 1960년대 초반까지 학계에 잘 알려지지 않았다. 그러나 1961년에 Tupes와 Christal은 외향성, 우호성, 성실성, 정서적 안정성, 문화성의 차원을 포함한 5요인 모델을 제시했으며 1963년에는 Norman이 동료가 평정한 자료의 요인분석 연구를 통해서 5개의 유사한 성격요인을 발견했다. 이어서 Borgatta(1964)와 Smith(1967)도 각기 다른 표본과 측정도구를 사용하여 5요인 모델을 제시했다. 하지만 1968년 Walter Mischel에 의해 제기된 유명한 '개인-상황 논쟁(person-situation controversy)', 즉 성격으로 행동을 예측할 수 없다는 논쟁에 휩싸이면서 한동안 특질 연구가 위축되었다.

그러나 1981년에 Lewis Goldberg가 성격의 5요인을 재발견하면서 심리학자들의 관심을 끌기 시작했다. 1980년대와 1990년대에는 다양한 집단(예: 여러 연령층, 직업유형, 문화권의 집단)을 대상으로 다양한 측정도구(예: 성격기술 형용사 척도, 문장형 성격검사, 자기성격

성격의 5요인 이론을 발전시킨 Paul Costa(왼쪽)와 Robert McCrae

평정척도, 타인성격 평정척도)를 사용하여 5요인 모델을 탐색하는 연구가 폭발적으로 이루어졌다. 이처럼 다양한 측정도구와 집단을 사용한 많은 연구에서 성격의 5요인 구조가 반복적으로 입증되었다.

성격 5요인 이론의 발전에 가장 커다란 기여를 한 연구자는 Paul Costa와 Robert McCrae다. 1970년대에 이들은 성격이 나이에 따라 어떻게 변화하는지를 연구하면서 다양한 성격척도를 사용했다. 이러한 성격척도들의 문항을 요인분석한 결과, Costa와 McCrae는 처음에 신경과민성(Neuroticism), 외향성(Extroversion), 경험에 대한 개방성(Openness to experience)의 세 요인을 발견하고 1978년에 질문지형 성격검사를 개발하면서 세 요인의 첫 글자를 따서 NEO-I(NEO-Inventory)라고 명명했다. 이들은 지속적인 연구를 통해서 우호성(Agreeableness)과 성실성(Conscientiousness)의 요인을 추가적으로 발견하고 1985년에 성격 5요인을 측정하는 검사를 개발하여 NEO-PI(NEO-Personality Inventory)라고 개칭했다. 그리고 1992년에는 성격 5요인을 각각 6개의 하위척도로 측정하는 개정판 NEO-PI-R(NEO-Personality Inventory-Revised)을 발행했다. Costa와 McCrae(1990, 1994)는 성격 5요인을 측정하는 척도들이 상당한 정도의 신뢰도와 타당도를 지닐 뿐만 아니라 성격 5요인이 성인기에 상당히 안정적으로 유지되는 성격특질임을 밝혔다. 이들은 성격 5요인을 신뢰롭고 타당하게 측정할 수 있는 구조화된 성격검사를 개발함으로써 수많은 실증적 연구를 촉진했을 뿐만 아니라 스스로 많은 연구를 통해서 성격 5요인의 실증적 근거를 제시하고 성격 5요인 이론을 정교하게 발전시켰다.

2) 성격의 5요인

성격 5요인 이론은 많은 연구자에 의해 발전한 집단

지성의 결과물이라고 할 수 있다. 1981년에 Goldberg가 그때까지의 연구를 종합하면서 성격의 5요인을 'Big Five'라는 애칭으로 지칭했다. 이 용어가 널리 유행하여 성격 5요인 이론은 현재까지 'Big Five Model'이라고 불리기도 한다. 성격의 5요인 구조를 주장하는 학자마다 각 요인의 명칭을 달리 사용하고 있다. 여기에서는 가장 대표적인 연구자인 Costa와 McCrae를 따라서 성격의 5요인을 신경과민성, 외향성, 개방성, 우호성, 성실성으로 지칭한다.

(1) 신경과민성

신경과민성(Neuroticism: N)은 불안, 우울, 분노와 같은 부정 정서를 잘 느끼는 성격특성을 뜻하며 부정 정서성(negative affectivity) 또는 정서적 불안정성(emotional instability)이라고 불리기도 한다. 이러한 성향이 높은 사람들은 정서적으로 예민하고 불안정하며 사소한 일에도 상처를 잘 받는 경향이 있다. 반면에, 신경과민성이 낮은 사람들은 침착하고 편안하며 기분의 변화가 적고 스트레스에 대한 정서적 반응의 강도가 낮다. NEO-PI-R에서는 신경과민성의 6개 측면, 즉 불안(anxiety), 적대감(angry hostility), 우울(depression), 자의식(self-consciousness), 충동성(impulsivity), 스트레스 취약성(vulnerability to stress)을 측정하고 있다.

신경과민성이 높은 사람들은 부정 정서를 잘 느끼고 그러한 정서를 조절하는 데 어려움을 겪기 때문에 주관적으로 괴로움과 불행감을 더 많이 느낀다(Costa & McCrae, 1992; McCrae & Costa, 1986). 이들은 일상생활에서 경험하는 스트레스 사건을 더 많이 보고할 뿐만 아니라 이에 대해서 더 강한 부정 정서를 느낀다. 또한 이들은 부정적 사건과 문제들을 자초하는 경향이 있으며 특히 가족관계를 비롯한 인간관계에서 갈등과 불화를 많이 겪는다. 따라서 신경과민성이 높은 사람들은 불안장애나 우울장애를 비롯한 신경증 증상을 더 많이 경험할 수 있다.

그러나 신경과민성이 부정적인 측면만을 지닌 것은 아니다. 신경과민성은 직업적 성공과 미약하지만 정적인 상관을 나타낸다. 신경과민성이 높은 사람들은 현실의 부정적 측면과 실패가능성을 민감하게 포착하여 그에 대한 예방을 철저히 하기 때문이다. 인생에 대해서 깊은 통찰을 지녔던 위인들 중에는 불행한 삶을 살았던 사람들이 많다. 그들은 자신과 인간 그리고 세상에 대해서 보통사람들이 보지 못하는 어두운 진실을 예리하게 포착했기 때문에 주관적 불행과 고통을 많이 경험했지만 자신의 고통을 치유하기 위한 노력으로 심신수양이나 창작활동에 몰두함으로써 보통 사람들이 이루지 못한 인격적 성숙과 위대한 성취를 이룰 수 있었다.

(2) 외향성

외향성(Extraversion: E)은 다른 사람과 함께 교류하는 인간관계적 자극을 추구하는 성향을 뜻한다(Costa & McCrae, 1992; McCrae & Costa, 1986). 외향성이 강한 사람들은 심리적 에너지의 방향이 외부를 향해 있으며 활동수준이 높아서 사교적이고 자기주장을 잘 하며 긍정적인 정서를 잘 느끼는 경향이 있다. NEO-PI-R에서는 외향성의 6개 측면, 즉 따뜻함(warmth), 군집성(gregariousness), 주장성(assertiveness), 활동성(activity), 흥분추구(excitement seeking), 긍정 정서(positive emotions)를 평가하고 있다.

외향성이 높은 사람들의 가장 큰 특징은 사회성으로서 사람을 만나면 더 먼저 더 많이 말을 하고 눈을 더 많이 맞추며 사회적 교류의 기회가 많은 곳을 찾아간다. 이러한 사람들은 직업영역에서도 정치, 영업, 판매, 인사관리, 교사와 같이 많은 사람을 만나 교류하는 활동에 매력을 느끼고 그러한 일에서 더 성공하는 경향이

있다. 반면에, 내향적인 사람들은 연구, 창작, 회계와 같이 혼자서 하는 일을 더 좋아하는 경향이 있다.

외향성이 높은 사람일수록 긍정 정서를 더 많이 보고한다. 그러나 이들이 부정적인 정서를 더 적게 보고하는 것은 아니다. 즉, 외향성 수준은 긍정 정서와는 정적인 상관을 보이지만 부정 정서와는 상관이 없는 것으로 나타났다. 외향적인 사람들은 다양한 사람들과 교류하고 쾌락추구적인 활동에 더 많이 참여하며 그러한 활동으로부터 더 큰 흥분과 즐거움을 느낀다. 그러나 많은 사람들과 접촉하는 외향적인 사람들은 내향적인 사람들에 비해서 부정적인 정서를 더 많이 경험할 수도 있고 그렇지 않을 수도 있다.

또한 외향적인 사람들은 감각추구 성향이 높아서 다양하고 신기한 체험을 찾아 나서고 그러한 체험을 위해서 위험을 감수하는 경향이 있다. 따라서 새로운 일에 용기 있게 도전하여 성공함으로써 부와 지위를 얻을 수 있다. 그러나 이들은 위험한 일에 무모하게 도전하기 때문에 얻은 것을 쉽게 잃기도 하고 사고나 실패를 더 많이 경험한다. 외향적인 사람은 도박과 폭음을 더 많이 하고 더 많은 사람과 성관계를 맺으며 변화 없는 생활에 쉽게 지루함을 느껴 여러 번 결혼하는 경향이 있다.

(3) 개방성

경험에 대한 개방성(Openness to experience: O)은 호기심이 많고 새로운 체험을 좋아하며 다양한 경험과 가치에 대해서 열린 자세를 지닌 개방적인 성향을 뜻한다(Costa & McCrae, 1992; McCrae & Costa, 1986). 개방성이 높은 사람들은 모험적이고 미적 감수성이 뛰어날 뿐만 아니라 상상력이 풍부하며 지적인 탐구심이 강하다. 성격은 지능과 구별되는 개념이지만, 개방성은 탐구심과 같은 지적인 요소가 포함된 특질이라고 할 수 있으며 일

부 학자에 의해서 지성(intellect) 또는 교양(culture)이라고 지칭되기도 했다. NEO-PI-R에서는 개방성을 6개의 하위영역, 즉 상상력(fantasy), 심미안(esthetics), 감정 자각(feelings), 다양한 행위(actions), 지적 호기심(ideas), 가치 개방성(values)으로 측정하고 있다.

개방성이 높은 사람들은 독창적이고 독립적이며 예술적일 뿐만 아니라 기존의 사회적 · 종교적 가치에 도전적이어서 정치적으로 진보적인 성향을 나타낸다. 이러한 사람들 중에는 과학, 예술, 종교 분야에서 혁신적인 선구자적 역할을 했던 인물들(예: 프로이트, 아인슈타인, 피카소, 간디 등)이 많다. 개방성이 높을수록 전통적 권위를 인정하지 않으며 도전, 변화, 진보, 개혁의 입장을 지니고 견해차이에 대해서 관용적인 경향이 있다. 그러나 개방성이 높은 사람들은 삶이 불안정하고 주변 사람들과 갈등을 많이 겪을 수 있으며 때로는 괴팍한 사람으로 여겨질 수 있다.

반면에, 개방성이 낮은 사람들은 인습적이고 현실적이며 권위와 전통에 대해서 수용적인 태도를 지니고 있어서 정치적으로 보수적인 성향을 나타낸다. 개방성이 낮을수록 전통, 권위, 안정, 질서를 좋아하고 전통적 권위에 순응적이며 의견통일을 중시하는 경향이 있다. 스트레스 대처에 있어서도 개방성이 낮은 사람은 종교적 신앙에 의존하는 경향이 있는 반면, 개방성이 높은 사람들은 유머를 사용하는 경향이 있는 것으로 보고되었다(McCrae & Costa, 1986).

(4) 우호성

우호성(Agreeableness: A)은 다른 사람에 대해서 우호적이고 협동적인 성향을 뜻하며 '친화성'이라고 불리기도 한다. 우호성이 높은 사람들은 따뜻하고 부드러우며 공감적이고 이타적인 행동을 나타낸다. NEO-PI-R에서는 우호성을 신뢰성(trust), 솔직성(straightforwardness),

이타성(altruism), 순응성(compliance), 겸손함(modesty), 온유함(tender-mindedness)의 6개 측면으로 평가하고 있다.

우호성이 높은 사람들은 친절하고 호의적인 착한 사람으로서 원만하고 긍정적인 인간관계를 형성하기 때문에 고객을 대상으로 일하는 서비스 분야에서 강점을 나타낼 수 있다(Costa & McCrae, 1992; McCrae & Costa, 1986). 또한 이들은 동료들과 잘 협동하며 어려움에 처한 사람을 잘 돕지만 창의성과 자율성이 낮은 경향이 있으며 우호성이 지나치면 의존성 성격장애의 특성을 나타낼 수 있다.

반면에, 우호성이 낮은 사람들은 적대적이고 호전적일 뿐만 아니라 다른 사람의 감정을 이해하는 공감능력이 부족하다. 이들은 자신의 욕구충족을 위해서 다른 사람의 감정을 무시하며 타인의 고통에 둔감하다. 이처럼 우호성이 극단적으로 낮은 사람들은 반사회성 성격장애로 진단될 수 있다. 그러나 우호성이 낮은 사람들은 자기주장을 잘 하기 때문에 이해관계가 대립되는 상황에서 자신의 이익을 잘 확보하는 경향이 있다.

(5) 성실성

성실성(Conscientiousness: C)은 자기조절을 잘 하고 책임감이 강한 성취지향적인 성향을 말한다(Costa & McCrae, 1992; McCrae & Costa, 1986). 성실성이 높은 사람들은 주어진 일을 유능하게 잘 처리하며 계획적이고 신중하며 질서정연한 것을 좋아한다. NEO-PI-R에서는 성실성의 6개 측면, 즉 유능성(competence), 질서정연(order), 책임의식(dutifulness), 성취추구(achievement striving), 자기절제(self-discipline), 신중성(deliberation)을 평가하고 있다.

성실성이 높은 사람은 자신의 원칙과 목표에 따라 삶을 계획적으로 영위하고 약속시간을 잘 지키며 과제

정글의 Big Five와 성격의 Big Five

에 체계적으로 접근하고 이를 논리적으로 분석한다. 이들은 규칙적으로 생활하고 열심히 효율적으로 일하기 때문에 다양한 분야에서 직업적 성공을 거두는 경향이 있으며 대학생의 경우 평균학점이 높다(Paunonen, 2003). 그러나 성실성이 지나치게 높으면 일과 효율성에 집착하여 인간관계를 희생하고 사소한 규칙을 완고하게 고집하는 강박성 성격장애의 문제를 나타낼 수 있다.

반면에, 성실성이 낮은 사람들은 산만하고 일관성이 없으며 분명한 목표와 계획 없이 나태한 삶을 영위하는 경향이 있다. 때로는 매사에 여유롭고 사소한 것에 개의치 않는 시원스러운 점이 매력적일 수 있으나 책임감이 부족하여 신뢰로운 인간관계를 유지하기 어렵다. 또한 흡연과 음주를 많이 하고 교통사고와 이혼의 가능성도 더 높다.

그러나 성실성이 낮은 사람들은 무질서하고 예측이 불가능하지만 빠르게 변화하는 상황에는 민첩하게 잘 적응하는 경향이 있다(Nettle, 2007). 또한 음악연주와 같은 예술분야에서는 성실성이 낮은 사람들이 더 뛰어

난 수행을 나타냈다(Hogan et al., 1998). 성격특질은 개인이 활동하는 직업분야나 삶의 영역에 따라 그 적응성이 달라지는 것으로 밝혀지고 있다.

성격의 5요인 이론에 따르면, 개인의 성격은 이상에서 살펴본 5개 성격특질의 조합으로 설명될 수 있다. 또한 개인의 성격은 각각의 성격특질에 있어서 양극점을 연결하는 연속선 차원 상의 특정한 지점에 위치하기 때문에 무수하게 다양한 조합으로 나타날 수 있다.

성격의 5요인은 'Big Five'라고 불릴 뿐만 아니라 첫 글자를 따서 'NEOAC' 'OCEAN' 'CANOE'라고 불리기도 한다. OCEAN은 5요인을 개방성(O), 성실성(C), 외향성(E), 우호성(A), 신경과민성(N)의 순서로 지칭하는 약어다(McAdams, 2001).

3) 5요인 이론의 타당성에 대한 증거들

성격의 5요인은 여러 측정도구와 표본집단을 사용한 연구에서 반복적으로 검증되고 있을 뿐만 아니라 다양

한 문화권에서도 일관성 있게 발견되고 있다(McCrae & Costa, 1990, 1994). 각 문화권에서 성격을 기술하는 다양한 언어들을 수집하여 요인분석을 한 결과, 5요인과 동일하거나 유사한 결과가 나타났다. 한국어를 사용하여 요인분석을 한 연구(육성필, 1994)에서도 요인의 순서에 차이가 있었을 뿐 성격 5요인이 확인되었다.

이러한 횡문화적 일치성은 Goldberg(1990)가 제시한 기본어휘가설(fundamental lexical hypothesis)에 의해 설명되고 있다. 이 가설에 따르면, 인간의 상호작용에서 중요한 의미를 지니는 개인의 성격특성은 언어의 어휘로 자리 잡고 있으며 대인관계에서 중요한 성격특성일수록 그것에 대한 어휘가 더 많다. 예컨대, 신경과민성은 사회적 상호작용에서 중요한 성격특성이기 때문에 대부분의 문화권에서 그러한 성격특성을 기술하는 어휘를 지니고 있는 것이다.

진화론적 관점에서 보면, 성격의 5요인은 인간뿐만 아니라 영장류의 생존과 번식에 중요한 역할을 하는 심리적 속성이라고 할 수 있다. 침팬지의 행동을 평정하는 침팬지 성격질문지(Chimpanzee Personality Questionnaire)를 사용한 연구에서 외향성, 성실성, 우호성 요인이 발견되었으며 다른 침팬지 집단의 연구에서는 신경과민성과 개방성이 발견되었다(Weiss, King, & Hopkins, 2007). 동물의 성격연구를 개관한 Gosling과 John(1999)에 따르면 외향성, 신경과민성, 우호성의 성격특질은 여러 동물 종에서 공통적으로 발견되었으나 성실성은 침팬지에게만 독특하게 나타나는 특질이었다.

성격의 5요인은 유전적 기반을 지닌 성격특질로 여겨지고 있다. 여러 쌍둥이 연구에서 성격 5요인은 유전적 요인에 의해서 강력한 영향을 받는 것으로 나타났다. Loehlin(1992)의 연구에서 성격 5요인은 평균 .34의 유전성 추정치(h^2)를 나타냈다. 이 연구에서는 개방

성의 유전성 추정치(.46)가 가장 높았으며 다음으로 외향성(.36), 신경과민성(.31), 우호성(.28), 성실성(.28)의 순서로 나타났다. 최근의 한 연구(Bouchard & McGue, 2003)에서도 개방성의 유전적 영향력이 가장 큰 것으로 나타났는데 그 유전성 추정치(h^2)는 .57이었으며 외향성(.54), 성실성(.49), 신경과민성(.48), 우호성(.42)의 순서로 높게 나타났다.

5요인의 성격특질은 성격장애와도 관련성을 지닌다. 성격심리학자들은 성격장애를 정상적인 성격특질이 극단적인 형태로 나타난 것으로 여기고 있다. 강박성 성격장애는 성실성이 극단적으로 높은 경우이며, 반사회성 성격장애는 우호성이 극단적으로 낮은 경우라고 할 수 있다. 또한 성격장애는 5요인의 조합에 의해서 이해될 수 있다. 자기애성 성격장애는 우호성이 매우 낮고 외향성과 개방성이 높은 경우로 이해될 수 있다.

또한 성격 5요인은 개인의 삶을 예측하는 데에도 유용한 것으로 나타났다. 예컨대, 성실성은 개인의 취업 가능성, 직무수행, 연봉수준의 예측요인일 뿐만 아니라 건강상태와 수명을 예측하는 데에도 기여했다. 신경과민성은 우울장애, 불안장애, 약물중독, 섭식장애를 비롯한 다양한 정신장애의 발생을 예측하는 것으로 나타났다. 우호성과 외향성은 부부관계나 직장에서의 대인관계 양상을 예측하는 성격특질로 알려져 있다. 성격 5요인이 삶의 다양한 영역에 미치는 영향에 대해서는 이 책의 5부에서 좀 더 상세하게 소개할 것이다.

4) 5요인 이론 성격체계

5요인 이론은 성격의 기본 구조를 설명하는 특질이론이지만 Costa와 McCrae는 성격특질과 다른 관련 요인들 간의 관계를 폭넓게 설명하는 이론적인 모델을 제시하고 있다. Costa와 McCrae(1994; McCrae & Costa,

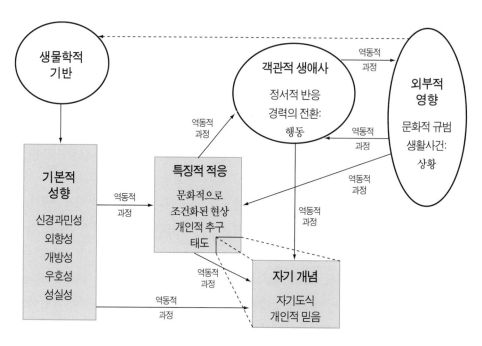

[그림 2-5] **5요인 이론 성격체계의 도식**

1996)는 5요인의 성격특질이 개인과 환경의 관계 속에서 어떤 과정을 통해 개인의 삶에 영향을 미치는지를 설명하기 위해서 5요인 이론 성격체계(FFT personality system)를 제시했다. 이들에 따르면, [그림 2-5]에서 볼 수 있듯이, 개인의 성격체계를 구성하는 핵심적 요소는 기본적 성향, 특징적 적응 그리고 자기개념이다.

기본적 성향(basic tendencies)은 개인의 사고, 감정, 행동 패턴에 영향을 미치는 일련의 성격특질을 뜻한다. 이러한 성격특질은 생물학적인 요인에 기반을 둔 것으로서 생애의 첫 1/3시기에 이루어지는 내재적 성숙(intrinsic maturation)에 의해서 형성되며 전생애를 통해 지속되지만 외부적 사건이나 개입에 의해서 변화될 수 있다. 성격특질은 세부적이고 협소한 성향에서부터 일반적이고 광범위한 성향에 이르기까지 위계적으로 구조화되어 있으며 성격의 5요인(신경과민성, 외향성, 개방성, 우호성, 성실성)이 특질 위계의 가장 높은 수준을 구성

하고 있다.

특징적 적응(characteristic adaptation)은 개인의 기본적 성향이 특정한 사회문화적 환경에서 구체화되어 나타난 적응상태를 의미한다. 개인은 자신의 성격특질뿐만 아니라 일관성을 지닌 사고, 감정, 행동 패턴을 발달시키면서 생활환경에 적응한다. 이러한 개인의 특징적 적응은 시간이 흐름에 따라 생물학적 성숙, 사회적 역할이나 기대 그리고 환경의 변화나 의도된 개입에 의해서 변화한다. 개인의 적응은 문화적 가치나 개인적 목표의 기준에 비추어 바람직하지 않은 부적응 상태를 나타낼 수 있다.

자기개념(self-concept)은 적응과정에서 형성한 자기도식으로서 개인이 의식할 수 있는 자기에 관한 인지적-정서적 인식체계를 의미한다. 이러한 자기개념은 개인의 성격특질과 일관성 있는 내용을 지닐 뿐만 아니라 개인에게 통합감을 줄 수 있도록 적응과정에서 접하

는 정보들을 선택적으로 받아들여 형성된다.

　성격의 주변적 요소로서 [그림 2-5]에서 타원형으로 제시된 생물학적 기반, 객관적 생애사, 외부적 영향은 개인의 성격과 서로 영향을 주고받은 요인들을 뜻한다. 생물학적 기반(biological bases)은 성격특질을 결정하는 유전적 요인과 생물신체적인 요인들을 의미한다. 객관적 생애사(objective biography)는 개인의 특징적 적응이 전생애를 통해서 나타난 역사적 사건을 의미한다. 특정한 시기의 행위와 경험은 그 당시 상황에 의해서 촉발된 특징적 적응의 다양한 측면이 복합적으로 작용한 것이다. 개인은 나름대로의 목표와 계획을 세우고 실행에 옮기게 되는데, 이러한 모든 것들은 오랜 시간에 걸쳐 성격특질과 일관성 있는 방식으로 조직화되어 생애사를 구성하게 된다. 외부적 영향(external influences)은 개인의 삶에 영향을 미치는 문화적 규범과 생활사건들을 의미한다. 사회적 · 물리적 환경은 성격특질과 상호작용하여 특징적 적응에 영향을 미치고, 또한 특징적 적응과 상호작용하여 행동을 조절한다.

　성격체계의 각 요소들은 역동적 과정(dynamic processes)을 통해 서로 영향을 주고받는다. 이러한 역동적 과정은 일반적인 인지적 · 정서적 · 동기적 메커니즘에 의해서 조절될 뿐만 아니라 개인의 성격특질에 의해 독특한 방식으로 이루어질 수 있다. 5요인 이론 성격체계는 생물학적 요인에 근거한 성격특질이 사회문화적 환경과 상호작용하면서 개인의 독특한 인생사에 영향을 미치는 과정을 통합적으로 이해할 수 있는 이론적 틀을 제시하고 있다.

5) 5요인 이론에 대한 비판

　성격의 5요인 이론은 가장 대표적인 특질이론으로서 널리 수용되고 있으나 다양한 비판도 제기되고 있다.

첫째, 성격의 5요인 구조에 대해서 모든 학자가 동의하는 것은 아니다. 요인분석에서 도출되는 요인의 수는 어떤 절대적인 기준에 의해서 결정되는 것이 아니라 해석가능성(interpretability)에 의해서 결정된다. 연구자들의 관점에서 다양한 항목을 가장 해석하기 쉬운 형태로 군집화하는 요인의 수가 선택되는 것이다. 많은 연구자가 5요인 구조를 선택했지만 모든 연구자가 5요인 구조에 동의하는 것은 아니다. 예컨대, Digman(1997)은 성격 5요인 간의 상관관계를 분석하여 두 개의 군집, 즉 알파(α) 요인(우호성, 신경과민성(-), 성실성)과 베타(ß) 요인(외향성, 개방성)을 추출했다. 알파 요인은 사회적 적응과 관련된 성격특질인 반면에, 베타 요인은 개인적 성장과 관련된 성격특질이라고 주장했다. 이 밖에도 Zuckerman(1991)은 대안적인 5요인 모델을 제시하고 있으며 Ashton과 Lee(2007)는 성격의 6요인 구조를 제시하는 HEXACO 모델을 주장하고 있다.

　둘째, 성격의 5요인은 이론적인 기반이 취약하다. 5요인은 생물학적 또는 심리학적 이론의 기반 위에서 도출된 것이 아니라 성격을 기술하는 단어나 문장에 대한 요인분석을 통해서 도출된 것이다. 이러한 비판이 성격 5요인의 존재를 부정하는 것은 아니지만 성격 5요인을 지탱하는 기저의 원인들은 아직 명확하게 알려져 있지 않다.

　셋째, 성격의 5요인 이론은 개인을 이해하는 데 중요한 성격특질들(예: 정직성, 남성성/여성성, 보수성향, 종교성, 성적인 매력, 유머감각)을 포함하지 못하고 있다. McAdams(1995)는 성격의 5요인이 낯선 이방인에 의해서 쉽게 관찰될 수 있는 성격측면만을 반영할 뿐이며 매우 사적이고 구체적인 상황에서 나타나는 개인의 고유한 성격특질은 배제되어 있다고 지적했다.

　이 밖에도 성격의 5요인 이론은 성격을 구성하는 5개의 특질만을 제시할 뿐 성격의 내면적 구조나 역동 과

 대안적 5요인 모델

Marvin Zuckerman(1991)은 성격 5요인에 대한 대안적 5요인 모델을 제시하고 있다. 그에 따르면, 기본적인 성격특질은 생물학적-유전적 기반을 지닌 것이어야 한다. 그는 동물들의 특질, 생물학적 지표, 유전성 등을 고려했을 뿐만 아니라 다양한 성격검사 자료의 요인분석을 통해서 새로운 5요인을 추출했다. 동물에는 존재하지 않는 개방성을 제외하고 다음과 같은 대안적인 5요인을 제시했다.

1) 신경과민성-불안(Neuroticism-anxiety)은 불안, 공포, 신경쇠약, 공격성의 억제 성향을 의미한다. 이 요인은 강박적 우유부단성, 자신감의 부족, 비판에 대한 민감성과 관련되어 있다.
2) 공격성-적대성(Aggression-hostility)은 사회적 바람직성과 반대되는 것으로 공격성, 적대성, 분노, 억제 부족을 포함한다. 아울러 무례함, 사려 깊지 못함, 반사회적 행동, 복수 행동, 급한 성질, 인내심 결여와 연관된다.
3) 충동적 감각추구(Impulsive sensation-seeking)는 낮은 사회화, 높은 정신병질성, 충동성, 감각추구, 계획성 부족을 뜻한다. 이 요인은 스릴과 흥분, 새로움과 다양성, 예측불가한 상황과 친구를 좋아하는 성향을 반영한다.
4) 사회성(Sociability)은 친화성, 사회적 참여, 외향성을 의미한다. 파티나 많은 사람과의 교제를 좋아하는 성향을 반영한다.
5) 활동성(Activity)은 열정적인 행동과 끈기를 뜻한다. 이 요인은 능동적이고 활동적인 상태로 유지하려는 욕구와 더불어 할 일이 없으면 안절부절감을 느끼는 성향을 반영한다.

이러한 대안적 5요인은 99문항으로 구성된 평가도구인 Zuckerman-Kulman Personality Questionnaire(ZKPQ)를 통해서 측정된다. 대안적 5요인 모델이 성격의 5요인 모델과 가장 다른 점은 '개방성' 요인이 제외된 대신 활동성이 독립적 요인으로 포함되었다는 점이다. 그 밖의 네 요인은 5요인 모델과 대체로 유사하다. 즉, 신경과민성-불안은 5요인 모델의 신경과민성에 대응되고, 사회성은 외향성과 유사하며, 충동적 감각추구는 성실성과 부적 상관을 보이고, 공격성-적대성은 우호성과 부적 상관을 나타낸다. 5요인 모델에서는 활동성이 외향성의 하위요인으로 포함되어 있으나 Zuckerman은 활동성이 독립적인 성격 차원으로 고려되어야 한다고 주장하고 있다.

정에 대한 설명을 제시하지 않고 있다는 점이 한계로 지적되고 있다. 또한 5요인 이론은 성격특질이 특정한 상황에서 특정한 행동을 하도록 만드는 심리적 과정에 대한 설명이 부족하다는 점 등에서 비판을 받고 있다.

성격의 HEXACO 모델

　　Ashton과 Lee(2007; Ashton et al., 2004)는 영어 언어권뿐만 아니라 유럽과 아시아를 포함한 여러 언어권에서 성격을 기술하는 형용사들을 사용한 측정자료를 요인분석하여 6개의 요인을 추출하고 HEXACO 모델이라 지칭했다. HEXACO는 6개 요인의 첫 글자를 딴 약어이며 HEXACO 모델의 6요인은 다음과 같다.

　　정직–겸손(Honesty–humility): 진실성, 공정성, 탐욕 회피, 겸손함
　　정서성(Emotionality): 공포심, 불안, 의존성, 감수성
　　외향성(eXtraversion): 사회적 자존감, 사회적 대담성, 사교성, 활기
　　우호성(Agreeableness): 관대함, 예의바름, 유연함, 인내심
　　성실성(Conscientiousness): 체계적임, 부지런함, 완벽주의, 신중성
　　경험 개방성(Openness to experience): 미적 감수성, 호기심, 창의성, 비관습성

　　이러한 6요인은 HEXACO Personality Inventory–Revised(HEXACO-PI-R)에 의해서 측정되며, 각 요인은 네 개의 하위영역으로 구성되어 있다(유태용, 이기범, Ashton, 2004). HEXACO 모델의 가장 큰 특징은 정직–겸손 요인이 추가된 점이다. 정직–겸손의 요인 점수가 높은 사람들은 '성실한, 정직한, 믿음직한, 충직한, 겸손한' 경향이 있는 반면, 이 요인 점수가 낮은 사람들은 '교활한, 사기적인, 탐욕스러운, 가식적인, 위선적인, 자기자랑하는, 거만한' 속성을 나타낸다. 이 밖의 5개 요인은 대체로 5요인 모델과 일치한다. 정서성은 5요인 모델의 신경과민성에 해당하며 다른 네 요인은 동일한 용어로 지칭되고 있으나 그 세부적 내용은 다소의 차이가 있다.

　　정직–겸손 요인은 윤리적 또는 친사회적 행동을 반영하는데, 이 요인에서 낮은 점수를 받은 사람은 높은 물질주의, 비윤리적 행위, 도착적 성행동을 나타낸다. 특히 낮은 정직–겸손과 함께 낮은 성실성과 우호성을 나타내는 사람들은 직장에서 비윤리적인 행동을 나타낼 가능성이 높은 것으로 알려져 있다.

　　HEXACO 모델의 가장 큰 장점은 성격의 검은 삼인조를 평가할 수 있다는 점이다(Ashton & Lee, 2007). 성격의 '검은 삼인조(the dark triad)'는 비윤리적이고 반사회적인 착취적 대인관계 스타일과 관련된 세 성격특질, 즉 반사회성/정신병질(psychopathy), 권모술수적 교활성(Machiavellianism), 자기애(narcissism)를 뜻한다. 검은 삼인조의 성격을 소유한 사람들은 무한한 개인적 성공과 권력 그리고 사회적 지위를 추구하며 이를 위해서는 수단과 방법을 가리지 않을 뿐만 아니라 비윤리적인 행동도 주저하지 않는다. 이들은 사회적 관계에 능란하고 교활하여 다른 사람을 조종하고 통제하며 여성에게는 강력한 성적 매력을 나타내기 때문에 소위 '나쁜 남자'의 전형으로 여겨진다. 검은 삼인조는 성격의 5요인 모델로 평가하기 어렵지만 HEXACO 모델에서는 정직–겸손 요인의 반대 성향으로 파악할 수 있다. 이러한 이유 때문에 검은 삼인조의 성격특성을 정밀하게 이해하고자 하는 연구자들은 HEXACO 모델을 선호하고 있다.

4. 기질 및 성품의 심리생물학적 이론

Robert Cloninger

성격의 5요인 이론을 비롯한 특질이론은 대부분 성격의 측정자료를 요인분석이라는 통계적 기법으로 분석하여 성격을 구성하는 기본적인 요소들을 제시하고 있다. 이와 달리, 미국의 정신의학자이자 유전학자인 Robert Cloninger(1986, 2004)는 신경생물학적인 기반 위에서 기질 및 성품의 심리생물학적 모델(Psychobiological Model of Temperament and Character)을 제시했다. 그는 개인이 특정한 행동을 하도록 촉발하는 성격적 요인을 선천적으로 타고나는 기질(temperament)과 후천적으로 육성되는 성품(character)으로 구분하고 있다.

1) 기질

Cloninger에 따르면, 기질은 선천적으로 각인되어 자동적으로 발현되는 정서적 반응으로서 개인의 심리적 적응에 강력한 영향을 미친다. 그는 인간의 다양한 성격패턴을 관찰하면서 정신장애의 취약성을 예측하

는 실용적인 성격모델을 개발하고자 했다. 성격측정 자료에 대한 요인분석 결과에 근거하여 성격의 개인차를 설명하는 특질이론과 달리, 1980년에 Cloninger는 유전학적 · 신경생물학적 · 신경약물학적 자료에 근거한 기질 모델을 제시했다. 처음에는 독립적으로 유전되는 기질의 세 차원, 즉 위험 회피(불안하고 비관적임 ↔ 활발하고 낙관적임), 새로움 추구(충동적이고 성질 급함 ↔ 완고하고 성질 느림), 보상 의존성(따뜻하고 애정 추구 ↔ 차갑고 고립됨)을 제시했다.

그는 이러한 모델의 적절성을 검증하기 위해서 동물 계통발생학의 관점에서 다른 동물들의 적응행동을 비교했다. 예컨대, 원숭이의 경우에도 세 가지 유형의 행동, 즉 탐색과 놀이 행동(새로움 추구), 공포와 위축 행동(위험 회피), 애정 추구 행동(보상 의존성)이 관찰되었다. 3차원 성격질문지(Tridimensional Personality Questionnaire)를 사용하여 이러한 세 가지 기질의 특성을 연구했으며 이후의 연구결과에 근거하여 끈기(인내심 있고 야망적임 ↔ 쉽게 실망하고 성취가 부진함)를 네 번째의 기질로 추가했다. Cloninger가 제시하는 기질의 네 차원은 다음과 같다.

(1) 새로움 추구(novelty seeking)는 새로운 자극에 의해 행동이 활성화되는 성향을 의미하며 '자극 추구'라고 지칭되기도 한다. 이러한 기질은 탐색적 흥분성, 충동성, 무절제성, 무질서성으로 구성된다. 새로움 추구의 기질이 강한 사람들은 '활발히 탐색하는' '충동적인' '씀씀이가 헤픈' '화를 잘 내는' 행동 패턴을 나타내는 반면, 이러한 기질이 약한 사람들은 '절제하는' '융통성이 없는' '검소하고 절약하는' '태연자약한' 특성을 나타낸다.

(2) 위험 회피(harm avoidance)는 위험한 자극에 의해 행동이 억제되는 경향성을 뜻한다. 이러한 기질은 예기

적 걱정, 불확실성에 대한 공포, 수줍음, 피로 민감성으로 이루어져 있다. 위험 회피 기질이 강한 사람들은 '비관적인' '두려움이 많은' '수줍어하는' '쉽게 지치는' 성향을 지니는 반면, 이러한 기질이 약한 사람들은 '낙관적인' '위험을 무릅쓰는' '사교적인' '활력이 넘치는' 특성을 나타낸다.

(3) 보상 의존성(reward dependence)은 사회적 민감성, 즉 사회적 보상신호에 대한 민감성을 의미하며 감수성, 따뜻한 의사소통, 애착, 의존성으로 구성되어 있다. 보상 의존성의 기질이 강한 사람들은 '감수성이 예민한' '사회적인' '따뜻한' '동정심이 많은' 행동 패턴을 나타내는 반면, 이러한 기질이 약한 사람들은 '비관적인' '혼자 지내는' '거리를 두는' '독립적인' 성향을 나타낸다.

(4) 끈기(persistence)는 개인적인 일의 성취나 목표 달성에 있어서 지속적인 보상 없이도 행동을 지속하는 경향성을 의미한다. 이러한 기질은 노력의 적극성, 끈질긴 작업, 야망성, 완벽주의로 구성되어 있다. 끈기의 기질이 강한 사람들은 '목적 달성에 열심인' '단호한' '성취의 야망이 있는' '완벽주의적인' 성향을 지니는 반면, 이러한 기질이 약한 사람들은 '무관심한' '자기 조절을 못하는' '적게 성취하는' '실용주의적인' 특성을 나타낸다.

이러한 네 기질은 유전적 요인에 의해 영향을 받을 뿐만 아니라 신경전달물질의 활동과 밀접한 관련성을 지니는 것으로 주장되었다. Cloninger(1986)에 따르면, 새로움 추구 기질은 도파민(dopamin) 활동의 저하와 관련되어 있으며 유전자에 의해서 결정되는 도파민 경로의 특성이 표현된 것이다. 선천적으로 도파민 수준이 낮은 파킨슨 병을 지닌 사람들은 새로움 추구가 낮은 경향이 있다. 위험회피 기질은 세로토닌(serotonin)의 활동 증가

와 관련되어 있으며, 보상 의존성은 노르아드레날린(noradrenaline)의 활동 저하와 연관되어 있다. 끈기는 보상 의존성과는 다른 특수한 뇌신경회로와 관련된 것으로 알려져 있다. 이러한 기질 모델은 성격장애의 하위 유형을 구분하고 다양한 정신장애의 취약성을 파악하는 데에 유용한 것으로 여겨지고 있다. Cloninger(2004)가 주장하고 있는 기질과 성격장애의 관계에 대해서는 23장에서 설명될 것이다.

2) 성품

Cloninger는 선천적인 기질만으로는 다양한 성격과 적응수준을 설명하기 어렵다는 것을 깨달았다. 특정한 기질을 가지고 태어나더라도 어떤 후천적인 경험을 하느냐에 따라서 개인의 성격과 적응수준은 달라질 수 있기 때문이다. 네 기질만으로는 개인이 환경에 잘 적응하고 있는지 아니면 성격장애를 나타내고 있는지를 포착할 수 없었다. 그래서 Cloninger(1994)는 성격의 적응성을 측정하기 위해서 두 번째 측면인 성품을 제시했다. 성품(character)은 개인의 성격에 대한 가치평가적 용어로서 긍정적인 성격특성을 뜻한다. 기질은 유전의 영향을 강력하게 받는 성격 영역인 반면, 성품은 후천적인 경험에 의해서 많은 영향을 받는 성격 영역이다.

Cloninger(1994)는 개인의 자기관리, 대인관계, 자기초월의 측면을 반영하는 세 가지 성품을 제시하고 있다. 그 첫째는 자기주도성(self-directedness)으로서 책임감, 목적의식, 유능감, 자기수용, 자기일치의 속성으로 구성되며 자율성이라고 불리기도 한다. 자기주도성이 높은 사람은 긍정적인 자기상을 지니고 책임감 있게 일하며 명료한 목표의식을 지니는 반면, 이러한 성품이 결여된 사람은 무책임하고 자기패배적이며 목표 없는

삶을 살아간다.

둘째는 협동성(cooperativeness)으로서 사회적 수용, 공감, 이타성, 연민, 순수한 양심의 속성으로 이루어져 있으며 연대성이라고 지칭되기도 한다. 협동성이 높은 사람은 다른 사람과 친밀한 관계를 맺고 이타적인 행동을 나타내며 긍정적인 인간관계를 형성하는 반면, 협동성이 낮은 사람은 사람에 대한 편견과 적개심을 지니며 대인관계에서 고립과 갈등을 나타낸다.

셋째는 자기초월성(self-transcendence)으로서 무사무욕, 초월적 동일시, 영적 수용을 포함하며 개별적 존재 이상의 어떤 것을 추구하는 관심을 의미한다. 자기초월성이 높은 사람은 좋아하는 일에 몰입하거나 삶의 신비와 경이를 경험하면서 종종 자기의식을 망각하고 세계와의 일체감을 느낀다. Cloninger는 자기망각과 초월적 자기정체감의 경험은 Freud가 말한 대양적 감정(oceanic feeling)과 유사하다고 보았다. 반면에, 자기초월성이 낮은 사람은 이기적이고 물질주의적이며 자기의식적이다.

Cloninger는 Costa와 McCrae가 제시한 성격의 5요인이 인본주의 심리학과 자아초월 심리학에서 중요시하는 자율성, 도덕적 가치, 성숙, 자기실현과 관련된 성격 영역을 반영하지 못한다고 비판하면서 자기관리성, 협동성, 자기초월성의 성품을 통해서 이러한 성격 영역을 평가할 수 있다고 주장했다. 또한 성품의 세 차원을 통해서 개인의 적응수준을 평가할 수 있을 뿐만 아니라 성격장애의 존재와 그 심각도를 측정할 수 있다.

Cloninger(1986, 2004)에 따르면, 성품 차원은 최근에 진화되었을 뿐만 아니라 지적인 학습을 조절하는 신피질의 영역과 밀접한 관계를 맺고 있다. 반면에, 기질 차원은 감정과 습관을 조절하는 구피질의 변연계와 밀접한 관계를 맺고 있다. 네 기질 차원과 세 성격 차원은 모두 독특한 유전적 결정인자와 관련성을 지니고 있으며 fMRI에서는 각기 다른 뇌 영역에 의해서 조절되는 것으로 나타났다.

Cloninger(1994)는 네 기질과 세 성품을 평가하기 위한 측정도구로 Temparament and Character Inventory(TCI)를 개발하였다. TCI로 측정된 기질과 성품 차원은 모두 성격의 5요인과 상관관계를 지닌 것으로 보고되고 있다. 위험 회피는 신경과민성과 정적 상관을 나타낸 반면, 외향성과는 부적 상관을 보였다. 새로움 추구는 외향성과 강한 정적 상관을 보였지만, 개방성과는 중간 정도의 정적 상관을 나타냈으며, 성실성과는 중간 정도의 부적 상관을 나타냈다. 보상 의존성은 외향성, 개방성과 정적 상관을 보였고, 끈기는 성실성과 정적 상관을 나타냈다. 자기관리성은 성실성과 정적 상관을 나타낸 반면, 신경과민성과는 강한 부적 상관을 보였다. 협동성은 우호성과 강한 상관을 보였고, 자기초월성은 개방성, 외향성과 정적 상관을 나타냈다.

3) 성격과 정신건강 및 행복의 관계

Cloninger는 기질과 성품 모델을 개인의 정신건강 및 행복 증진과 연결하여 논의하고 있다. 그에 따르면, 기질은 긍정 정서와 삶의 만족도를 반영하는 주관적 웰빙(subjective well-being)과 밀접한 관계를 갖는 반면, 성격은 삶의 다양한 영역을 조화롭게 영위하는 심리적 웰빙(psychological well-being)을 증진한다. 심리적 웰빙은 긍정적 인간관계, 환경 통제, 자율성, 인생의 목적, 개인적 성장과 자기수용으로 구성되며 세 성품의 개발을 통해서 증진될 수 있다.

Cloninger는 2004년에 저서인 『행복하기: 웰빙의 과학(*Feeling Good: The Science of Well-Being*)』을 출간하면서 심리학이 현상을 기술하는 수준을 넘어서 정신건강과 웰빙의 증진을 위한 과학적 기반을 구축해야 한다고 주장했다. 그에 따르면, 인간은 자신을 행복과 웰빙으로 이끄는 통합적 경향성을 지니고 있으며 이러한 경향성이 차단될 때 불행감을 느끼고 정신장애가 발생한다. 모든 인간은 행복, 사랑, 자기성장을 추구하는 기본적인 욕구를 지니고 있다. 이러한 기본적 욕구를 충족시키고 긍정적 성격을 육성하는 구체적인 프로그램이 필요하다. 신체적 운동을 통해서 육체가 더욱 건강해지듯이, 명상을 비롯한 정신적 또는 영적 수련을 통해서 행복과 정신건강이 증진될 수 있다.

Cloninger(2004)는 행복하고 건강한 삶을 위해서 다음과 같은 세 가지의 목표와 가치를 강조하고 있다.

(1) 과도한 경쟁과 걱정에서 벗어나 마음챙김(mindfulness)을 하면서 희망과 자기관리성을 증진하는 것, (2) 타인을 위한 봉사 활동을 통해서 사랑과 협동성을 증진하는 것, (3) 자신과 세상에 대한 자각을 고양함으로써 영성과 자기초월성을 증진하는 것. 이를 위해서 그는 인지행동치료와 인간중심치료 그리고 긍정심리학의 원리를 조합하여 성격평가와 명상활동을 중심으로 한 행복증진 방법을 제시하고 있다. 진정한 행복과 정신건강을 위해서는 생물의학적, 심리사회적, 영적인 측면의 통합적 접근이 필요하다고 Cloninger는 강조하고 있다.

요약

1. 성격유형론은 인간의 다양한 성격을 몇 가지 유형으로 분류하고 개인을 그중 하나의 성격유형에 속하는 것으로 간주하여 그 사람의 성격을 이해하려는 접근법이다. 성격유형론은 고대 그리스의 Hippocrates와 로마 시대의 Galen으로부터 시작되었으며 동서양을 막론하고 체질, 체형, 얼굴모습, 혈액형, 별자리 등에 근거한 다양한 이론이 제시되었다. 그러나 대부분의 성격유형론은 동일한 성격유형 내에 커다란 개인차가 존재할 뿐만 아니라 성격유형을 구분하는 기준의 과학적 근거가 부족하여 현대 심리학계에서는 타당한 것으로 인정받지 못하고 있다.

2. 과학적인 근거가 없는 것임에도 불구하고 많은 사람이 성격유형론에 대한 잘못된 믿음을 고수하는 주된 심리적 이유로는 누구에게나 적용되는 모호한 성격묘사가 자신에게 해당하는 것으로 잘못 판단하는 포러 효과(Forer effect), 전혀 무관한 두 사건을 개인의 신념이나 기대로 인해서 서로 관련성을 지닌 것으로 잘못 인식하는 주관적 타당화, 자신의 믿음과 일치하는 정보에만 주의를 기울이는 선택적 주의, 인지부조화를 피하기 위해 자신의 신념과 반증되는 정보에 대한 외면, 자신의 신념과 일치하는 결과를 유인하는 자기충족적 예언이 있다.

3. 현대 심리학에서는 성격의 개인차를 양적인 정도의 문제로 가정하는 차원적 분류에 의해서 설명하고 있으며 특질의 관점에서 성격을 기술하고 이해하려는 입장이 대세를 이루고 있다. Allport에 의해 제시된 특질(trait)은 성격의 기본적 구성요소로서 자극에 대해서 특정한 방식으로 반응하는 경향성을 의미한다.

4. Cattell은 성격특질에 관한 실증적 연구를 본격적으로 시작한 심리학자로서 요인분석을 통해 성격을 구성하는 근원특질인 16개의 성격요인을 제시했다. Eysenck는 좀 더 적은 수의 성격특질에 초점을 맞춘 위계적 모델을 제시했으며 성격의 최상위 구조를 구성하는 세 성격특질로서 외향성, 신경과민성, 정신병질성을 주장했다.

5. 1960년대부터 5개의 유사한 성격요인이 반복적으로 발견되면서 성격의 5요인 이론(Five Factor Theory: FFT)이 제시되었다. Costa와 McCrae에 의해서 발전된 5요인 이론은 현재 가장 대표적인 특질이론으로서 신경과민성, 외향성, 개방성, 우호성, 성실성이 성격의 기본적 특질이라고 주장한다. 이러한 성격의 5요인은 여러 측정도구와 표본집단을 사용한 연구에서 반복적으로 검증되고 있을 뿐만 아니라 다양한 문화권에서도 일관성 있게 발견되고 있다. 그러나 5요인 이론은 요인분석에 대한 과도한 의존, 이론적 기반의 취약성, 성격의 내면적 구조와 과정에 대한 설명력 부족, 개인적 독특성을 반영하는 성격특질의 배제 등의 비판을 받고 있으며 HEXACO 모델을 비롯한 대안 모델이 대두되고 있다.

6. Cloninger는 신경생물학적인 기반 위에서 기질과 성품을 구분하는 성격의 심리생물학적 모델을 제시했다. 그에 따르면, 기질(temperament)은 선천적으로 유전되는 것으로서 네 차원, 즉 새로움 추구, 위험 회피, 보상 의존성, 끈기로 이루어진다. 성품(character)은 후천적으로 육성되는 것으로서 자기주도성, 협동성, 자기초월성의 세 차원으로 구성된다.

제3장
성격의 병리-성격장애

1. 불행과 부적응을 초래하는 성격장애

우리 사회에는 참으로 다양한 사람들이 살고 있다. 백인백색(百人百色)이란 말이 있듯이, 인간은 외모뿐만 아니라 성격이 각기 다르다. 동일한 상황에서도 사람마다 생각하고 행동하는 방식이 각기 다르다. 이러한 사실을 잘 알고 있기 때문에 우리는 자신과 다른 생각이나 행동을 나타내는 사람일지라도 그러한 차이를 용인하며 이해하려고 노력한다. 그러나 때로는 우리의 상식으로 도저히 '이해하기 힘든' 사람들을 만나게 된다. 그저 개성이 강한 사람이라고 여기기에는 너무 부적절하고 부적응적인 행동을 반복적으로 나타내어 주변사람들을 고통스럽게 만들 뿐만 아니라 자신의 삶을 고통과 파멸로 이끄는 성격장애를 지닌 사람들이 있다.

성격장애는 자신과 주변사람을 불행하게 만드는 심리적 문제다.

♣ 현재 이혼소송 중인 C씨는 42세 여성으로서 세 번째 결혼생활이 파경에 이르러 심한 고통 속에 빠져 있다. 빼어난 미모의 소유자이며 학벌도 좋은 C씨는 젊은 시절부터 많은 남자에게 인기가 있었다. 그러나 C씨에게 접근하여 연인관계를 맺었던 남자들은 대부분 심한 상처를 입고 물러나곤 했다. C씨는 상대방이 항상 자신에게 관심을 집중하며 애정표현을 해주기를 끊임없이 원했으며 자신의 요구를 들어주지 않거나 자신을 소홀하게 대한다고 느끼면 강렬한 분노를 표출하며 상대방을 혹독하게 공격하곤 했기 때문이다.

20대 후반에 C씨는 카리스마가 넘치는 40대 초반의 사업가를 만나 두 달의 열애 끝에 결혼했다. 그러나 결혼생활을 시작한 지 3개월 후부터 부부싸움이 잦아졌다. C씨는 사업으로 바쁜 남편에게 불만을 쏟아냈으며 남편 역시 강력하게 반발하면서 급기야 할퀴고 때리는 심한 부부싸움이 반복되어 결국 결혼생활 6개월 만에 이혼하게 되었다.

이혼 후 우울증을 겪으며 폭음과 자살시도를 하면서 방황하던 C씨는 자신의 아픔을 위로하며 적극적으로 접근해 온 연하의 남성과 두 번째 결혼을 하게 되었다. 두 번째 남편은 매우 유순하고 따뜻한 마음의 소유자였으며 정서적으로 불안정한 C씨를 포용하려고 노력하며 5년간 결혼생활을 이어갔다. 그러나 C씨는 연하의 남편이 외도를 한다고 끊임없이 의심하며 공격했을 뿐만 아니라 심지어 남편이 귀여워하는 어린 딸에게도 질투를 느껴 폭행을 하기도 했다. 결국 참다 못한 남편은 자녀의 양육권을 요구하며 이혼을 청구했다.

두 번째 이혼 후 심한 우울증을 겪으며 친정에서 생활해 오던 C씨는 1년 전에 자신과 마찬가지로 이혼의 아픔을 겪은 동년배 남자를 만나 세 번째 결혼생활을 시작했다. 세 번째 남편에게는 전처와 함께 살고 있는 아들이 있었는데, C씨는 남편이 아들을 만나러 가면 매우 불안해했으며 급기야 아들과 만나지 말라고 요구했다. 자녀문제를 비롯한 여러 가지 갈등과 부부싸움이 격해지면서 결국 세 번째 남편 역시 C씨에게 이혼을 요구하였다.[1]

인간이 겪는 많은 불행과 고통은 일시적인 상황적 요인에 의한 것도 있지만 개인의 성격문제로 인한 것도 많다. C씨의 경우처럼, 인간관계에서 겪게 되는 반복적인 갈등과 불화는 대부분 성격문제로 인한 것이다. 이처럼 성격적 특성으로 인해서 대인관계와 직업 영역에서 심각한 부적응과 자기파멸적 결과를 초래하는 경우를 '성격장애'라고 한다.

삶이 고통스럽고 다른 사람과의 관계가 원만치 않다면, 성격적인 문제가 관련된 것은 아닌지 고려해 보아야 한다. 그러나 모든 심리적 고통과 문제가 성격적 결함으로 생겨나는 것은 아니다. 부적응 문제나 심리적 장애는 비교적 무난하게 현실적인 적응을 해오던 사람에게 부정적인 생활사건(예: 사고, 질병, 실직 등)이 발생하면서 유발되는 경우가 많다. 그러나 이와 달리 개인의 성격문제로 인해서 부적응적인 삶의 상태가 지속되는 경우가 있다. 이처럼 어린 시절부터 서서히 발전하여 성인기에 개인의 성격으로 굳어진 심리적 특성이 부적응적 양상을 나타내는 경우를 성격장애(personality disorder)라고 한다.

---

1) 이 책에서 소개되는 사례는 실제의 사례에 근거하고 있지만 사례자의 사생활 보호를 위해서 일부의 내용이 각색되었다.

2. 성격장애의 정의와 유형

정신건강 분야에서 가장 널리 사용되는 정신장애 분류체계인 DSM-5(American Psychiatric Association, 2013)는 성격장애의 진단기준을 다음과 같이 제시하고 있다. 첫째, 개인의 지속적인 내적 경험과 행동양식이 그가 속한 사회의 문화적 기대에서 심하게 벗어나야 한다. 이러한 양식은 다음의 4개 영역, 즉 (1) 인지(예: 자신, 타인, 사건을 지각하고 해석하는 방식), (2) 정동(예: 정서 반응의 범위, 강도, 불안정성, 적절성), (3) 대인관계 기능, (4) 충동 조절 중 2개 이상의 영역에서 나타나야 한다. 둘째, 고정된 행동양식이 융통성이 없고 개인생활과 사회생활 전반에 넓게 퍼져 있어야 한다. 셋째, 고정된 행동양식이 사회적, 직업적 그리고 다른 중요한 영역에서 임상적으로 심각한 고통이나 기능의 장애를 초래해야 한다. 마지막으로, 양식이 변하지 않고 오랜 기간 지속되어 왔으며, 발병 시기는 적어도 청소년기나 성인기 초기로 거슬러 올라갈 수 있어야 한다.

성격장애의 진단을 위해서는 개인의 인종적 · 문화적 · 사회적 배경을 고려해야 한다. 예컨대, 한 문화에서는 적응적인 성격특성이 다른 문화에서는 부적응적인 것으로 평가될 수 있으므로, 새로운 지역이나 문화권으로 이주하여 새로운 환경에 적응하며 나타내는 부적응 문제가 개인이 원래 속했던 문화에서 수용되는 관습, 종교관, 가치관 등에 의한 것일 경우에는 성격장애로 진단해서는 안 된다.

부적응을 초래하는 성격장애는 매우 다양하다. DSM-5에서는 성격장애를 10가지 하위유형으로 구분하고 있으며 크게 3가지 군집, 즉 A군, B군, C군으로 분류하고 있다. A군 성격장애(cluster A personality disorders)는 기이하고 괴상한 행동특성을 나타내는 성격장애로서 세 가지 성격장애, 즉 편집성 성격장애, 분열성 성격장애, 분열형 성격장애가 이에 속한다. B군 성격장애(cluster B personality disorders)는 극적이고 감정적이며 변덕스러운 행동이 주된 특징이며 반사회성 성격장애, 연극성 성격장애, 경계선 성격장애, 자기애성 성격장애의 네 하위유형으로 구분된다. C군 성격장애(cluster C personality disorders)는 불안과 두려움을 지속적으로 경험하는 특징을 지니고 있으며 강박성 성격장애, 의존성 성격장애, 회피성 성격장애가 이에 속한다.

성격장애의 양상은 대개 청소년기나 성인기 초기에 나타난다. 성격장애란 시간이 흘러도 그다지 변하지 않고 지속되는 사고방식과 행동양식을 의미하는데, 성격장애의 유형에 따라 변화되는 정도의 차이가 있다. 어떤 성격장애(예: 반사회성 성격장애, 경계선 성격장애)는 나이가 많아지면서 부적응의 정도가 개선되는 반면, 다른 성격장애(예: 강박성 성격장애, 분열형 성격장애)는 나이에 따라 거의 변화가 없거나 더 악화되기도 한다.

3. A군 성격장애

1) 편집성 성격장애

♣ 30대 중반의 연구원인 C씨는 주변사람들과의 반복적인 갈등과 불화로 직장 적응에 어려움을 겪고 있다. 4남매 중 둘째 아들인 C씨는 어린 시절에 똑똑하고 당돌한 소년이었다. 아버지는 매우 가부장적이고 봉건적인 사람으로서 장남인 C씨의 형을 총애하고 동생들이 형에게 순종할 것을 강요했다고 한다. C씨는 초등학교 시절부터 이러한 아버지에게 저항하여 자주 대들었으며 아버지가 매질을 해도 잘못했다고 빈 적이 없는 매우 고집 센 소년이었다. 초등학교에서 공부를 잘했으나, 담임교사가 부잣집 아이들에게 부당한 혜택을 준다고 불평을 하며 따지는 등 당돌한 행동을 하여 늘 교사로부터 미움을 사곤 했다. 중·고등학교에 진학한 후에도 교사를 비롯하여 학급동료들과 다투는 일이 많았다. 상대방이 한 말 중에서 C군을 무시하는 듯한 사소한 단서에 예민하게 반응하며 꼬치꼬치 따지고 들어 상대방을 기분 나쁘게 하거나 화나게 하는 일이 많았다.

대학에서 전자공학을 전공한 C씨는 매우 냉정하고 무미건조한 사람으로 이성관계에 관심이 없었으며 공부에만 몰두했다. 학문적 토론에서는 매우 유능하였으나 대인관계에서 지나치게 까다롭고 타산적이어서 친한 친구가 없었다. C씨는 택시운전사, 음식점 주인, 상점판매원 등이 자신에게 부당한 요금을 청구한다고 다투는 일이 많았고 때로는 법적 소송을 제기하기도 했다. 졸업 후 대기업에 입사하였으나 직장 상사나 동료들의 부당함을 제기하며 다투는 일이 많아 6개월 만에 퇴사하였으며 이와 비슷한 문제로 인하여 현재 직장을 4번이나 바꾸었다. 현재 근무하는 연구소에서도 동료연구원들이 자신의 연구내용을 도용하거나 표절할 수 있다는 의심 때문에 논문 파일을 디스켓에 담아 항상 가지고 다니곤 한다. 얼마 전에는 자신이 발표한 연구내용에 대해서 비판을 한 상급 연구원에게 앙심을 품고 있다가 그가 발표할 때 신랄하게 약점을 들추어 여러 사람 앞에서 망신을 주었다. 이와 같은 일로 인해서 C씨는 연구소 내에 여러 명의 적을 만들어 놓았으며 동료들로부터 따돌림을 당하고 있다.

편집성 성격장애(Paranoid Personality Disorder)는 C씨의 경우처럼 타인에 대한 강한 불신과 의심을 지니고 적대적인 태도를 나타내어 사회적 부적응을 나타내는 성격특성을 말한다. 이러한 성격장애를 지닌 사람은 주변사람들과 지속적인 갈등과 불화를 나타내게 된다. DSM-5의 진단기준에 따르면, 편집성 성격장애는 타인의 동기를 악의에 찬 것으로 해석하는 등 광범위한 불신과 의심이 성인기 초기에 시작되어 여러 가지 상황에서 나타나야 한다. 아울러 다음의 7가지 특성 중 4개 이상의 항목을 충족시켜야 한다.

(1) 충분한 근거 없이 타인이 자신을 착취하고 피해를 주거나 속인다고 의심한다.
(2) 친구나 동료의 성실성이나 신용에 대한 부당한 의심을 한다.
(3) 정보가 자신에게 악의적으로 사용될 것이라는 부당한 공포 때문에 터놓고 얘기하기를 꺼린다.
(4) 타인의 말이나 사건 속에서 자신을 비하하거나 위협하는 숨겨진 의미를 찾으려 한다.
(5) 원한을 오랫동안 풀지 않는다. 예컨대, 자신에 대한 모욕, 손상, 경멸을 용서하지 않는다.
(6) 타인은 그렇게 생각하지 않지만 자신의 인격이나 명성이 공격당했다고 인식하고 즉시 화를 내거나 반격한다.
(7) 이유 없이 배우자나 성적 상대자의 정절에 대해 반복적으로 의심한다.

편집성 성격장애를 지닌 사람은 친밀한 대인관계를 맺기가 어렵고 주변사람들과 적대적인 관계를 형성하는 경우가 많다. 과도한 의심과 적대감으로 인해 반복적인 불평, 격렬한 논쟁, 냉담하거나 공격적인 행동을 나타낸다. 자신에 대한 타인의 위협 가능성을 지나치게 경계하기 때문에 행동이 조심스럽고, 비밀이 많으며, 생각이 지나치게 복잡하고, 미래의 일을 치밀하게 예상하거나 계획하는 경향이 있다. 겉으로는 객관적이고 합리적이며 정중한 모습을 나타낼 때도 있지만, 잘 따지고, 고집이 세며, 비꼬는 말을 잘하여 냉혹한 사람으로 비쳐지기도 한다. 의심이 많고, 논쟁적이며, 도전적인 행동을 잘 하기 때문에 상대방을 화나게 만드는 경향이 있는데, 이러한 상대방의 반응을 자신의 의심과 불신에 대한 합리화 증거로 사용하곤 한다. 즉, 자신은 정당하게 행동하는데 타인들이 자신에게 부당한 행동을 하기 때문에 자기방어를 위해서 어쩔 수 없이 타인에게 적대적으로 응수할 수밖에 없다는 논리를 주장한다. 또한 타인을 믿지 않기 때문에 어떤 일이든지 혼자 처리하는 경향이 있으며 주위 사람들을 조종하거나 지배하려는 욕구가 강하다.

편집성 성격장애를 지닌 사람은 주변사람들과 지속적인 갈등을 경험하기 때문에 스트레스를 많이 경험하고 우울증, 공포증, 강박장애, 알코올 남용과 같은 정신장애를 나타낼 가능성이 높다. 특히 강한 스트레스가 주어질 때 짧은 기간 동안 심리적 혼란을 경험하여 망상장애나 정신분열증으로 발전되는 경우도 있다. 다른 성격장애와의 관련성이 높아서 분열형, 분열성, 자기애성, 회피성, 경계선 성격장애의 요소를 함께 지니고 있는 경우가 많다.

편집성 성격장애의 유병률은 일반 인구의 0.5~2.5%, 정신과 입원 환자의 10~30%, 그리고 정신건강 진료소를 방문하는 사람의 2~10%로 보고되고 있다.

임상장면에서 여자보다 남자에게 더 많다. 이 성격장애는 아동기와 청소년기부터 그 징후를 나타내는 경향이 있는데, 친구관계가 빈약한 외톨이이거나 학교와 사회에 대한 불만이 많고 과민하며 특이한 생각과 공상을 나타내는 경향이 있다.

2) 분열성 성격장애

♣ 40대 초반의 K씨는 서울 근교의 외진 시골에서 미술작업실을 차려놓고 15년째 혼자 살고 있다. K씨는 늘 혼자 지내는 편이며 또한 혼자 있는 것이 편하다. 다른 사람과 함께 있으면 왠지 신경이 쓰이고 불편하여 대부분의 시간을 혼자서 지내고 있다.

K씨는 어린 시절에 말썽부리지 않는 착하고 순한 아이였으며 음식점을 운영했던 부모는 바쁜 생활로 자녀에게 깊은 관심을 갖지 못했다. K씨는 어린 시절부터 친구 없이 혼자 지내는 것에 익숙했다. K씨는 학교에서 중상위권의 성적을 보였으나 조용하게 공부만 하는 학생이었다. 미대에 진학한 K씨는 대학생활을 하면서도 친한 친구 없이 혼자서 지내는 경우가 많았고 미팅을 한번도 하지 않았다.

대학을 졸업한 후 K씨는 취업을 포기한 채 시골의 버려진 집을 수리하여 작업실로 만들어 지금까지 혼자 생활하며 작품활동을 계속하고 있다. 미술 재료를 구입하기 위해서 가끔씩 도시로 나올 뿐 대부분의 시간을 혼자 지내고 있다. K씨의 부모는 생활비의 일부를 대주고 있으나 취업과 결혼을 포기한 채 대책 없이 혼자 살고 있는 K씨 때문에 마음고생이 심하다.

분열성 성격장애(Schizoid Personality Disorder)는 타인과의 친밀한 관계형성에 관심이 없고 감정표현이 부족하여 사회적 적응에 현저한 어려움을 나타내는 성격장애이다. 이러한 성격장애를 지닌 사람은, K씨의 경우처럼 친밀한 인간관계를 형성하지 못한 채 고립되어 있으며, 매우 단조롭고 메마른 삶을 살아가는 경향이 있다. DSM-5의 진단기준에 따르면, 분열성 성격장애는 사회적 관계에서 고립되어 있고 대인관계 상황에서 감정표현이 제한되어 있는 특성이 성인기 초기부터 생활전반에 나타나며, 다음의 특성 중 4개 이상의 항목을 충족시켜야 한다.

(1) 가족의 일원이 되는 것을 포함하여, 친밀한 관계를 원하지도 즐기지도 않는다.
(2) 거의 항상 혼자서 하는 활동을 선택한다.
(3) 다른 사람과 성 경험을 갖는 일에 거의 흥미가 없다.
(4) 만약 있다고 하더라도, 소수의 활동에서만 즐거움을 얻는다.
(5) 직계가족 이외에는 가까운 친구나 마음을 털어놓는 친구가 없다.
(6) 타인의 칭찬이나 비평에 무관심해 보인다.
(7) 정서적인 냉담, 무관심 또는 둔마된 감정반응을 보인다.

분열성 성격장애를 지닌 사람은 타인에 대해서 무관심하고 주로 혼자서 지내는 경향이 있다. 가족을 제외한 극소수의 사람을 제외하면 친밀한 관계를 맺는 사람이 없으며 이성에 대해서도 무관심하여 독신으로 생활하는 경우가 많다. 타인의 칭찬이나 비판에도 무관심한 듯이 감정반응을 나타내지 않으며 감정이 메말라 있다는 인상을 준다. 이들은 흔히 직업적 적응에 어려움을 겪게 되는데 특히 대인관계가 요구되는 업무는 잘 수행하지 못하지만 혼자서 하는 일에서는 능력을 발휘하기도 한다. 이들은 인생의 목표가 없는 듯이 무기력하거나 표류하는 삶을 살아간다. 특히 강한 스트레스가 주어지면 짧은 기간 동안 정신증적 증상을 나타내기도 하는데 망상장애나 정신분열증으로 발전되는 경우도 있다. 우울증을 지니고 있는 경우가 흔하며 분열형, 편집성, 회피성 성격장애의 요소를 함께 지니고 있는 경우가 많다.

분열성 성격장애의 유병률에 대해서는 알려진 바가 없으나, 여자보다 남자가 약간 더 많으며 더 심각한 양상을 나타내는 경향이 있다. 정신분열증이나 분열형 성격장애를 지닌 사람의 친척 중에 이 성격장애의 유병률이 높다. 분열성 성격장애는 아동기와 청소년기부터 그 징후를 나타내는 경향이 있으며 사회적 고립, 빈약한 친구관계, 제한된 감정반응, 학교성적 저하를 나타낸다.

3) 분열형 성격장애

♣ 30대 중반의 여성인 Y씨는 간헐적으로 엉뚱한 말과 행동을 하여 주변사람들을 놀라게 만들고 있다. Y씨는 5년 전부터 서울근교의 한 기도원에서 허드렛일을 하면서 숙식을 제공받고 있다. Y씨의 어머니는 오랜 기간 정신장애를 앓다가 몇 년 전에 세상을 떠났으며 노동자인 아버지가 막일로 생계를 유지하고 있었다. Y씨는 오빠가 한 명 있었으나 어머니가 사망한

분열형 성격장애(Schizotypal Personality Disorder)는 사회적으로 고립되어 있으며 기이한 생각이나 행동을 나타내어 사회적 부적응을 초래하는 성격장애를 말한다. 이 성격장애는 분열성 성격장애와 상당히 유사한 특성을 지니고 있지만, 대인관계에 대한 불안감과 더불어 경미한 사고장애와 다소 기괴한 언행을 나타낸다는 점에서 구분된다. '분열형' 성격장애라는 명칭은 정신분열증을 유발하기 쉬운 성격적 특성을 의미하는 'schizotypy'라는 용어에서 유래한다.

분열형 성격장애로 진단되려면, 친밀한 대인관계에 대한 현저한 불안감, 인간관계를 맺는 제한된 능력, 인지적 또는 지각적 왜곡 그리고 기이한 행동으로 인해 생활 전반에서 대인관계와 사회적 적응에 현저한 손상을 나타내야 한다. 이러한 특성이 성인기 초기에 시작되고 다양한 상황에서 나타나며, 다음의 특성 중 5개 이상의 항목을 충족시켜야 한다.

(1) 관계망상과 유사한 사고(분명한 관계망상은 제외)
(2) 행동에 영향을 미치는 괴이한 믿음이나 마술적 사고(예: 미신, 천리안에 대한 믿음, 텔레파시나 육감, 아동이나 청소년의 경우 기괴한 환상이나 집착)
(3) 신체적 착각을 포함한 유별난 지각 경험
(4) 괴이한 사고와 언어(예: 애매하고 우회적이며 은유적이고 지나치게 자세하게 묘사되거나 또는 상동증적인 사고와 언어)
(5) 의심이나 편집증적인 사고
(6) 부적절하거나 메마른 정동
(7) 괴이하고 엉뚱하거나 특이한 행동이나 외모
(8) 직계가족 외에는 가까운 친구나 마음을 털어놓을 수 있는 사람이 없다.
(9) 과도한 사회적 불안(이러한 불안은 친밀해져도 줄어들지 않으며 자신에 대한 부정적인 판단보다는 편

후 집을 나가 소식이 끊어졌다. Y씨는 중학교를 중퇴하고 나서 음심적 종업원으로 일한 적이 있으나 대부분 한 달도 채우지 못하고 쫓겨나곤 했다. 나사가 하나 풀린 듯 지시에 잘 따르지 못하고 엉뚱한 실수를 많이 하였으며 손님에게 불친절하게 대하는 경우가 많았기 때문이다. Y씨의 딱한 처지를 알게 된 교회의 목사가 마침 일손이 부족한 기도원의 식당 일을 도와주면서 생활하도록 주선하였다.

현재 3년째 기도원의 식당에서 설거지와 음식재료 준비를 돕고 있으며 평소에는 거의 말이 없이 조용하게 지내는데 가끔 부적절한 말과 행동을 하여 주변사람들을 당황스럽게 만들고 있다. 어울리지 않는 화장을 진하게 하고 예배에 참석하기도 하고, 하나님의 계시를 받았다며 횡설수설할 때도 있고, 한밤중에 귀신이 나타났다고 사람을 깨우는 등 이상한 행동을 종종 나타내곤 한다. 얼마 전에는 Y씨가 기도원에 방문한 여자신도와 다투는 일이 벌어졌는데, Y씨의 말에 따르면 자신은 천사와 사탄을 구분할 수 있으며 사탄의 기운이 느껴지는 그 여자신도를 쫓아내려고 싸웠다는 것이다.

집중적 공포와 연관되어 있음)

분열형 성격장애는 대인관계의 형성에 심한 어려움을 나타낼 뿐만 아니라 경미한 정신분열증적 증상을 동반하는 성격장애로서 과거에 단순형 정신분열증(simple schizophrenia)이라고 불리기도 했다. 다른 성격장애보다 심각한 사회적 부적응을 경험하며, 심한 스트레스를 받으면 일시적으로 정신증적 증상을 나타내기도 한다. 분열성, 편집성, 회피성, 경계선 성격장애의 요소를 함께 지니는 경우가 흔하다.

분열형 성격장애는 일반 인구의 약 3%에서 발생한다는 보고가 있으며 여자보다는 남자에게 약간 더 많다. 이 장애는 정신분열증 환자의 직계가족에서 유병률이 높다. 흔히 아동기와 청소년기부터 그 징후가 나타나는 경향이 있는데 사회적 고립, 빈약한 친구관계, 사회적 불안, 학교성적 저하, 과민성, 특이한 사고와 언어, 괴상한 공상을 나타낸다. 분열형 성격장애는 비교적 안정된 상태로 지속되는 경향이 있지만 정신분열증이나 다른 정신병적 장애로 발전되는 경우도 있다. 이 성격장애를 지닌 사람들은 과거에 주요 우울증 상태를 나타냈거나 주요 우울장애의 진단을 함께 받는 경우가 많다.

4. B군 성격장애

1) 반사회성 성격장애

♣ 30대 중반인 P씨는 폭력과 사기죄로 8번의 전과 경력을 지니고 있다. P씨는 자신이 하는 일에 방해가 되는 사람들에게 무차별적인 폭력을 행사했을 뿐만

아니라 자신에게 이익이 되는 일이면 아무런 양심의 가책 없이 거짓말을 일삼으며 다른 사람의 돈을 착취해 왔다. 이러한 범죄행동으로 교도소를 수시로 드나들었으며 3개월 전에 형기를 마치고 출소한 이후에 또다시 폭행을 휘둘러 경찰로부터 조사를 받고 있다.

맞벌이 부부였던 P씨의 부모는 1년 연하인 남동생이 태어나면서 P씨를 시골의 할머니 집에 보내 키웠다. 가정이 안정되면서 P씨가 9세 되던 해에 집으로 데려왔으나 부모에게 저항적인 행동을 보였고 학교에서는 문제행동을 반복적으로 나타내어 부모와 교사로부터 심한 야단과 체벌을 받곤 했다. 비행청소년이었던 P씨는 고등학교를 중퇴하고 친구들과 어울려 다니며 폭행을 일삼았다. P씨는 동료들 사이에서 의리 있는 사람으로 여겨졌으나 다른 폭력배들과 패싸움을 할 때는 매우 잔인한 행동을 하여 두려움의 대상이 되었다. 뿐만 아니라 다단계판매와 기획부동산 사업에 관여하며 사기행각을 벌이며 돈을 착취한 범죄행위도 서슴지 않았다. 8번이나 교도소를 드나들었지만 P씨는 전혀 반성의 기미가 없으며 폭력과 사기를 반복적으로 나타내는 삶을 살아가고 있다.

반사회성 성격장애(Antisocial Personality Disorder)는 사회의 규범이나 법을 지키지 않으며 무책임하고 폭력적인 행동을 반복적으로 나타내어 사회적 부적응을 초래하는 경우를 말한다. 이 성격장애를 지닌 사람들은 절도, 사기, 폭력과 같은 범죄에 연루되는 경우가 흔하다. DSM-5의 진단기준에 따르면, 반사회성 성격장애는 타인의 권리를 무시하거나 침해하는 행동양식이 생활 전반에 나타나며 이러한 특성이 15세부터 시작되어야 한다. 아울러 다음의 특성 중 3개 이상의 항목을 충족시켜야 한다.

(1) 법에서 정한 사회적 규범을 준수하지 않으며 구속당할 행동을 반복한다.
(2) 개인의 이익이나 쾌락을 위한 반복적인 거짓말, 가명 사용 또는 타인을 속이는 사기행동
(3) 충동성 또는 미리 계획을 세우지 못한다.
(4) 빈번한 육체적 싸움이나 폭력에서 드러나는 호전성과 공격성
(5) 자신이나 타인의 안전을 무시하는 무모성
(6) 꾸준하게 직업활동을 수행하지 못하거나 채무를 이행하지 못하는 행동으로 나타나는 지속적인 무책임성
(7) 타인에게 상처를 입히거나 학대하거나 절도행위를 하고도 무관심하거나 합리화하는 행동으로 나타나는 자책의 결여

반사회성 성격장애는 18세 이상의 성인에게 진단되며 15세 이전에 품행장애를 나타낸 증거가 있어야 한다. 반사회성 성격장애자는 흔히 아동기나 청소년기부터 폭력, 거짓말, 절도, 결석이나 가출 등의 문제행동을 나타내는 것이 일반적이다.

반사회성 성격장애자는 사회구성원의 권리를 존중하는 규범이나 법을 무시하고 자신의 쾌락과 이익을 위해서 수단과 방법을 가리지 않는다. 그 결과 폭력, 절도, 사기와 같은 범죄행동을 반복하여 법적인 구속을 당하는 일이 흔하다. 충동적이고 호전적이어서 육체적인 싸움을 자주 하고 폭력을 휘두르며 배우자나 자녀를 구타하기도 한다. 또한 무책임하고 무모하여 위험한 일(예: 음주운전이나 과속, 범죄, 마약복용)을 겁 없이 행하며 가족부양이나 채무이행을 등한시한다. 타인의 고통을 초래한 자신의 행동에 대해서 자책하거나 후회하는 일이 없으며 유사한 불법행동을 반복하는 경향이 있다. 반사회성 성격장애자는 잦은 폭력과 범법행동, 직업적응의 실패, 가족부양의 소홀, 성적 문란, 채무 불이행, 거짓말이나 사기행각, 무모한 위험행동, 문화시설의 파괴행위 등을 나타냄으로써 주변 사람과 사회에 커다란 피해를 입히게 된다.

반사회성 성격장애의 평생유병률은 남자의 경우 약 3%이며 여자의 경우 약 1%로 보고되어 있다. 이 성격장애는 대가족 출신의 남자, 도시의 빈민층, 약물 남용자, 교도소에 수감된 죄수에게 흔하다. 반사회성 성격장애로 진단되는 사람들은 아동기에 주의력 결핍/과잉행동 장애를 나타내거나 청소년기에 품행장애를 나타낸 과거경력이 있다.

2) 연극성 성격장애

♣ 광고회사에 근무하는 30대 독신여성인 C씨는 동료들로부터 따돌림을 당하고 있다. C씨는 여러 사람이 모이는 곳에서는 항상 자신이 주인공처럼 행동하려고 했으며 다른 사람을 재미있게 하기 위해 자신의 경험을 과장하거나 극적으로 표현하곤 했다. 그러나 모임에서 자신이 관심의 초점이 되지 못하면 우울하고 화가 났으며, 특히 다른 여성이 주인공이 되는

모임은 참을 수가 없었다. 미모인 C씨는 늘 화려한 옷을 즐겨 입었고 주변사람들에게 과장된 친밀감을 표현함으로써 사람들의 관심과 애정을 끌려고 했으며 다른 사람의 반응에 따라 감정의 기복이 심했다.

3개월 전에 직장을 새로 옮긴 C씨는 회사의 남자동료들과 거리낌 없이 어울렸으며 술과 유흥을 즐겨 금방 인기 있는 사람이 되었다. 그러나 C씨의 그런 행동은 동료들의 관심을 끌기 위함이었을 뿐인데, 남자동료 중에는 자신이 C씨로부터 성적인 유혹을 받고 있다고 생각하는 사람이 여러 명 있었다. 이러한 문제로 남자동료들과 갈등을 겪은 후로 C씨는 남자동료들을 무책임하게 유혹하는 나쁜 여자라는 소문이 쫙 퍼져 따돌림을 당하고 있다. C씨는 이전 직장 두 군데에서도 이와 비슷한 일이 벌어져 직장을 옮기게 되었던 것이다.

연극성 성격장애(Histrionic Personality Disorder)는 타인의 애정과 관심을 끌기 위한 지나친 노력과 과도한 감정표현이 주된 특징이다. 이러한 성격장애를 지닌 사람은 정서적으로 불안정하며 대인관계에서 갈등을 초래하는 경향이 있어 사회적 부적응을 나타내게 된다.

연극성 성격장애로 진단되려면, 지나친 감정표현과 관심 끌기의 행동이 생활 전반에 나타나야 하며 이러한 특성이 성인기 초기에 시작되고 다음의 특성 중 5개 이상의 항목을 충족시켜야 한다.

(1) 자신이 관심의 초점이 되지 못하는 상황에서는 불편감을 느낀다.
(2) 다른 사람과의 관계에서 흔히 상황에 어울리지 않게 성적으로 유혹적이거나 도발적인 행동을 특징적으로 나타낸다.
(3) 감정의 빠른 변화와 피상적 감정표현을 보인다.
(4) 자신에게 관심을 끌기 위해서 지속적으로 육체적 외모를 활용한다.
(5) 지나치게 인상적으로 말하지만 구체적 내용이 없는 대화 양식을 가지고 있다.
(6) 자기 연극화, 연극조, 과장된 감정표현을 나타낸다.
(7) 타인이나 환경에 의해 쉽게 영향을 받는 피암시성이 높다.
(8) 대인관계를 실제보다 더 친밀한 것으로 생각한다.

연극성 성격장애를 지닌 사람의 마음 깊은 곳에는 다른 사람의 관심을 끌고 그들에게 사랑과 인정을 받고 싶은 강렬한 욕구가 있다. 다른 사람들이 각별한 관심을 주지 않으면 그들이 자신을 싫어하는 것으로 생각하고 우울해하거나 불안해하는 경향이 있다. 관심의 대상이 되는 다른 사람에 대해서는 시기와 질투, 경쟁심, 강한 분노를 느낀다.

연극성 성격장애자들은 마치 연극을 하듯이 자신의 경험과 감정을 과장되고 극적인 형태로 표현한다. 그러나 이들은 희로애락의 감정기복이 심하며 표현된 감정이 깊이가 없고 피상적인 것이라고 느껴진다. 또한 원색적인 화려한 외모로 치장하며 이성에게 유혹적인 행동을 나타내는 경향이 있다. 예컨대, 노출이 심한 옷차림새를 보이거나 이성의 요구에 순순히 잘 응하거나 이성의 장점에 대해서 찬사를 보내는 등의 행동을 나타낸다.

연극성 성격장애자들은 대인관계의 초기에는 상대방에게 매우 매력적인 존재로 느껴질 수 있지만, 관계가 지속되면 지나치게 요구적이고 끊임없는 인정을 원하기 때문에 부담스럽게 느껴진다. 이들은 거절에 대한 두려움을 지니며 자신의 요구가 관철될 수 있도록 타인을 조종하는 기술이 뛰어나다. 자신의 중요한 요구가 좌절되는 상황에서는 자살하겠다고 위협을 하거나 상식을 벗어난 무모한 행동을 나타내기도 한다.

연극성 성격장애는 그 유병률이 일반 인구의 2~3%이며 정신과 환자의 10~15%에 해당한다는 보고도 있다. 개인적인 용모, 감정표현, 대인관계 행동은 문화, 성별, 연령에 따라 상당한 차이가 있으므로 이러한 점을 고려하여 진단되어야 한다. 임상장면에서 이 성격장애는 여성에게 더 흔하게 진단된다. 그러나 정확한 평가도구를 사용한 일부 연구에서는 남녀 간의 유병률이 비슷한 것으로 나타났다.

3) 자기애성 성격장애

♣ 대기업의 과장인 30대 중반의 K씨는 최근 자존심에 심한 상처를 입고 우울감과 분노감에 휩싸여 있다. 명문대학을 졸업하고 대기업에 입사하여 고속승진을 해온 K씨는 평소에 거만하다는 평을 받기는 하지만 업무에는 매우 유능해서 상사의 인정을 받아 왔다. K씨는 자신이 주변동료에 비해서 월등하게 유능하다는 자신감에 차 있었고 최근에 있었던 인사발령에서 부장승진은 따 놓은 당상으로 생각하고 있었다. 그런데 뜻밖에 부장승진에서 탈락하였을 뿐만 아니라

더욱 자존심이 상하는 것은 탈락이유가 주변동료들로부터 인화력과 인간미가 부족하다는 평가를 받았기 때문이라는 것이었다.

자신을 특별하게 우수한 존재라고 생각해 온 K씨는 사회적으로 크게 성공해야 한다는 야심에 불타 있었다. 출세를 하여 많은 사람의 경탄을 받는 상상에 혼자 즐거워하곤 했다. 이를 위해서 K씨는 물불을 가리지 않았고 일 중독자라는 소리를 들을 만큼 회사업무에 열심이었다. K씨의 눈에 주변동료들은 열등하고 나태한 존재로 보여 그들을 무시하고 있었으며 친밀한 관계를 맺으려 하지 않았다. 사랑이나 우정은 사치스러운 것이라고 생각해 온 K씨는 결혼도 자신의 사회적 출세에 도움이 될 수 있도록 재력가의 딸을 아내로 맞았다. K씨는 자신만만했으며 상사의 눈에 띌 수 있도록 회의석상에서 자주 튀는 행동을 해왔다. 동료 사이에서 건방지고 거만한 사람이라는 평을 받았던 K씨는 이러한 평에 몹시 화가 나긴 했지만 무능한 자들의 질투심에서 나온 것이라고 일축해 버리곤 했다. 이렇게 출세에 집착해 온 K씨에게 승진탈락은 자존심에 커다란 충격이었으며 자신의 가치를 인정해 주지 않은 회사와 동료에 대해서 심한 분노감을 느끼고 있다.

자기애성 성격장애(Narcissistic Personality Disorder)는 K씨의 경우처럼 자신에 대한 과장된 평가로 인한 특권의식을 지니고 타인에게 착취적이거나 오만한 행동을 나타내어 사회적인 부적응을 초래하는 성격을 말한다. 자기 자신을 사랑하는 것은 자연스럽고 건강한 것이다. 그러나 자기사랑이 지나쳐서 자신을 비현실적으로 과대평가하고 타인을 무시하며 자기중심적인 행동을 나타내게 되면 대인관계의 갈등과 부적응을 초래하게 되는데, 이러한 경우를 자기애성 성격장애라고 한다.

DSM-5의 진단기준에 따르면, 자기애성 성격장애는

공상이나 행동에서의 웅대성, 칭찬에 대한 욕구, 공감의 결여가 생활 전반에 나타나며 다음 중 5개 이상의 항목을 충족시켜야 한다.

(1) 자신의 중요성에 대한 과장된 지각을 갖고 있다 (예: 자신의 성취나 재능을 과장함, 뒷받침할 만한 성취가 없으면서도 우월한 존재로 인정되기를 기대함).
(2) 무한한 성공, 권력, 탁월함, 아름다움 또는 이상적인 사랑에 대한 공상에 집착한다.
(3) 자신이 특별하고 독특한 존재라고 믿으며, 특별하거나 상류층의 사람들만이 자신을 이해할 수 있고 또한 그런 사람들(혹은 기관)하고만 어울려야 한다고 믿는다.
(4) 과도한 찬사를 요구한다.
(5) 특권의식을 가진다. 예컨대, 특별대우를 받을 만한 이유가 없는데도 특별대우나 복종을 바라는 불합리한 기대감을 가진다.
(6) 대인관계가 착취적이다. 예컨대, 자기 자신의 목적을 달성하기 위해 타인들을 이용한다.
(7) 감정이입 능력이 결여되어 있다. 타인들의 감정이나 욕구를 인식하거나 확인하려 하지 않는다.
(8) 흔히 타인을 질투하거나 타인들이 자신에 대해 질투하고 있다고 믿는다.
(9) 거만하고 방자한 행동이나 태도를 보인다.

자기애(narcissism)라는 용어는 연못에 비친 자신의 아름다운 얼굴을 너무 사랑하여 연못 속에 몸을 던져 죽었다는, 그리스 신화 속의 인물 나르키소스(Narcissus)에서 연유한다. 자기애성 성격장애는 과도한 자기사랑과 자기도취로 인해 사회적 부적응을 초래하는 장애다. 자기애성 성격장애자는 자신을 남들이 평가하는 것보다 현저하게 과대평가하여 웅대한 자기상에 집착하며 대단한 탁월함과 성공을 꿈꾼다. 따라서 자신은 주변사람들과는 다른 특별한 존재이며 특별한 대우를 받아야 한다는 특권의식을 지니게 되어 매우 거만하고 오만한 행동을 나타낸다. 다른 사람들이 자신을 칭찬하고 찬양해 주기를 바라며, 그렇지 않을 때는 주변사람들을 무시하거나 분노를 느낀다. 이들은 다른 사람의 입장이 되어 생각하고 느끼는 공감능력이 결여되어 있으며, 대인관계에서 매우 자기중심적이고 일방적이다. 따라서 주변사람들로부터 따돌림을 당하거나 잦은 갈등을 경험하게 된다. 아울러 과장되어 있는 웅대한 자기상이 현실세계 속에서는 자주 상처를 입게 되므로 우울해지거나 분노를 느끼게 된다.

자기애성 성격은 외현적 자기애와 내현적 자기애로 구분되기도 한다(Wink, 1991). 외현적 자기애(overt narcissism)는 제3자가 객관적으로 관찰할 수 있을 정도로 자기애적 속성이 외적으로 드러나는 경우로서 DSM-5에 제시된 자기애성 성격장애의 진단기준에 잘 부합된다. 반면, 내현적 자기애(covert narcissism)는 겉으로는 잘난 척하거나 거만한 자기애적 행동특성을 잘 나타내지 않지만 내면의 깊숙한 곳에 자기애적 성격특성을 지니고 있는 경우를 말한다. 외현적 자기애의 특성을 보이는 사람은 자신만만하고 외향적이며 타인의 반응을 개의치 않고 자기주장적인 모습을 나타내는 반면, 내현적 자기애를 지닌 사람은 수줍고 내향적이며 타인의 반응에 매우 민감하며 조심스러운 행동을 나타낸다.

자기애성 성격장애의 유병률은 일반 인구에서 1% 미만이며 임상 환자집단에서는 2~16%였다는 보고가 있다. 이 성격장애로 진단되는 사람의 50~75%가 남자이다. 자기애적 성향은 사춘기에 흔하지만 이러한 성향이 나중에 반드시 성격장애로 발전하는 것은 아니다. 자기애성 성격장애가 있는 사람들은 나이가 들어 육체적·직업적 한계에 직면하게 될 때 어려움을 겪는다. 우리 사회에서 흔히 회자되는 '왕자병' 또는 '공주병'은 자기애성 성격장애를 지칭하는 일상적인 용어라고 할 수 있다.

4) 경계선 성격장애

♣ 대학원에서 석사과정을 이수하고 있는 20대 중반의 J양은 며칠 전 술에 만취한 상태에서 면도날로 손목을 그어 자살을 시도하였다. 다행히 가족에게 발견되어 목숨은 건졌지만 심하게 우울한 상태다. J양은 고교시절부터 여러 번 자살을 시도한 경력이 있었다.

J양은 대학에 진학한 후에도 이성관계가 복잡했다. J양은 혼자 있으면 왠지 허전하고 우울했으며 주변에 있는 누군가를 사랑할 때 생기를 느낄 수 있었으나 여러 번의 이성관계가 불행하게 끝나곤 했다. 대부분의 경우 강렬한 호감에 이끌려 연인관계를 맺게 되지만 사소한 갈등이 계기가 되어 상대방에게 분노를 느끼고 심한 상처를 주면서 헤어지는 패턴이 반복되었다.

학부전공에 불만을 지녔던 J양은 전공을 바꾸어 다른 대학의 석사과정에 진학했다. 대학원 과정에 진학한 후 J양은 박사과정의 한 남자 선배에게 매혹을 느끼게 되었다. 그 선배는 기혼자였으나 J양은 개의치 않고 강렬한 애정을 표시했고 그 선배는 몹시 주저했으나 J양의 적극적인 구애에 결국 서로 사랑하는 사이로 발전하였다. 급기야 성관계를 맺게 되었고 J양은 선배에게 자신이든 현재 부인이든 택일을 하라고 압력을 가했다. 아들까지 한 명 두고 있는 그 선배는 결코 가정을 버릴 수 없다고 판단하고 J양에게 관계를 청산하자고 했다. 그날 밤 J양은 술에 만취되어 선배의 집을 찾아가 행패를 부리고 모든 것을 폭로한 후 집에 돌아와 자살을 시도했다.

경계선 성격장애(Borderline Personality Disorder)는 강렬한 애정과 분노가 교차하는 불안정한 대인관계를 특징적으로 나타내는 성격장애를 말한다. 이 장의 도입부에서 소개한 C씨나 위에서 살펴본 J양의 경우처럼, 경계선 성격장애를 지닌 사람들은 심한 충동성을 보이며 자살과 같은 자해적 행동을 반복적으로 나타내는 경향이 있어 때로는 치명적인 결과를 초래하기도 한다.

경계선 성격장애로 진단되려면 대인관계, 자아상 및 정서의 불안정성과 더불어 심한 충동성이 생활 전반에서 나타나야 한다. 이러한 특징적 양상은 성인기 초기에 시작하여 다양한 상황에서 일어나며 다음의 특성 중 5가지 이상의 항목을 충족시켜야 한다.

(1) 실제적인 또는 가상적인 유기(버림받음)를 피하기 위한 필사적인 노력

(2) 극단적인 이상화와 평가절하가 특징적으로 반복되는 불안정하고 강렬한 대인관계 양식

(3) 정체감 혼란: 자아상이나 자기지각의 불안정성이 심하고 지속적이다.

(4) 자신에게 손상을 줄 수 있는 충동성이 적어도 2가지 영역에서 나타남(예: 낭비, 무분별한 성관계, 물질 남용, 무모한 운전, 폭식)

(5) 반복적인 자살 행동, 자살 시늉, 자살 위협 또는 자해 행동

(6) 현저한 기분변화에 따른 정서의 불안정성(예: 간헐적인 심한 불쾌감, 과민성, 불안 등이 흔히 몇 시간 지속되지만 며칠 동안 지속되는 경우는 드묾)

(7) 만성적인 공허감

(8) 부적절하고 심한 분노를 느끼거나 분노를 조절하기 어렵다(예: 자주 울화통을 터뜨림, 지속적인 분노, 잦은 육체적 싸움).

(9) 스트레스와 관련된 망상적 사고나 심한 해리 증상을 일시적으로 나타낸다.

경계선 성격장애의 가장 큰 특징은 극단적인 심리적 불안정성이다. 사고, 감정, 행동, 대인관계, 자아상을 비롯한 성격 전반에서 현저한 불안정성을 나타낸다. 이러한 성격장애를 지닌 사람이 가장 두려워하는 것은 타인으로부터 '버림받는 것'이며, 이러한 상황이 예상되면 사고, 감정, 행동에 심한 동요가 일어난다. 흔히 이성을 이상화하여 강렬한 애정을 느끼고 급속하게 연인관계로 발전한다. 그러나 상대방이 자신을 버리고 떠나가는 것을 두려워하여 늘 함께 있어 주거나 강렬한 애정의 표현을 요구한다. 이러한 요구가 좌절되면, 상대방을 극단적으로 평가절하하며 강렬한 증오나 경멸을 나타내거나 자해나 자살과 같은 극단적인 행동을 하게 된다.

경계선 성격장애를 지닌 사람은 안정된 자아상이 확립되어 있지 않아 예측하기 힘든 다양한 돌출 행동을 나타내며 본인도 자신에 대한 혼란감을 경험한다. 혼자 있을 때에는 심한 공허감이나 우울감을 느끼기도 하는 반면, 때로는 매우 충동적인 행동을 나타내어 지나친 낭비, 문란한 성생활, 과음이나 약물복용, 자해 행위 등을 나타내기도 한다. 심한 스트레스를 받게 되면 일시적으로 정신증적 증상을 나타내기도 하지만 그러한 증상이 오래도록 지속되는 경우는 드물다.

경계선(borderline)이란 용어는 원래 신경증(neurosis)과 정신병(psychosis)의 경계라는 의미로 사용되었다. 망상이나 환각과 같은 정신병적 증상을 지속적으로 나타내지는 않지만 일시적으로 현실검증력의 저하를 나타내고 충동과 감정 조절에 심각한 곤란을 나타내는 경우를 경계선 장애라고 지칭하였다. 그러나 이러한 특성을 지닌 사람들은 성격구조의 독특한 결함을 지니고 있다는 주장이 제기되면서 경계선 성격구조(borderline personality organization)라는 용어가 사용되기 시작했고 DSM-III-R에서부터 경계선 성격장애라는 용어로 정착하게 되었다.

경계선 성격장애의 유병률은 일반 인구의 2%, 정신과 외래환자의 10%, 정신과 입원환자의 20% 정도로

추정되고 있다. 사춘기나 청년기에 자아정체감의 문제를 지닌 사람들이 경계선 성격장애와 유사한 행동을 일시적으로 나타낼 수 있다. 이 성격장애를 나타내는 사람의 75% 정도가 여자로 알려져 있다. 경과는 상당히 다양하며, 흔히 성인기 초기부터 불안정한 모습을 지속적으로 나타내면서 심한 정서적 혼란이나 자해행위로 인해 간헐적으로 병원에 입원하게 되고 중년기에 접어들면서 다소 안정된 모습을 나타내는 경향이 있다. 경계선 성격장애로 인한 자해나 자살의 위험은 초기 성인기에 가장 높으며 나이가 들면서 점차 저하되고 30~40대에 이르면 대인관계나 직업 기능이 현저하게 안정된다. 그러나 반사회적 행동, 공격성, 약물남용, 여러 번의 자살기도와 입원경력 등이 있는 경우에는 예후가 좋지 않다. 이들은 흔히 우울장애, 공황장애, 물질남용, 충동통제장애, 섭식장애 등을 함께 나타내며 특히 우울장애가 나타날 때 자살가능성이 높은 것으로 알려져 있다.

5. C군 성격장애

1) 강박성 성격장애

♣ 고등학교 교사인 Y씨의 부인은 남편과의 반복되는 갈등으로 매우 불행한 결혼생활을 하고 있다. 12년 전에 친척의 소개로 만나게 된 Y씨는 매우 성실하고 자상하며 유능한 사람으로 느껴져서 6개월간의 교제 끝에 결혼하게 되었다. 신혼생활을 시작하게 되자, Y씨는 생활비를 1주일 단위로 주면서 부인에게 매일 매일 가계부를 쓰게 했다. 처음에는 집 마련을 위해 알뜰하게 살자는 뜻으로 이해했으나, 부인의 지출에 대해서 일일이 확인하였으며 500원 단위까지 적

도록 했다. 집안이 늘 깨끗하게 정리되어 있어야 했으며, 열심히 청소를 했지만 Y씨는 집 안 구석구석에서 먼지를 찾아내어 불평을 하였다. 더구나 Y씨는 입맛도 까다로웠으며 건강에 예민하여 짜고 매운 음식을 먹지 않아 부인은 음식을 할 때마다 조심스러웠다.

수학과목을 가르치는 Y씨는 자신의 일에 지나칠 정도로 완벽했으며 집에서도 늘 수업준비를 하곤 했다. 부인은 주말이면 야외로 나가거나 외식을 하고 싶었지만, Y씨는 나가면 차 막히고 바가지 쓰는데 뭐 하러 나가 먹느냐며 집에서 식사하기를 고집했다. 낭만을 모르고 인색한 남편에 대한 불만이 많았지만, 세월이 흘러 경제적 여유가 생기면 남편이 변하리라고 부인은 생각했었다. 그러나 여전히 사소한 것에 대해서 끊임없이 잔소리를 늘어놓고 간섭할 뿐만 아니라 자신의 생각과 생활방식을 고집하고 강요하는 Y씨를 부인은 더 이상 견디기 어려워하고 있다.

강박성 성격장애(Obsessive-Compulsive Personality Disorder)는 Y씨의 경우처럼 지나치게 완벽주의적이고 세부적인 사항에 집착하며 과도한 성취지향성과 인색함을 특징적으로 나타내는 성격장애를 말한다. 이러한 성격특성으로 인해 효율적으로 일을 처리하지 못할 뿐 아니라 자신과 주변사람들을 고통스럽게 하는 경우가 대부분이다.

강박성 성격장애로 진단되려면 정리정돈, 완벽주의, 마음의 통제와 대인관계의 통제에 집착하는 행동특성이 생활 전반에 나타나야 하며 이러한 특성으로 인해서 융통성, 개방성, 효율성을 상실하는 대가를 치러야 한다. 이러한 특성이 성인기 초기에 시작되고 다음 중 4개 이상의 항목을 충족시켜야 한다.

(1) 사소한 세부사항, 규칙, 목록, 순서, 시간계획이나 형식에 집착하여 일의 큰 흐름을 잃게 된다.
(2) 과제의 완수를 저해하는 완벽주의를 보인다(예: 지나치게 엄격한 기준에 맞지 않기 때문에 과제를 끝맺지 못함).
(3) 일과 생산성에만 과도하게 몰두하여 여가 활동과 우정을 희생한다(분명한 경제적 필요성에 의한 경우가 아님).
(4) 도덕, 윤리 또는 가치 문제에 있어서 지나치게 양심적이고 고지식하며 융통성이 없다(문화적 또는 종교적 배경에 의해서 설명되지 않음).
(5) 닳아빠지고 무가치한 물건을, 감상적 가치조차 없는 경우에도, 버리지 못한다.
(6) 자신이 일하는 방식을 그대로 따르지 않으면 타인에게 일을 맡기거나 같이 일하려 하지 않는다.
(7) 자신과 타인 모두에게 구두쇠처럼 인색함; 돈은 미래의 재난에 대비해서 저축해 두어야 하는 것으로 생각한다.
(8) 경직성과 완고함을 보인다.

강박성 성격장애자는 지나친 완벽주의적 성향과 세부적인 사항에 대한 집착으로 인해 오히려 비효율적인 삶을 살게 된다. 구체적인 규칙과 절차가 확실하지 않을 때는 결정을 내리지 못하고 많은 시간을 소비하며 매우 고통스러워한다. 어떤 일을 먼저 해야 하고 그 일을 하는 최선의 방법이 무엇인지를 결정하지 못해서 결국 어떤 일도 시작하지 못하는 경우가 많다.

강박성 성격장애자는 감정표현을 억제하는 경향이 강하며 감정표현을 자유롭게 하는 사람과 같이 있으면 불편감을 느낀다. 이성과 도덕을 중요시하며 제멋대로 충동적인 행동을 하는 사람을 혐오한다. 자신의 행동이 완벽하다는 확신이 들 때까지는 행동하기를 주저하며 망설이는 경향이 있다. 부드러운 감정을 잘 표현하지 못하고 칭찬이나 농담을 거의 하지 않는다.

강박성 성격장애자는 돈에 매우 민감하며 씀씀이가 매우 인색하다. 경제적 여유가 있음에도 불구하고 만일의 재난상황에 대비하여 저축해 두어야 한다는 생각으로 인해 자신과 가족을 위해서 돈을 쓰지 못한다. 아울러 지금은 필요가 없더라도 약간의 쓰임새가 있는 물건은 미래의 사용을 위해 버리지 못하고 여러 가지 잡동사니를 많이 모아두는 경향이 있다. 이러한 특성으로 인해 가족을 비롯한 주변사람들을 고통스럽게 하며 자주 갈등을 빚게 된다.

강박성 성격장애의 유병률은 일반 인구의 약 1%이며 정신건강진료소를 방문하는 사람의 3~10% 정도로 보고되고 있다. 여러 연구에서 이 성격장애는 남자가 여자보다 2배 정도 더 많이 진단되는 것으로 나타났다. 강박성 성격장애자들은 원치 않는 생각과 행동에 시달리는 강박장애를 함께 나타내는 경향이 있지만, 강박장애를 나타내는 사람들 중에는 강박성 성격장애와 무관한 경우가 많다.

2) 의존성 성격장애

♣ 40대 주부인 L씨는 남편의 외도를 알면서도 아무 말도 못한 채 가슴앓이를 하고 있다. 대학시절에

남편의 적극적인 구애로 일찍 결혼생활을 시작한 L씨는 남편만을 바라보며 남편의 지시에 따라 행동하는 시녀처럼 살아왔다. 남편의 관심과 애정을 얻기 위해 헌신적으로 노력했을 뿐만 아니라 일방적인 성격을 지닌 남편의 요구가 부당하더라도 불만을 표현하지 않은 채 순종해 왔다. L씨는 집안일이나 자녀양육과 관련된 사소한 일도 혼자서 해결하지 못하고 남편의 의견을 물어 그의 판단에 따라 행동하곤 했다. 회사일로 바쁜 남편은 자신에게 지나치게 의존하며 집착하는 L씨를 귀찮은 존재로 여기며 무시하기 시작했다. L씨는 자신을 무시하고 늦게 귀가하는 남편의 행동에 대해서 불평을 하기보다는 자신의 잘못 때문이라고 여기며 우울해했다.

최근에 우연히 남편의 핸드폰 문자를 통해서 그가 다른 여성과 가깝게 지낸다는 것을 알게 되었지만 L씨는 아무런 반응도 하지 못한 채 괴로워하고 있다. 남편의 외도에 대해서 따지고 싶지만 그럴 경우에 오히려 남편의 마음을 불편하게 만들어 그가 자신을 버리고 떠나갈지 모른다는 두려움이 더 크기 때문이다. 남편 없이 혼자서 살아갈 자신이 없는 L씨는 이러지도 저러지도 못하는 진퇴양난 상태에서 괴로워하고 있다.

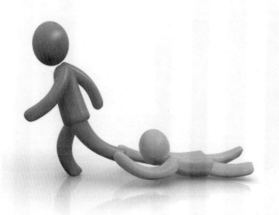

의존성 성격장애(Dependent Personality Disorder)는 스스로 독립적인 생활을 하지 못하고 다른 사람에게 과도하게 의존하거나 보호받으려는 행동을 특징적으로 나타내는 성격장애다. 의존성 성격장애로 진단되려면, 보호받고 싶은 과도한 욕구로 인하여 복종적이고 매달리는 행동과 이별에 대한 두려움이 나타나야 한다. 이러한 성격특성은 생활 전반의 다양한 상황에서 나타나고 성인기 초기에 시작되며 다음 중 5개 이상의 항목을 충족시켜야 한다.

(1) 타인으로부터의 많은 충고와 보장이 없이는 일상적인 일도 결정을 내리지 못한다.
(2) 자기 인생의 매우 중요한 영역까지도 떠맡길 수 있는 타인을 필요로 한다.
(3) 지지와 칭찬을 상실하는 것에 대한 두려움 때문에 타인에게 반대의견을 말하기가 어렵다.
(4) 자신의 일을 혼자 시작하거나 수행하기가 어렵다(동기나 활력이 부족해서라기보다는 판단과 능력에 대한 자신감이 부족하기 때문이다).
(5) 타인의 보살핌과 지지를 얻기 위해 무슨 일이든다 할 수 있다. 심지어 불쾌한 일을 자원해서 하기까지 한다.
(6) 혼자 있으면 불안하거나 무기력해지는데, 그 이유는 혼자서 일을 감당할 수 없다는 과장된 두려움을 느끼기 때문이다.
(7) 친밀한 관계가 끝났을 때, 필요한 지지와 보호를 얻기 위해 또 다른 사람을 급하게 찾는다.
(8) 스스로를 돌봐야 하는 상황에 버려지는 것에 대한 두려움에 비현실적으로 집착한다.

의존성 성격장애를 지닌 사람들은 자신이 혼자서 살아가기에는 너무 나약한 존재라는 생각을 지니고 있다. 따라서 어떤 일을 혼자 해결하지 못하고 다른 사람에게 의지하며 도움을 구한다. 늘 주변에서 의지할 대상을 찾으며 그러한 대상에게 매우 순종적이고 복종적인 태도를 나타낸다. 자신을 연약한 모습으로 나타내어 지지와 보호를 유도하는 경향이 있으며, 힘든 스트레스 상황에서는 다른 사람에게 매달리거나 무기력해지며 눈물을 잘 흘린다. 특히 의존대상으로부터 거절과 버림을 받게 되면, 깊은 좌절감과 불안을 느끼며 적응기능이 현저하게 와해되는 경향이 있다. 따라서 의존대상이 자신을 멀리하는 것에 대해서 매우 예민하고 불안해하며, 이를 방지하기 위하여 순종적이고 헌신적인 태도를 나타낸다. 의존상대와 친밀한 관계가 끝나게 되면, 일시적으로 심한 혼란을 경험하지만 곧 다른 의존상대를 찾아 유사한 의존적 관계를 형성하는 경우가 대부분이다.

의존성 성격장애의 유병률은 일반 인구의 2%에서부터 48%까지 매우 다양하게 보고되고 있다(Blashfied & Davis, 1993). 이 성격장애는 임상장면에서 여성에게 더 많이 진단되는 경향이 있으나 정확한 평가도구를 사용한 몇몇 연구에서는 남녀의 유병률이 유사하다고 보고되었다. 의존성 성격장애를 진단할 때는 사회문화적 요인을 고려해야 한다. 어떤 사회에서는 여성이나 남성에게 의존성향을 차별적으로 조장하거나 억제할 수 있기 때문이다. 의존성 성격장애는 다른 성격장애, 특히 경계선, 회피성, 연극성 성격장애와 함께 나타나는 경향이 있으며 우울장애, 불안장애, 적응장애의 발병 위험이 높다.

3) 회피성 성격장애

♣ 대학교 3학년 학생인 P군은 사람을 만나는 일이 두렵고 힘들다. 특히 낯선 사람을 만나거나 여러 사람

앞에서 무언가를 해야 하는 상황에서는 너무 불안하게 느껴져서 가능하면 이런 상황을 회피하고 있다. 어떤 강의를 수강했다가도 교수가 발표를 시키거나 조별활동을 해야 한다고 하면 그 과목을 취소한다. 학과의 지도교수를 만나야 하는 일이 있지만 왠지 지도교수가 무섭게 느껴지고 야단을 칠 것 같은 느낌 때문에 지도교수를 찾아가지 못한다.

학교 캠퍼스에서도 여러 사람이 앉아 있는 앞을 지나가는 일이 두려워 먼 길을 돌아다닌다. 버스나 전철을 탈 때도 다른 사람들이 자신을 쳐다보며 무언가 흠을 볼 것 같아 긴장하게 된다. P군은 미팅에 대한 호기심이 있지만 처음 만난 낯선 이성과 만나서 대화를 이어나가지 못하고 어색해할 것을 생각하면 끔찍하여 대학 3학년이 되도록 미팅 한번 하지 못했다. 현재 P군은 고등학교 동창이나 익숙한 학과 친구 한두 명 외에는 만나는 사람이 없다. P군은 어려서부터 조용한 성격이었으며 수줍음이 많았다. P군은 중·고등학교 시절에 성적이 매우 우수했으나 다른 사람 앞에 나서는 것을 싫어했다. 특히 반장이나 회장 같은 학교임원으로 선발되는 일을 극히 싫어하여 심지어 임원을 선출하는 날은 일부러 결석을 하곤 했다.

회피성 성격장애(Avoident Personality Disorder)는 다른 사람과의 만남에 대한 불안과 두려움 때문에 사회적

상황을 회피함으로써 적응에 어려움을 나타내는 경우를 말한다. 회피성 성격장애로 진단되려면 사회적 억제, 부적절감, 부정적 평가에 대한 과민성이 성인기 초기에 시작되고 여러 가지 상황에서 나타나며, 다음 중 4개 이상의 항목을 충족시켜야 한다.

(1) 비난, 꾸중 또는 거절이 두려워서 대인관계가 요구되는 직업활동을 회피한다.

(2) 호감을 주고 있다는 확신이 서지 않으면 사람과의 만남을 피한다.

(3) 창피와 조롱을 당할까 두려워서 대인관계를 친밀한 관계에만 제한한다.

(4) 사회적 상황에서 비난당하거나 거부당하는 것에 사로잡혀 있다.

(5) 부적절감 때문에 새로운 대인관계 상황에서는 위축된다.

(6) 자신을 사회적으로 무능하고, 개인적인 매력이 없으며 열등하다고 생각한다.

(7) 당황하는 모습을 보일까 봐 두려워서 개인적 위험이 따르는 일이나 새로운 활동에는 관여하지 않으려 한다.

회피성 성격장애를 지닌 사람들은 자신에 대한 타인의 부정적인 평가를 가장 두려워한다. 이들은 자신이 부적절한 존재라는 부정적 자아상을 지니는 반면, 타인을 비판적이고 위협적인 존재라고 지각하는 경향이 있다. 따라서 자신이 한 행위의 적절성을 늘 의심하고 남들의 반응을 예민하게 받아들인다. 이들이 겉으로는 냉담하고 무관심하게 보일 수 있지만, 사실은 주변 사람들의 표정과 동작을 주의 깊게 살피는 경향이 있다.

회피성 성격장애자는 낯선 상황이나 새로운 일을 두려워한다. 당혹스러움이나 불안을 피하기 위해서, 늘 익숙한 환경 내에 머물려 한다. 가능하면 사회적 책임을 맡지 않으려 하고 개인적인 대면상황을 피한다. 이들은 자신이 중심적인 역할을 하지 않는 업무를 좋아하며 책임과 적극성이 요구되는 직무를 감당하지 못하기 때문에 이러한 직업적 영역에서 어려움을 겪을 수 있다.

회피성 성격장애의 유병률은 일반 인구의 0.5~1.0%이며 정신건강 진료소를 방문한 사람의 10% 정도인 것으로 보고되고 있다. 이 성격장애의 남녀 성비는 거의 비슷하다. 이러한 성격장애를 지닌 사람들은 어린 시절부터 수줍음이 많고 낯선 사람과 새로운 상황을 두려워하며 고립되어 있었던 경우가 많다. 아동기의 수줍음은 성장하면서 사라지는 경향이 있으나, 회피성 성격장애로 진행되는 사람들은 오히려 사춘기나 청년기 초기에 수줍음이 증가하고 사회적 관계를 회피하게 된다. 그러나 회피성 성격장애는 성인기에 들어서면서 증상이 약화되고 나이가 들면서 점차 완화되는 경향이 있다.

6. 성격장애에 대한 DSM-5 대안 모델

DSM-5(American Psychiatric Association, 2013)에서 제시하고 있는 성격장애 분류는 유형적 또는 범주적 분류라고 할 수 있다. 그러나 동일한 성격장애의 진단을 받은 환자들 간의 이질성이 매우 높을 뿐만 아니라 대부분의 환자가 한 개 이상의 성격장애 기준을 충족시키는 경향이 있다. 또한 특정한 성격장애로 진단하기 어려운 복합적인 증상을 나타내는 사람들이 많으며 대부분의 정신장애 환자는 성격장애에 해당하지 않는 경미한 성격적 문제를 지니고 있는 경우가 흔하다.

이러한 여러 가지 문제로 인해서 성격장애 분류와 진단에 차원적 분류를 적용하려는 시도가 이루어지고 있다. DSM-IV를 개정하여 새롭게 DSM-5를 준비하는 과정에서 성격장애의 분류체계에 커다란 변화가 예고되었다. 2012년에 공개되었던 DSM-5의 시안에는 10개의 성격장애가 6개로 축소되고 범주 모델과 차원 모델을 혼용한 진단체계가 제시되었다. 그러나 이러한 변화에 대해서 많은 연구자와 임상가 간에 치열한 논란과 공방이 벌어졌으며 결국 2013년에 발표된 DSM-5에서는 성격장애 분류체계가 DSM-IV와 동일한 형태로 복귀되었다. 하지만 DSM-5에는 성격장애의 DSM-5 대안 모델(Alternative DSM-5 Model of Personality Disorders)이 제시되어 있어 성격장애의 분류와 진단기준에 대한 변화를 예고하고 있다.

1) 성격장애의 대안 모델

DSM-5의 대안 모델에서는 성격장애의 유병률과 신경생물학적, 유전학적 연구결과를 반영할 뿐만 아니라 기능적 손상, 치료와 예후의 유용성을 고려하여 성격장애를 6개의 유형(반사회성, 경계선, 자기애성, 분열형, 강박성, 회피성 성격장애)으로 나누고 있다. 달리 말하면, 기존의 4개 유형(편집성, 분열성, 연극성, 의존성 성격장

애)은 제외되었다. 또한 성격장애의 진단에 있어서도 범주적 분류와 더불어 차원적 분류를 함께 사용하는 혼용 모델(hybrid model)을 적용하고 있다. 즉, 6개 유형의 성격장애로 구분하되 각 성격장애의 세부적인 진단기준은 심각도에 따라 평정하도록 되어 있다. DSM-5의 대안 모델에서는 성격의 5요인 이론을 적극적으로 반영하여 진단기준에 포함시키고 있다.

성격장애의 대안 모델은 성격장애를 두 개의 측면, 즉 성격기능의 결함과 병리적 성격특질로 정의하고 있다. DSM-5의 대안 모델에서 제시되고 있는 성격장애의 기준은 다음과 같다.

A. 자기와 대인관계를 포함한 성격기능(personality functioning)의 상당한 또는 심각한 손상
B. 한 개 이상의 병리적 성격특질
C. 성격기능의 손상과 성격특질의 표현이 개인적 · 사회적 상황 전반에 상당히 광범위하고 경직된 방식으로 나타난다.
D. 성격기능의 손상과 성격특질의 표현이 시간적으로 상당히 안정되게 나타나며, 그 시작은 적어도 청소년기나 초기 아동기로 거슬러 올라갈 수 있다.

이 밖에도 성격기능의 손상과 성격특질의 표현이 다른 정신장애, 신체적 질병 또는 물질의 생리적 효과에 의한 것이 아니어야 하며 개인의 발달단계나 사회문화적 환경을 고려했을 때 정상적인 것으로 여겨지지 않아야 한다.

---

2) 성격기능의 결함

성격장애의 대안 모델에서는 성격장애의 주된 판단기준이 성격기능의 결함(impairment of personality functioning)이다. 성격기능은 자기와 대인관계를 각각 두 개의 측면에서 부적응 정도를 5점 척도(0-손상 없음, 1-약간의 손상, 2-상당한 손상, 3-심각한 손상, 4-극심한 손상)로 평가하며 상당한 손상(2점) 이상으로 판단될 때 성격장애로 진단될 수 있다.

자기(Self)

1) 정체성(identity): 고유한 존재로의 자기 경험, 자기와 타인의 분명한 경계, 자기존중감의 안정성, 자기평가의 정확성, 다양한 정서 경험과 조절 능력.
   (1) 자기와 타인 간의 경계가 분명한가?
   (2) 자기존중감이 안정적이고 자기평가를 정확하게 하는가?
   (3) 정서조절 능력을 잘 갖추고 있는가?
2) 자기주도성(self-direction): 일관성 있고 의미 있는 단기적 · 장기적 목표의 추구, 건설적이고 친사회적인 내면적 행동기준의 활용, 자신을 생산적으로 반성하는 능력.
   (1) 일관성 있고 의미 있는 단기적 · 장기적 목표를 지니고 추구하는가?
   (2) 건설적이고 친사회적인 내면적 행동기준을 갖추고 있는가?
   (3) 생산적인 자기반성 능력을 지니고 있는가?

대인관계(Interpersonal)

1) 공감(empathy): 타인의 경험과 동기에 대한 이해와 존중, 관점 차이에 대한 인내심, 타인에 대한 자기행동의 영향의 이해.
   (1) 다른 사람의 경험과 동기를 잘 이해하는가?
   (2) 자신과 다른 사람의 차이를 잘 수용하고 인내하는가?
   (3) 자신의 행동이 타인에게 미치는 영향을 잘 이해하는가?
2) 친밀감(intimacy): 타인과의 연결의 깊이와 기간, 친밀함의 욕구와 능력, 대인행동에 반영된 존중의 상호성.
   (1) 깊이 있고 안정적인 대인관계를 맺을 수 있는가?
   (2) 친밀함에 대한 욕구와 능력을 지니고 있는가?
   (3) 대인관계의 상호성을 잘 이해하고 실행하는가?

3) 병리적 성격특질: 성격 5요인과 성격장애의 관계

대안 모델에서 성격장애를 진단하는 또 다른 기준은 병리적 성격특질(pathological personality trait)이다. 성격장애를 반영하는 병리적 성격특질은 다음과 같은 5개 영역의 25개 특질로 이루어져 있다.

1. 부정 정서성(negative affectivity)은 불쾌한 부정 정서를 자주 그리고 강하게 경험하는 성향을 의미하며 다음과 같은 9개의 하위 측면을 포함한다.
   1) 정서적 가변성(emotional lability)
   2) 불안성향(anxiousness)
   3) 이별불안(separation insecurity)
   4) 복종성(submissiveness)
   5) 분노성향(hostility)
   6) 완고성(perseveration)
   7) 우울성향(depressivity)
   8) 의심성(suspiciousness)
   9) 제한된 정서성(restricted affectivity)
2. 고립성(detachment)은 다른 사람들과 친밀한 관계를 맺지 못하고 사회적 상호작용에서 철수하는 성향을 뜻하며 6개의 성격 측면을 포함한다.
   1) 철수(withdrawal)
   2) 친밀함 회피(intimacy avoidance)
   3) 쾌감결여(anhedonia)
   4) 우울성향(depressivity)[2]
   5) 제한된 정서성(restricted affectivity)
   6) 의심성(suspiciousness)
3. 적대성(antagonism)은 다른 사람들과 원만한 관계를 형성하지 못하고 갈등과 반목을 초래하는 성향을 의미하며 6개의 성격측면으로 구성된다.
   1) 조종성향(manipulativeness)
   2) 사기성(deceitfulness)
   3) 웅대성(grandiosity)
   4) 관심추구(attention seeking)
   5) 냉담성(callousness)
   6) 분노성향(hostility)
4. 억제불능성(disinhibition)은 미래의 결과를 생각하지 않고 충동적으로 행동하는 성향을 의미하며 다음과 같은 5개의 성격측면을 포함한다.
   1) 무책임성(irresponsibility)
   2) 충동성(impulsivity)
   3) 주의산만성(distractibility)
   4) 위험감수성(risk taking)
   5) 경직된 완벽주의 또는 그 결여(rigid perfectionism or it's lack)

---

2) 우울성향, 제한된 정서성, 의심성, 분노성향 등과 같은 개별적인 특질이 한 개 이상의 병리적 특질 영역에 중복적으로 포함되어 있음.

5. 정신병질성(psychoticism)은 비정상적인 이상하고 기이한 경험을 자주 하는 성향을 뜻하며 3개의 하위 측면을 포함한다.
    1) 믿음과 경험의 특이성(unusual beliefs and experiences)
    2) 기이함(eccentricity)
    3) 인지/지각 기능의 조절곤란(cognitive and perceptual dysregulation)

개인이 지니고 있는 병리적 성격특질은 임상가에 의해서 4점 척도(0점: 전혀 또는 거의 그렇지 않다 ~ 3점: 매우 그렇다)로 평정된다. 5개의 병리적 성격특질은 성격의 5요인 이론을 반영한 것으로서 부정 정서성은 신경과민성을 의미하고 고립성, 적대성, 억제불능성은 각각 외향성, 우호성, 성실성의 반대 성향을 뜻한다. 정신병질성은 Eysenck가 주장한 기본 특질로서 개방성과 관련된 비관습적 사고성향을 반영하고 있다.

대안 모델은 6개의 성격장애에 대한 새로운 진단기준을 제시하고 있다. 여기에서는 대안 모델의 이해를 돕기 위해서 경계선 성격장애와 강박성 성격장애에 대한 진단기준을 살펴보기로 한다.

4) 경계선 성격장애의 진단기준

경계선 성격장애의 핵심적 특징은 자기상, 개인적 목표, 대인관계, 정서에서의 불안정성이며 충동성, 위험감수성, 분노성향의 특질을 동반한다. 경계선 성격장애로 진단되기 위해서는 자기와 대인관계의 성격기능에서 다음과 같은 손상을 나타낼 뿐만 아니라 부정 정서성, 억제불능성, 적대성 영역의 세부적인 부적응적 성격특질을 지녀야 한다.

A. 성격기능에서 상당한 수준 이상의 손상이 다음의 4개 영역 중 2개 이상에서 나타난다.
   (1) 정체성: 자기상이 현저하게 빈곤하거나 미약하게 발달되었거나 불안정하며 이로 인해서 종종 과도한 자기비판을 함; 만성적인 공허감을 느낌; 스트레스를 받으면 해리상태를 나타냄.
   (2) 자기주도성: 목표, 포부, 가치 또는 진로계획이 불안정함.
   (3) 공감: 다른 사람의 감정이나 욕구를 인식하는 능력의 손상을 나타내며 이로 인해 대인관계의 과민성(무시되거나 경멸당했다고 느끼기 쉬움)을 나타냄; 다른 사람을 부정적 특성이나 약점에 초점을 맞추어 편향된 지각을 함.
   (4) 친밀감: 가까운 사람과의 대인관계가 강렬하고 불안정하고 갈등적이며 이러한 관계는 실제적 또는 가상적 버림받음과 관련된 불신, 결핍감, 불안한 집착으로 나타난다. 가까운 관계는 흔히 이상화와 평가절하의 극단적 관점에서 인식되며 과도한 관여와 철수 사이를 오가게 된다.

B. 다음의 7개 병리적 성격특질 중 4개 이상 지니고 있어야 하며 (5) 충동성, (6) 위험감수성, (7) 분노성향 중 하나를 반드시 포함해야 한다.
   (1) 정서적 가변성(부정 정서성의 한 측면): 불안정한 정서적 경험과 빈번한 기분 변화; 감정이 쉽게 유발되고, 강렬하며, 사건과 상황에 비해 지나치다.
   (2) 불안성향(부정 정서성의 한 측면): 초조함, 긴장감, 혹은 공황의 강렬한 감정을 느끼며 흔히 대인관계 스트레스에 대한 반응으로 나타남; 과거의 불쾌한 경험으로 인한 부정적 결과와 미래의 부정적 가능성에 대한 걱정; 불확실성에 대해 두려워하고 염려하며 위험감을 느낌; 자신이 산산조각 나거나 통제를 잃을 것 같은 두려움.
   (3) 이별불안(부정 정서성의 한 측면): 주요한 타인에 의해 거부당하거나 헤어지게 되는 것에 대한 공포를 지니며 이러한 공포는 과도한 의존성과 자율성의 완전한 상실에 대한 두려움과 관련된다.
   (4) 우울성향(부정 정서성의 한 측면): 자주 자신이 추락하고, 비참하며, 절망적이라고 느낌; 이러한 기분에서 회복되는 데 어려움을 겪음; 미래에 대해 비관적임; 만연된 수치감; 열등한 자기가치감을 느낌; 자살사고나 자살행동.

(5) 충동성(억제불능성의 한 측면): 즉각적인 자극에 충동적으로 행동; 결과에 대한 계획과 고려 없이 순간적으로 행동; 계획을 세우고 지키는 것에 대한 어려움; 정서적인 고통을 느낄 때는 절박감을 느끼며 자해적 행동을 나타냄.

(6) 위험감수성(억제불능성의 한 측면): 필요하지도 않은 일을 결과에 대한 고려 없이, 위험하고 무모하며 잠재적으로 자기에게 손해를 줄 수 있는 활동을 함; 자신의 한계에 대한 생각이 부족하고 개인적인 위험의 현실성을 부인.

(7) 분노성향(적대성의 한 측면): 지속적이거나 빈번한 분노감; 가벼운 멸시나 모욕에도 화를 내거나 과민반응을 나타냄.

5) 강박성 성격장애의 진단기준

강박성 성격장애의 핵심적 특징은 친밀한 관계의 형성과 유지에서의 곤란이며 이러한 문제는 엄격한 완벽주의, 완고성, 억제적 정서표현과 관련된다. 강박성 성격장애로 진단되기 위해서는 자기와 대인관계의 성격기능에서 손상이 나타나야 하며 부정 정서성과 고립성 영역의 세부적인 부적응 성격특질을 지니고 있어야 한다.

A. 성격기능의 상당한 또는 더 심각한 손상이 다음의 4개 영역 중 2개 이상에서 나타난다.

(1) 정체성: 일이나 생산성에 과도하게 근거한 자기감; 강한 감정의 경험과 표현이 제한됨.

(2) 자기주도성: 과제를 완수하고 목표를 실현하는 데 곤란을 나타내며 이는 엄격하고 지나치게 높은 내적 행동기준과 연관됨; 과도하게 양심적이고 도덕주의적인 태도.

(3) 공감: 다른 사람의 생각, 감정이나 행동을 이해하고 평가하는 것의 곤란.

(4) 친밀감: 인간관계를 일과 생산성의 부차적인 것으로 여김; 경직성과 완고성이 타인과의 관계에 부정적인 영향을 미침.

B. 다음의 4개 병리적 성격특질 중 3개 이상 지니고 있어야 하며 (1) 경직된 완벽주의를 반드시 포함해야 한다.

(1) 경직된 완벽주의(성실성의 극단적 측면/억제불능성의 반대 측면): 자기 자신과 타인의 수행을 포함하여 모든 것이 실수나 오류 없이 완벽하게 되기를 완강하게 집착함; 모든 세밀한 것이 무결점 상태가 되도록 하기 위해서 완결시기가 지연됨; 일을 하는 데에는 하나의 옳은 길이 존재한다고 믿음; 생각이나 관점을 바꾸는 것의 어려움; 세부적인 사항, 체계화 그리고 질서정연함에 대한 집착.

(2) 완고성(부정 정서성의 한 측면): 행동이 더 이상 순기능적이거나 효과적이지 않음에도 과제에 오래도록 매달림; 반복적 실패에도 불구하고 같은 행동을 지속함.

(3) 친밀함 회피(고립성의 한 측면): 친밀하거나 낭만적인 관계, 대인관계적 애착 그리고 친밀한 성적 관계를 회피함.

(4) 제한된 정서성(고립성의 한 측면): 정서적인 자극 상황에 대한 무반응; 제한된 정서적 경험과 표현; 무감동성 또는 냉담성.

7. 성격장애의 원인과 치료

1) 성격장애의 원인

성격장애의 형성에는 유전에 의한 선천적 요인과 심리사회적 경험을 통한 후천적 요인이 복합적으로 작용하는 것으로 알려져 있다. 성격장애의 하위유형에 따라 유전적 요인의 영향력이 다를 뿐만 아니라 관련된 심리사회적 경험도 다르다. 경계선 성격장애를 지닌 사람들의 경우, 선천적으로 충동적이고 공격적인 기질을 타고난다는 주장이 제기되고 있다. 경계선 성격장애자의 가족은 매우 감정적이고 충동적인 성격특질을 공통적으로 나타낸다. 또한 경계선 성격장애자들은 어린 시절에 충격적인 외상을 경험한 것으로 보고되고 있다. *Zanarini*

등(1989)에 따르면, 경계선 성격장애자의 72%는 언어적 학대, 46%는 신체적 학대, 26%는 성적 학대, 76%가 부모의 양육태만, 74%가 18세 이전에 부모의 상실이나 이별을 경험했다.

일반적으로, 정신분석적 입장에서 성격장애가 어린 시절에 부모와의 관계에서 겪는 심리적 갈등이 해소되지 않은 채 무의식에 잠복하여 성인이 된 후에도 심리적 역동과 방어기제를 통해서 부적응적인 양상으로 나타나는 것이라고 설명한다. 정신분석적 이론은 성격장애의 형성과정을 전생애적 관점에서 이해하고 그 작동과정을 무의식적인 것으로 설명하는 반면, 인지행동적 입장에서는 개인이 현재 자신과 타인 그리고 세상에 대해서 지니고 있는 인지도식이나 신념체계에 초점을 맞추어 성격장애를 설명하고 있다. 성격장애의 유형에 따라서 각기 다른 부적응적인 인지도식과 신념체계를 지니고 있기 때문에 일상생활과 대인관계에서 접하게 되는 사건들을 독특하게 해석하고 반응함으로써 각기 다른 패턴의 부적응 행동을 나타내는 것으로 설명한다.

정신분석적 입장에서는 경계선 성격장애자들이 유아기의 분리-개별화 단계에서 심한 갈등을 경험하여 이 단계에 고착되어 있다고 설명한다. 아이는 분리-개별화 단계에서 엄마의 좋은 면과 나쁜 면을 경험하게 되는데, 이러한 좋은 엄마와 나쁜 엄마가 사실은 동일한 존재라는 것을 수용하지 못한 채 분리(splitting)의 방어기제를 통해 엄마에 대한 양극적인 표상을 분리하여 지니게 된다. 이러한 불안정한 엄마상은 결국 불안정한 자기상을 초래하게 된다.

인지적 입장에서는 경계선 성격장애자들이 독특한 신념을 지닐 뿐만 아니라 인지적 오류를 통해 외부사건을 왜곡하여 받아들이는 경향이 있다고 본다(Beck & Freeman, 1990). 예컨대, "세상은 위험하며 악의에 가득 차 있다" "나는 힘없고 상처받기 쉬운 존재다" "나는 원래부터 환영받지 못할 존재다"라는 신념을 통해서 자신과 타인에 대한 신뢰감을 느끼지 못한 채 불안정한 관계 속에서 거부와 버림을 받을지 모른다는 두려움을 지니게 된다. 또한 경계선 성격장애자들은 흑백논리적 사고의 오류를 통해서 극단적이고 강렬한 감정과 행동을 나타내게 된다. 예컨대, 타인을 '천사 아니면 악마'라는 방식으로 평가함으로써 타인을 극단적으로 이상화하거나 아니면 극단적으로 평가절하하게 된다. 성격 또는 성격장애의 형성에 영향을 미치는 다양한 요인에 대해서는 이 책의 제2부와 제3부를 포함한 여러 곳에서 좀 더 자세하게 설명될 것이다.

2) 성격장애의 치료

성격장애는 오랜 기간에 걸쳐 형성되었을 뿐만 아니라 개인의 내면에 안정된 형태로 자리 잡은 구조적 특성이기 때문에 쉽게 변화되지 않는다. 따라서 성격장애의 치료는 오랜 기간을 요하는 매우 어려운 일이다. 그러나 성격장애의 치료가 불가능한 것은 아니다. 일반적으로 성격장애의 치료는 개인 심리치료가 가장 효과적인 것으로 알려져 있으며 오랜 기간 집중적인 치료를 통해서만 효과를 거둘 수 있다.

정신역동적 치료에서는 무의식 속에 잠복해 있는 심리적 갈등을 자각하고 해결하는 것에 초점을 맞추고 있는 반면, 인지행동적 치료에서는 부적응적인 신념체계와 사고방식을 변화시키고 적응적인 행동방식을 습득시키는 것에 초점을 맞추고 있다.

경계선 성격장애의 경우, 정신역동적 치료에서는 크게 3가지 치료목표를 설정하고 치료한다. 첫째 목표는 내담자의 자아를 강화시켜 불안을 잘 인내하고 충동에 대한 통제력을 향상시키는 것이다. 둘째는 긍정적 내용과 부정적 내용이 분리되어 있는 내담자의 자기표상과 대상표상을 통합함으로써 안정된 자기인식과 대인관계를 유도하는 것이다. 마지막으로, 긍정적이고 지지적인 내면적 표상을 보다 확고하게 강화함으로써 중요한 사람과의 분리나 이별을 참아내도록 하는 것이다.

경계선 성격장애의 인지행동치료에서는 치료의 초기에 내담자의 기본적 믿음을 변화시키려 하기보다는 치료적 관계형성에 주력한다. 강한 감정이 개입된 개인적 문제를 다루기보다는 내담자가 직면하고 있는 구체적인 문제의 해결에 초점을 맞추면서 내담자와의 신뢰형성에 노력한다. 다음 단계에서는 점차적으로 내담자의 흑백논리적 사고를 다루어 간다. 즉, 내담자에게 흑백논리적 사고를 자각시키고 이러한 사고방식이 내담자의 삶에 미치는 영향을 함께 살펴본다. 아울러 연속선 상에서 사건의 의미를 해석하는 대안적인 사고방식을 소개하면서 흑백논리적 사고와 비교하여 어떤 것이 더 현실적이고 적응적인지를 평가해 보도록 돕는다. 또한 정서적 조절능력을 향상시키기 위한 치료적 작업으로서, 내담자가 경험하는 구체적인 문제상황에서 자신의 정서적 반응을 살펴보게 하고 대안적인 대응방식을 탐색하게 하며 보다 더 적응적인 정서표현 방식을 습득하게 한다. 치료자는 내담자가 표현하고 싶어 하는 감정을 수용해 주는 동시에 그러한 감정을 적절하게 표현하는 방법을 제시하고 내담자의 새로운 정서적 표현방식에 대한 피드백을 제공한다. 마지막 단계에서는 경계선 성격장애자가 지니고 있는 자신과 세상에 대한 부정적인 믿음을 자각하고 보다 긍정적인 믿음으로 변화시키도록 돕는다.

성격장애의 치료는 심리치료자의 주요한 관심사일 뿐만 아니라 도전적 과제이기도 하다. 최근에 성격장애를 치료하기 위한 다양한 방법들이 제시되고 있다. 그 대표적인 것이 바로 심리도식치료(Schema Therapy)다. 심리도식치료는 여러 치료이론을 결합한 통합적 관점에서 성격장애를 설명하고 치료방법을 제시하고 있으며 11장과 26장에서 자세하게 소개될 것이다. 성격을 변화시키는 방법, 특히 성격장애의 치료방법에 대해서는 이 책의 26장에서 자세하게 논의할 것이다.

 요약 --

1. 성격장애는 개인의 내면적 경험과 행동양식이 사회의 문화적 기대에서 심하게 벗어날 뿐만 아니라 융통성이 없이 생활 전반에 넓게 퍼져 있어 사회적 · 직업적 영역에서 심각한 고통이나 부적응을 초래하는 경우라고 정의되고 있다. DSM-5는 성격장애를 10가지 하위유형으로 구분하고 있으며 크게 세 군집, 즉 A, B, C군 성격장애로 분류하고 있다.

2. A군 성격장애는 기이하고 괴상한 행동특성을 나타내는 경우로서 편집성, 분열성, 분열형 성격장애가 이에 속한다. 편집성 성격장애는 타인에 대한 강한 불신과 의심을 지니고 적대적인 태도를 나타내어 사회적 부적응을 보이는 성격특성을 말한다. 분열성 성격장애는 타인과의 친밀한 관계형성에 관심이 없고 감정표현이 부족하여 사회적 적응에 현저한 어려움을 나타낸다. 분열형 성격장애는 사회적으로 고립되어 있으며 기이한 생각이나 행동을 나타내어 사회적 부적응을 초래한다.

3. B군 성격장애는 극적이고 감정적이며 변덕스러운 행동이 주

된 특징이며 반사회성, 연극성, 경계선, 자기애성 성격장애의 네 하위유형으로 구분된다. 반사회성 성격장애는 사회의 규범이나 법을 지키지 않으며 무책임하고 폭력적인 행동을 반복적으로 나타내어 사회적 부적응을 초래한다. 연극성 성격장애는 타인의 애정과 관심을 끌기 위한 지나친 노력과 과도한 감정표현이 주된 특징이다. 자기애성 성격장애는 자신에 대한 과장된 평가로 인한 특권의식을 지니고 타인에게 착취적이거나 오만한 행동을 나타낸다. 경계선 성격장애는 강렬한 애정과 분노가 교차하는 불안정한 대인관계를 특징적으로 나타내는 성격장애를 말한다.

4. C군 성격장애는 불안과 두려움을 지속적으로 경험하는 특징을 지니고 있으며 강박성, 의존성, 회피성 성격장애가 이에 속한다. 강박성 성격장애는 지나치게 완벽주의적이고 세부적인 사항에 집착하며 과도한 성취지향성과 인색함을 특징적으로 나타낸다. 의존성 성격장애는 스스로 독립적인 생활을 하지 못하고 다른 사람에게 과도하게 의존하거나 보호받으려는 행동을 특징적으로 나타낸다. 회피성 성격장애는 다른 사람과의 만남에 대한 불안과 두려움 때문에 사회적 상황을 회피함으로써 적응에 어려움을 나타내는 경우를 말한다.

5. DSM-5에서 제시된 성격장애의 대안 모델에서는 성격장애를 성격기능의 결함과 병리적 성격특질로 정의하고 있다. 성격기능의 결함은 자기(정체성과 자기주도성)와 대인관계(공감과 친밀감)에서의 상당한 손상을 의미하며, 병리적 성격특질은 5개 영역, 즉 부정 정서성, 고립성, 적대성, 억제불능성, 정신병질성의 25개 세부적 특질로 구성된다. 대안 모델에서는 성격장애를 6개의 유형(반사회성, 경계선, 자기애성, 분열형, 강박성, 회피성 성격장애)으로 구분하고 있다.

6. 성격장애의 형성에는 유전에 의한 선천적 요인과 심리사회적 경험을 통한 후천적 요인이 복합적으로 작용한다. 성격장애의 치료는 오랜 기간을 요하는 매우 어려운 일이지만 불가능한 것은 아니며 개인 심리치료가 가장 효과적인 것으로 알려져 있다.

제4장
성격의 덕목–성격강점

1. 성격강점이란 무엇인가

인간의 성격은 양면성을 지니고 있다. 인간은 성격
장애와 같은 어두운 측면뿐만 아니라 지혜롭고 이타
적인 미덕의 밝은 측면도 지니고 있다. 인간의 본성에
대해서 동서고금을 통해 성악설과 성선설이 공존해
왔듯이, 인간은 사악하고 나약한 부정적 측면을 지니
는 동시에 고결하고 강인한 긍정적인 측면을 지니고
있다.

그동안 심리학은 인간의 부정적 측면에만 편향적인
관심을 보여 왔다. 성격장애를 비롯한 다양한 정신장
애에 대해서는 정교한 분류체계가 제시되고 정신장애
의 원인과 치료에 관한 수많은 연구가 진행되어 왔다.
그러나 인간의 긍정적 성격에 대한 이해는 상대적으로
매우 미흡한 상태다.

과연 인간에게는 어떤 긍정적인 바람직한 성격특성

들이 존재하는가? 따뜻하고 친밀한 관계 속에서 다른
사람들에게 이타적인 관심과 애정을 기울이는 사람들
의 성격적 특성은 무얼까? 혹독한 고난과 난관을 극복
하고 성공적인 삶을 쟁취한 사람들은 어떤 성격특성을
지니고 있을까? 인격적 성숙과 탁월한 성취를 이룬 사
람들은 어떤 성격특성을 지니며 인생의 다양한 도전에
어떻게 대응했을까?

인간의 긍정적 측면에 대해서 무관심했던 심리학자
들이 이러한 물음에 응답하기 위한 노력을 기울이기
시작했다. 과거의 심리학이 인간의 어둡고 부정적인
측면에 편향적인 관심을 기울여 왔다는 반성 속에서
인간의 밝고 긍정적인 측면을 연구하는 심리학의 새로
운 분야, 즉 긍정심리학이 태동되었다. 긍정심리학의
주요한 과제는 인간이 지니는 다양한 긍정적 성품과
강점을 밝히고 육성하는 일이다.

1998년에 미국심리학회장으로 취임한 Martin
Seligman은 그동안 심리학자들이 망각하고 있던 사명

긍정심리학의 창시자 Martin Seligman

을 상기시키면서 심리학의 새로운 방향과 입장을 제시하였다. "심리학은 인간의 약점과 장애에 대한 학문만이 아니라 인간의 강점과 미덕에 대한 학문이기도 해야 한다. 진정한 치료는 손상된 것을 고치는 것만이 아니라 우리 안에 있는 최선의 역량을 이끌어내는 것이어야 한다"라고 제안하면서, 이러한 심리학의 새로운 방향을 긍정심리학(Positive Psychology)이라고 명명했다.

긍정심리학은 인간의 강점과 재능을 함양하고 행복을 증진시키는 심리학의 중요한 사명을 재확인하고 구현하려는 노력이다. 이러한 긍정심리학의 핵심적인 탐구주제가 바로 인간의 긍정적 성격이다. 21세기에 들어서야 비로소 인간의 긍정적 성격에 대한 과학적 탐구가 본격적으로 시작된 것이다. 우리나라에서도 인성교육이 중요한 사회적 관심사로 부각되고 있는 시점에서 인간의 긍정적 성품과 성격강점에 대한 체계적인 이해가 필요하다(권석만, 2011).

1) 긍정심리학의 긍정특질론

긍정심리학은 매우 광범위한 주제에 관심을 지니지만, 인간의 삶을 좀 더 행복하고 풍요롭게 하기 위한 세 가지 주제에 초점을 맞추고 있다(Seligman & Csikszentmihalyi, 2000). 그것은 긍정 상태(positive state), 긍정 특질

(positive trait), 긍정 조직(positive organization)으로서 '긍정심리학의 세 기둥'이라고 불린다.

첫째, 긍정심리학은 인간이 경험하는 다양한 긍정적인 심리상태를 연구한다. 이러한 긍정 상태로는 행복감, 안락감, 만족감, 사랑, 친밀감 등과 같은 긍정적 정서를 비롯하여 자신과 미래에 대한 낙관적 생각과 희망, 몰입, 열정, 인생의 의미 등이 포함된다. 긍정심리학자들은 다양한 긍정 상태의 구성 요소, 유발 요인, 심리적 과정, 심리적 또는 신체적 효과, 증진 방법 등을 밝히고자 한다.

둘째, 긍정심리학은 인간이 지니는 긍정적인 특질의 연구에 초점을 맞추고 있다. 긍정 특질이란 일시적인 심리상태가 아니라 개인이 지속적으로 지니고 있는 긍정적인 성품과 행동양식, 성격강점과 미덕 그리고 탁월한 재능을 의미한다. 긍정심리학자들은 창의성, 지혜, 끈기, 진실성, 겸손, 용기, 열정, 리더십, 낙관성, 유머감각, 영성 등과 같은 다양한 긍정 특질에 관심을 지니고 있다. 이러한 긍정적 특질에 대한 심리학의 연구성과를 소개하는 것이 이 장의 주된 목적이다.

마지막으로, 긍정심리학은 구성원의 행복을 지원하는 동시에 번성하는 긍정적인 조직에 대해서 관심을 지닌다. 개인과 조직은 불가분의 관계에 있으며 상호적인 영향을 미친다. 긍정 조직은 구성원의 행복과 능력발휘를 효과적으로 지원할 뿐만 아니라 구성원의 역량을 결집하여 번영하는 조직을 의미한다. 긍정심리학자들은 성공적으로 기능하는 가족, 학교, 직장, 지역사회의 조직특성, 연결구조, 의사소통, 관리방식 등에 대한 연구와 더불어 그 실현방법을 탐구한다.

인간의 긍정적 성품은 긍정심리학의 중심적인 연구주제다. 그 이유는 긍정적 성품이 개인의 행복과 사회의 번영을 실현하는 바탕이기 때문이다. "행복이 삶의 목표라면, 덕성은 행복의 바탕이다"라는 Thomas

Jefferson의 말처럼, 긍정적 성품을 계발하여 일상생활에 활용하는 것은 행복한 삶을 구현하는 핵심적 조건이다. 또한 사회의 발전과 번영은 구성원들이 지닌 긍정적 성품과 역량의 발휘를 통해서 구현될 수 있는 것이다.

2) 성격강점의 평가기준

인간의 긍정적 성품에 대한 심리학의 연구는 그동안 다양한 맥락에서 산발적으로 이루어져 왔다. 그러나 최근에 긍정심리학자들은 긍정적 성품에 대한 체계적인 과학적 연구를 위해서 그 분류체계를 구축하고 측정도구를 개발하는 노력을 기울이고 있다. 그 대표적인 긍정심리학자가 Christopher Peterson과 Martin Seligman이다.

Peterson과 Seligman(2004)은 긍정적 성품의 분류체계를 구축하기 위해서 다양한 시대와 문화에서 소중하게 여겨졌던 보편적인 성격적 덕목을 찾아내고자 했다. 전 세계의 주요한 종교와 철학자들이 제시하는 덕목들을 광범위하게 조사하였으며 그동안 이루어진 심리학자들의 연구자료를 검토했다. 그 결과, 200여 개의 덕목을 찾아냈으며 이러한 덕목들을 다음과 같은 10가지 기준에 따라 세밀하게 평가했다.

① 보편성: 이러한 성격강점은 대다수 문화에서 긍정적 덕목으로 여겨지고 있는가?
② 행복 공헌도: 이러한 강점은 다양한 긍정적 행동과 성취를 촉진함으로써 그 소유자와 다른 사람의 행복에 기여하는가?

③ 도덕성: 이러한 강점은 그 자체로 도덕적 가치를 지니는가?
④ 타인에의 영향: 이러한 강점이 한 사람에 의해서 표현될 경우, 다른 사람에게 부정적인 영향을 미치지는 않는가?
⑤ 반대말의 부정성: 이러한 강점의 반대말이 확실히 부정적인 것으로 간주되는가?
⑥ 측정가능성: 이러한 강점은 측정될 수 있도록 개인의 행동(생각, 감정, 행위)으로 표출되는 것인가? 또한 상황과 시간의 변화에도 안정성을 나타내는가?
⑦ 특수성: 이러한 강점은 다른 강점들과 잘 구별되는 것인가? 다른 강점들로 분해될 수 있는 것은 아닌가?
⑧ 모범의 존재: 이러한 강점은 모범적 인물에 의해서 구체화될 수 있는가?
⑨ 결핍자의 존재: 이러한 강점이 현저하게 부족한 사람들이 존재하는가?
⑩ 풍습과 제도: 사회는 이러한 강점을 육성하기 위한 풍습이나 제도를 지니고 있는가?

성격강점의 연구를 주도한 Christopher Peterson과 2004년의 저서

Peterson과 Seligman(2004)은 이러한 과정을 통해서 최종적으로 6개 덕목의 24개 성격강점을 추출했다. 이렇게 Peterson과 Seligman의 주도하에 진행된 연구 프로젝트의 결과물이 2004년에 발간된 『성격강점과 덕목(*Character Strengths and Virtues*)』이다.

3) 성격강점과 덕목: VIA 분류체계

Peterson과 Seligman(2004)이 제시한 성격강점과 덕성에 대한 VIA 분류체계(Values-in-Action Classification of Character Strengths and Virtues)는 6개의 덕목과 24개의 성격강점으로 구성되어 있다. 6개의 덕목은 지혜, 인간애, 용기, 절제, 정의, 초월이다. 이러한 핵심덕목은 방대한 문헌조사에서 시대와 문화를 통틀어 놀라울 정도의 보편성을 지닌 것으로서 'High Six'라고 불린다. 각 덕목은 3~5개의 성격강점으로 구성되어 있다. VIA 분류체계에 포함된 6개의 덕목과 24개의 성격강점을 소개하면 다음과 같다(권석만, 2008a, 2011).

(1) 지혜 및 지식(wisdom & knowledge)과 관련된 덕목은 삶에서의 지혜로운 판단과 지적인 성취를 돕는 것으로서 ① 창의성(creativity), ② 호기심(curiosity), ③ 개방성(open-mindedness), ④ 학구열(love of learning), ⑤ 지혜(wisdom)의 성격강점으로 구성되어 있다.

(2) 인간애(humanity)와 관련된 덕목은 다른 사람을 보살피고 친밀해지는 것과 관련된 대인관계적 강점을 의미하며 ① 사랑(love), ② 친절성(kindness), ③ 사회지능(social intelligence)의 성격강점을 포함하고 있다.

(3) 용기(courage)와 관련된 덕목은 고난과 역경에 직면하더라도 추구하는 목표를 성취하려는 의지와 관련된 강점으로서 ① 용감성(bravery), ② 진실성(authenticity), ③ 끈기(persistence), ④ 활력(vitality)으로 구성되어 있다.

(4) 절제(temperance)와 관련된 덕목은 극단적인 독단에 빠지지 않는 중용적인 강점을 뜻하며 ① 용

다양한 긍정적 성품과 성격강점을 지닌 인물들

서(forgiveness), ② 겸손(humility), ③ 신중성(prudence), ④ 자기조절(self-regulation)을 포함하고 있다.

(5) 정의(justice)와 관련된 덕목은 건강한 공동체 생활과 관련된 사회적 강점으로서 ① 공정성(fairness), ② 리더십(leadership), ③ 시민정신(citizenship)으로 구성되어 있다.

(6) 초월(transcendence)과 관련된 덕목은 자신보다 더 큰 것과의 연결성을 추구하는 초월적 또는 영적 강점을 의미하며 ① 감사(gratitude), ② 낙관성(optimism), ③ 유머감각(humor), ④ 심미안(appreciation of beauty and excellence), ⑤ 영성(spirituality)을 포함하고 있다.

2. 지혜 및 지식과 관련된 성격강점

지혜 및 지식(wisdom and knowledge)과 관련된 성격강점들은 더 나은 삶을 위해서 지식을 습득하고 활용하는 것과 관련된 인지적인 강점들이다. 많은 철학자들은 지혜와 이성을 다른 덕목의 구현을 지원하는 최상의 덕목으로 여겼다. 이러한 성격강점들은 삶에서의 지혜로운 판단과 지적인 성취를 돕는 것으로서 VIA 분류체계에서는 5개의 강점, 즉 창의성, 호기심, 개방성, 학구열, 지혜를 제시하고 있다.

1) 창의성

창의성(creativity)은 독창적이고 적응적인 생각과 행동을 만들어내는 개인적인 특성을 뜻한다. 창의적인 사람은 평범하지 않은 기발하고 놀라운 독창적인 생각이나 행동을 나타낸다. 그러나 이러한 특성만으로 창의적

이라고 할 수는 없다. 예를 들어, 정신분열증을 지닌 사람들도 보통사람들과 현저하게 다른 매우 독특한 생각이나 행동을 나타낼 수 있다. 따라서 독특한 생각이나 행동들은 독창적이면서 동시에 적응적이어야 한다. 창의성은 자신이나 타인의 삶에 긍정적인 영향을 미치는 것이어야 한다. 이처럼 창의성은 '독창성'과 '적응성'이라는 두 가지 요건을 모두 충족시키는 것이어야 한다.

창의성은 개인에 따라 상당한 차이가 있으며 다양한 양상으로 나타난다. 심리학자들은 창의성을 두 가지 유형, 즉 일상적 창의성과 위대한 창의성으로 구분한다(Simonton, 2000). 일상적 창의성(everyday creativity: small c)은 가정이나 직장에서 부딪히는 일상적인 문제들을 독창적으로 해결하는 능력으로서 그 영향력이 가정이나 직장에 한정되는 반면, 위대한 창의성(Big Creativity: Big C)은 뛰어난 과학자나 예술가들이 나타내는 놀라운 독창성을 뜻하며 그 영향력이 광범위하다. 위대한 창의성을 지닌 대표적인 인물로는 미켈란젤로, 에디슨, 퀴리부인, 비트겐슈타인, 아인슈타인, 피카소, 빌 게이츠 등 무수히 많으며 모차르트처럼 어린 시절부터 창의성을 나타내는 신동이 있다.

창의성과 관련된 심리적 특성에 관해서는 두 가지의 일관된 결과가 나타나고 있다(Simonton, 1999, 2000,

창의성을 통해 우주의 신비를 밝힌 아인슈타인

2002). 첫째, 창의적인 사람들이 반드시 지능이 높은 것은 아니다. 창의성이 높다고 해서 반드시 천재적인 높은 수준의 지능을 지니는 것은 아니며, 지능이 높다고 해서 창의성 검사에서 높은 점수를 얻는 것도 아니다. 그러나 창의성이 높은 사람은 낮은 지능을 나타내지는 않으며, 최소한 평균 이상의 지능 수준을 보인다. 문학 영역의 경우는 IQ 120 이상이면 최고도의 창의성을 나타낼 수 있는데, IQ 120은 대학교 졸업자들의 평균적인 지능 수준이다.

또 다른 결과는 창의성이 지능보다 성격과 더 밀접한 관련성을 지닌다는 점이다(Feist, 1998). 창의적인 사람들은 독립적이고, 비순응적이며, 비인습적일 뿐만 아니라 관심분야가 넓고, 새로운 경험에 대한 개방성을 지니며, 행동적 · 인지적 유연성과 모험적 성향을 지니고 있다. 이러한 일련의 특성들은 '창의적 성격'이라고 불리기도 한다. 그러나 이러한 성격특성은 창의성의 영역, 정도, 성과물 형태에 따라 차이가 있다. 예를 들어, 과학자는 예술가에 비해 덜 독립적이고, 더 관습적이며, 새로운 경험에 대해 덜 개방적이고, 더 지능이 높다. 반면에, 예술가는 과학자에 비해 정서적으로 더 섬세하며 더 독특한 성격을 지니는 경향이 있다.

2) 호기심

호기심(curiosity)은 새로운 정보, 지식, 경험을 얻고자 하는 욕구로서 탐색적인 행동을 유발하는 심리적 성향을 의미한다. Naylor(1981)는 평소에 다양한 상황에서 호기심을 느끼는 개인의 성향인 특질 호기심(trait curiosity)과 호기심을 야기하는 상황에 대한 반응인 상태 호기심(state curiosity)을 구분하고 있다.

호기심은 새로운 경험과 학습을 촉진하며 내재적인 만족과 성취를 이루게 하는 긍정적인 심리적 특성이다.

호기심을 통해서 성취를 이룬 대표적 인물로는 콜럼버스, 마젤란, 에드먼드 힐러리와 같은 탐험가들과 수많은 발명가들이 있다. 또한 헬렌 켈러는 청각과 시각의 장애를 지녔음에도 불구하고 세상에 대한 놀라운 호기심으로 장애를 극복한 대표적 인물이다.

호기심은 긍정적인 심리적 특성들과 정적인 상관을 나타내고 있다. 예를 들어, 호기심은 긍정 정서, 창의성, 통제감, 일이나 놀이에서의 적극성, 고정관념에 도전하는 성향 등과 정적인 상관을 보이는 반면, 스트레스나 권태와는 부적인 상관을 보였다(Cacioppo et al., 1996; McCrae & Costa, 1997). 호기심은 흥분, 즐거움, 주의력을 향상시키고(Kashdan & Roberts, 2002), 복잡한 의사결정을 수월하게 하며 목표를 오랜 기간 유지하도록 하는 데 도움을 주었다(Sansone & Smith, 2000). 호기심은 학업 수행이나 자발적 직업 선택과 같은 행동적 변인과도 정적인 상관을 지닐 뿐만 아니라 대인관계에서 다른 사람과의 친밀한 관계를 유도하며, 특히 낯선 사람과 친밀감을 형성하는 데 큰 도움을 주는 것으로 알려져 있다.

3) 개방성

개방성(open-mindedness)은 자신이 지지하는 신념, 계획, 목표에 반대되는 증거들을 적극적으로 탐색하며 그것이 적절한 것이라면 기꺼이 수용하려는 열린 마음 자세를 뜻한다. 이러한 특성은 경직된 편견적 태도와 대비되는 것으로서 사실을 있는 그대로 받아들이고자 하는 객관적이고 냉철한 태도를 의미한다. Francis Bacon은 다음과 같이 이야기한 바 있다. "일단 어떤 견해를 채택하게 되면 인간은 그것을 지지하고 옹호하기 위해서 모든 것들을 끌어들인다. 그와 반대되는 중요한 사례들이 무수히 생겨나더라도, 이를 무시하거나 폄하하거나 어떤 이유로든 배제하고 거부한다. 이처럼 치명적인 성향에 의해서 이전에 내린 결론은 수정되지 않은 채 권위적인 것으로 남게 된다." 이처럼 사람들은 이미 자신의 마음에 강력하게 자리 잡은 생각에 집착하여 현명한 판단을 하지 못하는 경향을 지니기 때문에 개방성이 중요한 강점으로 인식되고 있다.

개방성은 자신의 생각과 믿음을 옹호하려는 강력한 편견적 성향을 거슬러 교정하려는 것이기에 성격강점으로 여겨지고 있다(Perkins, Bushey, & Faraday, 1986). 따라서 개방성은 현명한 판단에 기여하게 되며 적응적인 기능을 지닌다. 우리 사회에 만연되어 있는 편견, 고정관념, 완고성, 편협성, 교조주의, 권위주의 등의 부정적 영향을 인식한다면 개방성과 열린 마음자세의 중요성을 알게 될 것이다.

개방성에 대해서는 수많은 성현들과 철학자들이 중요한 덕목으로 강조해 왔다. 20세기 초의 심리학자로는 John Dewey(1933)와 Otto Selz(1935)가 개방성에 깊은 관심을 지녔다. 개방성에 대한 대표적인 학자인 Irving Janis(1982)는 편견적 태도를 유발하는 집단사고(groupthink)가 미국의 쿠바 침공과 같은 외교정책의 커다란 실패를 초래한 원인이라고 주장했다. 그는 미국 대통령의 자문 집단과 같이 중요한 판단과 결정을 하는 집단의 경우 일부 구성원으로 하여금 반대의견을 내는 임무를 부여해서 상반된 의견을 경청하여 고려할 수 있도록 보장함으로써 집단의 의사결정이 개선될 수 있다고 제안했다.

4) 학구열

학구열, 즉 배움에 대한 사랑(love of learning)은 새로운 지식이나 기술을 배우는 것에 대한 갈망과 더불어 그러한 기술과 지식을 숙달하면서 긍정 정서를 경험하는 성향을 의미한다. 이러한 강점을 지닌 사람들은 기술을 익히고, 호기심을 충족시키며, 지식을 증진하고, 새로운 것을 배울 때 즐거움과 기쁨을 느낀다. 무언가를 배우는 과정에서는 긍정 정서뿐만 아니라 좌절과 관련된 부정 정서를 경험할 수도 있는데, 학구열은 이러한 좌절과 곤란에 직면해서도 학습을 지속하도록 돕는다는 점에서 동기적 추진력을 제공한다.

학구열은 그 자체로 가치가 있는 것이다. 이러한 강점은 교사들이 가장 소중하게 여기는 학생의 장점 중 하나다. 배움에 대한 사랑은 어떤 정당화도 불필요한 진정한 덕목으로 여겨져 왔다. 학구열은 일생 동안 비교적 안정적이라는 점에서 성격적 특질이라고 할 수 있다. 이러한 강점의 유명한 예는 문법책을 빌리기 위해 30여 Km를 걸어 도서관에 다녀온 젊은 시절의 에이브러햄 링컨이나 대학설립에 커다란 기여를 한 벤저민 프랭클린과 토머스 제퍼슨 등이 있다. 11세에 학술적 논문을 발표한 발달심리학자 피아제는 이러한 강점을 지닌 신동이라고 할 수 있다.

학구열에 관한 직접적인 연구는 부족한 상태지만, 학구열이 긍정적인 경험을 촉진하며 심리적·신체적 안녕에 기여한다는 간접적인 자료들은 많다. Peterson과 Seligman(2004)에 따르면, 학구열이 높은 사람들은 새로운 것을 배우는 것에 대한 긍정적인 감정, 도전과 좌절에도 불구하고 자기 조절을 잘 해나갈 수 있는 능력, 학습한 내용의 의미를 찾아내고 음미하는 노력, 자율감과 도전의식, 유능감과 효능감, 다른 사람으로부터 지원을 받는다는 인식과 같은 여러 가지 심리적 특성을 지닌다. 직업에서 요구하는 지식과 기술이 빠르게 변화하기 때문에, 지속적인 교육과 학습이 더욱 중요해지고 있다. 따라서 학구열은 이러한 도전에 더 신속하게 대응하여 극복하게 하는 성격강점이 될 수 있다. 또한 새로운 것의 배움에 대한 지속적 관심은 건강하고 생산적인 노년기를 위한 필수적 요소다.

5) 지혜

지혜(wisdom)는 동서고금을 막론하고 모든 사회에서 가장 중요한 덕목으로 여겨지고 있다. 그래서 지혜는 덕목 중의 덕목 또는 덕목의 왕이라고 불린다. 그러나 지혜는 매우 다양한 관점에서 정의될 수 있는 모호한 심리적 특성으로 여겨졌기 때문에 과거에는 심리학자의 관심을 받지 못했다. 그러나 최근에 이르러 지혜는 심리학자의 주요한 관심사로 떠오르고 있으며 지혜에 관한 다양한 연구들이 이루어지고 있다.

현대의 심리학자들은 지혜가 (1) 지능(intelligence)과는 다른 것으로서, (2) 뛰어난 수준의 지식과 판단 및 조언 능력을 의미하며, (3) 인생의 의미는 무엇이며 어떻게 살아야 하는가 하는 어렵고도 중요한 물음에 대해서 현명한 대답을 지니게 하고, (4) 자신 또는 다른 사람의 행복을 위해 유익하게 활용될 수 있는 덕목이라는 점에서 대부분 동의하고 있다(Peterson & Seligman, 2004). 특히 심리학자들은 지혜라는 용어가 너무 다양하고 모호한 의미를 내포하고 있어 실증적 연구를 하기 어렵기 때문에 지혜로운 사람들이 지니는 유용한 세계관에 주목하여 안목(perspective)이라는 용어를 선호하

기도 한다. 이 용어는 지혜로운 사람들이 세상을 바라보는 관점이나 시각을 강조하는 것이다.

지혜는 개인과 사회를 위해 유익한 기능을 지니는 것으로서 특히 복잡하고 혼란스러운 상황에서 현명한 판단과 대응을 하게 해 주는 심리적인 능력이다. 그래서 우리는 어떻게 해야 할지 판단하기 어려운 혼란 상태에 빠지게 되면 지혜로운 사람을 찾아가 조언을 구하게 된다. 이러한 지혜는 시간과 상황에 상관없이 일관성을 지니는 비교적 지속적인 성격특질로 여겨지고 있다. 인류 역사에 있어서 지혜로운 사람들로는 예수, 붓다, 노자와 같은 종교적인 지도자나 윈스턴 처칠, 지미 카터와 같은 세속적인 정치인들을 들고 있다. 일반적으로 지혜는 나이가 듦에 따라 증대되는 것으로 여겨지고 있으나 나이와 상관없이 어리석은 사람들도 있기 때문에 나이와 지혜가 반드시 비례하는 것은 아니다.

심리학에서는 지혜를 크게 세 가지 측면, 즉 지혜의 심리적 과정, 지혜의 결과, 지혜로운 사람의 특성으로 나누어 연구한다. 다행히도 세 가지 측면에서 밝혀진 지혜의 특성이 상당히 일치하고 있다. 특히 지혜로운 사람의 긍정적 특성에 대해서는 상당한 일치가 이루어지고 있다(Peterson & Seligman, 2004). 즉, 지혜로운 사람은 (1) 자기 이해를 잘 하고 있고, (2) 어떤 결정을 할 때 감성과 이성을 모두 잘 활용하며, (3) 의미나 관계의 거시적 양상을 잘 이해하고 있고, (4) 폭넓은 안목이나 관점을 지니며, (5) 다른 사람과 사회를 위해 기여하려는 강한 욕구를 지니고, (6) 다른 사람들의 욕구를 배려하며, (7) 자신이 알 수 있는 것과 할 수 있는 것의 한계를 잘 알고 있고, (8) 중요한 문제들의 핵심을 파악할 수 있으며, (9) 자신의 강점과 약점에 대한 정확한 식견을 지니고, (10) 다른 사람에게 현명한 조언을 해 줄 수 있으며, (11) 자신의 개인적인 규범과 일치하는 행동을

한다.

지혜는 실증적인 연구를 통해서 인간의 삶에 긍정적인 영향을 미치는 것으로 나타나고 있다. 특히 지혜는 노년기의 삶을 만족스럽게 영위하는 데 기여하는 것으로 보고되고 있다. Ardelt(1997)와 Hartman(2000)의 횡단적 연구에 따르면, 노년기의 삶의 만족도는 신체적 건강, 사회경제적인 지위, 재정상태와 그 밖의 사회환경적 지표들보다 지혜에 의해서 더 큰 영향을 받는 것으로 나타났다. 또한 59~81세의 성인을 대상으로 한 종단적인 연구(Ardelt, 2000)에서는 지혜는 삶의 만족과 가족관계뿐만 아니라 신체적 건강에도 긍정적인 영향을 미치는 것으로 나타났다. Hartman(2000)의 종단적 연구에 따르면, 43세에 측정된 여성들의 지혜 점수를 통해서 10년 후인 53세의 행복도를 예측할 수 있었다. 우리나라에서 청년을 대상으로 한 김민희(2008)의 연구에서도 지혜는 삶의 만족, 안녕감, 죽음 수용, 긍정 정서 경험과 정적인 상관을 나타냈다.

지혜는 지능보다 성격요인과 더 밀접한 관련성을 지니는 것으로 보인다. Sternberg(2000)에 따르면, 지혜는 IQ 검사로 측정된 지능과 약간의 중복은 있었지만 상당히 독립적인 것으로 나타났다. 반면에, 심리적 성숙도, 개방성, 정서 안정성, 사교성, 정서지능과 같은 성격특성과는 연관성 있는 것으로 나타났다(Staudinger et al., 1997). Helson과 Wink(1997)에 따르면, 실용적 지혜는 리더십, 주도성, 공감능력, 생산성과 상관을 보였으며, 초월적 지혜는 경험에 대한 개방성, 직관력, 생산성과 관련되어 있었다. 한국인을 대상으로 한 김민희(2008)의 연구에서도 지혜는 성격의 5요인 중 성실성과 가장 높은 상관을 보였으며 개방성, 우호성, 외향성, 정서적 안정성 순으로 유의미한 상관을 보였다.

3. 인간애와 관련된 성격강점

인간애(humanity)와 관련된 성격강점들은 다른 사람을 보살피고 이해하며 그들과 따뜻하고 친밀한 관계를 형성하도록 돕는 강점들이다. 인간의 이기적이고 공격적인 성향으로부터 인간 세상을 조화와 균형 속에서 좀 더 따뜻해지도록 만드는 데 기여하는 것들이다. 이러한 강점들은 다른 사람과 호의적인 관계를 형성하고 심화시키는 데 기여하는 것으로서 VIA 분류체계에서는 3개의 강점, 즉 사랑, 친절성, 사회지능을 제시하고 있다.

1) 사랑

사랑(love)은 다른 사람과 깊은 애정을 형성하고 유지할 수 있는 심리적 능력을 의미한다. 〈사랑은 아무나 하나〉라는 제목의 유행가가 있듯이, 사랑은 다른 사람에게 애정을 느끼고 표현할 뿐만 아니라 상대방의 애정을 받아들임으로써 깊이 있는 애착관계를 안정적으로 유지할 수 있는 능력이 뒷받침되어야 한다. 이렇게 사랑을 하고 사랑을 받아들일 수 있는 능력은 개인의 성격적 강점으로서 연인관계와 부부관계를 비롯하여 다양한 인간관계에 영향을 미치게 된다.

사랑은 전형적으로 세 가지의 형태를 갖는다. 첫 번째는 애정, 보호, 보살핌을 제공하는 사람들에 대한 사랑으로서 그 전형은 부모에 대한 아이의 사랑이다. 우리는 그러한 사람들에게 의지하며 그들과 함께 있으면 안전감을 느끼기 때문에 그들이 항상 곁에 있어 주기를 원한다. 사랑의 두 번째 유형은 안전과 보살핌을 얻기 위해서 우리에게 의지하는 사람들에 대한 사랑으로서 아이에 대한 부모의 사랑이 그 전형이다. 우리는 그러한 사람들을 보호하고 지원할 뿐만 아니라 그들을 위해 희생을 하고, 그들의 필요를 나 자신의 필요보다 우선시하며, 그들이 행복할 때 우리도 행복감을 느낀다. 마지막으로 세 번째 유형은 우리가 특별하다고 생각하고 우리를 특별하게 느끼도록 해 주는 사람과 성적·정서적 친밀함을 형성하려는 열정적 욕망을 느끼는 사랑으로서 그 전형은 연인과의 낭만적인 사랑이다.

이러한 세 가지 유형의 사랑을 느낄 수 있는 능력은 인간의 진화과정에 필요했던 기본적인 것으로 여겨지고 있다. 인간은 종의 존속을 위해서 적어도 세 가지의 도전적 과제를 성공적으로 해결해야만 했다. 첫째, 인간은 동물 중에서 가장 미성숙한 상태로 태어나 가장 오랜 기간 타자에게 의존하면서 살아남아야 했다. 둘째, 인간은 매우 미성숙한 상태로 태어난 자손들이 생존하여 성장할 수 있도록 적절한 보호와 보살핌을 제공해야만 했다. 셋째, 인간은 번식을 위해서 이성 짝을 찾고 그 관계를 충분히 오래 유지하면서 자손을 낳아 양육해야만 했다. 이러한 도전적 과제들에 적응하는 진화과정에서 인간은 선천적으로 사랑의 능력을 갖게 되었을 것이다.

사랑의 능력은 시간과 상황을 뛰어넘어 지속되는 일종의 특질로 여겨지고 있다. 사랑하고 사랑받을 수 있는 건강한 능력은 어린 시절의 안정 애착과 밀접한 관계를 지니는 것으로 여겨지고 있다. 영유아기의 안정 애착이 인간관계 능력의 양호한 발달을 보장하는 것은 아니지만, 이 후의 삶에서 부모, 교사, 또래와의 관계에 긍정적 영향을 미치는 것으로 나타났다. Kobak과 Hazan (1991)에 따르면, 청소년기와 성인기에 안정 애착의 관계 패턴을 지닌 사람들은 그렇지 않은 사람들에 비해서 공동과제를 수행하면서 상대방에게 더 많은 지지를 보내는 반면, 거부적 행동을 더 적게 나타냈다. 또한 더 안전한 성행위를 하고, 스트레스를 받았을 때 심리신체적 증상을 덜 나타내며, 어려움에 직면하면 도움을 더 잘

요청하고, 갈등상황에서 파괴적인 전략보다 타협적 전략을 사용하며, 이혼할 가능성도 더 적었다. 요컨대, 안정 애착을 맺은 청소년과 성인들은 삶의 스트레스에 더욱 효과적으로 대처하고, 신뢰와 친밀감으로 구성된 만족스러운 인간관계를 형성하는 데 더 능숙하다(Peterson & Seligman, 2004).

2) 친절성

친절성(kindness)은 다른 사람의 행복을 위해서 배려하고 호의를 베풀며 선한 행동을 함으로써 보살펴 주려는 개인의 성향을 뜻한다. 친절성은 다양한 행동으로 나타날 수 있다. 예컨대, 버스에서 노인에게 자리를 양보하는 행동과 같이 낯선 사람과의 관계에서 일어나기도 하고, 가까운 친척에게 신장을 기증하는 행동처럼 친밀한 지인과의 관계에서 나타나기도 한다. 밝은 표정을 보여 주거나 길을 안내해 주는 행동처럼 많은 노력이 필요하지 않은 것도 있지만, 부당하게 박해당하는 사람을 도와주거나 숨겨 주는 행동과 같이 심각한 처벌을 감수해야 하는 것도 있다. 이러한 친절성은 이타적 사랑

인도의 빈민가 아동을 돌본 마더 테레사

(altruistic love), 관대성(generosity), 배려(nurturance), 보살핌(care), 연민(compassion) 등과 밀접하게 관련되어 있으며 '이기주의'와 대비되는 것으로서 자신의 이익에 상관없이 다른 사람에게 호의를 베푸는 태도를 뜻한다. 진정한 친절성은 단순히 의무나 규범에 따른 배려와 구분되는 것일 뿐만 아니라 개인적 이익이나 명예와 평판을 얻기 위한 것이 아니다.

친절성 또는 이타적 사랑을 몸소 실천한 대표적 예로는 호스피스 운동을 시작한 Dame Cicely Saunders와 인도의 빈민을 위해 봉사한 마더 테레사를 들 수 있다. 이 밖에도 병들고 가난하며 핍박 받는 이들을 위해 기부활동이나 봉사활동을 하는 사람이 해당된다.

친절성과 이타주의가 비교적 안정적인 성격적 특질이라는 연구결과들이 다수 존재한다. 성인의 친절성과 이타주의 성향은 아동기와 청소년기의 행동을 통해 예측될 수 있었다. 청년을 대상으로 공감이나 연민과 같은 친사회적 행동을 자기보고로 측정한 결과, 이것은 수년 전에 실시한 검사의 결과와 유의미한 상관을 나타냈다(Eisenberg et al., 2002). 뿐만 아니라 취학 전에 측정한 친사회적 행동성향으로도 성인기의 친사회적인 도덕적 판단을 예측할 수 있다.

3) 사회지능

사회지능(social intelligence)은 다른 사람들과의 관계에서 친밀감과 신뢰감을 형성할 뿐만 아니라 그들에게 영향력을 행사할 수 있는 개인적 능력을 의미한다. 일반적으로 지능은 적응과제를 효과적으로 잘 수행하게 만드는 개인적 능력을 의미하는데, 근래에는 지능이 적응 영역에 따라 다양한 요소로 구성된다는 주장이 지배적이다. 특히 지능을 차가운 인지적 지능(cold intelligence)과 정서, 동기 또는 사회적 관계를 다루는 따뜻한 감성

적 지능(hot intelligence)으로 구분하고 있다(Mayer & Mitchell, 1998). 사회지능은 자신과 다른 사람의 감정상태를 잘 파악하고 적절하게 정서적 표현을 할 수 있는 능력을 의미하는 정서지능(emotional intelligence)뿐만 아니라 자신에 대한 정확한 이해와 평가능력을 뜻하는 개인적 지능(personal intelligence)과 밀접하게 관련되어 있다.

사회지능은 인간관계를 원활하게 만들기 때문에 성격강점으로 여겨지고 있다. 사회지능이 높았던 역사적 인물로는 마하트마 간디와 엘리노어 루스벨트가 대표적이다. 지혜와 마찬가지로 사회지능도 나이와 경험이 축적됨에 따라 성숙하는 것으로 알려져 있다. 사회지능이 극히 낮은 사람들은 자기 자신이나 다른 사람의 심리적 세계를 잘 이해하지 못한다. 또한 다른 사람의 의도를 잘 파악하지 못할 뿐만 아니라 자신의 의사를 제대로 전달하지도 못한다. 이러한 상태의 정신병리적 극단에는 정서표현불능증과 자폐증이 있다.

O'Sullivan, Guilford와 de Mille(1965)에 따르면, 사회지능은 다음과 같은 6가지 영역의 능력으로 구성되어 있다: (1) 사람들의 다양한 내면적 심리상태를 파악하는 능력; (2) 유사성에 근거하여 다양한 심리상태를 유형화하는 능력; (3) 행동들 간의 관계를 해석하는 능력; (4) 사회적 행동에 영향을 미치는 요인이나 원리를 이해하는 능력; (5) 사회적 행동의 변화를 융통성 있게 해석하는 능력; (6) 대인관계 상황에서 다음에 무슨 일이 일어날지를 예측하는 능력.

근래의 연구들을 통해서 사회지능이 일반적인 인지적 지능과 구별될 수 있다고 입증됨에 따라 최근에야 사회지능과 다른 심리적 특성과의 관련성이 탐색되고 있다. 정서지능이 높은 사람들은 삶에 대한 판단력이 우수하며 사회적인 기능도 유연한 것으로 알려져 있다. 남학생의 경우, 정서지능이 높을수록 약물이나 알코올

을 남용할 가능성이 낮았으며(Brackett & Mayer, 2003; Trinidad & Johnson, 2002), 또래에 대한 공격성도 낮았다(Formica, 1998; Rubin, 1999). 사업을 하는 경우, 정서지능이 높은 사람들이 더 좋은 고객 서비스를 제공하는 것으로 나타났다(Rice, 1999).

4. 용기와 관련된 성격강점

우리는 어떤 목표를 추구하는 과정에서 여러 가지 난관에 부딪히게 된다. 특히 소중하고 가치 있는 목표를 성취하기 위해서는 많은 노력이 필요할 뿐만 아니라 다양한 장애물을 극복해야 한다. 세계 최고봉인 히말라야의 에베레스트(8,848m)를 처음으로 등정한 에드먼드 힐러리 경(Sir Edmund Hillary)은 수많은 좌절을 겪었으며 등정 과정에서 체력저하, 추위, 고산증세와 더불어 죽음의 공포와 실패의 두려움을 이겨내야 했다. 이처럼 어렵고 힘든 상황에서 이를 극복하게 만드는 인간의 강점이 용기다.

용기(courage)는 목표추구 과정에서 외부적·내면적 난관에 직면하더라도 이를 극복하면서 목표를 성취하려는 강인한 투지를 의미한다. 이러한 용기와 관련된 강

흑인의 인권회복을 위해 백인우월주의자들에게
저항했던 마틴 루서 킹

점들로는 다양한 것이 있다. 강력하게 분발하고 맹렬하게 추진하는 능동적인 강점들뿐만 아니라 고통과 좌절을 인내하고 유혹을 견뎌내는 수동적인 강점들도 있다.

1) 용감성

용감성(bravery)은 위험하고 위협적인 상황에서 두려움을 이겨내고 그 상황을 극복하기 위한 적절한 행동을 자발적으로 하는 능력을 의미한다. 위협, 도전, 난관, 고통으로부터 위축되지 않고 이를 극복하는 능력으로서 반대가 있더라도 옳다고 생각하는 것을 주장하거나 다른 사람이 싫어하더라도 신념에 따라 행동하는 것을 말한다. 용감성에는 육체적 용감성뿐만 아니라 도덕적 용감성을 포함한 다양한 유형이 존재한다.

용감성은 다음과 같은 특징을 지닌다. 첫째, 용감한 행동은 반드시 자발적인 것이어야 한다. 강제된 행동은 용감성에 해당하지 않는다. 둘째, 용감성은 위험과 손상을 인식한 상태에서 나타내는 태도다. 셋째, 용감성에는 그러한 위험과 손상뿐만 아니라 자기행동의 결과를 감수하겠다는 판단이 포함되어야 한다. 이러한 용감성은 위험에 대한 즉각적인 회피 반응을 줄이고 적절한 대처행동을 하도록 만든다는 점에서 가치 있는 것이다. 용감성은 두려움을 모르는 것이 아니라 두려움을 이겨내는 것이다.

용감성은 공포로부터 탄생하는 것이다. 즉, 용감성은 다양한 상황에서 겪게 되는 공포를 극복하기 위한 노력이다. 이런 점에서 용기는 극복하고자 하는 공포의 내용에 따라서 구분될 수 있다. 용감성은 크게 육체적 용감성과 도덕적 용감성으로 구분되어 왔다. 육체적 용감성(physical bravery)은 신체적 손상과 죽음의 공포를 이겨내기 위한 것으로서 신체적 손상이 초래될 수 있는 다양한 상황에서 유발된다. 이에 반해, 도덕적 용감성(moral bravery)은 다른 사람의 의견에 대한 공포와

관련되어 있다. 즉, 사회적 무시와 비난을 비롯하여 따돌림, 경제적 곤란, 직업 상실, 명예 손상의 두려움에도 불구하고 자신이 옳다고 믿는 것을 행하는 것이다. 육체적 용감성은 구체적 행위를 통해서 그 결과가 신속하게 나타나지만, 도덕적 용감성으로 인한 선택의 결과는 상대적으로 서서히 나타나며 때로는 평생 동안 영향을 미치는 경우도 있다.

　육체적 용감성과 도덕적 용감성의 구별은 비교적 명확하다. 보다 더 구별이 어려운 것은 도덕적 용감성과 심리적 용감성이다. 세 번째 유형인 심리적 용감성(psychological bravery)은 정신적 안정을 잃는 것에 대한 두려움과 관련되어 있다(Putnam, 1997). 많은 사람이 자신의 공포와 불안에 직면하기 위하여 심리적 용감성을 필요로 한다. 그러나 이들의 용기 있는 행동은 다른 사람에게 보이지 않을 수 있다. 예를 들어, 자신의 심리적 문제나 약점을 인정하는 일 그리고 이러한 문제를 극복하기 위해 스스로 노력하거나 도움을 요청하는 일은 심리적 용감성을 필요로 한다. 도덕적 용감성이 자신의 윤리적 신념과 양심을 지키기 위한 것이라면, 심리적 용감성은 자신에 관한 진실을 직면하고 성장과 성숙을 추구하기 위한 것이라고 할 수 있다.

　용감성은 직장과 같이 특수한 상황에서 일어나는 부당한 일에 대해서 취하는 내부고발 행동을 통해서 연구되기도 했다. 부당한 문제를 지적하며 시정을 요구하는 사람들과 침묵하는 사람들의 차이를 전국적 표본을 통해 조사한 연구(Rothschild & Miethe, 1999)에서는 어떤 결정이 사례별로 이루어지기보다 일반적 원칙에 의해 이루어져야 한다는 신념, 즉 공정성의 강점을 지닐수록 내부고발 행동이 증가하는 것으로 나타났다. 용감성은 소중한 만큼 위험하기도 하다. 내부고발의 결과로서 우울, 불안, 고독, 건강악화, 경제손실, 가족문제, 타인에 대한 불신 등이 증가했다. 그럼에도 불구하고 내부고발

자의 90%는 다시 그런 기회가 오면 같은 행동을 하고 힘든 결과를 견뎌 낼 것이라고 응답했다.

　용감성은 다른 사람과 깊이 있는 관계를 맺는 과정에도 필요하다. 부부나 친구 사이에서 자신의 취약한 면을 상대방에게 보여 주는 것은 용감성을 필요로 한다(Fowers, 1998). 자기공개와 진실성은 잠재적으로 상처와 거절을 초래할 수도 있기 때문이다. Way(1998)는 일상생활에서 용기 있게 행동하는 것이 타인과의 진실한 관계 형성에 도움이 된다고 보고했다.

2) 진실성

　진실성(authenticity)은 자신의 내면적 상태, 의도, 행위를 사적으로든 공적으로든 정확하게 드러냄으로써 자신에게 솔직해지려고 노력하는 인격적 특질을 의미한다. 즉, 가식이나 위선 없이 자신에 관한 진실을 말하고 제시함으로써 자신의 감정이나 행동에 대한 책임을 지려는 태도를 의미한다. 진실성은 정직성 또는 성실성과 유사한 개념이다. 진실성은 진정한 자기이고자 하는 심리적 진솔성과 깊이를 의미하는 반면, 정직성(honesty)은 사실을 있는 그대로 전달하는 대인관계에서의 솔직성을 뜻하며, 성실성(integrity)은 도덕적 의미의 진실성과 더불어 자기통일성을 함축하고 있다.

　진실성은 거의 모든 사람이 동의하는 기본적인 인격적 덕목이다. 그 반대말은 사기성, 거짓말을 잘 함, 위선적임, 불성실성 등으로서 모두 부정적인 의미를 담고 있다. 진실성은 자기충족적인 속성이 있어서 이러한 강점을 지닌 사람들에게 내면적인 만족감을 준다. 예를 들어, 상점에서 거스름돈을 받아야 할 액수보다 더 많이 받았을 경우, 우리는 점원에게 이 사실을 알리고 돈을 돌려주면서 스스로 뿌듯한 만족감을 느낀다. 또한 진실성은 거짓말을 하거나 위선적인 행위를 했을 때

진실성의 모범적 인물인 에이브러햄 링컨

느끼는 죄책감과 자기혐오감으로부터 자신을 해방시킨다.

진실성은 시간과 상황에 따라 상당한 일관성과 안정성을 지니는 성격적 특질로 여겨지고 있다(Bem & Allen, 1973). Peterson과 Seligman(2004)은 진실성의 모범적 인물로 에이브러햄 링컨을 들고 있으며 이 밖에도 토머스 제퍼슨, 벤저민 프랭클린, 앨버트 아인슈타인, 앨버트 슈바이처 등과 같은 위인들을 들고 있다.

인간은 자신의 내면적 상태를 자발적이고 진실하게 표현하고자 하는 심리적 욕구를 지니고 있기 때문에, 진실성은 주관적 행복을 증진한다. 경험적 연구에서도 진실성은 심리적 웰빙과 밀접한 관계를 지니고 있는 것으로 나타났다. 예컨대, 진실성은 긍정적 정서, 삶의 만족도, 경험에 대한 개방성, 공감, 자기실현 등과 정적인 상관을 나타내고 있다(Ryan & Deci, 2000).

진실성은 성격의 5요인 중 성실성과 가장 높은 상관을 보였으며 우호성이나 정서적 안정성과도 정적인 상관을 보였다(Sackett & Wanek, 1996). 또한 Sheldon과 Elliot(1999)에 따르면, 추구하는 목표가 자기의 내면적 욕구와 잘 일치하는 사람은 인내심 있게 노력하는 경향

이 있어서 목표를 실제로 성취할 가능성이 높다. 이러한 목표성취는 욕구만족도를 증진함으로써 자신의 내면적 욕구에 따르려는 자기일치도, 즉 진실성이 높아진다. 이처럼 목표성취와 진실성은 상호작용을 하면서 서로를 상승시키는 경향을 보인다.

3) 끈기

끈기(persistence)는 여러 가지 난관과 좌절에도 불구하고 목적지향적인 행동을 자발적으로 지속하는 능력을 말한다. 시작한 일을 마무리하여 완성하는 능력으로서 장애물에도 불구하고 일련의 계획된 행동을 지속해 나가면서 과제를 완수할 뿐만 아니라 그로부터 만족감을 느끼는 태도를 말한다. 끈기는 인내(perseverance)나 근면성(industriousness)과 유사한 개념이다.

끈기는 용기와 같이 강렬하지는 않지만 어려움에 맞서서 굴복하지 않고 자신이 추구하는 가치를 성취하게 만든다는 점에서 공통점이 있다. 그러나 용기와 달리, 끈기를 통해서 이겨내야 하는 것은 공포가 아니라 권태와 좌절의 고통이며 다른 한편으로는 쾌락과 나태의 유혹이다.

끈기와 인내는 도덕적인 가치를 지닌다. 우리는 부지런한 벌을 높이 평가하며 성실하고 근면한 노력을 통해서 성취를 이룬 사람들을 존경한다. 끈기, 인내, 근면성의 반대말은 게으름, 나태함, 포기, 의욕상실, 편법사용, 임시변통, 우유부단 등으로서 모두 부정적인 의미를 담고 있다. Jaynes(1976)에 따르면, 끈기는 인간의 고유한 강점이며 문명의 필요조건이다. 인간이 오랜 기간 끈기 있는 농사활동을 함에 따라 잉여식량이 생산되었으며 그것의 저장과 보호를 위한 사회조직이 요청되면서 문명이 발전하게 되었다.

끈기는 시간과 상황에 따라 상당히 안정된 특질로

여겨지고 있다. 끈기를 보여 주는 대표적 인물로는 에디슨을 들 수 있는데, 그는 전구의 필라멘트 개발을 위해 6,000가지 재료를 사용하여 시험을 했으며 "천재는 1%의 영감과 99%의 노력으로 이루어진다"라는 유명한 말을 남겼다.

끈기는 다양한 이익과 혜택을 제공한다. 첫째, 성취하기 어려운 목표를 달성할 가능성을 높여 준다. 둘째, 인내를 통해 얻게 되는 성공적 결과를 즐길 수 있게 된다. 물론 성취에 대한 즐거움이 성취에 필요했던 고통이나 인내의 정도에 반드시 비례하는 것은 아니지만 그러한 경향이 있다. 셋째, 끈기를 통해서 기술과 역량이 향상될 수 있다. 장애를 극복하면서 목표에 도달하기 위해서는 과제를 해결하는 새로운 방법과 기술을 발전시켜야 하기 때문이다. 넷째, 끈기는 자기효능감을 향상시키게 된다. 역경을 견뎌내며 무언가를 완수한 경험은 무엇이든 성취해 낼 수 있다는 자신감을 키워 준다.

4) 활력

활력(vitality)은 활기차고 적극적으로 살아가는 동시에 생동감과 행동력을 지니고 삶과 일을 대하는 태도를 의미한다. 유사한 개념인 열정(zest, enthusiasm)은 추구하는 목표를 향해 열의를 지니고 강렬하게 추진하는 태도를 뜻한다. Peterson과 Seligman(2004)은 활력과 열정을 동일한 개념으로 사용하고 있다. 이러한 활력은 행복한 삶을 위해서 매우 소중한 강점으로 여겨지고 있다. 활력은 신체적으로 건강한 상태에서 나타날 수도 있지만 자기통합이 잘 이루어진 상태에서 인생의 분명한 목적과 방향을 지니고 살아갈 때 경험되는 것이다.

활력은 사회적으로 가치 있는 것이다. 대부분의 사람은 활력이 넘치기를 바란다. 또한 활력을 지닌 사람들은 주변사람들을 활기차게 만든다. 활력은 일반적인

삶의 태도일 수도 있지만 특정한 지향대상을 지닌다. 따라서 지향하는 목표가 무엇이든, 활력은 목표를 달성하게 만드는 강렬한 동기와 행동력을 제공함으로써 성취를 촉진한다. 우리 사회에서 뛰어난 성취를 이룬 사람들은 대부분 자신의 전문 영역에 대해서 비범한 활력을 지닌 사람들이다. 세계 방방곡곡을 찾아다니며 늘 명랑하고 활기찬 모습으로 강연을 하는 달라이 라마는 대단한 활력을 지닌 사람으로 여겨지고 있다.

활력은 최적의 기능상태를 반영하는 지표일 뿐만 아니라 행복과 밀접한 관계를 맺는 것으로 여겨지고 있다. 우선, 활력은 신체적 건강과 밀접한 관련을 맺고 있으며 신체적 증상, 육체적 질병이나 장애, 면역력 저하 등과 부적인 상관을 지닌다. Ryan과 Frederick(1997)에 따르면 흡연, 운동, 식사조절 등과 같은 생활습관이 활력과 관련되어 있다. 흡연을 하지 않고 운동과 식사조절을 잘 하는 사람들은 주관적 활력이 높았다. 심리적인 측면에서 활력은 자율성, 유능성, 관계성의 경험과 관련되어 있다(Ryan & Frederick, 1997). 예를 들어, 체중조절 프로그램에 참여한 사람 중에서 자발적으로 참여한 사람이 그렇지 않은 사람보다 활력 수준이 높았다. 또한 자신의 유능성을 높이 평가하는 사람들이 높

항상 활기찬 모습을 잃지 않는 달라이 라마

은 활력 수준을 나타냈으며, 양로원 거주자 중에서 다른 사람들과 교류가 많은 사람이 그렇지 않은 사람에 비해서 활력 수준이 높았다(Kasser & Ryan, 1999). 이러한 결과는 자율성, 유능성, 관계성과 같은 기본적인 심리적 욕구가 잘 충족될수록 활력 수준이 높아진다는 것을 시사한다.

부당하게 27년의 옥살이를 하고도 보복하지 않은 넬슨 만델라

5. 절제와 관련된 성격강점

절제(temperance)는 지나침이나 극단적인 독단에 빠지지 않게 함으로써 우리를 보호하는 덕목으로서 네 개의 성격강점, 즉 용서, 겸손, 신중성, 자기조절을 포함하고 있다. 용서는 증오로부터 우리를 보호하며, 겸손은 오만으로부터, 신중성은 장기적으로 손해를 초래하는 단기적 쾌락으로부터, 그리고 자기조절은 다양한 종류의 파괴적인 극단적 감정으로부터 우리를 보호한다. 구성원 간의 조화와 균형을 중시하는 집단주의 문화에서는 이러한 강점들이 더욱 소중한 덕목으로 여겨지고 있다.

1) 용서

용서(forgiveness)는 공격이나 상처를 받은 피해자가 가해자에 대해서 나타내는 긍정적인 심리적 변화를 의미한다. 어떤 사람으로부터 매우 부당하거나 억울한 일을 당한 사람은 그 가해자에 대해서 분노에 휩싸일 뿐만 아니라 복수하고 싶은 강렬한 욕구를 느끼게 된다. 그런데 이러한 분노 감정과 보복 행동은 피해자와 가해자 모두에게 불행한 결과를 초래하게 된다. 서로에 대한 보복 행동이 반복되면 두 사람 또는 두 집단은 원수지간이 된다. 팔레스타인과 이스라엘 사이에 끊임없이

반복되는 보복테러가 그 대표적인 예다.

용서는 상대방에 대한 분노감정과 보복욕구를 개인이 자발적으로 내려놓는 심리적 노력을 의미한다. 분노와 원한은 매우 고통스러운 것이기 때문에 복수를 통해 해소하려고 한다. 복수의 유혹은 매우 강렬하며, 복수의 열매는 매우 달콤하다. 이러한 고통과 유혹을 이겨내는 것은 매우 어려운 일이다. 그러나 보복행동을 통해 원한의 감정을 충분히 충족시켰을 때 사람들은 오히려 공허감을 느낀다. 이미 지나간 일들은 조금도 돌이킬 수 없기 때문이다. 자신에게 아무런 소득이 없을 뿐만 아니라 상대방의 분노나 보복을 예상해야 한다. 반면, 가해자를 용서하고 그에게 새로운 기회를 주는 것은 우리에게 더 큰 만족감을 준다. 이러한 용서는 상대방에 대한 부정적 감정을 해소할 뿐만 아니라 사회 구성원 간의 갈등과 폭력을 감소시킨다는 점에서 친사회적 덕목이라고 할 수 있다.

어떤 일에 대해서든 관대함을 나타내는 일반적인 용서 성향과 특수한 가해자나 가해행동에 대한 용서 행위는 구분되어야 한다. 용서 성향이 높은 사람들은 가해자에 대해서 보다 더 자애롭고 관대한 긍정적 태도를 나타낼 뿐만 아니라 복수하거나 회피하려는 부정적 행동을 덜 보인다. 또한 용서는 가해자뿐만 아니라 고통

속에 있는 모든 사람에 대한 연민과 관대함을 의미하는 일반적인 개념인 자비(mercy)의 특수한 유형으로 볼 수 있다.

용서 성향은 성격의 5요인 중 우호성이나 정서적 안정성과 정적인 상관을 지니는 것으로 보고되었다(Ashton et al., 1998; McCullough & Hoyt, 2002). 최근에는 용서가 정신적·신체적 건강을 촉진하거나 건강상의 문제를 예방하는 데 도움이 될 수 있다는 주장이 제기되고 있다(McCullough & Witvliet, 2001).

2) 겸손

겸손(humility)은 자신의 장점이나 성취에 대해서 절제된 평가를 하는 일반적 태도를 의미한다. 겸손은 자신에 대해 절제된 평가를 하는 내면적 상태일 뿐만 아니라 그와 일치되는 사회적 행동으로 자신을 드러내는 것을 포함한다. 과거에는 신학자나 윤리학자들에 의해서 겸손에 대한 논의가 이루어졌지만, 최근에는 심리학자에 의해 겸손에 대한 과학적 연구가 이루어지기 시작했다. 그 대표적 학자인 Tangney(2000, 2002)는 겸손의 핵심적 특성을 다음과 같이 제시하고 있다: (1) 자신의 능력과 성취에 대한(평가절하가 아닌) 정확한 이해; (2) 자신의 실수, 불완전함, 한계를 인정할 수 있는 능력; (3) 새로운 생각, 상반되는 정보, 충고에 대한 개방적 자세; (4) 자신의 능력과 성취를 균형 있는 관점에서 바라보는 것; (5) 자기 자신에 대한 초점을 약화시키거나 '자신을 잊을 수 있는' 능력; (6) 사람이나 사물이 세상에 기여할 수 있는 다양한 방법뿐만 아니라 세상 모든 것의 소중함을 인정하는 것.

겸손은 대인관계 외에도 여러 가지 영역에 긍정적인 영향을 미친다. 겸손은 정서적 안녕감과 자기조절 능력을 향상시키는 것으로 여겨지고 있다. 또한 겸손한 자기상을 가진 사람은 자기조절을 더 잘 할 수 있다(Weiss & Knight, 1980). 겸손한 사람은 자아의 위협을 막기 위해 지나친 위험을 무릅쓰거나 잘못된 선택을 할 가능성이 적다. 반대로 자신에 대한 자부심이 지나치게 높은 사람들은 자기 이미지에 대한 위협에 직면할 경우 자부심을 고양하는 일에 몰두하여 실패와 실수를 할 가능성이 높다(Baumeister, Heatherton, & Tice, 1993). 반면에, 겸손한 사람들은 자기집착에서 자유롭고 타인에게 좋은 인상을 심어 주려는 욕구도 적다.

3) 신중성

신중성(prudence)은 선택을 조심스럽게 함으로써 불필요한 위험에 처하지 않으며 나중에 후회할 말이나 행동을 하지 않는 능력을 말한다. 우리 주변에는 충동적이고 경박한 언행을 하여 다른 사람과 불필요한 갈등을 불러일으키거나 추진하던 일을 그르치는 사람들을 보게 된다. 이와 달리, 신중성은 언행을 사려 깊고 조심스럽게 할 뿐만 아니라 자신이 추구하는 장기적 목표가 효과적으로 성취되도록 체계적으로 접근하는 태도를 말한다(Peterson & Seligman, 2004).

신중성의 핵심적 요소는 자기관리의 차원에서 욕망을 조절하는 것이지만 그 이상의 덕목이다. 첫째, 신중성은 현재의 욕망 통제를 넘어서서 거시적인 안목으로 미래의 계획까지 고려한 '선행적이고 목표지향적인' 태도다. 둘째, 신중성은 지속적인 자기억제나 완고한 자기부정을 의미하지 않으며, 오히려 절도 있고 유연한 자기관리의 방식이다. 이러한 유연한 접근방식을 통해서 여러 개의 다른 목표와 그 결과들이 잘 조화되도록 한다. 셋째, 신중성은 단순히 충동을 조절하는 능력이 아니라 실천적 이성 혹은 지혜의 한 형태라고 할 수 있다.

신중성은 성격 5요인의 성실성과 매우 밀접한 성격 강점으로서 심리적 안녕뿐만 아니라 신체적 건강을 지원한다(Fridman et al., 1995). 신중한 사람들은 조심스럽고 자기보호적인 성향이 있어서 건강을 위협하는 행동을 피하고 스트레스에 잘 대처하기 때문인 것으로 여겨지고 있다. 이 밖에도 신중성은 심리적 안녕뿐만 아니라 대학생의 개인적 목표 성취나 낙관성, 직업 수행이나 학업 성취, 정치적 리더십 등과 정적인 상관을 지닌다는 연구결과들이 있다.

4) 자기조절

자기조절(self-regulation)은 지향하는 목표나 기준에 도달하기 위해서 자신의 생각, 감정, 충동, 행동을 조절하고 통제할 수 있는 능력을 의미한다. 자기조절은 도덕적 행위뿐만 아니라 현실적인 목표달성에도 도움이 되는 성격강점이다. 자기조절의 반대말은 '통제불능, 충동성, 맹렬함, 격정적임, 미친 듯함'으로서 분명히 부정적이다. 자기조절의 결여는 충동통제 장애, 경계선 성격장애, 물질 남용 등과 같은 정신장애를 유발할 수 있다.

Baumeister와 동료들(1994)에 의하면, 자기조절 실패는 거의 모든 개인적·사회적 문제의 핵심이다. 즉, 약물 중독과 남용, 범죄와 폭력, 성적으로 옮겨지는 질병들, 학교에서의 낮은 수행, 개인 부채, 분노와 적대감, 규칙적인 운동의 실패, 과식 등은 자기조절의 문제라고 할 수 있다. 이런 점에서 자기조절은 개인의 행복과 사회의 안녕을 위해서 매우 중요한 덕목이라고 할 수 있다.

자기조절은 일생에 걸쳐 지속되는 특질로 여겨지고 있다. 마시멜로 실험으로 잘 알려진 Mischel과 동료들(Mischel, Shoda, & Peake, 1988)의 연구에 따르면, 만

4세경에 마시멜로를 먹고 싶은 욕구를 억제하며 만족 지연을 잘 했던 아이들은 10년 후에 학업과 대인관계 모두가 성공적인 것으로 평가되었다.

자기조절을 잘 하는 학생들은 성적이 우수한 것으로 보고되었다. Wolfe와 Johnson(1995)에 따르면, 32개의 성격특질 측정치를 사용한 결과 자기조절이 유일하게 학생의 성적을 잘 예측했다. 또한 자기조절이 높은 사람들은 개인적 적응수준도 높다. 이들은 높은 자기수용과 자기존중감을 보일 뿐만 아니라 적은 정신병리(신체화, 강박적 패턴, 우울, 불안, 적대적 분노, 공포, 불안, 편집증적 사고)를 나타냈다. 자기조절에 뛰어난 사람들은 배우자뿐만 아니라 다른 사람들과 원만한 관계를 맺고 잘 어울렸다(Tangney et al., 2004).

6. 정의와 관련된 성격강점

정의(justice)와 관련된 성격강점들은 공동체 구성원의 평등성과 공평성을 실현하는 데 필요한 사회적 강점을 의미한다. 구성원 모두가 만족하면서 효과적으로 기능하는 건강한 공동체 생활에 필요한 덕목이 바로 정의다. 정의는 개인과 집단 간의 상호작용을 건강하게 만드는 사회적 강점으로서 대부분의 사회에서 중요한 덕

목으로 여겨지고 있다.

1) 공정성

공정성(fairness)은 모든 사람을 편향된 개인적 감정의 개입 없이 동등하게 대하는 태도를 의미한다. 즉, 사적인 감정이나 편견으로 인한 치우침 없이 모든 사람에게 공평한 기회를 주고 같은 규칙에 따라 대하는 태도를 뜻한다. 우리 사회에는 불공평하고 부당한 일들이 많다. 권력을 가진 자가 부당한 결정을 통해 사리사욕을 채우는 일이 드물지 않고, 피고용인의 약점을 이용하거나 위협하여 부당한 이득을 취하는 고용주들이 있다. 다양한 선발과정에서도 개인의 능력보다는 학연이나 지연에 따라 결정되는 경우들이 있다. 이 밖에도 뇌물을 주고 권리를 따내는 일, 직장에 핑계를 대고 결근하는 일, 예약된 순서를 기다리지 않고 새치기하는 일 등은 공정하지 못한 일이다. 공정성은 이렇게 비도덕적이고 정의롭지 못한 행동을 방지하는 인격적 덕목이라고 할 수 있다.

공정성은 도덕성 발달의 산물로 여겨지고 있다. 심리학자들은 도덕발달이 추론능력의 발달에 기인한다고 보고 있다. 도덕적 추론은 어떤 행동이 옳은가에 대한 판단과정을 의미하는데, Kohlberg(1984)와 같은 도덕발달 연구자에 따르면 도덕발달은 일정한 과정을 거쳐 일어난다. 어린 아동은 옳고 그름을 판단할 때 자신의 이득에 초점을 맞추는 자기중심성을 나타내지만 좀 더 나이를 먹게 되면 사회적 규범과 관습을 고려하게 된다. 가장 난해한 수준의 도덕적 추론은 옳고 그름을 결정짓는 데 공정성이라는 추상적 가치를 활용하는 것이다.

공정성 판단은 크게 정의 추론(justice reasoning)과 배려 추론(care reasoning)으로 나누어 연구되어 왔다. 도덕적인 갈등상황에서 사람들이 공정성을 판단하는 주요한 기준은 정의(justice)와 배려(care)다. 정의 추론은 공정성을 도덕적인 옳고 그름에 따라 내리는 판단인 반면, 배려 추론은 다른 사람에 대한 돌봄과 자비로움을 중요한 가치로 여기는 판단이다. 또한 정의 추론은 주로 도덕적인 권리와 책임에 관한 원칙들을 중요시하는 반면, 배려 추론은 다른 사람들의 욕구 충족과 자비를 베푸는 것을 강조한다(Blum, 1988; Flanagan & Jackson, 1987; Gilligan, 1987). 즉, 정의 추론이 도덕적 판단에 있어서 객관적 논리와 이성적 추론을 강조하는 남성중심적 가치에 근거한 접근이라면, 배려 추론은 공감, 사랑, 자비, 감수성과 같은 여성중심적 가치에 근거한 접근이라고 할 수 있다(Blum, 1988). 일상생활에서 사람들은 정의 아니면 배려에 따른 판단방식을 주로 사용하는 경향이 있지만, 대다수 사람들은 두 가지 방식 모두에 친숙하다(Cloton & Sorell, 1993; Galotti, 1989).

2) 리더십

리더십(leadership)은 집단활동을 조직화하고 그러한 활동이 진행되는 것을 파악하여 관리함으로써 집단을 이끌어 나가는 능력을 말한다. 아울러 자신이 속해 있는 집단 구성원을 격려하여 각자의 임무를 완성하게 하는 동시에 구성원 간의 조화로운 관계를 육성하고 집단적 활동을 조직화하는 능력을 포함한다. 리더십은 모든 문화에서 가치 있는 것으로 여겨진다. 효과적인 리더십은 난국에 대처하고, 선도적인 역할을 하며, 사기를 북돋우고, 긍지를 심어주며, 긍정적인 변화를 만들어 낸다. 리더십은 개인의 성취뿐만 아니라 집단의 발전에 기여하는 성격적 강점이다. 리더십이 부족하다는 것은 책임을 맡지 않으려 하거나 집단을 부정적인 방향으로 인도하는 것을 의미한다. 특히 기업체를 파산으로 이끌고 국가를 재난에 빠뜨리며 구성원의 사기를 떨어뜨리

대영제국에 맞서 인도인을 결집시켜
독립을 이끌어 낸 마하트마 간디

는 지도자들이 이에 해당한다.

조직의 수행에 있어서 리더의 역할이 매우 중요하다. Weiner와 Mahoney(1981)는 19년간 193개 회사를 연구한 결과 리더십이 조직 수행의 44~47%를 설명한다고 밝혔다. 리더십과 관련된 많은 연구를 개관한 Day와 Lord(1988)에 따르면, 새로운 리더가 조직 효과성에 미치는 영향은 5.6~24.2%였다.

효과적인 리더는 다양한 개인적 자질을 지닌다. Stogdill(1974)은 독립성, 자기주장성, 판단력, 활력, 자신감 등의 개인적 특질이 리더십과 관련된다고 주장했다. Locke 등(1991)은 리더의 자질로서 인지적 능력, 업무 관련 지식, 정직성과 성실성, 강한 욕구, 자신감, 의욕을 들고 있다. Yukl(2002)은 정서적 안정성, 높은 에너지 수준, 내적 통제소재, 성취 지향성, 개인적 성실성, 사회적 권력 추구성향, 스트레스 저항력 등을 열거하고 있다.

집단에서 리더의 역할을 맡는 경향성은 초기 아동기부터 청소년기를 거쳐 성인기에 이르기까지 일관성 있게 나타났다(Yammarino & Bass, 1990). Cox(1926)에 따르면, 성인이 되어 리더가 된 사람들은 대부분 어린 시절부터 리더의 속성을 나타낸다.

3) 시민정신

시민정신(citizenship)은 자신이 속한 집단의 이익을 추구하고자 하는 책임의식으로서 사회나 조직 속에서 자신에게 주어진 임무와 역할을 인식하고 부응하려는 태도를 의미한다. 달리 말하면, 한 집단의 구성원으로서 자신에게 주어진 역할과 임무를 충실하게 수행하면서 집단에 대한 충성과 헌신을 나타내려는 노력을 뜻한다. 시민정신은 맥락에 따라 사회적 책임감(social responsibility), 팀워크(team-work), 충성심(royalty)으로 불리기도 한다.

시민정신의 원형은 소속집단에 상관없이 일반적으로 충실하고 책임감 있는 구성원이다. 시민정신의 반대말은 이기성, 자기중심성, 무책임성으로 부정적인 의미를 담고 있다. 때때로 자신이 속한 집단에 대한 과도한 충성심이 맹목적인 교조주의로 발전하거나 다른 집단에 대한 공격성과 적개심으로 표출되는 경우가 있다. 그러나 건강한 시민정신은 조직에 대한 맹목적 충성이나 무비판적 복종과는 다르다. 조직의 공동 이익을 위해 자신의 임무와 책임을 다하려는 자세로서 이에는 조직의 부당한 방침과 운영에 대한 비판과 저항을 포함하고 있다.

시민정신 또는 사회적 책임감이 강한 사람들은 인간의 본성에 대해서 긍정적인 견해를 지니며 사회에 대한 신뢰감도 높았다(Staub, 1978). 학교의 과외활동이나 공동체활동에 적극적으로 참여하는 청소년들은 사회적으로 고립된 청소년들에 비해서 경찰을 위시한 사회 구성원들에 대해서 긍정적인 견해를 지니고 있었다(Flanagan, Gill, & Galler, 2005). 이러한 시민활동 참여와 사회적 신뢰감 간에는 상호 촉진적인 관계가 있는 것으로 나타났다(Brehm & Rahn, 1997; Putnam, 2000).

7. 초월과 관련된 성격강점

초월(transcendence)과 관련된 성격강점들은 우리의 행위와 경험으로부터 인생의 의미를 발견하고 커다란 우주와의 연결감을 느끼도록 하는 강점들이다. 초월과 관련된 강점으로는 5가지 강점, 즉 감사, 낙관성, 심미안, 유머감각, 영성이 포함되어 있다. 감사는 선한 것과 연결감을 통해 자신에게 주어진 것에 긍정적인 의미를 부여하게 만들고, 낙관성은 미래에 꿈꾸는 소망과의 연결감을 통해 희망을 제공한다. 심미안은 아름답고 탁월한 것과 연결시키고, 유머감각은 곤경과 모순을 유쾌한 방식으로 연결시키며, 영성은 우주 또는 신과의 연결감을 통해 인생의 의미를 부여한다. 이러한 강점들은 직업적 성취나 인간관계에 도움을 주기보다 우리의 인생을 더욱 행복하고 의미 있는 것으로 경험하는 데에 기여한다.

1) 감사

감사(gratitude)는 자신에게 베풀어진 다른 사람의 수고와 배려를 인식하고 고마움을 느끼는 능력을 의미한다. 감사함의 느낌은 선물을 받았다는 것에 대한 반응으로 느끼는 고마움과 기쁨으로서 다른 사람의 행위로 인해 이익을 얻었다는 인식에서 생겨난다. 한 연구(Ortony, Clore, & Collins, 1987)에 따르면, 감사는 기쁨(호의적인 상황에 대한 행복함)과 칭찬(호의를 베푼 사람의 행위를 칭찬할 만한 것으로 평가)의 혼합 감정을 포함한다. 즉, 감사의 특징적 요소는 선물에 대한 심리적인 반응과 다른 사람의 행동에 의해 은혜를 입었다는 초월적인 느낌이다. 감사는 오랫동안 인간에게 중요한 덕목으로 여겨져 왔지만, 최근에야 심리학자들이 학문적으로

관심을 갖게 되었다.

Fitzgerald(1998)는 이러한 감사의 세 가지 요소로서 (1) 누군가에 대해 감사하는 따뜻한 감정, (2) 그 사람에 대한 우호적 감정, (3) 감사함과 우호감정을 행동으로 옮기는 성향을 제시하고 있다. 이처럼 감사하는 능력은 안정성을 지닌 개인차로 입증되고 있다. 감사는 행복과 밀접한 관계를 지니는 성격강점으로 알려져 있다. 감사의 특질을 지닌 사람들은 그렇지 않은 사람들에 비해서 긍정 정서, 삶의 만족, 활력, 낙관주의에서 더 높은 수준을 나타냈으며 우울과 스트레스에서는 더 낮은 수준을 나타냈다(McCullough et al., 2002). 특히 감사는 부정 정서를 줄이는 효과보다 긍정 정서를 증진하는 효과가 더 큰 것으로 여겨진다.

감사 성향이 높은 사람들은 성격의 5요인 중 개방성, 성실성, 외향성, 우호성이 높고 신경과민성은 낮은 것으로 나타났다. 이들은 주위 사람들에 의해서 친사회적 행동과 지지적 행동을 많이 나타내는 것으로 평가되었다(McCullough et al., 2002). 또한 감사는 생리적 기능이나 신체적 건강을 증진하는 것으로 보고되었다(McCraty, Atkinson, Tiller, Rein, & Watkins, 1995).

2) 낙관성

낙관성(optimism)은 미래에 대한 긍정적인 태도를 의미하며 낙관주의라고도 지칭된다. 소망하는 일들이 미래에 실현될 것으로 기대하는 희망적인 태도로서 긍정적 정서와 활기찬 행동을 통해서 목표지향적 행동을 촉진하게 된다. 인류학자인 Lionel Tiger(1979)는 작은 낙관주의와 큰 낙관주의를 구분한 바 있다. 작은 낙관주의(little optimism)는 긍정적인 결과에 대한 구체적인 기대(예: "오늘 저녁에 맛있는 음식을 먹게 될 거야")를 의미하는 반면, 큰 낙관주의(big optimism)는 모호하지만 더

커다란 기대(예: "내 인생이 성공적으로 펼쳐질 것이다")를 뜻한다. 초월적인 긍정적 특질은 주로 큰 낙관주의와 관련된 것이라고 할 수 있다.

낙관성과 희망은 미래에 대한 긍정적인 생각과 감정을 반영하는 것으로서 만족감과 쾌활함을 주는 반면, 불안감과 우울감을 감소시킨다. 낙관성을 지닌 사람들은 인생의 밝은 면을 보게 되고, 어려움 속에서도 용기와 희망을 잃지 않으며, 목표를 위해 적극적으로 노력한다. 그리고 그러한 목표를 달성할 가능성이 높다. 왜냐하면 낙관성은 자기이행적 성향을 지니고 있기 때문이다. 즉, 낙관적으로 생각하기 때문에 적극적인 행동을 하게 되고, 그 결과 성공적인 성과를 유발하게 된다는 것이다. 이런 점에서 낙관성은 매우 가치 있는 성격강점이라고 할 수 있다. 반면에 낙관주의와 희망의 반대가 되는 비관주의, 절망감, 무력감은 모두 부정적인 의미를 지니고 있다.

낙관주의는 부정적 가능성을 외면하는 것이 아니다. 그러나 사실적인 정보들을 충분히 검토했음에도 불구하고 미래를 예측할 수 없는 불확실한 상황에서 긍정적 측면을 더 중시하는 경향성이라고 할 수 있다. 이러한 낙관성은 수십 년에 걸쳐서 안정적인 개인적 특성으로서 인생 전반에 중요한 영향을 미치는 것으로 알려져

있다.

낙관성은 행복과 정신건강에 다양한 긍정적 영향을 미치는 것으로 알려져 있다. 낙관성에 관한 연구들을 개관한 논문(Seligman, 1991; Snyder, 2002)에 따르면, 낙관성은 다양한 영역에서의 성취, 낮은 수준의 불안과 우울, 긍정적인 인간관계, 신체적 건강 등에 긍정적 영향을 미친다. 또한 성실성, 근면성, 만족지연 능력과 같은 긍정적 성격요인들과도 밀접한 관계를 지니는 것으로 보고되었다(Griffith & Hom, 1988; Mischel, Shoda, & Rodriguez, 1989). 인간이 나타내는 대부분의 긍정적 측면들은 낙관성 또는 희망과 연결되어 있다.

3) 유머감각

유머감각(humor)은 인생의 역설적인 측면을 예리하게 포착하여 즐기면서 다른 사람들을 웃게 만드는 능력을 의미한다. 사실, 유머감각은 자신의 인생을 즐겁고 유쾌하게 만들 뿐만 아니라 주변사람들을 즐겁게 만듦으로써 친화적인 인간관계를 촉진한다. 또한 인생의 역경을 좀 더 의연하고 즐거운 태도로 극복하도록 돕는다. 유머감각은 유희적인 삶의 태도 또는 장난기(playfulness)와도 밀접한 관련성을 맺고 있으며, 인생의 고통스럽고 모순적인 측면에 대해서 유쾌한 초월적 태도로 임하게 한다는 점에서 초월과 관련된 강점이라고 볼 수 있다.

유머는 즐거움을 제공할 뿐만 아니라 다양한 긍정적 정서와 활기를 만들어 낸다. 연구에 따르면, 사람들은 돈이 많거나 외모가 뛰어난 친구보다 유머감각이 많은 친구를 매력적인 친구로 선호했다. 그러나 유머의 모든 유형이 긍정적인 감정을 유발하는 것은 아니다. 이런 점에서 좋은 유머와 나쁜 유머의 구분이 필요하다. 좋은 유머는 다른 사람에게 피해를 주지 않지만, 나쁜 유

세상을 풍자하며 유머를 선사한 찰리 채플린

머는 악의성을 지니고 있어서 다른 사람에게 상처를 줄 수 있다. 성격적 강점으로서의 유머감각은 선의적인 의도로 유머를 이해하고 만들어 내는 능력을 말한다.

유머감각의 반대말로는 '재미없음' '무뚝뚝함' '고지식함' 등이 있으며 대부분 부정적인 의미를 담고 있다. 우리 주변에는 너무 고지식하고 진지하여 답답할 뿐만 아니라 재미있는 유머를 쉽게 이해하지 못하는 사람들이 있다. 일반적으로, 정신장애는 유머감각을 감퇴시키는 것으로 알려져 있다. 이러한 사실은 유머감각이 정신건강에 중요하다는 것을 의미한다.

유머는 다양한 종류의 바람직한 결과를 유발한다. 유머는 긍정적 기분을 유발할 뿐만 아니라 생활 스트레스로 인해 불쾌한 기분이 초래되는 것을 막는 완충 역할을 한다(Martin, 2007). 또한 유머는 신체적 건강을 증진시키고 수명을 연장시킨다(Cousins, 1981). 잘 웃는 사람들은 근골격계, 심혈관계, 내분비계, 면역계, 신경계 등에 긍정적인 변화를 주어 궁극적으로 건강을 증진하는 것으로 여겨지고 있다. 유머감각은 다양한 성격적 요인들과 밀접한 관련성을 지닌다. 유머감각은 외향성과 정적 상관을 보이며 신경과민성과는 부적 상관을 보였다(Ruch, 1994). 또한 창의성과 지능이 유머감각과 상관을 지니는 것으로 나타났다(Ruch & Köhler, 1998).

4) 심미안

심미안(appreciation of beauty and excellence)은 아름다움과 탁월함에 대한 인식 능력을 의미한다. 즉, 아름답고 탁월한 것을 추구하고 인식하며 그러한 것들로부터 즐거움을 느낄 수 있는 심미적 능력을 말한다. 이러한 강점을 지닌 사람은 길을 걷거나 신문을 읽거나 다른 사람의 삶을 접하게 되거나 운동경기를 보는 등 다양한 삶의 장면에서 아름다움과 탁월함에 대한 경이로움(감동, 경외감, 고양감)을 민감하게 느낀다. 반면에, 이러한 능력이 부족한 사람은 마치 장막을 치고 사는 것처럼 주변의 아름다움이나 다른 사람의 능력, 재능, 가치, 성취 등을 인식하지 못하고 지나친다. 아름다움과 탁월함에 대한 심미안을 지닌 사람들은 매일 더 큰 기쁨을 느낄 뿐만 아니라 자신의 삶에서 더 많은 의미를 발견하고 다른 사람과 더 깊은 관계를 맺을 수 있다.

심미안을 통해서 긍정적 감정을 느끼게 되는 대상은 크게 세 가지 부류로 나눌 수 있다. 첫째는 물리적 아름다움으로서 외부 대상의 시각적 아름다움뿐만 아니라 모든 감각적 아름다움을 포함한다. 자연세계, 미술작품, 음악연주 등을 접하면서 그 아름다움을 느끼며 깊은 감동을 경험하게 된다. 둘째는 사람들이 나타내는 탁월한 기술이나 재능이다. 여러 분야의 달인들뿐만 아니라 일반인들이 나타내는 출중한 기량이나 뛰어난 능력을 접하면서 경탄과 경외감을 느끼게 된다. 셋째는 도덕적 가치나 미덕으로서 사람들이 나타내는 도덕적 행위나 강점을 말한다. 우리는 다른 사람의 매우 친절하고 이타적인 도덕적 행동을 접하면서 감동과 도덕적 고양감을 느끼게 된다. 이처럼 삶의 다양한 영역에서 아름다움과 탁월함을 인식하는 능력은 자기 자신을 넘어서는 것들과 교감할 수 있게 해 준다는 점에서 초월과 관련되는 강점이라고 할 수 있다.

심미안은 성격의 5요인 중 경험에 대한 개방성과 밀접하게 관련된 것으로 여겨지고 있다(McCrae, 1996). Walling과 Keltner(2003)는 100명의 표본을 대상으로 개방성 점수가 심미안을 대변하는 지표들과 정적인 상관(r = .41)이 있음을 밝혔다. 이러한 상관은 심미안이 개방성과 밀접한 관련성을 지니는 동시에 그와 동일한 특성이 아님을 보여 주고 있다.

5) 영성

영성(spirituality) 또는 종교성(religiousness)은 인생의 초월적 측면에 대한 관심과 믿음 그리고 수행 노력을 의미한다. 달리 말하면 궁극적인 것, 절대적인 것, 영원한 것, 성스러운 것을 추구하는 태도를 뜻한다. 이러한 태도를 통해서 인생의 의미와 목적의식을 느끼고 충만한 삶을 살게 된다. 영성이나 종교성을 지닌 사람들은 종교행사에 자주 참여하고, 종교적 경전이나 서적을 즐겨 읽으며, 기도와 명상을 자주 하고, 인생의 궁극적 의미나 절대자를 추구한다.

영성과 종교성은 인간의 삶에 방향성과 목적의식을 심어줄 뿐만 아니라 심리적 안정과 더불어 강렬한 초월경험을 제공한다. 또한 역경을 이겨낼 수 있는 심리적

강인함을 얻을 수 있고 인생과 세상에 대한 다양한 의문을 해소하는 데에도 도움을 준다. 영성과 종교성의 반대말에는 '정신적 공허' '세속적임' '인생의 목적과 방향 상실' 등이 해당되며 부정적인 의미를 담고 있다. 그래서 대부분의 사회에는 영성을 증진하고 유지시키는 종교적 제도나 관습들이 존재한다.

많은 연구에서 영성과 종교성은 심리적 · 신체적 행복과 긍정적 관계를 지니는 것으로 보고되고 있다(Krause, 1997; Levin, 1997). 종교성은 삶의 만족도와 상관을 보였으며(Ellison, Gay, & Glass, 1989), 질병이나 심리사회적 스트레스에 대한 대처에도 중요한 영향을 미쳤다(Pargament, 1997).

종교성이 강한 젊은 사람들은 반사회적 행동, 약물중독, 마약판매, 불법행동 등을 회피하는 경향이 있었다(Johnson, Larson, Li, & Jang, 2000). 또한 종교행사 참여도가 높은 아동이나 청소년들은 정서적 자기조절을 잘 하고, 학업성적이 좋았으며, 공격성이나 약물남용 그리고 성적 문제가 적은 것으로 나타났다(Maton & Wells, 1995; Stevenson, 1997). 종교성은 특히 인간관계에 상당히 긍정적인 영향을 미치는 것으로 나타나고 있다. 종교성이 높은 부부들은 부부갈등이 적고 배우자에 대한 이해가 높으며, 자녀양육에서 지지적이고 일관성이 있었다(Brody et al., 1994). 아울러 종교성은 용서, 친절, 연민 등과 같은 덕목들과도 연관되는 것으로 보고되고 있다(Ellison, 1992; Wuthnow, 1991).

8. 성격강점의 이해와 활용

1) 성격강점과 행복의 관계

성격강점에 대한 VIA 분류체계와 측정도구를 사용

하여 이미 많은 연구가 수행되었다. VIA 분류체계는 행복과 자아실현에 중요한 영향을 미치는 성격강점들을 포함하고 있다. 그렇다면 24개 강점 중에서 어떤 성격강점이 주관적 행복과 가장 밀접한 관계를 지닐까? 성격강점과 삶의 만족도의 상관을 구해 본 결과, 지혜 및 지식과 관련된 강점들을 제외한 대부분의 강점은 높은 상관을 보였다(Park & Peterson, 2005; Park, Peterson, & Seligman, 2004, 2005). 좀 더 자세히 살펴보면, 삶의 만족도는 학구열, 창의성, 개방성과 같은 '지성적 강점들'보다 활력, 감사, 낙관성, 사랑과 같은 '감성적 강점들'과 더 밀접한 관계를 나타냈다. 이러한 현상은 대부분의 연령대에서 마찬가지로 나타났으며, 종단적 연구에서도 감성적 강점들이 미래의 삶의 만족도를 예측하는 데 더 중요한 역할을 했다. 이러한 연구결과들에 따르면, 개인적 성장에 도움이 되는 강점들보다 타인을 배려하며 지향하는 강점들이 삶의 만족이나 주관적 행복과 더 밀접한 관련성을 맺고 있는 것으로 보인다.

성격강점은 직업, 인간관계, 여가활동과 어떤 관련성을 지니는 것일까? Peterson과 Seligman(2004)은 응답자들에게 현재의 직업, 친구관계, 연인관계, 취미활동뿐만 아니라 가장 소망하는 직업, 최선의 친구, 진정한 연인, 선호하는 취미활동을 물었다. 분석결과, 응답자들은 현재의 상황이나 일반적인 선택기준(예: 연봉, 지위, 상대의 외모나 재산, 취미활동 자체의 쾌락도)보다 자신의 성격강점과 일치하는 직업, 인간관계, 취미활동을 선호했다. 예를 들어, 친절성의 점수가 높은 사람은 다른 사람을 돕는 직업을 가장 소망했고, 호기심의 점수가 높은 사람은 성적 경험이 많은 연인과의 모험적인 연애를 선호했으며, 학구열의 점수가 높은 사람은 정원 가꾸기를 좋아했다.

2) 성격강점들 간의 관계

우리는 여러 가지 성격강점들을 동시에 지닐 수 있을까? 성격강점들은 서로 관계를 지니고 있을까? 성격강점들 중에는 서로 유사하거나 밀접하게 연관된 것들이 있는 반면, 서로 반대되거나 관계가 적은 것들이 있다. 예를 들어, 친절성, 용서, 사랑 등의 강점은 서로 밀접한 관계를 지니는 반면, 학구열, 신중성, 공정성 등과는 상충되거나 직접적 관계가 없을 수 있다. Schwartz와 Sharpe(2006)는 강점들의 유사성과 상충성을 고려하여 원형 모델(circumplex model)에 여러 가지 강점들을 배열하였다. [그림 4-1]에 제시되어 있듯이, 이 모델의 X축은 강점의 초점이 자신에게 지향된 것인지(예: 창의성, 호기심) 아니면 타인에게 지향된 것인지(예: 공정성, 시민정신)에 대한 것이다. Y축은 지적인 억제와 관련된 지성적 강점(예: 개방성, 신중성)인지 아니면 정서적 표현과 관련된 감성적 강점(예: 사랑, 감사)인지에 대한 것이다. 이 모델에서 서로 가까이 있는 강점들은 한 사람이 함께 지닐 수 있지만, 거리가 먼 강점들은 함께 지닐 가능성이 낮다(Peterson, 2006).

Peterson과 Seligman(2004)은 강점들 간의 관계를 살펴보기 위하여 VIA-IS의 24개 강점 점수를 대상으로 탐색적 요인분석을 시행했다. 그 결과, 다음과 같은 강점들로 구성된 5개의 요인이 추출되었다: (1) 억제적 강점(예: 공정성, 겸손, 용서, 신중성), (2) 지적 강점(예: 창의성, 호기심, 학구열, 감상력), (3) 대인관계적 강점(예: 친절성, 사랑, 지도력, 시민정신, 유머감각), (4) 정서적 강점(예: 용감성, 낙관성, 자기조절, 활력), (5) 신학적 강점(예: 감사, 영성). 이러한 요인구조는 VIA 분류체계와 동일하지는 않지만 상당히 유사하다. 즉, 억제적 강점은 대체로 절제와 관련된 강점들에 해당하고, 지적 강점은 지혜 및 지식과 관련된 강점들에, 대인관계적

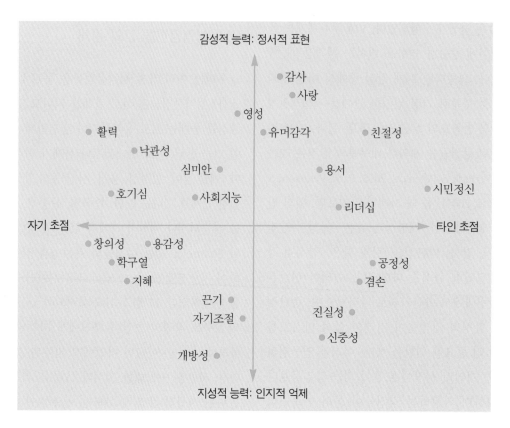

[그림 4-1] **성격강점의 상호관계에 대한 원형 모델**

강점은 자애 또는 정의와 관련된 강점들에, 그리고 정서적 강점은 용기와 관련된 강점들에 해당하며, 신학적 강점은 초월과 관련된 강점을 포함하고 있다.

3) 성격강점의 인식과 발휘

인간은 여러 가지의 강점을 지닐 수 있다. 그러나 개인의 특성을 잘 반영하며 흔히 사용되는 강점들이 있다. 이를 Seligman(2002)은 대표 강점(signature strength)이라고 칭했으며 누구나 2~5가지의 대표 강점을 지니고 있다고 주장한다. Peterson과 Seligman(2004)에 따르면, 개인의 대표 강점은 다음과 같은 특징을 지닌다. 이러한 특징을 잘 고려하면 자신의 대표 강점을 찾아낼 수 있다.

① 자신의 진정한 본연의 모습("이게 바로 나야")이라는 느낌을 준다.
② 그러한 강점을 발휘할 때(특히 처음에 발휘할 때) 유쾌한 흥분감을 느끼게 된다.
③ 그러한 강점과 관련된 일을 배우거나 연습할 때 빠른 학습 속도가 나타난다.
④ 그러한 강점을 발휘할 수 있는 새로운 방법을 지속적으로 찾게 된다.
⑤ 그러한 강점과 일치되는 방향으로 행동하고 싶은 열망을 느낀다.
⑥ 그러한 강점을 사용할 수밖에 없다는 느낌, 즉 그

러한 강점의 표현을 멈추거나 억제할 수 없는 듯한 느낌을 느낀다.

⑦ 그러한 강점은 숨겨져 있던 자신의 능력이 드디어 발현되어 나타나는 것처럼 여겨진다.

⑧ 그러한 강점을 활용할 때는 소진감보다 의욕과 활기가 넘치게 된다.

⑨ 그러한 강점과 관련된 중요한 일들을 만들어 내고 추구하게 된다.

⑩ 그러한 강점을 사용하고자 하는 내재적 동기를 지닌다.

대표 강점을 찾아내어 활용하는 것은 자아실현에 있어서 매우 중요하다. 이러한 강점은 어떤 일에서 탁월한 결과와 성취를 이루게 만드는 역량인 동시에 그 일을 하면서 의욕과 활기를 느끼게 만드는 동기를 부여한다. Seligman(2002)과 Peterson(2006)은 우리에게 자신의 대표 강점들을 파악하라고 권유한다. 그리고 이러한 강점 중 하나를 택하여 일주일 동안 매일 그러한 강점을 일상생활 속에서 다양한 방식으로 활용해 보라고 권유한다. 그러면 행복해진다는 것이다. 이것은 행복을 증진하는 데 효과적이라고 확인된 방법이다(Seligman, Steen, Park, & Peterson, 2005).

 ## 요약

1. 인간의 밝고 긍정적인 측면을 연구하는 심리학의 새로운 분야, 즉 긍정심리학이 태동되었다. 긍정심리학의 주요한 과제는 인간이 지니는 다양한 긍정적 성품과 강점을 밝히고 육성함으로써 행복을 증진하는 것이다.

2. Peterson과 Seligman(2004)은 긍정적 성품의 분류체계를 구축하기 위해서 다양한 시대와 문화에서 소중하게 여겨지는 보편적인 성격적 덕목을 탐색하여 6개 덕목의 24개 성격강점으로 구성된 VIA 분류체계(Values-in-Action Classification of Character Strengths and Virtues)를 제시했다. VIA 분류체계는 지혜, 인간애, 용기, 절제, 정의, 초월의 6개 덕목으로 구성되며 각 덕목은 3~5개의 성격강점을 포함하고 있다.

3. 지혜 및 지식(wisdom & knowledge)과 관련된 덕목은 삶에서의 지혜로운 판단과 지적인 성취를 돕는 것으로서 ① 창의성, ② 호기심, ③ 개방성, ④ 학구열, ⑤ 지혜의 성격강점으로 구성되어 있다.

4. 인간애(humanity)와 관련된 덕목은 다른 사람을 보살피고 친밀해지는 것과 관련된 대인관계적 강점을 의미하며 ① 사랑, ② 친절성, ③ 사회지능의 성격강점을 포함하고 있다.

5. 용기(courage)와 관련된 덕목은 고난과 역경에 직면하더라도 추구하는 목표를 성취하려는 의지와 관련된 강점으로서 ① 용감성, ② 진실성, ③ 끈기, ④ 활력으로 구성되어 있다.

6. 절제(temperance)와 관련된 덕목은 극단적인 독단에 빠지지 않는 중용적인 강점을 뜻하며 ① 용서, ② 겸손, ③ 신중성, ④ 자기조절을 포함하고 있다.

7. 정의(justice)와 관련된 덕목은 건강한 공동체 생활과 관련된 사회적 강점으로서 ① 공정성, ② 리더십, ③ 시민의식으로 구성되어 있다.

8. 초월(transcendence)과 관련된 덕목은 자신보다 더 큰 것과

의 연결성을 추구하는 초월적 또는 영적 강점을 의미하며 ① 감사, ② 낙관성, ③ 유머감각, ④ 심미안, ⑤ 영성을 포함하고 있다.

9. 성격강점에 대한 VIA 분류체계와 측정도구를 사용하여 이미 많은 연구가 수행되었다. 삶의 만족도는 학구열, 창의성, 개방성과 같은 '지성적 강점들' 보다 활력, 감사, 낙관성, 사랑과 같은 '감성적 강점들' 과 더 밀접한 관계를 나타냈다. 또한 사람들은 자신의 성격강점과 일치하는 직업, 인간관계, 취미활동을 선호하는 경향이 있다.

10. 성격강점은 어떤 일에서 탁월한 결과와 성취를 이루게 만드는 역량인 동시에 그 일을 하면서 의욕과 활기를 느끼게 만드는 동기를 부여한다. Seligman(2002)은 자신의 대표강점을 발견하여 일상생활에서 활용하는 것이 행복을 증진하는 효과적인 방법이라고 주장하고 있다.

제5장
성격의 측정과 평가

1. 성격평가란 무엇인가

개인의 성격을 파악하는 것은 매우 중요한 일이다. 결혼할 배우자를 선택하거나 신입사원을 선발하는 경우, 성격은 중요한 선택기준이 된다. 또한 인간의 성격을 연구하거나 정신장애를 치료하는 심리학자에게는 개인의 성격을 좀 더 객관적이고 정확하게 평가하는 일이 매우 중요하다.

개인의 성격을 어떻게 알 수 있을까? 개인이 지니고 있는 다양한 성격특성을 어떻게 객관적이고 정확하게 평가할 수 있을까? 개인의 성격을 쉽게 파악할 수 있는 비법은 없다. 관상술에서 주장하듯이 얼굴만 보고 사람의 성격을 알 수 있는 것은 아니며, 독심술처럼 개인의 성격을 들여다볼 수 있는 것도 아니다. 심리학자들은 실증적 연구와 효과적인 실무활동을 위해서 개인의 성격을 객관적이고 정확하게 평가할 수 있는 다양한

성격평가 방법을 개발해 왔다.

심리평가(Psychological Assessment)는 개인의 지능, 인지기능, 적성, 성격, 정신병리 등과 같은 다양한 심리적 측면에 대한 평가를 의미한다. 이러한 심리평가 중에서 특히 성격에 초점을 두고 이루어지는 성격평가(Personality Assessment)는 개인이 어떤 성격의 소유자이며 어떤 사고방식, 내면적 감정, 행동방식을 지니고

개인의 성격을 어떻게 알 수 있을까?

이 사람은 어떤 성격의 소유자일까?

있는지를 파악하기 위한 절차와 방법을 말한다(Weiner & Greene, 2008). 성격평가는 심리학의 연구와 실무활동에 있어서 중요한 위치를 차지하고 있다. 성격특성을 측정하는 도구를 통해서 연구자는 사람들이 나타내는 반응양식의 개인차를 조사할 수 있다. 또한 다양한 분야(임상, 건강, 법정, 교육, 조직 및 산업 장면)의 실무자들은 개인의 성격특성과 행동양식을 파악함으로써 좀 더 효과적인 활동을 할 수 있다.

성격평가는 매우 체계적이고 치밀한 과정을 통해서 이루어지는 전문적인 활동이다. 심리학자들은 개인의 성격특성을 반영하는 다양한 자료에 근거하여 그 사람의 성격을 추론하는 귀납적 방식에 의해서 성격을 평가한다. 개인의 성격을 평가하기 위해서 심리학자들은 크게 네 가지 영역의 자료, 즉 (1) 평가대상자와의 개별적 면담, (2) 평가대상자의 행동관찰, (3) 개인의 생활사 관련 기록, (4) 평가대상자를 잘 아는 주변인물들(가족이나 친구)의 보고, (5) 표준화된 심리검사를 통해 수집한 자료를 분석한다. 성격평가를

위한 자료 수집과정은 신뢰도와 타당도를 지닌 측정 방식과 도구에 의해 이루어진다. 이렇게 수집된 자료들을 심리학적 지식과 이론에 근거하여 다각적으로 분석하고 통합함으로써 개인의 성격에 대한 평가결과를 도출하게 된다.

2. 성격평가의 절차

성격평가는 체계적으로 계획된 일련의 과정을 통해서 이루어지는 심리평가 활동이다. 심리평가 전문가에 의해서 이루어지는 성격평가는 일반적으로 다섯 단계의 과정, 즉 (1) 평가목적의 명료화, (2) 자료수집 계획, (3) 자료수집 실시와 채점, (4) 자료의 해석과 통합, (5) 평가결과의 보고 및 전달 과정을 통해서 이루어진다. [그림 5-1]에 제시되어 있는 성격평가의 각 과정을

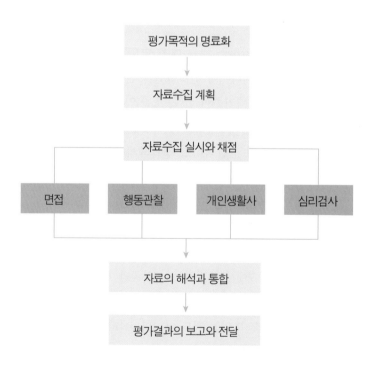

[그림 5-1] **성격평가의 일반적 과정**

자세하게 살펴보기로 한다.

1) 평가목적의 명료화

성격평가를 위해서 가장 먼저 해야 할 일은 평가목적을 명료화하는 일이다. 성격평가는 매우 다양한 목적을 위해서 다양한 방식으로 실시될 수 있다. 심리평가자는 먼저 성격평가의 목적과 초점을 분명하게 이해해야 한다.

성격평가가 이루어지는 상황은 매우 다양하다. 예컨대, 임상장면에서는 심리적 부적응과 정신병리를 나타내는 환자의 성격과 심리상태를 평가하여 진단하고 적절한 치료법을 선택하기 위해 성격평가를 할 수 있다. 기업에서는 업무와 인간관계에 잘 적응할 수 있는 성실하고 원만한 성격을 지닌 신입사원을 선발하기 위해서 성격평가를 실시하며, 때로는 심리코칭을 위해서 임원이나 사원의 성격과 심리상태 전반을 평가하기도 한다. 군대에서는 군 생활에 적응하기 어려운 성격적 취약성을 평가함으로써 부적절한 입대자를 선별하며, 학교에서는 학생의 진로지도나 심리상담을 위해서 성격적 특성을 평가할 수 있다.

성격평가가 개인의 성격 전반을 파악하기 위해 이루어지는 경우도 있지만 좀 더 구체적이고 특수한 성격적 측면의 이해에 초점이 맞춰지는 경우도 많다. 성격평가를 통해서 파악할 수 있는 성격적 측면의 예를 제시하면 다음과 같다.

- 일반적인 성격특성(예: 내향성-외향성 여부와 그 정도, 신경과민성-정서적 안정성 여부와 그 정도)
- 신념 및 사고(예: 자기, 타인 및 세상에 대한 긍정적-부정적 신념이나 사고 내용, 사건을 해석하는 독특한 사고방식이나 왜곡 정도)

- 정서 및 동기(예: 정서적 상태와 민감성, 동기의 주제와 강도)
- 행동방식(예: 자기관리 행동 및 습관, 업무 스타일, 자기주장 및 대인관계 스타일)
- 자기존중감(예: 의식적·무의식적 자기개념, 자기존중감의 기반과 취약성)
- 대인관계 양식(예: 부모를 비롯한 타인개념, 대인관계 형성 및 유지 방식)
- 정신건강 상태(예: 현실판단력과 자아강도, 정신장애의 유형 및 심각도)
- 성격장애(예: 부적응적 성격특성, 성격장애의 유형과 심각도)
- 심리적 갈등(예: 무의식적 갈등 영역, 열등의식의 주제)
- 심리적 강점(예: 창의성, 리더십 등의 성격강점과 덕목, 개인적 능력과 기술)

2) 자료수집의 계획

성격평가의 목적이 명료해지면, 그러한 목적을 달성할 수 있는 적절한 자료를 수집하기 위한 계획을 수립한다. 성격평가를 위해서 사용할 수 있는 평가도구와 심리검사는 매우 다양하다. 면접, 행동관찰, 개인생활사 분석과 더불어 심리검사를 사용하여 성격의 다양한 측면을 평가할 수 있다. 성격평가의 목적을 달성하기 위해서는 신뢰도와 타당도가 잘 입증된 평가도구를 선택하는 것이 중요하다. 아울러 평가하고자 하는 성격의 측면에 따라서 적절한 평가방법을 선택하는 것 또한 중요하다.

Zubin(1950)은 평가하려는 심리적 특성의 두 가지 측면을 고려하여 각기 다른 측정방법을 적용해야 한다고 주장했다. 성격평가에서 고려해야 할 첫 번째 측면은 자각가능성(awareness)으로서 측정하려는 심리적 특성을 개인이 스스로 의식할 수 있느냐는 점이다. 우리는 자신의 성격특성에 대해서 잘 알고 있는 측면이 있지만 그렇지 못한 측면도 있다. 특히 무의식적으로 작용하는 성격적 특성은 자각이 불가능하다. 두 번째로 고려해야 할 측면은 보고가능성(reportability)으로서 측정하고자 하는 심리적 특성을 개인이 평가자에게 언어적으로 보고할 수 있느냐는 점이다. 언어적 보고가 불가능한 경우는 개인이 자신의 성격특성을 자각하지 못하기 때문일 수도 있지만 자신의 이익을 위해서 성격특성을 의도적으로 왜곡하거나 숨기기 때문일 수도 있다. 자각가능성과 보고가능성의 여부에 따라 성격평가를 위한 자료는 〈표 5-1〉과 같이 의식적 자료, 행동적 자료, 억제적 자료, 무의식적 자료로 구분되고 그러한 자료를 수집할 수 있는 평가방법이 달라진다.

의식적 자료(conscious material)는 개인이 잘 알고 있는 자신의 특성인 동시에 언어적으로 보고할 수 있는 심리적 특성을 의미하며 면접법, 자기보고형 검사, 객관적 성격검사 등을 통해서 평가가 가능하다. 반면에, 억제적 자료(suppressed material)는 잘 알고 있지만 보고할 의사가 없거나 숨기고자 하는 심리적 특성을 뜻한다. 예컨대, 회사에 입사하기를 원하는 지원자는 자신

의 부정적인 성격을 숨기고 긍정적인 성격의 소유자인 것처럼 위장할 수 있다. 이와는 반대로, 군입대를 피하고자 하는 사람은 거짓으로 자신의 성격을 부정적으로 과장하거나 왜곡하여 나타낼 수 있다. 이처럼 의도적으로 자신의 성격특성을 속이거나 위장하는 경우에는 면접이나 자기보고형 검사로 평가하기 어렵다. 이러한 억제적 자료는 로르샤흐검사나 주제통각검사와 같은 투사적 성격검사나 개인생활사 분석을 통해서 평가할 수 있다.

행동적 자료(behavioral material)는 개인이 스스로 자각할 수는 없지만 평가자에게 보고할 의사가 있는 심리적 특성을 의미한다. 개인이 진실한 태도로 자신을 나타내고자 하지만 자신도 잘 자각하지 못하는 미묘한 성격적 측면(예: 스스로 인식하지 못하는 독특한 업무 스타일이나 대인관계 방식 등)이 존재한다. 이러한 행동적 자료의 평가를 위해서는 행동관찰법, 과제수행검사, 타인평정검사 등이 사용될 수 있다. 반면, 무의식적 자료(unconscious material)는 억압된 심리적 갈등이나 무의식적인 타인개념과 같이 자각과 보고가 모두 불가능한 성격적 특성을 의미한다. 이러한 무의식적 자료는 투사적 성격검사나 개인생활사 분석을 통해 탐색이 가능하

표 5-1　성격특성의 두 가지 측면에 따른 심리평가방법

	언어적 보고가 가능한 심리적 특성	언어적 보고가 불가능한 심리적 특성
자각이 가능한 심리적 특성	〈의식적 자료〉 면접법 자기보고형 검사 객관적 성격검사 자기평정 척도	〈억제적 자료〉 투사적 성격검사 로르샤흐검사 주제통각검사 개인생활사 분석
자각이 어려운 심리적 특성	〈행동적 자료〉 행동관찰법 과제수행검사 타인평정검사	〈무의식적 자료〉 투사적 성격검사 자유연상검사 개인생활사 분석

좋은 성격검사의 조건: 신뢰도와 타당도 및 표준화

객관적이고 정확한 성격평가를 위해서는 측정도구의 신뢰도와 타당도를 고려하는 것이 매우 중요하다. 우리 사회에는 성격을 평가하는 다양한 심리검사들이 사용되고 있다. 이들 중에는 학술적인 근거 없이 소수의 문항만으로 개인의 성격을 평가하고 단정적인 결과를 제공하는 검사들이 많다. 이러한 검사들은 그저 흥미를 제공하기 위한 것이지만 신뢰도와 타당도가 결여된 검사로서 그러한 검사의 결과에 현혹되지 않는 것이 중요하다. 학술적인 연구나 전문적인 활동을 위해서는 신뢰도와 타당도가 잘 입증된 심리검사를 사용하는 것이 바람직하다.

1) 신뢰도

신뢰도(reliability)는 어떤 측정도구를 적용하여 개인의 성격을 평가했을 때마다 동일한 결과가 도출되는 정도를 의미한다. 동일한 측정도구를 개인에게 적용하여 평가할 경우, 평가시기에 따라 또는 평가자에 따라 결과가 달라진다면 그 평가도구는 신뢰도가 떨어진다고 할 수 있다. 평가도구의 신뢰도는 다음과 같은 다양한 방법으로 측정한다.

검사–재검사 신뢰도(test-retest reliability)는 동일한 검사를 동일한 집단에게 일정한 시간 간격을 두고 두 번 이상 실시하여 그 결과 간의 상관계수를 산출하는 방법이다. 시간 간격은 검사에 대한 연습효과가 사라질 만큼 충분히 길어야 하며 보통 2~4주 간격으로 실시된다. 특히 성격은 상당히 안정된 심리적 특성이므로 상당한 시간 간격을 둔 경우의 검사-재검사 신뢰도가 높을수록 좋은 검사라고 할 수 있다.

동형검사 신뢰도(equivalent form reliability)는 내용과 난이도가 동일하지만 구체적인 문항의 형태가 다른 두 가지 유형의 검사(A형, B형)를 동일한 개인에게 실시하여 A형 검사와 B형 검사의 결과 간 상관을 구하는 방법이다. 반분 신뢰도(split-half reliability)는 검사 문항을 반으로 나누어 각각의 결과를 비교하는 방법이다. 검사문항을 반으로 나눌 때는 최대한 동질적이 되도록 하는 것이 중요하다. 반분 신뢰도는 검사 내 모든 문항 간의 상관을 고려하여 산출되는 Cronbach's Alpha가 자주 사용된다. 내적 합치도(internal consistency)는 검사를 구성하고 있는 문항 간의 일관성을 뜻한다.

타인평정검사나 과제수행검사의 경우처럼 평가자에 따라 검사결과가 달라진다면, 그 평가도구는 신뢰롭다고 할 수 없을 것이다. 따라서 이러한 평가도구의 신뢰도를 산출하기 위해서는 동일한 평가도구를 사용하여 동일한 피검자에게 두 명의 평가자가 함께 또는 독자적으로 시행했을 때 두 평가자의 검사결과 간 상관을 구하게 된다. 이처럼 두 평가자가 동일한 결론에 도달하는 정도를 평정자간 신뢰도(interrater reliability)라고 한다. 이러한 평정자간 신뢰도를 높이기 위해서, 평가도구는 평가자의 주관성이 개입될 여지를 최소화하는 동시에 구체적이고 명료한 채점기준으로 구성되어야 할 필요가 있다.

검사-재검사 신뢰도는 시간적 변화에 따른 평가도구의 안정성을 평가하는 반면, 평정자간 신뢰도는 평가자의 차이에 따른 평가도구의 안정성을 평가한다. 동형검사 신뢰도, 반분 신뢰도, 내적 합치도는 여러 문항으로 이루어진 심리검사의 문항 간의 일치도를 평가한다고 볼 수 있다. 신뢰도 계수의 범위는 0~1 사이이며 1에 가까울수록 검사의 신뢰도가 높다고 할 수 있다.

2) 타당도

타당도(validity)는 심리검사가 측정하고자 의도하는 심리적 특성을 정확하게 잘 측정하는 정도를 의미한다. 성격을 측정하기 위해 개발한 검사가 사실은 개인의 지능을 평가하고 있다면 타당한 검사라고 할 수 없을 것이다. 심리검사의 타당도는 다음과 같은 다양한 방법으로 평가된다.

내용타당도(content validity)는 심리검사의 구체적인 내용과 문항이 그 검사가 측정하고자 의도하는 심리적 특성을 잘 반영하고 있는지를 전문가들이 판단하는 것이다. 내용타당도는 상관계수와 같은 통계적 수치로 나타내기보다 전문가들의 정밀한 평가과정을 통해서 이루어지며 안면타당도(face validity)라고 불리기도 한다.

공존타당도(concurrent validity)는 새로 개발한 검사의 타당도를 평가하기 위해서 이미 타당도가 입증된 유사한 검사결과와의 상관을 확인하는 것이다. 예컨대, 새로운 방식으로 외향성-내향성을 측정하는 성격검사를 개발했다면, 이 검사의 타당도를 알아보기 위해서 이미 개발되어 타당도가 잘 입증된 Eysenck의 외향성-내향성 검사를 실시하여 두 검사의 결과 간 상관계수를 구하는 방법이다.

예언타당도(predictive validity)는 심리검사의 결과가 미래의 행동이나 상황을 잘 예언하는 정도를 의미한다. 예를 들어, 신입사원을 선발할 때 A라는 성격검사를 사용하여 직장업무에 충실하고 대인관계를 원만하게 유지하는 성격요인을 평가했다면, A성격검사를 통해 입사한 신입사원들이 6개월 후 또는 1년 후에 과연 직장생활에 잘 적응하고 있는지를 알아보는 것이다. A성격검사 점수와 1년 후 직장적응도의 상관을 통해서 A성격검사의 예언타당도를 살펴볼 수 있을 것이다.

구성타당도(construct validity)는 심리검사가 측정하고자 하는 구성개념(construct)을 잘 반영하고 있는 정도를 의미한다. 구성개념은 인간의 행동을 설명하기 위해서 제시된 가설적 개념으로서 감각적으로 확인할 수 없는 것이며 성격이나 지능이 그 대표적인 예다. 구성타당도는 심리검사가 측정하고자 하는 구성개념의 근거가 되고 있는 이론과 부합하는 정도를 논리적으로 또는 경험적으로 평가하는 것이다. 예컨대, 성격의 5요인을 측정하기 위해 개발한 성격검사의 경우, 검사문항의 내용이 성격 5요인을 잘 반영하고 있는지 또는 검사결과에 대한 요인분석에서 5개의 요인구조가 가장 적합한 것으로 나타나는지를 살펴보는 것이다. 또는 성격 5요인 모델에서 시사되듯이, 특정한 성격요인(예: 신경과민성)의 점수가 정신병리적 지표와 상관을 나타내는지를 살펴보는 것이다.

3) 표준화

신뢰도와 타당도가 높을 뿐만 아니라 표준화가 잘 되어 있는 심리검사는 검사결과의 의미를 더욱 풍부하게 해석할 수 있다. 심리검사의 표준화(standardization)란 어떤 평가자가 어떤 사람을 대상으로 평가하더라도 동일한 방식으로 검사를 실시하고 채점하며 해석할 수 있는 표준적인 절차와 해석체계, 즉 규준(norm)을 가지고 있음을 의미한다. 이를 위해서는 우선, 심리검사의 실시를 위한 표준적인 절차가 구체적으로 명시되어야 한다. 즉, 검사자의 자격과 조건, 검사를 적용할 수 있는 대상의 연령이나 범위, 구체적인 지시문, 검사반응에 대한 채점체계 등을 명료하게 제시해야 한다. 아울러 개인의 검사결과를 해석할 수 있는 통계적 규준이 마련되어 있어야 한다. 표준화된 심리검사는 전국 규모의 많은 사람에게 검사를 실시하여 성별 또는 연령대 별로 평균과 표준편차를 조사하여 규준으로 제시하고 있다. 따라서 개인의 검사점수가 같은 성별의 비슷한 연령집단과 비교해서 평균보다 높은지 낮은지 또는 얼마나 극단적으로 높고 낮은지를 평가할 수 있다.

다. 성격평가자는 측정하고자 하는 성격적 측면에 따라서 적절한 평가방법을 선택하는 것이 중요하다.

3) 자료수집의 실시와 채점

성격평가의 목적에 따라 자료수집 계획이 수립되면, 평가대상자로부터 자료를 수집하는 과정이 뒤따른다. 자료수집 과정에서 평가자는 평가대상자로부터 심리평가의 목적과 과정을 설명하고 자료수집에 대한 동의를 얻는 것이 중요하다. 연구를 위한 것이든 실무적 필요에 의한 것이든 평가대상자의 인격과 안전을 존중하기 위해서 자료수집에 대한 동의서를 받는 것은 윤리적으로나 법적으로 필요한 과정이다.

평가자는 평가대상자가 자신에 관해 자유롭게 표현할 수 있는 편안한 분위기를 조성하는 것이 중요하다. 평가 시간에 어떠한 방해도 받지 않도록 쾌적하고 조용한 공간에서 평가자는 평가대상자와 편안하고 신뢰로운 관계를 형성하도록 노력해야 한다. 특히 개인적 면담이나 과제수행검사를 시행할 경우에는 평가대상자가 과도하게 긴장하거나 불안해하지 않고 평상시의 심리상태로 평가에 임하도록 해야 한다.

검사를 실시하기 전에 평가자는 검사의 실시방법 뿐만 아니라 채점방식을 잘 숙지하고 있어야 한다. 특히 표준화된 심리검사의 경우에는 검사의 지시문이나 절차를 숙지하고 자연스럽게 검사를 실시할 수 있어야 한다. 검사의 실시과정은 피검자에게 영향을 미쳐 검사결과를 왜곡할 수 있기 때문에 세심한 주의가 필요하다.

검사실시를 통해서 수집된 자료는 정확하게 기록하고 채점되어야 한다. 어떤 평가도구를 사용했느냐에 따라서 기록과 채점과정은 달라질 수 있다. 자기보고형 질문지 검사의 경우에는 채점코드를 통해서 쉽게 채점할 수 있지만, 투사적 검사나 과제수행검사의 경우에는 평가대상자의 반응과 행동을 기록하고 채점체계에 따라 정확하게 채점하는 과정이 매우 중요하다.

4) 자료의 해석과 통합

성격평가를 위해 수집된 자료를 해석하고 통합하는 과정은 가장 중요한 과정이라고 할 수 있다. 자료의 해석과 통합을 위해서는 성격심리학에 관한 전문적 지식은 물론 관련된 심리학 분야에 대한 지식, 평가도구의 개발 원리와 장단점, 평가결과의 활용방법 등에 대한 깊은 이해가 필요하다.

성격검사의 해석과정은 검사점수와 채점결과의 의미를 표준화된 규준에 근거하여 이해하는 과정으로서 개인의 성격특성에 관한 구체적인 정보를 얻게 된다. 특히 투사법 검사나 과제수행검사의 경우, 해석과정은 전문적인 지식과 경험에 근거하여 검사반응과 채점결과로부터 성격특성을 추론하는 매우 전문성을 요하는 과정이라고 할 수 있다.

"한 개의 검사로는 아무것도 알 수 없다(One test, no test)"라는 말이 있다. 눈에 보이지 않는 개인의 심리적 속성을 평가하는 일은 결코 쉬운 일이 아니다. 적어도 두 개 이상의 평가도구를 사용하여 공통적으로 수렴되는 결과를 통합하여 결론을 내리는 것이 중요하다. 일반적으로 임상장면에서는 내담자의 성격과 심리적 상태를 평가하기 위해서 면접, 행동관찰, 개인생활사 기록, 심리검사를 통해 수집된 다양한 자료를 다각적으로 분석하고 통합하여 평가결과를 도출한다.

5) 평가결과의 보고와 전달

성격평가의 마지막 과정은 해석과 통합과정을 통해 도출한 성격평가의 결과를 평가의뢰자에게 전달하는 과정이다. 성격평가 보고서는 평가 의뢰자가 알고자 하는 평가목적에 초점을 맞추어 기술되어야 한다. 보고서의 형식은 평가기관에 따라 다양하지만 일반적으로 시행한 검사의 종류와 주요한 검사결과를 제시할 뿐만 아니라 이러한 검사결과들을 통합적으로 해석한 종합적인 평가결과를 의뢰자가 잘 이해할 수 있도록 문장으로 기술하게 된다. 임상장면에서는 보고서에 평가결과를 종합한 결론으로 심리진단이나 치료를 위한 제안을 제시할 수 있다.

평가결과는 보고서 형식으로 평가의뢰자에게 전달하는 것이 일반적이다. 그러나 때로는 평가결과를 평가대상자에게 직접 구두로 전달해야 하는 경우도 있다. 이러한 경우에 평가자는 평가대상자가 궁금해하는 내용에 초점을 맞추어 상세하게 설명하는 동시에 설명과정에서 낙인효과와 같은 부정적인 영향을 미치지 않도록 세심한 주의를 기울여야 한다.

3. 성격평가의 방법과 도구

성격평가를 위한 자료를 수집하는 방법과 도구는 매우 다양하다. 평가하고자 하는 성격의 측면에 따라서 적절한 평가방법과 도구를 선택하는 것이 중요하다. 개인의 성격평가는 크게 면접, 행동관찰, 개인생활사 자료, 타인의 보고, 심리검사를 통해 이루어진다.

1) 면접

개인의 성격을 파악하기 위한 가장 좋은 방법은 그 사람을 직접 만나서 대화를 나누어 보는 것이다. 대화를 통해 질문과 응답을 주고받으면서 개인의 성격에 관한 많은 정보를 얻을 수 있기 때문이다. 이처럼 대화나

의사소통을 통해 개인의 심리적 특징을 알아보는 방법이 면접(interview)이다.

평가자는 면접을 통해서 개인이 자신의 성격이나 특성에 대해서 지니고 있는 주관적인 생각을 탐색할 수 있을 뿐만 아니라 개인의 성격특성을 반영하는 다양한 정보를 획득할 수 있다. 이러한 면접은 개인에 관한 정보를 가장 풍부하게 수집할 수 있는 효과적인 방법이지만 평가대상자가 자신의 성격특성을 충분히 자각하지 못하거나 그러한 정보를 평가자에게 공개할 의사가 없는 경우에는 자료수집의 심각한 한계에 직면하게 된다.

면접은 질문의 내용과 순서 그리고 반응의 평가방법이 정해져 있는 구조화된 면접법과 그렇지 않은 비구조화된 면접으로 나누어진다. 비구조화된 면접(unstructured interview)에서는 평가자가 개인에 관해서 자유롭게 질문하면서 다양한 정보를 수집한다. 반면에, 구조화된 면접(structured interview)은 평가자의 주관성을 배제하기 위해서 질문의 구체적인 내용과 순서를 비롯하여 응답에 대한 채점방식이 정해져 있다. 구조화된 면접은 개인의 응답과 반응을 객관적으로 수량화하여 평가함으로써 다른 사람들과의 상대적 비교를 통해 성격특성의 수준을 가늠할 수 있다. 임상장면에서 흔히 사용하는 구조화된 면접도구로는 진단면접절차(Diagnostic Interview Schedule: DIS), 연구용 진단기준(Research

Diagnostic Criteria: RDC), DSM용 구조화된 임상면접 (Structured Clinical Interview for DSM: SCID), 종합형 국제 진단 면접(Composite International Diagnostic Interview: CIDI) 등이 있다.

2) 행동관찰

성격은 행동으로 표현되기 때문에, 행동의 관찰을 통해서 성격을 파악할 수 있다. 개인의 성격을 파악하기 위해서 그 사람이 어떻게 행동하는지를 잘 관찰하는 것이 중요하다. 행동은 언어적 보고보다 개인의 성격을 더 진실하게 나타낼 수 있다.

행동관찰(behavior observation)은 개인이 특정한 상황에서 어떤 행동을 하는지를 체계적으로 관찰하여 행동을 구체적으로 기술하고 그 빈도나 강도를 수량화하는 방법이다. 행동관찰은 크게 자연주의적 관찰, 구조화된 관찰, 자기관찰로 나눌 수 있다.

자연주의적 관찰(naturalistic observation)은 개인이 일상적 생활상황에서 나타내는 행동을 관찰하여 평가하는 방법이다. 예컨대, 가정이나 직장에서 개인이 행동하고 대응하는 방식을 관찰함으로써 성격에 관한 많은 정보를 얻을 수 있다. 또는 면담을 진행하면서 평가자는 개인의 언어적 반응뿐만 아니라 표정, 감정반응, 자세와 동작 등 비언어적 행동에 대한 관찰을 통해서 성격특성을 추론할 수 있다. 최근에 일부기업에서는 신입사원을 선발하기 위해서 응시자와 평가자가 함께 숙박하며 다양한 상황에서 나타내는 응시자의 행동을 관찰하여 평가하는 방법을 적용하고 있다.

구조화된 관찰(structured observation)은 특정한 자극상황에서 개인이 나타내는 행동을 관찰하는 방법이다. 동일한 상황이나 자극을 제시하고 그러한 상황에 대응하는 개인의 행동적 반응을 관찰하여 다른 사람의 행동과 비교함으로써 개인이 나타내는 행동의 특징을 좀 더 객관적으로 평가할 수 있다. 예컨대, 특정한 과업을 부여하고 개인이 그 과업을 해결하는 행동방식을 체계적으로 관찰하는 것도 구조화된 관찰법의 한 예라고 할 수 있다.

자기관찰(self-observation)은 개인이 자신의 행동을 체계적으로 관찰하는 방법이다. 평가자는 개인이 일상생활을 영위하는 다양한 상황에 동참하여 그의 행동을 면밀하게 관찰할 수 없기 때문에 개인으로 하여금 자신의 행동을 관찰하여 보고하게 할 수 있다. 예컨대, 습관적인 행동을 자각하지 못하는 사람의 경우에는 자신이 언제 어떤 상황에서 어떤 행동을 몇 번이나 하는지를 스스로 관찰하며 기록하여 평가자에게 보고할 수 있다.

3) 개인의 생활사 자료

개인의 성격을 이해하는 또 다른 방법은 그 사람이

성장하며 생활해 온 과거의 자료를 수집하여 살펴보는 것이다. 개인의 생활사(life history)는 그 사람이 어떤 부모에게서 태어나 어떤 방식으로 양육되었으며, 어떤 성장과정을 거쳐서 현재 어떤 삶을 살아가고 있는지에 관한 개인적 자료를 뜻한다. 개인의 성격은 그가 과거에 겪은 다양한 경험의 결과인 동시에 현재의 삶을 이끌어 가는 방향타이기도 하다. 개인의 생활사 자료는 그의 성격이 형성되는 과정을 이해하고 현재의 성격특성을 추론할 수 있는 매우 풍부한 정보를 담고 있다. 이러한 개인의 생활사 자료는 개인 자신의 보고에 의해서 수집될 수도 있지만 타인(부모, 친구, 배우자 등)의 보고나 객관적인 자료 또는 기록물을 통해서도 얻을 수 있다. 일반적으로 성격의 평가를 위해서 중요하게 고려되는 개인의 생활사 정보는 다음과 같다.

- 개인의 성장과정: 출생 초기부터 신생아기, 유아기, 아동기, 청소년기, 성인기 등의 성장과정에 대한 정보. 특히 초기발달단계에서의 특이한 점이나 사건들, 개인이 어린 시절에 대해서 인상 깊게 기억하고 있는 내용들, 초등학교·중학교·고등학교·대학교에서의 학업수준, 대인관계, 상벌내용, 직장에서의 업무 활동 및 적응상태, 결혼과정 및 적응상태 등.
- 가족적 배경: 조부모, 부모, 배우자, 형제, 자녀, 그 밖의 중요한 가족구성원에 대한 기본적 정보 및 성격특성에 관한 정보. 특히 부모의 성격특성과 자녀의 양육방식, 부모와 평가대상자와의 관계, 가족 내에서 평가대상자의 위치와 역할 등.
- 성적 발달과정: 성(性)에 관심과 욕구의 발달, 성행위의 종류와 대상 및 적절성, 이성관계 등
- 신체적 건강 및 질병: 신체적 질병 및 손상의 경험, 치료 및 결과, 흡연 및 알코올 복용, 신체발달, 섭식 및 운동습관 등

- 대인관계 양상: 주된 대화상대나 소속집단, 사회적 상호작용의 양과 질, 대인관계에서의 역할이나 다른 사람에 대한 기여, 반복되는 대인관계 문제 등.
- 개인적 선호 및 취미: 특별한 관심사, 장기, 특기, 취미 등.

4) 타인의 보고

개인의 성격을 파악할 수 있는 방법 중 하나는 그 사람과 자주 접하는 주변사람들로부터 그의 성격에 관한 정보를 얻는 것이다. 평가대상자의 부모, 형제자매, 배우자, 친구, 직장동료 등과 같이 그 사람을 잘 알고 있는 타인으로부터 수집한 자료는 개인의 성격을 다각적으로 평가할 수 있는 중요한 정보다.

개인의 성격은 타인과의 관계 속에서 잘 드러난다. 가정과 직장 그리고 친구들과의 관계에서 개인이 어떻게 행동하며 주변사람들의 눈에 어떤 사람으로 비치고 있는지를 아는 것은 개인의 성격을 평가하는 데 매우 소중한 자료가 될 수 있다.

요즘 일부 기업체에서는 직원들의 근무태도와 업무성과를 객관적으로 평가하기 위해서 상사뿐만 아니라 동료, 부하, 고객 등 상하좌우의 다양한 관점에서 평가하는 다면 평가제도 또는 360° 전방위 평가제도를 실시하고 있다. 이처럼 개인의 성격은 그와 잦은 접촉과 교류를 하는 다양한 사람들의 관점을 통해서 평가될 수 있다.

5) 심리검사

개인의 심리적 특성을 가장 객관적으로 평가할 수 있는 방법은 심리검사(psychological testing)다. 심리검사는 심리적 특성을 평가하기 위한 구체적인 검사문항

과 채점체계가 구비되어 있고, 신뢰도와 타당도 역시 입증되어 있을 뿐만 아니라 검사결과를 해석할 수 있는 규준과 해석지침을 갖추고 있다. 따라서 모든 사람에게 동일한 방식으로 검사를 실시하고 검사반응을 동일한 방식으로 채점하기 때문에, 개인의 검사반응을 평균과 비교하여 개인의 심리적 특성과 수준을 상세하게 평가할 수 있다.

성격을 평가하는 다양한 검사들이 개발되어 사용되고 있다. 개인의 성격특질을 비롯하여 욕구와 동기, 신념과 사고패턴, 기분과 정서, 대인관계, 심리적 갈등, 정신병리 등을 평가하는 다양한 성격검사가 존재한다. 성격평가에 사용되는 심리검사들은 측정방법에 따라 자기보고형 검사, 투사적 검사, 과제수행검사로 구분된다.

자기보고형 검사(self-reporting test)는 성격특징을 기술하는 문장으로 구성된 여러 문항을 제시하고 개인으로 하여금 그 문항이 자신에게 해당되는지의 여부나 정도를 응답하게 하는 검사를 말한다. 대부분의 경우, 자기보고형 검사는 여러 검사문항을 질문의 형태로 제시하는 질문지 방법(questionnaire method)을 취하게 되며 피검자의 검사반응을 기계적으로 채점하여 표준화된 규준에 따라 검사결과가 자동적으로 산출되므로 평가자의 주관적 반응이 개입될 여지가 없다는 점에서 객관적 검사(objective test)라고 부르기도 한다. 성격평가에서 흔히 사용되는 NEO 성격질문지(NEO-PI-R), 다면적 인성검사(MMPI), 성격유형검사(MBTI) 등이 자기보고형 검사의 대표적인 예라고 할 수 있다.

투사적 검사(projective test)는 피검자에게 애매모호한 자극을 제시하고 그에 대한 자유로운 반응을 유도한 후에 검사반응을 정밀하게 분석함으로써 피검자의 무의식적인 성격특성을 평가한다. 성격의 무의식적이고 심충적인 특성은 개인 스스로에게 잘 의식되지 않기 때문

에 자기보고에 의존하는 객관적 성격검사로는 평가하기 어렵다. 객관적 성격검사의 한계를 극복할 수 있는 검사도구가 투사적 성격검사다. 투사적 성격검사는 피검자가 자유롭게 자신을 표현할 수 있으며 개인의 심리적 특성에 대한 풍부한 자료를 제공해 주는 반면에 검사해석자의 주관성이 개입될 수 있는 여지가 많아 신뢰도와 타당도가 떨어지는 단점이 있다. 가장 대표적인 투사적 성격검사는 로르샤흐검사(Rorschach test)와 주제통각검사(TAT)가 있다.

과제수행검사(task-performing test)는 개인에게 해결해야 할 과제를 제시하고 그 사람이 과제를 수행하는 방식과 결과에 근거하여 성격을 평가하는 방법이다. 과제수행검사는 평가하려는 심리적 특성이 관여되는 과제를 주고 그 과제의 수행에 소요된 시간, 수행반응의 내용 및 정확도, 수행방식 등의 측면에서 과제수행반응을 수량화하고 이를 통해 심리적 특성을 평가한다. 특정한 성격특성(예: 외향성, 정서적 불안정성)을 지닌 사람들에게 다양한 과제(예: 얼굴표정을 통한 정서상태의 판단과제, Stroop 과제와 같은 인지적 과제)를 수행하게 하고 그 결과를 분석하여 그러한 성격특성과 관련된 다양한 심리적 특징을 밝혀낼 수 있다.

4. 자기보고형 성격검사

자기보고형 성격검사는 성격의 다양한 측면을 기술하는 문항을 피검자에게 제시하고 자신에게 해당되는지를 평정하게 하는 지필식 검사를 뜻한다. 자기보고형 성격검사는 크게 두 가지의 유형, 즉 다양한 성격특성을 광범위하게 평가하는 다차원적 검사(broadband multidimensional measure)와 하나의 특정한 성격특성에 초점을 맞추어 평가하는 단일 검사(narrowband unitary measure)로 구분된다(Weiner & Greene, 2008). 단일한 성격특성을 측정하는 성격검사는 완벽주의 척도, 충동성 척도, 강인성 척도, 공격성 척도, 특질불안 척도 등과 같이 무수하게 다양하다. 여기에서는 다양한 성격특성을 종합적으로 평가하는 다차원적 성격검사를 중심으로 소개한다.

1) NEO 성격검사(NEO-PI)

NEO 성격검사(NEO-Personality Inventory: NEO-PI)는 성격의 5요인을 측정하는 가장 대표적인 자기보고형 심리검사로서 Costa와 McCrae(1988, 1990, 1992)에 의해서 개발되었다. McCrae와 Costa(1991)는 성격특질을 객관적으로 평가하기 위해서는 질문지 형식의 구조화된 검사가 최선이라고 강력하게 주장했으며 투사적 검사나 임상적 면담에 대해서 부정적인 태도를 취했다.

Costa와 McCrae는 1978년에 질문지형 성격검사를 개발하면서 신경과민성(N), 외향성(E), 개방성(O) 세 요인의 첫 글자를 따서 NEO-I(NEO-Inventory)라고 명했으며 1985년에 우호성(A)과 성실성(C)을 추가하여 성격 5요인을 모두 측정하는 검사를 개발하면서 NEO-PI(NEO-Personality Inventory)라고 개칭했다. 그리고 1992년에는 성격 5요인을 각각 6개의 하위척도로 세밀하게 측정하는 개정판 NEO-PI-R(NEO-Personality Inventory-Revised)을 발행했다. NEO 성격검사는 몇 년마다 한 번씩 개정되고 있으며 2005년에는 일부 문항을 수정하고 새롭게 규준을 마련한 NEO-PI-3가 발간되었다.

NEO 성격검사는 성격의 5요인, 즉 신경과민성, 외향성, 개방성, 우호성, 성실성을 측정하고 있으며 〈표 5-2〉에 제시되어 있듯이 각 성격요인은 6개의 하위척도로 측정되고 있다. NEO 성격검사는 개인의 성격이나 경험을 기술하는 문장을 제시하는 240개의 문항(5요인×6하위척도×8문항)으로 구성되어 있으며 피검자는 각 문항에 대해서 5점 평정척도 상에서 응답하도록 되어 있다. NEO 성격검사의 결과는 [그림 5-2]와 같이 프로화일 형태로 제시된다.

NEO 성격검사는 다양한 연령층에게 실시할 수 있으며 본인용, 관찰자용, 배우자용으로 사용할 수 있다.

| 표 5-2 | NEO-PI-R에서 측정하는 성격의 5요인과 하위척도 |

신경과민성 (Neuroticism)	외향성 (Extroversion)	개방성 (Openness to experience)	우호성 (Agreeableness)	성실성 (Conscientiousness)
불안	따뜻함	공상	신뢰성	유능함
적대감	사교성	심미안	솔직성	질서정연함
우울	자기주장성	감성	이타성	의무감
자의식	활동성	실행력	순응성	성취추구
충동성	흥분 추구	아이디어	겸손함	자기절제
스트레스 취약성	긍정 정서	가치	온유함	신중성

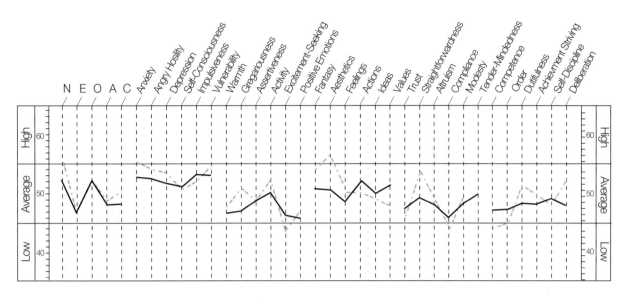

[그림 5-2] **NEO 성격검사의 결과 프로파일**

NEO 성격검사의 240개 문항을 60개의 문항으로 단축한 NEO-Five Factor Inventory(NEO-FFI)도 있다. 한국에서는 안현의와 안창규(2008)가 NEO 성격검사를 번안한 바 있다.

이 밖에도 성격의 5요인을 측정하는 심리검사는 다양하다. Goldberg(1992)는 5요인을 평가하기 위해서 성격특질을 기술하는 100개의 형용사를 제시하고 5점 평정척도로 평가하는 특질기술형용사(Trait Descriptive Adjectives: TDA)를 구성했으며, Saucier(1994)는 TDA로부터 추출한 40개 항목의 검사를 개발한 바 있다.

John, Donahue와 Kentle(1991)은 성격의 5요인을 신속하게 측정하기 위해서 44개 문항으로 구성된 Big Five Inventory(BFI)를 개발했으며 Rammstedt와 John(2007)은 이 척도에서 10개 문항을 선별하여 간추린 BFI-10을 만들었다. 이 검사들은 비상업적인 연구용 검사로서 무료로 배포되고 있으며 국내에서는 김선영 등(2010)이 한국판 성격 5요인 척도(BFI-K)와 단축형 한국판 성격 5요인 척도(BFI-K-10)를 번안하고 표준화

하여 제시한 바 있다.

Gosling, Rentfrow와 Swann(2003)은 성격 5요인을 간편하게 측정하기 위해서 10문항으로 구성된 성격척도(Ten-Item Personality Inventory: TIPI)를 제시했다. TIPI는 많은 문항으로 구성된 검사에 비해서는 떨어지지만 적절한 신뢰도와 타당도를 지닌 것으로 보고되었다. 이 검사의 개발자들은 심리측정적 속성이 다소 미흡하지만 성격 5요인을 신속하게 측정해야 하는 상황에서는 이 척도를 사용할 수 있다고 주장했다.

Goldberg(1992)는 성격심리학의 연구를 활성화하기 위해서 성격특질을 평가하는 심리검사의 문항들을 수집하여 모든 연구자가 사용할 수 있도록 공개하는 방안을 제안했다. 이러한 제안은 현재 2,000개 이상의 문항으로 구성된 국제성격문항총람(International Personality Item Pool: IPIP)으로 결실을 맺어 모든 사람에게 공개되고 있으며 Oregon Research Institute에 의해서 운영되고 있다(http://ipip.ori.org). 이러한 IPIP 문항에 근거한 IPIP-NEO-R이 개발되기도 했다. 이외에도 성격 5요인

을 측정하는 도구로는 International English Big-Five Mini-Markers, Big Five domains, Relative scored Big 5 measure, Self-descriptive sentence questionnaire 등이 있다.

2) 기질 및 성격 검사(TCI)

기질 및 성격 검사[1](Temperament and Character Inventory: TCI)는 Cloninger가 자신이 제시한 기질과 성격을 측정하기 위해서 1994년에 동료들과 함께 개발한 자기보고형 검사다(Cloninger, Przybeck, Svrakic, & Wetzel, 1994). TCI는 선천적으로 타고난 반응 성향을 측정하는 4개의 기질척도(자극추구, 위험회피, 사회적 민감성, 인내력)와 개인의 성숙도와 적응수준을 측정하는 3개의 성격척도(자율성, 연대감, 자기초월)로 구성되어 있다. 〈표 5-3〉에 제시되어 있듯이, 기질척도와 성격척도는 각각 3~5개의 하위척도로 구성되어 있다.

TCI는 기질과 성격특성을 기술하는 140개의 문항으로 구성되어 있으며 각 문항에 대해서 피검자가 5점 척도로 평정하게 되어 있다. [그림 5-3]에서 볼 수 있듯이, TCI는 기질 척도의 점수 조합을 통해서 개인의 선천적인 반응양식을 이해할 수 있을 뿐만 아니라 성격 점수의 조합을 통해서 개인의 성숙도와 적응수준을 파악할 수 있다.

2000년에 독일에서 Poustka가 원저자와의 협의 하에 TCI를 청소년에 맞게 개정한 JTCI(Junior Temperament and Character Inventory)를 출간하였다. 국내에서는 2004년에 오현숙과 민병배가 한국판 JTCI를 출간하였고, 2007년에는 한국판 TCI-성인용, JTCI-아동용,

표 5-3		TCI의 기질척도와 성격척도
기 질	자극추구 (Novelty Seeking)	NS1 탐색적 흥분 NS2 충동성 NS3 무절제 NS4 자유분방
	위험회피 (Harm Avoidance)	HA1 예기불안 HA2 불확실성 공포 HA3 수줍음 HA4 쉽게 지침
	사회적 민감성 (Reward Dependence)	RD1 정서적 감수성 RD2 정서적 개방성 RD3 친밀감 RD4 의존
	인내력 (Persistence)	P1 근면 P2 끈기 P3 성취 야망 P4 완벽주의
성 격	자율성 (Self-Directedness)	SD1 책임성 SD2 목적의식 SD3 유능감 SD4 자기수용성 SD5 자기일치성
	연대감 (Cooperativeness)	C1 타인수용성 C2 공감성 C3 이타성 C4 관대성 C5 통합적 양심성
	자기초월 (Self-Transcendence)	ST1 창조적 자기망각 ST2 초월적 일체감 ST3 영적 수용성

JTCI-유아용 등 다양한 연령대의 성격 및 특성을 평가할 수 있는 검사들이 개발되어 활용되고 있다(민병배, 오현숙, 이주영, 2007).

---

1) 여기에서는 국내에서 TCI를 번안한 오현숙과 민병배(2004)가 사용하고 있는 검사의 명칭과 기질 및 성품의 차원에 대한 용어를 사용한다.

TCI-RS 프로파일

TCI RS	척도	원점수	T점수	백분위	백분위 점수 막대 그래프		
기질	자극 추구(NS)	21	43	23.9	24	NS	
	위험 회피(HA)	28	43	23.3	23	HA	
	사회적민감성(RD)	70	83	99.9		RD	100
	인내력(P)	49	55	69.3		P	69
성격	자율성(SD)	67	70	97.3		SD	97
	연대감(C)	77	74	98.9		C	99
	자기초월(ST)	40	63	88.5		ST	88
자율성+연대감		144	76	99.2			

TCI-RS 하위척도

* 본인의 원점수를 규준집단의 평균 및 표준편차와 비교하십시오.

척도	하위척도	하위척도명	원점수	규준집단의 평균	규준집단의 표준편차
자극 추구 Novelty Seeking (NS)	NS1	탐색적 흥분 / 관습적 안정성	10	9.5	3.2
	NS2	충동성 / 심사숙고	1	7.0	3.3
	NS3	무절제 / 절제	5	6.0	3.2
	NS4	자유분방 / 질서정연	5	5.2	3.2
위험 회피 Harm Avoidance (HA)	HA1	예기불안 / 낙천성	12	7.8	4.1
	HA2	불확실성에 대한 두려움	8	9.9	3.0
	HA3	낯선 사람에 대한 수줍음	4	8.7	3.6
	HA4	쉽게 지침 / 활기 넘침	4	8.7	3.4
사회적 민감성 Reward Dependence (RD)	RD1	정서적 감수성	18	11.1	2.9
	RD2	정서적 개방성	18	10.5	3.0
	RD3	친밀감 / 거리 두기	19	11.6	3.3
	RD4	의존 / 독립	15	9.4	2.6
인내력 Persistence (P)	P1	근면	11	12.7	3.0
	P2	끈기	11	10.7	3.0
	P3	성취에 대한 야망	15	10.4	3.7
	P4	완벽주의	12	9.9	3.5
자율성 Self Directedness (SD)	SD1	책임감 / 책임 전가	17	12.7	2.9
	SD2	목적 의식	18	11.6	3.1
	SD3	유능감 / 무능감	9	6.8	1.9
	SD4	자기 수용 / 자기 불만	7	4.2	1.7
	SD5	자기 일치	16	12.5	3.2
연대감 Cooperativeness (C)	C1	타인 수용	16	12.6	2.8
	C2	공감 / 둔감	16	9.6	2.5
	C3	이타성 / 이기성	14	9.9	2.5
	C4	관대함 / 복수심	12	8.9	2.6
	C5	공평 / 편파	19	15.1	2.5
자기초월 Self Transcendence (ST)	ST1	창조적 자기망각 / 자의식	7	9.1	4.0
	ST2	우주 만물과의 일체감	10	7.4	4.1
	ST3	영성 수용 / 합리적 유물론	23	9.2	5.4

[그림 5-3] **기질 및 성격 검사(TCI)의 결과표**

3) 성격유형검사(MBTI)

성격유형검사, 즉 MBTI(Myers-Briggs Type Indicator)는 Carl Jung의 성격유형이론에 근거하여 Katharine Briggs와 그의 딸 Isabel Myers가 개발한 자기보고형 성격검사다(Myers, 1962). MBTI는 〈표 5-4〉에 제시되어 있듯이 4개의 성격차원(외향-내향, 감각-직관, 사고-감정, 판단-인식)에 대한 선호(preferences)를 평가하기 때문에 성격유형 선호지표라고 불린다.

표 5-4	성격유형 선호지표	
선호지표		지표의 의미
외향(Extraversion)	내향(Introversion)	심리적 에너지의 방향: 외부세계와 내면세계 중 어느 쪽을 선호하는가?
감각(Sensing)	직관(Intuition)	인식 및 정보수집 기능: 주어진 기본적 정보 또는 그것의 해석과 의미 중 어떤 정보를 선호하는가?
사고(Thinking)	감정(Feeling)	판단 및 결정 기능: 논리적 일관성 또는 개인의 특수한 사정 중 어떤 판단기준을 선호하는가?
판단(Judging)	인식(Perceiving)	생활양식: 매사가 분명하게 결정된 것 또는 새로운 가능성에 열려 있는 것 중 어느 삶의 방식을 선호하는가?

MBTI는 피검자가 단어나 문장으로 이루어진 두 개의 선택지 중에서 자신의 성격을 가장 잘 나타낸다고 생각하는 하나를 선택해야 하는 166개(Form F) 또는 126개(Form G)의 문항으로 구성되어 있다. MBTI는 네 가지 성격차원, 즉 외향(E)-내향(I), 감각(S)-직관(N), 사고(T)-감정(F), 판단(J)-인식(P)에서 개인이 어느 쪽에 속하는지를 보여 준다. 따라서 MBTI는 양극으로 구성된 네 차원에 의해서 16가지(2^4)의 성격유형(예: ISTJ, INFP, ESJP, ENFP)으로 구분한다.

MBTI는 매우 널리 사용되고 있는 대중적인 성격검사로서 개인의 성격성향을 이해하고 코칭활동이나 집단활동에서 유용하게 활용할 수 있다. 그러나 MBTI가 객관적인 성격검사로서 적절한 신뢰도와 타당도를 지니고 있느냐에 대해서는 회의적인 관점을 취하는 심리학자들이 많다(Gardner & Martinko, 1996). 또한 성격유형론의 한계가 지적되고 있는 현대의 성격심리학 분야에서는 무수하게 다양한 인간의 성격을 16개 유형으로 구분하는 MBTI의 해석방식에 대해서도 비판이 제기되고 있다. MBTI는 대중성과 활용가능성이 높은 성격검사이지만 과학적 연구를 위한 평가도구로는 제한점이 있는 것으로 여겨지고 있다. 국내에서는 김정택과 심혜숙(1990)이 번안한 한국판 MBTI가 사용되고 있다.

4) 다면적 인성검사(MMPI)

다면적 인성검사(Minnesota Multiphasic Personality Inventory: MMPI)는 성격특성과 더불어 정신병리적 증상을 평가할 수 있는 자기보고형 성격검사로서 임상장면을 비롯하여 다양한 장면에서 가장 널리 사용되고 있다(김중술, 1996). MMPI는 1943년 Hathaway와 McKinley에 의하여 정신병리적 증상을 객관적으로 측정하기 위한 도구로 개발되었다. 1989년에 개정판인 MMPI-2가 발표되었으며 2003년에는 재구성 임상척도를 활용한 MMPI-2-RF(Restructured Form)가 개발되었다.

MMPI-2는 9개의 타당도 척도와 10개의 임상척도로 구성되어 있으며 개인의 일상적 경험과 심리적 특성을 문장으로 기술한 567개의 문항에 대해서 피검자는 "예" 또는 "아니요"로 응답하도록 되어 있다(김중술 등, 2005). 자기보고형 검사의 가장 큰 약점은 피검자가 의도적으로 거짓된 응답을 하거나 특정한 목적을 위해서 왜곡된 반응을 나타낼 수 있는 점이다. 예컨대, 선발이나 채용과정에서 자신의 성격적 문제나 정신병리를 숨기기 위해 부정적인 내용의 문항에 "아니요"라고 응답하거나 법적 책임이나 군복무 의무를 피하기 위해 심각한 정신장애를 지닌 것처럼 위장하기 위해서 부정적인 내용의 문항에 "예"라고 응답할 수 있다. 이처럼 솔직하지 못한 태도로 응답한 경우에는 검사결과를 해석하기가 어렵다. 따라서 MMPI-2는 피검자가 어떤 태도로 검사에 응했는지를 다각적으로 평가하는 9개의 타당도 척도를 포함시키고 있다. MMPI-2의 타당도 척도는 〈표 5-5〉와 같다.

표 5-5　MMPI-2의 타당도 척도

타당도 척도	척도의 의미
무선반응 비일관성 (VRIN)	서로 내용이 유사하거나 상반되는 문항 쌍으로 구성되어 있으며 일관성 없이 검사에 임한 반응 태도를 반영한다.
고정반응 비일관성 (TRIN)	서로 내용이 상반되는 문항 쌍으로 구성되어 있으며 상반되는 질문에 대해 같은 반응으로 응답할 경우를 나타낸다.
비전형(F)	표준화 집단에서 매우 낮은 빈도로 응답되는 문항들로 이루어져 있으며 이 척도의 높은 점수는 정신병적 증상을 호소하거나 자신을 부적응적인 사람으로 보이려는 의도를 반영한다.
비전형-후반부 [F(B)]	검사 후반부에서 나타나는 비전형 반응을 탐지하는 것이며 수검태도의 변화를 평가할 수 있다.
비전형-정신병리 [F(P)]	표준화 집단과 정신과 환자들 모두에게서 매우 낮은 빈도로 응답하는 문항으로 구성되었으며 F척도와의 비교를 통해서 F척도의 상승이 정신병적 문제로 인한 것인지 아니면 부정적으로 위장하려는 태도에 의한 것인지를 판별하는 데 활용된다.
증상타당도(FBS)	부정적으로 위장하려는 태도로 인한 것인지를 판별하는 데 활용된다.
부인(L)	순박한 방어성을 평가하는 척도로서 자신을 좋은 사람으로 나타내기 위해서 부정적인 내용의 문항을 일방적으로 부정한 경우를 뜻한다.
교정(K)	L척도보다 좀 더 세련되고 교묘한 방식의 방어성을 탐지하는 척도다.
과장된 자기제시 (S)	취업응시자 집단에서 흔히 응답하는 반응들로 구성된 척도로서 자신을 과도하게 긍정적으로 제시하려는 태도를 탐지한다.

표 5-6 MMPI-2의 임상척도와 측정 내용

하위척도	척도의 측정 내용 및 심리적 의미
1. Hs(건강염려증)	피검자가 신체적 증상을 호소하고 이러한 증상을 이용하여 다른 사람을 조종하는 데 사용하는지 여부를 측정하는 척도로서, 신체적 기능에 대한 과도한 집착 및 질병이나 비정상적인 상태에 대한 불안을 반영한다.
2. D(우울증)	우울증상을 평가하기 위한 척도로서, 비관적이며 슬픈 감정, 자기비하, 희망의 상실, 무력감 등을 나타낸다.
3. Hy(히스테리)	현실적 어려움이나 갈등을 회피하기 위해 자신의 심리적·정서적 문제를 부인하고 부정하며 대신 신체적 증상을 경험하는 정도를 평가하는 척도다.
4. Pd(반사회성)	사회적 규범에 비순응적이고 권위에 적대적이며 반사회적인 행동과 태도를 측정하는 척도로서 분노감, 충동성, 정서적 피상성 및 예측불능성 등을 반영한다.
5. Mf(남성성-여성성)	직업 및 취미에 대한 관심, 심리적 및 종교적 취향, 능동성-수동성, 대인감수성 등에 있어서의 남성적 또는 여성적 경향성을 알아보기 위한 척도다.
6. Pa(편집증)	대인관계에 대한 민감성, 의심성 및 피해의식, 자기정당화 등의 편집적 특성을 평가하는 척도다.
7. Pt(강박증)	오랫동안 지속된 만성적 불안과 강박적 특성을 측정하는 척도다.
8. Sc(정신분열증)	정신적 혼란상태를 측정하는 척도로서 기괴한 사고과정, 비정상적인 지각, 사회적 고립, 주의집중의 장애, 충동억제의 곤란 등을 반영한다.
9. Ma(경조증)	비약적이고 과장된 사고, 과잉행동, 불안정하고 흥분되어 있는 들뜬 정서상태를 측정한다.
10. Si(내향성)	사회적 장면에서의 불편감, 고립감, 일반적 부적응, 자기비하 등의 특징을 측정한다.

MMPI-2는 피검자의 다양한 정신병리적 또는 성격적 특성을 평가하는 10개의 임상척도로 구성되어 있으며 그 측정 내용은 〈표 5-6〉에 제시되어 있다. MMPI-2는 임상척도 외에 재구성 임상척도(의기소침, 신체증상 호소, 낮은 긍정정서, 냉소적 태도, 반사회적 행동 등), 성격병리 5요인 척도(공격성, 정신증, 통제결여, 부정 정서성, 내향성), 임상소척도(주관적 우울감, 정신운동 지체, 둔감성, 애정 욕구 등), 내용척도(불안, 공포, 강박성, 낮은 자존감 등)와 같은 다양한 평가지표를 제시하고 있다.

각 문항에 대한 피검자의 반응은 척도별로 채점되며 규준표에 의해 T점수로 환산되어 그 결과가 [그림 5-4]와 같이 프로파일로 제시된다. MMPI-2 검사결과는 각 척도를 종합적으로 고려하여 해석된다. MMPI가 임상적 진단도구로 사용될 때는 반드시 성격이론, 정신병리 이론, 심리검사에 대한 전문적인 교육과 훈련을 받은 사람에 의해서 신중하게 해석되어야 한다.

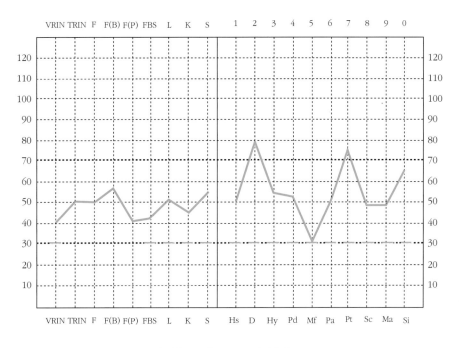

[그림 5-4] **MMPI-2 결과표**

5) 성격평가 질문지(PAI)

성격평가 질문지(Personality Assessment Inventory: PAI)는 1991년 Morey에 의해서 성격과 정신병리를 평가하기 위해 개발된 심리검사다. PAI는 모두 344문항으로 구성되어 있으며 각 문항을 4점 평정척도에서 평가하도록 되어 있다. PAI는 MMPI와 마찬가지로 피검자의 수검태도를 평가할 수 있는 4개의 타당도 척도(비일관성, 저빈도, 부정적 인상, 긍정적 인상)를 갖추고 있을 뿐만 아니라 11개의 임상척도(신체적 호소, 불안, 불안관련 장애, 우울, 조증, 망상, 정신분열병, 경계선적 특징, 반사회적 특징, 음주문제, 약물사용), 5개의 치료고려 척도(공격성, 자살관념, 스트레스, 비지지, 치료거부), 그리고 2개의 대인관계 척도(지배성, 온정성)로 구성되어 있어 임상장면에서 내담자를 다차원적으로 평가할 수 있다.

경험적 근거에 의해서 문항이 개발된 MMPI와 달리, PAI는 구성타당도 접근방식을 통해 개발되었다. 구성타당도 접근방식이란 구체적인 이론에 근거하여 일차적으로 척도와 문항을 개발한 후에 요인분석과 같은 통계적 절차를 사용하여 척도를 완성하고 이러한 척도의 연구결과를 통해 타당도를 입증하는 검사개발 방식을 말한다.

PAI의 척도들은 DSM의 진단기준과 정신병리의 구성요인 연구에 근거한 문항으로 구성되었으며 척도 내의 문항 간 내적 합치도가 높은 것으로 보고되었다. 타당도 척도를 통해서 피검자의 긍정 왜곡 또는 부정 왜곡의 반응성향을 탐지할 수 있는 점이 PAI의 장점이다. PAI가 대부분의 정신병리를 타진하는 문항을 포함하고자 했지만 모든 정신장애를 포함하지 못했을 뿐만 아니라 문항의 의도가 비교적 명확하게 드러나서 피검자가 방어적인 태도를 나타낼 수 있다는 제한점을 지니고 있다. 국내에서는 2001년 김영환 등(김영환, 김지혜, 오상우, 임영란, 홍상황, 2001)이 한국판 PAI를 표준화하여 출간하였다.

6) 다축임상성격질문지(MCMI)

다축임상성격질문지(Millon Clinical Multiaxial Inventory: MCMI)는 성격장애의 대표적 연구자인 Theodore Millon이 다양한 성격장애와 더불어 임상적 증상을 평가할 수 있도록 개발한 다차원적 성격검사다. Millon은 1972년에 최초로 Millon-Illinois Self-Report Inventory(MI-SRI)라는 명칭의 검사도구를 개발했으며 1977년에 개정하면서 명칭을 MCMI로 바꾸었다. 그 후 문항을 변경하거나 추가하여 1994년 3번째 개정판인 MCMI-III(Millon, Davis, & Millon, 1994)를 출간하였다.

MCMI-III는 175문항으로 구성되어 있으며 각 문항을 "예" 또는 "아니요"로 응답하게 되어 있다. MCMI-III는 4개의 수정지표(타당도, 솔직성, 바람직성, 자기비하성)를 비롯하여 14개의 성격장애 척도(분열성, 회피성, 우울성, 의존성, 연극성, 자기애성, 반사회성, 가학성, 강박성, 수동공격성, 피학성, 분열형, 경계선, 편집성), 그리고 10개의 임상적 증후군 척도(불안증상, 신체화증상, 양극성-조증, 기분부전증, 알코올의존, 약물의존, 외상후 스트레스 장애)를 포함하여 28개의 하위척도로 구성되어 있다.

MCMI-III는 개인의 성격적 측면과 임상적 증상 측면을 동시에 평가할 수 있을 뿐만 아니라 DSM-IV(American Psychiatic Association, 1994)의 진단체계와 일치하도록 하위척도가 구성되어 있는 장점이 있다. 국내에서 최영안(2002)이 이 검사를 번안하여 한국판 MCMI-III의 요인구조를 탐색한 바 있다.

7) 성격강점검사(CST)

긍정심리학에서 강조하는 성격강점을 측정하기 위한 자기보고형 검사로는 VIA강점질문지(VIS-IS)와 성격강점검사(CST)가 있다. VIA-IS(Values in Action Inventory of Strengths)는 Peterson과 Seligman(2004)이 24개의 성격강점을 측정하기 위해 개발한 자기보고형 검사로서 각 강점당 10문항씩 배정하여 모두 240문항으로 구성되어 있다.

국내에서 성격강점을 측정하기 위해서 개발된 심리검사로는 성격강점검사(Character Strength Test: CST)가 있다. 권석만, 유성진, 임영진 및 김지영(2010)에 의해서 개발된 성격강점검사는 VIA 분류체계에 근거하고 있으며 6개 덕목의 24개 성격강점을 측정하고 있다. CST는 250개의 문항으로 구성된 자기보고형 검사로서 VIA 분류체계의 24개 성격강점과 더불어 응답자의 긍정왜곡 반응성향을 반영하는 사회적 선희도(social desirability)를 측정하고 있다. CST는 한국인의 성격강점을 평가할 수 있도록 문화적 배경을 고려한 문항들로 구성되어 있으며 각 문항은 Likert 4점 척도상에서 평정된다. CST는 성격강점을 자기보고형 질문지로 측정할 경우 검사결과에 영향을 미칠 수 있는 긍정적 반응

성향을 보정하는 장치를 갖추고 있을 뿐만 아니라 표준화 자료를 통해서 성격강점의 상대적 수준을 평가할 수 있는 규준이 마련되어 있다. CST는 표준화를 통해서 개인의 성격강점이 또래집단에 비해서 어느 수준에 해당되는지를 상대적으로 평가할 수 있도록 개발되었다.

중·고등학생의 성격강점을 평가할 수 있는 청소년용 성격강점검사(Character Strengths Test for Adolescents; 권석만, 김지영, 하승수, 2012)도 개발되었다. 이 검사는 청소년의 눈높이에 맞추어 이해하기 쉬운 문장으로 기술된 182개의 문항으로 구성되어 있으며 24개 성격강점과 더불어 주관적 행복도와 사회적 선희도를 측정하고 있다.

성격강점검사는 청소년용과 대학생 이상의 성인용 모두 신뢰도와 타당도가 입증되었으며 표준화 작업을 통한 규준이 마련되어 있다. 성격강점검사는 질문지 형식으로 실시할 수 있을 뿐만 아니라 인터넷(www.kops.co.kr)을 통해 실시할 수 있으며 즉시 검사결과 보고서를 받아볼 수 있다.

8) 기타의 성격검사

이상에서 소개한 성격검사 외에도 성격의 다양한 측면을 평가하는 성격검사는 무수하게 많으며 몇 가지만 간략히 소개하면 다음과 같다. Eysenck 성격질문지(Eysenck Personality Questionnaire: EPQ; Eysenck & Eysenck, 1975)는 신경과민성과 외향성을 비롯하여 정신병질성을 측정하는 90문항의 검사다. 16 성격요인질문지(16 Personality Factor Questionnaire: 16PF; Cattell, 1956; Conn & Rieke, 1994)는 187문항으로 구성되었으며 16개의 성격특질(예: 온화성, 지배성, 충동성, 대담성, 반항성, 강박성, 자아강도 등)을 측정한다. 캘리포니아 심리질문지(California Psychological Inventory: CPI; Gough, 1957; Gough & Bradley, 1996)는 480문항으로 구성되었으며 4개 군집의 20개 하위척도로 구성되어 있다. 대인관계 적절성(예: 지배성, 사교성, 자기수용성, 독립성 등), 사회적 규범에 태도(예: 책임성, 사회성, 자기통제력, 관용성, 호감성 등), 인지적/학업적 특성(예: 순응적 성취, 독립적 성취, 지적 효율성), 기타 영역(심리지향성, 융통성, 여성성/남성성)을 측정하고 있다. HEXACO 성격검사(HEXACO Personality Inventory-Revised: HEXACO-PI-R)는 HEXACO 모델의 6개 성격특질을 측정하고 있으며 2004년에 한국판 HEXACO 성격검사가 개발되었다(유태용, 이기범, Ashton, 2004).

이 밖에도 단일의 성격특질을 측정하는 심리검사는 무수하게 많다. 몇 가지 예를 들면, 인생의 통제권이 자기내부 또는 외적 환경에 있다고 믿는 심리적 경향성을 측정하는 내외 통제소재 척도(Internal-External Locus of Control Scale; Rotter, 1966), 미래를 낙관적 또는 비관적으로 예상하는 성격성향을 측정하는 인생 방향성 검사(Life Orientation Test; Scheier & Carver, 1985), 새로운 경험에 대한 욕구와 위험을 감수하려는 성향을 측정하는 감각추구척도(Sensation Seeking Scale; Zuckerman, 1979), 분노의 감정상태와 특질적 성향을 측정하는 상태-특질 분노척도(State-Trait Anger Inventory; Spielberger et al., 1983) 등이 있다. 성격심리학 분야에는 매우 다양한 성격특성을 측정하는 무수한 성격검사들이 존재하므로, 평가의 목적에 적합할 뿐만 아니라 신뢰도와 타당도가 잘 입증된 검사를 신중하게 선택하여 사용하는 것이 바람직하다.

5. 투사적 성격검사

성격의 무의식적이고 심층적인 특성은 개인에게 잘

의식되지 않기 때문에 자기보고에 의존하는 객관적 성격검사로는 평가하기 어렵다. 이러한 객관적 성격검사의 한계를 극복할 수 있는 검사도구가 바로 투사적 성격검사다. 투사적 성격검사는 피검자에게 모호한 자극을 제시하여 그의 성격적 특성이 투사된 반응을 유도하고 검사반응을 면밀하게 분석함으로써 피검자의 무의식적인 성격특성을 평가한다.

1) 로르샤흐검사

가장 대표적인 투사적 성격검사는 로르샤흐검사(Rorschach test)다. 이 검사는 1921년 Hermann Rorschach에 의해 개발되었으며 데칼코마니 양식에 의한 대칭형의 잉크얼룩으로 이루어진 10장의 카드로 구성되어 있다. 이 카드를 순서에 따라 피검자에게 한 장씩 보여 주고 이 그림이 무엇처럼 보이는지를 말하게 한다. 모든 반응은 검사자에 의해서 자세하게 기록되며 10장의 카드에 대한 피검자의 반응이 끝난 후에 검사자는 다시 각 카드마다 피검자가 카드의 어느 부

분에서 어떤 특성 때문에 그런 반응을 하게 되었는지를 확인한다.

이러한 자료에 근거하여 각 반응은 채점항목과 기준에 따라 채점된다. 채점의 주요 항목은 (1) 반응영역(피검자가 반응한 카드의 부분), (2) 결정요인(반응을 결정하는 데 영향을 준 잉크자극의 특징), (3) 반응내용(반응의 내용범주), (4) 반응의 독창성(반응의 독특성이나 창의성), (5) 반응의 형태질(잉크자극의 특징에 대한 반응의 적절성)이며 그 밖에 반응 수, 반응 시간, 채점항목 간의 비율 및 관계 등이 계산된다. 이러한 다양한 채점결과를 종합적으로 고려하여 개인의 심리적 특성을 해석하게 된다. 로르샤흐검사에 대한 대표적인 연구자인 Exner(2003)가 제시한 채점체계를 소개하면 〈표 5-7〉과 같다.

투사적 검사의 특징은 검사결과의 해석이 다양하다는 점이다. 로르샤흐검사의 경우에도 피검자가 나타낸 반응을 채점하여 그 결과를 해석하는 방법이 다양하다. 일반적으로, 통계적인 자료에 근거한 객관적 해석방법과 임상가의 주관적 경험을 강조하는 임상적 해석방법으로 나눌 수 있다. 이러한 해석방법에 따라 결과가 다

로르샤흐검사를 실시하는 모습과 자극의 예

| 표 5-7 | Exner가 제시한 로르샤흐 채점체계의 주요 내용 |

채점 범주	내용
위치(Location)	잉크반점의 어느 영역을 사용했는지를 채점하며 '전체' '흔히 사용되는 부분' '드물게 사용되는 부분' '공백 부분' 으로 구분한다.
발달질(Developmental Quality)	잉크반점을 조직화하는 방식에 대한 채점으로서 단순하게 한 반응 영역에 대한 심상을 보고하는지 아니면 여러 반점들을 조합하여 보고하는지를 평가한다.
결정인(Determinant)	잉크반점의 어떤 특성(형태, 운동, 색채, 무채색, 음영 등)이 피검자의 반응 형성에 기여했는지를 채점한다.
형태질(Form Quality)	피검자가 보고한 반응내용이 잉크반점의 특성에 얼마나 적합한지를 채점하며 잉크반점과 보고내용의 유사성이 높을수록 좋은 형태질을 가진 것으로 평가한다.
쌍반응(Pair response)	자극의 대칭성에 근거하여 동일한 두 개의 대상을 보고한 경우에 채점한다.
반응내용(Content)	피검자가 보고한 반응내용의 범주를 채점하며 인간, 동물, 음식, 자연물, 예술품 등 26개의 내용 범주 중에 해당되는 것을 표기한다.
평범반응(Popular response)	각 카드에서 보통 사람들이 가장 흔하게 보고하는 반응내용을 피검자도 인식할 수 있는지의 여부를 채점한다.
조직화활동(Organizational Activity)	피검자가 나타낸 반응내용의 복잡성과 조직화 유형에 따라 가중치를 부여한 점수로서 높을수록 인지적 활동 수준이 높음을 의미한다.
특수점수(Special score)	평범하지 않은 언어적 표현이나 사고과정을 나타낼 때 채점한다.

소 달라질 수 있으나 로르샤흐검사를 통해서 개인이 지니는 사고나 공상의 주된 내용, 욕구와 충동, 정서상태와 정서조절 능력, 인지적 접근양식, 무의식적 갈등 등을 평가할 수 있다. 나아가서 현실검증력, 충동통제력, 자아강도와 같은 다양한 심리적 적응능력을 평가할 수 있기 때문에 임상장면에서 널리 사용되고 있다.

2) 주제통각검사(TAT)

주제통각검사(Thematic Apperception Test: TAT)는 1935년에 Murray와 Morgan에 의하여 제작된 투사적 성격검사다. TAT는 개인이 다양한 대인관계 상황을 어떻게 해석하고 어떤 방식으로 반응하는지를 평가함으로써 성격의 역동적 측면을 탐색한다. TAT는 피검자가 쉽게 동일시할 수 있는 인물과 상황을 묘사한 20장의 그림카드로 구성되어 있다. 검사자는 피검자에게 그림카드를 한 장씩 제시하면서 그림의 내용을 바탕으로 이야기를 만들어 보도록 요청한다. 그림에서 현재 무슨 일이 일어나고 있으며 카드 안에 그려진 인물들은 어떤 심리적 상태에 있는지에 관해서 상상력을 발휘하여 이야기를 만들어 보라고 요청한다.

TAT의 개발자인 Murray(1943)에 따르면, 사람들은 모호한 상황을 자신의 과거 경험과 현재의 소망에 따라 해석한다. 즉, 개인은 자극을 해석할 때 자신의 경험을

TAT 카드의 예

Bellack(1949)은 3~10세 아동에게 실시할 수 있는 아동용 주제통각검사인 CAT(Children's Apperception Test)를 제작하였다. 국내에서는 김태련, 서봉연, 이은화, 홍숙기(1976)가 한국판 아동용 주제통각검사를 출판한 바 있다.

3) 그림 그리기 검사

그림 그리기 검사(drawing test)는 주요한 투사적 검사 중 하나다. 그림 그리기 검사를 제시한 Koppitz (1968)가 그림 그리기를 '비언어적 언어'라고 언급했듯이, 그림 그리기는 언어로 표현하기 어려운 내면의 심리상태를 반영하는 좋은 평가방법이다. 개인의 무의식적 소망이나 갈등이 꿈이나 예술 작품을 통해 표현되듯이, 그림 그리기를 통해서 개인의 성격적 특성뿐만 아니라 무의식적인 심리적 내용이 표현될 수 있다. 특히 아동의 경우, 그림 그리기는 자연스러운 표현수단 중 하나로서 방어적 태도를 완화하기 때문에 솔직한 내면상태가 잘 드러날 수 있다.

집-나무-사람 검사(House-Tree-Person: HTP)는 가장 대표적인 그림 그리기 검사로서 Buck(1948, 1964)이 개발하고 Hammer(1969)가 발전시켰다. 이 검사는 피검자에게 백지를 주고 그 위에 집, 나무, 사람을 각각 그리도록 하고 그림의 특징을 분석하여 자기상, 가족관계 및 대인관계, 정서상태를 포함한 성격적 특징을 평가한다. 집의 그림은 가정과 가족에 대한 내면적 표상을 반영하고, 나무는 무의식적인 자기표상을 반영하며, 사람은 좀 더 의식적인 수준의 자기표상을 나타내는 것으로 해석되기도 한다. 그림을 그리도록 한 후에 그림에 대한 질문을 통해서 그림의 해석을 위한 추가적인 정보를 얻을 수 있다. 그림을 그려 나가는 순서와 방식, 그림의 크기, 위치, 필압, 선의 특징, 세부적 묘사, 지우

종합적으로 동원하여 인식하는 통각(apperception)과정을 거치게 된다. 따라서 피검자가 구성한 이야기 줄거리 속에는 피검자의 과거경험, 상상 및 공상 내용, 현재의 관심과 욕구, 심리적 갈등, 무의식적 충동 등과 같은 성격적 요소가 반영되어 나타나게 된다.

피검자의 이야기 내용을 여러 채점기준에 따라 분석하여 피검자의 심리상태, 욕구 및 동기, 환경에 대한 지각과 대처방식, 문제해결방식, 갈등영역 등과 같은 다양한 성격적 측면을 평가할 수 있다. 특히 피검자가 보고한 이야기의 주요 인물을 중심으로 분석함으로써 피검자의 심리상태를 파악할 수 있다. 피검자가 보고하는 이야기의 주인공, 환경 자극의 압력, 주인공의 욕구, 대상에 대한 주인공의 감정, 주인공의 내적 심리상태, 주인공의 행동 표현방식 그리고 최종적 결론에 주목하여 평가한다. 이러한 방법은 개인의 욕구(need)와 환경적 압력(press) 간의 상호작용을 분석하는 것으로서 욕구-압력 분석법이라고 한다.

집–나무–사람 검사에서 피검자가 그린 그림의 예

기, 대칭, 왜곡 및 생략, 투명성, 움직임 등
과 같은 그림의 구조적 특성을 체계적으로
채점하여 해석한다.

　인물화검사(Drawing-A-Person: DAP)는
Goodenough(1926)에 의해 처음 개발된
검사로서 백지에 아무나 한 사람을 그리도
록 하는 그림 그리기 검사다. 이렇게 하여
그려진 그림의 다양한 특징을 분석함으로
써 개인의 성격적 특성을 평가할 수 있다.
그림을 해석할 때 고려하는 주요한 채점지
표로는 질적인 지표(부분들의 통합이 빈약
함, 얼굴의 음영, 몸통이나 사지 부분의 음영,
손이나 목의 음영, 사지의 비대칭성, 기울어진
그림, 작은 그림, 큰 그림, 투명성), 생략된 신체부위(눈,
코, 입, 몸, 팔, 다리, 발, 목), 의미 있는 특징(작은 머리,
열십자로 그린 눈, 이가 드러나는 그림, 짧은 팔, 긴 팔, 팔
이 몸에 붙어 있음, 큰 손, 손이 잘림, 다리가 겹쳐 있음, 성
기, 괴물 그림, 세 명 이상의 사람을 그림) 등이 있다. 그림
의 한 가지 특성이 어떤 성격특징을 반영하는 것으로
일대일식의 해석을 하는 것은 바람직하지 않으며 해석

인물화검사의 반응 예

내용을 뒷받침하는 다른 평가결과를 종합적으로 검토
하여 신중하게 해석해야 한다.

4) 문장완성검사

　문장완성검사(Sentence Completion Test: SCT)는 문
장의 첫 부분을 제시하고 미완성된 뒷부분을 채워 넣도

록 하는 준구조화된 투사적 검사다(Holaday, Smith, & Sherry, 2000). SCT를 통해서 개인의 자기개념, 부모나 타인에 대한 의식, 미래나 과거에 대한 태도 등과 같은 다양한 성격적 특성과 심리적 상태를 평가할 수 있다. SCT 문항의 예로는 "내가 가장 원하는 것은……" "나는 어린 시절에……" "어머니와 나는 ……" "나의 가장 큰 고민은……" 등이 있다. 검사자는 피검자가 문장을 모두 완성한 후에 의미가 있을 법한 답변에 대해서 추가적인 질문을 하여 피검자의 내적 갈등이나 태도를 좀

더 세밀하게 파악할 수 있다.

백용매와 김영환(2008)은 Forer(1993)의 구조화된 문장완성검사(Forer Structured Sentence Completion Test)를 번안하여 한국판 문장완성검사(Korean-Forer Structured sentence Completion Test: K-FSCT)를 개발하였다. 이 검사는 100문항으로 구성되어 있으며 중요한 인물에 대한 태도와 소망, 부정적인 감정의 원인, 주요한 상황에서의 특징적인 반응경향들 등을 평가할 수 있도록 구성되어 있다.

 요약 -

1. 성격평가는 개인의 성격특징을 파악하기 위해 체계적으로 계획된 일련의 과정을 통해서 이루어지는 심리평가 활동을 말한다. 성격평가는 매우 체계적이고 치밀한 과정을 통해서 이루어지는 전문적인 활동으로서 일반적으로 다섯 단계의 과정, 즉 (1) 평가목적의 명료화, (2) 자료수집 계획, (3) 자료수집 실시, (4) 자료의 해석과 통합, (5) 평가결과의 보고 및 전달과정을 통해서 이루어진다.

2. 개인의 성격을 평가하기 위해서 심리학자들은 크게 네 가지 영역의 자료, 즉 (1) 개별적 면담, (2) 행동관찰, (3) 개인의 생활사 관련 기록, (4) 피평가자를 잘 아는 주변인물들(가족이나 친구)의 보고, (5) 표준화된 심리검사를 통해 수집한 자료를 분석한다.

3. 개인의 심리적 특성을 가장 객관적으로 평가할 수 있는 방법은 심리검사다. 성격평가에 사용되는 심리검사들은 측정방법에 따라 자기보고형 검사, 투사적 검사, 과제수행검사로 구분된다.

4. 자기보고형 성격검사는 다양한 성격특성을 광범위하게 평가하는 다차원적 검사와 하나의 특정한 성격특성에 초점을 맞추어 평가하는 단일 검사로 구분된다. 다양한 성격특성을 평가하는 주요한 다차원적 성격검사로는 성격의 5요인을 측정하는 NEO 성격검사(NEO-PI)를 비롯하여 기질 및 성격 검사(TCI), 성격유형검사(MBTI), 다면적 인성검사(MMPI), 성격평가 질문지(PAI), 다축임상성격질문지(MCMI), 성격강점검사(CST)가 있다.

5. 투사적 성격검사는 성격의 무의식적이고 심층적인 성격특성을 평가하는 방법으로서 피검자에게 모호한 자극을 제시하여 그의 성격적 특성이 투사된 반응을 유도하고 검사반응을 면밀하게 분석함으로써 피검자의 무의식적인 성격특성을 평가한다. 대표적인 투사적 성격검사로는 로르샤흐검사를 비롯하여 주제통각검사(TAT), 그림 그리기 검사, 문장완성검사(SCT)가 널리 사용되고 있다.

제2부

:

성격의 주요 이론

제6장

정신분석이론

인간의 성격 전반을 설명하는 거대이론(grand theory) 중 가장 대표적인 것이 바로 정신분석이론이다. Sigmund Freud(1856~1939)에 의해서 제시된 정신분석이론은 개인의 성격뿐만 아니라 정신병리, 심리치료, 문화현상까지 설명하는 방대한 심층심리이론으로서 임상적 연구전통에서 생겨난 성격이론이기도 하다. Freud는 다양한 정신장애를 지닌 환자들을 면담하며 치료하는 과정에서 무의식과 성적인 욕구의 중요성을 깨달았다. 또한 자기분석의 경험에 근거하여 인간의 무의식적인 내면세계를 설명하는 성격이론을 제시함으로써 인간 이해의 새로운 지평을 열었다.

1. 기본가정

Freud는 19세기 후반에 오스트리아의 비엔나에서 개업한 가난한 신경과 의사였다. 그는 신체마비 증상을 호소하는 히스테리 환자를 치료하면서 심리적인 무의식적 갈등에 의해서 그러한 증상이 유발될 수 있다는 것을 발견했다. 다양한 환자를 치료하는 동시에 연구를 병행하면서 Freud는 정신장애뿐만 아니라 인간의 정신세계를 설명하는 방대한 이론체계를 구축하려는 야망을 갖게 되었다. 정신분석이론은 여러 단계의 발전과정을 통해 진전되었으나 기본적으로 다음과 같은 몇 가지의 가정에 기초하고 있다(Brenner, 1955).

첫째는 심리적 결정론(psychic determinism)으로서 인간의 모든 행동은 원인 없이 일어나지 않는다는 가정이다. 아무리 사소하고 이해하기 어려운 행동이라 하더라도 우연하게 일어나지는 않으며 심리적 원인에 의해 결정된다는 것이다. 우리의 신체와 마찬가지로, 정신 역시 우연히 일어나는 일은 없다. 터무니없는 말실수, 엉뚱한 내용의 꿈, 이해할 수 없는 심리적 증상을 포함하여 인간의 모든 심리적 현상은 그에 선행하는 어떤 원인에 의해서 결정된다. 그러나 인간은 자신의 행동을 결정하는 심리적인 원인의 극히 일부만을 의식할 뿐 그 대부분을 자각하지 못한다.

둘째는 무의식(unconsciousness)에 대한 가정이다. 인간의 심리적 세계에는 개인에게 자각되지 않은 무의식적 정신현상이 존재하며, 인간의 행동은 의식적 요인보다 무의식적 요인에 의해서 훨씬 더 강력한 영향을 받는다는 것이다. 이렇게 우리가 자각하지 못하지만 우리의 행동에 영향을 미치는 마음의 세계가 바로 무의식이다. 무의식에 의해서 인간의 많은 행동이 결정되기 때문에 우리 스스로 이해할 수 없는 수많은 행동과 현상이 나타나는 것이다. 정신분석이론은 인간행동에 영향을 미치는 무의식적 과정을 탐구하는 심층심리학이라고 할 수 있다.

셋째는 성적 추동(sexual drive)이 인간의 가장 기본적 욕구이며 무의식의 주된 내용을 구성한다는 가정이다. Freud는 성(sexuality)을 넓은 의미로 파악했으며 인간의 신체, 특히 성감대의 접촉을 통해 육체적 쾌감을 추구하는 모든 행위를 성적인 것으로 보았다. 성적 추동은 성인의 경우에 성기접촉을 통해 성행위로 나타나게 되지만 매우 다양한 형태로 표현될 수 있다. 성적 에너지를 인간 삶의 원동력으로 여긴 Freud는 어린 아동도 성적 추동을 지니며 양육자, 특히 어머니와의 관계에서 다양한 방식으로 표출된다고 보았다. 그러나 아동의 성적인 욕구는 사회의 도덕적 기준과 위배되기 때문에 억압되어 무의식 속에 자리 잡게 되고 인간의 행동에 지대한 영향을 미치게 된다. Freud는 나중에 성적 욕구와 더불어 공격적 욕구도 인간의 기본적인 욕구로 여겼다. 인간 심리는 기본적으로 성적인 욕구에 근거하고 있다는 주장은 Freud의 주된 공헌이지만 엄격한 도덕과 종교적 가치가 중시되는 그 당시의 유럽인들로부터 혹독한 비판의 대상이 되었다.

마지막으로, 정신분석이론은 어린 시절의 경험을 중요시한다. 어린 시절의 경험, 특히 부모와의 상호작용 경험이 성격형성의 기초를 이룬다고 본다. Freud는 성격의 기본적 구조가 5세 이전에 결정된다고 보았다. 성인의 행동은 어린 시절의 경험을 통해 형성된 무의식적인 성격구조가 발현된 것으로 이해된다. 따라서 개인의 행동을 이해하기 위해서는 어린 시절의 경험과 기억을 잘 탐색해야 한다는 것이 정신분석이론의 기본적 입장이다.

 Freud의 생애와 정신분석이론의 발전과정

Freud는 인간의 성격과 정신병리를 설명하는 거대한 심리학적 이론체계를 제시했을 뿐만 아니라 인간관의 혁명적 변화를 통해서 20세기의 문화 전반에 강력한 영향을 미친 위대한 인물이다. 그는 1856년 5월 6일 당시 오스트리아의 Freiberg라는 작은 마을(현재는 체코슬로바키아)에서 유태인 아버지 Jacob Freud와 어머니 Amalie 사이의 첫아들로 태어났다. Amalie는 Jacob보다 19세 연하였으며 그의 세 번째 아내였다. Freud가 출생했을 때에는 아버지의 전처에게서 태어나 이미 장성한 두 명의 이복형제가 있었다.

Freud 가족은 반유태주의를 피해 1859년에 오스트리아의 수도인 비엔나로 이주하였으며 Freud는 이곳에서 성장하였다. 직물상이었던 아버지는 가족 내에서는 권위적인 모습을 보였으나 유태인으로서 사회적 제약과 수모를 경험하며 많은 가족을 부양하기 위한 경제적 어려움을 겪었다. 어머니는 첫아들에 대해서 사랑과 긍지를 느꼈으며 많은 기대를 지닌 정이 많은 사람이었다. Freud는 2세경에 어머니의 벗은 모습을 보고 어머니에 대한 성적 애착을 느꼈다고 그의 전기작가인 Jones(1963)는 기술하고 있다.

Freud와 어머니의 관계는 비교적 갈등이 적었으나 아버지와의 관계는 복잡했던 것 같다. 1896년 부친이 사망했을 때 Freud는 심한 죄책감으로 괴로워했으며, 이를 계기로 자기분석을 시작하여 정신분석의 토대를 마련하였다. Freud가 심리학에 관심을 갖게 되었을 뿐만 아니라 그의 정신분석이론에서 성욕설과 오이디푸스 콤플렉스를 주장하게 된 것은 그 자신이 어머니와 아버지 사이에서 겪었던 어린 시절의 경험을 반영한 것이라는 주장이 있다. 또한 유태인이었던 Freud는 당시의 사회로부터 여러 가지 제한을 받고 있었으며 기존 학문에 대한 반항적 태도와 더불어 모세와의 동일시를 통한 가부장적이고 권위주의적인 선지자의 역할을 동경했다는 주장도 있다.

Freud는 1873년에 비엔나대학교의 의과대학에 입학하였다. 그 후 유태인으로서의 소외감과 열등감을 뼈저리게 느끼는 경험을 하였으며, 이러한 경험은 독립적인 판단력을 키우는 계기가 되었다. 1876~1882년까지 Freud는 실험의학의 아버지라고 하는 Brucke 교수의 생리학 실험실에서 일하였으며 이때 Josef Breuer를 만나 히스테리 증상에 관한 이야기를 접하게 된다.

정신분석이론의 발전과정은 다음과 같이 크게 네 단계로 나누어 볼 수 있다. (1) 신경증의 주된 원인을 심리적 외상으로 생각했던 시기(1886~1896년), (2) 의식 · 전의식 · 무의식의 지정학적 이론을 추동 중심으로 발전시키던 시기(1896~1923년), (3) 원초아 · 자아 · 초자아를 중심으로 한 성격구조이론을 자아 중심으로 발전시킨 시기(1923~1939년), (4) Freud 사후에 정신분석이 발전한 시기(1939년~현재).

제1기: 심리적 외상론의 시기(1886~1896년)

Freud는 Brucke 교수의 실험실에서 일하던 1880~1882년까지 신경과 의사 Breuer를 만나 Anna O의 사례를 접하면서 히스테리 증세에 관심을 갖게 되었다. 1885년에 그는 비엔나대학교의 신경병리학 강사가 되었으며 같은 해에 4개월 동안 프랑스 파리대학의 신경과 교수인 Charcot로부터 최면치료를 연수할 기회를 갖게 되었다. 이때 최면을 통해서 환자의 손과 발이 마비되거나 마비가 풀리는 것을 직접 목격하면서 충격을 받게 되었다. 신체적 마비를 주된 증상으로 나타내는 히스테리가 심리적 원인에 의해서 발생할 수 있다는 것과 무의식이 존재한다는 것에 대한 확신을 갖게 되었다. 나아가서 히스테리의 원인이 과거에 경험한 심리적 외상(trauma), 특히 성(性)과 관련된 충격적 사건일 수 있다는 점을 인식하게 되었다.

1886년에 파리에서 돌아와 결혼한 Freud는 신경과의사로 개업하여 신경증과 내과적 증상을 나타내는 다양한 환자를 치료하게 되었다. 특히 신체적 마비 증세를 나타내는 히스테리 환자에 대해 깊은 관심을 갖게 되었으며 상처받은 사건의 기억이 증세와 관련되어 있다는 것을 발견하게 되었다. 당시 Freud는 Charcot에게 배운 최면치료와 더불어 Breuer를 통해 알게 된 카타르시스 방법을 통해 치료했다. 1895년에는 Breuer와 함께 히스테리 환자의 증례를 보고하는 『히스테리 연구(*Studies on Hysteria*)』를 발표했다. 이 당시에 Freud는 심리적 외상이 히스테리를 비롯한 신경증의 주요한 원인이라고 생각했다. 특히 성적인 내용의 충격적인 사건에 대한 기억과 감정이 무의식적 과정을 통해서 증상을 유발하며 망각된 기억을 회상하고 관련된 감정을 배출함으로써 증세가 호전될 수 있다고 생각했다.

제2기: 추동 심리학의 시기(1896~1923년)

심리적 외상론에 근거하여 환자를 진료하던 Freud는 새로운 사례들을 접하면서 최면술의 효과에 실망하게 된다. 최면에 걸리지 않는 환자들이 많을 뿐만 아니라 그 효과도 일시적이어서 만족스럽지 않았다. 그래서 환자를 장의자에 눕게 하고 마음에 떠오르는 생각을 자유롭게 말하게 하는 자유연상법을 시도하게 되었다. 만 40세가 되던 1896년에 Freud는 자유연상법을 통해 환자의 무의식을 탐색하여 치료하는 자신의 방법을 '정신분석'이라고 처음 명명하였다. 이러한 점에서 1896년은 정신분석이 시작된 해로 여겨지고 있다.

Freud는 환자의 사례분석뿐만 아니라 자기분석을 통해 정신분석이론을 발전시켰다. Freud는 이미 1895년 7월에 꾼 '이르마의 주사'라고 명명된 자신의 꿈을 해석하면서 자기분석을 시작했다. 당시 Freud는 겉으로 보기에 성공한 신경과의사로서 다섯 명의 자녀를 둔 행복한 가장이었으나 내면적으로는 우울과 공포에 휩싸여 있었다. 자주 우울감에 빠졌고, 격렬한 분노를 경험했으며, 여행하기를 두려워했고, 때로는 길 건너는 것에서도 공포를 느꼈다. 특히 1896년 10월에 아버지가 사망했을 때 Freud는 심한 죄책감과 신경증 증세로 괴로워했으며 이를 계기로 자기분석을 시작했다. 이러한 자기분석은 Freud가 오이디푸스 콤플렉스와 유아기 성욕설을 비롯한 정신분석이론의 골격을 발전시키는 토대가 되었는데, 1895~1899년을 Freud의 자기분석기라고 한다.

1897년에 Freud는 불면증이 심한 한 부인환자를 치료하면서 발상의 전환을 가져온 새로운 임상경험을 하게 된다. 이 환자는 어린 시절에 아버지로부터 성적 유혹을 받은 기억을 떠올렸는데 매번 그 기억의 내용이 달랐다. 과거에 실제로 있었던 사건에 대한 기억이라면 기억의 내용이 매번 다를 수 없다는 것을 알게 되면서, 환자들이 호소하는 성적 외상의 내용은 실재한 사건에 대한 기억이 아니라 환자의 공상과 상상에 의한 것이라는 것을 깨닫게 되었다. 즉, 부모로부터 유혹받기를 기대한 공상이 마치 실제 사건인 것처럼 기억된다는 것을 깨닫게 되면서, Freud는 유아기 외상이론에서 유아기 공상이론으로 전환하게 된다. 즉, 실재하는 사건보다는 환자의 내면적 욕망과 공상이 증상을 초래하는 주된 심리적 원인이라는 것을 깨달은 Freud는 환자의 내면세계에서 일어나는 무의식적인 심리적 역동에 관심을 갖게 되었다. 이러한 발상의 전환이 정신분석의 진정한 시작이라고 보는 이들도 있다.

이러한 자기분석과 임상경험을 통해서 Freud는 인간을 특정한 방향으로 몰아가는 내면적인 충동, 즉 추동(drive)에 깊은 관심을 갖게 되었다. 또한 이러한 추동에 대한 내면적 공상과 심리적 과정을 이해하는 것이 심리학의 주요과제라고 생각하게 되었다. 이러한 생각 속에서 이루어진 Freud의 이론적 작업을 추동 심리학(drive psychology)이라고 한다. 그는 1900년에 발표한 『꿈의 해석』을 통해서 인간의 내면세계를 무의식, 전의식, 의식으로 구분하는 지형학적 모델(topographical model)을 제시했다. 무의식은 원시적이고 비합리적인 일차과정(primary process)에 의해 작동하며 쾌락원리를 따르는 반면, 전의식과 의식은 외부 현실을 고려하여 합리적이고 논리적으로 기능하는 이차과정(secondary process)과 현실원리를 따른다는 것이 그 골자다. 1905년에는 『성욕에 관한 세 편의 에세이』를 통해서 유아기 성욕설을 제시했다.

『꿈의 해석』은 세간의 주목을 받았고 추종자들이 생겨났다. Freud는 수요일마다 집에서 추종자들과 토론모임을 열었으며 점차 많은 사람이 참여하게 되면서 정신분석학회를 결성하게 되었다. Adler와 Jung은 이 시기에 Freud의 인정을 받으며 학회활동의 중심인물로 떠오르게 되었다. 1909년에 Freud는 미국의 클라크대학 총장이었던 심리학자 Stanley Hall의 초청으로 정신분석에 대한 강연을 하게 되면서 세계적인 명성을 얻게 된다. 1910년에는 국제정신분석학회가 결성되면서 추종자들이 급격히 증가하게 되었다.

제3기: 자아심리학의 시기(1923~1939년)

Freud가 궁극적으로 추구한 것은 인간의 정신세계 전체를 통합적으로 설명할 수 있는 심리학 체계를 구축하는 것이었다. 제2기에는 Freud가 인간의 추동을 중심으로 한 무의식 세계에 관심을 두었다면, 제3기는 인간이 환경과 상호작용하면서 내면적 추동과 외부적 현실을 조정하는 자아의 기능으로 Freud의 관심이 옮겨간 시기라고 할 수 있다. 그래서 이 시기를 자아심리학(ego psychology)의 시기라고 한다.

1923년에 Freud는 『자아와 원초아』의 발표를 통해서 지정학적 모델을 성격의 삼원구조 이론(tripartite theory of personality)으로 수정하면서 자아의 기능을 구체적으로 제시했다. 1926년에 발표된 『억압, 증상과 불안』에서는 불안을 위험신호에 대한 자아의 적극적인 반응으로 보았으며 자아는 불안감소를 위해서 방어기제를 사용할 뿐만 아니라 현실적 적응을 위한 여러 기능을 담당한다고 주장하였다. Freud의 막내딸인 Anna Freud는 이러한 생각을 이어받아 1936년에 발표한 『자아와 방어기제』에서 다양한 방어기제를 제시했으며 Freud 사후에 자아 심리학을 발전시키는 데 크게 기여하였다.

Freud는 평소에 하루 평균 20개비의 시가를 피우는 애연가였다. 1923년에 처음 턱에 암이 발생했으며 그 후 16년 동안 33회의 턱 수술을 받았다. 1939년 병세가 악화되어 더 이상의 삶이 무의미하다고 판단한 Freud는 안락사를 요구했으며 9월 23일 모르핀 투여를 통해 잠이 든 상태에서 세상을 떠났다. Freud는 호기심, 대담성, 불굴의 의지로 인간 정신의 심층세계를 철저하게 파헤친 위대한 탐구자였다. 또한 언어감각이 탁월한 문장가이기도 했다. 독일어로 쓰인 그의 글과 논문들이 영어로 번역되는 과정에서 미묘한 은유적 표현이 훼손되어 그의 사상이 왜곡되었다는 주장이 있다.

제4기: Freud 사후 정신분석의 발전(1939년~현재)

Freud 사망 이후에 정신분석은 크게 두 가지의 흐름으로 발전했다. 한 흐름은 Freud가 주장한 정신분석의 기본적인 주장을 고수하며 더욱 정교하게 발전시킨 것으로서 자아심리학, 대상관계이론, 자기심리학, 관계적 정신분석이 여기에 속한다. 이러한 네 가지의 정신분석이론은 이 장의 마지막 절에서 간략히 소개될 것이다. 다른 흐름은 무의식을 인정하되 Freud의 정신분석을 비판하고 독자적인 이론적 체계로 발전한 정신역동이론으로서 Jung의 분석심리학, Adler의 개인심리학, 그리고 Sullivan, Horney, Fromm 등과 같은 신(新)Freud 학파의 이론이 이에 해당한다.

2. 성격의 구조

1) 마음의 지형학적 모델: 무의식의 세계

본래 신경과 의사였던 Freud는 신체적 손상이 없음에도 불구하고 신체 일부의 마비 증상을 나타내는 히스테리 환자들을 치료하면서 이러한 증상이 심리적 요인에 의한 것임을 알게 되었다. 그러나 환자들은 자신의 증상이 왜 생겨났는지에 대한 자각이 전혀 없었다. 그 이유는 환자 자신도 알지 못하는 무의식 세계가 존재하며 그 속에서 일어나는 심리적 활동이 증상의 원인이기 때문이다. 자유연상과 꿈 분석을 통해 무의식의 존재와 기능을 인식한 Freud는 자신의 생각을 체계적인 이론으로 정리하여 발표하기 시작했다. 그는 1900년에 발표한 『꿈의 해석』에서 인간의 정신세계를 의식, 전의식, 무의식으로 구분하는 지형학적 모델(topographical model)을 제시했다.

이 모델에 따르면, 인간의 심리적 경험은 의식적 접근의 가능성을 기준으로 다음과 같은 세 가지 수준으로 구분할 수 있다. 그 첫째는 의식 수준(conscious level)으로서 항상 자각하고 있는 지각, 사고, 정서 경험을 포함한다. 이러한 의식적 경험은 인간의 정신세계에 있어서 극히 일부분에 해당된다. 정신세계라는 거대한 빙산에서 수면으로 떠오른 일부가 의식적 경험에 해당된다. 둘째는 전의식 수준(preconscious level)으로서 평소에는 의식하지 못하지만 약간의 노력을 기울이면 쉽게 의식으로 떠올릴 수 있는 기억과 경험을 의미한다. 전의식은 무의식의 내용을 의식으로 연결하는 교량 역할을 한다.

마지막으로, 무의식 수준(unconscious level)은 자각하려는 노력에도 불구하고 쉽게 의식되지 않는 다양한 심리적 경험을 포함한다. 이러한 무의식은 수용되기 어려운 성적 욕구, 폭력적 동기, 부도덕한 충동, 비합리적 소망, 수치스러운 경험과 같이 의식에 떠오르면 위협적인 것으로 느껴지기 때문에 억압된 욕구, 감정, 기억의 보관소라고 할 수 있다. Freud는 정신세계를 빙산에 비유하면서 [그림 6-1]과 같이 그 대부분은 무의식의 수면 아래 잠겨 있다고 주장했다. 이러한 무의식은 의식에 잘 떠오르지 않지만 개인의 생각과 행동에 지대한 영향을 미친다는 점에서 중요한 의미를 지닌다.

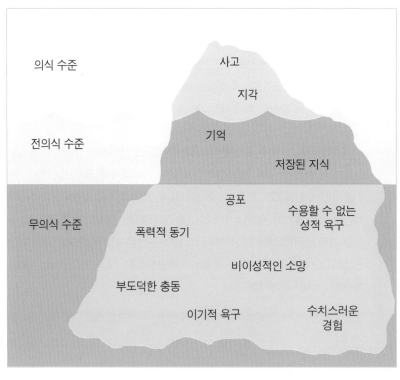

[그림 6-1] **마음의 지형학적 모델**

마음의 지형학적 모델은 무의식의 중요성을 강조한다. 정신장애를 유발할 뿐만 아니라 인간 행동의 대부분이 무의식 속에 존재하는 심리적 요인에 의해서 결정된다는 것이다. 따라서 정신분석 치료의 핵심은 무의식 속에 억압되어 있는 심리적 내용을 찾아내어 의식화하는 것이다. Freud에 따르면, 꿈은 무의식에 이르는 왕도다. 꿈 해석은 무의식을 이해하는 대표적인 방법으로서 꿈의 내용 속에 은밀하게 담겨 있는 무의식적 욕구, 소망, 갈등을 발견하는 것이다. 이 밖에도 다양한 심리적 증상을 비롯하여 일상적인 실수, 망각, 농담에도 무의식의 소망과 갈등이 위장되어 나타난다. 환자로 하여금 꿈을 비롯하여 그의 다양한 행동과 경험을 정밀하게 검토하여 무의식의 소망과 갈등을 의식화하도록 돕는 것이 정신분석의 핵심이다.

그런데 인간의 무의식 세계는 매우 복잡하고 다층적이어서 이해하기가 쉽지 않다. 무의식 세계에는 개인의 심리적 경험 중에서 자각될 경우 불쾌하거나 고통스럽게 느껴지는 것들이 억압되어 저장된다. 과거 경험은 의식되지 않는다고 해서 영원히 사라지는 것이 아니라 무의식 속에 남아 지속적인 영향을 미친다. 무의식에 저장된 심리적 요소들은 일치성이나 상충성에 따라 서로를 촉진하거나 억제하는 역동적인 관계를 지니는데, 이를 정신역동(psychodynamics)이라 한다. 개인의 행동은 다양한 무의식적 요소들 간의 타협과 절충의 산물이라고 할 수 있다. 이러한 점에서 인간의 무의식 세계는 과거의 수많은 기억과 억압된 경험들이 축적되어 있는 심리적 지하의 어두운 저장소인 동시에 다양한 심리적 요인들이 어둠 속에서 은밀하게 경쟁하고 타협하는 심리적인 지하공장이라고 할 수 있다. 이러한 무의식 세계의 구조와 작동원리를 밝히는 것이 Freud의 주된 관심사였다.

2) 성적 추동: 마음을 움직이는 원동력

Freud는 인간의 마음, 특히 무의식 세계를 움직이는 가장 근원적인 동력을 규명하고자 했다. 그는 자기분석과 임상경험에 근거하여 무의식을 움직이는 원동력은 추동(drive), 즉 내면적인 욕망과 충동이라고 생각했다. 추동은 개인을 어떤 방향으로 몰아가는 내면적인 힘으로서 무의식적인 심리적 과정을 통해서 개인의 행동과 증상에 영향을 미친다. Freud는 이러한 추동의 본질을 밝히고 추동이 개인의 삶에 영향을 미치는 무의식적인 과정을 규명하는 것이 정신분석의 주된 과제라고 생각했다.

추동(趨動, drive)은 정신분석이론의 가장 핵심적인 개념으로서 인간이 출생 초기부터 지니고 있는 생물학적인 욕구를 의미한다. Freud는 추동을 숨쉬기, 먹기, 마시기, 배설하기와 같은 행동을 유발하는 자기 보존적 추동(self-preservative drive)과 성적인 쾌락과 행동을 추구하는 종(種) 보존적 추동(species-preservative drive)으로 구분했다. 특히 일상생활에서 쉽게 충족되지 않을 뿐만 아니라 사회적으로 억압되는 성적인 추동(sexual drive)을 무의식 세계의 주된 동력이라고 생각했으며 이러한 성적인 에너지를 리비도(libido)라고 지칭했다.

Freud에 따르면, 인간이 나타내는 대부분의 행동은 근원적으로 성적인 추동에 의한 것이며 그러한 추동이 사회적으로 수용될 수 있는 형태로 변형되어 나타난 것이다. 그는 인간의 마음을 움직이는 가장 중요한 동력을 성욕이라고 보았다. 1905년에는 『성욕에 관한 세 편의 에세이』를 통해 어린 아이에게도 성욕이 있다는 유아기 성욕설을 제시했다. 이러한 주장은 당시에 종교인을 비롯한 많은 사람으로부터 비난과 공격의 대상이 되었다. 그럼에도 불구하고 자신의 임상경험과 자기분석 그리고 많은 문화적 현상의 관찰을 통해서 확신한 진실을 불굴의 의지로 정직하고 용기 있게 주장한 것은 Freud의 위대한 면모 중 하나다. 이처럼 성적 추동을 중심으로 체계화한 그의 주장들을 '추동 심리학'이라고 부르며 '리비도 심리학(libido psychology)' 또는 '원초아 심리학(id psychology)'이라고 부르기도 한다.

1919년에 발발한 제1차 세계대전과 둘째 딸의 사망을 경험하면서, Freud는 성적인 욕구뿐만 아니라 공격적인 욕구가 매우 보편적이고 강력함을 깨닫게 되었다. 그는 1920년에 『쾌락의 원리를 넘어서』를 통하여 자기소멸과 파괴를 향한 죽음 본능(thanatos)에서 유래하는 공격적 욕구를 인간의 근원적 추동으로 제안했다. 삶의 본능인 성욕과 죽음의 본능인 공격욕이 인간의 주된 두 가지 욕구라는 이러한 주장은 이중 본능 이론(dual instincts theory)이라고 불린다. 성욕과 공격욕은 서로 충돌하여 갈등을 일으키기도 하는데, 예를 들어 유아가 어머니의 젖을 빨면서 씹거나 깨무는 것은 이 두 가지 욕망이 함께 작동하는 결과로서 사랑과 미움 그리고 애착과 공격을 함께 표현하는 행위로 이해될 수 있다.

3) 성격의 삼원구조 이론

Freud는 인간의 다양한 행동을 설명할 수 있는 좀 더 정교한 성격이론을 개발하기 위해 끊임없이 노력했다. 그는 1923년에 발표한 『자아와 원초아』에서 마음의 지형학적 모델을 성격의 삼원구조 이론(tripartite theory of personality)으로 발전시켰다. 그는 원초아, 자아, 초자아라는 세 가지 심리적 구조를 제안했으며 특히 자아의 기능을 중요하게 여겼다. 인간의 정신세계는 매우 충동적이고 비합리적인 마음, 현실을 고려하는 합리적인 마음, 그리고 도덕과 양심을 중시하는 마음이 서로 충돌하고 타협하면서 외부세계와 상호작용한다. Freud는

이러한 세 가지 마음을 각각 원초아, 자아, 초자아라고 명명한 것이다.

원초아(原初我, id)는 충동적 행동을 유발하는 원초적 욕구와 이를 충족시키려는 심리적 과정을 의미한다. 원초아는 현실적 여건을 고려하지 않고 즉각적으로 욕구를 충족시키려는 쾌락원리(pleasure principle)에 따라 작동한다. 또한 자기중심적이고 비현실적이며 비논리적인 원시적 사고과정을 나타내게 되는데, 초기의 기초적인 심리적 과정이라는 의미에서 이를 일차 과정(primary process)이라고 부른다. 어린 유아는 이러한 원초아 상태에서 삶을 시작한다. 성적인 에너지인 리비도는 욕구를 충족시켜 줄 대상에게 지향되어 투여되는데 이러한 과정을 부착(cathexis)이라고 한다. 원초아는 항상 즉각적인 욕구충족을 추구한다. 그러나 욕구 충족이 차단된 상태에서는 원래의 충족 대상과 가장 유사한 다른 대상에게로 리비도 부착이 이동한다. 예컨대, 배가 고프면 엄마의 젖가슴을 찾지만 엄마가 없을 경우에는 엄마의 젖가슴에 대한 기억과 상상을 하게 된다.

어린 유아는 엄마와의 상호작용 속에서 욕구의 충족이 지연되거나 좌절되는 경험을 하게 된다. 이러한 과정 속에서 유아는 환경의 현실에 적응하는 심리적 기능을 발달시키게 된다. 예를 들어, 아이는 배가 고플 때 즉각적으로 울음을 터뜨리며 보채기보다는 "먹을 것을 주세요"라고 요구하는 것을 배우게 된다. 이처럼 욕구 충족을 지연하면서 현실을 고려하고 미래를 예상하여 행동을 선택하는 심리적 기능이 발달하게 되는데, 이것이 바로 자아다.

자아(ego)는 환경에 대한 현실적인 적응을 담당하는 심리적 구조와 기능을 의미한다. 이러한 자아는 생후 6~8개월부터 발달하기 시작하며 2~3세가 되어야 자아의 기능을 제대로 수행하게 된다. 자아는 현실의 여건을 고려하여 판단하고 욕구충족을 지연하며 행동을 통제

하는데, 이것은 자아가 현실원리(reality principle)에 따라 작동하기 때문이다. 자아는 감각과 운동, 지각, 추론, 판단, 기억, 언어 등의 인지적 기능을 비롯하여 감정조절, 만족지연, 좌절인내와 같은 다양한 적응적 기능을 담당한다. 자아는 현실적이고 합리적이며 이성적인 사고과정을 나타내는데, 이를 이차 과정(secondary process)이라고 부른다.

부모는 어린 자녀를 양육하면서 사회의 도덕과 윤리 규범에 따라 아이의 행동에 대해서 칭찬을 하기도 하고 처벌을 하기도 한다. 이런 경험이 반복되면서, 아이는 부모의 칭찬과 처벌에 일정한 규칙이 있음을 알게 되고 이를 자신의 심리적 세계 속에 내재화하게 된다. 이처럼 아동의 마음속에 내면화된 사회적 규범과 부모의 가치관을 초자아(超自我: superego)라고 한다. 아동은 초자아를 통해 자신의 행동을 스스로 통제함으로써 부모의 처벌과 그에 대한 불안을 회피할 수 있게 된다.

Freud는 초자아가 5~6세에 형성되기 시작하여 10~12세가 되어야 제대로 기능한다고 보았다. 아동이 부모가 자신에게 원하는 가치를 내면화한 자아 이상(ego ideal)도 초자아의 일부를 구성하게 된다. 초자아는 행동의 선악을 판단하는 도덕적 규범이나 가치관으로서 도덕원리(moral principle)에 따라 기능한다.

원초아는, [그림 6-2]에 제시되어 있듯이, 대부분 무의식 속에서 기능한다. 자아는 의식과 전의식 수준에서 외부현실과 접촉하며 원초아의 소망과 현실의 요구를 절충하는 기능을 한다. 초자아는 상당부분이 무의식에서 기능하지만 일부는 의식될 수 있다. 원초아, 자아, 초자아는 인간의 다양한 행동을 설명하기 위한 심리적 기능과 장치를 의미하는 것으로서 실재하는 것은 아니다.

인간의 마음에서는 원초아, 자아, 초자아가 서로 경합한다. 원초아의 힘이 강할 때는 충동적이거나 비이성적인 제멋대로의 행동이 나타나게 된다. 반면에, 초자

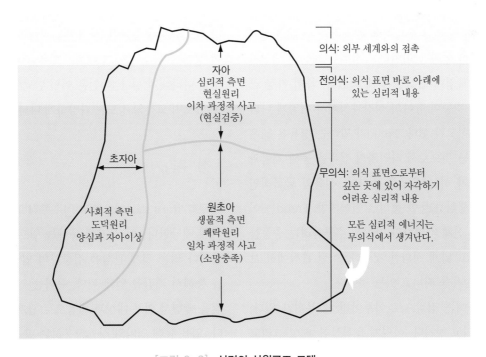

[그림 6-2] **성격의 삼원구조 모델**

아가 강할 경우에는 지나치게 도덕적이거나 완벽주의적인 완고한 행동이 나타날 수 있다. 자아는 외부 현실을 고려하여 원초아와 초자아의 요구를 절충하여 행동하려고 노력한다. Freud는 이처럼 인간의 정신세계에서는 원초아, 자아, 초자아가 서로 경쟁하고 타협하는 역동적인 과정이 일어난다고 보았다. 아울러 건강한 삶을 위해서는 자아의 기능이 중요하다고 보았다. 자아를 외부환경과 더불어 원초아와 초자아를 중재하는 성격의 중심구조로 여겼다. Freud에 따르면, 건강하고 성숙한 사람은 환경의 여건을 고려하여 원초아의 욕구를 초자아의 도덕관념과 절충하면서 적절하게 충족시키는 자아의 기능이 잘 발달된 사람이라고 할 수 있다. 달리 말하면, 욕망과 도덕 그리고 현실의 요구를 균형적으로 잘 조화시키는 사람이라고 할 수 있다.

3. 성격의 발달

Freud는 환자들의 무의식에 존재하는 어린 시절의 경험이 중요한 영향을 미친다는 사실을 깨닫게 되면서 유아의 발달과정에 관심을 갖게 되었다. 특히 가장 근원적인 성적 추동이 유아의 성장과정에서 어떻게 나타나는지를 밝히고자 했다. Freud가 말하는 성욕은 넓은 의미를 지니는 것으로서 타인과의 접촉을 통해 쾌락과 애정을 얻고자 하는 욕구를 뜻한다. 성욕의 궁극적인 목표는 성교행위를 통한 종의 보전이지만, Freud는 이와 관련하여 신체적 쾌락과 만족을 추구하려는 충동들을 성욕이라고 넓게 정의한 것이다. 이런 관점에서 보면, 유아도 성욕을 지니고 있는 것이다.

인간의 몸에는 점막으로 이루어진 세 부위가 있다. 입, 항문 그리고 성기다. 이렇게 음식섭취, 배설 그리고 성행위를 담당하는 세 부위는 피부의 보호를 위해 조밀한 세포구조로 이루어져 있고 많은 신경이 분포되어 감각과 쾌감을 민감하게 느낄 수 있다. 유아는 태어나면서부터 입으로 엄마의 젖꼭지를 빨면서 쾌감을 경험한다. 조금 더 성장하면 배변훈련을 받으면서 항문이 주된 관심사가 되고 이어서 돌출된 성기로 관심의 초점이 옮겨 간다. 이처럼 입, 항문, 성기는 쾌락과 만족감을 줄 뿐만 아니라 부모와의 상호작용이 일어나는 주된 신체기관이다. Freud는 이런 점에 착안하여 신체부위에 초점을 맞춘 심리성적 발달이론(theory of psychosexual development)을 제시하였다.

Freud는 유아 성욕(infantile sexuality)을 주장하면서 어린 아이가 쾌락을 추구하는 신체부위가 나이에 따라 변천하며 이러한 욕구충족 경험이 성격형성에 중요하다고 보았다. 즉, 어머니를 비롯한 양육자와의 상호작용에서 유아는 입, 항문, 성기를 통해 쾌락을 추구하는데, 이 과정에서 아이가 겪게 되는 욕구의 만족과 좌절의 경험이 성격형성에 중대한 영향을 미친다는 것이다. 특정한 심리성적 발달단계에서 욕구가 과도하게 좌절되거나 과도하게 충족되면, 성적 에너지가 그 단계에 고착되어 성인이 된 후에도 그 단계의 만족을 추구하는 성격특성을 나타내게 된다. 개인은 어떤 발달단계에도 고착될 수 있으며 고착의 정도는 다양하게 나타날 수 있다.

1) 구강기

구강기(oral stage)는 출생 직후부터 1년 반까지의 시기에 해당한다. 이 시기에 유아는 입으로 엄마의 젖을 빨거나 먹는 것에 관심을 집중하며 입술과 혀, 목구멍을 통해서 쾌감을 얻게 된다. 유아는 입을 통해 엄마의 젖을 빨면서 외부 대상과 처음으로 관계경험을 하게 된다. 입을 통해 엄마와 상호작용하며 만족감과 좌절감을 경험하며 외부 존재에 대한 기초적 인식을 형성하게 되는데, 이러한 경험들이 성격형성에 영향을 주게 된다.

구강기의 욕구가 과도하게 충족되면, 구강기 수용 성격 (oral receptive personality)이 형성되어 명랑하고 낙관적이며, 다른 사람을 잘 믿고 의존적이며, 요구가 많은 성격특성을 나타낼 수 있다. 반면에, 구강기 욕구의 과도한 좌절은 입으로 씹고 깨물고 내뱉는 행동을 유발함으로써 구강기 공격 성격(oral aggressive personality)을 형성하여 공격적이고 비관적이며, 냉소적이고 탐욕스러우며, 논쟁적인 행동을 나타낼 수 있다. 이처럼 구강기에 고착된 성격의 소유자는 엄지손가락 빨기, 손톱 물어뜯기, 펜이나 연필을 물기, 음주와 흡연, 수다 떨기와 같이 구강 만족과 관련된 습관적 행동을 나타낼 수 있다. 그러나 이 시기에 욕구가 적절하게 충족되면, 자신감 있고 관대하며 외부세계에 대해 신뢰감을 지니는 안정된 성격을 형성하게 된다.

2) 항문기

항문기(anal stage)는 생후 1년 반에서 3년까지의 시기로서 쾌락을 추구하는 신체부위가 입에서 항문으로 옮겨진다. 이 시기에 아동은 배변을 참거나 배설하면서 긴장감과 배설의 쾌감을 경험한다. 이 시기는 부모가 아동에게 배변훈련(toilet training)을 하는 시기로서 아동은 부모의 통제를 받게 되는 과정에서 갈등을 경험하게 된다. 배변 훈련과정에서 아동은 불안과 수치심을 경험하게 되며 자율성과 자기통제력을 발달시키게 된다.

항문기에 욕구가 지나치게 좌절되면, 완벽주의적이고 청결과 질서에 집착하며 인색한 항문기 보유 성격 (anal retentive personality)이 나타날 수 있다. 반면에, 항문기에 욕구가 적절한 좌절경험 없이 과도하게 충족되면, 감정적이고 분노를 잘 느끼며 무질서한 항문기 배출 성격(anal expulsive personality)이 나타날 수 있다.

그러나 적절한 욕구만족 경험을 하게 되면, 독립적이고, 자기주장적이며 협동적인 성격을 형성하게 된다.

3) 남근기

남근기(phallic stage)는 만 3세에서 6세 사이의 시기로서 쾌락을 추구하는 신체부위가 항문에서 성기로 바뀌게 된다. 남자 아동의 경우는 자신의 남근에 많은 관심을 갖게 되는 반면, 여자 아동은 남근에 해당하는 음핵을 통해 쾌감을 느끼려는 성향이 나타난다. 이 시기는 아동 성기기라고 불리기도 하는데, 아동은 성기에 대한 호기심과 노출행동을 나타내고 소변을 보면서 쾌감을 얻는다.

Freud는 남근기가 성격발달에 있어서 각별히 중요한 의미를 지닌다고 보았다. 성기에 대한 아동의 관심이 이성 부모에게로 확산되면서, 아동은 이성 부모에게 유혹적인 행동을 보이며 애정을 독점하려고 노력하는 동시에 동성 부모를 경쟁자로 인식하게 된다. 이 시기의 아동은 부모와의 삼각관계 속에서 복잡한 심리적 갈등을 경험하며 상상 활동이 활발해진다. 남자 아동은 어머니를 독점하려 하지만 경쟁자인 강력한 아버지에 의해 남근이 잘릴지도 모른다는 상상 속에서 거세불안 (castration anxiety)을 경험하게 된다. 어머니의 애정을 독점하려는 남자 아동은 아버지에 대해서 경쟁심, 적대감, 두려움, 존경심, 애정 등의 복잡한 감정 속에서 갈등을 경험하게 된다. Freud는 남자 아동이 어머니의 사랑을 얻기 위해 아버지와 경쟁하는 삼각관계에서 경험하는 복잡한 심리적인 갈등을 오이디푸스 콤플렉스(Oedipus complex)라고 명명했다.

남근기에 나타내는 남자 아동의 유혹적인 행동에 대해서 부모가 유연하게 대응하면, 아동이 세대의 구분을 이해하게 되면서 어머니에 대한 유혹적 행동이 줄어들고 아버지에 대한 동일시를 통해서 남자의 성역할을 학습하게 된다. 오이디푸스 콤플렉스의 원만한 해결은 건강한 성정체감의 형성, 초자아와 자아의 발달, 삼각관계의 수용과 더불어 건강한 이성관계를 맺을 수 있는 능력의 발달이라는 긍정적인 결과를 낳게 된다. 그러나 오이디푸스 콤플렉스가 잘 해결되지 못하면, 이후의 적응과 성격형성에 문제를 초래할 수 있다. 예컨대, 권위적 인물에 과도한 두려움과 복종적 태도를 나타내거나 지나치게 경쟁적 성격특성을 나타낼 수 있다. 여자 아동의 경우에는 아버지의 애정을 독점하려 하면서 어머니를 경쟁자로 인식되게 되는 유사한 현상이 나타나는데, 이는 엘렉트라 콤플렉스(Electra complex)라고 불린다. Freud는 오이디푸스 콤플렉스와 관련된 고통스러운 경험들이 나중에 성인기의 신경증을 유발하는 주요한 원인이라고 보았다.

4) 잠복기

잠복기(latency stage)는 만 6세부터 사춘기 이전까지의 시기로서 학업과 친구에 대한 관심이 증가하면서 성적인 욕망의 표출이 뚜렷하게 나타나지 않는다. 성적인 욕구가 잠복하는 대신에 아동은 학교생활, 친구교제, 운동, 취미활동에 관심을 쏟게 된다. 이 시기는 자아가 성숙하고 초자아가 확립되는 시기로서 현실적 성취와 원만한 대인관계를 위한 적응능력이 발달하게 된다. 그러나 이 시기에 좌절을 경험하게 되면, 열등감이 형성되고 소극적이고 회피적인 성격특성을 나타낼 수 있다.

5) 성기기

성기기(genital stage)는 사춘기 또는 청소년기 이후의 시기로서 육체적인 성숙과 더불어 성적인 측면에서 성인으로 발전하는 시기다. 이 시기의 성 에너지는 이성에게 집중된다. 성 욕구가 현저하게 증가하며 이성과의 연인관계를 통해서 성 욕구를 충족시키고자 한다. 성기기는 급격한 신체적 변화와 더불어 부모로부터의 심리적 독립과 자기정체성의 확립이라는 과중한 발달과제를 안고 있는 시기이기도 하다. Freud는 성기기를 통해서 성격형성이 완결된다고 보았다.

4. 성격과 방어기제

자아는 환경의 요구와 더불어 원초아와 초자아를 중재하는 성격의 중심구조로서 이들을 잘 조절해야 하는 부담을 지닌다. 자아의 기능이 약해지거나 다른 세력의 힘이 강해지면, 자아는 불안을 느끼게 된다. Freud는 1926년에 『억압, 증상과 불안』의 저술을 통해서 자아는 불안을 감소시키기 위해 방어기제를 사용한다고 주장했다. 그는 자아가 느끼는 불안을 세 가지 유형으로 구분했다. 그 첫째는 외부의 실재적 위협에 대한 현실불안(reality anxiety)으로서 현실의 위험요소를 제거함으로써 해소될 수 있다. 다른 두 가지는 개인의 내부에서 발생하는 불안으로서 원초아, 자아, 초자아 간의 갈등에 의해서 발생한다. 원초적인 욕구를 지나치게 억압하면 무의식의 원초아 세력이 강해져서 의식으로 침범하게 된다. 이러한 경우처럼 자아가 원초아의 세력을 조절하지 못함으로써 강렬한 욕망과 감정을 통제할 수 없을 것 같은 두려움을 느끼게 되는데, 이를 신경증적 불안(neurotic anxiety)이라고 한다. 또한 자아는 초자아와의 갈등으로 인해서 도덕적 규범이나 부모가 소중하게 여기는 가치를 위배하는 것에 대한 두려움을 느낄 수 있는데, 이것은 도덕적 불안(moral anxiety)이라고 불린다. 이러한 내면적 갈등으로 인한 불안을 감소시키기 위해서 자아가 발달시키는 기능이 방어기제(defense mechanism)다.

방어기제는 불안을 감소하기 위해서 무의식적으로 작동하는 자아의 기능으로서 다양한 종류가 있다. Freud가 억압, 부인, 투사 등과 같은 기본적인 방어기제를 소개했으며 그의 막내딸인 Anna Freud는 1936년에 『자아와 방어기제』를 통해서 다음과 같은 다양한 방어기제를 제시했다.

억압(repression)은 수용하기 힘든 원초적 욕구나 불쾌한 경험이 의식에 떠오르지 못하도록 무의식 속에 눌러두는 것을 뜻한다. 억압은 의식적인 경험을 무의식적인 것으로 전환시키는 것으로서 가장 일반적인 방어기제이며 불안의 원천이기도 하다. Freud에 따르면, 5세 이전에 발생한 성적 학대와 같은 외상 경험은 억압을 통해서 무의식에 저장되며 외상 기억의 과도한 억압은 히스테리 반응을 초래하게 된다.

부인(denial)은 자신의 감각이나 사고 또는 감정을 심하게 왜곡하거나 인식하지 못함으로써 고통스러운 현실을 부정하는 것이다. 예컨대, 사랑하는 사람을 갑자기 사고로 잃은 사람은 그의 죽음을 인정하지 않은 채 부정할 수 있다.

반동형성(reaction formation)은 받아들이기 어려운 심리상태와 반대되는 행동을 함으로써 불안을 회피하는 것이다. 예를 들어, 남편에 대한 증오심을 지닌 한 여성은 반대로 사랑과 헌신의 행동을 나타내면서 매일의 불쾌감을 회피하는 동시에 결혼생활 파탄의 위협을 피할 수 있게 된다.

투사(projection)는 용납할 수 없는 자신의 감정이나 욕구를 다른 사람의 것으로 돌리는 것을 뜻한다. 예를 들어, 직장상사에게 적개심을 지닌 부하직원은 자신의 적개심을 상사에게 투사하여 그가 자신을 미워한다고 인식할 수 있다.

대치(displacement)는 자신의 감정이나 욕구를 위험

한 사람이나 대상에게 표출하지 않고 안전한 것으로 돌려 대리적으로 충족하는 것을 말한다. 종로에서 뺨맞고 한강에서 화풀이한다는 말이 있듯이, 직장상사에게 야단을 맞은 사람이 상사에게 대들지 못하고 부하직원에게 짜증을 내는 경우가 이에 속한다.

합리화(rationalization)는 빈약한 성과나 실패와 같이 불쾌한 상황을 그럴듯한 이유로 정당화함으로써 불안을 회피하는 것이다. 합리화의 좋은 예는 포도를 따기 위해 노력했지만 결국 실패한 여우가 돌아서면서 "저건 신포도"라고 말하며 스스로를 위안하는 〈여우와 신포도〉의 비유다.

퇴행(regression)은 이전의 발달단계로 되돌아감으로써 현재의 불안이나 책임감을 회피하는 것이다. 대소변을 잘 가렸던 아이가 새로 태어난 동생에게 부모의 관심이 집중되면서 다시 대소변을 지리게 되는 경우가 퇴행에 속한다.

동일시(identification)는 다른 사람의 특징을 자신의 것으로 여기면서 불안과 같은 부정적인 감정을 감소시키는 것이다. 예를 들어, 강력한 힘을 지닌 아버지의 행동을 일부 따라 하면서 마치 자신이 아버지처럼 강력한 힘을 지닌 것으로 느끼는 어린 아이의 경우가 동일시에 속한다.

지성화(intellectualization)는 정서적인 주제를 이성적인 주제로 전환하여 추상적으로 다룸으로써 불안을 회피하는 것이다. 예를 들면, 여자로부터 거부를 당한 남자가 현대 여성의 심리와 이성관계에 대해서 지적인 분석을 하면서 자신의 고통과 상처를 회피할 수 있다.

승화(sublimation)는 성적이거나 공격적인 욕구를 사회적으로 수용될 수 있는 건설적인 행동으로 변환하는 것을 뜻한다. 예를 들어, 성적인 욕구를 아름다운 그림으로 표현하거나 공격적인 욕구를 스포츠 활동으로 표현하는 경우가 승화에 속한다.

이 밖에도 다양한 방어기제가 존재한다. Freud 사후에 자아의 중요성을 강조하면서 자아의 기능을 정교하게 체계화하는 이론이 발전하였는데, 이를 자아심리학(ego psychology)이라고 한다. 방어기제는 불안을 회피하기 위한 자아의 무의식적인 기능으로서 그 성숙도에 따라 다양하게 분류된다.

5. 성격과 정신병리

Freud에 따르면, 인간의 내면세계는 원초아, 자아, 초자아가 무의식 속에서 경합하는 역동적인 세계다. 원초아는 야생마처럼 성적인 또는 공격적인 욕망의 즉각적인 충족을 요구하며 날뛴다. 초자아는 엄격하고 깐깐한 교사처럼 도덕적 규범과 부모의 가치를 요구하며 압박한다. 자아는 외부적으로 현실의 상황을 고려하는 동시에 내면적으로는 원초아와 초자아의 요구를 절충하고 조정하기 위해서 애를 쓴다. 이처럼 인간의 내면세계는 다양한 심리적 세력 간의 힘겨루기와 더불어 타협을 위한 암중모색이 일어나는 역동적인 장이다.

심리적으로 건강한 사람은 자아가 잘 발달되어 주도권을 쥐고 원초아와 초자아의 요구를 적절하게 해소하면서 현실에 잘 적응한다. 그러나 여러 가지 이유로 자아가 조정자의 기능을 잘 하지 못하게 되면 무의식적인 갈등이 심화되고 심리적 증상이 초래될 수 있다. 무의식적인 갈등이 심화되는 첫 번째 이유는 성적이거나 공격적인 욕구의 과도한 억압으로 인해 짓눌린 원초아의 요구가 강력해지는 것이다. 둘째는 초자아가 과도하게 경직된 윤리의식이나 완벽주의적인 가치를 요구하는 경우다. 셋째는 현실적인 문제의 해결을 위한 심리적 부담이나 스트레스로 인해서 자아의 기능이 약화되는 경우다. 어떠한 경우든 자아가 효과적으로 조정자의 역할을 수행하지 못하면 심리적 불안을 느끼게 된다.

불안을 느끼게 되면, 자아는 방어기제를 동원하게 된다. 앞에서 언급했듯이, 방어기제는 매우 다양하다. 개인은 자신에게 익숙한 방어기제를 통해서 불안을 감소시키고자 한다. 이때 특정한 방어기제를 너무 자주 그리고 융통성 없이 부적절하게 사용하면, 현실적응이 저하될 뿐만 아니라 정신병리로 나타날 수 있다. 특히 미숙한 방어기제에 과도하게 의존하게 되면, 부적응이 심화되어 정신장애를 유발할 수 있다. 정신장애의 증상은 방어기제의 유형과 더불어 무의식적 갈등의 내용과 상징적 또는 연상적 관련성을 지닌 형태로 나타나게 된다.

방어기제는 그 성숙도에 따라 다양하게 분류된다. Vaillant(1971, 1992)는 방어기제를 그 성숙도에 따라 성숙한 방어(예: 승화, 이타주의, 유머), 신경증적 방어(예: 억압, 반동형성, 대치, 합리화), 미성숙한 방어(예: 퇴행, 신체화, 동일시, 행동화), 자기애적 방어(예: 부정, 분리, 투사)의 네 가지 유형으로 분류했다. 성숙한 방어기제는 적응에 도움이 되지만, 다른 유형의 방어기제는 과도하게 사용하게 되면 부적응적 결과를 초래하게 된다. 정신장애의 증상은 개인이 사용하는 부적응적인 방어기제와 밀접하게 관련되어 있다.

Freud는 성격특성과 정신장애의 기원이 어린 시절의 경험에 있다고 보았다. 그는 1920년에 발표한 『쾌락원칙을 넘어서』에서 반복강박(repetition-compulsion)의 개념을 제시하고 있다. 인간은 과거에 경험한 것을 반복하려는 집요한 경향이 있으며, 특히 어린 시절에 경험했던 행동을 성장 후에도 반복하게 된다. 성인이 되어 경험하는 심리적 갈등은 어린 시절에 경험했던 갈등이 부활하거나 재현된 것이라고 할 수 있다.

이런 점에서 개인의 성격과 증상을 이해하기 위해서는 어린 시절의 심리성적 발달과정을 잘 이해하는 것이 중요하다. 심리성적 발달과정에서 과도한 욕구만족이나 좌절을 경험하게 되면, 특정한 발달단계에 고착되어 성숙한 성격으로의 발달이 저해될 수 있다. 또한 성장한 후에도 심한 좌절을 경험하면, 만족스러웠던 이전의 발달단계로 후퇴하여 퇴행할 수도 있다. 즉, 정신장애는 심리성적 발달과정에서의 고착이나 퇴행에 의해서 이해될 수 있다. 특히 Freud는 남근기에 겪게 되는 오이디푸스 콤플렉스와 관련된 무의식적인 갈등이 나중에 성인기의 신경증을 유발하는 주요한 원인이라고 보았다.

모든 심리성적 발달단계를 원만하게 통과하는 경우가 드물기 때문에 인간은 대부분 성격적인 문제점과 정신병리에 대한 취약성을 지닌다. 특히 심리성적 발달과정에서 좀 더 이른 단계에서 갈등을 경험할수록 더 미숙한 방어기제를 사용하게 되고 그 결과 더욱 심각한 정신장애를 나타낼 수 있다. Freud는 남근기의 오이디푸스 콤플렉스에 초점을 맞추어 신경증을 설명하는 데 주력한 반면, 대상관계 이론가들은 남근기 이전의 생애 초기 단계에서 겪게 되는 어머니와 관계갈등에 초점을 맞추어 심각한 성격장애와 정신장애를 설명하고 있다.

6. 정신장애의 치료

정신분석치료의 궁극적인 목표는 내담자의 성격구조를 건강하게 변화시키는 데에 있다. 내담자가 호소하는 증상은 성격의 구조적 갈등에 의해 파생된 것이다. 내담자의 무의식적 갈등을 해결하고 건강한 성격을 함양함으로써 증상은 자연히 해소된다. 정신분석치료는 증상의 제거에 초점을 맞추기보다 증상을 유발한 무의식적 갈등과 성격적 문제의 해결을 목표로 한다.

1) 치료원리

대부분의 정신장애는 어린 시절의 좌절경험에 뿌리를 둔 무의식적 갈등에 의한 것이다. 내담자로 하여금 무의식적 갈등을 자각하게 하여 해결함으로써 정신장애가 치유될 수 있다. 즉, 정신분석치료의 핵심적 원리는 무의식을 의식화하는 것이다. 의식되지 않는 내면적 세계에 대한 자각을 확대하고 심화하는 것이다. Freud는 무의식적 갈등을 의식화하면 자아의 통제하에서 해결될 수 있다고 보았다. 비유컨대, 어둠 속에서 날뛰는 무의식적 욕망과 갈등에 의식의 빛을 비추어 그 정체가 드러나면 자아가 그것의 고삐를 틀어쥐어 통제가능한 상태로 조절할 수 있게 된다.

달리 말하면, 정신분석적 치료의 목표는 '원초아가 있는 곳에 자아가 있게 하는 것(Where Id was, Ego is)'이다. 자아의 기능을 강화함으로써 충동적이고 비합리적인 원초아를 효과적으로 제어하게 하는 것이다. 따라서 자아가 성격의 주인으로 확고하게 자리 잡고 원초아, 초자아 그리고 현실의 요구를 효과적으로 조정하는 것이다.

정신분석치료에서는 어린 시절을 포함하여 인생 전체의 경험을 재구성하고 무의식적 갈등을 자각함으로써 자기이해가 심화된다. 정신분석치료를 성공적으로 마친 내담자는 자신의 증상에 대한 무의식적 의미를 이해하고, 다른 사람과의 관계패턴에 대한 통찰을 얻게 되며, 부적절한 방어기제의 사용을 자제하게 된다. 따라서 내담자는 불필요한 심리적 에너지의 낭비가 줄어들게 되므로 의욕이 회복되고, 대인관계가 개선되며, 삶 속에서 즐거움을 느끼게 된다. 정신분석치료의 목표는 증상 제거를 넘어서 건강하게 일하고 사랑할 수 있는 성숙한 성격으로 변화하는 것이다(McWilliams, 2004).

2) 치료기법

정신분석 치료자는 내담자가 자신의 무의식적 갈등과 관련된 정보를 많이 내어놓을 수 있도록 유도한다. 이를 위해서 치료자는 중립적인 태도를 취하는 것이 중요하다. 내담자의 반응에 대한 치료자의 영향력을 최소화한 상태에서 내담자가 무의식적인 재료들을 떠올리도록 하는 것이 중요하다. 치료자는 내담자가 어떤 감정을 나타내더라도 즉각적으로 반응하기보다 그러한 감정을 이해하고 자유연상을 하도록 격려하는 것이 바람직하다.

또한 치료자는 내담자가 나타내는 모든 반응에 대해서 '고르게 주의를 기울이는 것(evenly hovering attention)'이 매우 중요하다. 특정한 반응에 남다른 주의를 기울이기보다 내담자의 모든 반응에 주의를 고르게 기울이며 내담자가 자신의 모습을 자연스럽게 나타낼 수 있도록 해야 한다. 이러한 태도를 유지하고, 다양한 방법으로 내담자가 자신의 무의식을 탐색하며 그 의미를 깨달을 수 있도록 유도한다. 무의식을 의식화하는 정신분석적 치료기법에는 자유연상, 꿈 분석, 전이분석, 저항분석 등이 있다.

정신분석치료를 하는 장면

(1) 자유연상

자유연상(free association)은 내담자가 편안하게 누운 상태에서 아무런 억제나 논리적 판단 없이 마음에 떠오르는 생각을 그대로 솔직하게 이야기하는 방법이다. 이는 의식적 억제를 최소화한 자유로운 상태에서 억압된 무의식 내용이 잘 떠오를 수 있다는 점을 이용한 기법이다. Freud는 자유연상을 촉진하기 위해서 환자를 장의자(couch)에 눕게 하고 눈 맞춤을 피할 수 있도록 그 머리맡에 앉아서 치료했다.

내담자는 누워서 자신의 마음에 떠오르는 것을 자유롭게 이야기한다. 치료자는 그의 이야기를 경청하며 그 내용뿐만 아니라 감정, 목소리, 침묵 등과 같은 다양한 반응을 유심히 관찰한다. 때로는 특정한 주제에 대해서 자유연상을 하도록 권할 수도 있다. 내담자는 자유연상 과정에서 자신의 무의식에 대한 자각이 증진될 수 있다. 치료자는 자유연상 내용을 다른 자료들과 통합하여 내담자의 무의식적 갈등을 이해하고 해석하는 데 활용하게 된다.

(2) 꿈 분석

꿈 분석(dream analysis)은 꿈에 나타난 주제나 내용들을 면밀히 분석함으로써 무의식의 갈등을 발견하는 방법이다. Freud가 "꿈은 무의식에 이르는 왕도"라고 말한 바 있듯이, 꿈 해석은 무의식의 활동에 관한 지식을 얻는 중요한 수단이다. 수면상태에서는 의식적 억제가 약화되기 때문에 억압되었던 무의식 내용들이 의식에 떠오르게 된다. Freud는 꿈과 증상이 유사한 구조를 가지고 있다는 점에 주목했다. 꿈과 증상은 모두 수용되기 어려운 욕구나 기억들이 상징적인 형태로 표현된 것이기 때문이다.

꿈은 원초아의 억압된 추동과 자아의 방어 사이에서 이루어진 타협의 산물이라고 할 수 있다. 꿈은 내담자가 기억하는 내용을 의미하는 현재몽(manifest dream)과 꿈에 상징적으로 표현되고 있는 무의식적 동기를 뜻하는 잠재몽(latent dream)으로 구분된다. 꿈 분석의 목적은 현재몽을 통해서 잠재몽을 이해하는 것이다. 꿈은 무의식 내용이 응축, 대치, 상징화 등 다양한 방어에 의해서 변형되어 있기 때문에 그 의미를 이해하기 어렵다. 치료자는 내담자로 하여금 꿈의 다양한 측면에 대해서 자유연상을 하도록 격려하며 통합적인 자료를 검토하여 꿈의 의미를 해석한다.

(3) 전이분석

내담자는 중립적인 태도를 취하는 치료자에게 나름대로의 독특한 감정과 관계패턴을 나타낸다. 전이(transference)는 내담자가 과거에 중요한 타인에게 느꼈던 감정이나 환상을 무의식적으로 치료자에게 나타내는 것이다. Freud는 초기에 전이가 치료를 방해하는 것으로 여겼으나 이러한 전이반응 속에 내담자의 핵심적인 무의식적 갈등이 담겨 있음을 발견하면서 정신분석의 중요한 치료수단으로 발전시켰다.

전이분석(transference analysis)은 내담자가 치료과정에서 치료자에게 나타내는 전이현상을 분석하는 것으로서 정신분석의 핵심적 요소 중 하나다. 치료자가 중립적인 태도를 취하는 이유는 내담자의 전이를 유도하기 위한 것이기도 하다. 내담자가 어린 시절에 부모에게서 느꼈던 감정과 관계패턴을 치료자에게 나타내도록 유도함으로써 그의 무의식적 갈등을 이해할 수 있기 때문이다. 그러므로 치료가 효과적으로 진행되려면 전이관계가 형성되어야 하며 전이분석을 통해서 내담자의 무의식적 갈등과 방어기제가 자각될 수 있다.

여기에서 주목할 점은 치료자도 내담자에게 전이현상을 나타낼 수 있는데, 이를 역전이(countertransference)라고 한다. 치료자의 역전이는 내담자의 반응을 왜곡하여 받아들이게 하기 때문에 최소화되어야 한다. 치료자는 교육분석을 통해서 자신의 무의식적 갈등을 충분히 이해하여 해소하는 것이 필수적이다. 그러나 현대의 정신분석에서는 역전이의 제거가 불가능하다는 점과 더불어 치료자와 내담자 두 사람의 상호전이를 이해하는 것이 중요하다는 점에서 역전이를 치료적으로 활용하는 움직임이 나타나고 있다.

(4) 저항분석

저항분석(resistance analysis)은 내담자가 치료과정에서 나타내는 비협조적이고 저항적인 행동의 의미를 분석하는 작업이다. 저항(resistance)은 내담자가 자발적으로 치료를 받기 위해 찾아왔음에도 불구하고 원활한 치료과정을 방해하는 다양한 반치료적인 행동들을 의미한다. 예를 들어, 치료시간에 늦거나 치료시간을 잊는 일, 꿈을 기억해 오지 않는 일, 자유연상이 잘 되지 않는 것, 치료에 흥미를 잃는 것은 저항의 한 형태라고 할 수 있다. 치료자는 이러한 저항행위에 주목해야 한다. 저항행위는 치료를 방해할 뿐만 아니라 내담자의 무의식적인 갈등을 반영하는 것이기 때문이다. 저항분석을 통해서 내담자의 무의식적 의도와 갈등을 살펴볼 수 있으며 내담자에게 저항의 무의식적 의미를 깨닫게 할 수 있다.

(5) 해석

내담자는 치료과정에서 스스로 자신의 무의식적 갈등에 대한 통찰(insight)을 얻게 된다. 그러나 모든 내담자가 스스로 통찰에 이르는 것은 아니며 통찰의 내용과 수준에 한계가 있다. 따라서 치료자는 내담자가 스스로 이해하기 어려운 무의식적 갈등에 대해서는 해석을 해 줄 수 있다. 치료자는 내담자가 내어놓는 다양한 무의식적 재료들을 종합하여 무의식적 갈등이나 방어기제를 해석해 줄 수 있다. 그러나 내담자에 의해서 수용되지 않는 해석은 무의미하기 때문에 저항과 방어를 잘 다루며 신중하게 이루어져야 한다. 일반적으로, 해석할 내용에 대해서 내담자가 어렴풋한 인식을 하고 있을 때 해석을 해주는 것이 바람직하다. 해석의 효과는 치료자가 제시하는 해석의 정확성보다 내담자가 받아들일 수 있는 수용상태와 더 밀접하다. 성급한 해석은 오히려 역효과를 낼 수 있다.

(6) 훈습

내담자가 자신의 무의식적 갈등을 깨닫게 되면 그러한 갈등에 휘둘리지 않으면서 행동에도 변화가 나타나게 된다. 그러나 무의식에 대한 깨달음이 행동변화로 이어지지 않는 경우도 많다. 무의식적 갈등이 어떻게 현실생활에서 나타나고 있으며 그에 대한 깨달음을 어떻게 적응적 행동으로 실천할 수 있는지를 검토하며 변화하는 점진적인 과정을 훈습(working-through)이라 한다. 치료자는 내담자로 하여금 무의식적 갈등이 자신의 삶을 어떻게 지배하고 있는지를 검토하고 그로부터 벗어나 실제생활에서 적응적 행동을 실천하도록 격려한다. 정신분석의 마지막 단계인 오랜 훈습의 과정에서 내담자는 점차적으로 미숙한 방어와 증상들을 포기하게 되고 충동들을 새로운 적응적 방식으로 충족시키게 된다. 이처럼 자신의 내면세계에 대한 자각능력이 증가하고 새로운 적응적 방어를 사용하게 됨으로써 성격의 구조적 변화가 나타나게 된다. 이러한 변화를 통해서 어린 시절에 경험한 무의식적 갈등에 묶여 있던 에너지가 자아를 더욱 건강하고 성숙하게 만드는 데 사용되면서 더욱 적응적이고 생산적인 삶으로 나아가게 된다.

7. 정신분석이론의 평가

성격의 심층심리를 이해하고 정신장애를 치료하는 데에 있어서 Freud의 공헌과 정신분석이론의 중요성은 아무리 강조해도 지나치지 않다. 인류는 Freud라는 위대한 인물을 통해서 인간의 무의식적인 정신세계를 이해할 수 있는 새로운 깊은 안목을 갖게 되었다.

Freud의 가장 큰 공헌은 인간의 본성에 대한 기존의 입장을 혁명적으로 뒤엎으며 인간의 심층적인 정신세계를 이해할 수 있는 이론체계를 제시했다는 점이다. Freud에 따르면, 인간은 자신이 행동하는 진정한 이유를 알지 못하는 무지한 존재다. 인간은 욕망 덩어리로 태어나며 환경에의 적응을 위해서 자아를 발달시킨다. 하지만 성적인 욕망은 무의식 속에서 끊임없이 충족을 원하는 반면, 인간이 살아가는 사회는 성적인 욕망의 억제를 요구한다. 인간 삶의 본질은 내적 욕망과 외적 요구 사이의 갈등이다. 자아는 이러한 갈등을 조정하며 삶을 건강하게 이끌어 나가는 성격의 중심이다.

정신분석이론은 인간의 성격구조와 역동을 체계적으로 설명하는 최초의 거대이론일 뿐만 아니라 정신장애를 치료할 수 있는 정신분석치료를 제시하였다. 20세기 초반에 제시된 Freud의 정신분석이론은 혁명적인 창의적 이론이었으며 심리학계뿐만 아니라 문학, 예술, 역사, 교육을 비롯한 다양한 분야에 심대한 영향을 미쳤다.

정신분석이론은 열광적 지지를 받았으나 여러 가지 한계로 인해서 강렬한 비판의 대상이 되기도 했다. 첫째, 정신분석이론은 실증적인 연구에 의하여 뒷받침되지 못하고 있다는 점에서 비과학적 이론이라는 비판을 받고 있다. 정신분석적이론은 대부분 임상사례의 해석적 분석을 통해서 발전되었을 뿐 과학적인 연구에 의해

검증되지 못했다. 그 이유는 정신분석이론에서 제시하는 개념들이 너무 추상적이고 모호해서 실증적으로 검증하기 어렵기 때문이다.

둘째, Freud의 정신분석이론은 19세기 말 성의 억압이 심했던 유럽 사회의 일부 환자를 대상으로 발전한 것이기 때문에 인간에 대한 보편적 이론으로 일반화하기 어렵다. 그의 이론은 성적인 욕구를 과도하게 강조하고 있으며, 성에 대한 자유를 누리고 있는 다른 문화권이나 현대 사회에는 적용하기 어렵다. Freud가 주장한 유아기 성욕설, 오이디푸스 콤플렉스, 남근선망과 같은 주장은 다른 정신분석가들에 의해서도 거부되었다.

셋째, Freud는 개인 내부에 존재하는 성격구조 간의 역동적 갈등에 초점을 두었을 뿐 대인관계적 측면과 사회문화적 요인의 영향을 충분히 고려하지 못했다. 대부분의 심리적 갈등은 다른 사람과의 상호작용 속에서 발생하게 한다. 개인을 둘러싸고 있는 사회문화적 요인이 개인의 정신세계에 강력한 영향을 미친다. 대인관계 측면을 강조한 Sullivan의 이론이나 사회문화적 요인을 반영한 Erickson의 이론은 Freud 이론의 한계를 극복하기 위한 시도라고 할 수 있다.

정신분석 치료는 장기간의 치료기간을 요할 뿐만 아니라 그 치료효과가 잘 검증되어 있지 않다는 비판이 제기되어 왔다. 대부분의 경우, 정신분석 치료는 주 2~3회 이상 수년간의 치료를 요하므로 많은 시간과 치료비를 요한다. 이와 같은 막대한 투자에 비해 치료효과가 불분명하다는 점에서 정신분석 치료의 효율성에 회의하는 사람들이 많다.

8. Freud 사후의 정신분석이론

Freud에 의해 시작된 정신분석이론은 여러 학자에 의해서 발전되었으며 새로운 이론으로 다양하게 변형되기도 했다. Freud 사후의 정신분석이론은 크게 두 가지의 유형으로 발전되었다. 그 한 유형은 자아심리학, 대상관계이론, 자기심리학과 같이 정신분석이론의 기본적인 주장을 수용하면서 발전된 이론들이다. 다른 유형은 Freud의 이론을 비판하고 독자적인 이론적 체계로 발전된 정신역동이론이 있는데, Carl Jung의 분석심리학, Alfred Adler의 개인심리학, 그리고 Sullivan, Horney, Fromm과 같은 신Freud 학파의 이론이 이에 해당한다. 여기에서는 Freud 사후에 발전한 현대 정신분석 이론의 세 가지 흐름, 즉 자아심리학, 대상관계이론, 자기심리학을 간략히 살펴보기로 한다.

1) 자아심리학

Freud 사후에 이루어진 주요한 진전은 자아심리학의 발전이다. 자아심리학(ego psychology)은 Freud가 말년에 중시했던 자아의 기능을 정교하게 설명하고 자아의 자율적 기능을 강조하고 있다. Freud가 주장한 고전적 정신분석은 무의식과 본능적 추동을 중심으로 전개되었기 때문에 추동 심리학 또는 원초아 심리학이라고 불린다. 그러나 Freud는 말년에 성격의 삼원구조 이론을 제시하면서 불안과 갈등을 조절하는 성격의 중심구조로서 자아를 중시했다. Freud는 인간의 정신세계에 있어서 원초아와 성욕의 중요성을 강조했지만 자아의 기능에 큰 기대를 걸었던 인물이다.

자아심리학은 자아를 원초아의 파생물로 보기보다는 그와 무관하게 독립적으로 발달하는 것으로서 자아의 자율적 기능을 강조한다. 고전적 정신분석은 자아가 원초아로부터 파생되는 것으로 가정하는 반면, 자아심리학은 기억, 지각, 운동 협응과 같은 독립적인 자아 기능이 존재한다고 주장한다. 또한 고전적 정신분석에서는 자아의 주된 기능이 원초적 본능과 사회적 규범 간의 갈등을 중재하는 것이라고 여기는 반면, 자아심리학에서는 자아가 이러한 갈등과 무관한 다양한 기능을 한다고 주장한다. 요컨대, 원초아의 충동과 상관없이 독립적으로 기능하는 자율적인 자아(autonomous ego)가 존재한다는 것이다. 자아심리학은 자아의 병리적 발달 과정뿐만 아니라 정상적인 발달과정에도 깊은 관심을 지니며 개인이 현실에 적응해 가는 과정을 중시한다. 자아는 현실검증, 충동통제, 정서조절, 판단과 행동, 대인관계, 논리적 사고과정, 방어기능, 성격의 통합과 같은 다양한 기능을 하는 것으로 알려지고 있다.

자아심리학의 대표적인 인물로는 Freud의 막내딸이자 방어기제를 상세히 밝힌 Anna Freud, 갈등과 무관한 자아의 기능을 연구한 Heinz Hartman과 Ernst Kris, 심리사회적 발달과정을 자세하게 제시한 Erik Erickson이 있다.

자아심리학에 근거한 정신분석치료에서는 자아 기능의 강화에 초점을 맞춘다. 심리적 갈등은 의식, 무의식, 현실과 가장 밀접한 관계를 맺고 있는 자아의 강화를 통해서 해결될 수 있다. 이를 위한 주된 방법은 자아

Anna Freud

분석(ego analysis)과 방어분석(defense analysis)이다(Prochaska, 2003). 자아분석의 중요한 목표는 바로 정체성, 친밀감 그리고 자아 통합성을 이루는 일이다. 자아분석은 고전적 정신분석과 크게 다르지 않아서 장기간의 집중적 치료와 더불어 자유연상, 전이, 해석을 사용하지만 좀 더 유연한 치료적 태도를 취한다. 또한 방어분석을 통해서 내담자가 자주 사용하는 방어기제를 명료화하고 직면시킬 뿐만 아니라 해석을 통해서 이러한 방어기제에 대한 통제력을 강화하도록 돕는다.

2) 대상관계이론

현대 정신분석이론의 주요한 진전 중 하나는 대상관계이론의 발전이다. 대상관계이론(object relations theory)은 초기 아동기에 성격구조가 발달하는 과정을 중시하고 있으며 Melanie Klein을 위시하여 Donald Winnicott, Otto Kernberg, Ronald Fairbairn, Harry Guntrip과 같은 여러 인물에 의해서 발전되었다. 대상관계이론은 오이디푸스 콤플렉스가 나타나는 남근기 이전의 어린 유아가 어머니와의 관계에서 겪게 되는 내면적 경험과 갈등에 초점을 맞추고 있다. 이러한 어린 시절의 갈등경험은 자기표상과 대상표상의 형성에 영향을 줄 뿐만 아니라 성인기의 대인관계에 강력한 영향을 미친다고 주장한다. 특히 대상관계이론은 고전적 정신분석에 의해서 잘 치료되지 않았던 자기애성 성격장애와 경계선 성격장애를 이해하고 치료하는 데 크게 기여했다.

대상(object)은 어머니를 비롯하여 개인이 관계를 맺게 되는 타자를 총칭하는 것으로서, 개인과 중요한 타인 또는 중요한 애정 대상(love object)과의 관계를 대상관계(object relation)라고 한다. Melanie Klein은 어린 유아가 어머니에 대해서 지니는 무의식적 환상을 탐구

Melanie Klein

하면서 대상관계의 중요성을 강조했다. 배고픈 유아는 어머니의 젖가슴을 통해 만족과 좌절을 경험하게 되면서 어머니의 좋은 젖가슴과 나쁜 젖가슴을 통합하지 못한 채 분리(splitting)를 통해 별개의 것으로 내면화된다. 좌절을 경험하는 어린 유아는 구강기 공격성을 통해서 나쁜 젖가슴을 공격하는 공상을 하게 되고 그로 인해 자신이 공격당할지 모른다는 박해불안을 지니며 분리, 투사, 내사와 같은 방어기제를 사용하는 편집분열 자리(paranoid-schizoid position)에 있게 된다.

그러나 아동은 점차 성장하면서 자신을 좌절시키는 가슴이 바로 자신에게 만족을 주었던 가슴이라는 것을 인식하게 된다. 좋은 젖가슴과 나쁜 젖가슴을 동일한 것으로 느끼게 된 아동은 어머니에 의한 지속적인 애정을 경험하면서 자신의 파괴적 환상에 대한 무의식적 죄책감과 더불어 슬픔과 관계복구의 욕구가 올라오게 되는데, 이러한 심리적 단계를 Klein은 우울 자리(depressive position)라고 명명했다. 또한 자신이 공격당하는 공포로부터 자신이 다른 사람을 해칠 수 있다는 두려움으로 옮겨 가게 되는데, 이러한 불안에 대해서 억압, 억제, 전지전능성 등의 방어기제를 사용한다.

아동은 사랑하는 사람을 잃을지 모른다는 공포를 경험하게 되면서 죄책감과 고통의 요소가 내포된 복합적인 사랑의 감정을 발달시킨다. 이를 통해서 아동은 사랑하는 사람의 주관적 경험에 대한 공감능력과 더불어 책임감과 배려를 키우게 된다. 또한 어머니가 일시적으로 떠날 경우에도 아동은 마음속에 내면화된 어머니 표상을 떠올리며 어머니의 부재에 대한 불안을 참아내면서 실재하지 않은 것에 대한 상징적 사고능력을 발달시킨다.

Klein이 제시하는 편집분열 자리와 우울 자리는 오이디푸스 단계 이전의 구강기에서 어린 유아가 자아와 대상관계를 발달시켜 가는 정상적인 단계를 의미한다. 아동은 적절한 양육경험을 통해서 무의식적 공상에 의한 대상표상들이 현실적인 것으로 수정되고 좋은 것과 나쁜 것을 통합시키면서 자아가 성장하고 Freud가 말한 쾌락원리에서 현실원리로 전환하게 된다. Klein은 아동이 편집분열 자리에서 우울 자리로 나아가고 또한 우울 자리를 극복해 나가는 과정이 건강한 성격형성과 성숙한 대인관계의 필수조건이라고 보았다. 이처럼 어린 시절의 대상관계 경험이 성격형성에 강력한 영향을 미치며 성인기의 대인관계와 사회생활에도 중대한 영향을 미친다고 주장했다. 내면적 공상과 외부적 세계의 변별능력이 결여되어 있을 뿐만 아니라 좋은 표상과 나쁜 표상의 통합실패로 인한 성격적 결함은 자신에 대한 비현실적 생각과 정서적 불안정을 특징으로 하는 성격적 문제를 유발하게 된다.

대상관계이론가들은 아동이 어머니와 분리되어 개별화를 이루는 과정에 깊은 관심을 보인다. Winnicott에 따르면, 자신과 타인을 구별하지 못하는 어린 유아는 자신이 세계의 중심이라는 느낌을 지니다가 서서히 어머니를 분리된 존재로 인식하게 된다. 그러한 과정에서 유아는 분리불안을 경험하며, 곰 인형과 같은 전이대상

(transitional object)에 집착하며 불안을 달랜다. 이때 유아가 안정감을 느끼며 개별화를 이루기 위해서는 어머니의 안아 주는 행동이 매우 중요하다. 심리치료에서도 마치 어머니가 아이를 안아 주듯이 치료자가 내담자와 고통과 불안을 함께하며 심리적으로 보듬고 안아 주는 환경(holding environment)을 제공하는 것이 중요하다. Winnicott은 자녀양육과 관련하여 '그만하면 좋은 어머니(good enough mother)'라는 용어를 사용하였다. 초기 유아기에는 유아의 욕구와 표현을 충분히 충족시키며 수용해 주다가 점진적으로 유아에게 독립성을 부여하고 좌절에 대한 인내를 길러 주는 어머니의 양육방식을 의미한다. 어머니의 양육태도에 따라 유아는 진정한 자기(true self)와 거짓 자기(false self)를 발달시킬 수 있다. 진정한 자기는 몸과 마음을 통해 강요되지 않은 자발적인 생생한 느낌을 경험하면서 발달하는데, 이를 위해서는 유아기의 아이가 나타내는 자발적인 감정과 표현을 어머니가 환영하고 인정해 주는 반응을 보여 주는 것이 중요하다. 그렇지 못할 경우, 어머니의 바람과 요구에 순응하는 거짓 자기를 발달시키게 된다.

Kernberg는 대상관계이론과 추동이론을 통합하여 자기애성 성격장애와 경계선 성격장애를 설명하고 치료하는 데 기여했다. 유아기에 아이는 어머니를 좋은 어머니와 나쁜 어머니로 분리하여 표상한다. 좋은 어머니의 표상은 좋은 자기상과 연결되며 긍정적인 감정을 유발하는 반면, 나쁜 어머니는 나쁜 자기상과 더불어 부정적인 공격적 감정을 촉발한다. 그러나 좀 더 성장하면 이러한 분리를 극복해야 한다. 분리된 표상을 하나의 전체로 통합하는 것이 중요하다. 즉, 자신이나 어머니가 좋을 수도 있고 나쁠 수도 있다는 것을 받아들일 수 있어야 한다. 경계선 성격장애 환자는 초기의 발달과정에서 이러한 통합을 이루지 못함으로써 성인이 되어서도 자신과 타인에 대한 사랑과 분노의 감정을 통합하

는 데 어려움을 겪으며 강렬한 애증의 감정을 표출하게 된다. 자기애성 성격장애 환자도 이와 비슷하게 좋은 자기와 나쁜 자기의 분리를 극복하지 못한 채 이상적 자기, 이상적 대상 그리고 현실적 자기의 병적인 융합인 웅대한 자기상에 대한 과도한 집착을 나타내는 것이다. Kernberg는 내담자의 전이에 초점을 맞추어 자기와 타인에 대한 왜곡 그리고 그와 관련된 감정을 집중적으로 다루어 주는 전이-초점적 분석방법을 제시했다.

3) 자기심리학

자기심리학(self psychology)을 제시한 Heinz Kohut은 자기(self)를 가장 중요한 심리적 구조로 보았다. Kohut에 따르면, 자기애는 인간이 발달하는 정상적인 과정에서 나타나는 것으로서 타인에 대한 애정에 우선한다. 유아는 부모와 상호작용하면서 자기감(sense of self)을 발달시키게 되는데, 유아의 욕구나 감정에 대한 부모의 공감반응은 통합된 자기를 발달시키는 데 매우 중요하다. 대부분의 심리적 장애는 자기구조의 결함에 기인하며 이러한 결함은 유아기에 어머니로부터 충분

Heinz Kohut

한 공감과 보살핌을 받지 못한 것과 관련된다.

유아는 부모의 애정과 보살핌을 받는 정상적인 발달 과정에서 웅대한 자기상을 형성하게 된다. Kohut은 통합적이고 건강한 자기감의 발달을 위해서 자기대상이 필요하다고 주장한다. 자기대상(selfobject)은 자기의 일부로 여기는 타인을 의미하는데, 아이에게는 부모가 중요한 자기대상이 된다. 부모는 아이의 욕구와 표현을 수용하고 공감해 주는 거울의 역할을 통해서 아이가 건강한 자기감을 발달시키도록 돕는다.

아이에 대한 부모의 공감 부족은 모든 정신병리의 뿌리를 이룬다. 적절한 자기대상의 결여는 무감각하고 게으르며 활기가 없는 우울 상태를 유발하게 된다. 그러나 웅대한 자기상을 건강한 자기애로 발전시키기 위해서는 좌절경험을 통해서 전능감의 환상으로부터 점진적

으로 깨어나야 한다. 이런 점에서 부모의 충분한 공감 속에서 적절한 좌절경험을 하는 것은 건강한 자기애를 발달시키는 필수요소다. 그런데 부모의 공감이 부족한 상태에서 과도한 좌절경험을 하게 되면, 웅대한 자기상에 집착하게 되면서 병적인 자기애로 발전하게 된다.

Kohut은 특히 자기애성 성격장애와 경계선 성격장애의 치료에 깊은 관심을 지녔다. 그는 두 성격장애는 모두 부모의 공감 부족에서 기인하는 자기장애라고 보았다. 따라서 치료에서 중요한 것은 내담자의 상처받은 자기를 이해하고 공감하는 것이다. 내담자는 치료자와의 관계에서 자기애적 상처를 표현하고 있으며, 치료자는 공감을 통해서 그러한 상처를 치유할 수 있다는 것이다.

 요약

1. Sigmund Freud에 의해서 제시된 정신분석이론은 인간의 성격 전반을 설명하는 가장 대표적인 거대이론이다. 정신분석이론은 개인의 성격뿐만 아니라 정신병리, 심리치료, 문화적 현상까지 설명하는 방대한 심층심리이론으로서 임상적 연구전통에서 생겨난 성격이론이다.

2. Freud는 다양한 정신장애를 지닌 환자들을 치료하는 과정에서 무의식과 성적인 욕구의 중요성을 깨달았다. 그에 따르면, 인간의 행동 대부분이 무의식에 의해서 결정되며 무의식의 주된 내용은 성적인 것이다.

3. 인간이 나타내는 대부분의 행동은 근원적으로 성적인 추동에 의한 것이며 그러한 추동이 사회적으로 수용될 수 있는 형태로 변형되어 나타난 것이다. 성욕은 인간의 마음을 움직이는

가장 중요한 원동력이다. 성적인 욕구나 경험은 사회적으로 용납되지 않기 때문에 무의식 속에 억압되지만 개인의 마음에 지속적인 영향을 미친다.

4. 인간의 마음은 성적인 본능적 충동으로 이루어진 원초아(Id), 본능적 충동과 환경적 요구를 중재하는 자아(Ego), 그리고 사회의 도덕적 가치관을 반영하는 초자아(Superego)로 구성되며 이러한 심리적 세력들 간의 힘겨루기, 즉 정신역동에 의해서 인간의 성격이 결정된다.

5. 어린아이는 신체부위에서 쾌락을 추구하는 유아 성욕을 지니며 어머니를 비롯한 양육자와의 상호작용에서 구강기, 항문기, 남근기를 통해 겪게 되는 욕구의 만족과 좌절의 경험이 성격형성에 중대한 영향을 미친다.

6. 아동은 점차 성장하면서 자아가 발달하여 성격의 중심으로 자리 잡게 되는데, 자아는 성적 또는 공격적 충동의 자각으로 인한 불안을 완화하기 위해서 억압, 부인, 투사, 합리화와 같은 다양한 방어기제를 발달시킨다. 특정한 방어기제의 습관적 사용은 성격과 정신병리에 영향을 미치게 된다.

7. 정신분석이론에 따르면, 개인의 성격은 (1) 원초아, 자아, 초자아 간의 역동적 관계, (2) 심리성적 발달과정에서 겪은 부모와의 갈등, (3) 불안을 완화하기 위해 습관적으로 사용하는 방어기제에 의해서 결정된다.

8. 대부분의 정신장애는 어린 시절의 좌절경험에 뿌리를 둔 무의식적 갈등에 의한 것이다. 내담자로 하여금 무의식적 갈등을 자각하여 해결함으로써 정신장애가 치유될 수 있다. 즉, 정신분석치료의 핵심적 원리는 무의식을 의식화하는 것이다. 정신분석적 치료기법에는 자유연상, 꿈 분석, 전이분석, 저항분석, 해석, 훈습 등이 있다.

9. 정신분석이론은 인간의 무의식적인 심층심리를 이해할 수 있는 이론체계를 제시했다는 인간 이해에 기여했다. 그러나 정신분석이론은 실증적으로 검증하기 어려운 추상적 개념의 남용, 성적 욕구에 대한 과도한 강조, 사회문화적 요인의 경시, 정신분석치료의 비효율성 등에 대한 비판을 받고 있다.

10. Freud 사후에 정신분석이론은 자아심리학, 대상관계이론, 자기심리학으로 발전했다. 또한 Freud의 이론을 비판하고 독자적인 이론적 체계로 발전한 신Freud 학파로는 Jung, Adler, Sullivan, Horney 등이 있다.

제7장
분석심리학과 개인심리학

1. 분석심리학

분석심리학은 Carl Jung(1875~1961)에 의해서 제시된 심층심리이론이자 성격이론이다. Jung은 한때 Freud와 함께 정신분석운동에 참여했으나 성적인 욕구를 지나치게 강조하는 것에 반대하여 결별하고 독자적인 이론체계를 제시하면서 분석심리학(analytical psychology)이라고 명명했다. Jung은 인간의 무의식이 충동적인 성적 욕망에 의해 이끌리는 것이 아니라 진정한 자기를 실현하도록 이끄는 지혜의 보고라고 보았다. 분석심리학은 Freud와 다른 새로운 관점에서 인간의 무의식 세계를 정교하게 설명하고 있다.

1) 기본가정

Jung의 분석심리학은 체험에 근거한 성격이론이다.

Jung은 정상인과 정신장애 환자를 비롯한 많은 사람의 마음을 관찰했을 뿐만 아니라 자신의 마음을 깊이 살펴본 경험에 근거하여 분석심리학의 이론을 제시했다. 분석심리학은 개인적인 경험에 기반한 이론으로서 객관적인 사실이나 절대적인 진리에 관해서 말하지 않는다. 분석심리학에서는 개인의 마음에서 일어나고 있는 사실과 경험에 초점을 맞출 뿐 그것의 옳고 그름이나 좋고 나쁨을 판단하지 않는다. Jung에게 있어서 "관념은 그것이 존재하는 한 심리학적으로 진실이다." 분석심리학은 개인의 주관적 경험에 근거하여 그의 마음을 이해할 수 있는 개념과 가설을 제시하고 있다.

Jung은 다음과 같은 언급을 통해서 자신의 학문적 입장과 삶에 대한 태도를 표현한 바 있다. "나의 생애는 무의식이 그 자신을 실현한 역사다. 무의식에 있는 모든 것은 사건이 되고 밖의 현상으로 나타나며, 인격 역시 그 무의식적인 조건에 따라 발전하며 스스로를 전체로서 체험하게 된다. 이러한 과정을 묘사함에 있어 나는 과학적인 언어를 사용할 수가 없다. 왜냐하면 나는 나 자신을 과학의 문제로 경험할 수 없기 때문이다. 내면적인 관점에서 본 우리의 존재, 즉 인간이 그 영원한 본질적인 성질에서 우리에게 보여주는 것은 오직 신화로서 묘사될 수 있다. 신화는 보다 개성적이며, 과학보다 더욱 정확하게 삶을 묘사한다. 과학은 평균개념을 가지고 작업을 하는데, 이것은 너무 일반적이어서 개인의 특유한 인생이 지니고 있는 주관적인 다양성을 올바르게 파악하기 어렵다"(Jung & Jaffé, 1965, p. 17).

분석심리학은 무의식의 존재와 영향력을 중시한다는 점에서 정신분석이론과 공통점을 지닌다. 무의식을 의식화하는 과정이 인간의 성숙에 중요하다는 것을 강조하는 점도 같다. 그러나 분석심리학은 무의식의 기능과 내용에 대해서 정신분석이론과 다른 견해를 제시한다. Freud는 무의식의 실체를 성욕구와 같은 미숙하고 비합리적인 것으로 본 반면, Jung은 무의식을 개인의 삶에 방향을 제시하는 지혜로운 것으로 여긴다. 환자가 나타내는 증상의 의미에 대해서 Freud는 과거에 경험한 상처의 결과라고 보는 반면, Jung은 미래에 나아갈 방향을 보여 주는 신호라고 보았다.

Jung의 분석심리학은 인과론적인 관점보다는 목적론적인 관점에 근거하고 있다. 인간의 마음은 무의식을 좀 더 충만하게 발현하도록 기능하는 자기조절적인 체계다. 인간은 기본적으로 과거경험에 의해 밀려가기보다 미래를 향해 나아가는 존재다. Freud는 인간을 성욕과 같은 본능적 욕구에 의해 전전긍긍하며 떠밀려가는 존재라고 본 반면, Jung은 무의식의 발현을 향해 나아가는 존재라고 보았다. 즉, 인간은 과거의 원인, 즉 "~때문에(because of)" 행동하는 것이 아니라 미래의 목적, 즉 "~을 위해서(for the sake of)" 행동하는 존재라는 것이다. Jung은 무의식이 전체성과 통일성을 이루며 진정한 자기를 발현하는 개성화 과정을 중시했다.

Jung은 인간의 마음을 환원론적으로 설명하는 것에 반대했다. 즉, 심리적인 것을 그 자체로 인정하고 이해하고자 했으며 뇌기능이나 다른 신체적 기능으로 설명하려는 어떠한 접근도 배격했다. Jung은 인간의 삶과 마음을 이해하기 위해서 객관적으로 설명하기는 어렵지만 인간을 이끌어나가는 어떤 정신적 존재, 즉 영혼을 가정한다. 그에 따르면, 우리의 마음은 우리가 움직이는 것이 아니라 우리의 마음속에 존재하는 영혼에 의해서 움직인다. 인간의 마음은 그러한 영혼을 받아들이는 그릇일 뿐이다. 그러나 자아의 기능을 무시하는 것은 아니다. 자아의 결단 없이는 어떠한 무의식도 의식으로 동화될 수 없다. 자아는 우리 마음의 주인이라고 할 수는 없지만 마음을 관리하는 문지기라고 할 수 있다. Jung은 자아의식을 넘어선 광대한 정신세계를 지적함으로써 인간 정신의 전체성을 강조하고 있는 것이다.

 Jung의 생애와 분석심리학의 발전과정

Jung은 인간의 정신세계를 가장 넓고 깊게 탐구한 심리학자로서 불교를 비롯한 동양의 종교와 문화에도 깊은 이해를 지녔으며 동서고금의 지혜를 통섭하여 인간의 마음을 설명하고자 했던 위대한 인물이다. 그는 1875년 7월 26일 스위스 동북부의 작은 마을 Kesswil에서 아버지 Paul Jung과 어머니 Emilie Preiswerk의 네 번째 아이로 태어났다. 유년기에 다른 형제들이 사망했기 때문에 Jung은 여동생이 태어난 9세까지 독자로 자랐다. Jung의 아버지는 바젤 교외에 있는 작은 도시의 개신교 목사였으며 어린 Jung에게 라틴어를 가르친 고전학자이기도 했다. 자상하고 친절하여 신도들의 존경을 받았으나 가정에서는 쉽게 화를 내고 자신의 감정을 노출하는 등 표리부동한 모습을 보였다. Jung은 이러한 아버지에게 존경심과 더불어 실망감을 지니게 되었다. 아버지에 대한 Jung의 감정은 나중에 Freud에게 투사되어 두 사람의 관계에 영향을 미친 것으로 해석되고 있다.

Jung의 어머니는 정서적으로 불안정한 사람이었다. Jung은 그의 어머니가 기분변화가 심한 예측할 수 없는 인물이었다고 회고하고 있다. 그의 어머니는 Jung이 어렸을 때 바젤에 있는 정신병원에서 수개월을 보냈는데, 이때 Jung은 어머니의 오랜 부재로 깊은 슬픔에 빠지기도 했다. Jung의 어머니는 따뜻한 모성적 측면과 더불어 직관적이고 날카로운 측면을 지닌 사람으로서 이러한 어머니에게 Jung은 양가감정을 지니고 있었다고 한다.

Jung은 예민한 감수성을 지닌 내향적인 소년이었으며 유년기를 외롭게 혼자 보내는 시간이 많았다. 그는 스위스의 호수와 숲을 좋아했으며 혼자만의 공상에 빠져드는 때가 많았다. Jung은 11세에 바젤의 김나지움에 입학했는데, 어느 날 운동장에서 한 아이가 세게 밀치는 바람에 넘어져서 기절한 이후부터 자주 기절하는 일이 생겼다. 특히 학교에 가야 하거나 숙제를 빨리 끝내야 할 때 기절하는 일이 반복되어 결국 한동안 학교를 쉬게 되었다. 그러던 중 Jung은 아버지가 아들이 나중에 밥벌이조차 못하게 될 것을 걱정하는 말을 듣고 나서 공부를 해야겠다고 결심했다. Jung은 나중에 자신의 기절경험을 통해서 신경증이 어떤 것인지 이해하게 되었다고 회고했다.

Jung은 청소년기에 자신에 대한 회의와 불만을 느끼며 철학서적을 많이 읽었다. 쇼펜하우어와 칸트의 책을 좋아했는데, 쇼펜하우어의 염세적인 세계관보다 칸트의 순수이성비판에서 더 큰 감명을 받았다고 한다. Jung은 대학 진학을 앞두고 전공 선택의 고민에 빠졌다. 철학과 역사학을 비롯한 인문학과 더불어 자연과학에도 마음이 끌렸기 때문이다. 이 무렵 Jung은 자신의 마음속에서 두 개의 인격이 갈등하는 것을 느꼈다고 한다. 제1인격은 '수학도 제대로 이해하지 못하면서 자신감조차 부족한 학생'이었으며 제2인격은 '위대한 권위자로서 영향력 있는 강한 남자'였다. Jung은 이후에도 내면에서 제1인격과 제2인격이 갈등하는 것을 지속적으로 느꼈으며 꿈에서도 이러한 두 개의 인격이 다양한 모습으로 나타나는 것을 느꼈다고 한다.

대학입학 자격시험이 다가오면서 Jung은 자연과학 분야에 응시하기로 결정했다. 그 즈음에 꾸었던 두 개의 꿈을 근거로 Jung은 자연과학을 전공하기로 결정했으며, 그의 할아버지처럼 의학을 전공하려는 마음을 먹게 되었다. 1895년 바젤 대학교에 입학하여 1903년까지 자연과학과 의학을 공부했다. 의대를 다니면서도 Jung은 지속적으로 철학을 비롯한 다방면의 책을 읽었다. 그는 테이블이나 칼이 아무런 이유 없이 부서지는 것과 같은 초자연적 현상을 경험했는데, 이러한 경험은 그가 영적인 주제에 관심을 갖게 했다. Jung은 전 생애를 걸쳐서 철학, 신학, 인류학, 과학 그리고 연금술과 신화학 등 다양한 분야에 관심을 지녔다.

1) Freud와의 만남

Jung은 의과대학을 졸업하고 진로를 고민하던 중 Kraft-Ebing의 책 서문의 "정신병이란 인격의 병이다"라는 글을 보고 마치 하나의 계시를 받은 것처럼 자신이 택해야 할 전공이 정신의학 외에는 없다는 사실을 깨닫게 되었다고 한다. Jung은 1900년에 취리히의 Burkholz 병원에서 정신분열증 연구의 개척자인 Eugen Bleuler의 차석 조수로 일하게 되었다. 이 시기에 만난 한 젊은 여자 환자는 정신분열증으로 진단되었으나 Jung은 우울증이라는 인상을 받고 나름대로 개발한 연상검사를 해보았다. 아울러 그녀에게 꿈을 이야기하게 하면서 Jung은 그녀의 과거와 비밀을 밝혀낼 수 있었으며 그녀가 심인성 우울증을 앓고 있다고 확신하게 되었다. Jung은 그녀의 내면세계에 대해서 이해하게 된 모든 것을 말해 주었으며 그것이 효과를 거두어 그녀는 두 주일쯤 후에 퇴원하였다. 그 후 Jung은 여러 해 동안 단어연상검사에 관한 연구를 하면서 무의식적인 '콤플렉스'의 존재를 발견하였고 이것은 Freud와 접촉하게 되는 계기가 되었다.

1906년에 Jung은 Freud의 『꿈의 해석』을 읽고 자신이 한 단어연상검사의 연구결과와 관련성이 있음을 깨닫고 자신의 논문을 Freud에게 보내 서신을 통해 서로의 의견을 교환했다. 1907년 2월 27일에 32세인 Jung은 비엔나에서 51세인 Freud와 감격적인 상봉을 하고 무려 13시간 동안 열띤 토론을 했다. 이후 Freud와 Jung은 서로의 견해에 관심을 가지게 되었고, Freud는 Jung을 '정신분석 운동의 후계자'로 생각하였다. Jung은 1910년에 새로 결성된 국제정신분석학회의 회장을 맡았으며 두 사람의 우정과 협력은 1913년까지 6년 동안 계속되었다.

그러나 두 사람은 인간관에 있어서 좁히기 어려운 간격이 있었다. Jung은 Freud가 주장하는 성욕설에 대해서 인정할 수 없었다. 그러나 Freud는 성욕설을 정신분석의 요체로 여겼으며 성욕설을 인정하지 않는 것은 정신분석을 버리는 것으로 간주했다. 1912년에 Jung은 『리비도의 변환과 여러 상징』이라는 책을 통해서 자신의 의견을 표면화했다. 무의식에는 억압된 성적인 욕구뿐만 아니라 종교적 심성과 같은 다양한 창조적 가능성이 내재해 있으며 이러한 것들은 모든 인류에게 내재하는 원형이라고 주장하였다. 이러한 주장은 Freud에게 수용될 수 없는 것이었으며 결국 Jung은 Freud와 결별하고 1913년 국제정신분석학회의 회장직을 사임하였다. 또한 대학과 개업을 병행하던 생활을 청산하고 연구에만 집념하기 위해서 취리히대학의 강사직을 사임하였다.

2) 분석심리학의 개발

1913년에 38세였던 Jung은 Freud의 정신분석과 결별하고 자신의 심리학을 '분석심리학'이라 명명했으며 1919년까지 자신의 내면세계에 대한 분석작업에만 몰두하는 내향기로 접어들었다. Freud와의 결별은 Jung에게 큰 충격이었으며 이후 6년간 정신적인 위기의 기간을 겪게 된다. 이 기간 동안 그는 세상으로부터 철수하고 고독 속에서 자신의 무의식을 깊이 탐구하였다.

분석심리학은 Jung 자신의 개인적 체험과 환자의 치료경험뿐만 아니라 서양철학, 동양종교, 신비주의, 영지주의, 심령술, 연금술, 신화학, 문학과 예술 등 다양하고 방대한 자료에 근거하고 있다. Freud와 결별한 이후 Jung은 원형, 집단적 무의식, 아니마와 아니무스, 그림자와 같은 독창적인 개념을 발달시키며 분석심리학을 체계화해 나갔다. 그는 『심리학 유형』(1921), 『자아와 무의식의 관계』(1928), 『심리학과 연금술』(1944), 『아이온: 자기의 현상학에 대한 연구』(1951)를 비롯한 많은 저술을 남겼으며 심리학뿐만 아니라 종교, 예술, 문학과 같은 다양한 분야의 주제들에 대해서 자신의 견해를 제시했다.

Jung은 많은 저술과 논문을 남겼으며 사회적 인정과 명예를 얻었다. 그러나 1944년에는 심장마비와 임사체험을 경험하기도 했으며 나치정권을 옹호한 반유대주의자라는 비난과 더불어 여러 여성들과의 복잡한 관계에 대한 의혹을 받기도 했다. 그러한 와중에서도 활발한 저술활동과 더불어 심리치료와 강연활동을 열정적으로 계속해 나갔다. 이러한 그의 삶은 창조성과 인격적 통합이 최고조에 이르는 시기가 바로 중년기 이후라는 자신의 믿음을 잘 보여 주고 있다. Jung은 말년에 색전증을 앓았으며 그로 인한 뇌졸중으로 언어기능이 떨어지기도 했다. 1961년 6월 6일 길고 느린 석양빛이 희미해질 무렵에 Jung은 86세의 나이로 영면에 들었다. Jung이 82세부터 Aniela Jaffé에게 자전적 체험을 구술한 내용은 그가 서거한 후 1962년에 『C. G. 융의 회상, 꿈, 그리고 사상』으로 출간되었다.

2) 성격의 구조

Jung이 제시하는 성격이론의 핵심은 전체성이다. 인간의 성격 전체를 Jung은 '영혼(psyche)'이라고 불렀으며 모든 사고, 감정, 행동, 의식과 무의식을 포함한다. Jung에 따르면, 인간은 여러 부분의 집합이 아니라 하나의 통합적 전체다. 인간은 전체성을 지니고 태어나고, 분화와 통합을 반복하며, 전체성을 발현해 나간다. 인간이 일생을 통해서 추구해야 할 것은 타고난 전체성을 되도록 최대한으로, 분화된 것을 일관성 있고 조화롭게 발전시키는 것이다. 뿔뿔이 흩어져 제멋대로 움직이며 갈등을 일으키는, 즉 여러 체계로 분화되어 분열된 성격은 건강하지 못한 성격이다. Jung은 자기(Self)를 성격의 중심이자 전체로 보았다.

(1) 의식, 개인 무의식과 집단 무의식

Jung은 인간의 마음을 설명하면서 세 가지 수준의 마음, 즉 의식, 개인 무의식, 집단 무의식으로 구분했다. 의식(Conscious)은 개인이 유일하게 직접적으로 알 수 있는 부분이며 태어날 때부터 죽을 때까지 지속적으로 성장해 간다. 개인은 타인과 구별되는 자신만의 고

유한 존재로 성장하는데, Jung은 이러한 과정을 개성화(individuation)라고 지칭했다. 개성화의 목표는 개인이 가능한 한 완전하게 자신의 전체성을 인식하는 것, 즉 '자기의식의 확대'에 있다. 개성화는 무의식적인 내용을 의식으로 가져옴으로써 이룰 수 있다. 의식이 증가하면 개성화도 증대된다. 이러한 의식의 중심에는 자아(ego)가 존재한다. 자아는 개인의 정체성과 자기가치감을 추구하며 자신과 타인과의 경계를 수립하여 구분하는 기능을 한다. 뿐만 아니라 자아는 의식에 대한 문지기 역할을 하며 지각, 사고, 기억 그리고 감정이 의식될지 여부를 판단한다. 인간은 의식의 중심에 있는 자아가 다양한 경험의 의식화를 허용하는 한계 내에서 개성화를 이룰 수 있다.

개인 무의식(Personal Unconscious)은 자아에 의해서 인정받지 못한 경험, 사고, 감정, 지각, 기억을 의미한다. 개인 무의식에 저장된 내용들은 중요하지 않거나 현재의 삶과 무관하다고 여겨지는 것일 수 있다. 또는 개인적인 심리적 갈등, 미해결된 도덕적 문제, 정서적 불쾌감을 주는 생각들과 같이 여러 가지 이유로 억압된 것일 수 있다. 이러한 개인 무의식은 꿈을 만들어 내는 데 중요한 역할을 한다. 이러한 개인 무의식의 고통스

러운 사고, 기억, 감정들이 어떤 주제를 중심으로 뭉치고 연합되어 심리적인 복합체를 이룰 수 있는데, 이를 콤플렉스(complex)라고 한다.

콤플렉스라는 용어는 다른 학자들도 사용하고 있는데, Jung이 단어연상검사를 통해 발견한 심리적 구조를 지칭하기 위해 처음 사용한 것이다. Jung의 콤플렉스가 다른 이론가의 콤플렉스와 구분되는 점은 원형적 핵(archetypal core)을 강조한다는 점이다. Jung의 콤플렉스는 개인 무의식뿐만 아니라 집단 무의식의 요소를 지니고 있으며 아버지 콤플렉스, 어머니 콤플렉스, 구세주 콤플렉스, 순교자 콤플렉스와 같이 원형과 관련된 핵심적 주제를 중심으로 구성되어 있다. 이러한 콤플렉스는 개인에게 의식되지 않을 뿐만 아니라 부정적인 영향을 미치기 때문에, 콤플렉스를 의식화하는 것이 심리치료의 목표가 된다.

집단 무의식(Collective Unconscious)은 Jung의 이론이 다른 이론들과 가장 차별화되는 개념이다. 집단 무의식은 개인 무의식과 달리 특정한 개인의 경험과 인식 내용을 담고 있지 않다. '집단'이라 함은 그 내용들이 모든 인간에게 공통된 것이라는 점을 의미한다. 집단 무의식은 인간에게 전해져 내려온 보편적인 경향성으로서 신화적 모티브의 표상을 형성하는 것을 말한다. 모든 인간은 유사한 생리구조를 지니고 있으며 비슷한 환경적 요소를 공유하기 때문에, 개인은 세상에 대해서 보편적인 방식으로 생각하고 느끼고 반응할 수 있는 소질들을 가지게 된다. 이처럼 개인의 마음속에 존재하는 인류 보편적인 심리적 성향과 구조가 집단 무의식이다. 집단 무의식을 구성하는 주된 내용은 본능과 원형이다. 본능은 행동을 일으키는 충동을 의미하며, 원형은 경험을 지각하고 구성하는 방식을 뜻한다.

(2) 원형의 5가지 유형

원형(archetypes)은 내용을 가지고 있지 않으며 형태만 가지고 있다. 원형은 어떤 유형의 지각과 행동의 가능성을 나타내고 있을 뿐이다. 원형들은 집단 무의식 내에서 서로 별개의 구조를 이루고 있지만 결합을 하기도 한다. 모든 원형이 여러 가지로 결합되어 작용하기 때문에 개인의 성격이 각기 판이하게 다른 것이다. 원형은 콤플렉스의 핵심을 이루며 원형이 중심이 되어 관련 있는 경험들을 끌어당겨 콤플렉스를 형성한다. 원형은 무수하게 다양한 형태를 취할 수 있는 반면, 그 내용을 이루는 주요한 원형적 심상은 많지 않다. 대표적인 원형적 심상에는 영웅, 순교자, 전사, 위대한 어머니, 현명한 노인, 악마, 사기꾼, 고통 받는 소녀 등이 있다. 이러한 심상을 중심으로 경험이 계속 추가되어 충분한 힘을 얻게 되면 콤플렉스는 의식에 침입할 수 있게 된다. 원형이 의식에 떠올라 행동에 표현되는 경우는 그 원형이 잘 발달한 콤플렉스의 중심이 되었을 때뿐이다.

Jung은 다양한 원형 중에서 인간의 성격과 행동에 중요한 영향을 미치는 5개의 원형을 중요하게 여겼다. 그것은 페르소나, 아니마, 아니무스, 그림자 그리고 자기다.

페르소나(persona)는 라틴어로 '가면'이라는 뜻이며 개인이 다른 사람들에게 자신을 드러내는 방식을 뜻한다. 개인은 부모로서, 친구로서, 직장인으로서 다양한 역할을 하게 된다. 개인이 이러한 역할들을 수행하는 방식은 타인에게 어떻게 보이고 싶은지 그리고 다른 사람들이 자신에게 어떻게 행동하는 것을 원하는지에 따라서 달라진다. 페르소나는 사람이 특정한 상황에서 자신의 감정, 사고, 행동을 조절해야 하는 것을 배우는 데 유용하다. 그러나 페르소나를 너무 중요하게 여기면, 개인은 진정한 자신으로부터 유리되어 형식적이고 피상적인 삶을 살게 될 뿐만 아니라 순수한 감정을 경험하기가 어려워진다.

아니마(anima)와 아니무스(animus)는 자신과 반대되는 성(性)의 특성을 의미한다. 페르소나가 외부로 드러난 모습이라면, 아니마와 아니무스는 무의식 속에 지니고 있는 이성의 속성을 뜻한다. 아니마는 남성에게 있어서 다정함이나 감성적 정서와 같은 여성적인 부분을 나타낸다. 아니무스는 여성에게 있어서 논리나 합리성과 같은 특징을 지니는 남성적인 부분을 말한다. 남성과 여성이 모두 반대 성에 해당하는 특성을 가지고 있다는 점은 남성과 여성이 남성호르몬과 여성호르몬 모두를 분비한다는 생물학적인 사실로도 지지된다. Jung은 조화로운 성격을 지닐 수 있도록 남자는 아니마를, 여성은 아니무스를 무의식 속에서 이끌어내어 표현해야 한다고 믿었다. 만약 그렇게 하지 않으면, 미성숙하고 틀에 박힌 남성상이나 여성상에 갇힐 위험이 있다고 한다.

그림자(shadow)는 개인이 자신의 성격이라고 의식적으로 인식하는 것과 반대되는 특성을 뜻한다. '등잔불 밑이 어둡다' 는 말이 있듯이, 그림자는 자아의 어두운 부분, 즉 의식되지 않는 자아의 분신을 의미한다. 그림자는 개인이 의식적으로 받아들이기 힘든 성적이고 동물적이며 공격적인 충동을 포함하고 있다. 그림자는 어떤 면에서 Freud가 말하는 원초아와 유사하다. 그림자는 잠재적으로 가장 위험하고 강력한 콤플렉스로서 자아가 이를 받아들여 화목하게 영혼 속에 편입시킬 수 있느냐의 여부가 심리적 건강에 매우 중요하다. 그림자를 적절히 표현하는 것은 창조력, 활력, 영감의 원천이 될 수 있다. 그러나 그림자를 과도하게 억압하면, 개인은 자유로운 표현이 억제되어 진정한 자신으로부터 괴리될 뿐만 아니라 불안과 긴장 상태에 빠져들 수 있다. 그러한 개인들에게 있어서 치료의 목표는 그들의 그림자를 의식으로 가져와 인식하고 표현하도록 돕는 것이다.

자기(Self)는 의식과 무의식을 포함한 성격 전체의 중심이다. 자기는 성격을 구성하고 통합하는 에너지를 제공하는 일을 한다. 자아가 의식의 중심이라면, 자기는 성격 전체의 중심이면서 동시에 역설적으로 성격 전체를 포함하고 있다. 개성화가 일어나지 않은 미숙한 사람들의 경우에는 자기가 무의식의 중심에 묻혀 있어서 다른 원형과 콤플렉스를 잘 인식하지 못한다. 그러나 개인이 성숙해지고 개성화함에 따라 자아와 자기의 관계가 밀착되어 모든 성격 구조에 대한 의식이 확대된다. Jung은 자기의 실현이 인간 삶에 있어서의 궁극적 목표라고 보았다. 개인이 자신의 성격 기능을 완전히 발현할 때, 자기 원형에 접촉하여 무의식의 내용들을 의식으로 더 많이 가져올 수 있다. 이를 위해서는 무의식적 과정을 이해할 수 있는 꿈의 의미를 잘 이해하는 것이 중요하다.

원형은 내용을 지니지 않고 단지 형태만을 지닌 심리적 반응양식이다. 그러한 원형의 내용을 구성하는 것이 바로 상징(symbols)이다. 원형은 꿈, 환상, 환영, 신

자기를 상징하는 만다라의 모습

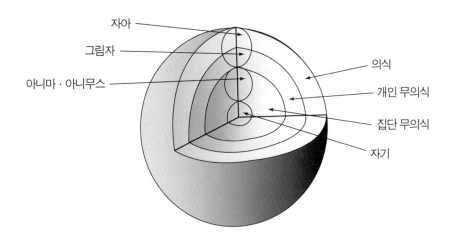

[그림 7-1] **분석심리학의 주요개념과 정신의 구조**

화, 요정이야기, 예술 등에서 나타나는 상징들을 통해서 표현될 수 있다. Jung은 신화, 연금술, 인류학 등 다양한 분야에 대한 연구를 통해서 중요한 원형들을 나타내는 상징들을 발견하였다. 상징은 정신의 표현이며, 인간성의 모든 면이 투영되어 있다. 이러한 상징의 구체적인 심상으로는 영웅, 순교자, 전사, 위대한 어머니, 현명한 노인, 악마, 사기꾼, 고통 받는 소녀 등이 있다. Jung이 발견한 상징들 중에서 특히 중요한 것은 자기를 상징하는 만다라다.

Jung이 제시한 개념들은 전체성을 지닌 인간의 마음을 이해하기 위한 수단적인 개념이다. 이러한 개념들은 공간적으로 실체화하기 어려운 것이다. 그러나 이해를 돕기 위해서 이들의 관계를 도식적으로 제시하면 [그림 7-1]과 같다. 인간의 마음은 의식, 개인 무의식, 집단 무의식의 세 가지 층으로 구분될 수 있다. 자아는 의식의 중심을 이루며, 자아에 의해 억압된 개인의 경험들이 바로 그 아래 개인 무의식에 그림자로 존재한다. 페르소나는 자아가 사회적 장면에서 겉으로 드러난 모습이다. 아니마와 아니무스는 좀 더 깊은 집단 무의식에 존재하며, 자기는 마음의 중심이자 마음 전체를 포함한다.

3) 성격의 유형과 발달

(1) 성격 유형

Jung은 개인의 다양한 성격적 특성을 태도와 기능의 차이로 설명하고 있다. 그는 개인이 내면적 세계 또는 외부적 세계에 대해서 관심과 에너지를 투여하는 방향성에 따라 외향성(extraversion)과 내향성(introversion)의 두 가지 태도로 구분했다. 외향성은 외부세계에 관심을 지니는 객관적 태도이며, 내향성은 내면세계에 관심을 두는 주관적 태도다.

두 가지 태도는 서로 배타적으로 번갈아 나타날 수 있지만 의식에 공존할 수는 없다. 개인은 상황에 따라 외향적일수도 내향적일수도 있다. 그러나 대부분의 경우 어느 한쪽의 태도가 우세하다. 그러나 그것도 정도의 문제인데, 개인은 전적으로 내향적이거나 외향적인 경우는 없으며 두 태도를 모두 가지고 있다. 또 의식에서는 외향적이라 할지라도 무의식에서는 내향적이어서 구분은 더 모호하게 된다. 꿈이 보상적 기능을 한다는 Jung의 이론에 따르면, 외향적인 사람은 꿈에서 내향적인 모습을 나타낼 수 있으며 내향적인 사람은 그 반대로 나타날 수 있다.

성격을 구성하는 기능에는 사고, 감정, 감각, 직관의 네 가지가 있다. 사고(thinking)는 사물을 이해하고자 하는 지적 기능으로서 여러 관념을 연결시켜 문제를 해결하는 역할을 한다. 감정(feeling)은 평가의 기능을 말하며 어떤 관념이 긍정적 감정 또는 부정적 감정을 일으키는지에 따라 그 관념을 받아들일 것인지 물리칠 것인지를 결정한다. 사고와 감정은 모두 이성의 개입에 의한 판단행위가 개입되기 때문에 '합리적' 기능이라고 지칭된다.

감각(sensing)은 감각기관의 자극에 의해 생기는 모든 의식적 경험을 포함하고 있다. 직관(intuition)은 직접적으로 주어지는 경험이라는 점에서 감각과 비슷하다. 그러나 감각은 자극의 근원이 분명한 반면, 직관은 갑자기 나타나며 그 근원과 과정을 설명할 수 없다. 감각과 직관은 이성과 판단을 필요로 하지 않기 때문에 '비합리적' 기능이라고 지칭된다. 비합리적이라 함은 이성에 반한다는 뜻이 아니라 그것과 관계가 없음을 뜻하며 무이성적 또는 무비판적이라는 의미다. 감각과 직관은 방향이나 지향성이 없으며 합리적 기능과 달리 목표가 없다. 감각은 무엇이 존재하는지를 알려주고, 직관은 그것이 어디에서 와서 어디로 가는지를 알려 준다.

두 가지의 태도와 네 가지의 기능을 조합하면 다음과 같은 여덟 가지의 성격유형이 도출될 수 있다. ① 외향적 사고형은 외부세계를 지적으로 파악하고 이해하는 활동에 강한 흥미를 느끼며 자연세계를 탐구하는 과학자의 특성을 지닌다. ② 내향적 사고형은 자신의 존재와 내면세계에 대한 사색과 분석에 깊은 관심을 지니며 철학자나 심리학자의 성향을 지닌다. ③ 외향적 감정형은 사회적 관습과 타인의 평가를 중시하고 사회적 활동과 정서적 표현에 적극적이어서 파티의 여주인공으로 적격이다. ④ 내향적 감정형은 자신의 감정을 드러내지 않으며 조용하고 냉담한 듯한 모습을 나타내지만 내면적으로 깊은 공감능력을 지니고 있다. ⑤ 외향적 감각형은 외부세계에 관한 사실들을 재빨리 파악하는 능력을 지니며 현실주의적이고 실제적이어서 실무에 밝은 행정가나 사업가의 특성을 나타낸다. ⑥ 내향적 감각형은 세상과 접촉하면서 체험하는 내면적 감각을 섬세하게 지각하고 기술하는 능력이 탁월하며 심미적 감각이 뛰어난 문인이나 예술가의 성향을 지닌다. ⑦ 외향적 직관형은 외부세계에서 새로운 가능성을 발견하고 그것을 실현하기 위해 적극적으로 활동하며 기업인, 정치인, 신문기자의 속성을 지닌다. ⑧ 내향적 직관형은 구체적인 현실보다 정신세계에서의 새로운 가능성을 탐지하는 능력이 탁월하며 종교적 예언가, 선지자, 시인의 속성을 지닌다. 이러한 Jung의 성격 유형론은 MBTI의 이론적 기반이 되었다.

(2) 성격발달

Jung은 인간의 발달과정을 네 가지 단계, 즉 아동기, 청년기, 중년기, 노년기로 구분했다. 그는 성격발달 자체보다 무의식의 변화과정에 관심이 많았기 때문에 정교한 설명을 제시하지는 않았다.

아동기(childhood)는 출생에서 시작하여 사춘기 또는 성적 성숙기까지 계속된다. 이 시기의 아동은 근본적으로 본능적 에너지에 의해 움직인다. 부모의 역할은 아동의 에너지의 방향을 잡아주어 아동이 혼란스럽거나 무질서하게 되지 않도록 하는 것이다. 이 단계의 초기에 자아가 형성되기 시작한다. 이때부터 아동은 자신을 1인칭으로 말하기 시작하며 학교에 들어가면 부모의 세계, 즉 심리적 자궁에서 빠져나오기 시작한다.

청년기(adolescence)는 사춘기에 일어나는 생리적 변화로부터 시작한다. 생리적 변화는 정신적 측면에서도 혁명적 변화를 유발하게 되는데, Jung은 이 시기를 '정신적 탄생기'라고 불렀다. 청년기에는 사회생활에 적응해 나가는 다양한 방법을 배우게 된다. 이러한 적응 방식을 잘 습득하게 되면 큰 어려움을 겪지 않지만, 아동기의 환상에 집착하여 현실을 인식하지 못하면 많은 어려움에 부딪히게 된다. 이 단계에서 생기는 정신적 문제는 성적 욕구에 의한 심리적 혼란과 밀접하게 관련되어 있으며 과민성과 불안정성에서 생기는 열등감이 문제가 될 수 있다. 청년기 문제의 공통적 특징은 아이 원형, 즉 어른이 되기보다 아이에 머물러 있기를 원하는 경향에 의해서 영향을 받는다는 점이다.

중년기(middle age)는 약 35세부터 40대 후반에 해당하는 시기로서 Jung은 이 시기의 변화에 깊은 관심을 보였다. Jung이 중년기에 각별한 관심을 갖게 된 것은 그 자신이 이 시기에 정신적 위기를 겪었으며 자신의 내면을 재검토하고 꿈과 창조적 작업을 통해 무의식을 탐색하였던 경험과 관련되어 있다. 또한 Jung의 환자 중 대다수는 성공한 중년기의 사람들로서 삶의 의미와 관련된 물음들을 지니고 있었다. 이전에는 매우 중요하다고 생각되었던 것들이 더 이상 중요하지 않게 느껴지고 인생이 공허하며 무의미한 것처럼 생각되어 우울상태에 빠지기도 했다. 중년기에는 특유의 적응문제가 발생하는데, 지금까지 외부세계에 대한 적응에 사용되었던 에너지가 새로운 정신적 가치로 방향을 돌리게 된다. 즉, 젊은 시절의 외향적이고 물질주의적 관심에서 내향적이고 정신적인 영역으로 관심이 변화되거나 확대된다. 개인이 자신의 직업과 가정에서 안정된 자리를 잡아갈수록, 인생의 무의미함과 상실감을 경험할 수 있다. 이 시기는 행동을 통한 외부적 활동보다 내면적 사색과 명상을 통해서 자기를 실현하는 일에 관심을 가져야 할 시기인 것이다.

노년기(old age)에 접어들면서 사람들은 자신의 무의식 세계에 더 깊은 관심을 갖게 된다. Jung에게 있어서 노년기는 삶을 반성하고 지혜를 키우는 시기다. 나이가 많아질수록 자신의 삶의 경험을 이해하고 그러한 이해를 통해 삶의 의미를 이끌어 내는 데 많은 시간을 들여야 한다. 노년기에는 내세에 대한 관심이 높아지는데, 내세는 여러 종교와 신화의 주된 주제로서 무의식적 기반을 지닌 것으로 Jung은 여겼다. 인간의 심리적 발달은 노년기에도 결코 끝나지 않으며 나이에 상관없이 계속된다는 것이 Jung의 믿음이었다.

4) 정신병리의 이해와 치료

(1) 정신병리

Jung은 정신병리 현상을 건강한 사람이 지니는 심리적 속성의 연장선에서 이해하고자 했다. 분석심리학에서는 정상과 이상 그리고 건강과 장애에 대한 절대적인 구분은 없으며 증상을 확인하여 기술하고 이름을 붙이는 일을 중요하게 여기지 않는다. 사실상 분석심리학에는 정신병리 이론이 존재하지 않는다. 그보다는 고통을 겪고 있는 환자 개개인에 대한 이해를 중요시하며 '병적이라고 부르는 현상'에 대한 심리학적 설명이 있을 뿐이다.

분석심리학에 따르면, 개인이 병적인 현상을 나타내는 이유는 자신의 무의식에 대해 무지하기 때문이다. 자신에게 표출되어 올라오는 무의식의 의미를 깨닫지 못하거나 받아들이지 못하는 사람은 마음의 병을 얻게 된다.

신경증은 그 증상의 의미를 아직 발견하지 못한 마음의 고통이다. Jung은 자신의 경험을 통해서 신경증의 증상 뒤에는 그럴 만한 뜻, 즉 증상의 의미가 존재한다는 것을 깨달았다고 말한다. 신경증 증상은 미래 지향적인 의미를 지니며, 신경증 치료의 핵심은 바로 이러한 증상의 의미를 발견하여 깨닫는 것이다. 신경증은 일종의 자기소외로서 자기(Self)로부터 멀어질수록 중상이 심해진다. 의식의 중심에 있는 자아(ego)가 자기에서 멀어질수록 신경증이 발생할 가능성이 높아진다.

예컨대, 우울증은 개인의 자아의식이 지나치게 외적 인격, 즉 페르소나와 동일시하여 내적 인격을 도외시하거나 외면할 때 생겨난다. Jung은 우울증상이 의식에서 사용할 수 있는 정신적 에너지의 고갈을 의미한다고 보았다. 즉, 외부에 과도한 관심을 기울이고 에너지를 쏟은 탓에 의식의 에너지가 고갈되어 무의식의 정체된 에너지가 작용하기 시작한다는 것이다. 우울해진 사람은 어쩔 수 없이 자신의 시선을 내면으로 돌리게 되어 무의식에 관심을 기울이게 된다. 그러나 우울증을 겪는 대부분의 환자는 이러한 증상의 의미를 인식하지 못한 채 그저 불쾌한 감정에 괴로워하게 된다. 특히 중년기 우울증의 경우, 오랜 세월 동안 자신의 페르소나에만 충실했던 사람들일수록 중년기에 이르러 정신적인 균형이 깨지면서 우울증상을 나타내게 된다.

(2) 분석적 심리치료

분석적 심리치료의 궁극적 목표는 개성화와 성격의 통합이다. 그러나 구체적인 치료목표는 개인의 발달단계와 특수한 상황에 따라 달라질 수 있다. 어느 내담자라 하더라도 치료의 목표가 미리 이론적으로 정해지는 것은 아니며, 내담자의 경험 그리고 그의 성격과 삶의 의지에 따라 달라진다. 일반적으로 인생의 전반기를 살아가는 내담자의 치료는 현실 적응을 위한 구체적 목표를 성취하는 데 초점이 모아지는 반면, 인생의 후반기를 살아가는 내담자의 치료목표는 자기의 실현에 초점이 모아진다. 인생의 오전을 살아가는 젊은 내담자의 경우에는 직업에 적응하고 가정을 돌보는 정상적인 적응적 삶을 위해서 자아를 강화하는 일에 주력하는 반면, 인생의 오후를 살아가는 중년기 이후의 내담자에게

는 개인적인 삶의 의미를 발견할 수 있도록 자신의 내면적인 존재를 경험하도록 하는 데 주력한다.

Jung에 따르면, 삶의 궁극적 목표는 개성화다. 무의식과 의식의 통합을 통해서 자기를 충분히 실현시키는 것이다. 삶의 과정에서 분화되고 분열된 마음을 일관성 있고 조화롭게 발전시키는 일이다. 심리치료의 목적은 분화과정에서 상실한 전체성을 회복하는 것이다. Jung에 의하면 심리치료의 목표는 정신종합이다.

분석적 심리치료에서 치료자와 내담자의 관계는 인간적인 대화로 이루어지며 각 내담자는 개별적으로 이해된다. 치료자와 내담자는 의식적 또는 무의식적 수준에서 서로 연결된다. 치료자는 꿈 분석, 전이 분석, 적극적 상상 등과 같은 다양한 방법을 통해서 내담자의 무의식을 탐색한다. 치료자는 꿈을 통해 표현하는 내담자의 언어를 이해하는 것이 중요하다. 꿈 분석에서는 꿈의 맥락을 파악하여 꿈을 해석하고 내담자가 그러한 해석을 삶에 적용하도록 하는 것이다. 장기치료의 경우에 내담자는 치료에서 해석된 꿈의 의미를 이해함으로써 인생의 크고 작은 선택에 반영하면서 개인화 과정으로 나아가게 된다. 전이도 내담자의 무의식이 드러나는 중요한 현상이다. 전이 분석의 경우, 처음에는 개인 무의식으로부터의 투사를 다루고 그 후에 집단 무의식의 투사를 다룬다. 아울러 치료자는 내담자가 적극적 상상을 통해 심상활동을 활성화시킴으로써 무의식을 탐색하고 이해할 수 있도록 돕는다.

(3) 치료기법

분석적 심리치료는 내담자로 하여금 무의식을 의식화함으로써 분열된 마음을 통합하고 전체성을 회복하여 자기를 실현하도록 돕는다. 내담자의 무의식을 탐색하고 이해하기 위해서 치료자는 꿈 분석, 전이 및 역전이 분석, 적극적 상상을 비롯한 다양한 기법을 사용할

수 있다.

분석적 심리치료에서 내담자의 무의식을 탐색하는 대표적인 기법은 꿈을 분석하여 해석하는 것이다. 우리 자신의 마음임에도 불구하고 우리에게 의식되지 않는 무의식을 이해하기 위해서는 무의식이 스스로 자신을 드러내는 심리적 자료가 필요하다. 이러한 자료 중 가장 중요한 것이 바로 내담자의 꿈이다.

Jung과 Freud는 무의식의 이해를 위해서 꿈을 중요시한다는 점에서는 동일하지만, 이들이 꿈 분석을 통해서 해석하는 꿈의 의미는 매우 다르다. Freud는 꿈 분석을 통해서 억압된 성욕과 무의식적 갈등을 발견하고자 한 반면, Jung은 꿈을 통해서 마음 깊은 곳으로부터 들려오는 지혜로운 영혼의 음성이자 메시지를 발견하고자 했다. Jung에게 있어서 꿈은 개인의 지극히 내면적인 정신세계를 보여 주는 것으로서 상징과 심상을 통해서 무의식의 상태와 변화를 보여 준다. 꿈이 기본적으로는 의식의 일방적 태도를 보상하는 기능을 가지고 있으며 양극적 태도의 균형과 조화를 촉구한다. 아울러 꿈은 개인이 지닌 내적 또는 외적 문제에 대한 해결책을 암시하는 예시적인 기능을 지닌다.

전이와 역전이 분석은 Jung의 분석적 심리치료에서 무의식을 이해하는 중요한 기법이다. Jung에 따르면, 타인과 연결되어 있지 않은 사람은 온전하기 어려우며 영혼은 언제나 '너'라는 존재 안에서 발견된다. 전이와 역전이는 자신의 무의식을 상대방에게 투사하여 내보이는 것이다. 전이와 역전이 속에는 내담자와 치료자의 개인 무의식뿐만 아니라 집단 무의식으로부터 온 원형적 주제가 포함되어 있을 수 있다. 치료자와 내담자 두 사람의 대화는 사실상 네 사람 간의 대화라고 할 수 있다. 즉, 치료자와 그의 아니마(또는 아니무스) 그리고 내담자와 그의 아니마(또는 아니무스)의 대화인 셈이다. 치료자와 내담자의 상호작용 속에서 이러한 원형적 요

소들이 어떻게 나타나서 어떤 메시지를 전달하는지를 탐색하는 것이 중요하다.

적극적 상상(active imagination)은 새로운 무의식적 주제들이 의식으로 떠오르도록 자극하는 다양한 방법을 의미한다. 이 방법은 Jung의 자기분석에 근거하여 개발된 기법이다. 적극적 상상을 위해서는 내면적인 심상이 활성화될 수 있도록 마음에 강하게 집중하는 것이 필요하다. 내담자는 이러한 집중과정을 통해서 자신의 내면적인 심상을 지켜보고 어떠한 변화가 관찰될 때까지 지속적으로 마음의 초점을 그 심상으로 되돌린다. 마침내 어떤 움직임이 일어나면 그러한 마음속의 장면으로 들어가 자연스럽게 그 일부가 되도록 한다.

분석적 심리치료에서는 무의식적 과정을 의식화하기 위해 다양한 창조적 기법들을 사용한다. Jung은 자기분석을 하는 동안 꿈과 환상 속의 이미지를 그림으로 표현했으며 그림 그리기를 비롯하여 조각이나 놀이와 같은 활동이 치료적임을 인식했다. 분석적 심리치료에서는 미술치료의 기법들을 활용하는데, 내담자는 그림 그리기를 통해서 억압되어 있던 감정과 심상을 의식으로 표출하게 된다. 이러한 과정을 통해서 내담자는 자신의 무의식을 의식화할 뿐만 아니라 무의식과 능동적인 대화를 나눌 수 있게 된다. 이 밖에도 분석적 심리치료에서는 모래상자 놀이, 만다라 그리기, 춤추기, 운동하기, 시 쓰기, 빈의자 기법 등과 같은 다양한 기법을 사용한다.

5) 분석심리학의 평가

Jung의 분석심리학은 인간의 정신, 특히 무의식 세계에 대한 보다 심층적인 접근과 이해를 가능하게 했다는 점에서 커다란 의의를 갖는다. Jung은 자신만의 독특한 경험과 통찰력을 통해 발견한 사실들에 근거하여

무의식의 구조와 내용을 더욱 풍부하게 제시했다. 이로 인해서 인간의 무의식에 대해서 보다 폭넓게 생각할 수 있는 새로운 관점과 이론체계를 갖게 되었다. 특히 모든 인류에게 보편적으로 존재하는 집단 무의식과 원형이라는 개념을 통해서 사회문화적인 특수성을 넘어서 정신장애 환자를 비롯한 모든 인간이 공통적 심성구조를 지닌 한 집단의 일원임을 인식하게 해 주었다. 그러한 집단 무의식과 원형이 드러나는 방식은 철저하게 개인의 입장에서만 이해가 가능하다는 점을 제시함으로써 환자 개개인의 특수성을 함께 중시하도록 주장했다.

Jung은 개인화 또는 자기실현이라는 개념을 통해서 치료의 목표뿐만 아니라 인생의 의미와 목적을 새로운 관점에서 바라볼 수 있는 기틀을 제시했다. 치료의 목표를 단순히 증상의 약화나 불쾌감의 해소에 두기보다 정신 전체를 통합하면서 진정한 자기를 실현하는 개성화로 확대한 것은 Jung의 공헌 중 하나라고 할 수 있다. Jung은 치료자에게 환자를 병적인 문제를 지닌 존재가 아니라 스스로 전체성을 실현하고자 하는 하나의 온전한 존재로 보도록 촉구하였다. Jung의 분석심리학은 그 개념이 복잡하고 과학적인 검증이 어렵기는 하지만 인간의 심층심리에 대한 풍부한 개념과 이론적 체계를 통해서 심리학뿐만 아니라 종교, 예술, 문학 등의 여러 분야에 많은 영향을 미치고 있다.

그러나 Jung의 분석심리학은 이론적인 주장일 뿐 객관적이고 과학적인 검증이 어렵다는 점에서 많은 비판이 제기되었다. 분석심리학의 이론과 관련된 대부분의 연구는 성격 유형론에 관한 것이며 다른 개념에 관한 연구는 산발적으로 존재할 뿐이다. 분석적 심리치료의 치료효과에 대해서 실증적인 연구가 거의 이루어지지 않았다. 분석적 심리치료는 치료과정이 장기적일 뿐만 아니라 개인 무의식과 집단 무의식과 같은 개념들을 통해 치료과정과 치료결과가 평가되어야 하기 때문에 실증적인 검증이 이루어지기 어려운 특성을 지니고 있다.

분석적 심리치료는 정신분석과 마찬가지로 수년에 걸친 장기간의 치료기간과 많은 치료비를 요할 뿐만 아니라 그 치료효과도 실증적으로 검증되어 있지 않다는 한계를 지니고 있다. 또한 분석적 심리치료는 치료 대상이 제한적이라는 점에서 한계가 지적되고 있다. 분석적 심리치료를 받으려는 대부분의 내담자는 지적인 경향이 있고 어느 정도의 성취를 이루었으며 문제해결보다 자신의 삶에 대한 이해를 심화시키려는 동기를 지니는 경향이 있다. 그러나 분석적 심리치료의 원리와 기법은 내담자의 특성과 상황에 따라 치료자에 의해 융통성 있게 적용될 수 있다. 분석적 심리치료는 현실적인 문제와 증상의 해결을 넘어서 자신의 정신세계와 인생에 대한 깊은 성찰을 원하는 사람들에게 적합한 접근법이라고 할 수 있다.

2. 개인심리학

개인심리학은 Alfred Adler(1870~1937)가 제시한 성격이론이자 심리치료이론이다. Adler는, Jung과 마찬가지로, 한때 Freud와 함께 정신분석운동에 참여했으나 견해 차이로 그와 결별하고 자신만의 독자적인 이론체계인 개인심리학(individual psychology)을 제창하였다. 그는, Freud나 Jung과 달리, 개인의 삶에 있어서 열등감의 보상과 공동체 의식의 중요성을 강조했다.

1) 기본가정

Adler는 인간을 사회적 환경 속에서 나름대로의 인생목표를 추구하는 창조적인 존재로 보았다. Freud는 인간을 결정론적이고 생물학적인 관점에서 바라본 반면, Adler는 목적론적이고 사회심리학적인 관점에서 인간을 이해하고자 했다. 그에게 있어서 인간은 생물학적 성적 본능에 의해 움직이는 존재가 아니라 사회적인 관계 속에서 자신이 선택한 목표와 가치를 추구하는 존재였다. 인간은 유전과 환경에 의해 영향을 받지만 자신의 모든 경험을 개인적이고 주관적인 방식으로 해석하는 창조적인 힘을 지니고 있다.

개인심리학은 다음과 같은 다섯 가지의 중요한 가정에 근거하고 있다. 그 첫째는 인간이 목표지향적인 존재라는 점이다. 인간의 모든 행동은 목적성(purposiveness)을 지니고 있다. 인간은 과거에 의해 끌려가는 존재가 아니라 미래의 목표를 향해 나아가는 창조적인 존재이다. 인간은 미래의 가상적인 목표를 향해 자신의 삶을 창조적으로 개척해 나가는 존재다. Adler는 Vaihinger의 『만약 ~처럼의 철학(*The Philosophy of As If*)』으로부터 많은 영향을 받았는데, 허구는 현실에서 파생된 상상이지만 사람들은 이러한 허구를 사용하여 자신의 삶을 이끌어 나간다는 점에서 유용성을 지니는 것이다.

둘째, 인간 행동의 가장 기본적인 목적은 열등감을 극복하는 것이다. Adler는 열등감을 극복하고 완전성을 추구하는 동기는 선천적인 것이라고 보았다. 그에 따르면, 열등감은 인간의 삶에 매우 중요한 영향을 미친다. 열등감은 모든 사람이 경험하는 보편적인 것으로서 창조적인 삶을 이끌어 나가는 원동력으로 작용한다. 인간은 열등감을 보상하기 위해서 우월성, 완전성, 그리고 숙련을 통한 유능감을 추구하며 더욱 발전된 자기모습을 지향한다. 특히 어린 시절에 경험한 자신만의 열등감을 보상하기 위해서 미래의 가상적 목표, 즉 가상적인 자기상을 만들게 되는데, 이러한 목표는 개인의 인생을 이끄는 마음속의 중심목표로 자리 잡게 된다. Adler에 따르면, 인간은 6세 무렵에 완전한 존재로 여겨지는 가상적인 자기상을 만들어 삶의 목표로 지향하게 된다. 이러한 삶의 목표는 열등감을 극복하고 자신을 성장시키는 동기의 원천이 된다.

셋째, 개인심리학은 현실에 대한 주관적 인식을 강조하며 무의식보다 의식을 중시한다. 인간은 유전과 환경에 의해 영향을 받는 모든 경험을 개인적이고 주관적인 방식으로 해석하는 창조적인 힘을 지니고 있다. 그러한 해석을 통해서 개인은 자기, 타인, 세상에 대한 신념을 구성하고 삶에 대한 태도와 생활양식을 발달시킨다. 개인을 이해하기 위해서는 그가 지닌 주관적인 인식의 틀과 세상을 지각하는 개별적인 방식을 이해하는 것이 중요하다.

넷째, 개인심리학은 인간이 사회적인 존재라는 점을 강조한다. 개인은 사회와 동떨어진 존재로 살아갈 수 없다. 인간은 다른 사람들과 유대감을 맺으려는 소속의 욕구를 지닐 뿐만 아니라 자신이 중요하게 여기는 가치를 사회 속에서 실현하려는 욕구를 지닌다. 이처럼 인간은 기본적으로 공동체 의식, 즉 사회적 관심(social interest)을 지니는 존재다. Adler는 인간의 모든 문제가 근본적으로 사회적인 문제라고 믿었다. 사회는 개인의 노력에 의해서 진보하며, 사회적 관계에 무관심한 개인은 심리적인 소외와 쇠약을 나타내게 된다. 다른 사람들과 협동하며 사회적 기여를 하려는 노력은 건강한 삶의 본질적 요소다. Adler는 타인 또는 사회와의 연결감 속에서 타인의 행복을 위해 기여하려는 사회적 관심을 정신건강의 핵심적 요인으로 여겼다.

마지막으로, Adler는 인간을 통합적으로 움직이는 존재라고 여겼다. 그는 인간을 분석적으로 이해하기보다 전일적인 존재로 이해하고자 했다. Freud처럼 원초아, 자아, 초자아라는 내적 요인의 갈등으로 이해하기보다 자신의 목표를 향해 통일성 있게 나아가는 통합적인 존재로 이해하고자 했다. 개인의 삶은 목표를 추구하기 위해서 신체, 정서, 지각, 사고를 포함하는 성격 전체가 움직이는 과정이다. 개인은 이러한 목표를 향해 일관성 있게 나아가는 통합적인 전체로 이해되어야 한다. Adler는 개인의 분리불가능성(indivisibility)을 중시한다는 점에서 자신의 이론을 '개인(individual)' 심리학이라고 명명하였다. 영어단어인 'individual'은 더 이상 분리할 수 없다는 의미의 'indivisible'에서 기원한다.

Adler의 생애와 개인심리학의 발달과정

Adler는 1870년 2월 7일 비엔나의 유복한 유태인 가정에서 4남 2녀 중 둘째로 태어났다. 아들러는 생의 초기부터 심각한 건강상의 문제를 겪은 병약한 아이였다. 골연화증으로 네 살까지 걷지 못했으며 다섯 살 때에는 폐렴에 걸려 죽을지 모른다는 진단을 받기도 했다. 이러한 질병 경험으로부터 커다란 충격을 받았으며 나중에 의사가 되기로 결심하는 계기가 되었다. 그의 질병과 더불어 동생 Rudolf의 죽음은 의사가 되고자 하는 그의 목표를 강화시켰다.

Adler는 어린 시절에 병치레를 많이 했기 때문에 어머니로부터 많은 관심을 받았다. 그러나 동생이 태어나면서 어머니의 관심을 빼앗기게 되자 어머니에 대한 실망감으로 친밀한 관계를 지속하지 못한 듯하다. 아버지와는 좋은 관계를 맺었으나 '지그문트'라는 형을 질투했기 때문에 청소년기까지 형제간 갈등을 경험했다. 이러한 초기의 가족경험이 훗날 Freud와 갈등적 관계를 유발하는 바탕이 된 것으로 여겨지고 있다.

Adler의 유년기 특징은 여러 형제자매들 속에서 병약함과 열등감을 극복하려는 투쟁과정이라고 볼 수 있다. Adler는 형제나 또래들에게 열등감을 느꼈지만 신체적 한계를 보상하기 위해서 투쟁했으며 점차적으로 많은 한계를 이겨냈다. Adler는 초등학교 시절에 공부를 잘하지 못해서 담임교사가 아버지에게 학교를 그만두고 구두수선공 수련을 받게 하라고 조언하기도 했다. 그러나 그의 아버지는 교사의 조언을 일축하고 Adler를 격려했다. 그때부터 Adler는 공부를 열심히 하기로 결심하고 급기야 반에서 1등을 하였으며 교사의 생각이 잘못되었음을 입증했다.

이러한 Adler 자신의 아동기 경험은 개인심리학의 이론을 형성하는 데 많은 영향을 미쳤다. 그의 경험에 따르면, 인간의 가장 기본적인 동기는 어린 시절에 최초로 경험한 부적절감, 즉 열등감을 극복하고 수월성 또는 완전성을 추구하는 것이다. 아울러 인간은 생물학적 조건과 환경적 제약을 극복하고 자신의 삶을 선택하고 창조할 수 있다. 신체적 질병에 시달리면서 의사가 되기로 결심했으며 나중에 의사로 활동하면서 신체 결함(organ deficiency)이 개인의 성격과 자기상에 미치는 영향을 연구하기도 했다. Adler 자신은 타고난 신체적 한계와 운명을 거부하고 자신만의 창조적인 삶을 실현한 인간의 본보기라고 할 수 있다.

Adler는 비엔나 대학에서 의학을 전공했으며 1895년에 의사 자격증을 획득하여 처음에는 안과의사로 개업했으나 나중에 일반의로 바꾸었다. 결국에는 신경학과 정신의학을 전공하였으며 아동의 불치병에도 깊은 관심을 가졌다. Adler는 개인의 치료뿐만 아니라 사회적 문제에도 관심이 많아서 아동 양육, 학교 개혁, 갈등을 야기하는 편견 등과 관련된 문제를 자주 거론했다. 그는 고난과 역경에 처한 일반 사람들을 돕기 위해서 이해하기 쉬운 평범한 언어로 많은 강연을 하고 글을 썼다.

Adler는 1897년에 사회주의자 모임에서 만난 러시아 유학생 Raissa Epstein과 결혼하여 네 명의 자녀를 두었다. Raissa는 결혼 후에도 사회주의 정당에서 계속 활동하였으며 Adler 부부는 당시 비엔나에 거주하던 러시아 혁명의 지도자인 Trotsky 부부와도 자주 만남을 가졌다. 사회주의자인 아내의 영향으로 인하여 그는 남성과 동등한 여성의 권리를 옹호했을 뿐만 아니라 평등하고 민주적인 인간관계를 강조했다.

1902년에 Adler는 Freud로부터 '비엔나 정신분석학회'의 모태가 된 수요일 저녁모임에 초대를 받았다. 서로 알게 된 경위는 분명치 않으나 Adler는 Freud의 초대를 받은 초창기 네 명의 의사 중 한 명이었다. 1907년에는 그의 유명한 논문인「기관열등에 관한 연구」를 발표하여 Freud의 절대적인 지지를 받았다. 그는 '비엔나 정신분석학회'에서 중추적 역할을 수행했으며 1910년에는 이 학회의 회장을 맡기도 했다.

그러나 Adler는 인간의 근본적 동기에 대해서 Freud와 견해가 달랐다. Freud는 인간의 발달과정에서 성적 욕구를 중시한 반면, Adler는 사회적 요인들을 강조했다. 급기야 Freud는 Adler의 주장을 공허한 것이라고 비난했으며 과학적인 근거가 부족하다고 주장했다. 이러한 견해 차이를 경험하게 되면서 Adler는 마침내 Freud와 결별하고 독자적인 이론체계를 모색하게 되었다.

1912년 Adler는 『신경증적 성격』을 발간하면서 자신의 독자적인 이론을 발전시켰다. 개인의 행동을 생물학적·외적·객관적 원인으로 설명하기보다 심리적·내적·주관적 원인으로 설명하려고 시도했다. 또한 인간의 근본적인 동기를 성적 추동이나 리비도가 아닌 권력 추구 또는 완전성의 추구로 대체하였다. 개인심리학의 목표는 자신의 개념을 인간 전체에 과잉일반화하려는 Freud와 달리 고유한 개인을 이해하는 것으로 삼았다.

Adler는 제1차 세계대전 동안 오스트리아-헝가리 군대의 군의관으로 참전하였으며 이러한 전쟁경험은 인간 본성에 관한 그의 생각을 형성하는 데 중대한 영향을 끼쳤다. Adler는 병사들 사이의 연대감을 관찰하며 '공동체 의식'이 인간의 기본적 동기라는 것을 확신하게 되었으며 인간은 사회적 참여를 통해 인생의 의미와 자기가치감을 추구한다는 생각을 갖게 되었다. 이러한 생각은 열등감을 보상하기 위해 자신의 능력을 개발하고 사회적 참여를 통해서 인생의 의미를 추구한다는 개인심리학의 기반을 형성하게 되었다.

전쟁이 끝난 후 비엔나는 고아들로 가득 찬 혼란의 도가니였다. 이때부터 Adler의 사회적 활동이 본격적으로 시작되었다. 그는 비엔나의 여러 학교에 상담소를 개설하여 운영하면서 교사와 부모가 함께 참여하는 공개적인 토론모임을 가졌다. 이것은 심리치료의 공개토론 모델(open forum model)로 알려져 있으며 공동체 정신건강 프로그램을 발달시키는 초석이 되었다.

1920년대부터 Adler는 강연활동을 통해서 유럽과 미국에 개인심리학을 보급하며 심리치료와 예방적 활동을 강조했다. 여러 곳에 아동지도 클리닉(child guidance clinic)을 개설했으며 아동교육에 깊은 관심을 보이며 활발한 사회적 활동을 펼쳤다. 성인 환자의 경우, 그의 치료는 환자가 나타내는 증상에 숨겨져 있는 목적을 발견하고 실천하도록 돕는 데 초점을 맞추고 있었다. 이 당시에 그는 저명한 심리치료자로서 명성을 얻게 되었으며 1927년에 발간한 『개인 심리학의 실제와 이론』과 『인간성의 이해』는 많은 사람으로부터 주목을 받았다. 이러한 저술과 강연을 통해서 열등감 콤플렉스, 출생 순서, 공동체 의식과 같은 개인심리학의 주요한 개념들이 세상에 널리 알려지게 되었다.

2) 성격이론

Adler에 따르면, 인간은 통합적 존재로서 자신이 소중하게 여기는 목표를 향해서 미래지향적으로 나아가는 존재다. 이러한 인간의 삶을 좀 더 구체적으로 설명하기 위해서 Adler는 가상적인 최종목표라는 개념을 제시했으며 이러한 목표의 이면에 열등감 보상과 완전성 추구의 동기가 존재함을 주장한다. 개인을 이해하기 위해서는 그가 추구하는 목표와 더불어 그것을 추구하는 독특한 생활양식과 공동체 의식을 이해하는 것이 중요하다. 이러한 성격특성을 형성하는 데 개인의 출생서열과 가족구조가 중요함을 강조하고 있다.

(1) 가상적인 최종목표

Adler는 인간의 삶을 목적론적인 관점에서 이해하고자 했다. 그는 결정론을 전적으로 부인하거나 무시하지는 않았지만 목적론을 더욱 중요하게 생각했다. 인간의 모든 행동은 구체적이든 포괄적이든 어떤 목표를 지향하고 있으며, 이러한 목표는 유전이나 환경의 산물이 아니라 자유롭고 창의적인 선택의 산물이다. 인간은 누구나 자신의 인생에서 실현하고자 하는 궁극적인 목표를 지니는데, Adler는 이를 가상적인 최종목표(fictional finalism)라고 지칭했다.

가상적인 최종목표라는 개념은 Adler가 독일 철학자 Vaihinger의 저서 『만약 ~처럼의 철학(*The Philosophy of As If*)』으로부터 받은 영감에 근거한다. Vaihinger에 따르면, 인간은 누구나 허구적인 이상에 의해서 살아가는데 이러한 허구적 이상은 실제적인 대응물을 갖지 못하는 관념에 불과하지만 개인의 삶에 강력한 영향을 미칠 뿐만 아니라 중요한 실제적인 유용성을 지닌다. 허구적 이상은 인생에 의욕과 생동감을 불어넣을 뿐만 아니라 행동을 유발하는 기반으로 작용한다. Adler는

개인의 성격을 이해하는 데 있어서 그가 지닌 허구적 이상, 즉 가상적 최종목표를 인식하는 것이 중요하다고 생각했다.

Adler에 따르면, 가상적인 최종목표는 아동기에 형성된다. 비록 이 시기에 그러한 목표가 구체적으로 인식되는 것은 아니지만 아동의 행동 방향성을 결정한다. 이러한 목표는 개인 자신이 자각하지 못하는 무의식 수준에서 작용할 수 있다. 이러한 최종목표는 허구적인 이상으로서 개인의 인생에 있어서 최상의 지침으로 작용한다.

인간은 누구나 나름대로의 최종목표를 지니고 있지만, 대부분의 경우 그것을 명료하게 자각하지 못한다. 그러나 이러한 최종목표는 성격통합의 기본원리로 작동하며 개인의 삶을 인도하는 초점이 된다. 최종목표는 개인의 열등감을 보상하는 기능을 지닌다. Adler의 경우, 아동기에 설정한 목표는 훌륭한 의사가 되는 것이었다. 이러한 가상적 목표는 자신의 병약함과 무기력함을 보상하는 긍정적인 기능을 했다. 그러나 의사가 되는 것은 어린 Adler에게 다분히 의식적인 수준의 목표였으며 그의 깊은 마음속에서는 자신이 어린 시절에 겪었던 심리적 고통을 이해하고 치유하는 훌륭한 심리치료자가 되는 것이었다.

(2) 열등감 극복과 우월감 추구

Adler는 열등감이 성격형성에 중요하다고 믿었다. 그는 일반의로 활동하면서 신체기관의 결함을 지닌 사람들이 이를 보상하기 위해 부단히 노력하는 것을 관찰했다. 자신도 선천적인 신체장애로 열등감을 경험한 바 있는 Adler는 개인이 지니는 신체적 결함을 '신체 열등(organ inferiority)'이라고 불렀다. 어린 아동에게 있어서 신체 열등은 적응을 위한 도전일 뿐만 아니라 무능함의 고통이기 때문에 그러한 열등을 극복하고 보상하

기 위한 노력을 기울이게 된다.

Adler는 열등감을 모든 정신병리의 일차적 원인으로 여겼다. 그러나 열등감을 부정적인 것으로만 여기지 않았으며 그 긍정적인 측면을 강조했다. 열등감은 매우 보편적인 정상적 현상으로서 그것을 극복하고 보상하려는 노력을 통해서 자기 성장과 발전의 원동력이 될 수 있다. 그러나 개인이 스스로를 지나치게 열등하다고 평가할 뿐만 아니라 그러한 열등함을 다른 사람이 인식하지 못하도록 숨기며 삶의 도전을 회피한다면, 열등 콤플렉스(inferiority complex)가 되어 자신이 적응하고 성장할 수 있는 능력을 손상시키게 된다.

열등감은 우월감과 밀접하게 관련되어 있다. 우월함을 추구하는 것은 인간의 보편적인 욕구이지만 열등 콤플렉스의 과잉보상으로 나타날 수도 있다. 예컨대, 공부나 운동에서 실제로 탁월한 재능을 나타내는 학생이 느끼는 우월감은 적절한 것이다. 그러나 자신의 능력을 실제 이상으로 과대평가하고 자신이 항상 우월해야 한다고 생각한다면, 그것은 이상적 자기와 현실적 자기를 혼동하는 것으로서 열등 콤플렉스를 보상하려는 과장된 노력이라고 할 수 있다. Adler는 이러한 현상을 우월 콤플렉스(superiority complex)라고 불렀다. 우월 콤플렉스는 마치 자신이 열등감을 느끼지 않는 것처럼 행동하려는 과장된 시도로서 현실적인 적응을 악화시킬 뿐만 아니라 필요한 능력의 습득을 방해함으로써 부정적인 영향을 미치게 된다.

Adler는 열등감을 인간의 보편적인 경험으로 여겼다. 또한 열등함을 극복하고 우월함을 추구하고자 하는 노력은 긍정적인 자기성장의 원동력이 될 수 있다고 보았다. 그러나 자신의 열등함을 인정하지 않고 성장의 기회를 회피하는 열등감 콤플렉스나 그 보상적 형태로 나타나는 우월감 콤플렉스는 부적응을 초래하는 병적인 것으로 보았다. 심리치료 과정에서는 열등감을 극복하려는 건강한 노력과 그것을 회피하려는 병적인 콤플렉스를 구별하는 것이 중요하다.

(3) 생활양식

인간은 누구나 나름대로의 독특한 신념과 행동방식을 지닌다. Adler는 개인이 지니는 독특한 삶의 방식을 생활양식이라고 지칭했다. 생활양식(life style)은 개인이 자신과 타인 그리고 세상에 대해서 지니는 나름대로의 신념체계뿐만 아니라 일상적인 생활을 이끌어나가는 감정과 행동방식을 의미한다. 이는 개인의 모든 태도와 소망을 반영하는 것으로서 열등감을 극복하고 최종목표를 성취하기 위해 추구하는 고유한 방식이다. 생활양식은 개인의 모든 행동이 일관성 있게 조화를 이루도록 만든다.

생활양식은 어린 시절의 가족경험에 의해서 발달한다. 부모를 비롯한 가족 구성원과의 상호작용을 비롯하여 형제관계가 생활양식의 발달에 영향을 미친다. 생활양식은 성격과 유사한 개념이지만 최종목표를 추구하기 위한 개인의 독특한 신념, 사고, 감정, 행동을 의미한다는 점에서 다르다. 생활양식은 개인의 일상적인 삶을 인도하는 목표와 더불어 자신, 타인 그리고 세상에 대한 신념과 태도를 포함하는 인지적인 청사진이다. 아울러 생활양식은 일상적 사건에 대해서 느끼는 감정패턴과 그에 반응하는 행동방식을 포함한다. 심리치료에서 생활양식의 분석은 내담자의 장기목표와 동기를 이해하는 필수적인 과정이다. 이를 통해서 내담자가 삶의 도전과 역경을 극복하기 위해 창조적으로 발달시켜 온 신념체계와 행동패턴을 이해할 수 있다. 이러한 생활양식의 연속성을 이해할 수 있을 때, 내담자의 부적응적인 신념과 행동을 수정하고 변화를 이끌어 낼 수 있게 된다.

(4) 사회적 관심

Adler가 정신건강의 주요한 지표로 제시한 독특한 개념 중 하나가 사회적 관심(social interest)이다. 그에 따르면, 성공적인 삶과 건강한 성격의 기준은 개인이 자신의 삶과 생활과제에 접근하는 방식 속에 얼마나 사회적 관심을 포함하고 있는지의 여부다. Adler가 이러한 개념을 기술하기 위해 사용한 독일어는 'Gemeinschaftsgefühl'로서 직역하면 공동체감 또는 공동체 의식이라고 할 수 있으며 영어로는 social interest라고 번역되고 있다. 이러한 개념은 개인의 내면적 인식체계를 사회적인 환경적 요구에 맞추어 조화를 이루도록 조절하는 심리적 태도를 의미한다.

Adler는 사회적 관심을 세 가지의 발달적 측면에서 기술하고 있다(Ansbacher, 1968). 그 첫 번째 발달단계는 타고난 기질로서의 사회적 관심이다. 다른 사람과의 관계를 추구하고 협동하는 기질적 측면을 의미하며 선천적인 개인차를 나타낼 수 있다. 두 번째 단계는 개인적 능력으로서 타인을 이해하고 공감하며 협동과 기여를 할 수 있는 사회적 능력을 의미한다. 이러한 능력은 교육과 훈련을 통해서 함양할 수 있는 협동의 기술을 뜻한다. 세 번째 단계는 일반적인 태도로서 다른 사람과의 협동을 소중하게 여기고 사회적 이익에 헌신하려는 의지를 의미한다.

사회적 관심은 두 가지 차원으로 나누어 이해할 수 있다. 한 차원은 타인이나 사회적 환경과 조화를 이루기 위해 타협하고 협동하려는 노력을 의미하며, 다른 차원은 사회적 이익과 발전을 위해서 자신을 희생하며 기여하려는 노력을 뜻한다. 이러한 사회적 관심은 특히 다른 사람을 배려하기 어려운 상황에서 협동하고 헌신하려는 의지와 행동을 통해 평가될 수 있다. 이러한 사회적 관심은 개인이 타인이나 사회적 집단을 넘어서 자연세계나 우주 전체와의 연결성 속에서 자신의 삶을 영위하려는 이상적인 태도로 확장될 수 있다.

3) 성격과 출생순서

Adler는 어린 시절의 가족경험과 출생순서가 개인의 성격형성에 미치는 중대한 영향에 주목하고 있다. 가족은 개인이 태어나서 처음 속하게 되는 사회집단으로서 그의 생활양식과 성격형성에 중요한 영향을 미친다. 아이들은 가족 속에서 자신이 누구인지, 다른 사람들은 어떤 존재인지, 세상은 어떤 곳인지에 관한 다양한 신념을 형성한다. 가족 내에서 아이의 서열적 위치는 자신과 세상에 대한 관점과 생활양식을 발달시키는 데 중요한 역할을 하게 된다. 가족환경에 대한 지각은 아이마다 다르며 시기에 따라 변화한다. 한 아이가 출생함에 따라 가족 구조는 변화하며 나이 차이나 아이들의 성도 가족 내 아이들의 위치에 영향을 미친다. 가족 환경에 영향을 미치는 요소로는 재정상태, 이사, 가족구성원의 변동, 죽음이나 부모의 이혼 등 다양하다.

Adler는 출생순서가 개인의 행동양식에 미치는 영향력을 강조했으나 그것이 결정적인 것은 아니다. 다만 가족 내의 형제서열에 따라 아이가 겪는 특정한 경험을 가능성으로 제시하고 있는 것이다. Adler는 개인의 발달에 중요한 영향을 미치는 사회적 맥락으로서 부모, 형제, 자매, 중요한 타인들을 포함하고 있다. 출생 서열에 따라 나타나는 전형적인 특징들이 존재하지만, 이러한 특성들은 고정된 불변적인 것이 아니라는 점을 유의해야 한다.

첫째 아이는 부모로부터 많은 관심을 받으며 응석받이로 자랄 수 있다. 그러나 동생이 태어나면 자신이 왕좌에서 물러나는 듯한 박탈감을 느낀다. 이러한 박탈감은 자신이 사랑받지 못하고 무시당하는 것으로 여겨질 수 있는데, 첫째 아이는 착한 행동을 함으로써 우월한 지위를 되찾으려고 노력한다. 첫째 아이는 책임감이 강하며 성장하여 가정을 돌보는 일에 몰두하여 친구관계나 사회생활을 경시할 수 있다.

둘째 아이는 태어날 때부터 이미 첫째 아이가 존재하기 때문에 부모의 사랑을 나누어 가져야 한다. 더구나 항상 자신보다 앞서 가는 첫째 아이가 있기 때문에 압박감을 느끼는 동시에 경쟁적인 성향을 보일 수 있다. 둘째 아이는 첫째 아이와 다른 영역의 능력을 개발시켜 인정받으려 하는 경향이 있으며 특히 첫째 아이가 실패한 것을 성취함으로써 부모의 애정을 받기 위해 노력한다. 이러한 과정 속에서 둘째 아이는 첫째 아이와 반대되는 성격을 발달시키게 된다.

중간 아이는 위와 아래로 형제나 자매를 두고 있기 때문에 압박감을 느낀다. 이들은 따라 잡히지 않도록 애쓰는 한편, 앞서가기 위해 노력해야 한다. 중간 아이는 자신의 능력에 대한 확신을 갖지 못한 채 무력감을 느끼며 다른 형제와 자매들에게 의존적인 태도를 나타낼 수 있다. 그 대신에 친구를 사귀거나 사회적 관계를 맺는 일에서 강점을 보일 수 있으며, 갈등이 많은 가족에서는 갈등조정자나 평화유지군의 역할을 할 수 있다.

막내 아이는 가장 어린 아이로서 가족의 관심을 듬뿍 받을 수 있는 위치에서 성장한다. 부모와 형제자매로부터 과잉보호를 받을 수 있으며, 의존적이고, 자기중심적이며, 무책임한 아이로 성장할 수 있다. 때로는 가장 낮은 위치에 있기 때문에 가족 구성원들로부터 제대로 대우를 받지 못하여 열등감과 무력감을 느낄 수 있다. 그러나 막내 아이는 자유로움 속에서 자신의 길을 추구하며 매우 독특한 영역에서 탁월한 성취를 나타낼 수 있다.

외동아이는 어른들로만 둘러싸인 환경에서 성장한다. 경쟁할 다른 아이들이 존재하지 않기 때문에 그들은 어른 수준의 성취를 이루기 위해 노력하며 높은 성취동기를 지닐 수 있다. 부모가 너무 유능할 경우, 아이는 부모와 경쟁하는 것이 불가능하다고 여겨서 낙담하거나 그들이 유능함을 발휘할 수 있는 다른 영역을 찾을 수 있다. 외동아이는 다른 형제자매들과 협동하거나 분배하는 것을 배우지 못해 자기중심적인 행동을 나타낼 수 있다. 또한 이들은 무대의 중심에서 다른 사람들의 관심을 독차지하는 것을 즐기며 이러한 욕구가 좌절될 경우에는 과민반응을 나타낼 수 있다.

4) 성격의 유형

Adler는 개인이 자신만의 고유한 패턴에 따라 기술되어야 한다고 믿었기 때문에 인간에 대한 어떤 유형론도 제시하지 않았다. 그가 인간의 본성에 대한 몇 가지 설명을 제시했으나 그의 주된 관심사는 개인의 고유성을 기술하고 이해하며 변화시키는 것이었다. 그러나 교육적인 목적을 위해서 타인과 관계를 맺는 개인의 태도를 네 가지 유형으로 나누어 제시한 바 있다.

첫 번째 유형은 지배형(ruling type)으로서 타인을 대할 때 지배적인 태도를 보이는 사람들이며 대부분의 관계에서 이러한 태도를 나타낸다. 두 번째 유형은 의존형(getting type)으로서 가장 흔하다. 이들은 타인으로부터 많은 것을 기대하며 의존하는 사람들이다. 세 번째 유형은 회피형(avoiding type)으로서 타인과의 갈등이나 거부를 경험하지 않기 위해서 적극적인 대인관계를 회피하는 사람들이다. 네 번째 유형은 사회적 공헌형(socially useful type)으로서 타인에게 도움이 되는 방식으로 문제를 해결하기 위해 노력하는 사람들이다.

앞의 세 가지 유형(지배형, 의존형, 회피형)은 삶의 문제들을 해결할 준비가 되어 있지 않은 사람이다. 이러한 유형의 사람들은 협동과 기여를 위한 사회적 능력과 의지가 결핍되어 있다. 이러한 사람들은 타인과의 갈등이나 문제를 겪게 되면 부적절감이나 충격에 빠진 채 부적응 상태를 나타낼 수 있다. 네 번째 유형은 협동과 기여를 위한 사회적 관심을 잘 갖춘 사람으로서 타인에게 유익한 행동을 하고 사회적 발전에 긍정적인 기여를 한다. Adler에 따르면, 개인은 사회적 맥락 속에서 이해될 수 있으며 사회적 관심에 근거한 대인관계의 양과 질은 정신건강의 주요한 지표다. 그는 타인과 협동할 수 있고 사회적 안녕에 기여할 수 있는 사람만이 삶의 의미와 자기실현을 성취할 수 있다고 여겼다.

5) 정신병리의 이해와 치료

(1) 정신병리

Adler는 개인의 적응수준을 정상과 비정상의 이분법으로 분류하지 않고 연속선상에 있는 것으로 간주했다. 또한 개인을 정신병리적 관점에서 보려 하지 않았을 뿐만 아니라 부적응 문제를 정신장애 범주로 분류하지도 않는다. 따라서 그는 정신병리에 대한 어떠한 체계적인 설명이나 이론도 제시하지 않았다. 다만 개인이 나타내는 부적응 문제와 증상이 그의 개인적인 삶에 있어서 어떤 의미를 지니는지 이해하고자 했다.

Adler에 따르면, 대부분의 부적응적인 증상은 자기이해의 부족에 기인한다. 자신이 어떤 인생목표를 지니고 있으며 어떤 생활양식을 통해 살아가고 있는지에 대한 인식 부족에서 기인한다. 그는 초기에 모든 부적응적 행동을 열등감에 기인한 것으로 보았다. 인간은 누구나 자신의 열등감을 보상하고 우월성을 추구하기 위해서 나름대로의 가상적인 최종목표를 추구한다. 그런데 이러한 내면적인 목표를 부인하고 삶의 도전적 과제를 회피하는 열등 콤플렉스를 지니거나 비현실적인 주관적 우월감에 빠져 있는 우월 콤플렉스를 지닐 경우에는 그의 삶은 부적응적인 방향으로 흐르게 된다.

Adler는 나중에 공동체 의식과 사회적 관심의 결여가 정신병리를 유발할 수 있다는 견해를 제시했다. 공동체 의식의 결핍으로 인한 부적절감과 긍정적인 인간관계를 형성하지 못하는 무능력으로 인해 정신병리가 유발된다는 것이다. 다른 사람들과 평등하다고 느끼는 동시에 자신의 사회적 역할을 감당할 수 있는 것으로 느끼는 개인은 건강하고 건설적인 방식으로 사회적 활동에 참여하게 된다. 그러나 다른 사람이 자신보다 열등하거나 우월하다고 느끼면, 공동체 의식이 저하될 뿐만 아니라 공동체보다 자기이익을 위해서 행동하게 된다. 이처럼 다른 사람들이나 공동체와 괴리되는 경향이 심화되면, 부적응적인 삶의 상태로 전락하게 된다.

Adler는 정신장애가 어린 시절의 경험, 특히 가족환경과 출생서열에 대한 아동기 경험과 관련되어 있다고 보았다. 다양한 정신장애는 각기 다른 생활양식과 아동기 경험을 반영하고 있으며 나름대로의 심리적 기능을 지니고 있다.

불안은 자존감을 보호하기 위해서 개인이 인생과제와 거리를 두려는 일종의 보호기제다. 불안장애 환자는 용기를 잃은 상태에서 자신의 약점이 드러나는 것을 두려워하며 삶의 선택과 결정을 주저하거나 미루는 경향이 있고 다른 사람이나 어려운 과제로부터 안전한 거리를 유지하고자 한다. 이와 같은 신경증적 문제는 초기 아동기 경험에 기인하는 경향이 있다. 응석받이로 자란 아동은 인생과제를 감당할 준비가 되어 있지 않기 때문에 동생이 태어나거나 학교생활을 시작하는 경우처럼 환경의 변화가 일어나면 용기를 잃고 무거운 부담으로 여기게 된다. 최초의 신경증적 증상은 흔히 복통, 호흡기 증상, 야뇨증과 같이 신체기관의 역기능적 형태로 나타나기도 한다. 이런 증상의 목적은 부모로 하여금 아동에게 굴복하게 하는 동시에 현실적인 책임으로부터 면제받기 위한 것이다.

강박증 환자는 의사결정을 하지 못하고 미루면서 자신의 에너지를 삶의 기본과제 해결에 사용하는 대신 강박행동을 하는 데에 소진시켜 버린다. 이들에게 시시각각 다가오는 시간은 자신들이 대처할 수 없는 삶의 문제에 직면하도록 강요하는 위험한 적으로 여겨진다. 강박행동이 적개심의 표현인 경우도 있다. 당면한 과제의 해결을 미루면서 강박행동에 매달림으로써 주변사람들에게 피해나 부담을 주게 된다. 아울러 복잡한 진짜 문제를 단순하게 되풀이하는 과제와 혼동함으로써 강박행동을 통해 진짜 문제를 회피할 수 있다.

우울증은 개인의 자존심을 보호하기 위한 것이다. 우울증 환자는 일상생활의 부담을 과장하고, 도달할 수 없는 인생목표를 추구하며, 그 목표를 성취하지 못한 것에 대하여 타인이나 생활환경을 탓한다. 우울증 환자는 자신이 원하는 대로 하지 못한 것에 대한 분노를 지니며, 타인을 자신이 원하는 대로 조종하고 생활의 책임을 회피하기 위해서 자신의 약점이나 불평을 이용한다. Adler는 우울증의 한 양상으로 나타나는 자살의 사회적 의도를 지적하면서 청소년의 자살은 보복 행동이라고 여겼다. 우울증에는 보복의 요소가 있어서 누군가를 걱정하게 만들고 죄의식을 느끼게 한다는 것이다. 또한 자살 위협은 낮은 공동체감과 더불어 응석받이로 자란 생활양식을 반영하며 타인을 통제하는 수단으로 이용된다. 우울증은 자신의 내면을 향한 분노이며, 자신에게 상처를 입힘으로써 타인에게도 상처를 주어 자신의 자아를 달래는 피학적 시도라고도 할 수 있다.

경계선 성격장애는 어린 시절에 아동이 삶의 과제를 해결하기에 불리하고 무력하다고 느꼈던 가족 상황에서 비롯된다. 경계선 성격장애를 지닌 사람들은 융통성 없는 인지방식을 지니고 경직된 일반화를 통해서 사람들을 실제 모습으로 인식하지 못하고 전적으로 좋거나 나쁜 사람으로 구분한다. 어떤 일이 잘못된 것에 대해

서 다른 사람을 비난하며, 통제할 수 없는 외부 환경에 대해서 희망과 절망의 양극단으로 치닫는 감정의 변화를 보인다. 감정에 따라 자존감이 급변하고 어떤 소속감이나 헌신감이 결여되어 있으며 공동체에 대한 의무감도 거의 느끼지 않는다.

(2) 아들러 학파의 심리치료

Adler는 인간의 부적응 문제를 병리적인 것으로 여기지 않았다. 따라서 부적응 문제를 치료되어야 하는 대상으로 여기기보다 교육을 통해 바로잡아야 할 과제로 여겼다. 그는 개인심리학에 근거하여 인간의 다양한 문제를 해결하기 위한 실천적 노력에 깊은 관심을 보였다. 이러한 이유로 Adler는 자신의 개입방법에 대해서 특별한 치료명칭을 부여하지 않은 듯하다. 아들러 학파의 심리치료(Adlerian psychotherapy)는 Adler와 그의 동료들이 개인의 부적응적 문제를 해결하기 위해서 적용했던 개입방법을 후대의 사람들이 부여한 명칭이다.

Adler학파에 있어서, 심리치료의 목표는 내담자의 생활양식을 이해하고 부적응적인 목표와 신념을 파악하여 사회적 관심을 증가시키고 좀 더 적응적인 목표와 생활양식으로 변화시키는 것이다. 대부분의 경우, 내담자는 잘못된 목표와 생활방식을 통해서 좌절감과 열등감을 경험하며 삶에 대한 용기를 잃고 낙담한 상태에 있다. 치료자는 내담자를 격려함으로써 용기를 회복하고 공동체 생활에 참여하며 삶의 과제를 효과적으로 수행하도록 돕는다. 이를 위해서 치료자는 유용한 정보를 제공하고 건강한 삶에 대한 교육과 지도를 하고 새로운 삶을 용기 있게 펼쳐 나가도록 격려한다.

Mosak과 Maniachi(2008)는 Adler학파의 심리치료가 지향하는 목표를 6가지로 요약하여 제시하고 있다: (1) 내담자의 사회적 관심을 증가시킨다; (2) 내담자가 좌절감과 열등감을 극복하도록 돕는다; (3) 내담자의

인생목표와 생활방식을 변화시킨다; (4) 내담자의 잘못된 동기를 변화시킨다; (5) 내담자가 타인과 평등한 존재라는 인식을 갖도록 돕는다; (6) 내담자가 사회에 기여하는 구성원이 되도록 돕는다. Alder학파의 심리치료는 개인이 지닌 잘못된 사회적 태도와 가치를 교정하고 다른 사람들과 함께 살아가는 협동적인 삶의 방식을 가르치는 재교육의 과정이라고 할 수 있다.

(3) 치료의 원리와 기법

Adler학파에서는 내담자의 치료적 변화를 위해서 통찰, 즉 깨달음이 중요함을 강조한다. 내담자로 하여금 자신의 목표와 생활양식을 깨닫게 하는 것이 변화의 핵심이다. 치료적 변화는 내담자가 자신의 목표와 내면적 동기를 인식하기 시작할 때 일어날 수 있다. Adler는 내담자가 자신의 부적응적인 동기를 자각하고 그것에 집착하지 않게 돕는 방법으로 '수프에 침 뱉기(spitting in the soup)'라는 기법을 제시하였다. 내담자는 자신이 행동하는 동기가 자기파멸적이라는 것을 깨닫게 되면 그러한 행동에 대한 매력이 떨어져서 더 이상 집착하지 않게 될 수 있다.

내담자가 자신의 행동을 변화시키기 위해서는 자신의 삶을 스스로 결정할 수 있는 힘과 능력을 자각하는 것이 필수적이다. 이러한 변화를 위해서 치료자는 내담자를 격려하는 것이 중요하다. 좌절과 낙담에 빠져 있는 내담자로 하여금 용기를 내어 자신의 삶을 돌아보고 새로운 변화를 시도해 보도록 격려하는 것은 치료과정의 필수요소라고 할 수 있다.

Adler는 개인의 내면적인 심리적 과정을 분석하는 것보다 내담자가 나타내는 대인관계 행동의 본질을 이해하고 긍정적인 변화과정을 촉진하는 것에 초점을 맞추었다. 이러한 점은 Freud의 정신분석과 구별되는 점이라고 할 수 있다. 좌절하여 낙담해 있는 내담자로 하

여금 자신의 문제점과 약점을 자각하게 하기보다 자신의 강점을 깨닫도록 함으로써 삶의 문제를 해결하도록 돕는 것에 초점을 맞추고 있다. Adler에게 있어서, 건강한 삶의 본질이자 심리치료의 목표는 개인이 공동체 안에서 소속감을 느끼고 협동하는 방법을 배우며 서로를 지지하고 나름대로 공동체를 위해 기여하는 것이다.

Adler의 주요한 공헌 중 하나는 내담자의 변화를 이끌어 낼 수 있는 구체적인 개입방법을 다양하게 제시하고 있다는 점이다. 이러한 개입방법들은 심리치료뿐만 아니라 다양한 교육활동과 집단프로그램에서 활용하고 있다. 생활양식 분석은 내담자의 생활양식을 이해하는 것으로서 Adler 심리치료에서 매우 중요하다. 생활양식을 분석하는 방법은 매우 구조화된 것부터 덜 구조화된 것까지 다양하다. **격려**(encouragement)는 Adler학파의 치료자들이 가장 보편적으로 사용하는 치료적 개입이다. 마치 ~인 것처럼 행동하기(acting as if)는 내담자가 스스로 할 수 없다고 생각하는 것을 실제로 성취할 수 있는 것처럼 행동해 보도록 권장하는 개입방법이다. 이 밖에도 사람들이 흔히 빠지는 함정과 난처한 상황을 피하도록 하는 수렁 피하기(avoiding the tar baby), 내담자가 반복적으로 범하는 부적응적인 행동을 자각하게 함으로써 그러한 행동을 방지하도록 돕는 자신을 포착하기(catching oneself), 내담자에게 자신이 감정을 통제할 수 있음을 인식하도록 하는 단추 누르기(pushing the button), 내담자가 반복적으로 나타내는 자기파멸적인 행동의 동기를 확인하고 그것을 매력적이지 못한 것으로 만듦으로써 내담자가 상상한 이익을 제거하는 스프에 침 뱉기(spitting in the client's soup) 등과 같은 다양한 치료기법을 사용한다.

6) 개인심리학의 평가

Adler는 인간을 사회심리학적이고 목적론적인 관점에서 설명하는 새로운 성격이론을 제시했다. 그는 개인의 성격을 이해함에 있어서 어린 시절의 경험, 열등감과 보상 욕구, 가족구조와 형제서열, 사회문화적 환경이 중요함을 설득력 있게 제시했다. 특히 사회적 관심 또는 공동체 의식을 정신건강의 중요한 요소로 강조한 점은 개인주의가 팽배한 현대사회에서 주목할 만하다. Adler는 심리치료 분야에서 다문화적 관점이 제시되기 훨씬 이전에 사회적 평등을 주장하고 사회적 참여를 강조하였다. 또한 일상생활 속에서 일어나는 문제들에 대한 일상적인 해결책을 제시하면서 일반인들을 위한 이론을 발전시켰다. Adler가 제시한 치료방법은 비교적 간단하여 단기간에 시행될 수 있으며 교육과 예방을 중시한다. 이러한 점은 Adler의 심리치료가 높은 수준의 통찰력과 많은 시간적·경제적 투자를 요구하는 Freud의 정신분석이나 Jung의 분석적 치료와 구별되는 강점이다.

그러나 Adler의 개인심리학은, 다른 정신역동이론과 마찬가지로, 실증적 근거가 부족하다는 점에서 비판되고 있다. Adler의 이론에 대한 경험적 연구는 대부분 실험 연구보다 사례 연구를 통해 시행되었다(Ferguson, 2001). Adler학파 심리치료의 효과를 검증하기 위해서 1970년대 이후에 실시된 일부의 연구들도 극히 제한된 임상집단을 대상으로 시행되었거나 실험적 통제가 잘 이루어지지 않았다.

Adler의 개인심리학은 정신분석이론가들로부터 너무 피상적이라는 비판을 받고 있다. 반면에, 행동주의 심리학자들로부터는 너무 역동적이며, 내적인 동기를 지나치게 중시한다는 비판을 받았다(Ferguson, 2001). 또한 그의 이론이 공동체 활동에 대한 참여와 책임감을 과도하게 강조한다는 점에서도 비판의 대상이 되었다.

이러한 여러 가지 한계와 비판에도 불구하고 Adler의 영향은 현대사회의 다방면에 이어지고 있다. 현대의 여러 심리치료뿐만 아니라 교육, 자녀양육, 결혼과 부부관계, 지역사회 심리학 등에서 그의 선구자적인 사상이 스며들어 있다. 특히 개인주의가 확산되고 외로움이 보편화되고 있는 현대인들에게 Adler는 공동체 의식의 중요성을 강조하는 선견지명을 남겼다.

 요약 --

1. 분석심리학은 Carl Jung에 의해서 제시된 심층심리학적 성격이론이다. Freud와 달리, Jung은 무의식을 개인의 삶에 방향을 제시하는 지혜로운 것으로서 미래에 나아갈 방향을 보여주는 신호라고 보았다.

2. 분석심리학은 인간의 무의식을 개인 무의식과 집단 무의식으로 구분한다. 집단 무의식은 심리적 구조인 원형으로 구성되며 페르소나, 아니마, 아니무스, 그림자, 자기와 같은 원형들이 성격에 중요한 영향을 미친다.

3. 인간은 부분의 집합이 아니라 하나의 통합적 전체로서 분화와 통합을 반복하며 자기(Self)를 중심으로 개성화를 향해 나아간다. 정신병리는 기본적으로 무의식에 대한 무지에서 기인한다. 분석적 심리치료는 의식과 무의식이 서로 소통하도

록 연결하는 과정으로서 궁극적 목표는 개성화와 성격의 통합이다. 무의식의 탐색을 위해서 꿈 분석, 전이 분석, 적극적 상상 등과 같은 다양한 치료기법이 사용된다.

4. Jung은 개인의 성격유형을 외향성과 내향성의 두 가지 태도와 사고, 감정, 감각, 직관의 네 가지 심리적 기능에 근거하여 구분하였다. 인간의 발달과정을 아동기, 청년기, 중년기, 노년기로 구분하여 개인을 전생애적 관점에서 이해하고자 했다.

5. 분석심리학은 그 개념이 복잡하고 과학적인 검증이 어렵기는 하지만 인간의 심층심리에 대한 풍부한 개념과 이론적 체계를 통해서 심리학뿐만 아니라 종교, 예술, 문학 등의 여러 분야에 많은 영향을 미치고 있다.

6. 개인심리학은 Alfred Adler에 의해서 제시된 성격이론으로서 열등감의 보상과 공동체 의식의 중요성을 강조한다. Adler에 따르면, 인간 행동의 가장 기본적인 동기는 열등감을 극복하고 우월성을 추구하려는 것이다.

7. 개인은 어린 시절에 경험한 열등감을 보상하기 위해서 미래의 가상적 최종목표를 지니게 되는데, 이러한 목표가 인생을 이끌어 가는 방향키가 된다. 또한 가상적 목표를 추구하기 위해서 나름대로의 독특한 생활양식을 발달시킨다. 성격과 행동양식은 어린 시절의 가족경험과 출생순서에 의해서 중대한 영향을 받는다.

8. Adler는 타인 또는 사회와의 연결감 속에서 타인의 행복을 위해 헌신하고 기여하려는 공동체 의식, 즉 사회적 관심(social interest)을 건강한 삶의 핵심적 요인으로 여겼다.

9. 정신병리는 삶의 목표 추구에 대한 낙심상태로서 자기이해의 부족에 기인한다. 치료자는 내담자를 격려하면서 자신의 인생목표와 생활양식을 자각하여 건설적인 방향으로 전환하도록 돕는다. 또한 내담자의 사회적 관심을 증가시켜 사회에 기여하는 구성원이 되도록 돕는다.

10. Adler의 개인심리학은 실증적 근거가 부족할 뿐만 아니라 피상적이라는 비판을 받았으나 현대의 여러 성격이론과 심리치료에 많은 영향을 미쳤다. 특히 사회적 관심 또는 공동체 의식을 정신건강의 중요한 요소로 강조한 점은 개인주의가 팽배한 현대사회에서 주목할 만하다.

제8장
행동주의 이론

행동주의 이론은 정신분석이론의 비과학성을 맹렬하게 비판하면서 엄격한 실증적 과학주의에 근거하여 발전한 성격이론이다. 행동주의 이론은 성격을 내면적인 심리적 구조나 역동으로 설명하기보다 외부환경에 의해서 강화된 행동패턴으로 간주한다.

인간의 성격에 대해서 두 가지의 대립적인 견해가 논쟁의 주제로 내려오고 있다. 인간의 행동은 개인의 내면적 요인에 의해서 결정되는가 아니면 외부의 환경적 요인에 의해서 결정되는가? 인간의 성격은 선천적인 유전에 의해서 결정되는가 아니면 후천적인 경험에 의해서 결정되는가? 인간은 출생 시에 특정한 성향을 지니고 태어나는가 아니면 백지상태로 태어나는가? 이러한 세 가지의 대립된 견해 모두에 대해서 행동주의 이론은 후자의 입장을 취하고 있다.

행동주의 이론은 실험적 연구전통에서 발달한 성격이론으로서 인간의 개인차를 관찰과 측정이 가능한 외현적 행동에 초점을 맞추고 있다. 관찰과 측정에 근거한 실증적 연구결과에 근거하여 행동이 습득되고 변화하는 원리를 제시하고 있다. 행동주의 이론은 1900년대 중반에 급속히 발전하여 정신분석이론과 함께 심리학의 양대 산맥을 이루었다. 1970년 이후에는 인지주의적 이론과 접목되어 인지행동적 이론으로 진화하여 현대 성격심리학의 주요한 흐름을 형성하고 있다.

1. 기본가정

행동주의 이론은 심리학을 자연과학과 같이 엄밀한 과학으로 발전시켜야 한다는 신념에 근거하고 있다. 따라서 심리학은 정신분석이론과 같이 개인 내부에서 일어나는 모호한 현상에 대한 연구를 지양하고 객관적으로 관찰되고 측정할 수 있는 행동만을 연구해야 한다고 주장한다. 행동주의 이론에 따르면, 인간의 모든 행동은 환경과의 상호작용 속에서 학습된 것이다. 행동주의 이론은 다음과 같은 몇 가지 가정 위에서 발전하였다.

첫째, 개인의 성격특성은 관찰될 수 있는 구체적인 행동으로 분석되어 이해될 수 있다. 복잡해 보이는 인간의 삶은 개인이 상황마다 다양하게 나타내는 행동으로 구성되어 있다. 개인의 성격은 내면적 특성에 의해 규정되기보다 개인이 다양한 상황에서 반복적으로 나타내는 독특한 행동패턴으로 이해될 수 있다. 내담자의 부적응 문제도 관찰 가능한 문제행동의 집합체로 분석되어 이해될 수 있다.

둘째, 인간이 나타내는 대부분의 행동은 후천적으로 학습된 것이다. 인간은 '빈 서판'과 같은 존재로서 잠재적인 가능성을 지니고 태어날 뿐 선천적으로 결정된 행동패턴은 없다. 대부분의 행동패턴은 환경과의 상호작용 속에서 후천적 경험을 통해 학습된 것이다. 행동주의 심리학은 개인의 행동패턴을 결정하는 데 있어서 환경의 역할이 압도적으로 중요하다는 환경결정론(environmental determinism)의 입장에 서 있다. 부적응적인 문제행동 역시 잘못된 후천적 학습에 의해 습득된 것이다. 행동의 개인차는 이러한 학습경험의 차이에 기인한다.

셋째, 인간의 모든 행동은 학습에 의해서 습득된 것이다. 신생아는 백지상태로 태어나며 학습과정을 통해서 환경적 자극에 대한 행동적 반응을 배우게 된다. 물론 신생아가 선천적으로 나타내는 몇 가지의 반사행동이 있지만, 인간의 사회적 삶에 중요한 행동들은 대부분 후천적 학습에 의해서 습득한 것이다. 이런 점에서 행동주의 심리학은 새로운 행동을 습득시키고 부적응 행동을 제거하는 학습의 원리를 밝히는 데 초점을 맞추고 있다.

마지막으로, 행동의 변화도 학습의 원리를 응용하여 성공적으로 이루어질 수 있다. 즉, 부적응적인 문제행동을 제거하거나 긍정적인 행동을 학습함으로써 내담자의 부적응 문제를 치료할 수 있다. 이러한 행동치료는 내담자의 과거경험이나 무의식과 같은 내면적 요소의 변화보다 현재의 행동을 변화시키는 데 초점을 맞춘다. 내담자를 고통스럽게 하고 부적응으로 몰아가는 문제행동을 제거하여 재발하지 않게 할 뿐만 아니라 현실적인 문제상황에 효과적으로 대처할 수 있는 긍정적인 행동을 습득시켜 내담자의 적응을 개선할 수 있다면, 충분히 성공적인 치료라고 할 수 있다.

2. 고전적 조건형성

고전적 조건형성은 우리가 세상의 다양한 것에 대해서 좋아하고 싫어하게 되는 과정을 설명하고 있다. 신생아는 소수의 반사행동 외에는 아무것도 행하지 못하는 무력한 상태로 태어난다. 이처럼 특별한 선호나 행동을 지니지 않았던 신생아가 성장하여 어떻게 좋은 대학에 가고 싶어 하고 밤새워 공부를 하며 미팅에서 상대방의 외모와 행동에 호불호를 느끼고 타인의 부당한 행동에 반발하며 격렬하게 공격하는 독특한 성격의 소유자가 된 것일까? 어떤 사람은 조용하게 혼자 있는 것을 좋아하는 반면, 다른 사람은 많은 사람과 떠들며 노는 것을 좋아할까? 어떤 사람은 보수당을 좋아하는 반면, 다른 사람은 진보당을 좋아하는 것일까?

인간은 어떻게 삶에서 접하게 되는 다양한 대상에 대한 선호와 혐오를 형성하게 되는 것일까? 선호는 그 대상에 대한 접근행동을 유발하고, 혐오는 회피행동을 유발한다. 정밀하게 분석하면, 인간의 성격은 세상의 다양한 대상에 대한 특별한 선호와 혐오로 구성되며 그에 따른 접근행동과 회피행동으로 표현될 수 있다. 고전적 조건형성은 과거에는 어떤 선호나 반응을 나타내

Ivan Pavlov

지 않았던 환경적 자극에 대해서 특별한 선호와 행동적 반응을 나타내게 되는 학습과정을 설명하고 있다.

　러시아의 유명한 생리학자로서 소화과정의 연구로 1904년에 노벨생리학상을 받은 Ivan Pavlov(1849~1936)는 개의 타액분비에 관한 실험을 하는 과정에서 특이한 현상을 발견했다. 개는 먹이를 보고 침을 흘리는 것이 보통인데, 먹이가 보이지 않는 상황에서도 개가 침을 흘리는 일이 종종 발견되었다. 이를 신기하게

여긴 Pavlov가 그 이유를 조사해 본 결과, 정오를 알리는 성당의 종소리가 울린 후에 개에게 정기적으로 먹이를 주곤 했는데 개는 종소리만 듣고도 침을 흘리는 것이었다.

　[그림 8-1]과 같은 실험장치를 통해 개가 종소리에 침을 흘리게 된 과정을 확인하였다. 이러한 개에게 고기를 주면서 종소리를 함께 들려주는 일을 여러 번 반복한 결과, 개는 종소리를 듣고 침을 흘리는 반응을 습득하였다. 개가 종소리에 침을 흘리는 행동을 학습하게 된 과정은 다음과 같이 설명할 수 있다. 개는 고기를 주면 무조건 침을 흘린다. 이 경우에 고기처럼 무조건 침을 흘리게 하는 자극을 무조건적 자극(unconditioned stimulus)이라고 하고, 이러한 자극에 대해서 자동적으로 유발되는 반응을 무조건 반응(unconditioned response)이라고 한다. 처음에는 침을 흘리게 하지 못했으나 이후에 개로 하여금 침흘리는 반응이 나타나게 한 자극(종소리)을 조건자극(conditioned stimulus)이라고 하며, 이러한 조건자극에 의해 유발된 반응을 조건반응(conditioned response)이라고 한다. [그림 8-2]에서 볼 수 있듯이, 고전적 조건형성은 무조건자극과 조

[그림 8-1] Pavlov가 고전적 조건형성을 연구하면서 사용한 실험장치

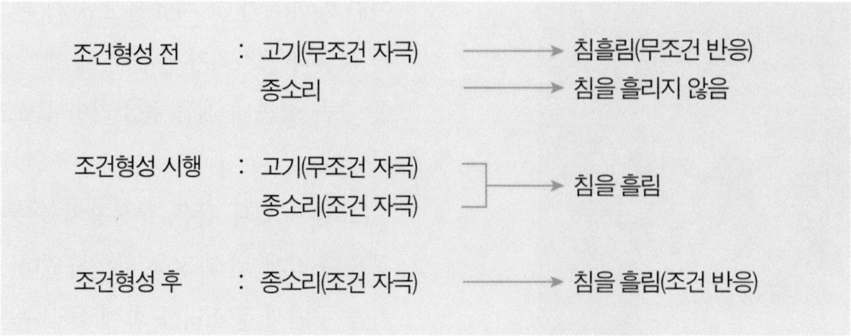

[그림 8-2] **고전적 조건형성이 일어나는 과정**

건자극을 짝지어 반복적으로 제시하면 조건자극만으로도 조건반응이 유발될 수 있음을 뜻한다. 이러한 학습과정을 고전적 조건형성(classical conditioning)이라고 한다.

그런데 종소리에 침을 흘리도록 학습된 개에게 종소리와 유사한 벨소리를 들려주어도 침을 흘린다. 이처럼 조건자극과 유사한 여러 가지 자극에 대해서도 침을 흘리는 조건반응이 나타나는 현상을 자극 일반화(stimulus generalization)라고 한다. 반면에, 손뼉 치는 소리를 들려주는 경우에는 개가 침을 흘리지 않는다. 이처럼 조건자극과 현저하게 다른 자극에는 조건반응을 나타내지 않는 현상을 자극 변별(stimulus discrimination)이라고 한다. 그런데 종소리와 손뼉 치는 소리를 짝지어 반복적으로 제시하면 개는 손뼉 치는 소리에도 침을 흘린다. 이러한 경우를 2차적 조건형성(secondary conditioning)이라고 하는데, 이처럼 새로운 자극들에 대하여 침을 흘리는 반응이 학습되는 과정을 고차적 조건형성(higher order conditioning)이라고 한다. 행동주의 심리학자들은 고전적 조건형성의 원리에 의해서 다양한 행동과 정서반응이 학습될 수 있음을 여러 실험을 통해 보여 주었다.

Watson은 사고나 심상과 같은 내면적 과정에 의지하지 않고 직접 관찰가능한 자극과 반응의 관계로 행동

을 객관적으로 설명하는 Pavlov의 접근법을 높이 평가했다. 그는 고전적 조건형성을 이용하여 인간의 정서반응도 조건화될 수 있다는 사실을 입증하고자 했다. Watson과 Raynor는 1920년에 유명한 little Albert의 실험을 통해서 공포반응이 고전적 조건형성으로 학습될 수 있다는 사실을 보여 주었다. 그들은 생후 11개월 된 앨버트('little Albert'로 불림)라는 어린 아이에게 하얀 쥐에 대한 공포반응을 학습시켰다. Albert는 원래 하얀 쥐에 대한 두려움을 지니고 있지 않았다. 그러한 Albert가 하얀 쥐에게 다가갈 때마다 커다란 쇳소리를 내어 Albert가 깜짝 놀라게 했다. 이렇게 5번의 시행을 하였더니, Albert는 하얀 쥐를 보기만 해도 놀라는 공포반응을 나타냈으며 쇳소리가 들리지 않아도 마찬가지였다. 즉, 공포반응(무조건 반응)을 유발하는 쇳소리(무조건 자극)를 하얀 쥐(조건 자극)와 짝지어 제시함으로써 Albert는 쥐에 대한 공포반응(조건반응)을 학습하게 된 것이다. 이러한 결과는 공포증을 비롯한 여러 정서장애가 고전적 조건형성에 의해서 형성될 수 있음을 보여 준다.

고전적 조건형성의 원리는 공포반응을 제거하는 데에도 적용되었다. 1924년에 Jones는 토끼를 두려워하는 Peter라는 소년의 공포반응을 제거하는 과정을 발표

하였다. Peter가 초콜릿을 먹으며 즐거운 활동을 하고 있을 때 점진적으로 토끼를 Peter 가까이에 접근시키게 함으로써 Peter가 토끼와 함께 놀 수 있는 상태로까지 변화시켰다. 즉, 편안하고 즐거운 기분(무조건 반응)을 유발하는 초콜릿(무조건 자극)을 토끼(조건 자극)와 짝지어 제시함으로써 토끼에 대해 두려움을 느끼지 않는 편안한 기분(조건 반응)이 학습된 것이다. 이러한 선구적 연구들은 나중에 Wolpe의 체계적 둔감법과 Bandura의 참여적 모방학습에 도입되어 다양한 행동치료기법으로 발전되었다.

3. 조작적 조건형성

새로운 행동이 학습되는 또 다른 중요한 원리는 조작적 조건형성이다. 조작적 조건형성의 효시는 1911년에 Thorndike가 발표한 고양이 실험이다. 그는 누름판을 누르면 문이 열리는 장치가 되어 있는 실험상자 안에 배고픈 고양이를 집어넣고 실험상자 밖에 음식을 놓아두었다. 고양이는 이러한 문제상황에서 음식을 먹기 위해 상자 밖으로 나가려고 여러 가지 행동을 하다가 우연히 누름판을 누르자 문이 열리고 음식을 먹을 수 있었다. 이 고양이를 다시 실험상자 안에 집어넣자 곧 누름판을 눌러 상자 밖으로 나와 음식을 먹었다. 고양이는 누름판을 누르면 상자의 문이 열린다는 사실을 학습한 것이다. 이러한 관찰에 근거하여, Thorndike는 보상이 주어지는 행동은 학습되고 처벌이 주어지는 행동은 회피된다는 효과의 법칙(law of effect)을 주장하였다. 그러나 그는 보상획득을 위해 문제해결을 하는 동물의 지적 능력이라는 관점에서 이러한 결과를 해석하였다.

Thorndike의 발견을 더욱 발전시켜 조작적 조건형성의 원리를 체계화한 사람이 Skinner이다. Skinner는 [그림 8-3]과 같이 지렛대를 누르면 고체 먹이가 한 조각씩 나오도록 만들어진 실험상자 안에 배고픈 쥐를 집어넣고 행동을 관찰하였다. 쥐는 상자 안을 배회하다가 우연히 지렛대를 누르자 먹이 한 조각이 나왔고 이를 먹었다. 그러나 여전히 배고픈 쥐는 또다시 한동안 배회하다가 지렛대를 누르게 되었고 먹이를 먹을 수 있었다. 이런 일이 반복되면서 쥐는 지렛대를 누르면 먹이

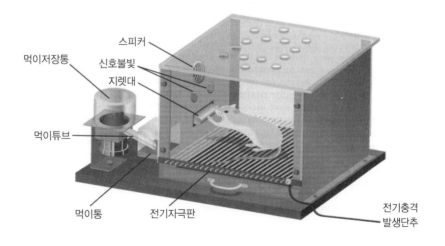

[그림 8-3] Skinner가 조작적 조건형성을 연구하면서 사용한 실험상자

가 나온다는 것을 학습하게 되었고, 배가 고프면 지렛대를 누르는 행동을 나타냈다.

이처럼 행동은 그 결과에 따라 증가 또는 감소되는데, 보상이 뒤따르는 행동은 증가하고 처벌이 주어지는 행동은 감소된다는 것이 조작적 조건형성(operant conditioning)의 원리다. 어떤 행동을 습득하게 하고 그 빈도를 증가시키는 과정을 강화(reinforcement)라고 하는데, 강화에는 정적 강화와 부적 강화가 있다. 정적 강화(positive reinforcement)는 학습자가 좋아하는 보상을 제공하는 방법으로서 지렛대 누르는 행동의 결과로 쥐가 좋아하는 먹이를 주는 것이 이에 해당된다. 이와 달리 부적 강화(negative reinforcement)는 어떤 행동을 하면 고통을 회피할 수 있도록 강화해 주는 방식이다. 예

컨대, 시끄러운 소음이 들리는 상자 안의 쥐는 고통스러워하지만 우연히 지렛대를 누르자 소음이 멈추었다. 이런 장치가 되어 있는 상자에서 쥐는 소음이 들리면 지렛대를 누르는 행동을 학습하게 된다. 이 경우에 소음을 부적 강화물이라고 하는데, 소음이 없어지는 것이 강화의 역할을 하기 때문이다. 강화와는 반대로, 어떤 행동을 제거하거나 빈도를 감소시킬 경우에는 처벌(punishment)이 사용된다. 특히 바람직하지 않은 행동을 하지 못하게 할 때는 벌이나 고통을 줌으로써 그러한 행동을 억제시킬 수 있다.

이 밖에도 Skinner는 다양한 동물실험을 통해서 학습과정에 관여되는 여러 가지 원리를 제시하였다. 예컨대, 지렛대를 눌러도 먹이가 나오지 않게 하면, 쥐가 처음에

 B. F. 스키너

Burrhus F. Skinner(1904~1990)는 가장 저명한 행동주의 심리학자이며 사회의 의미 있는 변화를 위해서 심리학의 원리를 응용하려고 노력했던 대표적인 인물이다. 그는 1904년 펜실베이니아 주의 한 작은 도시에서 법률가인 아버지의 장남으로 태어났다. 비교적 안정된 가정환경에서 성장한 Skinner는 뉴욕의 해밀턴 칼리지에 진학하여 우수한 성적으로 졸업했으며 작가가 되기를 희망했다. 하버드 대학에 진학하여 영문학을 전공했으며 졸업 후 1년 동안 소설을 쓰며 보냈다. 그러나 자신의 문학적 재능에 한계를 느끼고는 소설가의 꿈을 접었다. 그 후 심리학자인 John B. Watson이 쓴 『행동주의(Behaviorism)』라는 책을 읽고 감명을 받아 대학원에 진학하여 심리학을 전공하기로 결심하였다. 1931년 하버드 대학교 심리학과에서 박사학위를 받고 다른 대학에 재직하다가 1958년부터 1974년에 퇴직할 때까지 하버드 대학교 심리학과 교수로 활약하였다. Skinner는 21권의 저서와 180여 편의 논문을 남긴 열정적인 사람으로서 많은 상을 받았으며 1990년에 폐렴으로 사망하였다.

Skinner는 어려서 물건을 만들고 기계를 조작하는 것을 좋아했는데 이러한 재능은 동물행동의 연구에서 발휘되었다. 그는 스키너 박스(Skinner's box)로 알려진 실험장치를 만들어 쥐나 비둘기의 행동을 체계적으로 관찰하며 연구하였다. 그의 연구결과는 '조작적 강화이론(operant reinforcement theory)'으로 알려져 있

는데, 특정한 행동이 강화물을 제시하는 시간간격과 방법에 따라 어떻게 학습되고 소거되는지를 정교하게 밝히고 있다. 그는 이러한 조작적 조건형성의 원리를 이용하여 인간의 행동을 긍정적으로 변화시킬 뿐만 아니라 효과적인 교육과 사회적 변화에 활용하고자 노력하였다.

　Skinner는 엄격한 행동주의 심리학자인 동시에 발명가, 저술가, 사회철학자의 면모를 나타냈다. 그는 스키너 박스를 비롯하여 유아에게 좋은 환경을 제공하는 양육장치, 학습내용을 제시하고 적절하게 강화하는 학습기계, 비둘기를 이용한 목표추적 미사일 등과 같은 창의적인 발명품과 아이디어를 제시하기도 했다.

　Skinner는 조작적 조건형성의 원리를 활용하여 조직 및 사회 차원에서 긍정적 행동을 증가시키는 일에 깊은 관심을 지녔으며 이를 행동공학(behavior engineering)이라고 지칭했다. 행동공학에서 중요한 일은 추상적인 덕목이나 성격특성보다 구체적인 행동의 강화에 초점을 맞추는 것이다. 그리고 그러한 행동을 촉진하고 강화를 통해 증가시킬 수 있는 환경조건을 만들어야 한다. 현재 학교장면에서 학생들이 바람직한 행동을 했을 때 이를 교사가 주목하고 칭찬이나 스티커, 상품 등의 강화물을 제공함으로써 그러한 행동을 장려하는 교육시스템에는 조작적 조건형성의 원리가 담겨 있다.

　Skinner는 학술적인 연구뿐만 아니라 이를 활용하여 좀 더 긍정적인 사회를 건설하는 데에 깊은 관심을 지녔다. 특히 1948년에 발표한 『월든 투(Walden Two)』는 실험실에서 연구된 심리학의 이론과 원리를 활용하여 더 나은 사회를 건설하려는 Skinner의 꿈을 작품화한 소설이다. Henry Thoreau가 월든 호숫가에서 체험한 초월적인 행복한 삶을 서술하고 있는 『월든』의 제목을 빌려 스키너가 꿈꾸는 이상사회를 소설형식으로 그리고 있는 책이다. 조건형성의 원리를 활용함으로써 효율적인 자녀양육과 사회운영을 통해 구성원의 생산성과 행복을 높이려는 Skinner의 꿈이 담겨져 있다. 이 책은 그가 젊은 시절에 지녔던 소설가로서의 꿈과 심리학자로서의 연구성과를 결합하여 궁극적으로 더 나은 세상을 건설하려는 사회철학자로서의 Skinner의 면모를 느낄 수 있는 작품이다. 1971년에 발표한 『자유와 존엄을 넘어서(Beyond Freedom and Dignity)』에서 Skinner는 행동공학을 통해서 더 나은 사회를 건설할 수 있다는 자신의 사회철학과 실현방법을 제시하였다.

쥐나 비둘기를 대상으로 학습의 원리를 탐구한 스키너 박스

는 지렛대 누르는 행동을 반복하지만 곧 그러한 행동이 사라지게 되는데 이를 소거(extinction)라고 한다. 또 실험상자 안의 전구에 빨간색 불이 들어올 때만 먹이가 나오게 하면, 쥐는 불이 들어온 상태에서는 지렛대 누르는 행동을 하고 불이 꺼지면 지렛대를 누르지 않았다. 즉, 쥐는 전구의 불빛이라는 변별자극(discriminative stimulus)을 학습하여 지렛대 누르는 행동을 해야 할 때와 그렇지 않을 때를 구분하게 된다. 일련의 복잡한 행동을 학습시키기 위해, 목표행동에 근접하는 행동을 보일 때마다 강화를 하여 점진적으로 목표행동을 학습시키는 행동조성법(behavior shaping)이 있다. 동물조련사들이 동물에게 복잡한 묘기 행동을 학습시킬 때 이러한 행동조성법이 사용된다. 인간이 나타내는 행동 중에는 이러한 조작적 조건형성을 통해서 학습된 것이 많다. 아동의 행동은 부모, 교사, 친구의 관심, 애정, 칭찬, 성적, 음식, 용돈 등이 강화물로 작용하여 학습된 것이 많다. 또한 부모나 교사의 처벌을 통해 문제행동이 제거되기도 하고 이러한 처벌을 피하기 위해 새로운 행동을 나타내기도 한다. 이처럼 이상행동도 조작적 조건형성에 의해서 생겨난 경우가 많다. 예컨대, 아동이 우연히 나타낸 공격적 행동에 대해서 친구들이 관심을 나타내고 더 이상 귀찮게 굴지 않으며 오히려 친구들로부터 인기를 얻게 되는 보상이 주어지면, 이러한 공격적 행동은 더욱 강화되어 폭력적인 문제행동으로 발전될 수 있다.

Clark Hull

4. Hull의 자극-반응 이론: 추동감소이론

Clark Hull(1884~1952)은 개인의 성격, 특히 행동적 습관의 개인차를 설명하기 위한 자극-반응이론을 제시했다. Skinner는 반응을 유발하는 자극을 중요하게 여기지 않은 반면, Hull은 특정한 자극에 의해서 특정한 반응이 반복적으로 유발되는 자극-반응 연합에 초점을 맞추었다. Hull에 따르면, 자극과 반응 사이의 연합은 일종의 습관(habit)이며, 성격구조는 주로 학습된 습관, 즉 자극-반응 연합으로 이루어진다.

Hull은 자극과 반응의 관계를 좀 더 정교하게 설명하기 위해 매개변인을 도입함으로써 학습이론의 설명력을 확장하였다. 매개변인은 외현적으로 관찰되지 않지만 자극과 반응의 관계를 연결하는 내면적인 자극과 반응을 의미한다. 예컨대, 음식을 보면 먹고 싶다는 내면적인 추동이 유발되고 그러한 추동은 내면적인 자극이 되어 식당에 들어가 음식을 구입하는 행동을 유발한다. 음식이 곧바로 음식구매행동을 유발하는 것이 아니라 음식에 대한 추동이 내면적으로 유발되어야 음식구매행동으로 이어질 수 있다는 설명이다.

1943년에 Hull은 『행동의 원리(*Principles of Behavior*)』를 출간하여 행동에 대한 체계적인 이론을 제시했다. 그에 따르면, 자극과 반응의 연결(s-r)이 바로 습관이다. 어떤 자극에 대해서 특정한 반응을 했을 때, 내면적인 추동이 충족되면 그 자극과 반응 간의 연결이 생겨난다. 즉, 추동감소(drive reduction)가 학습을 유발하는 강화요인인 것이다. 이러한 강화가 반복될수록 자극-반응 연결, 즉 습관이 강해진다. 습관강도(sHr)가 높다고 해서 학습된 반응이 항상 나타나는 것은 아니며 추동(drive)이 유발되어야 행동으로 이어지게 된다.

Hull은 이러한 자극, 반응, 추동, 행동의 관계를 수학적인 공식(sEr = sHr×D)으로 제시했다. 학습된 자극-반응의 연결(s-r)이 특정한 상황에서 행동으로 나타날 가능성, 즉 반응잠재력(excitatory potential, sEr)은 습관 강도(sHr)와 추동 강도(D)의 함수라는 것이다. D는 추동 강도를 뜻하며 예를 들면 음식이나 물을 먹지 못한 시간에 의해 결정된다. 그는 이후에 이러한 공식을 발전시켜 다음과 같은 정교한 공식을 제시했다.

$$sEr = sHr \times D \times V \times K$$

이 공식에 따르면, 반응잠재력(sEr)은 습관 강도(sHr)와 추동(D)뿐만 아니라 자극 강도(V)와 유인가(K)의 함수다. 여기에서 자극 강도(V)는 반응을 유발하는 자극의 영향력을 뜻하며 유인가(K)는 행동의 결과가 얼마나 보상적인지를 의미한다.

Hull의 이론에서 가장 중요한 개념은 추동(drive)이다. 추동은 행동을 유발하는 내면적 자극을 뜻한다. Hull에 따르면, 개인으로 하여금 행동적 반응을 하게 만드는 것은 바로 추동이다. 추동은 태어날 때부터 지니고 있는 일차적 추동(primary drive)과 사회화 과정을 통해서 학습하게 되는 이차적 추동(secondary drive)으로 구분된다. 일차적 추동은 배고픔, 목마름, 성욕, 통증과 같은 생리적 상태에서 유발되는 반면, 이차적 추동은 일차적 추동의 충족과 연결되어 유발된 것으로서 어머니에 대한 애정이나 Little Albert의 경우처럼 학습된 대상에 대한 공포가 이에 해당된다. 예컨대, 일차적

추동인 통증에 의해서 불안이라는 이차적 추동이 학습될 수 있다. 이차적 추동인 불안과 공포는 개인으로 하여금 비정상적인 행동을 유발할 수 있다.

Hull은 자극과 반응을 연결하는 내면적인 과정을 좀 더 정교하게 설명하기 위해서 다양한 개념을 도입했다. 그는 실험실 상황에서 배고픈 쥐가 T미로를 달려가서 왼쪽 끝에 위치한 목표상자 속에 있는 먹이를 먹는 행동을 학습한 경우에, 쥐가 T미로의 오른쪽이 아닌 왼쪽으로 달려가서 목표상자를 찾고 그 속에 있는 먹이를 먹는 행동을 하기까지 여러 가지 미세한 행동으로 구성된 내면적 과정이 개입한다고 보았다. 먹이를 찾아 배고픔의 추동을 해소하는 목표반응(goal response: Rg)을 하기까지는 앞으로 달려가기, 왼쪽으로의 방향틀기, 근육의 움직임, 목표상자로 접근하기, 음식 먹기 등과 같이 다양한 단편적 선행 목표반응(fractional antedating goal response: rg)이 개입한다. 이와 같이 Hull은 인간의 행동을 설명하기 위해서 자극-반응 연결, 즉 습관의 개념을 제시했으며 자극에 대해 반응이 나타나는 내면적 과정을 정교하게 설명하기 위해서 추동, 흥미, 계획, 기대, 목적과 같은 개념을 도입했다. 이러한 Hull의 자극-반응 이론은 그가 재직하던 Yale 대학교 심리학과와 인간관계연구소의 동료이자 제자인 Dollard와 Miller에 의해서 확장되었다.

5. Dollard와 Miller의 정신분석적 학습이론

정신분석이론과 행동주의 학습이론은 기본적 가정과 철학이 현저하게 다른 성격이론이다. 사회학자인 John Dollard와 실험심리학자인 Neal Miller는 Hull의 학습이론과 정신분석이론을 통합하여 정신분석적 학습이론을 제시했다. Dollard와 Miller는 모두 정신분석을

정신분석적 학습을 제시한 John Dollard(왼쪽)와 Neal Miller

공부한 경력을 지닌 사람들로서 정신분석이론을 학습 이론의 개념으로 해석하여 실험실에서 검증할 수 있는 형태로 변형했다. 이들은 1939년에 『좌절과 공격』을 출간했으며 1941년에는 『사회학습과 모방』을 발표했고 1950년에는 『성격과 심리치료(*Personality and Psychotherapy*)』를 출간함으로써 당시의 심리학자들에게 강력한 영향을 미쳤다.

John Dollard(1900~1980)는 Chicago 대학교에서 사회학으로 박사학위를 받았으며 독일 Berlin연구소에서 정신분석을 공부했다. 그는 Yale 대학교에서 인류학, 심리학, 사회학을 가르쳤으며 사회계급과 종족관계에 연구관심을 지니고 있었다. 개인이 성장하면서 학습경험을 하게 되는 사회계층과 문화를 이해함으로써 개인의 행동을 잘 예측할 수 있다고 믿었다.

Neal Miller(1909~2002)는 Yale 대학교에서 심리학으로 박사학위를 받았으며 Clark Hull과 함께 학습이론을 공부했다. 그는 Yale 대학교의 인간관계연구소에 근무하면서 Dollard와의 공동연구를 통해 정신분석이론을 행동주의적 개념으로 설명하려는 시도를 하게 되었다. 나중에 그는 Rockefeller 대학교에서 동기와 학습에 영향을 미치는 생리학적 기제를 연구했으며 건강분야에서 흔히 사용되는 바이오피드백의 발전에 기여했다.

1) 학습의 기본적 개념

Dollard와 Miller는 학습의 기본적 구성요소로서 추동, 단서, 반응, 강화를 제시하고 있다. 추동(drive)은 무언가를 원하는 상태로서 행동을 하도록 추진하는 내적인 자극을 의미한다. Freud는 추동으로서 성적인 속성의 리비도(libido)를 가정했지만, 이들은 추동을 "행위를 하도록 요구하는 강한 자극", 즉 욕구(need)로 보았다. 추동자극(drive stimulus)에는 배고픔이나 어떤 생각과 같은 내적인 것과 더불어 통증을 부여하는 자극이나 불쾌감을 주는 환경 요인과 같이 외부적인 것이 있다.

단서(cue)는 행동의 방향을 결정하는 것으로서 변별자극을 뜻한다. 단서는 추동자극이 외적 행동을 유발하는 근거가 되며 언제 어디서 어떤 반응을 해야 하는지를 결정한다. 학습은 단서와 반응의 연합을 의미한다. 이러한 단서는 시각적이거나 청각적인 자극이 될 수 있다.

반응(response)은 추동자극과 단서의 연합으로 나타나는 행동을 뜻한다. 반응은 신체적 움직임과 같은 외현적 반응뿐만 아니라 속말이나 생각과 같은 내현적 반응을 포함한다. 우리는 특정한 상황에서 사용 가능한 여러 반응 중 어떤 것을 선택하여 반응하는데, 이것은 반응위계가 있기 때문이다. 반응위계(response hierarchy)는 가장 먼저 튀어나오는 지배적 반응부터 가장 늦게 나타나는 미약한 반응으로 구성되어 있다. 지배적 반응에 대한 처벌이 이루어지면 다음 순서의 대안적 반응이 나타난다.

보상(reward)은 반응이 일어난 다음에 주어지는 긍정적 결과로서 반응을 통해 얻는 것을 의미한다. 보상에 의해서 반응이 증가하게 된다. 추동이 없으면 보상도 의미가 없는데, 그것은 추동의 감소가 바로 보상이 되기 때문이다.

Dollard와 Miller는 동물실험에서 밝혀진 학습원리를 인간의 일상생활에 적용하고자 했다. 그들은 특별한 장치가 되어 있는 실험상자에 흰쥐를 넣고 행동을 관찰했다. 실험상자는 낮은 담장에 의해 두 칸으로 나누어져 있으며 바닥은 철망으로 이루어져 전기가 통할 수 있게 되어 있다. 1단계 실험에는 벨소리가 울리고 곧이어 전기충격이 가해졌다. 발바닥에 전기충격을 받은 쥐는 이지저리 움직이다가 옆 칸으로 넘어간다. 그러면 전기충격과 벨소리가 중지된다. 이러한 절차를 반복할수록, 쥐는 벨소리를 듣자마자 옆 칸으로 넘어가는 반

응을 점점 더 빠르게 나타냈다.

2단계 실험에서는 벨소리가 울려도 전기충격이 가해지지 않도록 실험장치를 변경했다. 다음 날에 같은 쥐를 이렇게 변경된 실험상자에 집어넣으면, 쥐는 벨소리가 울리자마자 곧바로 옆 칸으로 옮겨 간다. 전기충격이 주어지지 않았음에도 쥐는 벨이 울릴 때마다 옆 칸으로 옮겨 가는 회피행동을 나타냈다.

3단계 실험에서는 쥐가 옆 칸으로 옮겨 가도 벨소리가 계속 울리도록 실험장치를 변경했다. 그 대신 담장 아래에 부착된 막대를 누르면 벨소리가 꺼지도록 만들었다. 이렇게 변경된 장치에 쥐를 넣고 벨소리를 울리면 옆 칸으로 옮겨 가지만 계속 벨소리가 울리기 때문에 쥐는 이리저리 담장으로 오가는 행동을 보인다. 그러다 우연히 막대를 누르면 벨소리가 멈춘다. 이러한 절차를 반복할수록, 쥐는 벨소리가 울릴 때 옆 칸으로 옮겨 가는 행동을 덜 하는 대신 곧바로 막대를 누르는 행동이 증가했다.

이 실험은 Dollard와 Miller가 주장하는 학습의 네

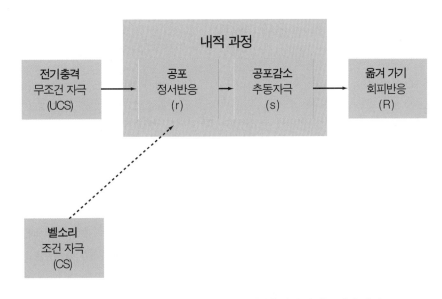

[그림 8-4] 고전적 조건형성에 의해 회피반응이 유발되는 내적 과정

요소, 즉 추동, 단서, 반응, 강화를 잘 보여 준다. 1단계의 실험은 벨소리에 대한 공포가 고전적 조건형성에 의해서 학습됨을 보여 준다. 그러나 관찰 가능한 자극(벨소리, 전기자극)과 회피반응(옆 칸으로 옮겨 가기)의 연결을 [그림 8-4]와 같이 내적 과정을 통해 설명하고 있다. 추동은 고통을 회피하고자 하는 충동으로서 내적 자극이 된다. 이러한 내적 자극은 회피반응을 하도록 촉진하는 단서가 된다. 벨소리에 대한 공포는 전기충격의 통증에 의해 학습된 이차적 추동으로서 공포감소를 위한 회피반응을 촉발한다. 또한 옆 칸으로 옮겨 가는 반응은 공포감소라는 보상에 의해서 강화된다. 인간이 다양한 중성적 자극에 대해서 나타내는 공포반응과 회피행동은 이러한 내적 과정을 수반하는 학습과정을 통해서 형성된다.

2단계의 실험은 흰쥐의 회피행동이 매우 부적절한 것임을 보여 준다. 전기자극이 주어지지 않음에도 벨소리에 옆 칸으로 옮겨 가는 회피행동은 불필요한 것이다. 이것은 과거경험에 의해서 형성된 공포와 회피행동이 현재는 전혀 비현실적인 것임에도 반복적으로 나타나는 신경증적 공포의 지속과정을 보여 준다.

3단계의 실험은 이차적 추동인 벨소리에 대한 공포가 막대 누르기라는 새로운 반응을 유발할 수 있음을 보여 준다. 옆 칸으로 옮겨 갔음에도 불구하고 벨소리가 지속되면 흰쥐는 공포를 느끼며 이리저리 날뛰는 행동을 나타낸다. 실험의 1단계를 관찰하지 못한 사람은 벨소리에 공포반응을 나타내는 흰쥐의 행동을 이해하지 못할 것이다. 이처럼 과거의 학습경험을 이해하지 못하면 인간이 나타내는 신경증적 공포는 매우 부적절하고 비합리적인 것으로 인식된다. 또한 흰쥐가 벨소리에 대한 공포를 회피하기 위해 이리저리 날뛰다가 우연히 한 막대 누르기 행동은 공포감소의 보상에 의해서 강화된다. 이처럼 인간의 신경증적 공포는 이차적 추동에 의해서 새로운 회피행동을 다양하게 발달시킬 수 있음을 보여 준다.

인간은 이처럼 일차적 추동으로부터 학습과정을 통해 다양한 이차적 추동을 형성하게 된다. 이러한 학습된 추동은 성격의 중요한 부분을 형성하게 된다. 불안, 공포, 수치심, 죄책감, 인정욕구, 성취욕구 등은 고전적 또는 조건적 조건형성에 의해서 학습된 이차적 추동으로서 인간의 성격을 이해하는 중요한 요인이다. 심지어 성장욕구도 학습에 의한 것으로 이해될 수 있다. 부모는 아이가 스스로 하는 자기 돌봄 행동(혼자 밥 먹기, 신발 신기, 숙제하기 등)과 성취행동(스스로 공부하기, 좋은 성적, 반장으로 선출되기 등)에 대해서 칭찬을 해 주고 그러한 행동을 나타내지 않을 때는 야단을 치거나 아무런 보상도 주지 않는다. 따라서 아이는 부모의 인정과 칭찬이라는 보상을 얻기 위해 스스로 성취행동을 할 뿐만 아니라 성인이 되어서도 성장과 발전이라는 미명 하에 스스로를 채찍질한다. Dollard와 Miller에 따르면, 이러한 학습과정을 통해서 현대인은 발전하지 않으면 불편감을 느끼는 강박적인 성취동기를 갖게 되었다.

2) 아동기의 네 가지 훈련경험

Dollard와 Miller는 Freud가 제시한 심리성적 발달단계를 행동주의 이론의 관점에서 재해석하여 설명하고 있다. 이들은 어린 아동이 부모에 의한 구강기의 수유행위, 항문기의 청결훈련, 남근기의 성적 훈련 과정에서 겪게 되는 갈등과 더불어 추가적으로 분노와 관련된 갈등을 학습이론의 개념으로 설명하고 있다.

수유행위(feeding)는 신생아의 배고픔 추동을 만족시킨다. 배고픔은 신생아가 경험하는 최초의 강력한 추동자극이다. 아동이 수유를 받기 전에 나타내는 행동들은 수유라는 일차적 보상에 의해서 강화될 뿐만 아니라 안도감을 느끼게 해 주는 엄마의 냄새, 촉감, 소리에 의한 이차적인 보상을 통해 강화된다. 만약 아동이 배고픔으로 울더라도 수유가 이루어지지 않는 일이 반복되면, 아동은 배고플 때에도 우는 반응을 나타내지 않게 된다. 아동은 자신의 내면으로 철수하게 되고 외부자극에 반응하지 않게 되어 정서적으로 무감각하거나 불안정한 성격을 발달시키게 된다. 그러나 수유행위가 적절하게 이루어지면, 아동은 부모에 대한 애정, 자신의 욕구에 대한 신뢰, 주고받는 사교적 성격을 발달시키게 된다. Dollard와 Miller의 설명에 따르면, 어린 시절 엄마로부터의 수유경험은 미래의 인간관계에도 중요한 영향을 미친다. 최초의 친밀한 인간관계에서 만족스러운 추동감소를 경험하게 되면, 엄마나 양육자에 대해서 편안함과 즐거움의 정서가 연합되고 그러한 학습이 일반화되어 다른 사람과 함께하는 것이 즐거운 경험으로 여겨질 수 있다. 반면에, 구강기에 엄마로부터 좌절스러운 수유경험을 하게 되면 이후에 사회적 관계를 두려워하고 회피하는 위축된 행동을 나타낼 수 있다.

청결훈련(cleanliness training)은 Freud가 제시한 항문기의 대소변훈련을 뜻한다. 대소변훈련은 2세의 어린 아동이 대소변을 배출하려는 내적 충동을 조절해야 할 뿐만 아니라 화장실에 가서 옷을 내리고 적절하게 변을 봐야 하는 일련의 복잡한 행동을 학습해야 한다는 것을 의미한다. 이러한 과정에서 부모가 너무 높은 기대를 지니거나 지나치게 비판적 태도를 취하면, 아동은 배변과 관련된 불안을 습득할 뿐만 아니라 부모로부터 애정을 상실하는 것에 대한 공포와 죄책감, 분노, 고집, 반항, 무가치감 등을 이차적 추동으로 학습하게 된다.

초기의 성 훈련(early sex training)은 Freud가 제시한 남근기와 오이디푸스 갈등과 관련된 것으로서 성역할 행동과 도덕적 행동의 학습을 돕는다. 이 시기의 아동은 자신의 몸을 탐색하면서 성기에 관심을 갖게 되고

육체적 쾌감을 추구한다. 이때 부모가 아동의 성적 행위에 대해서 처벌하면 아동은 성적 충동에 대한 불안을 경험하게 된다. 이러한 불안은 성적 충동성을 억제하는 자기조절의 기반이 되지만, 너무 강한 비난과 처벌이 주어지면 아동은 권위적 인물에 대한 공포와 과도한 억제를 나타낼 수 있다.

특히 이 시기의 남자 아동은 엄마와 신체적 접촉을 통해 쾌감을 추구하게 되는데, 아빠의 방해와 위협을 받으면서 미묘한 삼각관계의 갈등을 경험하게 된다. Freud는 이를 오이디푸스 갈등이라고 불렀다. 이러한 삼각관계에서 엄마와 아빠가 나타내는 강화와 처벌은 성적인 생각과 행동에 대한 아동의 반응에 영향을 미친다. 엄마에 대한 접근행동에 대해서 아빠로부터 강력한 처벌을 받고 좌절경험을 한 아동은 성장하여 이성의 애정을 갈망하는 강렬한 이차적 추동을 지니게 될 뿐만 아니라 동성의 경쟁자에 대한 심한 질투와 더불어 권위자에 대한 과도한 공포를 지닐 수 있다.

분노-불안 갈등(anger-anxiety conflicts)은 아동기에 경험하게 되는 필연적인 좌절에 대한 반응을 의미한다. 신체적으로나 심리적으로 미숙한 아동은 타인에게 의존하려는 욕구의 좌절을 경험하게 될 뿐만 아니라 형제자매와 가족 내에서 다양한 좌절을 겪게 된다. 아동은 좌절을 경험하면 분노로 표출하게 되는데, 부모가 그러한 분노표현을 처벌하게 되면서 아동은 분노에 대한 불안을 학습한다. 이러한 경험을 통해서 아동은 분노충동에 대한 자기통제를 하게 된다. 그러나 부모가 아동의 분노를 과도하게 억압하면, 아동은 정당한 분노 상황에서도 무기력한 반응을 나타낼 수 있다. 이러한 아동은 효과적인 자기주장을 학습하지 못한다. 정당한 분노를 제대로 인식하지 못하고 적절한 언어로 명명하지 못하면, 억압이나 왜곡된 정서를 나타낼 수 있다. 분노를 나쁜 것으로 인식하고 분노를 느낄 때마다 죄책감을 느낄

수도 있다. 그러나 분노는 정당한 상황에서는 효과적인 동기가 될 수 있다. 아동은 적절한 상황에서 분노를 경험할 수 있어야 하며 그러한 강렬한 정서적 에너지를 생산적으로 책임감 있게 활용하는 방법을 배우는 것이 중요하다. 이처럼 Dollard와 Miller는 Freud가 제시한 심리성적 발달단계와 성격형성 과정을 학습이론의 개념으로 재해석하여 설명하고 있다.

3) 좌절-공격성 가설

Dollard와 Miller는 공격성을 인간의 본능적 추동으로 보았던 Freud와 달리 좌절의 결과로 인한 이차적 추동이라고 설명한다. 공격성은 좌절의 결과, 즉 개인이 추구하는 목표지향 행동이 방해를 받아서 추동감소가 좌절되었을 때 유발되는 것이다. 이러한 설명을 좌절-공격성 가설(frustration-aggression hypothesis)이라고 한다.

공격성은 다른 사람에게 위해를 가하려는 의도적인 행동이다. 추동이 강렬하고, 추구하는 목표가 크게 방해를 받으며, 좌절이 반복적일 때 공격행동이 나타날 가능성이 증가한다. 이러한 경향성은 청소년기의 공격성 증가에서 잘 나타난다. 청소년기에는 성적인 추동이 증가하지만 그러한 추동을 해소할 기회가 적을 뿐만 아니라 하류계층의 청소년은 사회적 차별과 빈곤을 경험하고 폭력과 범죄에 노출되어 더 많은 좌절을 경험하기 때문에 그 결과로서 공격성이 높아진다.

그러나 Dollard와 Miller는 나중에 이러한 좌절-공격성 가설을 일부 수정했다. 좌절이 반드시 공격성을 유발하는 것은 아니라는 것이다. 좌절에 대한 반응은 다양하게 나타날 수 있으며, 공격행동은 좌절의 반응으로 학습된 것이다. 과거의 학습경험을 통해서 공격성이 좌절에 대한 반응위계에서 지배적인 반응이 될 수 있다. 이러한 경우에, 좌절은 공격적 반응을 유발하게 된

다. 공격성은 좌절을 유발한 대상이 너무 강력하거나 위협적인 존재일 경우에는 다른 대상에게로 대치될 수 있다. 자극일반화를 통해서 좌절을 유발한 대상과 유사하거나 공통적 속성을 지닌 다른 대상에게 공격성이 확산될 수 있다. Freud는 분노의 표출을 통한 정화 효과로 공격성이 감소될 수 있다고 주장했다. 그러나 경쟁적인 게임에서 나타내는 분노행동을 측정한 결과, 분노표출이 오히려 공격성을 증가시켰다. 특히 폭력적인 비디오나 게임은 공격 행동을 촉발하는 공격적 단서(aggressive cue)가 될 수 있다. 더구나 그러한 폭력물에서 폭력을 행사한 사람이 처벌을 받지 않는 경우에는 시청자의 폭력행동을 억제하지 못했다. 또한 공격행동은 좌절뿐만 아니라 당혹감, 불안, 공포, 우울, 신체적 고통과 같은 부정적 정서에 의해서 촉발될 수 있다. 불안은 자기방어라는 명분으로 부당한 폭력을 유발할 수 있다.

4) 갈등의 네 가지 유형

Dollard와 Miller는 신경증의 핵심인 갈등 역시 학습이론으로 설명하고 있다. 인간은 특정한 대상이나 상황에 대해서 선호나 혐오, 즉 접근 또는 회피의 행동성향을 지닐 뿐만 아니라 접근 또는 회피 성향의 강도가 다르다. 특정한 대상에 대해서 선호나 혐오가 명료할 때는 갈등이 발생하지 않는다. 접근과 회피 성향을 동시에 느끼더라도 어느 한쪽 성향의 강도가 현저하게 큰 경우에는 갈등이 유발되지 않는다. Dollard와 Miller는 갈등이 나타나는 상황을 크게 접근-회피 갈등, 접근-접근 갈등, 회피-회피 갈등, 이중 접근-회피 갈등으로 구분하고 있다.

접근-회피 갈등(approach-avoidance conflict)은 가장 흔한 것으로서 동일한 대상이나 상황에 대해서 접근과

회피 성향을 동시에 지니고 있을 때 발생한다. 예를 들어, 이성상대에 대해서 애정과 공포를 동시에 지니고 있는 사람은 다가가지도 못하고 회피하지도 못하는 양가적인 갈등을 경험하게 된다.

접근–접근 갈등(approach-approach conflict)은 두 개 중에서 하나만 선택해야 하는 상황에서 두 개 모두에 대한 선호를 지니고 있을 뿐만 아니라 접근성향의 강도가 비슷할 때 발생한다. 두 명의 이성을 비슷한 정도로 좋아하는 사람은 어느 한 사람을 선택하지 못한 채 이러지도 저러지도 못하는 갈등을 겪게 된다.

회피–회피 갈등(avoidance-avoidance conflict)은 두 개 중에서 하나를 반드시 선택해야 하는 상황에서 두 개 모두에 대한 혐오를 지니고 있을 뿐만 아니라 회피성향의 강도가 비슷할 때 발생한다. 강의부담이 매우 큰 두 과목 중에서 하나를 반드시 수강해야 하는 학생의 경우, 수강과목을 선택하는 과정에서 갈등을 경험하게 된다.

이중 접근–회피 갈등(double approach-avoidance conflict)은 두 가지 선택이 각각 바람직한 측면과 혐오스러운 측면을 모두 가지고 있는 경우를 뜻한다. 이러한 상황에 처한 사람은 이러지도 저러지도 못한 채 결정을 미루는 우유부단한 행동을 나타낼 수 있다.

Dollard와 Miller는 신경증적 갈등을 접근 및 회피 성향과 그 강도의 개념으로 설명하고 있다. 나아가서 개인이 현재 대상에 대해서 취하고 있는 접근거리 및 회피거리와 그에 따른 추동의 강도 등을 수량화하여 개인이 어떤 반응을 선택할지를 예측할 수 있는 공식을 제시하기도 했다.

5) 신경증과 심리치료

Dollard와 Miller는 신경증이 부적응적인 학습에 기인한다고 보았다. 신경증은 공포, 갈등, 억압과 관련된 학습경험에 의해서 발생한다. 대부분의 신경증은 불안을 회피하기 위해 학습한 행동들로 구성된다. 공포증은 두려워하는 자극을 회피하면서 공포가 유사한 상황으로 일반화된 것이다. 강박증은 불안으로 인해 촉발된 강박사고가 핵심증상이다. 강박적인 손씻기 행동은 오염에 대한 공포를 감소시키기 위한 것이며 손씻기를 통한 일시적인 공포감소에 의해 강화된 결과다. 억압은 어린 발달시기에 생성되는 반응으로서 나이에 적절한 행동이 불안과 공포에 의해서 차단되었을 때 나타난다. Dollard와 Miller는 신경증을 잘못된 학습에 의한 어리석음-고통 증후군(stupidity-misery syndrome)이라고 불렀다.

Dollard와 Miller는 이러한 이해에 근거하여 신경증을 치료할 수 있는 방법을 제시하고 있다. 신경증이 학습된 것이라면, 심리치료를 통해서 그러한 잘못된 학습을 해소하면 된다. 치료실은 어린 시절의 갈등주제를 재현할 수 있는 안전한 곳이 되어야 한다. 그러한 상황에서 환자는 자신이 원하는 것을 행동으로 나타내면서 무력감을 극복할 수 있어야 한다. 치료가 성공적이기 위해서는 고통을 피하고자 하는 환자의 추동감소가 이루어져야 한다. 치료자는 환자의 건강한 심리적 기능에 대해서 전략적으로 인정과 칭찬을 해 주어야 한다. 치료자는 환자가 두려워하는 것을 표현할 수 있는 안전한 환경을 제공하는 동시에 환자의 적응적 기능이 증가하도록 강화해 주어야 한다. 인정과 허용은 효과적인 학습을 위한 핵심적 조건이듯이 심리치료에서도 마찬가지로 적용되어야 한다. 심리치료의 추가적인 혜택은 공포가 극복될 경우에 창의적 행동이 반응위계에서 높아진다는 점이다. 많은 사람이 인생의 위기와 공포를 극복하고 나서 커다란 변화와 성장을 나타내는 이유가 여기에 있다.

Hull 그리고 Dollard와 Miller는 급진적인 행동주의 심리학자와 마찬가지로 개념을 엄격하게 정의하고 객관적인 측정을 통해 과학적으로 검증 가능한 이론체계를 제시했다. 동시에 자극과 반응 사이를 매개하는 내적 요인의 개념을 도입하여 학습이론의 설명력을 확대함으로써 다양한 인간행동을 설명하는 이론체계와 치료방법을 제시하고자 했다. 특히 Dollard와 Miller는 당시 심리학계의 양대 산맥을 이루고 있던 정신분석과 행동주의를 통합할 수 있는 설명체계를 제시했을 뿐만 아니라 사회문화적 요인이 개인의 성격과 행동에 영향을 미치는 과정을 구체적으로 밝혔다는 점에서 커다란 공헌을 했다.

6. 사회적 학습이론

인간이 새로운 행동을 습득하는 방법 중 하나는 다른 사람의 행동을 관찰하여 모방하는 것이다. 주로 동물실험을 통해 밝혀지게 된 고전적 조건형성과 조작적 조건형성은 인간의 행동을 설명하는 데에 많은 기여를 하였지만, 사회적 상황에서 나타나는 다양하고 복잡한 행동의 습득과정을 설명하는 데에는 한계가 있다. 인간은 고전적 조건형성과 조작적 조건형성의 방법 외에도 다른 사람의 행동을 관찰하고 모방함으로써 새로운 행동을 학습하는 경우가 흔하다. 다른 사람이 행동하는 것을 관찰하는 것이 이타행동, 공격행동, 공포반응과 같은 다양한 행동을 학습하게 할 수 있다는 것을 실험적으로 입증하였다. 이렇게 사회적 상황에서 다른 사람의 행동에 대한 관찰과 모방을 통해 새로운 행동을 학습하는 것을 사회적 학습(social learning)이라고 한다.

사회적 학습과정을 이론적으로 체계화한 대표적인 학자는 Albert Bandura다. 그에 따르면, 사회적 학습은 크게 세 가지 유형으로 나누어질 수 있다. 그 첫째는 다른 사람의 행동을 그대로 따라 하는 모방학습(modeling)이다. 흔히 아이들은 어른이 하는 행동을 흉내 내어 따라 함으로써 어른의 행동을 배우게 된다. 이러한 모방학습은 가장 단순한 형태의 사회적 학습으로서 인지적 요인의 개입 없이 자동적으로 이루어지는 경향이 있다. 난폭한 말과 폭력적 행동을 하는 또래친구를 모방하여 같은 행동을 하는 아동이나 수술을 앞두고 불안해하던 환자가 똑같은 수술을 태연하게 받는 다른 환자의 비디오 장면을 본 후 편안하게 수술을 받는 것이 이에 해당된다.

두 번째 유형은 대리학습(vicarious learning)으로서 다른 사람들이 새로운 행동을 시도할 때 어떤 결과가 나타나는지를 관찰함으로써 자신이 그러한 행동을 했을 경우에 초래될 결과를 예상하는 학습방법이다. 어떤 행동이 보상적 결과를 초래하는 것을 보게 되면 그 행동의 빈도가 증가하는 반면, 처벌되는 것을 관찰하게 되면 행동의 빈도가 감소한다. 이타적 행동을 한 또래친구가 교사에게 칭찬받는 것을 보고 나서, 자신도 그와 같은 이타적 행동을 하는 아동의 경우가 이에 해당된다.

마지막 유형은 관찰학습(observational learning)으로서 사회적 상황에서 다른 사람의 행동을 관찰해 두었다가 유사한 행동을 나타내는 학습과정을 의미한다. 이러한 관찰학습에는 네 가지 인지적 과정이 개입되는 것으로 Bandura(1977)는 주장하고 있다. 즉, 관찰대상인 모델의 행동에 관심을 갖고 주의를 기울이는 주의과정, 모델이 하는 행동을 유심히 관찰하여 그 관찰내용을 기억하는 저장과정, 관찰한 행동을 동작으로 재생하는 운동재생과정, 그리고 특정한 상황에서 행동하기로 결정하는 동기화과정이 그것이다. 범죄영화에서 주인공이 나타내는 행동을 유심히 관찰해 두었다가 증오하는 사람에게 유사한 방법으로 범죄행동을 저지르는 경우가 이에 해당될 수 있다. 이러한 세 가지 유형의 사회적 학

Albert Bandura

　Albert Bandura(1925~현재)는 행동주의와 인지심리학의 접목을 위한 가교역할을 함으로써 행동치료가 이론적 기반을 확대하여 인지행동치료로 발전하는 데 기여한 인물이다. Bandura는 1925년에 캐나다 앨버타의 작은 마을에서 우크라이나와 폴란드 이민자의 막내이자 유일한 아들로 태어났다. British Columbia 대학에 진학한 Bandura는 특별한 목표 없이 빈둥거리는 학생이었으나 무료한 시간을 보내기 위해 수강한 심리학 과목에 매료되어 심리학자의 길을 걷게 되었다. 이후 Iowa 대학교의 심리학과 대학원에 진학하여 1952년에 임상심리학 전공으로 박사학위를 받았다. William James의 영향을 받은 Bandura는 박사과정에서 심상이나 정신표상과 같은 심리적 과정에 깊은 관심을 가졌으며 행위자와 환경이 서로 영향을 주고받는다는 상호적 결정론(reciprocal determinism)에 심취하였다. 이러한 관심사를 통해서 그는 그 당시 지배적이었던 행동주의와 상당한 거리를 두고 독자적인 연구를 진행하였다. 박사학위를 받은 후, 그는 임상현장에서 인턴과정을 이수하고 다음 해인 1953년에 Stanford 대학교에 교수로 임용되어 현재까지 명예교수로 재직하고 있다. Bandura는 논문발표에 연연하기보다 인간 행동에 대한 강한 호기심과 의문점을 지니고 자유롭게 연구하며 동료들과 협동하는 학문적 활동을 좋아했다.

　Bandura의 연구업적은 매우 다양하지만 크게 세 가지로 요약할 수 있다. 그 첫째는 다른 사람의 행동을 관찰하고 모방함으로써 학습이 이루어질 수 있음을 실험적으로 입증함으로써 고전적 조건형성과 조작적 조건형성뿐만 아니라 모방을 통한 사회적 학습이 중요함을 보여 주었다. 그는 유명한 보보인형 실험(Bobo doll experiment)을 통해서 공격적인 행동을 나타내는 성인의 모습을 관찰한 3~6세 아동들이 자신의 인형에게 공격적인 행동을 나타냄을 보여 주었다. 이러한 학습과정을 모델링(modeling)이라고 명명하였으며 긍정적 행동과 부정적 행동이 모두 모델링에 의해 학습될 수 있다고 주장했다. 1973년에는 이러한 연구결과를 담은 『공격성: 사회학습분석(*Aggression: A Social Learning Analysis*)』을 발표하였으며 1977년에는 『사회학습이론(*Social Learning Theory*)』을 발표하였다. 모델링에 의해 사회적 학습은 문제행동을 이해하고 치료하는 새로운 이론적 기반을 제공함으로써 행동치료가 발전하는 데 기여하였다.

　Bandura는 1980년대에 들어서 연구관심을 좀 더 거시적인 영역으로 확대하면서 사회학습이론을 사회인지이론(social cognitive theory)으로 발전시켰다. 그는 환경요인이 인간행동에 일방향적인 영향을 미친다는 행동주의에 반대하며 환경과 행동의 상호성을 강조하였다. 인간행동, 환경요인 그리고 개인요인(인지적ㆍ정서적ㆍ생물학적 요인)이 서로 영향을 주고받는다는 삼요인 상호성(triadic reciprocality)을 주장하였다. 1986년에 발표한 『사고와 행동의 사회적 기반: 사회인지이론(*Social Foundations of Thought and Action: A Social Cognitive Theory*)』을 통해서 인간은 환경에 반응하기만 하는 존재도 아니고 내면적인 충동에 휘둘리기만 하는 존재도 아니라 자신의 경험을 구조화하고 스스로 조절하며 반성할 뿐만 아니라 미래를 예상하며 대응하는 전향적 존재임을 주장했다. 이러한 주장은 행동주의와 정신분석의 인간관을 모두 비판하면서 인간행동을 이해함에 있어서 자기와 관련된 인지적 요인(예: 자기효능감)이 중요함을 강조한 것이라고 할 수 있다.

Bandura의 세 번째 공헌은 자기효능감(self-efficacy)에 대한 것이다. 그는 모델링을 통해서 뱀 공포증이 치료될 수 있음을 실험적으로 입증하였다. 이러한 모델링의 치료효과는 자기효능성에 대한 믿음(뱀 공포를 이겨낼 수 있다는 자기 능력에 대한 믿음)에 의해 매개된 것이라고 주장했다. 즉, 자기와 관련된 사고가 인간의 다양한 심리적 기능에 중요함을 강조하였다. 실험적 연구결과에 근거한 Bandura의 주장은 행동치료자들이 인지적 요인의 중요성을 인식하고 치료이론과 치료기법을 확장하는 데 기여하였다. 1997년에 발표한 『자기효능감(Self-efficacy: The Excercise of Self-control)』에서는 자기효능감 이론이 인간발달, 심리치료, 교육 및 건강증진, 사회정치적 변화, 국제적 활동과 같은 다양한 분야에 활용될 수 있음을 제시하였다.

2002년에 이루어진 조사에 따르면, Bandura는 B. F. Skinner, Sigmund Freud, Jean Piaget에 이어 네 번째로 가장 자주 인용되는 심리학자로 나타났다. Bandura는 현재 Stanford 대학교의 명예교수로 활동하고 있으며 미국심리학회를 비롯하여 여러 학술단체로부터 많은 상을 받았다.

습은 서로 밀접하게 관련되어 있다. Bandura는 이러한 사회적 학습이 인간의 복잡한 행동을 설명하는 데에 더 적절한 방식이라고 주장한다.

7. 정신병리와 행동치료

1) 정신병리

행동주의 이론은 불안장애를 비롯한 다양한 정신장애를 매우 구체적인 개념으로 설명하고 있다. 정신장애를 모호한 내면적 경험으로 이해하기보다는 구체적인 행동으로 파악하고 그러한 행동이 어떠한 상황에서 발생하는지를 설명하고 있다. 행동주의 이론이 모든 심리적 장애들을 잘 설명하는 것은 아니지만 행동의 문제를 주된 증상으로 나타내는 장애를 설명하는 데 강점을 지니고 있다.

행동주의 이론은 특히 공포증을 이해하고 치료하는

데 커다란 기여를 했다. 앞에서 설명했듯이, Watson과 Raynor(1920)는 Little Albert의 사례를 통해 공포반응이 고전적 조건형성에 의해서 습득될 수 있음을 보여 주었다. 다양한 중성적 조건자극이 공포를 유발하는 무조건 자극과 반복적으로 짝지어 제시되면 공포반응을 유발할 수 있다.

공포증은 조건형성뿐만 아니라 대리학습과 정보전이에 의해서 형성될 수 있다(Rachman, 1977). 공포증은 다른 사람이 특정한 대상을 두려워하며 회피하는 것을 관찰함으로써 그에 대한 두려움을 학습하는 관찰학습에 의해서도 습득될 수 있다. 예를 들어, 개를 무서워하는 어머니의 경우 그 자녀는 어머니의 공포반응을 관찰하면서 개에 대한 두려움을 학습하게 된다. 또한 이러한 어머니는 자녀에게 "개는 위험하다, 가까이 가면 물린다, 피해라"는 정보를 언어적 또는 비언어적 소통수단을 통해 전달하게 되고, 그 결과 자녀는 개에 대한 공포를 지니게 된다.

행동주의 이론에서는 우울증을 사회환경으로부터

긍정적 강화가 약화되어 나타난 현상이라고 본다. 우리가 즐겁게 살아가는 것은 일상생활 속에서 칭찬, 보상, 도움, 지지, 유쾌함 등의 다양한 긍정적 강화를 받기 때문이다. 또한 우리는 그러한 강화를 얻어 낼 수 있는 다양한 행동을 하며 그 결과로써 긍정적 강화가 주어지는 것이다. 일반적으로 행동주의 이론에서는 우울증이 이러한 긍정적 강화의 상실, 강화유발 행동의 감소, 우울행동의 강화에 의해서 발생하고 유지된다고 본다. 우울증을 유발하는 사건들(예: 사랑하는 사람의 사망, 실직, 낙제 등)은 긍정적 강화의 원천을 상실하는 것이기 때문에 즐거운 경험이 감소하고 불쾌한 경험이 증가한다. 이러한 경우, 개인이 다른 사람으로부터 강화를 얻을 수 있는 사회적 기술이 부족하거나 불쾌한 상황에 대처하는 기술이 부족하면, 긍정적 강화의 결핍상태가 지속되고 그 결과 우울증상이 나타난다.

알코올 중독은 불안을 줄여 주는 알코올의 강화효과 때문에 초래될 수 있다(Conger, 1951, 1956; Kushner et al., 2000). 인지적 사회학습이론에서는 알코올 의존이 고전적 조건형성과 조작적 조건형성은 물론 모방학습과 인지적 요인이 개입된다고 주장한다. 즉, 술과 즐거운 체험이 반복적으로 짝지어지는 고전적 조건형성을 통해 술에 대한 긍정성이 습득되고, 술을 마시면 일시적으로나마 긴장과 불안이 완화되므로 조작적 조건형성을 통해 음주행위가 강화된다. 또한 부모나 친구들이 즐겁고 멋있게 술 마시는 모습을 보면서 모방학습을 통해 음주행위를 학습하는 동시에 술에 대한 긍정적인 기대라는 인지적 요인이 개입됨으로써 상습적인 음주행위로 발전되어 알코올 사용장애가 나타나게 된다는 주장이다.

행동주의 이론에서는 모방학습과 조작적 조건형성으로 병적 도박증의 발생과정을 설명한다. 병적 도박자들은 대부분 어렸을 때 부모, 형제 또는 친구와 놀이로 도박을 하다가 심각한 도박행동이 시작되었다고 보고한다. 즉, 도박행동은 모방학습을 통해 습득되며, 도박에서 따는 돈이나 돈을 따는 과정에서 느끼는 강한 흥분이 도박행동을 계속하게 만드는 강한 정적 강화물로 작용한다. 돈을 잃으면서도 도박을 지속하는 이유는 간헐적으로 돈을 따는 강화경험을 하기 때문이다. 어떤 행동이 가장 집요하게 계속되는 경우는 일정한 방식으로 보상이 주어지기보다는 도박의 경우처럼 간헐적으로 예측할 수 없게 보상이 주어지는 경우다. 특히 즉시적인 강화물이 주어지는 카지노나 슬롯머신이 병적인 도박을 유발할 가능성이 높다.

2) 행동치료

(1) 행동치료의 목표와 원리

행동주의 이론에서는 인간이 나타내는 다양한 정신장애는 구체적인 행동문제로 환원될 수 있으며 학습원리를 이용한 행동치료(behavior therapy)를 통해서 치료될 수 있다고 본다. 행동치료의 목표는 내담자의 문제행동을 제거하거나 긍정적 행동 또는 기술을 습득시킴으로써 내담자의 적응을 돕는 것이다. 행동치료자들은 내담자의 성격변화나 인격적 성장과 같은 거창한 목표를 추구하기보다 내담자의 적응을 도울 수 있는 구체적인 행동변화를 추구한다.

실제의 치료장면에서는 치료목표를 분명하게 구체화하는 것이 매우 중요하다. 치료 초기에 행동치료자는 명백하고 정확하게 정의될 수 있는 표적행동(target behavior)을 정하고, 그러한 행동의 변화에 집중한다. 대부분의 경우, 내담자는 여러 가지 부적응 문제를 지닌 상태에서 치료자를 찾는데, 치료자는 내담자와의 협의하에 가장 우선적으로 다룰 필요가 있는 문제를 결정하고 그 문제에 대한 행동분석(behavior analysis)을 수행한다. 즉, 내담자의 구체적인 문제행동을 분석하고 그와 관련된 선행사건과 결과를 평가할 뿐만 아니라 그러한 행동을 하게 되는 원인과 이유 그리고 그러한 행동을 유지시키는 특수한 환경적 요인을 탐색한다. 치료자는 문제행동을 유발하는 요인들에 관한 가설을 세우고 구체적인 치료계획과 치료기법을 정한다.

행동치료의 치료원리는 매우 명쾌하고 간결하다. 잘못된 학습에 의해 형성된 문제행동을 제거하고 적응적 행동을 학습시켜 대체함으로써 내담자의 적응을 개선하는 것이다. 문제행동의 제거와 적응행동의 습득은 고전적 조건형성, 조작적 조건형성, 모델링을 비롯한 다양한 학습의 원리와 기법을 통해서 이루어진다.

(2) 부적응행동을 감소시키는 기법

행동치료의 강점은 매우 구체적인 치료기법을 다양하게 제시하고 있다는 점이다. 행동치료 기법들은 문제행동의 특성과 치료목표에 따라 선택되어 체계적인 계획하에 사용된다. 행동치료의 다양한 기법들은 크게 부적응행동을 감소시키는 것과 적응행동을 증진하는 것으로 나누어 살펴볼 수 있다.

바람직하지 않은 부적응적 행동을 약화시키는 행동치료적 기법으로는 소거, 혐오적 조건형성, 노출 및 반응방지법, 상호억제, 체계적 둔감법 등이 있다. 소거(extinction)는 부적응적 행동이 반복되어 나타나도록 강화하는 요인을 제거하는 것이다. 문제행동과 불쾌경험과 짝짓는 혐오적 조건형성(aversive conditioning)은 바람직하지 않은 행동을 제거하는 매우 효과적인 행동변화 기법이다. 노출법(exposure)은 내담자가 두려워하는 자극이나 상황에 반복적으로 노출시켜 직면하게 함으로써 그러한 자극상황에 대한 불안을 감소시키는 방법이다. 반복적인 노출을 통해서 자극에 대한 불안이 감소되는 둔감화 현상이 일어나기 때문이다. 이러한 노출은 행동치료뿐만 아니라 다른 치료법의 치료효과를 가져오는 중요한 치료적 요인으로 여겨지고 있다. 노출 및 반응방지법(exposure and response prevention)은 문제행동을 하게 되는 자극상황에 노출시키되 문제행동을 하지 못하게 함으로써 자극상황과 문제행동의 연합을 차단하는 방법으로서, 특히 강박장애 치료에 효과적인 것으로 밝혀졌다.

Wolpe에 의해 개발된 체계적 둔감법(systematic desensitization)은 부적응적 증상을 제거하는 대표적인 기법으로서, 특히 공포증과 같은 불안장애의 치료에 효과적인 것으로 알려져 있다. 체계적 둔감법의 첫 번째 단계는 내담자에게 불안을 대치할 이완반응(relaxation)을 가르치는 것이다. 두 번째 단계에서는 불안위계(anxiety hierarchy)를 구성하는 것으로서 불안을 일으키는 사건들을 평가하고 불안의 정도에 따라서 위계를 정한다. 세 번째는 둔감화(desensitization) 단계로서 이완상태에서 낮은 수준의 불안유발 자극에 노출시키는 것이다. 이완반응을 불안유발 자극과 짝지음으로서 이러한 자극에 대한 둔감화가 점진적으로 일어난다.

이 밖에도 부적응행동과 반대되는 바람직한 행동을 했을 때 강화를 줌으로써 부적응행동을 약화시키는 상반행동 강화방법, 유사한 자극상황에서도 부적응행동을 하지 않는 모방대상을 관찰함으로써 행동변화를 유도하는 모방학습이나 역할극 등 다양한 방법이 있다.

(3) 적응행동을 증진하는 기법

행동치료에서는 부적절한 행동의 제거뿐만 아니라 바람직한 적응행동을 학습시키거나 증가시키는 여러 가지 기법이 사용된다. 새로운 적응적 행동과 기술을 학습시키는 행동치료 기법은 매우 다양하다. 행동조성법(behavior shaping)은 조작적 조건형성의 원리를 이용해서 부적절한 행동을 없애고 바람직한 행동을 형성하게 하는 기법이다. 부적응적인 행동에 대해서는 강화물을 제거하고 새로운 적응적 행동에 대해서 긍정적 강화(positive reinforcement)를 해 주는 방법이다. 모델링(modeling)을 통한 사회적 학습방법도 긍정적인 적응적 행동을 학습시키는 데에 매우 효과적이다. 모델의 적응적 행동을 관찰하고 모방하게 함으로써 적응행동이 학습될 수 있다. 모델의 관찰을 통해서 적응적인 행동을 어떻게 수행하는지를 배울 뿐만 아니라 그러한 행동으로 인해 어떤 긍정적 결과가 나타나는지를 학습할 수 있다.

무기력하고 무계획적인 생활을 하는 내담자에게는 활동계획 세우기(activity scheduling)를 통해서 도움을 줄 수 있다. 이 기법은 1주일 동안 또는 주말에 어떤 활동을 할 것인지 구체적인 계획을 세우고 실천하도록 돕는 방법이다. 생활기술 훈련(life skill training)은 적응적인 생활을 위해서 필요한 다양한 기술을 가르치는 것이다. 치료장면에서 사용할 수 있는 기술훈련은 매우 다양하다. 발표나 의사소통, 자기주장, 감정표현, 의사결정, 문제해결, 긴장이완, 분노통제, 자녀양육과 같은 다양한 생활기술을 훈련함으로써 일상생활에서의 적응수준을 향상시킬 수 있다.

자기지시훈련(self-instructional training)은 Meichenbaum에 의해 개발된 인지행동적 기법으로서 내담자가 새로운 행동을 배우고 자기지시를 통해서 스스로 적응적 행동을 연습하고 실천하도록 돕는 방법이다. 치료자는 적절한 행동의 시범을 보이고 내담자로 하여금 자기지시를 통해서 그러한 행동을 연습하고 실제상황에서 실천하게 한다. 이 방법은 자기조절능력이 부족하여 적응행동을 지속적으로 실천하지 못하거나 어려움에 처하면 쉽게 포기하는 내담자에게 도움이 될 수 있다. 내담자가 속말(self-talk) 형태의 자기지시를 통해서 긍정적인 행동을 실천에 옮기려는 동기를 강화하고 난관을 이겨

내며 적응행동을 지속할 뿐만 아니라 행동의 결과에 대해서 긍정적인 평가를 통해 자기보상을 함으로써 자기통제능력을 증진하는 데 효과적이다.

이 밖에도 새로운 적응적 행동을 배우고, 연습하며, 행동에 대한 피드백을 제공함으로써 능숙하게 실행하도록 돕는 행동 연습법(behavioral rehearsal), 신체생리적 변화를 관찰할 수 있는 기구를 통해서 긴장과 불안을 감소하고 신체조절능력을 키우게 하는 바이오피드백(biofeedback) 등과 같은 다양한 방법들이 있다.

8. 행동주의 이론의 평가

행동주의 이론의 가장 커다란 공헌은 인간의 행동과 성격을 설명하기 위해서 과학적인 접근을 시도했다는 점이다. 행동주의 이론은 인간의 성격을 모호하고 추상적인 개념으로 설명하는 것이 아니라 과학적인 학습원리에 근거하여 구체적으로 설명하고 있다. 또한 다양한 부적응 문제를 학습원리로 설명할 뿐만 아니라 그러한 문제를 치료할 수 있는 다양한 치료기법을 개발하여 성공을 거두었다. 심리학이 명실공히 과학(science)의 반열에 오르게 된 것은 행동주의 심리학자들의 공헌이다.

행동주의 이론은 이러한 공헌에도 불구하고 많은 비판을 받아왔다. 행동주의 이론에 대한 가장 중요한 비판은 설명의 영역과 범위가 제한적이라는 점이다. 행동주의 이론은 주로 동물실험을 통해 발전된 학습이론에 근거하고 있기 때문에 인간의 다양하고 복잡한 문제를 설명하는 데 한계가 있다. 인간은 동물에 비해서 현저하게 더 복잡한 존재일 뿐만 아니라 내면적인 심리적 과정을 통해서 행동하게 된다. 동물실험을 통해 도출된 학습원리는 인간의 행동을 설명하는 데에 한계를 지닐 수밖에 없다. Dollard와 Miller는 이러한 한계를 극복

하기 위해서 학습원리를 통해서 인간의 다양한 내면적 경험을 설명하려는 시도를 하였다. 또한 Bandura의 사회학습이론도 인간사회에서 일어나는 학습과정을 설명하기 위한 노력이라고 할 수 있다. 그러나 행동주의 이론은 과학성을 중시하는 대신 설명력이 제한되는 한계를 지니고 있다. 인간의 미묘하고 복잡한 내면적인 경험에는 행동주의 이론으로 설명하기 어려운 것들이 많다.

또 다른 비판은 행동주의 이론이 인간의 성격에 대한 피상적인 설명이라는 점이다. 특히 행동주의 이론에 근거한 행동치료가 심리적 장애의 원인보다 증상에 초점을 맞춘 피상적인 치료라는 것이다. 특히 정신역동적 치료자들은 행동치료가 내담자의 과거경험과 심층적인 심리적 원인을 다루지 않기 때문에 치료된 증상이 새로운 다른 증상으로 재발되는 '증상 대치(symptom substitution)'가 나타날 것이라고 주장한다. 즉, 행동치료는 정신장애의 원인을 변화시키는 근본적인 치료가 아니라 증상만을 변화시키는 임시방편적인 치료이기 때문에 다른 형태로 장애가 재발될 것이라는 비판이다. 이러한 비판에 대해서 행동치료자들은 내담자가 호소하는 부적응 문제를 제거하고 이러한 문제가 더 이상 재발되지 않는다면 충분히 효과적인 치료라고 주장한다. 또한 문제행동이 치료된 후에 다른 증상으로 대치되어 나타난다는 실증적인 증거는 없다(Spiegler & Guevrement, 2003).

이러한 비판과 한계에도 불구하고 행동주의 이론은 인간의 행동과 성격을 설명하는 과학적 이론의 바탕을 제시했다. 또한 행동치료는 공포증, 강박장애, 중독문제, 여러 아동 및 청소년 장애 등과 같은 다양한 행동장애에 대한 효과적인 치료방법으로 인정되고 있다. 행동주의 이론에 근거한 학습의 원리와 기법은 다양한 교육장면이나 교정기관에서 활용하고 있을 뿐만 아니라 신체적 질병의 치료와 예방, 재활 프로그램, 스트레스 대처에도 활용되고 있다. 특히 20세기 후반부터 행동주의 이론은 인지주의 이론과 통합되면서 현대 성격심리학의 가장 중심적인 흐름으로 발전하였다.

 요약

1. 행동주의 이론은 인간의 행동을 엄밀한 과학적 방법에 근거하여 설명하려는 실험적 연구전통에서 발달한 성격이론이다. 관찰과 측정이 가능한 외현적 행동에 초점을 맞추어 인간 행동의 개인차에 대한 체계적인 설명이론과 행동치료를 제시하고 있다.

2. 행동주의 이론은 성격을 외부환경에 의해서 강화된 행동패턴으로 간주한다. 개인의 행동이 습득되고 변화되는 과정은 고전적 조건형성, 조작적 조건형성, 사회적 학습 등의 학습원리에 의해서 이루어진다.

3. Hull은 행동주의 이론의 설명력을 확대하기 위해서 추동감소를 매개요인으로 하는 자극-반응이론을 제시했다. 그에 따르면, 자극과 반응의 연합은 일종의 습관(habit)이며, 성격구조는 주로 학습된 습관으로 구성된다. 습관이 자극상황에서 행동적 반응을 유발하는 과정은 추동이라는 내적 요인에 의해서 매개된다. 추동의 감소는 자극과 행동적 반응의 연합을 강화하는 주된 요인이다.

4. Dollard와 Miller는 Hull의 학습이론과 정신분석이론을 통합하여 정신분석적 학습이론을 제시했다. 이들은 학습의 기본적 구성요소로서 추동, 단서, 반응, 강화를 제시하고 Freud가 제시한 심리성적 발달단계를 학습이론의 관점에서 재해석했을 뿐만 아니라 공격성은 본능적인 것이 아니라 좌절의 결과로 유발되는 것이라고 주장했다. 또한 신경증적 갈등을 학습이론의 관점에서 설명하면서 갈등상황을 접근-회피 갈등, 접근-접근 갈등, 회피-회피 갈등, 이중 접근-회피 갈등으로 구분하였다.

5. Bandura는 사회적 상황에서 새로운 행동을 학습하는 심리적 과정을 모방학습, 대리학습, 관찰학습으로 설명하였다. 특히 관찰학습은 모델의 행동에 주의를 기울이는 주의과정, 모델의 행동을 관찰하여 기억하는 저장과정, 관찰한 행동을 동작으로 재생하는 운동재생과정, 그리고 특정한 상황에서 행동하기로 결정하는 동기화과정으로 이루어진다.

6. 정신병리는 대부분 잘못된 학습에 의한 부적응적 행동으로 구성된다. 부적응행동은 학습원리를 이용한 행동치료를 통해서 치료될 수 있다. 행동치료는 문제행동을 제거하거나 긍정적 행동을 습득시킴으로써 적응을 돕는다. 부적응행동의 제거와 적응행동의 습득을 위해서 학습의 원리를 활용한 다양한 기법(행동조성, 역조건형성, 체계적 둔감법, 노출 및 홍수법, 사회적 기술훈련 등)이 사용된다.

7. 행동주의 이론은 실증적인 연구방법에 근거하여 인간의 행동과 성격을 설명하는 과학적인 이론체계를 제시함으로써 커다란 공헌을 했다. 그러나 인간 행동을 설명할 수 있는 영역과 범위가 제한적일 뿐만 아니라 동물실험에서 도출된 학습이론에 근거하고 있어 인간의 미묘하고 복잡한 경험을 설명하는 데 한계가 있다는 비판을 받고 있다. 그럼에도 불구하고 행동주의 이론은 20세기 후반에 인지주의 이론과 통합되면서 설명력을 확대하여 현대 성격심리학의 중심적인 흐름으로 발전했다.

제9장
인지주의 이론

1. 인지주의 이론의 개요

정신분석과 행동주의가 심리학계의 양대 산맥으로 군림하던 1950년대에 '인지주의'라는 새로운 심리학의 싹이 돋아났다. 인지주의(cognitivism)는 인간 행동을 설명하는 데 있어서 인간의 사고과정에 대한 이해가 핵심적이라는 입장을 뜻한다. 개인이 환경과 상호작용하면서 마음속으로 정보를 처리하고 문제를 해결하는 인지적 요인을 밝히는 것이 심리학의 중요한 과제이며 인간행동의 이해에 필수적이라는 주장이다.

정신분석이론은 인간의 행동을 설명함에 있어서 무의식과 동기적 요소를 강조할 뿐만 아니라 추상적인 개념의 남발로 인해서 과학적 검증이 어려웠다. 이에 반발하며 과학적 연구를 강조하는 행동주의 이론은 신념이나 사고와 같은 인지적 요인을 배제함으로써 인간의 다양한 행동을 설명하는 데 심각한 한계를 지니고

있었다. 1950년에는 인간의 인지적 측면을 설명하고 측정하는 이론과 연구방법이 발전하면서 소위 '인지혁명(cognitive revolution)'이 일어났다. 이러한 인지혁명의 결과로 인간의 지각, 사고, 기억, 판단, 문제해결과정을 과학적으로 연구하는 인지심리학이 발전했을 뿐만 아니라 개인의 성격과 정신병리를 인지주의적 관점에서 설명하려는 시도가 이루어졌다.

인지주의의 관점에서 보면, 성격의 핵심은 개인이 자신과 세상을 심리적으로 구성하는 방식에 있다. 인간은 객관적 현실에 반응하는 수동적 존재가 아니라 스스로 의미를 부여하여 주관적 현실을 구성하고 그에 근거하여 행동하는 능동적 존재다. 사람마다 자신과 세상을 구성하는 방식이 다를 뿐만 아니라 일상생활에서 부딪히는 생활사건의 의미를 부여하는 방식이 각기 다르다. 따라서 개인의 성격과 행동을 이해하기 위해서는 그가 자신과 세상에 대해서 지니고 있는 구성개념이나 신념, 그리고 구체적인 상황에서 특정한 행동

을 유발하는 사고과정을 이해하는 것이 매우 중요하다.

성격과 정신병리를 설명하는 인지주의적 접근은 매우 다양한 학자에 의해서 이루어졌다. 성격 및 사회심리학 분야에서는 Rotter의 기대-가치이론, Bandura의 사회인지이론, Mischel의 인지-정서 성격체계 이론, Markus의 자기개념 이론 등 다양한 이론들이 제시되어 현재에도 활발하게 연구되고 있다. 그러나 성격과 정신병리를 좀 더 거시적 관점에서 체계적으로 설명하는 대표적인 인지주의 이론은 George Kelly의 개인적 구성개념 이론, Albert Ellis의 합리적 정서행동이론, 그리고 Aaron Beck의 인지이론이라고 할 수 있다. 이러한 이론들은 현대의 심리학자들이 성격과 정신병리를 이해하고 심리치료적 개입을 하는 데 커다란 영향을 미치고 있다.

2. Kelly의 개인적 구성개념 이론

George Kelly(1905~1967)는 인간의 성격을 인지적 측면에 초점을 맞추어 설명하고자 했던 최초의 심리학자라고 할 수 있다. Kelly는 대학에서 물리학, 수학, 사회학, 교육학 등 다양한 학문을 섭렵하고 Iowa 주립대학교에서 심리학 전공으로 박사학위를 받았다. 제2차 세계대전 시에는 항공심리학자로 활약했으며 이후에 Ohio 주립대학교의 임상심리학 주임교수로 재직하면서 개인적 구성개념 이론을 발전시켰다. 1955년에 그의 대표적 저서인 『개인적 구성개념의 심리학(*The Psychology of Personal Constructs*)』을 발간하였으며, 1963년에는 이론을 좀 더 정교하게 체계화하여 『성격의 이론: 개인적 구성개념의 심리학(*A Theory of Personality: The Psychology of Personal Constructs*)』을 출간하였다.

1) 기본가정

Kelly(1955, 1963)에 따르면, 인간은 세상을 나름대로 구성하는 존재다. 인간은 자신이 생활하는 환경을 파악하기 위한 인지적 구성개념을 창조하고 그러한 구성개념에 근거하여 생활사건을 해석하고 예측한다. 인간은 현상을 관찰하고 나름대로의 개념과 이론으로 세상을 탐구해 나가는 과학자와 같다. 모든 사람은 과학자처럼 각자 독특한 구성개념을 지니며 그 바탕 위에서 사건을 이해하고 예견하며 삶을 영위한다. 따라서 개인의 성격을 파악하기 위해서는 그가 세상을 해석하고 조직화하는 독특한 인지체계인 개인적 구성개념(personal constructs)을 이해하는 것이 중요하다.

우리는 현실을 어떻게 알 수 있을까? 현실의 진정한 실재는 아무도 알 수 없다. 인간은 나름대로 세상을 인지적으로 구성하고 그것을 진실이라고 믿으며 살아갈 뿐이다. 구성개념(construct)은 개인이 세상을 해석하고 평가하는 주요한 차원이자 인식 틀을 의미한다. 동일한 사건에 대해서 사람마다 달리 행동하는 이유는 그들이

George Kelly

사건을 해석하는 방식이 다르기 때문이다. 물론 인간은 세계인식의 공통된 기초를 공유하고 있기 때문에 서로 의사소통을 할 수 있지만, 개인마다 독특한 구성개념을 지니고 살아간다. 인간세상에서 의견 차이로 인한 논쟁과 갈등이 지속되는 이유가 여기에 있다. 그렇다면 어떤 사람의 구성개념과 세상인식이 옳은 것인가? 아무도 자신이 옳고 다른 사람은 틀렸다고 말할 수 없다. 그러나 개인이 지닌 구성개념이 그 사람의 삶에 얼마나 도움이 되느냐에 따라 그 적응성을 평가할 수 있다.

앞에서 언급했듯이, Kelly는 과학자로서의 인간(man-as-a-scientist)을 가정한다. 모든 인간은 아마추어 과학자로서 자신의 구성개념에 근거하여 사건을 해석하고 예언하며 통제한다. 과학자가 자신의 이론을 구성하고 검증하듯이, 인간은 자신의 주변에서 일어나는 사건들을 관찰하고 그것을 잘 설명할 수 있는 나름대로의 개념과 이론체계를 구성할 뿐만 아니라 그 기반 위에서 미래를 예측하고 통제하면서 자신의 구성개념을 재검토하며 인생을 영위한다. 견실한 개념과 이론에 근거하여 정확하게 미래를 예측하는 훌륭한 과학자가 있는 반면, 부실한 개념과 이론으로 잘못된 예측을 일삼는 어설픈 과학자도 있다. 이와 마찬가지로, 정교하고 체계적인 구성개념을 지니고 미래를 정확하게 예상하며 적응적인 삶을 영위하는 건강한 개인이 있는 반면, 단순하고 혼란스러운 구성개념을 지니고 부적응적인 삶을 살아가는 사람도 있다.

Kelly에 따르면, 구성개념의 적응성은 그것이 상황을 얼마나 잘 설명하고 미래를 예측하는 데 유용한가에 달려 있다. 유능한 과학자는 자신의 구성개념과 이론을 새로운 정보에 알맞도록 지속적으로 개정하고 발전시킨다. 이처럼, 적응적인 사람도 그들이 경험 속에서 직면하게 되는 새로운 정보에 알맞도록 자신의 구성개념을 지속적으로 개정하고 새롭게 한다.

Kelly의 이론은 그가 '구성적 대안주의'라고 부른 철학적 입장에 근거하고 있다. 구성적 대안주의(constructive alternativism)란 세상을 구성하는 방식에는 다양한 대안이 존재하며 개인은 자신의 구성방식을 다른 대안으로 얼마든지 변화시킬 수 있다는 것이다. 인간은 다양한 상황이나 사람들과 접촉하면서 그것에 부합하는 구성개념을 발달시킨다. 개인은 새로운 사람과 상황에 직면하면 구성개념의 목록을 확장하거나 수정하면서 삶을 영위한다. 이러한 구성개념의 수정은 지속적으로 일어나는 과정일 뿐만 아니라 적응적인 삶을 위해서 필요한 과정이기도 하다. 인간은 자신의 구성개념을 변화된 상황에 적절한 대안적 구성개념으로 수정하거나 대체하면서 현실에 적응해 가는 존재임을 의미한다.

2) 개인적 구성개념 이론의 기본 명제

Kelly의 성격이론은 개인이 자신의 삶을 구성하는 방식에 초점이 맞추어져 있다. 그는 개인적 구성개념이 어떻게 형성되고 어떤 구조를 지니고 있으며 개인의 삶에 어떤 영향을 미치는지를 설명하는 체계적 이론을 발전시켰다. 그는 1963에 출간한 『성격의 이론: 개인적 구성개념의 심리학(*A Theory of Personality: The Psychology of Personal Constructs*)』에서 개인적 구성개념 이론의 핵심을 다음과 같은 기본가정과 11개의 원리로 요약하여 제시하였다.

▶ 기본가정: 개인의 심리적 과정은 그가 미래의 사건을 예상하는 방식에 의해서 흘러간다.
(1) 구성개념 원리: 개인은 그가 반복적으로 경험하는 것들을 구성함으로써 미래의 사건을 예상한다. 과거의 사건과 유사성을 지각함으로써 사회적 세계에서 일어나는 사건들을 예상한다.

(2) 경험 원리: 개인의 구성체계는 반복되는 사건들을 지속적으로 구성함에 따라 변화한다. 새로운 경험에 의해서 자신의 구성개념을 수정하고 대체한다.

(3) 이분법 원리: 개인의 인식체계는 제한된 수의 이분법적인 구성개념으로 이루어진다.

(4) 선택 원리: 개인은 이분법적 구성개념 중에서 하나를 선택하는데, 이러한 선택은 그가 지닌 구성체계의 설명범위와 명료성을 증가시킬 것으로 예상하는 방향으로 이루어진다.

(5) 조직화 원리: 개인은 미래의 사건을 더 잘 예상할 수 있도록 구성개념 체계를 위계적으로 조직하면서 나름대로 발전시켜 나간다.

(6) 범위 원리: 하나의 구성개념은 제한된 범위의 사건들만을 예측하는 데에 유용하다.

(7) 조절 원리: 구성개념의 변화는 그 변화된 구성개념이 유익한 범위 내에서 다른 구성개념에 영향을 미친다.

(8) 개별성 원리: 사람들은 사건을 구성하는 방식이 서로 다르다.

(9) 공통성 원리: 개인이 다른 사람에 의해 사용하는 구성개념과 유사한 구성개념을 사용하는 만큼, 그의 심리적 과정은 다른 사람과 유사하다. 이 원리는 사람들이 지니는 구성개념은 각기 독특하지만, 구성개념의 유사성에 따라 그들이 세상을 이해하고, 예측하며, 행동하는 방식이 유사할 수 있다. 같은 문화와 집단에서 유사한 교육과 경험을 하게 되면 세상인식과 행동방식에서 공통성이 나타날 수 있다.

(10) 파편화 원리: 개인은 논리적으로 서로 양립하지 않는 다양한 구성개념들을 지속적으로 사용할 수 있다.

(11) 사회성 원리: 개인은 다른 사람의 심리적 구성과정을 적절하게 잘 구성할수록 그 사람과 관련된 사회적 역할을 잘 수행할 수 있다. 개인은 타인이 생각하는 방식을 이해하고, 타인의 행동을 예언하려고 노력하며, 그것에 따라 자신의 행동을 수정한다.

3) 개인적 구성개념의 분석과 재구성

Kelly는 임상심리학자로서 개인의 성격을 이해할 뿐만 아니라 적응적으로 변화시키는 일에 깊은 관심을 지녔다. 개인의 성격을 이해하기 위해서는 그가 세상을 해석하고 조직화하는 방식, 즉 자신의 행동을 생성하는 데 사용하는 개인적 구성개념을 확인해야 한다. 그에 따르면, 개인적 구성개념은 개인이 자신, 타인, 세상을 묘사하고 평가할 때 흔히 사용하는 이분법적인 차원(예: "부드럽다–따뜻하다" "유능하다–무능하다" "믿을 수 있다–믿을 수 없다" "행복하다–불행하다")의 분석을 통해서 파악할 수 있다.

Kelly는 개인이 지닌 구성개념을 파악하기 위해서 역할구성 개념목록 검사(Role Construct Repertory Test: 흔히 Rep Test라고 지칭함)를 개발했다. 이 검사에서는 내담자에게 하얀색 카드를 여러 장 주고 각 카드에 자신의 인생에서 중요한 사람들(예: 어머니, 아버지, 형제자매, 애인이나 배우자, 존경하는 선생님, 나를 괴롭힌 교사, 갈등적인 관계에 있었던 고등학교 친구 등)을 한 명씩 적게 한다. 치료자는 이 목록에서 임의적으로 세 사람을 선정하여 "이들 중 두 사람이 어떻게 유사하고 세 번째 사람과 다른가?"라는 질문을 던짐으로써 그들의 유사점과 차이점을 제시하게 만든다. 카드에 제시한 사람들을 세 명의 다양한 조합으로 선택하여 동일한 절차를 여러 번 반복하게 되면, 그가 사람들의 유사점과 차이점을 기술하고 평가하는 데 흔히 사용하는 형용사나 주제들이 나타나게 된다. 치료자는 이러한 형용사와 주제들의 공통점이나 빈도를 분석함으로써 내담자가 어떤 방식으로 사람들을 인식하고 평가하는지를 보여 주는 개인적 구성개념을 파악할 수 있다.

임상현장에서 일했던 Kelly가 구성개념 이론을 발전시킨 것은 내담자의 적응적 변화를 유발하기 위한 치료방법을 모색하기 위해서였다. 그는 어떤 심리적 장애든 내담자가 나타내는 장애를 유발하는 기저의 구성개념을 변화시킴으로써 치료가 가능하다고 믿었다. 그에 따르면, 현재 우리가 우주에 대해서 지니고 있는 모든 해석은 개정되거나 교체될 수 있는 것이다. 우리가 직면한 세상의 문제에 대해서 우리는 언제나 선택할 수 있는 대안적 구성이 가능하다. 누구도 하나의 설명에만 매몰될 필요는 없으며, 자신의 과거경험에 의해서 구속되는 희생양이 될 필요가 없다. 구성개념을 변화시키고 대안적 구성개념으로 대체함으로써 개인의 삶의 방식뿐 아니라 심리적 증상도 변화시킬 수 있다. 그는 심리치료의 핵심을 구성개념의 재구성(reconstruction)이라고 보았다.

Kelly는 내담자로 하여금 자신이 지닌 구성개념의 부적절성을 인식하고 새로운 구성개념을 발견하도록 돕기 위해서 역할시연(role play) 기법을 활용했으며 이러한 방법을 고정역할 치료(fixed role therapy)라고 불렀다. 고정역할 치료는 내담자로 하여금 치료자가 제시하는 새로운 역할을 약 2주 정도 시행해 보게 함으로써 자신과 세상에 대한 대안적 관점을 갖도록 돕는 방법이다. 이러한 방법을 통해서 내담자는 기존의 구성개념에서 벗어나 대안적 구성개념에 근거한 삶을 체험하면서 자신과 세상에 대한 새로운 조망을 얻을 뿐만 아니라 좀 더 적응적인 생활방식을 학습할 수 있다. 고정역할 치료는 내담자로 하여금 자기 스스로 새로운 개념과 방

식으로 상황을 이해하고 표현하도록 촉진하고 새로운 방식으로 행동하게 격려함으로써 새로운 적응적인 사람이 되도록 돕는다.

3. Ellis의 합리적 정서행동 이론

합리적 정서행동 이론은 Albert Ellis(1913~2007)에 의해 제시된 성격이론이자 심리치료이론이다. Ellis는 성격과 정신병리를 설명함에 있어서 외부자극에 대한 개인의 반응을 매개하는 신념체계, 즉 해석방식의 중요성을 강조하고 있다. 그에 따르면, 비합리적인 신념과 사고방식은 부적응과 정신병리를 유발하는 핵심적 요인이다. 따라서 심리치료에서는 내담자의 신념체계를 합리적인 것으로 수정함으로써 그의 정서와 행동을 적응적으로 변화시킬 뿐만 아니라 삶의 전반적 변화를 유발할 수 있다. Ellis는 자신이 제시한 심리치료를 합리적 정서행동치료(Rational Emotive Behavior Therapy: REBT)라고 명명했다.

1) 기본가정

Ellis에 따르면, 인간은 합리성과 비합리성의 양면적 본성을 지닌 존재다. 인간은 합리적이고 순기능적으로 생각할 뿐만 아니라 비합리적이고 역기능적으로 생각하는 선천적인 경향성을 지니고 있다. 인간은 자신의 성장과 자기실현을 추구하는 경향성을 지니는 동시에 자신의 삶을 부적응적인 것으로 몰아가는 자기파괴적 경향성도 지니고 있다. 심리적 장애는 인간의 비합리성에 의해서 파생되는 비현실적이고 비논리적인 사고방식의 결과다.

인간의 비합리적 사고성향은 사회적 환경의 영향에

의한 것이기도 하지만 더 근본적으로는 강력한 생물학적 근원에 의한 것임을 강조한다. Ellis와 Dryden(1997)에 의하면, 인간은 아무리 합리적으로 양육되더라도 결국에는 다양한 정도의 비합리적이고 역기능적인 사고를 하게 될 것이라 한다. 대부분의 자기파괴적인 행동은 부모나 교육자 또는 미디어를 통해 습득된 것이 아니라 생물학적 근원을 지닌 것이다. 예컨대, 부모가 자녀에게 게으름을 피우고 즉각적인 만족을 취하도록 가르치지 않음에도 불구하고, 아동의 그러한 행동을 막을 수 없다. 또한 사람들은 비합리적 사고방식을 버리고 새로운 합리적 사고를 하려고 노력하더라도 쉽게 다시 비합리적 사고방식으로 되돌아간다. 불행하게도, 인간에게는 자기개선적인 행동을 배우고 실행하는 것보다 자기패배적인 행동을 배우고 실행하는 것이 훨씬 더 쉽다.

REBT는 적응적인 삶을 위해서는 합리적 사고가 중요함을 강조한다. '합리적'이라는 말이 감정을 배제하거나 무시한다는 뜻은 아니다. 합리적인 사람은 오히려 감정이 풍부하며 역경에 처해서 실망하기도 하고 괴로워하기도 한다. Dryden(1984)에 따르면, 합리적인 것은 자신의 목표와 의도한 것을 달성하는 데 도움이 되는 반면에, 비합리적인 것은 목표와 의도한 바를 달성하는 데 방해가 된다. 즉, 합리적인 것은 자신의 삶을 이롭게 하는 것이며, 비합리적인 것은 삶을 해롭게 하는 것이다. 때로는 개인적 이익과 사회적 이익이 갈등적인 경우가 있다. 어떤 하나를 희생하는 것은 바람직하지 않을 뿐만 아니라 두 유형의 이익은 상호보완적이기도 하다. 아무리 개인주의적인 사람이라 하더라도 다른 사람으로부터 인정받기를 원하며 타인과 공동체를 위한 기여는 자신의 이익과 행복으로 돌아올 수 있는 것이기 때문이다. 개인의 이익과 사회의 이익 간의 적절한 균형을 취하는 것이 합리적인 삶의 모습이다. 그

러나 합리성에 대한 절대적인 입장이나 기준을 지니고 있지 않다. Ellis는 REBT 치료방법을 절대적이거나 보편적인 것으로 여기지 말고 항상 의문을 지니기를 권한다. REBT의 치료방법이 흔히 좋은 결과를 가져오기 때문에 사용하고 있지만, REBT에 대해서 비판적 태도를 지니고 항상 열린 마음으로 임하기를 권하고 있다.

REBT에서는 건강한 감정과 건강하지 못한 감정을 구분하고 있다. 인간이 경험하는 대부분의 감정은 긍정적인 것이든 부정적인 것이든 자연스러운 일이다. 불쾌하게 여기는 자극을 실제로 경험했을 때 느끼는 부정적 감정은 건강한 것이다. 이러한 감정을 느끼지 않는다면, 부정적인 자극을 피하거나 줄이려고 노력하지 않을 것이기 때문이다. 긍정적 감정 역시 인간이 생존하고 생산적인 활동을 하도록 동기를 부여한다. 그러나 이처럼 적응에 도움이 되는 건강한 감정이 있는 반면, 오히려 적응을 방해하는 건강하지 못한 감정도 있다. 건강한 감정은 자신과 공동체에 이로운 행동을 하게 하는 반면, 건강하지 못한 감정은 개인의 행동을 마비시키거나 파괴적인 행동을 촉발함으로써 문제상황을 더욱 악화시키는 것이다. 예컨대, 시험을 앞두고 경험하는 적절한 긴장과 불안은 더 열심히 공부하게 만드는 건강한 감정이다. 그러나 공황수준에 이르는 시험불안은 시험을 효과적으로 준비하는 데 방해가 될 뿐만 아니라 시험성적을 저하시키는 역할을 하는 건강하지 못한 감정이라고 할 수 있다. REBT에서 치료의 대상으로 삼는 것은 건강하지 못한 부정적 감정이며 이러한 감정은 대부분 비합리적인 신념에 의해서 유발된다.

REBT에서는 바람과 당위적 요구를 구분한다. 바람(wants)은 중요한 일이나 인간관계에서 이루어지기를 원하는 소망으로서 열의를 지니고 노력하게 만드는 삶의 건강한 원동력이다. 반면에, 당위적 요구(demands, musts, shoulds)는 자신이나 타인에게 반드시 따라야 할

절대적 명령으로 강제성을 부여하고 그에 부응하지 못하면 강렬한 부정적 감정을 유발함으로써 자기파괴적인 결과를 초래한다. Ellis는 인간의 비합리성에 근거한 당위적 요구가 불행과 부적응의 주된 원인이라고 보았다. 이러한 당위적 요구는 비현실적이고 절대주의적인 비합리적 신념의 형태로 내담자의 삶에 영향을 미치며 부적응적인 감정과 행동을 초래하게 된다. 이것이 바로 당위적 사고의 폭정(tyranny of the shoulds)이다.

REBT에 따르면, 인간은 누구나 선천적이든 사회적인 이유로든 어느 정도의 역기능을 지니고 있다. 인간의 세 가지 심리적 기능인 인지, 정서, 행동은 서로 상호작용하며 심리적 장애를 유발하게 된다. REBT가 특히 인지적 요인의 중요성을 강조하는 이유는 다음과 같다(Ellis & MacLaren, 1995).

(1) 문제를 유발하는 인지(비합리적 신념)는 대부분 쉽게 의식적인 접근이 가능하다.
(2) 비합리적 신념은 주요한 정서적·행동적 문제에 영향을 미치는 핵심적인 역할을 한다.
(3) 비합리적 신념을 변화시킴으로써 역기능적 감정과 행동을 효과적으로 변화시킬 수 있다. 이러한 인지적 변화는 다른 영역으로 확산될 수 있는 반면, 정서나 행동만의 변화는 제한적인 영향을 지닌다.
(4) 신념체계의 변화는 특정한 심리적 문제를 완화시킬 뿐만 아니라 미래에 겪을 수 있는 고난과 역경에 건강하게 대처할 수 있게 해 준다.
(5) 인지적 변화는 비교적 단기간에 빨리 일어날 수 있다. 반면에, 정서나 행동의 변화는 인지의 경우보다 더 많은 시간과 노력을 필요로 한다.

 Ellis의 생애와 REBT의 발전과정

Albert Ellis의 인생은 어린 시절의 불행한 경험을 불굴의 의지로 극복하고 위대한 심리치료자로 성장하는 과정을 잘 보여 주고 있다. 그는 1913년 펜실베이니아의 피츠버그에서 3남매 중 장남으로 태어났다. 어릴 때 뉴욕으로 이주해서 일생의 대부분을 이곳에서 살았다. Ellis는 출장이 잦았던 아버지와 집안일을 등한시하던 어머니 밑에서 모든 일을 스스로 처리하는 방법을 터득해야 했다.

어린 시절에 Ellis는 건강상태가 좋지 않았다. Ellis가 5세 때 편도선염이 악화되어 응급수술을 하게 되었는데 이 수술 후에는 급성신장염이 발병하였다. 이 신장염 때문에 Ellis는 5~7세 사이에 8번 정도 병원에 입원해야 했으며, 10개월 동안 입원했던 적도 있었다. 이 기간 동안에도 어머니의 따뜻한 돌봄이나 아버지의 병문안은 거의 없었으며, 찾아오는 사람 한 명 없이 몇 주를 홀로 보낸 적도 많았다고 한다.

Ellis가 12세가 되었을 때 부모는 이혼을 했다. 그 후 아버지는 재정적 지원은커녕 자녀들에게 나타나지도 않았으며, 어머니는 자신의 관심사와 쾌락추구에 몰두한 나머지 집안일과 자녀양육에 소홀했다. Ellis는 어린 시절의 자신을 극도로 부끄러움을 타는 내성적인 아이로 묘사하고 있다. 학교에서는 가능하면 남 앞에 나서는 것을 회피했으며, 좋아하는 소녀에게 데이트를 신청해 본 적이 한 번도 없었고, 반에서 시를 발표하거나 상을 받기 위해 연단에 나가야 할 때는 불안으로 가슴이 두근거리고 땀을 흘리며 빠져나갈 구멍을 찾곤 하였다고 한다.

Ellis는 아동기의 어려웠던 환경에 의해 도전받았기 때문에 자신의 선천적인 능력들이 발휘되었으며 문제해결자로서의 역량을 갖게 되었다는 견해를 피력하였다. 정서적 비참함에 압도당하기보다는 역경을 이겨내기 위한 방법을 찾는 과정에서 타고난 지적 능력이 더욱 잘 발휘될 수 있었다고 주장한다. Ellis는 아동기의 사건들이 인격체로 형성해 가는 데 지대한 영향을 미친다는 사실에는 동의하지 않는다. 자신이 창안한 REBT의 인간관과 마찬가지로, Ellis 자신의 삶은 아동기 경험에 의해 짓눌리기보다 역경을 극복하고 문제를 해결하려는 적극적인 의지의 결과라고 말하고 있다.

20세 초반에 Ellis는 자신의 가장 큰 심리적 어려움이었던 '대중 앞에서 연설할 때의 공포'와 '여성에게 다가가는 공포'를 극복하기 위해 다양한 시도를 하였다. 이때의 시도경험이 나중에 REBT의 치료기법을 발전시키는 데 영향을 주게 되는데, 그중 하나가 브롱크스 식물원에서의 '위험 무릅쓰기 연습(risk-taking exercise)'이다. Ellis는 브롱크스 식물원에서 한 달 동안 100명의 여성에게 다가가서 데이트 신청을 했다. 그중 1명의 여성만이 데이트에 동의하였으나 결국 그녀도 약속시간에 나타나지 않았다고 한다. 데이트에 성공하지는 못했지만, 이러한 경험을 통해서 Ellis는 사회공포로부터 벗어날 수 있었을 뿐만 아니라 행동변화의 중요한 특징, 즉 초기에는 두려운 상황에 도전하기가 매우 힘들지만 반복적으로 자신을 던지고 노출시킴으로써 오랜 기간 지속된 자기파괴적 정서와 행동을 변화시킬 수 있다는 것을 직접체험을 통해 깨닫게 되었다.

Ellis는 한때 소설가가 되기를 원했지만 자신의 심리적 어려움을 극복하는 경험을 통해 다른 사람을 돕는 전문적 직업을 갖기로 결심하고 임상심리학 대학원에 진학하게 된다. Columbia 대학교에서 박사학위를 받은 Ellis는 1947~1953년에 'Karen Horney 정신분석 연구소'에서 정신분석 훈련을 받으면서 자신의 심리치료에서도 정신분석적 기법을 적용했다. 그러나 자신이 받은 정신분석 경험에 근거하여 정신분석의 문제점을 인식하면서 자신만의 이론을 구축하기 시작하였다. 그는 정신분석치료 과정에서 내담자가 아무리 많은 통찰을 얻고 초기 아동기의 사건을 아무리 잘 이해해도 증상이 사라지지 않을 뿐만 아니라 새로운 증상을 다시 나타낸다는 것을 발견했다. 그 이유에 대해서 Ellis는 내담자가 어린 시절에 자신의 무가치성에 대한 잘못된 생각을 단순히 주입받기 때문이 아니라 그보다는 자신과 다른 사람에 대한 역기능적인 요구를 스스로 구축하고 이러한 당위적 명령을 스스로에게 적극적으로 재주입하기 때문이라는 것을 깨닫게 되었다.

이러한 자기파괴적인 비합리적 신념을 변화시키기 위해서는 적극적인 지시적 개입이 필요하며 이러한 개입을 통해서 단기간에 더 나은 치료효과를 가져올 수 있다고 확신하게 되었다. 실제로 이러한 개입방법에 따라 치료를 실시했을 때 몇 달 또는 몇 년이 걸렸던 정신분석적 치료보다 더 많은 진전을 몇 주 만에 거둘 수 있었다. Ellis는 자기 자신과 내담자의 치료경험에 근거하여 새로운 심리치료의 이론적 체계와 기법을 구축하기 시작했다.

1955년에 Ellis는 자신의 치료적 접근을 '합리적 치료(Rational Therapy)'라고 명명하였다. 1961년에는 정서적 측면의 중요성을 강조하기 위해서 '합리적 정서치료(Rational Emotive Therapy: RET)'라고 이름을 바꾸었으며, 1993년에는 자신의 치료기법에 행동적 측면이 상당부분 포함되어 있다는 점을 받아들여 공식적 명칭을 '합리적 정서행동치료(Rational Emotive Behavior Therapy: REBT)'로 바꾸게 되었다. '행동'이라는 용어가 추가된 이유는 REBT가 치료목표의 달성을 위해서 행동의 변화에도 초점을 맞출 뿐만 아니라 성공적인 치료의 증거로서 행동의 변화를 중시하기 때문이다(Corsini & Wedding, 2000).

Ellis는 심리치료 활동뿐만 아니라 저술과 강연을 하며 열정적인 삶을 살았다. 노년기에도 Ellis는 1주일에 50명의 내담자를 오전 9시부터 오후 9시까지 심리치료했으며 주말에는 워크숍을 주최하고 강연, 집단치료, 슈퍼비전 외에도 REBT를 정교화하고 보급하는 일에 모든 힘을 쏟았다. 그는 1974년에 미국심리학회로부터 '탁월한 전문심리학자상(Distinguished Professional Psychologist Award)'을 수상하고 1985년에는 '탁월한 전문적 공헌상(Distinguished Professional Contributions Award)'을 받았으며 1982년에는 미국의 임상 및 상담 심리학자들에 의해서 Carl Rogers에 이어 두 번째로 가장 영향력 있는 심리치료자로 뽑히기도 했다(Smith, 1982). 90대의 고령으로 인한 건강 문제로 몸져누울 때까지 Ellis는 하루 16시간씩 일했으며 저작활동과 치료활동을 멈추지 않았다. 평생 자신의 치료이론을 몸소 실천한 Ellis는 2007년 7월 24일 93세의 나이로 사망하였다.

2) 성격이론

(1) ABC 모델

인간은 합리성과 비합리성의 양면성을 지닌 존재다. 인간은 합리적인 사고를 할 수도 있고 비합리적인 왜곡된 사고를 할 수도 있는 가능성을 모두 지니고 태어난다. 인간은 행복을 추구하고, 자신을 성장시키며, 다른 사람들과 긍정적인 관계를 맺으려는 경향성을 지니는 반면, 참을성 없이 충동적인 행동을 통해 자신을 파괴하고, 실수를 반복하며, 다른 사람과 갈등적인 관계를 맺는 경향성도 지니고 있다. 이러한 경향성은 생득적인 생물학적 요인과 후천적인 사회환경적 요인에 의해서 영향을 받으며 개인에 따라 차이가 있다. 비합리적인 사고의 경향성이 높은 사람일수록 건강하지 못한 부정적 정서와 부적응을 겪게 될 가능성이 커진다. 즉, 인간의 비합리성은 개인을 정서적 고통과 혼란에 빠지게 하는 취약성의 바탕이 되며, 비합리적 사고와 신념은 고통과 혼란을 유발하는 직접적인 원인이 된다. 인간의

감정과 행동을 설명하는 REBT 성격이론의 핵심은 바로 ABC 모델이다.

인간의 삶은 기본적으로 환경적 조건에 대한 적응과정으로서 다양한 외부자극에 대한 정서적 또는 행동적 반응으로 구성된다. 인간은 지적인 존재로서 외부자극을 해석하고 평가함으로써 그에 대한 반응을 결정한다. REBT는 인간의 주요한 세 심리적 기능인 인지, 정서, 행동이 서로 밀접하게 상호작용함을 강조하지만 특히 인지의 역할에 초점을 맞추고 있다.

ABC 모델은 인간의 인지, 정서, 행동의 관계에 대해서 단순하면서도 명쾌한 설명을 제공하고 있다. A는 생활환경에서 일어나는 촉발사건(Activating events)을 의미하며, 선행사건(Antecedent events) 또는 역경(Adversity)을 뜻하기도 한다. 어떤 정서나 행동을 촉발하는 외부적 자극으로서 시험에 떨어지거나 타인에게 비판을 당하거나 실직하는 것과 같은 사건을 의미한다. B(Beliefs)는 이러한 사건의 의미를 해석하고 평가하는 데 사용하는 신념을 뜻한다. 이러한 신념은 합리적인 것일 수도 있

고 비합리적인 것일 수도 있다. C(Consequences)는 촉발사건에 대한 반응으로 개인이 나타내는 정서적 또는 행동적 결과를 의미한다. [그림 9-1]에서 볼 수 있듯이, ABC 모델의 핵심은 신념이라는 인지적 요인이 촉발사건과 결과적 반응을 매개한다는 것이다. "사람들은 사건 자체가 아니라 사건에 대한 생각에 의해서 고통을 받는다"는 스토아 철학자 Epictetus의 주장을 구체화한 모델이라고 할 수 있다.

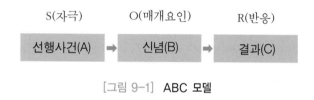

S(자극)　　　O(매개요인)　　　R(반응)

선행사건(A) → 신념(B) → 결과(C)

[그림 9-1] **ABC 모델**

(2) 비합리적 신념

Ellis는 심리적 부적응과 정신장애의 근본적 원인은 비합리적 신념에 있다고 보았다. 그는 부적응 문제를 지닌 내담자들이 지니고 있는 비합리적 신념의 내용을 밝히고 그것을 합리적으로 변화시키는 데에 초점을 맞추었다. Ellis는 정신장애나 문제유형에 따라 비합리적 신념의 내용이나 특성이 다르다고 생각하지 않았다.

Ellis의 공헌은 인간을 부적응으로 몰아가는 비합리적 신념의 구체적인 내용을 제시하고 있다는 점이다. REBT에 따르면, 인간이 심리적 부적응과 장애를 나타내는 주요한 원인은 비합리적 신념에 있다. 비합리적 신념은 자신, 타인 그리고 세상에 대한 비현실적인 기대와 요구를 의미한다. 이러한 비합리적 신념은 "반드시 ～해야 한다(musts, shoulds)"라는 절대적이고 완벽주의적인 당위적 요구의 형태를 띠고 있다. 그에 따르면, 비합리적 신념은 자신, 타인, 세상에 대한 당위적 사고의 세 가지 범주로 구분될 수 있다.

첫째는 자신에 대한 당위적 요구(self-demandingness)

로서 스스로 자기 자신에게 현실적으로 충족되기 어려운 과도한 기대와 요구를 부과하는 것이다. 그 대표적인 예는 "나는 반드시 탁월하게 일을 수행해 내야 한다" "다른 사람들로부터 인정과 칭찬을 받아야 한다" "그렇지 않으면, 나는 무능하고 무가치하며 고통을 받는 것이 마땅하다"와 같은 신념이다. 이러한 비합리적 신념으로 인해서 해야 할 일을 자꾸 미루거나 불만족스러워하고 불안과 우울을 경험하게 되며 자기비난과 자기혐오에 빠지게 된다. 인간은 누구나 실수하거나 실패할 수 있기 때문에 이러한 신념은 현실에서 실현되기 어려운 비합리적 신념이다. 자신에게 부과한 당위적 요구에 의해서 부적응적인 결과를 초래하기 때문에 이러한 신념은 비합리적일 뿐만 아니라 자기패배적인 것이라고 할 수 있다. 이러한 신념은 대부분 흑백논리와 과잉일반화의 오류를 내포하고 있다.

둘째는 타인에 대한 당위적 요구(other-demandingness)다. 이것은 개인이 타인에게 지니는 과도한 기대와 요구로서 타인이 그러한 기대에 따르도록 일방적으로 요구하는 것이다. 그 대표적인 예는 "사람들은 항상 나에게 친절하고 공평하게 대해야 한다" "진정한 친구라면 항상 내편을 들어줘야 한다" "그렇지 않으면, 그들은 존중할 가치가 없는 나쁜 사람들이며 징벌을 받아 마땅하다"와 같은 신념이다. 이러한 과도한 기대와 신념은 필연적으로 실망, 좌절, 배신과 같은 마음의 상처를 받게 될 뿐만 아니라 타인에 대해서 분노, 적개심, 질투, 폭력을 초래하게 된다. 이러한 신념은 개인의 특정한 행동보다 개인의 인격 전체를 싸잡아 부정적으로 매도하는 것이다. 인간은 누구나 실수로 타인에게 부당한 행동을 할 수 있기 때문에 이는 비현실적인 신념이라고 할 수 있다. 이러한 비합리적 신념은 분노, 증오, 불화를 유발할 뿐만 아니라 극단적인 경우에는 전쟁이나 민족말살과 같은 인류의 비극을 초래하기도 한다.

마지막 세 번째는 세상에 대한 당위적 요구(world-demandingness)로서 우리가 살아가는 사회정치적 체제뿐만 아니라 자연세계에 대한 비현실적인 과도한 기대를 의미한다. 예컨대, "우리 사회는 항상 공정하고 정의로워야 한다" "우리가 사는 세상은 안전하고 편안하며 즐거운 곳이어야 한다" "세상은 항상 반드시 내가 원하는 대로 돌아가야 하며 나의 노력에 즉각적인 보상을 주어야 한다" "자연세계는 결코 우리에게 부당한 피해를 주어서는 안 된다" "그렇지 않으면, 세상은 혐오스럽고 공포스러운 참을 수 없는 곳이다"와 같은 신념을 뜻한다. 이러한 신념은 세상에 대한 막연한 분노와 공포, 비관적이고 소극적인 행동, 우울과 자기연민을 초래하게 된다. 세상이 항상 자신이 원하는 대로 움직이지 않기 때문에 이러한 신념은 비현실적인 것이다. 이러한 신념은 좌절에 대한 인내력을 고갈시키고 우울과 무기력감을 느끼게 하며 일에 대한 의욕을 저하시켜 지연행동을 유발한다. 때로는 자신의 당위적 요구대로 돌아가지 않는 세상에 대해 분노를 느끼거나 원망과 저주를 할 수도 있다.

당위적 요구는 실현되기 어려운 비현실적인 것일 뿐만 아니라 필연적으로 좌절을 초래하여 건강하지 못한 부정적 감정과 행동을 유발함으로써 우리의 삶을 부적응적인 것으로 몰아가기 때문에 비합리적인 것이라고 할 수 있다. 이러한 비합리적 신념은 우리 자신과 타인, 그리고 세상에게 비현실적인 것을 과도하게 요구함으로써 우리의 삶을 고통스럽고 불행한 것으로 몰아가게 된다. Ellis에 따르면, 이러한 절대적이고 당위적인 신념이야말로 인간이 겪는 정서적 문제의 근원이라고 보았다. Karen Horney 역시 '당위적 요구의 폭정(tyranny of shoulds)'을 신경증의 핵심이라고 보았다. 이러한 당위적 요구는 인간의 본성적인 비합리성에 기인할 뿐만 아니라 사회적 환경으로부터 주입된 것이다. 인간은 누구

나 어느 정도의 비합리적 신념을 지니고 있다. 이러한 신념의 현실성과 합리성을 재평가하지 않은 채 행동하거나 스스로에게 계속 주입함으로써 지속되거나 강화될 수 있다. 비합리적 신념의 변화는 가능하지만 쉽지 않다. 꾸준한 노력과 연습을 통해서만 변화될 수 있다. Ellis(2000)는 "인간은 누구나 어느 정도의 당위적 요구를 지니고 태어나며 길러진다. 따라서 오직 고된 노력을 통해서만 이러한 당위적 요구를 건강한 소망으로 바꿀 수 있다"고 언급한 바 있다.

(3) 비합리적 사고

심리적 장애의 ABC 이론에 따르면, 역기능적인 부정적 감정이 일어날 때 다양한 비합리적 신념과 사고가 영향을 미친다. 그중에서 가장 중요한 영향을 미치는 것은 핵심 비합리적 신념(core irrational belief)이다. 이러한 핵심 비합리적 신념은 다음과 같은 네 유형의 사고를 통해서 단계적으로 부정적 감정을 유발하게 된다.

그 첫째는 절대적인 강요와 당위(absolutistic musts and shoulds)로서 앞에서 설명한 당위적 요구를 의미한다. Ellis는 이러한 당위적 요구를 모든 정서적 문제의 근원이라고 보았다. 인간은 스스로 자기 자신과 타인 그리고 세상에 대해서 비현실적인 과도한 기대를 나름대로 만들어서 그것을 일방적으로 부과할 뿐만 아니라 반드시 지키도록 요구하고 강요한다. 이것은 마치 스스로 다양한 계율을 만들어 자신뿐 아니라 타인에게 일방적으로 강요하는 폭군의 행위와 같은 것이라고 할 수 있다. 이러한 당위적 요구는 비합리적 사고과정을 통해서 건강하지 못한 부정적 감정을 유발하게 된다.

두 번째의 비합리적 사고는 파국화(awfulizing)다. 이것은 당위적 요구가 충족되지 않았을 때 그러한 현실의 결과를 과장되게 해석하는 것이다. 예컨대, "진정한 친구라면 항상 내편을 들어주어야 한다"라는 당위적 요

구를 부과했지만 친구가 자신의 편을 들지 않거나 상대방을 지지하는 경우에 "이것은 친구에 대한 배신행위다" "이것은 있을 수 없는 심각한 일이다" "매우 중요한 끔찍한 일이다"라고 과장되게 해석하여 생각하는 것이다.

셋째는 좌절에 대한 낮은 인내력(low frustration tolerance)으로서 당위적 요구가 좌절된 상황을 참을 수 없다고 생각하는 비합리적 사고를 의미한다. 흔히 "이것은 도저히 참을 수 없다(I-can't-stand-it)"는 형태의 사고로 나타난다. 예컨대, 내편을 들어주지 않은 친구의 배신행위는 "도저히 참을 수 없다" "이런 일을 그냥 참고는 살 수 없다"고 생각하는 것이다. 즉, 자신의 기대가 좌절된 상황은 너무 불쾌해서 도저히 참으며 살 수 없다는 비합리적인 사고를 뜻한다. 특히 이러한 비합리적 사고에 의한 다양한 심리적 문제는 '좌절 또는 불편감에 대한 인내력 장애'라고 일컬어지기도 한다.

마지막 넷째는 자신과 타인에 대한 질책(damming oneself and others)이다. 당위적 요구를 충족시키지 못한 자신과 타인은 무가치할 뿐만 아니라 비난받거나 질책당해야 한다는 비합리적인 사고를 뜻한다. 예컨대, 내편을 들어주지 않은 친구의 있을 수 없는 배신행위는 도저히 참을 수 없는 일일 뿐만 아니라 "그런 배신행위를 한 인간은 몹쓸 인간이다" "친구도 아니며 비난받아 마땅하다" "그런 사람을 친구라고 생각하다니 내가 참 한심하다"라고 생각하는 경우다. 이러한 사고는 타인에 대한 분노, 비판, 경멸, 공격행위와 더불어 자기비하와 자기질책으로 이어지게 된다.

이러한 네 가지의 핵심 비합리적 사고는 비현실적인 당위적 요구로부터 과도한 부정적 감정과 행동으로 이어지는 인지적 과정을 보여 주고 있다. 달리 말하면, ABC 모델에서 촉발사건 A(자신의 편을 들지 않은 친구의 행동)가 결과적 감정 C(분노, 경멸, 자기비하)를 유발하는

인지적 과정 B에 개입되는 비합리적 사고를 구체적으로 잘 보여 주고 있다. 이러한 비합리적 사고를 포착하여 변화시키는 것이 REBT 치료자의 주요한 과제다.

이 밖에도 내담자가 나타내는 정서적 문제에는 다양한 유형의 비합리적 사고가 개입한다. REBT 치료자들은 다음과 같은 일반적인 비합리적 사고의 유형을 제시하고 있다(Walen, DiGiuseppe, & Wessler, 1980): (1) 흑백논리로 사고하기(all-or-none thinking), (2) 잘못된 결론으로 비약하기(jumping to conclusion and negative non sequiturs), (3) 미래를 함부로 예언하기(fortune telling), (4) 부정적인 것에 초점 맞추기(focusing on the negative), (5) 긍정적인 것을 무시하기(disqualifying the positive), (6) 전체로 싸잡아 평가하기(allness and neverness), (7) 의미 축소하기(minimization), (8) 기분에 따라 함부로 추론하기(emotional reasoning), (9) 이름 붙이기와 과잉일반화(labeling and overgeneralization), (10) 개인화(personalization), (11) 잘못된 근거로 주장하기(phonyism), (12) 완벽주의(perfectionism).

3) 치료이론

(1) 치료목표와 치료원리

REBT의 전반적인 목표는 내담자가 정서적 고통과 자기패배적인 행동을 줄여서 자신의 잠재능력을 효율적으로 발휘하고 나아가서 더 행복한 존재가 되도록 돕는 것이다. 이를 위해서 치료자는 내담자가 합리적으로 사고함으로써 적절한 감정을 느끼고 행복한 삶의 목표를 달성하는 데 효과적으로 행동하도록 돕는 것이다. 즉, 내담자가 합리적인 인지, 정서, 행동을 나타내는 사람이 되도록 돕는 것이다. 궁극적으로 내담자가 자신의 삶을 고통스럽게 만드는 비합리적 사고를 극복하고 인생에 대한 철학적 변화를 통해서 자신이 원하는 삶을

효율적으로 영위하도록 돕는 것이다.

REBT의 치료원리는 간단하고 명료하다. 내담자의 비합리적 신념을 찾아내어 논박함으로써 좀 더 합리적인 신념으로 변화시키는 것이다. 이러한 치료과정은 ABCDEF 모델로 제시되고 있다. [그림 9-2]에 제시되어 있듯이, 치료자는 내담자로 하여금 부정적 감정과 행동을 경험하게 하는 비합리적 신념(B)을 찾아내어 논박(D: Dispute)함으로써 합리적인 신념에 근거한 효율적인 철학(E: Effective philosophy)을 갖게 하여 좀 더 적응적인 새로운 감정과 행동(F: new Feeling and behavior)으로 변화시킨다.

ABCDEF 모델에 따른 치료과정을 좀 더 자세하게 설명하면 다음과 같다. 먼저, 치료자는 내담자가 부적응 문제를 나타내는 심리적 과정을 ABC 모델에 따라 명료하게 이해한다.

(A) 촉발사건(activating events): 첫 단계는 내담자에게 부정적 감정을 유발한 촉발사건(A)을 포착하여 구체적으로 확인하는 것이다.

(B) 신념(beliefs): 다음 단계는 촉발사건에 대한 내담자의 신념(B)을 탐색하여 찾아내는 것이다. 이러한 신념은 합리적인 것일 수도 있고 비합리적인 것일 수도 있다. 개인의 의지와 상관없이 일어나는 외부사건에 대해서는 선택권이 제한되어 있지만, 그러한 사건에 대한 신념에 대해서는 많은 선택권을 지니고 있다. 비합리적 신념을 변화시키기 위해 노력하기 전에 치료자는 그러한 신념을 명료하게 확인하고 평가하는 것이 중요하다.

(C) 결과(consequences): C는 신념의 결과로 나타난 정서와 행동을 뜻한다. 촉발 사건은 그 자체로 부정적인 결과를 만들어 낼 수 있다. 사건에 대한 신념이 결과적 감정을 유발한다. 신념이 비합리적인 경우 그 결과들은 건강하지 않은 감정과 자기파괴적인 행동으로 나타나기 쉽다. 실제의 치료과정에서는 내담자가 호소하는 부정적 감정(C)에서 출발하여 그러한 감정을 촉발한 사건(A)을 확인하고 그 사건과 부정적 감정을 중간에서 매개한 신념(B)을 찾아내는 순서로 진행되는 것이 일반적이다. 어떤 방식이든, 치료자는 내담자의 부적응 문제를 ABC 모델로 명료하게 이해하는 것이 중요하다. 특히 부적응 문제를 야기하는 비합리적 신념을 구체적으로 파악하여 그것에 치료적 초점을 맞추게 된다.

(D) 논박하기(dispute): REBT의 핵심은 논박을 통해서 내담자가 지니고 있는 신념의 합리성을 평가하고 비합리적 신념을 합리적인 것으로 변화시키는 것이다.

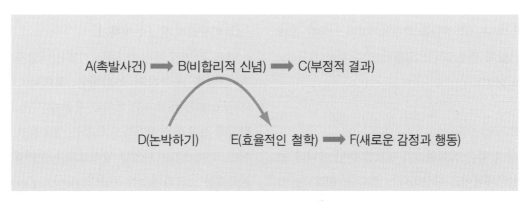

[그림 9-2]　**REBT의 ABCDEF 모델**

논박(dispute)은 마치 철학자들이 토론을 하듯이 어떤 신념의 타당성을 다양한 관점에서 평가하는 대화과정을 의미한다.

(E) 효율적인 철학(effective philosophy): 치료자는 논박을 통해서 내담자가 비합리적인 신념을 포기하고 좀 더 합리적인 신념을 발견하도록 돕는다. 이러한 과정을 통해서 내담자가 자신의 삶을 적응적인 것으로 변화시킬 수 있는 새로운 신념체계, 즉 효율적인 철학을 형성하도록 돕는다.

(F) 새로운 감정과 행동(new feelings and behaviors): 내담자가 합리적인 신념을 발견하고 삶에 대한 효과적인 철학을 갖게 되면 새로운 감정과 행동을 나타내게 된다. 과거에는 부정적인 감정을 느꼈던 사건에 대해서 좀 더 적절하고 긍정적인 감정을 경험할 뿐만 아니라 효과적인 행동을 나타내게 됨으로써 내담자의 삶이 점차 적응적인 것으로 변화하게 된다.

ABCDEF 모델은 단순하고 직선적인 듯이 보이지만, 비합리적인 신념을 합리적인 것으로 변화시키는 과정은 상당히 도전적이며 복합적인 과정이다. 이러한 변화를 위해서 치료자는 신중하게 선택된 치료기법을 노련하게 적용해야 할 뿐만 아니라 내담자 역시 적극적인 노력이 필요하다. 내담자는 자신의 비합리적 신념에 집착하며 변화에 저항하는 경우가 많다. 사람들은 변화라는 새로움의 낯선 불편감을 감수하기보다 익숙한 불쾌감의 편안함에 머무르려는 경향이 있기 때문이다(Ellis & Dryden, 1997).

(2) 치료기법

REBT의 강점은 치료원리가 명료할 뿐만 아니라 치료기법이 구체적이고 다양하다는 점이다. REBT는 비합리적 신념의 변화에 초점을 맞추고 있지만 인지, 정서, 행동이 상호작용한다는 점을 인정하고 인지의 변화뿐만 아니라 정서와 행동의 변화를 유도하는 다양한 기법을 제시하고 있다(Ellis & MacLarsen, 1995).

① ABC 기법: 비합리적 신념 포착하기

ABC 기법은 내담자가 고통을 느끼는 문제 상황을 정밀하게 분석하여 비합리적인 신념을 포착하는 방법이다. 내담자는 자신의 주된 문제로 고통스러운 감정(예: 우울, 불안, 분노)이나 자기패배적 행동(예: 과제 회피, 미루기, 과도한 분노표현이나 공격행동)을 호소한다. 이러한 내담자가 가장 고통스러워하는 부적응적인 감정과 행동(C)을 선택하여 구체화한다. 어떤 감정과 행동이 내담자의 부적응에 가장 중요한지를 명료화한다. 다음에는 그러한 부정적 감정을 느끼거나 부적응 행동을 나타낸 상황이나 사건(A)을 가능한 한 객관적으로 기술하게 한다. 다음에는 A-B-C에서 B에 해당하는 신념과 사고를 탐색한다. 즉, 이미 확인된 A와 C를 연결하는 B를 찾아내는 것이다. A 사건을 어떤 의미로 생각했는지, 그 당시에 어떤 생각을 했는지, 그 상황에서 C를 유발한 생각은 무엇이었는지 등과 같은 다양한 질문을 통해서 B를 탐색한다. B를 파악하게 되면, 내담자가 A라는 상황에서 C라는 부정적 감정을 느끼게 된 이유가 분명하게 이해될 수 있다.

② 비합리적 신념 논박하기

REBT의 가장 핵심적인 치료기법은 내담자의 비합리적 신념을 포착하여 논박하는 것이다. 논박하기(disputing)는 내담자로 하여금 자신이 지닌 신념의 타당성과 유용성을 평가하도록 돕는 적극적인 개입방법이다. 논박하기는 다양한 방식으로 이루어질 수 있다. 치료자는 소크라테스식 문답법(Socratic questioning)을 통해 다양한 질문을 던짐으로써 내담자가 스스로 자기

신념의 비합리성을 깨닫도록 유도할 수 있다. 설명식의 논박법(didactic disputing)을 통해서 치료자는 REBT의 다양한 개념을 소개하고 합리적 신념과 비합리적 신념의 차이점을 설득력 있게 설명함으로써 내담자가 비합리적 신념을 인식하고 합리적 신념으로 대체하도록 돕는다. 이 밖에도 내담자의 신념을 과장하거나 우스꽝스러운 것으로 희화화함으로써 그러한 신념의 비합리성을 깨닫게 하는 풍자적 기법(humorous style), 내담자와 유사한 사건을 경험했지만 심각한 정서적 문제없이 살아가거나 오히려 성장의 기회로 승화시킨 사람들을 모델로 제시하는 대리적 모델링(vicarious modeling) 등을 통해 내담자의 비합리적 신념의 변화를 시도한다.

③ 정서적/체험적 기법

REBT 치료자들은 인지적 개입을 보완하고 강화하기 위해서 다양한 정서적/체험적 기법을 사용한다. 이러한 기법들은 비합리적 신념을 다루기보다 인지적 기법을 통해 얻은 긍정적 변화를 더욱 강화하고 확대하기 위한 것이다.

합리적 정서 심상법(rational emotive imagery: REI)은 내담자로 하여금 강렬한 부정적 감정을 경험했던 상황을 심상으로 떠올리게 한 후 그 상황에서 합리적인 속말과 대처방법을 통해 좀 더 건강한 감정을 체험해 보도록 하는 기법이다. 합리적 역할극(rational role playing)은 내담자가 심리적 고통을 겪었거나 그러할 것으로 예상되는 상황을 치료자와 함께 역할연기를 통해 체험하면서 비합리적인 신념을 탐색하고 변화시키는 방법이다. 이 밖에도 내담자로 하여금 합리적으로 대처하는 진술문을 작성하게 한 후 치료회기 내에 또는 회기 간에 스스로 연습하게 하는 대처진술 숙달시키기(forceful coping statements), 내담자의 비합리적 신념을 극단적으로 과장하여 우스꽝스러운 결론에 도달하게 함으로써

그 어리석음을 익살스럽게 깨닫도록 하는 유머(humor)를 사용하는 등 다양한 기법이 적용될 수 있다.

④ 행동적 기법

행동적 기법은 직접 행동을 통해서 실천해 보고 현실을 검증해 보는 작업이다. 이러한 기법은, 정서적 기법과 마찬가지로, 비합리적 신념의 변화를 통해 얻어진 성과를 더욱 강화하기 위해서 흔히 사용된다. 기술 훈련(skills training)은 내담자에게 부족한 행동기술을 향상시킬 수 있도록 교육하고 훈련하는 것이다. 강화와 벌칙 기법은 내담자가 특정한 과제를 성공적으로 수행했을 때 보상하고 실패했을 때는 벌칙을 주는 방법이다. 역설적 과제(paradoxical homework)는 겉으로 보기에 내담자가 치료를 통해 변화하고자 하는 모습과 반대로 행동해 보도록 하는 것이다. REBT에서 사용하는 독특한 치료기법인 수치심 깨뜨리기 연습(shame attacking exercises)은 내담자로 하여금 스스로 '우스꽝스럽고 어리석으며 바보 같은' 행동을 해 보게 함으로써 자신이 두려워하는 것처럼 불안과 부적절감이 심하지 않을 뿐만 아니라 다른 사람의 인정을 받지 못하더라도 충분히 견딜 수 있다는 것을 깨닫게 하는 방법이다. 이 밖에도 REBT에서는 합리적인 생각만을 지닌 것처럼 행동하거나 되고 싶은 모습이 된 것처럼 행동하기, 힘들어하는 상황에 머물러 버텨 봄으로써 정서적 고통에 대한 둔감화 이루기, 재발방지를 위해서 예상되는 문제 상황에 대처하는 행동을 연습하기 등과 같은 다양한 행동적 기법이 활용되고 있다.

4. Beck의 인지이론

Aaron Beck(1921~현재)이 제시한 인지이론은 성격과 정신병리를 설명하는 가장 강력한 인지주의 이론이다. Beck은 우울증을 비롯한 다양한 정신장애에 대한 인지이론에 근거하여 인지치료(Cognitive Therapy)를 제시하였다. 인지치료는 REBT와 더불어 심리치료 분야에 인지의 중요성을 일깨워 주었을 뿐만 아니라 행동치료와 통합되어 인지행동치료로 확장하는 핵심적인 역할을 하였다.

Beck은 개인의 행동과 정서에 영향을 미치는 인지적 요인들을 자동적 사고, 인지적 오류, 신념과 가정, 인지도식 등으로 정교하게 구분하여 제시하고 있다. Beck의 인지이론은 그 설명개념의 구체성과 정교함으로 인해서 성격과 정신병리를 과학적으로 연구하는 이론적 기틀을 제공하였으며, 실증적 연구를 통해서 지속적으로 발전하고 있다. 뿐만 아니라 다양한 정신장애를 효과적으로 치료할 수 있는 인지치료의 기반을 제시함으로써 커다란 공헌을 하였다. 인지치료는 현대 심리치료의 주된 흐름을 이루고 있는 인지행동치료의 중추적 치료법으로서 마음챙김을 비롯한 다양한 기법을 통합하며 발전하고 있다.

1) 주요개념

Beck은 우울증 환자의 사고과정을 연구하면서 인지적 요인이 그들의 증상에 중대한 영향을 미치고 있음을 깨달았다. 그는 우울증상의 발달과 유지에 영향을 미치는 여러 유형의 인지적 요인들을 자동적 사고, 인지적 오류, 부적응적 인지도식, 역기능적 신념과 같은 다양한 개념으로 설명하고 있다.

(1) 자동적 사고

Beck은 우울증 환자의 사고내용을 조사하면서 실패, 상실, 좌절과 같은 주제와 관련된 부정적인 사고가 많음을 발견했다. 또한 우울증 환자들을 치료하면서 그들의 우울한 감정과 부적응적 행동이 이러한 부정적인 생각과 심상에 의해서 촉발된다는 것을 깨달았다. 그런데 우울증 환자들은 자신이 지니고 있는 부정적인 생각과 심상을 잘 자각하지 못하고 있었다. 아울러 이러한 부정적인 생각과 심상은 다양한 생활사건에 의해서 거의 자동적으로 촉발되는 경향이 있었다. Beck은 이러한 생각과 심상이 우울증을 유발하는 중요한 요인이라고 보았으며, 이를 자동적 사고(automatic thoughts)라고 명명하였다.

자동적 사고는 심사숙고하거나 합리적으로 판단한 결과가 아니며 아주 빠르게 떠오르기 때문에 자동적인 것처럼 느껴진다. 이러한 자동적 사고는 매우 빠르게 의식 속을 지나가기 때문에 개인에게 명료하게 인식되지 않으며 단지 그 결과로 뒤따르는 우울감정만이 인식된다. 따라서 사람들은 자동적 사고의 존재를 인식하기 힘들 뿐만 아니라 그 타당성을 검토하지 못한 채 사실인 것처럼 무비판적으로 받아들이게 된다.

그러나 자동적 사고는 주의를 기울이거나 약간의 훈련을 받게 되면 인식될 수 있다. 자동적 사고는 언어적 형태나 시각적 형태(심상) 또는 두 가지가 혼합된 형태로 나타날 수 있다. 자동적 사고는 특정한 사건과 관련되어 나타나는 표층적 수준의 인지다. 따라서 자동적 사고는 주의를 기울이면 쉽게 자각될 수 있을 뿐만 아니라 변화시키기도 수월하여 인지치료의 초기에는 자동적 사고를 포착하여 수정하는 데 초점을 맞춘다.

자동적 사고는 외부자극에 대한 정보처리의 결과로 생성된 인지적 산물(cognitive products)이라고 할 수 있다. 즉, 생활사건을 접하면서 그것이 내포하는 의미를 나름대로 해석하여 도출한 결과다. 이러한 자동적 사고는 개인의 감정과 행동에 강력한 영향을 미친다. Ellis의 ABC 모델에 따르면, 자동적 사고는 B에 해당하는 인지를 뜻한다. 정신장애를 지닌 사람들은 생활사건의 의미를 특정한 방향으로 왜곡하여 부정적인 내용의 자동적 사고를 지니게 된다.

Beck의 생애와 인지치료의 발전과정

Aaron Beck은 1921년 아버지 Harry Beck과 어머니 Elizabeth Temkin 사이에서 5남매 중 막내아들로 태어났으며 미국의 New England에서 성장했다. 그의 부모는 모두 러시아계 유태인 이민자로서 문학과 교육을 중시하였으며, 주관이 뚜렷하고 정치적 관심이 많은 사람들이었다. 5남매 중 두 명은 유아기에 사망했으며 이러한 사건들이 Beck의 어머니의 정서적 문제를 야기한 것으로 알려져 있다. Beck은 어린 시절에 그의 어머니를 우울하고 예측하기 어려우며 과잉보호적인 반면, 그의 아버지는 조용한 사람으로 지각하였다.

Beck은 아동기에 여러 가지 어려움을 겪었다. 3세 때에는 백일해와 천식을 앓았으며, 그의 형이 베개로 숨 막히게 하는 장난을 하여 질식에 대한 공포를 지니게 되었다. 이러한 질식공포는 이후 터널공포증으로 나타나기도 하였다. 나중에 Beck은 이러한 공포가 터널을 지나갈 때 가슴이 조여들고 숨이 가빠지는 것을 질식의 징조로 잘못 해석하기 때문이라는 것을 깨달았으며, 이러한 인지적 깨달음으로 두려움을 극복한 후에는 다시 그러한 경험을 하지 않았다고 기술하고 있다.

7세 때 Beck은 사고로 팔이 부러졌으며, 부러진 뼈가 감염되어 패혈증이라는 심각한 질병으로 발전하게 되었다. 이때 어머니와 떨어져 수술실로 옮겨져 수술을 받았던 경험은 아주 공포스러운 것이었으며 버림받는 것과 수술 받는 것에 대해 지속적인 공포, 특히 혈액/상처 공포증을 지니게 되었다.

이러한 질병과 불안증세로 자주 학교에 결석하였으며 성적도 부진하여 1학년에서 유급을 하게 되었다. 또한 엄격했던 1학년 담임교사는 하늘을 잘못된 색으로 칠했다고 어린 Beck에서 큰 소리로 야단을 친 적이 있었다. Beck은 어린 시절을 회상하면서 이러한 경험들이 그에게 큰 상처가 되었으며 자신이 무능하고 어리석은 사람이라는 신념을 갖게 했다고 말한 바 있다.

뒤처지는 것을 싫어한 Beck은 스스로의 노력을 통해서 초등학교를 또래보다 1년 빨리 졸업하게 되었다. 이때의 경험은 그에게 지대한 영향을 미쳤으며, 노력하면 무엇이든 해낼 수 있다는 확신을 갖게 되었다고 한다. 그는 계속해서 우수한 학업성적을 거두었는데, 이를 통해 자신이 어리석고 무능하다는 신념을 극복할 수 있었다.

Beck은 Yale 의과대학에 진학하였으며 1953년에 정신과 의사가 되어 펜실베이니아 의과대학 정신과의 전임강사가 되었다. 그는 필라델피아 정신분석연구소에서 2년 반 동안의 분석수련을 마치고 1958년에 수료하였다. 과학적이고 실용주의적인 태도를 지닌 Beck은 정신분석 수련을 받았지만 큰 변화를 느낄 수 없었으며 정신분석의 과학적 근거에 대해서 회의를 지니고 있었다.

1959년에 부교수가 된 Beck은 우울증이 자기에게로 내향화된 분노라는 정신분석적 가설을 입증하기 위해서 우울증 환자의 꿈 내용을 조사했을 뿐만 아니라 카드분류과제를 사용하여 성공 또는 실패 경험에 대한 반응을 조사하였다. 그러나 정신분석적 가설은 입증되지 않았으며 우울증의 주요한 원인은 현실을 부정적으로 왜곡하는 환자들의 부정적 관점이라는 것을 발견하였다. 이러한 연구결과는 정신분석에 대한 Beck의 회의를 증폭시켰으며 인지치료를 발전시키는 계기가 되었다.

Beck은 치료적 경험과 실험적 연구를 통해서 새로운 정신병리이론과 치료방법을 모색하였다. 이러한 과정에서 그는 개인적 구성개념에 관한 George Kelly의 이론으로부터 커다란 영향을 받았다. Beck은 펜실베이니아 대학 종합병원에 우울증 클리닉을 개설하였으며 1961년에는 Beck 우울척도(BDI)를 개발하였다. 1963년에 Albert Ellis는 우울증에 관한 Beck의 논문을 읽고 공감하여 합리적 정서치료(RET)에 관한 자료를 보냈으며 그 이후로도 서면으로 의견을 교환하며 진실한 관계를 유지하였다. 그들은 서로의 학문적 입장 차이를 존중하였고 독창적인 개인적 자질을 높이 평가하였다.

Beck은 스스로 나무숲을 헤치며 새로운 길을 개척하는 모험가라고 여겼으며 다른 사람의 평가에 연연하지 않는 독립적인 성격을 지니고 있어서 정신분석적 입장을 지닌 사람들의 반대와 조롱을 이겨낼 수 있었다. 그 인지치료를 개발하게 된 또 다른 바탕은 그가 내담자뿐만 아니라 자기 자신을 잘 관찰하는 것이었다. Beck은 자신이 경험했던 혈액/상처 공포증, 발표불안, 버림받음에 대한 불안을 매우 객관적으로 재조명하면서 불안에 수반되는 인지적 과정을 이해하는 기회로 삼았다.

Beck은 1960년 초반부터 우울증에 관한 연구결과를 발표하기 시작했으며 『인지치료와 정서장애』 『우울증의 인지치료』 『성격장애의 인지치료』 등의 많은 저술을 출간했다. 1982년에 Beck은 미국의 임상 및 상담심리학자를 대상으로 한 조사에서 '가장 영향력 있는 10명의 심리치료자' 중 한 명으로 선정되었다. 또한 그는 1989년에 미국심리학회로부터 '심리학 응용을 위한 우수과학자상'을 수상하였는데, Beck은 이 상을 영예롭게 생각하며 그의 업적이 심리학회로부터 인정된 점에 매우 감격했다고 한다. 그는 미국정신의학회와 미국심리학회 모두로부터 최고의 연구공로상을 받은 유일한 정신과의사이기도 하다.

2015년 현재 95세의 고령인 Beck은 펜실베이니아 의과대학의 명예교수이자 Beck Institute for Cognitive Therapy and Research의 명예소장으로 활동하고 있다. 슬하에 4명의 자녀를 두었으며 장녀인 Judith Beck은 아버지의 뒤를 이어 대표적인 인지치료자로 활약하고 있다.

(2) 인지적 오류

Beck에 따르면, 우울증 환자들이 지니는 자동적 사고는 현실을 부정적인 방향으로 과장하거나 왜곡한 것이다. 이들은 생활사건의 의미를 부정적인 것으로 받아들이면서 다양한 유형의 논리적 오류를 범한다. 이처럼 생활사건의 의미를 해석하는 정보처리과정에서 범하는 체계적인 잘못을 Beck은 인지적 오류(cognitive error) 또는 인지적 왜곡(cognitive distortion)이라고 불렀다.

인지적 오류는 생활사건을 나름대로 해석하여 자동적 사고를 만들어 내는 인지적 과정(cognitive processes)의 잘못을 의미한다. 우울증을 비롯한 정신장애를 지닌 사람들은 생활사건을 해석하는 인지적 과정에서 다음과 같은 다양한 오류를 범한다.

흑백논리적 사고(all or nothing thinking)는 생활사건의 의미를 이분법적인 범주 중의 하나로 해석하는 오류를 말하며 이분법적 사고(dichotomous thinking)라고 불리기도 한다. 예를 들어, 자신의 성취를 '성공' 아니면 '실패'로 평가하거나 다른 사람의 반응을 '칭찬' 아니면 '비난'으로 해석하며 그 중간의 회색지대를 생각하지 못하는 경우다.

과잉일반화(overgeneralization)는 특수한 상황의 경험으로부터 일반적인 결론을 내리고 무관한 상황에도 그 결론을 적용시키는 오류다. 예를 들어, 시험이나 사업에 몇 번 실패한 사람이 자신은 '어떤 일에서든' '노력에 상관없이' '항상' 실패하게 될 것이라고 믿거나 한두 번의 실연 경험을 지닌 사람이 자신은 '항상' '어떤 이성에게나' '어떻게 행동하든지' 실연하게 될 것이라고 생각하는 것은 과잉일반화에 속한다.

정신적 여과(mental filtering)는 특정한 사건과 관련된 일부의 정보만 선택적으로 받아들여 그것이 마치 전체를 의미하는 것으로 잘못 해석하는 오류를 의미하며 선택적 추상화(selective abstraction)라고 부르기도 한다. 예를 들면, 발표를 한 상황에서 대다수의 청중들이 긍정적인 반응을 보였음에도 불구하고 부정적 반응을 보인 소수의 청중에만 선택적으로 주의를 기울여 자신의 발표를 실패한 것으로 평가하고 낙담하는 경우다.

의미확대와 의미축소(minimization and maximization)는 어떤 사건의 의미나 중요성을 실제보다 지나치게 확대하거나 또는 축소하는 오류를 말한다. 우울한 사람들은 부정적인 일의 의미는 크게 확대하고 긍정적인 일의 의미는 축소하는 잘못을 범하는 경향이 있다. 예를 들어, 친구가 자신에게 한 칭찬은 별 뜻 없이 듣기 좋으라고 한 말로 의미를 축소하는 반면, 친구가 자신에게 한 비판은 평소 친구의 속마음을 드러낸 중요한 일이라고 그 의미를 확대하여 받아들이는 경우다.

개인화(personalization)는 자신과 무관한 사건을 자신과 관련된 것으로 잘못 해석하는 오류를 말한다. 예를 들어, 길거리를 걸어가는 사람이 벤치에 앉아 있는 사람들의 웃는 소리를 듣고 자신의 외모나 행동거지를 비웃는 것이라고 받아들이는 경우가 이에 해당한다.

잘못된 명명(mislabelling)은 사람의 특성이나 행위를 기술할 때 과장되거나 부적절한 명칭을 사용하여 기술하는 오류를 뜻한다. 예를 들어, 자신의 잘못을 과장하여 '나는 실패자다' '나는 인간쓰레기다'라고 부정적인 명칭으로 자신하는 부과하는 것이다.

이 밖에도 충분한 근거 없이 다른 사람의 마음을 제멋대로 추측하고 단정하는 독심술(mind-reading)의 오류, 마치 미래에 일어날 일을 예언하듯이 단정하고 확신하는 예언자(fortune telling)의 오류, 현실적인 근거가 없이 막연히 느껴지는 자신의 감정에 근거하여 결론을 내리는 감정적 추리(emotional reasoning)와 같은 인지적 오류가 있다. 이러한 인지적 오류들은 현실을 실제보다 부정적인 방향으로 왜곡하거나 과장함으로써 부정적인 감정과 행동을 유발하게 된다.

(3) 역기능적 인지도식과 신념

사람마다 동일한 사건을 해석하는 방식이 다르다. 우울한 사람들이 생활사건을 부정적인 방향으로 해석하며 인지적 오류를 범하는 이유는 무엇일까? Beck에 의하면, 우울한 사람들은 편향된 인식의 틀, 즉 독특한 인지도식을 지니고 있기 때문이다.

인지도식(schema)은 과거경험을 추상화한 기억체계로서 생활 속에서 경험하는 사건들의 다양한 정보를 선택하고 사건의 의미를 해석하며 미래의 결과를 예상하는 인지적 구조(cognitive structure)를 의미한다. 동일한 생활사건의 의미를 사람마다 다르게 해석하는 이유는 인지도식이 각기 다르기 때문이다. Beck에 따르면, 우울한 사람들은 생활사건의 의미를 부정적으로 해석하게 하는 역기능적 인지도식(dysfunctional schema)을 지니고 있다. 이러한 인지도식은 어린 시절의 경험에 의해서 형성되며 성장하여 부정적인 생활사건에 직면하게 되면 활성화되어 그 사건의 의미를 부정적으로 왜곡함으로써 우울증상을 유발하게 된다.

인지도식은 과거경험을 일반화한 인지적 구조로서 자신과 세상에 대한 신념으로 구성되어 있다. Beck에 따르면, 우울한 사람들이 부정적인 사고를 하게 되는 이유는 당위적이고 완벽주의적인 완고한 신념을 지니고 있기 때문이다. 이러한 신념은 비현실적인 것이기 때문에 필연적으로 좌절과 실패를 초래하게 되는데, Beck은 이러한 신념을 맥락에 따라서 역기능적 신념(dysfunctional beliefs) 또는 기저가정(underlying assumptions)이라고 지칭하고 있다.

역기능적 신념은, 특정한 생활사건에 대한 해석내용인 자동적 사고와 달리, 삶에 대한 일반적인 믿음이나 원칙으로서 절대주의적이고 완벽주의적이며 융통성이 없이 경직된 내용으로 구성되어 있다. 이러한 신념들의 예로는 '사람은 멋지게 생기고 똑똑하고 돈이 많지 않으면 행복해질 수 없다' '다른 사람의 사랑 없이 나는 행복해질 수 없다' '다른 사람에게 도움을 요청하는 것은 나약함의 표시다' '절반의 실패는 전부 실패한 거나 다름없다' '사람들에게 인정을 받으려면 항상 일을 잘 해야만 한다' '한 인간으로서 나의 가치는 나에 대한 다른 사람의 평가에 달려 있다' '사람들이 언제 나에게 등을 돌릴지 모르기 때문에 믿을 수 없다' 등이 있다.

Judith Beck(1995)은 정신병리에 개입하는 역기능적 신념을 핵심신념과 중간신념으로 구분하고 있다. 핵심

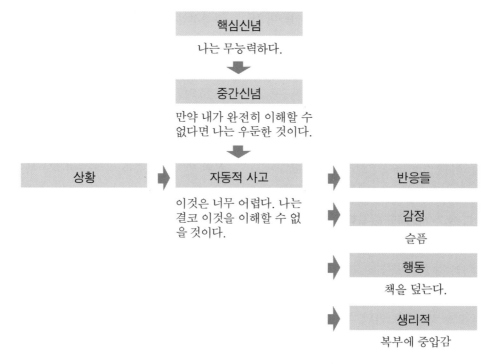

[그림 9-3] **인지모델**(Judith Beck, 1995, p. 18)

신념(core beliefs)은 어린 시절에 중요한 인물과 상호작용하면서 형성되는 것으로서 가장 근원적이며 깊은 수준의 믿음이다. 이러한 신념은 자신과 세상 전반에 대해서 과잉일반화한 경직된 내용의 신념으로서 개인에게 잘 의식되지 않으며 당연한 진리처럼 암묵적으로 받아들여진다. 핵심신념이 활성화되면 그와 일치하는 정보만을 선택적으로 받아들이고 불일치하는 정보는 무시하게 된다. 그 결과, 핵심신념은 비현실적이고 역기능적인 것임에도 불구하고 지속되거나 강화된다.

핵심신념이 가장 깊은 수준의 인지라면, 자동적 사고는 가장 표층적인 수준의 인지라고 할 수 있다. 중간신념(intermediate beliefs)은 핵심신념과 자동적 사고를 매개하는 것으로서 핵심신념에 의해서 영향을 받는다. 중간신념은 삶에 대한 태도, 규범, 가정으로 구성되어 있으며 잘 인식되지 못하는 경우가 흔하다. 그 예로는 "무능력하다는 것은 끔찍한 일이다"라는 신념, "나는 항상 열심히 일을 해야 한다"라는 규범, "열심히 일하지 않으면, 나는 다른 사람들이 쉽게 할 수 있는 일들도 제대로 해내지 못할 것이다"라는 가정 등이 중간신념에 속한다.

핵심신념으로부터 중간신념을 거쳐 자동적 사고가 생성되고 그 결과로서 다양한 심리적 반응이 나타나는 과정을 도식적으로 제시하면 [그림 9-3]과 같다.

2) 성격의 인지모델

Beck는 성격장애를 설명하면서 진화론과 정보처리 모델을 적용한 성격이론을 제시하였다. 그에 따르면, 인간의 전형적인 성격 패턴은 인류의 진화과정에서 생존과 번식을 성공적으로 이끌기 위한 적응방략에서 기원한다. 현대사회에 나타나는 성격장애는 원시시대의 적응방략이 과장되어 표현된 것으로서 정상적인 성격과는 정도의 차이가 있을 뿐이다.

성격은 환경에 대한 적응방략으로서 정보처리방식과 밀접하게 연결되어 있다. Beck은 개인의 인지도식과 신념체계가 성격의 핵심을 이룬다고 보았다. 그에 따르면, 정보처리는 인지도식에 자리 잡고 있는 신념체계의 영향을 받게 되며 개인이 상황을 어떻게 평가할 것인지를 결정한다. 이처럼 개인의 인지, 정서 그리고 동기에 강력한 영향을 미치는 핵심적 구조가 바로 인지도식이며 성격의 기본단위라고 할 수 있다.

인지도식은 대부분의 경우 생의 초기에 구축되기 시작한다. 초기 아동기에 부모를 비롯한 중요한 인물과의 상호작용 경험은 자신과 세상에 대한 핵심신념을 형성하는 데 중추적인 역할을 한다. 특히 발달과정에서 겪게 되는 충격적인 사건이나 외상 경험은 개인의 인지도식과 신념체계의 형성에 커다란 영향을 미치게 된다. 성격장애를 고착시키는 역기능적 신념은 개인의 유전적 소인과 더불어 타인이나 특수한 외상사건으로 인한 부정적인 경험의 상호작용에 의해서 생겨난다. 인지도식이 형성되면 그와 일치하는 정보에 선택적으로 주의를 기울이고 해석하여 반응함으로써 인지도식이 더욱 강화될 수 있다.

이처럼 인지도식은 자기영속화 과정을 통해서 지속되고 강화되어 개인의 독특한 성격으로 발전하게 된다. 인지도식은 개인이 나타내는 독특하고 일관된 반응패턴을 설명할 수 있다. 인지도식은 다양한 자극상황에서 개인으로 하여금 독특한 자동적 사고를 유발하게 하고 그 결과로 독특한 정서적·행동적 반응을 나타내게 만든다. 인지이론의 관점에서 성격발달을 설명하면 [그림 9-4]와 같다.

개인이 지닌 매우 특수한 역기능적 인지도식이 활성화되면, 정신병리 상태가 유발된다. 역기능적 인지도식이 생활사건에 의해서 활성화되는 빈도나 범위에 따

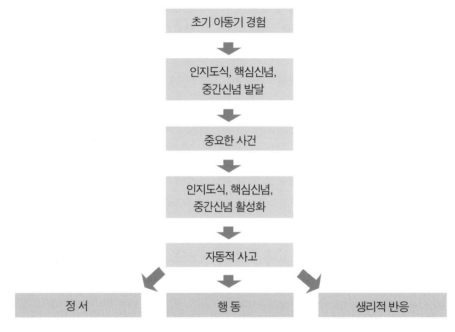

[그림 9-4] **인지적 발달모형**

라서 일시적 증후군과 성격장애로 구분될 수 있다. 우울증이나 불안장애와 같이 일시적으로 증상이 나타나는 정신장애는 평소에 잠복하고 있던 역기능적 인지도식이 특수한 상황에서 활성화된 결과라고 할 수 있다. 반면에, 성격장애는 역기능적 인지도식이 다양한 생활사건에 의해 지속적으로 활성화되어 일상생활 전반에 영향을 미치는 경우라고 할 수 있다.

3) 정신병리 이론

Beck(1976)에 따르면, 대부분의 정신장애는 정상적인 심리적 반응이 과장된 것이다. 심리적 증상뿐만 아니라 그와 관련된 인지적 요인에 있어서도 정상적 것과 병리적인 것은 연속선 상의 차이에 의해서 구별될 수 있을 뿐이다. 이를 정신병리의 연속성 가설(continuity hypothesis)이라고 한다. 이러한 가설은 진화론적 관점에 근거한 것으로서 다양한 정신장애의 기능적 의미를 이해할 수 있게 해 준다. 즉, 정신장애는 적응적 행동이 부적절하게 과장되어 나타난 것이지만 특수한 상황에서는 더 적응적인 기능을 할 수도 있다.

인간은 외부세계와 상호작용하며 적응해 나간다. 적응을 위해서는 외부세계를 정확하게 인식하고 그에 효과적으로 대응하는 것이 중요하다. 정신병리는 개인이 현실을 정확하게 인식하지 못하고 과장하거나 왜곡할 때 생겨난다. 즉, 현실을 정확하게 반영하지 못하는 왜곡된 인지를 지닐 때, 부적응적인 정신병리가 발생하게 된다.

Beck에 따르면, 정신장애를 지닌 사람들은 생활사건의 의미를 부정적인 방향으로 왜곡하는 경향이 있다. 그 결과, 그들의 사고나 심상은 부정적일 뿐만 아니라 비현실적인 것이어서 적응에 어려움을 초래하게 된다. 이러한 비현실적인 부정적 인지가 부적응적 증상과 정신장애를 유발하게 된다. 예컨대, 우울한 사람들은 자신의 경험을 부정적인 방향으로 과장함으로써 자신은 열등하고 무가치한 존재라는 생각을 하게 된다. 정신병을 지닌 사람들은 다른 사람의 행동을 극단적으로 왜곡하여 자신을 미행하거나 살해하려 한다는 생각에 집착하는 피해망상을 나타내기도 한다. Beck은 개인이 지니는 자동적 사고의 내용에 따라 유발되는 부적응적 증상이 다르다고 주장한다. 즉, 정신장애의 유형은 자동적 사고의 주제와 밀접하게 관련되어 있다는 것이다. 이를 인지적 내용–특수성 가설(cognitive content-specificity hypothesis)이라고 한다. Beck은 다양한 정신장애를 나타내는 사람들이 지니는 자동적 사고의 주제를 〈표 9-1〉과 같이 제시하고 있다.

| 표 9-1 | 다양한 정신장애와 관련된 자동적 사고의 주제 |

정신장애	자동적 사고의 주제
우울증	자기자신, 미래, 환경에 대한 부정적 견해
경조증	자기자신, 미래, 환경에 대한 긍정적 견해
불안증	신체적 또는 심리적 위협과 위험
공황장애	신체나 정신적 경험에 대한 파국적 해석
공포증	구체적이고 회피가능한 상황에서의 위협
전환장애	운동기관 또는 감각적 이상에 대한 믿음
강박증	안전에 대한 반복적 경고 및 회의
자살	희망상실, 절망
섭식장애	살찌는 것에 대한 공포
건강염려증	심각한 의학적 질병에 걸려 있다는 믿음

근본적으로 정신장애의 원인은 편향된 인지도식에 근거한다. 정신장애를 지닌 사람들은 생활사건을 특정한 방향으로 해석하게 하는 인지도식을 지니고 있다. 예컨대, 불안장애를 지닌 사람들은 '위험'에 예민한 인지도식을 지니고 있어서 주변환경 속에 내재하는 위험 가능성을 과도하게 평가하는 반면, 우울한 사람들의 인지도식은 '상실'이나 '실패'라는 주제에 편향되어 자신

의 경험을 비관적으로 평가하는 경향이 있다. 이러한 인지도식은 역기능적인 신념의 형태로 나타나기도 한다(Beck et al., 1979). 예컨대, 불안장애를 지닌 사람들은 "세상은 위험으로 가득 차 있다. 항상 조심하고 경계해야 한다. 그렇지 않으면, 치명적인 결과를 맞게 될 것이다"와 같은 신념을 지니는 경향이 있으며, 이러한 신념으로 인해 매사에 과민반응을 보여 항상 높은 수준의 불안을 경험하게 되는 것이다.

성격장애는 정보처리과정에 강력한 영향을 미치는 인지도식과 신념체계의 특성에 기인한다(Beck, Freeman, & Davis, 2003).

각 성격장애는 독특한 신념, 태도, 감정 및 반응방략들로 구성된다(〈표 9-2〉 참조). 예컨대, 회피성 성격장애는 거절과 상처에 민감한 인지도식을 지니며 "사람들에게 거부되고 무시당하는 것은 끔찍한 일이다" "나의 참모습을 알게 되면 사람들은 날 거절할 것이다"와 같은 신념을 지닌다. 따라서 다양한 사회적 상황에서 부적절감을 느끼며 불쾌감을 감소시키기 위해서 이러한 상황을 회피하는 방략을 사용한다. 자기애성 성격장애는 자신의 우월성과 특별대우에 민감한 인지도식을 지니며 "나는 특별한 존재이므로 당연히 특별한 대우를 받아야 한다" "나는 일반인에게 적용되는 규칙을 지키지 않아도 된다"와 같은 신념을 지닌다. 따라서 평소에 우월감을 느끼며 자신이 인정받지 못하면 심한 분노를 느낀다. 이들은 타인을 이용하거나 헌신하도록 조종하는 방략과 더불어 일상적 규칙을 넘어 자신의 이익을 추구하는 방략을 사용한다. 이처럼 각 성격장애는 나름대로의 독특한 내용의 인지도식과 기저신념에 근거하고 있다.

성격장애를 유발하는 인지도식과 역기능적 신념은 개인의 유전적 소인과 더불어 타인이나 특수한 외상사건으로 인한 부정적인 경험의 상호작용에 의해서 생겨

표 9-2	전통적인 성격장애와 연관된 기본적인 신념 및 방략	
성격장애	기본적인 신념 / 태도	방략(외적 행동)
의존성	"나는 무기력해"	애착
회피성	"나는 상처받을지도 몰라"	회피
수동-공격성	"나는 통제당할 수 있어"	저항
편집성	"사람들은 위험해"	의심
자기애성	"나는 특별한 사람이야"	자기-과장
연극성	"나는 감명을 줄 필요가 있어"	극화
강박성	"실수해서는 안 돼"	완벽주의
반사회성	"사람들을 이길 수 있어"	공격
분열성	"나는 혼자 있어야 행복해"	격리, 고립

난다. 인지도식이 일단 형성되면, 그와 일치하는 정보에 선택적으로 주의를 기울이고 해석하여 반응함으로써 인지도식이 더욱 강화된다. 이러한 인지도식의 자기영속화 과정을 통해서 성격장애는 지속되고 강화될 수 있다. Jeffrey Young과 동료들(Young, Klosko, & Weishaar, 2003)은 성격장애를 효과적으로 치료하기 위한 심리도식치료(Schema Therapy)를 제시하면서 성격장애의 인지적 특성을 상세하게 설명하고 있다.

4) 치료이론

(1) 치료목표

인지치료의 목표는 내담자가 효과적으로 기능하고 적응하도록 돕기 위해서 잘못된 정보처리를 수정하는 것이다. 인지치료자는 내담자가 심리적 장애를 극복하고 적응수준을 향상시킬 수 있도록 자기 자신과 세상에 대한 왜곡된 인지를 인식하고 수정하도록 돕는다. 역기능적인 신념을 좀 더 현실적이고 유연한 신념으로 변화시키고 적응적인 행동을 증진하기 위해 다양한 인지적 기법과 행동적 기법을 사용한다. 왜곡된 인지를 수정함으로써 내담자의 심리적 고통과 증상을 완화할 뿐만 아니라 내담자가 현실적인 문제에 대해서 효과적인 문제해결자가 되도록 돕는다.

인지치료는 일차적으로 증상완화에 초점을 맞추지만 궁극적으로는 사고의 편향성과 경직성을 제거하는 것을 목표로 한다. 인지치료는 내담자로 하여금 자신의 사고와 신념을 자각하고 그것을 타당성과 효용성의 관점에서 따져 본 뒤에 스스로 선택하여 자신의 생각을 변화시키는 기술을 가르친다. 이러한 인지치료의 기술을 내담자가 다양한 상황에서 활용하도록 촉진함으로써 증상완화와 문제해결은 물론 치료의 종결 이후에도 재발방지를 도모한다. 내담자로 하여금 자신의 내면적 사고와 신념을 자각하고 성찰하는 능력을 함양함으로써 유연하고 지혜로운 삶을 영위하도록 돕는 것이 인지치료의 궁극적인 목표라고 할 수 있다.

(2) 치료원리

인지치료의 기본적인 원리는 정신병리를 유발하는

왜곡된 인지를 수정하여 재구성하는 것이다. 이러한 인지의 수정은 각 수준의 인지(자동적 사고, 중간 신념, 핵심 신념, 인지 도식)에 따라 순차적으로 이루어지는데, 비교적 자각하기 쉽고 수정하기도 쉬운 자동적 사고에서 시작하여 점차적으로 깊은 수준의 인지를 수정해 나간다. 깊은 수준의 신념을 수정할수록 미래의 재발을 막을 수 있기 때문에, 치료가 어느 정도 진행되면 자동적 사고의 기저를 이루고 있는 역기능적 신념의 변화에 초점을 맞추게 된다.

심리교육적 모델에 근거하고 있는 인지치료는 내담자 스스로 자신의 부정적 사고를 인식하여 변화시키는 역량을 키우는 데 주력한다. 인지치료는 특수한 학습과정으로서 내담자가 다음과 같은 심리적 기술을 배우게 한다(Beck et al., 1979).

(1) 자신의 부정적이고 자동적인 사고를 관찰하여 파악하기
(2) 인지ㆍ정서ㆍ행동 간의 관련성을 인식하기
(3) 자동적 사고의 지지 증거와 반대 증거를 검토하기
(4) 편향적인 인지를 좀 더 현실적인 대안적 사고로 대체하기
(5) 경험을 왜곡하는 취약성으로 작용하는 역기능적 신념을 파악하고 수정하기

(3) 치료 기법

Beck은 인지치료에서 핵심적인 역할을 하는 네 가지의 치료지침, 즉 ① 인지적 모델에 근거한 사례개념화, ② 협동적 경험주의, ③ 소크라테스식 대화, ④ 인도된 발견을 제시하고 있다. 이러한 기본적 지침의 바탕 위에서 역기능적 인지를 찾아내고 그 타당성을 검토하고 대안적인 사고로 대체하는 다양한 기법들이 사용될 수 있다.

① 인지모델에 근거한 사례개념화

인지치료의 가장 큰 특징은 내담자의 문제를 인지적 모델에 근거하여 파악한 후에 인지의 변화를 시도한다는 점이다. 이를 위해서 중요한 것이 인지모델에 근거한 사례개념화다. 사례개념화는 내담자와의 면담내용을 종합하여 내담자의 증상이나 문제들을 유발하는 자동적 사고, 중간신념, 핵심신념을 파악하여 그들 간의 관계를 가설적으로 설정하는 작업을 뜻한다. 나아가서 이러한 신념들이 형성된 성장과정의 배경을 탐색하여 파악하는 것도 중요하다.

② 협동적 경험주의

인지치료가 성공적으로 진행되기 위해서는 치료자와 내담자의 적극적인 협동이 필요하다. Beck에 따르면, 인지치료는 협동적 경험주의(collaborative empiricism)에 근거하고 있다. 즉, 인지치료에서 치료자와 내담자는 마치 공동연구를 하듯이 협동적인 동등한 관계 속에서 내담자의 경험에 근거하여 역기능적 인지를 찾아내고 그 타당성을 검토하여 대안적인 인지를 발견해 나가는 모든 작업을 함께 해 나간다. 이러한 협동적 경험주의는 인지치료의 현상학적 접근을 반영하는 것이다.

③ 소크라테스식 대화

소크라테스식 대화(Socratic dialogue)는 인지치료자가 내담자의 인지적 변화를 촉진하기 위해서 주로 질문을 통해서 대화하는 방식을 의미한다. Beck에 따르면, 치료자는 내담자에게 해결책을 제시하거나 그들의 사고를 논박하기보다 일련의 신중한 질문을 통해서 내담자가 스스로 자신의 해결책을 찾도록 돕는다. 이러한 질문을 하는 목적은 내담자로 하여금 자신의 생각을 자각하고 평가할 뿐만 아니라 스스로 대안적 사고를 발견하도록 돕는 데 있다. 치료자가 내담자에게 질문을 하는

목적은 다양하다. 치료자는 질문을 통해서 (1) 내담자가 자신의 문제를 구체적이고 명확하게 이해하고, (2) 내담자의 생각, 심상, 신념을 포착하도록 도우며, (3) 내담자로 하여금 어떤 사건에 부여한 의미를 재검토하게 하고, (4) 부적응적 사고와 행동의 결과를 평가하도록 돕는다.

④ 인도된 발견

인도된 발견(guided discovery)은 치료자가 내담자로 하여금 자신의 부정적 사고, 그 속에 포함된 논리적 오류, 그리고 대안적인 사고를 발견하도록 안내하고 인도하는 치료적 과정을 의미한다. 인지치료에서 치료자의 핵심적 역할은 내담자가 스스로 치료적 깨달음에 이르도록 세심하게 인도하는 안내자가 되는 것이다. 치료자는 내담자가 자신의 생각과 신념에서 공통적으로 나타나는 주제를 찾아내고 이러한 주제가 과거 경험과 어떤 관련성을 지니고 있는지 인식하도록 인도한다. 또한 치료자는 내담자로 하여금 생각을 바꾸도록 논박하거나 설득하기보다 내담자가 스스로 자신의 논리적 오류와 왜곡을 발견하도록 인도한다.

이 밖에도 인지치료에서는 자동적 사고의 자각과 대안적 사고의 탐색을 위한 역기능적 사고의 일일기록지(daily record of dysfunctional thoughts), 자동적 사고의 기저에 존재하는 역기능적 신념을 추적하여 탐색하는 하향 화살표 기법(down-arrow technique), 내담자가 지니는 사고의 타당성을 직접적으로 검증하기 위해 직접 행동을 하고 그 결과를 확인하는 행동실험(behavioral experiment), 부적응적인 자동적 사고에 대항하는 적응적 사고의 내용을 기록한 카드를 내담자가 늘 지니고 다니거나 쉽게 볼 수 있는 곳에 붙여두고 수시로 읽거나 되뇌도록 하는 대처 카드(coping card), 내담자가 매일 구체적인 활동계획을 세워 생활하도록 돕는 활동 계획표(activity schedule), 내담자의 적응을 돕기 위한 다양한 과제를 제시하고 그 실행을 돕는 과제부여 방법(task assignment), 특정한 상황에의 적절한 행동을 실천할 수 있도록 그 행동의 상세한 과정을 반복적으로 상상하는 인지적 시연법(cognitive rehearsal)과 같은 다양한 기법들이 사용되고 있다(Beck & Emery, 1985; McMullin, 1986).

5. 인지주의 이론의 평가

Kelly로부터 시작되어 Ellis와 Beck에 의해 발전된 인지주의 이론은 성격심리학뿐만 아니라 심리치료 분야의 발전에 크게 공헌했다. 인간의 인지에 초점을 맞추는 새로운 성격이론을 제시함으로써 인지주의 이론은 정신분석이론과 행동주의이론의 한계를 극복할 수 있었다. 성격을 추상적인 개념으로 설명하여 실증적인 검증이 어려운 정신분석이론의 한계를 명쾌한 개념과 논리로 극복할 수 있었다. 또한 동물연구에 근거하여 외현적 행동에 초점을 맞추는 다분히 기계적인 행동주의 이론의 한계를 인간의 인지와 신념에 초점을 맞춤으로써 극복할 수 있었다. 요컨대, 인지주의 이론은 명쾌한 개념과 논리적인 이론에 근거하여 과학적 기반을 확보하는 동시에 다양한 인지적 요인을 활용하여 인간 행동에 대한 설명력을 확대할 수 있었다.

인지주의 이론은 정신병리의 이해와 심리치료의 발전에도 획기적인 기여를 했다. 인지주의 이론은 다양한 정신병리를 인지적 요인에 의해서 명쾌하게 설명할 수 있는 이론체계를 제시했을 뿐만 아니라 정신장애를 단기간에 치료하는 구체적인 치료기법을 제시했다. 이를 통해서 장기치료를 요하는 정신분석치료의 한계를 극복하는 동시에 적용범위가 제한된 행동치료의 한계를 극복할 수 있었다. 또한 구조화된 치료방법을 제시함으로써 실증적인 연구를 통해서 치료효과를 검증할 수 있었다. 많은 연구를 통해서 Ellis의 REBT와 Beck의 인지치료는 다양한 정신장애를 치료하는 데 효과적임이 밝혀졌다(Dobson, 1989; Lyons & Woods, 1991; Robinson, 1990; Smith, Glass, & Miller, 1980).

그러나 이러한 여러 가지 공헌에도 불구하고 인지주의 이론은 이론과 실제의 측면에서 다양한 비판을 받았다. 이론적인 관점에서는 인지주의 이론이 너무 유심론적이고, 합리주의적이며, 현대의 인지심리학에서 이루어진 연구결과와 괴리되어 있다고 비판받았다. 인지주의 이론은 인간의 성격을 설명함에 있어서 인지적 요인에 주된 초점을 맞추고 있기 때문에 동기나 정서와 같은 다른 심리적 요인을 경시하고 있다. 또한 심리치료역시 인간의 합리성과 논리성에 지나치게 의존하고 있다. 정신분석치료자들은 인지주의 이론에 근거한 심리치료가 내담자에게 지성화 또는 합리화라는 방어기제를 제공해 주는 것일 뿐 내담자 문제의 근본적인 원인

을 치료하지 못한다고 비판한다. 인지적 치료는 내담자에게 자신의 경험을 미화하고 정당화하는 합리적인 철학적 체계를 제공해 주는 것에 불과하다는 것이다.

또한 인지적 치료는 적용대상에 한계를 지니고 있다. 일반적으로 지능이나 학력이 낮고 심리적인 내성능력이 현저하게 부족한 내담자에게는 적절치 않은 것으로 알려져 있다. 또한 급격한 위기상태에 있는 내담자나 정신병적 증상이나 심한 성격장애의 문제를 지닌 내담자에게는 인지적 치료의 적용에 신중을 기해야 한다.

여러 가지 비판과 한계에도 불구하고, 인지주의 이론은 성격과 정신병리를 설명하는 가장 유력한 이론으로 받아들여지고 있다. 인지적 치료 역시 현대의 심리치료자들에게 가장 많은 인기를 얻고 있다. 그 주된 이유는 다양한 심리치료 중에서 가장 체계적인 이론과 실증적인 지지근거를 지니고 있을 뿐만 아니라 그 치료효과가 가장 잘 입증되어 있으며 비용과 시간의 측면에서 경제적이라는 점이다. 인지적 치료는 행동치료와 통합되어 인지행동치료로 발전했으며 현대 심리치료의 주된 흐름을 이루고 있다.

요약

1. 인지주의(cognitivism)는 인간 행동을 설명하는 데 있어서 인간의 사고과정에 대한 이해가 핵심적이라는 입장을 뜻한다. 개인이 환경과 상호작용하면서 마음속으로 정보를 처리하고 문제를 해결하는 인지적 요인을 밝히는 것이 심리학의 중요한 과제이며 인간행동의 이해에 필수적이라는 주장이다.

2. 성격과 정신병리를 체계적으로 설명하는 대표적인 인지주의 이론으로는 George Kelly의 개인적 구성개념 이론, Albert

Ellis의 합리적 정서행동이론, 그리고 Aaron Beck의 인지이론이 있다.

3. Kelly는 인간의 성격을 인지적 측면에 초점을 맞추어 설명하고자 했던 최초의 심리학자다. 그에 따르면, 성격을 파악하기 위해서는 개인이 세상을 해석하고 조직화하는 독특한 인지체계인 개인적 구성개념을 이해하는 것이 중요하다. 세상을 구성하는 방식에는 다양한 대안이 존재하며, 개인은 자신의 구

성개념을 얼마든지 변화시킬 수 있다는 것이다. Kelly는 개인의 구성개념을 파악하기 위해서 역할구성 개념목록 검사를 개발했으며 부적응적인 구성개념의 자각과 변화를 촉진하는 고정역할 치료를 제시했다.

4. Ellis는 성격과 정신병리를 설명함에 있어서 외부자극에 대한 개인의 반응을 매개하는 신념체계, 즉 해석방식의 중요성을 강조했다. 그에 따르면, 비합리적인 신념은 부적응과 정신병리를 유발하는 핵심적 요인으로서 자신, 타인, 세상에 대한 당위적 사고로 구성되어 있다. ABC 모델을 통해서 인간의 인지, 정서, 행동의 관계를 명쾌하게 이해할 수 있다. 그가 제시한 합리적 정서행동치료(REBT)의 핵심은 ABCDEF 모델을 통해서 내담자의 비합리적 신념을 발견하여 합리적인 것으로 수정하는 것이다.

5. Beck이 제시한 인지이론은 성격과 정신병리를 설명하는 가장 강력한 인지주의 이론으로서 자동적 사고, 인지적 오류, 역기능적 신념, 인지도식과 같은 다양한 개념에 근거하고 있다. 성격의 핵심은 인지도식과 신념체계에 있으며 정신장애는 생활사건의 의미를 부정적인 방향으로 왜곡하는 편향된 인지도식에 근거한다. 그가 제시한 인지치료의 기본적 원리는 정신병리를 유발하는 왜곡된 인지를 수정하여 재구성하는 것이다.

6. Kelly로부터 시작되어 Ellis와 Beck에 의해 발전된 인지주의 이론은 인지에 초점을 맞추는 새로운 성격이론을 제시함으로써 정신분석이론과 행동주의이론의 한계를 극복할 수 있었을 뿐만 아니라 정신병리의 이해와 심리치료의 발전에도 획기적인 기여를 했다. 그러나 인지주의 이론은 너무 유심론적이고, 합리주의적이며, 현대의 인지심리학에서 이루어진 연구결과와 괴리되어 있다고 비판을 받았다. 그러나 현재 인지주의 이론은 성격과 정신병리를 설명하는 가장 유력한 이론으로 받아들여지고 있다.

제10장
인본주의 및 실존주의 이론

1. 인본주의 이론

인본주의 심리학은 1950~1960년대에 양대 산맥을 형성하고 있던 정신분석과 행동주의 이론을 비판하면서 긍정적 인간관에 근거하여 새롭게 대두된 심리학의 입장으로서 제3의 심리학이라고 불린다. 정신분석 이론은 인간을 근본적으로 성적인 욕구와 공격적인 욕구 같은 동물적인 비윤리적 동기에 의해 무의식적으로 조종당하는 존재로 보는 반면, 행동주의 이론은 인간을 로봇처럼 환경에 의해 조작되는 피동적인 존재로 본다. 이처럼 결정론적이고 기계론적인 관점에 근거하여 인간의 자유의지와 존엄성을 무시하는 기존의 심리학 이론을 비판하면서, 인본주의 심리학은 자기실현 욕구를 인간의 가장 기본적인 상위의 동기라고 주장하면서 인간을 전체적이고 통합적인 존재로서 이해하고자 한다.

Greening(2006)은 인본주의 심리학의 핵심적 가정을 다음과 같이 5가지로 정리하여 소개한 바 있다: (1) 인간은 자신을 구성하는 부분의 합을 넘어선 존재로서 구성요소로 환원될 수 없다. (2) 인간은 우주생태계 속에서 실존하고 있을 뿐만 아니라 독특한 인간사회 속에서 실존하는 존재다. (3) 인간은 자신에 대해서 자각하고 있다는 것을 자각하는 의식적인 존재로서 다른 사람과의 관계 속에서 자신을 자각한다. (4) 인간은 선택하는 능력을 지니고 있으며 따라서 책임의식을 지닌다. (5) 인간은 의도적으로 행동하는 존재로서 나름대로의 목표를 지향하는 동시에 인생에서 의미, 가치 그리고 창의적인 것을 추구한다.

인본주의 심리학자들은 인간은 근본적으로 자기실현을 추구하는 성장지향적 존재라고 주장한다. 이러한 긍정적 인간관이 정신분석이론이나 행동주의 이론과 차별되는 인본주의 이론의 가장 큰 특징이며 그 대표적인 인물은 Maslow와 Rogers다.

1) Maslow의 인본주의 이론

인본주의 심리학의 대표적 인물인 Abraham Maslow

Abraham Maslow(1908~1970)는 욕구위계론과 자기실현적 인간상을 제시하여 유명해진 미국의 인본주의 심리학자다. 그는 Wisconsin 대학교에서 실험중심적인 행동주의 심리학을 공부했으며 미국의 Brandeis 대학교와 Columbia 대학교 심리학 교수로 재직하였다. 그러나 제2차 세계대전을 겪으면서 기존의 심리학에 대해서 회의하기 시작했으며 인간의 마음을 이해하기 위한 새로운 관점을 제시하면서 이를 인본주의 심리학(Humanistic Psychology)이라고 불렀다.

(1) 욕구위계이론

Maslow(1954, 1970)는 성욕과 공격성을 인간의 가장 기본적인 동기로 여기는 정신분석이론과 인간을 백지로 간주하는 행동주의 이론에 반대하면서 자기실현동기를 인간이 지향하는 가장 상위의 동기라고 주장한다. 그에 따르면, 인간의 행동은 다양한 동기에 의해 유발되는데 이러한 동기들은 위계적 구조를 이루고 있다. 그는 인간의 욕구를, [그림 10-1]에서 볼 수 있듯이, 5가지의 위계로 구분하고 있다.

가장 낮은 위계에 있는 것이 생리적 욕구(physiological needs)로서 음식, 물, 산소에 대한 기본적인 욕구를 말한다. 이러한 욕구는 개체가 생존하기 위한 기본적인 조건을 공급받기 위한 것으로서 다른 욕구에 비해 기본적이며 일차적인 욕구다. 둘째는 안전 욕구(safety needs)다. 이러한 욕구는 위험으로부터 보호받을 수 있으며 안전하고 편안한 피난처를 갈구하는 욕구를 뜻한다. 또 이러한 안전한 삶을 항상 지속적으로 유지하려는 안정의 욕구도 이에 속한다. 셋째는 애정 욕구(love needs)다. 인간은 의미있고 강한 집단에 소속되고자 하는 욕구를 지닌다. 이런 소속감의 욕구는 다른 소속원으로부터 사랑과 보호를 받고자 하는 사랑의 욕구와 밀접한 관계를 가지고 있다. 소속감과 사랑의 욕구는 타인과의 친밀하고 밀접한 관계를 통해 충족될 수 있는 대인욕구의 바탕이 된다. 넷째는 존중 욕구(esteem needs)로서 자신이 가치있는 존재라는 것을 느끼고자 하는 욕구다. 자기긍지와 자기만족을 느끼기 위해 자신을 발전시키려는 욕구이기도 하다. 마지막으로, 가장 높은 위계에 위치하는 것이 자기실현 욕구(self-actualization needs)다. 이는 자신이 지니고 있는 잠재능력을 충분히 표현하고 발현하려는 욕구다.

Maslow는 이렇게 5가지 종류의 욕구를 위계적으로 분류하고 이들 간의 발달적 관계를 설명하고 있다. 인간은 먼저 하위동기를 충족시키기 위해 행동하며 이러한 동기가 충족되면 바로 상위의 동기를 충족시키기 위한 행동이 나타나는데, 궁극적으로 인간의 삶은 자기실현을 지향하고 있다. 하위욕구가 만족되지 않으면 상위욕구로의 발달이 이루어지지 않는다. 따라서 상위욕구로의 발달은 하위욕구의 충족을 전제로 이루어진다. 예를 들어, 배고프고 목마르고 위험에 쫓기는 상황에서 애정 욕구나 존중 욕구는 뒤로 밀려나며 음식과 물을

[그림 10-1] **Maslow의 욕구위계이론**

찾아 안전한 곳에 피신하려는 욕구와 행동이 우선적으로 나타나게 된다. 뿐만 아니라 애정 욕구가 충분히 충족되지 않은 사람에게는 존중 욕구나 자기실현 욕구가 잘 발달되지 않는다. 하위욕구의 충족에 의해 상위욕구가 발전하여 행동에 영향을 미치더라도 하위욕구에 불만족이 생겨나면 우리의 행동은 하위욕구의 충족을 위해 퇴행된다. 이렇듯, 인간의 욕구는 서로 위계적인 관계를 지니고 있으며 상위욕구로의 발달은 하위욕구의 안정된 충족을 필요로 한다. 인간의 삶은 궁극적으로 자기실현을 지향하고 있으나 많은 사람은 하위 동기의 좌절로 인해 자아실현동기가 활성화되는 수준의 삶에 이르지 못할 뿐이다.

(2) 자기실현

자기실현(self-actualization)이라는 용어는 심리학의 여러 이론에서 널리 사용되고 있다. 그러나 이 용어는 Kurt Goldstein(1934)에 의해서 '개인이 지닌 모든 잠재력을 발휘하려는 동기'를 지칭하기 위해 처음 사용되었다. 그에 따르면, 자기실현은 삶을 이끌어 가는 주된 동력으로서 결과적으로 개인의 능력을 최대화하고 인생의 행로를 결정하게 된다.

이후에 Maslow(1954, 1968, 1971)가 욕구의 위계적 발달이론에서 자기실현 욕구를 주장하면서 학계에 널리 알려지게 되었다. Maslow는 자기실현을 '개인이 잠재적으로 지니고 있는 것을 충분히 발현하려는 경향'이라고 정의했다. 좀 더 자세히 말하면, 인간을 비롯한 모든 생명체 안에 이미 깃들어 있는 고유한 속성을 표출하고 발현하려는 성향을 의미한다. 앞에서 언급한 바 있듯이, 자기실현은 결핍을 채우기 위한 욕구가 아니라 성장을 추구하는 욕구로서 개인의 포부와 야망을 성취하는 데 기여한다. 따라서 자기실현 욕구는 생리적 욕구를 비롯한 하위욕구가 충족될 때까지 주도적인 것으로 떠오르지 않는다. Maslow에 따르면, 자기실현에 도달한 사람들은 뛰어난 현실감각과 직업역량을 지닐 뿐만 아니라 독립성, 자율성, 깊은 우정, 유머의 철학적 감각 등을 지닌다고 한다.

Maslow는 자기실현에 이르는 과정을 설명하기 위해서 동기의 위계적 발달론을 제시하였다. 앞에서 살펴보았듯이, 인간은 생리적 동기, 안전의 동기, 사랑과 소속감의 동기, 존중의 동기 그리고 자기실현의 동기를 타고난다. 첫 네 단계의 동기는 결핍동기(deficiency needs)로서 무언가 부족하다는 느낌에 의해서 욕구충족을 위한 노력이 이루어진다. 이러한 욕구들이 충족되지 않으면 건강한 성격과 적응의 토대가 마련되기 어렵다. 그러나 이러한 욕구들이 어느 정도 충족되어 안전감을 느끼고 다른 사람으로 사랑과 인정을 받게 됨으로써 자기존중감이 견고해지면, 자기실현의 욕구가 촉발된다. 현재의 자기와 이상적인 자기 간의 괴리로 인한 새로운 긴장감이 생겨난다. Maslow는 자기실현의 욕구를 성장동기(growth needs) 또는 존재동기(being needs)라고 지칭했다. 이러한 동기는 진리, 정의, 아름다움, 풍요로움, 의미, 선함에 대한 욕구를 포함한다. 그는 말년에 최상위의 여섯 번째 동기로서 영성을 계발하여 삶의 의미를 확장하려는 초월의 동기를 추가한 바 있다.

(3) 자기실현적 인간

Maslow(1971)는 창조적 업적과 인격적 성숙을 통해 자아실현을 이룬 세계적인 위인들의 삶을 치밀하게 분석하여 자기실현적 인간(self-actualized person)의 15가지 특성을 추출하였다. 이러한 분석에는 Abraham Lincoln, Thomas Jefferson, Eleanor Roosevelt, Albert Einstein, Sigmund Freud, Albert Schweitzer 등이 포함되었다. 이러한 위인들은 완벽한 사람이 아니며 15가지 특성을 모두 지니고 있지 않았지만, 대부분 신경증적인 갈등으로부터 자유로운 건강한 성격특성을 지니고 있었다.

Maslow가 제시하는 자기실현적 인간의 15가지 특성은 (1) 현실에 대한 정확한 인식, (2) 수용적 태도, (3) 솔직성과 자발성, (4) 창의적 태도, (5) 예민한 감상능력, (6) 절정경험의 체험, (7) 자율성, (8) 혼자만의 시간에 대한 욕구, (9) 문화적 압력에 대한 저항, (10) 깊이 있는 대인관계, (11) 인도주의적 성향, (12) 비공격적인 유머감각, (13) 사명의식과 헌신적 태도, (14) 민주적인 인격구조, (15) 수단과 목적의 분별이다.

자아실현적인 사람들은 결핍동기보다 성장동기를 중시하며 살아간다. 이들은 성장을 위해서 새로운 도전을 받아들이고 익숙하고 편안한 것의 희생을 감수한다. 인간은 누구나 자신이 생각하는 것보다 많은 가능성과 잠재력을 지니고 있다. 그러나 그러한 가능성을 인식하지 못할 뿐만 아니라 그러한 존재가 되는 것에 대해서 마음 깊숙한 곳에 두려움을 지니고 있다. Maslow는 많은 사람이 자신의 새로운 변화를 다른 사람들이 받아들이지 못할 것이라는 두려움 때문에 개인적 성장을 회피하는 경향이 있다고 지적하면서, 이를 요나 콤플렉스(Jonah complex)라고 불렀다. 자기실현적인 사람들은 이러한 두려움을 극복하고 자신의 가능성을 최대한 발현한 사람들이라고 할 수 있다.

(4) 절정경험

Maslow(1970, 1976)는 절정경험이 행복과 성장에 중요하다고 주장했다. 절정경험(peak experience)은 인생의 과정에서 경험하게 되는 매우 기쁘고 흥분되는 감격적인 순간으로서 강렬한 행복감을 준다. 커다란 환희에 휩싸이게 될 뿐만 아니라 놀라움과 경외감, 시간과 공간 감각의 상실, 세상을 산 정상에서 바라보는 듯한 깨달음을 수반하기도 한다. 절정경험이 특히 강렬할 때는 자기의식이 없어지고 거대한 존재와 합일되는 듯한 느낌을 느끼기도 한다.

절정경험은 자기실현의 과정에서 느끼는 일시적인 경험이라고 할 수 있다. Maslow가 욕구위계론에서 가장 고차원적인 것으로 제시한 자기실현 동기가 충족될 때 느끼게 되는 일시적 경험이 절정경험인 것이다. 이러한 절정경험은 오랜 기간 힘든 노력을 통해 목표하는 바를 성취했을 때, 강렬한 사랑을 체험했을 때, 위대한 미술작품을 보거나 음악을 듣게 되었을 때, 자연의 아름다움에 압도되었을 때, 종교적 수행이나 의식에 몰두하게 되었을 때 갑작스럽게 또는 우연하게 찾아오게 된다. 드물게는 심한 질병이나 죽음에의 직면과 같은 강렬한 부정적 상황에 의해서 촉발되는 경우도 있다. 대부분의 사람들은 절정경험을 할 수 있을 뿐만 아니라 인생의 과정에서 여러 번 그러한 경험을 하게 되지만 그 각별한 의미를 인식하지 못하고 넘겨버리게 된다. Maslow에 따르면, 이러한 절정경험을 통해서 개인의 창조적 에너지를 발산하고, 존재의 의미를 느끼며, 인생의 목표의식을 갖고, 조화와 통합의 느낌을 얻는다. 이런 점에서 절정경험은 치유적인 동시에 성장을 촉진하는 기능을 지닌다.

2) Rogers의 인간중심이론

인본주의 심리학을 주도한 인물들 중에서 가장 중요한 위치를 차지하는 이가 바로 Carl Rogers(1902~1987)다. 그는 정신역동적인 입장의 영향을 받은 임상심리학자였으나 아동상담소에서 일하면서 아동과 청소년에 대한 상담경험에 근거하여 자신만의 새로운 이론을 정립했다. 그의 이론은 비지시적 상담이론에서 시작하여 내담자중심이론(client-centered theory)으로, 그리고 1970년대 이후에는 인간중심이론(person-centered theory)으로 발전했다. Rogers의 이론은 정밀한 과학적 이론이라기보다는 상담경험에 근거한 인간론이라고 할 수 있으며 특히 상담과 심리치료에 커다란 영향을 미쳤다.

Rogers(1942, 1951, 1957, 1961, 1980)에 따르면, 인간은 근본적으로 자기실현을 추구하는 존재다. 인간은 자신을 가치있는 존재로 성장시키기 위해서 자신의 모든 잠재력을 발현시켜 유능한 인간이 되려는 생득적인 성향을 지니는데, 이를 Rogers는 자기실현 경향성(self-actualization tendency)이라고 불렀다. 유기체로서의 인간은 여러 가지 기능과 구조로 구성되어 있지만 통합된 전체로서 반응하는 존재이므로 인간을 여러 요소로 쪼개어 분석적으로 이해하기보다 하나의 기능하는 전체로 이해해야 한다. 자기실현 성향은 전체로서의 유기체가 자신을 유지하고 향상시키려는 생득적인 성향이며 행동의 원천이라고 할 수 있다. 개인의 모든 행동은 궁극적으로 자아실현의 목표를 향하고 있다.

(1) 인간중심이론의 이론적 배경

Rogers는 인간을 기본적으로 유능하고 강인한 존재일 뿐만 아니라 자신의 잠재력을 실현시킬 수 있는 능력을 지니고 있다고 보았다. 그에 따르면, 인간은 누구나 자신의 어려움을 극복하고 성장할 수 있는 역량을 지니고 있다. 따라서 심리치료의 목표는 내담자를 긍정적으로 수용하고 어려움을 극복할 수 있는 힘을 실어줌으로써 내담자가 자신의 내적 자원을 발휘할 수 있도록 자신에 대한 충분한 믿음과 신뢰를 갖도록 하는 것이라고 믿었다.

또한 인간중심이론은 현상학적인 입장에 근거하고 있다. 현상학은 개인의 주관적인 경험과 인식을 중시하고 있다. Rogers는 내담자의 무의식 세계보다 의식적 경험을 중시할 뿐만 아니라 객관적 현실보다 내담자가 지각하는 주관적 현실을 중시한다. 인간은 자신과 세계에 대한 주관적 인식에 따라 행동하며, 개인에게 문제가 되는 것은 객관적 현실 자체보다 그것을 지각하는 방식이다. 개인의 행동을 이해하려면 그가 자기 자신과 자신이 존재하는 세계에 대하여 어떤 주관적 인식을 지니고 있는지를 알아야 한다. 개인의 주관적 경험은 존중되어야 한다. 그것이 다른 사람의 관점에서 부적절한 것으로 보일지라도 그 자신에게는 체험된 진실이기 때문에 충분히 존중받을 가치가 있다.

Rogers에 따르면, 인간은 누구나 자기성장과 자기치유를 위한 방대한 자원을 지니고 있다. 자신의 내면세계를 이해하고 자기개념과 기본적 태도를 긍정적으로 변화시킬 수 있는 내면적 자원을 지니고 있다. 이러한 자원들은 촉진적인 심리적 분위기만 제공되면 개발될 수 있는 것이다. 인간은 때때로 비정한 폭력과 살인을 저지르고 부적절한 충동과 반사회적 행동을 나타낼 수 있다. 그러나 부정적 감정과 행동은 인간의 본성에 기인한 것이 아니라 개인의 유기체적 경험과 자아 간의 부조화에 의한 것이다.

모든 유기체는 자신을 성장시키려는 자연적인 경향성을 지니고 있다. 유기체 속에는 나름대로의 고유한 가능성을 건설적으로 발현하려는 끊임없는 움직임이 일어나고 있다. 인간을 포함한 모든 유기체는 더 완전한 발달을 향한 자연적 경향성, 즉 자기실현 경향성을 지닌다. Rogers는 이러한 자기실현 경향성이 인간의 가장 주된 동기이며 다른 모든 동기의 원천이라고 보았다(Hjelle & Ziegler, 1981; Schultz, 1977). 자기실현이란 최종의 완전한 상태를 의미하는 것이 아니라 더 유능한 인간으로 성장해 가는 끊임없는 과정이다. Rogers에게 있어서, 인간은 자신의 가능성을 능동적으로 펼쳐 가는 긍정적인 존재다. 인간은 합목적적이고 성장지향적이며 신뢰할 만한 선한 존재인 것이다.

 ## Rogers의 생애와 인간중심이론의 발전과정

Carl Rogers는 1902년 미국 Chicago 근교의 Oak Park에서 기독교 가정의 5남 1녀 중 넷째로 태어났다. 그의 부모는 모두 미국의 중서부 출신이었으며 근본주의적 기독교를 신봉했다. 자녀들에 대하여 많은 애정을 기울였으나 기독교 신앙과 근면성을 강조하며 철저한 통제를 가했다. Rogers의 부모는 가족 모두가 하나님으로부터 선택받은 자로서 걸맞은 행동을 해야 하며 술 마시고 춤추고 카드놀이 하는 등의 어떤 사교적 생활도 허용하지 않았다. 이러한 가정 분위기 속에서 성장한 Rogers는 어린 시절에 건강이 좋지 않은 매우 예민한 아이였으며 가족으로부터 놀림을 받곤 했다. 가족을 벗어나 친구를 사귈 기회가 거의 없었으며 자기만의 공상세계로 빠져들거나 끊임없이 책을 읽으며 위안을 찾는 매우 외로운 아이였다고 Rogers는 자신의 어린 시절을 회상하곤 했다.

Rogers는 12세가 되던 해에 가족과 함께 시카고 서부지역에 있는 농장으로 이주하여 청소년기를 그곳에서 보냈다. 그의 부모가 농장으로 이주한 주된 이유는 자녀들에게 정직한 노동의 가치와 기독교적 신앙을 심어주기 위해서는 도시생활의 유혹으로부터 벗어난 농촌생활이 더 나을 것이라고 믿었기 때문이었다. Rogers는 청소년기를 고독하게 보냈으며, 고등학교를 세 번이나 옮겨다녔으며 학교가 멀었기 때문에 과외활동에 참여할 기회가 없어 대부분의 시간을 농업에 관한 책을 읽으며 보냈다. 이때부터 농업에 흥미를 느껴 Wisconsin 대학에 입학하여 농업을 전공했다. 2학년 때에는 기독교 청년협의회에 참석한 후 목사가 되기로 목표를 정하고 전공분야를 역사학으로 바꾸었다.

그다음 해인 1922년은 Rogers에게 인생의 전환점이 된 해라고 할 수 있다. Rogers는 그해 북경에서 개최된 국제 기독학생 연합회에 12명의 미국 대표 중 한 사람으로 참석하였다. 그곳에 머무는 6개월 동안 그는 자신과 완전히 다른 종교와 문화적 배경을 지닌 많은 젊은이와 교류하면서 다양한 체험과 자유로운 사색을 하게 되었다. 이러한 경험들은 그로 하여금 부모의 종교적 통제에서 벗어나 자신의 인생관을 보다 자유롭게 다시 정립할 수 있는 심리적인 독립을 이루게 하였다. 이때 어려서부터 알고 지냈던 대학동창이자 연인인 Hellen Elliot에게 자신의 경험을 장문의 편지로 전했으며 두 사람의 사랑이 깊어갔다.

1924년 Wisconsin 대학교에서 역사학으로 학사학위를 받고 졸업한 그는 Hellen과 결혼하려 했으나 부모의 강력한 반대에 부딪혔다. 부모는 두 사람 모두 전문직을 가질 때까지 결혼을 연기하라는 것이었다. 이러한 반대를 무릅쓰고 Hellen과 결혼한 Rogers는 목사가 되기 위해 미국에서 가장 진보적이라고 알려진 뉴욕의 유니온 신학교(Union Theological Seminary)에 진학하였다. 이 당시 작은 교회에서 설교할 기회를 갖게 된 Rogers는 자기 의견을 다른 사람에게 강요하는 것을 꺼리고 다른 사람에게 "무엇을 하라, 무엇을 믿어라"고 말하기를 싫어했던 자신의 특성이 목사라는 직업에 잘 어울리지 않는다는 것을 느끼게 되었다. 또한 강요적인 신앙에 회의를 느끼며 혼란스러워하던 Rogers는 길 건너편에 위치하고 있던 Columbia 사범대학에서 임상심리학 과목을 수강하게 되면서 커다란 감명을 받고 전공을 신학에서 심리학으로 바꾸게 되있다. Rogers는 아동과 청소년의 성격적응을 측정하는 검사를 개발하는 연구로 1931년 Columbia 사범대학에서 임상심리학으로 박사학위를 받았다.

인간중심치료는 Rogers 자신의 발달과정을 반영하는 것으로 인간에 대한 연민과 통찰력이 깊어지면서 이론적 체계가 더욱 심화되었다. Rogers는 박사학위를 받은 후 Rochester의 아동보호상담소에서 12년 동안 임상심리학자로서 근무했다. 그는 자신의 일에 몰두하며 진단과 치료의 목적으로 의뢰된 부적응 아동을 위해 헌신하였다. 대다수 아동들이 심하게 상처받은 상태였으며 열악한 환경적 여건으로 인해서 정교한 치료법을 적용할 기회조차 없었다. Rogers는 대학에서 배웠던 고급스러운 치료법들이 긴박한 현실에 적용되기 어렵다는 것을 깨달으며 좀 더 실제적이고 실용적인 접근방법을 모색하게 되었다. 이 당시 Rogers는 한 비행청소년의 어머니와 면담하면서 그녀가 아들에게 하는 행동이 어떤 의미를 지니는지 친절하게 해석해 주었지만 그녀는 이러한 해석을 거부하는 대신 자신이 처한 어려움을 이야기했다. 이러한 경험을 통해서 문제상황을 가장 잘 알고 있는 사람은 치료자가 아니라 내담자라는 사실과 더불어 치료의 진행방향을 내담자에게 맡기는 것이 중요하다는 것을 깨닫게 되었다. Rogers 치료이론은 하위계층 아동들과 그들의 어머니와의 상담에서 씨앗이 싹트기 시작했다. Rogers는 인간의 고통을 치료하는 데 있어 기법적인 기술보다 치료자의 인간적 면모가 중요함을 강조한 Otto Rank로부터 영감과 확신을 얻게 되었다. 1942년에 출간한 저서 『상담과 심리치료(Counseling and Psychotherapy)』에서 Rogers는 상담과정에 대한 그의 입장과 비지시적 치료방식을 다양한 사례와 함께 제시하였다.

1945년에 Rogers는 상담센터를 설립해달라는 요청을 받고 시카고 대학교로 자리를 옮겼다. 그는 시카고 대학교에서 심리학 교수이자 상담센터 소장으로 재직하던 12년을 가장 창의적인 시기로 여겼다. Rogers는 새로운 치료법에 대한 관심과 혁신적인 자세를 지닌 동료들과 대학생들을 불러 모아 자신의 치료방법을 훈련시키는 한편, 자신의 이론을 발전시키며 치료효과에 대한 연구를 계속하였다. 1951년에 『내담자 중심치료(*Client-Centered Therapy*)』를 출판하면서 Rogers는 많은 열광적 독자들을 확보하였으며 미국 내외에서 명성을 얻게 되었다. 1956년에 Rogers는 치료과정에 관해 수많은 연구를 수행한 업적을 인정받아 미국심리학회로부터 '학술공로상(Distinguished Scientific Contribution Award)'을 받았다. 그는 이 상의 수상을 자신이 성취한 최고의 순간으로 꼽았다.

Rogers는 1957년에 Wisconsin 대학교로 자리를 옮겼다. 1961년에 출간한 저서 『진정한 사람되기(*On Becoming a Person*)』는 Rogers의 삶에 새로운 전기를 만들었으며 인간중심치료 단계의 시발점이 되었다. 이 책에서 Rogers는 인간중심치료의 원리를 강력하고 감동적인 언어로 제시하였으며 심리학의 영역을 넘어서 다양한 사회적 영역에 적용될 수 있음을 보여 주었다. 심리치료뿐만 아니라 교육, 철학, 예술, 과학 등의 다양한 분야로부터 놀라운 반향을 불러일으킨 이 책은 Rogers를 일거에 유명인사로 만들어 명성과 영향력을 얻게 해 주었다.

1968년에 Rogers는 인간연구센터(Center for Studies of the Person)를 동료들과 설립하여 사망할 때까지 이 센터의 전임연구원(Resident Fellow: 본인이 스스로 선택한 직함)으로 지냈다. 그는 각 분야에서 모여든 40여 명의 구성원들과 지지적이고 자유로운 분위기 속에서 깊이 있는 교제를 나누며 생산적이고 열정적인 노년기를 보냈다. Rogers는 1970년 후반에 집단 워크숍을 열어 자신의 치료방법을 대단위 집단에게 적용하면서 처음으로 '인간중심(person-centered)'이라는 용어를 사용했으며 이후로 자신의 치료방법을 인간중심치료라고 지칭하였다. Rogers는 말년에 세계공동체가 직면하고 있는 다양한 문제에 흥미를 느꼈다. 인간중심적 접근이 결혼제도, 교육, 기업경영, 국가운영에 걸친 광범위한 영역에 적용되어 미칠 수 있는 사회적 함의를 제시하였다. 1980년에 출판된 그의 저서 『존재의 방식(*A Way of Being*)』은 미래의 세계에 대한 강력한 비전을 제시하였다.

(2) 성격이론

인간중심이론은 인본주의 심리학의 긍정적인 인간관에 근거하고 있다. Rogers는 1951년에 출간한 『내담자중심치료(*Client-Centered Therapy*)』에서 인간의 성격과 행동에 대한 자신의 견해를 제시하였다. 인간중심치료의 근간을 이루고 있는 주요한 개념과 이론을 소개하면 다음과 같다.

① 통합된 유기체로서의 인간

인간은 하나의 통합된 유기체로 이해되어야 한다. 유기체(organism)는 육체와 정신을 모두 포함하는 전체로서의 개별적 생명체를 의미한다. 어린 유아는 유기체적 감각(organismic sensing)을 통해서 세상을 인식하며 통합된 전체로서 이에 반응한다. 로저스에 의하면, 인간 유기체는 신체적 기능과 감각, 감정, 동기, 사고 등의 심리적 기능이 통합적으로 조직된 체계로서 환경과 상호작용하며 매순간 유기체적 경험(organismic experience)을 하게 된다. 이러한 유기체적 경험은 개인이 경험하는 모든 것으로서 현상적 장, 즉 심리적 현실을 구성한다.

② 주관적 현실로서의 현상적 장

현상적 장(phenomenal field)은 매순간 개인의 의식에 지각되고 경험되는 모든 것을 의미한다. 유기체는 끊임없이 변화하는 세계 속에서 살아가며, 현상적 장은 개인이 변화하는 세계를 지각하고 경험하는 심리적 공간으로서 개인의 사적이고 주관적인 경험세계를 의미한다. 이러한 주관적인 경험세계의 중심은 개인이다. 따라서 현상적 장은 개인에게만 알려질 수 있는 사적인 세계다. 개인은 주관적인 경험세계인 현상적 장에 대해서 반응한다. 로저스에게 있어서, 현상적 장은 세상이 개인에게 드러난 것으로서 개인이 반응할 수 있는 유일한 현실이다. 현상적 장은 개인에게 실제적인 세계로 여겨지는 내적 참조체제(the internal frame of reference)로서 모든 판단과 행동의 근거가 된다. 따라서 개인의 행동은 어떤 것이든 그의 주관적 현실에서는 적합한 것이다. 인간중심치료에서는 내담자의 내적인 경험세계를 이해하는 것이 매우 중요하다. 로저스에 따르면, 이러한 내적 참조체제인 현상적 장, 즉 개인의 경험세계는 공감적 추론에 의하지 않고는 다른 사람에게 알려질 수 없는 것이다. 따라서 개인의 행동을 이해하기 위해서는 그의 내적 참조체제를 이해하고 공감하는 것이 필수적이다.

③ 자기실현 경향성

Rogers는 인간에게 단 하나의 기본적 동기가 있다고 믿었는데, 이를 자기실현 경향성(self-actualization tendency)이라고 명명했다. 그에 따르면, 인간은 자신을 유지하고 잠재력을 건설적인 방향으로 성취하려는 기본적이면서 선천적인 성향을 지니고 있다. 마치 장미가 스스로 아름답고 탐스러운 꽃을 피우는 방향으로 나아가듯이, 인간도 자신의 잠재력을 펼치며 성장과 성숙을 향하여 나아간다. 자기실현 경향성을 구속하는 유일한 요인은 바로 개인이 속해 있는 환경이다. 자양분과 수분 그리고 적절한 보살핌이 부족할 때 장미가 꽃을 피울 수 없듯이, 인간도 자기실현 경향성을 지원하는 호의적 여건이 주어지지 않으면 건강하게 성장하기 어렵다.

Rogers는 자기실현 경향성이 차단되거나 봉쇄되었을 때 인간은 부적응적 문제를 나타내게 된다고 주장했다. 어린 아이는 나름대로의 욕구, 재능, 행동양식을 선천적으로 나타내는데, 부모나 어른은 아이의 선천적 성향을 충분히 수용하지 못하고 자신의 가치기준에 맞추어 조건부로 수용한다. 이러한 과정에서 아이들은 부모가 요구하는 가치의 조건을 내면화한 자기개념을 갖게 된다. 그 결과, 개인은 자신의 진정한 유기체적 경험을 수용하지 못하고 자기개념에 따라 왜곡하게 된다. 이처럼 자기개념과 유기체적 경험의 괴리가 점점 확대되면, 개인은 점점 더 심한 불안을 경험하게 되며 부적응 상태를 나타내게 된다.

Rogers에 따르면, 자기실현 경향성은 두 가지의 방향성을 지닌다. 그 하나는 개인이 선천적으로 타고난 신체적 · 심리적 기질을 그대로 유지하고 나타내려는 성향이다. 왼손잡이로 태어난 아이는 어려서부터 왼손을 주로 사용하며, 자극추구 성향이 강한 아동은 호기심이 많고 모험적인 행동을 나타낸다. 둘째는 개인이 지닌 모든 잠재능력을 최대한 개발하여 발휘하려는 성향이다. 어린 유아가 자꾸 넘어지면서도 걷고 뛰기 위한 노력을 자발적으로 기울이는 것이나 끊임없는 종알거림으로 언어를 습득하는 과정은 이러한 성향의 발현이라고 볼 수 있다. 이러한 자기실현 성향이 차단되거나 봉쇄될 때, 인간은 좌절감을 느끼며 때로는 심리적 장애를 나타내게 된다. 반면에, 자기실현을 하고 있는 사람은 진정한 자기자신이 된다. 또한 자신의 잠재능력을 개발하고 삶에 도전함으로써 의미 있고 풍요로운 인생을 지향하며 살아간다. Rogers(1961)는 이러한 사람을 온전히 기능하는 사람(fully functioning person)이라고 지칭했다. 자기실현을 이룬 사람이 항상 행복감과 만족감을 느끼는 것은 아니다. 그에 따르면, 인생은 자기실현 과정이며 그 부산물로서 행복이 따라오는 것이다.

④ 자기와 자기개념

자기는 로저스의 성격이론에서 가장 중요한 구성개념이다. 그에 의하면, 어린 유아는 자신의 내부에서 지각되는 자기경험과 외부의 타인에 대한 경험을 구별하기 시작하면서 자기 존재에 대한 인식이 발달한다. 자기(self) 또는 자기개념(self-concept)은 개인이 자신에 대하여 지니고 있는 지속적인 체계적 인식을 의미한다. 자기는 개인의 경험세계로부터 분화된 것으로서 자신에 대해서 의식적으로 지각한 것과 자신이 소중히 여기는 가치를 포함한다. 로저스는 자기와 자기개념이라는 용어를 혼용하고 있는데, 자기개념은 현재 자신이 어떤 사람인지에 대한 개인의 인식, 즉 자아상을 의미한다.

자신에 대한 인식이 발달하면서, 아동은 타인으로부터 긍정적인 존중을 받고 싶은 욕구도 발달하게 된다. 긍정적 존중의 욕구는 중요한 타인으로부터 사랑과 인정을 받을 뿐만 아니라 신체적·정서적인 보살핌을 통해 소중하게 여겨지는 것을 포함한다. 자기개념은 현재의 자기 모습을 반영하는 현실적 자기(real self)뿐만 아니라 긍정적 존중을 받기 위해 추구해야 할 이상적 자기(ideal self)도 포함하고 있다. 이상적 자기는 다른 사람으로부터 긍정적으로 평가받기 위한 가치의 조건을 반

영하고 있다.

⑤ 가치의 조건

자기 또는 자기개념의 발달은 개인이 세상에서 경험하는 것에 근거하여 변화하는 역동적인 과정이다. 개인은 각각의 경험을 자신의 유기체적 느낌에 따라 평가하는데, 이러한 평가과정을 Rogers는 유기체적 가치화 과정(organismic valuing process)이라고 지칭했다. 개인이 이러한 유기체적 가치화 과정에 따를 때, 자기는 경험과 일치하는 것으로 편안하게 여겨지기 때문에 방어의 필요성을 느끼지 못한다.

그러나 인간은 성장과정에서 부모를 비롯한 중요한 타인과 상호작용하면서 자신이 특정한 행동을 할 때에만 소중하게 인정받는다는 가치의 조건(conditions of worth)을 습득하게 된다. 타인으로부터 받는 긍정적인 존중은 개인의 자기존중감과 자기가치감에 직접적인 영향을 미친다. 아동은 부모와 교사를 비롯한 중요한 타인으로부터 긍정적인 존중을 통해서 자기존중감을 증진시키고자 노력한다. 그러나 이러한 노력이 항상 성공하는 것은 아니다. 부모나 교사는 조건부의 존중과 애정을 주기 때문이다. 따라서 아동은 긍정적 존중을 받기 위해서 그들이 원하는 가치와 기준을 받아들여 내면화한다. 즉, 자신의 유기체적 경험보다 긍정적 존중을 받기 위한 가치의 조건을 중요하게 여기며 추구하게 된다. 가치의 조건은 특정한 경험이 유기체로서의 자신을 고양시키는지와 무관하게 단지 타인으로부터 부여받은 가치 때문에 그 경험에 대해서 긍정적으로 또는 부정적으로 평가하게 되는 것을 의미한다. 개인은 가치의 조건을 자기개념의 일부로 내재화하며 이와 일치하지 않는 자신의 특성이나 경험은 불편하거나 불쾌한 것으로 여겨진다.

⑥ 자기와 경험의 불일치

개인이 자신의 유기체적 경험을 자기개념과 일치하는 것으로 받아들여 통합할 때, 건강한 심리적 적응이 이루어진다. 그러나 개인은 자기실현 경향성에 따르는 유기체적 욕구와 가치의 조건을 획득하려는 자기존중 욕구 간의 갈등을 겪게 된다. 개인이 유기체로서 소망하며 경험하는 것들과 자기존중감을 느끼기 위해 추구하는 것들 간에 불일치가 생겨나게 된다. Rogers는 이를 자기와 경험의 불일치(incongruence between self and experience)라고 불렀다. 개인이 자신의 유기체적 경험을 무시하거나 왜곡하여 그러한 경험이 자기구조로 통합하지 못할 때, 심리적 부적응이 발생한다.

⑦ 무조건적 긍정적 존중과 온전히 기능하는 사람

개인이 유기체적 경험을 자기개념으로 통합하지 못하는 이유는 그러한 경험에 대한 충분한 수용과 존중을 받지 못했기 때문이다. 그 결과로서 개인은 방어적인 태도로 자신의 경험을 통합하지 못한 채 갈등을 겪게 된다. Rogers는 개인이 경험하는 가치의 조건을 줄이기 위해서는 타인으로부터의 무조건적인 긍정적 존중이 필요하며 이를 통해서 자기존중감이 증진될 수 있다고 믿었다. 개인의 모든 경험에 대해서 무조건적인 긍정적 존중을 받게 되면, 자신의 경험을 충분히 수용하여 자기구조로 통합시킬 뿐만 아니라 내면적 자원을 발휘하는 온전히 기능하는 사람으로 성장하게 된다. 인간중심치료의 궁극적인 목표는 내담자가 온전히 기능하도록 돕는 것이다. 온전히 기능하는 사람의 가장 중요한 특성은 경험에 대한 개방성이다. 이런 사람들은 어떤 일이 일어나고 있는지를 충분히 그리고 사실적으로 경험하기 위하여 두려움이나 방어적 태도 없이 자신의 경험을 있는 그대로 받아들인다. 온전히 기능하는 사람은 자기 신뢰를 지니며 외부의 가치나 권위적인 타인의 영향을 덜 받는다. 개인적 자유감 속에서 자신의 삶을 생산적이고 보람 있는 방향으로 이끌며 자신의 행동과 결과에 대한 책임을 진다.

(3) 정신병리 이론

인간중심치료에서는 개인의 부적응 상태를 정신병리적 진단범주로 분류하지 않는다. Rogers는 정신장애에 대한 정교한 설명체계를 제시하지 않았지만 기본적으로 심리적 부적응은 개인의 자기실현 경향성이 차단되고 봉쇄된 결과라고 여겼다. 자기실현 경향성이 억제되는 주된 이유는 부모를 비롯한 사회적 환경에 의해서 개인의 특성과 경험이 조건적으로 수용되고 존중되기 때문이다.

Rogers에 따르면, 인간은 자신의 잠재능력을 건설적으로 펼치려는 자기실현 경향성을 지닌다. [그림 10-2]에 제시되어 있듯이, 이러한 경향성에 따른 행동과 경험은 유기체적 가치화 과정을 통해서 긍정적인 소중한 것으로 존중되고 긍정적인 자기존중으로 이어져서 건강한 자기개념과 자기존중감의 바탕을 이룬다. 자기개념은 있는 그대로의 현재 자기모습에 근거한 현실적 자기가 주축을 이룬다. 따라서 일상생활에서 만나는 다양한 경험들은 자기개념과 일치되는 것으로 있는 그대로 받아들여져 자기개념으로 통합된다. 따라서 개인은 현실에 대해서 정확하고 풍부한 이해를 지니게 되며 자신의 잠재능력을 발견하고 원활하게 발휘하면서 건강한 심리적 적응을 하게 된다.

그런데 성장과정에서 아동의 행동과 경험이 부모나 교사에 의해서 무조건적으로 수용되고 존중되지 않는다. 아동은 부모를 비롯한 타인의 보살핌을 통해 성장하게 되는데, 부모는 아이가 한 유기체로서 선천적으로 타고난 욕구, 재능, 행동양식을 무조건적으로 수용하지 못하고 자신들의 가치와 기대에 맞추어 조건적인 수

[그림 10-2] **Rogers의 심리적 적응과 부적응 설명모델**

용을 하게 된다. 이러한 과정에서 아동은 자신의 유기체적 욕구와 부모의 애정을 얻으려는 욕구 사이에서 갈등하게 된다. 대부분의 경우, 아동은 부모의 애정을 얻기 위하여 부모가 지닌 가치의 조건을 받아들이게 된다. 부모가 지닌 가치의 조건에 따라 행동할 경우, 부모로부터 조건적인 긍정적 존중을 받게 되고 이는 긍정적 자기존중으로 이어지게 된다. 이렇게 부모로부터 조건부 사랑을 받게 되면, 아동은 자신의 모든 특성과 경험을 있는 그대로 받아들이지 못하고 선택적으로 수용하게 된다.

아동은 부모가 부여하는 가치의 조건을 내면화하여 자기개념을 구성한다. 자기개념은 자신에 관한 경험을 조직하는 개념적 체계로서 현재의 자기모습을 반영하는 현실적 자기와 앞으로 추구해야 할 이상적 자기를 포함하고 있다. 부모의 기대수준이 높을 뿐만 아니라 부모로부터 긍정적 존중을 받고자 하는 아동은 높은 이

상적 자기를 지니며 이를 충족시키기 위해 노력한다.

그러나 이처럼 부모가 제시하는 가치의 조건이 개인의 유기체적 욕구와 괴리되면, 개인은 유기체로서 경험하는 것들과 자기개념 간에 불일치를 경험하게 된다. 특히 자녀의 욕구를 잘 수용하지 못하는 부모에게서 양육된 아동은 자기개념과 자신의 유기체적 경험 간의 괴리를 나타내게 된다. 유기체적 경험은 개인이 몸과 마음을 통해 자각하게 되는 주관적 체험으로서 개인의 가치체계에 의해 평가되지 않은 순수한 형태의 경험을 말한다. 특히 이상적 자기의 수준이 높은 개인은 자신의 유기체적 경험을 있는 그대로 받아들이기 어렵다. 가치의 조건과 일치하는 경험은 수용되어 자기개념으로 통합되지만, 그렇지 못한 경험은 무시되거나 왜곡된다. 이러한 유기체적 경험과 자기개념의 괴리는 위협으로 느껴지고, 불안을 일으키게 되며, 개인은 불안을 방어하기 위해 자신의 유기체적 경험을 왜곡하거나 부인하게 된다.

부모의 사랑이 더 조건적일수록, 달리 말하면 가치의 조건이 아동의 자연스러운 욕구와 괴리될수록, 개인은 더욱 병리적으로 발전하기 쉽다. 긍정적인 자기존중에 대한 욕구 때문에 개인은 자신의 경험을 부모의 가치 조건에 따라 선택적으로 지각하여 내면화한다. 가치의 조건에 부합하는 경험과 행동은 의식 속에 정확한 표상으로 남겨지게 된다. 예를 들어, 높은 성취를 강요하는 부모의 영향을 받고 자란 사람은 그들의 성취경험을 잘 지각하여 기억할 것이다. 그러나 가치의 조건에 위배되는 경험과 행동은 그에 맞게 왜곡되거나 의식에서 배제될 것이다. 성취욕구가 강한 사람은 여유로운 시간을 보내거나 즐기고 싶은 자신의 욕구를 부정하게 될 것이다.

(4) 치료이론

인간중심치료는 인간에 대한 신뢰에 근거한다. 무의식보다는 의식적인 자기인식을 중시하는 현상학적 입장에 근거하고 있다. 심리치료에서 치료자의 역할은 내담자의 삶에 대해서 구체적인 방향을 지시하기보다 내담자의 실현 경향성이 촉진될 수 있는 조건을 제공하는 것이다. 내담자가 유기체적 경험을 왜곡 없이 지각하여 이를 자기개념에 통합할 수 있는 조건을 제공하는 일이 중요하다. 이러한 조건이 주어지면 내담자는 스스로 직면한 문제를 해결하고 자신의 삶을 긍정적으로 변화시켜 성장해 나갈 수 있는 내면적 힘을 지니고 있기 때문이다.

치료자는 내담자에게 이전에 부모가 제공했던 조건적이고 가치평가적인 관계와는 다른 새로운 관계를 제공해야 한다. 이러한 성장촉진적 관계를 위해서 치료자가 지녀야 할 중요한 세 가지 자세는 **무조건적인 긍정적 존중**(unconditional positive regard), **공감적 이해**(empathetic understanding), **진실성**(genuineness)이다. 즉, 내담자는 자신의 모든 것을 무조건적으로 수용하고 긍정적으로 존중하는 치료자와의 관계 속에서 자신의 경험에 대한 공감적인 이해를 받고 진솔한 대화를 나눌 수 있을 때, 그동안 왜곡하고 부인해 왔던 자신의 진정한 모습을 자각하고 수용함으로써 자기개념과의 통합을 이루게 된다. 달리 말하면, 유기체적 경험과 자기개념이 통합됨으로써 자신의 잠재능력을 원활하게 발현하는 자기실현적 인간으로 성장하게 되는 것이다.

Rogers는 치료자의 태도와 인간적 특성 그리고 내담자와 치료자의 관계의 질이 치료결과를 결정하는 중요한 요인이라고 강조했다. 그는 이론과 기법에 대한 치료자의 지식은 이차적 문제라고 보았다. 이러한 믿음은 치료자의 능력이 치료에 있어서 매우 큰 영향을 미친다고 믿어 온 기존의 견해와 상반되는 것이다. Rogers는 치료자보다 내담자 스스로가 변화에 더 중대한 영향을 미친다는 이론을 제시함으로써 심리치료 분야에 커다란 반향을 불러일으켰다.

3) 인본주의 이론의 평가

인본주의 심리학의 가장 큰 공헌은 인간의 본성에 대한 긍정적인 관점을 제시했다는 점이다. 인간에 대한 비관적 관점을 제시하고 있는 정신분석이론과 행동주의 이론이 주도하던 시기에 긍정적 인간관에 근거한 새로운 성격이론을 제시함으로써 심리학의 새로운 전기를 마련했다.

Maslow와 Rogers는 인간의 가장 상위욕구를 자기실현이라는 성장지향성으로 여겼다. 인간은 스스로 성장하려는 근본적 성향을 지닌 존재로서 이러한 성향을 발휘할 수 있도록 수용적이고 허용적인 환경을 제공하는 것이 중요하다는 점을 일깨웠다. 이러한 인본주의 심리학자들의 주장은 내담자에 대한 심리치료자들의 관점을 긍정적으로 변화시켰다. 인간은 아무리 부적응적인 삶의 모습을 나타내더라도 그 존재만으로 가장 깊은 존중을 받을 가치가 있는 존재인 것이다.

특히 Rogers는 심리치료가 문제해결을 위한 기법적인 전문활동이 아니라 인격체로서 인간 대 인간의 만남이 되어야 한다는 점을 강조했다. 또한 심리치료자는 자신의 관점에 따라 내담자를 조작하고 통제하는 전문가가 아니라 내담자의 잠재능력이 발현될 수 있는 치료적 분위기를 조성하는 촉매자여야 한다는 점을 설득력 있게 제시했다. 치료적 변화를 위한 필요충분조건으로 세 가지의 핵심조건, 즉 무조건적 존중, 공감적 이해, 진실함을 제시한 것은 Rogers의 가장 중요한 공헌이다.

인본주의 이론은 인간에 대한 긍정적인 관점을 부각시키는 커다란 공헌을 했지만 여러 가지 한계점을 지니고 있다. 첫째, 인본주의 이론은 인간의 성격을 설명하는 이론체계가 정교하지 못할 뿐만 아니라 그 체계성이 부족하다. 인간의 다양한 성격과 행동을 설명할 수 있는 심리적 구조와 과정에 대한 개념이 단순하고 모호하다. 따라서 미묘하고 복잡한 성격의 과정을 설명하는 데에 커다란 한계를 지니고 있다.

둘째, 인본주의 이론은 과학적인 실증적 근거가 부족하다. 인본주의 심리학자들은 주로 임상적 또는 현상학적 연구방법론에 근거하여 자신의 주장을 펼치고 있다. 따라서 그러한 주장을 실증적인 자료에 근거하여 입증하고 나아가서 더욱 정교하게 발전시키는 데 한계를 노출했다. 이러한 이유로 인해서 인본주의 심리학은 한때 커다란 인기를 얻었으나 지속적인 발전을 이루지는 못했다.

셋째, 인본주의 이론은 인간의 부정적 측면을 간과하는 편향된 관점이라는 비판을 받고 있다. 정신분석이론이 인간에 대한 비관주의적 편향을 나타내고 있다면, 인본주의 이론은 반대로 인간에 대한 낙관주의적 편향

을 지닌다는 것이다. 따라서 인본주의 심리학은 가치중립적인 객관적 과학을 지향하기보다 긍정적 관점을 추구하는 개인적 입장에 불과하다는 비판이 제기되었다.

마지막으로, 인본주의 이론에 근거한 심리치료의 치료효과가 그다지 크지 않은 것으로 나타났다. Rogers가 제시한 인간중심치료는 인지행동치료를 비롯한 다른 심리치료보다 치료효과가 낮은 것으로 보고되었다 (Grawe, Donati, & Bernauer, 1998; Shapiro, 1982; Weisz et al., 1995).

이러한 한계에도 불구하고, 인본주의 이론은 인간 이해와 심리치료에 커다란 영향을 미쳤다. Norcross와 Prochaska(1982)의 조사에 따르면, 미국의 심리치료자들은 자신에게 가장 강력한 영향을 미친 인물로 Rogers를 꼽았다. 인간은 누구나 지금 여기 있는 이대로 충분한 가치를 지니는 소중한 존재라는 점을 일깨워 주었을 뿐만 아니라 심리치료자가 내담자를 어떠한 자세로 대해야 하는지를 잘 보여 주었기 때문이다.

2. 실존주의 이론

인간은 죽음이라는 실존적 조건 속에서 살아가는 존재다. 죽음은 인간이 가장 두려워하는 불안의 원천이다. 현대인의 심리적 문제 중에는 죽음을 비롯하여 고독이나 무의미와 같이 인간의 실존적 상황과 관련된 것이 많다. 많은 현대인이 인생의 의미를 발견하지 못한 채 허무감과 무의미감을 느끼는 '실존적 우울증'에 빠져 있다. 실존적 심리치료는 내담자의 심리적 문제를 인간의 실존적 조건에 초점을 맞추어 이해하고 치료하는 접근방법이다.

실존주의 심리학(existential psychology)은 실존주의 철학에 그 뿌리를 둔 심리학이다. 실존주의(existentialism)

는 인간 존재에게 주어진 궁극적인 속성인 실존(existence)에 대한 탐구를 기본으로 하며 죽음, 자유, 고독, 무의미와 같은 존재의 궁극적인 문제를 다루는 동시에 이를 직면함으로써 삶을 적극적으로 선택하고 의미를 발견하는 진실한 삶을 살게 하는 실천의 철학이다. 이에 기반하고 있는 실존주의 심리치료는 내담자로 하여금 자신의 실존상황을 직면하여 인식하고 자신의 삶에 대한 의미와 가치를 발견하여 실천하는 주체적인 삶을 살도록 돕는다. 실존적 심리치료는 명료한 이론체계나 구체적인 치료기법을 중시하지 않으며 단일한 이론으로 체계화되기보다는 일종의 치료적 철학으로서 다양한 입장이 존재한다.

1) 기본가정

실존주의 심리학은 명료한 이론체계를 갖춘 학문적 입장이 아니라 인간 삶의 문제를 실존주의적 입장에서 접근하는 다양한 주장의 집합체라고 할 수 있다. 따라서 실존주의 심리학자들의 주장을 일관성 있게 이해하는 것은 어렵다. 또한 실존주의 심리학자들은 인간의 공통적 속성에 대해서 고정된 주장을 제시하는 것이 바람직하지 않다고 여기기도 한다. 인간 존재는 각기 다른 개체성을 지닐 뿐만 아니라 끊임없이 변화하는 유동성을 지니고 있기 때문이다.

그러나 실존주의 심리학자들이 인간에 대해서 지니고 있는 공통적인 입장을 요약하면 다음과 같다. 첫째, 인간은 자기인식 능력을 지닌 존재다. 이러한 자기인식 능력으로 인해서 인간은 자기 존재와 자신의 삶에 대해서 성찰하고 선택할 수 있다. 인간은 자신이 죽을 수밖에 없는 존재라는 것을 인식할 뿐만 아니라 자신의 생각에 대해서 생각하는 존재이기도 하다. 또한 자신의 미래에 대한 다양한 가능성을 생각하고 그에 근거하여

자신의 행동을 선택하고 그러한 선택의 결과까지도 인식할 수 있는 존재다. 자신의 실존적 상황에 대한 인식이 확장될수록 자유가 증대되며 더욱 충만한 삶으로 나아갈 수 있다.

둘째, 인간은 실존적 불안을 지니고 살아가는 존재다. 인간은 자신의 의사와 상관없이 이 세상에 '우연히 던져진' 존재로서 주어진 상황 속에서 살아가야 한다. 인간이 처한 실존상황의 주된 네 가지 특성은 죽음(유한성), 고독(분리성), 무의미(무근거성), 자유(불확실성)다. 자신의 실존적 상황에 대해서 느끼는 인간의 근본적인 불안이 실존적 불안이다. 실존적 불안은 모든 인간이 필연적으로 경험하는 필수조건이다. 이러한 실존적 불안에 어떻게 대처하느냐에 따라서 개인의 삶이 달라진다.

셋째, 인간은 선택의 자유와 책임을 지닌 존재다. 인간은 자신의 삶을 스스로 선택하고 결정할 수 있는 주체적 능력을 지니고 있다. 인간은 선천적 요인과 환경적 요인에 의해 제약을 받기는 하지만 이러한 외부적 영향에 의해서 전적으로 결정되는 존재가 아니다. 인간은 주어진 환경의 희생자가 아니라 선택에 의해 자신의 삶과 운명을 결정하는 주인이다. 인간은 매순간 무한한 선택의 자유와 권리를 지니고 있다. 또한 인간은 자신의 삶을 주체적으로 이끌어 갈 책임을 받아들여야 할 뿐만 아니라 자신의 선택에 대해서 책임을 져야 한다. 자유와 책임은 동전의 양면과 같다. 인간은 자유로운 만큼 책임져야 하며, 책임질 수 있는 만큼 자유로운 존재다. 인간은 과거-현재-미래의 연속선상에서 자신의 영향력을 인식함으로써 용기 있는 선택과 결단이 가능하다.

넷째, 개인은 그만의 주관적 세계 속에서 이해되어야 한다. 현상학적으로, 세계는 우리 자신의 구성물이기 때문에 개인을 이해하기 위해서는 그가 구성하는 주

관적 세계를 이해해야 한다. 인간은 세계-내-존재(being-in-the-world)로서 여기에서의 세계는 자신이 그 안에 존재할 뿐만 아니라 그것의 구성에 참여하는 의미 있는 관계구조를 뜻한다. 개인의 주관적 세계는 물리적 환경, 동료 인간 그리고 자기 자신과의 관계를 반영하는 다양한 양식의 세계가 있다. 인간은 실존적으로 단독자이면서 타자와의 관계를 추구한다. 개인의 세계-내-존재 양식을 이해하는 것은 자기정체성과 더불어 타자와의 관계양식, 즉 사랑에 대한 경험을 이해하는 데 중요하다.

마지막으로, 인간은 삶의 의미와 목적을 추구하는 존재다. 삶의 의미와 목적은 인생의 방향키와 같은 것이며 삶의 중요한 원동력이다. 자신의 삶에서 의미감을 느끼지 못하는 사람은 우울감과 무기력감을 느끼게 되는 실존적 공허를 경험하게 된다. 우리의 삶에는 정해진 계획이나 의미가 없기 때문에 개인은 자신의 의미를 스스로 창조해야 한다. 실존주의 심리치료는 내담자가 삶의 의미를 발견하도록 돕는 일에 깊은 관심을 지닌다.

실존주의 심리학의 주요인물

실존주의 심리학은 그 핵심가정과 인간관이 실존주의 철학에 깊이 뿌리내리고 있으며 여러 실존철학자의 사상에 토대를 두고 있기 때문에 단일한 창시자를 논하기가 어렵다. 실존철학을 심리치료 분야에 처음으로 적용한 인물은 Ludwig Binswanger이며 두 번째의 선구적인 인물로는 Medard Boss를 들 수 있다. 대부분의 실존치료자가 실존철학적 관점을 자신의 치료에 활용했지만 체계적인 이론이나 기법을 제시하지 않았다. 실존주의 심리학과 심리치료가 널리 알려지는 데는 Rollo May의 공헌이 크며, Irvin Yalom은 여러 저술을 통해서 실존주의 심리학의 이론체계를 정립하는 데 기여했다.

■ Rollo May

Rollo May(1909~1994)는 미국에서 가장 영향력 있는 실존적 심리치료자로서 유럽의 실존주의 심리학을 미국에 전파하고 심리치료에 적용한 핵심적인 인물이다. 그는 미국의 오하이오에서 출생했으며 행복하지 못한 가정에서 6남매의 장남으로 자라났다. 부모의 결혼생활은 늘 불화로 삐걱거렸고, 결국 이혼했으며, 여동생 한 명은 정신분열증을 앓았다. 어머니는 자녀를 돌보지 않고 자주 집을 비웠으며 장남인 May가 동생들을 돌봐야 하는 막중한 책임감을 느끼며 어린 시절을 보냈다.

그는 대학에서 영문학을 전공하고 그리스에서 교사생활을 하기도 했으며 비엔나를 방문하여 Alfred Adler와 함께 정신역동치료에 대한 공부를 하기도 했다. 미국으로 돌아온 그는 유니온 신학대학에서 다시 신학을 공부했다. 이때 독일인 신학자인 Paul Tillich의 사상에 깊이 심취하였으며 그와 오랜 우정을 나누며 많은 영향을 받았다. 신학을 공부한 May는 고통 받는 사람들에게 도움을 줄 수 있는 최선의 방법은 신학이 아니라 심리학이라고 생각하고 컬럼비아 대학교에서 임상심리학을 공부하여 박사학위를 받았다. 그는 뉴욕에서 임상활동을 시작하였으며 저명한 대중적 저서들을 통해서 자신의 실존적인 심리학 사상을 많은 사람에게 전달했다.

May는 박사학위 과정 중에 결핵에 걸려 요양소에서 2년간 머물면서 키에르케고르를 위시한 실존철학자의 책들에 심취하며 불안에 대한 실존적 측면을 인식하게 되었다. 이러한 경험은 박사학위 논문에 근간이 되었으며 1950년에 발간한 그의 첫 저서 『불안의 의미(*The Meaning of Anxiety*)』에서 소개되었다. 그는 이 책에서 "불안은 자유의 어지러움"이라는 키에르케고르의 유명한 말을 인용하면서 불안을 개인이 자기 존재에 핵심적으로 중요하다고 여기는 가치들이 위협받을 때 촉발되는 두려움이라고 규정하고 있다. 1969년에는 그의 저명한 저서 『사랑과 의지(*Love and Will*)』를 통해서 사랑과 친밀한 관계에 대한 개인적 경험을 소개하고 성(性)과 결혼의 가치에 대한 의문을 제시하였다.

May는 심리치료자들이 내담자로 하여금 삶의 의미를 발견하도록 돕는 데 목표를 두어야 하며, 피상적인 문제의 해결보다는 죽음, 늙음, 고독과 같은 실존적 문제에 관심을 갖도록 해야 한다고 주장했다. 그들이 고독과 두려움 속에서 죽음을 기다리는 수동적인 삶을 살기보다 주체적으로 자신의 존재 의미를 발견하고 추구하는 삶으로 나아가도록 도와야 한다. May는 사람들이 과도한 개인주의를 극복하고, Adler가 주장하는 공동체 의식과 균형을 이루어야 하며, 심리치료자들은 내담자로 하여금 자신이 존재하는 사회를 개선시키는 방법을 발견하도록 도와야 한다고 주장했다. May는 실존철학과 인본주의 심리학을 접목하여 심리치료에 적용한 주요한 인물로 간주되고 있다.

■ Irvin Yalom

Irvin Yalom(1931~현재)은 미국의 정신과의사로서 1980년에 『실존적 심리치료(*Existential Psychotherapy*)』를 출간함으로써 비논리적인 모호한 것으로 간주되었던 실존주의 치료의 이론체계를 제시한 인물이다. 그는 1931년에 워싱턴에서 태어났으며 그의 부모는 미국으로 이주해 온 러시아계 유대인이었다. 그의 부모는 가난하고 폭력이 난무하는 지역에서 채소장사를 하며 살았기 때문에 Yalom은 어린 시절을 밖으로 나가지 못한 채 집안에서 책 읽는 일로 보내야 했다.

Yalom은 존스 홉킨스 의과대학에 진학하여 정신의학을 공부했다. 그는 전문의가 된 후 2년간 육군에 복무하고 그 이후부터 스탠포드 대학교에서 정신과 교수로 재직해 왔으며 실존적 심리치료의 모델을 개발하는 데 노력해 왔다. Yalom은 네 편의 소설을 비롯하여 『실존적 심리치료』, 『나는 사랑의 처형자가 되기 싫다(*Love's Executioner and Other Tales of Psychotherapy*)』, 『집단치료의 이론과 실제(*The Theory and Practice of Group Psychotherapy*)』와 같이 실존치료와 집단정신치료에 관한 다수의 책을 저술했다. 그에 따르면, 인간에게는 고독, 무의미함, 유한성, 자유라는 네 가지의 실존적 조건이 주어져 있다. 인간은 이러한 조건에 대해 다양한 방법을 통해서 적응적 또는 부적응적으로 반응할 수 있다. Yalom은 다양한 정신병리가 네 가지의 실존적 주제와 밀접하게 관련되어 있으며, 심리치료는 이러한 주제에 초점을 맞추어 진행되어야 한다고 주장하고 있다. 그는 현재 스탠포드 대학교 정신과의 명예교수로 활동하고 있다.

2) 성격이론

실존주의 심리학자들은 개인을 범주화하거나 진단하는 규정적 모델을 배격한다. 인간을 유형으로 구분하거나 구성요소로 분해하는 성격이론을 제시하지 않는다. 실존심리학의 관점에서 개인의 삶에 가장 중요한 영향을 미치는 것은 실존적 불안이다. 인간의 성격적 역동에 있어서 가장 중요한 갈등은 욕망의 억압이나 어린 시절의 갈등이 아니라 개인과 실존적 조건 간의 갈등, 즉 실존적 불안이다. 실존적 불안은 죽음, 자유, 소외, 무의미함이라는 실존적 조건의 불가피성에 뿌리를 두고 있다(Yalom, 1980). 실존적 불안은 불쾌한 것으로 여겨지기 때문에 억압되거나 회피될 수 있으며 정신병리를 초래하는 원인이 될 수 있다. 그러나 실존적 불안은 진실한 삶과 성장을 촉진하는 건설적인 것이 될 수도 있다. 다음과 같은 네 가지 실존적 조건, 즉 인간의 궁극적 관심사에 개인이 어떻게 대처하느냐에 따라 그의 성격과 삶이 달라진다.

(1) 네 가지의 실존적 조건

① 죽음

인간의 삶에서 유일하게 확실한 것은 자신이 죽는다는 사실이다. 죽음은 인간이 피할 수 없는 확실한 미래다. 죽음은 개인의 존재를 무화(無化)시킨다. 언젠가 죽을 수밖에 없다면 인생은 무슨 의미를 지니는가? 죽음은 인간에게 격렬한 실존적 불안을 야기한다. 죽음의 공포에 대처하기 위해서 개인은 죽음을 자각하지 않기 위한 방어적 노력을 기울인다. Krueger와 Hanna(1997)가 주장했듯이, "죽음에 대한 공포는 죽음을 회피하는 사람에게는 무력감을 초래하지만, 죽음의 불가피성을 수용하는 사람은 죽음의 회피로부터 유래하는

진부한 삶으로부터 해방될 수 있다는 점에서 죽음은 역설적 특성을 지니고 있다." 죽음을 초월하든, 죽음에 직면하며 고양된 자각을 발달시키든, 죽음에 대한 갈등으로 동요하든, 죽음을 회피하거나 부인하든 죽음은 인간의 실존에 깊은 영향을 미친다.

많은 현대인은 죽음의 자각을 회피한 채로, Heidegger의 표현을 빌리면 '존재를 망각한 상태'로, 살아간다. 과도하게 돈이나 일, 쾌락에 집착하는 것은 죽음에 대한 방어일 수 있다. 그러나 죽음의 불안은 의식의 표면 밑에서 끊임없이 인간의 삶에 막강한 영향을 미친다. 대부분의 정신병리는 죽음에 대해 적절하게 대처하지 못한 결과다. 부적응적인 성격과 증상은 죽음에 대한 개인적 공포에 그 뿌리를 두고 있다.

그러나 실존철학자들은 죽음을 부정적인 것으로 보지 않으며 삶의 의미를 부여하는 인간의 기본조건으로 여긴다. 역설적이게도, 죽음은 삶에 긍정적인 기여를 한다. 영원히 살 수 있다면 우리의 삶이 어떠할 것인가? 유한한 삶이기 때문에 소중한 것이다. "기꺼이 생을 끝낼 준비가 되어 있는 자만이 생의 진정한 맛을 즐길 수 있다"는 Seneca의 말처럼, 죽음은 진정한 삶을 가능하게 해 주는 조건이다. 죽음을 인식함으로써 우리는 삶에서 더 큰 기쁨과 의미를 발견할 수 있다. 죽음을 직면하는 것은 자질구레한 근심으로부터 보다 본질적인 삶의 유형으로 전환하도록 한다.

② 자유와 책임

우리는 자유를 불안의 근원으로 생각하지 않는 경향이 있다. 인간에게는 죽음 이외에 정해진 것이 없다. 모든 것이 불확실하다. 한치 앞을 알 수 없는 것이 인간의 삶이다. 매 순간 삶을 위한 선택을 해야 한다. 이러한 선택이 어떤 결과를 초래할지 알기도 어렵다. 인간 존재는 불확실성이라는 물결 위에 떠 있다. 이러한 불확

실성은 실존적 불안의 근원이다. 자유의 불안을 직면하지 못하는 사람은 의존적인 인간관계나 독선적 이념이나 종교에 빠져들 수 있다.

자유는 책임과 밀접하게 관련되어 있다. 자유와 책임은 동전의 양면과 같다. 자신의 의지로 선택한 것에 대해서 책임을 져야 한다. 실존철학자들의 공통된 주장은 인간에게는 선택의 자유가 있어서 자신의 운명을 스스로 결정할 수 있다는 것이다. 비록 인간은 자신의 의지와 상관없이 이 세상에 던져졌지만, 인간이 살아가는 방식과 변화되는 모습은 스스로 선택할 수 있다. 인간 실존의 중요한 특징은 자유(freedom)이므로, 인간은 자신의 삶을 이끌어야 할 책임(responsibility)을 스스로 받아들여야 한다. 그러나 자신의 삶에 대한 책임을 인식하지 못하거나 부담스러워하는 사람들이 있다. 이들은 자신의 책임을 회피하거나 다른 사람에 전가하고 때로는 선택의 자유를 포기하기도 한다. 어떤 이들은 '나는 이런 기질을 지니고 태어났기 때문에 어쩔 수 없다'거나 '나는 불우한 가정에서 자랐기 때문에 이럴 수밖에 없다' 등의 합리화를 통해 자신의 삶에 대한 책임을 회피할 수도 있다.

Sartre는 자신의 삶에 대한 책임을 거부하는 사람을 언급하면서 '나쁜 신앙(bad faith)'이라는 표현을 사용했다. 그에 따르면, 인간은 끊임없이 자신의 미래를 선택해야 하며, 살아있는 한 이 선택은 결코 끝나지 않는다. Frankl은 자유와 책임의 연관성을 강조하면서 미국의 동부 해안에 있는 자유의 여신상이 의미를 지니기 위해서는 서부 해안에 책임의 여신상이 건설되어야 한다는 주장을 하기도 했다.

③ 고독

인간은 타자와 분리된 개체로서 근본적으로 고독한 존재다. 또한 죽음 앞에서는 누구나 단독자다. 인간이

얼마나 철저하게 고독한 존재인지 아는 것은 그리 어렵지 않다. 소외(isolation)란 인간의 근원적인 고독으로서 대인관계의 고립을 넘어서는 것이다. 인간은 타인과 아무리 친밀한 관계를 맺더라도 결국은 닿을 수 없는 궁극적인 간격이 있다.

Yalom(1980)은 세 가지 형태의 소외를 언급하면서 실존적 소외를 다른 것과 구분했다. 첫째는 대인관계적 소외(interpersonal isolation)로서 타인과의 소원한 관계를 의미하며 일반적으로 외로움이라 부른다. 둘째는 개인내적 소외(intrapersonal isolation)로서 개인의 내면적 요소가 자아와 통합되지 못한 채 유리된 상태를 말한다. 위협적인 욕구나 불쾌한 감정이 억압되어 자신의 일부로 의식하지 못하는 상태를 뜻한다. 마지막 셋째는 실존적 소외(existential isolation)로서 개인이 아무리 노력해도 타인과 연결될 수 없는 간격이나 인간과 세계의 근본적 분리를 의미한다.

인간관계와 관련된 정신병리는 실존적 소외에 대한 두려움에 뿌리를 두고 있다. 부적응적인 대인관계는 고독과 소외에 대한 방어이거나 타인과 진정한 관계를 맺기보다 상대방을 이용하려는 관계를 반영한다. 실존적 소외에 직면하지 못하고 두려움에 압도되면, 타인을 고독에 대한 방패로 사용하여 지배적이거나 소유적인 관계에 집착할 수 있다.

어떤 관계도 소외를 제거할 수는 없다. 우리들 각자는 실존적으로 혼자다. 하지만 사랑을 통해 소외의 고통을 경감함으로써 다른 사람과 소외를 공유할 수는 있다. 진정 고독한 자만이 참된 관계 맺기가 가능하다. 인간 존재의 고립된 상황을 인식하고 그것에 단호하게 직면하는 사람은 비소유적 사랑으로 타인과 관계를 맺을 수 있다.

④ 무의미

인간 실존의 중요한 특성 중 하나는 절대적인 근거가 없다는 것이다. 절대적이라고 할 수 있는 유일한 것은 바로 절대적인 것이 없다는 것이다. 인간이 자기 존재의 의미를 발견할 수 있는 절대적인 근거는 없다. 모든 것은 우연적이며 무의미하다. 이러한 무근거성(groundlessness)과 무의미성(meaninglessness)은 실존적 불안과 우울의 원천이다. Frankl 역시 의미의 부재는 실존적 스트레스의 최고점이라 결론지었다. 인간은 의미를 필요로 하지만, 절대적인 것은 없다. 그렇다면 의미를 지니지 않은 우주에서 의미를 필요로 하는 인간은 과연 의미를 발견할 수 있을까?

무의미한 세계에서 의미를 발견하는 것은 인간의 중요한 과제다. Bugental(1987)은 우리가 삶의 경험에 개방적인 태도를 취하게 되면 의미에 도달할 수 있다고 믿는다. 의미는 세계에 존재하는 것이 아니라 인간이 부여하고 발견하며 창조하는 것이다. 행복하려고 노력하면 행복을 느끼기 어렵듯이, 의미를 찾고자 노력하면 의미를 발견하기 어렵다. 의미는 행복처럼 간접적으로 추구될 수밖에 없는 것이다(Frankl, 1969; Yalom, 1980). 의미는 최선을 다해 일하고 사랑하며 창조할 때 생겨나는 부산물이다. 의미는 추구하는 것이 아니라 발생하는 것이다. 실존치료, 특히 의미치료는 내담자가 삶의 의미를 발견하도록 돕는다.

(2) 실존적 세계의 네 가지 차원

실존주의자들은 인간을 세계-내-존재(being-in-the-world)로 보고 있다. 인간은 세계 안에 존재하며 세계로부터 영향을 받는 동시에 세계에 참여하고 세계를 구성하는 존재다. 인간이 삶 속에서 불가피하게 직면하며 관계를 맺게 되는 네 가지 차원의 세계가 존재한다. 달리 말하면, 인간의 실존은 네 가지 기본적 차원, 즉 물리적·사회적·심리적·영적 차원에서 이해될 수 있다. 개인은 이러한 차원에서 나름대로의 세계를 구성하며 자신의 태도를 형성한다. 이렇게 구성된 세계가 바로 개인의 현실이다. 개인은 각 차원에서 긍정적인 접근적 열망과 부정적인 회피적 공포 사이의 어딘가에 존재한다.

① 물리적 차원의 자연세계

인간은 육체를 지닌 존재로서 환경의 물리적인 세계와 관계를 맺으면서 그에 대한 인식과 태도를 형성하게 되는데 그것이 바로 자연세계(Umwelt)다. 자연세계는 개인의 환경을 구성하는 토지, 동식물, 기후, 날씨를 비롯하여 소유물과 생활도구 그리고 자신과 중요한 타인의 육체와 관련된 현상(건강, 질병, 죽음)에 대한 태도를 포함한다. 개인의 자연세계는 두 가지의 양극적 태도로 구성될 수 있다. 물리적 세계에 대한 친근감과 두려움, 접근과 회피, 그리고 물리적 세계에 대한 통제적 지배와 순응적 수용이 그것이다. 자연세계에 대한 이러한 태도는 개인의 삶에 커다란 영향을 미치게 된다. 인간이 물리적 세계와의 관계에서 추구하는 것은 안전이다. 그러나 안전이 단지 일시적일 뿐이라는 것을 깨달음을 통해서 인간 실존의 한계를 인식하고 수용하는 것은 삶의 긴장을 완화시켜 줄 수 있다.

② 사회적 차원의 인간세계

인간은 다른 사람들과 상호작용하며 그들과 관계를 맺는다. 이러한 관계를 통해서 중요한 타인, 인간 집단 또는 인간 문화에 대한 태도를 형성하게 되며, 이것이 인간세계(Mitwelt)다. 인간세계는 타인에 대한 사랑과 증오, 수용과 거부, 소속과 소외, 협동과 경쟁이라는 양극의 태도로 구성될 수 있다. 이러한 태도는 개인의 인간관계와 사회생활에 강력한 영향을 미치게 된다.

예컨대, 타인을 혐오하거나 두려워하며 사회적으로 고립되고 위축된 삶, 타인의 인정과 애정을 맹목적으로 추구하는 의존적인 삶, 권력을 추구하며 타인을 지배하려는 삶, 유행과 관습을 따르면서 인기와 명예를 추구하는 삶으로 나타날 수 있다. 그러나 이러한 노력은 일시적인 만족을 줄 뿐 결국 허망한 것이며 인간은 고독할 수밖에 없다는 사실을 깨닫게 된다. 실존적 고독에 대한 직면과 수용을 통해서 진정한 인간관계가 가능할 수 있다.

③ 심리적 차원의 자기세계

인간은 외부의 대상뿐만 아니라 자기 자신과도 관계를 맺어 사적인 세계를 구성한다. 자신의 성격, 능력, 과거의 경험, 미래의 가능성 등에 대한 관점을 형성하는데, 이것이 자기세계(Eigengwelt)다. 자기세계는 강함과 약함, 적극성과 소극성, 자기수용과 자기혐오와 같은 양극의 태도로 구성된다. 인간은 누구나 자기정체감, 유능감, 자기가치감을 추구한다. 그러나 이러한 추구들이 좌절되면 혼란과 무력감을 경험하게 된다. 자신이 특별한 존재라는 과도한 자기중심성을 극복하지 못한 사람들은 개인적 상실과 죽음에 직면하게 되었을 때 심한 불안과 혼란을 경험하게 된다.

④ 영적 차원의 초월세계

인간은 궁극적이고 우주적인 타당성을 지닌 초월적 존재 또는 자신의 생명을 바칠 수 있는 이념과 의미를 추구하면서 나름대로의 가치를 창조한다. 인간은 이처럼 초월적인 존재 또는 이상적인 이념이나 세계를 창조하여 그것과의 관계 속에서 살아가는데, 이를 초월세계(Uberwelt)라고 한다. 초월세계는 신이나 종교에 헌신하는 삶, 이상적 사회를 위한 이념이나 가치를 위해 헌신하는 삶, 개인적인 가치와 의미를 위해 몰두하는 삶

과 같이 개인의 생활에 강력한 영향을 미칠 수 있다. 초월세계는 의미감 대 무의미감, 희망과 절망, 지혜로움과 어리석음의 양극적 태도로 구성된다. 인간은 모든 것이 무(無)로 돌아가는 공허감을 극복하고 유한성을 초월할 수 있는 어떤 것을 추구한다. 영원한 것을 추구하는 반대편에는 허무를 직면하고 수용하는 용기가 있다.

(3) 진실한 인간

실존주의 심리학자들은 개인의 성격을 유형화하고 분류하는 작업을 하지 않는다. 다만, 실존적 조건을 용기 있게 직면하며 실존적 삶을 사는 진실한 개인(authentic individual)과 그렇지 못한 개인으로 나누고 있다(Kobasa & Maddi, 1977). 진실한 개인은 인간의 실존적 조건들을 회피하지 않고, 직면하며, 수용하고, 자신의 삶에 대한 선택의 자유를 충분히 누리는 동시에 그에 대한 책임을 진다. Heidegger(1962)에 따르면, 진실한 사람은 실존에 대한 심오한 자각을 지니고 있는 사람이다. 이러한 사람들은 용기있게 자신이 선택한 삶을 지향하며 삶의 고난과 역경을 헤쳐 나간다. 즉, 존재의 용기(the courage to be)를 지닌 사람들이다. 이들은 무의미감에 휩싸이기보다 자신의 삶에서 의미를 발견하고 창조한다. 아울러 자신의 유한성을 받아들이며 죽음의 공포를 이겨낸다. 이들은 미래의 변화 가능성에 대해서 유연한 태도를 지니며 자기 나름대로의 가치와 의미를 추구한다. 아울러 타인과의 친밀감을 추구하며 자신을 둘러싸고 있는 사회와 환경에 대해서 깊은 관심을 지닌다.

반면에, 취약한 개인(vulnerable individual) 또는 진실하지 않은 개인(inauthentic individual)은 실존적 물음을 회피하며, 실존적 불안을 직면하지 않으려고 노력한다. 이들은 자유로운 선택을 통해서 자신의 삶을 긍정적으로 변화시키기 위한 용기가 부족하며 그러한 기회

를 상실한 것에 대한 실존적 죄책감을 지닌다. 이러한 사람들은 타인의 인정과 가치에 기반한 삶을 살아가며 타인과도 피상적인 관계를 맺을 뿐만 아니라 자신이 살아가는 사회와 환경에 대한 관심이 적다. 이러한 사람들이 가족의 사망이나 실연과 같은 충격적인 사건을 접하게 되면 실존적 위기에 처하게 되고, 많은 경우 부적응적인 방식으로 대처하여 정신병리를 나타내게 된다.

(4) 성격의 발달

실존주의 심리학자들은 성격의 발달에 대해서 체계적인 설명을 제시하지 않았다. 실존주의 치료자들은 과거를 탐색하기보다 미래가 되어 가는 현재(future-becoming present)에 관심을 지닌다. 그러나 발달과정에서 개인이 자신의 실존적 상황을 인식하고 그에 대처하는 방식이 변화할 수 있다. Yalom(1980)에 따르면, 실존적 불안은 보편적인 것이어서 성인뿐만 아니라 아동에게서도 드러난다. 어린 아동도 죽음에 대해 알고 있으며, 죽음의 두려움이 아동 생활에 넓게 침투해 있다. 아동은 부인(denial)을 중심으로 다양한 방어기제를 사용하여 죽음에 대한 불안에 대처한다.

May(1992)는 인간이 자신의 실존적 조건을 인식하고 대처해 나가는 실존적 발달모델을 제시한 바 있다. 이 발달모델은 자의식이 발생하기 이전인 유아기부터 진실한 성인으로 성장하는 발달과정을 5단계로 나누어 제시하고 있다.

그 첫 단계는 순수 단계(Innocence Stage)로서 자아와 자의식이 출현하기 이전인 유아기의 실존단계를 뜻한다. 자신의 실존적 상황에 대한 인식이 결여된 상태에서 기본적 욕구를 충족시키기 위해 살아가는 순진한 삶의 상태라고 할 수 있다.

둘째는 반항 단계(Rebellion Stage)로서 자유를 추구하기 위해 투쟁하며 자신의 자유를 억압하는 외부적 세력에 저항하는 단계다. 반항 단계에 있는 사람들은 자유를 추구하지만 그에 상응하는 책임에 대한 의식이 부족하다.

셋째는 결정 단계(Decision Stage)로서 부모로부터 벗어나 독립적인 삶을 추구하며 자신의 인생에서 무엇을 할 것인지 결정하는 단계다. 이 단계의 사람들은 반항 단계에서 추구했던 욕구들을 충족시키는 동시에 자신의 삶에 대한 책임을 자각하기 시작한다.

넷째는 관습적 단계(Ordinary Stage)로서 독립적인 성인으로서 자신의 삶과 행동에 대한 책임을 자각하지만 이러한 책임을 부담스럽게 여기는 실존 단계다. 이 단계의 사람들은 사회적 관습과 가치에 순응하며 편안함과 안정감을 추구하는 삶을 살아간다.

마지막 다섯 번째는 창조적 단계(Creative Stage)로서 자신의 실존적 조건을 용기있게 직면하며 실존적인 삶을 살아가는 진실한 사람의 단계다. 이들은 편협한 자기중심성에서 벗어나 창조적인 삶을 통해 자기실현을 추구하며 자유를 누리는 동시에 책임을 다하는 건강한 삶을 영위한다.

이러한 발달단계는 연령에 근거한 것이 아니라 개인의 실존적 태도에 근거한 것이다. 예컨대, 아동도 관습 단계나 창조 단계로 나아갈 수 있으며 성인도 반항 단계나 관습 단계에 머물 수 있다.

3) 정신병리 이론

실존주의 심리학자들은 정신병리의 원인에 대한 체계적인 이론을 제시하고 있지 않다. 심지어 일부 실존주의자들은 타인의 삶을 심리적 역기능이나 정신병리라는 개념으로 판단하는 것 자체가 부적절하다고 주장한다. 실존의 모든 것은 개인이 자신의 삶에 대해 선택한 것의 표현일 뿐이다. 그러나 고독감, 무의미감, 죽음에 대한 공포로 인하여 고통을 느끼거나 중요한 선택의 갈림길에서 불안과 혼란을 경험하는 사람들이 있다.

실존주의 심리학에 따르면, 대부분의 정신병리는 인간에게 주어진 실존적 조건을 직면하면서 느끼는 실존적 불안에 대한 방어에 기인한다. 궁극적 관심사에 대한 직면에서 발생하는 실존적 불안에 대한 방어는 다양한 방식으로 시도되는데, 정신병리는 억압, 회피, 부인과 같은 비효과적인 방어에 기인한다. 실존적 불안에 대한 방어가 지나치면 신경증적 적응상태로 빠져들어 자발적이고 창의적으로 사는 능력을 제한한다. 이들은 자신의 실존에 자각이 결여되어 있으며 그런 점에서 진실하지 못한 자기(inauthentic self)를 채택하여 살아가기 때문에 활기가 없으며 자주 무의미감을 느낀다. 네 가지 실존적 조건과 관련된 정신병리를 살펴보면 다음과 같다(Yalom, 1980).

죽음은 실존적 불안의 핵심을 이룬다. 『죽음의 부정(*The Denial of Death*)』을 저술한 Ernest Becker(1973)에 따르면, 죽음의 공포는 너무 압도적인 것이기 때문에 모든 인간과 사회는 그것을 부정하여 무의식 속에 억압한다. 실존치료자들은 죽음 공포에 대한 대표적인 방어기제로 특수성과 궁극적 구조자를 제시하고 있다. 특수성(Specialness)은 죽음의 법칙이 다른 사람들에게는 적용되지만 자신에게는 적용되지 않는다고 믿는 것이다. 자신은 특별한 존재여서 죽지 않을 것이라는 무의식적 믿음은 개인에게 자신감과 용기를 불러일으켜서 강력한 권력의지나 통제노력을 불러일으킨다. 이러한 시도가 어느 정도 성취되면, 죽음의 두려움은 더욱 무의식으로 억압되며 자신의 특별함에 대한 믿음이 강화된다. 죽음에 대한 또 다른 방어기제인 궁극적 구조자(The Ultimate Rescuer)는 자신을 영원히 보살피고 사랑하며 보호하는 존재에 대한 믿음을 의미한다. 이러한 구조자에 의해서 자신이 죽음으로부터 구원받을 것이

라고 믿는 것이다. 실존치료자에 따르면, 신과 같은 궁극적 구조자에 의존하는 것은 자신의 실존적 조건을 부정함으로써 진정한 자신을 상실하는 것이며 자신의 실존 가능성을 왜곡하는 것이다.

자유는 불확실성 속에서 선택의 불안을 유발할 뿐만 아니라 자신의 선택에 대한 책임감을 초래한다. 자유와 책임에 대한 불안은 다양한 방어기제에 의해서 회피되거나 억압된다. 선택의 자유를 회피하기 위한 방어기제로는 소망 차단과 단념 회피가 있다. 소망 차단(wish-block)은 자신이 무엇을 원하는지 알지 못하는 것이다. 자신이 원하는 소망들을 분명하게 자각하지 못하거나 적절치 않은 것으로 불신하며 억누르는 것이다. 결심 회피(avoidance of renunciation)는 선택을 위한 결심을 망설이며 미루거나 다른 사람에게 결심을 전가하는 것이다. 책임감을 회피하기 위한 방어는 다양하다. 자신은 무고한 희생자라거나 일시적으로 제정신이 아니었기 때문이라는 이유로 책임감을 부인하는 것, 자신이 선택한 것이 아니라 저항할 수 없는 외부의 힘에 의해 자신이 움직이고 있다고 믿는 것, 자신의 책임을 다른 사람이나 상황에 전가하는 것 등이 있다. 자유와 책임에 대한 과도한 방어는 우유부단하고 무기력한 삶을 초래하거나 창조적 삶을 방해한다.

고독과 실존적 소외의 경험은 매우 불쾌하기 때문에 무의식적 방어기제에 의해서 재빨리 회피된다. 실존적 고독에 대한 주된 방어는 관계맺기를 통해서 고독을 부정하는 것이다. Yalom(1980)에 따르면, 실존적 고독에 단호하게 맞서지 못하고 고독의 공포에 압도당하면 타인과 불안정한 왜곡된 관계를 맺을 가능성이 높다. 다른 사람 역시 자신처럼 고독하며 친밀한 관계를 갈망하고 있다는 점을 쉽게 이해하지 못하거나 타인을 인격체가 아니라 고독을 회피하는 수단으로 이용함으로써 병리적인 인간관계를 맺을 수 있다. 그 하나는 융합(fusion)

으로서 과도하게 의존적인 인간관계를 의미한다. 자신과 상대방의 분리성을 부정하고 하나가 되기를 원하며 자신을 다른 사람의 일부로 여긴다. 다른 하나는 타인의 관심 속에 존재하기(existing in the eyes of others)로서 "나는 누군가가 나에 대해서 생각하는 동안만 존재한다"고 믿으며 타인의 관심을 끌기 위해 기울이는 다양한 노력을 의미한다.

무의미는 허무감과 공허감을 유발하며 다양한 부적응 행동을 초래할 수 있다. Frankl(1963)은 실존적 무의미와 관련된 두 가지 증상 단계를 제시했다. 첫 단계는 실존적 공허(existential vacuum)로서 자신의 삶에 대한 의미와 가치를 발견하지 못하고 막연한 불만족감과 더불어 허무감과 권태감을 느끼는 상태를 뜻한다. 다음 단계는 실존적 신경증(existential neurosis)으로서 무의미함에 대한 징서적 반응과 더불어 명백한 부적응 증싱(우울증, 알코올 중독, 강박증, 무분별한 성행동, 무모한 행동 등)을 나타내는 경우를 뜻한다. Yalom(1980)은 이와 관련된 가장 흔한 임상적 문제로 강박적 활동을 들고 있다. 강박적 활동(compulsive activity)은 무의미함과 허무함을 회피하거나 보상하기 위해서 다른 활동에 강박적으로 집착하는 것을 뜻한다. 재물, 권력, 명예, 사회적 지위에 광적으로 집착하는 것이 대표적인 예이며 자신이 지닌 에너지를 소진하게 함으로써 실존적 무의미성을 망각하거나 회피하려는 시도라고 할 수 있다.

4) 치료이론

(1) 치료목표

실존주의 심리치료의 핵심목표는 내담자로 하여금 자신의 실존적 조건에 대한 인식을 증가시킴으로써 삶을 주체적으로 선택하고 책임지는 진실한 인간이 되도록 돕는 것이다. 실존치료자는 내담자로 하여금 자신이

세상에 존재하는 방식을 스스로 발견하도록 촉진하고 이전에는 전혀 인식하지 못했던 관점에서 문제의 해결방법을 발견하도록 돕는다. 아울러 내담자를 자유롭지 못하게 만든 경직된 신념과 행동패턴을 깨닫도록 돕는다. 그래서 내담자가 자신의 삶을 변화시킬 수 있는 힘이 자신에게 있으며 스스로의 선택에 대한 책임을 자각하게 함으로써 주체적인 삶을 살도록 돕는다. 이 과정에서 내담자는 실존적 불안을 경험하게 되는데, 실존치료자들은 내담자가 이러한 불안을 피하지 않고 직면하도록 이끄는 동시에 자신의 실존상황에 직면하는 존재의 용기를 지니도록 격려한다.

실존주의 치료들은 내담자의 과거에는 관심을 갖지 않는다. 그보다는 내담자가 현재나 미래에 행해야 하는 선택에 초점을 맞춘다. 현재의 실존에 대한 자각능력을 증가시키고 선택의 자유와 책임 의식을 증가시키는 일에 관심을 지닌다. 인간은 특별한 운명이나 숙명에 의해 결정된 존재가 아니라 자신의 인생을 스스로 만들어 가는 창조적 존재임을 강조한다. 아울러 내담자로 하여금 자신이 특별한 존재가 아니라는 것, 즉 실존적 조건을 지닌 유한하고 고독한 존재라는 것을 수용하도록 돕는다. 이러한 수용을 통해서 실존적 불안을 극복하고 인생을 자유로운 것으로 인식하게 된다. 치료자는 내담자가 자신의 삶에 대한 의미와 가치를 발견하도록 도움으로써 자신의 존재가치를 만들어 내는 창조적인 삶을 향해 스스로 선택하고 실천하도록 지원한다. 이러한 작업을 통해서 내담자가 진실한 삶을 살도록 돕는다.

(2) 치료원리

실존주의 치료는 내담자로 하여금 자신의 실존상황에 대한 인식능력을 향상시킴으로써 자유와 책임 의식 속에서 자신이 진정으로 원하는 삶을 살도록 돕는다. 인간은 자기인식능력이 있기 때문에 자신의 삶에 대해

서 반성하고 선택할 수 있다. 내담자의 자기인식능력을 향상시키는 것은 실존치료의 기본조건이다.

　치료자는 내담자의 실존적 조건, 즉 궁극적 관심사를 다루어 준다. 우선, 내담자가 죽음이라는 실존적 상황에 직면하도록 격려한다. 죽음의 자각은 사소한 것에 사로잡히지 않고 좀 더 핵심적인 것에 근거한 새로운 삶의 관점을 제공한다. 아울러 반복적으로 죽음의 주제를 다루는 것은 둔감화를 통해서 내담자가 죽음에 익숙해지고 죽음불안을 감내할 수 있게 된다. 둘째, 내담자가 자신의 삶에 대한 자유와 책임을 자각하도록 촉진한다. 내담자가 지닌 문제를 구체적으로 다룸으로써 그의 책임회피 방식을 파악하며 이를 내담자가 깨닫도록 돕는다. 셋째, 치료자는 내담자로 하여금 실존적 고독을 직면하게 하면서 자신의 인간관계 양식을 점검하도록 돕는다. 내담자는 인간 대 인간의 진실한 만남이 실존적 고독을 완화시킬 수는 있어도 완전히 제거하지는 못한다는 한계를 인식하면서 고독 속에 머무르는 새로운 방법들을 탐색해야 한다. 마지막으로, 치료자는 내담자로 하여금 삶의 의미를 발견하고 창조하도록 돕는다. 내담자는 자신의 존재가 무의미한 것이지만 스스로 의미와 가치를 부여함으로써 삶을 진실하고 충만한 것으로 만들 수 있다는 점을 인식한다. 내담자는 자신의 실존에 대한 직면과 깨달음을 통해서 좀 더 진실한 삶으로 나아가게 된다.

5) 실존주의 이론의 평가

　실존주의 이론은 물질주의적 가치관이 팽배하고 인간을 수단으로 대상화하는 현대사회에서 인간의 실존을 자각하며 진정한 삶을 살도록 자극하는 새로운 이론적 관점을 제시했다. 특히 실존주의 치료는 인간의 존재 상황에 대한 심오한 철학적 바탕 위에서 개인의 심

리적 문제를 바라보고 치료적 해결을 시도한다는 점에서 특별한 위치를 지닌다.

　실존주의 이론은 인간의 성격을 실존적 측면에서 이해하는 새로운 관점을 제시했다. 인간의 성격과 행동은 죽음, 고독, 무의미라는 실존적 조건에 대한 태도에 의해서 영향을 받는다. 정신병리는 이러한 실존적 조건을 외면하거나 그러한 조건의 자각을 차단하려는 방어적 시도에 의해 유발될 수 있다. 아울러 실존주의 치료는 인간의 실존적 조건을 긍정적으로 승화시킬 수 있는 긍정적인 관점을 제시하였다. 죽음과 고독의 자각을 통해서 삶과 사랑의 소중함을 인식하며 자유롭고 창의적인 삶을 살도록 촉구했다. 자유와 책임의 자각 속에서 자기 존재의 의미와 가치를 발견함으로써 인간 실존의 부정적 관점을 긍정적 관심으로 승화시킬 수 있음을 제시했다.

　또한 실존주의 이론은 인간을 기계적이고 일반적인 존재로 보는 대신 고유성을 가진 개별적 존재로 존중하며 개인의 주체성을 강조하고 있다. 또한 인간의 실존에 대한 궁극적 관심사를 다룸으로써 개인의 한계와 가치를 철학적 관점에서 조명하는 새로운 인간 이해의 틀을 제공해 주었다. 인간이 규격화되고 대상화된 현대사회에서 실존주의 이론은 인간의 개성과 가치를 강조하며 인간성 회복의 가능성을 제시했다.

　실존주의 이론의 가장 중요한 한계는 인본주의 이론과 마찬가지로 과학적 근거가 부족하다는 점이다. 실존주의 심리학자들은 자신의 이론을 입증할 수 있는 실증적 연구에 무관심하다. 그 이유는 실존주의 이론이 임상적 사례나 실존철학에 근거하고 있는 철학적 이론이기 때문이다.

　실존주의 이론에 기반을 둔 실존치료 역시 체계적인 이론과 기법을 제시하고 있지 않다. 따라서 실존치료를 적용하는 데 어려움이 있을 뿐만 아니라 그 적용범위가

제한되어 있다. 지적인 능력이나 철학적 통찰력이 결여된 내담자에게는 적절하지 않은 것으로 여겨지고 있다.

그러나 실존주의 이론은 다른 심리학 이론과의 접목 또는 통합을 통해서 영역을 확대하고 있다. 예컨대, Ernest Becker(1973)는 『죽음의 부정』을 통해서 인간의 무의식 속에 죽음의 공포가 자리 잡고 있으며 자신의 존재를 영원히 존속하고자 하는 불멸의 욕구가 개인의 삶뿐만 아니라 인류문화의 기반이라고 주장했다. 이러한 Becker의 주장은 인간의 다양한 행동이 죽음의 공포를 완화하기 위한 것이라는 공포관리이론(terror-management theory)의 기반이 되었으며 실증적인 연구를 통해 발전하고 있다(Greenberg, Pyszczynski, & Solomon, 1986). 또한 실존치료는 인간의 가장 궁극적이고 근원적인 갈등을 다루고 있다는 점에서 모든 심리치료의 철학적 바탕을 제공하고 있다. 기계론적 세계관과 물질주의적 가치관으로 인해 내면적인 공허감과 무의미감을 느끼고 있는 현대인에게 가장 필요한 것은 바로 실존주의적 인간관이라고 할 수 있다.

요약

1. 인본주의 심리학은 긍정적 인간관에 근거하여 정신분석과 행동주의 이론을 비판하며 1950~1960년대에 대두된 제3의 심리학으로서 Maslow와 Rogers가 대표적인 인물이다. 인본주의 심리학은 인간의 자유의지와 존엄성을 중시하며 자기실현 욕구를 인간의 가장 기본적인 상위 동기라고 주장한다.

2. Maslow는 인간의 욕구가 생리적인 것으로부터 안전, 사랑과 소속감, 존중의 욕구를 거쳐 궁극적으로 자기실현의 욕구로 발달한다는 욕구위계론을 주장했을 뿐만 아니라 창조적 업적과 인격적 성숙을 이룬 자기실현적 인간의 성격특징과 절정경험을 구체적으로 제시했다.

3. Rogers는 자신의 상담경험에 근거하여 인간의 성장잠재력을 신뢰하는 인간중심이론으로 제시했다. 그에 따르면, 인간은 자기실현 경향성을 지닌 하나의 통합된 유기체로서 주관적인 경험세계 속에서 살아간다. 아동은 부모로부터 자신의 가치에 대한 조건부 인정을 받으면서 유기체적 경험과 자기개념 간의 괴리를 경험한다. 이러한 괴리가 과도하거나 오랫동안 지속되면 심리적 부적응을 초래할 수 있다. 인간중심치료를 통해서 치료자가 내담자에게 무조건적 존중, 공감적 이해, 진

실성의 태도를 취하게 되면 내담자의 자기실현 경향성이 발현되어 온전히 기능하는 사람으로 성장하게 된다.

4. 인본주의 이론은 인간에 대한 긍정적 관점을 부각시키는 데 공헌했지만 과학적 근거와 이론체계가 부족하다는 한계를 지니고 있다. 그럼에도 불구하고 인본주의 이론은 개인의 성장 가능성에 대한 신뢰와 치료자의 수용적이고 공감적인 태도를 강조함으로써 현대의 심리치료와 상담에 커다란 영향을 미쳤다.

5. 실존주의 심리학은 실존주의 철학에 뿌리를 둔 심리학으로서 실존적 불안에 근거하여 인간의 성격을 설명하고 있다. 실존적 불안은 죽음, 자유, 소외, 무의미함과 같은 실존적 조건의 불가피성에 대한 자각에서 생겨나는 불쾌감이다. 진실한 인간은 실존적 조건을 외면하지 않고 용기 있게 직면하고 수용하면서 자신의 삶에 대한 선택의 자유를 누리는 동시에 그에 대한 책임을 지는 삶을 살아간다.

6. 실존주의 이론에 따르면, 대부분의 정신병리는 실존적 불안에 대한 부적절한 방어에 기인한다. 실존적 불안에 대해서 억압, 회피, 부인과 같은 비효과적인 방어를 사용할 때 정신병리

가 초래될 수 있다. 실존주의 심리치료의 목표는 내담자로 하여금 자신의 실존적 조건에 대한 인식을 증가시킴으로써 삶을 주체적으로 선택하고 책임지는 진실한 인간이 되도록 돕는 것이다.

7. 실존주의 이론은 인간의 성격과 정신병리를 실존철학의 관점에서 이해하고 조명하는 새로운 이론적 입장을 제시했으나 과학적 근거와 실증적 입증이 부족하다는 약점을 지니고 있다. 그러나 실존주의 이론은 기계론적 세계관과 물질주의적 가치관으로 내면적인 공허감과 무의미감을 느끼는 현대인에게 필요한 심리학의 관점이다.

제11장

통합적 성격이론:
심리도식이론과 진화론적 학습이론

인간의 성격을 설명하는 심리학 이론은 매우 다양하다. 인간의 심리적 세계 전반을 포괄적으로 설명하고 있는 거대이론(grand theory)을 비롯하여 성격의 특정한 측면이나 구성요소를 집중적으로 설명하고 있는 중소 규모의 다양한 이론들이 존재한다. 제2부에서는 성격을 설명하는 거대이론들을 살펴보았다. 심층심리학적 관점에서 인간의 무의식적 세계를 설명하는 정신분석이론과 분석심리학 그리고 개인심리학을 소개했으며, 인간 행동이 환경적 영향에 의해서 학습되는 과정을 설명하는 행동주의 이론, 신념과 사고과정에 초점을 맞추어 성격과 행동을 설명하는 인지주의 이론, 그리고 인간의 긍정적 또는 실존적 측면을 강조하는 인본주의 및 실존주의 이론을 살펴보았다. 모든 성격이론은 나름대로의 설명력과 강점을 지니고 있을 뿐만 아니라 한계와 약점도 지니고 있다.

인류문명사에서 심리학이라는 학문이 태동한 지 이제 겨우 한 세기가 지났다. 20세기는 인간의 성격을 설명하기 위한 다양한 거대이론이 제시된 시기라고 할 수 있다. 이어서 21세기의 성격심리학 분야에서는 크게 두 가지 흐름의 연구가 진행되고 있다. 그 하나는 성격의 특수한 영역을 정교하게 미시적으로 탐색하는 연구다. 예컨대, 특정한 성격특질(예: 완벽주의, 충동성)의 심리적 구조를 밝히고 환경적 자극과의 상호작용을 통해서 특정한 행동이나 심리적 증상이 유발되는 심리적 과정을 정교하게 밝히는 많은 연구가 진행되고 있다. 21세기의 다른 흐름은 다양한 성격이론의 강점을 종합하여 다양한 수준에서 통합하려는 시도다. 특히 심리치료 분야에서는 21세기에 심리치료 통합운동(psychotherapy integration movement)이 대세를 이룰 것으로 예견되고 있다(Norcross & Goldfried, 2005). 이미 많은 심리치료자들은 하나의 이론적 입장을 취하기보다 하나 이상의 이론적 입장을 조합하거나 절충한 통합적 입장을 취하고 있다(Prochaska & Norcross, 1994).

여러 성격이론과 연구결과들을 나름대로 통합한 성격이론이 다양하게 제시되고 있다. 이 장에서는 가장 대표적인 통합적 성격이론이라고 할 수 있는 Young의 심리도식이론과 Millon의 진화론적 학습이론을 살펴보기로 한다.

1. Young의 심리도식이론

심리도식이론은 미국의 임상심리학자인 Jeffrey Young이 다양한 성격장애를 설명하기 위해 제시한 성격이론인 동시에 성격장애를 효과적으로 치료하기 위한 치료이론이다. Young(1999; Young, Klosko, & Weishaar, 2003)은 전통적인 인지행동치료로 잘 치료되지 않는 내담자들, 특히 성격장애나 심각한 만성적 문제를 지닌 내담자들을 효과적으로 치료하기 위한 방법을 개발하고자 했다. 이를 위해서 Young은 인지행동이론의 바탕 위에서 애착이론, 대상관계이론, 구성주의 및 정신분석 치료, 게슈탈트 치료의 요소들을 통합한

Jeffrey Young

심리도식이론을 제시하고 있다. 이러한 심리도식이론에 근거한 치료방법이 심리도식치료(schema therapy)다.

Young은 펜실베이니아 대학교에서 박사학위를 받았으며 인지치료의 창시자인 Aaron Beck과 함께 박사후과정 연구자로 공동연구를 수행했다. 그는 현재 심리도식치료 연구소를 창립하여 소장으로 활동하고 있으며 심리도식치료에 관한 여러 저서를 출간한 바 있다. 대표저서로는 전문가를 위한 『심리도식치료(*Schema Therapy*)』와 일반인을 위한 자기치료서인 『새로운 나를 여는 열쇠(*Reinventing Your Life*)』가 있다.

1) 초기 부적응 도식

'Schema'라는 개념은 현대 심리학에서 오랜 역사를 지니고 있다. Bartlett(1932, 1958)과 Piaget(1926, 1936)까지 거슬러 올라가는 이 개념은 개인이 사건을 통합하고 의미를 부여하는 심리적 구조를 지칭하기 위해 사용되었다. Beck(1967)은 초기의 저술에서 정신장애를 유발하는 근본적인 인지적 요인을 설명하기 위해서 Schema라는 개념을 언급하였다.

심리학에서 Schema는 개인이 자신의 행동과 경험을 이해하고 표출하는 내면적인 인지적 구조를 의미한다. Schema는 뼈대, 골격, 윤곽이라는 의미의 어원을 지닌 단어로서 심리학에서는 '도식' 또는 '인지도식'이라고 번역되고 있다. 그러나 Young은 인지적 속성뿐만 아니라 신체감각, 정서반응, 행동경향성까지 포함하는 심리적 구조를 지칭하기 위해서 Schema를 사용하고 있기 때문에 여기에서는 '심리도식'이라고 번역하고자 한다.

인간은 다양한 사건과 경험 속에서도 자신과 세상을 일관성 있게 이해할 수 있는 안정된 시각을 유지하려는 인지적 일관성(cognitive consistency)의 경향을 지니고

있다. 이러한 인지적 일관성을 위해서 인간은 자신의 경험에 근거하여 자신과 세상에 대한 인식의 틀을 형성하는데, 그것이 바로 심리도식이다. 심리도식은 대부분 생의 초기에 형성되고 이후에 지속적으로 정교해지면서 생의 후기까지 인생 전반에 영향을 미친다.

Young(1990, 1999; Young et al., 2003)은 성격장애의 핵심이 아동기의 부정적 경험으로 인해 발달하는 심리도식에 있다고 주장하면서 이러한 도식을 초기 부적응 도식(Early Maladaptive Schema)이라고 명명했다. 초기 부적응 도식은 (1) 광범위하고 만연된 주제나 패턴을 지닌 심리적 구조로서, (2) 특정한 주제와 관련된 기억, 감정, 인지, 신체감각으로 구성되며, (3) 아동기 또는 청소년기에 발달하여, (4) 생애 전반을 통해서 정교해지고, (5) 자신과 대인관계의 평가에 영향을 미치며, (6) 인생의 다양한 영역에서 부적응 문제를 유발하는 역기능을 나타낸다. 달리 말하면, 초기 부적응 도식은 개인을 부적응 상태로 몰아가는 자기파괴적 사고와 감정 패턴으로서 생의 초기에 시작되어 일생 동안 개인의 삶에 영향을 미친다.

(1) 부적응 심리도식의 기원

Young과 동료들(Young et al., 2003)은 임상적 경험과 연구에 근거하여 성격장애의 기저에 존재하는 5개 영역의 18개 부적응 도식을 제시했다. 특정한 성격장애를 지닌 사람은 이러한 부적응 도식 중 서너 개 이상을 지니는 경우가 대부분이다. 초기 부적응 도식은 어린 시절에 형성되며 크게 세 가지의 요인, 즉 핵심 정서적 욕구, 생애 초기의 경험, 정서적 기질의 조합에 따라 그 내용이 결정된다.

① 핵심 정서적 욕구

초기 부적응 도식은 근본적으로 아동기에 충족되지 못한 핵심 정서적 욕구(core emotional need)로 인해서 발생한다. Young에 따르면, 아동은 다음과 같은 다섯 가지의 핵심 정서적 욕구를 지니고 태어난다.

1. 타인과 안정 애착을 형성하려는 욕구
2. 자율감과 유능감을 얻으려는 욕구
3. 욕구와 감정을 자유롭게 표현하려는 욕구
4. 자발성과 유희를 즐기려는 욕구
5. 현실적 한계를 인정하고 자신을 통제하려는 욕구

이러한 욕구들은 인간에게 보편적인 것이다. 개인차가 있지만 모든 사람들은 이런 욕구들을 지니고 있다. 이러한 핵심 정서적 욕구를 적절하게 충족시킬 수 있는 사람이 심리적으로 건강한 사람이라고 할 수 있다. 이러한 욕구를 가지고 태어난 아동은 선천적인 기질과 초기의 성장환경 간의 상호작용을 통해서 정서적 욕구가 충족되기보다 좌절되는 경험을 하게 된다. 이러한 좌절 경험은 특정한 주제에 대해서 민감할 뿐만 아니라 강렬한 정서적 반응을 유발하게 하는 부적응 도식의 형성에 영향을 미친다.

② 생애 초기의 경험

초기 부적응 도식은 일차적으로 유해한 아동기 경험에서 비롯된다. 가장 강력한 심리도식은 전형적으로 생의 초기에 핵가족 내에서 생겨난다. 어른이 되어 부적응 도식이 활성화되는 상황은 대부분 부모와 맺었던 아동기의 극적인 사건들과 연결되어 있다. 아동이 성장함에 따라서 또래친구, 교사, 사회집단, 문화적 환경과 같은 가족 이외의 요인이 영향력을 미치게 되는데, 이러한 요인들도 심리도식의 발달에 영향을 미칠 수 있다.

부적응 심리도식은 흔히 네 가지 유형의 초기 경험을 통해서 형성된다. 그 첫째는 욕구가 좌절된 경우다.

아동의 욕구가 적절하게 충족되지 못하고 심하게 좌절된 경우에는 정서적 결핍이나 버림받음과 관련된 도식을 갖게 된다. 이러한 아동의 초기경험에는 안정감, 보살핌, 이해받음, 사랑과 같은 중요한 정서적 요소가 빠져 있다. 두 번째 유형은 아동기에 외상 또는 심한 고통을 경험하는 것이다. 아동이 상처를 입거나 고통을 받게 되면, 불신/학대, 결함/수치심 또는 위험에 대한 취약성의 도식이 발달한다. 세 번째 유형은 아동이 지나친 욕구충족을 통해서 좋은 것을 너무 많이 경험한 경우다. 부모가 적당히 제공하면 좋을 것을 너무 많이 과도하게 제공한 경우다. 예컨대, 의존/무능감이나 특권의식/과대성 도식을 지닌 아동은 욕구의 좌절을 경험하지 못해서 나약하거나 제멋대로 행동하게 된다. 심리도식을 생성하는 네 번째 유형의 초기 경험은 중요한 타인을 선택적으로 내면화하거나 동일시하는 경우다. 아동은 부모의 생각, 느낌, 경험, 행동을 선택적으로 동일시하고 내면화한다. 예컨대, 어린 시절에 아버지에게 학대를 받으면서 성장한 사람의 경우, 자신의 학대경험은 억압한 채 학대자인 아버지와 동일시하여 그의 공격적인 생각, 감정, 행동을 내면화함으로써 매우 가학적인 사람이 될 수 있다.

③ 정서적 기질

아동의 정서적 기질(emotional temperament)도 심리도식의 발달에 중요한 역할을 한다. 대부분의 부모가 잘 알고 있듯이, 아동은 태어날 때부터 각기 독특하고 특징적인 기질을 지니고 있다. 어떤 아이는 짜증을 잘 내고, 다른 아이는 수줍음을 많이 탄다. 사소한 것에도 불안해하는 아이가 있는 반면, 탐색적이고 공격적인 아이도 있다. 기질은 선천적으로 타고나는 것으로서 심리치료만으로 변화시키기 어렵다. 아동이 나타내는 기질의 주요한 차원은 다음과 같다.

변덕스러운	⟷	둔감한
비관적인	⟷	낙관적인
불안한	⟷	침착한
강박적인	⟷	산만한
수동적인	⟷	공격적인
화를 잘 내는	⟷	유쾌한
수줍은	⟷	사교적인

아동은 이러한 여러 기질의 차원에서 어떤 지점에 위치하게 되는데, 이러한 지점들의 조합이 개인의 독특한 기질을 형성한다. 정서적 기질은 아동기의 고통스러운 경험과 상호작용하여 심리도식을 만들어 낸다. 아이들은 저마다 다른 기질을 지니고 있기 때문에, 동일한 환경에 대한 반응이 다를 뿐만 아니라 각기 다른 환경에 노출될 수 있다. 예를 들어, 수동적인 아이에 비해서 공격적인 아이는 난폭한 부모로부터 더 많은 신체적 학대를 당할 가능성이 있다. 성장환경이 유사하더라도 정서적 기질에 따라서 초기경험에 커다란 차이가 나타날 수 있다.

극단적으로 좋거나 극단적으로 나쁜 초기 환경은 정서적 기질을 압도하여 무력화시킬 수 있다. 예를 들어, 수줍음이 많은 아이라 하더라도 안전하고 사랑이 넘치는 가정환경에서 성장하면 여러 상황에서 편안하게 사람들과 어울릴 수 있게 된다. 반대로, 지나치게 거부적인 환경에서 성장하게 되면 사교적인 아이조차도 사회적 관계에서 위축될 수 있다.

(2) 심리도식 영역 및 초기 부적응 도식

성격장애를 지닌 사람들은 자신과 세상에 대한 독특한 신념과 기대를 지니고 있으며 생활사건의 의미를 특정한 방향으로 왜곡하는 경향이 있다. 이러한 경향은 대부분 초기 부적응 도식에 의한 것으로서 강렬한 감정과 부적절한 행동을 유발한다. Young과 동료들(Young et al., 2003)은 성격장애에 영향을 미치는 18개의 심리도식을 제시하고 있다. 이러한 도식들은 충족되지 못한 정서적 욕구에 근거하여 5개 범주의 심리도식 영역(schema domains)으로 구분된다.

심리도식 영역 1: 단절 및 거절
이 영역의 도식을 지닌 사람들은 안전, 안정감, 돌봄, 공감, 감정 공유, 수용, 존중 등에 대한 욕구가 자신의 예상대로 충족되지 않을 것이라고 기대한다. 이들은 어린 시절에 거부적이고, 냉담하며, 학대적이고, 예측하기 힘든 가족환경에서 성장한 경험을 지니고 있다. 단절 및 거절 영역의 심리도식에는 유기/불안정, 불신/학대, 정서적 결핍, 결함/수치심, 사회적 고립/소외의 5개 도식이 포함된다.

심리도식(영역 1)	도식을 지닌 사람들의 심리적 특징
1 유기/불안정	타인이 자신에게 정서적인 지지, 애정, 보호 등을 꾸준하게 제공하지 않을 것이라고 기대한다. 그 이유는 타인이 정서적으로 불안정하고 변덕스러워서 신뢰할 수 없기 때문이거나 그가 다른 사람을 더 좋아해서 자신을 버릴 것이라고 생각하기 때문이다.
2 불신/학대	타인이 자신을 학대하고, 모욕하며, 속이고, 이용할 것이라고 예상한다. 대부분 타인이 고의적으로 이러한 위해를 가할 뿐만 아니라 자신이 타인에게 잘 속아 넘어가거나 바보같이 행동하기 때문이라고 생각한다.
3 정서적 결핍	타인에게 정서적으로 지지받고 싶은 정상적인 소망이 적절하게 충족되지 못할 것이라고 기대한다. 정서적 결핍에는 세 가지의 유형, 즉 양육 결핍(관심, 애정, 따뜻함의 부재), 공감 결핍(이해, 경청, 감정 공유의 부재), 보호 결핍(지지나 안내의 부재)이 있다.
4 결함/수치심	자신을 결함이 있고, 열등하며, 중요한 측면에서 취약한 존재라고 느끼거나 자신의 참모습이 드러나면 타인에게 사랑을 받지 못할 것이라고 예상한다. 비판, 거절, 비난에 과민하고, 자의식이 강하며, 남들과 비교를 많이 한다. 타인과 같이 있을 때 불안전감을 느끼며, 자신의 결함을 수치스럽게 여긴다.
5 사회적 고립/소외	자신이 세상으로부터 고립되어 있다고 느낀다. 자신은 타인들과 다르며, 어떤 집단이나 조직의 일부가 되지 못한다고 느낀다.

심리도식 영역 2: 손상된 자율성 및 손상된 수행
이 영역의 도식을 지닌 사람들은 타인으로부터의 독립, 이별, 분리, 생존과 관련해서 그에 대처할 수 있는 자신의 능력을 과소평가하거나 환경과 미래에 대한 위협적 기대를 지니고 있다. 전형적으로 부모와의 관계가 밀착되어 있어서 과잉보호하며, 자신감을 약화시키고, 집 밖에서 유능하게 수행하는 것을 강화해 주지 않는 가족 기원을 지니고 있다. 이 영역에는 의존/무능감, 위험/질병에 대한 취약성, 밀착/미발달된 자기, 실패의 4개 심리도식이 있다.

심리도식(영역 2)	도식을 지닌 사람들의 심리적 특징
6 의존/무능감	타인의 도움이 없으면, 자신의 일상적인 과업(예: 자신을 돌보기, 일상적인 문제를 해결하기, 판단하고 결정하기, 새로운 과제에 도전하기)을 유능하게 감당할 수 없을 것이라고 믿으며 무력감을 느낀다.
7 위험/질병에 대한 취약성	끔찍한 재난이 언제라도 일어날 것이며, 자신은 그 재난을 도저히 막아낼 수 없을 것이라는 과장된 공포를 지닌다. 공포의 초점은 (1) 의학적 재난(예: 심장발작), (2) 정서적 재난(예: 미쳐버림), (3) 외부적 재난(예: 범죄로 인한 피해, 비행기 충돌, 지진) 중에서 한 가지 이상과 관련되어 있다.
8 밀착/미발달된 자기	충분한 개별화나 정상적인 사회성 발달을 이루지 못한 채, 한 명 혹은 그 이상의 중요한 타인(대부분 부모)과 지나치게 정서적으로 밀착되어 있다. 밀착된 타인의 지속적인 지지가 없으면 제대로 살거나 행복할 수 없다고 믿는다. 때로는 밀착된 타인 때문에 자신이 옴짝달싹할 수 없다고 느끼거나 타인과 융합된 느낌으로 인해 자신의 존재나 정체성에 대한 의문을 품기도 한다.
9 실패	자신이 이미 실패했거나 결국에는 실패할 것이라고 믿으며, 자신이 동료들에 비해 성취의 영역(예: 학업, 직업, 운동 등)에서 근본적으로 부적절하다고 믿는다. 자신이 다른 사람에 비해 어리석고, 무능하며, 지위가 낮고, 성공적이지 못하다고 믿는다.

심리도식 영역 3: 손상된 한계

이 영역의 도식을 지닌 사람들은 자신의 한계 인식, 타인에 대한 책임감, 장기적인 목표 지향 등에서 결함을 지니고 있다. 타인의 권리를 존중하지 않을 뿐만 아니라 협동하지 못하며 현실적인 목표를 설정하고 달성하는 데 어려움을 보인다. 이들은 책임감, 상호협력, 목표설정과 관련해서 적절한 훈육과 한계를 제공하지 못하고 과도하게 허용적이고 방임적이거나 우월감을 심어 주는 가족 기원을 지니고 있다. 손상된 한계 영역에는 특권의식/과대성과 부족한 자기통제/자기훈육의 도식이 있다.

심리도식(영역 3)	도식을 지닌 사람들의 심리적 특징
10 특권의식/과대성	자신이 타인보다 우월하고, 자신에게는 특별한 권리를 누릴 자격이 있으며, 자신은 보통의 사회적 관계에 적용되는 상호성의 규칙에 얽매일 필요가 없다고 믿는다. 현실적인 여건이나 타인의 입장을 고려하지 않은 채, 자신이 원하는 것이면 무엇이든 할 수 있거나 가질 수 있어야 한다고 주장한다.
11 부족한 자기통제/ 자기훈육	개인적인 목표를 이루는 데 필요한 자기통제와 좌절감내 능력이 부족하여 자신의 감정이나 충동을 조절하지 못하고 과도하게 표현한다. 불편감을 감내하지 못하고 고통, 갈등, 직면, 책임감, 노력을 회피하기 때문에 개인적인 성취나 사회적 역할수행을 잘 해내지 못한다.

심리도식 영역 4: 타인-중심성

이 영역의 도식을 지닌 사람들은 타인으로부터 사랑과 인정을 받으려 하고, 타인과 연결감을 유지하려고 하며, 거절을 회피하려고 하기 때문에 자신의 욕구를 희생한 채 타인의 소망, 감정, 반응에 과도하게 순응한다. 대부분 자신의 분노나 소망은 자각하지 못하고 억제한다. 이들은 자신에게 중요한 것을 억제해야만 사랑, 관심, 인정을 받을 수 있는 가족 기원을 지니고 있다. 이 영역에 속하는 심리도식에는 복종, 자기희생, 승인/인정 추구가 있다.

심리도식(영역 4)	도식을 지닌 사람들의 심리적 특징
12 복종	처벌당할 것을 두려워하기 때문에 타인에게 통제권을 내어주고 지나치게 복종하는 모습을 보인다. 타인의 분노, 거부, 보복을 피하기 위해서 그들에게 굴복하며 자신의 소망, 의견, 감정이 타당하지 않다고 지각한다. 일반적으로 분노감을 쌓아두는 결과를 초래하며 부적응적인 증상(예: 수동-공격적 행동, 신체화 증상, 감정의 위축, 물질남용)을 나타낸다.
13 자기희생	일상생활에서 자신의 만족은 희생한 채, 타인의 욕구를 충족시키는 데 지나치게 집착한다. 이런 행동을 하는 이유는 타인에게 불쾌감을 주지 않기 위해서거나 이기적인 행위에 대한 죄책감을 피하거나 타인과의 관계를 유지하기 위해서다. 자신의 욕구가 적절하게 충족되지 않으면, 자신이 돌봐준 사람에 대한 원망감을 나타낸다.
14 승인/인정 추구	진정한 자기정체감의 발달을 희생한 채, 타인으로부터 승인, 인정, 관심을 받거나 그들의 바람에 맞추는 것을 지나치게 중시한다. 이들의 자존감은 자기평가보다 타인의 반응에 의해 좌우된다. 타인의 인정과 관심을 받기 위해서 사회적 지위, 외모, 경제력, 성취 등을 과도하게 중요시한다.

심리도식 영역 5: 과잉경계 및 억압

이 영역의 도식을 지닌 사람들은 자신의 자연스러운 감정, 충동, 선택을 지나치게 억제하며, 윤리적 규범이나 엄격한 규칙에 지나치게 집착한다. 이로 인해 행복감, 감정표현, 이완과 휴식, 친밀한 관계, 신체적 건강 등을 희생하게 된다. 이들은 전형적으로 엄격하고, 요구가 많으며, 처벌적인 가족 기원을 지니고 있다. 이 영역에는 부정성/비관주의, 정서적 억압, 엄격한 기준/과잉비판, 처벌의 심리도식이 존재한다.

심리도식(영역 5)	도식을 지닌 사람들의 심리적 특징
15 부정성/ 비관주의	삶의 긍정적이고 낙관적인 측면은 최소화하거나 무시하는 반면, 삶의 부정적인 측면(예: 고통, 죽음, 손해, 실망, 갈등, 죄책감, 원망, 실수, 배신)에 지속적으로 초점을 맞춘다. 대부분 직업, 재정, 대인관계의 다양한 영역에서 결국에는 심각하게 잘못될 것이라는 부정적인 과장된 기대를 지닌다. 또한 실수를 하면 심각한 손해를 보거나 모욕을 당할 것이라는 지나친 두려움을 지닌다. 부정적인 결과를 과장하는 경향 때문에 만성적으로 걱정이 많고, 긴장하며, 불평이 많고, 우유부단한 특징을 보인다.
16 정서적 억압	타인에게 인정을 받지 못하거나 수치심을 느끼거나 충동조절의 실패를 피하기 위해서 자신의 행동, 감정, 의사소통을 지나치게 억압한다. 가장 흔히 억압하는 영역은 (1) 분노와 공격성의 억압, (2) 긍정적인 충동(예: 기쁨, 애정, 성적 흥분, 유희)의 억압, (3) 자신의 감정과 욕구를 자유롭게 표현하는 것의 억압, (4) 이성을 지나치게 강조하는 대신 자신의 정서에 대한 억압이다.
17 엄격한 기준/ 과잉비판	행동과 수행에 대한 매우 높은 내적인 기준을 지니고 있을 뿐만 아니라 비판당하지 않기 위해서 높은 기준(완벽한 수행, 윤리적 규범, 성취와 성공)을 충족시켜야만 한다고 믿는다. 항상 압박감을 느끼고, 여유를 갖지 못하며, 자신이나 타인을 지나치게 혹평한다. 즐거움, 휴식, 자존감, 성취감, 만족스러운 대인관계 등에서 심각한 손상을 보인다.
18 처벌	실수를 하면 누구나 가혹한 처벌을 받아야 한다고 믿는다. 자기 자신을 포함해서 자신의 기대나 기준을 충족시키지 못하는 사람에게 참지 못하고 화를 내거나 처벌하는 행동을 나타낸다. 인간이 불완전하다는 것을 용납하지 못하고 타인의 고충을 공감하려 하지 않기 때문에, 대부분 자신이나 타인의 실수를 용서하지 못한다.

정서적 결핍 도식을 지닌 내담자의 사례

　심리치료를 받기 위해 찾아온 젊은 여성인 N씨는 정서적 결핍 도식을 지니고 있었다. 그녀는 어린 시절부터 친밀한 관계를 통해서 정서적 욕구를 충족시키지 못했으며 지금까지도 그러했다. N씨는 외동딸이었는데, 그녀의 부모는 정서적으로 냉담한 사람들이었다. 부모가 물질적인 욕구는 충족시켜 주었지만, N씨를 따뜻하게 돌보지 않았고, 충분한 사랑과 관심을 보여 주지 않았다. N씨는 가족 속에서 늘 외로움을 느꼈으며, 부모는 그녀를 이해하려고 노력하지 않았다.

　N씨가 호소하는 문제는 만성적인 우울증이었는데, 그녀는 평생 계속 우울했다고 말했다. 지난 몇 년 동안 여러 번의 치료를 받았지만 우울증은 지속되었다. N씨는 이성관계에서 따뜻하고 부드럽기보다는 냉철하고 지적인 남자에게 매력을 느꼈다. 그녀의 남편도 이러한 유형의 사람이었다. N씨가 수용과 공감을 받기 위해 다가가면, 남편은 짜증을 내면서 그녀를 밀쳐냈다. 이러한 행위는 N씨의 정서적 결핍 도식을 활성화시켰으며, 그 결과 N씨는 남편에게 강렬한 분노를 느꼈다. 이러한 분노는 일정 부분 정당한 것이지만, N씨를 사랑하면서도 사랑의 표현에 미숙한 남편에 대한 과도한 반응이기도 했다.

　N씨는 분노로 인해서 남편을 더 멀리 했으며, 남편도 그녀와 거리를 두게 만듦으로써 N씨의 정서적 결핍 도식은 더욱 강화되는 결과를 초래했다. 이들의 결혼생활은 N씨의 심리도식에 의해서 유발된 악순환에 빠져 있었다. N씨는 아동기에 경험한 정서적 결핍을 결혼생활에서도 지속적으로 이어갔다. 결혼 전에 그녀는 애정 표현을 잘 하는 남자와 데이트를 했지만 그런 남자에게는 성적인 매력을 느끼지 못했으며 보통 수준의 다정한 표현에도 '숨이 막힐 것 같은' 느낌을 받았다고 말했다. 반면에, 냉정하지만 지적이면서 말수가 적은 남편에게서 오히려 편안함과 매력을 느껴 결혼하게 되었다고 한다. 이처럼 개인의 심리도식을 촉발하는 상대방에게 매력을 느끼는 경향은 성격적 문제를 지닌 내담자에게서 보편적으로 발견되는데, 이를 '심리도식 궁합(schema chemistry)'이라고 한다. 이 사례는 초기 아동기의 정서적 결핍이 심리도식을 발달시키는 과정을 보여 주고 있으며, 이렇게 형성된 심리도식은 역기능적인 대인관계와 만성적인 심리적 증상들을 야기하면서 생애 후반기까지 영속화된다.

(3) 심리도식 작용

　심리도식은 생명체처럼 생활경험 속에서 변화해 간다. 이러한 심리도식 작용(schema operation)은 크게 두 가지의 방향, 즉 심리도식 영속화와 심리도식 치유로 나아갈 수 있다. 심리도식과 관련된 모든 사고, 감정, 행동 및 생활 경험은 그러한 도식을 더욱 정교하고 강력하게 만들어 영속화시킬 수 있지만, 치료적 노력을 통해서 도식을 약화시키는 치유의 과정으로 나아갈 수 도 있다.

　심리도식 영속화(schema perpetuation)는 심리도식이 지속되도록 만드는 모든 내면적·행동적 과정을 말한다. 심리도식은 다음의 세 가지 기제를 통해서 영속화된다. 첫째, 심리도식은 인지적 왜곡(cognitive distortion)을 통해 영속화된다. 개인은 심리도식을 지지하는 정보에는 주목하고 그에 반대되는 정보는 무시하는 인지적 왜곡을 통해서 심리도식을 강화한다. 둘째, 심리도식은 자기패배적(self-defeating) 생활패턴을 통해 영속화될 수 있다. 행동적인 측면에서, 개인은 심리도식을 약화시킬 가능성이 높은 인간관계는 회피하는 반면, 그 도식을 촉발하여 영속화시키는 인간관계나 상황을 무의식적으로 선택하는 자기패배적 패턴에 집착한다. 마지막으로, 심리도식은 부적절한 대처방식(coping style)을 통해 영속화될 수 있다. 정서적인 측면에서, 개인은 심리도식과 연결되어 있는 정서를 차단하여 그 도식을 의식적으로 자각하지 못하게 만듦으로써 도식을 변화시키거나 치유할 수 있는 상태로 나아가지 못한다. 또한 대인관계에서 내담자들은 다른 사람으로부터 부정적인 반응을 이끌어내는 방식으로 대처함으로써 결과적으로 심리도식을 강화할 수 있다.

심리도식 치유(schema healing)는 심리도식치료의 궁극적인 목표다. 심리도식은 기억, 정서, 신체감각, 인지의 집합체이기 때문에 심리도식이 치유된다는 것은 도식과 연결된 부정적 기억, 정서, 신체감각의 강도가 약화될 뿐만 아니라 도식으로부터 파생되는 부적응적 사고가 감소하는 것을 의미한다. 심리도식이 치유됨에 따라 심리도식은 점점 덜 활성화되고, 심리도식이 활성화되더라도 전보다는 덜 압도되는 경험을 하며, 원상태로 회복되는 속도가 더 빨라진다. 심리도식 치유를 위해서는 기꺼이 심리도식에 직면하여 맞서 싸우려는 의지가 필요하며, 반복적인 훈련과 연습이 요구된다. 내담자들은 심리도식을 체계적으로 관찰해야 하며, 꾸준한 변화의 노력을 기울여야 한다. 심리도식이 수정되지 않는 한, 심리도식은 그 자체로 영속화될 것이다. 치료는 심리도식과 전쟁을 벌이는 것과 같으며, 치료자와 내담자는 심리도식을 극복하고 무너뜨리기 위해 동맹을 형성한다. 그러나 심리도식은 결코 완전히 사라지지는 않는다. 심리도식이 치유되면, 심리도식이 활성화되는 빈도가 줄어들고 이와 관련된 정서의 강도가 약해

지며 오래 지속되지 않을 뿐만 아니라 심리도식이 촉발되더라도 건강한 방식으로 반응하게 된다.

2) 부적응적 대처방식

성격장애를 지닌 사람들은 심리도식에 대응하기 위해서 생애 초기부터 부적응적인 대처방식(coping style)을 발달시킨다. 그렇게 함으로써 심리도식이 야기하는 강렬하고 압도적인 정서를 회피할 수 있기 때문이다. 이러한 대처방식이 때로는 내담자가 심리도식을 회피하는 데 도움이 되지만, 심리도식을 영속화하는 결과를 초래한다.

심리도식이론에서는 '심리도식 자체'와 '심리도식에 대처하기 위해 구사하는 전략'이 구분된다. 행동은 심리도식의 일부가 아니라 대처반응의 일부다. 심리도식과 대처방식을 구분하는 이유는 동일한 심리도식에 대해서 개인마다 다른 대처방식을 사용하기 때문이다. 또한 심리도식은 상당히 안정적이지만 대처방식은 시간의 흐름에 따라 변화할 수 있다.

심리도식에 대한 부적응적 대처방식에는 세 가지 유형, 즉 과잉보상(overcompensation), 회피(avoidance), 굴복(surrender)이 있다. 모든 유기체는 위협에 대응하는 세 종류의 기본적인 반응을 보이는데, 싸우기(fight), 도망치기(flight), 얼어붙기(freeze)가 그것이다. 이런 반응은 심리도식에 대한 세 가지 대처방식인 과잉보상, 회피, 굴복과 상응한다. 넓은 의미로 보면, 싸우기는 과잉보상이고, 도망치기는 회피이며, 얼어붙기는 굴복이라고 할 수 있다.

초기 부적응 도식을 지니고 있다는 것은 어린 시절에 위협이 존재했다는 것을 의미한다. 그 위협이란 아동의 핵심 정서적 욕구(안정 애착, 자율성, 자유로운 자기표현, 자발성과 유희, 현실적 한계) 중 하나를 좌절시키는

것이다. 그러한 위협에 직면했을 때, 아동은 세 가지 대처 반응을 조합해서 반응할 수 있다. 즉, 아동은 굴복할 수도 있고, 회피할 수도 있으며, 혹은 과잉보상할 수도 있다. 세 가지 대처방식은 모두 의식되지 않은 상태에서 무의식적으로 작동한다. 어린 시절에는 이러한 대처방식이 적응적이거나 건강한 생존방식일 수 있다. 그러나 아동이 성장함에 따라 대처방식은 부적응적인 결과를 초래한다. 왜냐하면 상황이 변화되었을 뿐만 아니라 개인에게 보다 나은 선택권이 주어졌음에도 불구하고 과거의 동일한 대처방식을 지속함으로써 심리도식을 영속화하기 때문이다.

(1) 심리도식 굴복

심리도식 굴복은 심리도식을 그대로 따르는 것을 말한다. 심리도식 굴복을 나타내는 내담자들은 심리도식을 회피하거나 맞서 싸우려고 노력하지 않으며, 심리도식이 진실이라고 받아들인다. 그들은 심리도식이 유발하는 정서적인 고통을 그대로 느끼며, 심리도식을 확증하는 방식으로 행동한다. 내담자들은 자신이 어떤 행동을 하고 있는지 깨닫지 못한 채 심리도식이 유도해 낸 행동패턴을 반복하고, 어른이 된 후에도 여전히 심리도식을 만들어 냈던 아동기 경험 속에서 살아간다. 심리도식을 촉발하는 자극과 마주칠 때, 그들은 부적절한 정서반응을 보이며 자신의 감정을 충분히 의식적으로 경험하게 된다. 내담자들은 과거에 '마음을 아프게 하는 부모'가 했던 방식과 가장 비슷하게 자신을 대하는 사람을 배우자로 선택한다. 그들은 배우자와의 관계에서 수동적이고 순응적인 방식을 지속적으로 나타내면서 심리도식을 영속화한다. 치료자와의 관계에서, 이러한 내담자들은 자신은 '어린아이' 역할을 하고 치료자에게는 '마음을 아프게 하는 부모' 역할을 맡김으로써 자신의 심리도식을 재현할 수 있다.

(2) 심리도식 회피

심리도식 회피는 심리도식이 활성화되지 않도록 자신의 삶을 조정하는 것을 뜻한다. 심리도식 회피를 나타내는 내담자들은 심리도식을 의식하지 않고 살려고 노력하며, 마치 심리도식이 존재하지 않는 것처럼 지내면서 이에 대한 생각을 회피한다. 그들은 심리도식을 촉발할 수 있는 사고와 심상을 차단한다. 그런 사고나 심상이 떠오를 때는 주의를 딴 곳으로 돌려버리거나 마음에서 몰아내려고 한다. 그들은 심리도식의 감정도 회피하는데, 관련된 감정이 의식에 떠오르면 이것을 반사적으로 밀쳐내 버린다. 심리도식을 회피하는 내담자들은 과도하게 술을 마시거나 약물을 남용하기도 하고, 난잡한 성생활을 하며, 과식을 하거나 강박적으로 청소를 하기도 하고, 자극적인 것을 추구하는 사람이나 일중독자가 될 수도 있다.

(3) 심리도식 과잉보상

심리도식 과잉보상은 마치 심리도식의 정반대가 진실인 것처럼 생각하고 느끼고 행동하면서 인간관계를 맺는 대처방식을 말한다. 이러한 대처방식을 지닌 내담자들은 심리도식에 대항하면서 심리도식을 갖게 된 어린 시절과 달라지려고 노력한다. 예를 들어, 어린 시절에 자신이 무가치하다고 느꼈던 사람들은 어른이 되어서는 완벽해지려고 노력한다. 어렸을 때 복종적이었던 아이들은 어른이 되면 다른 사람들을 무시한다. 통제를 많이 당했던 사람은 어른이 되어 오히려 다른 사람을 통제하거나 모든 형태의 영향력을 거부하기도 한다. 학대받았던 아이들은 다른 사람을 학대하기도 한다. 심리도식과 마주치게 될 때, 이들은 반격을 시도한다. 겉으로는 자신감과 확신에 차 있는 것 같지만, 내면적으로는 분출될 것 같은 심리도식의 압력에 위협감을 느끼고 있다.

과잉보상이 때로는 심리도식과 맞서 싸우려는 건강한 노력일 수 있지만 대부분의 경우 표적을 빗나가서 심리도식을 치유하기보다 영속화하는 결과를 초래한다. 과잉보상의 대처방식을 지닌 많은 사람들은 건강한 것처럼 보인다. 사실 사회적으로 존경받는 사람들(대중매체의 스타, 정치 지도자, 재계 실력자) 중에서도 과잉보상자들이 흔하다. 과잉보상자들은 전형적으로 심리도식을 반격하는 일에만 사로잡혀 있기 때문에 행동의 유연성이 부족하고 대부분의 경우 과도한 행동으로 인해서 부적응적인 삶을 나타내게 된다.

사람마다 서로 다른 대처방식을 발달시키는 이유 중 하나는 기질 때문이다. 기질은 심리도식보다 대처방식에 더 큰 영향을 미친다. 예를 들어, 수동적인 기질을 가진 사람들은 굴복하거나 회피하는 경향이 있는 반면, 공격적인 기질을 가진 사람들은 과잉보상을 하는 경향이 있다. 또는 부모나 중요한 타인의 대처행동을 선택적으로 내재화하거나 모방함으로써 특정한 대처방식을 지닐 수도 있다. 이처럼 동일한 심리도식을 지니고 있지만 다른 대처방식으로 인해서 현저하게 다른 삶의 패턴이 나타날 수 있다.

3) 심리도식 양식

인간은 하루에도 상황에 따라 심리적 상태와 행동방식이 변한다. 심리도식 양식(schema mode)은 현재의 자아상태로서 개인이 어떤 순간에 경험하는 일시적인 정서상태와 대처행동을 의미한다. 이러한 심리도식 양식은 개인이 과민하게 받아들이는 생활사건에 의해 촉발된다.

인간은 누구나 상황에 따라 각기 다른 심리상태를 경험한다. 가장 극단적인 경우는 경계선 성격장애 환자들이다. 이들은 어떤 극단적인 정서상태나 대처반응을 나타내다가 급격하게 다른 정서상태나 대처반응으로 변화하는 양상을 보인다. 예컨대, 배우자에게 몹시 격렬한 화를 표출하다가 친구를 보는 순간 격한 슬픔을 느끼고, 부모를 만나면 공포에 질려 로봇처럼 굳어버리며, 혼자 있을 때에는 충동적인 모습을 보이거나 자기혐오에 빠져들기도 한다. 이처럼 다양한 심리상태를 나타내는 이유는 개인이 다양한 심리도식 양식을 지니고 있어서 매 상황마다 다른 양식이 활성화되기 때문이다.

Young과 동료들(Young et al., 2003)은 성격장애 환자들이 흔히 나타내는 10가지의 심리도식 양식을 제시하고 있다. 이러한 양식들은 4개의 범주(아동 양식, 역기능적 대처 양식, 역기능적 부모 양식, 건강한 성인 양식)로 구분될 수 있다.

(1) 아동 양식

어른 아이라는 말이 있듯이, 성인에게는 어린아이의 심리상태가 존재한다. 아동 양식(Child mode)은 성인이 마치 아이처럼 느끼고 행동하는 것을 말한다. 아동양식에는 크게 네 가지, 즉 취약한 아동, 성난 아동, 충동적인 아동, 행복한 아동의 양식이 있다.

취약한 아동 양식(vulnerable child mode)은 특정한 심리도식이 활성화되어 도식이 형성되었던 아동기의 심리상태를 나타내는 경우를 말한다. 이러한 양식에는 유기된 아동 양식(abandoned child mode), 학대받은 아동 양식(abused child mode), 정서적으로 결핍된 아동 양식(deprived child mode) 그리고 거절당한 아동 양식(rejected child mode)이 있다.

성난 아동 양식(angry child mode)은 정서적 욕구의 좌절을 참지 못하고 아이처럼 분노를 표출하며 막무가내로 공격적 행동을 나타내는 상태를 뜻한다. 충동적인 아동 양식(impulsive child mode)에서는 자신이나 타인에게 초래될 수 있는 결과를 고려하지 않은 채 매 순간 자기가 하고 싶은 대로 감정을 표출하고 욕구에 따라 행동한다. 반면에, 행복한 아동 양식(happy child mode)은 정서적 욕구가 잘 충족되어 행복감과 만족감을 느끼는 아이와 같은 심리상태를 말한다.

(2) 역기능적 대처 양식

심리도식에 대한 대처방식(굴복, 회피, 과잉보상)에 따라 각기 다른 심리상태가 표출될 수 있다. 역기능적 대처 양식에는 세 가지의 유형, 즉 순응하는 굴복자, 분리된 보호자, 과잉보상자의 양식이 있다. 순응하는 굴복자 양식(compliant surrender mode)은 심리도식에 굴복함으로써 그 도식에 해당하는 사고와 감정을 경험한다. 분리된 보호자 양식(detached protector mode)은 심리도식이 유발하는 고통을 회피하기 위해서 정서적으로 거리를 두고, 물질을 남용하며, 자신을 자극하고, 타인을 회피하는 행동을 나타낸다. 과잉보상자 양식(overcompensator mode)은 심리도식에 대항하기 위해서 도식과 반대되는 극단적인 행동을 나타내지만 대부분의 경우 부적응적인 결과를 초래한다. 이러한 세 가지의 역기능적 대처 양식은 모두 심리도식을 영속화하는 데 기여한다.

(3) 부모 양식

역기능적 부모 양식에는 두 가지의 유형, 즉 처벌적인 부모와 요구적인 부모의 양식이 있다. 이러한 양식이 활성화되면, 내담자는 마치 내면화된 부모처럼 느끼며 행동하게 된다. 처벌적인 부모 양식(punitive parent mode)은 상대방을 나쁜 아이처럼 여기며 비판하고 화내며 처벌하는 행동을 하도록 만든다. 요구적인 부모 양식(demanding parent mode)은 상대방에게 지나치게 높은 기준을 부여하고 그러한 기준에 도달하도록 계속 압력을 가하며 밀어붙인다.

(4) 건강한 성인 양식

마지막 열 번째 양식은 건강한 성인 양식이다. 건강한 성인 양식은 자신의 나이나 사회적 역할에 적합한 심리상태와 대처행동을 나타낸다. 현실에 대한 왜곡 없이 적절한 상황파악이 이루어지며, 자신의 역할에 적합한 행동을 나타내게 된다. 심리도식치료를 통해서 강화하고자 하는 것이 바로 건강한 성인 양식이다.

4) 성격장애와 심리도식의 관계

심리도식이론은 성격장애를 설명하고 치료하기 위한 통합적 이론이다. [그림 11-1]에서 볼 수 있듯이, 심리도식이론은 성격장애를 아동기와 청년기의 기원, 초기 부적응 도식, 부적응적 대처방식, 심리도식 양식의 개념으로 설명하고 있다.

성격장애의 핵심은 아동기와 청소년기의 유해한 경험으로부터 형성된 초기 부적응 도식이다. 성격장애 환자들은 5개 영역의 18개 심리도식 중 몇 개를 지님으로써 부적응적 생활패턴을 나타낸다. 개인마다 심리도식에 대한 대처방식(굴복, 회피, 과잉보상)이 각기 다를 수 있기 때문에 동일한 심리도식을 지닌 사람들이 현저하게 다른 행동패턴을 나타낼 수 있다.

심리도식이론은 경계선 성격장애나 다중성격장애를 지닌 사람들의 경우처럼 매 순간 심리상태가 현저하게 변하는 것을 설명하기 위해서 심리도식 양식이라는 개념을 제시하고 있다. 성격장애를 지닌 직장인의 경우, 상사 앞에서는 비굴한 아이처럼 아첨을 떨고 부하직원에게는 처벌적인 부모처럼 호통을 치며 가정에서 배우자에게는 성난 아이처럼 막무가내로 폭력을 휘두르는 심리상태의 변화는 심리도식 양식의 개념으로 이해될 수 있다. 성격장애자들은 심리도식과 연결된 역기능적 양식의 출현으로 인해 부적절한 감정과 행동을 표출함

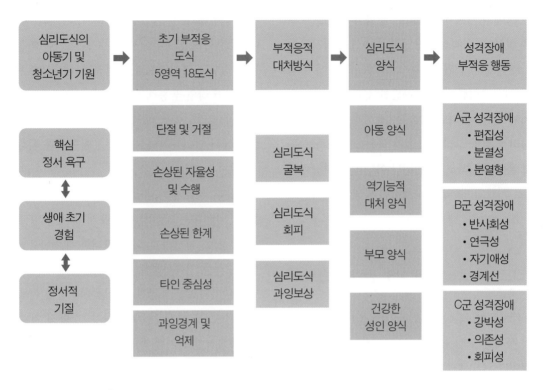

[그림 11-1] 성격장애에 대한 심리도식이론의 기본골격

으로써 부적응적인 삶의 상태에 빠져들게 된다.

Young에 따르면, 특정한 성격장애를 지닌 사람은 서너 개의 초기 부적응 도식을 지니고 있다. 예컨대, 강박성 성격장애자는 흔히 과잉경계 및 억제 영역의 도식 (예: 엄격한 기준/과잉비판, 정서적 억제, 처벌)을 지니고, 자기애성 성격장애자는 손상된 한계 영역의 도식(예: 특권의식/과대성, 부족한 자기통제/자기훈육)을 지니며, 의존성 성격장애자는 손상된 자율성과 손상된 수행 영역의 도식(예: 의존/무능감, 융합/미발달된 자기)을 지니고 있는 경우가 흔하다. 경계선 성격장애자의 경우에는 5개 영역 모두의 다양한 심리도식을 지니고 있는 경향이 있다.

그러나 성격장애와 심리도식의 관계는 좀 더 복잡하다. 동일한 심리도식이 대처방식(굴복, 회피, 과잉보상)

에 따라서 각기 다른 행동패턴으로 나타날 수 있기 때문이다. 예를 들어, 자신은 결함이 많은 열등한 존재라고 느끼는 '결함/수치심 도식'을 지닌 사람의 경우, 굴복의 대처방식을 지닌 사람은 나약하고 의존적인 성격패턴을 나타내는 반면, 회피의 대처방식을 나타내는 사람은 열등감을 느끼지 않기 위해서 경쟁이나 대인관계를 회피하는 행동패턴을 나타내고, 과잉보상의 대처방식을 지닌 사람은 열등감을 보상하기 위해서 지나칠 정도로 성취와 성공에 몰두하는 경쟁적인 행동패턴을 나타낼 수 있다.

Young은 성격장애의 하위유형을 외현적 행동보다 그 심리적 바탕인 심리도식에 근거하여 구분해야 한다고 주장한다. 그에 따르면, 성격장애에 대한 DSM-5의 진단기준은 주로 외현적인 행동특성에 근거하고 있을 뿐 그러한 장애의 기저에 존재하는 심리적 원인을 고려하지 않은 것이다. 성격장애를 근본적 원인에 입각하여 효과적으로 치료하기 위해서는 외현적인 행동에 초점을 맞추기보다 그러한 행동을 유발한 심리도식에 초점을 맞추어야 한다. 심리도식이론은 성격장애의 발달적 기원과 심리적 원인 그리고 외현적 행동을 설명하는 통합적인 모델을 제시하고 있을 뿐만 아니라 성격장애를 효과적으로 치료할 수 있는 구체적인 방법을 제시하고 있다.

5) 심리도식치료: 심리도식의 평가와 변화

심리도식치료의 목표는 개인을 부적응 상태로 몰아가는 초기 부적응 도식을 파악하여 그러한 도식을 약화시키는 것이다. 심리도식치료는 크게 두 단계, 즉 평가 및 교육 단계와 변화 단계로 이루어진다. 첫 단계인 평가 및 교육 단계에서는 내담자가 자신의 심리도식을 알아차리고, 심리도식의 아동기 혹은 청소년기 기원을 이해하며, 현재의 문제를 심리도식과 연결시킬 수 있도록 돕는다. 변화 단계에서는 다양한 치료전략을 사용하여 심리도식을 치유하고 부적응적 대처방식을 건강한 형태의 대처행동으로 변화시킨다. 성격장애에 대한 심리도식치료에 대해서는 26장에서 좀 더 상세하게 설명될 것이며, 기본적인 치료과정을 간략히 소개하면 다음과 같다.

(1) 평가 및 교육 단계

심리도식치료의 평가 단계에서는 (1) 역기능적 생활 패턴을 구체화하고, (2) 초기 부적응 도식을 밝혀내며, (3) 심리도식의 아동기 및 청소년기 기원을 이해하고, (4) 역기능적 대처방식을 찾아내며, (5) 기질을 평가한 후에, (6) 모든 요소를 종합하여 사례개념화를 한다. 심리도식의 평가는 심리도식 질문지, 과거의 성장경험에 대한 면담, 일상생활에서의 자기관찰, 현재 문제와 아동기 경험을 정서적으로 연결짓는 심상연습 등과 같은 다각적인 작업을 통해 이루어진다. 치료자는 내담자가 자신의 심리도식을 확인하고 아동기와 청소년기의 경험 속에서 심리도식의 기원이 무엇인지를 이해할 수 있게 돕는다.

아울러 치료자는 내담자에게 심리도식 모델을 교육한다. 내담자는 자신의 부적응적 대처방식(굴복, 회피, 과잉보상)을 자각하게 되고 그러한 대처반응이 어떻게 심리도식을 영속화하고 있는지를 알게 된다. 치료자는 모든 평가자료를 통합하여 내담자와 함께 현재의 문제, 관련된 도식, 심리도식 촉발상황, 발달적 기원, 대처방식, 핵심적인 인지적 왜곡, 주요한 심리도식 양식을 통합적으로 연결하는 심리도식 사례개념화(schema case conceptualization)를 하게 된다.

(2) 변화 단계

변화 단계에서 치료자는 매주 단위로 내담자에게 인지적·체험적·행동적·대인관계적 전략을 융통성 있게 혼합하여 적용한다. 심리도식 치료자는 경직된 절차나 형식에 얽매이지 않고 다양한 기법을 적절하고 창의적으로 적용하는 것이 중요하다.

① 인지적 기법

내담자가 자신의 심리도식을 타당한 것으로 여기는 한, 심리도식은 변화되지 않는다. 따라서 치료자는 내담자로 하여금 심리도식에 반하는 사례를 수집하도록 격려하고 합리성에 근거하여 심리도식의 타당성을 반증하게 된다. 내담자는 자신의 삶 속에서 심리도식을 지지하는 증거들과 반박하는 증거들을 찾아내서 나열하면서 치료자와 함께 그 증거들을 검토한다. 이런 과정을 거친 후에 치료자와 내담자는 그들이 함께 작성한 대처카드(flash card)에 심리도식에 반하는 사례를 요약하여 적는다. 내담자는 이 대처카드를 가지고 다니면서 자주 읽어 보며, 특히 심리도식을 촉발하는 상황과 마주쳤을 때 읽어 본다.

② 체험적 기법

체험적 기법은 언어적 대화를 통한 인지적 작업을 넘어서 심상을 통한 정서적 체험에 근거하여 심리도식의 기능을 약화시킨다. 심상 대화(imagery dialogue)를 통해서 내담자로 하여금 어린 시절에 자신에게 일어났던 고통스러운 경험들을 떠올리며 그 당시의 분노와 슬픔을 표현한다. 아울러 그들이 어렸을 때 자신에게 꼭 필요했지만 부모에게서 받지 못했던 것들에 대해서 이야기한다. 또한 현재의 삶에서 자신을 괴롭히는 심상들을 아동기 심상과 연결시킨다. 이러한 과정을 통해서 내담자는 심리도식을 직접적으로 직면하면서 그러한 도식에 대항하고 맞서 싸운다. 심상작업과 역할연기(role playing)를 통해서 내담자는 현재의 삶에서 중요한 사람들에게 하고 싶은 말을 하는 연습을 한다. 이러한 연습을 통해서 내담자는 자신감을 얻어 심리도식을 영속화하는 악순환을 정서적인 수준에서 약화시킬 수 있게 된다.

③ 행동패턴 바꾸기

행동패턴 바꾸기(behavioral pattern breaking)는 내담자의 부적응적인 행동패턴을 변화시키기 위한 다각적인 노력을 뜻한다. 치료자는 내담자로 하여금 부적응적인 대처반응을 보다 새롭고 적응적인 행동패턴으로 변화시키는 행동과제(behavioral homework)를 설계하도록 돕는다. 치료자는 치료시간 동안에 심상작업이나 역할연기를 통해서 내담자가 새로운 행동을 미리 연습하게 하고 이를 통해 내담자가 과제를 효과적으로 수행하도록 돕는다. 치료자는 대처카드와 심상기법을 사용하여 내담자의 행동변화를 가로막는 장애물을 극복할 수 있게 돕는다. 내담자는 과제를 수행하고 나서 치료자와 함께 결과를 논의하고 무엇을 깨닫게 되었는지 검토한다. 이러한 작업을 통해서 내담자는 자신이 배우자 선택이나 삶의 중요한 결정에서 어떻게 자신의 심리도식을 영속화하고 있는지를 깨닫게 될 뿐만 아니라 기존의 자기패배적인 생활패턴을 깨뜨릴 수 있는 보다 건강한 선택을 시작하게 된다. 내담자는 점차적으로 부적응적 대처방식을 포기하고 적응적인 행동패턴을 익혀 가게 된다.

④ 치료자-내담자 관계

심리도식치료자는 치료적 관계(therapeutic relationship)를 중요한 치료적 수단으로 활용한다. 치료자와 내담자의 관계에서 나타나는 내담자의 심리도식, 대처방식, 양식을 포착하여 평가하고 치료한다. 심리도식치료에서 중시하는 치료자의 역할은 공감적 직면과 제한된 재양육이다. 공감적 직면(empathic confrontation)은 치료자와 관련된 내담자의 심리도식이 떠오를 때 그러한 심리도식에 공감을 표현하는 동시에 그러한 심리도식과 대처방식이 왜곡된 것이고 역기능적이라는 점을 직면하도록 돕는 것이다. 제한된 재양육(limited reparenting)은 어린 시절에 내담자가 원했지만 그들의 부모로부터 얻을 수 없었던 것들을 치료적 관계의 범위 내에서 치료자가 제공해 주는 것을 말한다. 치료자는 이러한 관계적 노력을 통해서 내담자가 심리도식을 극복할 수 있는 심리적 통찰과 지지를 제공할 뿐만 아니라 내담자가 치료자의 태도를 학습하여 '건강한 성인'의 양식을 내면화하도록 돕는다.

2. Millon의 진화론적 학습이론

성격의 진화론적 학습이론(Evolutionary Learning Theory)은 Theodore Millon(1928~2014)이 인간의 성격과 성격장애를 다양한 이론적 관점에서 종합적으로 설명하기 위해 제시한 통합이론이다. Millon은 성격과 성격장애의 연구에 평생을 바친 미국의 임상심리학자다. 그는 동유럽에서 미국으로 건너온 이민자 유태인의 외아들로 태어났다. Connecticut 대학교에서 박사학위를 받았으며 펜실베이니아에 있는 거대한 정신병원인 Allentown 주립병원에서 15년 동안 근무했다. 이후에는 Illinois 대학교를 비롯하여 Harvard 의과대학과 Miami 대학교의 교수로 재직했다.

Millon은 1970년대에 Illinois 대학교에 재직하면서 성격장애에 대한 체계적 연구를 통해서 성격장애를 16가지 하위유형으로 구분했다. 그의 분류법은 DSM-III에서 성격장애의 하위유형을 구분하는 기반이 되었으며 DSM-IV의 개발과정에서는 성격장애 연구팀의 주요한 구성원이었다. 현재 DSM-5에서 제시하고 있는 성격장애의 10가지 하위유형은 DSM-III 이래로 Millon의 분류법에 근거한 것이다. 그는 성격장애와 임상적 증상의 측정을 위해서 MCMI를 개발했으며 『성격의 장애(*Disorders of Personality: DSM IV and Beyond*)』(1996), 『현대사회의 성격장애(*Personality Disorders in Modern Life*)』(2000), 『마음의 거장들(*Masters of the Mind*)』(2004)을 비롯한 많은 책을 저술했다.

Millon은 학술지인 *Journal of Personality Disorders*의 창립편집자였으며 성격장애 연구를 위한 국제 협회(International Society for the Study of Personality Disorders)의 창립회장이었다. 그는 성격학(personology), 성격이론, 성격장애, 성격측정의 분야에서 성격심리학을 발전시킨 업적으로 미국심리학회로부터 '심리학 응용의 평생공로상'을 받았을 뿐만 아니라 미국심리학재단은 Millon이 성격심리학 분야에서 이룬 공로를 기리기 위해서 '성격심리학의 Theodore

Theodore Millon(오른쪽은 2008년에 미국심리학회로부터 '심리학 응용의 평생공로상'을 받는 모습)

Millon상'을 제정했다.

1) 통합적 성격학과 임상과학의 모색

　임상심리학자였던 Millon은 인간이 나타내는 다양한 성격문제와 부적응 증상을 설명하고 치료할 수 있는 통합적인 이론체계를 구성하고자 했다. 그에 따르면, 현대인이 나타내는 다양한 병리적 문제는 근본적으로 생존과 적응을 지원하는 진화적 동력(evolutional principle)의 붕괴나 불균형에 기인한다. 성격의 부적응 문제는 무의식적 갈등, 비합리적 인지, 신경화학적 역기능만으로 설명할 수 없으며 이러한 것들은 진화적 기능의 부분적 표현일 뿐이다. 무의식 구조, 인지적 기능, 대인관계 양식, 신경호르몬은 모두 진화적 과정을 반영하는 구조적 또는 기능적 기제라고 할 수 있다. 이러한 각각의 측면들은 병리적 증상이 나타나는 문제 영역을 포착하고 그러한 증상을 구체화하여 이해하기 위해서 중요하다. 따라서 개인의 성격과 병리적 증상을 좀 더 온전하게 이해하려면 이러한 여러 측면을 통합적으로 이해하고 치유할 수 있는 통합적인 이론체계가 필요하다.

　Millon은 1990년에 발간한 저서 『새로운 성격학의 모색: 진화론적 모델(*Toward A New Personology: An Evolutional Model*)』에서 성격스타일과 성격장애에 대한 이론적 기반을 제시했다. 진화적 모델은 그가 1969년에 발표했던 '생물사회적 학습이론(biosocial learning model)'을 발전시킨 것이다. 진화적 모델을 제시하면서 Millon은 성격학(Personology)이라는 새로운 학문 분야에 다양한 이론과 지식의 통합이 필요함을 강조했다. 그는 인간의 성격과 부적응 문제를 이해하고 치료하는 임상과학(clinical science)이 좀 더 성숙하기 위해서는 다양한 이론과 분야의 시너지적 통합이 필요할 뿐만 아

니라 다음과 같은 5가지의 구성요소를 구비해야 한다고 주장했다.

(1) 보편적인 과학적 원리(universal scientific principle)는 자연세계든 인간세계든 어디에서나 발견되고 적용되는 진화이론의 보편적 법칙에 근거해야 한다. 이러한 원리는 특정한 개인에 초점을 맞춘 구체적인 개체-지향적 이론을 다양한 입장에서 구성하고 발전시키는 기반을 제공할 것이다.

(2) 개체-지향적 이론(subject-oriented theory)은 특수한 개인을 설명하는 개념체계로서 성격학 또는 정신병리학이 이에 해당된다. 이러한 이론들은 이미 확립된 지식이나 이론과 일관성을 지녀야 하며 부적응 현상을 설명하는 정교한 명제를 명료하게 제공해야 한다.

(3) 성격스타일과 부적응 증상의 분류(classification)는 개체-지향적 이론에 근거하여 논리적으로 도출되어야 하며 개인들을 군집화하고 변별하는 체계를 제공하게 된다.

(4) 성격 및 부적응 증상의 평가도구(assessment instruments)는 실증적인 자료에 근거하여 개발되어야 하며 이론적 명제와 가설을 적절하게 평가할 수 있도록 성격과 부적응 증상을 민감하게 측정하여 수량화할 수 있어야 한다.

(5) 개인 맞춤식 치료적 개입(personalized therapeutic intervention)은 성격과 부적응 증상을 치료하기 위한 계획적 전략과 방법으로서 이론과 일관성을 지녀야 하며 임상적 문제를 해결하고 수정하는 데 초점이 맞춰져야 한다. 개인의 특수성을 고려하여 전체로서의 개인(whole person)을 치료하기 위해서 다양한 치료기법을 시너지효과가 나타나도록 통합적으로 적용해야 한다.

2) 진화적 적응의 세 차원

Millon(1990; Millon & Davis 1996)은 성격의 개인차를 체계적으로 이해하기 위해서 진화론적인 설명모델을 제시하고 있다. 그에 따르면, 개인의 성격은 개인과 환경의 상호작용에 의한 결과다. 진화론의 관점에서 볼 때, 개인의 성격구조는 생존, 번식, 적응이라는 세 가지의 중요한 진화적 기능과 관련되어 있다.

성격의 첫 번째 진화적 기능은 생존을 위한 것으로서 쾌락추구 대 고통회피의 양극성을 의미한다. "살 것인가 죽을 것인가, 그것이 문제로다(To be or not to be, that is the question)"라는 말로 압축되듯이, 생존은 모든 생명체에게 가장 중요한 적응과제다. 생존은 생명을 보전하는 노력과 더불어 생명력을 증진하는 노력으로 구성된다. 생명보전은 안전을 추구하며 위험과 위협을 회피하는 경향으로서 고통회피가 그 핵심이다. 반면에, 생명력 증진은 성장과 보상적 경험을 추구하는 것으로서 쾌락추구로 나타난다. 쾌락추구는 생존 가능성을 증진하는 데 도움이 되는 좋은 것, 만족스러운 것, 하고 싶은 것을 얻기 위해서 행동하는 경향성을 의미하는 반면, 고통회피는 생존을 위협하는 위험이나 혐오적인 것으로 피함으로써 생명을 보호하려는 경향성을 뜻한다. 개인의 성격은 쾌락추구에 초점을 맞추는 정도와 고통회피를 지향하는 정도에 있어서 차이가 나타난다. 이러한 성향은 성격의 개인차를 이해하는 중요한 차원이다.

두 번째의 기능은 환경에 대한 적응양식으로서 대처의 능동성-수동성을 의미한다. 인간의 적응양식은 크게 환경 순응과 환경 수정으로 구분된다. 환경 순응은 호의적인 좋은 현실에 머무는 수동적인 대처방식인 반면, 환경 수정은 환경을 자신에게 적합하도록 변화시키는 능동적인 대처방식을 뜻한다. 인간은 생존과 번식을 위해서 환경과 타인을 자신에게 맞도록 변화시키는 능동

적 조작의 대처방식을 지닐 수도 있지만, 환경에 맞추어 자신을 변화시키는 수동적인 순응의 대처방식을 지닐 수도 있다. 사람에 따라 이러한 대처방식이 다르다. 어떤 사람들은 주로 능동적인 대처방식을 사용하는 반면, 다른 사람들은 수동적인 대처방식으로 적응해나간다.

세 번째 기능은 번식을 위한 것으로서 자기지향성과 타인지향성을 뜻한다. 자신과 같은 생명체를 지속적으로 이어나가기 위한 번식 방식은 종마다 매우 다르다. 또한 후손을 낳아 기르는 양육 방식도 종에 따라 다르다. 생명체의 번식 및 양육 방식은 크게 두 가지의 전략, 즉 r-전략(많이 낳고 적게 돌보는 방식)과 K-전략(적게 낳아 잘 돌보는 방식)이 있다. 이러한 번식 및 양육 방식은 동일한 종 내에서도 개인차가 있다. 인간의 경우, 자식을 돌보고 양육하는 데 많은 관심을 쏟는 대신 자신의 개인적 성취를 희생하는 사람들이 있다. 반면에, 자신의 성취와 성공, 즉 자기실현에 많은 관심을 갖는 대신 자녀나 다른 사람들을 돌보고 양육하는 일에 무관심한 사람들이 있다. 이러한 번식과 양육 성향은 자기지향성(자신의 성취와 성공을 위한 자기실현 지향)과 타인지향성(타인의 돌봄과 양육을 위한 인간관계 지향)으로 나타날 수 있다. 자기지향성은 자신에게 초점을 맞추고 독립적으로 자기실현을 이루려는 경향성을 뜻하는 반면, 타인지향성은 자신보다 다른 사람에게 관심을 집중하며 보살피는 경향성을 의미한다. 예컨대, 자기애성 성격의 소유자는 강한 자기지향성을 지니는 반면, 의존성 성격의 소유자는 강한 타인지향성을 지니며 타인과의 관계에서 만족을 얻는다.

Millon에 따르면, 인간의 다양한 성격은 세 양극적 성향의 조합에 의해서 설명될 수 있다. 즉, 쾌락추구-고통회피의 생존성향, 자기지향성-타인지향성의 번식성향, 능동성-수동성의 적응성향에서 나타나는 다양한 조합에 의해서 성격의 다양성을 이해할 수 있다. 성격

장애는 세 차원의 극단적 성향이 조합되어 나타난 경우라고 할 수 있다. 예컨대, 반사회성 성격장애는 자기지향성과 능동성을 극단적으로 지닌 경우이며, 의존성 성격장애는 타인지향성과 수동성의 극단에 해당하는 경우라고 할 수 있다.

이처럼 Millon은 진화론적 관점에서 중요한 세 기능에 근거하여 다양한 성격을 유형별로 분류하고자 했다. 인간의 다양한 성격은 진화과정과 관련성을 지니고 있으며 성격장애는 진화과정이 잘못 전개되어 나타난 것이다. 성격을 구성하는 무의식의 구조, 인지적 양식, 대인관계 양식, 신경호르몬의 역동적 체계는 인간의 심층적인 내면 속에서 작동하고 있는 진화 과정을 반영하는 것이다. Millon은 성격장애를 설명하기 위해서 성격에 영향을 미치는 생물학적, 사회환경적 그리고 심리적 학습요인을 종합적으로 고려한 이론을 제시하고 있다. 이러한 이유로 그는 처음에 자신의 이론을 성격장애의 생물사회적 학습이론(biosocial learning theory)이라고 지칭했다가 1990년에 이론을 재구성하면서 진화론적 학습이론(evolutionary learning theory)이라고 개칭했다. 인간의 성격 기능 저변에서 영향을 미치는 좀 더 깊고 잠재적인 진화적 성향을 중시한 변화라고 할 수 있다.

3) 성격의 신경발달적 기초

Millon은 세 가지의 진화적 성격성향과 관련하여 신경생리적인 성숙이 이루어지는 발달단계를 제시하고 있다. 개체발생적인 신경발달은 다음과 같은 세 단계를 통해서 독특하게 전개된다.

첫 단계는 감각-애착 단계(sensory-attachment stage)로서 출생 초기 1년 내외에 해당하며 진화적으로 생존의 문제(쾌락추구 대 위험회피)가 가장 중요한 시기다. 이 시기에는 외부자극을 감각적으로 변별하는 기본적인 인지능력을 발달시킴으로써 이후에 좀 더 고등한 인지능력을 발달시키는 기반을 형성한다. 또한 무력한 신생아는 양육자에게 애착하여 의존함으로써 생존할 수 있을 뿐만 아니라 최초의 관계경험을 통해서 형성한 내적인 관계 모델은 이후의 대인관계를 발전시키는 바탕이 된다.

두 번째 단계는 감각운동-자율성 단계(sensorimotor-autonomy stage)로서 사춘기 이전의 아동기에 해당하며 적응 양식(능동성 대 수동성)을 학습하는 시기다. 이 시기는 정교한 감각기능이 발달할 뿐만 아니라 신체적 운동기능이 발달함으로써 자율적 활동을 지향하게 되며 자기의식 역시 증진된다. 또한 환경과의 상호작용 과정에서 능동적 또는 수동적 대처경향을 습득하게 된다. 능동적 경향은 삶에서 벌어지는 사건들의 발생에 주도권을 행사하려는 성향으로서 먼저 접근하고, 통제적이며, 자기주장적인 행동성향을 반영한다. 반면에, 수동적 경향은 주어진 환경에 순응하면서 기다리고 수용하는 비주장적인 행동성향을 뜻한다.

세 번째 단계는 대뇌피질내-번식 단계(intracortical-reproductive stage)로서 사춘기에 해당하며 대뇌피질과 관련된 추상화 능력이 발달할 뿐만 아니라 성호르몬의 분비를 통해서 이차성징이 나타나며 성에 대한 관심이 증가한다. 이 시기에 개인의 번식전략(자기지향의 r-전략 대 타인지향의 K-전략)이 서서히 나타나게 되면서 자기성장과 성취를 추구하는 자기지향성 또는 타인과의 친밀한 관계와 보살핌을 중시하는 타인지향성이 발달한다. 일반적으로 남성은 자기지향성이 우세하고 여성은 타인지향성이 우세하지만, 선천적인 요인에 의한 개인차가 많을 뿐만 아니라 사회문화적 요인에 의해서 다양한 변화가 나타나게 된다.

4) 성격과 성격장애의 유형

Millon은 성격의 스타일과 장애를 체계적으로 분류하기 위한 노력을 기울였다. 그에 따르면, 성격특성은 연속선 상에 존재하며 정상과 병리를 구분하는 분명한 경계는 없다. 다만 성격특성이 심각한 부적응을 초래하는 경우에 성격장애라고 지칭할 뿐이다. 성격장애는 병리적인 실체가 내면에 존재하는 질병(disease)이 아니라 독특한 심리적 기능과 구조적 체계를 의미한다. 개인의 성격 내에서 부적응적 현상이 발생하는 것은 연쇄적이고 상호작용적인 방식으로 일어나며 심리적 측면 전체에 확산된다.

성격장애는 성격체계가 환경과의 상호작용에서 부적응적으로 기능하는 다양한 패턴을 뜻하는 이론적인 구성개념이다. 부적응적인 성격패턴은 다음과 같은 세 가지의 특성을 보인다. (1) 목표를 성취하거나 타인과 관계를 맺고 스트레스에 대처하기 위한 다양한 방략들이 수적으로 제한되어 있거나 경직된 방식을 사용되는 적응적 경직성(adaptive inflexibility)을 나타낸다. (2) 습관적 인지, 욕구, 행동 방식이 기존의 어려움을 더 강화하거나 지속시키는 악순환(vicious cycle)을 나타낸다. (3) 스트레스가 주어졌을 때 정상적인 상태로 회복하는 탄력성이 현저하게 부족하여 미약한 안정성(tenuous stability)을 나타낸다. Millon은 1970년대에 성격장애에 대한 체계적 연구를 통해서 성격장애를 다음과 같이 16가지 하위유형으로 구분했다.

(1) 분열성 성격장애(Schizoid personality disorder)
(2) 분열형 성격장애(Schizotypal personality disorder)
(3) 편집성 성격장애(Paranoid personality disorder)
(4) 반사회성 성격장애(Antisocial personality disorder)
(5) 경계선 성격장애(Borderline personality disorder)
(6) 연극성 성격장애(Histrionic personality disorder)
(7) 자기애성 성격장애(Narcissistic personality disorder)
(8) 의존성 성격장애(Dependent personality disorder)
(9) 강박성 성격장애(Obsessive-compulsive personality disorder)
(10) 회피성 성격장애(Avoidant personality disorder)
(11) 가학성 성격장애(Sadistic personality disorder)
(12) 피학성 성격장애(Masochistic personality disorder)
(13) 수동공격성 성격장애(Passive-aggressive personality disorder)
(14) 우울성 성격장애(Depressive personality disorder)
(15) 경조성 성격장애(Hypomanic personality disorder)
(16) 혼란형 성격장애(Decompensated personality disorder)

Millon이 제시한 성격장애 분류는 DSM-III에서 성격장애 하위유형을 분류하는 기반이 되었다. Millon이 제시한 16가지 성격장애 중 10개가 DSM-III에서 채택되었으며 그 분류는 DSM-5에서도 유지되고 있다. 뿐만 아니라 Millon은 각 성격장애를 더 세분화된 하위유형으로 구분함으로써 매우 정교하고 체계적인 성격장애 분류체계를 제시했다. 예컨대, 자기애성 성격장애는 엘리트형, 호색형, 보상형, 무절제형으로 구분했으며, 회피성 성격장애는 공포형, 과민형, 자기 유기형, 갈등형으로 세분했다.

Millon은 진화적 적응의 세 차원과 관련하여 각 성격장애가 어떤 성향에 해당하는지를 〈표 11-1〉과 같이 세분하여 제시하고 있다. 예를 들어, 자기애성 성격장애는 쾌락추구-고통회피 성향에서 특별한 편향을 나타내지 않지만 높은 자기지향성을 가지고 있어서 자기 자신에 대한 관심과 애착이 비정상적으로 증대되어 있으며, 웅대한 자기상을 위시하여 성공과 출세에 대한

| 표 11-1 | 진화론적 모델의 양극성 차원과 성격장애 유형 |

	생존 목적		번식 책략	
양극성 차원	쾌락추구(저) 고통회피(고)	쾌락추구(고) 고통회피(저)	자기지향(저) 타인지향(고)	자기지향(고) 타인지향(저)
수동적 적응	은둔적 분열성 성격* 우울성 성격*	순종적 피학성 성격	호의적/순응적 의존성 성격 강박성 성격*	주장적 자기애성 성격
능동적 적응	망설이는 회피성 성격	지배적 가학성 성격	사교적 연극성 성격	적대적 반사회성 성격 수동공격성 성격*
구조적 병리	분열형 성격	경계선 성격 편집성 성격	경계선 성격	편집성 성격

* 분열성 성격은 수동적이며 쾌락추구와 고통회피 성향 모두에서 낮다. 우울성 성격은 쾌락추구는 낮고 고통회피는 높다. 강박성 성격과 수동공격성 성격은 자기지향성과 타인지향성에서 양가적인 성향을 지닌다(Millon, 2004).

공상에 집착하게 된다. 반면, 타인지향성은 낮아서 다른 사람의 입장이나 감정에 무관심하고 그들을 배려하지 못하는 자기중심적 행동이 함께 나타난다. 또한 이들은 능동적으로 노력을 기울이지 않더라도 좋은 결과는 원래 자신의 몫으로 돌아오게 되어 있다는 특권의식을 지니고 있기 때문에 기본적으로 수동적 적응 방식을 지닌다고 볼 수 있다.

　회피성 성격장애는 자기지향과 타인지향에서는 특별한 편향을 나타내지 않지만 타인으로부터의 거부나 비판을 두려워하는 고통회피 성향이 높고 대인관계를 적극적으로 회피하는 능동성을 나타내는 경우라고 할 수 있다. 반면에, 반사회성 성격장애는 위험회피보다 쾌락추구 성향이 상대적으로 강하고 타인에 대한 배려가 결핍된 극단적인 자기지향성을 나타내며 주변 환경을 적극적으로 변화시켜 자신에게 맞추려는 능동적 적응방식의 극단적 경향을 지닌 경우라고 할 수 있다.

5) 성격장애의 심리적 기능과 구조

　Millon은 진화론적 학습이론에서 기존의 다양한 이론이 제시하고 있는 성격장애의 특성을 통합하여 기술하고 있다. 그에 따르면, 정신역동적 이론, 인지주의 이론, 대인관계 이론, 생물학적 이론은 성격의 일부 측면만을 설명하고 있다. 그러므로 개인의 성격 전반을 이해하기 위해서는 다양한 이론에서 제시되고 있는 성격의 측면들을 통합적으로 이해해야 한다.

　이를 위해서 Millon은 각 성격장애의 성격특성을 기능적 영역과 구조적 영역으로 나누어 기술하고 있다. 기능적 영역(functional domains)은 개인이 환경과 상호작용하는 과정적 특성을 반영하는 여러 측면을 의미한다. 성격의 기능적 특성은 네 개의 주요한 영역, 즉 외현적 행동, 대인관계 행위, 인지 스타일, 방어기제로 구분하여 기술되고 있다.

(1) 외현적 행동(expressive behavior)은 개인의 성격이 외현적으로 표출된 독특한 행동적 특성을 의미하며, 일반적인 행동뿐만 아니라 특정한 상황에서 나타나는 독특한 행동적 반응을 포함한다.

(2) 대인관계 행위(interpersonal conduct)는 개인이 다른 사람과 관계를 맺는 독특한 스타일을 의미하며, 대인관계를 맺는 기저의 동기, 타인과 주고받는 영향력, 그러한 관계에서 나타나는 악순환을 포함한다.

(3) 인지 스타일(cognitive style)은 개인이 심리사회적 환경으로부터 주어지는 정보를 처리하는 독특한 방식을 의미하며, 지각적 왜곡, 주의 편향, 과장된 해석과 평가를 포함한다.

(4) 방어기제(defensive mechanism)는 개인이 자기보호, 욕구충족, 갈등해결을 위해 흔히 사용하는 심리적 책략으로서 불안감에 압도되는 것을 막기 위한 것이다.

구조적 영역(structural domains)은 상당히 영속적인 속성을 지닌 하드웨어의 특성을 반영하는 여러 측면을 뜻한다. Millon은 성격의 구조적 특성을 네 개의 영역, 즉 자기개념, 대상표상, 심리구조, 기분/기질로 구분하여 설명하고 있다.

(1) 자기상(self-image)은 '나는 누구인가'라는 물음에 대한 자기지각의 명료성과 정확성을 의미하며, 경험의 변화에도 불구하고 개인이 시간적으로 동일성과 지속성을 유지하게 하는 안정된 성격의 기반을 뜻한다.

(2) 대상표상(object-representation)은 어린 시절에 양육자와의 상호작용 경험을 통해 마음 깊이 새겨진 타자에 대한 기억, 태도, 정서를 의미하며,

성장 후의 대인관계를 위한 일차적 원형이 된다.

(3) 구조 조직화(morphologic organization)는 성격을 구성하는 요소들 간의 구조적 응집성과 체계성을 나타낼 뿐만 아니라 성격적 일관성을 유지하고 내적 갈등과 외부 압력을 조절할 수 있는 심리적 기제의 풍부성을 의미한다.

(4) 기분/기질(mood/temperament)은 다분히 선천적이고 생물학적인 기반을 지닌 지속적인 기분과 기질적 특성을 의미한다.

이상의 8가지 성격측면은 정신역동이론, 인지행동이론, 대인관계 이론, 생물학적 이론에서 주장하는 성격의 주요한 측면들을 통합적으로 재구성한 것이라고 할 수 있다. Millon은 모든 유형의 성격장애를 이러한 8가지의 성격측면에서 기술하고 있다. 예를 들어, 회피성 성격장애의 특성을 8개의 성격측면에서 제시하면 〈표 11-2〉와 같다.

Millon(1977, 1994)은 다양한 성격장애의 독특한 심리적 특성을 고려하여 성격장애와 임상적 증상을 평가할 수 있는 측정도구인 다축임상성격질문지(Millon Clinical Multiaxial Inventory: MCMI)를 개발하였다. 세 번째 개정판인 MCMI-III(Millon, Millon, Davis, & Grossman, 1994)는 4개의 수정지표(타당도, 솔직성, 바람직성, 자기비하성)를 비롯하여 14개의 성격장애 척도(분열성, 회피성, 우울성, 의존성, 연극성, 자기애성, 반사회성, 가학성, 강박성, 수동공격성, 피학성, 분열형, 경계선, 편집성), 그리고 10개의 임상적 증후군 척도(불안증상, 신체화증상, 양극성-조증, 기분부전증, 알코올의존, 약물의존, 외상후 스트레스 장애)를 포함하여 28개의 하위척도로 구성되어 있다.

표 11-2　회피성 성격장애의 심리적 특성

	성격 측면	특성	구체적 내용
기능적 영역	외현적 행동	초조한	• 불안한 상태에서 초조하고, 안절부절못하며, 겁이 많고, 주저하는 행동을 나타냄. • 위협적이지 않은 사건에 대해 과잉반응을 보임(자신에 대한 조롱, 비판 그리고 반감 등을 나타내는 것이라고 판단하는 경향성을 지님).
	대인관계 행위	회피적	• 친밀한 접촉을 요하는 사적인 대인관계를 회피하고, 다양한 사회적 상황에 대한 불안을 보고함. • 타인들로부터 받아들여지기를 바라지만 자신을 좋아할 것이라는 확신이 없는 한 다가가지 않음. • 창피와 조롱을 당하지 않도록 타인으로부터 거리를 둠.
	인지 스타일	혼란스러운	• 주변 환경에 존재하는 잠재적인 위협을 주시하고 위험성을 과장하는 파국적인 사고경향을 지님. • 심한 불안으로 인해서 사회적 상황에서의 의사소통과 정확한 판단이 저하됨.
	방어기제	공상	• 현실에서 충족하지 못한 관계욕구 해소와 자신감 증가를 위해 과도하게 공상에 의존함. • 불쾌한 정서나 분노와 관련된 충동을 '안전하게' 방출하기 위해 몽상으로 빠지는 경향이 있음.
구조적 영역	자기상	소외된	• 자신을 사회적인 기술이 부족하고, 무능하며, 열등하다고 생각함. • 자신은 매력이 없다고 느끼고, 자신의 성취를 평가절하하며, 끊임없이 고독감과 공허감을 느낌.
	대상표상	귀찮고 성가신	• 쉽게 활성화될 수 있는 극심한 갈등 중심의 초기 경험이 내면화되어 있음. • 만족스러운 관계를 경험하거나 기억해 낼 수 있는 내적 자원이 제한되어 있으며, 욕구를 충족시키고 고통과 갈등을 해소할 수 있는 방안이 부족함.
	구조 조직화	무너지기 쉬운	• 복잡한 정서로 이루어진 불안정한 심리적 구조를 지니고 있으며, 주로 회피와 공상에 의존하는 제한된 해결양식만을 가지고 있음. • 개인적인 위험이나 예상치 못한 스트레스에 노출되었을 때 효율적으로 대처할 수 있는 구조적 조직화가 부족함.
	기분/기질	괴로운	• 혼란스럽고 지속적인 내면적 긴장, 슬픔, 분노를 느낌. • 애정을 받고 싶은 욕구, 거부에 대한 두려움, 실수에 대한 수치심, 위축된 감정 사이에 기분이 자주 바뀜.

6) 성격의 형성 요인

Millon에 따르면, 성격의 형성과정은 매우 다양한 요인들이 복합적이고 연쇄적으로 상호작용하는 과정을 통해서 이루어진다. 성격의 형성과정을 총체적으로 이해하기 위해서는 신경생물학적 이론, 정신역동이론, 행동주의 이론, 인지주의 이론, 특질 이론, 사회문화적 이론에서 주장하는 다양한 성격형성 요인들을 통합적으로 고려해야 한다.

성격과 정신병리는 생물학적 요인과 사회문화적 요인 간의 상호작용 속에서 이루어지는 학습과정을 통해 형성된다. 그러한 학습과정은 태내에서 수정과 동시에 시작되어 평생 지속된다. 동일한 생물학적 요인을 지닌 사람들도 그들에게 노출되는 사회문화적 환경과 사건경험에 따라서 다른 성격과 임상증후군을 나타낼 수 있다. 생물학적 요인은 개인의 학습을 촉진하거나 제한하는 반면, 사회문화적 요인은 개인의 경험을 통해서 성격의 구조와 기능에 영향을 미친다. 이처럼 Millon은 생물학적 요인과 사회문화적 요인을 모두 강조했을 뿐만 아니라 두 세력의 상호작용 속에서 이루어지는 학습과정을 통해 성격이 형성된다고 주장했다. 그는 이러한 점을 강조하여 자신의 초기 이론을 생물사회적 학습이론(biosocial learning theory)이라고 지칭한 바 있다.

(1) 생물학적 요인

성격 구조와 기능의 발달에는 유전과 기질, 뇌의 구조와 신경화학적 상태, 호르몬 분비와 같은 다양한 생물학적 요인에 의해서 강력한 영향을 받는다. 특히 유전이 성격과 밀접하게 관련되어 있다는 점은 많은 가계 연구나 쌍생아연구를 통해서 잘 알려진 사실이다. 유전은 성격형성의 바탕이 되는 개인의 기질에 강력한 영향을 미친다. 신생아실에 근무하는 간호사들은 신생아들이 태어나는 순간부터 각기 다르다는 점을 잘 알고 있다. 이러한 선천적 기질은 양육자나 환경과의 상호작용을 통해서 학습과정에 강력한 영향을 미친다. 예컨대, 매우 능동적이고 활발하게 반응하는 아이는 활동성이 적은 수동적인 아이에 비해서 주변 사람들과 더 빨리 관계를 형성하고 더 많은 경험과 지식을 얻게 된다. 또한 기질은 다른 사람과 형성하는 관계의 질과 상호작용에 영향을 미친다. 아이의 선천적 활동성과 기분상태는 아이 자신의 행동뿐만 아니라 부모의 감정과 반응에도 영향을 미친다. 예컨대, 짜증스러운 기분으로 잘 울고 새로운 상황에 잘 적응하지 못해서 돌보기가 매우 힘든 기질을 지닌 아이는 엄마의 부정적 반응을 유발하여 부정적인 상호작용의 악순환을 초래할 수 있다. 이 밖에도 출생전후의 신경학적 손상이나 생리화학적 불균형도 성격과 심리적 기능에 심각한 영향을 미칠 수 있다.

(2) 성장과정의 발달사

선천적으로 타고난 생물학적 기능은 개인이 환경과 상호작용하는 방식에 영향을 미친다. 신경체계나 내분비체계는 주어지는 자극에 수동적으로 반응하는 것이 아니라 상당히 능동적으로 환경적 자극에 선택적으로 반응한다. 이러한 이유로 인해서 특별한 생물학적 민감성이나 결함을 지닌 아동은 그렇지 않은 아동에 비해서 지각적 왜곡, 사고장애, 병적인 행동을 더 쉽게 유발할 수 있다.

또한 환경은 선천적으로 잠재된 성향이 발현되는 데 영향을 미친다. 초기 환경의 자극결핍이나 자극과잉이 아동의 생물학적 성숙과정을 저해한다는 것은 잘 알려진 사실이다. 생물학적 성숙은 호의적인 환경적 경험에 크게 의존한다. 특히 빠른 신경학적 성숙이 이루어지는 민감한 시기에 적절한 자극이 제공되지 않으면 생물학적 성숙과정 자체가 중지되거나 훼손될 수 있다. 요컨대, 성격과 정신병리는 생물학적 요인과 환경적 요인의 상호작용을 통해서 발달하게 된다. 성격의 발달과정을 이해하는 핵심적 과제는 선천적인 생물학적 성향에 대해서 후천적 경험이 미치는 효과를 구체적으로 밝히는 것이다.

(3) 학습의 원천

가족, 특히 부모는 아동이 성격의 기초를 형성하는 데 심각한 영향을 미친다. 가정에서 부모가 매일 일상적인 규칙적 활동을 영위하고 대인관계를 맺는 방식은 아동의 성격이 발달하는 가장 중요한 환경이다. 자녀를 대하는 부모의 감정과 태도는 매우 다양하고 미묘하다. 무엇보다 중요한 것은 아동이 부모에 의해서 수용되거나 거부당했다고 느끼는 경험의 정도다. 자녀에 대한 부모의 무관심, 애정 부족, 방임, 학대는 성격적 문제를 야기할 수 있다.

부모가 아동의 행동을 통제하는 방식은 부모가 의도했던 것보다 더 심각한 영향을 미친다. 아동은 부모의 양육방식에 의해서 독특한 정서와 행동 패턴을 학습할 뿐만 아니라 부모를 대인관계의 모델로 모방한다. 특히 부모의 처벌적 양육, 조건부의 보상적 양육, 일관성 없는 양육, 과잉보호적 양육, 지나치게 허용적인 양육은 성격장애 형성에 영향을 미칠 수 있다.

또한 가족구조는 병적인 태도와 관계를 학습하는 바탕이 될 수 있다. 부모의 결손으로 인한 모델의 부재, 가정불화, 형제자매간 경쟁, 형제서열 등과 같은 가족요인이 성격형성에 영향을 미친다. 이 밖에도 모호하거나 혼란스러운 가족의 의사소통 방식은 성격장애의 발달에 기여할 수 있다.

(4) 외상적 경험

다양한 정신병리는 외상적 경험과 관련되는 경우가 많다. 때로는 단 한 번의 외상적 경험이 개인의 정신세계에 강력한 흔적으로 남아 성격형성에 중요한 영향을 미친다. 충격적인 외상경험은 개인의 평형상태를 와해시키고 결코 제거할 수 없는 깊은 상처를 남긴다. 이러한 외상경험의 상처로 인해서 개인은 스트레스나 불안을 유발하는 상황에서 매우 높은 신경흥분을 겪게 되고 과도한 정서적·행동적 반응을 나타낼 수 있다. 또한 외상을 경험한 사람은 매우 강한 스트레스를 받게 되면 현실에 대한 검증능력이 감소하여 심각한 현실왜곡을 나타낼 뿐만 아니라 외상과 관련된 다양한 대상이나 상황에서 일반화된 과장된 정서반응을 나타낼 수 있다.

(5) 초기학습의 지속성

아동기의 학습경험은 성격형성의 기반이 된다. 아동기의 경험은 이후의 발달단계에서 겪는 경험보다 성격형성에 더 중요한 영향을 미친다. 인생의 초기에 겪은 아동기 경험은 그 효과가 강력하고 지속적일 뿐만 아니라 이후 시기의 경험을 받아들이는 바탕이 되어 그 영향력을 확대하기 때문이다. 아동기의 경험은 생물학적으로 신경화학적인 변화를 일으킬 뿐만 아니라 심리학적으로 기억, 항구적 흔적, 내면적 자극으로 저장된다. 이러한 아동기의 학습경험은 크게 세 가지의 심리적 기제, 즉 (1) 소거에 대한 저항, (2) 사회적 강화, (3) 자기영속화에 의해서 지속된다.

한 번 학습한 행동이나 신념은 고정되거나 영구적으로 존재하는 것이 아니라 새로운 학습경험에 의해서 소거될 수 있다. 그러나 아동기의 초기경험은 소거에 대한 저항(resistance to extinction)을 지닌다. 생의 초기에 최초로 경험한 것에 대한 기억은 신경구조 속에 강력한 흔적을 남길 뿐만 아니라 인지능력이 발달하지 않은 모호한 의식상태의 초기경험은 이후에 다른 기억으로 대체되기 어렵기 때문에 잘 소거되지 않는다. 또한 지각적 변별력이 발달하지 못한 상태에서 경험한 아동기의 학습은 다양한 자극으로 일반화되기가 더 쉽다.

초기의 행동패턴이 지속되는 다른 이유는 가족을 비롯한 유사한 환경에서 아동의 행동에 대해서 동일한 패턴의 사회적 강화(social reinforcement)가 주어지기 때문이다. 아동은 제한된 환경에서 매일 동일한 활동을 반복하게 된다. 또한 아동의 행동은 부모의 반응에 영향을 미치고 또한 부모의 행동을 통해서 아동의 행동이 강화되는 순환적인 상호적 강화(reciprocal reinforcement)가 일어나게 된다. 아울러 아동에 대한 인상이 형성되면, 주변사람들은 그러한 인상에 맞추어 아동이 행동하기를 기대하고 아동은 그러한 기대에 따라 행동하게 된다. 이러한 사회적 고정관념(social sterotype)은 아동의 행동패턴이 지속되게 하는 데 기여한다.

아동기의 경험은 수동적으로 저장되어 있는 것이 아니라 현재의 경험을 인도하고 왜곡함으로써 자신의 존재를 지속시키고 강화하는 자기영속화 과정을 나타낸다. 이러한 자기영속화(self-perpetuation)는 다음과 같은 네 가지 과정, 즉 보호적 제한, 지각적·인지적 왜곡, 행동일반화, 반복강박을 통해서 나타난다.

보호적 제한(protective constriction)은 과거의 고통스러운 기억을 억압하거나 회피함으로써 자신을 보호하는 심리적 기능을 뜻한다. 이로 인해서 개인은 자신이 경험할 수 있는 세계를 축소하거나 제한하게 된다. 이렇게 자신의 경험세계를 제한하면, 새로운 경험을 배제함으로써 고통스러운 기억은 해소되지 않은 채 지속될 뿐만 아니라 문제해결을 위한 효과적인 적응기능을 학습하지 못하고 생활 속에서 긍정적인 보상을 받지 못하게 된다.

과거경험의 기억은 단지 과거를 저장할 뿐만 아니라 그것에 맞추어 현재경험을 변형시키는 지각적·인지적 왜곡(perceptual and cognitive distortion)의 기능을

한다. 과거경험으로 인해서 위협에 대한 예상을 지니게 되면, 유사한 위협자극에 대해서 과도한 경계를 하게 되고 민감한 공포반응을 나타내게 된다. Beck이 제시한 역기능적 인지도식(dysfunctional schema)은 이러한 인지적 왜곡을 통해서 자신과 세상에 대한 편향된 믿음을 영속화하게 된다.

과거경험은 자극일반화와 반응일반화를 통해서 그 영향력을 확대한다. 새로운 자극을 과거에 경험했던 것과 유사한 자극으로 잘못 인식하는 지각적 왜곡은 자극일반화(stimulus generalization)에 해당한다. 반면에, 새로운 자극에 대해서 개인이 과거에 반응했던 것과 유사한 방식으로 반응하는 경향성을 행동 일반화(behavior generalization)라고 한다. 자극일반화와 행동일반화는 동전의 양면과 같다. 어린 시절에 경험한 부모와의 관계 패턴을 이후에 다른 사람들과의 관계에서 반복적으로 나타내는 전이 현상은 행동 일반화에 해당하는 것이다.

부적응적 행동은 학습경험의 일반화에 의한 습관으로 형성되어 반복될 뿐만 아니라 반복강박의 내면적 충동에 의해서 반복적으로 나타날 수 있다. 반복강박(repetition compulsion)은 좌절을 경험했거나 해결하지 못한 과거의 상황을 재현하고자 하는 내면적 경향성을 의미한다. Freud는 반복강박이 과거의 좌절상황을 현재에 유사하게 재현할 뿐만 아니라 그로 인해 결코 보상을 얻지 못하더라도 과거의 좌절을 없었던 것으로 취소(undoing)하려는 무의식적 시도라고 주장했다.

(6) 사회문화적 영향

성격과 정신병리는 개인이 성장하고 활동하는 사회문화적 환경의 전통, 관습, 가치에 의해서 영향을 받는다. 공동체는 어린 구성원에게 공통적인 신념과 관습을 학습시킴으로써 집단의 정체성이 지속되도록 유도한다. 사회문화적 환경은 개인이 성격의 기반인 신념과

가치를 학습하는 바탕인 동시에 끊임없는 상호작용을 통해 성격에 영향을 미치게 된다. 특히 성취와 경쟁을 중시하는 현대사회의 만연된 분위기는 개인의 성격과 정신병리에 영향을 미칠 수 있다. 또한 현대사회가 급속히 변화하고 있기 때문에 개인은 그러한 변화에 적응해야 하는 심리적 부담을 지닐 뿐만 아니라 새로운 표준과 전통적인 표준의 현저한 괴리로 인해 갈등과 혼란을 경험하게 된다. 이 밖에도 사회경제적 양극화로 인한 상대적 결핍감이 확대되고 있으며 사회적 편견과 차별, 경제적 빈곤, 폭력과 학대 등과 같은 사회문화적 요인은 개인의 성격과 정신병리에 영향을 미칠 수 있다. 이상에서 살펴보았듯이, 개인의 성격과 정신병리는 유전을 비롯한 선천적인 생물학적 요인과 가족환경 및 사회문화적 환경의 상호작용에 의해 생성된 결과라고 할 수 있다.

7) 개인화된 통합적 심리치료

Millon은 개인이 지닌 성격장애나 정신병리의 특수성을 고려하여 다양한 치료기법을 통합적으로 적용해야 한다고 주장한다. 성격장애와 정신병리를 유발하는 다양한 요인들은 서로 밀접하게 연결되어 상호작용하고 있다. 따라서 어떤 한 원인적 측면만의 치료로는 성공적인 효과를 거두기 어렵다. 개인의 정신병리에 영향을 미치는 무의식적 과정, 인지와 행동, 정서와 대인관계, 신경화학적 불균형, 열악한 사회경제적 조건 등에 대해서 통합적인 치료적 접근이 이루어져야 한다. 증상에 따라 여러 치료기법을 적용하는 기법적 절충주의(technical eclecticism)와 달리, Millon은 여러 원인적 요인들의 상호연결성에 대한 통합적 이해의 바탕 위에서 다양한 치료기법이 시너지를 나타낼 수 있도록 결합되어 통합적으로 사용되어야 한다고 주장한다. 이러한 시너지 효과를 거두는 통합적 심리치료(Synergistic Psychotherapy)에서는 정신역동적·인지적·행동적·생리학적 치료방법을 총동원하여 환자 개인에게 적용될 수 있다.

개인화된 심리치료(personalized psychotherapy)는 환자 개인의 특성에 맞추어 다양한 치료기법을 체계적으로 조합하여 적용하는 잘 설계된 치료적 접근을 뜻한다. 개인화된 치료에서는 두 가지의 전략이 사용된다. 첫째는 효과 증진 짝짓기(potentiated pairings)로서 단일한 기법으로 효과를 거두지 못하던 병리적 증상을 치료하기 위해서 두 개 이상의 치료기법을 동시에 조합하는 것이다. 그 대표적인 예는 행동치료와 인지치료를 결합함으로써 서로의 장점을 융합하고 행동과 인지의 변화를 서로 자극하여 치료효과를 극대화하는 인지행동치료라고 할 수 있다. 다른 하나는 촉매적 순서(catalytic sequences)로서 치료효과를 극대화할 수 있도록 기법의 적용순서를 고려하는 것이다. 동일한 두 개의 치료기법을 적용하더라도 적용순서에 따라 효과가 달라질 수 있다. 예컨대, 환자의 말더듬을 행동수정으로 먼저 치료하고, 이어서 인지적 기법을 적용하여 자기상의 긍정적 변화를 유도한 다음에 사회적 기술훈련을 적용하여 대인관계를 개선시키는 것이다.

성격에 대한 Millon의 진화론적 학습이론은 현존하는 주요한 이론들(정신역동적 이론, 행동주의 이론, 인지주의 이론, 대인관계 이론, 생물학적 이론)을 통합하여 성격과 성격장애의 특성과 원인을 설명하고 있다. 이러한 통합적 이론체계의 바탕 위에서 성격장애를 다양한 하위유형으로 세분했을 뿐만 아니라 성격장애와 정신병리를 통합적으로 평가할 수 있는 평가도구를 개발했다. 나아가 성격장애와 정신병리를 효과적으로 치료하기 위해서 개인의 임상적 특성에 맞추어 다양한 치료기법을 창의적으로 적용하는 개인화된 통합적 치료를 제시했다.

요약 --

1. 21세기에는 현존하는 성격이론들을 통합하는 다양한 시도가 이루어질 전망이다. Young의 심리도식이론과 Millon의 진화론적 학습이론은 성격과 성격장애를 설명하는 대표적인 통합이론의 예다.

2. Young의 심리도식이론은 인지행동이론, 애착이론, 대상관계이론, 정신분석치료, 게슈탈트 치료 등을 통합하여 성격장애를 설명하는 이론과 치료방법을 제시하고 있다. 심리도식이론은 성격장애를 아동기와 청년기의 기원, 초기 부적응 도식, 부적응적 대처방식, 심리도식 양식의 개념으로 설명하고 있다.

3. 심리도식이론에 따르면, 성격장애의 핵심은 아동기와 청소년기의 유해한 경험으로부터 형성된 초기 부적응 도식이다. 이러한 심리도식은 특정한 주제와 관련된 기억, 감정, 인지, 신체감각으로 구성된 심리적 구조로서 생애 전반을 통해서 지속되며 인생의 다양한 영역에서 부적응 문제를 유발한다. Young은 5개 영역의 18개 심리도식을 제시하고 있으며, 성격장애자는 이들 중 몇 개를 지님으로써 부적응적 생활패턴을 나타낸다.

4. 개인마다 심리도식에 대한 대처방식(굴복, 회피, 과잉보상)이 각기 다를 수 있기 때문에 동일한 심리도식을 지닌 사람들이 현저하게 다른 행동패턴을 나타낼 수 있다. 또한 매 순간의 심리상태를 결정하는 심리도식 양식을 통해서 다양한 정서상태와 행동패턴을 나타낸다.

5. 심리도식치료의 목표는 개인을 부적응 상태로 몰아가는 초기 부적응 도식을 파악하여 그러한 도식을 약화시키는 것이다. 치료과정은 평가 및 교육 단계와 변화 단계를 통해 이루어지며, 인지적·체험적·행동적·관계적 기법을 통해서 심리도식을 치유한다.

6. Millon의 진화론적 학습이론은 현존하는 주요한 이론들(정신역동적 이론, 행동주의 이론, 인지주의 이론, 대인관계 이론, 생물학적 이론)을 통합하여 성격과 성격장애의 특성과 원인을 설명하고 있다.

7. Millon에 따르면, 개인의 성격은 생존, 번식, 적응이라는 세 가지의 중요한 진화적 기능과 관련되어 있으며 쾌락추구-고통회피, 자기지향성-타인지향성, 능동성-수동성에서 독특한 편향을 나타낸다.

8. 성격은 기본적으로 선천적인 생물학적 성향과 사회문화적 환경의 상호작용 속에서 이루어지는 학습과정을 통해서 형성된다. 성격의 형성과정은 매우 다양한 요인들이 복합적이고 연쇄적으로 상호작용하는 과정을 통해 이루어지므로 다양한 이론에서 주장하는 원인적 요인들을 통합적으로 고려하여 이해되어야 한다. Millon은 신경생리적인 성숙이 이루어지는 발달과정뿐만 아니라 성장과정의 생활사, 초기의 학습과정, 가정과 부모의 영향, 외상적 경험, 사회문화적 요인 등을 통합적으로 고려하여 성격형성과정을 설명하고 있다

9. Millon은 통합적 이론체계의 바탕 위에서 성격장애를 16가지의 하위유형으로 세분했으며 이러한 구분은 DSM의 정신장애 분류체계에서 성격장애의 유형을 구분하는 기반이 되었다. 이러한 성격장애 하위유형의 특성을 성격의 기능적 측면(외현적 행동, 대인관계 행위, 인지 스타일, 방어기제)과 구조적 측면(자기개념, 대상표상, 심리구조, 기분/기질)으로 구분하여 설명하고 있다. 그는 성격장애와 정신병리를 통합적으로 평가할 수 있는 평가도구(MCMI)를 개발했을 뿐만 아니라 성격장애와 정신병리를 효과적으로 치료하기 위한 개인화된 통합적 치료를 제시했다.

제3부

:

성격의 발달과 형성

제12장
성격의 생물학적 기반: 진화와 유전 그리고 뇌

"나는 누구인가?" "인간이란 어떤 존재인가?"라는 물음에 답하기 위한 한 가지 접근은 우리의 발달적 또는 진화적 기원을 거슬러 올라가는 것이다. "현재의 나는 어떤 발달과정을 거쳐 형성되었는가?" "인간은 어떤 진화과정을 통해서 지금에 이르렀는가?" 이러한 물음은 우리 자신의 정체성과 성격을 이해하기 위한 매우 근본적인 물음이다.

과연 우리는 어떻게 지금 여기에 존재하고 있는가? 현대의 과학자들에 따르면, 우리가 살고 있는 우주는 136억 년 전 무한질량의 극소물질로부터 미지의 원인에 의한 대폭발(Big Bang)에 의해서 시작됐다. 대폭발로 먼지처럼 퍼져 있던 물질들이 결합하면서 행성이 생겨나고, 그 결과 45억 년 전에 지구가 생겨났다. 불덩어리였던 지구는 서서히 냉각되면서 물이 생겨났고, 무기물이 우연하게 결합되어 유기물이 생성됐다. 유기물은 지구 생명체의 근원이 되었고, 점차 다세포 생명체로 진화했다. 물속에서 생활하던 어류 동물이 파충류를 거쳐 육지동물인 포유류로 진화했고, 아프리카 초지의 나무에서 생활하던 유인원의 일파가 인류로 진화했다. 도구를 사용하여 농사를 지으며 정착하면서 촌락과 도시국가가 형성되었고, 약 5천 년 전에 4대 문명발생지에서 인류문명이 발전하게 되었다. 인간은 농업혁명, 산업혁명, 정보화혁명을 통해 21세기 현재에 이르렀다.

인간은 진화의 산물이다. 인간의 육체뿐만 아니라 마음도 진화의 산물이다. 인간의 본성도 진화과정의 자연선택에 의한 것이다. 최근에 주목받고 있는 진화심리학(Evolutionary Psychology)은 인간의 행동성향을 진화론의 관점에서 이해하고 설명하는 심리학의 새로운 분야다. 인간이 진화과정에서 직면해야 했던 적응환경에서 과연 어떤 심리적 속성을 지닌 개체들이 생존하여 현대인의 심성을 형성하게 되었는지를 설명하고 있다. 진화심리학의 관점에 따르면, 인간의 보편적 심성뿐만 아니라 남녀의 심리적 차이 그리고 개인의 성격차는 진화과정과 유전에 의해 생겨난 것이다.

인간의 심리적 특성은 유전을 통해 다음 세대로 이어진다. 성격은 이러한 유전과 후천적 경험의 상호작용에 의한 결과물이다. 현재 성격심리학의 연구는 어떤 성격특성이 유전의 영향을 얼마나 많이 받으며 유전적 요인이 후천적 경험과 어떻게 상호작용하여 개인의 성격을 형성하는지에 모아지고 있다.

유전적 요인을 비롯한 생물학적인 요인은 개인의 뇌, 특히 신경전달물질을 통해서 개인의 성격과 행동에 영향을 미친다. 개인의 성격을 이해하기 위해서는 그 기저에 존재하는 신경생물학적 요인에 대한 이해가 필요하다. 이 장에서는 성격의 생물학적 기반을 진화, 유전 그리고 뇌기능의 관점에서 살펴본다.

1. 진화심리학과 성격

성격은 선천적으로 타고나는 것인가 아니면 후천적으로 형성되는 것인가? 신생아는 '빈서판(tabula rasa)'의 백지상태로 태어나는가 아니면 선천적으로 특수한 성향을 지니고 태어나는가? 만약 어떤 성향을 지니고 태어난다면, 그것은 무엇인가? 인간 심성의 본질은 무엇인가? 진화심리학은 이러한 물음에 대해서 많은 시사점을 제공하고 있다.

 진화론과 진화심리학

인간은 자기중심적인 존재다. 인간은 자신이 살고 있는 지구가 우주의 중심이라고 믿었다. 이러한 자기중심적 환상은 코페르니쿠스의 지동설에 의해서 무참히 깨졌다. 그래도 인간은 자신이 다른 생명체와 질적으로 다른 고상한 존재라는 자기중심적인 환상에 집착했다. 이러한 환상을 깨뜨린 인물이 바로 Charles Darwin이다. Darwin은 진화론의 주장을 통해서 인간은 진화의 산물이며 유인원에서 진화한 동물일 뿐이라는 것을 밝혔다.

Charles Darwin(1809~1882)은 1859년에 『자연선택에 의한 종의 기원 또는 생존을 위한 투쟁에서 유리한 종들의 보존』이라는 긴 제목의 책을 발표했다. 현재 짧게 줄여서 『종의 기원』이라고 부르는 책이다. 이 책에서 그가 제시한 진화론에 따르면, 지구상에 존재하는 모든 생명체는 신(神)에 의한 선택이 아니라 자연에 의한 선택, 즉 자연선택(natural selection)에 의해 존재하는 것이다. 그러한 자연선택은 다음의 과정을 통해서 이루어진다.

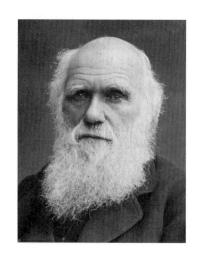

진화론을 제시한 Charles Darwin

1) 생존 가능한 개체 수보다 더 많은 개체가 태어난다.
2) 개체집단에는 변이가 존재하며 변이 중 일부는 다음 세대로 전달된다.

3) 개체들 사이에서 생존을 위한 투쟁이 벌어진다.

4) 이러한 투쟁에 도움이 되는 특성은 계속 누적되어 새로운 종이 생겨나도록 작용한다.

Darwin은 동물과 인간의 정서와 심리에 관한 연구결과를 발표한 바 있다. 1930년대에는 Nikolas Tinbergen과 Konrad Lorenz에 의해서 동물행동에 관한 연구가 활발하게 이루어졌다. William Hamilton(1964)이 제시한 포괄적 적응도 개념과 Robert Trivers(1972)가 주장한 부양투자이론은 심리학 분야에서 진화론에 근거한 연구를 촉진했다. 포괄적 적응도(inclusive fitness)는 이타적 행동을 설명하기 위해서 제시된 개념으로서 진화가 개체 중심이 아니라 유전자 중심으로 이루어지는 과정이라는 주장이며 친족선택(kin selection)이라고 불리기도 한다. 부양투자(parental investment)는 부모가 한 자식의 생존 가능성을 높이기 위해 투자하는 방식을 뜻하며 남자와 여자의 심리적 차이를 설명하기 위한 개념이다.

1975년에 Edward Wilson은 저서 『사회생물학: 새로운 종합(Sociobiology: The New Synthesis)』을 통해서 진화론을 동물이 나타내는 사회적 행동의 설명에 적용했다. 1979년에 Donald Symons는 『인간 성의 진화(The Evolution of Human Sexuality)』를 발표하고 Leda Cosmides와 John Tooby(1992)는 『적응된 마음(Adapted Mind)』을 발간함으로써 진화론적 관점이 인간의 심성을 이해하는 데 기여할 수 있음을 보여 주었다.

1995년에 David Buss는 『진화심리학: 심리과학의 새로운 패러다임(Evolutionary psychology: A new paradigm of psychological science)』을 저술함으로써 본격적인 진화심리학의 학문적 지평을 열었다. 2004년에 Buss는 『진화심리학: 마음에 대한 새로운 과학(Evolutionary psychology: The new science of the mind)』이라는 저서를 통해서 한층 더 진화된 진화심리학을 제시했다.

진화심리학의 주요인물인 David Buss

1) 진화심리학의 기본가정

진화심리학은 인간의 심성을 인류의 조상들이 적응과정에서 반복적으로 직면했던 문제들을 해결하기 위해 진화해 온 심리적 적응의 산물이라고 본다. 진화심리학의 목표는 인간이 진화해 온 심리적 적응의 기제(mechanism)를 밝히는 것이다. 이러한 적응의 기제가 바로 인간의 심리적 본성이기 때문이다.

진화심리학은 인간의 마음에 대해서 '어떻게'라는 물음보다 '왜'라는 물음에 초점을 맞추고 있다. 전통적 심리학은 "인간의 마음이 어떻게 작동하는가?"라는 물음에 초점을 맞추고 있는 반면, 진화심리학은 "인간의 마음이 왜 이러한 방식으로 작동하는가? 왜 이러한 심리적 구조와 작동방식을 갖게 되었는가?"라는 물음에 초점을 맞추고 있다.

진화심리학은 다음과 같은 몇 가지 핵심적 가정에

기초하고 있다(Cosmides & Tooby, 1997).

(1) 뇌는 정보처리장치로서 안팎에서 주어지는 입력
에 반응하여 행동을 생성한다.

(2) 뇌의 적응기제는 자연 선택과 성적 선택에 의해
형성되었다.

(3) 여러 신경기제는 인류의 진화과정에서 직면했던
문제를 해결하기 위해 특화된 것이다.

(4) 뇌는 오랜 진화과정에서 반복적으로 발생했던
문제들을 해결하기 위해 설계된 특화된 신경기
제를 진화시켰다. 그 결과 현대인은 석기시대의
뇌와 마음을 갖고 있다.

(5) 뇌의 기능과 내용은 대부분 무의식적이다. 쉽게
해결되는 것처럼 느껴지는 대부분의 심리적 문
제들은 사실 복잡한 신경기제에 의해서 무의식
적으로 해결되는 매우 어려운 문제들이다.

(6) 인간의 심리는 많은 특화된 기제들로 구성되어
있다. 이러한 기제들은 각기 다른 정보나 입력에
민감하며 몇 가지 기제가 결합하여 행동을 만들
어 내기도 한다.

2) 인간의 보편적 심성에 대한 진화심리학

인간의 본성은 무엇인가? 2부에서 살펴보았듯이, 많
은 심리학자들이 인간 본성에 대해서 다양한 의견을 제
시했다. 인간의 가장 기본적인 성향에 대해서 Freud는
성과 공격성을 제시했으며, Adler는 우월성의 추구라
고 주장했고, 대상관계 이론가들은 관계의 추구를 제시
했으며, Maslow는 욕구위계설을 통해서 궁극적으로
자기실현이라고 주장했다. 이 밖에도 인간의 본성에 대
해서 권력과 유능성의 추구, 의미의 추구, 자율성의 추
구, 불멸의 추구 등 다양한 주장이 제기되었다.

(1) 진화적 적응환경과 진화된 심리적 기제

진화심리학의 관점에서 보면, 인간의 마음속에는 인
류의 조상들이 살아온 삶의 흔적이 남아 있다. 인간의
심리적 기능은 인류의 조상이 직면해야 했던 환경에 잘
적응하도록 특화된 것이다. 뇌의 기능을 이해하기 위해
서는 뇌가 진화해 온 환경의 속성을 이해하는 것이 중
요하다. 그러한 환경을 진화적 적응환경(Environment of
Evolutionary Adaptedness: EEA)이라고 한다. 달리 말하
면, EEA는 인류가 오랜 진화과정에서 생존하기 위해
적응해야만 했던 환경의 압력을 의미한다. 즉, 특정한
적응방식을 선택하도록 오랜 시간을 통해 반복적으로
주어진 압력들이다.

그러한 환경적 압력(EEA)에 의해 선택되어 진화된
심리적 구조와 기능을 진화된 심리적 기제(Evolved
Psychological Mechanism: EPM)라고 한다. 인간의 심리
적 기제를 이해하기 위해서는 인류의 조상들이 진화과
정에서 적응해야만 했던 환경의 특성을 이해하는 것이
필수적이다. 그러한 진화의 결과로 인간에게 전달된 것
에는 세 가지 유형의 산물이 있다. 그 첫째는 적응기제
로서 환경적 압력에 적응하기 위해 선택된 유전적 특징
을 말한다. 둘째는 적응적 부산물로서 적응에 도움이
되지는 않지만 적응기제와 함께 복제되어 전달되는 특
징을 뜻한다. 마지막은 노이즈(noise)로서 우연한 돌연
변이나 우발적인 힘에 의해 생겨난 특성을 말하며 개인
차를 만들어 내는 한 요인이다.

(2) 생존을 위한 진화적 적응환경

인류의 조상으로 여겨지고 있는 오스트랄로피테쿠
스가 지구상에 출현한 것은 약 200만 년 전으로 추정되
고 있다. 그 시기는 신생대 4기에 해당하는 홍적세
(Pleistocene)로서 지금으로부터 250만 년~12,000년
전에 해당하며 빙하기와 간빙기가 교차하고 화산폭발

인간의 심리적 구조와 기능은 진화과정에서 선택된 것이다.

과 지각운동이 활발했던 매우 불안정한 자연환경의 시기였다. 그만큼 수많은 생명체의 자연선택과 도태과정이 활발하게 일어났던 시기라고 할 수 있다. 현재는 12,000년 전에 끝난 홍적세의 마지막 빙하기가 지나간 간빙기에 해당한다. 현생인류의 조상인 호모 사피엔스는 20만 년 전에 출현한 것으로 여겨지고 있다.

인간의 심리적 기제는 대부분 홍적세 환경에서 반복적으로 직면했던 생존과 번식 문제에 적응하기 위한 것으로 가정된다. 이 시기의 주요한 적응문제는 육체적 성장, 구애하기, 자녀 양육하기, 사회적 관계 등이었다. 이러한 적응문제를 잘 해결한 일부 개체만이 번식에 성공했으며 현재 다양한 종의 생명체로 존재하는 것이다. 진화과정에는 생존을 위한 자연 선택(natural selection)과 더불어 번식을 위한 성적 선택(sexual selection)이 필요하다. 성적 선택은 이성 짝을 선택하고, 유지하며, 때로는 다른 개체의 짝을 빼앗는 경쟁과정을 포함한다. 성적 선택과정에서는 수컷 간 경쟁(male competition)과 암컷의 짝 선택(female choice)이 매우 중요하며, 진화심리학자들은 성격의 개인차가 성적 선택과 관련되어 있다고 주장한다.

진화론의 관점에서 보면, 모든 생명체의 궁극적인 존재이유는 생존과 번식이다. 즉, 살아남아서 자신의 유전자를 널리 퍼뜨리는 일이다. 생존을 위해 가장 중요한 일은 생명을 위협하는 자연의 적대적 세력(기후, 날씨, 식량부족, 독소, 질병, 기생충, 약탈자, 같은 종 내의 적대자 등)으로부터 자신을 보호하는 일이다. 인간이 성공적인 생존을 위해서 직면했던 적응과제(EEA)의 유형은 다음과 같다.

(1) 식량을 획득하고 선택하는 일: 음식을 찾는 일, 독소를 섭취하지 않는 것, 적절한 양의 열량을 섭취하고 나트륨, 칼슘, 아연과 같은 기본적인 영양소를 섭취하는 것.
(2) 주거지 찾기: 식량자원이 풍부하고 적대적 세력으로부터 보호받을 수 있는 적절한 주거지를 발견하기, 먹이를 발견하고 위험을 감지하기 위해 전망이 좋은 곳을 선택하기.
(3) 포식자나 환경적 위험요인과 투쟁하기: 위험에 대한 신호로서 불안과 공포를 경험하기, 위협요인을 제거하기 위해 대응하기, 위협요인을 기억으로 간직하기.

현재 인간이 지니는 음식이나 주거환경에 대한 선호나 혐오는 이러한 진화의 산물이다. 불안과 공포는 불쾌한 감정이므로 이러한 상태로 벗어나기 위해 다양한 행동을 유발한다. 불안과 공포에 대응하는 주요한 방법은 (1) 약탈자로부터 자신을 숨기는 데 도움을 주는 얼어붙기(freezing), (2) 약탈자로부터 도망하기(flighting), (3) 약탈자를 무력화하기 위해서 공격적으로 방어하기(aggressive defense), (4) 동일한 종의 공격자에게 복종하거나 타협하기(submission or appeasement)다. 인간이 뱀, 거미, 높은 곳, 질병, 부모와의 분리, 낯선 사람, 위험한 작은 동물 등에 대한 두려움을 지니는 것은 진화된 심리적 기제의 일부라고 볼 수 있다.

(3) 번식을 위한 진화적 적응환경

생존의 문제보다 더욱 치열한 경쟁을 벌여야 했던 적응문제는 번식을 위한 것이다. 환경의 위협요인이나 약탈자에 대응해야 했던 자연 선택과 달리, 성적 선택은 같은 종의 구성원 사이에서 벌어지는 경쟁에서 승리해야 하는 것이었다. 성공적인 번식을 하기 위해서 인류의 조상들이 직면했던 문제(EEA)의 유형은 다음과 같이 매우 다양하다.

(1) 동성 간 경쟁(successful intrasexual competition): 집단에서 바람직한 이성에게 접근하기 위해서 동성 구성원을 이기거나 따돌리는 것.

(2) 짝 선택(mate selection): 집단 내에서 최대의 번식 가치를 지닌 이성 짝을 찾는 것.

(3) 성공적인 수정(successful conception): 남성은 여성 짝을 수정시키고 여성은 남성 짝을 수정하도록 유인하는 사회적 또는 성적 행동을 하는 것.

(4) 짝 유지(mate retention): 자신의 짝이 변절하거나 도망가지 않도록 하는 것뿐만 아니라 동성 경쟁

자가 침범하지 않도록 예방하는 것(이러한 문제는 장기적 구애전략을 추구할 경우에만 해당되며, 단기적 또는 기회주의적 교미를 위한 전략을 구사할 때는 해당되지 않음.)

(5) 상호적 이자동맹 형성(reciprocal dyadic alliance formation): 경쟁자를 물리치기 위해서 협동과 상호성에 의한 이자 관계를 형성하는 것으로 친구의 중요성을 의미함.

(6) 연합 형성과 유지(coalition-building and maintenance): 자신의 이익과 밀접하게 연결된 집단과 협동적 관계를 맺고 지속적으로 참여하는 것으로서 사회적 지위나 집단적 후원의 중요성을 의미함.

(7) 부모로서 양육적 보살핌과 사회화(parental care and socialization): 자녀의 성공적인 생존과 번식에 기여하는 행동을 하는 것.

(8) 자식 외 친족 투자(extra-parental kin investment): 자신에게는 손해가 될 수 있지만 같은 유전자를 공유한 친·인척에게 도움이 되는 행동을 하는 것.

이상에서 제시한 개별적인 적응문제는 많은 하위문제로 구성된다. 예컨대, 성공적인 동성 간 경쟁을 위해서는 (1) 잠재적인 이성 짝이 요구하는 자원의 확보, (2) 사회적 지위의 성공적 확보, (3) 성공적인 상호적 연합과 연대, (4) 잠재적 이성 짝의 친척이나 친구와의 긍정적 관계형성, (5) 잠재적 이성 짝에 대한 성공적 구애, (6) 잠재적 이성 짝의 동성 경쟁자에 대한 폄하 등이 필요하다.

인간은 집단 내에서 공식적이든 비공식적이든 지위의 위계구조를 가지고 있다. 높은 지위에 있는 사람이 번식과 관련된 많은 자원을 소유한다. 성적 선택은 집단 내에서의 위계 경쟁(hierarchy negotiation)과 관련된

다양한 문제에 대처하기 위한 복잡한 심리를 발달시켰다. 예컨대, 지위를 추구하는 동기를 갖게 만들고, 높은 위계에 있는 타인에 대한 시기심의 정서를 발달시켰으며, 타인의 승진궤도를 모델링하거나 거짓말로 그를 끌어내리는 것과 같은 교묘한 전략을 구사하기 위한 인지적 능력을 발달시켰다.

이처럼 인간이 진화과정에서 유전자를 보존하고 후속세대에 전달하기 위해 생존 경쟁과 성적 경쟁을 해야만 했던 진화적 적응환경(EEA)을 이해하는 것은 인간의 보편적인 심리적 기제를 이해하는 기반이 된다. 그러나 인간은 생존과 번식이라는 보편적인 적응과제를 지니고 있을 뿐만 아니라 생존과 번식 방식에 있어서 남자와 여자의 성차와 매우 다양한 개인차를 나타낸다.

 ### 부모-자녀 관계에 대한 진화심리학

진화론의 관점에 보면, 생명체의 존재이유는 생존과 번식이다. 살아남아서 자신의 유전자를 널리 퍼뜨리는 일이 중요하다. 이러한 적응과제를 해결하기 위해서 부모와 자녀는 각기 독특한 진화된 심리적 기제를 발전시켰다.

인간의 신생아는 유난히 무력한 상태로 태어나서 오랜 기간의 발달과정을 거쳐야 하기 때문에 엄마의 자원을 효율적으로 얻어내야 한다. 어린아이는 부양투자의 수혜자로서 부모, 할머니, 이웃 아줌마와 같은 어른들의 보살핌을 기다리기만 하는 수동적인 무력한 존재가 아니다. 1970년대에 Trivers는 호혜적 이타주의 이론과 부양투자이론에 이어서 '부모-자식 갈등이론'을 제시하면서 어린아이를 능동적으로 자신의 이익을 추구하는 전략가의 지위로 끌어올렸다(홍숙기, 2011; Hrdy, 1999). 신생아는 태어나면서부터 둥근 머리, 통통함, 우렁찬 울음소리를 통해서 자신이 잘 살아남을 건강한 아이라는 점, 즉 부모로 하여금 양육할 가치가 있는 아이라는 것을 신호한다. 특히 아버지를 닮은 아이는 아버지의 부양투자를 확보할 확률이 높다.

어린아이는 어머니의 냄새를 기억하며 어머니의 시선과 다정함을 분석하고 평가한다. 아이는 어머니의 역할을 조정하는 전문가로서 최대 관심사는 어머니가 계속 곁에서 자신을 보살펴 줄 것인지를 알아내고 그 가능성을 높이는 것이다. 아이의 입장에서 부모와의 애착형성은 매우 효과적인 전략이다.

그러나 어머니가 자녀에게 투자하는 자원의 양과 시간에 대해서 어머니와 자녀 간에 또는 형제자매 간에 투쟁이 벌어진다. 어머니는 새로운 아이를 낳았을 경우에 이미 성장한 아이에게서 빨리 젖을 떼고 싶어 하지만 아이는 오래도록 젖을 먹고 싶어 한다. 어린아이는 어머니의 행동을 강요할 수 있는 권력을 갖고 있지 못하지만 약자의 심리적 전략(예: 엄살하기, 어리광 부리기, 떼쓰기)을 구사하여 어머니의 자원을 최대한 얻어 낸다(홍숙기, 2011). 아이는 아무것도 모르는 연약하고 천사 같은 존재가 아니다.

인류학자인 Hrdy(1999)는 어머니와 자녀 사이에 벌어지는 암투의 드라마를 관찰한 자료에 근거하여 거룩한 모성애는 신화에 불과하다고 주장한다. 침팬지든 인간이든, 양육해야 할 많은 자녀에 비해 자원이 부족한 어머니는 일부 자녀의 생존을 위해서 다른 자녀를 버리거나 살해하기도 한다. Hrdy에 따르면, 모든 생명체는 전략가이자 기회주의자이며 생존전문가다. 어린아이도 부모와 대등한 수준의 생존전문가라고 할 수 있다.

인간은 생존과 번식이라는 목표를 냉혹할 만큼 일관성 있게 추구하면서 때로는 협동번식을 하며 사회적 동물로 진화해 왔다. 군거성 동물인 인간은 가족이나 다른 집단구성원과 함께 어울려 살아야 하기 때문에 모든 인간사회는 생존전문가들의 이기성을 억제하기 위해서 노력해 왔다. 성과 공격 충동은 어느 사회에서나 억제되고 있으며, 충효(忠孝) 교육을 하지 않는 사회가 없다. Freud가 한 세기 전에 갈파했듯이, 인간은 본성과 문화 사이에서 갈등하면서 '문명 속의 불만'을 지니며 살아가는 존재인지 모른다.

3) 남자와 여자의 차이에 대한 진화심리학

(1) 성격특질의 남녀 차이

진화심리학의 커다란 공헌 중 하나는 남녀 차이에 주목하게 만든 것이다. 진화과정에서 남자는 먹이를 수집하고 위협을 물리치는 사냥꾼과 전사의 역할을 담당한 반면, 여자는 자녀를 낳아 기르는 양육자의 역할을 담당했다. 이러한 성역할이 남자와 여자의 성격특질과 행동패턴의 차이를 유발했을 것으로 추정된다. 남자는 생존을 위한 것이든 번식을 위한 것이든 투쟁을 해야 하기 때문에 공격적이어야 성공할 수 있었다. 반면에, 여자는 싸움에서 이기는 짝을 선택하고 그 짝의 부양과 보호를 받으며 자식을 낳아 기르면 되므로 수동적이고 온순해야 번식에 성공할 수 있었다.

공격성은 남녀차가 일관성 있게 나타내는 심리적 특성 중 하나다. 전반적으로 남자는 여자에 비해서 더 공격적이다. 최근의 연구에서는 남자와 여자가 공격성을 표현하는 방식에 주목하고 있다. 남자는 직접적이고 물리적 방식으로 공격성을 표출하는 반면, 여자는 간접적이고 사회적인 방식으로 공격한다. 여자는 대안적 공격(alternative aggression)을 선호한다. 서로 치고받고 놀려대며 소란스러운 소년들과 달리, 소녀들은 상대방과 직접 맞서지 않고 그의 자존감이나 사회적 위치를 겨냥한다. 이러한 소리 없는 공격의 대부분은 친밀한 관계망 내에서 따돌림의 형태로 일어난다. 친구들과 온갖 비밀을 교환하는 소녀들에게 있어서 관계적 공격은 상대방에게 치명적인 상처를 입힐 수 있다. 이미 3세경부터 여아가 남아보다 관계적 공격 방식을 더 많이 나타내고 아동기가 되면 이러한 차이가 굳어진다. 이러한 사실은 물리적 또는 관계적 공격 방식이 유전적인 것이라는 추측을 낳게 한다.

성격의 5요인에 대한 성차를 보여 주는 주요한 결과는 다음과 같다. 신경과민성은 여자가 남자보다 높은 점수를 나타낸다. 여자는 우울, 불안, 자의식, 정서적 변화에서 모두 높지만, 분노에서는 남자보다 높지 않다. 전반적으로 외향성은 여자가 남자보다 약간 더 높다. 따뜻함, 집단성, 긍정 정서는 여자가 더 높지만, 주장성과 흥분 추구는 남자가 높다. 우호성은 모든 하위 차원에서 여자가 남자보다 더 높다. 성실성에서는 유의미한 성차가 나타나지 않는다. 여자가 질서, 의무, 자기 훈육에서 남자보다 다소 높은 경향이 있으나 문화적 교양에서는 일관성 있는 차이가 나타나지 않는다. 개방성에서도 유의미한 성차가 나타나지 않는다. 그러나 개방성의 하위 차원인 심미성이나 감정은 여자가 더 높고 아이디어는 남자가 더 높은 것으로 보고되고 있다.

(2) 배우자 선호의 남녀 차이

성격심리학으로서의 진화심리학은 생존보다 번식에 초점을 맞추고 있다. 특히 성 책략과 그에 관련된 행동에 초점을 맞추고 있다. 짝짓기와 관련된 진화적 적응 환경과 적응행동은 인간 본성의 형성에 결정적인 영향을 미친 것으로 여겨지고 있다. 남자는 지위와 권력을 얻기 위해 살인과 전쟁을 불사하지만, 진화생물학적으로 보면 남자의 궁극적인 목적은 짝짓기다. 반면에, 여자는 짝짓기뿐만 아니라 자녀를 번식 가능한 나이까지 키워내는 것이 궁극적인 목적이다. 진화에 있어서 유전자를 다음 세대로 전달하는 짝짓기는 매우 중요하다. 짝짓기는 경쟁을 의미하는데, 남자와 여자는 번식의 짝을 선택하는 배우자 선호(mate preferences)에서 차이를 나타낸다.

Trivers(1972)는 남자와 여자가 번식과정에서 담당하는 역할의 차이에 기초하여 각기 다른 짝짓기 전략을 발전시켰다고 주장한다. 그에 따르면, 남자와 여자는 자녀를 낳을 때 투자하는 양이 다르다. 남자는 한 번의 성행위만으로 자손번식이 가능한 반면, 여자는 임신을 하게 되면 10개월 동안 태아를 키워야 하고 다른 임신이 불가능하며 남성에 비해 출산 가능한 연령범위가 좁다. 즉, 자녀생산을 위해서 여자는 남자에 비해 훨씬 더 많은 투자를 하게 된다는 것이 부모투자이론(parental investment theory)의 핵심이다(Trivers, 1972). 또한 남자는 여자보다 자녀가 정말 자신의 유전자를 소유한 자식인지에 대한 확신이 낮다. 여자는 직접 자녀를 낳기 때문에 자신의 자녀라는 확신을 지니는 반면, 남자는 여자가 낳은 자녀가 자신의 자식이라는 직접적인 증거가 없는 상태에서 상황적 증거와 외모의 유사성에 의존하여 판단할 수밖에 없다. 이러한 주장을 친자확률이론(parenthood probability theory)이라고 한다(Trivers, 1972). 이러한 이유로 인해서 남자와 여자는 부모로서 자녀에게 투자하는 양이 다를 뿐만 아니라 친자에 대한 확신이 다르기 때문에 성적 책략도 다르다.

배우자의 선택에 있어서 남자와 여자는 다양한 차이를 나타낸다(Eagly & Wood, 1999; VanLeuwen, 2001; Looy, 2001). 우선, 여자는 남자보다 자녀출산과 양육에 더 많은 투자를 하기 때문에 짝을 더 까다롭게 고른다. 반면에, 상대적으로 적은 투자를 하는 남자는 더 많은 수의 자녀를 생산하려 하기 때문에 짝을 고르는 데 덜 까다롭다. 여자가 배우자를 선택할 때 취하는 전략은 최선의 배우자, 즉 좋은 유전자의 보유, 아버지로서의 돌봄과 헌신, 배우자와 자녀에 대한 물질적 후원이라는 측면에서 최고로 유능한 남성을 찾을 때까지 짝짓기를 보류하는 것이다. 반면에, 남자의 전략은 여자와 짝짓기를 할 수 있는 성적인 기회를 최대화하여 가능한 한 성행위를 자주 하는 것이다.

남자와 여자는 번식 전략에서도 차이를 나타낸다. 여자는 낳을 수 있는 자녀의 수가 제한되어 있는 반면, 남자는 번식의 제한이 없다. 따라서 여자는 양육을 지원할 수 있는 자원을 많이 가진 배우자를 찾는 반면, 남자는 자신의 유전자를 많이 퍼뜨리기 위한 목적으로 배우자를 선택한다. 남자의 번식 전략은 양적인 것과 질적인 것으로 구분될 수 있다. 양적인 전략은 가능한 많은 여자에게 임신하도록 하고 자녀의 양육을 위해서 오래 머무르지 않는 것이다. 반면에, 질적인 전략은 한 배우자와 적은 자녀를 낳지만 오래 머물며 자녀의 양육을 돕는 것이다. 남자가 선택하는 번식 전략의 차이는 성격차를 유발하는 요인이 된다. 여자는 제한된 수의 자녀를 낳아 양육을 책임져야 하기 때문에 자신과 자녀 곁에 오래도록 머물며 물질적 후원과 돌봄을 제공할 수 있는 헌신적인 남자를 선호한다. 또한 소수의 자녀를 낳을 수밖에 없는 여자는 좋은 유전자를 보유한 남자를 선택하여 그들의 자녀가 성공적인 생존과 번식에 필요한 신체적·심리적 특질을 지니기를 강력하게 원한다.

신체적 외모는 배우자 선택에서 중요하다. 여자는 대칭적인 외모의 남성을 선호한다. 그러한 외모는 '좋은 유전자'를 의미하는 건강 상태를 보여 주기 때문이다. 또한 여자는 남성적인 외모를 선호하는데 그 이유는 이러한 외모가 번식을 위한 충분한 남성호르몬을 의미하기 때문이다. 또한 여자는 지적이고 높은 사회적 지위 또는 많은 돈을 가진 연상의 남자를 선호한다. 이러한 특성은 생존과 자녀양육에 필요한 자원을 확보할 충분한 능력과 권력을 가지고 있음을 의미하기 때문이며, 여자가 장기적인 헌신을 위해서 배우자를 선택할 때 고려하는 점들이라고 할 수 있다.

남자가 배우자를 선택하는 주된 목적은 건강한 자녀를 갖기 위함이다. 남자는 입술, 유방, 엉덩이가 크고 허리가 가는 젊은 여자를 선호한다. 이것은 자녀를 성공적으로 낳을 수 있는 충분한 여성호르몬을 의미하기 때문이다. 또한 남자는 여자의 얼굴 대칭성, 빛나는 머리카락, 깨끗한 피부, 하얀 눈자위를 선호하지만 여자의 사회적 지위에는 관심이 적다.

여자는 사회적 권력이 제한되어 있는 경우가 많기 때문에 배우자를 통해서 사회적 지위의 상승을 추구한다. 따라서 권력, 소득능력, 고학력을 지닌 배우자를 찾는다. 이러한 배우자는 여자의 사회적 지위를 높여 줄 수 있기 때문이다. 여자가 배우자를 찾을 때는 그들이 부족한 것을 제공해 줄 수 있는 남자를 찾는 경향이 있다.

남자는 자녀를 양육하고, 요리를 잘하며, 가사를 잘 수행할 수 있는 배우자를 추구한다(Howard, Blumstein, & Schwartz, 1987). 인간의 결혼체계는 자원제공자로서의 남자 역할과 가정관리자로서의 여자 역할에 기반을 두고 있다. 이러한 점은 남자가 자신보다 젊은 여자를 선호하는 이유를 보여 준다. 남편보다 젊은 아내는 낮은 사회적 지위, 교육수준, 소득수준을 의미한다. 이처럼 나이, 교육, 소득의 차이는 권력 분할을 쉽게 해 주는 역할을 한다(Eagly & Wood, 1999). 젊은 여자와 결혼한 남자는 자신의 욕구를 잘 따라주는 아내를 얻을 수 있고, 나이 든 남자와 결혼한 여자는 사회적 지위와 권력을 지닌 남편으로부터 경제적 자원과 정서적 지지를 얻을 수 있다.

(3) 정서적 반응의 남녀 차이

남자와 여자는 질투를 비롯하여 이성관계에서 경험하는 정서적 경험과 행동적 반응에서도 차이를 나타낸다(Buss, Larsen, Westen, & Semmelroth, 1992). 질투(jealousy)는 현재의 이성관계를 위협하는 대상에 대해서 느끼는 분노와 불안이 혼합된 정서적 경험으로서 그러한 위협에 대항하는 행동을 유발하며, 사랑의 유대관계를 보호하고 유지하는 기능을 한다.

성적 질투를 촉발하는 단서에 있어서 남자와 여자는 다르다(Buunk, Angleitner, Oubaid, & Buss, 1996). 남자의 관점에서 배우자의 성적 불륜은 자녀가 자신의 유전자를 지니고 있는지를 불확실하게 만들기 때문에 강렬한 성적인 질투를 유발한다. 반면에, 여자에게 있어서 배우자의 성적 불륜은 자녀가 친자가 아니라는 커다란 재앙을 초래하지 않는다. 남편이 외도를 해도 자신이 낳은 자녀는 항상 확실하게 자신의 자녀이기 때문이다. 그러나 배우자가 다른 여자에게 애정을 보인다면, 그것은 남편이 자신과 자녀에게 투자하는 시간, 에너지, 자원, 보호, 헌신이 줄어듦을 의미한다. 이러한 손실은 자녀의 생존에 위협이 되므로 성적인 질투의 중요한 단서가 된다. 요컨대, 남자는 배우자가 성적인 불륜에 대한 강한 질투와 분노를 나타내는 반면, 여자는 배우자가 다른 여자에게 나타내는 정서적 애정에 대해서 강렬한 질투를 느낀다.

공격성(aggression)에서도 남자와 여자는 차이를 보인다. 남자의 공격성은 흔히 성적인 질투나 소유욕과 연결되어 있다. 특히 남자는 자녀가 자신의 친자라는 것에 대한 불확실성을 느낄 때 강한 질투심을 느끼며 공격성을 나타낸다. 남자의 공격성은 흔히 폭력 또는 강간의 형태로 나타나는 경향이 있다. 사랑의 경쟁자를 살인하는 경우가 있는데, 남자가 여자보다 동성의 경쟁자를 훨씬 더 많이 살해하는 경향이 있다. 일반적으로 남자는 여자보다 가정 밖에서 공격성을 더 자주 느끼는 반면, 여자는 남자보다 가정 안에서 더 자주 공격성을 느낀다. 남자는 여자보다 신체적·성적 공격성을 더 자주 나타내는 반면, 여자는 남자보다 관계적 공격성을 더 자주 나타낸다(Archer, 2000).

(4) 동성 간 성적 매력의 경쟁에서의 남녀 차이

남자와 여자는 배우자를 얻기 위한 전략에서도 차이를 나타낸다. 여자는 남자들이 번식력 있는 짝을 선호하기 때문에 자신의 생식능력, 즉 젊음과 아름다움을 강조하는 방향으로 서로 경쟁한다. 반면에, 남자는 여성이 자신과 자녀를 안정적으로 부양할 짝을 찾기 때문에 자신의 지위, 재산, 능력을 강조하는 전략으로 경쟁한다. 따라서 여성은 화장이나 보석, 옷, 헤어스타일을 통해서 자신의 미모를 과시한다. 또한 여자는 남자의 관심이나 구애에 대해서 무관심하거나 거부의 몸짓을 나타내면서 자신의 가치를 높이는 전략을 구사한다. 반면에, 남자는 자신의 성취나 경제적 능력을 과장하거나 값비싼 소유물과 근육을 과시한다.

Buss(1989)는 다양한 문화권을 대상으로 성적 파트너에 대한 선호를 조사한 결과, 매우 공통적인 경향이 있음을 발견했다. 남자는 여자에 비해서 성적 파트너의 생식능력과 관련된 단서에 끌리는 반면, 여자는 남자보다 파트너의 자원 가용 능력을 나타내는 단서에 이끌렸다. 남자는 나이가 들수록 젊은 여자를 선호했다. 반면에, 여자는 자신보다 나이가 조금 더 많은 남자를 선호했으며 이러한 경향성은 연령 증가에 따라서 크게 달라지지 않았다. 남자는 여자보다 우발적인 성관계에 더 많은 흥미를 나타내고 하룻밤의 정사를 위한 파트너의 선택기준이 덜 까다로웠다. 남자는 여자에 비해서 시각적 성적 자극에 더 쉽게 흥분했다. 아내에 대한 남편의 헌신 정도는 신체적으로 매력적인 다른 여자를 만났을 때 흔들리는 반면, 남편에 대한 아내의 헌신 정도는 매우 우월하고 높은 지위와 권력을 지닌 다른 남자에게 노출되었을 때 동요했다. 이와 마찬가지로, 남자는 남편으로서의 자기가치에 대한 평가에서 자신보다 우월한 남자와 비교할 때 흔들리는 반면, 여자는 아내로서의 자기가치 평가가 자신보다 매력적인 여자에게 노출되었을 때 불안정해졌다.

짝짓기 기회를 얻기 위한 경쟁에서 남자는 자신을 과장하는 전략을 사용한다. 젊은 남자들이 근육을 과시하거나 위험한 운전을 하는 등 과장된 무모한 행동을 하는 이유가 여기에 있다. 이러한 패턴을 젊은 수컷 증후군(young male syndrome)이라고 한다. 이러한 행동 패턴은 모든 남자의 유전자 속에 잠재해 있지만, 특히 번식의 실패가 예상되는 상황에서 더 과장된 형태로 나타나는 경향이 있다.

4) 성격의 개인차에 대한 진화심리학

진화의 과정에서 개인차는 어떻게 생겨난 것일까? 특히 성격이 사람마다 다른 것은 어떤 진화적 요인에 의한 것일까? 개인차의 기원에 대한 진화심리학의 설명은 크게 세 가지 방식으로 이루어지고 있다. 첫째, 개인차는 개체마다 각기 다른 적응환경과 대처하기 위한 적응방략의 차이로 인해서 필연적으로 발생한 것이다. 둘째, 개인차는 적응방략이 진화하는 과정에서 그러한 적응기제와 함께 연결된 우연한 부산물로 생겨난 것이다. 셋째, 개인차는 돌연변이와 같은 우연적 요인에 의해서 생겨난 노이즈(noise)에 의한 것으로서 자연선택에 의해 도태되지 않은 채로 남아 있는 것이라고 할 수 있다.

일반적으로 개인차는 종의 전반적 진화과정에서 나타나는 우연한 변이로 여겨져 왔다. 그러나 진화심리학자들은 개인차를 사회적 적응에 매우 중요한 역할을 하는 것으로 여기고 있다. 예컨대, 성적 배우자를 선택하는 과정에서 개인차는 중요한 역할을 한다. 이러한 선택 상황에서는 종의 공통적 특성보다 매력, 지능, 건강 상태, 호의성, 신뢰성과 같은 개인적 특성이 중요하다. 그 결과, 인간은 이러한 개인차를 탐지하고 그에 따라

행동하도록 특화된 맞춤식 적응, 즉 차이-탐지적 적응(difference-detecting adaptation)을 하도록 진화했다. 우리가 타인의 성격에 깊은 관심과 흥미를 갖는 이유는 사회적인 관계를 맺는 타인의 성향을 파악하고 그에 적절한 행동적 방략을 구사하기 위한 것일 수 있다. 진화심리학에서 성격의 개인차는 균형적 선택 가설, 고가치 신호이론, 생애사 이론 등에 의해서 설명되고 있다.

(1) 균형적 선택 가설

모든 종마다 각기 다른 특질을 지닌 다양한 개체가 존재한다. 그 이유 중 하나는 다양한 환경조건에서 각기 다른 특질이 적응적이었기 때문이다. 균형적 선택 가설(balancing selection hypothesis)은 유전자 전체 풀(pool)에서 다양한 대립형질들이 존재하도록 만드는 균형적 선택 때문에 개인차가 생긴다는 주장이다. 균형적 선택이란 다양한 환경조건에서 각기 다른 특질이 선택되기 때문에 어떤 한 방향으로 쏠리지 않고 다양한 특질이 유지되는 것을 의미한다. 모든 유전적 변이는 돌연변이에 의해서 나타나지만, 이러한 변이가 시간과 공간에 따라 각기 다른 적응성을 지니기 때문에 유전적 다양성이 유지되는 것이다. 균형적 선택이 이루어지는 주요한 두 가지 방식은 다음과 같다.

① 환경에 따른 적응적 성격의 변화

선택의 압력은 시간과 상황에 따라 다르다. 따라서 상이한 환경에서 다른 성격특질이 선택될 수 있다. 어떤 상황에서는 위험 회피 기질이 적응적이지만, 다른 상황에서는 위험 감수 기질이 적응에 도움이 될 수 있다. 자극 추구와 외향성의 성격은 지역에 따라 분포가 다르다. 예컨대, 아시아보다 북미에서 자극 추구와 외향성을 지닌 사람들의 비율이 높다. 그 이유 중 하나는 안정된 농경사회보다 새로운 환경으로 이주하여 자연

을 개척해야 하는 적응환경에서 그러한 성격의 소유자들이 선택된 것이라고 해석될 수 있다. 이러한 결과는 자극추구와 외향성의 소유자들이 새로운 곳을 찾아 이민을 떠났을 뿐만 아니라 새로운 곳에 더 성공적으로 정착했기 때문일 것이다. 환경마다 가장 적합한 성격이 다르기 때문에 성격의 개인차가 나타날 수 있다.

② 빈도-의존적 선택

빈도-의존적 선택(frequency-dependent selection)은 특정한 적응전략을 사용하는 개체의 빈도가 그러한 전략의 적응도에 영향을 미치는 과정을 뜻한다. 한 종 내에서 두 개 이상의 적응전략이 다른 빈도로 유지되는 경우, 각 전략의 빈도가 증가함에 따라 그 전략의 적응도는 감소한다. 예컨대, 남자의 비율이 높은 사회에서는 남자의 선호도가 감소한다. 대다수 남자들이 정직성의 특성을 지닌 사회에서는 정직한 남자가 여자를 유혹하는 일에 성공을 거두기 어렵다. 오히려 속임수 전략을 쓰는 반사회적 성격의 남자가 여자를 유혹하는 일에 있어서 단기적인 성공을 거둘 수 있다.

성격의 개인차는 사회성이 강한 종일수록 더욱 현저하게 나타난다. 사회적 환경은 다양한 성격이나 전략이 성공을 거둘 수 있는 상이한 적응상황을 제공하기 때문이다. 한 가지 성격이 성공적이어서 집단 내에서 그러

한 성격의 선택 빈도가 증가하면 그 성격의 성공적 적응도는 점차 감소한다. 따라서 다른 성격이 새롭게 성공적인 것으로 부각되어 다시 높은 빈도로 채택된다. 이처럼 한 집단 내에서 한 가지 성격이 적응적인 것으로 확정되어 일반화되는 것이 아니라 다양한 성격이 적응적인 것으로 존재하게 되는 것이다. 이것이 모든 사회에 다양한 성격의 소유자가 존재하는 이유다.

균형적 선택 가설의 관점에서 보면, 특정한 성격 특성이 다양한 환경에서 나타내는 이익과 손실을 구체적으로 밝혀낼 수 있다. 예컨대, 외향성은 많은 사람에게 접근함으로써 단기적인 구애와 구애상대 빼앗기에서 성공을 거둘 수 있지만, 성적 경쟁상대로부터 공격을 당하여 신체적 손상을 입을 수 있는 비용을 치러야 한다. 신경과민성은 위험에 대한 경계로 인해 피해를 당하지 않는 이익을 얻게 되지만 심리적 스트레스의 지속으로 인해서 건강 손상이라는 손해를 입을 수 있다.

(2) 고가치 신호 이론

인간은 다른 사람들에게 배우자, 친구, 협동상대로서 자신의 긍정적 특성을 알리는 일에서 서로 경쟁한다. 탁월한 긍정적 특성을 지닌 것으로 인식되는 사람은 최고의 특질을 지닌 배우자, 친구, 협동상대에 의해 선택되어 혜택을 누리게 된다. 이러한 사회적 경쟁에서

는 속임수 전략이 도움이 된다. 자신의 가치를 과장함으로써 그렇지 않으면 함께 어울리지 못할 배우자나 친구를 획득할 수 있기 때문이다. 이러한 속임수가 흔하게 사용되는 환경에서는 구성원으로 하여금 상대방의 속임수를 알아채고 정직하지 못한 신호를 평가절하하는 적응방식을 만들어 낸다.

고가치 신호 이론(costly signaling theory)은 개인차를 진화론의 관점에서 이해하는 틀이 될 수 있다(Gintis, Bowles, Boyd, & Fehr, 2007; Miller, 2007). 고가치 신호는 속임수가 아니라 자신이 진정한 역량을 지니고 있다는 것을 보여 주는 정직한 신호를 의미한다. 좋은 조건에 있는 사람들은 자신이 가진 긍정적인 가치를 신호로 보낸다. 모든 사회에는 구성원들이 서로의 자질을 경합하는 다양한 시합이 존재한다. 시합에서 우승하는 것은 우승자의 건강, 강력함, 운동능력, 용기와 같은 신체적·심리적 자질에 관해서 다른 사람에게 신호를 보내는 것이다.

성격특성도 마찬가지다. 예컨대, 관대성과 이타성은 타인에게 호의를 보이고 자신의 손해를 감수해야 하는 많은 비용이 드는 성격특성이지만 자신의 충분한 자원을 보여 주기 위한 고가치 신호일 수 있다. 관대성, 용기, 정숙성, 호의성, 성실성과 같은 개인차는 각기 다른 심리적 자원을 다른 사람에게 신호로 알리기 위한 것으로 이해될 수 있다.

진화론의 관점에서 이해하기 힘든 행동 중 하나는 이타 행동이다. 이타 행동은 다른 개체를 돕기 위해서 자신의 돈과 시간을 희생하는 것으로서 자신에게 아무런 직접적인 도움이 되지 않을 뿐만 아니라 오히려 자신의 생존과 번식의 가능성을 감소시킨다. 이타 행동을 설명하기 위해서 여러 이론이 제시되었다. Hamilton (1964)이 제시한 포괄적 적응도(inclusive fitness) 가설은 이타 행동으로 인해서 개체는 희생되지만 동일한 유전자를 지닌 많은 동료들, 즉 친인척(kin)의 생존에 도움을 주기 때문에 유전자의 관점에서는 생존에 도움이 된다는 주장이다. 그러나 문제는 이타 행동이 친척이 아닌 타인, 즉 전혀 유전자의 공통성이 없는 사람에게도 행해진다는 사실이다. 이러한 현상을 설명하기 위해서 Trivers(1971)는 타인을 돕기 위해 개인적 이익을 희생하는 것은 결과적으로 그 타인을 통해서 혜택이 되돌아오기 때문에 생존에 도움이 된다는 상호적 이타주의 (reciprocal altruism) 이론을 제시했다. 그러나 개인은 앞으로 도움을 받을 가능성이 전혀 없는 낯선 사람에게도 이타적 행동을 한다.

고가치 신호이론은 이타 행동을 다른 관점에서 설명하고 있다. 개인은 자신의 위상을 보여 주기 위해서 특정한 행동을 선택한다. 고가치 신호이론에 따르면, 동물이든 사람이든 이타 행동을 하는데 그 이유는 자신에 관한 신호를 전달하고 소통하기 위한 것이다. 사회적 지위가 높은 사람들은 이타적인 행동을 할 수 있는 능력, 자원, 돈, 시간과 영향력을 지닌다. 이타적인 행동을 하는 사람들은 높은 지위와 능력을 지닌 것으로 인식되어 다른 사람들로부터 존경과 신뢰를 받게 된다. 개인은 의식적으로든 무의식적으로든 자신의 지위가 높다는 것을 보여 주기 위해서 이타적인 행동을 할 수 있는데, 이를 경쟁적 이타주의라고 한다(Barclay & Willer, 2007; Roberts, 1998).

(3) 생애사 이론

생애사 이론(life-history theory)은 개인의 성격차를 인생의 발달과정에서 직면하게 되는 번식 관련 과제에 대응하기 위한 방략의 차이로 설명한다. 청소년기의 발달, 성적 성숙의 연령, 첫 출산, 자녀의 수, 부양투자의 수준, 노년기의 죽음과 같은 생애의 주요 사건에 대한 개인의 적응방식은 그가 처한 생태학적 환경에 의존하며 성격의 개인차를 만들어 내는 주된 요인이다.

모든 개체는 유한한 시간과 에너지를 갖고 있다. 한 가지 활동에 시간과 에너지를 투자하면, 다른 활동에는 그만큼 투자가 줄 수밖에 없다. 개체는 제한된 에너지를 자신의 육체적 보존, 성적 경쟁과 번식 그리고 자녀 양육과 같은 다양한 적응과제에 투자해야 한다. 또한 개인마다 처한 상황에 따라 접근하는 전략이 매우 다르다. 생애사 이론은 제한된 자원을 중요한 생애 사건의 해결을 위해서 할당하는 거래와 교환 전략으로 성격을 이해한다(Kaplan & Gangestad, 2005).

생애사 이론에서 중요시하는 거래 요인은 자녀의 수 대 출산 시기다. 자녀를 이른 나이에 많이 낳을 것인가 아니면 늦은 나이에 적게 낳을 것인가 하는 선택의 문제다. 생명체는 이러한 선택에 있어서 크게 두 가지의 방식, 즉 r-전략과 K-전략을 채택할 수 있다. r-전략(r-strategy)은 매우 빠른 속도로 성장하여 이른 시기에 첫 아이를 생산하는 대신 수명이 짧으며 많은 수의 자녀를 낳지만 부양투자가 적어서 자녀생존율이 낮다. 이러한 r-선택은 불안정 환경에서 유리하다. 자신과 자녀의 생존을 보장할 수 없는 불안정 환경에서는 일찍 많이 낳아서 그 일부라도 생존하게 하는 것이 유리하다. K-전략(K-strategy)은 천천히 성장하여 늦은 시기에 첫 아이를 생산하는 대신 수명이 길며 적은 수의 자녀를 낳지만 오랜 기간에 걸쳐 여러 번 번식하고 부양투자와 자녀 돌봄 수준이 높아서 자녀생존율도 높다. 이러한 K-전략은 안정된 환경에서 유리하다. 안정된 환경에서는 자녀생존율도 높고 오래 살면서 여러 번 자녀를 낳을 수 있기 때문이다.

이처럼 많은 요인이 개체가 생애과제를 해결하는 방식에 영향을 미친다. 특히 자원, 위험요인, 경쟁자가 급변하는 예측 불가능한 환경은 개체로 하여금 더 많은 자녀를 일찍 생산하는 r-전략을 선택하도록 압력을 가

한다. 수명 역시 생애과제 적응방식에 영향을 미치는 중요한 요인이다. 짧은 수명과 예측 불가능한 환경은 조속히 성장하여 일찍 많은 자녀를 생산하는 방식을 선택하게 하는 반면, 긴 수명과 예측 가능한 환경은 개체로 하여금 생존과 번식 과제를 융통성 있게 해결하도록 유도한다.

성격의 개인차는 개인이 어떤 적응과제에 어떤 방식으로 에너지를 투자하느냐와 관련되어 있다. 남자의 경우에 지위 경쟁과 지배력 확보에 주력하는 사람, 성적 배우자를 유혹하고 구애하는 일에 몰두하는 사람, 가족과 자녀의 양육에 에너지를 집중하는 사람, 그리고 이러한 일에 다양한 비율로 분산 투자하는 사람으로 구분될 수 있다. 이러한 투자방식이 개인의 생애과제에 접근하는 성격적 특성으로 이해될 수 있다.

또한 에너지의 투자방식은 개인의 능력, 기대 수명, 사용 가능한 에너지의 양과 같은 다양한 변수에 의해서 결정된다. 예컨대, 자신의 기대 수명을 짧은 것으로 예상하는 사람이 미래의 더 성공적이고 안전한 기회를 기다리기보다 다가온 기회에서 즉각적인 자원 방출, 위험 감수, 강력한 경쟁의 책략을 사용하게 된다. 예컨대, 충동성은 시간적 여유가 없는 것으로 평가된 상황에서 구사하는 적응적인 방략으로 이해될 수 있다.

진화심리학의 관점에서 보면 성격은 환경에 적응하기 위한 전략이다. 성격의 개인차는 반복적인 적응문제를 해결하기 위한 다양한 대안적 전략을 의미한다. 적응 문제는 주로 사회적인 것으로서 지위의 위계 경쟁, 사회적 연합의 형성, 타인으로부터 자원을 얻어내기, 친·인척과의 갈등을 해결하기 등이 있다. 예컨대, Lund 등(2007)은 전문직에 종사하는 사람들이 위계 경쟁에서 사용하는 세 가지 기본적 전략, 즉 사회적 과시/관계망 구축(social display/networking), 근면성/지식 습득(industriousness/knowledge), 속임수/조종(deception/

manipulation)을 발견했다. 집단 내에서 자신의 지위를 높이기 위해 외향적인 사람들은 많은 사람에게 자신의 긍정적 특성을 보여 주고 인간관계망을 구축하는 책략을 사용했고, 성실성이 높은 사람들은 부지런히 노력하고 많은 지식을 습득하는 책략을 사용했으며, 호의성이 낮은 사람들은 다른 사람을 속이거나 조종하는 책략을 사용했다.

이처럼 진화심리학자들은 성격의 개인차를 환경에 대한 적응전략의 차이로 이해한다. 인간은 사회적인 환경에서 적응해야 할 매우 다양한 생애과제를 지니고 있다. 성격의 개인차, 즉 생애과제를 해결하기 위한 다양한 전략들의 이익과 손실을 구체적으로 밝혀내는 것이 진화심리학의 중요한 과제라고 할 수 있다(Buss, 2009).

2. 유전과 성격

진화는 유전을 통해 이루어진다. 진화를 통해 형성된 심리적 특성은 유전이라는 생물학적 기제에 의해서 후손에게 전달된다. 성격은 얼마나 유전에 의해서 영향을 받는 것일까? 유전에 의해서 강력한 영향을 받는 성격특질은 어떤 것일까? 성격과 기질은 어떤 유전적 기제에 의해서 전달되는 것일까? 유전적 요인과 환경적 요인은 어떻게 상호작용하여 성격을 형성하는 것일까?

1) 유전의 메커니즘

인간의 생명은 정자와 난자가 결합한 수정란에서부터 시작된다. 수정란은 세포분열을 통해 태아로 성장하고 성인이 되면 약 60조 개의 세포로 확장된다. 세포 하나하나마다에 생명체의 설계도가 들어 있는데, 그것은 바로 세포핵 속에 담긴 DNA다. 인간의 DNA(deoxy-

ribonucleic acid)는 23쌍의 염색체, 즉 46개의 염색체로 이루어져 있다. 23개는 아버지의 정자를 통해서 그리고 다른 23개는 어머니의 난자를 통해서 물려받는다. 23쌍 중 22쌍은 유사한 모양의 대칭형으로 되어 있는 상동염색체이고, 나머지 한 쌍은 XY 또는 XX로 이루어진 성염색체다. 이러한 23쌍의 염색체 세트를 게놈(genome)이라고 부른다.

바늘 끝보다 작은 크기의 세포 속에는 현미경으로나 관찰할 수 있는 세포핵이 있는데, 그 작은 구조 속에 유전정보를 담은 게놈이 들어 있다. 게놈은 부모로부터 자녀에게 전달되는 다양한 형질을 만들어 내는 유전정보를 지닌 유전자(gene)로 구성된다. 게놈은 유전자 전체를 의미하며 약 10만 개의 유전자로 구성되어 있다. 유전자의 실체는 세포의 염색체를 구성하는 DNA가 배열된 방식이다. 염색체(chromosome)는 쌍으로 배열된 긴 DNA 분자구조로서 아데닌(A), 타이민(T), 구아닌(G), 시토신(C)의 네 가지 질소염기가 매우 길고 복잡한 이중나선의 사다리 구조로 얽혀 있다. 이러한 DNA의 이중나선 구조는 유전정보를 담고 있으며, 리보핵산(RNA)을 통해서 인간의 몸을 구성하는 여러 가지 단백질의 합성을 결정한다.

DNA를 통해 부모로부터 자녀에게 유전정보가 전달되는 비밀은 복제(duplication)에 있다. 이중나선 구조가 두 가닥으로 갈라지면서 각 가닥은 다른 가닥을 복제해 내어 원래의 이중나선 구조를 다시 만들어 낸다. 세포분열 때마다 이런 방식으로 약 30억 개의 염기쌍이 복제된다. 이러한 복제과정에서 한두 개의 염기가 탈락하거나 염기배열의 순서가 뒤바뀌는 것이 돌연변이(mutation)다.

성격이 유전과 밀접히 관련되어 있다는 사실은 성격에 영향을 미치는 뇌의 구조와 기능이 유전자에 의해서 영향을 받고 있음을 의미한다. 최근에는 유전자와 성격

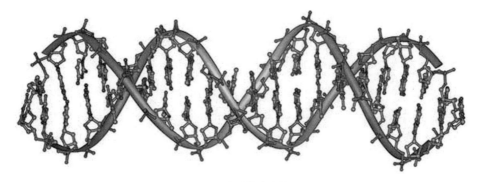

유전자 DNA의 이중나선 구조

특질의 관계를 연구하는 성격유전학(personality genetics)이라는 새로운 분야가 대두되어 특정한 유전자가 성격특질의 발현과 어떤 관련성을 지니는지를 밝혀내고 있다. 예컨대, 세로토닌 전달체 유전자(serotonin transporter gene)는 신경과민성의 성격특질과 관련되는 것으로 발견되었다. 또한 AVPR1A라고 불리는 유전자는 무자비함(ruthlessness)과 연결된 것으로 알려졌으며, MAOA라는 유전자는 대담성과 관련된 것으로 추정되고 있다.

2) 성격에 대한 천성 대 양육의 논쟁

인간의 성격은 선천적으로 유전되는 것인가 아니면 후천적으로 형성되는 것인가? 성격 형성에 대한 천성 대 양육(nature vs nurture)의 논란은 심리학의 전통적인 관심사였다. 현대의 심리학자들은 성격이 유전적 요인과 환경적 요인의 상호작용에 의해 결정되는 것으로 여기고 있다. 따라서 주된 연구관심사는 어떤 성격특질이 얼마나 유전에 의해서 영향을 받으며 어떤 환경적 요인의 상호작용을 통해서 형성되는지에 모아지고 있다.

인간의 다양한 속성은 유전에 의해서 영향을 받는다. 신체적 특성뿐만 아니라 심리적 특성도 유전에 의해서 영향을 받는다. 인간의 행동적 특성이 유전적 요인에 의해서 영향을 받는 정도와 기제를 연구하는 분야가 행동유전학(behavior genetics)이다. 성격이 유전적 요인에 의해서 영향을 받는 정도는 주로 쌍둥이 연구와 입양 연구에 의해서 밝혀지고 있다. 쌍둥이 연구(twin studies)는 유전적 유사성이 알려진 일란성 쌍둥이와 이란성 쌍둥이의 특성을 비교함으로써 유전과 환경의 영향을 구별할 수 있다. 일란성 쌍둥이는 동일한 유전자를 지니고 태어나는 반면, 이란성 쌍둥이는 50% 정도의 유전자를 공유하고 있다. 어떤 성격적 특성에 있어서 일란성 쌍둥이의 유사성이 이란성 쌍둥이보다 높으면 그러한 특성은 두 사람이 공유하는 유전자 비율의 차이에 기인한 것으로 볼 수 있다.

행동유전학에서는 어떤 성격 특성이 유전적 요인에 의해서 영향을 받는 정도를 유전성 추정치(heritability estimate: h^2)라는 지표로 제시하고 있다. 유전성 추정치는 어떤 특성에 대해서 측정된 변량 중 유전적 요인에 의해서 설명될 수 있는 변량의 비율을 의미한다. 쌍둥이 연구에서 유전성 추정치를 계산하는 대표적인 공식은 $h^2 = 2(rM-rD)$이다. 여기에서 rM은 일란성 쌍둥이의 상관계수를 말하며 rD는 이란성 쌍둥이의 상관계수를 뜻한다. 유전성 추정치는 다양한 방식에 의해서 산출될 수 있으며 개인과 측정시점에 따라 달라질 수 있기 때문에 어떤 특성의 유전적 영향력을 반영하는 거친

평가지표로 이해해야 할 것이다. 〈표 12-1〉은 다양한 특성에 대한 유전성 추정치가 제시되어 있다.

특징	유전성 추정치(h^2)
신체적 특성	
키	.80
몸무게	.60
지적 특성	
지능지수(IQ)	.50
개별 인지능력	.40
학교 성적	.40
성격의 5요인	
신경과민성(N)	.31
외향성(E)	.36
개방성(O)	.46
우호성(A)	.28
성실성(C)	.28
기질	
정서성	.40
활동성	.25
사교성	.25
충동성	.45
성격전반	.40

표 12-1 다양한 특성의 유전성 추정치

출처: Loehlin(1992); Pervin(2003).

〈표 12-1〉에 제시되어 있듯이, 성격의 5요인은 유전적 기반을 지닌 것으로 확인되고 있다. Loehlin(1992)의 연구에 따르면, 5요인의 성격특질은 평균 .34의 유전성 추정치(h^2)를 나타내고 있다. 이 연구에서 유전성 추정치는 개방성(.46)이 가장 높았으며 외향성(.36), 신경과민성(.31), 우호성(.28), 성실성(.28)의 순서로 나타났다.

그러나 일란성 쌍둥이의 유사성이 반드시 유전자에 의한 것이라고 확신할 수는 없다. 일란성 쌍둥이는 유전자가 동일할 뿐만 아니라 신체적 특성과 양육환경도 유사하기 때문에 두 사람의 유사성은 유전적 동일성과 환경적 동일성이 혼합된 결과라고 볼 수 있기 때문이다. 유전자의 영향을 좀 더 확실하게 밝히기 위해서는 유전자는 동일하되 성장환경이 다른 쌍둥이에 대한 연구가 필요하다. 입양 연구(adoption studies)는 어린 시절에 다양한 이유로 다른 환경에서 성장하게 된 쌍둥이의 특성을 비교함으로써 유전과 환경의 영향을 밝히고 있다. 또한 입양 연구는 쌍둥이와 부모의 특성을 비교함으로써 유전과 환경의 영향에 대한 정보를 제공한다. 즉, 생물학적 부모와 쌍둥이의 유사성 정도는 유전적 요인에 기인한 것으로 볼 수 있는 반면, 양부모와 쌍둥이의 유사성 정도는 환경적 요인에 의한 것으로 볼 수 있다.

Bergeman 등(1993)은 쌍둥이 연구와 입양 연구를 결합하여 성격의 유전적 영향을 살펴보았다. 그들은 552명의 일란성 또는 이란성 쌍둥이를 대상으로 성격의 5요인 중 개방성, 우호성, 성실성을 측정했다. 쌍둥이 집단은 동일한 환경에서 함께 자란 집단과 입양 등의 이유로 다른 환경에서 자란 집단으로 구분되었다. 연구를 위한 성격 측정 시 쌍둥이의 평균 연령은 58.6세였으며 연령 범위는 26~87세였다. 쌍둥이 집단은 모두 네 집단, 즉 동일 환경에서 자란 일란성 쌍둥이 집단과 이란성 쌍둥이 집단, 그리고 다른 환경에서 자란 일란성 쌍둥이 집단과 이란성 쌍둥이 집단으로 구분되어 세 성격특성의 상관관계를 구한 결과가 〈표 12-2〉에 제시되어 있다. 이러한 연구결과는 성격 형성에 유전적 영향이 중요하지만 성격특성에 따라 그 영향이 다름을 보여 주고 있다. 개방성은 유전적 영향이 상당히 강력하지만, 우호성과 성실성은 환경의 영향이 더 중요함을 보여 주고 있다.

표 12-2 동일 환경 또는 다른 환경에서 자란 일란성과 이란성 쌍둥이의 성격 유사성(상관계수 r)

척도	일란성 쌍둥이 동일 환경 ($N=132$)	일란성 쌍둥이 다른 환경 ($N=82$)	이란성 쌍둥이 동일 환경 ($N=167$)	이란성 쌍둥이 다른 환경 ($N=171$)
개방성	.51	.43	.14	.23
우호성	.41	.15	.23	-.03
성실성	.47	.19	.10	.10

출처: Bergeman 등(1993).

3) 성격에 대한 공유 환경과 비공유 환경의 영향

개인의 성격 형성에 영향을 미치는 환경적 요인은 공유 환경과 비공유 환경으로 구분되고 있다. 공유 환경(shared environment)은 자녀들이 동일한 가정환경에서 동일한 부모로부터 양육되는 환경적 요인을 의미하며 가정의 경제수준, 부모의 일반적 양육태도, 중요시하는 가치 등이 해당된다. 비공유 환경(nonshared environment)은 동일한 가정 내에서 양육되더라도 자녀들마다 각기 다른 경험을 하게 되는 환경적 요인을 뜻한다. 이러한 비공유 환경 요인은 자녀의 성(性), 출생순서, 개인적 특성에 따라서 부모로부터 다른 취급을 받은 양육경험뿐만 아니라 삶의 과정에서 개인적으로 겪게 되는 생활경험으로 구성된다. 성격의 환경적 영향에 대한 주요한 연구관심사는 공유 환경과 비공유 환경 중 어떤 것이 성격 형성에 더 큰 영향을 미치는가 하는 물음이다.

여러 연구에 따르면, 공유된 환경적 경험은 성격 형성에 그다지 큰 영향을 미치지 않은 것으로 나타났다. 공유 환경의 영향력은 같은 가정에서 자란 친형제와 입양된 형제의 특징에 대한 상관 연구를 통해서 평가할 수 있다. 〈표 12-3〉에서 볼 수 있듯이, 키나 몸무게의 경우 공통된 유전자를 지니고 같은 가정에서 자란 친형제의 경우는 .50의 상관을 보이고 있으나 같은 가정환경에서 성장했지만 다른 유전자를 지닌 입양된 형제의 경우에는 상관계수가 .02와 .05에 불과했다. 이러한 결과는 키나 몸무게가 유전에 의해서 강력한 영향을 받는 반면, 공유된 환경의 영향은 미미함을 의미한다. 성격의 경우, 형제간의 상관계수는 같은 가정에서 자란 일란성 쌍둥이(.50), 이란성 쌍둥이(.30), 친형제(.15), 입양된 형제(.05)의 순서로 나타났다(Dunn & Plomin, 1990). 이러한 상관계수의 크기는 대부분 유전자의 일치도를 반영할 뿐 공유 환경의 영향력이 미미함을 뜻한다.

그러나 공유 환경과 비공유 환경의 영향력은 성격특질

표 12-3 친형제와 입양된 형제의 상관치

특징	상관관계
친형제의 키	.50
입양된 형제의 키	.02
친형제의 몸무게	.50
입양된 형제의 몸무게	.05
일란성 쌍둥이의 성격 전반	.50
이란성 쌍둥이의 성격 전반	.30
친형제의 성격 전반	.15
입양된 형제의 성격 전반	.05

출처: Pervin(2003).

에 따라 다른 것으로 나타났다. 앞에서 소개한 Bergeman 등(1993)의 연구에서는 유전적 요인뿐만 아니라 공유 환경과 비공유 환경이 성격에 미치는 영향을 쌍둥이의 성별과 연령대별로 분석했다. 그 결과가 〈표 12-4〉에 제시되어 있다. 이들의 연구결과에 따르면, 개방성은 유전과 비공유 환경에 의해서 강력한 영향을 받지만 공유 환경의 영향력은 거의 없는 것으로 나타났다.

반면에, 우호성의 경우에는 비공유 환경과 공유 환경의 영향력이 클 뿐만 아니라 성별에 따라서 유전과 공유 환경의 영향이 다른 것으로 나타났다. 즉, 남자의 우호성은 유전적 요인보다 환경적 요인에 의해서 강력한 영향을 받는 것으로 나타난 반면, 여자의 우호성은 유전적 요인과 비공유 환경의 영향을 많이 받는 것으로 나타났다.

| 표 12-4 | 유전적 요인, 공유 환경, 비공유 환경이 성격 특성의 변량을 설명하는 비율(%) |

	유전적 요인	공유 환경	비공유 환경
개방성			
남자	48	0	52
여자	41	0	59
60세 미만	47	6	47
60세 이상	39	0	61
우호성			
남자	0	35	65
여자	23	6	71
60세 미만	11	26	63
60세 이상	20	12	68
성실성			
남자	41	0	39
여자	11	15	74
60세 미만	32	1	67
60세 이상	13	17	70

출처: Bergeman 등(1993).

성실성의 경우에도 비공유 환경이 가장 큰 영향을 미치는 것으로 나타났다. 그러나 성별에 따른 유전과 공유 환경의 영향은 우호성과 반대의 양상을 보였다. 즉, 남자의 경우에는 유전적 요인과 비공유 환경이 강력한 영향을 미치고 공유 환경의 영향은 미미한 반면, 여자의 경우에는 비공유 환경이 가장 강력한 영향을 미치고 공유 환경과 유전적 요인도 비슷한 정도의 영향을 미치는 것으로 나타났다.

Dunn과 Plomin(1990)은 성격에 미치는 유전과 환경의 영향에 대한 여러 연구결과들을 종합하여 다음과 같은 잠정적인 결론을 제시한 바 있다. 성격 전반의 변량 중 40%는 유전적 요인에 의해서 결정되며, 35%는 비공유 환경의 경험에 의해서, 그리고 5%는 공유 환경의 경험에 의해서 결정된다. 나머지 변량 중 20%는 측정 오차에 기인하는 것으로 추정된다. 이들의 잠정적 결론에 따르면, 성격에 대한 유전적 요인과 환경적 요인의 영향은 각각 40% 정도로서 비슷하다고 볼 수 있다.

3. 뇌와 성격: 신경생물학적 요인

인간의 심리적 기능은 뇌에 기반을 두고 있다. 성격도 뇌 구조와 기능의 특성에 근거하고 있다. 진화과정을 통해서 형성된 심리적 특질은 유전자를 통해서 다음 세대의 뇌의 구조와 기능에 영향을 미친다. 따라서 신생아들은 태어나는 순간부터 각기 다른 기질과 행동패턴을 나타낸다. 과연 어떤 뇌의 구조와 기능이 인간의 성격에 영향을 미치는 것일까?

1) 뇌의 구조와 심리적 기능

인간의 신경계는 말초신경계와 중추신경계로 구분

된다. 말초신경계(peripheral nervous system)는 주로 감각과 운동을 결정하는 신호의 전달과 자율적 반응을 담당하는 신경계를 뜻하며 체성신경계(somatic nervous system)와 자율신경계(autonomic nervous system)로 구분되고 다시 자율신경계는 교감신경계와 부교감신경계로 구분된다.

인간의 심리적 특성과 밀접한 관계를 지닌 것은 중추신경계다. 중추신경계(central nervous system)는 척수를 통해 말초신경계와 연결되어 행동을 통제한다. 중추신경계는 발생학적·기능적 구분에 따라 종뇌, 간뇌, 중뇌, 후뇌, 수뇌로 구분한다.

종뇌(Telencephalon)는 뇌의 대부분을 차지하는 부위로서 대뇌피질, 기저핵, 변연계로 구분된다. 기저핵(basal ganglia)은 운동의 통제 및 습관적인 행동의 학습을 담당한다. 변연계(limbic system)는 동기와 정서, 학습 및 기억에 관여하며 편도체, 해마, 대상회 등을 포함한다. 특히 편도체(amygdala)는 정서, 특히 공포와 연관되어 있으며, 해마(hippocampus)는 기억에 관여한다.

대뇌피질(cerebral cortex)은 뇌의 겉 부분을 둘러싸고 있는 표면층을 의미하는데 좌우 두 개의 반구가 뇌량으로 연결되어 있으며 후두엽, 두정엽, 측두엽, 전두엽의 네 영역으로 구분된다.

후두엽(occipital lobe)은 뇌의 뒤쪽 부분으로 주로 시각정보를 처리한다. 두정엽(parietal lobe)은 중앙 뒤쪽에 자리 잡은 영역으로 촉각이나 통증 등 체감각정보를 처리한다. 측두엽(temporal lobe)은 반구의 양쪽 옆 부분으로서 청각정보를 분석한다.

전두엽(frontal lobe)은 뇌의 앞쪽에 있는 부분으로 운동과 관련된 기능을 담당하는 일차운동피질(primary motor cortex)과 가장 앞부분인 전전두엽(prefrontal cortex)은 의사결정, 계획, 상황판단, 정서조절과 같은 고차원적인 인지기능을 담당한다.

간뇌(Diencephalon)는 중뇌의 위쪽에 있는 구조로서 시상과 시상하부로 구성된다. 시상(thalamus)은 시각, 청각, 체감각 정보를 대뇌피질에 전달한다. 시상하부(hypothalamus)는 자율신경계와 호르몬 분비를 통제함

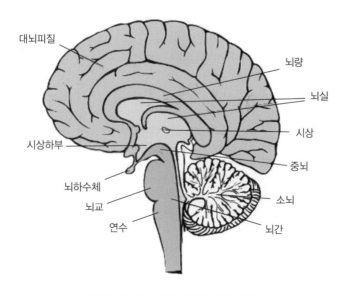

[그림 12-1] **뇌의 구조와 주요 영역**

으로써 종의 생존과 관련된 다양한 행동(공격 및 방어행동, 섭식, 교미, 체온조절)에 강력한 영향을 미친다.

중뇌(Mesencephalon)는 뇌교와 간뇌 사이에 자리 잡은 부위로서 중뇌개와 중뇌피개로 나누어진다. 중뇌는 안구운동, 청각 반사운동, 통증 감각, 신체의 운동조절에 관여한다.

후뇌(Metencephalon)는 소뇌라고도 불리며, 자세를 유지하면서 신체의 균형을 잡고 신체기관의 움직임을 조화롭게 해 주는 운동협응 기능을 담당한다.

수뇌(Myelencephalon)는 뇌의 가장 아래쪽에 자리 잡고 있는 구조를 의미하며 척수와 연결된 부분은 연수(medulla oblongata)라고 부른다. 연수는 호흡, 혈압, 심장박동과 같이 생명유지에 필수적인 기능을 담당한다. 망상체(reticular fromation)는 뉴런들이 넓은 영역에 그물처럼 연결되어 있는 구조로서 각성과 주의에 관여한다.

2) 뇌의 기능과 신경전달물질

뇌를 구성하는 중추신경계의 기본적인 구성요소는 뉴런(neuron), 즉 신경세포다. 인간의 뇌는 약 150억 개의 뉴런으로 구성되어 있다. 뉴런은 신경정보를 전달하는 기능을 담당하며 수상돌기, 세포체, 축색으로 이루어진다. 뉴런 간의 정보전달은 뉴런이 연결되는 부위, 즉 시냅스(synapse)에서 분비되는 화학적 물질에 의해서 이루어지는데, 이러한 화학물질을 신경전달물질(neurotransmitter)이라고 한다. [그림 12-2]에서 볼 수 있듯이, 한 뉴런의 신경정보는 시냅스에서 분비되는 신경전달물질을 통해서 다른 뉴런에 영향을 미치며 전달된다. 현재까지 40여 종의 신경전달물질이 알려지고 있는데, 뇌의 부위에 따라서 특정한 신경전달물질에 민감하게 반응하는 뉴런들이 많이 분포되어 있다. 이러한 뉴런들은 뇌의 한 부분에서 다른 부분으로 계속 연결되

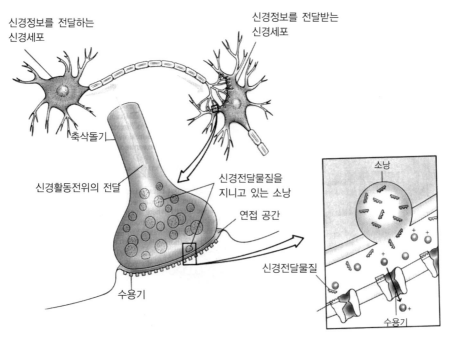

신경정보를 전달하는 신경세포

신경정보를 전달받는 신경세포

축삭돌기

신경활동전위의 전달

신경전달물질을 지니고 있는 소낭

연접 공간

소낭

신경전달물질

수용기

수용기

[그림 12-2] **신경전달물질을 통해 신경정보가 전달되는 화학적 과정**

어 신경전달물질의 통로를 이루고 있다. 이처럼 신경정보의 전달과 밀접히 관련되어 있는 신경전달물질은 다양한 심리적 기능에 영향을 미치게 된다.

뇌에는 다양한 종류의 신경전달물질이 존재한다. 신경전달물질은 크게 아미노산, 아세틸콜린, 모노아민 등으로 분류된다. 주요한 신경전달물질을 소개하면 다음과 같다.

아미노산(amino acids)은 신경계 대부분에 존재하며 빠른 신호전달에 관여한다. 대표적인 아미노산계 신경전달물질로는 흥분성 기능을 촉진하는 글루터메이트(Glutamate)와 억제성 기능을 하는 GABA(gamma-aminobutyric acid)가 있다.

아세틸콜린(acetylcholine: ACh)은 가장 먼저 발견된 신경전달물질로서 중추신경계와 말초신경계 모두에 존재한다. 특히 아세틸콜린은 체성신경계의 운동영역에서 중요한 역할을 담당할 뿐만 아니라 기억과 관련된 신경전달물질이기도 하다. 이러한 아세틸콜린의 부족은 알츠하이머 질환과 같이 운동기능과 기억의 손상을 유발한다.

모노아민(Monoamine)은 한 개의 아민류를 포함하는 신경전달물질로서 넓은 영역의 시냅스에 영향을 미친다. 특히 인지기능, 정서, 기억, 각성의 조절에 영향을 미치며 우울증, 불안장애, 정신분열증과 같은 다양한 정신장애와도 관련되어 있다. 모노아민은 성격과 가장 밀접한 관련성을 지니는 신경전달물질로서 대표적인 것으로는 세로토닌, 도파민, 노르에피네프린이 있다.

세로토닌(serotonin)은 기분조절, 수면, 음식섭취, 공격성, 통증에 영향을 주는 신경전달물질로서 신경계통의 여러 부위에서 억제적 기능을 한다. 예컨대, 세로토닌의 저하는 공격성을 증가시키는 결과를 초래하는데, 이는 세로토닌이 공격성과 관련된 신경회로를 억제하기 때문이다. 특히 세로토닌은 우울증과 밀접히 관련된

것으로 알려져 있으며, 우울증 환자들은 뇌의 세로토닌 수준이 낮은 것으로 보고되고 있다.

도파민(dopamine)은 정서적 각성, 주의 집중, 쾌감각, 수의적 운동과 같은 심리적 기능에 영향을 미치며, 특히 정신분열증과 관련된 신경전달물질로 알려져 있다. 행동이 느려지고 손발을 떠는 증세를 나타내는 파킨슨 병(Parkinson's disease)은 도파민의 결핍으로 생기는 신체적 질병인데, 이를 치료하기 위한 과도한 도파민을 투여하면 망상이나 환각과 같이 정신분열증과 유사한 증세를 나타내게 된다. 또한 정신분열증 환자들은 정상인보다 도파민 수준이 높은 것으로 여러 연구에서 발견되어, 도파민의 과잉이 정신분열증을 초래하는 것으로 추정되고 있다. 정신분열증의 치료를 위해 사용되는 대부분의 약물은 도파민을 감소시키기 위해 도파민 수용체를 차단하는 작용을 한다.

노르에피네프린(norepinephrine)은 정서적 각성, 공포, 불안과 관련된 신경전달물질로서 우울증에도 영향을 미치는 것으로 알려져 있는데 세로토닌과 상호작용을 하는 것으로 알려져 있다. 최근 연구에 의하면, 우울증과 관련된 여러 종류의 신경전달물질과 수용체가 발견되었으며 이들 간의 상호작용도 매우 복잡하여 한두 가지의 신경전달물질에 의해 우울증을 설명하는 것은 지나친 단순화라는 주장이 제기되고 있다.

3) 뇌와 성격의 관계

생물학적 관점에서는 성격특질을 뇌구조와 신경기제의 특성에 의한 것으로 설명하고 있다. 생물학에 기반을 둔 성격이론(biology-based personality theory)은 성격특질을 동기, 보상, 처벌과 관련된 생물학적 체계와 관련된 것으로 여기고 있다. 예컨대, 편도체의 공포-처리 회로나 복측 피개영역(ventral tegmental area:

VTA)에서 측위 신경핵(nucleus accumbens)과 전전두엽에 이르는 보상 경로의 활동은 도파민이나 세로토닌과 같은 신경전달물질에 의존한다. 도파민은 탐색적 활동을 촉진하는 신경전달물질로서 성격의 5요인 중 외향성에 영향을 미치는 것으로 알려져 있다. 세로토닌은 억제경로를 통해서 행동 회피를 촉진하는 것으로 알려져 있으며 신경과민성, 우호성, 성실성과 관련된 것으로 여겨지고 있다. 도파민과 세로토닌은 부주의한 탐색과 조심스러운 억제의 갈등적 행동특질을 조절하기 위해서 상호작용한다.

성격특질의 40~50%가 유전에 의해 영향을 받는 것으로 밝혀지고 있다. DNA 배열의 변이가 행동에 영향을 미치며 성격장애를 유발하는 위험요인으로 작용한다. 최근에 이루어진 분자유전학의 연구에서는 특정한 유전자와 성격특질의 관계를 밝혀내고 있다. 예컨대, 도파민 수용체 D4의 유전자와 세로토닌 전달 유전자 5-HTTLPR의 다형성과 연계반복은 성인의 경우에 외향성 특질에 영향을 미치는 것으로 밝혀졌다.

뇌는 개인의 행동에 영향을 미치지만 경험에 의해서 뇌의 구조와 기능이 변화할 수도 있다. 즉, 뇌는 경험에 의해서 변화될 수 있는 신경가소성(neuroplasticity)을 지니고 있다. 특히 경험에 의해서 뉴런의 연결이 강화되거나 약화되어 시냅스의 정보전달 효율성이 변화하는 현상을 시냅스 가소성(synaptic plasticity)이라고 한다. 뇌의 특정한 영역에 존재하는 뉴런 경로는 반복적인 경험에 의해서 신경정보가 더욱 빠르게 전달될 뿐만 아니라 더욱 응집력 있는 구조로 변화되어 성격에 영향을 미칠 수 있다. 반복적인 경험을 통해서 뇌가 새로운 행동방식을 학습하고 정보를 기억하여 궁극적으로 성격을 형성하게 하는 것은 시냅스 가소성 때문이다. 인간은 모두 동일한 뇌를 공유하지만 뉴런의 독특한 연결패턴에 따라 각기 다른 성격을 지니게 된다.

(1) Eysenck의 특질이론

Eysenck(1967, 1970)는 인간의 성격이 외향성, 신경과민성, 정신병질성으로 구성된다는 3요인 특질이론을 제시하면서 각 성격요인은 뇌의 신경구조, 특히 망상체 또는 변연계와 관련되어 있다고 주장했다. 망상체는 각성과 의식에 관여하는 영역이며, 변연계는 감정, 행동, 동기, 장기기억에 관여한다. Eysenck에 따르면, 외향성은 사람들과의 상호작용을 좋아하는 활달하고 사교적인 특질로서 망상체의 활성화에 의해서 매개되는 반면, 신경과민성은 정서적 불안정성을 의미하며 변연계와 연결되어 있다. 정신병질성(psychoticism)은 공격성과 대인관계 적대성과 관련되며 뇌의 도파민 수준과 관련되는 것으로 알려져 있다.

(2) Gray의 강화 민감성 이론

Jeffrey Gray는 Eysenck의 제자였으며 보상과 처벌에 대한 민감성이 개인마다 다르다는 점에 주목하여 강화 민감성 이론(Reinforcement Sensitivity Theory: RST)을 제시했다. Gray(1970, 1987, 1991)에 따르면, 보상과 처벌에 대한 민감성에 있어서 개인차가 나타나는 이유는 뇌구조와 관련된 세 개의 행동체계가 존재하기 때문이다.

그 첫째는 행동 활성화 체계(Behavioral Activation System: BAS)로서 보상 자극에 민감하게 반응하여 미래에 얻게 될 예기적 쾌감을 촉진하고 접근행동을 유발하기 때문에 보상체계라고도 불린다. 이 체계는 각성을 조절하는 뇌 부위(대뇌피질, 시상, 선조체)와 관련되며 외향성, 충동성, 낙관주의, 보상지향성과 같은 성격특질에 영향을 미친다. 둘째는 행동 억제 체계(Behavioral Inhibition System: BIS)로서 처벌, 불확실성, 낯선 자극에 민감하게 반응하여 회피행동을 유발하기 때문에 처벌체계라고 불리기도 한다. 이 체계는 뇌간과 전두엽 일부가 관련되며 위험을 신속하게 인식하고 조심스러운 회피행동을 촉진함으로써 걱정과 불안을 느끼기 쉬운 성격특질에 영향을 미친다. 셋째는 투쟁-도주 체계(Fight-Flight System: FFS)로서 긴박한 위험 상황에서 공격행동이나 도주행동을 유발하며 분노와 공포 정서에 영향을 미친다. 이 체계는 위협적인 혐오자극에 민감하기 때문에 위협체계라고 불리기도 한다. Gray는 성격특질이 행동 활성화 체계(접근동기)와 행동 억제 체계(회피동기)의 강도에 나타나는 개인차에 의한 것이라고 주장했다.

(3) Cloninger의 기질 및 성격 이론

기질 및 성격에 대한 생물심리적 이론을 주장한 Cloninger(1986, 2004)는 새로운 자극, 보상, 처벌에 반응하는 세 가지의 선천적 기질을 생물학적인 기반에 근거하여 제시하였다. 그 첫째 기질은 새로움 추구(Novelty Seeking)로서 외향성이나 충동성을 반영하며 신경전달물질인 도파민 활동과 밀접하게 연관되어 있다. 둘째 기질은 위험 회피(Harm Avoidance)로서 불안 성향을 반영하며 높은 세로토닌 활동과 관련되어 있다. 세 번째 기질은 보상 의존성(Reward Dependence)으로서 인정 및 승인 추구 성향을 반영하며 낮은 노르에피네프린 활동과 관련되어 있다. MRI를 사용한 한 연구 (Gardini et al., 2009)에서, 새로움 추구 성향이 강할수록 대상피질(cingulate cortex) 영역의 회백질 부피가 많은 것으로 나타났다. 또한 위험 회피 성향은 안와전두피질(orbitofrontal cortex), 후두엽과 두정엽의 적은 회백질 부피와 상관을 보인 반면, 보상 의존성이 높을수록 미상핵(caudate nucleus)의 회백질 부피가 적은 것으로 나타났다.

(4) 성격의 5요인 이론

성격의 5요인 이론은 생물학적 기반에 근거하여 제시된 이론은 아니지만 최근의 연구에서 생물학적 기반이 있는 것으로 여겨지고 있다. MRI를 사용한 한 연구(DeYoung et al., 2010)에 따르면, 성격의 5요인은 특정한 뇌 영역의 크기와 상관을 나타냈다. 개방성은 특정한 뇌 부위와 상관을 보이지 않았지만, 성실성은 계획 수립 및 행동통제와 관련되는 외측전전두엽피질(lateral prefrontal cortex)의 부피 증가와 상관을 나타낸 반면, 외향성은 보상 정보 처리에 관여하는 내측안와전두피질(medial orbitofrontal cortex)의 증가와 상관을 보였다. 우호성은 타인의 의도와 심리상태에 관한 정보를 처리하는 영역의 증가와 상관을 보였고, 신경과민성은 위협, 처벌, 부정정서와 연관된 뇌 영역의 크기와 상관을 나타냈다.

요약

1. 인간의 육체뿐만 아니라 인간의 마음도 진화의 산물이다. 진화심리학은 인간의 심리적 성향을 진화론의 관점에서 설명하고 있다. 진화심리학에 따르면, 인간의 심성은 인류의 조상들이 적응과정에서 반복적으로 직면했던 문제들을 해결하기 위해 진화해 온 심리적 적응의 산물이다. 인간의 심리적 기능은 인류의 조상이 직면해야 했던 진화적 적응환경(EEA)에 잘 적응하도록 진화된 심리적 기제(EPM)다.

2. 진화심리학의 관점에서 보면, 모든 생명체의 존재이유는 생존과 번식이다. 인간의 보편적인 심리적 기제는 진화과정에서 생존 경쟁과 성적 경쟁에서 선택된 것이다. 특히 성공적인 번식을 위한 다양한 적응과제, 즉 동성 간 경쟁, 짝 선택, 성공적인 수정, 짝 유지, 연합 형성과 유지, 자녀의 양육 등을 해결하기 위한 전략이 성격이라고 할 수 있다.

3. 남자와 여자는 생존과 번식 방식에 있어서 각기 다른 전략을 취한다. 진화과정에서 남자는 사냥꾼의 역할을 담당하고 여자는 양육자의 역할을 담당했기 때문에, 이러한 성역할이 남자와 여자의 심리적 차이를 유발한 것으로 추정된다. 일반적으로 남자는 공격적이어야 성공할 수 있었고, 여자는 온순해야 번식에 성공할 수 있었다. 남자와 여자는 성격특징뿐만 아니라 배우자의 선호와 정서적 반응에서도 다양한 차이를 나타낸다.

4. 진화심리학에서 성격의 개인차는 균형적 선택 가설, 고가치 신호이론, 생애사 이론에 의해서 설명되고 있다. 균형적 선택 가설은 다양한 환경조건에서 각기 다른 특질이 선택되기 때문에 다양한 특질이 존재한다고 주장한다. 고가치 신호 이론에 따르면, 개인차는 각기 다른 심리적 자원을 다른 사람에게 신호로 알리기 위한 것이다. 생애사 이론은 개인의 성격차를 인생에서 직면하게 되는 번식 관련 과제에 대응하기 위한 방략의 차이로 설명한다.

5. 진화를 통해 형성된 심리적 특성은 유전을 통해서 후손에게 전달된다. 인간의 성격은 유전적 요인과 환경적 요인의 상호작용에 의해서 결정된다. 여러 연구결과를 종합하면, 성격 전반의 변량 중 40%는 유전적 요인에 의해서 결정되며, 35%는 비공유 환경의 경험에 의해서, 그리고 5%는 공유 환경의 경험에 의해서 결정된다. 나머지 변량 중 20%는 측정오차에 기인하는 것으로 추정된다. 그러나 개별적인 성격특성에 따라서 유전과 환경의 영향은 다르다.

6. 생물학적 관점에서는 성격특질을 뇌 구조와 신경기제의 특성에 의한 것으로 설명하고 있다. 뇌의 영역마다 담당하는 심리적 기능이 다를 뿐만 아니라 신경전달물질의 분포가 다르다. 성격특질은 동기, 보상, 처벌과 관련된 신경회로와 신경전달물질에 의해 영향을 받는 것으로 여겨지고 있다. 이러한 생물학적 근거에 의해서 제시된 대표적인 성격이론으로는 Eysenck의 3요인 특질이론, Gray의 강화 민감성 이론, Cloninger의 기질 및 성격 이론이 있다.

제13장
성격의 발달과정

인간이 신생아로 출생하여 개성을 지닌 성인으로 발달하는 과정은 신비롭다. 인간은 무지하고 무기력한 상태로 세상에 태어난다. 태어나자마자 걷고 달리는 다른 동물과 달리, 인간의 신생아는 스스로 생존할 수 없는 미성숙한 상태로 태어난다. 이러한 신생아가 어떻게 독특한 개성을 지닌 존재로 발달하는 것일까? 신생아는 어떤 심리적 과정을 통해서 독특한 성격을 지닌 독립적 존재로 발달하는 것일까? 신생아는 어떤 심리적 과정을 거쳐서 '나'라는 자기의식을 발달시키는 것일까? 나아가서 타인과 친밀한 대인관계를 형성하며 도덕성을 지닌 성인으로 발달하는 것일까?

1. 육체적 탄생

인간의 발달은 정자와 난자가 결합하는 수정의 순간부터 시작된다. 수정의 순간에 인간 생명체는 성의 구분, 유전적 특성과 정상성 여부 등 생애에 커다란 영향을 미치는 여러 가지 특성을 갖게 된다. 정자와 결합하여 수정된 난자, 즉 수정체는 빠른 속도로 세포분열을 시작하는데, 성세포는 생식기를 형성하게 되고 체세포는 뼈, 근육, 소화기, 순환기, 신경계를 형성한다.

1) 태내발달

수정 후부터 약 280일 동안 태아는 어머니의 체내에서 자라게 된다. 이 기간 동안에 태아의 여러 신체기관이 형성되고 기능이 시작된다. 이러한 태내발달은 난체기, 배아기, 태아기로 구분된다(송명자, 1995).

난체기(period of zygote)는 수정체가 나팔관을 거쳐 자궁벽에 착상하기까지 2주간의 시기를 뜻한다. 수정체가 자궁벽에 착상함으로써 태내발달과정을 통해 모체와의 밀착된 의존관계가 시작된다.

배아기(period of embryo)는 수정 후 약 2~8주 사이

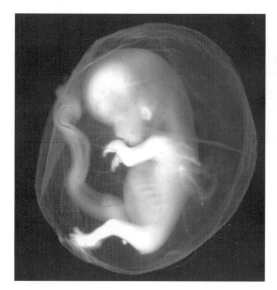 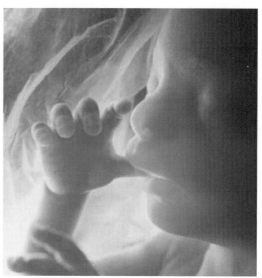

인간의 심리적 발달은 태내기에서부터 시작된다.

에 해당되는 시기로서 이 기간에 중요한 신체기관과 신경계가 형성된다. 배아기 동안에 수정체는 외배엽, 중배엽, 내배엽의 세 층으로 분리된다. 외배엽에서는 머리카락, 손톱, 발톱, 피부의 외층, 감각세포와 신경계가 형성된다. 중배엽에서는 근육, 골격, 순환계와 피부의 내층이 형성되며, 내배엽으로부터는 소화기, 호흡기, 기관지, 폐, 췌장, 간 등의 기관이 형성된다. 배아기는 여러 기관이 급속하게 형성되는 시기라서 바람직하지 못한 환경적 요인으로부터 매우 민감한 영향을 받는다. 어머니의 질병, 영양결핍, 약물 등은 배아기 발달에 치명적인 영향을 줄 수 있으며 자연유산이나 각종 발달장애를 초래할 수 있다.

태아기(period of fetus)는 수정 후 3개월부터 출산까지의 시기를 말한다. 이 기간에는 배아기에 형성된 각 기관의 구조가 더욱 정교해지며 기능이 원활해지는 등 빠른 발달을 보이게 된다. 4개월 말경이면 태아의 움직임이 나타나며 5개월에는 태아가 빨기, 삼키기, 딸꾹질 등의 반응을 보인다. 6개월이 되면 태아는 눈을 깜빡이고 7개월부터는 스스로 호흡을 할 수 있게 된다.

2) 태내발달에 영향을 미치는 요인

수정에서 출산까지 태아는 성장에 필요한 모든 영양분을 전적으로 어머니가 섭취하는 것에 의존하기 때문에 어머니의 영양상태는 태아발달에 결정적인 영향을 미치는 태내환경이 된다. 어머니의 영양이 부족하면, 유산의 가능성이 높고, 태아의 발육이 늦으며, 신체적으로 기형이 될 확률이 높다. 특히 임신 초기의 영양결핍은 태아의 뇌와 신경계가 발달하는 데 장애를 초래할 수 있다.

임신 중에 어머니가 경험하는 정서상태가 태아의 발육에 영향을 미치는 것으로 알려져 있다. 심한 공포나 불안과 같은 강한 정서적 경험은 아드레날린을 분비하게 만들고 이것이 어머니의 혈액을 통해서 태반으로 전달된다. 또한 심한 정서적 충격은 일시적으로 태반으로의 혈액공급을 차단시켜 태아에게 산소결핍을 유발할

수 있다. 이러한 상태가 반복되면, 태아는 신체발육의
장애를 겪게 될 뿐만 아니라 출생 후에 잘 울고 놀라는
정서적 불안정성을 나타낼 수 있다. 이 밖에도 어머니
의 질병, 어머니의 연령, 임신 중의 약물복용, 환경 공
해와 같은 다양한 요인들이 태아의 발달에 영향을 미칠
수 있다.

3) 육체적 탄생-어머니와의 육체적 분리

어머니의 자궁에서 약 280일 동안 발달을 거듭한 태
아는 출산의 과정을 통해 어머니와 분리되는 육체적 탄
생을 하게 된다. 출생 시 신생아는 3Kg 내외의 체중을
지니지만 급속하게 성장한다. 생후 첫 3개월 동안에 체
중이 2배로 불어나고, 만 1세가 되면 3배가 된다. 체중
뿐만 아니라 신장도 급성장하여 만 2세가 되면 성인이
되었을 때의 신장의 반 정도까지 자란다.

인간의 발달은 태아기부터 시작하지만 출생과 더불
어 세상에 나와 환경과 접촉하는 영아기와 아동기를 통
해서 급격하게 이루어진다. 인간의 전생애 발달과정은
다양한 방식으로 구분되지만 일반적으로 〈표 13-1〉과
같이 구분한다(정옥분, 2014).

표 13-1	인간 발달단계의 구분
발달단계	**대략적 연령**
태내기	수정에서 출생까지
영아기	출생에서 만 2세까지
유아기	약 2세에서 6세까지
아동기	약 6세에서 11세까지
청년기	약 11세에서 20세까지
성년기	약 20세에서 40세까지
중년기	약 40세에서 60세까지
노년기	약 60세에서 사망까지

출생부터 만 2세까지의 시기를 영아기라고 지칭한다
(곽금주, 김연수, 2014; 송명자, 1995). 영아는 '갓난 아이
영(嬰)'과 '아이 아(兒)'의 합성어로서 '갓 태어난 아
이'라는 뜻이다. 출생 시 영아의 뇌 무게는 성인의 25%
에 불과하다. 그러나 생후 첫 1년 사이에 성인 뇌의
66%, 2세에는 75% 그리고 5세경에는 90%가 형성된
다. 출생에서 2세까지를 뇌의 급진적 성장기라고 부른
다. 뇌는 1,000억 개의 신경세포로 이루어져 있으며 시

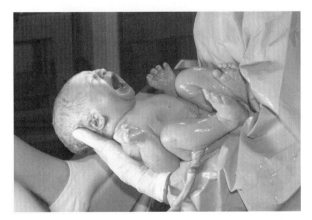
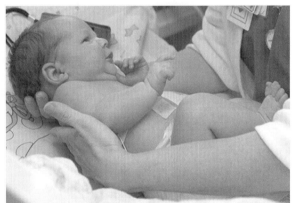

어머니와의 육체적 분리를 통해 독립된 개체로 출생한 신생아의 모습

냅스를 통해서 신경정보가 전달된다. 시냅스는 초기에 과도할 정도로 많이 생성되었다가 불필요한 시냅스는 점차 소멸되고 필요한 시냅스만 선택적으로 보존된다. 뇌의 시냅스 밀도는 출생 후 2세까지 급격하게 증가하다가 그 후부터 서서히 감소하여 7세경에는 성인의 수준에 도달하게 된다.

　과도하게 많이 생성된 시냅스 중에서 어떤 것이 선택적으로 보존되느냐의 여부는 후천적인 경험에 의해서 결정된다. 영아의 신경계 발달은 환경과 경험의 영향을 민감하게 받는 경험 의존적 과정(experience dependent process)을 통해서 이루어진다. Turner와 Greenough(1985)의 연구에 따르면, 환경을 탐색할 수 있는 풍부한 기회가 주어진 쥐의 시각피질부 시냅스는 그러한 기회가 차단된 환경에서 성장한 쥐에 비해서 20~25% 정도 더 많이 보존되었다. 이러한 시냅스의 선택적 보존이 영아기의 인지발달과 성격발달에 영향을 미친다. 이처럼 시냅스가 과도하게 생성되었다가 후천적 경험에 의해 선택적으로 보존된다는 사실은 신경가소성(neuroplasticity), 즉 환경과 경험의 영향에 따라 뇌 발달의 폭이 넓다는 것을

의미한다. 시냅스의 연결 강도는 반복적인 경험의 정도에 따라 성인기에도 변할 수 있지만, 시냅스의 선택적 보존은 대부분 7세경에 완결되므로 이 시기의 경험이 심리적 발달에 매우 중요하다.

2. 심리적 탄생-기질의 발현과 성격 발달

　인간은 각기 다른 기질을 지니고 태어난다. 신생아실의 간호사들은 갓 태어난 아이들마다 기질이 다름을 잘 알고 있다. 수유시간이 조금만 늦어도 큰소리로 울어 대는 아이가 있는 반면, 순하게 잘 기다리는 아이도 있다. 잘 자지 않고 손발을 계속 버둥거리는 아이가 있는 반면, 조용히 누워서 눈만 깜빡거리는 아이도 있다. 기질(temperament)은 유전에 의해서 선천적으로 타고 나는 개인의 반응성향을 의미한다. 아동이 나타내는 기질의 개인차는 연구자에 따라서 다양한 방식으로 분류되고 있다.

아이들은 서로 다른 기질을 지니고 태어난다.

1) 기질의 9가지 차원

미국의 발달심리학자인 Thomas와 Chess(1977, 1984, 1986)는 아동의 기질을 조사하기 위한 대규모의 종단적 연구를 시행하여 기질 연구의 초석을 마련했다. 이들은 1950년대부터 133명의 영아들을 대상으로 성인초기까지 추적하며 관찰한 뉴욕 종단적 연구(New York Longitudinal Study: NYLS)를 시행했다. 이러한 연구결과에 근거하여 영아들이 다음과 같은 9개의 측면에서 개인차를 나타낸다는 점을 밝혔다(곽금주, 2014).

(1) 활동수준: 일상생활에서의 신체적 활동량
(2) 접근-위축: 새로운 자극이나 낯선 사람에 대한 반응 성향
(3) 적응성: 새로운 변화에 쉽게 적응하는 정도
(4) 기분: 긍정적 또는 부정적 정서의 비율
(5) 지속성: 목표 지향적 활동을 포기하지 않고 지속하는 정도나 끈기
(6) 산만성: 외부자극에 쉽게 방해를 받는 정도
(7) 규칙성: 먹기, 자기, 배변하기 등 생리적 기능의 예측 가능성
(8) 반응의 강도: 긍정적 또는 부정적 반응의 강렬함
(9) 반응 역치: 반응을 유발하는 데 필요한 자극의 정도나 민감성

Thomas 등(Thomas, Chess, & Birch, 1968; Thomas & Chess, 1984, 1986)은 9가지의 기질 차원에 근거하여 영아의 기질을 3개의 유형, 즉 순한 기질, 까다로운 기질, 더딘 기질로 구분했다. 모든 아동이 세 유형에 포함되는 것은 아니지만 65%가 해당된다.

(1) 순한 기질의 아동(easy child)은 수면, 음식섭취, 배설 등의 일상생활습관에 있어서 대체로 규칙적이고 반응강도는 보통수준이다. 새로운 음식을 잘 받아들이고 낯선 대상에게도 스스럼없이 잘 접근하며 환경의 변화에 대한 적응력도 높다. 대체로 평온하고 행복한 정서가 지배적이다. Thomas와 Chess(1984)에 따르면, 약 40%의 영아가 이 유형에 속한다.

(2) 까다로운 기질의 아동(difficult child)은 생활습관이 불규칙하고, 예측하기 어려우며, 환경으로부터의 자극이나 욕구좌절에 대한 반응강도가 강하다. 새로운 음식을 받아들이는 속도가 늦고, 낯선 사람에게 의심을 보이며, 환경의 변화에 대한 적응도 늦다. 크게 울거나 웃는 등 강한 정서를 자주 나타내며 부정적인 정서도 자주 보인다. 약 10%의 영아가 이러한 유형에 속한다.

(3) 더딘 기질의 아동(slow to warm up child)은 상황의 변화에 대한 적응이 늦고, 낯선 사람이나 사물에 부정적인 반응을 보이는 점에서는 까다로운 아동과 유사하다. 그러나 까다로운 아동과 달리 활동이 적고 반응강도 또한 약하다. 수면, 음식 섭취 등의 생활습관은 까다로운 아동보다 규칙적이지만 순한 아동보다는 불규칙하다. 전체 아동의 약 15%가 이 유형에 속하는 것으로 보고되고 있다.

2) EAS 모델

Buss와 Plomin(1984, 1986)은 기질에 대한 정서 · 활동 · 사회성 모델(EAS Model)을 제시했다. 이들은 동물에게서 발견되는 행동특성뿐만 아니라 아동에 대한 부모의 질문지 반응에 근거하여 아동이 나타내는 기질의 세 차원, 즉 정서성, 활동성, 사회성을 제시했다.

정서성(Emotionality)은 아동이 환경적 자극에 대해서 부정적인 정서반응을 빨리 나타내는 정도를 의미한다. 예를 들어, 정서성의 반응경향이 높은 아동은 갑작스러운 소리에 쉽게 놀라거나 잠에서 잘 깨고 큰 소리로 우는 반응을 보인다. 울음, 공포, 분노반응 등은 정서성의 강도를 잘 보여 주는 지표다. 활동성(Activity)은 아동이 나타내는 일상적 활동의 속도와 강도를 뜻한다. 몸을 계속 움직이거나 끊임없이 새로운 것을 찾아다니거나 격렬한 활동을 보이는 아동은 활동성이 높다. 사회성(Sociability)은 아동이 타인과 함께 있는 것을 선호하는 정도에 의해 평가된다. 혼자 있기를 싫어하거나 낯선 사람에게도 쉽게 다가가는 아동은 사회성이 높다.

3) Rothbart 모델-기질의 세 차원

Rothbart(1986, 1989)는 영아의 행동을 다양한 측면에서 관찰한 자료에 근거하여 기질 모델을 제시했다. 그녀에 따르면, 기질은 성격의 세부적인 특성이 발달하기 이전에 영아가 나타내는 개인차로서 크게 두 차원, 즉 반응성과 자기조절에서 차이를 나타낸다. 반응성(reactivity)은 EAS 모델의 정서성과 유사한 것으로서 정서적 반응의 강도와 속도를 의미하고, 자기조절(self-regulation)은 자신의 반응을 스스로 잘 통제하는 정도를 뜻한다.

최근에 Rothbart는 기질의 두 차원을 좀 더 세분하여 세 차원의 기질모델을 제시했다(Rothbart & Hwang, 2005). 기질의 세 차원은 생후 3~12개월 된 영아의 행동평가 자료에 대한 요인분석을 통해서 추출된 것으로서 외향성, 부정 정서, 의도적 통제다. 외향성과 부정 정서는 앞에서 언급한 반응성이 긍정적 자극과 부정적 자극에 대한 것으로 세분된 것이며, 의도적 통제는 자기조절에 해당한다.

외향성(extraversion)은 긍정적인 자극에 대한 반응성을 의미하며 긍정적 기대, 충동성, 높은 활동량, 감각추구 성향을 포함한다. 이 차원은 아동이 잘 웃고 행복해하며 활동적이고 도전적인 것을 좋아하는 정도를 뜻한다. 부정 정서(negative affect)는 부정적인 자극에 대한 반응성을 뜻하며 공포, 좌절, 슬픔, 불편감, 분노 성향을 포함한다. 이러한 차원은 수줍고 불안하며 부정적 감정이 쉽게 진정되지 않은 아동의 정도를 뜻한다. 의도적 통제(effortful control)는 주의 집중력, 억제적 통제, 지각적 민감성, 쾌락에 대한 둔감성을 포함하며 자기조절 역량을 의미한다. 이러한 기질이 높은 아동은 주의 집중을 잘 하고, 쉽게 산만해지지 않으며, 사소한 유혹에 민감한 반응을 보이지 않는다.

Rothbart(2004, 2007)는 영아기에 나타나는 아동의 기질을 통해서 아동기나 청소년기에 나타날 수 있는 행동장애를 예측할 수 있다고 주장했다. 외향성 기질이 높은 아동들은 11세경에 외재화 문제(externalizing problem: 주의산만, 과잉행동, 무단결석, 폭력, 거짓말, 도둑질과 같은 외부로 표출된 행동적 문제)를 발달시키는 경향이 있지만 수줍음이나 낮은 자존감과 같은 내재화 문제를 나타내지는 않았다. 반면에, 부정 정서의 기질은 내재화 문제(internalizing problem: 우울, 불안, 수줍음과 같은 위축된 행동적 문제)를 유발하는 경향이 있었다. 의도적 통제가 높은 아동은 6~7세경에 더 공감적이고 덜 공격적이었으며, 11세경에는 외재화 문제를 덜 나타냈다. 의도적 통제가 높으면 외향성이나 부정 정서가 높은 아동도 외재화나 내재화 문제를 덜 나타냈다. 의도적 통제는 영아기부터 아동기까지 안정적인 패턴을 나타냈으며 성격 5요인의 성실성을 예측하는 기질적 요인으로 여겨지고 있다.

4) 유전과 환경이 기질에 미치는 영향

성격의 핵심적 요소인 기질은 선천적으로 결정되는 것으로 알려지고 있다. 기질은 자극에 대한 반응, 정서의 표현, 각성수준, 자기조절 등 여러 측면에서 생물학적으로 결정된 개인차를 뜻한다. 이러한 기질의 차이가 일찍부터 나타날 뿐만 아니라 일란성 쌍둥이의 기질이 이란성 쌍둥이에 비해서 더 유사하다는 사실은 기질이 선천적으로 결정된다는 것을 보여 준다(Buss & Plomin, 1986; Plomin & Stocker, 1989). 기질의 개인차는 아동기 동안에 매우 안정적이며 환경에 의해 쉽게 변화하지 않는다는 사실 역시 기질이 선천적이라는 점을 지지하고 있다(Hetherington & Parke, 1993).

그러나 아동의 기질이 환경에 의해 영향을 받는다는 주장도 제기되고 있다. 기질이 생물학적으로 결정되는 특성이지만 후천적 경험을 통해 변화될 수 있다는 것이다. 예를 들어, 영아의 약 10%에 해당하는 까다로운 기질은 일반적으로 사춘기까지 지속되지만 아동에게 민감하고 따뜻하게 반응하는 부모와의 상호작용을 통해서 까다로운 기질이 순화될 수 있다는 사실이 밝혀지고 있다(Dunn & Kendrick, 1980). 이러한 연구결과는 성격형성에 있어서도 유전과 환경은 끊임없이 상호작용을 하면서 영향을 주고받는다는 점을 보여 준다.

기질의 선천성 여부와 더불어 안정성 또한 논란의 대상이 되고 있다. 예를 들어, 생후 6개월경에 심한 낯가림을 한 영아가 4세경에도 지속적으로 낯선 또래에 대해서 거부반응을 보이는지에 대해서 일치된 결과가 나타나지 않고 있다. 공포반응과 같은 부정 정서, 활동수준, 낯선 상황에 대한 반응 양상들은 상당히 안정적인 것으로 보고되고 있다(Campos & Bertenthal, 1989; Fox, 1989). 그러나 부모의 죽음과 같은 갑작스러운 환경적 변화나 부모의 거부적인 양육태도는 아동의 기질

을 변화시키는 것으로 보고되었다(Thomas & Chess, 1984; Lerner & Galambos, 1985). 지금까지의 연구결과를 종합하면, 기질은 선천적이며 지속적인 속성을 지닌다는 주장이 우세하지만 환경적 요인도 기질의 형성과 변화에 상당한 영향을 미칠 수 있다.

5) 아동의 기질과 성장환경 간의 조화

영아의 기질과 어머니의 양육방식 간의 조화는 성격형성에 있어서 매우 중요하다. 예를 들어, 깔끔하고 규칙적인 것을 고집하는 성격의 어머니가 산만하고 충동적인 기질을 지닌 아이를 양육하는 데에는 어려움이 따르게 마련이다. 규칙적인 수유와 수면을 원하는 어머니와 수시로 울며 보채는 아이 간에 갈등이 유발될 수 있다. 그러나 같은 기질을 지닌 아이라도 어머니의 성격이 너그럽고 허용적인 경우에는 아이와 어머니 간의 긴장과 갈등이 적을 것이다.

일반적으로 까다로운 기질을 지닌 아동들이 더 많은 문제행동을 나타내는 것으로 보고되고 있다. 아동의 기질이 문제행동으로 연결되는 과정은 다양하다. 첫째, 까다로운 기질 자체가 문제행동의 가능성을 내포하고 있기 때문이다. 둘째, 까다로운 기질의 아동은 부모로 하여금 짜증나게 하는 등 부정적인 양육행동을 촉발함으로써 부모-자녀 갈등을 유발하여 아동의 문제행동으로 연결될 수 있다. 셋째, 까다로운 기질과 문제행동의 관계는 아동의 기질과 행동 자체의 문제라기보다 부모의 잘못된 지각에 기인한 것일 수 있다. 문제행동은 대부분 부모가 평정하는 질문지를 통해 평가되므로 부모에 의해 까다로운 기질로 인식되는 아동은 많은 문제행동을 지닌 것으로 보고될 가능성이 있다(Shaffer, 1993).

Kagan(1989)은 억제적 기질도 문제행동과 연결될 수 있음을 시사했다. 억제적 기질(inhibited temperament)은

낮선 상황이나 사람에 대해 수줍어하거나 두려워하는 기질적 특성을 의미한다. Kagan에 따르면, 억제적 기질을 지닌 2세 아동은 5~7세에도 억제적 기질을 지속적으로 지니고 있었으며, 유치원이나 초등학교에서 낮선 어른이나 또래아동을 대할 때나 과제를 해결하는 사회적 상호작용 상황에서 어려움을 나타냈을 뿐만 아니라 어둠이나 낮선 상황과 사람에 대해서 높은 불안과 공포 반응을 나타냈다(Kagan et al., 1988; Reznick et al., 1986). 그러나 아동기의 기질적 특성이 반드시 문제행동으로 이어지는 것은 아니다. 일부의 종단연구(Thomas & Chess, 1984)에서는 아동기의 기질과 성인기의 문제행동 간에 특별한 상관이 없는 것으로 밝혀지기도 했다.

 유전은 어떻게 성격에 영향을 미치는가?

유전이 개인의 성격에 영향을 미친다는 것은 잘 알려져 있다. 그렇다면 과연 유전적 요인이 어떻게 성격 형성에 영향을 미치는 것일까? 이에 대해서 크게 세 가지의 견해, 즉 반응 범위 제한설, 수로화 가설, 교환 모델이 존재한다.

반응 범위 제한설은 유전적 요인이 어떤 특성이나 행동을 결정하는 것이 아니라 다양한 환경에서 개인이 발달시킬 수 있는 가능성의 범위를 결정한다는 것이다(Gottesman, 1963). 반응 범위(range of reaction)는 유전자가 행동특성으로 발현되는 과정에서 환경적 요인의 영향을 받아 그 행동특성이 변화될 수 있는 폭을 의미한다. 반응 범위는 발달의 개인차를 이해하는 데 중요한 개념이다. 동일한 유전자를 지녔더라도 환경의 풍요로움에 따라 발달의 차이가 나타날 수 있을 뿐만 아니라 동일한 환경에서 성장하더라도 유전자에 따라서 현저한 차이를 나타낼 수 있기 때문이다. 반응 범위 제한설은 환경의 풍요로움이나 특수성이 성격발달에 영향을 미칠 수 있지만 유전자는 환경의 영향으로 변화될 수 있는 행동특성의 범위를 제한한다는 것이다.

수로화 가설은 유전적 요인이 특정한 성격특성의 발달을 안내한다는 주장이다. 수로화(canalization)란 환경의 현저한 차이에도 불구하고 유전자가 특정한 행동특성의 발달을 안내하여 결과적으로 동일한 성격을 지니게 하는 것을 의미한다(Berk, 1994; Fishbein, 1976). 강하게 수로화된 성격특성일수록 후천적인 경험에 의해 변화될 가능성이 적다. 앉기, 서기, 걷기 등과 같은 신체운동기능은 강하게 수로화되어 있는 특성이기 때문에 어떠한 환경에서 성장하든 비교적 정상적으로 발달한다. 그러나 성격은 후천적 경험에 의해서 상대적으로 많은 영향을 받기 때문에 덜 수로화된 특성이라고 할 수 있다.

교환 모델(transactional model)은 아동의 기질과 부모의 양육행동이 서로 영향을 주고받는 교환과정을 통해서 성격이 형성된다고 주장한다. 예컨대, 활동적이고 적극적인 기질을 타고난 아이는 소극적이고 억제적인 기질의 아이에 비해서 부모나 환경으로부터 더 많은 긍정적 자극을 이끌어 낼 수 있다. 이러한 긍정적 자극은 아이의 자존감과 자신감을 촉진함으로써 아이의 활동성과 적극성의 기질을 더욱 강화할 수 있다. 이처럼 아동이 지닌 유전적 요인은 동일한 환경으로부터 상이한 반응을 이끌어 내고 그러한 반응은 기질의 발달에 영향을 미치게 된다. 이와 같이 유전과 환경 간에 끊임없이 교환적 상호작용이 이루어지기 때문에 유전과 환경이 개인차에 미치는 상대적 기여도를 분리하여 평가하는 것이 매우 어렵다(Baumrind, 1991).

3. 인지발달

인지는 성격의 핵심적 요소다. 자신과 세상에 대해서 어떤 이해와 믿음을 지니느냐는 것은 성격과 행동에 강력한 영향을 미치기 때문이다. 또한 인지발달은 자기개념의 발달과 더불어 도덕성 발달을 비롯한 성격 전반의 발달을 위한 바탕이다. 인지적 능력은 인간이 매 순간 직면하는 사건을 지각하고 그 의미를 추론하여 해석하고 행동적 반응으로 표출하는 과정에 중요한 영향을 미치기 때문이다.

현재 우리가 지니고 있는 자신과 세상에 대한 지식은 어떻게 발달하여 형성된 것일까? 과연 신생아는 어떤 발달과정을 통해서 자신과 세상에 대한 앎을 형성하는 것일까? 인간의 고등한 인지기능은 어떤 경험에 근거하여 어떤 단계를 통해 발달하는 것일까? 이러한 물음에 답하기 위한 학문적 연구에 헌신한 인물이 바로 Jean Piaget다.

Jean Piaget(1896~1980)는 스위스의 발달심리학자로서 앎과 지식의 발생과정을 밝히기 위해 평생을 헌신

Jean Piaget

했다. 그는 자신을 인간의 인식이 발생하는 과정을 연구하는 발생적 인식론자(genetic epistemologist)라고 지칭했으며 많은 실증적 연구를 통해서 인지발달이론을 제시했다. 그에 따르면, 인간은 몇 개의 반사기능만을 지니고 태어나며 환경과의 적극적인 상호작용을 통해서 인지구조, 즉 도식(schema)을 구성해 나간다. 인간의 인지발달은 크게 세 가지 요인, 즉 생득적인 요인인 성숙(maturation), 환경을 대상으로 겪게 되는 물리적 경험(physical experience), 그리고 사람들과의 상호작용인 사회적 요인(social factors)에 의해서 이루어진다.

개인의 인지발달은 동화와 조절 기능이 통합적으로 이루어지는 평형화 과정(process of equilibration)을 통해 이루어진다. 동화(assimilation)란 자신이 이미 가지고 있는 인지구조에 외부세계의 경험을 받아들이는 인지과정인 반면, 조절(accommodation)은 자신의 인지구조를 새로운 경험에 맞추어 바꾸어 가는 인지과정을 뜻한다. 기존의 인지구조가 새로운 경험을 동화하기 어려울 때 인지갈등(cognitive conflict)이 유발되어 평형상태가 깨진다. 다시 평형상태를 이루기 위해서 인지구조를 변화시키는 조절과정이 이루어짐으로써 인지갈등이 해소되어 재평형화를 이루는 연속적인 과정을 통해서 점진적으로 고등한 단계로의 인지발달이 이루어진다. Piaget는 아동을 대상으로 한 많은 실험을 통해서 아동의 인지발달과정을 질적으로 다른 네 개의 단계, 즉 감각운동기, 전조작기, 구체적 조작기, 형식적 조작기로 구분했다.

1) 감각운동기

감각운동기(sensorimotor period)는 출생에서 2세까지의 시기로서 아동은 5가지 감각과 신체적 움직임을 통해서 세상을 경험하고 이해한다. 감각운동기의 아동

은 극히 자기중심적이어서 다른 사람의 관점으로 세상을 파악하지 못한다. 감각운동기는 6개의 하위단계로 구분된다.

(1) 단순반사 단계(출생~1개월): 출생 직후의 영아는 무엇이든 입에 닿는 것을 빨고, 손에 닿는 것은 잡으며, 소리가 나는 쪽으로 고개를 돌리는 등 일련의 반사기능을 나타낸다. 이 단계에서 아동은 환경의 자극에 자동적으로 반응하는 반사행동을 나타내며, 발달적 변화는 미미하지만 이 시기의 감각운동기능은 영아가 세상을 이해하는 인지발달의 초석을 형성한다.

(2) 일차 순환반응 단계(1~4개월): 아동은 반사행동을 통해 반복적인 경험을 하면서 어떤 감각 경험을 하기 위해서 특정한 운동반응을 나타낸다. 물건을 잡아서 쳐다보거나 빨아보는 것과 같이 단순한 행동패턴을 반복적으로 나타내는데, Piaget는 이를 일차적 순환반응(primary circular reaction)이라고 지칭했다. 순환반응이란 처음에 우연히 습득한 반응을 다양한 방식으로 반복하는 과정을 의미하는데, 이러한 순환반응이 나타나는 것은 아동의 마음에 특정한 감각과 운동의 연결에 대한 이해, 즉 감각운동 도식(sensorimotor schema)이 발달되었음을 보여 준다.

(3) 이차 순환반응 단계(4~8개월): 영아는 자신의 몸 밖에 사물이 존재한다는 것을 알게 되고 외부대상에 대한 관심이 증가한다. 처음으로 사물이나 사건에 관심을 가지고 탐색하는 행동을 나타낸다. 우연히 딸랑이를 건드려서 소리를 듣게 되는데, 이러한 소리를 듣기 위해서 딸랑이를 반복적으로 흔드는 행동을 하게 된다. 이 단계의 영아는 자신의 행동에 의해서 어떤 결과를 얻을 수 있다는 초보적인 인과성(causality)과 수단-목적 관계(means-ends relationship)에 대한 지식을 갖게 된다. 이처럼 환경과의 관계 속에서 단순한 행동을 반복하는 것을 이차적 순환반응(secondary circular reactions)이라고 한다.

(4) 이차 순환반응 협응 단계(8~12개월): 아동은 자신이 원하는 목표를 인식하고 그것을 달성하기 위한 의도적인 행동을 나타낸다. 목표가 되는 하나의 도식에 도달하기 위해서 수단이 되는 다른 도식을 사용하는 능력을 갖게 된다. 예컨대, 딸랑이를 잡으려고 하는데 곰인형이 중간에 있는 경우 곰인형을 치우고 딸랑이를 잡는 행동을 나타낸다. 이처럼 어떤 목적을 위해서 두 개의 순환반응을 연결한다는 점에서 이 시기를 이차 순환반응 협응(coordination of secondary circular reactions)의 단계라고 불렀다. 또한 이 시기의 아동은 자신이 볼 수 없더라도 대상이 계속적으로 존재한다는 것을 인식, 즉 대상 영속성(object permanence)을 어렴풋이 이해한다.

(5) 삼차 순환반응 단계(12~18개월): 이 시기의 아동은 환경과 사물에 대한 호기심이 증가하며, 적극적인 탐색과 시행착오 과정을 통해서 새로운 수단과 결과 간의 관계를 탐색하게 된다. 예컨대, 딸랑이를 세게 흔들어 큰 소리를 내거나 천천히 율동적으로 흔들어 특정한 소리를 낸다. 이처럼 이 시기의 영아는 다른 결과를 얻기 위해 다른 행동을 시도한다. 마치 새로운 실험을 하듯이 사물을 탐색하고 그 속성을 파악하여 새로운 도식을 형성한다. 그러나 이러한 행동들이 감각운동적 차원에서 이루어지며 사고로 내면화되지 못한다.

(6) 내적 표상 단계(18개월~2년): 이 단계의 아동은 눈앞에 없는 사물이나 사건을 내재적으로 표상하는 정신적 심상(mental representation)을 형성할 수 있다. 좋아하는 장난감을 이불 속에서 감추면, 이불을 걷어내고 장난감을 가져가는 행동, 즉 장난감이 눈앞에 보이지 않지만 이불 속에 존재한다는 것을 이해한다. 지연모방(deferred imitation)은 아동이 목격한 사건을 그 자리에서 모방하는 것이 아니라 일정한 시간이 지난 후에 자

발적으로 재현하는 것을 의미한다. 지연모방이 가능하다는 것은 아동이 관찰한 사건을 표상의 형태로 저장하고 있음을 뜻한다. 자신이 볼 수 없더라도 대상은 계속적으로 존재한다는 대상 영속성을 좀 더 분명하게 이해한다. 표상형성 능력을 발달시키면서 눈앞에 없는 대상에 대한 사고가 가능하게 되는데, 이를 통해서 아동은 전조작기로 넘어간다.

2) 전조작기

전조작기(preoperational period)는 2~7세 사이의 아동기에 해당하며 표상능력은 발달하지만 표상의 정신적 조작이 불가능한 시기를 의미한다. 생후 2년이 지나면서부터 아동은 사물이 눈앞에 없음에도 불구하고 마치 그것이 존재하는 것처럼 여기는 상징놀이나 가상놀이를 하게 된다. 이것은 새로운 심리적 기능으로서 사물에 대한 표상 능력이 발달한 것을 뜻한다. 그러나 그러한 표상을 마음속으로 조작하지는 못하기 때문에 Piaget는 이 시기를 전(前)조작기라고 지칭했다. 정신적 조작(mental operation)은 마음에 표상된 개념이나 정보를 논리적으로 조작하여 추론하는 사고능력을 의미한다. 전조작기는 두 개의 하위 단계, 즉 전개념적 사고 단계와 직관적 사고 단계로 구분된다.

(1) 전개념적 사고 단계(preconceptual thinking stage)는 2~4세에 해당하는 시기로서 내면적으로 형성된 표상을 여러 형태의 기호나 상징으로 표현하는 단계로 상징적 기능 단계(symbolic function stage)라고도 한다. 이 단계의 아동은 자신 앞에 사물이 없어도 마음속으로 그 사물을 표상하고 기억하며 언어나 그림으로 표현할 수 있다. 이 시기에 아동은 표상을 언어로 표현하기 시작하며 사물의 표상과 언어를 활용하여 다양한 상징놀이와 가상놀이를 하게 된다. 또한 아동은 가족 구성원을 그림으로 그려낼 수 있는데, 그림의 신체적 특징이나 비율을 정확하게 그려내지 못하지만, 아동은 자신의 그림이 정확하지 않다는 것을 자각하고 있으며 그것을 중요하게 여기지 않는다.

(2) 직관적 사고 단계(intuitive thought stage)는 4~7세에 해당하는 시기로서 아동은 세상 모든 것에 대한 호기심이 급증하며 많은 질문을 던진다. 특히 '왜'라는 질문을 끊임없이 던지며 사물이 그런 방식으로 존재하는 이유를 알고 싶어 한다. Piaget는 아동이 많은 지식을 알고 있지만 그런 지식을 획득한 과정을 이해하지 못하기 때문에 '직관적' 단계라고 불렀다. 그러나 전조작기의 아동은 다른 사람의 관점에서 사물을 바라보지 못하는 자기중심성을 지니고 있을 뿐만 아니라 가역성을 비롯한 논리적 조작능력이 미숙한 상태다.

3) 구체적 조작기

구체적 조작기(concrete operational period)는 대략 7~12세에 해당하는 시기로서 표상을 활용한 정신적 조작, 즉 논리적 사고가 발달하는 시기다. 구체적인 사건에 관한 논리적 사고는 가능하지만 추상적이거나 가설적인 사고를 하지 못하기 때문에 Piaget는 '구체적 조작기'라고 지칭했다.

이 시기의 아동은 구체적이고 특수한 사건과 관련된 문제해결을 위해서 그러한 사건의 표상을 활용하여 정신적 조작을 하는 논리적 사고를 할 수 있다. 또한 다양한 관찰경험을 일반화하는 귀납적 사고(inductive reasoning)도 할 수 있지만, 일반적 원리를 구체적 상황에 적용하는 연역적 사고(deductive reasoning)는 다음 단계에서 발달하게 된다.

이 시기의 아동은 외형적 형태가 변하더라도 길이,

놀이는 아동의 인지발달에 매우 중요한 역할을 한다.

무게, 부피는 변하지 않는다는 보존(conservation) 개념을 이해하게 될 뿐만 아니라 동일한 양의 물이 다양한 컵의 형태로 변화할 수 있으며 처음의 형태로 다시 되돌릴 수 있다는 가역성(reversibility)을 이해하게 된다. 또한 동일한 특성을 지닌 것들을 한 범주에 포함시킬 수 있는 분류조작(classification) 능력이 발달할 뿐만 아니라 한 특성의 크기에 따라 사물들을 순서로 배열하는 서열조작(ordinal operation)도 가능하다.

구체적 조작기의 특징 중 하나는 자기중심성(egocentrism)에서 벗어난다는 점이다. Piaget가 세 산 실험(three mountains experiment)을 통해 입증했듯이, 이 시기의 아동은 다른 사람의 관점에서 사물을 바라볼 수 있는 능력, 즉 조망-수용 능력(perspective-taking)을 획득하게 된다. 이러한 탈자기중심성(de-egocentrism)은 대안적 사고능력과 더불어 도덕적 판단능력을 한 단계 높은 수준으로 끌어올리는 기반이 된다.

4) 형식적 조작기

형식적 조작기(formal operational period)는 약 12세부터 청소년기 이상에 해당하는 시기로서 추상적 개념을 통한 조작적 사고가 가능한 인지발달 단계를 뜻한다. 이 시기의 가장 큰 특징은 가설-연역적 사고(hypothetical-deductive reasoning)가 발달한다는 점이다. 가설-연역적 사고는 '만약 ~하다면 ~할 것이다(what-if)'라는 가상적인 논리적 사고를 통해서 문제를 해결하는 능력을 의미하며 마치 과학자처럼 문제를 해결하기 위한 계획을 세우고 다양한 가능성을 체계적으로 검증하는 추상적 추론능력을 뜻한다. 이러한 논리적 사고는 수학이나 과학의 경우처럼 현실적 근거를 넘어서 추상적인 경우나 미래의 상황을 대상으로 이루어질 수 있다.

이 시기의 청소년은 추상적 사고(abstract thinking)를 발달시킴으로써 구체적이고 특수한 상황을 넘어서 점차 다양한 상황의 결과를 예상할 수 있게 된다. 또한 상위인지(metacognition) 능력, 즉 생각에 대해서 생각하는 능력이 발달하여 자신의 사고과정을 관찰하고 그에 대해서 추론하거나 반성할 수 있게 된다. 문제해결(problem solving)에 있어서도 시행착오적 방식을 넘어서 문제를 미리 예상하고 논리적으로 해결방법을 추론하여 최선의 결론을 도출할 수 있게 된다. 그러나 모든 사람이 이러한 형식적 조작기의 인지발달에 도달하는 것은 아니다.

Piaget의 인지발달이론은 인간의 인식능력이 발달하는 과정을 이해하는 기본적인 틀을 제시했다. 그러나 이후의 연구에서 크고 작은 한계점들이 발견되어 그의 인지발달이론에 수정이 이루어지고 있다. 예컨대, 최근의 연구에 따르면, Piaget가 주장한 것보다 이른 시기에 아동들은 다양한 인지적 발달을 이루는 것으로 밝혀지고 있다. 또한 Piaget가 제시한 것처럼 인지발달이 일련의 단계로 순차적으로 진행되는 것은 아니며 개인에 따라 인지발달이 다양한 패턴으로 나타날 수도 있다.

4. 자기의식의 발달

1) 자기개념의 발달

'나'라는 자기의식과 자기개념은 어떻게 생성되고 발달하는 걸까? 자기의식은 선천적으로 타고나는 걸까 아니면 후천적으로 발달하는 걸까? 대부분의 발달심리학자들(예: Mahler, Piaget 등)은 후천적 발달론의 입장을 지니고 있다. 이들에 따르면, 출생 시의 신생아들은 '나'라는 자기의식 없이 태어나며 심지어 자신의 육체와 주변 환경도 변별하지 못한다. 즉, 자기개념(self-concept)은 후천적 경험을 통해서 발달하며 이러한 발달과정에는 여러 가지 요인(육체와 뇌의 성장, 감각 및 지적 능력의 발달, 양육자와의 관계, 사회적 경험 및 상호작용 등)이 관여하게 된다.

정보처리적 관점에서 자기인지(self-cognition)의 발달을 연구하는 학자들은 자기를 기억체계의 한 부분으로 간주한다. 인간은 살아가면서 자신의 외모, 성격, 능력과 같은 여러 특성을 포함하는 자기 존재에 대한 인지구조를 형성하게 되는데, 이러한 내재적 인지구조를 자기도식(self-schema)이라고 부른다.

(1) 신체적 감각경험과 자기개념

자기개념은 공간적 경계를 지닌 육체에 근거하여 생성되고 발달한다. 육체를 지닌 존재로서 신생아는 반사적 행동을 통해 환경과 상호작용하면서 희미한 의식 속에서 여러 가지 체험을 하게 된다. 신생아는 출생 초기에 자신의 육체와 외부환경을 구분하지 못하지만, 점차 감각과 운동 기능이 발달하면서 자신의 육체가 다른 사물과 별개의 것이라는 것을 서서히 깨닫기 시작한다. 몸을 움직일 때 느껴지는 감각을 통해 자기 몸의 경계를 조금씩 알게 된다. 예컨대, 신체와 물체의 접촉 시에 느껴지는 감각, 자신의 손가락을 빨 때와 우유병을 빨 때의 감각 차이, 몸을 만질 때와 사물을 만질 때의 감각 차이, 몸을 움직일 때 함께 동반되어 움직이는 것들(육체)과 그렇지 않은 것들(타인이나 사물)의 인식, 자신의 의도에 따라 움직여지는 것과 그렇지 않은 것에 대한 차이를 경험하게 되면서 자기육체에 대한 인식이 싹트게 된다.

중복적 촉각은 아기가 신체적인 자기경계를 인식하는 데 기여한다. 중복적 촉각(double touch)이란 자신의 손으로 몸을 만졌을 때 손과 몸의 두 부분에서 동시에 촉각이 느껴지는 것을 말한다. 아동이 자신의 손가락을 빨거나 자신의 손으로 뺨을 만질 때는 중복적 촉각 경험을 할 수 있다. 또한 아동은 자신이 스스로 만들어 낸 신체 움직임으로 인한 감각 경험과 다른 대상에 의한 감각 경험을 구분함으로써 자기 육체에 대한 인식이 서서히 증가한다(Rochat & Hespos, 1997).

Piaget(1954)에 의하면, 생후 1~4개월 된 신생아는 자신의 신체를 중심으로 쾌락을 느끼게 해 주는 행동

(예: 손가락 빨기, 팔 움직이기)을 반복하고 4~8개월에 접어들면 외부환경을 향한 행동(예: 딸랑이 흔들기, 소리나는 장난감 만지기)을 반복한다. 이러한 경험을 통해서 아이들은 생후 4개월경에 자기육체의 경계를 알게 되고 생후 6개월경에는 자신의 신체를 통해 외부에 있는 물체를 조작할 수 있다는 것을 알게 된다.

(2) 인지발달과 자기개념

자기개념의 발달은 아동의 인지발달 수준과 밀접한 관계를 지닌다. 아동은 생후 18개월경이 되면 감각경험을 내재화하여 정신적 심상(mental image)을 형성할 수 있는 인지적 능력이 발달하게 되는데, 이러한 능력은 자기의 신체상(body image)을 발달시키는 바탕이 된다. Lewis와 Brooks-Gunn(1979)은 생후 9개월부터 24개월 사이의 아동을 대상으로 Louge Test(아이의 얼굴에 몰래 빨간 루주를 칠해 준 후 거울을 보게 했을 때, 아이가 자신의 얼굴을 만지는지 아니면 거울에 비친 상을 만지는지를 관찰하여 육체상의 형성 여부를 확인하는 방법)를 실시한 결과, 15~17개월 된 아이의 소수가, 그리고 18~24개월 된 아이의 대다수가 거울에 비친 모습을 만지기보다는 자기 얼굴을 만지는 반응을 보였다. 이러한 결과는 생후 18개월경이 되면 아이들은 거울에 비친 모습

이 자기 육체라는 것을 인식한다는 것을 의미한다. 또한 이 시기의 아이들은 자기 사진을 알아보는 등 자기 육체의 모습에 대한 안정된 표상을 형성하는 것으로 여겨지고 있다.

만 2세에서 5세 사이에 아동의 자기인지가 현저하게 발달한다. 2세경부터 아동들은 자신이 남자인지 여자인지, 또는 아이인지 어른인지에 관한 범주적 자기인지를 발달시킨다. 3세경부터는 언어능력이 급격히 발달함에 따라 아동은 자신의 여러 가지 특성에 대해서 언어적으로 표현하게 된다. 이러한 자기기술은 아동의 자기인지를 이해할 수 있는 좋은 수단이 된다. 자기기술 내용을 분석해 보면, 3~5세 아동들은 가족관계, 신체적 특징, 소유물, 좋아하는 것과 같이 자신의 외현적 특성을 중심으로 언급하는 경향을 나타낸다.

(3) 사회적 경험과 자기개념

자기개념의 형성과 발달에는 특정한 인지발달 수준이 요구될 뿐만 아니라 사회적 경험이 필요하다. 자기인지는 타인과의 상호작용에서 타인이 자신을 어떻게 인식하고 평가하는지에 따라 형성된다. 이처럼 자기인지가 타인이라는 사회적 거울에 비치는 모습의 반영이라는 점을 강조하여 Cooley(1902)는 최초로 형성되는

거울에 비친 자신의 모습은 자기개념을 발달시키는 바탕이 된다.

자기를 거울상 자기(looking-glass self)라고 불렀다. 여러 사람들이 단편적으로 반영해 주는 다양한 거울상들을 반복적으로 인식하면서 아동은 점진적으로 자신에 대한 통합적인 개념적 표상을 형성하게 되는데, 이것이 자기개념의 기반이 된다(Shaffer, 1993).

Gallup(1977)의 연구에 따르면, 정상적으로 성장한 청소년기의 침팬지는 거울 속의 자기 모습을 인식하는 반면, 사회적으로 고립되어 자란 침팬지는 거울 속의 자기 모습을 마치 다른 동물을 대하듯이 반응했다. 이러한 연구결과는 자기인지의 발달에 사회적 경험이 중요함을 보여 준다. 사회적 경험은 자신의 특성을 비춰 주는 사회적 거울(social mirror)로서 자기개념의 발달에 중요한 역할을 하게 된다.

생후 2년의 후반기가 되면 아동은 자신을 지칭할 때 '나, 내 것(I, my, me, mine)'과 같은 인칭대명사를 사용할 뿐만 아니라 타인을 지칭할 때는 '너(You)'라는 인칭대명사를 사용한다(Lewis & Brooks-Gunn, 1979). 나와 너에 대한 이러한 언어적 구분은 2세 아동이 자신과 타인에 대한 확고한 개념을 가지고 있음을 시사한다. 이처럼 자신과 타인에 대한 확고한 구분이 생기면, 아동은 사람들이 어떤 점에서 다른지를 인식하면서 자신을 그러한 차원에서 범주화하게 된다. 즉, 범주적 자기(categorical self)를 형성하게 된다. '나이'는 아동이 자신을 범주화하고 자기개념에 통합시키게 되는 사회적 범주 중의 하나로서 나이라는 사회적 범주는 점점 더 세분화된다. '성(gender)' 역시 자기개념의 중요한 사회적 범주다.

아동이 3~4세가 되면 타인이 볼 수 있는 자신의 모습인 공적 자기(public self)와 타인이 볼 수 없는 사적 자기(private self)를 구분한다. 아동에게 생각이 '어디에서' '어떻게' 이루어지는지 그리고 다른 사람이 그들의 생각을 들여다 볼 수 있는지를 물었을 때, 3~4세 아동들은 (1) 인형은 머리가 있지만 생각할 수 없고, (2) 자신의 생각은 머리 안에서 이루어지며, (3) 다른 사람들이 자신의 사고과정을 들여다 볼 수 없다고 대답한다(Flavell, Green, Flavell, & Grossman, 1997). 또한 4~5세 된 아동들은 자신에게 향해진 말(speech for self)과 타인에게 향해진 말(speech for others)을 분명하게 구별할 수 있다(Vygotsky, 1932). 이러한 연구결과들은 3~5세의 아동들이 다른 사람에 의해 관찰될 수 없는 '사적 자기'에 대한 개념을 발달시킨다는 것을 보여 준다.

(4) 아동기 이후의 자기개념 발달

3~4세의 아동들은 신체적 특징, 소유물, 좋아하는 것과 같은 자신의 외현적 특성을 중심으로 자기인지를 발달시키지만 내재적 특성을 고려하지는 못한다. 이 시기의 아동들은 "나는 행복해요" "나는 사람을 좋아해요" "열심히 노력할게요"와 같은 자신의 심리적 특성에 대한 자기기술을 하지 못한다.

그러나 만 3세 후반기부터 아동의 자기개념은 외현적인 물리적 자기(physical self)로부터 내면적인 심리적 자기(psychological self)로 서서히 발달하기 시작한다. 이 시기부터 아동들은 자신의 생각에 관해서 기술하기 시작할 뿐만 아니라 숨바꼭질 놀이를 할 때 의도적으로 속임수를 쓰듯이 자신의 생각과 감정을 감추거나 위장하는 초보적인 자기인지 통제능력을 보이게 된다(Bretherton et al., 1986).

초등학교에 입학한 아동들은 자신에 관해 기술할 때 외현적 특성의 나열에서 벗어나 자신의 성격, 생각, 가치, 신념 등과 같은 심리적 특성을 언급한다. "나는 노래를 못해요" "나는 어머니가 없으면 슬퍼요" 등과 같이 자신의 능력과 정서를 포함하여 다양한 심리적 특성을 인식하고 표현할 수 있게 된다.

또한 초등학생들은 구체적 조작사고의 발달과 더불

어 범주적 자기가 더욱 구체화되고 세분된다. 따라서 이 시기의 아동들이 "나는 대한민국 국민이에요" "나는 여자이고 내 동생은 남자예요" "우리는 아이이고 선생님은 어른이에요"와 같은 언급을 통해서 범주적 자기의 내용을 표현하게 된다.

추상적 사고능력이 발달하는 청소년기에 이르면, 자기개념도 좀 더 추상적인 특성에 의해 기술되는 경향이 나타난다. '나는 누구인가?'라는 물음에 11~12세 아동들은 9~10세 아동들에 비해서 더 추상적인 용어로 자신을 기술했다. 일반적으로 어린 아동들은 자신의 신체적 속성이나 좋아하는 행위와 함께 이름, 나이, 성, 주소 등의 구체적 정보를 언급한 반면, 청소년들은 자신을 성격특성, 신념, 동기, 소속 등의 추상적 개념으로 기술했다(Montemayor & Eisen, 1977). 이처럼 청소년기에는 추상적이고 심리적인 특성에 의한 자기개념의 발달이 이루어진다.

 Mahler의 심리발달단계: 분리─개별화 이론

Margaret Mahler(1897~1985)는 인간의 심리적 탄생 과정을 자세하게 제시한 헝가리 출신의 내과의사로서 나중에 아동 정신분석가로 활동했다. 그녀는 정상적인 아동의 발달과정에 깊은 관심을 지녔으며 38명의 유아와 22명의 어머니를 10년간 지속적으로 관찰한 결과에 근거하여 자아발달 과정을 설명하는 분리─개별화 이론(separation─individuation theory)을 제시했다. 1975년에 Mahler는 동료인 Fred Pine과 Anni Bergman과 함께 『인간 영아의 심리적 탄생(*The Psychological Birth of the Human Infant*)』을 발간하면서 아동의 자아발달 과정을 다음과 같이 제시했다.

Margaret Mahler

1) 정상적 자폐 단계(normal autistic phase: 0~2개월): 생후 첫 몇 주간에 해당하는 시기로서 영아는 자기몰입적인 상태에서 대부분의 시간을 수면으로 보낸다. 외부의 다른 대상을 의식하지 못하며 오직 생리적 반사에 의해서 행동한다.[1]

2) 정상적 공생 단계(normal symbiotic phase: 2~6개월): 생후 2개월부터 아동은 자신의 욕구를 만족시켜 주는 어머니를 희미하게나마 인식하기 시작한다. 그러나 자신과 어머니를 별개의 존재로 인식하지 못하고 어머니를 자신의 일부로 지각하며 마치 하나의 공생체(공통된 경계 내의 이중적 합일체)인 것처럼 느끼고 행동한다. 유아와 어머니의 공생적 관계는 기본적인 만족감을 제공하며 자기신뢰와 자기존중감이 발달하는 기반이 된다.

---

1) Mahler는 아동에 대한 치밀한 연구자료에 근거하여 나중에 이 단계를 취소했다.

3) 분리-개별화 단계(separation-individuation phase: 6~24개월): 생후 6개월경이 되면 유아는 자신이 어머니와 분리된 존재라는 것을 서서히 인식하면서 심리적으로 독립된 존재로 성장하기 시작한다. 분리 (separation)는 아동이 어머니와의 경계를 인식하고 어머니를 자신과 다른 별개의 존재로 인식하는 것을 의미하며, 개인화(individuation)는 아동이 자아와 자기정체성을 형성하고 심리적 독립을 위해 다양한 인지적 능력을 발달시키는 과정을 뜻한다. Mahler는 이러한 과정을 마치 새가 알을 깨고 나와 날갯짓을 하듯이 아동이 자폐와 공생의 껍질을 깨고 진정한 독립적 개체로서 세상으로 나오는 과정이라고 설명하고 있다. 이 단계는 어머니로부터 분리되어 독립된 개체로 성장하기 때문에 '심리적 탄생'에 비유되며 어머니로부터 분리되는 것에 대한 불안, 즉 분리불안(separation anxiety)이 생성된다. 이러한 분리-개별화 과정은 네 개의 하위단계로 구분된다.

- 부화(hatching) 단계(6~10개월): 아동은 생후 6개월경부터 자신이 어머니와 다른 존재라는 것을 희미하게나마 깨닫기 시작한다. 자기의식이 점차 또렷해지고 외부세계에 대한 관심이 증가하지만 여전히 어머니를 구심점으로 생활하는데, 이러한 과정을 분화(differentiation)라고 지칭하기도 한다.

- 연습(practicing) 단계(10~16개월): 아동은 기고 걷는 운동능력이 발달하면서 외부세계를 적극적으로 탐색하고 어머니로부터 조금씩 멀리 떨어지기 시작한다. 새로운 것들을 발견하면서 아동은 마치 '세상과 사랑에 빠진 상태'처럼 기쁨을 느낀다(Greenacre, 1957).

- 재접근(rapproachment) 단계(16~24개월): 아동은 어머니와 떨어져 환경을 탐색하다가 자기가 혼자라는 것을 인식하면서 어머니의 애정에 대한 새로운 욕구가 증가한다. 이 단계에서 유아는 자신의 나약함과 어머니에 대한 의존욕구를 새롭게 경험하면서 다시 어머니의 주변을 맴돌며 가깝게 있으려고 노력한다. 아동은 어머니와 신체적으로 떨어지는 것을 어머니와 심리적으로 분리되는 것으로 인식하며 항상 어머니가 눈에 보이는 곳에 있기를 원한다. 이때 어머니가 아이의 욕구를 잘못 이해하고 아이가 자신의 곁으로 가까이 다가오는 것을 밀어내거나 아이를 혼자 두고 떠나게 되면 아이는 어머니로부터 버림받는 것에 대한 심한 불안을 느낄 수 있다. Mahler에 따르면, 이 시기의 경험이 개인의 기본적인 정서적 성향을 형성하게 된다. 재접근 단계는 다시 세 하위단계로 구분된다.

① 초기(beginning) 단계: 아동은 어머니 곁에 머물면서 어머니와 함께 외부세계의 경험을 공유하려고 시도한다.

② 위기(crisis) 단계: 아동은 어머니 곁에 함께 있는 것과 혼자 외부세계를 탐색하며 돌아다니는 것 사이의 갈등, 즉 어머니와 정서적인 친밀감을 나누는 것과 혼자 독립적으로 존재하는 것 사이의 갈등을 경험하는데 이를 재접근 위기(rapproachment crisis)라고 한다. 이때 유아는 곰 인형이나 담요와 같은 대상에 집착하는데, 이러한 전이대상(transitional objects)은 어머니와의 분리불안을 진정시키며 심리적 안정감을 제공한다. 이 단계에서 어머니가 아동의 의존욕구와 독립욕구를 적절하게 잘 만족시켜 주는 것이 중요하다. 그렇지 못할 경우에는 재접근 위기가 심화되어 유아는 심한 정서적 동요를 경험하면서 어머니를 '전적으로 좋은 어머니'와 '전적으로 나쁜 어머니'로 분리(splitting)하여 표상함으로써 이후에 강렬한 애증을 나타내는 경계선 성격장애와 같은 문제를 파생시킬 수 있다.

③ 해결(solution) 단계: 아동은 언어와 초자아의 발달을 통해 어머니를 상징적으로 내면화함으로써 위기를 나름대로 해결한다.

Mahler에 따르면, 이러한 분리-개별화 단계는 어린 아이에게 정서적 불안을 유발하는 시기이므로 어머니의 수용적이고 안정적인 반응이 중요하다. 분리-개별화 단계를 원만하게 통과하지 못하면, 성인기에 안정된 자기정체감을 유지하지 못한 채 성격적 문제를 나타낼 수 있다.

4) 대상항상성(object constancy) 단계(24개월 이상): 아동은 어머니에게 다가갔다 멀어지기를 반복하는 재접근 단계의 움직임이 줄어들면서 서서히 대상항상성과 개체성(individuality)을 구축하게 된다. 아동은 어머니가 독자적인 정체성을 지닌 분리된 존재라는 것을 이해하는 동시에 어머니에 대한 심리적 표상을 내면화(internalization)함으로써 심리적 안정감을 유지하게 된다. 이러한 내면적 표상은 아동으로 하여금 어머니의 지지와 위로를 느끼게 하는 심리적 기반을 제공한다. Mahler에 따르면, 어머니에 대한 긍정적 표상을 내면화하지 못할 경우 성인기에 불안정감과 낮은 자존감을 지닐 수 있다. 또한 자기표상과 대상 표상(특히 어머니에 대한 표상)을 분명하게 구별하여 내면화하는 정상적인 발달과정에서 심각한 혼란을 경험한 아동은 성인기에 다양한 성격적 문제를 나타낼 수 있다.

2) 자기존중감의 발달

자기존중감(self-esteem)은 자신의 다양한 특성에 대한 전반적인 평가와 정서를 뜻한다. 아동은 성장함에 따라 자신의 신체적·심리적 특성을 인식하는 것에서 한걸음 더 나아가 자기평가(self-evaluation)를 하기 시작한다. 자신이 기대하는 기준에 비추어 자기평가의 결과가 긍정적일 때, 아동은 높은 자기존중감을 지니게 된다. 그러나 자기평가가 부정적인 경우에는 낮은 자기존중감을 갖게 되며 심하면 열등감과 무력감에 빠져들 수 있다.

(1) 자기평가와 자기존중감

아동이 자기존중감을 발달시키는 과정은 2세경에 나타나는 자기돌봄 기술의 발달과 함께 시작된다. 밥 먹기, 옷 입기, 세수하기, 대소변 가리기 등의 일상적 과업을 성공적으로 수행하면서 아동은 자신의 기본적인 능력에 대한 신뢰감을 갖게 되며, 이러한 신뢰감은 자기존중감의 중요한 기반이 된다.

부모는 아동의 자기존중감 발달에 결정적인 영향을 미친다. Coopersmith(1967)에 따르면, 자기존중감이 높은 아동의 부모는 아동을 수용하고, 애정을 표현하며, 아동의 어려움에 따뜻한 관심을 보인다. 아동이 따라야 할 행동기준을 명확하게 설정하고, 그 한계 내에서 자녀의 의견을 자유롭게 표현하게 하며, 가족활동과 의사결정과정에 참여하게 하고, 아동이 필요로 할 때 효과적이고 체계적인 도움을 제공한다. 특히 부모와 안정된 애착을 형성한 아이일수록 더 긍정적인 자기존중감을 지니는 경향이 있다(Cassidy, 1988; Harter, 1988).

자기존중감의 발달에 영향을 미치는 또 다른 중요한 요인은 사회적 비교(social comparison)다. 5~6세부터 아동은 또래와 비교하며 자신을 평가하기 시작한다. 이 무렵부터 아동은 능력뿐만 아니라 옷차림, 소유물, 가정배경, 또래들과의 관계 등 여러 측면에서 자신을 다른 또래아동들과 끊임없이 비교한다. 이러한 사회적 비교의 결과가 긍정적일 때 높은 자기존중감을 갖게 되지만, 그렇지 못할 경우에는 낮은 자기존중감을 지닐 수 있다.

(2) 자기평가 기준의 발달

아동은 8세경에 안정된 자기존중감을 형성한다. 그 이전의 아동은 안정된 자기존중감을 갖고 있지 못하다. 아동의 자기개념과 자기존중감을 조사한 Harter(1985, 1988)에 따르면, 자기존중감이 긍정적이든 부정적이든 비교적 안정된 패턴을 나타내는 시기는 초등학교 3학년이 되는 약 8세 무렵이다. 4~7세 사이의 아동들도 긍정적 또는 부정적 자기존중감을 나타내지만, 그 판단의 정확성이 낮고 가변적이며 자신에 대한 주관적 기대가 작용하여 신뢰성이 낮다.

아동이 발달함에 따라 자기평가 기준이 변하고 그와 함께 자기존중감도 변한다. Harter(1985, 1988)는 아동으로 하여금 지적 능력, 사회적 능력, 신체적 능력, 일반적 자기가치의 네 영역의 능력을 평가하게 하는 자기개념검사를 2,000여 명의 초등학교 아동을 대상으로 실시하였다. 그 결과, 8세 이상의 아동들은 자신의 능력을 여러 하위영역 별로 구분하여 변별적으로 평가했다. 이는 자기개념이 영역 별로 상당히 세분화되어 있을 뿐만 아니라 자기존중감이 어떤 영역의 평가에 초점을 맞추느냐에 따라 달라질 수 있음을 의미한다. 또한 아동의 자기평가는 다른 사람에 의한 평가를 거의 정확하게 반영하고 있었다. 즉, 자기개념과 자기존중감은 자신에 대한 다른 사람들의 반응을 반영한 것이라고 할 수 있다. 그리고 자기개념의 여러 영역 중 어떤 특성을 다른 것에 비해서 더 중요한 것으로 인식했다. 초등학교 저학년의 아동들은 신체적 능력이나 소유물, 옷차림을 중시하는 반면에, 고학년의 아동들은 지적 능력과 사회적 능력을 중시하여 평가하는 경향을 보였다. 달리 말하면, 초등학교 고학년이 되면 학교에서 성적이 좋고 친구가 많은 학생이 높은 자기존중감을 나타냈다.

학업성적은 초등학교 아동의 자기존중감에 중요한 영향을 미친다. 이러한 학업적 자기존중감(academic self-esteem)은 초등학교 시기에 급격히 발달하는 자기존중감의 중요한 구성요소가 된다. 일반적으로 초등학교 아동들은 전반적인 학업성적을 비롯한 여러 교과목의 성취도를 다른 아이들과 비교하고 그 결과를 자기능력의 평가기준으로 삼기 시작한다(Smith et al., 1987). 자신의 지적 능력과 학업성취에 대해서 긍정적인 자기개념을 지닌 아동일수록 성공에 대한 성취기대가 높을 뿐만 아니라 더 끈기 있고 꾸준하게 공부하며 도전적인 과제를 추구하는 경향이 있었다(Boggiano et al., 1988; Harter, 1988).

학업성적과 교우관계는 아동의 자기존중감에 중요한 영향을 미친다.

(3) 사춘기의 자기존중감 변화

아동기 중반에 접어들면서 자기존중감은 보다 안정되고 현실적으로 변해 가며 대다수의 아동들은 긍정적인 자기존중감을 유지한다. 그러나 11~12세경의 사춘기에 접어들면서 자기존중감이 저하되었다가 그 후 몇 년에 걸쳐 점차적으로 증가하는 경향을 나타낸다(Johnston, Bachman, & O'Malley, 1992). 이러한 경향은 여아보다 남아에게서 더욱 현저하게 나타난다.

사춘기에 자기존중감이 낮아지는 이유에 대해서는 다양한 설명이 제시되고 있다. 첫째, 사춘기에는 아동의 자기의식이 급격하게 높아질 뿐만 아니라 타인이 자신을 어떻게 보고 있는지에 대해 민감해진다. 특히 12~13세 아동들이 사춘기를 경험하면서 자신의 변화하는 신체상에 대해 예민해지고 흔히 비판적인 경향을 나타낸다. 둘째, 이 시기는 초등학교에서 중학교로 진학하는 과도기이기 때문에 아동들은 초등학교에서 자신이 최고 상급생이었다가 중학교로 진학하면서 하급생으로 전락하여 자신을 무능한 학생으로 인식할 수 있다. 셋째, 이 시기의 아동들은 인지적 능력이 발달하면서 이상적 자기(ideal self)에 대한 개념을 갖게 되고 실제적 자기와 이상적 자기 간의 괴리로 인해서 자존심이 저하될 수 있다. 아동들은 자기의식이 높아지면서 자신을 보다 비판적으로 평가하고, 타인의 시선을 의식하여 비교하게 되면서 자기평가의 기준이 더욱 엄격해질 수 있다. 또한 사춘기에 나타나는 급격한 신체적 · 성적 변화는 아동으로 하여금 정서적인 긴장과 동요를 겪게 하고 자기존중감을 저하시킬 수 있다.

Erikson(1963)에 의하면, 청소년기는 보다 성숙된 자기정체감을 탐색하는 중요한 시기로서 청소년들은 자기자신, 가치관, 삶의 목표 등을 재평가하게 된다. 그 결과 자기존중감을 결정하는 요소가 변함에 따라서 자기가치감의 혼란과 저하를 경험하는 경향이 있다. 이처럼 청소년기에 자기정체감의 탐색을 하면서 청년기에 이르게 되면, 개인의 다양한 측면을 포함한 안정된 자기정체감과 자기존중감을 형성하게 된다.

3) 자기통제력의 발달

아동은 자기개념과 자기존중감의 발달과 더불어 자신의 욕구를 조절하는 자기통제력을 발달시킨다. 자기통제력(self-control)은 자율성을 지닌 상태에서 현실적인 상황과 사회적인 요구를 고려하여 자신의 행동을 적절하게 억제하거나 자신이 추구하는 목표지향적 행동을 지속할 수 있는 능력을 의미한다. 자신의 충동과 행동을 적절하게 조절할 수 있는 자기통제력은 성격을 구성하는 매우 중요한 요소다.

(1) 자기통제력의 발달과정

자기통제력은 영아기의 초기부터 발달하기 시작하는 심리적 특성이다. Kopp(1982, 1987)에 따르면, 아동의 자기통제력은 다음과 같은 5단계를 거쳐서 발달한다. 첫 단계는 신경생리적 조절단계(neurophysiological modulation)로서 선천적인 생리적 기제를 통해서 영아는 과도한 자극이나 각성상태로부터 자신을 보호하는 반응을 나타낸다. 생후 3개월이 되기까지 아동은 강렬한 자극을 멀리하고 젖을 빠는 것과 같이 자기를 진정시키는 활동을 함으로써 자신을 보호한다.

두 번째 단계는 감각운동 조절단계(sensorimotor modulation)로서 생후 3~9개월의 영아는 환경의 변화에 대해서 자발적인 행동을 취할 수 있게 된다. 이 시기의 아동은 사람이나 대상에게 자발적으로 다가가서 접촉을 시도하고 자신의 행동에 의한 것과 타인의 행동에 의한 것을 구분하게 된다.

다음은 외적 통제(external control)의 단계로서 9~

24개월의 아동들은 외적인 통제에 반응할 수 있게 된다. 이 시기의 아동은 의도적이고 목표지향적인 행동을 할 수 있으며 외적인 신호나 지시에 순응하기 시작한다. 부모가 원하는 것을 인식하고 그것에 반응할 수 있게 된다. 부모의 적극적인 지도는 아동이 자기통제력을 발달시키는 바탕이 된다.

네 번째 단계는 자기통제(self-control)의 단계로서 생후 24개월 이후부터 아동은 자발적인 자기통제를 시작하게 된다. 이 시기의 아동은 부모의 지시나 요구에 따라 자신의 행동을 지연시킬 수 있을 뿐만 아니라 다른 사람의 감찰이 없어도 행동을 조절하기 시작한다. 이러한 진전은 아동이 인지적인 발달과 함께 표상적 사고를 할 수 있고, 자신의 정체감과 더불어 부모의 존재에 대한 지속성을 이해함으로써 가능하다. 즉, 기억을 통해서 대상이나 심상을 회상해 낼 수 있을 뿐만 아니라 부모의 소망이 동일하게 계속되고 있으며 행동의 결과 역시 지속된다는 것을 이해함으로써 자발적인 자기통제가 가능해진다.

아동이 자기통제력을 발달시키는 과정에는 언어가 중요한 역할을 한다. Vygotsky(1932)가 혼잣말의 중요성을 제시한 바 있듯이, 아동은 어른의 지시, 금지, 규율을 내면화하는 과정에서 어른의 언어를 혼잣말로 자신에게 말함으로써 자기통제력을 높이는 수단으로 삼게 된다. 아동은 평소에 만지지 못하게 하는 물건에 손이 뻗치다가도 스스로 "안 돼!"라는 혼잣말을 하면서 손을 움츠리는 모습을 나타낸다. 이처럼 아동은 타인의 언어적 지시나 규칙을 내면화함으로써 외적 통제로부터 내적인 자기통제의 단계로 발달하게 된다(Freund, 1990).

마지막 단계는 자기조절(self-regulation)의 단계로서 36개월 이상의 아동은 변화하는 상황적 요구에 대응하기 위해서 융통성 있게 대처하는 자기조절이 가능해진다. 이 단계에서 아동은 사회적 요구와 자신의 소망을 조절하기 위해서 나름대로의 책략을 사용할 뿐만 아니라 자신의 마음을 살펴볼 수 있는 내성능력이 발달한다.

(2) 자기통제력 하위능력의 발달

자기통제력은 만족을 지연하는 능력, 충동을 억제하는 능력, 유혹에 저항하는 능력 등으로 구성된다. 만족지연(delay of gratification)은 더 큰 만족과 보상을 얻기 위해 순간의 즐거움을 지연시키는 능력을 뜻한다. 즉각적으로 받을 수 있는 보상보다는 더 바람직한 보상을 선택하며 만족을 지연하는 능력은 자기통제력의 핵심적 요소 중 하나다. 이러한 만족지연 능력은 아동 중기에 이르기까지 연령과 더불어 서서히 발달한다.

Mischel(1974, 1981)에 따르면, 만족지연 능력의 발달을 위해서 다음과 같은 세 가지 요인이 중요하다. 첫째는 즉각적인 만족을 지연한 후에 얻게 될 더 큰 만족에 대한 신뢰(trust)다. 만일 아동에게 약속한 보상이 주어지지 않을 경우, 지연된 만족에 대한 아동의 신뢰는 사라질 것이며 만족지연 행동은 감소할 것이다. 둘째는 만족의 상대적 가치(relative value)다. 아동의 관점에서 즉각적 만족과 지연된 만족의 크기를 비교해서 기다릴 만한 가치가 있다고 판단할 때 만족지연을 선택하게 될 것이다. 지연된 만족의 보상이 크고 명확할수록 아동의 만족지연 행동은 증가한다. 셋째 요인은 지연기간(delay period)이다. 아동의 관점에서 지연기간은 적절하게 짧아야 하며, 지연기간이 길수록 만족지연 행동은 감소한다.

신생아는 자신이 원하는 것을 기다리지 못하며 전혀 충동을 조절하지 못한다. 나이가 많아지면서 아동은 충동성을 조절하고 지연된 만족을 위해 즉각적인 욕구를 조절하게 된다(Mischel, Shoda, & Rodriguez, 1992). 4세경의 아동은 만족지연을 위해서 이후에 주어질 보상을 바라보거나 상상하는 방략을 나타낸다. 5세경이 되면,

아동들은 주의를 다른 곳으로 돌리거나 '기다리면 더 큰 보상을 받게 된다'는 혼잣말을 하면서 좀 더 효과적인 만족지연 방략을 보인다. 8~13세의 아동은 인지적 능력이 발달하면서 이후에 주어질 더 큰 보상과 관련된 추상적 사고를 하거나 보상으로부터 주의를 돌림으로써 지연을 증가시키는 다양한 방략을 발달시켰다.

충동억제(inhibition of impulse)는 성급한 정서반응, 선택, 행동을 자제하고 통제하는 능력을 뜻한다. 충동억제 능력은 학령 전 아동기부터 발달하기 시작하여 아동기 동안에 현저하게 발달한다. Maccoby(1980)는 아동기에 발달하는 충동억제 능력을 네 가지 유형으로 구분하여 제시하고 있다. 첫째는 행동억제(inhibition of movement)의 능력으로서 진행하던 행동을 중단하거나 행동을 금지하라는 지시에 따르는 능력을 의미한다. 둘째는 격렬한 분노를 참는 것처럼 감정의 강도를 통제하는 정서억제(inhibition of emotion)의 능력으로서 아동기부터 성인기에 이르기까지 전 생애에 걸쳐 발달하는 매우 중요한 자기통제력 중 하나다. 일반적으로 4세경부터 아동은 자신의 정서를 통제하는 능력을 발달시킨다. 낯선 사람 앞에서 울음을 참는 행동은 이 시기에 흔히 목격할 수 있는 정서억제 행동이다. 셋째는 충동적

인 판단을 삼가고 신중하게 숙고하는 결론억제(inhibition of conclusion)의 능력으로서 아동기의 과업 수행과 밀접하게 관련된 능력이다. 만 6세에 이르기까지는 아동에게 결론억제 능력을 기대하기 어려우며, 6세 이전의 아동들은 어려운 문제에 성급하게 응답하여 실패하는 행동을 나타낸다. 그러나 6세경부터 연령이 증가함에 따라 아동은 과제에 대한 반응시간이 길어지며 좀 더 신중하게 숙고하는 행동을 나타낸다. 마지막으로 넷째는 선택억제(inhibition of choice)의 능력으로서 여러 가지 선택이 가능한 상황에서 즉각적인 만족을 주는 선택을 억제하며 더 큰 만족을 얻기 위한 가능성을 탐색하는 능력을 의미한다. 이러한 선택억제는 만족지연 능력과 밀접한 관계를 지닌다.

유혹에 저항하는 능력(resistance to seduction)은 아동이 바람직한 과업을 위해 일시적인 즐거움을 가져다주는 대상의 유혹을 뿌리칠 수 있는 능력을 뜻한다. 공부를 하고 있는 아동에게 친구가 함께 놀러 가자고 말할 때 이러한 유혹을 스스로 통제하는 것은 쉬운 일이 아니다. 이러한 유혹저항 능력은 일반적으로 3~4세경에 시작하여 학령 전 아동기 동안에 발달하는 것으로 알려지고 있다.

만족을 지연하는 능력은 자기통제력의 발달을 위한 기반을 이룬다.

5. 애착의 형성과 발달

다른 사람과 친밀한 인간관계를 형성하고 유지하는 능력은 성격의 중요한 요소다. 신생아는 양육자와 밀접한 관계를 형성하려는 애착 행동을 나타낸다. 애착(attachment)은 신생아가 양육자와의 관계를 통해서 자신과 타인에 대한 표상을 형성하는 매우 중요한 심리적 체험이자 사회적 경험이라고 할 수 있다. 이러한 애착경험은 아동이 성인으로 성장한 이후에 맺게 되는 인간관계 패턴에 강력한 영향을 미치는 것으로 알려져 있다.

애착의 중요성을 처음으로 제기한 John Bowlby (1969, 1973, 1980)는 전쟁고아들의 정신건강에 대한 연구를 수행하면서 고아원에서 자란 아이들이 음식과 안전한 환경을 제공받았음에도 불구하고 우울증을 비롯한 다양한 심리적 문제를 나타낸다는 것을 발견했다. 심지어 상당수의 고아들은 신체적 발육이 저하되었으며 일부는 사망하기도 했는데, 이러한 결과는 아동들이 지속적인 정서적 유대관계를 형성할 수 없었기 때문인 것으로 조사되었다. 이러한 연구결과에 근거하여

John Bowlby

Bowlby(1969, 1973, 1980)는 아동의 정상적인 발달을 위해서는 적어도 한 명 이상의 성인 양육자와 따뜻하고 지속적인 애착관계를 맺는 것이 필요하다고 주장했다.

Bowlby는 새끼 오리를 대상으로 수행한 Konrad Lorenz(1937)의 각인(imprinting) 연구와 어린 원숭이의 애착행동에 대한 Harry Harlow(1958)의 연구에 근거하여 애착의 중요성을 설명했다. 많은 종(種)의 갓 태어난 새끼들은 자신을 스스로 돌볼 수 없을 정도로 미숙하기 때문에 성인 양육자에게 애착하는 경향성을 선천적으로 지니고 태어난다. 이러한 애착의 욕구가 충족되지 못하면 정상적인 발달에 장애가 나타나고 고아원의 아이들처럼 불행한 결과가 초래될 수 있다. Bowlby는 애착의 중요성을 강조하면서 어린 시절의 애착경험이 이후의 인간관계를 형성하는 기반이 된다는 애착 이론(attachment theory)을 제시했다.

1) 애착의 심리적 특징: 성격형성의 기반

Bowlby(1969, 1973, 1980)는 애착(attachment)을 특정한 두 사람 간에 형성되는 정서적인 유대관계로 정의하면서 어린아이가 애착을 느끼는 특정 인물은 세상을 탐색하는 안전기지의 역할을 한다고 주장했다. 아이는 어머니가 어디에 있는지를 끊임없이 살피며 어머니가 가까이 있으면 안전감을 느끼면서 잘 논다. 그러나 어머니와 너무 멀어지게 되면 유아는 불안해하며 어머니에게 가까이 가려고 노력한다. 이처럼 애착은 아이가 양육자와의 거리를 잘 조절하면서 독립적인 존재로 성장하는 바탕을 형성하게 된다.

애착형성은 모든 영아의 공통적인 특성일 뿐만 아니라 침팬지와 같은 고등동물에게서 나타나는 특성이다. 진화심리학의 관점에서 보면, 애착은 무력한 상태로 태어난 인간 영아가 어머니에게 매달리거나 가까운 곳에

존재하는 애착행동을 통해서 생존 가능성을 높였을 것이다. Bowlby는 애착형성을 종의 보존과 생존에 중요한 의미를 갖는 본능적 반응으로 여겼다. 영아는 미소, 울음, 매달리기와 같이 자신의 생존에 필요한 부모의 보살핌과 보호를 이끌어 낼 수 있는 일련의 행동패턴을 선천적으로 가지고 있으며, 어머니는 이러한 행동패턴에 호응하여 반응하도록 되어 있다고 믿었다. 동물행동학의 관점에서 보면, 애착형성 과정에서 영아는 단순히 보살핌을 받는 수동적인 존재가 아니라 스스로 보살핌을 이끌어 내는 능동적인 존재다. 애착은 영아와 어머니 간의 관계에서 형성되는 심리적 경험으로서 개인의 성격형성에 심각한 영향을 미친다.

Bowlby에 따르면, 애착관계는 다음과 같은 네 가지 특징을 나타낸다는 점에서 다른 인간관계와 구분된다. 첫 번째 특징은 근접성 유지(proximity maintenance)로서 애착 대상에 가까이 있거나 붙어 있기를 원하는 것이다. 둘째는 애착대상을 안전한 피난처(safe haven)로 여기며 위안이나 확신을 얻기 위해 의지한다. 세 번째 특

징은 이별 고통(separation distress)으로서 애착 대상과 예기치 못한 또는 장기간의 이별을 하게 되면 괴로움을 느낀다는 점이다. 마지막으로, 애착 대상은 안전기지(secure base)의 역할을 하게 되며 세상을 적극적으로 탐색하고 활동하는 기반이 된다.

애착과 탐색의 균형은 발달단계에 따라 달라지는데, 성장할수록 애착 대상으로부터 떨어져 편안하게 견딜 수 있는 시간과 거리가 증가한다. 평균적으로 12개월의 유아는 3세 아동에 비해서 어머니와의 짧은 이별에도 더 많은 스트레스를 경험할 뿐만 아니라 어머니로부터 떨어져 탐색하는 범위가 더 좁다. 일반적으로 아동기 후기나 청소년기에 이르면 분리불안이 감소되면서 장기간의 이별이 가능해진다. 이처럼 아동은 부모와의 관계경험을 통해서 자신과 타인에 대한 내면적 표상체계를 형성하게 되는데, Bowlby(1973)는 이를 내적 작동 모델(internal working model)이라고 지칭했다. 개인의 애착유형은 내적 작동 모델에 근거하여 요람부터 무덤까지 전 생애를 통해 지속된다고 주장했다.

어머니에 대한 아동의 애착경험은 성격형성에 강력한 영향을 미친다.

2) 애착의 발달과정

애착은 어린아이가 어머니와 형성하게 되는 강한 정서적 유대관계를 뜻한다. 애착은 근본적으로 선택적인 특성이 있어서 극히 소수의 제한된 대상에 대해서만 형성된다. 출생 후 1년 이내에 영아와 어머니 간에 이루어지는 애착형성의 결과는 이후의 대인관계와 정서적 안정성의 중요한 기반이 된다. Hertherington과 Parke(1993)에 따르면, 애착은 크게 세 단계의 과정을 통해서 형성된다.

애착형성의 첫 단계는 영아가 물체보다 사람을 비롯한 사회적 대상을 선호하지만 특정한 사람을 구별하지 않고 모든 사람에게 애착을 보이는 단계다. 대체로 출생 후부터 2주 간의 기간이 이러한 단계에 속한다.

두 번째 단계는 출생 후 2주부터 영아가 어머니와 다른 사람을 구별하면서 시작된다. 영아는 냄새, 음성, 안는 방법, 얼굴 모습과 같은 여러 가지의 감각적·지각적 단서를 통합하여 어머니를 인식하게 된다. 이 기간에는 어머니도 아이의 독특성을 인식하고 아이가 편안해하도록 보살핌의 방식을 조정하게 된다. 이러한 과정에서 아이와 어머니는 서로에게 애착하게 되지만, 아동은 어머니와 떨어지는 것에 대한 특별한 저항을 나타내지 않는다. 이러한 상태는 생후 6~8개월까지 지속되다가 본격적인 애착이 형성되는 다음 단계로 이행된다.

세 번째의 애착 단계는 영아가 비로소 특정한 대상, 즉 어머니에 대한 강력한 집착과 동시에 분리불안을 나타내는 단계다. 이 시기의 영아는 어머니와 떨어지게 되면 심한 불안반응을 나타내며 어머니에게 매달릴 뿐만 아니라 어머니 이외의 낯선 사람에 대한 낯가림을 나타낸다. 이러한 분리불안은 생후 6~8개월에 나타나기 시작하여 10~12개월에 절정에 도달했다가 대부분의 경우 2세경에는 사라진다.

3) 애착유형

아동과 어머니의 애착관계는 매우 다양한 양상으로 나타날 수 있다. 아동의 기질과 어머니의 성격 및 양육태도에 따라 아동이 어머니와 맺게 되는 애착관계는 다양한 패턴을 나타낼 수 있다. 생의 초기에 아동이 어머니와 맺게 되는 애착경험은 개인의 성격형성에 강력한 영향을 미치는 것으로 알려져 있다.

Ainsworth와 동료들(Ainsworth, Blehar, Waters, & Wall, 1978)은 어린아이가 나타내는 애착반응을 연구하기 위해서 낯선 상황 검사(Strange Situation Test)를 개발했다. 이 검사는 아이가 어머니와 떨어질 때 나타내는 반응을 관찰할 수 있도록 다음과 같이 고안되었다. 아이는 어머니(혹은 양육자)와 함께 놀이도구가 갖춰진 놀이방으로 들어온다. 조금 후에 낯선 사람(실험 보조자)이 들어와서 어머니와 말을 건네며 아이와 같이 놀려고 시도한다. 어머니는 낯선 사람과 아이를 남겨두고 놀이방을 떠난다. 몇 분 후에 어머니가 돌아와서 아이와 재회한다. 그러고 나서 어머니와 낯선 사람이 모두 놀이방에서 몇 분간 나가 있다가 낯선 사람이 먼저 돌아와 아이와 같이 놀려고 시도하고 마지막으로 어머니가 돌아와서 아이를 안아 준다. 이렇게 미리 계획된 일련의 사건들이 일어나고, 연구자들은 아이의 반응을 체계적으로 관찰한다.

Ainsworth 등(1978)은 영아를 대상으로 한 낯선 상황 검사를 통해서 애착의 세 가지 유형을 발견했다. 그 첫째는 이 검사상황에서 어머니와 함께 있을 때 편안해하며 잘 놀고, 이별에는 적절한 불안을 보이며 어머니의 복귀로 불안이 신속하게 완화되는 아이의 행동패턴으로서 안정 애착(secure attachment)이라고 지칭되었다. 둘째 유형은 어머니가 곁에 있는지 항상 신경을 쓸 뿐만 아니라 어머니와의 이별에 극심한 불안을 나타내고 어머니가 돌아와서 달래도 밀쳐내며 저항하는 아이의 경우로서 불안 애착(anxious attachment)을 나타낸다. 셋째는 어머니와의 이별에 무관심할 뿐만 아니라 어머니가 돌아와도 품속에 안기기를 회피하는 아이의 경우로서 회피 애착(avoidant attachment)을 뜻한다. 이후의 연구에서 몸을 흔들거나 얼어붙는 모습을 나타내는 등 일관성 없는 행동을 보이는 아이의 유형이 발견되었는데, 이는 혼란 애착(disorganized attachment)으로 명명되어 네 번째의 애착유형으로 추가되었다(Main & Solomon, 1990). 마지막 세 가지 유형은 불안정 애착(insecure attachment)으로 분류되고 있다.

아이의 애착유형은 어머니의 양육행동과 밀접하게 관련되어 있다. 일관성 있는 행동을 통해서 지지적인 애정을 나타내는 어머니의 아이는 안정 애착을 형성한다. 반면에, 어머니가 일관성이 없이 변덕스러운 행동을 나타내거나 비판적이고 거부적인 행동을 통해 양육하면, 아이는 불안 애착이나 회피 애착을 형성한다. 이렇게 형성된 애착 패턴은 아동이 타인과 관계 맺는 방식에 지속적인 영향을 미친다. 예컨대, 영아기에 안정 애착을 형성한 아동은 부모에게 적절한 방식으로 자기주장을 할 뿐만 아니라 세상을 적극적으로 탐색하며 문제해결에서도 끈기를 보인다. 이들은 좌절을 경험하게 되면 다른 사람에게 도움을 청하거나 위안을 구하는 행동을 나타낸다. 이처럼 안정 애착을 형성한 아동들은 의존성과 자율성의 균형을 적절하게 잘 유지한다. 반면에, 불안정 애착을 형성한 아동들은 또래들과 잘 어울리지 못하고 융통성 없으며 고집스러운 모습을 보이거나 우울하고 위축된 모습을 나타내는 경향이 있다.

영아기에 형성된 애착유형은 전 생애에 걸쳐 지속적인 영향을 미치는 것으로 보고되고 있다. George 등(1985)은 성인 애착 면접(Adult Attachment Interview)을 통해서 성인의 애착유형이 영아기의 애착패턴과 상당히 일치한다는 것을 발견했다. 특히 흥미로운 것은 영

아기에 형성된 애착유형이 성인기의 이성관계에서 두드러지게 나타난다는 사실이다.

6. 도덕성 발달

도덕성은 성장과정을 통해 발달하는 성격의 중요한 구성요소다. 도덕성(morality)은 선(善)과 악(惡) 또는 옳고 그름을 판단하여 선하고 옳은 것을 추구하는 성향을 뜻한다. 아무것도 모르는 신생아는 어떤 발달과정을 통해서 선악을 판단하고 선을 따르려는 도덕성을 갖게 되는 것일까?

1) Piaget의 도덕발달이론

Piaget는 도덕성에 대한 인지적 발달이론을 제시했다. 그에 따르면, 도덕성 발달은 전반적인 인지발달의 한 양상이다. 도덕적 판단과 관련된 사건에 대해서 옳고 그름을 평가할 수 있는 인지적 능력이 바로 도덕성이다. Piaget(1932)는 『아동의 도덕적 판단(*The moral judgment of the child*)』에서 아동의 도덕성이 발달하는 과정을 네 단계로 제시하고 있다.

도덕성 발달의 첫 단계는 2~4세까지의 아동기에 해당하며 이 시기의 아동은 규칙이나 질서에 대한 아무런 도덕적 인식이 없다. 감각운동기와 전조작기 초기에 해당하는 시기로서 아동은 놀이나 게임의 규칙을 잘 이해하지 못한 상태에서 감각운동 도식에 따라 몰두한다. 도덕적 갈등을 경험하지 못할 뿐만 아니라 일관성 있는 도덕적 인식 능력이 발달하지 못한 상태다.

두 번째 단계는 5~7세의 아동기에 해당하며 아동은 놀이를 비롯한 일상적 활동에서 자신이 따라야 할 규칙, 질서, 정의가 존재한다는 것을 깨닫고 이를 존중하

고 준수하기 시작한다. 전조작기에 해당하는 이 단계의 아동은 자신이 따라야 할 규칙을 이해하고 있으나 그러한 규칙을 다양한 관점에서 평가할 수 있는 인지적 능력은 부족하다. 따라서 아동은 이러한 규칙이 하느님이나 부모와 같은 절대자가 만들어 놓은 것이고, 누구든지 반드시 따라야 하며, 결코 변할 수 없는 것으로 믿는다. Piaget는 이러한 단계의 절대주의적인 도덕적 사고를 도덕적 실재론(moral realism)이라고 지칭했다.

이 시기의 아동은 전조작기의 자기중심성을 지니고 있어서 행위자의 동기를 고려하지 못한다. 이 단계의 아동은 어떤 행위의 결과에 주목하며 그 결과가 타인의 비난을 받을 것인지의 여부에 따라 도덕적 선악을 결정하는 타율적 도덕성(heteronomous morality)을 지닌다. 또한 규범은 그 자체로 옳은 것이라는 절대성을 믿으며 규범을 어기면 반드시 벌을 받게 된다는 내재적 정의(immanent justice)의 관념을 지닌다.

세 번째 단계는 8~11세에 해당하는 시기로서 도덕적 상대론(moral relativism)의 단계로 나아간다. 이 단계의 아동은 구체적 조작기에 해당하며 자기중심성에서 벗어나 사건을 다른 사람의 관점에서 바라볼 수 있게 된다. 이러한 인지적 능력의 발달과 함께 아동은 사회적 규범이 임의적인 약속이며 사람들의 합의에 의해 변화될 수 있는 상대적인 것이라는 점을 깨닫는다. 규범은 상황에 따라 지켜지지 않을 수도 있으며 반드시 처벌받는 것도 아니라는 것을 알게 된다. 이 시기의 아동은 행위의 결과뿐만 아니라 그러한 행위를 하게 된 동기나 의도를 고려하여 도덕적 판단을 하게 되는데, 이러한 점에서 자율적 도덕성(autonomous morality)의 단계라고 불리기도 한다.

네 번째 단계는 11~12세경부터 시작되는 형식적 조작기에 해당하며 이 시기의 청소년은 도덕성 발달의 마지막 단계로 접어든다. 이 단계에서는 상황의 특수성을

고려하여 새로운 규칙을 만들어 내거나 그에 맞도록 정교화할 수 있다. 형식적 조작기의 가설-연역적 사고가 발달하면서 가능한 모든 상황을 예측하고 그러한 가설적인 상황을 통제할 수 있는 규칙을 미리 설정할 수 있다. 이 단계의 도덕적 추론은 개인적 차원을 넘어서 전쟁, 환경, 공해문제 등과 같이 보다 폭넓은 사회적·정치적 차원으로 확대된다.

2) Kohlberg의 도덕발달이론

Lawrence Kohlberg(1958, 1963, 1984)는 Piaget의 도덕발달이론을 세분화하여 세 수준의 6단계로 발전시켰다. Piaget는 아동을 작은 논리학자로 여긴 반면, Kohlberg는 아동을 도덕철학자로 생각했다. Kohlberg(1984)는 10~16세의 청소년들을 대상으로 하인츠 갈등(Heinz dilemma)이라는 도덕적 갈등상황을 제시하고 그 상황에서의 판단근거와 해결방안에 근거하여 도덕성의 발달과정을 세 수준의 6단계로 구분했다.

첫 번째 수준은 전인습적 도덕성(preconventional morality)으로서 외적 기준에 의해 옳고 그름을 판단하

Lawrence Kohlberg

는 수준이다. 이 수준의 아동은 행위의 결과가 유발한 보상이나 처벌에 의해서 옳고 그름을 판단하거나 규칙을 정한 사람들의 권위에 따라 도덕성의 판단을 내린다.

1단계는 처벌과 복종(punishment and obedience)의 단계로서 처벌을 피하기 위해서 권위의 명령에 복종하며 행위의 옳고 그름을 그 결과에 의해 판단한다. 이 단계의 아동은 "부모에게 복종하라. 그렇지 않으면 강력한 권위적 인물이 너를 육체적으로 처벌할 것이다"는 생각을 지닌다. 이 단계는 Piaget가 말한 전조작기의 자아중심성과 Freud가 제시한 쾌락원리에 의해서 행동하는 시기라고 할 수 있다.

2단계는 도구주의(instrumentalism)의 단계로서 자신에게 이익이 되는 것을 좋은 것이라고 판단하면서 보상받을 일은 하고 처벌받을 일은 피한다. 이 단계의 아동은 자신이나 타인의 욕구를 충족시키는 것이 옳은 행위라는 도구주의의 관점을 지닌다. 또한 자신에게 좋은 것은 타인에게도 좋은 것이라는 점을 이해하고 사회적 교환이 나타난다. 서로의 등을 긁어 주는 것처럼 자신에게 돌아오는 이익을 생각하는 수단적인 호혜성의 수준에 머물러 있다. Freud에 따르면, 이 시기의 아동은 상당 부분 현실원리에 따라서 행동하는 셈이다.

두 번째 수준은 인습적 도덕성(conventional morality)의 수준으로서 아동은 사회적 규칙을 이해하고 좀 더 객관적인 관점에서 옳고 그름을 판단하게 된다. 이 수준의 아동은 부모나 주변사람의 칭찬과 인정을 받기 위해서 도덕적 규칙을 따른다. 이 수준에서는 가족, 사회, 국가의 규범을 따르는 것 자체가 행위의 결과와 무관하게 옳은 것으로 판단된다. 아동은 자신을 집단의 구성원으로 동일시하며 집단의 규범에 충성하는 도덕적 태도를 지니게 된다. 이 수준의 아동은 Freud가 제시한 초자아 또는 양심을 발달시키며 Piaget가 말한 자기중심성의 대부분을 극복하게 된다.

3단계는 착한 소녀/소년(good girl/boy)의 단계로서 자신과 가까운 사람들의 기대에 따라 행동하는 것을 도덕적 행위라고 판단하며 신뢰, 충성, 존경, 감사, 관계유지를 중시한다. 선한 행동을 하는 주된 동기는 가까운 사람들로부터 사회적 인정을 받는 것이다.

4단계는 법과 질서(law and order)의 단계로서 사회적 관습을 존중하고 준수하는 것이다. 법과 질서의 중요성은 가까운 사람들의 인정을 넘어서 사회전반으로 일반화된다. 이 단계에서는 사회적 의무를 다하는 것이 중요하며 사회, 집단, 제도에 공헌하는 것을 올바른 행동으로 여긴다.

세 번째 수준은 후인습적 도덕성(postconventional morality)으로서 도덕적 기준이 내면화되어 자신의 판단과 원칙을 중시한다. 관습적인 사회적 규범을 넘어서 개인화되거나 이상화된 원리에 의해서 도덕적 판단이 이루어진다.

5단계는 사회적 계약(social contract)의 단계로서 법과 규칙은 모든 시민들의 상호적 이익을 위해 만들어진 것이라는 점을 이해한다. 이 단계의 사람은 민주주의적 가치에 따라 행동하며 공정하지 못한 법은 변화되어야 한다고 인식한다. 또한 모든 인간은 개인적 권리와 더불어 다양한 가치와 의견을 지닐 뿐만 아니라 대부분의 가치와 규칙은 상대적인 것이라는 점을 인식하는 단계다.

6단계는 보편적인 윤리적 원칙(universal ethical principles)의 단계로서 스스로 선택한 윤리적 원칙에 따르고 그 원칙에 의해서 정의를 판단한다. 법이 그러한 원칙과 일치하기 때문에 따르지만, 이 원리와 충돌할 때는 자신의 원리에 따라 행동한다. 보편적 원리, 즉 인간평등과 인격체로서의 인간의 존엄성을 중시한다. 옳고 그름은 법과 규칙에 따라 결정되는 것이 아니라 개인의 판단과 성찰에 의해 결정된다는 것을 인식한다.

개인의 윤리적 가치(예: 모든 생명은 소중하다는 믿음)는 어떤 법이나 관습보다 우선한다. 법과 규범은 공동선으로 기능할 경우에만 유용한 것이다. 소수의 사람들만이 이러한 단계에 도달할 수 있다.

3) Gilligan의 보살핌-기반 도덕성

Carol Gilligan은 1982년에 출간한 『다른 목소리로 (In a Different Voice)』에서 대부분의 심리학 이론뿐만 아니라 도덕성 발달이론도 남성 중심적인 편향성을 지니고 있다고 비판했다. 그녀는 도덕성 발달에서도 남자와 여자의 도덕적 판단 기준이 다름을 인정해야 한다고 주장했다. 남자는 규칙과 정의의 추상적 원칙에 근거하여 도덕성을 판단하는 반면, 여자는 돌봄과 연민에 근거하고 있다고 주장하면서 Kohlberg의 도덕발달이론은 남성 중심의 도덕발달만을 강조하고 있다고 비판했다. Kohlberg의 주장은 정의의 도덕성(morality of justice)인 반면, 자신이 주장하는 것은 보살핌의 도덕성(morality of care)이라고 대비시켰다.

Gilligan에 따르면, 정의-기반 도덕성(justice-based morality)은 세상이 상호작용하는 자율적 개인으로 구성되어 있다는 견해에 근거하고 있다. 도덕적으로 정당한 행위란 불평등과 불공정을 극복하는 것이다. 이러한 도덕성 판단에서는 공정성을 옳고 그름의 기준으로 삼으며 객관적 논리와 이성적 추론을 강조하는 남성 중심적 가치에 근거하고 있다(Blum, 1988). 정의-기반 도덕성은 소년 또는 남자에게 더 흔하게 나타나는데 그 이유는 자신을 어머니로부터 분리시키려는 욕구와 관련되어 있다. 소년은 어머니와 분리되어 있기 때문에 공정성에 더 깊은 관심을 지닌다.

반면에, 보살핌-기반 도덕성(care-based morality)은 자신과 타인의 상호연결성과 보편성을 강조한다. 도덕

적으로 정당한 행위는 어떤 경우든 폭력을 피하고 어려움에 처한 사람을 돕는 것이다. 이러한 도덕적 판단에서는 다른 사람에 대한 공감, 사랑, 보살핌, 연민과 같은 여성 중심적 가치를 중시한다(Blum, 1988). 보살핌-기반의 도덕성은 어머니와 심리적인 연결감을 유지하려는 소녀 또는 여성에게 더 흔하게 나타난다. 소녀와 여성은 공정성에 대해서 상대적으로 관심이 적다. Gilligan(1987)은 보살핌-기반 도덕성이 발달하는 과정을 세 수준으로 구분하여 제시하고 있다.

수준 1은 자기중심적 관점(self-centered position)으로서 개인 자신의 생존이 가장 중요하며 자기이익을 지향하는 상태다. 이 수준에서는 아동의 경우처럼 생존을 위해서 자신의 욕구와 이익에만 관심을 갖는다. 수준 1에서 수준 2로 넘어가는 제1이행기에는 자신이 다른 사람과 연결되어 있음을 알게 되면서 이기적인 관점에서 다른 사람에 대한 책임의식을 느끼게 된다.

수준 2는 타인-지향적 관점(other-directed position)으로서 자기희생이 선한 것이라고 여기는 상태다. 다른 사람에 대한 책임감을 인식하고 다른 사람의 보살핌에 더 많은 관심을 보인다. 이 수준은 어머니와 아내의 역할에서 보여 주듯이 자신의 욕구를 무시하며 자기희생을 하게 된다. 수준 2에서 수준 3으로 넘어가는 제2이행기에는 다른 사람의 보살핌과 자신의 보살핌 사이의 긴장을 경험하며 사회적 동조로서의 이타적인 선한 행위를 넘어서 "나도 사람이다"라는 새로운 내재적 판단 기준을 습득하게 된다.

수준 3은 자신과 타인을 함께 보살피는 통합적 상태로서 타인과의 관계 속에 존재하는 자기의 관점(self-in-relation-to-others position)을 취하게 된다. 이 수준에서는 자신이든 타인이든 해쳐서는 안 된다는 비폭력의 원칙이 중시된다. 모든 사람이 수준 3에 이르는 것은 아니라고 Gilligan은 주장하고 있다.

요약

1. 인간이 무기력한 신생아로 출생하여 독특한 성격을 지닌 성인으로 발달하는 과정은 신비롭다. 인간의 발달은 정자와 난자가 수정되는 순간부터 시작되며 태아기로부터 영아기와 아동기를 통해서 급격하게 이루어진다.

2. 기질은 성격의 바탕으로서 유전에 의해 선천적으로 타고나는 개인의 반응성향을 뜻한다. Thomas 등은 아동의 기질을 9개의 측면에서 조사하여 순한 기질, 까다로운 기질, 더딘 기질로 구분했다. Buss와 Plomin은 기질의 주요 차원으로 정서성, 활동성, 사회성을 제시한 반면, Rothbart는 외향성, 부정 정서, 의도적 통제를 주요한 기질 차원이라고 주장했다.

3. 인지는 성격의 핵심적 요소이며 인지발달은 자기개념의 발달과 더불어 도덕성 발달을 비롯한 성격 전반의 발달을 위한 기반이다. Piaget는 아동의 인지발달이 질적으로 다른 네 개의 단계, 즉 감각운동기, 전조작기, 구체적 조작기, 형식적 조작기를 통해서 이루어진다는 인지발달이론을 제시했다.

4. 자기개념은 주로 후천적인 경험을 통해서 발달하며 신체적 감각경험, 인지능력의 발달, 언어발달, 양육자와의 관계, 사회적 경험 등이 영향을 미친다. 자기존중감은 자신의 다양한 특성에 대한 전반적인 평가적 정서를 뜻하며 자기평가, 사회적 비교, 부모의 반응 등이 영향을 미친다. 자기통제력은 자신의 행동을 적절하게 억제하거나 자신이 추구하는 목표지향적 행동을 지속할 수 있는 능력으로서 만족을 지연하고, 충동을 억제하며, 유혹에 저항하는 능력으로 구성된다.

5. 애착은 아동이 양육자와 강한 유대관계를 형성함으로써 자신과 타인에 대한 표상 형성에 영향을 미치는 매우 중요한 관계경험이다. 아동의 기질과 어머니의 양육태도에 따라서 아동이 어머니와 맺게 되는 애착관계는 다양한 양상을 나타낼 수 있다. 아동기의 애착패턴은 안정 애착, 불안 애착, 회피 애착, 혼란 애착으로 구분된다. 이러한 애착유형은 성인기의 인간관계에 강력한 영향을 미치는 것으로 알려져 있다.

6. 도덕성은 선과 악, 또는 옳고 그름을 판단하여 선하고 옳은 것을 추구하는 성향을 뜻하며 성격의 중요한 구성요소다. Piaget는 옳고 그름을 평가할 수 있는 인지적 능력이 바로 도덕성이라고 주장하며 도덕성의 인지발달이론을 제시했다. Kohlberg는 도덕성의 발달과정을 세분하여 3수준의 6단계, 즉 전인습적 도덕성(처벌과 복종, 도구주의), 인습적 도덕성(착한 소녀/소년, 법과 질서), 후인습적 도덕성(사회적 계약, 보편적인 윤리적 원칙)으로 구분했다. Gilligan은 남성과 여성의 도덕성 기준이 다름을 주장하면서 여성들이 나타내는 보살핌-기반 도덕성의 세 수준을 제시했다.

제14장

성격발달과 심리사회적 요인

1. 성격발달에 영향을 미치는 심리사회적 요인

개인의 성격은 유전과 환경의 복합적인 상호작용에 의해서 결정된다. 사람마다 성격이 다른 이유는 부모로부터 물려받는 유전자가 각기 다르기 때문이다. 일란성 쌍둥이가 아닌 한 인간은 자신만의 독특한 DNA 구조를 지닌 유전자를 지니고 태어난다. 또한 개인이 성장하는 환경 역시 독특하다. 각기 다른 가정과 부모의 슬하에서 성장할 뿐만 아니라 성장과정에서 겪게 되는 경험도 각기 다르다. 이처럼 각기 다른 유전자를 지니고 태어난 신생아는 자신만의 특수한 환경에서 발달하기 때문에 누구와도 같지 않은 독특한 성격을 지닌 존재로 성장하게 된다.

그렇다면 성격형성에 있어서 유전과 환경 중 어떤 것의 영향력이 더 클까? 어떤 심리사회적 요인들이 개인의 성격형성에 영향을 미치는 것일까? 12장에서 언급한 바 있듯이, Dunn과 Plomin(1990)은 유전과 환경이 성격에 미치는 영향력을 조사한 여러 연구결과들을 종합하여 다음과 같이 잠정적인 결론을 제시했다. [그림 14-1]에서 볼 수 있듯이, 대략적으로 성격의 개인차 중 40%는 유전에 의해서 결정되고, 35%는 비공유 환경에 의해서 결정되며, 5%만이 공유 환경에 의해서 영향을 받는다. 나머지의 20%는 성격을 측정하는 과정에서 발생한 오차에 기인한 것이라고 할 수 있다. 이들의 결론에 따르면, 성격형성에 미치는 유전과 환경의 영향력은 각기 40% 정도로 비슷하다.

유전적 요인은 생물학적인 과정을 통해 선천적으로 결정되기 때문에 인간의 노력으로 변화시키기 어려운 것이다. 반면에, 후천적으로 주어지는 환경적 요인은 인간의 노력을 통해서 변화시킬 수 있는 것이다. 과연 어떤 심리사회적 요인들이 성격형성에 영향을 미치는 걸까? 특히 성격형성에 강력한 영향을 미치는 비공유

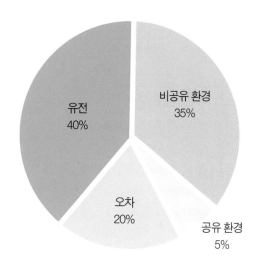

유전
40%

비공유 환경
35%

오차
20%

공유 환경
5%

[그림 14-1] **성격을 형성하는 요인들의 비중**

환경은 어떤 심리사회적 요인들로 이루어지는 걸까?

1) 비공유 환경의 중요성

성격의 약 40%가 환경에 의해서 결정되는 것으로 추정되고 있다. 성격에 대한 환경적 영향은 대부분 비공유 환경에 의한 것이다. 형제자매의 경우와 같이 동일한 부모의 슬하에서 동일한 가정환경과 가족의 생활사를 경험하는 공유 환경이 개인의 성격에 미치는 영향은 5% 정도로서 상대적으로 미미하다. 반면에, 형제자매라 하더라도 가정과 사회에서 개인만이 독특하게 경험하는 비공유 환경이 성격형성에 강력한 영향을 미친다. 동일한 부모로부터 유사한 유전자를 물려받고 같은 가정환경에서 자란 형제자매들의 성격이 각기 다른 이유가 여기에 있다.

성격형성에 대한 공유 환경의 영향력이 미미하다는 것은 여러 연구에서 밝혀지고 있다. Harkness와 Lilienfeld (1997)의 연구에 따르면, 동일한 가정에서 성장한 일란성 쌍둥이의 성격 유사성과 각기 다른 가정으로 입양되어

성장한 일란성 쌍둥이의 성격 유사성은 비슷했다. 쌍둥이들 간의 성격 유사성은 대부분 공유하는 유전자에 의한 것이며, 동일한 가정에서 함께 자랐는지 아니면 서로 다른 가정에서 자랐는지에 의해서 영향을 받지 않는 것으로 나타났다. 이러한 결과는 공유된 가족환경 (shared family environment)이 성격의 개인차를 설명하는 중요한 요인이 아님을 의미한다. 부모의 성격과 양육태도, 가정의 사회경제적 수준, 이웃사람들, 교육받은 학교, 가정에 있는 책의 수와 같은 공유 환경이 성격형성에 영향을 미치지 못한다는 사실은 놀랍지만 여러 연구에서 입증되고 있다. 대부분의 성격연구자는 '평균적으로 기대되는 환경(average expectable environments)' 은 성격발달에 영향을 미치지 않는다고 결론 내리고 있다(Harkness & Lilienfeld, 1997).

반면에, 비공유 환경(unshared environment)은 성격발달에 매우 중요한 영향을 미치는 것으로 알려지고 있다. 비공유 환경은 형제자매들의 성격을 서로 다르게 만드는 환경적 요인을 의미한다. 비공유 환경은 형제자매가 공유하는 가족환경과 달리 개인에게만 특별하게 주어지는 환경으로서 형제서열, 부모에 의한 차별 대우, 공유된 가족환경에 대한 개인의 독특한 반응, 가정 밖에서 경험한 사건들을 포함한다. 성인의 경우에는 원가족을 떠난 이후에 경험하는 독특한 역할과 환경이 비공유 환경에 해당한다. 개인이 활동하는 직업과 직장, 배우자와 결혼생활, 가정생활과 자녀양육 경험을 비롯한 다양한 심리사회적 요인들이 개인의 성격형성에 영향을 미친다.

2) 성격발달의 대응원리: 기질과 환경의 상호작용

여러 연구의 결과를 종합하면, 유전적 기질과 심리사회적 요인의 상호작용이 성격발달의 주된 요인이다.

신생아는 무기력한 수동적 존재가 아니라 기본적인 욕구와 더불어 독특한 기질을 가지고 태어나는 능동적인 존재다. 따라서 신생아는 부모를 비롯한 환경적 요인과 독특한 방식의 상호작용을 하게 된다.

아동은 각기 다른 선천적인 기질을 가지고 태어난다. Thomas와 Chess(1984)가 제시했듯이, 아동 중에는 순한 기질을 갖고 태어나서 규칙적인 생활리듬을 지니고 환경에 잘 적응하여 부모와 커다란 갈등 없이 무난하게 성장하는 아동들이 있다. 반면에, 생활리듬이 불규칙하고 욕구좌절에 강렬하게 반응하는 까다로운 기질을 지니고 태어난 아동들은 부모가 양육에 어려움을 겪을 뿐만 아니라 부모와 심리적 갈등을 겪는다.

이러한 기질의 개인차는 아동기 동안에 매우 안정적이며 환경에 의해 쉽게 변화하지 않는 것으로 알려지고 있다(Hetherington & Parke, 1993). 그러나 기질이 유전적으로 결정되는 특성이지만 후천적 경험을 통해서 변화될 수도 있다. 예를 들어, 영아 전체의 약 10%가 지니는 까다로운 기질은 일반적으로 사춘기까지 지속되지만 아동의 욕구에 민감하고 따뜻하게 반응하는 부모와의 상호작용을 통해서 이러한 기질이 순화될 수 있다(Dunn & Kendrick, 1980). 이러한 연구결과는 성격형성에 있어서 유전과 환경은 끊임없이 상호작용을 하면서 영향을 주고받는다는 것을 보여 준다.

지속적으로 영향을 주고받는 기질과 환경은 어떤 과정을 통해서 성격을 안정적인 형태로 유지시킬 수 있는 걸까? 이러한 물음에 답하기 위해서 Donnellan과 Robins (2009)는 성격발달의 대응원리(correspondive principle)를 제시했다. 이 원리는 기질과 환경이 서로 강화하는 방식의 피드백을 주고받으며 성격의 발달과 안정성에 기여한다는 것을 의미한다. 아동의 선천적 기질이 환경에 작용하여 독특한 반응을 유발하고 이러한 반응은 다시 아동의 기질을 강화하는 결과를 유발한다는 것이다.

기질과 환경이 상호작용하는 방식은 세 유형, 즉 반응적 유형, 유발적 유형, 전향적 유형으로 구분할 수 있다(Caspi, 1993; Caspi & Roberts, 2001; Shiner & Caspi, 2003). 반응적 유형(reactive type)은 아동들이 기질에 따라 동일한 사건에 달리 반응하는 경우를 의미한다. 예컨대, 순한 기질을 지닌 아동은 지연된 수유에 대해서 잘 참고 기다리는 반면, 까다로운 기질의 아동은 수유가 지연되면 울며 보채는 행동을 나타낸다. 따라서 까다로운 아동은 순한 아동에 비해서 부정 정서를 더 많이 경험함으로써 까다로운 기질이 강화된다.

유발적 유형(evocative type)은 아동의 기질이 다른 사람으로부터 독특한 반응을 유발하는 경우를 뜻한다. 예컨대, 까다로운 기질을 지닌 아동은 순한 기질의 아동에 비해서 부모에게 더 많은 짜증을 유발하여 부정적인 피드백을 초래할 수 있다. 그 결과 아동은 부모와의 갈등을 경험하면서 더욱 까다로운 성격을 발달시키게 된다.

전향적 유형(proactive type)은 아동이 편안하게 느끼는 환경적 상황을 스스로 선택하는 경우를 뜻한다. 순한 기질의 아동은 협동적인 놀이를 선호함으로써 갈등을 최소화하여 순한 기질을 지속시키는 반면, 까다로운 아동은 경쟁적인 게임을 선택하여 격렬한 감정을 경험하면서 자신의 기질을 강화하게 된다. 이처럼 각기 다른 기질을 지닌 아동들은 주어진 환경과 다양한 방식으로 상호작용하면서 자신의 기질을 강화하며 특정한 성격의 소유자로 발달하게 된다.

2. 가정환경의 심리사회적 요인

가정은 신생아가 처음으로 접하게 되는 환경으로서 성격발달의 바탕이 된다. 부모, 특히 어머니는 아동의 발달에 가장 중요한 존재로서 아동의 성격형성에 커다란 영향을 미친다. 그러나 아동은 어머니 외에도 아버지, 형제자매, 조부모를 위시한 가족구성원의 역동적 관계로부터 다양한 영향을 받게 된다.

1) 부모와 자녀의 상호작용

부모는 개인의 성격형성에 가장 강렬하고 심오한 영향을 미친다. 부모는 자녀에게 유전자를 통해 성격적 기질을 전달할 뿐만 아니라 양육행동을 통해서 자녀의 성격형성에 기여하기 때문에 선천적·후천적 영향을 모두 미친다. 신생아는 세상에 나와 처음으로 접하는 대상인 동시에 가장 빈번한 접촉을 통해서 양육을 받게 되는 부모로부터 강력한 영향을 받게 된다.

영아기 동안의 부모-자녀 상호작용(parent-child interaction)은 아이의 요구에 반응하는 부모의 민감성 정도와 아이의 기본적 욕구를 충족시키고 돌보는 양육 행동이 주축을 이룬다. 영아가 2~3세로 성장하면 부모는 아동이 자신의 욕구를 적절히 통제하고 상황에 적합한 행동을 할 수 있도록 사회화를 시킬 필요성을 느낀다. 따라서 이 시기의 부모들은 아이가 스스로 자신의 행동을 통제하도록 양육하는 일에 더 많은 관심을 기울이게 된다. 이러한 영아기와 유아기의 부모-자녀 상호작용은 상당한 질적 차이가 있으며 아동의 성격형성에 깊은 영향을 미친다.

부모가 영아기의 자녀와 상호작용하는 방식은 매우 다양하다. 부모-자녀 상호작용의 적절성을 결정하는 두 가지 중요한 차원은 애정(warmth)과 통제(control)다 (Barrett, Fox, & Farrell, 2005; Wilson & Durbin, 2012).

부모가 자녀에게 느끼는 애정의 정도와 그 표현방식은 다양하다. 자녀에게 애정이 있는 부모는 자녀의 여러 욕구를 민감하게 포착하여 반응해 준다. 아동은 자신이 부모에게 수용되고 인정받고 있다는 안정감을 느끼게 된다. 아동은 부모의 애정을 잃지 않기 위해서 스스로 노력하게 되므로 강력한 훈육을 가하지 않아도 쉽게 사회화를 할 수 있게 된다. 그러나 때로는 자녀에 대한 부모의 애정이 지나쳐서 아동의 욕구에 과도하게 만족시킴으로써 아동이 자신의 욕구를 조절할 수 있는 자기통제력의 발달을 저해할 수도 있다. 자녀에게 애정이

신생아는 부모와의 관계 속에서 성격의 기초를 형성한다.

없는 부모는 자녀 양육을 부담스럽게 여기고 자녀에게 분노와 적개심을 느끼며 거부적인 행동을 나타낼 수 있다. 이러한 부모로부터 자신이 수용되지 못한다고 느끼면 자녀는 자기존중감이 낮고 불안수준이 높은 아동으로 성장하게 된다(Crockenberg & Litman, 1990).

자녀에 대한 부모의 통제 역시 자녀의 성격발달에 매우 중요한 영향을 미친다. 부모가 자녀에게 부과하는 적절한 통제는 애정 못지않게 아동의 바람직한 성장과 발달에 중요하다. 부모가 자녀에게 바람직한 행동을 하도록 지시하거나 바람직하지 못한 행동을 지적하고 제재를 가하는 통제적 양육을 훈육(discipline)이라고 한다. 적절한 훈육을 통해서 자녀가 스스로 자신의 욕구를 조절하는 유연한 자기통제력과 자기조절능력을 발달시키는 것은 건강한 성격의 형성에 매우 중요하다. 자녀를 거의 통제하지 않는 지나치게 허용적인 부모나 심한 통제를 가하는 지나치게 엄격한 부모는 모두 자녀의 건강한 성격발달을 기대하기 어렵다.

2) 부모의 자녀양육 유형

부모의 양육방식은 자녀의 성격형성에 매우 중요한 영향을 미친다. Baumrind(1967)는 부모의 양육유형과 아동의 행동발달 간의 관계를 연구하기 위해서 유치원 아동을 대상으로 14주 동안 그들의 행동을 관찰했다. 행동관찰에 근거하여 아동들을 세 유형, 즉 활기차고 다정한 아동, 불안하고 억제적인 아동, 충동적이며 공격적인 아동으로 구분했다. 이러한 유형에 속하는 아동의 부모와 면접을 통해서 부모가 가정에서 아동과 상호작용하는 방식을 조사하는 한편, 실험실에서 부모와 아동이 상호작용하는 방식을 직접 관찰했다. 이러한 연구결과에 근거하여 Baumrind는 세 유형에 속하는 아동의 부모들이 각기 다른 방식으로 자녀를 양육한다는 사

실을 발견하고 부모의 양육방식을 세 유형, 즉 허용적-익애적 유형(permissive-indulgent style), 독재적 유형(authoritarian style), 권위 있는 유형(authoritative style)으로 구분했다. 〈표 14-1〉에 제시되어 있듯이, 부모의 양육유형은 아동의 행동과 밀접한 관련성을 지니고 있었다(Baumrind, 1977, 1991).

부모의 허용적-익애적 양육방식은 아동의 충동적이고 공격적인 행동과 밀접히 관련되어 있으며, 독재적 양육방식은 아동의 불안하고 억제적인 행동과 연관되어 있다. 권위 있는 유형의 부모는 자녀에게 자유를 허용하지만 적절한 한계가 있으며, 자녀의 고집에 굴복하지 않고 필요할 때는 엄격하게 규제를 가한다. 부모로서의 애정과 확고한 훈육이 잘 결합될 때 자녀들은 자기존중감이 높고, 정서적 안정성을 지니며, 사회적으로나 인지적으로 유능한 아동으로 성장한다.

Baumrind(1977, 1991)는 아동이 유치원에 다닐 때 세 유형의 부모와 아동을 평가하고 난 후 추적 연구를 통해서 아동이 18~19세가 되었을 때 1차 재평가를 하고 청년기에 2차로 재평가를 했다. 이러한 장기종단적 연구에서 권위 있는 유형의 부모에게서 자란 자녀들은 인지적 능력과 사회적 기술이 가장 높게 나타났다. 이러한 긍정적인 영향은 청년기까지 지속되었으며 특히 남아에게서 두드러지게 나타났다. 이와 반대로, 독재적 유형의 부모에게서 자란 남아는 이후의 지적 성취와 대인관계 모두에서 가장 심각한 문제를 겪는 것으로 나타냈다.

Maccoby와 Martin(1983)은 부모의 관여도와 훈육 정도를 고려하여 양육유형을 네 가지 유형으로 구분함으로써 Baumrind의 양육유형을 확장했다. 이들은 〈표 14-2〉에서 제시되어 있듯이 양육유형을 권위 있는 유형(authoritative style), 독재적 유형(authoritarian style), 허용적 유형(permissive style), 방임적 유형(neglectful style)

표 14-1 Baumrind가 제시한 부모양육과 아동행동의 세 유형

부모의 양육방식	아동의 행동
허용적-익애적 부모 • 규율을 명시하거나 부과하지 않음 • 아동의 울음이나 고집에 굴복함 • 훈육에 일관성이 없음 • 성숙한 행동에 대한 요구나 기대가 적음 • 나쁜 행동을 무시하거나 수용함 • 분노나 짜증을 숨기며 표현하지 않음 • 충동이나 욕구의 자유스러운 표현을 강조함	**충동적이며 공격적인 아동** • 어른에게 저항하며 불복종적임 • 자기신뢰성과 성취지향성이 낮음 • 충동적이며 자기통제력 낮음 • 지배적이고 공격적임 • 쉽게 화내지만 유쾌한 기분으로의 회복도 빠름 • 목적이 없거나 목표지향적 활동이 적음
독재적 부모 • 규율을 맹목적으로 강요함 • 나쁜 행동을 즉각 지적하고 처벌함 • 분노와 불쾌감을 표시함 • 규율을 명확하게 설명하지 않음 • 심한 처벌과 훈육을 가함 • 애정과 긍정적 관여가 낮음 • 아동과 함께하는 문화적 활동이 적음	**불안하고 억제적인 아동** • 공포와 두려움이 많음 • 우울하고 불행함 • 쉽게 초조해짐 • 표출하지는 않으나 적대적이고 배타적임 • 스트레스를 쉽게 받음 • 공격적인 행동과 무관심한 행동이 교차함 • 목적이 없음
권위 있는 부모 • 엄격한 규율의 이행 • 아동의 고집에 굴복하지 않음 • 아동의 나쁜 행동에 불쾌반응을 보임 • 규율을 명확하게 전달함 • 아동의 욕구를 고려하여 의견을 듣고 조정함 • 애정적이고 관여적이며 반응적임 • 아동의 연령에 적절한 성숙하고 독립적인 행동을 육성함 • 아동과 함께하는 문화적 활동을 계획함	**활기차고 다정한 아동** • 자기신뢰적임 • 자기통제적임 • 활동수준이 높음 • 쾌활함 • 또래 친구와 잘 사귐 • 스트레스에 잘 대처함 • 새로운 상황에 흥미와 호기심을 보임 • 성인에게 협조적임 • 성취지향적임

부모의 양육행동은 아동의 성격발달에 강력한 영향을 미친다.

표 14-2	부모의 관여도와 훈육 정도를 고려한 양육유형의 구분	
	부모의 관여도	
	높음 (지지적임)	낮음 (비지지적임)
훈육 정도 / 강함 (요구적)	권위 있는 유형 관계가 상호적이고 반응적임 아동중심적이고 수용적임 따뜻하고 지지적임 의사소통이 양방향적임	독재적 유형 관계가 통제적이고 강압적임 부모중심적이고 지배적임 냉담하며 처벌적임 의사소통이 일방적임
훈육 정도 / 약함 (비요구적)	허용적 유형 관계가 자유롭지만 익애적임 아동중심적이지만 통제 노력이 낮음 따뜻하지만 비훈육적임	방임적 유형 관계가 자유롭지만 비관여적임 거부적이며 통제 노력이 낮음 무관심하며 비훈육적임

으로 구분했다.

Maccoby와 Martin(1983)의 양육유형 구분은 Baumrind의 구분과 비슷하지만 방임적 유형이 새롭게 추가되었다. 방임적 양육방식을 지닌 부모는 애정과 통제가 모두 낮고, 자녀의 생활에 관여하지 않으며, 비요구적이고, 반응성의 한계를 설정하지 않는다. 부모가 이렇게 자녀를 방임하는 이유는 자신의 삶을 중요시하거나 부모 역할에 대한 자신감이 부족하기 때문일 수 있다. 또는 경제적 압박에 시달리거나 약물중독과 같은 심리적 문제를 지니는 경우도 있다.

방임적 부모에게서 자란 아동은 부모에게 의존하기를 중단하고 나이에 비해 조숙하고 독립적인 행동을 나타내는 경향이 있다. 이러한 아동은 정서적으로 둔감하고 내면적인 규율의식이 부족하여 청소년기에는 폭력이나 비행을 나타낼 수 있다. 또한 이들은 애정의 표현이 부족한 반면, 애정을 얻기 위해 무모한 행동을 나타내기도 한다. Maccoby와 Martin(1983)에 따르면, 14~18세에 해당하는 청소년들의 행동을 분석한 결과 방임

적 부모에게서 양육된 자녀들은 학업성취도, 주관적 행복도, 심리사회적 발달, 행동 적응성의 모든 측면에서 가장 낮은 점수를 나타냈다. 반면에, 권위 있는 부모에게서 양육된 자녀들은 대부분의 측면에서 가장 높은 점수를 얻었다.

3) 부모와 자녀의 애착유형

부모와 자녀의 애착유형은 자녀의 성격형성에 중대한 영향을 미친다. 13장에서 소개한 바 있듯이, Ainsworth와 그의 동료들(Ainsworth et al., 1978)은 낯선 상황 검사를 통해서 영아들이 어머니와 형성하는 애착의 유형을 안정 애착, 불안 애착, 회피 애착, 혼란 애착으로 구분하였다.

부모와 자녀의 애착유형이 달라지는 이유는 무엇일까? 어떤 요인에 의해서 안정 애착과 불안정 애착이 형성되는 것일까? 낯선 상황 검사에서 영아들이 나타내는 행동의 개인차가 양육자의 반응방식 때문인지 아니

면 영아의 타고난 기질 때문인지를 규명하려는 연구가 진행되었다. 영아와 부모의 상호작용을 1년간 면밀하게 관찰한 Ainsworth 등(1978)은 양육자의 반응성(caregiver sensitivity)이 다르기 때문이라고 결론지었다. 다른 연구(Vaughn, Lefever, Seifer, & Barglow, 1989)에서도 영아의 기질보다는 양육자의 반응성이 애착유형을 예측하는 가장 중요한 요인으로 나타났다.

그러나 아동의 기질도 애착유형에 영향을 미칠 수 있다. 쉽게 짜증을 내는 까다로운 기질을 타고난 영아는 달래기가 어렵기 때문에 불안정 애착을 발달시킬 가능성이 높다. 이러한 기질을 지닌 영아의 부모는 자녀의 요구에 민감하고 인내심 있게 반응하는 특별한 노력이 필요하다. van den Boom(1994)은 까다로운 기질을 지닌 6~9개월 된 영아의 어머니들을 대상으로 아이의 요구에 민감하게 반응하는 훈련을 시켰다. 이러한 훈련을 받은 실험집단은 아무런 훈련도 받지 못한 통제집단과 비교했을 때 6개월 후에 자녀들이 안정 애착을 발달시킬 확률이 거의 3배 정도 높았다. 추적 연구(van den Boom, 1995)에 따르면, 이러한 훈련의 긍정적 효과는 2년 후에도 부모-자녀 관계뿐만 아니라 아동의 또래관계에서도 지속되었다.

애착유형은 어머니의 양육행동과 밀접하게 관련되어 있다. 일관성 있는 행동을 통해서 지지적인 애정을 나타내는 어머니의 영아는 안정 애착을 형성한다. 반면에, 어머니가 일관성이 없이 변덕스러운 행동을 나타내거나 비판적이고 거부적인 행동을 통해 양육하면, 영아는 불안 애착이나 회피 애착을 형성한다. 이렇게 형성된 애착 패턴은 아동이 타인과 관계 맺는 방식에 지속적인 영향을 미친다. 예컨대, 영아기에 안정 애착을 형성한 아동은 부모에게 적절한 방식으로 자기주장을 할 뿐만 아니라 세상을 적극적으로 탐색하며 문제해결에서도 끈기를 보인다. 이들은 좌절을 경험하게 되면 다

른 사람에게 도움을 청하거나 위안을 구하는 행동을 나타낸다. 안정 애착을 형성한 아동들은 의존성과 자율성의 균형을 적절하게 잘 유지한다. 반면에, 영아기에 불안정 애착을 형성한 아동들은 또래들과 잘 어울리지 못하며 융통성 없고 고집스러운 모습을 보이거나 우울하고 위축된 모습을 나타내는 경향이 있다. 영아기에 형성된 애착유형은 전 생애에 걸쳐 지속적인 영향을 미치는 것으로 보고되고 있다.

4) 어머니의 취업과 아버지의 부재

맞벌이 부부가 흔한 현대사회에서는 취업한 어머니에 의해서 양육되는 자녀들이 많다. 서구사회의 경우, 취업한 어머니는 자녀에게 긍정적인 역할모델이 되는 것으로 보고되고 있다(Gold & Andres, 1978; Hoffman, 1989). 어머니의 취업은 전통적인 성역할의 고정관념을 깰 수 있으므로 여아의 심리적 발달에 긍정적인 영향을 미친다. 특히 중상류 계층의 자녀들은 취업한 어머니를 유능하고, 자유로우며, 자신의 생활에 대한 만족도가 높은 여성으로 인식한다. 따라서 취업한 어머니의 자녀들은 전업주부인 어머니의 자녀들에 비해서 더 성취지향적이고, 독립심이 강하며, 자기주장이 뚜렷하고, 자기존중감이 높을 뿐만 아니라 개인적·사회적 적응도가 더 높다. 그러나 어머니의 취업은 학령기 자녀에게 필요한 부모의 관심과 통제를 감소시킴으로써 자녀의 학업성취도를 낮추고, 문제행동의 발생률을 높이기도 한다. 이러한 부정적인 영향은 남아의 경우에 더 현저하게 나타난다(Crouter et al., 1990).

어머니의 취업이 자녀에게 미치는 영향은 취업에 대한 어머니의 개인적 만족도와 자녀에 대한 죄의식 유무에 따라 크게 달라진다. 취업한 어머니가 자신의 일에 보람과 긍지를 가질수록 자녀에게 좋은 역할모델이 된

다. 반대로 자신의 일과 가정적 역할 간의 심리적 갈등이 심하고 이로 인해 자녀에게 죄의식을 느끼는 어머니의 경우에는 어머니의 취업이 자녀에게 부정적인 영향을 미치게 된다(Schultz, 1991).

최근에는 어머니뿐만 아니라 아버지가 자녀의 성격형성에 미치는 영향에 대한 관심이 높아지고 있다. 아버지가 자녀의 양육에 관여하는 시간의 양은 어머니에 비해서 적지만 자녀의 성장과 발달에 미치는 영향력은 어머니의 영향력과 유사한 것으로 알려지고 있다. 아버지는 특히 아동의 지적·사회적 발달에 커다란 영향을 미치는 것으로 밝혀지고 있다(Lamb, 1986; Parke, 1981).

아동의 성장과 발달에 대한 아버지의 영향이 밝혀지면서 아버지의 부재가 아동발달에 미치는 영향에 대해서도 많은 연구가 이루어졌다. 아버지의 부재가 자녀의 성격발달에 미치는 영향은 남아와 여아에게서 달리 나타난다. 대체로 어린 나이에 아버지를 잃게 된 남아는 아버지가 있는 남아에 비해서 정서적으로 더 의존적이고, 덜 공격적이며, 성취지향성이 낮고, 성역할에서도 남성적 특성의 선호도가 낮다. 이에 반해서 6세 이후에 아버지와 떨어져 성장한 남아는 무뚝뚝하고, 반항적이며, 자신감을 과시하고, 성적인 면에서 대담한 행동을 나타내는 경향이 있다. 이와 같이 아버지의 부재를 과

장된 남성성으로 보상하려는 경향은 사회경제적 계층이 낮은 가정의 남아에게서 더욱 뚜렷하게 나타났다(Shaffer, 1993).

아버지의 부재가 여아에게 미치는 영향에 대한 연구는 상대적으로 미흡하다. 한 연구(Hetherington, 1972)에 따르면, 아버지가 부재한 가정에서 자란 여아는 정상적인 가정에서 자란 여아와 성역할 행동이나 성역할 선호도에서 차이가 없었다. 그러나 좀 더 최근의 연구(Hetherington, 1991; Newcomer & Udry, 1987)에서는 아버지의 부재 원인에 따라서 여아의 성역할 행동에 차이가 나타났다. 이혼으로 인한 아버지의 부재 가정에서 성장한 여아는 성적으로 조숙하며 남자에게 자기주장적인 행동을 나타내는 반면, 사망으로 인한 아버지의 부재 가정에서 성장한 여아는 성적으로 긴장되어 있으며 불안해하고 수줍음을 나타내는 경향이 있었다.

5) 형제자매관계

(1) 형제간 경쟁

동일한 부모에게서 성장한 형제자매의 성격은 각기 다르며, 성장과정에서 형제자매관계는 미묘하게 서로의 성격형성에 영향을 미친다. 형제자매관계는 양면적

형제자매관계는 친밀함과 경쟁의 양면성을 지닌다.

인 특징을 지닌다. 많은 시간을 함께 보내며 친밀하게 지내면서도, 서로 경쟁하고 질투하며 때로는 갈등과 분노를 경험하게 된다. 이처럼 독특한 형제간 경쟁(sibling rivalry)은 성격형성에 많은 영향을 미치는 것으로 알려지고 있다.

형제간 경쟁은 매우 일반적이지만 특별한 경우가 아니면 크게 문제가 되지는 않는다. 형제간 경쟁은 동생이 태어난 직후부터 나타나기 시작하는데, 동생이 태어나기 전에 부모의 애정을 많이 받은 아이일수록, 형제간 연령차가 작을수록, 그리고 동성의 형제보다는 이성의 형제에게서 더 강하게 나타난다(Dunn & Kendrick, 1980, 1982).

4~8세의 형제보다 8~12세 형제 사이의 경쟁이 더욱 강하게 나타난다는 보고가 있다(Santrock & Minnett, 1981). 이처럼 형제간 경쟁이 나이가 들수록 증가하지만, 청년기에 들어서면 대부분의 경우 형제간 경쟁이 극복되어 서로 도와주며 정서적으로 밀착된 관계로 발전한다(Hetherington & Parke, 1993).

동생에 대한 형의 경쟁행동은 두 가지의 형태, 즉 공격적 행동과 퇴행적 행동으로 나타난다. 공격적 행동은 동생을 때리거나 꼬집거나 장난감을 빼앗는 등 적개심을 표출하는 방식으로 나타난다. 퇴행적 행동은 어린 아기와 같은 행동을 나타냄으로써 부모의 관심을 되찾으려는 무의식적인 의도에서 나타난다. 예를 들어, 이유를 했던 아이가 다시 어머니의 젖을 먹으려 하거나 대소변 가리기를 끝낸 아이가 다시 오줌을 싸는 행동을 나타낼 수 있다.

많은 가정에서 형은 부모를 대신해서 동생을 돌보는 양육자의 역할을 담당한다. 형은 사회적 역할모델로서 동생이 여러 가지 사회적 기술을 발달시키는 데 도움이 되며, 또한 게임이나 놀이의 상호작용을 통해 인지적 능력을 개발시키는 교사의 역할도 담당한다(Hetherington

& Clingempeel, 1992; Shaffer, 1993). 형제자매관계에서의 경험과 가족 내에서 담당한 역할은 성격발달에 영향을 미치는 중요한 요인이다.

(2) 출생순서와 성격발달

출생순서가 아동의 성격형성에 영향을 미친다는 많은 연구가 진행되었다. Adler는 출생순서와 성격의 관계에 주목한 선구자였다. 그는 가족 내의 형제서열에 따라 아동의 경험이 달라지기 때문에 출생순서가 개인의 행동양식에 중요한 영향을 미치지만 그것이 결정적인 것은 아니라고 주장했다.

일반적으로 첫째 아이는 부모의 높은 기대로 인해 더 성취지향적이고 유능하며 성취도가 높다는 보고가 있다(Baskett, 1985). 또한 가정에서 동생을 돌보는 역할로 인해 사회적 책임감이 강하며 자기통제력도 높다. 그러나 이러한 양육자로서의 역할로 인해 더 지배적이고 경쟁적이며 숨겨진 적개심을 지닐 수도 있다. 특히 일을 성공적으로 잘 처리해 나가는 데 비해서 자기존중감이 낮으며 사람들과 함께 있고자 하는 사회적 의존성이 높다. 특히 첫째 아이는 사회적으로 유능한 데 비해서 또래집단으로부터 호감을 받지 못한다는 연구결과도 있다(Hartup, 1983).

막내 아이는 부모의 관심과 애정을 많이 받는 점에서는 첫째 아이와 같지만, 첫째 아이와 반대로 책임감이 낮고, 독립성의 발달이 늦으며, 열등감이 높다. 그러나 대인관계에서 참을성이 있고, 유능하며, 또래집단에서 인기가 높다.

외동 아이는 자기중심적이고, 자기통제력이 약하며, 의존적이고, 정서적 문제가 많은 것으로 알려져 왔다. 그러나 최근의 연구(Falbo & Polit, 1986; Hetherington & Parke, 1993)에 따르면, 외동 아이는 부모의 높은 기대와 관심으로 인해 성취수준이 높고, 형제간 경쟁으로 인한 갈등을 겪지 않기 때문에 불안수준이 낮으며, 안정되고 성숙한 자기통제력을 갖는 것으로 알려지고 있다. 특히 적극적으로 또래들과 관계를 갖고자 노력하기 때문에 사회적 적응력도 높다. 출생순서는 개인의 성격 형성에 중대한 영향을 미칠 수 있지만 가족 내의 다양한 요인들에 의해서 그 영향력이 변화될 수 있다.

6) 가정의 사회경제적 계층의 영향

가정의 사회경제적 계층(socio-economic status)이 아동의 심리적 발달에 미치는 영향에 관해서 많은 연구가 이루어졌다. 일반적으로 사회경제적 계층은 상류계층, 중류계층, 하류계층 또는 저소득계층으로 구분되는데, 중상류계층과 저소득계층의 부모가 나타내는 자녀양육 방식의 차이와 이에 따른 아동의 발달특성을 비교한 연구가 주류를 이루고 있다.

중상류계층의 부모와 저소득계층의 부모가 나타내는 자녀양육 방식에는 몇 가지 차이가 있는 것으로 보고되었다(Maccoby, 1980). 첫째, 저소득계층의 부모들은 자녀에게 복종, 청결, 정돈 등을 중시하며 일상적인 행동에서 문제를 일으키지 않기를 강조하는 반면, 중상류계층의 부모들은 독립심, 호기심, 창의성, 자기통제, 행복한 삶을 강조하는 경향이 있다. 둘째, 저소득계층의 부모들은 엄격하고 권위주의적이며 일방적인 규율을 더 많이 요구하는 반면, 중상류계층의 부모들은 허용적 유형이나 권위있는 유형에 해당하는 양육행동을 나타내며 자녀 스스로 규율에 동조해 주기를 기대한다. 셋째, 저소득계층의 부모들은 일반적으로 자녀의 수가 많기 때문에 자녀에게 상대적으로 무관심하고 대화가 적으며 지시적인 반면, 중상류계층의 부모들은 자녀에 대해서 더 애정적이며 대화의 양이 많고 설득적이다.

서구사회에서 이루어진 사회경제적 계층에 관한 연구들은 대체로 저소득계층의 아동들이 중상류계층의 아동들에 비해서 바람직하지 못한 특성을 나타내는 것으로 보고되었다. 예컨대, 저소득계층의 부모들은 자녀에 대한 기대가 낮고, 적절한 지적 자극을 주지 못하며, 스스로 무력감과 좌절감을 지니고 있다. 이러한 부모의 영향으로 인해서 저소득계층의 아동들은 자신감이 없고, 자기존중감이 낮으며, 성취지향성도 낮다. 반면에, 중상류계층의 아동들은 긍정적인 자기개념과 높은 자기존중감을 지니고, 사회적으로 유능하며, 성취수준도 높다. 이러한 계층 간 차이는 남아에게서 더욱 두드러지는 것으로 나타났다(Baumrind, 1971; Hess, 1970).

그러나 최근의 연구들은 중상류계층 아동의 부정적 특성과 저소득계층 아동의 긍정적 발달에 관해서 보고하고 있다. 저소득계층의 아동이라고 해서 바람직하지 못한 발달적 특성을 갖는 것은 아니며 중상류계층의 아동이라고 해서 바람직한 발달적 특성만을 갖는 것은 아니다. 예컨대, 중상류계층의 아동들은 부모의 과도한 성취지향적 기대와 압박감으로 인해 심한 갈등과 스트레스를 받는다. 이에 반해, 저소득 계층의 아동들은 가족 내에서 보다 친근하고, 애정적인 유대관계를 가지며, 더 실제적인 사회적 적응기술을 빨리 터득하고, 어려운 상황에 대처할 수 있는 능력을 지니는 경향이 있다(Cole, 1980).

3. 학교환경의 심리사회적 요인

아동이 학령기에 접어들면, 학교는 아동의 중요한 활동무대가 된다. 학교환경에서 일어나는 다양한 경험들, 특히 교사나 또래들과의 관계경험은 아동의 성격형성에 많은 영향을 미친다.

1) 교사와의 관계

교사는 아동의 심리적 발달에 중요한 영향을 미친다.

유치원이나 초등학교에 입학한 후부터 아동에 대한 교사의 생각, 기대, 태도, 행동은 아동의 심리적 발달에 중요한 영향을 미친다. Rosenthal과 Jacobson(1968)의 연구에 따르면, 교사가 학생에 대해서 지니는 긍정적 기대는 자기충족적 예언을 통해서 아동에게 긍정적 효과를 나타냈다. 이 연구에서 학생에 대해 긍정적 기대를 갖도록 유도된 교사는 아동이 잘 할 수 있을 것이라는 자기충족적 예언을 현실화하기 위한 노력을 나타냈으며 실제로 아동의 성취수준도 높아졌다.

교사가 아동의 능력에 대한 긍정적 또는 부정적 기대를 하고 그러한 기대를 아동에 전달하면 결과적으로 기대한 방향으로 아동이 행동하는 현상이 나타난다(Good & Brophy, 1977). 초등학교 1학년을 처음 맡은 담임교사에게 첫인상만으로 각 학생이 학년 말에 받을 것으로 예상되는 성적의 순위를 매기게 했을 때 실제로 아동이 학년 말에 받은 성적과 교사가 예상했던 성적

간에는 매우 높은 상관이 있었다(Willis, 1972). 이러한 결과는 교사가 학생에 대해서 지니는 기대의 효과를 입증해 주는 것이라고 할 수 있다.

특히 교사가 학생에 대해서 지니는 부정적인 편견과 선입견은 자기충족적 예언으로 작용할 수 있다. 교사들이 아동을 직접 만나보기 전에 성적, 지능검사 점수, 사회경제적 계층, 이전 교사들의 의견과 평판, 형제의 성취도 등에 의해서 아동에 대한 기대를 형성하게 되는데, 이렇게 형성된 기대는 자기충족적 예언으로 작용할 수 있다. 특히 학습부진아, 문제아, 주의산만아 등으로 아동을 규정하는 것은 교사로 하여금 부정적인 기대를 형성하게 만들고 그로 인해서 아동의 부정적 행동을 이끌어 내게 할 위험이 있다.

2) 또래와의 상호작용

또래와의 상호작용이 아동기의 심리적 발달에 미치는 영향은 매우 크다. 인간관계의 기술을 비롯한 사회성 발달뿐만 아니라 성격·정서·인지의 발달에도 커다란 영향을 미친다. 우선, 또래는 서로에게 중요한 역할 모델의 기능을 한다. 아동은 또래의 행동을 관찰하고 모방하며 이를 내면화함으로써 자신의 것으로 삼게 된다. 또래는 서로에게 중요한 강화자의 역할을 한다. 아동들은 부모뿐만 아니라 또래가 자신의 행동에 대해서 보여 주는 칭찬과 비난에 민감한 반응을 나타낸다. 또한 또래는 아동에게 자기평가의 기준을 제공하는 사회적 비교의 기능을 지닌다. 이러한 또래와의 비교는 자기개념과 자기존중감을 형성하는 중요한 바탕이 된다. 또래는 사회적 지지를 제공한 주요한 원천이기도 하다.

아동의 또래관계는 개인적인 차원을 넘어서 집단 내에서의 인간관계로 발전하게 된다. 아동이 또래집단으

3. 학교환경의 심리사회적 요인

로부터 호의적인 반응을 얻고 수용되는 정도는 아동의 적응과 발달에 커다란 영향을 미친다. 아동이 자신이 속한 또래집단으로부터 수용되고 인정받고 있다는 느낌을 갖는 것은 긍정적인 자기개념의 형성과 더불어 일상생활에서 안정감을 갖게 하는 중요한 요인이다.

아동의 또래관계는 크게 다섯 가지 유형으로 구분될 수 있다(Siegler, 2006). 첫째는 인기 아동(popular child)으로서 많은 아이로부터 선호의 대상이 되며 가장 적게 배척받은 아동이다. 둘째는 배척된 아동(rejected child)으로서 다른 아이들로부터 가장 많이 싫어하는 아이로 지목된 아이다. 셋째는 방임된 아동(neglected child)으로서 다른 아이들에게 선호의 대상도 아니지만 배척의 대상도 아닌 채로 방임되는 아이들이다. 넷째는 논란적 아동(controversial child)으로서 아이들 사이에서 긍정적 평가와 부정적 평가가 극단적으로 엇갈려서 논란의 대상이 되는 아동이다. 마지막으로 평균적 아동(average child)은 인기 아동이나 배척된 아동처럼 심하지는 않지만 평균적인 선호와 배척을 받는 평범한 아이를 의미한다.

이러한 유형 중에서 가장 문제가 되는 것은 배척된 아동이다. 배척된 아동은 공격적인 아동과 비공격적인 아동으로 구분된다. 공격적인 배척된 아동은 공격성이 높고, 자기통제력이 낮으며, 다양한 문제행동을 나타내는 아동으로서 청소년기 이후에 사회적 적응력이 낮고, 반사회적 성향을 나타내는 경향이 있다. 반면에, 비공격적인 배척된 아동은 특별한 문제행동을 나타내지 않으나 사회적으로 위축되어 있고 우울한 성향을 나타낸다. 방임된 아동은 일반적으로 또래집단에서 수줍은 아이로 지각되며, 친구를 사귀기 힘들어하고 망설이며 두려워하는 불안 성향을 나타낸다.

아동들이 나타내는 또래관계 유형은 학년이 올라가면서 지속되는 경향이 있으며, 이후의 교우관계와 밀접하게 관련된다. 인기 아동은 학년이 올라갈수록 인기 아동들끼리 사귀며, 배척된 아동의 교우관계는 급속하게 좁아진다. 초등학교 입학 후부터 아동들이 맺는 친밀한 관계, 즉 우정은 안정적이고 지속적인 경향을 나타낸다. 친구 간의 우정은 서로에 대한 사회적 지지를 제공할 뿐만 아니라 타인에 대한 깊이 있고 안정감 있는 관계를 경험하게 함으로써 아동의 성격발달에 긍정적인 영향을 미친다.

3) 학업성취와 교우관계

아동의 학업성취도는 아동의 자기개념과 자기존중감의 형성에 매우 중요한 영향을 미친다. 자기개념이 발달하면서 자신에 대한 평가와 더불어 자신에 대한 정서적 반응이 나타나게 된다. 자기존중감은 자기개념을 구성하는 특성에 대한 평가의 결과로 나타나는 감정으로서 이러한 속성이 긍정적인가 부정적인가에 따라 자기존중감의 고저가 결정된다.

초등학교 고학년에 해당하는 아동기 후반기의 자기존중감 발달은 인지적·사회적 능력에 의해 좌우된다. Harter(1985)는 초등학교 학생을 대상으로 지적 능력, 사회적 능력, 신체적 능력, 일반적 자기가치의 네 가지 영역에서 자기개념을 측정했다. 그 결과, 4~6학년 아동은 지적 능력과 사회적 능력을 중요한 것으로 평가하는 경향을 보였다. 즉, 학교에서 공부 잘하고 친구 많은 학생들이 가장 높은 자기존중감을 나타냈다. 아동기 후반기에는 학교에서의 성적과 친구가 자기존중감에 많은 영향을 미치기 때문에, 이 시기에 학업 기술과 대인관계 기술을 배양하는 것은 이후의 자기존중감 발달에 도움이 될 수 있다.

Erikson(1963)에 따르면, 초등·중학교 학생들은 자신의 지적 능력과 대인관계적 능력을 또래 친구들의 능력과 비교하여 평가하고 그 결과가 자기존중감에 영향을 미친다. 이때 자기능력에 대한 부정적 평가가 이루어지면 열등감과 낮은 자기존중감을 갖게 되고 이후의 청소년기에서 안정된 자기정체감을 형성하는 데 곤란을 겪게 된다.

4. 청년기의 심리사회적 발달

청년기는 아동기를 지나서 성적 발육이 활발하게 나타나는 시기에서부터 적극적으로 직업을 탐색하는 시기까지를 의미한다. 일반적으로 청년기는 청년전기와 청년후기로 구분된다. 청년전기는 청소년기라고 불리기도 하며 중·고등학교를 다니는 13~18세의 기간을 의미한다. 청년후기는 대학교에 재학하는 시기로서 19~25세에 해당되며 취업을 준비하는 시기를 포함한다. 청년기는 '질풍과 노도의 시기'라는 말이 있듯이, 신체적·심리적·사회적 변화가 급증하는 발달단계로서 성격발달에 매우 중요한 시기라고 할 수 있다.

1) 신체적 변화와 신체상

청년전기는 사춘기에 접어드는 시기로 급격한 신체적 성장이 이루어진다. 청년전기는 제2의 신체발육 급증기로서 성인이 된 후 키의 98%가 이때 자라는 것으로 보고되고 있다. 또한 사춘기에는 성호르몬의 분비와 함께 성적 발육이 시작된다. 여자의 경우, 유방의 발육이 가장 먼저 시작되고 이어서 음모가 자라기 시작하며 월경이 나타난다. 남자의 경우, 고환의 발육이 먼저 시작되고 음모가 자라며 음경이 커지고 변성이 나타난다.

신체상(body image)은 자신의 신체에 대한 감각, 정서, 태도를 포함하는 정신적 표상을 의미한다. 사춘기의 성장이 이루어지는 동안 청소년은 자신의 신체적 변화에 큰 관심을 보이며 신체상을 형성하게 된다. 청소년기에는 신체상에 대한 관심이 매우 높으며 긍정적인 신체상은 학업성취도나 심리적 행복감과 정적인 상관을 지닌다. 자신의 신체에 대한 부모의 평가도 청소년의 신체상 형성에 커다란 영향을 미친다. 청소년기에 시작된 신체상에 대한 관심과 불만은 성인기에도 지속되는 경향이 있다.

사춘기의 신체적 변화는 여러 가지 심리적 변화를 수반한다. 사춘기의 성적 성숙이 이루어지면서 청소년들은 자신의 신체와 성적 발육이 또래집단과 다르거나 바람직하지 않다고 느끼는 경우에 심리적 부적응의 문제가 발생할 수 있다(Peterson, 1988). 따라서 성숙 속도가 지나치게 빠른 청소년과 지나치게 느린 청소년은 심리적 부적응을 경험할 수 있다.

청소년의 신체적·성적 성숙이 적응과 성격형성에 미치는 영향은 성별에 따라 다른 것으로 보고되고 있다. 남자의 경우, 조기성숙은 긍정적 신체상을 증대하며 사회 적응에 바람직한 영향을 미치는 것으로 알려져 있다(Shaffer, 1993). 반면에, 늦게 성숙한 남자는 불안하고 안정감이 없으며 사회적으로 부적절감과 열등감이 높은 경향이 있다(Duke et al., 1982). 반면에, 청소년기에 조기성숙을 한 여자는 문제행동을 나타내는 경향이 높으며 이성관계를 빨리 경험하는 경향이 있다. 아울러 흡연, 음주, 섭식장애 등의 비율이 높으며 부모로부터 독립을 원하고 성적 경험이 빨리 시작되지만 교육적·직업적 성취는 낮은 경향을 나타낸다.

조기성숙과 적응도의 성차에 대한 연구들은 상반된 결과를 나타내고 있다. 사춘기에 조기성숙을 나타내는 남자는 자기통제력이 약하고 음주, 흡연, 마약 등에 쉽게 빠져드는 경향이 있다는 연구(Duncan et al., 1985)가 있다. 하지만 여자의 경우에는 조숙한 사람들이 30대에 더 자기주도적이고 사회적 스트레스에 잘 대처하며 적응해 나간다는 보고가 있다(Livson & Peskin, 1980).

2) 청년기의 사회인지적 특성

인지발달단계에서 형식적 조작기에 해당하는 청년들은 다양한 가능성을 생각하게 되면서 자신의 생각과 관념 속에 사로잡히게 된다. 이 시기의 청년들은 자신이 특별한 존재이며 우주의 중심이라는 강한 자의식을 보이게 된다. 이러한 청년기 특유의 사회인지적 특성을 Elkind(1978)는 청년기의 자기중심성(adolescent ego-centrism)이라고 불렀다. 이러한 자기중심성은 청년기의 발달과정에서 나타나는 자연스러운 발달적 현상으로서 다양한 대인관계 경험을 통해서 자신과 타인에 대한 객관적인 이해가 이루어지면서 서서히 사라지게 된다(Lapsley, 1991).

Elkind(1978)는 청년기의 자기중심성에서 나타나는 특성으로 개인적 신화와 상상적 청중을 제시하고 있다. 개인적 신화(personal fable)는 청년들이 자신은 특별하고 독특한 존재이므로 자신의 감정이나 경험세계는 다른 사람과 근본적으로 다르다는 믿음을 의미한다. 청년들은 자신의 우정이나 사랑이 다른 사람은 경험하지 못하는 특별한 것으로 생각하며, 다른 사람이 경험하는 죽음, 위험, 위기가 자신에게는 일어나지 않을 것으로 믿는다. 개인적 신화는 이처럼 청년들이 나타내는 자신의 독특성에 대한 비현실적인 관념을 뜻한다. 청년기의 개인적 신화는 청년기의 이상주의(adolescent idealism)와 관련되며 긍정적인 순기능을 지니기도 한다. 청년들은 자신의 세대가 기성세대와 다를 뿐만 아니라 기성세대가 이루지 못한 많은 가능성을 가지고 있다고 믿으며 이를 행동으로 옮긴다. 청년들이 빈곤퇴치, 환경운동, 시민운동 등에 적극적으로 참여하는 이유들이 여기에 있다. 이처럼 개인적 신화는 청년들에게 자신감과 위안을 부여하는 측면도 있으나, 지나칠 경우에는 자기 존재의 영속성과 불멸성을 믿음으로써 과격한 행동을 나타낼 위험이 있다. 청년들이 흔히 음주운전, 폭주, 문란한 성생활, 마약 등과 같은 파괴적 행동을 범하는 것은 자신이 특별한 존재라는 생각에서 그러한 행동이 초래할 부정적인 결과를 무시하기 때문이기도 하다.

상상적 청중(imaginary audience)은 청년기의 과장된 자의식으로 인해 자신이 타인의 집중적인 관심과 주의의 대상이 되고 있다고 믿음을 뜻한다. 청년들은 상상적 청중을 즐겁게 하기 위해서 많은 노력을 기울이며 타인이 눈치 채지 못하는 작은 실수로 고민하게 된다.

청소년기에는 개인적 신화와 상상된 청중의 자기중심성이 나타난다.

상상적 청중을 의식하는 정도가 높을수록 부정적인 자기개념을 형성하는 경향이 있으며, 낮은 자기존중감을 지니는 것으로 보고되었다(Hauck et al., 1986). 상상적 청중은 대인관계에 대한 과도한 예민성이나 사회적 기술의 부족과도 관련될 수 있다(Cohen et al., 1988).

3) 청년기의 자기개념과 자기존중감

청년기에는 다양한 측면을 고려할 수 있는 형식적 조작사고의 발달로 인해 자기인지 역시 정교해진다. Harter(1990)에 따르면, 청년기의 자기개념은 운동능력, 외모, 학업능력, 직업적 유능성, 교우관계, 사회적 수용도, 이성으로서의 매력, 행동적 활동성과 같은 다양한 영역으로 세분화된다. 청년기에는 이처럼 다양하게 세분화된 자기영역에서 서로 상반되는 평가를 통해 갈등과 혼란을 경험할 뿐만 아니라 다양한 자기영역을 일관성 있는 자기개념으로 통합하는 과정이 이루어진다. 자기개념의 혼란을 가장 많이 느끼는 시기는 15~16세경이며 18~19세에 들어서면 자기통합이 이루어지기 시작한다.

청년기에는 이상적 자기와 가능한 자기가 자기개념의 새로운 차원으로 등장하여 강력한 영향을 미친다. 이상적 자기(ideal self)는 자신이 원하는 최고상태의 자기를 의미하며 청년기의 개인적 신화와 관련해서 비현실적으로 높은 이상을 지니는 경향이 있다. 이러한 이상적 자기는 현실적 자기(actual self)와 괴리를 유발할 수 있다. 현실적 자기와 이상적 자기의 적절한 괴리는 성취동기를 강화할 수 있지만 괴리가 지나치면 우울이나 불안과 같은 심리적 부적응을 유발할 수 있다(Higgins, 1987; Markus & Nurius, 1986).

가능한 자기(possible self)는 자신이 미래에 도달할 수 있다고 믿는 자기의 최고상태를 뜻한다. 가능한 자기는

미래에 대한 자신감을 뜻하는 반면, 이상적 자기는 자신이 원하는 미래의 모습이라고 할 수 있다. 미래에 대한 꿈은 크지만 그 실현가능성에 대해서 자신감이 없는 청년의 경우, 이상적 자기는 높지만 가능한 자기는 낮은 상태로서 좌절감을 경험할 수 있다. 이러한 청소년들이 가능한 자기에 과도하게 몰입하게 되면, 거짓 자기를 형성할 수 있다. 거짓 자기(false self)는 청소년들이 미래에 꿈꾸는 자기의 모습을 마치 자신의 진정한 모습인 것처럼 잘못 생각하며 행동하는 현상을 뜻한다. 거짓 자기는 청소년기에 흔히 나타나는 보편적인 현상이지만 현실과의 괴리가 심하면 부적응 문제를 초래할 수 있다.

청년기의 자기존중감은 자신이 자기개념의 하위영역에서 얼마나 성공적으로 수행하고 있는가에 대한 자기평가에 의해 결정된다. 이러한 자기평가는 청년이 중요성을 부여하는 타인들이 자신에 대해서 어떤 평가를 하는지에 커다란 영향을 받는다. 청년기의 자기존중감에 가장 큰 영향을 미치는 타인은 또래집단과 학급동료들이다. 이들의 영향은 부모보다 더 큰 것으로 보고되고 있다(Harter, 1989). 그러나 부모의 기대 역시 청년기의 자기존중감에 강력한 영향을 미친다. 청년기의 낮은 자기존중감이 우울증으로 발전하는 과정에는 또래의 요구뿐만 아니라 부모의 기대가 커다란 영향을 미친다. 자기존중감이 낮은 청소년에 대해서 부모의 기대가 계속적으로 높은 경우에, 청소년은 심한 무력감을 느끼면서 우울증을 나타낼 수 있다. 그러나 부모와 또래집단의 따뜻한 지지와 격려는 이러한 청소년을 낮은 자기존중감으로부터 회복시킬 수 있다.

4) 자아정체성의 형성

Erickson(1950, 1968)은 청년기 발달의 핵심을 자아정체성(ego identity)의 형성이라고 보았다. 그에 따르

면, 청년기에는 서로 상반되는 자기의 다양한 모습으로 인해서 자신이 어떤 존재인지에 대한 혼란을 경험하는 정체성 위기(identity crisis)를 겪게 된다. 이러한 혼란을 극복하고 한 사람의 성인으로서 통합된 자기정체성을 형성하는 것이 청년기의 중요한 발달적 과제다.

정체성 위기는 "나는 누구인가?"라는 의문으로부터 출발한다. 청년기에는 생물학적인 변화로 인해서 성적인 욕구가 강해지는 반면에, 도덕과 윤리에 대한 사회적 압력도 강화되면서 자기존재에 대한 혼란을 경험하게 된다. 또한 성인으로서 해야 할 사회적 역할을 감당할 수 있을 것인지에 대한 회의와 두려움을 통해서 자기존재에 대한 의문이 강하게 부각될 수 있다. 이러한 의문에 대한 해답을 추구해 가는 과정에서 경험하는 긍정적인 자기평가와 부정적인 자기평가 간의 갈등과 혼란이 정체성 위기로 나타난다.

청년들은 다양한 영역에서 자신의 가능성을 탐색하고 발견하면서 서서히 자아정체성을 형성하게 된다. 청년기의 정체성 위기는 다음의 세 가지 목표가 달성될

때 극복된다. 첫째는 자신에 대한 인식의 연속성과 동질성을 확립하는 것이다. 정체성 탐색과정에서 청년들은 자신의 과거경험을 반추하고 그 결과를 현재의 자신을 이해하는 데 연결함으로써 과거의 자신과 현재의 자신 간의 연속성을 바탕으로 미래의 가능한 자신의 모습을 탐색하게 된다. 둘째, 상이한 관점과 시각에서 서로 달리 판단될 수 있는 자기의 여러 측면을 일관성 있는 하나의 자기체계로 통합하는 것이다. 이러한 통합은 다양한 역할이 서로 얽혀 있는 사회적 맥락에서 생활해야 하는 성인기 삶을 준비하기 위한 필수 과정이다. 셋째는 자신의 독특성이나 특수성을 분명하게 인식하는 것이다. 청년기는 부모로부터 독립하고자 하는 욕구를 지니는 동시에 부모를 비롯한 타인들로부터 인정과 지지를 얻기 위해 그들에게 동조해야 한다는 압력을 느낀다. 청년들은 독립과 동조라는 두 요구를 통합하면서 자신의 독특성을 탐색함으로써 정체성을 확립하게 된다. 이때 독특성의 확립에 실패하면 또래집단에 지나치게 동일시하거나 사회적 고정관념에 맹종하는 부적응적인 정체성을 초래하게 된다.

Marcia(1964, 1966, 1980)는 청년기의 정체성 위기에 대처하는 양상을 설명하기 위해서 자아정체성 지위 이론을 제시했다. 자아정체성 지위(ego-identity status)는 청년들이 정체성 위기를 극복하고 나름대로 발달시킨 정체성 수준의 개인차를 의미한다. 그녀에 따르면, 자아정체성 지위는 〈표 14-3〉과 같이 정체성 탐색의 경험 여부와 정체성 과제에 대한 헌신 여부의 두 차원에 의해서 네 가지 유형으로 구분된다. 정체성 탐색(exploration)이란 자신의 존재와 역할에 대해 의문을 제기하고, 여러 가지 대안적 가능성을 탐색하는 과정을 뜻하며, 정체성 과제에 대한 헌신(commitment)은 자신이 선택한 정체성과 관련된 역할과 과업을 위해서 열심히 노력하는 상태를 의미한다.

표 14-3	자아정체성 지위의 유형		
		정체성 탐색의 경험	
		예	아니요
정체성 과제에 대한 헌신	예	정체성 성취	정체성 유실
	아니요	정체성 유예	정체성 혼미

정체성 성취(identity achievement)는 삶의 목표, 가치, 직업, 인간관계 등에서 위기를 경험하고 충분히 대안을 탐색했을 뿐만 아니라 개인적 정체성을 확립하고 그것을 위해서 노력하고 있는 바람직한 경우를 뜻한다. 이러한 유형의 청년들은 부모를 포함한 인간관계가 현실적이고, 안정되어 있으며, 자기존중감과 스트레스에 대한 저항력도 높다.

정체성 유실(identity foreclosure)은 자기정체성에 대한 충분한 탐색 없이 지나치게 빨리 정체성을 결정해버린 상태를 의미한다. 이러한 청년들은 정체성의 위기와 탐색을 충분히 경험하지 않은 채로 자기 삶의 목표를 확립하고 몰입한다. 흔히 부모가 기대하거나 요구하는 직업이나 목표를 대안적 가능성의 검토 없이 받아들이고 몰두하는 경우가 이에 속한다. 이들은 청년기를 매우 안정적으로 보내는 듯이 보이지만 성인기에 뒤늦게 정체성 위기를 경험하는 경우가 흔하다.

정체성 유예(identity moratorium)는 삶의 목표와 가치에 대해 회의하고 대안을 탐색하지만 정체성을 확립하지 못한 채 불확실한 상태에서 구체적인 과제에 헌신하지 못하는 상태를 의미한다. 이러한 청년들은 오랜 기간의 불안정한 상태에서 가장 신중하게 정체성을 탐색하며 시간이 흐르면서 정체성을 확립하게 된다. 정체성 유예는 정체성 성취에 도달하기 위한 과도기적 단계로

서 정체성 유실이나 혼미보다 적응적인 경우라고 할 수 있다.

정체성 혼미(identity diffusion)는 삶의 목표와 가치를 탐색하는 시도를 나타내지 않을 뿐만 아니라 자신의 인생을 설계하고 추진하려는 욕구가 낮은 경우를 뜻한다. 이러한 청년들은 부모와의 애착관계가 불안정하고, 자기존중감이 낮으며, 혼돈과 공허감 상태에 있는 경향이 있다. 정체성 혼미는 청년초기에 흔히 나타나지만 일정한 직업을 얻지 못한 성인에게서 나타날 수 있다.

5) 청년기의 부모-자녀관계

청년기에는 부모와 자녀 간의 관계에 커다란 변화가 나타난다. 청년은 부모와의 관계에서 독립과 의존의 갈등을 겪게 된다. 청년기의 자녀는 부모로부터 독립하여 자율적인 존재로 생활하기를 원하는 동시에 여전히 부모에게 의존하고자 하는 양가적 동기를 지닌다. 부모 역시 청년기의 자녀를 여전히 어린아이처럼 여기며 보호해야 할 대상으로 여기는 동시에 자녀가 좀 더 독립적으로 행동하여 양육의 부담을 덜고 싶은 욕구를 느끼게 된다. 이러한 심리적 상태를 지닌 청년기 자녀와 부모의 관계는 아동기의 부모-자녀 관계와 질적으로 매우 다른 양상을 나타낸다.

청년기의 자녀는 신체적으로 성장했기 때문에 부모는 자녀에게 체벌을 가하거나 통제하는 데에 한계를 지닌다. 또한 형식적 조작사고가 가능한 청년들은 부모가 설정한 규칙이나 가치관에 대해서 모순을 발견하고 의문을 제기하면서 부모의 권위에 도전한다. 이러한 청년기 자녀의 비판이나 도전에 대해서 부모가 방어적인 태도를 취하거나 분노로 반응하게 되면, 부모와 자녀의 갈등이 증폭될 수 있다.

일반적으로 청년기에 나타나는 자녀와 부모 간의

갈등은 사춘기가 시작되면서 증가한다(Weng & Montemayer, 1997). 사춘기 자녀와 부모의 갈등은 학교 성적, 친구문제, 귀가시간, 용돈 사용, 부모에 대한 불복종, 형제와의 갈등, 청결, 정리정돈, 자질구레한 집안일 등과 같은 일상적인 일에 관해서 생겨날 수 있다. 이러한 갈등은 독립하고자 하는 자녀의 욕구와 통제를 지속하려는 부모의 욕구 간의 충돌로 이해될 수 있다.

청년기에 악화되는 이러한 갈등을 잘 해결하지 못하면, 부모와 자녀 관계가 적대적이거나 서로에게 무관심한 상태로 진전될 수 있다. 일반적으로 청년기의 자녀가 부모와 겪는 갈등은 청년초기에 심화되고 청년중기에 완화되다가 청년후기에 해소되는 경향을 보인다(Laursen & Ferreira, 1994).

5. 생애발달과 심리사회적 요인

1) 인간발달의 전 생애 관점

전통적인 성격이론은 대부분의 성격발달이 아동기에 일어나고 청소년기가 지나면 성격은 안정되어 잘 변화하지 않는다고 여겼다. 1990년대까지도 성격심리학자들은 30세가 되면 성격은 석고반죽처럼 굳는다는 William James(1890)의 주장에 동의했다. 그러나 최근에 제기된 성격발달의 전 생애 관점(life-span perspectives)은 실증적인 연구결과에 근거하여 성격은 어떤 나이에서든 환경의 영향을 받을 수 있다는 가소성 원리(plasticity principle)에 근거하고 있다. 대규모의 장기종단 연구에 따르면, 성격발달이 가장 활발하게 일어나는 시기는 20~40세로 나타났다(Robert, Wood, & Caspi, 2008). 성격은 나이와 함께 점점 더 일관성 있게 발달하여 50세경에 정점에 도달하지만, 결코 고정된 상태에 도달하지 않는다(Roberts & Mroczek, 2008). 인생의 후반기에 성격의 변화가 일어날 가능성이 줄어들기는 하지만, 인간은 아동기부터 노년기까지 변화할 수 있는 가능성을 지니고 있다.

2) Erikson의 심리사회적 발달단계

정신분석적 자아심리학자인 Eric Erikson(1959; Erikson & Erikson, 1982)은 영아기에서 노년기에 이르는 전 생애의 심리사회적 발달단계를 제시했다. 그에 따르면, 개인이 전 생애의 단계마다 겪게 되는 독특한 사회문화적 발달과제와 위기를 어떻게 대처하느냐에

요람에서 무덤까지의 전 생애 발달과정

Eric Erikson

따라 성격이 결정된다. 그는 Freud가 주장한 심리성적 발달단계의 한계를 지적하면서 자아가 적응해야 하는 사회문화적 환경 요인을 중시했을 뿐만 아니라 인생의 단계마다 겪게 되는 도전적 과제와 그 결과로 생성되는 긍정적인 성격특질을 제시했다. 각 단계마다 중요한 발달과제를 잘 해결하면 긍정적 성격특질을 형성하게 되지만, 해결에 실패하면 부정적인 결과가 자아특질로 남게 된다. 개인은 각 단계마다 직면하게 되는 발달과제에 대한 성공과 실패의 갈림길에 서게 되는 심리사회적 위기를 경험하게 된다. Erickson이 제시한 심리사회적 발달단계는 〈표 14-4〉와 같다.

표 14-4 Erickson의 심리사회적 발달단계

단계와 나이	발달과제	심리사회적 위기	덕목
1. 영아기 (0~1세)	양육자로부터 기본적 욕구의 충족경험을 통해 자신, 타인, 세상에 대한 기본적 신뢰감을 성취해야 한다.	신뢰감 대 불신감	희망
2. 아동초기 (1~3세)	자신을 스스로 움직이고 통제할 수 있다는 자율성을 습득해야 한다.	자율성 대 수치심	의지
3. 아동중기 (3~6세)	미래의 목표를 설정하고, 계획하며, 능동적으로 실행하는 주도성을 배워야 한다.	주도성 대 죄책감	목적의식
4. 아동후기 (6~12세)	지식과 기술을 열심히 학습하여 성취를 이루는 근면성을 배워야 한다.	근면성 대 열등감	유능감
5. 청소년기 (12~20세)	자신의 다양한 측면을 일관성 있게 통합한 자아정체성을 형성해야 한다.	자아정체성 대 혼미	충성심
6. 성인전기 (20~35세)	자아정체성을 유지하며, 타인과 깊이 있고 성숙한 인간관계를 형성하는 친밀감을 습득해야 한다.	친밀감 대 고립감	사랑
7. 성인중기 (35~65세)	후속세대를 양성하고, 세상을 위해 공헌하는 다산성을 습득해야 한다.	다산감 대 침체감	배려심
8. 성인후기 (65세 이상)	과거의 다양한 삶을 회고하고 성찰하면서 자기인생에 대한 통합감을 습득해야 한다.	통합감 대 절망감	지혜

(1) 기본적 신뢰 대 불신

신생아는 어머니의 젖을 먹고 많은 시간을 자고 틈틈이 배설하는 일에 대부분의 시간을 보낸다. 이런 일들이 갈등 없이 원활하게 잘 이루어질 때, 아이는 자신과 타인 그리고 세상에 대한 기본적 신뢰(basic trust)를 형성하게 된다. 자신의 기본적 욕구가 원활하게 잘 충족되는 경험을 통해서 아이는 자신과 내면적 욕구에 대한 기본적 신뢰를 형성하게 된다. 이 시기는 Freud가 말한 구강기에 해당하는 시기로서 주로 수유과정을 통해 어머니와 교류하게 된다. 어머니가 아이의 욕구를 민감하고 일관성 있게 충족시키고 어머니의 행동을 쉽게 예측할 수 있을 때 아이는 타인과 세상이 안전하고 자신에게 도움을 주는 믿을 만한 대상이라는 신뢰감을 형성하게 된다.

그러나 어머니가 아이의 욕구를 잘 충족시켜 주지 않을 때 아이는 자신과 타인에 대한 신뢰감을 형성하지 못한다. 또한 젖을 떼는 이유과정이 원활하게 진행되지 못하면 아이는 낙원에서 추방되는 듯한 배신감을 경험하게 되는데 이러한 감정은 기본적 불신(basic mistrust)의 원형이 된다.

이 시기에 기본적 신뢰가 형성되면 인생에서 겪는 실패, 박탈, 분리, 배척을 잘 견디며 대처하게 되지만, 불신이 우세하면 인생의 곤경 앞에서 적극적으로 대처하지 못한 채 비관적인 자세를 취하게 된다. 자신과 부모를 믿을 수 있다는 신뢰는 희망(hope)이라는 덕성을 키우게 된다. 인생의 첫 단계에서 갈급한 충동과 좌절의 분노를 참고 견디면 언젠가 소망이 이루어질 수 있다는 자신과 세상에 대한 기본적 신뢰는 미래에 대한 희망을 갖게 하는 기반이 된다.

(2) 자율성 대 수치감/의심

1~3세의 아동은 걸음마를 하고 운동기능이 발달하면서 자신의 몸을 마음대로 움직일 수 있다는 자율성(autonomy)을 느끼게 된다. 또한 언어 습득을 통해서 말로 자신의 의도를 전달하고 상대방이 그에 반응하는 것을 경험하면서 자율성의 인식이 증가한다. 그러나 이 시기에 부모는 모든 행동을 허용하는 것이 아니라 해서는 안 되는 규범을 제시하면서 잘못한 행동에 대해 비난과 처벌을 가하는 훈육을 하게 된다. 특히 이 시기는 Freud가 말한 항문기에 해당하는 시기로서 부모는 대소변 훈련을 통해서 아동에게 대소변을 마음대로 배설하면 안 된다는 것을 가르친다. 이 과정에서 아이는 대소변을 '보유하는 것'과 '배설하는 것' 모두를 통제해야 한다.

수치감(shame)은 대소변을 가리지 못하여 부모에게 조롱과 비난을 당할 때 느끼는 창피함으로서, 땅속으로 사라지거나 창피를 주는 대상을 제거하려는 욕망을 느끼게 만드는 원초적 감정이다. 의심(doubt)은 자신의 행위에 대해서 누군가가 비난과 공격을 할지 모른다는 불안을 의미한다. 이 시기의 아동은 수치감과 의심의 정서경험을 피할 수 없지만, 이러한 좌절과 장애를 극복하고 스스로 자신의 행동을 통제할 수 있다는 불굴의 의지(will)라는 덕성을 키우게 된다.

(3) 주도성 대 죄책감

3세경이 되면 아이는 운동기능이 현저하게 발달하여 마음대로 활기차게 돌아다닐 뿐만 아니라 인지적 기능의 발달과 더불어 호기심과 상상력이 증폭된다. 이 시기는 Freud가 말한 남근기에 해당하는 시기로서 남자아이들은 성적 의미를 지닌 공격적인 행동과 집요한 질문을 해대기 시작하며 부모가 수용하기 어려운 '미운 네 살'의 다양한 문제행동을 하게 된다. 부모는 훈육을 통해 아동에게 '좋은 행동'과 '나쁜 행동'의 사회문화적 윤리규범을 가르치며 내면화시킨다. 이렇게 초자아가 형성되면서 아동은 내면적 충동과 갈등을 경험하게 된다. 이 시기에 아동은 유연한 초자아를 내면화하면서 자신의 욕구를 적절하게 표현하고 능동적으로 충족시키는 주도성(initiative)을 습득하게 된다. 그러나 과도하게 경직된 초자아를 내면화하게 되면, 자신의 내면적 욕구와 행동에 대해서 죄책감(guilt)을 경험하게 된다. 이 시기의 아동이 즐기는 주된 활동은 놀이다. 아동은 놀이를 통해서 목표를 세우고, 계획을 구상하며, 능동적인 행동을 통해 목표를 달성하는 과정에서 주도성뿐만 아니라 미래에 이루어지기를 원하는 소망의 방향과 초점을 분명하게 하는 목적의식(purpose)의 덕성을 키우게 된다.

(4) 근면성 대 열등감

아동은 6세경에 초등학교에 입학하여 공부를 하며 또래 아이들과 어울리게 된다. 이 시기의 아동은 가정의 울타리를 벗어나 학교라는 좀 더 넓은 사회로 진출하게 되며, 자신이 살아갈 사회에서 중시하는 여러 가지 지식과 기술을 학습하게 된다. 또한 동년배의 또래들과 어울리면서 서로 경쟁하고 협동하는 사회적 기술을 배우게 된다. 이러한 학습과정에서 열심히 노력하여 긍정적인 성과를 얻는 성취감을 경험하면, 자신이 원하는 것을 얻기 위해서 열심히 노력하는 근면성(industry)을 획득하게 된다. 그러나 학습과정에서 실패를 경험하거나 또래와의 비교를 통해서 자신이 미숙하고 부족하다는 것을 반복적으로 경험하게 되면 열등감(inferiority)을 형성하게 된다. 간헐적으로 경험하게 되는 열등감에 위축되지 않고 열심히 노력하면서 자신의 능력을 발휘하여 과제를 완성하는 경험을 하게 되면, 유능감(competence)의 덕성을 획득하게 된다.

(5) 자아정체성 확립 대 혼미

사춘기에 접어들면서 청소년은 이차 성징을 비롯한 급격한 신체적 변화를 경험할 뿐만 아니라 그동안 억압했던 성충동이 되살아나면서 내면적 갈등에 휩싸이게 된다. 또한 육체적으로는 성숙했지만 사회적으로는 미숙한 상태에서 아동과 성인 사이의 주변적 존재로서 "나는 누구인가?"라는 도전적인 의문에 직면하게 된다. 자의식이 증가하면서 자신의 긍정적 측면과 부정적 측면을 통합해야 하며 성인으로서 자신이 감당해야 할 사회적 역할과 직업을 탐색해야 하는 발달적 과제가 자아정체성(identity)의 위기로 다가오게 된다.

청소년기의 자아정체성 위기는 다음의 세 가지 목표의 달성, 즉 (1) 자신에 대한 인식의 연속성과 동질성의 확립, (2) 자기의 여러 측면을 일관성 있는 자아체계로의 통합, (3) 자신의 독특성 또는 특수성의 확립을 통해 해결될 수 있다. 이러한 목표를 적절히 잘 해결하게 되면 명료한 자아정체성의 확립(identity formation)을 이루게 된다. 그러나 이러한 목표를 해결하지 못하면 정체성 혼미(identity diffusion)를 경험하게 된다. 즉, 자신이 누구이며 앞으로 무엇을 위해 어떻게 살아야 할지에 대한 혼란을 겪게 된다.

이 시기에 청소년은 혼란스러움 속에서 다양한 가치를 탐색하게 된다. 이러한 혼란을 이겨내고 나름대로 소중하다고 판단한 가치를 발견하면 그러한 가치를 흔들림 없이 소중히 여기며 열정을 다해 헌신하는 충성심(fidelity)의 덕성을 키우게 된다.

(6) 친밀감 대 고립감

성인전기에 접어들면 부모로부터 독립하여 연인과 애착관계를 형성하고 배우자로 받아들여 가정을 꾸리는 일이 중요한 발달과제로 등장한다. 연인뿐만 아니라 친구나 직장동료와 같은 다양한 사람들과 친밀하고 깊이 있는 인간관계를 형성하는 것이 중요하다. 원가족의 울타리를 벗어나 새로운 가정과 인간관계망을 형성하는 것이 성인기의 중요한 과제이기 때문이다. 이러한 과제를 원만하게 해결하면 타인과의 친밀감(intimacy)을 형성하게 된다. 친밀감이란 자신의 정체성을 잃지 않은 채로 가족과 타인에게 헌신할 수 있는 성숙한 능력을 의미한다. 그러나 성인으로서 성숙하고 친밀한 관계를 형성하지 못하면 고립감(isolation)을 느끼게 된다. 성인으로서 친밀한 관계를 형성하기 위해서는 성격과 경험이 다른 타인에게서 필연적으로 겪게 되는 이질감과 갈등을 극복하고 애정을 주고받는 상호의존적인 관계를 형성해야 하는데, 이러한 과정에서 사랑(love)의 덕성을 형성하게 된다. 여기서 사랑이란 다른 사람에게 애정을 줄 수 있고 그로부터의 애정을 받아들일 수 있는 상호의존의 능력을 의미한다.

(7) 다산성 대 침체감

중년기에 해당하는 성인중기에 접어들면 사회의 중심세대로서 개인적인 성취와 발전을 넘어서 후속세대를 양성하고 지원하는 일에 관심을 갖게 된다. 일차적으로 가정에서는 자녀를 양육하고 후원함으로써 가문의 후속세대가 번창하도록 지원하는 일이 중요한 과제로 등장한다. 아울러 직업분야에서 후배들을 양성하고 지원할 뿐만 아니라 후속세대를 위해 기여할 수 있는 업적과 유산을 남기기 위해 노력한다. 이러한 발달과제를 성공적으로 수행하여 많은 후속세대를 양성하고 사회에 나름대로 의미있는 기여와 공헌을 했다고 판단하게 되면, 자신의 삶이 생산적이라는 다산성(generativity)의 인식을 하게 된다. 그러나 자신이 후속세대를 위해 의미 있는 기여를 하지 못하고 위축되었다는 인식을 하게 될 때 침체감(stagnation)을 느끼게 된다. 이러한 위기를 경험하면서 이기적인 관심에서 벗어나 타인과 세상

을 위해 이타적으로 헌신하고자 하는 배려(care)의 덕성이 생겨난다.

(8) 자기통합 대 절망

성인후기, 즉 노년기에 접어들면 인생의 종말, 즉 죽음을 의식하게 된다. 지나간 인생을 회고하면서 자신의 삶을 의미있는 것으로 통합하는 것이 중요한 발달과제로 등장한다. 성공과 실패, 애정과 배신, 기쁨과 슬픔으로 얼룩진 과거를 돌아보면서 긍정적 경험과 부정적 경험을 자신의 소중한 삶으로 통합하고 화해하는 것이 중요하다. 이러한 과제를 지혜롭게 잘 수행하게 되면 자신의 인생을 만족스러운 것으로 받아들이는 자기통합감(self-integration)을 경험하게 된다. 그러나 과거를 후회하고 타인을 원망하면서 자신의 삶을 실패로 여기게 되면 인생의 끝자락에서 절망감(despair)을 경험하게 된다. 이러한 노년기의 위기를 극복하는 과정에서 인생을 적당한 거리에서 바라보는 초연한 자세를 갖게 되고 다양한 가치를 유연하게 수용하여 통합하는 지혜(wisdom)의 덕성을 체득하게 된다.

3) Loevinger의 자아발달이론

Jane Loevinger(1918~2008)는 심리측정을 연구하다가 발달이론가로 변모한 학자로서 문장완성검사(Sentence Completion Test)를 통해 응답자의 대답을 점수화하여 자아의 발달단계를 판단하는 방법을 제시했다. 그녀에 의하면, 자아(ego)는 개인이 자신의 인생경험에 주관적인 의미를 부여하는 개념 틀이다. 달리 말하면, 자아는 개인이 세상을 구성하고 해석하는 데 사용하는 참조체계, 즉 렌즈와 같은 것으로 보았다. 자아는 자기개념과 대인관계뿐만 아니라 충동 통제와 덕성 함양을 통해서 지속적으로 발달한다. 자아발달은 점차

Jane Loevinger

적으로 더욱 정교한 수준의 의미체계로 진전되며 발달 단계가 진행될수록 더 많은 내면화, 현실성, 추상화, 모호성에 대한 인내, 통합적 과정, 타인 의존으로부터의 자유를 포함한다. Loevinger(1970, 1976)는 개인이 자신을 세상과의 관계에서 점진적으로 복잡한 방식으로 표상하는 9단계의 자아발달모델을 제시했다.

(1) 전사회적 단계

신생아는 자신과 세상을 구분하지 못하고 즉각적인 욕구를 충족하는 데에만 초점을 맞추는 전사회적 단계(presocial stage)에서 발달을 시작한다. Loevinger에 따르면, 출생초기에 영아는 자폐적인 상태로서 자아를 지니고 있지 않다. 이러한 자폐적 상태는 오래가지 않고 공생적 단계로 넘어간다. 자신과 타자의 변별과정을 통해서 자아가 서서히 발달하게 된다. 영아는 어머니와 공생적 관계를 유지하면서 자신을 다른 대상들과 연합하기 시작한다. 예를 들어, 아동은 자신이 좋아하는 장난감이나 담요를 잡지 않으면 잠을 자려 하지 않는다.

(2) 충동적 단계

충동적 단계(impulsive stage)의 아동은 자신의 신체적 충동에 집착한다. 이러한 충동은 아동의 자기감(sense of self)을 증가시키지만 부모에 의해서 억제된다. 이 단계의 아동은 자기중심적이며 자신의 욕구가 충족되면 '좋은 것'으로 간주하고 그렇지 않으면 '나쁜 것'으로 여긴다. 아동은 현재에만 초점을 맞추며 과거나 미래에 대한 인식이 부족하다.

(3) 자기보호적 단계

자기보호적 단계(self-protective stage)는 충동의 자기조절을 향해 나아가는 첫 단계다. 이 단계의 아동은 처벌의 개념을 이해하게 되고 자신의 잘못을 다른 사람이나 환경의 탓으로 돌리며 자신을 보호하고자 한다. 이 단계에서의 옳고 그름은 보상을 받게 되느냐 아니면 처벌을 받게 되느냐의 문제로서 "발각되지만 않으면 괜찮다"는 생각을 지닌다.

(4) 순응주의자 단계

아동이 학령기에 접어들면, 순응주의자 단계(conformist stage)로 나아간다. 아동은 자신과 타인을 사회적으로 승인된 규범에 순응하는 존재로 여긴다. Loevinger에 따르면, 이 단계의 아동은 인지적인 단순성을 지니는데 모든 사람에게 동일하게 적용되는 옳고 그른 규범이 존재한다고 믿는다. 도덕적 판단은 내면적 의도보다 외현적 행동에 근거하여 이루어진다. 집단의 소속감을 중시하며 자신의 안녕과 집단의 안녕을 동일시한다. 사회적 바람직성(social desirability)에 따라 집단의 규칙을 지키고자 노력하며 다른 사람으로부터 인정받지 못하는 것을 벌칙으로 인식한다.

(5) 자기의식 단계

자기의식 단계(self-aware stage)의 두 가지 특징은 자기자각이 증가하는 것과 더불어 특정한 상황에서 다양한 가능성을 상상하는 능력이 발달하는 것이다. 이러한 능력은 성숙한 삶의 기반으로서 기초적인 자기의식과 자기비판 능력이 발달한다. 그러나 여전히 자신과 규범을 동일시하기 때문에 이 단계는 순응주의자의 집단적 고정관념에서 개인차와 예외의 인정으로 나아가는 과도기적 단계라고 할 수 있다. 이런 점에서 Loevinger는 이 단계를 '양심적 순응주의자' 단계라고 지칭하기도 했다. 자기의식 단계는 대다수의 성인들이 나타내는 전형적 자아발달 단계로서 대략 25세가 되기 전에는 이 단계를 넘어서기 어렵다.

(6) 양심적 단계

양심적 단계(conscientious stage)에서는 규범의 내면화가 완성되고 동시에 예외와 우연성을 인식하게 된다. 목표와 이상을 인식하게 됨에 따라 책임의식이 새롭게 생겨날 뿐만 아니라 규범을 어긴 것보다 다른 사람에게 해를 입힌 것에 대한 죄의식이 촉발된다. 좀 더 넓은 사회적 맥락에서 사물을 바라봄으로써 자신을 집단과 별개의 존재로 여기게 되고 다른 사람의 관점을 이해하게 된다. 그 결과, 사람들에 대한 이해가 좀 더 현실화되고 복잡해진다. 개인은 외현적 행동이 아니라 내면적 동기에 의해서 판단된다. 이 단계의 사람들은 인생을 많은 선택으로 이루어진 것으로 여기며 자신의 운명을 스스로 주도하기 위해서 자신의 기준에 의한 성취를 열망하게 된다.

(7) 개인주의적 단계

개인주의적 단계(individualistic stage)에서 개인은 독립성을 중시하는 동시에 타인과의 유대를 소중하게 여긴다. Loevinger에 따르면, 양심적 단계를 넘어서기 위해서 개인은 개인차와 상황 복잡성을 인정하고 자신과 타인에 대해서 좀 더 관용적이어야 한다. 개인주의적 자아는 자신과 타인 모두의 자율성을 포용하고 존중한다. 사회적 역할에 근거한 정체성으로부터 거리를 둠에 따라, 도덕적 당위보다 내적 갈등이 중요한 문제로 대두된다. 개인적 주체성과 타인과의 정서적 의존성에 대한 관심이 모두 높아지면서 이들 간의 갈등을 경험할 수 있다. 외현적 현상보다 내면적 실체를 중시하고 내면적인 심리적 세계의 미묘함을 인식하면서 대인관계의 복잡성도 증가한다.

(8) 자율적 단계

자율적 단계(autonomous stage)의 특징은 앞 단계에서 느꼈던 양심의 강압적 요구로부터 자유로워지는 것이다. 이 단계의 사람들은 다양성을 종합하는 능력을 지니며 자율성의 한계를 인정할 뿐만 아니라 정서적 상호의존성의 불가피성 또한 인정한다. 자신의 능력과 역할에 한계가 있음을 직면하면서 자기수용이 심화된다. 자기실현이 주된 목표가 되며 내적 갈등(예: 개인적 욕구와 사회적 의무 간의 갈등)을 인식하고 대처하는 능력이 확대된다. 불확실성과 복잡성에 대한 감내력이 증가하고 양극성과 다면성을 수용하여 통합하는 능력이 증가한다.

(9) 통합적 단계

Loevinger에 따르면, 통합적 단계(integrated stage)에 도달하기는 매우 어렵다. 통합적 단계에서는 자신의 한계를 인정할 뿐만 아니라 원하지만 얻을 수 없는 것이 존재함을 겸허하게 수용하게 된다. 자아는 인생에 대한 지혜와 더불어 자기와 타인에 대한 자비를 지니게 되며 다양한 내면적 갈등을 자각하고 감내할 뿐 아니라 타협하고 조화시키는 능력을 갖는다. 이렇게 내면적 갈등을 조화롭게 해결하고 개체성을 충분히 발휘하는 것은 자기실현의 핵심으로서 자신의 운명과 화해하면서 충분히 발현된 자아정체감을 갖게 한다.

4) Levinson의 인생의 계절이론

미국의 심리학자인 Daniel Levinson(1920~1994)은

Daniel Levinson

긍정적 성인발달(positive adult development)의 창시자 중 한 명으로서 인생을 단계적인 변화과정으로 보았으며 각 단계마다 독특한 발달적 과제와 위기가 존재한다고 주장했다. 그는 근로자, 기업가, 학자, 예술가로서 직업활동에 종사하는 35~45세의 남성 40명을 대상으로 심층적 면접을 통해서 그들의 삶 전반에 대한 자료를 수집했다. 이러한 자료와 더불어 유명인들의 자서전을 분석한 결과를 통합하여 1978년에 『남자 인생의 계절(*The Seasons of a Man's Life*)』을 출간하면서 인생주기(seasons of life) 모델을 제시했다.

Levinson(1986; Levinson, Darrow, Klein, & Levinson, 1978)은 인생의 주기를 네 시기와 세 전환기를 포함해서 7단계로 구분했다. 즉, 성인이전 시기(0~22세), 성인전기(17~45세), 성인중기(40~65세), 성인후기(60세 이후)로 나누고 각 시기 사이에 세 번의 전환기, 즉 성인전기 전환기(17~22세), 성인중기 전환기(40~45세), 성인후기 전환기(60~65세)를 설정했다. 5년간에 걸친 전환기 동안에 이전 시기의 삶을 평가하고 통합하여 다음 시기를 설계하게 된다.

Levinson의 성인기 발달모델의 특징은 각 시기마다

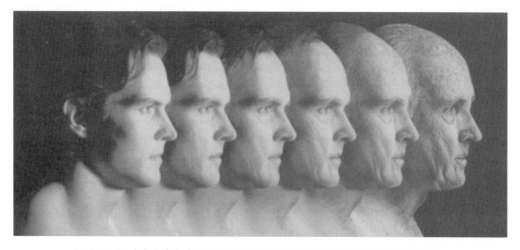

Levinson은 남자 인생의 변화과정을 네 시기와 세 전환기를 포함해 7단계로 구분했다.

개인이 영위하는 삶의 기본양식을 뜻하는 인생구조(life structure)를 가정하고 있다는 점이다. 인생구조는 "지금 내 삶은 어떠한 모습인가?"라는 의문에 대한 개인의 대답을 의미한다. Levinson은 개인이 중요성을 부여하는 사람들과의 관계, 결혼과 가족, 직업적 활동을 인생구조의 가장 중요한 요소로 설명하고 있다.

Levinson에 따르면, 각 시기의 인생구조는 연령이 증가함에 따라 일정한 단계를 통해서 형성된다. 각 시기의 인생구조는 구조가 형성되기 시작하는 초보인생구조(early life structure), 각 시기 내에서 구조가 변화하는 전환기(transition), 특정 시기 인생구조가 완성되는 절정인생구조(culminating life structure)의 세 단계로 발달한다. 이러한 원리에 따라 Levinson은 [그림 14-2]와 같이 17세부터 65세까지 9단계로 구성된 인생주기 모델을 제시했다. 그가 인생주기에서 25년에 해당하는 5번의 전환기를 설정한 것은 인생의 과정에서 경험하는 동요와 위기가 중요함을 의미한다.

(1) 성인전기의 인생구조

Levinson에 의하면, 성인전기는 꿈을 갖고 평생의

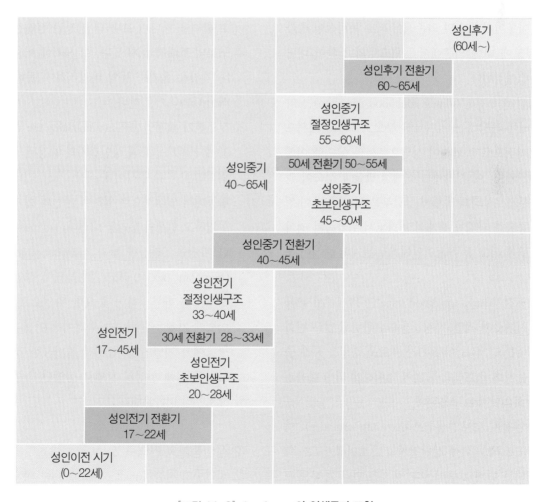

[그림 14-2] Levinson의 인생주기 모형

과업을 찾으며 일생 지속할 애정관계를 이루고 스승을 구하는 시기다. 꿈, 스승, 생애과업, 결혼이라는 네 가지 발달과업을 해결하는 양상은 성인전기의 성격발달이 이루어지는 과정을 보여 준다. Levinson(1978, 1986)은 인생주기 모형에 따라 성인전기의 성격발달 과정을 다음과 같이 구분하고 있다.

1) 성인이전 시기(pre-adulthood stage)는 출생 시부터 22세경까지의 시기로서 육체적·심리적 발달을 통해서 성인기를 준비하는 단계다. 이 단계는 영아기, 아동기, 청소년기를 포함하며 부모에 대한 의존상태에서 빠른 신체적·심리적 성숙을 이루게 된다. 점차적으로 성숙이 이루어지면서 덜 의존적이 되고 독립성이 증가한다. 부모에 대한 의존에서 독립으로의 전환이 대략 20세경에 성취된다.

2) 성인전기 전환기(early adulthood transition)는 약 17~22세에 해당하는 시기로서 부모로부터 경제적으로나 심리적으로 독립하여 성인으로서의 삶으로 이행하는 과도기다. 이 시기에는 신체적 발달과 성숙이 완결되고 부모로부터의 독립이 상당부분 성취된다. 이 전환기의 중요한 과제는 관계의 변화로서 원가족과 점차 거리를 두게 되고 친구나 연인에게로 관계의 중심이 옮겨 간다.

3) 성인전기(early adulthood stage)는 17세에서 45세 사이의 시기로서 직업, 사랑, 가족과 관련된 많은 변화가 일어나는 단계다. 이 시기는 새로운 경험을 통해 즐거움과 동시에 스트레스를 많이 경험하게 되며 다음과 같은 세 하위단계로 구분된다.

① 성인전기 초보인생구조(entry life structure): 약 20~28세 사이에 성인전기의 초보인생구조가 형성되는 단계로 들어선다. 이성을 만나 가정을 꾸리는 것과 직업의 선택은 초보인생구조를 구성하

는 대표적인 요인이다. Levinson은 성인전기 초보인생구조의 형성에 가장 큰 영향을 미치는 요인으로서 꿈과 스승(mentor)을 들고 있다. 꿈은 과업에 몰입하고 활력을 주는 성인전기 삶의 지표다. 스승과의 만남에서 시작되는 도제기간은 일뿐만 아니라 인생을 살아가는 모든 과정에 큰 영향을 미친다.

② 30세 전환기(age 30 transition): 약 28~33세 사이에 남자들은 지난 10여 년의 자신의 삶을 되돌아보며 자신이 해 온 일들이 적절했는지에 대해 의문을 제기함으로써 가벼운 위기를 경험하게 된다. 이 위기를 잘 극복하면 자신의 삶에 확신을 갖고 활력을 지니며 보다 더 안정된 성인전기 인생구조의 토대를 쌓게 된다. 이 시기에 이혼을 하거나 직장을 옮기는 등의 바람직하지 못한 적응양식이 나타나기도 한다.

③ 성인전기 절정인생구조(culminating life structure): 30세 전환기를 통해 성인전기의 안정된 구조가 확립되면 33~40세 사이에 직장, 가정, 기타의 사회활동에서 열성적으로 일하며 자신의 삶의 양식을 확립하고 인생의 뿌리를 내린다. Levinson은 이러한 과정을 '진정한 남자 되기(Becoming One's Own Man: BOOM)'라고 지칭하면서 성인전기 인생구조를 마무리하는 중요한 과업으로 여겼다. 이렇게 자신을 확립하는 과정에서 이전 초보인생구조에서 지녔던 꿈 중에서 불가능한 것을 포기하는 동시에 인생의 모델로 삼았던 스승을 마음으로부터 떠나보낸다.

(2) 성인중기의 인생구조

1) 성인중기 전환기(midlife transition)는 대체로 40~45세 사이에 해당하는 시기로서 지난날의 삶에 대한 의

문을 가지면서 시작된다. Levinson(1986)에 따르면, 성인중기로 전환하기 위해서는 청년기 이후에 지속되어 온 주요한 갈등들을 해결해야 한다. 이러한 갈등은 젊음을 지속하기 위해 노력할 것인지 아니면 자신이 중년임을 인정할 것인지, 남성적 특징인 독립의 욕구를 지향할 것인지 아니면 여성적 특징인 애착의 욕구를 지향할 것인지, 타인과의 관계를 심화시킬 것인지 아니면 자신만의 내면세계로 나아갈 것인지, 이러한 양극적 성향을 어떻게 통합시킬 것인지에 대한 의문을 포함한다. 약 80%의 남자들은 성인중기 전환기 동안에 불안과 정서적 동요를 경험하며 자기 삶의 가치에 대한 재평가를 시도한다. 성인중기 전환기의 위기는 개인적 영역을 넘어서 타인과의 관계 속으로 자신을 확장할 때 극복된다.

2) 성인중기(middle adulthood stage)는 40세부터 65세에 이르는 시기로서 성인중기 전환기의 위기를 극복하고 가정과 직장에서의 안정된 삶을 영위하면서 은퇴를 준비하는 시기에 해당한다. 이 시기는 인생의 최고 전성기를 구가하는 한편, 신체적 노화가 진행되면서 노년기의 삶을 준비하는 시기로서 다음과 같은 세 하위 단계로 구분된다.

① 인생중기 초보인생구조(entry life structure): 약 45~50세에 해당하는 시기로서 대부분의 사람들은 전 생애 동안 지속될 자신의 삶의 새로운 구조를 형성하게 된다. 가정에서 아내와 자녀와의 관계 재정립과 직장에서 과업수행 방식의 재조정은 이 단계에서 직면하게 되는 과업의 예다. 성인중기 초보인생구조가 성공적으로 정립되면 많은 결실을 거둘 수 있는 황금기로서의 중년기를 보내게 된다.

② 50세 전환기(age 50 transition): 약 50~55세에 해당하는 50세 전환기는 중년기 내에서 또 한 번의 위기를 경험하는 시기다. 성인중기 전환기에서 충분한 갈등을 경험하고 극복한 이후에 성인중기 초보인생구조 단계에서 비교적 확고한 인생구조를 확립한 경우에는 50세 전환기를 가볍게 넘어갈 수 있다. 그러나 성인중기 전환기에 충분한 갈등을 경험하지 않고 넘어간 사람들은 50세 전환기에 힘든 위기를 경험할 수 있다.

③ 성인중기 절정인생구조(culminating life structure): 대체로 55세에서 60세에 이르는 시기로서 중년기를 마무리하는 단계다. 정상적인 삶의 과정에서 이 단계는 한 개인이 그동안 펼쳐 놓은 자신의 인생을 정리하고 마무리하면서 완성하는 위대한 시기다.

(3) 성인후기의 인생구조

1) 성인후기 전환기(later adulthood transition)는 60세에서 65세 사이의 시기로서 성인중기에 누렸던 지위와 권력을 내려놓고 노년의 삶으로 이행하는 단계다. 60세 전후가 되면 육체적 노화가 현저하게 나타나고 친구, 가족, 또래가 질병을 얻거나 사망하는 일이 자주 발생하게 된다. 성인중기에 누렸던 권력과 영향력이 현저하게 감소하고 유능한 직업인으로서의 능력과 인정 역시 줄어들게 된다. 이 시기의 위기는 내면적인 생기와 젊음이 쇠퇴하고 자신이 늙고 초라한 존재로 변화하는 모습을 바라보아야 하는 것이다. 이러한 위기를 극복하기 위해서 성인후기에는 나름대로 활기를 유지할 수 있는 방법을 모색하는 과제에 직면하게 된다. 이 시기에는 신체적 노화, 직업적 은퇴, 사회적 무능, 질병, 가족 및 친구의 사망을 접해야 하는 외상적 경험을 겪게 된다.

2) 성인후기(later adulthood stage)는 60세 이후의 시기로서 직업에서의 공식적인 지위, 권력, 권위를 포기하는 단계다. 직장에서 은퇴하면서 같은 세대와의 인간

관계가 소원해지고 성인중기 세대와의 갈등이 증가할 위험이 있다. 그러므로 은퇴 후에 자신의 창의성을 발휘할 수 있는 가치 있는 일에 참여하는 것이 필요하며 자신의 개인적 생활과 사회적 관여의 균형을 유지하는 것이 중요하다. 이기적인 삶의 자세를 초월하여 자신의 능력과 지혜를 활용하여 타인과 사회를 위해서 공헌하는 것이 바람직하다. 이 시기의 주된 과제는 자신의 인생을 회고하면서 성공과 실패 경험을 성찰하고 여생을 가치 있게 보내는 것이다.

Levinson은 다양한 분야의 여성을 대상으로 심층면접을 통해 조사한 자료를 분석하여 1996년에 아내와 함께 『여자 인생의 계절(*The Seasons of a Woman's Life*)』을 발표했다. 그에 따르면, 남자와 여자의 주된

차이는 꿈, 즉 인생의 비전에 있다. 남자는 직업에 관한 꿈이 중요한 반면, 여자는 직업에 관한 꿈과 결혼 및 가족에 대한 꿈 사이에서 갈등한다. 성인전기 동안에 여자도 남자와 같은 인생구조를 형성해 나가지만 남자보다 갈등이 더 많고 덜 안정된 구조를 보인다. 특히 남자에게는 '진정한 남자 되기'가 성인전기의 가장 중요한 발달적 과제인 반면에, 여자의 경우는 인간관계와 애착형성을 바탕으로 성인전기의 인생구조를 형성해 가는 것으로 보인다. 그러나 20대와 30대 초반에 자신의 일과 결혼을 병행하여 자신의 꿈을 실현해 온 여자들이 결혼을 하지 않거나 자신의 능력을 발휘하지 못한 여자들에 비해 40세경에 더 만족스러운 성인전기 인생구조를 형성하는 것으로 나타났다.

 요약

1. 개인의 성격은 유전과 환경의 상호작용에 의해서 결정된다. 성격의 약 40%가 환경에 의해서 결정되는 것으로 추정되고 있으며, 성격에 대한 환경의 영향은 대부분 개인만이 독특하게 경험하는 비공유 환경에 의한 것이다. 유사한 유전자를 물려받고 같은 가정환경에서 자란 형제자매들의 성격이 각기 다른 것은 비공유 환경 때문이다.

2. 아동의 기질은 환경과 끊임없이 영향을 주고받는 상호작용을 하면서 성격형성에 영향을 미친다. 성격의 안정성을 확보하기 위해 기질이 환경과 상호작용하는 방식은 세 유형으로 구분될 수 있다. 아동이 기질에 따라 동일한 사건에 달리 행동하는 반응적 유형, 아동의 기질이 다른 사람으로부터 독특한 반응을 촉발하는 유발적 유형, 그리고 아동이 편안하게 느끼는 환경적 상황을 스스로 선택하는 전향적 유형이다.

3. 아동의 성격형성에 영향을 미치는 가정환경 요인으로는 부모와 자녀의 상호작용, 부모의 양육방식, 부모와 자녀의 애착유형, 어머니의 취업과 아버지의 부재, 형제자매관계, 가정의 사회경제적 계층 등이 있다. 아동의 성격형성에 강력한 영향을 미치는 부모의 양육행동은 애정과 통제의 정도에 따라 권위 있는 유형, 독재적 유형, 허용적 유형, 방임적 유형으로 구분된다. 애착관계는 어머니의 반응성이 중요한 영향을 미치며, 형제간 경쟁과 출생순서도 아동의 성격형성에 영향을 미치게 된다.

4. 학령기에 접어든 아동의 경우, 학교장면에서 발생하는 교사나 또래들과의 관계경험이 아동의 성격형성에 많은 영향을 미친다. 아동에 대한 교사의 생각, 기대, 태도, 행동은 아동의 심리적 발달에 중요한 영향을 미친다. 또래와의 상호작용은

아동의 사회성 발달뿐만 아니라 성격, 정서, 인지의 발달에 커다란 영향을 미친다. 초등학교 고학년의 자기존중감은 학업능력과 친구관계에 의해 가장 큰 영향을 받는 것으로 보고되었다.

5. 청년기는 신체적·심리적·사회적 변화가 급증하는 발달단계로서 성격발달에 매우 중요한 시기다. 청소년기에는 급격한 신체적 변화로 자기상에 대한 관심이 증가할 뿐만 아니라 개인적 신화와 상상된 청중의 자아중심성이 나타난다. 또한 청년기에는 자기개념이 다양한 영역으로 세분화될 뿐만 아니라 이상적 자기와 가능한 자기가 새로운 차원으로 등장하여 갈등과 혼란이 증가한다.

6. Erickson은 청년기 발달의 핵심을 자아정체성의 형성이라고 보았다. 자기 존재에 대한 혼란을 경험하는 정체성 위기를 극복하고 통합된 자기정체성을 형성하는 것이 청년기의 중요한 발달과제다. Marcia는 청년기의 자아정체성 지위를 네 유형, 즉 정체성 성취, 정체성 유실, 정체성 유예, 정체성 혼미로 구분했다.

7. 최근에는 성격이 전 생애에 걸쳐서 발달하고 변화한다는 관점이 제기되고 있다. 장기종단적 연구에 따르면, 성격의 발달은 20~40세에 가장 활발하게 일어나며 50세경에 가장 안정된 상태를 유지하지만 결코 고정된 상태에 도달하지 않는다. 전 생애에 걸친 성격의 발달과정을 설명하는 주요한 이론으로는 Erikson의 심리사회적 발달이론, Loevinger의 자아발달이론, Levinson의 인생주기이론이 있다.

제15장
성격과 문화–한국인의 성격

1. 성격에 대한 문화의 영향

인간의 성격은 유전과 환경의 합작품이다. 문화(文化)는 인간을 만물의 영장으로 만드는 중요한 환경적 요인이다. 문화는 인류의 역사를 통해서 조상들이 축적한 삶의 유산으로서 언어, 지식, 관습, 사회제도, 도덕, 종교를 포함한다. 유전이 인간 심성의 하드웨어를 결정한다면, 그 소프트웨어는 문화에 의해서 채워진다고 할 수 있다.

만약 신생아가 늑대소년의 경우처럼 인간사회가 아닌 동물집단 속에서 성장하게 된다면, 과연 어떤 심성의 소유자가 될까? 늑대소년의 사례처럼, 인간 문화를 접하지 못한 아이는 언어와 지식을 배우지 못할 뿐만 아니라 자신의 충동을 조절하고 대인관계를 형성할 수 있는 기본적인 적응능력조차 갖추지 못한다. 이러한 사례는 문화가 인간의 성격형성에 미치는 강력한 영향을 보여 주고 있다.

또한 우리가 미국 뉴욕의 중심부나 아마존의 정글에서 태어나 성장했다면 어떤 심성의 소유자가 되었을까? 자연환경의 물리적 특성뿐만 아니라 언어, 관습, 생활습관, 가치관, 행동방식이 현저하게 다른 환경에서 성장할 경우에는 우리의 심성 역시 현저하게 달라질 것이다. 문화는 인간에 의해서 만들어지고 세대를 통해 전달되어 온 인위적인 삶의 방식을 뜻한다. 문화는 사회화과정을 통해서 미숙한 신생아를 고도의 지식과 세련된 사회적 능력을 갖춘 현대인으로 성장시키는 환경이다. 본능적 욕구와 독특한 기질만을 갖고 태어나는 동물적 존재로서의 신생아가 많은 지식을 지니고 복잡한 사고를 하며 예의바른 행동양식을 지닌 세련된 인간으로 성장하는 것은 문화의 영향이라고 할 수 있다.

동일한 문화 속에서 살아가는 사람들은 문화가 개인의 성격에 미치는 영향을 체감하기 어렵다. 문화가 같은 집단의 구성원에게 공통적인 영향을 미치고 있기

문화는 성격형성의 바탕을 제공한다.

때문에 그 영향력을 체감하지 못하는 것이다. 동일한 환경에서는 개인마다 각기 다른 환경과 성격의 개인차에 주목하게 될 뿐 구성원의 공통적 속성을 인식하기 어렵다. 문화는 마치 물고기에게 물과 같은 것이어서 평소에는 그 중요성을 인식하지 못하지만 매 순간 우리의 삶에 강력한 영향을 미치고 있다.

1) 성격형성의 배경으로서의 문화: 개인 속의 집단적 특성

성격은 유전과 환경의 상호작용에 의해서 결정된다. 유전은 기질을 통해서 개인이 환경과 상호작용하는 독특한 성향에 영향을 미친다. 그러나 유전과 기질은 성격의 기본적인 반응성향에 영향을 미칠 뿐이며 성격의 구체적 속성과 내용(예: 가치관, 습관, 정서표현 방식, 사고방식 등)을 결정하는 것은 후천적인 경험이다.

문화는 개인의 성격이 형성되는 환경적 바탕이다. 문화라는 바탕 위에서 다양한 심리사회적 요인들이 개인의 성격형성에 영향을 미친다. 문화는 특정한 집단의 구성원들이 공유하는 가치, 신념 및 규범으로서 어떤 행동이 중요하고 바람직한 것인지를 결정한다. 문화는 남자와 여자의 성역할을 규정함으로써 개인의 성격과 정체성에 영향을 미친다. 이처럼 문화는 요람에서 무덤까지 개인이 배우고 생각하고 행동하는 모든 방식을 통해서 개인의 성격형성에 강력한 영향을 미치게 된다.

문화는 구성원들이 공유하는 환경으로서 성격의 개

인차에는 제한적인 영향을 미치지만 개인의 집단 공유적 특성을 형성한다. 같은 문화에서 태어나 성장한 사람들은 공통적인 성격특질을 공유하게 된다. 개인의 성격은 인류의 보편적 심성과 개인만의 고유한 특성뿐만 아니라 그가 성장한 사회와 문화의 집단적 특성을 포함하고 있다. 개인의 성격에는 유구한 세월 동안 인류가 겪어 온 진화의 흔적이 남아있을 뿐만 아니라 그가 속한 국가와 민족의 역사가 담겨져 있으며 가족의 역사와 그만의 독특한 성장사가 담겨 있다. 이 장에서 살펴보고자 하는 것은 문화가 성격에 미치는 영향으로서 개인의 집단 공유적 특성에 관한 것이다. 개인의 성격을 이해하기 위해서는 그가 성장해 온 문화와 사회의 특성을 살펴보는 것이 매우 중요하다.

2) 문화심리학: 문화와 성격의 관계 연구

(1) 문화심리학 또는 비교문화심리학

심리학은 인간의 행동과 정신과정에 영향을 미치는 보편적 원리와 법칙을 탐구하는 학문이다. 현대 심리학은 19세기 후반 서구사회에서 시작되었다. 그리고 지난 한 세기 동안 주로 서구인을 대상으로 하여 서구심리학자에 의해 심리학의 이론이 발전해 왔다. 이렇게 발전된 심리학의 이론은 모든 인간에게 적용되는 보편적인 원리와 법칙을 설명하고 있는 것으로 간주되었다.

그러나 서구심리학의 보편성에 대한 회의가 제기되었다. 기존의 심리학에서 주장하는 많은 원리가 서구인을 대상으로 하여 밝혀진 것이기 때문에 다른 문화권에 살고 있는 사람들에게 적용하는 데에는 한계가 있다는 것이다. 심리학 이론의 대부분은 주로 미국 대학생을 피험자로 한 연구를 통해 정립된 것으로서 전 세계 인구의 1%에도 미치지 못하는 일부 사람에게서 검증된 이론을 보편적인 것으로 여기는 것은 잘못이라는 견해

가 제기되기도 했다(Kim, 2000). 특히 개인주의적인 성향이 강한 미국의 중산층 백인 대학생을 대상으로 밝혀진 심리학의 원리는 관계중심적인 인간관을 지니고 있는 문화권에 그대로 적용되기는 어렵다는 주장이 제기되었다(조긍호, 2003).

서구심리학에 대한 회의와 반성은 인간의 행동과 심성에 대한 문화의 영향을 탐구하는 것이 필요하다는 인식을 촉진하게 되었다. 최근에는 문화심리학(cultural psychology), 비교문화 심리학(cross-cultural psychology), 토착심리학(indigenous psychology)이라는 명칭 아래 인간의 행동에 대한 문화의 영향을 연구하는 학문분야가 발전하게 되었으며 21세기 심리학의 주요한 관심사로 떠오르고 있다(최상진, 2000).

(2) 문화와 성격에 대한 연구

심리학의 창시자인 Wilhelm Wundt는 심리학의 주된 과제 중의 하나로 집단의 심리적 특성, 즉 국민성의 연구를 제시한 바 있다. 또한 성격심리학자들은 초기부터 문화가 개인의 심리에 미치는 영향에 대해서 깊은 관심을 지녔다(Allport, 1961). 20세기 초반에는 문화인류학과 행동주의 심리학의 영향으로 심리학계에 문화와 성격의 관계, 즉 문화가 개인의 성격과 행동패턴에 어떤 영향을 미치는지에 대한 관심이 드높았다.

'문화와 성격' 분야는 다음과 같은 세 개의 핵심적 명제를 지니고 많은 연구를 진행했다(Church & Ortiz, 2005). (1) 각 문화는 독특한 정서적 분위기(ethos)를 가지고 있으며, 그 문화의 모든 구성원은 그러한 정서를 내면화하고 그에 따른 공통적인 성격구조를 발달시킨다. (2) 강력한 문화적 영향에 의해 조성되는 아동기 경험은 성인기 성격패턴을 예측하게 해 준다. (3) 각 문화에서 흔하게 나타나는 성인의 성격특성은 문화의 내용, 조직의 구조, 역사적·사회적 변화, 정신병리 등에 직

접적인 영향을 미친다.

그러나 제2차 세계대전을 계기로 '국민성(national character)'이라는 문제성을 지닌 개념을 통해서 세계 열강들은 전쟁 상대국 국민의 부정적인 특성을 부각시켜 악의적 선전과 매도를 자행했다. 일부 패권주의 국가들은 피지배 국가의 국민성을 부정적인 것으로 매도하면서 자신의 점령과 지배를 정당화하기도 했다. 이러한 과정에서 문화와 성격 연구는 정치에 악용되었을 뿐만 아니라 연구방법론의 한계가 부각되면서 위축되었다(Benet-Martinez, 2007).

1990년대에 성격과 문화의 관계에 대한 연구가 부활하여 현재 성격심리학의 중요한 연구영역을 형성하고 있다. 이렇게 성격과 문화의 관계에 대한 관심이 부활한 이유는 다음과 같다(Church, 2001). (1) 성격이 환경의 맥락 속에서 표출되는 행동으로 재정의됨으로써 성격이 행동으로 표현되는 맥락으로서 문화의 이해가 중요해졌다. 문화를 이해해야만 개인의 성격이 어떤 행동으로 표현되는지를 예측할 수 있다. (2) 성격의 5요인 이론이 개인차를 설명하는 모델로 널리 수용됨에 따라 성격의 문화 간 비교를 할 수 있는 공통된 기준이 제시되었다. (3) 생태, 문화, 성격을 연결할 수 있는 이론적 틀로서 개인주의와 집단주의의 개념이 부각되었다. (4) 이민자가 늘어나고 국제적 교류가 증가하면서 여러 나라에서 다양한 문화를 이해하려는 다문화 운동이 활발해졌다. (5) 여러 문화가 지니고 있는 개념과 언어의 차이, 그리고 측정의 동질성에 대한 의문을 해결할 수 있는 통계적 분석방법이 발전했다. (6) 과학적 연구 활동의 세계화를 통해서 비교문화적 연구를 좀 더 쉽게 할 수 있는 협동적 연구분위기가 조성되었다.

 인간발달의 생태학적 체계이론

인간은 가족, 공동체, 국가와 같은 다양한 환경에 의해서 영향을 받는다. 러시아 출신의 미국 심리학자인 Urie Bronfenbrenner(1979)는 인간발달에 영향을 미치는 다양한 환경을 체계적으로 분류한 생태학적 체계이론 (ecological systems theory)을 제시했다. 그는 인간발달을 사회문화적 관점에서 이해하고자 했으며 특히 아동 발달에 영향을 미치는 환경의 수준을 정교하게 분류하여 제시했다. 그에 따르면, 아동의 발달에 영향을 미치는 환경은 5가지의 체계, 즉 미시체계, 중간체계, 외체계, 거시체계, 시간체계로 구분할 수 있다(정옥분, 2014).

미시체계(microsystem)는 아동에게 직접적인 영향을 미치는 환경적 요인으로서 아동이 살고 있는 가정과 학교의 물리적 특성뿐만 아니라 아동의 가족, 친구, 학교, 이웃을 포함한다. 아동이 살고 있는 집의 크기, 근처에 있는 운동장의 시설물, 학교 도서관에 구비된 장서의 크기 등과 같은 물리적 특성을 포함한다. 또한 아동의 가족, 친구, 학교, 이웃의 사회경제적 지위, 부모의 교육수준, 교사의 정치적 신념을 포함한다. 미시체계 내에서 아동은 환경적 대상과 직접적인 상호작용이 이루어진다.

중간체계(mesosystem)는 미시체계들의 연결로서 아동에게 새로운 경험을 제공하는 활동이나 사건을 뜻한다. 예를 들어, 휴일의 가족 모임, 부모와 교사의 관계, 이웃친구와의 관계, 종교적 행사가 이에 해당한다. 아동의 환경을 구성하는 미시체계들 간의 관계가 원활하여 긍정적인 중간체계가 제공될수록 아동의 발달은 순조롭게 이루어진다. 아동발달을 좀 더 체계적으로 이해하기 위해서는 가족, 친구, 학교, 교회 등과 같은 다양한 중간체계 상황에서 아동이 어떤 상호작용을 하는지 관찰하는 것이 중요하다.

　　외체계(exosystem)는 아동이 직접 참여하지는 않지만 아동에게 영향을 미치는 사회적 환경을 의미한다. 정부기관, 사회복지기관, 교육위원회, 대중매체, 직업세계 등이다. 예컨대, 부모의 직장상사는 부모가 어디에서 언제 일할지, 얼마를 벌지, 언제 휴가를 갈 수 있을지를 결정한다. 학교정책을 결정하는 교육제도는 아동에게 중요한 의미를 갖는 외체계 요인이다.

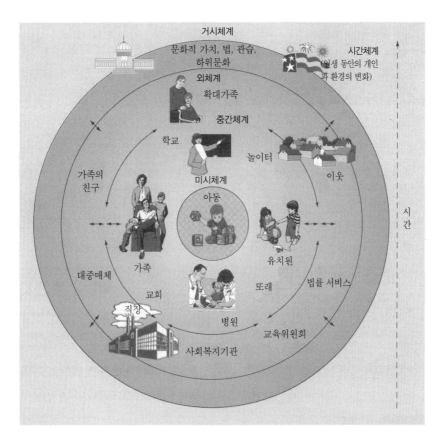

[그림 15-1]　**아동발달의 생태체계**

　　거시체계(macrosystem)는 미시체계, 중간체계, 외체계의 모든 요소를 포함하여 개인이 살고 있는 모든 문화적 환경을 포함한다. 문화란 한 세대에서 다음 세대로 전수되는 행동유형, 신념, 관습 등을 의미한다. 아동이 속해 있는 사회문화적 배경은 아동의 성격발달에 영향을 미친다. 거시체계는 다른 체계보다 더 안정적이지만 때로는 사회변화에 따라 변할 수 있다. 거시체계는 아동의 삶에 직접적으로 개입하지 않으나 간접적으로 매우 강력한 영향을 미친다. 이러한 거시체계에는 사회관습, 가치관, 유행, 성역할, 아름다움의 기준 등이 포함된다.

　　시간체계(chronosystem)는 시간의 흐름에 따라 개인의 생애에 걸쳐 일어나는 개인적·환경적 변화를 의미한다. 아동이 성장함에 따라 겪게 되는 외적인 사건들(예: 부모의 죽음이나 이혼)이나 내적인 사건들(예: 심리적 변화, 우울증)이 시간체계를 구성한다. 이처럼 시간의 경과와 더불어 연속적으로 일어나는 사건들이 누적되어 아동발달에 영향을 미치게 된다.

3) 성격과 문화의 관계

(1) 성격특질과 문화

성격형성에 있어서 유전의 영향력은 매우 강력하다. 외향성이나 신경과민성과 같은 주요한 성격특질은 상당부분 유전적 요인에 의해서 강력한 영향을 받는다. 이처럼 유전의 영향력이 강하다고 해서 환경의 영향을 받지 않는다는 것은 아니다. 유전자의 유전형(genotype)이 표현형(phenotype)으로 발현되는 데에는 환경적 요인이 핵심적인 역할을 하기 때문이다.

성격과 문화의 관계를 연구하는 심리학자들의 관점은 크게 유전형적 견해와 표현형적 견해로 구분될 수 있다. 이들은 성격특질을 정의하는 방식과 더불어 성격특질의 문화적·유전적 기반에 대한 관점이 현저하게 다르다.

유전형적 견해(genotypic view)를 지닌 연구자들(McCrae & Costa, 1996; McCrae et al., 2000)은 성격특질을 선천적으로 유전된 기본적인 경향으로 정의하면서 문화와는 무관한 것이라고 주장한다. 이들은 선천적이고 생물학적 기반을 지닌 특질이라는 점에서 성격의 5요인을 기본적 경향(basic tendency)이라고 지칭하면서 다른 성격적 측면과 구별하고 있다. 이러한 기본적 경향이 후천적 경험과의 상호작용을 통해서 발달하게 되는 습관, 가치, 신념, 목표, 자기정체성 등은 특징적 적응(characteristic adaptation)이라는 용어로 지칭하고 있다. 이들에 따르면, 특징적 적응은 문화에 의해서 형성되지만 성격의 5요인은 문화의 영향을 받지 않는다. 따라서 성격의 5요인은 모든 문화에 보편적이다.

표현형적 견해(phenotypic view)를 지닌 심리학자들(Saucier & Goldberg, 1996)은 성격을 유전적 성향과 더불어 사회문화적 맥락에서 나타나는 특징적 적응 모두를 반영하는 관찰 가능한 모든 행동적 규칙성이라고 정

의하고 있다. 이러한 견해는 성격특질의 사회인지적·언어적 기반을 중시한다. 이들의 주장에 따르면, 성격의 5요인은 성격을 기술하는 어휘에 근거하여 도출된 성격의 분류이므로 그 언어를 사용하는 문화로부터 자유로울 수 없다. 성격의 5요인 이론과 같이 어휘를 통해 도출된 성격특질은 특정한 언어에서 성격을 기술하는 방식을 반영한다. 그러한 특질이 중요한 성격차원으로 도출된 것은 특정한 언어를 사용하는 문화권에서 중요한 것으로 평가되기 때문이다. 따라서 문화는 성격특질 및 행동적 표현과 더불어 성격의 구조와 차원에 영향을 미치는 독립변인으로 간주되어야 한다. 성격질문지에 대한 개인적 반응을 통해서 측정되는 성격의 구조와 차원은 관찰될 수 있는 반응, 즉 성격의 표현형을 반영하는 것으로서 그것이 유전에 의한 것인지 문화에 의한 것인지는 중요하지 않다.

성격에 대한 문화심리학적 입장을 지닌 연구자들에 따르면, "문화 없이는 성격도 없다." 성격은 환경에 대한 평가와 반응에 영향을 미치는 정서적·동기적·인지적 성향으로서 그러한 성격이 발달하고 표현되는 사회적·문화적 맥락과 분리할 수 없는 것이다. 문화는 성격이 발달하고 관찰되며 의미가 부여될 뿐만 아니라 보편적 성격특질의 존재가 의심을 받게 되는 환경적 맥락을 제공한다. 성격의 5요인은 대체로 여러 문화에서 공통적인 것으로 확인되었지만, 그것은 여러 문화권의 사람들이 성격을 지각하고 기술하는 전형적인 방식에 공통성이 있다는 것을 의미할 뿐 실제로 공통적인 성격특질을 지니고 있다는 것을 의미하는 것은 아니다.

(2) 정서와 문화

정서를 경험하고 표현하는 패턴은 성격의 중요한 측면이다. Russell(1983)은 비교문화연구를 통해서 중국, 일본, 크로아티아, 캐나다 사람들이 다양한 정서의 유

사성을 판단하는 방식이 매우 공통적임을 발견했다. 여러 문화권의 사람들은 다양한 정서를 유쾌성-불쾌성과 각성-이완의 두 차원에 근거하여 평가하는 공통성을 나타냈다. 다른 연구(Watson, Clark, & Tellegen, 1984)에서도 정서구조가 문화권 간에 다소의 차이는 있지만 대체로 상당히 유사하다는 것을 발견했다. 또한 사람들은 다른 문화권의 구성원들에 의해서 표현된 감정을 매우 정확하게 인식했다(Ekman et al., 1987). 이러한 연구 결과는 정서의 표현과 인식이 생물학적으로 결정되는 것으로서 인류보편적임을 시사한다.

　그러나 정서의 인식과 표현이 문화권에 따라 다르다는 연구결과도 보고되고 있다. Masuda 등(2006)은 표적 얼굴을 여러 배경 얼굴과 함께 제시하고 그 표적 얼굴의 표정을 인식하려는 피험자의 시각적 초점을 추적하는 방법을 사용하여 미국인과 일본인의 반응을 비교했다. 그 결과, 미국인과 일본인은 표적 얼굴의 표정을 대체로 비슷하게 인식했지만 표정을 인식하는 과정에서 차이를 나타냈다. 미국인의 시선은 신속하게 표적 얼굴에 고정된 반면, 일본인의 시선은 표적 얼굴과 배경 얼굴 사이를 번갈아 오고갔다. 이러한 결과는 표정의 인식은 매우 유사하지만 그 인식과정에 문화차가 있음을 시사한다.

　Mauro, Sato와 Tucker(1992)는 미국인, 중국인, 홍콩인을 대상으로 14개의 정서를 제시하고 다양한 차원에서 평가하게 했다. 그 결과, 14개 정서에 대한 쾌감성, 주의집중성, 확실성 등의 기본적 차원에서는 미국인, 중국인, 홍콩인이 매우 유사한 평가를 했지만 통제, 책임감, 예상된 노력과 같은 복잡한 차원은 현저하게 달랐다. 이러한 결과는 정서 평가의 기본적 측면은 보편적이지만 세부적 측면은 문화권에 따라 다르다는 것을 의미한다.

　Scollon 등(2005)은 자부심(pride)에 대한 문화차를 발견했다. 자부심이 유럽인에게는 긍정 정서로 여겨지지만, 아시아인이나 인도인에게는 긍정 정서와 부정 정서를 모두 포함하는 것으로 인식되었다. Kitayama, Markus와 Kurokawa(2000)에 따르면, 미국인들은 행복감을 대인관계와는 별개의 긍정 정서로 인식하는 반면, 일본인들은 행복감을 대인관계와 밀접하게 연결된 긍정 정서로 여겼다. 또한 미국인은 긍정 정서의 경험과 표현을 중국인보다 더 바람직하고 적절한 것으로 여겼다(Diener, Suh, Smith, & Shao, 1995). 일본인은 미국인보다 아무런 정서를 느끼지 않을 때가 많다고 더 자주 보고한다(Mesquita & Karasawa, 2002).

　Oishi와 동료들(Oishi, Diener, Scollon, & Biswas-Diener, 2004)은 인도, 일본, 미국 등 여러 문화권에서 경험표집법을 사용하여 정서경험의 상황 간 일관성을 조사했다. 전반적으로 여러 문화권 간의 유사성이 발견되었으나, 특정한 대인관계 상황이 정서에 영향을 미치는 정도가 문화권에 따라 상당히 달랐다. 일본인은 혼자 있을 때와 친구와 함께 있을 때의 정서 차이가 미국인에 비해서 더 컸다. 이들에 따르면, 정서 경험의 개인 간 차이(예: 누가 더 행복하고 불행한가?)는 주로 개인의 기질과 생물학적 요인에 의해 결정되는 반면, 개인 내 차이(예: 언제 즐겁고 우울한가?)는 문화적 요인에 의해서 영향을 받는다. 달리 말하면, 정서의 평균수준은 유전과 생물학적 요인에 의해서 결정되는 반면, 정서의 조건부(if-then) 패턴은 주로 문화적 요인에 의해서 영향을 받는다.

(3) 인지와 문화

　성격의 중요한 요소인 사고방식도 문화에 의해 많은 영향을 받는다. Heine와 Lehman(1995)에 따르면, 미국을 비롯한 북미 사람들은 동아시아 사람들보다 더 낙관주의적이다. Nisbett(2004)도 북미 사람들과 동아시아 사람들의 사고방식에 차이가 있음을 발견했다. 유학의 전통을 지닌 동아시아 사람들은 모순을 잘 견디고 관용하는 반면, 미국인들은 모순에 예민하다. 그에 따르면, 유교적 사고는 전체적이고 변증법적인 반면, 서양적 사고는 분석적이고 추론적이다.

또한 북미와 서유럽 사람들은 동아시아 사람들보다 긍정 정서와 부정 정서의 관계가 반비례적이라고 생각한다(Schimmack, Oishi, & Diener, 2002). 유교 전통의 동아시아 사람들은 서양 사람들보다 긍정 정서와 부정 정서가 더 독립적인 것으로 인식한다. 이와 마찬가지로, 아시아 사람들이 자신의 긍정적 측면과 부정적 측면을 모두 인정하는 반면, 유럽 사람들은 자기의 긍정적·부정적 측면 중 한 측면만 인정하려는 경향이 있다(Spencer-Rodgers, Peng, Wang, & Hou, 2004).

자기개념에서도 문화차가 발견되었다. Schmitt와 Allik(2005)는 53개국 사람들을 대상으로 자기존중감을 조사한 결과, 동아시아 사람들이 다른 나라에 비해서 자기존중감이 낮았으며 특히 일본 사람들이 가장 낮은 것으로 나타났다. 일본에서 태어났지만 캐나다로 이주하여 성장한 일본인들은 일본에서 성장한 후 현재 캐나다에 살고 있는 일본인보다 자기존중감이 더 높았다(Heine & Lehman, 2004). 그러나 캐나다에서 살고 있는 일본인들은 일본에서 성장해 일본에서 살고 있는 일본인들보다 자기존중감이 높았다. 또한 Twenge와 Crocker(2002)에 따르면, 아시아계 미국인들이 유럽계 미국인들보다 자기존중감이 낮았다. 일본인들은 미국인들보다 타인으로부터 주어지는 부정적인 피드백을 더 잘 수용했다(Ross, Heine, Wilson, & Sugimori, 2005).

자기보고형 척도를 통해서 측정한 외현적 자기존중감에서는 일본인들이 미국인들보다 낮은 것으로 나타났지만, 암묵적 연상검사나 글자명명 선호검사와 같은 암묵적 자기개념을 측정한 연구에서는 북미인들과 일본인들 간의 차이가 발견되지 않았다(Kitayama & Karasawa, 1997; Yamaguchi et al., 2007). 이러한 결과는 외현적 자기존중감에서 나타나는 문화차가 자부심과 자기존중감을 사회적으로 바람직한 것으로 여기는지에 대한 문화차에 기인한 것으로 보인다. 북미인에 비해서 아시아인들은 자신에 대한 긍정적 평가나 보고를 억제하는 경향이 있다. 자기존중감에 대한 외현적 측정도구에서는 문화차가 나타나지만, 내현적 척도에서 그 차이가 작아지는 이유에 대해서는 아직 분명하게 밝혀진 바가 없다.

자기개념의 명료성과 일관성에서도 문화차가 존재하는 것으로 나타났다. 캐나다인들은 일본인들보다 '나는 누구인가' 하는 물음에 대해서 더 명료한 인식을 지니는 것으로 보고되었다(Campbell et al., 1996). 그리고 Suh(2002)에 따르면, 한국인들은 미국인들보다 자기기술의 일관성이 낮았다. 한국인들은 미국인들에 비해서 다른 사람에게 보여 주어야 할 역할에 대한 기대가 더 강하고, 성격의 솔직한 표현을 관찰할 수 있는 기회가 제한되어 있으며, 성격과 행동 간의 연결이 약한 것으로 나타났다.

2. 개인주의 문화와 집단주의 문화

1) 다양한 문화를 구분하는 네 차원

문화는 매우 다양하고 복합적인 요소로 구성되어 있기 때문에 단순히 지역, 역사, 종족에 따라 구분하기 어렵다. 네덜란드인 사회심리학자 Geert Hofstede (1980, 1991, 2001)는 실증적인 연구자료에 근거하여 세계 여러 국가의 문화를 권력거리, 개인주의-집단주의, 남성성-여성성, 불확실성 회피의 네 차원으로 분류할

Geert Hofstede

수 있다고 주장했다. 그는 다국적 기업인 IBM에 근무하는 66개국 11만 7,000명의 종업원을 대상으로 작업목표와 가치에 관한 조사를 실시했다. 연구대상은 학력, 연령, 근로조건이 대체로 비슷했지만 단지 국적만 다르기 때문에 이들이 나타내는 차이는 문화의 차이를 반영한다고 볼 수 있다. 응답자의 자료를 요인분석한 결과, 문화의 차이를 잘 나타내는 네 개의 차원, 즉 권력거리, 개인주의–집단주의, 남성성–여성성, 불확실성 회피가 도출되었다.

권력거리(power distance)는 사회 내에 존재하는 권력분포의 불평등 지표로서 상급자와 하급자 간의 권력 차이, 즉 불평등의 정도를 나타낸다. 구체적으로, 조직의 하급자가 조직의 권력이 불평등하게 분포되어 있다고 인정하고 기대하는 정도를 의미한다. 세계 여러 국가들은 '평등 문화 대 불평등 문화' 양극의 연속선 상에서 분류될 수 있다.

개인주의(individualism)는 개인이 집단에 통합되어 있는 정도를 뜻한다. 개인주의 문화에서는 개인들 간의 유대가 느슨하며 자신과 직계가족을 돌보도록 기대된다. 반면에, 집단주의(collectivism) 문화에서는 개인이 출생 시부터 강한 응집력을 지닌 집단(흔히 확대가족)에 통합되어 보호받는 대신 집단에 대한 충성이 요구된다. 여러 국가들은 개인주의 대 집단주의 문화의 연속선 상에서 구분될 수 있다.

남성성(masculinity)은 자기주장, 경쟁, 물질적 성취와 같은 남성적 가치를 선호하는 정도를 뜻한다. 남성적 문화에서는 주장적이고 경쟁적인 가치가 지배적인 반면, 여성적 문화에서는 겸손과 보살핌과 관련된 가치가 강조된다. 남성적 문화 대 여성적 문화의 정도에 따라 여러 국가들을 분류할 수 있다.

불확실성 회피(uncertainty avoidance)는 불확실하거나 판단하기 어려운 상황에 대해서 위협을 느끼며 회피하는 정도를 뜻한다. 즉, 사회가 모호함이나 불확실함을 감내하는 정도를 의미한다. 불확실성 회피 문화에서는 구성원들이 비구조화된 상황에서 불편감을 더 많이 느낀다. 세계 여러 나라를 불확실성 회피 대 수용 문화로 분류할 수 있다.

이처럼 Hofstede(1980, 1991, 2001)는 여러 나라의 문화를 권력거리, 개인주의–집단주의, 남성성–여성성, 불확실성 회피의 네 차원으로 분류했을 뿐만 아니라 그러한 문화적 차원을 점수화할 수 있는 측정도구로서 가치조사모듈(Value Survey Module)을 제시했다. 이러한 문화차원과 측정도구를 제시함으로써 그는 문화 간의 상대적 비교를 가능하게 했을 뿐만 아니라 문화적 차원과 성격의 관계를 비롯한 다양한 연구를 할 수 있는 기반을 마련하는 데 기여했다.

2) 문화와 성격특질의 관계

여러 문화권의 사회 구성원들은 성격특질이 비슷할까 아니면 문화권마다 다를까? Hofstede가 제시한 네 문화차원은 성격 5요인과 어떤 연관성을 지니고 있을

| 표 15-1 | 성격 5요인과 문화점수의 상관계수 |

문화차원	신경과민성(N)	외향성(E)	개방성(O)	우호성(A)	성실성(C)
권력거리		-.57**	-.39*		.52**
개인주의		.64***			
남성성	.57**		.40*	-.36*	
불확실성 회피	.58**			-.55**	

출처: Hofstede & McCrae(2004).

까? 만약 문화차원과 성격특질 간의 관련성이 있다면, 어떤 문화적 차원에 의해서 어떤 성격특질이 영향을 받은 것일까?

Hofstede와 McCrae(2004)는 IBM에 근무하는 33개국(아시아국가 11개국, 북미 2개국, 아프리카 2개국, 유럽 18개국)의 직원을 대상으로 성격의 5요인(NEO-PI-R로 측정)과 문화의 네 차원 간의 관계를 조사하였다. 〈표 15-1〉에 제시되어 있듯이, 문화유형과 성격특질은 유의미한 관계를 지니는 것으로 나타났다. 우선, 권력거리가 클수록, 즉 불평등 문화일수록 구성원들은 외향성과 우호성이 낮은 반면, 성실성은 높았다. 개인주의가 강한 문화일수록 구성원들의 외향성이 높은 것으로 나타났다. 아울러 남성성이 강한 문화일수록, 신경과민성과 개방성은 높았으나 우호성이 낮았다. 불확실성 회피가 강한 문화일수록, 신경과민성이 높은 반면, 우호성은 낮은 것으로 나타났다.

〈표 15-1〉에 제시된 문화차원과 성격특질의 상관계수는 서로의 상관적 관계를 나타낼 뿐 인과관계를 의미하지는 않는다. Hofstede와 McCrae(2004)는 문화차원이 성격특질에 영향을 미친다고 가정할 경우에, 어떤 문화차원이 어떤 성격특질에 어느 정도의 영향을 미치는지 분석했다. 네 문화차원을 예측변인으로 하고 성격 5요인을 종속변인으로 한 위계적 회귀분석을 한 결과

가 〈표 15-2〉에 제시되어 있다.

문화적 특성을 통해서 구성원의 성격특질을 유의미하게 예측할 수 있는 것으로 나타났다. 우선, 문화의 불확실성 회피와 남성성 수준을 통해서 구성원들이 나타내는 신경과민성의 변량 55%를 설명할 수 있었다. 이러한 결과는 신경과민성의 높고 낮음은 개인이 속한 문화의 불확실성 회피와 남성성 수준에 의해서 상당부분 설명될 수 있음을 의미한다.

외향성은 강한 개인주의와 낮은 남성성(즉, 높은 여성성)에 의해서 변량의 46%가 설명되었다. 개인주의가 강한 반면, 여성성은 높은 문화에서는 구성원들이 외향적 성격을 지닐 가능성이 높다는 것을 시사한다.

개방성은 높은 남성성과 불확실성 회피 그리고 낮은 권력거리에 의해서 변량의 36%가 설명되었다. 그리고 우호성은 낮은 불확실성 회피에 의해서, 그리고 성실성은 높은 권력거리에 의해서 유의미하게 설명되었다.

3) 개인주의 대 집단주의 문화

Hofstede가 제시한 문화의 네 차원 중에서 연구자들의 가장 큰 관심을 받은 것은 개인주의-집단주의 차원이었다. 개인주의-집단주의 차원은 문화의 차이를 가장 잘 드러내는 것으로 주목을 받았으며 지난 30여 년

표 15-2	문화차원이 성격 5요인을 예측하는 회귀분석 결과	

종속변인	예측변인	누적 설명변량(*Adj. R²*)
신경과민성(N)	불확실성 회피(+)	.31
	남성성(+)	.55
외향성(E)	개인주의(+)	.39
	남성성(−)	.46
개방성(O)	남성성(+)	.13
	권력거리(−)	.29
	불확실성 회피(+)	.36
우호성(A)	불확실성 회피(−)	.28
성실성(C)	권력거리(+)	.24

출처: Hofstede & McCrae(2004).

동안 많은 비교문화 연구를 촉발했다.

　Hofstede에 따르면, 개인주의는 개인 간의 연계성이 느슨한 문화적 특성을 말한다. 이러한 문화에서 대다수 사람들은 자기 자신과 자기의 직계가족만을 돌보면 되는 것으로 여기며 그 이상의 사회구성원에 대한 연결의식이 약하다. 반면에, 집단주의 문화에서는 개인이 태어날 때부터 결속력이 높은 가족과 공동체에 통합되며 평생 동안 개인은 집단으로부터 보호를 받는다.

　Triandis(1988, 1990)는 개인주의와 집단주의 특성을 요약하여 제시한 바 있다. 그에 따르면, 개인주의 문화는 독립성과 자립성, 집단과의 거리유지, 성취와 경쟁, 쾌락추구를 강조하는 반면, 집단주의 문화는 상호의존성, 사회성, 가족통합, 집단과의 연대의식을 강조하는 사회체계라고 할 수 있다. 이러한 개인주의와 집단주의 문화는 구성원들의 자기관과 인간관 그리고 인간관계에 영향을 미치는 것으로 알려져 있다.

개인주의와 집단주의 문화는 개인과 집단의 관계에서 차이를 나타낸다.

(1) 자기관

개인주의와 집단주의 문화는 구성원들이 자신을 바라보는 관점에 영향을 미친다. Markus와 Kitayama (1991)에 따르면, 개인주의 문화에서는 구성원들이 독립적 자기관(independent self-construal)을 지니는 반면, 집단주의 문화에서는 상호의존적 자기관(interdependent self-construal)을 갖는다. 이러한 자기관의 차이는 인지, 정서, 동기의 차이를 유발한다.

독립적 자기관의 핵심적 요소는 자신을 자율적이고 독립적인 존재로 파악한다는 것이다. 자신에 대해서 개인주의적, 자기중심적, 분리적, 자율적, 개별적, 자기만족적인 태도를 지닌다. 독립적 자기관을 지닌 사람들은 내면적 속성, 자기와 타인을 구분 짓는 명확한 경계, 자기만족과 선택의 자유, 탈맥락적이고 추상화된 자기관을 강조한다.

반면에, 상호의존적 자기관은 자기의 상호의존적이며 공적인 요소에 초점을 맞춘다. 이러한 자기관을 지닌 사람들은 타인중심적, 총체적, 집단적, 사회중심적, 조화추구적, 관계적인 태도를 지닌다. 아울러 맥락과 상황, 지위와 역할, 내면적 제약, 타인중심적 지향, 사회적 조화, 집단의 복지를 중시한다.

Kagitcibasi(1990, 1996)는 개인주의와 집단주의 문화의 자기관을 분리적 자기(separated self)와 관계적 자기(relational self)로 개념화하였다. 그에 따르면, 개인주의와 집단주의 문화는 내집단 구성원들로부터 분리를 지향하는지 아니면 내집단 구성원들과의 결합을 지향하는지에 근본적인 차이가 있다. 개인주의 문화에서는 고립되고 독립적인 분리적 자기관을 지니는 반면, 집단주의 문화에서는 상호의존적이고 조화추구적인 관계적 자기관을 갖게 된다.

개인주의 사회에서는 개인을 자율적이고 독립적이며 상황과의 분리를 추구하는 존재로 보는 반면, 집단주의 사회에서는 개인을 타인과의 연결 속에서 상호의존적인 존재로 파악하고 사회생활에서 타인의 영향을 강조한다. 개인주의와 집단주의는 구성원들이 '나(I)'의 자기개념을 지니는가 아니면 '우리(we)'의 자기개념을 지니는가와 관련되어 있다. 집단주의 문화에서는 '우리'를 자주 사용하는 반면, 개인주의 문화에서는 '나'를 많이 사용한다(Triandis & Suh, 2002).

개인주의 문화일수록 사람들은 선택의 자유를 추구하며 독특한 존재가 되기를 원했다(Kim & Markus, 1999). 유럽계의 미국인 아동들은 그들에게 선택권이 주어졌을 때 높은 동기를 나타낸 반면, 권위자나 다른 사람이 그들을 위해 대신 선택을 해 주면 동기가 저하되었다. 반면에, 아시아계의 미국인 아동들은 오히려 개인적 선택권이 주어졌을 때 동기가 저하되었으며 신뢰할 수 있는 권위적 인물이나 다른 사람이 선택을 해 주었을 때 동기와 수행이 증가했다(Iyengar & Lepper, 1999).

(2) 인간관

개인주의-집단주의 문화는 인간 존재에 대한 관점과 사회 안정의 기반에 대해서 차이를 나타낸다(Markus & Kitayama, 1991). 개인주의 문화는 개인중심적인 인간관에 근거하고 있으며 인간을 독립적이고 자율적인 존재로 생각한다. 사회 안정은 구성원 개인의 안정과 만족에 기초한다고 본다. 따라서 개인은 일관된 안정성을 지닌 존재로서 역할과 상황이 달라지더라도 자기 행동의 일관성을 유지하려고 한다.

반면에, 집단주의 문화는 관계중심적인 인간관을 지니며 인간을 타인과의 관계, 즉 사회적 연결 속에서 살아가는 상호의존적 존재로 여긴다. 따라서 사회 안정을 위해서는 구성원 개인의 만족보다 사회적 관계의 안정을 더 중시한다. 그렇기 때문에 사회적 역할과 상황이 달라지면 그에 맞추어 자신의 행동을 적절하게 변화시키는 것이 중요하다.

집단주의 문화에서는 구성원들이 환경을 상당히 고정된 것(예: 안정된 규범, 의무)으로 여기는 대신 자신은 변화할 수 있는 존재로서 자신을 환경에 맞추어야 한다고 생각한다(Chiu et al., 1997; Hong et al., 2001). 반면에, 개인주의 문화의 구성원들은 자신을 고정된 것(예: 안정된 성격, 가치관, 권리)으로 보고 환경을 변화시킬 수 있는 것으로 여긴다. 따라서 직장에 만족하지 못하면 자신을 바꿔 적응하기보다 직업을 바꾸는 선택을 하는 경향이 있다.

개인주의와 집단주의 문화는 선호하는 인간의 모습에 있어서도 차이를 보인다. 개인주의 문화에서는 '좋은 사람(good person)'의 특성으로 유능성이나 주장성과 같이 성취나 경쟁에 도움이 되는 특성들이 가장 높은 빈도로 보고되었다. 반면에, 집단주의 문화에서는 신뢰성, 정직성, 관대성과 같이 집단적 활동에 도움이 되는 성격특성이 좋은 사람의 특성으로 높이 평가되었다(Chatman & Barsade, 1995).

(3) 인간관계

개인주의와 집단주의 문화는 구성원들의 인간관계에도 강력한 영향을 미친다. 집단주의 사회에서는 사회의 궁극적 단위를 사람 사이의 관계 또는 이러한 관계의 원형인 가족과 같은 일차집단이라고 본다. 반면에, 개인주의 사회에서는 사회의 기본단위를 독립적인 개인으로 여기며 사회는 이러한 개인들의 집합에 불과하다고 본다. 그렇기 때문에 집단주의 문화에서 개인은 출생이나 결혼에 의해 당연한 권리로 집단에 소속되는 반면, 개인주의 문화에서 조건이나 절차를 충족시켜 회원자격을 얻어야 집단에 소속할 수 있다. 집단주의 문화에서는 새로운 집단에 들어가기 위해서 특별한 기술

을 발달시킬 필요가 없는 반면, 개인주의 문화에서는 그러한 기술과 능력을 획득하기 위해 노력해야 한다(Cohen, 1991).

집단주의에서는 구성원들이 친밀하고 장기적인 관계를 형성하는 반면, 개인주의에서는 단기적이고 덜 친밀한 관계를 형성하는 경향이 있다(Verma, 1992). 집단주의 문화는 장기적인 시간 전망을 가지고 상대방과의 조화추구나 상대방에 대한 신뢰에 기초하여 비등가적인 가치의 자원을 교환하는 관계를 특징으로 한다. 반면에, 개인주의 문화는 단기적인 시간 전망을 가지고 등가적인 경제적 가치의 자원을 공정한 관계나 자기이익 추구라는 관점에서 합의된 계약에 기초하여 교환하는 관계를 특징으로 한다.

집단주의 문화에서는 개인주의 문화에 비해서 간접적이고 체면을 살려주는 의사소통을 한다(Holtgraves, 1997). Lin(1997)에 따르면, 중국과 같은 집단주의 문화에서 의사소통의 모호함은 도움이 될 수 있지만 지나친 분명함은 오히려 제재의 대상이 된다. 중국인들은 공무원에게 그가 잘못한 것을 분명하게 지적하면 불이익을 받는 경향이 있다. 중국인들은 솔직한 사람을 찬양하지만 모방하지는 않는다.

집단주의 문화에서는 다른 사람의 행동이나 생각에 의해서 더 강한 영향을 받는 경향이 있다(Cialdini et al., 1999). 집단주의 문화의 구성원들은 "당신의 동료들이 모두 동의했다"는 식의 사회적 증거에 의해 자신의 의견을 정하거나 바꾸는 반면에, 개인주의 문화에서는 구성원들이 "당신은 과거에 비슷한 요청에 동의했었다"는 식의 일관성 또는 헌신의 증거에 의해서 더 많은 영향을 받았다.

집단주의 문화에서는 정서도 인간관계와 밀접하게 연결되어 있으며 그러한 관계의 상태를 반영한다(Mesquita, 2001). 개인주의 문화에서는 정서를 자기초

점적 방식으로 제시하는 반면, 집단주의 문화에서는 관계초점적 방식으로 제시하는 경향이 있다. 예컨대, 미국인들은 긍정적 정서로서 '탁월함, 자부심, 세계 최고'와 같은 개인적 감정을 보고하는 반면, 일본인은 '우정, 친밀감, 존경심'과 같이 대인관계적 감정을 긍정적 정서로 제시했다(Kitayama et al., 2000). 또한 개인주의 문화에서는 개인의 주관적 정서가 삶의 만족도를 예측하는 강력한 요인인 반면, 집단주의 문화에서는 타인의 인정과 같은 사회적 요인이 더 중요한 것으로 나타났다(Suh et al., 1998). 개인주의 문화의 구성원들은 집단주의 문화에 비해서 개인의 정서적 요인(예: 사랑의

감정)이 결혼과 같은 중요한 선택을 하는 데 더 결정적인 역할을 했다(Levine et al., 1995).

3. 문화와 남녀의 성격 차이

인간을 구분하는 가장 중요한 기준은 성별, 즉 남자와 여자의 구분이다. 남자와 여자는 신체적인 구조와 기능이 다를 뿐만 아니라 심리적인 측면에서도 많은 차이를 지니고 있다. 『화성에서 온 남자, 금성에서 온 여자 (*Men are from Mars, Women are from Venus*)』(Gray,

남자와 여자는 다양한 심리적 측면에서 차이를 나타낸다.

1993)라는 책의 제목처럼, 남자와 여자는 다른 행성에서 온 종족이라고 여길 만큼 서로 다르다. 이러한 성차는 12장에서 살펴보았듯이 유전적 요인에 기인할 뿐만 아니라 그 많은 부분이 문화의 영향에 의한 것이다.

1) 남녀의 심리적 차이

남자와 여자의 성차는 출생 직후부터 나타난다. 신생아의 경우, 남아는 여아보다 깨어 있는 시간이 길고, 신체 운동량이 많으며, 더 많이 보채고, 활동수준이 높다. 반대로 여아는 남아보다 더 조용하며, 다른 사람과의 눈맞춤을 더 많이 한다(Alexander & Wilcox, 2012; Hittelman & Dickes, 1979).

전반적으로 여아는 언어능력이 남아보다 더 빨리 발달한다. 1세경의 여아는 남아에 비해서 발성량이 더 많고 어휘발달도 더 빠르다. 아동기부터 청년기에 이르기까지 어휘력, 독해력, 언어유창성 등이 평균적으로 남아보다 더 높다.

학령전 아동의 경우에 성차는 놀이에서도 현저하게 나타난다. 남아는 로봇, 총, 칼, 자동차, 비행기와 같은 장난감을 좋아할 뿐만 아니라 운동량이 많고 대근육을 많이 사용하는 활동적이고 공격적인 놀이를 선호한다. 반대로 여아는 인형놀이, 옷 입히기, 소꿉놀이와 같이 보살핌과 관련된 정적인 활동을 좋아한다(Eisenberg et al., 1984; Fagot & Leinbach, 1983). 일반적으로 아동의 놀이에서 남아는 여아보다 더 높은 공격성을 나타내는데, 이러한 차이는 청년기까지 지속된다.

정서적 교감능력에서도 남자와 여자는 다르다. 4~5세경부터 여아는 남아에 비해서 타인의 감정에 대한 공감 반응이 더 많으며, 정서적 표현 역시 더 깊고 다양하게 나타난다. 전반적으로 여아는 남아보다 정서적 민감성과 표현력이 높으며 이러한 경향은 성인기까지 지속된다. 아울러 여아는 남아보다 두려움과 조심성이 많으며 모험심이 낮다.

이상에서 소개한 성차는 생물학적 요인에 의한 것일 수 있지만 상당 부분 문화적 요인의 영향에 의한 것이다. 부모는 자녀가 아들이냐 딸이냐에 따라 상당히 다른 양육방식을 선택한다. MacDonald와 Parke(1986)에 따르면, 부모는 아기가 갓 태어났을 때부터 남아와 여아를 다루는 방식에서 차이를 나타낸다. 부모는 2세경부터 자녀에게 사주는 옷, 장신구, 장난감, 권장하는 놀이와 같은 여러 영역에서 성차를 나타낸다(Fagot & Leinbach, 1983, 1987). 유아원이나 유치원의 보모나 교사들도 남아에게는 남성적인 놀이와 공격적인 활동을 하게 하는 반면, 여아에게는 여성적인 놀이와 정서적인 활동을 제공한다(Carter & McKloskey, 1984). 특히 대부분의 문화에서는 남아가 여성적인 놀이나 활동을 하는 것을 철저하게 금하는 경향이 있다(Martin, 1990).

아동이 자주 접하는 TV, 광고, 영화 등의 각종 대중매체 역시 성차를 촉진하는 기능을 한다. 일반적으로 대중매체들은 전통적이며 고정적인 성역할을 보여 주는 경향이 있다. TV를 많이 보는 아동일수록 성역할 고정관념이 높은 경향이 있다는 보고가 있다(Signorielli, 1989). 또한 아동들은 동화나 이야기책의 내용에서도 성역할의 차이를 접하게 된다(Purcell & Stewart, 1990). 이처럼 다양한 대중매체나 교육매체는 성차를 촉진하는 기능을 하게 된다.

2) 성역할 발달과 고정관념

모든 사회와 문화는 남자와 여자의 성역할에 대한 관습과 기대를 지니고 있다. 개인은 자신이 속한 사회에서 기대하거나 요구하는 성역할을 학습하여 내면화하게 된다. 성역할(gender role)이란 남성 또는 여성에 따라 각기 달리 기대되는 행동양식을 의미한다. 아동이 자신의 성역할을 인식하고 이에 적합하게 행동하는 것은 사회화 과정의 중요한 부분이다. 아동은 인지적 능력이 발달함에 따라 남자와 여자의 구분을 명확하게 파악할 뿐만 아니라 부모를 비롯한 주위사람들이 성별에 따라 각기 다른 특성과 활동을 기대한다는 것을 인식하게 된다.

아동은 만 2세경이 되면 벌써 옷이나 장신구를 남성용과 여성용으로 구분해 낼 수 있다(Fagot et al., 1986). 그리고 3세경이 되면 장난감의 선호를 성별에 따라 구분하는 것이 가능하다(Weinraub & Brown, 1983). 4세경이 된 아동들은 청색과 갈색은 남자들이 선호하는 반면, 분홍색은 여자들이 선호하는 색깔이라는 것을 인식하게 된다(Picariello et al., 1990).

만 5세경이 되면, 아동은 성과 관련된 사회적 행동을 인식하기 시작한다. 이 무렵의 아동들은 남자들이 공격성과 지배성의 사회적 특징을 나타내는 반면, 여자들은 정서적이고 온화한 사회적 특성을 지닌다는 것을 인식하게 된다. 아동들은 주로 초등학교 시기에 성별에 따른 심리적 특징을 급속하게 습득하게 된다(Weinraub & Brown, 1983). 영국, 아일랜드, 미국의 아동을 대상으로 비교연구를 실시한 Best 등(1977)에 따르면, 세 나라 모두에서 아동이 4~5학년이 되면 여자는 약하고 정서적이며 애정적인 반면, 남자는 야심적이고 주장적이며 공격적이라는 인식을 나타냈다.

이처럼 성역할에 대한 문화의 기대와 요구는 성역할에 대한 고정관념을 유발할 수 있다. 성역할 고정관념(sex-role stereotype)이란 특정한 행위나 활동이 남성 또는 여성에게 배타적으로 적용된다는 믿음을 의미한다. 요리나 바느질은 여자만의 활동이기 때문에 남자가 그러한 활동을 해서는 안 된다고 생각하는 것은 성역할 고정관념의 대표적인 예다. 이러한 성역할 고정관념은

남자와 여자의 성격 차이를 유발하는 중요한 문화적 요인 중 하나다. 성역할 고정관념은 아동이 자신의 성별을 구분하는 것과 거의 비슷한 시기에 발달하기 시작하는 것으로 알려져 있다(Shaffer, 1993).

Gilligan(1987)에 따르면, 남자와 여자는 도덕성 판단 기준에서도 뚜렷한 차이를 나타낸다. 남자는 규칙과 정의의 추상적 원칙에 근거하여 정의의 도덕성(morality of justice)을 지니는 반면, 여자는 돌봄과 연민에 근거한 보살핌의 도덕성(morality of care)을 지니고 있다. 정의의 도덕성은 공정성을 옳고 그름의 기준으로 삼으며, 객관적 논리와 이성적 추론을 강조한다. 반면에, 보살핌의 도덕성은 자신과 타인의 상호연결성과 보편성을 강조한다. 도덕적으로 정당한 행위는 어떤 경우이든 폭력을 피하고 어려움에 처한 사람을 돕는 것이다. 이러한 도덕적 판단에서는 다른 사람에 대한 공감, 사랑, 돌봄과 연민과 같은 가치를 중시한다. 도덕성 판단기준의 성차 역시 상당 부분은 문화적 영향에 의한 것으로 여겨지고 있다.

3) 성격특질의 남녀 차이

남자와 여자는 성격특질, 즉 성격의 5요인에서도 차이를 나타내는 것으로 보고되고 있다. 일반적으로 신경과민성과 더불어 일반적인 불안수준은 여자가 남자보다 더 높다. 이러한 사실은 여러 연구에서 공통적으로 확인되고 있다(Feingold, 1994; Lynn & Martin, 1997). 여자는 남자보다 긍정적·부정적 정서 모두를 더 강하게 경험하는 것으로 보고되었다(Fujita, Diener, & Sandvik, 1991).

외향성에서는 전반적인 성차를 보이지 않지만 하위요인인 주장성에서는 남자가 더 높은 반면, 양육과 관련된 특질에서는 여자가 더 높다. 개방성의 경우에도 전반적인 성차는 보고되지 않지만, 남자는 이성적 개방성이 높

은 반면, 여자는 정서적 개방성이 높다. 우호성은 여러 연구에서 공통적으로 여자가 남자보다 높은 것으로 나타났다. 성실성의 경우에는 성차가 거의 없거나 여자가 남자보다 약간 더 높다는 보고가 있다(Feingold, 1994).

　26개국의 2만 3,000명을 대상으로 실시한 Costa, Terracciano와 McCrae(2001)의 연구결과에 따르면, 여자는 신경과민성과 우호성을 비롯하여 따뜻함과 감정에 대한 개방성에서 남자보다 높은 점수를 나타낸 반면, 남자는 주장성과 사고에 대한 개방성에서 더 높은 점수를 나타냈다. 그러나 성격특질의 성차는 동일한 성 내에서 나타나는 개인차에 비해 상대적으로 적었으며, 성차의 크기가 문화에 따라 다르게 나타났다. 전반적으로 성격특질의 성차는 성역할 고정관념과 일치하는 방향으로 나타났다.

4) 남녀의 성격 차이가 나타나는 이유: 유전 대 문화

　남자와 여자는 다양한 심리적 측면에서 서로 다른 것으로 밝혀지고 있다 이러한 성차를 유발하는 원인은 무엇일까? 남녀의 심리적 차이는 선천적인 것일까 아니면 후천적인 것일까? 후천적인 것이라면, 어떤 과정을 통해서 남녀의 차이가 형성되는 것일까?

(1) 생물사회적 이론
　생물사회적 이론(biosocial theory)에서는 남녀의 심리적 차이가 기본적으로 유전자나 성호르몬과 같은 생물학적 요인에 의해 결정된다고 주장한다. 이러한 입장을 주장하는 대표적 학자인 Money와 Ehrhardt(1972)에 따르면, 개인의 성정체성과 성역할 선호를 형성하는 과정에서 결정적인 영향을 미치는 생물학적 또는 사회적 사건들이 있다. 정자와 난자가 수정되어 성염색체의 결

합으로 태아의 성이 결정되는 순간부터 성호르몬의 분비에 의해서 신체적인 성적 특징이 발달하는 과정은 생물학적인 요인에 의해서 결정된다. 아울러 유전자 속에서는 성별에 따라 특정한 심리적 특성의 발달을 촉진하는 다양한 요소들이 포함되어 있다. 남녀의 성차는 기본적으로 생물학적 요인에 의해서 결정되지만, 이러한 성차는 사회적 요인에 의해서 변형될 수 있다. 성차를 결정하는 생물학적인 요인은 그것을 촉진하거나 억압하는 환경적 요인과 서로 영향을 주고받으면서 실제적인 성차를 만들어 낸다.

(2) 사회학습이론
　성차에 대한 환경적 영향을 강조하는 이론으로 사회학습이론이 있다. 사회학습이론(social learning theory)에 따르면, 심리적인 성차는 환경과 경험에 의해서 습득된 후천적인 행동양식이다. 대부분의 성역할은 사회화과정을 통해서 학습된 것이다. 가정에서 부모는 자녀에게 자신이 속해 있는 사회나 문화가 기대하는 역할 특성과 일치하는 행동을 강화하는 반면, 그와 일치하지 않는 행동은 억압한다. 또한 아동은 사회적으로 적합한 성역할 행동을 모방하고 동일시하는 과정을 통해서 성역할을 학습한다.

　부모는 아동이 성역할 정체성을 습득하기 전인 2세경부터 아동의 성에 적합한 행동은 격려하고 그렇지 않은 행동은 억제하는 경향을 나타낸다(Fagot & Leinbach, 1989). 특히 아버지들은 3~5세의 아동에게 성과 일치하는 장난감 놀이를 권장하는 반면, 반대 성의 장난감 놀이에 대해서는 강력한 제재를 가한다(Langlois & Downs, 1980). Kagan(1964)에 따르면, 5~6세의 아동은 일상생활에서 동성 부모의 행동과 사고방식을 비롯한 여러 심리적 특성에 대해서 유사성을 지각하고 그러한 특성을 모방한다. 또한 아동이 6~7세경에 성정체성

을 획득하게 되면 가족 이외의 동성 모델에 대해서 더 많은 주의를 기울이며 동성 모델의 행동을 더 많이 모방한다(Bandura, 1977). 이러한 사회학습이론의 관점에서는 성역할에 대한 개인의 태도나 행동은 환경과 경험에 따라 얼마든지 변화될 수 있는 가변적인 것이다(Bandura, 1989; Fagot, 1985).

(3) 인지발달이론

심리적 특성의 성차는 개인이 자신의 성에 대해서 지니는 인지적 요인에 의해서 영향을 받는다. Kohlberg (1966)에 따르면, 아동은 사회에서 제시하는 성역할을 수동적으로 받아들이는 것이 아니라 자신의 성에 적합한 지식을 적극적으로 구성함으로써 성역할에 대한 태도를 발달시킨다. 이러한 인지발달이론에 의하면, 아동이 3세경이 되면 최초로 자신을 남자 또는 여자로 범주화하는 인지적 능력을 통해서 성정체성(gender identity)을 발달시킨다. 4세경이 되면, 자신이 자라서 이후에 남자어른 또는 여자어른이 된다는 성안정성(gender stability)에 대한 인식이 발달한다. 5~6세경이 되면, 아동은 의복, 머리모양, 행동이 달라지더라도 성은 결코 변화하지 않는다는 성항상성(gender constancy)을 획득하게 된다. 입학 전 아동기부터 서서히 발달하는 성역할에 대한 아동의 이해는 초등학교에 입학할 무렵 발달하는 구체적 조작사고와 더불어 정교화된다(Kohlberg & Ullian, 1978).

성도식이론(gender schema theory)은 개인의 성역할 발달을 성도식의 형성과 정교화 과정으로 설명한다(Bem, 1987; Martin & Halverson, 1987). 성도식(gender schema)이란 성에 대한 신념과 기대를 반영하는 인지적 구조로서 개인이 성과 관련된 정보에 주의를 기울이고 이를 조직화하여 기억하는 데 영향을 미친다. 성도식이론에 따르면, 아동은 2~3세에 기본적인 성정체성

을 확립하게 되면 이를 바탕으로 성에 관한 여러 정보들을 학습하면서 성도식에 통합하게 된다. 아동은 여러 가지 대상이나 행동을 '남자 것'과 '여자 것'으로 구분하는 성도식을 발달시키게 되며, 이것은 자기성도식(own-sex schema)을 형성하는 기초가 된다. 아동이 자기성도식을 형성하게 되면, 자신의 성과 일치하는 활동에 흥미를 갖게 된다.

성도식은 성역할의 발달에 중요한 기능을 하게 된다. 첫째, 성도식은 아동이 성과 관련된 행동을 선택하거나 조절하는 데 영향을 미친다. 아동은 자기성도식에 근거하여 적합한 놀이를 선택하고 그렇지 않은 것은 배척하게 된다. 둘째, 성도식은 자기성도식에 맞는 정보에 선택적으로 주의를 기울이고 그러한 정보를 학습한다. 남아는 TV를 보더라도 스포츠나 전투 장면에 주의를 기울이는 반면, 여아는 정서적인 주제의 장면에 더 많은 관심을 보인다. 마지막으로, 성도식은 생활 속에서 접하는 여러 가지 사건의 의미를 추론하고 해석하는 데에 영향을 미친다. 여아가 아이를 업고 있는 것은 자연스러운 것으로 여기지만, 남아가 아이를 업고 있으면 특별한 일로 여기면서 다양한 의미를 부여하게 된다. 성도식이론은 개인이 자신의 성에 대해서 어떤 신념과 기대로 구성된 인지적 도식을 지니느냐가 개인의 성 관련 행동을 이해하는 핵심적 요인이라는 점을 강조하고 있다.

4. 한국문화와 한국인의 성격

한국인은 다른 나라 사람들과 구별되는 독특한 성격 특성을 지니고 있을까? 각 나라의 국민들이 나타내는 독특한 성격특징에 대해서 다양한 이야기들이 회자되고 있다. 서로 인접한 동북아시아 국가인 한국, 중국,

한국의 독특한 문화적 특성은 한국인의 심성에 영향을 미친다.

일본의 국민들은 각기 다른 성격특성을 지닌 것으로 이야기되고 있다. 예를 들어, 한국인은 '빨리빨리'라는 말로 대표되듯이 성격이 급하고 열정적이며, 중국은 '만만디(慢慢地)'로 묘사되듯이 여유롭고 신중한 반면, 일본인은 '조심조심'으로 대변되듯이 인사성이 바르고 조심성이 많은 것으로 이야기되고 있다. 이러한 언급은 학술적인 연구결과에 의한 것이 아니라 주변국가의 사람들과 접촉하면서 느낀 개인적 경험들을 반영한 것이다. 많은 사람이 공감하기 때문에 회자되는 이야기지만, 특정한 국가의 국민들이 지닌 성격특성을 일반화하는 것은 매우 위험한 일이다. 한국인도 한국인 나름이며 일본인도 일본인 나름이기 때문이다. 특히 16억의 인구를 지닌 중국인들의 극히 다양한 성격과 행동을 한두 가지의 성격특성으로 일반화할 수 없기 때문이다.

그러나 각 국가는 자연환경은 물론 역사와 전통 그리고 문화가 다르기 때문에 그러한 문화 속에서 성장한 국민들은 서로 다른 성격적 성향을 나타낼 수 있다. 문화심리학의 연구에서 한국은 중국, 일본과 함께 유교적 전통을 공유하는 집단주의 문화를 지닌 것으로 분류되고 있다(House et al., 2004; Schwartz, 1992). 과연 한국의 문화적 특성은 무엇이며 한국인의 성격적 독특성은 무엇일까? 이러한 물음에 답하기 위해서 노력한 여러 심리학자들의 연구결과를 살펴보기로 한다.

1) 한국문화의 특성

한국문화의 특징에 대해서는 여러 사회과학자들이 다양한 주장을 하고 있다. 최재석(1994)은 한국인의 일상생활에서 사용하는 언어와 생활양식을 근거로 하여 한국문화의 특징을 가족주의, 감투지향 의식, 상하서열 의식, 친소구분 의식, 공동체 지향 의식이라고 주장했다. 김경동(1993)은 사회조직에 초점을 맞추어 위계서열적 권위주의, 연고위주의 집합주의, 인정주의, 의례주의적 도덕성을 제시하면서 이러한 특성이 유교적 전통에 의한 것이라고 주장했다. 송호근(2003)은 한국인의 사회심리적 특성을 평등주의, 의사사회주의, 낙관주의, 권위주의, 이기적 자조주의, 독단주의, 가족주의, 연고주의, 엘리트주의, 국가중심주의로 지적하면서 역사적 발전과정에 의해 형성된 것으로 여겼다. 정수복(2007)은 시기적으로 개화기 이전의 종교사상과 문화전통에서 유래한 보다 근원적인 문화적 특성과 19세기 후반 서양의 근대화 영향으로 파생되어 나타난 문화적 특성을 구분하면서 전자에 해당하는 것으로 현세적 물질주의, 감정 우선주의, 가족주의, 연고주의, 권위주의,

한국은 어떤 문화에 속할까?

Hofstede는 세계 여러 나라의 문화를 네 개의 차원, 즉 권력거리, 개인주의-집단주의, 남성성-여성성, 불확실성 회피로 구분하고 있다. 한국은 이러한 네 가지 문화적 차원에 있어서 어떤 위치에 있을까? Hofstede(1991, 2001)의 연구자료에 의하면, 한국은 불평등 문화, 집단주의적 문화, 여성적 문화, 불확실성 회피 문화에 속한다.

Hofstede의 자료에 따르면, 한국은 권력거리 점수가 60점으로서 권력거리가 약간 큰 문화에 속했다. 점수 순위로는 66개국 중 27∼28위에 해당했다. 권력거리가 가장 작은 나라는 11점을 얻은 오스트리아였으며 가장 큰 나라는 104점의 말레이시아였다.

개인주의-집단주의 차원에서 한국은 18점으로 홍콩, 싱가포르, 대만, 일본과 같은 동아시아의 유교권 국가들과 함께 강한 집단주의 문화에 속하는 것으로 나타났다. 점수 순위로는 43위였다. 개인주의 문화의 극단에는 1위를 차지한 미국(91점)을 비롯하여 호주, 영국, 캐나다, 네덜란드와 같은 북미와 유럽 국가들이 포함되었다.

남성성-여성성 차원에서 한국은 39점으로서 상당히 여성적인 문화를 지닌 것으로 나타났다. 점수 순위는 66개국 중 41위였다. 가장 남성성이 강한 국가는 일본으로서 95점으로 1위를 차지했으며, 스웨덴은 5점으로서 여성적 문화의 극단에 속하는 것으로 나타났다.

한국은 불확실성 회피 차원에서 85점을 얻었으며 불확실성 회피 수준이 매우 높은 문화에 속하는 것으로 나타났다. 점수 순위는 16∼17위에 해당했다. 불확실성 회피가 가장 강한 국가는 112점을 얻어 1위를 차지한 그리스였으며, 싱가포르는 8점으로 불확실성 회피정도가 가장 낮은 것으로 나타났다.

갈등 회피주의를 제시했으며, 후자에는 감상적 민족주의, 국가중심주의, 속도지상주의, 근거없는 낙관주의, 수단방법 중심주의, 이중규범주의를 포함시켰다.

최근에 유민봉과 심형인(2013)은 한국사회의 문화적 특성을 문화합의이론에 근거하여 5개로 압축하여 제시하였다. 이들은 한국에 거주하면서 다수의 한국사람을 만나본 경험이 있는 다양한 직종의 외국인 43명을 대상으로 "한국에서 생활하면서 경험한 한국(또는 한국인)의 특성을 하나 또는 몇 개의 단어로 적어주십시오"라는 지시문을 제시하고 10개 응답을 해 주도록 요청했다. 이들의 다양한 반응을 63개 항목으로 정리하여

대졸 이상의 37명 내국인에게 이들을 유사한 것끼리 분류하도록 요청했다. 이렇게 분류된 자료를 다차원척도법과 네트워크분석기법을 사용하여 분석했다. 이러한 실증적 자료와 분석기법을 사용하여 유민봉과 심형인(2013)이 발견한 한국사회의 문화적 특성은 다음과 같다.

(1) 자기인식: 공적 자기의식

한국문화를 묘사하는 다양한 특성들을 몇 가지 묶음으로 구분할 수 있는데, 그중 하나는 '타인시선 의식' '타인과의 비교' '이미지 중시' '외모 중시' '유행 민

감' '대세를 따름' '눈치' '과시적임' '모호한 태도' '우회적 의사표현' '의사표현이 소극적임' 이다. 이러한 특성의 공통점은 다른 사람들이 자신을 어떻게 평가하고 생각하는지를 많이 의식한다는 점이다. 즉, 한국인들은 자신의 정체성을 다른 사람의 시선을 통해 확인하는 경향이 있으며 공적 자기의식이 강하다는 점을 보여 준다.

'나는 누구인가?' 는 자기개념에 대한 대표적인 물음이다. Mead(1934)는 자기를 개인의 신념과 충동에 의해 행동하는 '주체로서의 나(I)' 와 사회에 적응하고 사회의 요구를 대표하는 '객체로서의 나(me)' 로 구분하고 이들의 상호작용을 통해 자기가 형성된다고 보았다. 상징적 상호작용이론의 대표적 학자인 Mead는 자기를 개인이 속한 사회와의 상호작용을 통해 형성되는 것으로 여겼다. 따라서 I와 me의 균형은 문화권에 따라 달라질 수 있다. 일반적으로 서양문화에서는 주체로서의 나(I)가 강한 반면, 동양문화에서는 대상으로서의 나(me)가 더 강한 것으로 여겨지고 있다.

한국인이 타인의 시선을 많이 의식하고 타인과 비교를 많이 하는 공적 자기의식 성향은 '나는 누구인가?' 라는 물음에 대해서 다른 사람들의 평가를 많이 의식하는 것으로 이해할 수 있다. 즉, 한국인의 자기개념은 'I' 보다 'me' 에 의해 더 강하게 영향을 받는 것으로 추론할 수 있다. 이러한 한국인의 자기개념은 Fenigstein 등(1975)이 제시한 공적 자기의식(public self-consciousness)이 강하다고 할 수 있다. 이러한 공적 자기의식이 강한 사람들은 외모나 유행에 민감한 것으로 알려져 있다.

(2) 개인-집단 관계: 집단 중시

한국문화를 묘사하는 또 다른 범주에 속하는 단어들은 '끼리끼리' '학연·지연 중시' '가재는 게 편' '잘 뭉치는' '가족 중시' '관계 중시' '집단압력' '모임(회식, 경조사, 동문회 등) 중시' '타집단 배타적' 이다. 이러한 단어들은 한국사회의 '집단중시' 문화를 반영하는 것으로 볼 수 있다.

한국인은 학연·지연·혈연을 중심으로 한 내집단의 유대성이 강한 반면, 외집단에 대한 배타성이 강한 경향이 있다. 이러한 점은 혈연과 지연에 의한 1차적 집단 또는 내집단에 대한 소속감과 충성도가 높음을 의미한다. 그러나 동문회, 회식, 경조사 등을 중시하는 것은 이해관계를 중심으로 형성된 이차적 집단 내에서도 동문, 근무부서, 입사동기와 같은 공통적 속성을 기반으로 일차적 집단과 유사한 내집단을 형성하는 경향을 반영하는 것으로 해석될 수 있다. 이러한 점에서 한국인은 '우리' 로서의 소속감을 중시하는 것으로 보인다.

한국인들은 타인과 교류하지 않고 혼자서 살아가는 방식보다 타인과 함께 어울리며 살아가는 방식에 익숙하거나 그러한 압박감을 느끼는 것으로 이해할 수 있다. 한국사회에서 개인에게 가해지는 집단압력은 단순히 회식이나 경조사 참여뿐만 아니라 조직 구성원들 간의 유대를 강화하기 위한 가족동반 모임이나 기관차원의 이벤트 참여 그리고 조직 관행의 수용 등과 같이 매우 다양하다.

(3) 인간관계의 기반: 온정적 인간관계

한국사회의 문화적 특성 중 세 번째 범주에 속하는 단어들은 '정(情)' '친근한' '타인에게 관심 가지는' '배려' '조화' '협동' '겸손' 이다. 이러한 단어들의 묶음에는 '정' 이 중심에 자리 잡고 있으며 주로 대인관계에서 나타나는 특성들이 포함되어 있다. 이러한 단어들에 반영된 한국사회의 문화적 특성은 '온정적 인간관계' 라고 할 수 있으며 Hofstede(1980, 2001)의 남성성-여성성의 차원에서는 한국문화의 여성성을 반영하는 것으로 볼 수 있다.

Clark과 Mills(1979)는 이익을 주고받는 거래방식을 공유적 관계(communal relationship)와 교환적 관계(exchange relationship)로 구분한 바 있다. 공유적 관계에서는 상대의 욕구에 관심을 지니고 배려하지만 그것에 상응하는 대가를 기대하지 않으며 도움을 받은 사람역시 그에 상응하는 보상을 해야 한다는 의무감이나 부채감을 느끼지 않는다. 반면에, 교환적 관계에서는 'give and take'의 원칙이 공정하게 잘 지켜질 뿐만 아니라 서로에게 기대된다. 이러한 구분에 따르면, 한국인의 온정적 인간관계는 공유적 관계의 속성을 많이 지니는 것으로 볼 수 있다. 다만 Clark과 Mills(1979)가 제시한 공유적 관계가 공유하는 대상을 욕구나 행복과 같은 비금전적인 것까지 포함하고 있지만 주로 인지적 측면을 강조하는 반면, 온정적 인간관계는 정과 같이 정서적 교감이나 친밀감, 관심, 겸손과 같은 정서적 측면을 더 중시하고 있다.

(4) 사회의 권위구조: 위계성 중시

한국문화의 특성을 반영하는 단어의 묶음 중 하나는 '나이 중시' '연장자 우대' '가부장적' '보수적' '서열 중시' '계층적' '지위 중시' '명분 중시' '체면'이었다. 이러한 단어들의 묶음은 한국인이 위계성을 중시하는 특성을 반영하는 것으로 볼 수 있다. 한국인이 나이를 중시하여 연장자를 우대하는 가부장적인 관행을 중시하는 것은 한국의 유교적 전통과 연관된 것으로 여겨진다. 한국사회에서는 이러한 전통적 권위뿐만 아니라 개인적 노력에 의해 성취한 합리적-법적 권위가 함께 공존하고 있으며, 이러한 권위를 인정하고 중시한다는 점에서 한국문화는 권위에 근거한 수직적인 위계적 문화라고 할 수 있다.

사회의 권위구조를 나타내는 대표적인 개념은 Hofstede(1982, 1991)가 제시한 권력거리(power distance)라고 할 수 있다. 권력거리는 사회나 조직에서 상대적으로 힘이 약한 구성원이 권력의 불평등한 배분을 수용하는 정도를 의미한다. 권력거리가 큰 사회의 구성원은 위계질서 속에서 자신의 불평등한 위치를 당연한 것으로 받아들이고 지위가 높은 사람과 반대되는 입장을 취하는 것을 두려워한다. 이런 점에서 한국문화는 권력거리가 큰 불평등 문화에 속한다고 볼 수 있다. 실제로 Hofstede(1991, 1995)의 연구에서도 한국은 권력거리가 큰 것으로 나타났으며 66개국 중 27~28위에 해당했다.

(5) 사회의 보상구조: 결과 중시

마지막으로 한국문화를 기술하는 단어범주는 '결과 지향적' '성공 지향' '치열한' '경쟁적' '계산적' '돈(물질) 중시' '바쁜' '여유 없는' '서두르는(성급한)' '빨리빨리' '대충대충'과 같은 단어들을 포함하고 있다. 이러한 단어들의 연결망 중심에는 결과를 중시하는 가치와 결과를 달성하기 위한 행동적 특성들이 위치하고 있기 때문에 연구자들은 이러한 범주를 '결과 중시'로 명명했다.

한국사회의 결과 중시 특성은 사회적 보상이 목표달성 과정보다 성취한 결과에 의해서 이루어지기 때문에 나타나는 문화적 현상으로 이해할 수 있다. 한국사회를 설명할 때 빠지지 않고 등장하는 단어가 '빨리빨리' '다이내믹하다'는 표현이다. 실제 한국사회는 짧은 기간에 놀라운 경제발전을 이루어 냈고 최근 스포츠나 문화 예술 분야에서도 주목할 만한 성과를 보여 주었다. 이러한 성과는 성공을 위한 경쟁과 열정에 의해 뒷받침된 것이지만 결과를 중심으로 한 사회적 보상구조 때문이기도 하다. '모로 가도 서울만 가면 된다'는 속담처럼, 목표를 성취하는 수단이나 과정보다 목표달성의 결과가 더 중요하게 평가되고 보상되는 한국사회를 반영하는 것으로 볼 수 있다.

2) 한국문화의 역사적 배경

한국인의 심리적 특성은 어떻게 형성된 것일까? 한국문화는 한국인이 태어나서 교육받고 성장하는 과정에서 한국인의 심성에 중요한 영향을 미치게 된다. 따라서 한국인의 심리적 특성을 이해하기 위해서는 한국의 문화적 특성에 대한 이해가 필요하다(권석만, 1996a, 2013).

한국문화는 한국인이 한반도에서 반만년 동안 살아온 삶의 누적물이다. 한국문화는 주변국과의 교류를 통해서 외부문화의 유입과 통합 속에서 형성되어 온 역사적 산물이라고 할 수 있다. 따라서 한국인과 한국문화의 특성을 이해하기 위해서는 한국 역사와 각 시대를 주도했던 문화적 가치와 행동양식을 조명해 볼 필요가 있다.

한국인은 중앙아시아에 거주하던 우랄 알타이어족이 반만년 전에 한반도에 이주하여 정착한 것으로 여겨지고 있다. 삼국시대에 중국으로부터 불교가 유입되기 전까지는 주로 샤머니즘 문화가 한국인의 정신세계에 많은 영향을 미친 것으로 보인다. 인간의 운명을 초자연적인 영혼이나 자연물에 투사하여 의존함으로써 마음의 안정을 유지하려는 수동적 운명관이 샤머니즘 문화의 골자라고 할 수 있다. 샤머니즘은 한국인의 심성과 문화에 영향을 미친 최초의 토대라고 할 수 있다. 삼국시대 이래 유입된 외래 종교문화는 이러한 샤머니즘 문화와 혼합된 양상으로 나타나고 있다. 불교와 유교를 비롯하여 근대에 유입된 기독교 역시 초자연적인 영혼에 의지하는 기복신앙적 성격을 지니게 된 것은 한국의 샤머니즘 문화에 동화된 현상으로 이해되고 있다(김광

일, 1981). 서구의 합리주의적 교육을 받은 현대 한국인의 상당수가 불안한 상황에서는 점술, 사주, 기도, 축귀술에 의지하고 심지어 조상의 묏자리 이전과 같은 행동을 보이는 것은 한국인의 샤머니즘적 심성을 반영하는 것으로 이해될 수 있다.

삼국시대에 중국으로부터 유입된 불교 문화는 고려시대를 거치면서 한국인의 인생관과 행동규범에 심대한 영향을 미치게 된다. 삼국시대에 도입된 불교는 중국의 대승불교로서 개인의 해탈과 더불어 중생의 구제를 중요시하고 있다. 불교는 윤회사상, 인과업보의 사고방식, 자비희사의 정신, 개인적 수행방법 등을 통해 한국인의 정신세계에 커다란 영향을 미치게 되었다. 그러나 대중적인 한국불교는 불상숭배를 비롯하여 죽은 영혼을 인도하는 천도제나 사찰마다 존재하는 삼신각에서 볼 수 있듯이 초자연적 존재에 의존하는 기복신앙적인 성격이 강하다. 이러한 현상 역시 불교가 한국사회에 정착하면서 토착적인 샤머니즘과 복합되어 나타난 현상으로 볼 수 있다. 현재 한국인의 1/3은 불교를 자신의 종교로 받아들이고 있다.

고려말기에 유입되어 500여 년의 조선시대를 지배한 유교문화는 한국인의 심성과 행동에 강력한 영향을 미쳤다. 유교문화에서는 사회적 안정과 조화를 위하여 대인관계에서의 예(禮)를 강조하고 이를 위해서 감정과 욕구의 절제를 중시한다. 삼강오륜(三綱五倫)과 같은 유교적 행동규범은 조선시대에 한국인의 사회적 행동에 강한 영향을 미친 행동지침이었다. 또한 조선시대는 유교문화의 영향으로 집단주의적 문화가 확고하게 자리 잡게 된 시기다. 집단주의 문화에서는 상호의존성, 자기억제, 행위가변성의 측면을 강조하며 타인에의 관심과 배려, 소속집단에의 동조, 단결심, 겸양, 호감성(선량함, 온화함 등), 신뢰성(믿음직함, 건실함, 참을성 있음 등), 양보, 협동, 신중함, 과묵함, 노력 등의 특성을

상대적으로 높이 평가하게 된다(조긍호, 1995). 한국인의 심성을 연구한 대부분의 학자(윤태림, 1969; 조긍호, 1995, 2003; 차재호, 1994)는 한국인의 주요한 심리적 특성이 유교문화와 유학사상에 유래한 것이라는 점에 의견을 같이 하고 있다.

한국은 구한말, 일제강점기 그리고 해방 이후 현재에 이르는 지난 100년간에 걸쳐 서구문화가 급격하게 유입되었다. 특히 해방 이후 50년간 한국사회는 정치 경제적 격변을 겪으면서 한국인의 생활방식과 의식구조는 매우 다양하고 복잡한 양상을 띠게 되었다. 해방 이후 한국사회는 우익과 좌익의 사상적 분열과 대립, 민족분열과 남북한의 적대적 대립, 한국전쟁을 통한 골육상쟁, 군사독재정권과 경제부흥, 자유민주화 투쟁과 문민정권의 수립, IMF의 경제위기와 그 극복 그리고 현재 세계화와 정보산업사회로의 변화를 겪고 있다.

해방 이후에 유입된 서구문화는 크게 네 가지 측면에서 한국인의 정신세계에 영향을 미친 것으로 이해된다. 그 첫째는 과학기술문화로서 논리성, 합리성, 유물론, 실용주의로 대표되는 사상체계와 과학지식 및 기술문명은 한국인의 사고방식과 생활양식을 급격하게 변화시켰다. 두 번째 측면은 천주교와 기독교의 유입으로서 일신론적 세계관, 내세주의, 청교도적 가치관, 사회봉사정신 등이 한국인의 삶에 영향을 미치게 되었다. 현재 한국인의 약 1/3은 기독교 및 천주교 신자로 집계되고 있다. 서구문화의 세 번째 요소는 자본주의적 시장경제의 가치관이다. 돈과 재물에 의한 경쟁적 시장원리를 강조하는 이러한 서구적 사고방식은 물질만능주의, 경쟁과 효율을 중시하는 사고방식, 실리적이고 거래적인 대인관계 양상을 한국사회에 전파하게 되었다. 마지막으로 서구의 자유민주주의 사상과 개인주의 문화는 한국인의 의식구조와 행동양식에 커다란 영향을 미치게 된다. 개인의 자유와 평등을 중시하고 자율성과

자기주장을 강조하는 개인주의 문화는 수월성, 전문성, 외향성(다변, 솔직함, 모험적임, 사교적임 등), 주도성, 적극성, 자발성, 유능함, 창의성 등의 특성을 높이 평가한다(조긍호, 1995).

현대의 한국문화는 샤머니즘, 불교문화, 유교문화, 서구문화가 공존하면서 갈등과 통합의 과정에 있는 것으로 보인다. 또한 한국문화는 세대, 계층, 성별, 지역 등에 따른 하위문화로 구분될 수 있다. 일반적으로 젊은 세대일수록 서구문화의 영향을 많이 받는 반면, 나이가 많은 세대일수록 토착적 또는 동양적 문화의 영향을 많이 받은 것으로 생각된다. 한국사회는 집단주의 문화에서 개인주의 문화로 변모해 가고 있을 뿐만 아니라 권위주의적, 남성중심적 문화에서 탈권위주의적, 양성평등적 문화로 점진적인 변화를 나타내고 있다.

3) 한국인의 성격특성 – 한국인의 심성

한국인은 어떤 심성의 소유자들일까? 한국인은 어떤 성격적 특성을 지니고 있을까? 한국인의 심성은 다른 나라 사람들과 비교했을 때 어떤 점에서 차이가 있을까? 한 나라의 국민성을 밝히는 일은 매우 어려운 일이다. 현재 약 5,000만 명(남북한 인구를 합하면 약 7,000만 명)에 달하는 한국인에게 공통적으로 나타나는 심리적 특성을 찾아내는 일은 극히 어려운 일이다. 한국인은 나이, 성별, 계층, 교육수준, 거주지역 등에 따라 매우 다른 심리적 특성을 나타낼 뿐만 아니라 개인마다 커다란 성격적 차이를 나타내고 있기 때문이다. 그러나 일반적으로 국민성은 한 국가에 살고 있는 사람들에게서 가장 흔히 발견되는 대표적이고 평균적인 성격이라고 규정된다. 한국인의 국민성이나 심리적 특성에 관한 체계적인 연구자료는 많지 않으나 몇몇 심리학자에 의해서 이에 관한 연구가 이루어져 왔다.

(1) 한국인의 심리적 특징

윤태림(1969)은 한국인이 지니는 사고방식의 특징으로 지나친 감수성(감정의 우위), 과거에의 집착(보수성), 권위주의(열등의식), 체면(형식주의), 공리적 경향(현세중심)을 제시한 바 있다. 이규태(1983)는 한국인의 심리적 특성으로 열등의식, 서열의식, 상향의식, 집단의식, 은폐의식, 금욕의식, 가족의식, 체면의식, 내향의식, 공공의식 등을 열거하고 있다.

한국인의 가치관과 국민성에 대해서 집중적인 관심을 보여 온 대표적인 학자는 차재호다(조긍호, 2003). 그는 지난 100여 년 동안 한국을 방문했거나 한국에서 생활했던 외국인들의 견문록 22개를 분석하여 구한말부터 해방 이후까지 100여 년 동안 지속적으로 유지되고 있는 한국인의 심리적 특성을 가치, 신념과 태도, 행동의 세 측면에서 제시하고 있다(차재호, 1980, 1994). 차재호(1994)에 따르면, 한국인이 중요시하는 가치는 효도, 학문, 아들과 자손의 번창, 조상, 자연, 장생과 장수, 돈과 부, 평화, 인정(認定)과 명예, 대식(大食)과 대음(大飮), 무사안일, 인간관계와 정(情)이다. 신념과 태도의 측면에서 한국인은 상하의식(위계와 직위의 존중의식), 경로사상(어른 앞에서 예의를 지키는 것), 존사사상(스승에 대한 존중 의식), 조상숭배, 기술천시, 충효사상, 질투나 잔인에 대한 부정, 폐쇄적인 우리관(소속집단으로부터의 이탈을 두려워하고 외부인을 천시하는 경향), 현세주의, 한국적인 것에 대한 과대 숭상 등과 같은 특성을 지니고 있다. 또한 차재호(1994)는 한국인이 나타내는 62개의 행동적 특성을 제시하고 이를 7개의 차원, 즉 (1) 감정주의(emotionality), (2) 의존성향(dependence-minded attitude), (3) 정애주의(affiliative tendency), (4) 후한 인심(hospitableness), (5) 비합리성(irrationality), (6) 높은 교육열(high concern for education), (7) 위계주의(concern for hierarchy)로 요약

하여 한국인의 성격으로 이해될 수 있다고 보았다.

조긍호(2003)는 한국인을 이해하는 개념적 틀로서 세 가지 차원을 제시하고 있다. 첫째 차원은 사회적 관계 유지와 조화 지향성으로서 화목한 가족애와 질서 있는 사회유지, 가족중심주의, 내외집단 구분의 엄격성, 직업과 계급의 위계주의, 명분중시, 체면과 형식의 중시 등이 이에 해당된다. 두 번째 차원은 자기억제와 자기은폐 지향성으로서 이기적 욕구의 억제와 절개의 숭상, 자기비하와 사대주의, 열등의식, 권위에의 복종, 감정주의, 핑계와 우쭐, 한의 심리에 반영되어 있다. 마지막 세 번째 차원은 단점수용 및 자기개선 지향성으로서 높은 교육열, 근면과 실력 연마의 가치추구, 자기수양이 잘 된 높은 교양의 추구 등으로 나타나고 있다. 이러한 한국인의 특성은 유학사상에서 유래한 집단주의적 성격을 반영하는 것으로 해석되고 있다.

(2) 한국인 성격에 대한 한국인의 생각

한덕웅(2003)은 전국의 성인과 대학생 853명을 대상으로 '한국인의 성격을 잘 나타내는 성격용어'를 조사한 바 있다. 그는 한국인의 중요한 성격특성으로 가장 빈번하게 나타난 용어들을 11개 범주로 정리하여 다음과 같이 제시하였다: (1) 체면 차리다, 허세, 속마음을 보이지 않음, 가식, 이중성, 거짓말, 본심은폐, 표리부동; (2) 정이 많다, 인정있다, 인심좋다, 후덕하다, 인간답다, 인간성 좋다; (3) 자존심, 자부심; (4) 성급함; (5) 한(恨); (6) 복종, 순종, 아첨, 의존, 타인의존성, 충직; (7) 야망, 야심, 성취동기; (8) 고집, 고지식, 완고, 독단, 독선, 위험, 배타성, 폐쇄성, 편협성; (9) 이기적; (10) 형식성, 엄격성; (11) 예절, 예의 바르다, 공손함.

또한 한덕웅(1992)은 한국인들이 가장 바람직하거나 바람직하지 않다고 평가하는 성격특성을 조사했다. 일상생활이나 대중매체에서 사람의 성격을 표현하기 위

해 자주 사용하는 758개 용어를 전국의 남녀 대학생 1,135명에게 평정하게 한 결과, 한국인이 가장 바람직 하다고 평가한 성격특성은 '인격적인' '인간적인' '진실한' '성실한' '슬기로운' '총명한' '부지런한' '충실한' '정직한' '지성적인' '현명한'의 순서로 나타난 반면, 바람직하지 않은 성격특성은 '흉악한' '변태적인' '배신적인' '잔악한' '포악한' '악랄한' '악한' '야비한' '무절제한'의 순서로 나타났다.

한국인들이 바람직한 성격특징으로 '인격적인, 진실한, 성실한, 부지런한, 정직한, 지성적인'을 높이 평가한 것은 동양문화에서 개인의 수양을 통한 인격적 성장을 강조하기 때문인 것으로 해석되었다. 다음으로 선호된 '슬기로운, 총명한, 지혜로운, 영리한, 현명한'은 한국인들이 지성과 사고력을 지닌 사람들을 긍정적으로 평가하고 있음을 시사한다. 다음으로 '자애로운, 인간적인, 따뜻한, 정다운, 인자한, 착한'은 대인관계에서 타인을 배려하고 호감을 유발하는 속성을 바람직하게 여기는 것으로 볼 수 있다. 한덕웅(1992)의 연구결과를 요약하면, 한국인들은 성숙한 성격을 지닌 사람, 지성과 현명함을 지닌 사람, 타인을 배려하고 호감을 유발하는 사람을 바람직한 인간상으로 여기는 경향이 있음을 시사한다.

반면에, 한국인들은 '흉악한, 잔악한, 포악한, 사악한'과 같이 사회적 관계에서 타인에게 피해를 초래하는 특성을 가장 바람직하지 않은 성격특성으로 평가했다. 다음으로 평가된 '배신적인, 야비한, 간사한, 난폭한, 위선적인, 추악한, 음흉한'은 대인관계에서 신뢰감과 호감을 떨어뜨리는 성격특성들을 의미한다. 아울러 '무절제한, 게으른, 무책임한, 치졸한, 파괴적인'은 자기절제력이 결핍된 사람의 성격을 뜻한다. 이러한 결과를 요약하면, 한국인들은 고의적으로 타인에게 피해를 주는 사람, 신뢰감과 호감을 주지 못하는 사람, 자기절제력

이 결여된 사람을 부정적으로 평가하는 경향이 있다.

(3) 한국인의 심성에 대한 토착심리학적 탐색

한국인의 심리적 특성을 토착심리학적 입장에서 꾸준히 연구해 온 학자로는 최상진(1991, 1993, 1997, 2000)이 있다. 그는 한국인의 삶과 일상언어 속에서 보편화된 주요한 용어를 심리학적으로 분석함으로써 한국인의 심리적 특성을 체계적으로 설명하고자 노력했다. 그는 한국인의 토착적 심성과 행동의 특징으로 정(情), 한(恨), 우리성(we-ness), 눈치, 체면, 핑계, 의례성, 의리, 우쭐 심리, 부자유친 성정을 제시하였다. 최상진(1991, 1993, 1997, 2000)의 연구결과에 근거하여 그가 주장하는 한국인의 심리적 특성을 간략히 살펴보기로 한다.

① 정(情)

한국인의 심성과 심리적 특성 중 가장 특징적인 것으로는 외국인이나 한국인 스스로나 '정'을 들고 있다. 한국인은 '정이 많다'는 것이다. "같이 살다보니 정이 들었다" "미운 정 고운 정 다 들었다" "그놈의 정 때문에"와 같이 정을 언급하는 언어적 표현이 많다. 그렇다면 '정이 많다'는 것은 어떤 심리적 특성을 의미하는 걸까?

이수원(1990)은 정을 이해관계를 초월하는 비교환적인 관계로 규정한 바 있다. 즉, 관계중심적이며 타인의 고통에 대해서 공감적이고 이타적인 태도를 지니며 이해득실을 초월한 관계를 뜻한다. 정은 애정이나 사랑과 같이 격렬한 감정상태이기보다는 장기간의 접촉과정에서 이슬비에 옷이 젖듯이 잔잔하게 쌓여져서 느껴지는 누적된 감정상태를 의미한다. 정은 한국인의 대인관계에서 가까움과 밀착 정도를 나타내는 가장 대표적인 심리적 경험으로서 두 사람 또는 여러 사람들 간의 친

밀함이나 유대감의 정도를 나타내는 척도가 된다.

대학생에게 "정 든다"라는 말을 들었을 때 연상되는 반응을 조사하여 분석한 결과, 크게 역사성, 동거성, 다정성, 허물없음의 네 범주가 도출되었다. 첫째는 '오랜 세월, 추억, 어린 시절'을 반영하는 역사성으로서 일정한 지속성을 가지고 접촉하면서 공동으로 경험하며 상호의존적인 관계 속에서 삶과 활동을 영위한 오랜 연륜을 의미한다. 둘째는 '동고동락, 같이, 가깝게'를 반영하는 동거성으로서 같은 공간에서 함께 삶을 영위하거나 서로 빈번하게 접촉하며 친숙한 관계를 맺어온 공간적 밀착성을 의미한다. 따라서 정의 대상은 반드시 사람일 필요는 없으며 집, 고향, 산천, 오래 기르는 개도 정을 느끼는 대상이 될 수 있다. 셋째는 '포근함, 푸근함, 은근함, 애틋함'의 다정성으로서 상대방에 대해서 친근하고 편안하게 느끼는 감정, 인지, 태도를 의미한다. 정이라는 심리적 현상은 상대방의 성격이나 관계경험의 특성에서 비롯된 것이라고 할 수 있다. 오랜 기간 같은 공간에서 밀착해 지냈다고 해서 모든 사람에게 정이 드는 것은 아니기 때문이다. 마지막으로 넷째는 '이해, 수용, 믿음직함, 든든함'을 반영하는 허물없음이다. 이러한 정의 특성은 상대방의 성격특성뿐만 아니라 상대방과 자신의 상호작용 속성에 초점을 맞추고 있다.

정든 관계에 있는 사람에게서 느끼는 가장 주된 감정은 편안함이다. 편안함은 정서적 안정감과 밀접하게 연관된 것으로서 부수적인 감정으로는 기쁨, 즐거움, 든든함, 안정감이 있고 그 밖에 만족감, 여유로움, 고마움 등이 있다. 정을 표현하는 주된 행위는 (1) 아껴주는 행위(도와줌, 자주 만남, 선물을 함), (2) 격의 없는 행위(솔직하게 대함, 퉁명스럽게 얄밉게 말하는 언행), (3) 본심적 행위(예의 형식을 차리지 않는 솔직한 표현), (4) 다정다감한 행위(연락하고 만남, 직설적인 애정 표현, 말로 표현) 등으로 구분할 수 있다.

정으로 맺어진 인간관계의 좋은 점은 '서로 마음을 의지할 수 있다' '어려울 때 서로 조언이나 문제해결책을 주고받을 수 있다' '서로 신뢰할 수 있다' '내편이 있다는 소속감을 가질 수 있다' '서로가 상대에게 헌신적일 수 있다'는 것이다. 반면에, 정으로 맺어진 인간관계의 나쁜 점은 '남을 위해 내가 희생해야 하는 문제가 발생한다' '내가 수용하기 어려운 상대의 요구를 거부하기 어렵게 된다' '집단이나 조직의 의사결정에서 합리성이나 공정성을 잃게 된다' '상대의 잘못된 행동도 참고 그대로 받아들여야 하는 문제가 있다'는 것으로 조사되었다.

② 한(恨)

가장 한국적이면서도 심층적인 한국인의 감정 및 심성특질 중 하나는 한(恨)이다. 한은 한국인의 민족적 감정이라고 표현되기도 한다. 한은 억울하게 부당한 피해를 입은 상황에서 가해자에 대한 복수심, 증오심과 같은 대상지향적 적대감정에서부터 허무감, 외로움, 막연한 피해의식, 무력감과 같은 자기초점적 우울감정까지 다양하다.

김열규(1986)는 심청전, 흥부전, 장화홍련전, 춘향전, 홍길동전과 같은 고전적인 문학작품뿐만 아니라 현대의 대표적인 문학작품들 속에서 한과 관련된 주제와 문학적 에토스를 찾아내고 한을 한국인의 심리적 특징으로 제시한 바 있다. 그는 '한'과 '신명'을 서로 양극을 이루는 심리상태로 설정하고 이 사이를 '정'이 매개하는 것으로 보았다. 정이 파괴될 때 '한 또는 원한'이 생기는 반면, 정이 회복될 때 '신명'이 난다고 보았다.

최상진(2000)은 한을 성격특성(trait), 기분상태(sentiment), 정동상태(emotion)로 구분하여 서술하고 있다. 성격특성으로서의 한은 불안과 밀접한 관계를 지닌 것으로서 허무주의적 성격, 현실초월적 성격, 비관적 성격, 운명론적 귀인 등으로 표현될 수 있다. 기분상태로서의 한은 성격특성과 연결된 지속적인 정서상태로서 쓸쓸함이나 무상함의 기분을 뜻한다. 정동상태로서의 한은 자신의 불행에 대한 원망감과 자책감 그리고 가해자에 대한 적개심을 의미한다.

한이라는 용어가 사용되는 맥락을 살펴보면, 한이 발생하는 과정을 살펴볼 수 있다. 첫째, 한은 부당하게 차별대우를 받은 경우에 유발될 수 있다. 상놈이 양반에게 부당하게 무시당했을 때, 서민이 관리에게 피해를 입었을 때, 그리고 못가진 자가 가진 자에게 무시당했을 때 누적된 감정이 한으로 묘사된다.

둘째, 한은 자신에게 필요한 것이 심각하게 결핍되었거나 타인과 비교해서 필요한 것이 상대적으로 결핍되었을 경우에도 생겨날 수 있다. 심한 가난을 겪거나 자식이 잘못되거나 원하는 일에 실패했을 때에도 그러한 좌절을 팔자나 운명으로 돌리면서 자신을 한탄하게 된다.

마지막으로, 한은 자신의 지울 수 없는 실수에 의해서 만들어진 욕구좌절이나 불행과 연결될 수 있다. 살아생전에 불효했던 자식이 부모가 돌아가신 후에 자신의 불효를 후회하는 상황과 관련된 후회의 고통도 한으로 지칭되고 있다. 이처럼 한은 부당한 차별이나 업신여김으로 인한 것, 불행과 결핍으로 인한 것 그리고 돌이킬 수 없는 자기실수에 의한 것으로 구분해 볼 수 있다.

③ 심정 심리

한국인과 한국언론은 사건의 객관적 보도뿐만 아니라 관련자의 '심정' 을 중시하여 서술한다. 정치인이 권좌에서 물러나는 사건을 보도하면서 '○○○ 전 대통령의 심정' 이라는 제목과 내용을 언급하는 경향이 있다. 일상생활에서도 "그런 일을 겪었으니 심정이 오죽하겠나" "그 사람 심정이 말이 아닐 거야"와 같이 심정이라는 단어를 자주 사용한다.

한국인은 어떤 사건을 대할 때 객관적이고 공적인 사리논리(事理論理)로 접근하기보다 상호주관적이고 사적인 심정논리(心情論理)로 접근하는 경향이 있다. 한국인은 가까운 사람들과의 대인관계에서 자신의 행위나 자신과 관련된 사건과 관련해서 상대방의 마음속에서 일어나는 심리적 경험을 자신이 스스로 느끼는 형태로 공감하고 이를 배려하여 행동하는 것을 매우 중요하게 생각한다. 따라서 한국인들은 친밀한 관계에서 상대방의 마음속에서 일어나는 심리적 경험을 자신의 것으로 치환하여 공경험(co-experience)을 하는 일에 민감하며 습관화되어 있다. 이런 점에서 한국인은 상대방의 경험을 제3자적인 객관적 입장이 아니라 관계에 관련된 당사자의 입장에서 주관화한다고 볼 수 있다. 이때 상대방의 마음속에서 이루어지는 사적인 심리경험을 한국인들은 '심정(心情)' 이라고 칭한다.

심정논리는 자신과 상대방을 '우리' 라는 연결된 상태로 지각하면서 객관적 상황보다는 서로의 주관적 또는 정서적 심리상태를 중시하는 관계방식을 의미한다. 따라서 공적이기보다는 사적인 관점에서 접근하고 냉정한 논리보다는 끈끈한 정(情)의 측면에서 사건과 관계를 판단하는 심리적 성향이라고 할 수 있다.

이 밖에도 최상진(2000)은 한국인의 심리적 특성으로서 우리성, 체면, 눈치, 핑계, 의례성, 우쭐 심리, 부자유친 성정을 제시하고 있다. 한국인은 '우리' 라는 말을 자주 사용한다. 또한 자신을 뜻하는 '나' 를 지칭해야 할 상황에서도 '우리' 라고 말한다. 우리 부모님, 우리나라, 심지어 우리 마누라라고 말하는 경우가 대표적인 예다. 한국인은 나와 너가 분리된 단위가 아니라 연합된 존재로서의 독특한 집단정체성을 지니는데, 최상진(2000)은 이를 우리성(we-ness)이라고 지칭했다. 한국인은 '우리'라는 개념으로부터 정, 친밀감, 마음이 편안함, 상대가 나를 받아들임과 같은 연상반응을 나타낸 반면, 일본인들은 소속감, 공통성, 유대성, 동질성 등을 연상했다. 한국은 '인간관계성 우리'가 강하며 일본은 '집단귀속 및 집단동일시 우리'가 강하다고 할 수 있다. 우리성을 경험하는 조건으로는 구성원과 많은 시간을 보냄, 구성원과 함께하는 활동에 참여, 집단화합을 위한 개인의 희생, 구성원과 여가시간을 함께함, 마음을 열고 비밀 없는 대화를 나눔, 서로가 상대를 깊이 앎 등이었다.

체면(體面)은 남을 대하기에 떳떳한 도리나 얼굴로 정의된다. 얼굴을 뜻하는 체면은 남이 볼 수 있는 외부적 측면이라는 점에서 남에게 보이는 '바깥 나'다. 이런 점에서 체면은 공적 자기(public self)에 해당한다. 한국인의 사적 자기에 비해서 남에게 보이는 공적 자기, 즉 체면을 중시하며 특히 체면이 손상되는 것을 두려워한다.

눈치는 상호작용하는 양자가 서로 자신의 의중이나 내적 상태(감정, 욕구, 이해관계, 판단)를 상대에게 직접 노출하지 않을 때 간접적 단서나 상황으로 미루어 상대의 내심을 추론하거나 짐작하려는 경향성을 뜻한다. 눈치는 자기은폐나 체면과 밀접한 관계를 지닌다. 한국인은 자신의 생각을 있는 그대로 표현하기를 꺼려하고 감정표현을 억제하기 때문에 의사전달이 솔직하게 이루어지지 않는다. 따라서 한국인들은 눈치를 통해서 상대

한국사회에는 전통문화와 서양문화가 혼합된 문화가 나타나고 있다.

방의 심리상태를 신속하게 잘 파악해야 할 뿐만 아니라 자신의 의도를 상대방이 스스로 알아주기를 기대하는 심리도 강하다.

"핑계 없는 무덤 없다"라는 속담이 있듯이, 한국인은 핑계를 잘 대는 경향이 있다. 핑계를 잘 댄다는 것은 어떤 잘못에 대해서 개인적인 책임의식이 약하며, 외부적인 요인에 책임을 돌리려는 경향성을 의미한다. 이러한 경향성은 개체성이 약한 문화적 토양에서 개인적 책임감의 결여를 반영하는 것으로 해석되고 있다.

의례성(儀禮性)은 예절과 형식을 중시하는 경향성을 뜻한다. 한국인은 체면을 중시하는 경향과 더불어 상대방에 대한 존중을 표시하는 예의를 중시한다. 예의는 상대방의 체면을 세워주는 아첨으로 나타날 수 있다. 아첨은 상대방의 욕구와 기대를 맞추어 이루어지는 언행이란 점에서 의례성과 관련된 과장된 행동이라고 할 수 있다. 이러한 의례성은 실속보다 형식을 중시하는 형식주의와 더불어 속마음과 겉행동이 다른 표리부동함을 반영하는 것이라고 볼 수 있다.

과연 한국인에게 독특한 성격특성이 있을까? 앞에서 언급한 한국인의 심리적 특성은 다른 국가나 문화의 구성원과 비교한 연구결과가 아니기 때문에 한국인만의 독특한 심성이라고 단언하기 어렵다. 여러 학자들이 언급한 한국인의 심리적 특성은 외국인의 경우에도 유사하게 나타날 수 있으며 다만 그 정도에서 다를 수 있다. 따라서 한국인의 성격특성이든 다른 국가의 국민성이든 섣불리 단정하기보다 객관적이고 체계적인 접근에 의해 신중하게 판단되어야 한다.

더구나 현대사회는 급속한 세계화와 함께 세계의 다양한 문화가 활발하게 교류되면서 뒤섞이고 있다. 과거에도 그러했지만, 현대사회에서는 전통문화와 외래문화가 더욱 활발하게 혼합되어 새로운 융합문화를 형성하고 있다. 현재 한국문화는 급속한 변화를 겪고 있다. 1인 가구가 급속하게 증가하고 있듯이, 집단주의 문화에서 개인주의 문화로 변화하는 경향을 나타내고 있다. 또한 권위주의적이고 남성중심적 문화에서 점차 탈권위주의적이고 양성평등적 문화로 변모해 가고 있다. 이렇게 문화적 변화를 겪고 있는 한국인의 공통적인 심리적 특징을 발견하는 것은 매우 어려운 일이다. 그러나 한 사람의 성격과 행동특성을 파악하기 위해서는 그가 성장하고 생활하는 문화를 이해하는 것이 필수적이다. 모든 한국인은 한국문화의 영향으로부터 자유롭지 못하다. 개인의 성격에는 인류의 역사, 민족의 역사, 가족의 역사 그리고 개인의 역사가 복합적으로 농축되어 있다.

요약

1. 문화(文化)는 인간을 만물의 영장으로 만드는 중요한 환경적 요인이다. 문화는 인류의 역사를 통해서 조상들이 축적한 삶의 유산으로서 언어, 지식, 관습, 사회제도, 도덕, 종교를 포함한다. 유전이 인간 심성의 하드웨어를 구성한다면, 그 소프트웨어는 문화에 의해서 채워진다.

2. 서구심리학 이론의 보편성에 대한 회의가 제기되면서 인간의 행동과 심성에 대한 문화의 영향을 탐구하는 문화심리학 또는 비교문화심리학이 주요한 관심분야로 떠오르고 있다. 성격과 문화의 관계는 문화심리학의 중요한 주제로서 문화가 성격형성에 미치는 영향에 대한 다양한 연구가 진행되고 있다. 실증적 연구에 따르면, 정서와 사고방식을 포함한 다양한 심리적 특성이 문화에 의해 영향을 받는 것으로 보고되고 있다.

3. Hofstede은 세계의 여러 문화를 분류할 수 있는 네 차원, 즉 권력거리, 개인주의-집단주의, 남성성-여성성, 불확실성 회피를 제시했다. 이러한 문화 차원은 성격특질과 유의미한 관계를 지닐 뿐만 아니라 성격특질을 유의미하게 예측하는 것으로 나타났다. 개인주의와 집단주의 문화는 구성원들의 자기관, 인간관, 인간관계에 영향을 미치는 것으로 나타났다.

4. 남자와 여자는 다양한 심리적 측면에서 성차를 나타낸다. 남녀의 성격 차이가 나타나는 이유는 다양한 관점에서 설명되고 있다. 생물사회적 이론은 남녀의 성차가 기본적으로 생물학적 요인에 의해서 결정되지만 사회문화적 요인에 의해서 변형될 수 있다고 주장한다. 사회학습이론에 따르면, 심리적인 성차는 사회화과정을 통해서 습득된 후천적인 행동양식이다. 성도식이론은 성에 대한 신념과 기대를 반영하는 인지적 구조인 성도식이 개인의 성 관련 행동에 영향을 미친다고 주장한다.

5. Hofstede의 분류에 따르면 한국문화는 불평등 문화, 집단주의적 문화, 여성적 문화, 불확실성 회피 문화에 속한다. 최근에 유민봉과 심형인(2013)은 한국사회의 문화적 특성을 문화합의이론에 근거하여 공적 자기의식, 집단 중시, 온정적 인간관계, 위계성 중시, 결과 중시의 5개로 압축하여 제시했다.

6. 차재호(1994)는 한국인의 성격특성을 감정주의, 의존성향, 정애주의, 후한 인심, 비합리성, 높은 교육열, 위계주의로 요약하여 제시했다. 최상진(2000)은 한국인의 심리적 특성으로 정(情), 한(恨), 우리성(we-ness), 심정 심리, 눈치, 체면, 핑계, 의례성 등을 제시했다. 그러나 현대사회는 세계화와 함께 다양한 문화가 활발하게 교류되고 있기 때문에 한국인의 심리적 특성도 변화하고 있는 것으로 추정된다.

제4부

:

성격의 구성요소와
심리적 과정

제16장
성격과 동기

1. 인간의 욕망과 성격

　인간은 욕망하는 존재다. 인간은 항상 무언가를 원하고 추구한다. 그런데 사람마다 충족하고자 하는 욕망이 각기 다를 뿐만 아니라 추구하는 목표도 다르다. 어떤 사람은 많은 돈을 벌기 위해서 가정생활과 친구관계마저 희생하며 사업에 맹렬하게 전념한다. 어떤 사람은 화목한 가정생활과 개인적인 여가생활을 즐기기 위해서 소득은 적더라도 자유시간이 많은 직업을 선택한다. 이성과의 낭만적 사랑을 끊임없이 추구하며 살아가는 사람이 있는 반면, 세속적인 삶을 포기하고 경건한 종교생활에 전념하는 사람도 있다. 이처럼 개인이 어떤 욕망과 목표를 추구하느냐에 따라서 일상생활의 모습이 달라질 뿐만 아니라 인생 전체가 달라질 수 있다. 개인의 성격을 이해하기 위해서는 그가 추구하는 주된 동기, 즉 욕구, 가치, 목표를 이해하는 것이 매우 중요하다.

　인간은 근본적으로 무엇을 욕망하는 존재인가? 인간의 가장 기본적인 또는 가장 보편적인 욕망은 무엇인가? 인간의 욕망은 삶의 상태에 따라 어떻게 변화하는가? 다양한 욕망에는 어떤 위계구조가 있는가? 사람들이 추구하는 욕망에는 어떤 개인차가 있는가? 욕망은 어떤 심리적 기제를 통해서 조절되는가? 이러한 물음에 대한 탐구를 통해서 개인의 성격과 인생에 대한 이해가 좀 더 심화될 수 있다.

1) 동기란 무엇인가

　욕망은 인간을 움직이게 만드는 원동력일 뿐만 아니라 행동의 방향을 결정하는 운전대의 역할을 하는 심리적인 요소다. 국어사전(민중서림 편집국, 2005)에 따르면, 욕망(欲望)은 "누리고자 탐함. 또는 그 마음. 부족을 느껴 이를 채우려고 바라는 마음"으로 정의되고 있다. 욕(慾)은 "하고자 하다. 바라다. 탐내다. 좋아하다."라는 의미를 지니고, 망(望) 역시 "바라다. 기대하다. 그리워하다."라는 뜻을 담고 있다. 욕망이란 무언가를 좋아하고 바라면서 어떤 행위를 하고자 하는 내면적인 상태라고 볼 수 있다. 욕망은 우리가 일상적으로 흔히 사용하는 단어지만 학술적인 용어는 아니다.

심리학에서는 인간의 행동을 추진하는 심리적 요인을 지칭하기 위해서 동기(motives)라는 용어를 가장 널리 사용하고 있다. 그러나 학자와 맥락에 따라서 본능, 욕망, 추동, 욕구, 가치, 목표, 관심사와 같은 다양한 용어가 사용되고 있다. 학자에 따라 선호하는 용어들이 다를 뿐만 아니라 이러한 용어들 간의 구분도 모호하다. 일반적으로 심리학에서는 동기와 욕구라는 용어를 가장 널리 사용하고 있다. 어떤 학자들은 욕구와 동기를 엄밀하게 구분하여 사용하는 반면, 이 두 용어를 유사한 의미로 사용하는 학자들도 있다.

심리학자들은 개인이 특정한 행동을 하는 심리적 원인을 밝히기 위해서 동기에 관심을 지닌다. 우리는 매일 다양한 행동을 하며 살아간다. 어떤 순간에 특정한 행동을 하는 이유는 무엇인가? 다양한 행동 중에서 특

히 그러한 행동을 선택하여 행동하게 되는 원인은 무엇인가? 심리학자들은 개인으로 하여금 그러한 행동을 하도록 추진하는 내면적인 동력, 즉 동기가 존재한다고 가정한다.

인간의 동기에 대해서 깊은 관심을 지녔던 대표적 심리학자는 Henry Murray(1893~1988)다. 뉴욕에서 태어난 Murray는 역사학과 생물학을 전공했으며, 의사로 활동하다가 심리학으로 전향하여 정신분석학에 심취했다. 특히 그는 자신이 경험한 개인적 갈등과 관련하여 인간의 동기에 대해서 깊은 관심을 보였으며 Harvard 대학교의 심리클리닉에 재직하면서 1935년에 Christian Morgan과 함께 개인의 동기를 평가하는 투사적 검사인 주제통각검사(TAT)를 개발했다. 1938년에는 그의 대표적인 저서인 『성격의 탐색(*Explorations in Personality*)』을 발간했다. 그는 인간을 움직이게 하는 내면적인 동력을 욕구, 동기, 압력으로 구분하여 설명하고 있다.

(1) 욕구

Murray(1938)는 인간의 행동과 성격을 이해하려면 욕구를 잘 이해하는 것이 중요하다고 보았다. 그에 따르면, 욕구(need)란 인간의 뇌 또는 마음속에 존재하는 추진력으로서 "현재의 불만스러운 상황을 바꾸기 위해서 지각, 사고, 의지, 행위 등을 어떤 특정한 방향으로 조직하는 힘"이라고 보았다. 즉, 욕구는 만족하지 못하는 내면적인 상태로서 편안함과 충족감을 느끼기에는 무언가 부족한 결핍상태를 의미한다. 결핍상태는 불쾌하거나 고통스럽게 느껴지기 때문에 이를 해소할 수 있는 행동을 촉발하게 된다. Murray(1938)에 따르면, 욕구는 사람들로 하여금 환경에 대해서 어떤 것을 추구하며 행동의 방향을 결정하는 내면적인 힘이다.

욕구는 지향성을 지닌다. 행동의 방향에 영향을 미

Henry Murray

친다. 한 시점에서 선택 가능한 다양한 행동 중에서 특정한 것을 선택하는 데 영향을 미친다. 욕구는 어떤 특정한 것에 대한 갈망이다. 예컨대, 배고픔은 먹을 것을 찾게 만들고, 갈증은 물을 찾게 만들며, 성욕은 성적인 자극을 찾게 만든다.

욕구는 접근과 회피라는 두 가지 측면을 지닌다. 욕구는 어떤 대상에 대해서 접근을 하거나 회피를 하려는 지향성 중 하나다. 욕구는 대상을 향해서 접근할 것인지 아니면 그로부터 회피할 것인지의 여부를 명확히 해준다. 애정 욕구는 사람에게 접근하게 만들지만, 대인공포는 사람을 회피하게 만든다.

또한 욕구는 행동의 강도에 영향을 미친다. 욕구가 강렬할수록 특정한 행동을 하려는 강도가 커진다. 여러 가지 장애물이 있음에도 불구하고 어떤 행동을 힘들여 계속하는 것은 그에 대한 욕구가 강하기 때문이다. 욕구의 강도는 어떤 행동을 먼저 하고 다른 것을 다음으로 미루어야 하는지에 대한 우선순위를 정하는 데 영향을 미친다. 욕구가 강렬할수록 그에 관한 행동을 더 빨리 하게 된다(Carver & Scheier, 2004).

(2) 동기

욕구가 구체적인 행동으로 표출되기까지는 상당히 복잡한 심리적 과정을 거친다. 동기는 욕구와 행동 사이를 매개하는 심리적 상태다. 즉, 동기는 내재해 있는 욕구가 특정한 행동에 한 단계 더 가깝게 다가가 구체화된 심리적 상태를 의미한다. McClelland(1984)에 따르면, 동기는 추구하는 목표에 관한 구체적인 생각들과 그에 대한 열중이나 집착을 의미한다. 동기는 욕구에 인지적 요소와 정서적 요소가 가미되어 특정한 생각과 열망 상태를 의미한다. 예를 들어, 갈증은 무언가 목을 축일 수 있는 것을 추구하는 막연한 내면적 상태라면, 동기는 '시원한 물을 상상하고 그것을 찾기 위해 열중

하는 상태'라고 할 수 있다. 동기는 욕구에 비해서 추구하는 목표가 좀 더 분명하게 구체화된 심리적 상태라고 할 수 있다. 욕구가 구체적인 목표를 추구하는 동기로 진전되어 특정한 행동으로 발현되는 심리적 과정을 동기화(motivation)라고 한다.

동기는 추구하는 것을 좀 더 구체적으로 의식한 상태로서 특정한 행동을 하고자 하는 내면적 상태를 의미한다. 동기는 크게 세 가지 기능을 한다(Ford, 1992). 첫째, 동기는 목표지향적 행동을 유발한다. 목표의 달성을 위해서 특정한 행동을 하도록 구체적인 방향을 결정한다. 둘째, 동기는 목표지향적 행동을 지속하게 하는 추진력, 즉 에너지를 제공한다. 좋은 학점을 받기 위해 밤새도록 공부하게 만들 뿐만 아니라 친구의 유혹을 뿌리치게 만든다. 또한 동기는 목표지향적 행동을 조절하는 기능을 한다. 동기는 목표지향적 행동을 촉발하여 꾸준히 지속하게 만들 뿐만 아니라 목표가 달성되면 그러한 행동을 종결하게 하는 기능을 지닌다.

(3) 압력

동기는 내면적 욕구에 의해서만 영향을 받는 것이 아니라 외부적 사건에 의해서도 영향을 받는다(Carver & Scheier, 2004). 견물생심(見物生心)이라는 말이 있듯이, 맛있는 음식을 보면 먹고 싶은 마음이 생겨난다. Murray(1938)는 이러한 외부적 영향을 설명하기 위해서 '압력'이라는 용어를 사용했다.

압력(press)은 무언가를 얻고자 하거나 또는 피하고자 하는 동기를 만들어 내는 외부적 조건을 말한다. 즉, 외부적인 유혹을 의미한다. 맛있는 음식을 보게 되면 먹고 싶은 동기가 일어나며, 감금상태에서는 자유를 얻고자 하는 동기가 강해진다. 인간이 어떤 행동을 하게 되는 이유는 그러한 행동을 추구하는 내면적인 동기가 있기 때문인데, 이러한 동기는 무언가가 결핍된 막연한

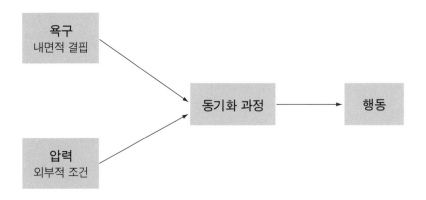

[그림 16-1] **욕구, 압력, 동기 및 행동의 관계**

불만족 상태를 뜻하는 욕구와 더불어 환경적인 압력에 의해서 영향을 받는다. 이러한 관계를 도식적으로 제시하면 [그림 16-1]과 같다.

2) 인간의 기본적 동기

인간의 가장 기본적인 욕망은 무엇일까? 인간은 근

인간은 다양한 욕망을 추구하는 존재다.

본적으로 무엇을 추구하는 존재일까? 이러한 물음은 인간의 보편적 성향, 즉 인간의 본성을 이해하기 위한 것이다. 인간의 심리적 구조는 매우 복잡하고 다층적이어서 인간은 자신이 특정한 행동을 하는 진정한 동기를 자각하기 어렵다. 개인이 스스로 보고하는 행동의 이유는 흔히 피상적인 것이거나 왜곡된 것일 경우가 많다.

인간의 동기에 대한 논란 중 하나는 동기의 무의식성이다. Freud를 비롯한 정신역동적 입장을 지닌 심리학자들에 따르면, 인간은 스스로 자각할 수 없거나 쉽게 자각되지 않는 무의식적 동기에 의해서 살아간다. 특히 인간의 근원적인 동기는 무의식의 저변에서 영향을 미치기 때문에 자각하기 어렵다. 따라서 우리가 의식하는 욕구나 동기는 대부분 여러 가지 심리적 기제에 의해서 변형되거나 왜곡된 것이라고 할 수 있다. 그렇다면 무의식에 존재하는 인간의 기본적인 욕망을 어떻게 인식할 수 있을까? 그러한 기본적인 욕망은 과연 무엇일까? 심리학자들은 개인의 내면세계에 대한 깊은 탐색과 실증적 자료에 근거하여 인간의 기본적 욕망에 대한 다양한 주장을 제시하고 있다.

(1) 진화심리학의 입장

진화론을 주장한 Darwin은 인간의 욕망 역시 진화의 산물이라고 주장한다(Franken, 2002). 인간은 근본적으로 동물과 다를 바가 없으며, 인간의 욕망은 동물이 지니는 본능(instinct)과 유사한 것이다. 다만 인간은 동물과 달리 본능적 욕망을 통제할 수 있을 뿐이다. 그에 따르면, 인간의 욕망과 행동은 생물학적 구조에 의해서 유발되는 것이다. 그리고 인간의 생물학적 구조는 오랜 진화과정에서 환경에 대한 적응을 위해 선택된 것이다. 따라서 인간의 모든 욕망과 행동은 개체의 생존과 종의 보전을 돕기 위한 것이다.

Darwin의 주장은 현대에 들어와서 진화심리학으로

발전했다. 진화심리학에 따르면, 인간은 궁극적으로 생존과 번식을 추구하는 존재다(Buss, 2004). 인간의 다양한 심리적 기제는 생존과 번식을 위한 진화과정에서 적응적 것으로 선택된 것이다. 첫째, 인간은 생존을 위해서 의식주와 안전에 대한 욕구를 지닌다. 또한 다른 종의 위협으로부터 질병에 이르기까지 다양한 환경적 위협에 투쟁하도록 설계된 불안과 공포를 지닌다. 둘째, 번식을 위해 짝짓기의 욕구를 지닌다. 즉, 이성을 유혹하고 성행위를 통해 후세를 생산하려는 욕구를 지닌다. 셋째는 양육의 욕구다. 출생한 어린 자식을 보호하고 건강하게 양육하기 위한 욕구다. 이러한 욕구들이 인간의 가장 근원적인 욕구를 구성하고 있다. 또한 남자와 여자는 진화과정에서 담당한 역할과 기능이 다르기 때문에 각기 다른 심리적 본성과 기제를 지닌다.

(2) Freud의 정신분석적 입장

Freud는 Darwin의 진화론으로부터 많은 영향을 받은 사람이다. 그는 자유연상과 꿈 분석을 이용한 심리치료 과정에서 많은 내담자가 성적인 주제를 많이 떠올리는 것을 관찰했다. 그리고 성적인 주제들이 의식으로 떠오르는 과정에서 다양한 방식으로 상징화되고 변형되어 나타난다고 생각했다. Freud는 이러한 치료경험과 자기분석을 통해서 성욕이 인간의 가장 근원적인 욕망이며 다른 욕구들은 성욕으로부터 파생된 것이거나 방어기제에 의해서 변형된 것이라고 여겼다(Brenner, 1955).

그에 따르면, 인간은 출생 시부터 원초적인 성욕, 즉 성적인 에너지를 지니고 태어난다. 성적인 에너지는 인간의 행동을 결정하는 심리적 구조의 골격을 이루는데, 이것이 원초아다. 원초아(id)는 성적인 충동이자 에너지로서 현실적 여건을 고려하지 않고 즉각적으로 욕구를 충족시키려고 하는 쾌락원리에 따른다. 또한 원초아는

욕망에 대한 태도: 쾌락주의와 금욕주의

욕망은 인간의 기본적 조건이다. 인간은 식욕, 성욕, 수면욕과 같은 생리적 욕구를 비롯하여 재물욕, 권력욕, 명예욕과 같은 다양한 심리적 욕망을 지닌다. 이러한 욕망을 어떻게 바라보고 대응하느냐에 따라 개인의 인생이 달라진다. 욕망에 대한 태도는 성격을 구성하는 중요한 요소다. 욕망을 추구하는 것이 우리를 행복하게 만드는가 아니면 불행하게 만드는가? 이러한 물음에 대해서 상반된 두 가지의 견해가 존재한다. 쾌락주의와 금욕주의가 그것이다. 쾌락주의(hedonism)는 다양한 욕망을 충분하게 충족시킴으로써 경험하게 되는 쾌락을 통해서 행복을 얻게 된다는 견해인 반면, 금욕주의(asceticism)는 욕망을 엄격하게 통제하는 절제된 삶을 통해서 행복에 도달할 수 있다는 견해다.

금욕주의에 따르면, 욕망은 눈먼 야생마와 같아서 우리를 절벽으로 인도할 수 있다. 욕망에 대한 고삐를 틀어쥐고 제어하지 않으면 불행의 나락으로 떨어지게 된다. 이러한 견해의 극단적 입장이 금욕주의. 욕망은 사악할 뿐만 아니라 어리석고 위험한 것이므로 엄격하게 억제해야 한다는 입장이다. 실제로 욕망은 인간을 탐욕스럽고 방탕하게 만들어 개인적인 불행뿐만 아니라 도덕적 타락에 빠지게 한다. 금욕주의자들이 욕망과 쾌락을 위험한 것으로 보는 이유는 다음과 같다(권석만, 2008a; Veenhoven, 2003).

첫째, 욕망은 충족되기 어렵다는 것이다. 욕망 충족으로 인한 쾌락은 시간이 흐름에 따라 사라진다. 인간은 욕망 충족 상태에 금방 적응하여 그로 인한 쾌락이 약화된다. 따라서 우리는 다시 쾌락을 찾아나서야 하고 좀 더 강한 쾌락을 추구하게 된다. 이러한 경향은 중독현상으로 나타나게 된다. 알코올 중독, 마약중독, 게임중독, 쇼핑중독 등과 같은 대부분의 중독현상은 욕망과 쾌락을 추구한 결과로 초래된 불행한 결과다.

둘째, 욕망은 인간을 무절제하고 나태한 존재로 만들 수 있다. 욕망과 쾌락을 따라 살게 되면, 현실에 대한 통제력을 상실할 수 있다. 현실을 통제하기 위해서는 여러 가지 스트레스를 견딜 수 있어야 하고 자신의 욕망을 억제할 수 있어야 한다. 그런데 욕망에 따라 제멋대로 행동한다면, 현실 적응이 현저하게 훼손될 것이다.

셋째, 욕망과 쾌락에는 의미가 없다는 것이다. 욕망을 따라 사는 것은 개나 돼지의 삶과 같이 무가치하다는 생각이다. 욕망의 충족을 추구하며 쾌락을 따라 사는 것은 궁극적으로 공허감을 줄 수밖에 없다. 왜냐하면 세월이 흘러 병들고 늙게 되면, 즐거움을 느끼는 능력이 현저하게 감퇴되기 때문이다. 욕망을 추구하는 삶은 궁극적으로 공허한 종말을 초래할 수밖에 없기 때문에 무가치하다는 것이다.

마지막으로, 욕망은 사회적 관계와 유대를 약화시킨다. 욕망은 기본적으로 이기적인 것이어서 다른 사람의 욕구나 입장에 둔감하다. 따라서 다른 사람의 이익을 무시하거나 침해하게 되므로 결과적으로 인간관계를 와해시키고 사회적 갈등과 대립을 악화시키게 된다는 것이다.

반면에, 욕망을 긍정적인 것으로 여기는 입장도 있다. 인간의 욕망은 오랜 진화의 과정에서 발달해 온 적응 메커니즘이라고 할 수 있다. 따라서 욕망에 과도하게 탐닉하지만 않는다면, 욕망은 우리의 삶을 건강하고 적응적으로 인도하는 지혜로운 안내자의 역할을 한다는 입장을 지닌 사람들이 있다. 이러한 사람들은 다음과 같은 견해를 지니고 있다(권석만, 2008a; Veenhoven, 2003).

첫째, 욕망은 삶의 의욕과 활기를 제공한다. 욕망은 삶에 에너지를 불어넣는 원천이라고 할 수 있다. 만약 아무런 욕망이 없다면, 무슨 동력으로 삶을 영위해 나갈 것인가? 욕망을 과도하게 억제하는 것은 생기 없는 무미건조한 삶을 초래할 뿐이라는 것이다.

둘째, 욕망은 삶에 필요하고 시급한 과제에 대응하는 능력을 증진시킨다. 인간의 자연스러운 욕망은 생존과 적응에 필요한 활동을 촉진하는 신호라고 할 수 있다. 이러한 신호를 무시하게 되면 우리의 삶이 부적응인 것으로 전락할 수 있다. 예를 들어, 우리의 몸은 수분이 부족할 때 갈증을 느끼게 하여 수분을 섭취하게 만들고, 영양이 부족할 때는 식욕을 느끼게 하여 영양을 섭취하게 만든다. 고독감은 사회적 존재인 인간으로 하여금 대인관계에 참여하도록 촉진한다. 욕망은 장구한 진화과정에서 갖추게 된 적응 메커니즘의 발현이라는 생각이다.

셋째, 욕망은 즐거움의 원천이다. 욕망의 충족을 통해서 우리는 즐거움과 행복감을 느끼게 된다. 이러한 긍정 정서는 그 자체로 보상적인 것일 뿐만 아니라 스트레스에 대한 인내력을 증가시키고 현실에 대한 통제력을 강화한다. 또한 대인관계를 증진하고 건강에도 긍정적인 영향을 미친다. 즐거움을 느끼지 못하는 우울증 상태는 그 자체로 고통스러울 뿐만 아니라 현실적 과제에 무기력하게 대응하고 위축된 대인관계를 초래하게 만든다.

마지막으로, 욕망에 대한 긍정적인 견해를 지닌 사람들은 금욕주의자들이 너무 편향적인 생각을 지니고 있다고 비판한다. 금욕주의자들은 욕망과 쾌락 추구를 무절제한 탐욕이나 방종과 같은 극단적인 상태로 간주한다는 것이다. 즉, 욕망의 위험성을 지나치게 과장하고 있다는 것이다. 그러나 적절한 욕망과 쾌락의 추구는 몸과 마음을 즐겁게 함으로써 인생을 향유하도록 만든다. 오히려 욕망에 대한 과도한 억제나 억압은 삶을 메마르게 할 뿐만 아니라 때로는 정신장애의 원인이 되기도 한다.

Freud의 관점에서 보면, 쾌락주의와 금욕주의의 대립은 개인의 마음속에서 벌어지는 원초아(id)와 초자아(superego)의 갈등을 의미한다. 어떤 세력이 강하냐에 따라 개인의 성격과 삶이 달라진다. 자아(ego)는 현실적 상황을 고려하여 이러한 상반된 두 세력을 중재하며 타협시키는 심리적 기능을 담당한다. Freud는 자아가 중심이 되어 원초아와 초자아를 잘 통제하는 것이 건강한 삶의 핵심적 조건이라고 보았다.

자기중심적이고, 비현실적이며, 비논리적인 원시적 사고과정을 나타내게 되는데 이를 일차 과정이라고 한다. 성적 욕구는 사회의 도덕적 기준과 위배되기 때문에 억압되어 무의식 속에 자리 잡게 되지만, 인간의 행동에 지대한 영향을 미치게 된다.

Freud는 말년에 세계대전과 딸의 죽음을 목격하면서 공격적 욕구가 매우 보편적이고 강력함을 깨달았다. 그는 삶의 본능(Eros)인 성욕과 죽음의 본능(Thanatos)인 공격욕이 인간의 주된 두 가지 욕구라는 이중 본능 이론(dual instincts theory)을 제시했다. 자기 소멸과 파괴를 향한 죽음의 본능에서 유래하는 공격적 욕구를 근원적 욕구의 하나로 제안했으나 상세한 설명을 제시하지는 않았다.

(3) Jung의 분석심리학적 입장

Jung은 인간의 정신을 생물학적인 과정의 결과로 보려는 생물학적 환원주의를 경계하는 입장을 취했다. 아울러 무의식의 핵심인 자기(Self)가 확장되어 개인의 정신세계 전체의 균형과 조화를 이루려는 개성화(individuation)를 인간의 가장 근본적인 동력으로 보았다.

Jung은 인간을 움직이는 근본적인 동력이 무의식에 존재한다고 믿었다. 그에 따르면, 무의식은 개인적 무의식과 집단적 무의식으로 구분된다. 개인적 무의식은 출생 이후의 후천적 경험이 누적된 것으로서 개인마다 독특한 내용을 지닌다. 반면에, 집단적 무의식은 인류의 공통적 경험이 개인에게 전달된 심층적인 정신세계로서 개인의 삶을 특정한 방식으로 안내하는 경향성을 지닌다. 이러한 집단적 무의식의 핵심에 자기가 존재한다. 자기(Self)는 개인의 정신세계를 조절하는 중심체계로서 의식, 개인적 무의식, 집단적 무의식의 욕구들을 통합하고 균형을 유지하는 역할을 담당한다. 이처럼 자기가 다양한 심리적 성향과 욕구의 갈등을 통합함으로써 정신적 완전성으로 나아가는 과정이 개성화(individuation)다. Jung에 따르면, 인생은 개성화를 향해 나아간다.

(4) Adler의 개인심리학적 입장

Adler는 열등감과 이를 보상하려는 욕구를 인간의 기본적 동기로 보았다. 어린 시절에 심한 신체적 열등감을 경험한 바 있는 Adler는 신체 기관에 결함이 있는 사람들이 이를 보상하기 위해서 부단히 노력한다는 것을 관찰하면서 열등감과 그에 대한 보상 욕구가 인생 전반에 걸쳐서 커다란 영향을 미친다고 보았다. 물론 인생의 모습을 결정하는 것은 열등감 자체보다는 이에 대해 대처하는 방식이다.

인간은 평생 동안 열등감을 극복하고 우월감을 추구하기 위해 끊임없는 노력을 한다. 그가 말하는 우월이란 사회적으로 높은 지위를 추구하는 것이 아니라 자신의 능력을 개발하여 유능함을 추구하는 것이다. Adler는 한때 이러한 경향을 권력에의 의지라고 표현한 바 있으나 나중에 우월의 추구라고 개칭했다. 우월의 욕구가 인류와 개인의 성장과 발전에 매우 중요한 역할을 하는 것으로 여겼다.

(5) 대상관계이론의 입장

대상관계이론은 Freud의 이론으로부터 파생되어 발전한 현대 정신분석이론의 한 부류다. 대상관계이론에서는 관계형성 욕구를 인간의 가장 근원적인 동기로 여긴다. 대상관계이론에서 말하는 대상(object)은 인간뿐만 아니라 의미 있는 관계를 맺을 수 있는 모든 것을 뜻한다.

대상관계이론에 따르면, 인간의 가장 근원적인 욕구는 대상, 즉 타자와 친밀한 유대관계를 형성하고자 하는 욕구다. 이러한 주장은 신생아가 생리적 욕구의 충족보다 어머니와의 애착 형성을 더 소중하게 여긴다는 사실에 근거하고 있다. 관계형성 욕구를 지닌 신생아는 양육자, 특히 어머니와의 관계경험에 근거하여 자신과 세상을 이해하는 기본적인 틀을 형성한다. 어머니와의 초기 경험은 자기표상과 타인표상으로 내면화되어 성격의 기본구조로 자리 잡게 된다. 이러한 내면적 표상은 자신에 대한 인식뿐만 아니라 타인과의 관계에 강력한 영향을 미친다. 이처럼 생애 초기의 부적절한 관계경험은 성인기의 다양한 심리적 갈등과 성격장애의 원인이 된다.

(6) 인본주의 심리학의 입장

인본주의 심리학의 대표적인 인물인 Maslow와 Rogers는 자기실현 욕구를 인간의 가장 기본적인 동기라고 주장한다. 자기실현(self-actualization)이라는 용어는 Kurt Goldstein(1934)에 의해서 '개인이 지닌 모든 잠재력을 발휘하려는 동기'를 지칭하기 위해 처음 사용되었다. 그에 따르면, 자기실현은 삶을 이끌어 가는 주된 동력으로서 결과적으로 개인의 능력을 최대화하고 인생의 행로를 결정하게 된다.

이후에 Maslow(1954)가 욕구의 위계적 발달이론에서 자기실현 욕구를 주장하면서 학계에 널리 알려지게 되었다. Maslow는 자기실현을 '개인이 잠재적으로 지니고 있는 것을 충분히 발현하려는 경향'이라고 정의했다. 인간을 비롯한 모든 생명체 안에 이미 깃들어 있는 고유한 속성을 표출하고 발현하려는 성향을 의미한다. 자기실현은 결핍을 채우기 위한 욕구가 아니라 성장을 추구하는 욕구로서 개인의 포부와 야망을 성취하는 데 기여한다. 따라서 자기실현 욕구는 생리적 욕구를 비롯한 하위욕구가 충족될 때까지 주도적인 것으로 떠오르지 않는다.

Rogers(1961) 역시 모든 인간은 자신을 성장시키려는 자연적인 경향성을 지니고 있다고 보았다. 열악한 환경에서도 식물이 자라나듯이, 모든 유기체는 나름대로의 고유한 가능성을 건설적으로 발현하기 위해 끊임없이 노력한다. 인간을 포함한 모든 유기체는 보다 더 복잡하고도 완전한 발달을 향한 자연적 경향성, 즉 자기실현 경향성(self-actualization tendency)을 지닌다. Rogers는 이러한 자기실현 경향성이 인간의 가장 주된 동기이며 다른 모든 동기의 원천이 된다고 보았다. Rogers에 따르면, 인간은 자신의 가능성을 능동적으로 펼쳐가는 긍정적인 존재다. 이러한 자기실현 경향성이 차단되거나 봉쇄되었을 때 인간은 부적응적 문제를 나타내게 된다. 스스로 발전하고 성장하려는 자기실현 동기가 발현될 수 있도록 수용적이고 지지적인 환경을 조성하는 것이 성격발달에 매우 중요하다.

(7) 긍정심리학의 입장

긍정심리학의 창시자인 Seligman(2002)에 따르면, 인간은 행복을 추구하는 존재다. 행복은 크게 세 가지의 구성요소, 즉 긍정 정서, 잠재력 발현과 몰입, 의미감으로 구성된다. 행복의 첫째 요소인 긍정 정서는 쾌락을 추구하고 고통을 회피하려는 인간의 기본적인 성향을 반영하는 것으로서 즐거운 삶(pleasant life)을 통해 실현된다. 둘째의 잠재력 발현은 자기실현 욕구와 관련된 것으로서 자신이 하는 일에 열정적으로 몰두하는 몰입적 삶(engaged life)을 통해 구현된다. 행복의 셋째 요소인 의미감은 인간의 의미추구 욕구를 반영하는 것으로서 자신보다 더 큰 것(예: 가족, 직장, 사회, 국가, 인류)을 위해 공헌하는 의미 있는 삶(meaningful life)을 통해서 구현될 수 있다. 즉, 즐거운 기분을 느끼면서 자신의 일에 몰입하며 삶의 의미를 발견할 수 있을 때 진정한 행복을 느낄 수 있다. 이러한 세 욕구를 조화롭게 잘 충족시키는 것이 행복한 삶의 관건이라고 할 수 있다.

Ryan과 Deci(2000)는 인간의 동기를 내재적 동기와 외재적 동기로 구분한다. 외재적 동기는 외부의 보상을 추구하기 위한 것인 반면, 내재적 동기는 인간이 근본적으로 추구하는 내면적인 욕구를 뜻한다. 이들은 내재적 동기를 '새롭고 도전적인 것을 추구하고, 자신의 능력을 확장하여 연마하며, 항상 탐구하고 배우고자 하는 선천적 성향'이라고 정의하면서 세 가지의 기본적 욕구를 제시하였다. 그 첫째는 유능성(competence)의 욕구로서 환경에 효과적으로 대응할 수 있는 숙달된 경험을 추구하는 성향이고, 둘째는 관계성(relatedness)의 욕구로서 서로에게 지지적인 인간관계를 형성하고자 하는 성향이며, 셋째는 자율성(autonomy)의 욕구로서 삶의 중요한 문제에 관해서 독립적이고 자주적인 결정을 내리고자 하는 성향이다. 이러한 성향은 자발적인 동기를 촉발할 뿐만 아니라 성격 통합의 바탕이 된다.

이 밖에도 의미치료(logotherapy)의 창시자인 Victor Frankl(1963)은 의미를 추구하고자 하는 욕구를 인간의 가장 중요한 동기라고 주장했다. David Bakan(1966)은 인생의 가장 근본적인 동기를 주체성과 연대성이라고 지칭하면서 인생의 'Big two'라고 불렀다. 주체성(agency)은 독립적인 존재로서 유능성을 추구하는 욕구이며, 연대성(communion)은 타인과 친밀한 유대를 형성하려는 욕구를 의미한다. Enest Becker(1973)는 불멸(immortality)의 욕구를 인간의 가장 근본적 욕구라고 주장한다. 그에 따르면, 인간의 무의식에는 죽음의 공포가 자리 잡고 있으며, 자신의 존재를 영원히 존속하고자 하는 불멸의 욕구가 개인의 삶뿐만 아니라 인류 문화의 기반을 이루고 있다.

2. 욕구의 다양성과 개인차

1) 생리적 욕구와 심리적 욕구

인간이 나타내는 행동이 다양하듯이, 그러한 행동을 추진하는 욕구도 다양하다. 인간의 욕구는 그 원천과 내용에 따라 여러 가지 방식으로 구분될 수 있다. 욕구는 그 근원에 따라 생리적 욕구와 심리적 욕구로 구분된다.

생리적 욕구(physiological needs)는 인간의 신체적 조건에 의해서 생겨나는 것으로서 개체의 생존과 종족의 보존에 기여한다. 이러한 욕구에는 음식, 수분, 공기, 체온, 수면, 휴식, 성(sexuality)에 대한 욕구가 해당된다. Murray(1938)는 이를 일차적 욕구(primary needs)라고 불렀다. 생리적 욕구는 모든 사람이 공통적으로 지니는 선천적인 욕구라고 할 수 있다.

심리적 욕구(psychological needs)는 선천적인 조건보다 후천적인 경험과 학습에 의해서 더 강력한 영향을 받는 욕구들을 의미한다. 이러한 욕구에는 권력, 성취, 자존감, 친밀감 등에 대한 욕구들이 해당된다. 심리적 욕구는 생리적 욕구로부터 파생된 것일 수도 있으나 개인의 후천적 경험에 의해서 더 많은 영향을 받기 때문에 매우 다양할 뿐만 아니라 개인차가 현저하게 나타난다. 심리적 욕구는 다른 종에서 공통적으로 나타나지 않을 뿐만 아니라 모든 인간에게서 발견되지도 않는다. 이러한 욕구는 개인의 독특한 환경과 경험을 통해서 학

습된 것이기 때문이다. 사람마다 충족시키고자 하는 주된 심리적 욕구가 각기 다를 뿐만 아니라 그러한 욕구를 충족시키는 방법이 다르다. 이러한 심리적 욕구와 그 충족방법의 독특성은 성격의 개인차를 구성하는 중요한 요소다.

Murray(1938)는 심리적 욕구를 이차적 욕구(secondary needs) 또는 심인성 욕구(psychogenic needs)라고 명명하면서 그 구체적인 내용을 제시한 바 있다. 그는 인간을 기본적으로 타인과 상호작용하는 사회적 존재로 보았으며 인간의 행동에 영향을 미치는 주요한 심리적 욕

표 16-1 Murray가 제시한 심리적 욕구의 목록

영역	욕구	대표적 행동
무생물에 관한 것	획득	사물을 자신의 소유로 만들기
	질서	사물을 질서정연하게 정돈하기
	보존	사물을 저장하기
	건설	무언가를 만들어 내기
애정에 관한 것	친애	타인과 함께 시간 보내기
	거부	타인을 무시하기
	양육	누군가를 돌보기
	의존	타인의 도움을 받기
	유희	재미있는 일을 통해서 기분전환하기
권력에 관한 것	지배	타인의 행동을 지시하기
	복종	누군가에게 협력하거나 복종하기
	자율	외부적 강요에 저항하기
	공격	타인을 공격하거나 헐뜯기
	굴욕	사죄하거나 자백하기
	비난회피	비난받을 만한 충동을 억제하기
지위방어에 관한 것	굴욕회피	불리한 점이나 실패를 숨기기
	방어	해명이나 변명을 하기
	대응행동	공격이나 비난에 대항하기
야망에 관한 것	성취	장애물 극복하기
	인정	자신의 업적에 대해서 이야기하기
	과시	타인을 놀라게 하거나 감동시키기
정보교환에 관한 것	인식	타인에게 질문하기
	설명	타인에게 정보를 전달하기

구를 〈표 16-1〉과 같이 제시했다. 이러한 욕구는 개인에게 의식될 수도 있지만 많은 경우 잘 의식되지 않는다.

2) Maslow의 욕구위계이론

다양한 욕구는 서로 밀접한 관계를 지니고 있으며 체계적으로 발달하는 경향이 있다. Maslow(1954, 1970)는 인간의 다양한 욕구들이 일정한 위계적 순서에 따라 발달한다고 주장하였다. 그는 [그림 16-2]에 제시되어 있는 바와 같이 인간의 욕구를 다섯 단계로 구분하고 있다.

가장 낮은 단계에는 생리적 욕구(physiological needs)가 존재한다. 음식, 물, 호흡, 섹스, 수면, 배설과 같은 기본적인 욕구로서 개체의 생존을 위해 필수적인 것들이다. 둘째는 안전 욕구(safety needs)로서 다양한 위험을 회피하고 안전한 상태를 갈구하는 욕구를 뜻한다. 여기에는 건강, 직장, 가족, 재산 등의 안전을 추구하는 욕구가 포함된다. 셋째는 애정 및 소속 욕구(love/belonging needs)다. 인간은 다른 사람과 사랑을 주고받으며 집단에 소속하고자 하는 욕구를 지닌다. 넷째는

존중 욕구(esteem needs)로서 자신이 가치 있는 존재라는 것을 느끼고자 하는 욕구다. 자기긍지와 자기만족을 느끼기 위해 자신을 발전시키려는 욕구이기도 하다. 마지막으로, 가장 높은 단계에 위치하는 것이 자기실현 욕구(self-actualization needs)다. 이는 자신이 지니고 있는 잠재능력을 충분히 발현하고 인생의 의미와 목적을 성취하고자 하는 욕구다.

Maslow는 다섯 단계의 욕구를 결핍 욕구와 성장 욕구로 구분하고 있다. 결핍 욕구(deficiency needs)는 무언가 부족하다는 결핍감에 의해서 생겨나는 욕구로서 첫 네 단계의 욕구들이 해당된다. 반면에, 성장 욕구(growth needs)는 부족함을 채우기 위한 것이 아니라 가치 있는 것을 추구하는 것으로서 존재 욕구(being needs)라고 지칭하기도 했다. 성장 욕구는 결핍 욕구가 잘 충족된 후에 생성되는 것으로 자아실현 욕구를 비롯하여 진리, 정의, 아름다움, 풍요로움, 의미, 선함에 대한 욕구를 포함한다. 그는 말년에 이러한 욕구 발달의 최상위에 초월 욕구를 추가한 바 있다.

Maslow에 따르면, 욕구는 낮은 단계의 하위 욕구로부터 높은 단계의 상위욕구로 발달해 간다. 특히 하위 욕구가 만족되지 않으면 상위 욕구로의 발달이 이루어지지 않는다. 따라서 상위 욕구로의 발달은 하위 욕구의 충족을 전제로 이루어진다. 예를 들어, 배고프고 목마르고 위험에 쫓기는 상황에서 애정 욕구나 존중 욕구는 뒤로 밀려나며 음식과 물을 찾아 안전한 곳에 피신하려는 욕구와 행동이 우선적으로 나타나게 된다. 뿐만 아니라 애정 욕구가 충분히 충족되지 않은 사람에게는 존중 욕구나 자기실현 욕구가 잘 발달되지 않는다. 하위 욕구의 충족에 의해 상위욕구가 발전하여 행동에 영향을 미치더라도 하위 욕구에 불만족이 생겨나면 우리의 행동은 하위 욕구의 충족을 위해 퇴행된다. 이렇듯이 인간의 동기는 서로 위계적인 관계를 지니고 있으며

[그림 16-2] **Maslow의 욕구위계이론**

상위 욕구로의 발달은 하위 욕구의 안정된 충족을 필요로 한다.

3) Alderfer의 ERG이론

Alderfer(1969, 1972)는 Maslow의 5단계 욕구위계를 3단계로 축소하여 수정한 ERG이론을 제시하였다. 3단계 욕구란 생존욕구, 관계욕구, 성장욕구를 말한다. 생존욕구(existence needs)는 생존에 필요한 여러 유형의 물질적 및 생리적 욕구를 포함한다. 즉, 굶주림, 갈증, 월급, 상여금, 물리적 작업환경에 대한 욕구와 관련된다. Maslow의 욕구위계로 보면, 생리적 욕구와 안전 욕구(물리적 안전)가 포함된다. 생존욕구는 구체성이 높아서 인간이 지닌 욕구 중 가장 분명하다.

관계욕구(relatedness needs)는 자신에게 중요한 타인과 친밀하고 신뢰로운 인간관계를 형성하고 유지하려는 욕구를 말한다. Maslow의 안전 욕구(대인관계에서의 안전), 애정 욕구, 존중 욕구(대인관계에서의 자존심) 등과 같은 사회적 동기가 모두 관계욕구에 포함된다.

성장욕구(growth needs)는 개인이 중요하게 생각하는 능력이나 잠재력을 발전시키려는 욕구를 말한다. 이러한 욕구는 타인과의 비교를 통해서 얻는 자존감이 아니라 스스로 자기확신을 통해 얻게 되는 자존감의 욕구가 포함된다. 성장욕구는 Maslow의 자기실현욕구와 유사하다고 볼 수 있다.

Alderfer는 세 욕구를 지칭하는 영어명칭의 첫 글자를 따서 ERG이론이라고 지칭했다. 그는 세 욕구 간의 역동적 관계를 상세하게 설명하고 있는데, 기본적인 내용은 다음과 같다: (1) 특정한 욕구가 덜 충족될수록 그 욕구에 대한 갈망은 더욱 강해진다; (2) 한 욕구가 충족되면 상위 욕구가 일어난다; (3) 상위 욕구의 충족이 좌절되면 하위 욕구가 일어난다.

4) 동기의 개인차

어떤 사람은 재물을 추구하는 반면, 어떤 사람은 명예를 더 소중히 여긴다. 어떤 사람은 강한 사람에게 의지하기를 좋아하는 반면, 어떤 사람은 다른 사람 위에 군림하기를 원한다. 어떤 사람은 이성교제를 간절히 원하는 반면, 어떤 사람은 이성과 사귀는 것을 두려워한다. 이렇듯 사람마다 삶에서 추구하는 동기가 다를 뿐만 아니라 동일한 동기라 하더라도 그것을 추구하는 강도가 다르다. 어떤 사람은 많은 희생을 감수하면서도 권력을 잡으려는 강렬한 욕망을 지니는 반면, 어떤 사람은 난관과 장애에 부딪히면 그러한 욕망을 쉽게 포기한다.

욕구는 그 지속성에 따라서 만성적 욕구와 일화적 욕구로 구분될 수 있다(Alderfer, 1972). 만성적 욕구(chronic desire)는 비교적 오랜 기간 지속되는 욕구로서 욕구충족이라는 일관성 있는 목표를 향한 일련의 행동들을 유발한다. 반면에, 일화적 욕구(episodic desire)는 특정한 상황에서 나타나는 일시적인 욕망상태로서 상황이 변화하면 사라지는 욕구를 말한다. 이러한 구분에 따르면, 개인의 만성적 욕구가 그 사람의 성격과 대인관계 방식을 결정하는 데에 중요한 영향을 미치게 된다. 사람마다 성격과 행동방식이 다른 이유는 충족시키고자 하는 만성적 욕구가 다르기 때문이다.

(1) 선천적 요인

욕구의 개인차는 기질과 마찬가지로 유전적 또는 선천적 요인에 기인하기도 한다. 신생아는 배고픔을 비롯한 생리적 욕구에 대한 민감성과 그 표현 강도가 각기 다르다. 기질은 자극에 반응하는 개인적 성향을 의미한다. 신생아는 외부적 자극뿐만 아니라 내면적 자극(예: 배고픔, 불쾌감, 지루함)에 반응하는 기질이 다르다. 배고픔과 같은 결핍상태에 대한 민감성이나 인내력이 다를 뿐만 아니라 그러한 결핍상태에서 벗어나고자 하는 강렬함이 다르다.

Thomas와 Chess(1984, 1986)에 따르면, 아동은 반응 역치(반응을 유발하는 데 필요한 자극의 정도나 민감성), 반응의 강도(긍정적 또는 부정적 반응의 강렬함), 접근-위축(새로운 자극에 대한 반응 성향), 지속성(목표지향적 활동을 포기하지 않고 지속하는 정도나 끈기) 등과 같은 다양한 측면에서 기질의 차이를 나타낸다. Buss와 Plomin(1984, 1986)이 제시한 기질의 세 차원, 즉 정서성, 활동성, 사회성은 결핍의 욕구에 대한 정서적 반응성, 그 해소를 위한 행동적 강도 그리고 대인지향적 해결 성향을 의미한다. Rothbart(1986, 1989)가 기질의 중요한 차원으로 주장한 자기조절(self-regulation)은 아동이 자신의 욕구를 스스로 잘 통제하는 정도를 뜻한다.

(2) 욕구의 충족 경험

인간의 욕구는 충족 경험에 따라 욕구의 강도가 달라진다. 갈증은 물을 마시게 되면 사라지듯이, 욕구도 충분히 충족되면 감소하는 경향이 있다. 그러나 물을 마시지 못하면 갈증이 더욱 심해지듯이, 오랜 기간 충족되지 못한 욕구는 더욱 강해져서 욕구충족을 위한 행동을 유발하게 된다. 대부분의 심리학자는 개인의 행동을 유발하는 동기의 강도는 그러한 욕구의 충족 여부가 중요하다고 보고 있다.

Freud는 인간의 모든 행동을 내면적 욕구의 발산과정으로 보았다. 인간의 모든 욕구는 발산되어 해소되기를 갈구한다. 그러나 발산되지 못한 욕구는 불쾌한 긴장상태로 느껴지며 끊임없이 발산의 기회를 찾는다. Freud에 따르면, 인간의 근원적 욕구인 성적인 욕구가 발현되는 심리성적 발달과정에서의 경험이 성격특성을 결정하는 데에 중요하다. 즉, 구강기, 항문기, 남근

기를 거치면서 아동의 성적 욕구가 부모와의 관계에서 어떻게 충족되었느냐에 따라 성인의 성격적 특성이 영향을 받게 된다. 특정한 발달단계에서 욕구가 과도하게 좌절되면, 그러한 욕구를 충족시키려는 강한 경향이 지속적으로 남아 흔히 부적응적인 성격이나 대인관계를 나타낼 수 있다. 욕구의 과도한 좌절경험뿐만 아니라 과도한 충족경험도 그러한 욕구와 관련된 부적응적인 성격특성을 유발할 수 있다.

욕구위계이론을 주장하는 심리학자들(Alderfer, 1969, 1972; Maslow, 1954, 1970)은 특정한 욕구의 충족 여부가 개인의 욕구발달에 중요하다고 보았다. 이들에 따르면, 특정한 욕구가 충족되지 못한 채 좌절될수록 그 욕구에 대한 갈망이 더욱 강해질 뿐만 아니라 상위 욕구로의 발달이 이루어지지 않는다. 또한 상위 욕구의 좌절은 과거에 만족스러운 충족경험을 했던 하위 욕구로의 퇴행을 유발할 수 있다.

(3) 애착유형

어린 시절의 양육자, 특히 어머니와의 애착경험은 성인기의 대인 동기에 강력한 영향을 미친다. 애착이론을 제시한 Bowlby(1969)는 애착경험이 아동의 심리적 발달에 중요함을 강조했을 뿐만 아니라 아동기에 어머니와 형성한 애착관계가 이후의 인간관계에 영향을 미친다고 주장했다. Ainsworth와 동료들(Ainsworth, Blehar, Waters, & Wall, 1978)은 영아들이 어머니와의 이별과 재회에서 나타내는 애착반응을 통해서 애착유형을 안정 애착, 불안 애착, 회피 애착, 혼란 애착으로 구분하였다. 아동기의 애착유형이 성인기의 대인관계에 강력한 영향을 미친다(George, Kaplan, & Main, 1985; Hazan & Shaver, 1987). 불안 애착의 유형에 속하는 사람들은 타인에게 과도하게 집착하고 애정을 요구하며 거부에 대한 두려움을 지니는 반면, 회피 애착의

유형에 해당하는 사람들은 타인과의 친밀한 관계를 회피하며 개인적 활동을 선호하거나 타인과 적당한 거리를 두는 관계를 원한다.

이처럼 대인동기는 어린 시절의 양육자, 특히 어머니와의 애착경험에 의해 크게 영향을 받는다. 자녀를 키우는 어머니의 양육행동은 어머니의 성격, 당시의 심리적 상태나 스트레스, 당시의 환경적 상황 등에 의해 영향을 받을 뿐만 아니라 자녀의 선천적인 기질에 의해 달라질 수도 있다. 예컨대, 순한 기질을 지닌 자녀에 대해서는 안정된 양육태도를 보였던 어머니도 수유, 수면, 배변과정에서 예민한 반응을 보이는 자녀에게는 좀 더 불안정하고 공격적인 양육행동을 보일 수 있다. 이런 점에서 애착형성은 어머니와 자녀의 상호작용의 결과라고 할 수 있다. 또한 대인동기는 어머니뿐만 아니라 다른 가족구성원, 아버지, 형제자매, 교사, 친구, 연인 등과의 관계경험을 통해서도 영향을 받을 수 있다.

(4) 욕구의 충족방식

사람마다 주요한 욕구가 다를 뿐만 아니라 그러한 욕구를 충족시키는 방법에서도 현저한 개인차를 나타낸다. Ford와 Nichols(1987)는 욕구충족 방식의 개인차를 설명하는 세 가지 차원을 제시했다.

그 첫째 차원은 능동성-수동성의 차원이다. 이 차원은 특정한 욕구를 충족하기 위한 행동을 스스로 시작하는가 아니면 다른 환경적 요인에 의해 시작하는가를 의미한다. 능동적인 사람은 욕구를 충족하기 위해 스스로 행동의 방향과 계획을 설정하며 미래에 대해 예상하고 준비하는 경향을 나타낸다. 반면, 수동적인 사람은 다른 사람에 의해 시발된 상황에 대해서 반응적으로 행동하며 순응적이고 개방적인 태도를 나타내는 경향이 있다.

둘째는 접근-회피의 차원이다. 접근지향적인 사람은 행동을 통해 성취하게 될 결과의 긍정적인 측면에 초점을 둔다. 따라서 대인관계에서 다른 사람에게 접근적인 태도를 나타내게 된다. 반면, 회피지향적인 사람은 행동을 통해 초래될 결과의 부정적인 측면에 더 많은 관심을 기울인다. 따라서 특정한 대상에게 접근하기보다는 회피하는 행동을 나타내게 된다.

셋째는 유지-변화의 차원이다. 유지지향적인 사람은 현재의 상태를 변화시키지 않고 안정된 상태로 지속시키려는 현상유지적 태도를 취한다. 따라서 새로운 행동이나 변화를 통해서 불필요한 혼란과 동요를 경험하지 않으려 한다. 반면, 변화지향적인 사람은 현재의 상태에 만족하지 않고 변화나 개선을 위한 향상지향적인 태

돈에 대한 욕망: 물질주의

인간에게는 식욕, 성욕, 수면욕, 재물욕, 명예욕, 권력욕을 비롯한 다양한 욕망이 존재한다. 현대인들은 어떤 욕망을 가장 중시하며 살아갈까? 현대인들이 나타내는 다양한 행동은 어떤 욕망을 충족하기 위한 것일까? 학자마다 다양한 주장을 하고 있지만, 아마도 재물욕은 현대인의 가장 중요한 욕망 중 하나일 것이다. 특히 자본주의 사회에서 살아가는 현대인들은 재물욕, 즉 돈에 대한 욕망이 강하다. 돈으로 거의 모든 것을 구매할 수 있기 때문이다. 그래서 모든 사람이 돈을 벌기 위해서 노력하고 있다. 그러나 사람마다 돈을 중시하는 정도가 다를 뿐만 아니라 돈을 벌기 위해 행동하는 방식도 각기 다르다. 심리학자들은 돈에 집착하는 심리적 성향을

'물질주의'라고 지칭하고 개인의 삶과 행복에 미치는 영향을 연구하고 있다.

물질주의(materialism)는 물질적 재화를 소유하거나 소비하려는 과도한 욕구를 뜻한다. 물질주의 성향이 강한 사람들은 사회적 지위(social status)를 물질적 부나 소비능력으로 여기는 가치관을 지닐 뿐만 아니라 행복은 물질적 부의 축적과 소비를 통해서 얻을 수 있다는 믿음을 지닌다. 이러한 물질주의는 자본주의 사회의 속성에 대한 깊은 이해에 근거하여 자기이익을 추구하는 현실적인 가치관이라고 볼 수 있는 반면, 물질적 소비를 부추기고 경쟁과 탐욕을 촉발함으로써 인생의 소중한 가치를 희생시키는 천박한 가치관으로 여겨지기도 한다.

Belk(1985)는 물질주의를 하나의 성격특질로 간주하고 그 구성요소를 분석하여 제시한 바 있다. 그 첫째는 소유욕(possessiveness)으로서 자신이 지닌 소유물의 상실을 걱정하며 소유물에 대한 통제력을 강화하려는 욕구를 뜻한다. 둘째는 비관대성(nongenerosity)으로서 자신의 소유물을 다른 사람에게 주거나 함께 공유하지 않으려는 이기적인 인색함을 의미한다. 마지막의 셋째 요소인 시기(envy)는 다른 사람의 소유물이나 우월함에 대한 불쾌감이나 적대적 동기로서 자신이 원하는 재화를 갖고 싶어 하는 강렬한 성향을 말한다. Belk는 이러한 분석에 근거하여 24문항으로 구성된 물질주의 척도(Materialism Scale)를 개발하였다.

물질주의 성향은 행복이나 웰빙과 부적 상관을 나타내는 것으로 여러 연구에서 확인되고 있다. 물질주의 성향이 높은 사람일수록 행복도가 저하되는 경향이 있을 뿐만 아니라 우울증, 자기애, 피해의식 등과 같은 심리적 문제를 더 많이 지니는 것으로 보고되고 있다(Kasser & Ryan, 1993). 그 이유는 다양하다. 첫째, 물질적 가치의 과도한 추구는 인간의 기본적 욕구(관계성, 자율성)를 경시하거나 희생시킨다. 둘째, 재화를 얻기 위한 추구는 필연적으로 타인과의 경쟁과 비교를 초래하여 끊임없는 긴장을 유발한다. 셋째, 물질주의는 인간을 비롯한 모든 것을 재화로 계산하고 타인을 수단적인 존재로 여기는 인간의 탈인격화를 초래한다. 넷째, 물질의 소유로 인한 행복감은 적응과정으로 인해서 지속되지 않으며 시간의 흐름과 함께 감소한다. 다섯째, 물질적 가치는 더 많은 소유물을 지닌 사람과의 사회적 비교를 통해서 쉽게 만족감이 저하될 수 있다. 또한 물질적 소유가 많아질수록 오히려 더 많은 소유에 대한 욕구가 증가하여 자신이 소유한 것에 대한 주관적 만족도가 감소하는 경향이 있다(Sirgy, 1998).

돈을 통해서 무엇을 얻느냐에 따라 행복도가 달라지는 것으로 알려져 있다. 구매행위는 물질적 구매와 체험적 구매로 구분될 수 있다. 물질적 구매(material purchase)는 돈을 지급하고 물질적 소유물을 획득하려는 의도의 구매행위를 뜻하는 반면, 체험적 구매(experiential purchase)는 삶의 다양한 경험을 습득하려는 의도의 구매행위를 말한다. 실증적 연구에서 물질적 구매를 하는 사람보다 체험적 구매를 하는 사람의 행복도가 높은 것으로 보고되었다(Van Boven & Gilovich, 2003). Van Boven(2005)은 체험적 구매가 물질적 구매보다 행복도를 더 증진하는 이유를 제시한 바 있다. 첫째, 체험적 구매는 체험한 것에 대한 회상과 의미부여를 통한 다양한 긍정적 재해석이 가능하기 때문에 만족감이 서서히 감소하는 적응과정이 잘 일어나지 않는다. 물질적 구매는 시간의 흐름과 함께 만족도가 감소하는 반면, 체험적 구매는 오히려 증가하는 경향이 있다. 둘째, 체험적 구매는 사회적 비교로 인해서 행복감이 훼손되지 않는다. 더 나은 것을 소유한 사람과의 비교를 통해서 만족감이 감소하는 물질적 구매와 달리, 체험적 구매는 각자 체험한 내용과 의미가 다르기 때문에 사회적 비교를 통해서 행복감이 감소하지 않는다. 마지막으로, 체험적 구매는 인간관계를 촉진함으로써 행복도를 높인다. 체험적 구매는 속성 상 다른 사람과 함께하는 사회적 속성을 지니고 있을 뿐만 아니라 새로운 경험과 배움을 공유하는 과정에서 인간관계를 확장시키고 심화하게 된다.

도를 갖는다. 따라서 이러한 사람은 현재의 상황을 변화시키기 위한 새로운 시도를 끊임없이 하게 된다.

이처럼 사람마다 욕구가 다를 뿐만 아니라 그러한 욕구를 해소하는 방식에서도 다르다. 이러한 개인차는 유전적 요인에 기인하기도 하지만 후천적인 경험의 차이에 의해서 생겨나는 경우가 많다. 사람마다 성격과 행동방식이 다른 이유는 동기의 개인차를 통해서 이해될 수 있다.

3. 자기결정이론: 외부가치의 내면화

동일한 행동을 하더라도 그 동기는 다를 수 있다. 예컨대, 공부를 열심히 하는 것은 부모의 강요에 의한 것일 수도 있고 실력을 갖추기 위한 자발적인 동기에 의한 것일 수도 있다. 또한 좋은 학점을 받기 위한 것일 수도 있고 전공지식의 습득을 통해 자신이 성장하는 즐거움을 얻기 위한 것일 수도 있다. 어떤 동기를 지니고 공부하느냐에 따라서 공부하는 과정에서의 행복감과 그 성적도 달라질 수 있다.

행복한 삶은 기본적인 욕구를 잘 충족시키는 삶의 방식과 관련되어 있다. 인간은 외부적인 권위에 의해 강요되는 행동보다는 자신이 스스로 선택하고 결정한 행동을 통해서 더 많은 만족감을 경험한다. Deci와 Ryan(1985)은 행복과 관련된 인간의 기본적인 욕구와 더불어 동기의 내면화 과정을 설명하는 자기결정이론을 제시했다.

자기결정이론(self-determination theory)은 인간의 선천적인 성장 경향성과 심리적 욕구에 초점을 맞추어 인간의 성격과 동기를 설명하는 중요한 이론이다. 자기결정이론을 제시한 Deci와 Ryan(1985; Ryan & Deci, 2000)에 따르면, 인간은 자신을 성장시키고 통합하려는 선천적인 경향성을 지니며 이와 관련된 기본적인 심리적 욕구, 즉 세 가지의 내재적 욕구(유능성, 관계성, 자율성)를 지닌다. 이러한 내재적 욕구가 충족될 때, 인간은 자신의 삶과 행위를 스스로 결정한다는 자기결정감을 통해 목표달성의 동기가 유발되고 수행성과와 만족감이 증진된다. 그러나 특정한 사회적 조건은 이러한 욕구의 충족을 억제함으로써 좌절감과 정신건강을 훼손할 수 있다. 자기결정이론은 내재적 동기를 증진하는

자기결정이론을 제시한 Edward Deci(왼쪽)와 Richard Ryan

심리적 과정을 설명하기 위한 네 개의 작은 이론(mini-theories), 즉 (1) 기본 심리욕구 이론, (2) 인지적 평가이론, (3) 유기체적 통합이론, (4) 원인 방향성 이론으로 구성되어 있다.

1) 기본 심리욕구 이론

자기결정이론은 유능성, 관계성, 자율성의 세 가지 내재적 욕구가 인간의 가장 기본적인 욕구라는 가정에 근거하고 있는데, 이를 기본 심리욕구 이론(basic psychological need theory)이라고 부른다. Deci와 Ryan(1985; Ryan & Deci, 2000)에 따르면, 인간의 행동을 유발하는 동기는 외재적 동기와 내재적 동기로 구분할 수 있다. 외재적 동기(extrinsic motivation)는 우리가 외적인 보상을 얻기 위해 행동할 때 작동한다. 외적 보상은 돈이나 소유물, 지위와 권력, 사회적 인정과 명예 등과 같이 외부에서 발생하는 행동 유인요인을 의미한다. 반면에, 내재적 동기(intrinsic motivation)는 우리가 어떤 외부적 보상과도 상관없이 그 일 자체를 위한 어떤 활동에 참여하도록 이끌릴 때 작용되는 것이다. 내재적 동기는 기본적인 심리적 욕구에 의해서 생겨나는 것으로서 그러한 동기를 충족시키기 위한 행위 속에서 자체적으로 만족감을 느낄 수 있는 것이다. 이러한 동기는 인간에게 내재해 있는 심리적 성장과 자기실현 욕구를 반영하며, 이러한 동기의 충족은 행복에 필수적이다.

Ryan과 Deci(2000)는 내재적 동기를 '새롭고 도전적인 것을 추구하고, 자신의 능력을 확장하여 연마하며, 항상 탐구하고 배우고자 하는 선천적 성향'이라고 정의하면서 인간의 대표적인 긍정적 속성으로 간주했다. 그리고 이러한 내재적 동기를 구성하는 세 가지의 기본적 욕구를 제시하였다. 그 첫째는 유능성(competence)의 욕구로서 환경에 효과적으로 대응할 수 있는 숙달된 경험을 추구하는 성향이고, 둘째는 관계성(relatedness)의 욕구로서 서로에게 지지적인 인간관계를 형성하고자 하는 성향이며, 셋째는 자율성(autonomy)의 욕구로서 삶의 중요한 문제에 관해서 독립적이고 자주적인 결정을 내리고자 하는 성향이다. 이러한 성향은 스스로 노력하는 자발적인 동기화(self-motivation)뿐만 아니라 성격 통합의 바탕이 된다.

Deci와 Ryan(1985; Ryan & Deci, 2000)에 따르면, 내재적 동기를 지니는 사람들은 외적인 보상에 의해 동기가 부여된 사람들에 비해서 전반적인 행복 수준이 높을 뿐만 아니라 업무성과, 끈기, 창의성, 자존감, 활기에서도 더 높았다. 개인적 성장, 관계, 공동체와 같은 내재적 가치를 중시하는 사람들이 재산, 명성, 인기와 같은 외재적 가치를 중시하는 사람들보다 행복의 지표에서 높은 점수를 나타냈으며, 이러한 결과는 미국뿐만 아니라 러시아를 비롯한 여러 나라 표집에서 확인되었다(Kasser & Ryan, 1996). 내재적 동기를 지니고 흥미로운 일에 전념하게 될 때, 몰입이라는 독특한 긍정적 심리상태를 경험하게 된다. 아울러 내재적 동기를 지닌 사람들은 건강증진 행동, 종교적 참여, 친밀한 인간관계, 정치적 활동과 같은 다양한 영역에서도 긍정적인 결과를 나타내는 경향이 있었다.

2) 인지적 평가이론

내재적 동기는 인간의 타고난 경향성이지만 환경에 따라서 촉진될 수도 있고 억제될 수도 있다. 특히 동기는 인지적 평가에 의해서 강력한 영향을 받는다. 인지적 평가이론(cognitive evaluation theory)은 내재적 동기에 긍정적 또는 부정적 영향을 미치는 인지적 평가와 사회적 맥락을 제시하고 있다(Deci & Ryan, 1985; Ryan & Deci, 2000).

내재적 동기를 촉진하는 첫째 인지적 요인은 자율성 또는 내부적 귀인의 지각이다. 자율적 선택에 의해 행동할 수 있는 환경에서는 내재적 동기가 촉진된다. 여러 실험연구나 현장연구에 따르면, 선택권을 주고 스스로 주도할 수 있는 기회를 부여하며, 자신만의 관점과 기분을 존중하는 것은 더 많은 자율성을 부여함으로써 내재적 동기를 증가시킨다. 자율성을 지원하는 교사들은 학생의 호기심, 도전 욕구, 내재적 동기를 불러일으키는 것으로 나타났다(Reeve, Bolt, & Cai, 1999). 반면에, 지배적인 교사 밑에서 학생들은 주도성을 상실하고 비효과적인 학습을 보였다. 이러한 경향성은 학습내용이 복잡하고 개념적으로 창의적 과정을 요구할 때 더욱 그러했다.

내재적 동기를 촉진하는 또 다른 요인은 유능감의 경험이다. 자신이 잘 할 수 있다고 생각되는 과제나 상황에서 내재적 동기가 더욱 강화된다. 적절한 수준의 도전적 과제를 제시하고, 긍정적인 피드백을 부여하며, 통제적인 평가를 하지 않을 때 내재적 동기가 촉진된 반면, 부정적인 평가는 내재적 동기를 훼손하는 것으로 나타났는데, 이러한 효과는 개인의 지각된 유능감에 의해서 매개되었다(Vallerand & Reid, 1984). 아울러 내재적 동기는 대인관계에서 지지를 받을 때 나타났다. 교사, 부모, 상사와 같은 사람들이 배려와 수용을 보여주었을 때에 학생, 자녀, 부하직원들이 자유롭게 관심사에 매진하는 것으로 드러났다.

행동을 통제하기 위해 사용되는 외적인 보상은 오히려 내재적 동기를 손상시킨다. 이는 보상이 개인으로 하여금 행동의 이유가 자기 외부의 힘에 있다고 지각하도록 만들기 때문이다. Lepper, Greene 및 Nesbitt(1973)은 실험을 통해서 외적인 보상이 아동의 내재적 동기를 저하시킨다는 것을 확인했다. 그 이유는 내재적 동기를 외적인 보상으로 대체하는 과잉정당화(overjustification) 때문이다. 우리가 어떤 일을 하게 되는 동기는 그 일 자체를 좋아하기 때문이거나 어떤 보상을 기대하기 때문일 수 있다. 동일한 일을 하더라도 외적인 보상에 대한 기대를 갖게 하면, 그 일 자체에 대한 흥미나 선호가 오히려 떨어지게 된다. 왜냐하면 그 일을 하게 되는 이유가 일 자체에 대한 흥미 외에도 외적 보상이라는 이유로 정당화될 수 있기 때문이다. Lepper와 Greene(1978)은 이러한 현상에 관한 연구들을 종합하여, 내재적인 만족을 얻고 있는 활동에 대해서 보상을 주게 되면 이후에 그 활동에 참여하게 만드는 내재적 동기가 저하될 수 있다고 결론지었다. 이 밖에도 위협, 시간제한, 요구, 외부평가, 부과된 목표는 모두 내재적 동기를 저해한다(Deci & Ryan, 2000).

3) 유기체적 통합이론

인간이 행동하는 이유는 타인에 의한 강압적 요구로부터 자신의 판단에 따른 자발적인 추구에 이르기까지 다양하다. 어떤 동기로 행동하느냐에 따라 만족도와 성과가 달라진다. 또한 타인에 의한 인정이나 외부적 보상을 얻기 위해 어떤 과제를 반복적으로 수행하는 과정에서 재미와 만족감을 경험하면서 아무런 보상의 기대 없이 자발적으로 동일한 과제를 수행하게 되는 경우도 있다.

이처럼 외부적 보상에 의해서 유발된 동기가 내재적 동기로 내면화되면서 통합되는 과정을 설명하기 위해서 Deci와 Ryan(1985; Ryan & Deci, 2000)은 유기체적

통합이론(organismic integration theory)을 제시했다. 개인이 어떤 행동을 하게 되는 동기는 [그림 16-3]과 같이 외재적 동기에 의한 경우부터 내재적 동기에 의한 경우까지 연속선 상에서 세분화될 수 있다. 유기체적 통합이론은 외재적 동기로부터 시작하여 내재적 동기로 변화해 가는 점진적인 과정을 보여 주고 있다.

한 극단에는 동기 결여(amotivation)가 있는데, 이는 의지가 전혀 개입되지 않으며 자기조절이 이루어지지 않는 상태를 뜻한다. 개인이 자신의 행동에 아무런 의미나 가치를 두지 않을 때, 행동을 옮길 능력이 없다고 생각할 때, 그리고 행동에 따른 만족스러운 결과를 얻을 수 없다고 생각할 때 동기 결여가 생겨난다. 다른 극단에 있는 내재적 동기(intrinsic motivation)는 활동 자체

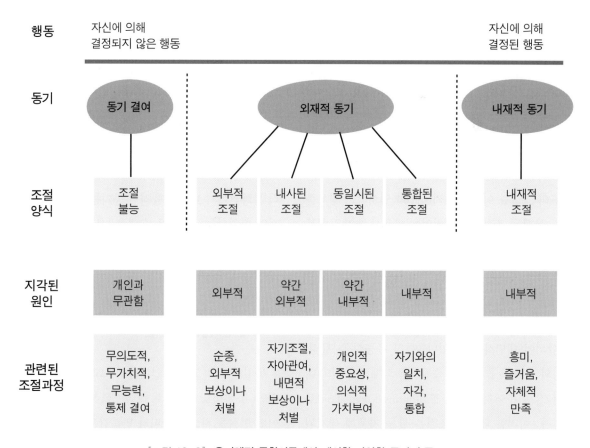

[그림 16-3] **유기체적 통합이론에서 제시한 다양한 동기 수준**

에 내재된 즐거움과 흥미 때문에 행동을 하는 것으로서 매우 자율적인 것이라고 할 수 있다. 내재적 동기는 다양한 긍정적 결과, 즉 창조성, 과제 수행도의 향상, 높은 수준의 심리적 안녕감과 관련되어 있다.

이러한 두 극단 사이에 외재적 동기에 의해 유발되는 네 가지 유형의 조절양식이 있다. 외부적 조절(external regulation)은 보상을 얻거나 처벌을 피하기 위해 행동하는 것을 뜻하며, 이러한 경우에 개인은 자기 외부의 힘이나 압박에 의해서 통제된다는 느낌을 갖는다.

내사된 조절(introjected regulation)은 자존심과 같은 자기보상을 얻거나 죄책감, 불안, 불인정을 피하기 위해서 행동하는 것이다. 이 경우에 관련되는 자존감은 외부적 보상이 내사 또는 내면화된 것이라고 할 수 있다.

동일시된 조절(identified regulation)은 보다 자율적인 형태로서 개인이 의식적으로 중요성을 인식하고 가치를 부여하여 행동하는 경우를 말한다. 이러한 경우에는 내사된 조절의 경우보다 본인의 의지가 더 많이 개입된 것으로 느껴지며 더 높은 수준의 끈기와 수행 그리고 긍정적 감정을 나타낸다.

통합된 조절(integrated regulation)은 행동이 가치와 의미를 지닐 뿐만 아니라 의식적으로 자신의 다른 가치나 목표와 조화를 이루며 자기(self)와 일치하는 경우를 말한다. 통합된 조절행동의 원인에 대해서 개인은 내부적인 귀인을 하게 되지만, 행동 자체를 위한 것이라기보다는 그와 구별되는 결과를 얻기 위한 것이라는 점에서는 여전히 외재적인 것으로 간주된다.

외부적으로 동기화된 행동은 점진적으로 자기에게로 통합되어 내면화될 수 있다. 특히 유능성, 자율성, 관계성의 기본 욕구가 잘 충족될수록 외재적 동기의 내재화가 잘 이루어져 내재적 조절(intrinsic regulation)로 발전한다. 이러한 내재적 조절은 활동 자체에 내재된 즐거움과 흥미 때문에 자발적으로 행동하는 것으로서

다양한 긍정적 결과를 유발하게 된다.

자기결정이론에 따르면, 아동이 발달해 감에 따라 대부분의 사회화된 행동이 보다 자율적인 방향으로 조절되어 간다. 왜냐하면 자기를 향해 행동조절이 통합되어 가는 발달적 경향성이 있기 때문이다. 그러나 이러한 통합과정이 항상 일어나는 것은 아니다. 타인에 의한 강요나 외재적 보상과 같은 여러 가지 방해요인이 있기 때문이다. 일반적으로 조절과정이 내면화되고 통합될수록 행동은 자기결정에 의한 것으로 느끼게 된다.

Ryan과 Connell(1989)은 초등학생을 대상으로 성취행동을 연구했다. 학업행동(예: 숙제)을 하는 네 가지 이유(외재적 이유, 내사된 이유, 동일시된 이유, 내재적 이유)를 측정했는데, 연구결과 연속선 이론이 경험적으로 지지되었다. 또한 외재적 이유 때문에 숙제를 하는 아이들은 흥미도가 저하되었으며 노력을 덜 하며 낮은 학업성취에 대해서 교사나 타인을 원망하는 경향이 있었다. 내사된 이유를 가진 학생들의 경우, 노력은 더 많이 했지만 실패에 대한 불안과 더불어 역기능적인 적응상태를 나타냈다. 내재적 이유를 가진 학생들은 학교생활에 더 많은 흥미, 즐거움, 노력을 보였을 뿐만 아니라 가장 적응적인 것으로 드러났다. 최근의 연구에 따르면, 여러 문화권에서 보다 자율적인 동기를 지닐수록 더 적극적인 학업활동, 더 높은 수행을 나타냈으며 낮은 중퇴비율, 높은 수준의 학습과 심리적 안녕감을 나타냈다(Ryan & LaGuardia, 2000).

4) 원인 방향성 이론

동일한 시험성적을 얻더라도 그러한 결과를 유발한 원인(예: 흥미로 인한 노력 대 부모에 의한 강요)에 대해서 어떤 인식을 하느냐에 따라 만족감뿐만 아니라 미래의 동기가 달라진다. 원인 방향성 이론(causality orientations theory)은 이처럼 동기와 관련된 개인차를 설명하기 위한 것이다. 어떤 결과를 자발적인 동기에 의한 것으로 느끼는 자기결정감은 사회적 환경에 의해서 영향을 받는다.

내재적 욕구는 선천적인 것이지만 사회적 맥락 속에서 발달한다. 어떤 사람은 점점 더 강한 내재적 욕구를 지니는 반면, 그렇지 못한 사람이 있다. 원인 방향성(causality orientations)은 다양한 상황에서 자신의 행동이 스스로에 의해서 결정된 것으로 여기는지 아니면 외부적 영향에 의해서 결정된 것으로 여기는지의 태도를 말한다. 이러한 원인 방향성이 동기의 개인차에 영향을 미칠 뿐만 아니라 자신의 행동을 조절하고 환경에 대처하는 태도에도 영향을 미친다.

원인 방향성 이론에 따르면, 동기는 개인이 목표 추구를 하는 원인의 위치(내부 대 외부)를 어떻게 지각하느냐, 즉 원인의 지각된 위치에 의해서 영향을 받는다. 원인의 지각된 위치(perceived locus of causality: PLOC)는 개인이 자신의 행동을 유발한 원인이 내부적인 것(흥미, 가치, 자기정체감)인지 아니면 외부적인 것(타인의 요구, 외부적 압력, 필요성)인지에 대한 주관적 지각을 의미한다. 원인 방향성은 기본적 욕구의 충족 여부뿐만 아니라 PLOC에 의해서 영향을 받는다.

일반적으로 원인 방향성은 크게 세 가지 유형으로 구분된다. 그 첫째는 자율적 방향성(autonomous orientation)으로서 세 가지의 기본적 욕구가 모두 잘 충족되고 PLOC 역시 내부적인 것으로 인식될 때 나타난다. 이러한 방향성을 지닌 사람은 내재적 동기 수준이 높을 뿐만 아니라 전반적인 삶의 만족도가 높다. 둘째는 통제된 방향성(controlled orientation)으로서 유능성과 관계성 욕구는 충족되지만 자율성 욕구가 충족되지 않을 때 나타난다. 이는 내재적 조절과 외재적 조절에 의해서 행동이 유발되는 복합적 자기조절이 이루어지는

경우로서 과업의 수행과정에 대한 융통성과 만족도가 저하한다. 마지막 유형은 비인격적 방향성(impersonal orientation)으로서 세 가지 기본 욕구가 모두 충족되지 못한 경우이며 개인의 기능이 저하될 뿐만 아니라 불행감이 증가한다. 이러한 세 가지 방향성을 통해서 개인의 동기 수준뿐만 아니라 행동적 성과와 심리적 만족도를 예측할 수 있다.

4. 욕구의 통제와 조절

개인의 성격을 이해하기 위해서는 그가 충족시키고자 하는 주된 욕구를 이해하는 것뿐만 아니라 그러한 욕구를 조절하고 통제하는 능력을 평가하는 것이 중요하다. Freud는 내면적 욕구와 문화적 환경을 절충하여 조절하는 심리적 기능을 자아(ego)라는 개념으로 설명하였다. 성적 또는 공격적 욕구를 선천적으로 타고나는 인간은 그러한 욕구를 억제하는 문화적 환경에서 살아가면서 내면적인 갈등을 경험하게 된다. 인간은 성장하면서 이러한 갈등을 해결하는 심리적 구조를 발달시키는데, Freud는 그러한 구조를 자아라고 지칭했다. 자아의 가장 중요한 기능 중 하나는 욕구의 조절이다. 과연 인간은 어떻게 욕망을 조절하는 것일까? 욕망을 통제하고 조절하는 데에는 어떤 심리적 과정이 개입하는 것일까? 욕망을 잘 조절하기 위해서는 어떤 노력이 필요할까?

1) 욕구의 조절기제

진화심리학의 관점에서 보면, 욕구는 인간의 생존과 번식을 돕는 적응적인 것이다. 그런데 욕구는 다양한 환경적 상황에 맞추어 스스로를 조절하는 능력을 갖추

고 있지 못하다. 욕구는 야생마와 같아서 생존과 적응을 위해 달려야 할 방향과 속도를 스스로 조절하지 못한다. 욕구만으로는 다양한 환경에 효과적으로 적응할 수 없기 때문에 진화과정에서 인간은 새로운 적응기제를 도입한 것으로 추정된다. 그것은 바로 대뇌 피질(cerebral cortex), 특히 전두엽(frontal lobe)이 담당하고 있는 인지기능이다. 전두엽의 발달을 통해서 환경을 정교하게 인식하여 평가하고 그에 적절한 대응을 하도록 하는 적응장치가 진화되었다. 이것이 바로 인간의 이성이다. 이성의 중요한 기능은 욕구의 방향과 속도를 조절하는 것이다. 특히 대뇌의 전전두엽(prefrontal lobe)은 계획을 세우는 능력과 관련된 영역으로서 이성적인 인지기능을 담당하는 것으로 알려져 있다(Franken, 2002).

인간이 하나의 행동을 하기까지 마음속에서 일어나는 심리적 과정은 매우 복잡할 뿐만 아니라 다양한 요인들이 관여한다. [그림 16-4]에 단순한 형태로 도식화되어 있듯이, 내면적 욕구와 환경적 압력이 행동을 동기화하는 과정에 개인의 신념과 인지가 관여한다. 신념은 개인이 경험을 통해 형성한 지식, 믿음, 가치 등을 포함한다. 아울러 인지적 판단과정을 통해서 환경적 사건의 평가, 목표 설정과 대응 행동의 계획, 행동의 결과에 대한 예상, 환경의 통제 가능성 등을 고려하게 된다. 뿐만 아니라 다양한 욕구들이 충족을 위한 경합을 벌이게 된다. 이렇듯 욕망이 행동으로 표출되기까지 매우 복잡한 심리적 과정이 관여하게 된다. 심리학자들은 이러한 과정을 좀 더 구체적으로 밝히기 위한 연구들을 진행하고 있으며 특히 자기조절과정에 깊은 관심을 지니고 있다.

인간은 뇌의 발달로 인해 정보를 처리하는 지적 능력이 증가되었으며, 자신의 행동을 관찰하고 평가함으로써 환경에 적절하게 대처하는 자기조절 능력을 갖추게 되었다. 그러나 인지적 활동만으로 자기조절이 되는 것은 아니다. 자기조절을 위해서는 자기 행동을 통제할 수 있어야 한다. 진화심리학자들은 완전한 자기통제는 불가능하다고 여긴다(Nicholson, 1997; Pinker, 1997). 즉, 합리적 이성에 의한 자기조절에는 한계가 있다. 인간이 할 수 있는 최선은 행동의 일부를 억제하거나 그 방향을 바꾸거나 재조정하는 것이다. 행동을 통제하는 데에는 매우 많은 심리적 체계들이 관여한다.

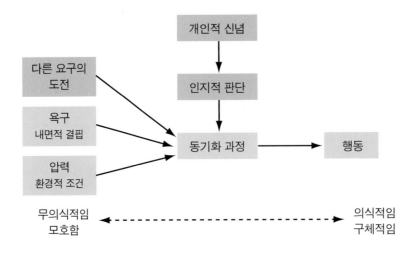

[그림 16-4] **욕망이 행동으로 이어지는 심리적 과정**

2) 자기조절의 주체: 의식과 자기

인간의 내면세계를 욕망, 정서, 인지, 행동 등과 같
은 다양한 심리적 과정의 복합체로 가정한다면, 이러한
과정은 어떻게 통합적으로 운영되는 것일까? 이러한
과정을 주관하는 주체가 있는가? 있다면 무엇인가, 그
리고 없다면 어떻게 이렇게 복잡한 과정이 일관성 있게
진행되는가? 즉 자기조절의 주체는 무엇인가?

인간은 독자적인 적응기능을 하는 에너지 공급체계,
생식체계, 양육체계, 안전체계 등을 갖추고 있다(권석
만, 2008b). 각 체계는 고유한 기능을 수행하기 위해서
개인의 의식에 침투하여 관련된 욕구를 충족시키도록
압박을 가한다. 의식은 제한된 처리용량을 지니고 있기
때문에 한순간에 소수의 욕구에만 집중할 수 있다. 여
러 적응체계는 의식을 차지하고 행동을 유발하기 위해
서 경합한다. 이러한 체계들은 각자 고유한 진화적 발

달과정을 밟아 왔기 때문에 서로 원활한 의사소통이 이
루어져 협동적으로 잘 기능할 것으로 기대하기 어렵다.
인간의 마음은 여러 적응체계가 각자의 욕구를 충족시
키기 위해서 아우성치는 경쟁과 갈등의 장이라고 할 수
있다. 이렇게 다양한 적응체계들 사이에서 벌어지는 경
쟁과 상호작용을 가장 높은 위치에서 통합적으로 관리
하는 심리적 기제가 진화하게 되었으며, 그것이 바로
중앙통제체계(central control system)로서 집행적 자아
(executive ego)라고 지칭된다(Hilgard, 1977). 집행적
자아는 여러 적응체계를 종합적으로 관리하고, 통제하
며, 개인이 적절하게 생각하고 행동할 수 있도록 계획
하고, 감시하며, 관리하는 기능을 지닌다.

생명체의 특징 중 하나는 환경을 인식하는 의식을
지닌다는 점이다. 의식의 수준은 매우 다양하며, 고등
동물일수록 의식의 용량이 크다. 의식(consciousness)은
고등동물의 중요한 심리적 현상이며 기능이라고 할 수

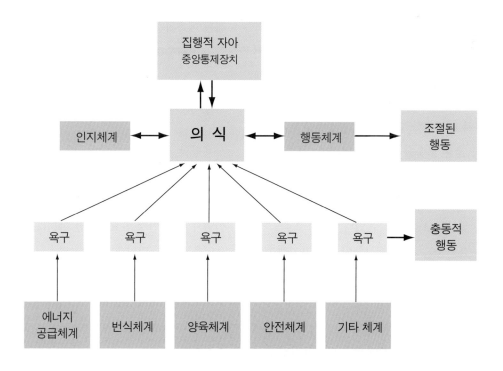

[그림 16-5] **욕구의 조절과정**

있다. 생명체는 외부환경과 상호작용을 하면서 자신의 생명을 유지해 가는데, 생명체마다 각기 환경과 상호작용 하는 방식이 다르다. 하등동물은 외부적 자극에 대해 반사적으로 반응하는 매우 단순한 상호작용 방식을 지닌다. 즉, 하등동물은 감각계-반응계의 단순한 적응체계를 지닌다. 그러나 진화과정에서 중추신경계가 발달한 고등동물은 감각계를 통해 입수된 환경적 자극을 인식하고 그러한 인식내용에 따라 다양한 방식으로 환경에 반응하는 상호작용 방식을 지닌다. 즉, 감각계-중추신경계-반응계라는 좀 더 복잡한 적응체계를 지니며, 이러한 중추신경계의 발달에 기인한 주요한 심리적 기능이 의식이다(권석만, 2001, 2008b).

Damasio(1999)에 따르면, 의식은 "대상의 이미지를 생성할 수 있는 능력", 즉 표상능력에서 기원한다. 외부의 대상을 마음속의 심상으로 내면화하는 것은 적응에 도움이 된다. 세상을 마음속에 옮겨 와서 다양한 방식으로 시뮬레이션을 해 볼 수 있기 때문이다. 만약 그렇지 못하다면, 인간은 매 순간 아무런 준비도 없이 즉각적인 상황에 직면해야만 할 것이다. 이러한 경우에 인간은 효과적인 대처를 하지 못하고 생명을 잃거나 피해를 입게 될 것이다. 그러나 표상기능을 통해 가상적인 상황을 예상하고 대비할 수 있다면, 환경에 효과적으로 적응하는 데 많은 도움을 받게 될 것이다. 예를 들어, 만약 맹수가 달려온다면, 싸울 것인가 숨을 것인가 아니면 도망을 갈 것인가? 인간은 표상기능을 통해서 이러한 상황을 예상하고 대비할 수 있다.

의식의 주요기능은 환경자극의 인식과 자기행동의 통제다(Kihlsrom, 1987). 즉, 의식을 통해서 환경에 대한 알아차림이 생겨나고 그러한 알아차림에 근거하여 자신의 행동을 통제하여 환경에 효과적으로 적응할 수 있게 된다. 의식은 그 초점의 명료성에 따라 다양한 수준으로 나눌 수 있다. 매우 명징한 의식상태에서부터 희미하고

졸린 의식상태, 그리고 외부의 사물을 인식하지 못하는 혼수상태에 이르기까지 다양하다. 의식은 주의를 집중하여 명료한 초점을 유지해야 많은 정보를 정교하게 처리할 수 있다. 이러한 핵심의식(core consciousness)을 갖기 위해서는, 자기라는 인식을 갖는 것이 필요하다(Damasio, 1999). 자기의 인식은 물체 이미지들이 개인과 관련성을 지닌다는 관찰로부터 생겨난다. 마음속에서 외부 대상과의 상호작용을 시뮬레이션하기 위해서는 자신을 대표하는 자기표상이 필요한 것이다. 즉, 자기표상과 대상표상을 통해서 환경과 자신의 관련성을 다양하게 고려할 수 있기 때문이다. 이러한 자기의식은 진화론적 관점에서 적응가치가 있는 것이다.

자기의식을 포함한 높은 수준의 의식을 지니기 위해서는 장기기억이 필요하다. 장기기억은 개인의 행동을 안내하기 위해서 과거의 경험과 미래의 예상을 활용할 수 있도록 해 준다. 이러한 높은 수준의 의식은 인간의 큰 뇌, 즉 장기기억의 발달에 기인한다. 장기기억은 미래를 예측하는 기반으로서 다양한 가능성을 고려할 수 있는 능력을 제공한다.

3) 자기통제의 심리적 과정

욕망의 조절은 자기통제(self-control)의 문제로 귀착될 수 있다. Bandura(1991)는 사회인지이론(social cognitive theory)을 제시하면서 개인의 행동은 사고나 신념과 같은 인지적 요인뿐만 아니라 사회적인 환경적 요인을 포함한 다양한 요인에 의해서 영향을 받는다고 주장했다. 그에 따르면, 자기효능감과 결과 기대가 개인으로 하여금 특정한 행동을 선택하고 그러한 행동을 지속하도록 만드는 동기를 결정하는 중요한 요인이다. 자기효능감(self-efficacy)은 실제 능력과 상관없이 자신이 특정한 과제를 잘 수행할 수 있는 믿음을 의미하며,

 탐욕의 심리

유난히 욕심이 많은 사람들이 있다. 충분히 많은 재산과 물질을 소유하고 있음에도 끊임없이 더 많은 것을 추구할 뿐만 아니라 타인의 소유까지 넘보는 탐욕을 성격적 특성으로 지닌 사람들이 있다. 최근에 Seuntjens와 그의 동료들(Seuntjens, Zeelenberg, van de Ven, & Breugelmans, 2015)은 이러한 특성을 성향적 탐욕(dispositional greed)이라는 지칭하고 그 심리적 특징과 구성요소를 분석하여 실증적으로 검증한 바 있다.

Seuntjens 등(2015)에 따르면, 탐욕(greed)은 항상 더 많은 것을 원하고 현재 가지고 있는 것에 결코 만족하지 않는 경향성을 뜻한다. 탐욕은 돈과 물질에 대한 허기뿐만 아니라 섹스, 음식, 권력, 지위 등에 대한 비물질적 욕망을 포함한다. 탐욕은 경제 성장과 발전을 추진하는 긍정적인 원동력이 될 수 있지만 이기적인 이익 추구를 통해서 타인에게 피해를 줄 수 있기 때문에 부정적인 것으로 여겨지고 있다. 탐욕은 다음과 같은 4가지의 심리적 요소로 구성되어 있다.

첫째, 탐욕은 최대화의 심리적 전략과 관련되어 있다. 최대화(maximization)는 다양한 대안 중에서 획득 가능한 최대의 것 또는 최고의 것을 얻으려는 선택과 행동 경향성을 의미한다. 이러한 최대화 전략은 일상생활에서 충족될 수 없기 때문에 항상 불만을 유발하게 된다. 그러나 대다수의 사람은 최대화 전략보다 자신이 가진 것에 만족하는 전략을 취한다. 최고의 결과를 얻기 위해 투쟁하기보다 그만하면 좋은 것(something good enough), 즉 수용 가능한 최소의 기준을 넘으면 만족하는 경향성을 지닌다.

둘째, 탐욕은 자기이익(self-interest)의 일방적 추구와 연관되어 있다. 탐욕스러운 사람들은 자기이익을 위해서 더 많은 것을 원한다. 자신의 이익만을 중시할 뿐만 아니라 다른 사람의 이익이나 손해에 대해서는 무관심하다. 이러한 자기중심적인 이익추구 성향은 상당히 안정된 개인차로 알려지고 있다.

셋째, 탐욕은 시기의 감정에 의해서 촉발된다. 시기(envy)는 자신보다 많은 것을 가진 다른 사람들과의 비교를 통해서 체험되는 부정적 감정으로서 탐욕을 촉진한다. 또한 탐욕은 자신이 더 많은 것을 소유하는 상상적 상황과의 비교를 통해서 강화되기도 한다.

마지막으로, 탐욕은 물질주의의 태도와 밀접히 관련되어 있다. 물질주의(materialism)는 물질의 획득을 삶의 가장 중요한 가치이자 성공의 상징으로 여길 뿐만 아니라 행복을 위해서 더 많은 물질을 추구하는 심리적 태도를 의미한다. 이러한 물질주의적 태도가 강한 사람일수록 자신의 소유에 만족하지 못하고 탐욕적 성향을 나타낸다.

이밖에도 탐욕은 충동성과 관련되는 것으로 알려지고 있다. 성향적 탐욕을 지닌 사람들은 소비욕과 낭비벽이 심해 돈을 쉽게 지출할 뿐만 아니라 위험을 감수하며 무모한 행동을 나타내는 경향이 강하다. 또한 탐욕이 강한 사람들은 반사회적인 성향을 나타낼 수 있는데, 이들은 자신의 이익추구 행동이 다른 사람들에게 미칠 부정적인 결과를 무시하기 때문이다. 성향적 탐욕은 심리적 특권의식이나 반사회적 성향과 정적 상관을 지니는 반면, 타인의 관점 취하기나 공감 그리고 친사회적인 행동과는 부적 상관을 나타내는 것으로 보고되고 있다.

결과 기대(outcome expectancy)는 그러한 행동의 결과로 얻을 수 있다고 예상하는 결과에 대한 믿음을 뜻한

다. 이러한 주장을 하면서 Bandura는 새로운 행동을 유발하게 만드는 자기통제 과정을 세 단계로 나누어 제

시했다. 특히 내면적 충동이나 자동적인 습관적 반응을 통제하고 새로운 적응적 행동을 하기 위해서는 다음과 같은 세 가지의 심리적 과정이 필수적이라고 주장했다.

그 첫째는 자기관찰(self-observation)이다. 자기관찰은 개인이 자신의 내면적 상태나 과정을 인식하는 과정으로 자기조절을 위한 가장 기본적이고 필수적인 과정이다. 자기관찰을 위해서는 주의를 내향화하여 자신의 마음을 잘 살펴 알아차리는 것이 중요하다. 의식은 고등동물의 중요한 심리적 현상으로서 내적 또는 외적 자극을 인식하고 행동을 통제하는 기능을 지닌다(Kihlsrom, 1987). 자신의 심리적 상태를 의식적으로 자각하는 것이 자신의 행동을 통제하는 데 필수적이다.

둘째 단계는 자기평가(self-evaluation)다. 자기평가는 자기관찰에 의한 인식에 근거하여 자신의 심리적 상태에 대해서 판단을 하는 것이다. 이러한 판단과정은 현재의 상태를 어떤 기준에 비추어 평가하는 것이다. 즉, 현재의 상태를 판단 기준과 비교함으로써 그 괴리를 평가하는 것이다(Higgins, 1987). 자기평가에 적용되는 판단기준은 이상적 자기상, 추구하는 목표, 다른 사람들의 기대나 요구, 도덕적 기준 등이 될 수 있지만 사람마다 각기 다르다. 이 과정은 Carver의 인공두뇌모델에서 비교과정에 해당되는 것이라고 할 수 있다.

마지막 세 번째 단계는 자기반응(self-reaction)이다. 자기반응은 자기평가의 결과에 따라 자신에 대한 감정을 느끼거나 행동적 반응을 하게 되는 과정을 말한다. 자기평가가 긍정적일 경우에는 기쁨과 자부심을 느끼는 동시에 그러한 상태를 유지하거나 강화시키려는 행동을 하게 된다. 반면에, 평가가 부정적일 경우에는 슬픔과 자괴감을 느끼는 동시에 그러한 상태를 변화시키기 위한 노력을 하게 된다.

4) 행동통제이론

자기조절 과정을 정교하게 설명하기 위해서 Carver와 Scheier(1981, 1982)는 인공두뇌 이론(Cybernetic theory)을 적용한 행동통제이론(control theory of behavior)을 제시했다. 이들에 따르면, 개인은 항상 어떤 목표를 지향하는 존재로서 이러한 목표가 행동을 유발하고 지속하게 만든다. 개인은 환경 속에서 주어지는 입력 자극을 지각하게 되면, 그것을 목표라는 기준과 비교한다. 자극이 목표에 부합하는 것인지 아닌지를 비교하여 감각자극과 목표 간의 괴리 정도에 따라 오류신호(error signal)를 발생시킨다. 이러한 비교결과는 출력 행동에 영향을 미친다. 만약 괴리가 없다고 판단되면, 아무런 행동을 취하지 않거나 예전과 동일한 방식으로 행동한다. 그러나 괴리라는 오류신호를 받게 되면 출력 행동을 변화시킨다. 이렇게 변화된 행동은 환경에 영향을 미쳐 그 결과가 입력 자극으로 유기체에 전달된다. [그림 16-6]에 제시되었듯이, 이러한 순환회로(loop)가 반복되는 과정이 일어난다.

자기조절이 필요한 경우는 괴리가 있다고 판단되는 경우로서 두 가지 유형의 순환회로가 작동한다. 그 하나는 괴리-감소 회로(discrepancy-reducing loop)로서 입력자극과 목표기준 간의 괴리를 제거하거나 축소시키는 방향으로 행동을 하는 것이다. 즉, 목표 접근적인 행동을 통해 환경에 영향을 미치고 그 결과를 목표와 비교하게 된다. Carver(2004)는 이러한 피드백 과정의 결과로서 감정이 발생하며 감정은 자동적으로 행동을 촉진한다. 어떤 행동의 결과가 목표와 비교하여 일치하는 것으로 나타나면 긍정적인 고양된 감정을 느끼게 되고 더 열성적으로 목표 추구행동에 매진하게 된다. 반면에, 목표와의 괴리를 증가시키는 것으로 평가되면 슬픔이나 우울의 부정적인 감정을 느끼며 행동을 위축시

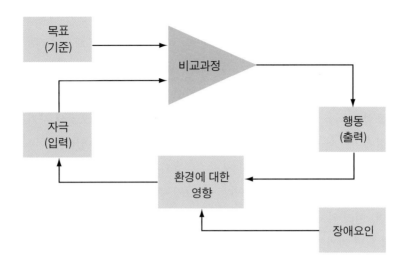

[그림 16-6] **자기조절에 대한 인공두뇌모델의 피드백 회로구조**

킨다.

또 다른 유형의 회로는 괴리-확대 회로(discrepancy-enlarging loop)로서 이러한 회로는 목표가 회피해야 할 것인 경우에 작동한다. 이러한 경우를 반발 목표(anti-goal)라고 하는데, 예를 들어 교통체증을 회피하고자 하는 경우다. 따라서 이 경우에는 목표 회피적인 행동을 통해서 목표(교통체증)와의 괴리가 커지는 방향으로 행동을 하게 된다. 어떤 행동의 결과가 교통체증과 멀어지는 것으로 판단되면, 안도감의 감정을 느끼게 되고 행동적 노력이 감소한다. 반면에, 괴리가 작게 나타나서 교통체증에 접근하는 것으로 판단되면, 불안과 공포라는 부정적 감정을 경험하게 되고 적극적인 회피행동을 하게 된다.

이러한 인공두뇌모델은 인간의 경우에도 자동제어장치와 마찬가지로 끊임없이 목표와 현실을 비교하면서 그 괴리를 축소하는 방향으로 행동을 조절해 나가는 존재라는 점을 시사한다. 인간의 감정은 비교과정의 괴리 정도를 반영함으로써 유기체로 하여금 특정한 행동을 하도록 촉진하는 역할을 한다. 특히 커다란 괴리 정

도를 반영하는 부정적 감정은 유기체로 하여금 행동의 변화를 촉구하는 역할을 하게 된다.

5) 자기통제 역량 모델

Muraven과 Baumeister(2000)는 자기조절을 위해서는 내적인 자원이 필요하며 이러한 자원이 고갈되면 자기조절이 약화된다는 자기통제 역량 모델(self-control strength model)을 제시했다. 이들은 자기조절을 상황에 따라 변화될 수 있는 일시적인 심리적 능력으로 간주하고 있다. 마치 근육이 잘 발달한 사람도 심한 운동을 지속적으로 하게 되면 피로를 느껴서 운동능력이 감소하듯이, 자기조절 노력을 반복해서 기울이게 되면 자기조절 능력이 낮아지는 현상을 관찰했다. 예컨대, 평소에 자기조절을 잘 하던 사람도 힘겨운 업무가 주어지거나 심한 스트레스를 받게 되면, 절식이나 금연 또는 금주의 자기조절 노력이 약화된다. 이들은 사람들이 자기조절에 실패하게 되는 심리적 과정을 설명하기 위해서 다음과 같은 가정을 하고 있다.

첫째, 자기조절 역량은 자기의 집행적 기능을 수행하는 데 필수적이다. 둘째, 인간은 한정된 자기조절 용량을 지니며 한 번에 제한된 수의 충동만을 억제할 수 있다. 셋째, 모든 자기조절 용량은 동일한 자원에 나온다. 즉, 한 목표에 자기조절 노력을 기울이게 되면, 다른 목표를 위한 자기조절에 사용할 수 있는 자원이 감소된다. 넷째, 자기조절의 성공과 실패는 그 사람이 지닌 자기조절 자원의 수준에 달려 있다. 자기조절 역량은 항구적인 것이 아니며, 여러 과제를 수행하면서 그러한 역량을 고갈시키게 되면 자기조절 역량이 감소한다. 그러나 휴식이 근육의 피로를 회복시키듯이, 자기조절 역량도 회복될 수 있다. 자기조절의 성공과 실패는 자기조절 자원의 고갈과 회복에 달려 있다. 그러나 자기조절 자원의 기본적 용량은 사람에 따라 차이가 있는 것으로 알려져 있다. 이 이론에 따르면, 자기조절을 잘 하는 사람은 자기조절 용량이 많을 뿐만 아니라 일상생활에서 자기조절 역량을 과도한 수준까지 소비하지 않고 균형 있게 사용하는 사람이라고 할 수 있다(Friese & Hofmann, 2009). 또한 자기조절의 특질이 높은 사람들은 특질이 낮은 사람들에 비해서 자기조절 자원을 고갈시키는 과제를 잘 견뎌 냈다(Oaten & Cheng, 2006, 2007).

6) 욕구의 조절 방법

자기조절에 관한 심리학적인 이론들을 종합하면, 자기조절을 잘 하는 사람은 다음과 같은 특성을 지닌다고 볼 수 있다. 첫째, 이들은 자기조절을 위한 기본적인 자원과 용량을 선천적으로 많이 지니고 있다. 이러한 자원과 용량은 정보처리능력을 비롯하여 정서적 안정성, 스트레스 인내력 등을 포함한다. 둘째, 이들은 평소에 자기관찰과 자기평가를 통해서 자신의 삶을 항상 모니터링하며 보다 적응적인 행동을 하려고 노력한다. 셋째, 이들은 동일한 과제를 수행하더라도 자기조절 용량을 경제적으로 사용하는 사람이라고 할 수 있다. 마지막으로, 이들은 일상생활에서 자기조절 자원을 고갈시키지 않고 잘 비축함으로써 자기조절 역량을 잘 유지하는 사람이라고 할 수 있다.

효과적인 자기조절은 다양한 요인에 의해 결정되고, 그것 중 어느 하나만 실패해도 자기 조절을 손상시킬 수 있다. 자신의 반응을 변화시키는 데에는 힘이나 에너지 같은 심리적 자원이 필요하며, 이러한 자원이 고갈되면 자기통제가 약화된다. Baumeister(1998)는 자기통제 행동을 한 후에 자아고갈(ego depletion)이라는 상태가 되어 자기통제 능력이 약화되는 것을 발견했다. 즉, 자기조절을 하는 것은 단기적으로 상당한 심리적 자원을 고갈시키기 때문에, 곧바로 다른 자기조절을 하기가 어려워진다.

또한 심리적 자원을 다른 기능에 많이 사용하게 되면 자기조절이 약화된다. 사람들이 마감시한이나 스트레스에 대처할 때, 섭식이나 흡연 또는 개인적 위생의 조절을 포기하는 것은 결코 우연이 아니다. 사람들이 체중을 조절하거나 금연을 시도할 때, 정서적 조절기능이 약화되어 초조해하거나 까다로워진다. 자신을 잘 조절하는 균형 잡힌 삶을 위해서는 제한된 심리적 자원을 잘 관리하고 보존해 둠으로써 압박감이나 부담을 느끼는 상황에서도 자기통제능력이 저하되지 않도록 해야 할 것이다. 즉, 생활의 대부분이 규칙적인 활동이나 습관처럼 자동적인 과정으로 이루어지게 되면, 심리적 자원의 투여가 감소되므로 자기통제 능력이 잘 유지될 수 있다.

자기통제를 향상시키기 위한 한 종단 연구(Muraven et al., 1999)에 의하면, 정기적인 연습을 통해 자기통제가 향상될 수 있다. 매일같이 운동하면서 자기조절 능력을 키운 사람들은 자기통제에 대한 실험실 과제에서 더 좋은 성과를 보여 주었다. 특히 자기조절을 향상시키는 효과적인 방법은 자신에 의한 것이든 타인에 의한 것이든 관찰을 강화하는 것이다. 감시되지 않는 행동은 바뀌지지 않는다. 더 나아가서, 감시가 중단되면 자기통제는 약화된다. 감시는 자신의 행동에 관해 기록을 하거나 자신이 해야 할 행동을 다른 사람이 적극적으로 상기시켜 주는 방식으로 이루어질 수 있다.

이런 점에서 주의를 기울이는 것은 자기조절에 필수적이다. 주의과정은 자기조절의 성패를 결정하는 첫 단계를 구성한다. 앞에서 설명한 바 있듯이, 자기감시가 감소되면 자기통제가 약화된다. 자신의 현재 상태와 목표 간의 차이를 평가할 수 없을 때, 자신의 상태에 계속 주의를 기울이지 못하거나 자기통제를 중단하기 쉽다(Kirschenbaum, 1987). 자신의 행동에 계속 주의를 기울이지 못하면 대부분은 자기조절이 약화된다.

자기통제 행동은 대부분 더 큰 장기적 이득을 추구하기 위해서 즉각적인 상황에 대한 최초의 반응을 억제하는 것을 포함한다. 따라서 현재의 즉각적인 상황을 넘어서서 대응하는 능력이 핵심적이다. 현재 순간만을 중시하는 사람들은 자기통제를 잘 하기 어려운 반면, 미래 지향적인 태도를 지닌 사람들은 자기통제를 잘 하게 된다. 따라서 주의를 현재의 즉각적 상황과 자극으로 집중시키는 요인들은 자기통제를 감소시키게 된다.

일관성 있는 분명한 목표는 자기통제를 촉진하는 반면, 불분명하거나 상반된 목표는 자기통제를 약화시킨다(Emmons & King, 1988). 서로 상충하는 다양한 목표를 지니게 되면 주의가 분산될 뿐만 아니라 목표성취를 위한 심리적 자원을 고갈시킬 수 있다. 많은 목표가 상충할 경우, 사람들은 곰곰이 생각하는 경향이 있으며 그 결과 어떤 목표를 향해서도 나아가지 않는다. 마찬가지로 자기조절은 자신의 행동을 목표에 일치시키려

는 노력이므로, 만약 목표가 불분명하면 자신의 행동을 그쪽으로 옮기기가 어려워진다.

자기조절은 훈련을 통해서 향상될 수 있다(Muraven et al., 1999). 역사적으로 지혜로운 사람들은 인격을 함양하는 방법으로 자기조절을 키워서 스트레스를 받더라도 동요하지 않는 강한 자아를 발달시켜 왔다.

자기조절과정은 우리의 행동을 좀 더 정교하고 세련되게 하기 위한 것이다. 우리의 욕망과 행동체계는 적응을 돕기 위해서 진화된 것이지만 항상 옳고 적절한 것은 아니다. 진화과정은 우리로 하여금 과잉반응을 하게 만듦으로써 생존을 도왔다. 환경에 미온적인 대응을 하는 것보다 적극적인 대응을 하는 것이 생존에 도움이 되기 때문이다. 예를 들어, 우리는 맹수로부터 안전을 확보하기 위해서 필요 이상으로 먼 거리를 유지하는 경향이 있다. 맹수로부터 멀리 떨어지는 것이 그 근처에서 일정한 거리를 유지하는 것보다 안전하기 때문이다. 이러한 안전행동에는 상황에 부적절한 과잉반응이라는 불순물이 존재한다. 어쩌면 우리는 자신의 사소한 실수에 대해서 과도한 자괴감과 죄책감을 느끼는 것인지 모른다. 다른 사람으로 인한 사소한 피해에 과도한 분노와 공격성을 드러내는 것인지 모른다. 우리는 생존과 안녕을 위해서 필요 이상으로 많은 재산과 권력을 획득하려고 하는 것인지 모른다. 따라서 우리는 항상 우리 자신에게 "우리의 반응이 과잉반응은 아닌지" 또는 "우리의 욕망이 과도한 것은 아닌지" 물어야 한다. 만약 그렇지 않다면, 어떻게 반응하는 것이 최선인지를 물어야 한다. 우리가 하는 모든 것에는 다양한 대안적 방법들이 존재한다. 자기조절을 위해서 우리는 자신의 욕구와 동기를 충분히 의식하려고 노력할 필요가 있다. 이를 위해서, 우리는 다른 가능한 대안이 무엇인지를 항상 자문해야 한다. 욕망의 조절을 위해서 우리는 충분히 깨어 있어야 한다.

요약

1. 인간은 욕망하는 존재다. 욕망은 인간을 움직이는 원동력일 뿐만 아니라 행동의 방향을 결정하는 운전대의 역할을 한다. 동기에 관한 대표적 심리학자인 Murray는 인간을 움직이게 하는 내면적 동력을 욕구, 동기, 압력으로 구분하여 설명했다.

2. 인간의 가장 기본적인 욕구에 대해서 다양한 주장이 제시되고 있다. 진화심리학은 인간을 생존과 번식을 추구하는 존재로 여긴다. Freud는 성욕과 공격욕을 가장 기본적인 욕구로 여겼으며, Jung은 개성화를 인간의 가장 근본적인 동력으로 보았다. Adler는 열등감과 이를 보상하려는 욕구를, 대상관계이론가들은 관계형성 욕구를, 인본주의 심리학자들은 자기실현 욕구를, 긍정심리학자들은 행복 욕구를 인간의 가장 기본적인 동기라고 주장한다.

3. 인간의 욕구는 매우 다양하며 크게 생리적 욕구와 심리적 욕구로 구분된다. Maslow는 생리적인 욕구에서부터 안전, 애정, 존중의 욕구를 거쳐 자기실현 욕구로 위계적 순서에 따라 발달한다는 욕구위계이론을 주장했다. Alderfer는 생존욕구, 관계욕구, 성장욕구가 위계적으로 발달한다는 ERG이론을 제시했다.

4. 인간은 충족시키고자 하는 욕구와 그 충족방식에 있어서 개인차를 나타낸다. 이러한 개인차는 기질과 같은 선천적 요인과 더불어 성장과정에서의 욕구충족 경험과 애착경험과 같은 다양한 후천적 요인에 의해서 결정된다.

5. Deci와 Ryan은 행복과 관련된 인간의 기본적인 욕구와 동기의 내면화 과정을 설명하는 자기결정이론을 제시했다. 자기결정이론은 유능성, 관계성, 자율성의 내재적 동기를 증진하는 심리적 과정을 설명하기 위한 네 개의 작은 이론, 즉 (1) 기본 심리욕구 이론, (2) 인지적 평가이론, (3) 유기체적 통합이론, (4) 원인 방향성 이론으로 구성되어 있다.

6. 욕구를 조절하고 통제하는 능력은 성격의 중요한 구성요소다. 인간의 마음은 에너지 공급체계, 생식체계, 양육체계, 안전체계 등의 적응체계가 각자의 욕구를 충족시키기 위해서 아우성치는 경쟁과 갈등의 장과 같다. 이러한 경쟁과 상호작용을 가장 높은 위치에서 통합적으로 관리하는 심리적 기제가 바로 중앙통제체계로서 집행적 자아다. 집행적 자아는 여러 적응체계를 종합적으로 관리하고, 통제하며, 개인이 적절하게 생각하고 행동할 수 있도록 계획하고, 감시하며, 관리하는 기능을 지닌다.

7. Bandura는 사회인지이론을 통해서 자기효능감과 결과 기대가 특정한 행동을 선택하고 지속하게 만드는 동기에 영향을 미친다고 주장하면서 자기통제를 위해서는 자기관찰, 자기평가, 자기반응의 세 과정이 필수적이라고 제시했다. Carver와 Scheier는 자기조절이 목표와 입력 자극을 비교하여 행동 여부를 결정하는 다양한 과정으로 구성된다는 행동통제이론을 제시했다. Muraven과 Baumeister는 자기조절을 위해서는 내적인 자원이 필요하며 이러한 자원이 고갈되면 자기조절이 약화된다는 자기통제 역량 모델을 제시했다.

제17장
성격과 인지

1. 사고방식과 성격

인간은 호모 사피엔스(Homo Sapiens), 즉 생각하는 존재다. 지구상에 존재하는 생명체 중에서 인간의 가장 큰 특징은 커다란 두뇌, 즉 탁월한 인지적 능력을 지녔다는 점이다. 인간은 변화무쌍한 환경에 대처하기 위해서 상황을 신속하게 판단하고, 적절한 반응을 결정하는 인지적 능력을 발달시켰다.

그런데 개인마다 인지능력이 다를 뿐만 아니라 사고방식이 다르다. 사람마다 성격이 다른 가장 큰 이유는 각기 생각하는 방식이 다르기 때문이다. 사람들은 자신과 세상에 대해서 각기 다른 생각과 신념을 지닐 뿐만 아니라 특정한 상황을 해석하는 방식도 다르다. 이처럼 사람마다 신념체계와 사고방식이 다르기 때문에 동일한 사건에 대한 감정과 행동 반응이 달라지는 것이다.

현실은 보는 관점에 따라 달리 보인다.

1. 우유가 반쯤 담긴 컵을 바라보면서 비관주의자는 "우유가 겨우 반밖에 남아 있지 않다"고 생각하며 조바심을 내는 반면, 낙관주의자는 "우유가 아직도 반이나 남아 있다"고 생각하며 흡족함을 느낀다.

2. 사람마다 자기 자신에 대한 생각과 평가가 다르다. 다른 사람들이 평가하는 것보다 자신의 성격과 능력에 대해서 훨씬 더 긍정적인 것으로 생각하는 사람들이 있는 반면, 제3자의 객관적인 관점보다 훨씬 더 부정적인 방향으로 자신을 열등하고 무가치한 존재라고 여기는 사람들도 있다.

3. 새로운 낯선 사람을 만나면 "나를 비판하고 무시하며 공격적 행동을 나타낼 수 있는 위험한 존재"라고 생각하면서 경계하며 회피적 행동을 나타내는 사람이 있는 반면, "무언가 새로운 정보와 도움을 받을 수 있는 흥미로운 존재"라고 생각하면서 관심을 지니고 접근적 행동을 나타내는 사람도 있다.

동일한 상황에 대한 생각이 각기 다른 이유는 사람마다 특정한 상황을 바라보는 인식의 틀과 신념이 다르기 때문이다. 이처럼 특정한 상황을 바라보는 인식의 틀과 신념은 개인의 성격을 구성하는 핵심적 요소다.

1) 성격과 인지적 요인

인지(cognition)는 '앎'을 뜻한다. 인간은 많은 정보를 처리하고 저장할 수 있는 인지적 능력을 지니고 있다. 매우 단순한 원시생물은 외부자극에 대해서 반사적으로 행동하는 본능적 반응방식을 지니고 있다. 이들은 외부자극을 인식하는 감각기능(input)과 그에 대해서 반사적 행동을 하는 반응기능(output)만을 지니고 있다. 반면에, 인간은 외부자극을 지각하여 분석하고 그에 대한 적절한 반응을 평가하여 결정하는 중추신경계를 발전시켰다. 진화과정에서 가장 최근에 발달한 신피질(neocortex)은 인간의 인지적 기능을 담당한다. 인지기능은 기억, 학습, 판단, 선택, 결정 등을 담당한다. 인간은 과거경험에 근거하여 자신과 세상에 대한 믿음을 형성하고 미래를 예측한다.

인간의 인지적 활동은 매우 복잡할 뿐만 아니라 다양한 심리적 요인에 의해서 영향을 받는다. 인간의 행동에 영향을 미치는 다양한 인지적 요인들은 인지적 구조, 인지적 산물, 인지적 과정으로 구분해서 이해하는 것이 유용하다(권석만, 1995, 2013; Hollon & Kriss, 1984; Ingram & Kendall, 1986; Kendall & Ingram, 1987, 1989).

(1) 인지적 구조

인지적 구조(cognitive structure)는 개인이 자신과 세계에 대한 지식과 정보를 체계적으로 조직하고, 저장하는 기억체계를 의미한다. 이러한 인지구조는 과거경험의 축적물로서 외부자극을 선택적으로 지각하고, 해석하며, 저장하는 기능을 한다. 인지적 구조는 쉽게 변하지 않은 안정된 심리적 구조로서 인지도식(schema), 신념(belief), 태도(attitude), 원형(prototype)이라고 불리기도 한다.

인지적 구조는 크게 두 가지 측면, 즉 인지적 구조를 구성하는 내용과 인지적 구조가 조직된 방식으로 나누어 볼 수 있다. 인지도식은 개인이 세상을 이해하는 인식의 틀이다. 개인은 자기, 타인, 세상을 비롯하여 자신의 삶에 중요한 대상이나 주제에 대한 도식을 지니고 있다. 가장 대표적인 인지도식은 자기도식(self-schema)이다. 이러한 인지도식은 대상에 대한 과거경험과 학습경험을 담은 인지적 내용을 포함하고 있다. 일상적 용

복잡한 인지적 과정이 행동에 영향을 미친다.

어로 흔히 자기관, 인생관, 가치관, 세계관이라고 부르는 신념체계를 뜻한다.

인지도식은 구조적 측면에서 개인차를 나타낼 수 있다. 자기도식의 경우, 사람마다 그 체계성, 복잡성, 명료성이 다르다. 어떤 사람은 자신의 다양한 측면에 대해서 풍부한 정보를 담은 매우 정교하고 심층적인 자기개념을 갖고 있는 반면, 다른 사람은 자신에 관한 다양한 정보를 비체계적으로 구조화된 자기개념을 가지고 있다. 또한 어떤 사람은 자기자신에 관한 긍정적 정보와 부정적 정보를 잘 통합된 형태로 지니고 있는 반면, 경계선 성격장애의 경우처럼 긍정적 정보와 부정적 정보가 분리되어 있는 경우도 있다.

(2) 인지적 과정

인지적 과정(cognitive processes)은 인지적 구조가 인지적 산물을 생성해 내는 방식을 의미한다. 인지적 과정은 인지적 구조가 기능하는 방식으로서 입력정보가 산출물로 변환되는 규칙을 뜻한다. 인지적 과정은

입력정보가 지각되어 의미부여가 이루어지고 추론되어 의미확대가 이루어지는 정보변환과정을 의미한다.

심리장애를 지닌 사람들은 외부자극을 해석하는 인지적 과정에서 여러 가지 오류를 범하는 것으로 밝혀졌다. 예컨대, 우울증을 지닌 사람들은 긍정적 정보는 무시하고 부정적 정보는 과장하여 상황을 해석하는 정보선택의 오류, 한두 번의 실패경험에 근거하여 어떠한 경우에도 성공할 수 없을 것이라고 판단하는 과잉일반화의 오류를 범할 뿐만 아니라 친구 아니면 적이라는 이분법적 구분에 의해 자신에게 동조하지 않는 사람은 모두 적이라고 판단하는 흑백논리의 오류 등을 나타낸다(Beck, 1967; Beck et al., 1979). 이러한 인지적 오류(cognitive error)에 의해서 외부자극의 의미가 현저하게 과장되거나 왜곡됨으로써 현실적응에 어려움이 초래된다.

(3) 인지적 산물

인지적 산물(cognitive products)은 외부자극에 대한 정보처리의 결과로 생성된 인지를 의미한다. 인간은 주변 자극에 대해서 정보처리를 통해 능동적으로 의미를 부여하고 해석함으로써 자신의 주관적 현실 또는 현상적 장(場)을 구성하게 된다. 외부자극에 의미가 부여되는 정보처리과정은 인지적 구조의 바탕 위에서 일어나기 때문에 인지적 산물은 외부의 환경적 자극과 개인 내부의 인지적 구조가 상호작용한 결과이며, 주로 사고나 심상의 형태를 지닌다. 이렇게 사고와 심상으로 이루어지는 인지적 산물이 감정과 행동에 영향을 미치게 된다.

성격장애를 지닌 사람들은 외부적 현실의 의미를 특정한 방향으로 왜곡하는 경향이 있다. 예컨대, 편집성 성격장애와 같이 피해의식을 지닌 사람들은 타인의 행동을 극단적으로 왜곡하여 자신을 미행하거나 살해하

려 한다는 사고에 집착하기도 한다. 성격장애를 지닌 사람들은 편향적 사고를 하는 습성이 있어서 어떤 환경적 자극이 주어지면 특정한 방향으로 의미부여를 하게 되는데, 이렇게 의미부여를 하는 사고과정이 거의 자동적으로 매우 빠르게 진행되기 때문에 의식적인 노력을 하지 않으면 사고내용이 잘 자각되지 않는다. 그러나 이러한 사고내용은 감정과 행동을 결정하기 때문에 인지이론에서 매우 중요시되며, Beck(1990)은 이를 자동적 사고(automatic thoughts)라고 명명하였다. 이상행동에 대한 인지이론은 자동적 사고의 내용이 정신병리적 반응에 영향을 미친다고 보며 이를 인지적 내용-특수성 가설(cognitive content-specificity hypothesis)이라고 한다.

(4) 인지적 요인들과 성격의 관계

개인의 성격과 행동에 영향을 미치는 인지적 요인들의 관계를 정리하여 제시하면 [그림 17-1]과 같다. 개인은 인지도식과 자기개념을 비롯한 독특한 인지적 구조를 지니며 살아간다. 이러한 인지적 구조는 과거경험을 통해서 개인이 자신과 세상에 대해서 지니고 있는 인식의 틀을 의미한다. 외부세계로부터 특정한 자극이 주어지면, 개인은 인지적 구조를 통해 그러한 자극의 의미를 추론하고 해석한다. 이러한 인지적 추론과정에 개인의 인지도식이 영향을 미쳐서 특정한 방향으로 의미를 왜곡할 수 있다. 인지적 해석의 결과로 도출된 사건의 의미가 인지적 산물이다. 이러한 인지적 산물은 개인의 정서와 행동에 영향을 미친다.

예컨대, 강한 자기애성 성격을 지닌 사람들은 자신이 탁월하고 특별한 존재라는 신념을 지니고 있어서 타인으로부터 인정과 찬양을 받고자 하는 기대를 지닌다. 이러한 사람들은 자신에 대한 타인의 다양한 반응 중에서 긍정적인 측면에만 초점을 맞추어 자신이 탁월한 존재라는 신념을 유지하게 된다. 자신을 인정하지 않는 타인의 반응에 대해서는 자신을 질투하여 의도적으로 무시하는 것이라고 해석하여 과도한 분노감정을 느끼거나 상대방을 무시하는 행동을 나타낸다. 이처럼 개인의 독특한 성격과 행동은 그가 지닌 인지적 구조, 과정,

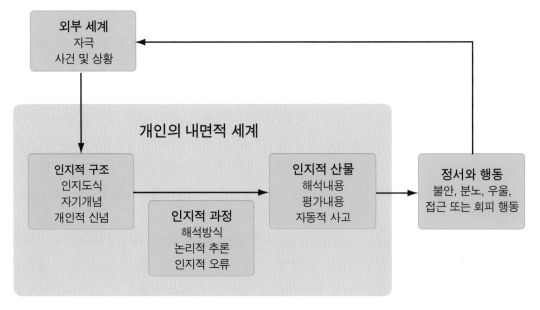

[그림 17-1] **자극에 대한 반응을 결정하는 인지적 요인들**

산물에 의해서 이해될 수 있다.

2) 성격의 의식적 과정과 무의식적 과정

우리의 삶은 진정 우리 자신의 선택에 의해서 이루어지는 것일까? 아니면 우리가 알지 못하는 어떤 물리적·심리적 과정에 의해서 결정되는 것일까? 이러한 물음은 인간 삶에 대한 자유의지 대 결정론(free will vs. determinism) 논쟁의 핵심적 주제다.

몸의 경우, 우리는 사지를 필요에 따라 의식적으로 다양한 동작을 하며 움직인다. 그러나 평소에 자신의 걸음걸이를 의식하지 않는다. 발걸음마다 왼발과 오른발의 움직임을 의식하지 않는다. 뿐만 아니라 우리의 신체 장기는 스스로 움직이며 우리의 건강을 유지하도록 돕는다. 과연 우리는 우리 몸의 어느 정도를 의식적으로 자각하며 통제할 수 있을까?

Freud에 의해서 무의식의 중요성이 널리 알려졌듯이, 우리의 마음은 많은 부분 무의식에 의해서 움직인다. 무의식(unconsciousness)은 의식적으로 자각되지 않는 심리적 과정을 의미한다. 즉, 우리의 삶에 영향을 미치지만 우리가 알지 못하는 심리적 과정이 존재한다는 것이다.

무의식의 존재는 다양한 현상에서 확인되었다. 우선, 역하지각(subliminal perception)의 경우처럼 매우 짧은 순간에 제시되는 시각적 자극(예: 동영상을 보는 중간에 100msec 동안 제시된 콜라 사진)은 자각되지 않지만 우리의 선택(예: 동영상을 본 후에 콜라를 선택)에 영향을 미친다. 암묵기억(implicit memory)의 경우처럼, 과거에 학습한 내용을 의식적으로 기억하지 못하지만 우리의 행동에 영향을 미친다. 조건형성의 경우처럼 어떤 자극에 대해서 특정한 반응을 나타내는 학습이 의식되지 않은 채로 일어난다. 최면의 경우처럼 최면에 빠졌던 사람은 최면 당시의 지시사항을 기억하지 못하지만 그 지시에 따라 행동한다. 이 밖에도 우리의 의식적 사고와는 무관하게 펼쳐지는 꿈은 무의식적인 심리적 과정의 존재를 잘 보여 준다. 무의식은 크게 인지적 무의식(cognitive unconsciousness)과 역동적 무의식(dynamic unconsciousness)으로 구분하여 이해할 수 있다(Pervin, 2003).

(1) 인지적 무의식

인지심리학자들은 인간의 판단과 행동에 영향을 미치는 두 가지 유형의 정보처리과정이 존재하는 것으로 여기고 있다. 이중처리 이론(dual processing theory: Kahneman & Fredrick, 2002; Stanovich & West, 2000)에 따르면, 인간의 뇌와 마음에는 두 개의 서로 다른 정보처리 시스템이 존재한다. 이러한 시스템들은 진화를 통해 발전한 것으로서 지각, 사고, 추론 등의 다양한 심리적 기능에 각각 독자적인 영향을 미친다. 이 시스템에 대해서는 학자마다 다양한 이름으로 지칭되지만 흔히 중립적으로 시스템 1(System 1)과 시스템 2(System 2)라고 불린다. 두 개의 시스템은 〈표 17-1〉에 제시되어 있듯이 각기 다른 특성을 지닌다.

시스템 1은 의식되지 않은 채 자동적으로 빨리 판단하는 정보처리체계로서 무의식에 해당한다. 시스템 1은 적은 노력으로 많은 정보를 신속하게 처리할 수 있기 때문에 매우 효율적인 처리체계이고, 일상적인 또는 익숙한 상황에서 규칙적으로 반복되는 과제해결에 매우 유용하며, 진화적으로 오래된 뇌구조와 연결된 체계로 여겨지고 있다.

반면에, 시스템 2는 의식적인 판단과정을 담당하는 정보처리체계로서 한순간에 처리할 수 있는 용량이 제한되어 있으며, 처리속도가 느리지만 의식적인 통제가 가능하다. 시스템 2는 비효율적인 체계라고 할 수 있지

| 표 17-1 | 이중처리 이론에서 제시하는 두 가지의 정보처리체계 |

시스템 1	시스템 2
무의식적 추론	의식적 추론
자동적 처리	통제적 처리
내현적	외현적
비언어적	언어적
비논리적	논리적
연상적	규칙-기반적
병렬적 (여러 정보를 동시에 처리)	순차적 (한 번에 하나씩)
빠른 처리	느린 처리
적은 노력	많은 노력
큰 용량 (한순간의 처리용량이 큼)	작은 용량 (한순간의 처리용량이 제한됨)
작업기억과 독립적	작업기억 용량에 의해 제한
변화가 어려움	변화가 상대적으로 쉬움
진화적으로 오래된	진화적으로 최근의

만 새롭거나 위협적인 상황에서 신중하게 대응해야 할 경우에 유용하며 진화적으로 최근에 발달한 뇌구조와 연결된 체계로 여겨지고 있다. 시스템 1과 2는 서로 상당히 독립적이어서 의식적 경험을 담당하는 시스템 2는 시스템 1에 관해서 무지할 수 있다.

Bargh(1994)는 인지적 무의식을 '자동성(automaticity)'의 측면에서 네 가지 구성요소(의식 여부, 의도성, 효율성, 통제가능성)로 설명하고 있다. 첫째, 자동적 처리과정은 우리의 의식에 자각되지 않는다. 이처럼 우리 자신의 심리적 활동이 자각되지 않는 상황은 다음과 같은 세 가지 유형으로 구분할 수 있다: (1) 역하지각의 경우처럼, 자극의 존재를 알아채지 못하는 상황; (2) 인지도식이 기능하는 경우처럼, 자극의 의미가 해석되는 과정이 의식되지 않는 상황; (3) 귀인오류의 경우처럼, 개인

의 판단이나 행위에 영향을 미치는 자극을 인식하지 못하거나 다른 것으로 잘못 제시하는 상황. 둘째, 자동적 과정은 의도적으로 시작할 수 없다. 의도성(intentionality)이란 심리적 과정을 의식적으로 시작하는 것을 의미하는데, 이러한 점에서 자동적 과정은 의도성이 낮은 심리적 과정이다. 셋째, 자동적 처리과정은 매우 효율적이다. 효율성(efficacy)은 정보처리에 필요한 인지적 자원의 양을 뜻하는데, 자동적 과정은 매우 적은 자원에 의해서도 효율적으로 작동한다. 마지막으로, 자동적 과정은 의식적으로 통제되지 않는다. 통제가능성(controllability)은 처리과정을 의식적으로 중지시킬 수 있는 능력을 의미하는데, 이런 점에서 자동적 과정은 통제가능성이 낮은 심리적 과정이다.

성격은 다양한 자극상황에 대해서 자연스럽게 자동적으로 반응하는 개인의 익숙한 생활방식이라고 할 수 있다. 이런 점에서 성격의 많은 부분은 의식되지 않은 채로 처리되는 시스템 1과 밀접하게 관련되어 있다. 따라서 성격은 무의식적인 상태로 기능하여 잘 자각되지 않을 뿐만 아니라 변화시키기도 쉽지 않다.

무언가를 처음 학습할 때에는 주의를 기울여 의식적인 처리과정을 통해 배우게 되지만 반복학습을 통해서 익숙해지면 자동적 처리과정으로 전환되어 의식되지 않은 채로 행동하게 된다. 습관은 무의식적인 자동적 처리과정에 의한 행동방식으로서 많은 시간을 통해 형성되지만 또한 쉽게 변화되지도 않는다. 습관을 변화시키기 위해서는 주의를 기울여 통제적 처리과정으로 전환한 후에 새로운 재학습과 반복훈련이 필요하다. 인지심리학에서는 점화과제(priming task), 이원청취과제(dichotic listening task), 역하자극 제시(subliminal stimulation)와 같은 다양한 실험과제를 통해서 무의식적인 자동적 정보처리과정을 연구하고 있다.

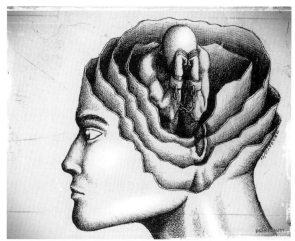

인간의 마음은 의식과 무의식으로 이루어져 있다.

(2) 역동적 무의식

인간의 마음은 불쾌한 것을 혐오하며 회피하려 한다. 역동적 무의식은 동기적 요소에 의해서 의식되지 않은 채로 기능하는 심리적 영역을 의미한다. Freud가 주장했듯이, 성이나 공격성과 같이 사회적으로 수용되지 않는 동기나 사고는 불안을 유발하기 때문에 무의식 속으로 억압된다. 그러나 무의식의 내용들은 의식의 수면 아래에서 역동적으로 힘겨루기를 하면서 지속적으로 개인의 심리상태에 영향을 미친다.

Freud에 따르면, 무의식 세계는 그 작동 과정이 의식 세계와 현저하게 다르다(Pervin, 2003). 첫째, 의식적 과정은 대체로 합리적이고 논리법칙에 따르지만 무의식적 과정은 비합리적이고 비논리적이다. 무의식의 세계에서는 어떤 것도 가능하며 비현실적인 공상이 비논리적으로 펼쳐진다. 둘째, 무의식은 욕구, 소망, 동기를 포함하고 있다. 무의식은 동기적 요소를 지니고 있어서 표출과 충족을 위한 압력 속에 있을 뿐만 아니라 그것을 억제하려는 세력과 대립하게 된다. 마지막으로, 무의식 세계는 갈등으로 가득 차 있다. 서로 다른 욕구들이 갈등할 뿐만 아니라 특정한 욕구의 표출과 억제 사이의 갈등도 존재한다.

이처럼 무의식의 세계는 성과 공격성을 비롯한 다양한 욕구들이 서로 대립하고, 갈등하며, 비논리적이고, 비현실적인 심리적 과정이 역동적으로 펼쳐지는 의식의 지하세계라고 할 수 있다. Freud에 따르면, 개인의 성격은 의식적 과정보다 무의식의 역동적 과정에 의해서 훨씬 더 강력한 영향을 받는다. Freud는 역동적 무의식의 세계가 기능하는 방식을 정교하게 설명했을 뿐만 아니라 그러한 무의식의 부정적 영향에서 벗어날 수 있는 치료적 방법을 제시한 위대한 인물이라고 할 수 있다.

역동적 무의식을 중시하는 정신분석적 입장에 따르면, 인간의 자기보고는 신뢰하기 어려운 것이다. 자기보고는 의식적 내용을 반영하기 때문이다. 따라서 심리치료 상황에서 내담자가 언어를 통해 보고하는 진술 내용은 매우 피상적이거나 왜곡된 것이라고 할 수 있다. 따라서 정신분석적 치료에서는 의식적 억제나 왜곡이 개입되는 언어적 면담보다는 무의식을 더 잘 반영하는 자유연상, 꿈, 전이, 저항과 같은 현상에 주목한다.

(3) 자기보고 자료의 신뢰성

성격을 평가하는 주요한 방식은 질문지 형식의 자기보고형 검사다. 과연 자기보고를 통해서 성격을 신뢰롭게 평가할 수 있을까? 과연 개인은 성격과 행동성향을 잘 자각하고 있을까? 설혹 자각하고 있더라도 자신을 솔직하게 보고할 수 있을까? 이러한 물음에 대해서 크게 세 가지의 입장이 존재한다.

그 첫째는 자기보고 자료는 신뢰할 수 없을 뿐만 아니라 개인의 성격을 이해하는 데 중요하지 않다는 입장으로서 정신분석적 입장이 이에 속한다. 둘째는 자기보고 자료가 정확하지는 않지만 상당히 믿을 만하며, 개인을 이해하는 데에 중요한 정보라는 입장이다. 인지적 입장을 지닌 대다수의 심리학자들이 이러한 입장을 지니고 있다. 마지막으로, 자기보고 자료는 개인이 자신과 세상을 바라보는 주관적 관점을 반영하는 것으로서 개인을 이해할 수 있는 가장 중요한 정보라는 입장이다. 현상학적 입장을 지닌 인본주의적 심리학자들이 이에 속한다. 이들에 따르면, 인간은 객관적 세계보다 주관적 세계에서 살아가는 존재다. 주관적 세계를 반영하는 의식 내용은 개인이 자신의 행동을 주체적으로 선택하고 결정하는 근거로서 인간이해를 위한 가장 중요한 정보로서 신뢰해야 한다는 것이다.

2. 자기개념

1) 자기와 자기개념의 정의

인간은 누구나 '나'라는 자기의식을 지니고 살아간다. '나'는 육체를 지닌 존재로서 자율적으로 움직이면서 마음속으로 다양한 생각을 할 뿐만 아니라 행동을 통해 외부환경에 영향을 미치는 주체로 인식된다. 이러한 자기의식은 인간이해를 위한 핵심적인 심리적 요인이기 때문에 많은 심리학자에 의해 연구되었다.

현대 심리학에서 자기(self)라는 개념을 처음 학술적으로 논의한 사람은 미국의 심리학자이자 철학자인 William James로 알려져 있다. 그는 1890년에 발간된 『심리학의 원리』라는 저서에서 자기란 "자신의 것이라고 부를 수 있는 모든 것의 총합"이라고 정의하고, 자기를 '인식주체로서의 자기(self as a knower)', 즉 순수 자기(pure self)와 '인식대상으로서의 자기(self as a known)', 즉 경험적 자기(empirical self)로 구분하였다. 주체로서의 자기와 객체로서의 자기의 주요한 차이점이 〈표 17-2〉에 제시되어 있다.

| 표 17-2 | 인식주체 또는 인식객체로서의 자기 |

주체로서의 자기	객체로서의 자기
"I"	"Me"
자기의식의 진행형 감각	안정된 자기-표상
인식자로서의 자기	인식대상으로서의 자기
주관적 경험	자기개념, 자기표상
자기의식	현실적/이상적/의무적 자기

James는 인식주체로서의 자기와 인식대상으로서의 자기 모두 일관성과 동질성을 지니고 있으며 자기정체감(sense of personal identity)의 바탕을 이룬다고 하였다. 그러나 인식주체로서의 자기는 인식대상이 될 수 없는 것이기 때문에 경험과학인 심리학의 연구대상이 될 수 없으며, 심리학은 인식대상으로서의 자기, 즉 경험적 자기를 연구대상으로 해야 한다고 주장하였다. 이

밖에도 James는 자기의 개념적 구분, 경험적 자기의 위계적 구조, 심리적 기능 등에 대해서 이론적인 논의를 전개하고 있다. 그의 자기이론은 현대 심리학에서 연구하는 자기개념의 모든 구성요소를 포함하고 있어 현대 자기이론의 출발점을 이루고 있다.

자기에 관한 심리학의 이론적 입장과 연구결과를 일목요연하게 정리하는 것은 매우 어려운 일이다. 우선, 자기에 대한 연구들이 무수히 많을 뿐만 아니라 자기에 대한 이론적 입장 역시 매우 다양하다. 현재 심리학계에서 '자기'는 가장 많은 연구가 이루어지고 있는 연구주제라고 할 수 있다. 단적인 예로, 1974~1993년 사이에 자기에 관해 발표된 연구논문의 수가 3만 1,550편에 달한다는 통계자료가 있다.

심리학에는 기본적 가정과 지향 목표를 달리하는 다양한 이론적 입장들이 존재한다. 또한 자기에 관한 다양한 용어들이 각기 다른 의미로 사용되고 있어 용어들을 정리하는 것만도 쉬운 일이 아니다. 심리학에서는 자기(self), 자아(ego), 자기개념(self-concept), 자기표상(self-representation), 자기지식(self-knowledge), 자기체계(self-system), 자기상(self-image), 자아정체감(ego-identity), 자기도식(self-schema) 등과 같은 다양한 용어가 사용되고 있을 뿐만 아니라 동일한 용어라 할지라도 학자마다 의미하는 바가 상당히 다르다. 이러한 현실은 자기라는 심리적 현상의 복잡성과 다면성을 반영하는 것이라고 볼 수 있다.

또한 심리학에서 자기는 인식되는 수준에 따라서 크게 외현적 자기와 내현적 자기로 구분되고 있다. 외현적 자기(explicit self)는 의식적으로 쉽게 인식되는 자기를 의미하는 반면, 내현적 자기(implicit self)는 의식적으로 잘 인식되지 않지만 개인의 행동과 감정에 영향을 미치는 자기를 뜻한다. 외현적 자기는 자기보고형 질문지나 면담 등을 통해서 평가되는 반면, 내현적 자기는 실험

및 인지심리학의 연구방법(예: 점화과제, 자기관련 판단과제, 자기관련 우연회상과제 등)을 통해 간접적으로 평가된다. 한 개인에게 있어서 외현적 자기와 내현적 자기가 일치하지 않는 경우가 존재한다. 예를 들어, 조증환자나 자기애성 성격장애자는 의식적으로는 자기에 대해서 매우 긍정적인 평가를 하지만 무의식적으로는 자기에 대해서 부정적이거나 불안정한 인식을 지니는 것으로 밝혀지고 있다.

일반적으로 자기개념(self-concept)은 '자기 자신에 대한 개인의 주관적인 인식과 평가를 반영하는 인지적 관념'으로 정의된다. 자기개념에 대한 이러한 정의는 현상학적 접근에 따른 것이라고 할 수 있다. 자기개념의 주된 기능과 특징을 여러 연구자의 주장에 근거하여 정리하면 다음과 같다(Epstein, 1973, 1990).

(1) 자기개념은 외부세계와 공간적으로 분리된 독립적 개체라는 의식을 포함한다. 따라서 자기개념은 경계를 가지며 '나(self)'와 '나 아닌 것(nonself)'의 구분을 가능하게 한다.

(2) 자기개념은 시간적으로 지속되는 일관성 있는 동일한 개체라는 의식을 포함하며, 시간의 흐름과 경험의 누적으로 인한 변화에도 불구하고 과거, 현재, 미래를 통하여 동일한 존재라는 자기정체감을 갖게 한다.

(3) 자기개념은 다양한 과거경험을 조직적으로 축적하는 하나의 기억체계로서, 다면적이고 다차원적이며 위계적 구조를 가지고 있다. 자기개념은 신체적 자기, 정신적 자기, 사회적 자기와 같은 여러 가지 경험적 자기의 하위영역으로 구성되어 있다. 또한 자기개념은 기술적 차원과 평가적 차원을 모두 가지고 있다.

(4) 자기개념은 경험에 의해 변화되는 역동적 조직

자기개념은 성격과 행동에 강력한 영향을 미친다.

체로서 경험의 누적, 특히 중요한 타인과의 사회
적 상호작용을 통해 발달한다. 자기개념은 단순

히 과거경험을 저장하는 정적인 실체가 아니라
역동적인 실체다. 개인이 성장하고 발달함에 따
라 자기개념은 점점 더 다면적이고 다차원적으
로 발전한다.

(5) 개인은 자기개념의 여러 측면과 관련해서 자기
존중감을 고양하려는 욕구를 갖는다. 개인은 자
신의 긍정적인 자기개념을 유지시키고자 하며,
이러한 자기개념이 위협받으면 불안을 경험하게
되고 위협에 대해 자신을 방어하려는 시도를 하
게 된다. 이러한 방어가 성공적이지 못하고 위협
이 지속되면 궁극적으로 심리적 부적응과 더불
어 성격의 전반적 와해가 일어날 수 있다.

 인간의 심리적 통합구조: 중앙집권제인가 지방자치제인가?

성격은 개인의 일관성을 설명하기 위한 개념이다. 개인은 다양한 상황마다 일관성 없이 행동하는 존재가
아니라 무언가 일관성 있게 행동하는 존재라는 인식하에서 그러한 일관성을 설명하기 위한 개념이 성격이다.
성격의 핵심에는 자기개념이 존재한다. '나'의 생각과 행동을 조절하는 것은 '나'이기 때문이다.

우리는 '내'가 나의 생각과 행동을 인식하고 통제한다고 느낀다. 우리는 "내(I)가 나(me)에 대해서 생각한
다"고 말한다. 달리 말하면, 주체적 자기가 객체적 자기에 대해서 생각하는 것이다. 과연 주체적 자기는 우리
마음속에 어떻게 존재하는 것일까? 우리 마음의 구조는 어떻게 되어 있을까? 전통적으로 심리학자들(예:
Hilgard, 1977)은 [그림 17-2]와 같이 다양한 인지체계들이 중앙집권적인 위계구조를 이루고 있는 것으로 생
각했다.

인간의 심리적 구조는 상당히 독자적인 기능을 지닌 다양한 인지체계들(예: 공부와 관련된 인지체계, 대인
관계와 관련된 인지체계, 놀이와 관련된 인지체계, 자기에 관한 정보를 처리하는 인지체계)로 구성되어 있으며
이러한 체계들은 상호작용하면서 의식의 중심을 차지하기 위해 서로 경쟁한다. 이러한 인지체계 간의 경쟁과
상호작용을 가장 높은 위치에서 통합적으로 관리하는 중앙통제체계(central control system)가 있다. 이러한
중앙통제체계에 **집행적 자아**(executive ego)가 존재하는데, 집행적 자아는 여러 인지체계를 종합적으로 관리
하고, 통제하며, 개인이 적절하게 생각하고, 행동할 수 있도록 계획하고, 감시하며, 관리하는 기능을 한다. 집
행적 자아로 인해서 인간은 일관성과 통일성을 지닌 존재로 행동할 수 있는 것이다. 이러한 집행적 자아가 바
로 주체로서의 '나(I)'를 의미한다.

그렇다면 개인의 정체성이 여러 개로 분열되는 다중성격장애나 중요한 기억을 상실하는 해리성 기억상실증

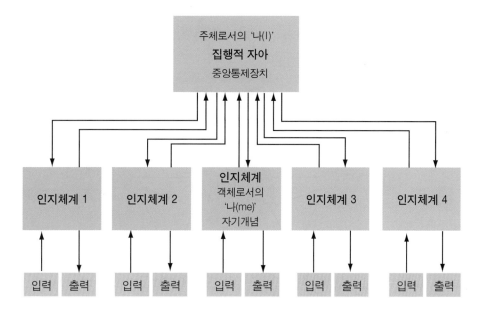

[그림 17-2] 중앙집권제의 심리구조 모델

은 어떻게 나타나는 현상일까? 이러한 정신장애들은 집행적 자아에 의해 통제되던 일부의 인지체계가 충격적인 외상경험으로 인해 분리되어 집행적 자아뿐만 아니라 다른 인지체계와 연결이 두절되어 고립된 상태라고 할 수 있다. 다중성격장애는 독립적인 정체성을 가진 여러 인지체계가 분리된 상태에서 번갈아 의식에 나타나는 현상이라고 할 수 있다.

인공지능(artificial intelligence)을 연구하는 일부 학자들(Minsky, 1986)은 마음의 구조가 위계적이라는 점에 동의하지 않는다. 우선, 마음의 위계적 구조 모델은 심각한 모순을 내포하고 있다. "최상위의 집행적 자아는 어떤 기제에 의해서 작동하는가?"라는 물음에 답하기 어렵기 때문이다. 이러한 물음은 마치 양파의 껍질 속에 겹겹이 알맹이가 존재하듯이 마음속에 더 작은 '작은 인간(Humunculus)'이 수없이 존재한다는 무한반복의 모순에 빠지게 된다. 뿐만 아니라 현대의 뇌과학에서도 주체적 자아가 존재하는 뇌의 특정한 부위나 구조는 아직까지 확인되고 있지 않다.

Minsky(1986)는 마음이 중앙집권적 구조가 아니라 위원회와 같은 구조로 되어 있다고 주장한다. 인간의 마음은 [그림 17-3]과 같이 여러 인지체계들이 동등한 지위에서 상호작용하면서 수렴된 의견을 도출하는 위원회 조직과 유사하다. 최상위 중심에서 여러 인지체계를 통제하는 중앙집권적 집행적 자아는 존재하지 않는다. 우리 마음은 여러 인지체계가 서로 피드백을 주고받으며 특정한 원리에 따라 선택과 결정을 도출하는 정보처리 체계다.

그렇다면 우리 마음에 떠오르는 '나'라는 자기의식은 무엇인가? '나'라는 자기의식은 착각이라는 것이다. 우리 인간은 자신의 생각과 행동을 통제하는 주체적 자아, 즉 '나'가 존재한다는 주관적 느낌을 지니고 있지만 실제로 그러한 자아는 존재하지 않는다. 어쩌면 '나'라는 주체적 자기의식은 여러 인지체계들이 복잡하게 상호작용하면서 우리 마음에 떠오른 창발적 느낌(emerging sense)인지 모른다. 즉, 그 실체는 존재하지 않지

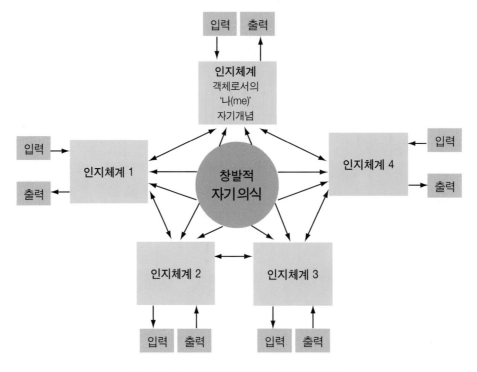

[그림 17-3] **자치적 위원회제의 심리구조 모델**

만 여러 구성요소가 복합적으로 작용하면서 새롭게 나타나는 심리적 현상일 수 있다.

[그림 17-4]처럼 실제로 삼각형은 존재하지 않지만 우리 마음에 하얀 삼각형이 생생하게 느껴지듯이, 자아의식은 복잡한 심리적 과정 속에서 우리 마음이 만들어 낸 주관적인 느낌, 즉 게슈탈트일 수 있다. "생각은 있으나 생각하는 자는 존재하지 않는다"는 Epstein(1995)의 말을 곰곰이 음미해 볼 필요가 있다. 마음의 구조와 자기의식의 관계는 앞으로 심리학이 탐구해야 할 매우 중요한 주제다.

[그림 17-4] **우리는 어떻게 이 그림에서 삼각형의 모양을 보는가?**

2) 자기개념의 심리적 기반: 의식과 인지적 표상능력

'나'라는 자기의식과 자기개념은 어떻게 생성되고 발달하는가? 자기개념은 선천적으로 타고나는 것인가 아니면 후천적으로 발달하는 것인가? 대부분의 발달심리학자들(예: Mahler, Piaget)은 후천적 발달론의 입장을 지니고 있다. 이들에 따르면, 출생 시의 신생아들은 '나'라는 자기의식이 없이 태어나며 심지어 자신의 육체와 주변 환경을 변별하지도 못한다. 즉, 자기개념은 후천적 경험을 통해서 발달하게 되며 이러한 발달과정에는 여러 가지 요인(뇌의 성장, 감각 및 인지적 능력의 발달, 양육자와의 관계, 사회적 경험 및 상호작용 등)이 관여하게 된다. 자기개념의 발달과정에 대해서는 13장에서 설명한 바 있으므로, 여기에서는 자기개념이 발생하는 심리적 기반으로서의 의식과 인지적 표상능력에 대해서 살펴보고자 한다.

의식(consciousness)은 고등동물의 중요한 심리적 현상이며 기능이라고 할 수 있다. 인간은 감각자극과 행동반응을 연결하는 뇌라는 중추신경계를 발달시켰으며 이러한 중추신경계의 발달에 기인한 주요한 심리적 기능이 의식이다. 의식은 대상의 이미지를 생성할 수 있는 표상능력에서 기원한다(Damasio, 1999). 외부의 대상을 마음속의 심상으로 내면화하는 것은 적응에 도움이 된다. 세상을 마음속에 옮겨 와서 다양한 방식으로 시뮬레이션을 해 볼 수 있기 때문이다. 인간은 이러한 표상기능을 통해서 이러한 상황을 예상하고 대비할 수 있다. 마음속에서 외부 대상과의 상호작용을 시뮬레이션하기 위해서는 자신을 대표하는 자기표상이 필요한 것이다. 즉, 자기표상과 대상표상을 통해서 환경과 자신의 관련성을 다양하게 고려할 수 있기 때문이다. 이러한 자기의식은 진화론적 관점에서 적응가치가 있

는 것이다.

자기의식은 반성적 의식의 소산이라고 볼 수 있다. 고도의 의식기능을 지닌 인간은 '의식에 대한 의식'을 가능하게 만드는 반성적 의식(reflective consciousness)을 할 수 있으며 그 결과로 싹트게 되는 것이 자기의식이다(Baumeister, 1998). 즉, "이렇게 환경을 인식하고 행동을 조절하게 만드는 것은 무엇인가?"라는 내향적인 반성적 의식의 결과로 생성된 것이 바로 '나'라는 자기의식이다. 달리 말하면, 의식에 떠오르는 감각과 감정을 인식하고 사고와 행동을 통제하는 주체에 대한 존재의식이 자기의식이라고 할 수 있다. 의식은 기본적으로 대상에 대한 의식을 의미하며, 반성적 의식을 통해 자신을 하나의 대상으로 인식하게 되면서 자기의식이 발전하게 된다. 이러한 자기의식은 의식활동을 통해 체험되는 능동성, 자율성, 독립성, 동질성, 통일성, 일관성, 지속성의 결과인 동시에 이러한 속성을 강화하는 기능을 하는 것으로 생각된다.

3) 자기개념의 구조

자기개념은 '나'에 관한 정보를 저장하고 있는 기억체계로서 매우 복잡한 인지적 구조를 지니는 것으로 여겨지고 있다. 자기개념이라는 인지적 구조의 주요한 특성은 다면적이고 다차원적인 구조를 지닌다는 점이다. 인간의 인지구조는 수많은 정보를 범주화하여 저장하는 속성을 지니고 있으며, 자기개념도 마찬가지다. 자기 자신에 관한 수많은 정보를 개인이나 집단에 의해 채택된 범주체계에 따라 범주화하여 저장하게 된다(Shavelson & Bolus, 1982).

(1) 자기개념의 구성요소

자기개념의 다면성은 자기를 구성하는 구성요소의

다양성을 의미한다. 자기개념은 자기를 구성하는 다양한 요소들을 범주화하는 여러 영역을 지니는 것으로 여겨지고 있다. James(1890)는 경험적 자기를 크게 세 가지 자기영역, 즉 물질적 자기, 정신적 자기, 사회적 자기로 범주화하고 있다. 물질적 자기(material self)는 자기와 관련된 물질적 측면 또는 소유물들로서 가장 중심부에 신체가 위치하고 다음에 의복, 집, 소유물 등이 차례로 포함된다. 정신적 자기(spiritual self)는 개인의 내적 또는 심리적인 제반능력과 성향을 지칭한다. 이러한 정신적 자기는 반성적 과정의 결과로서 자신의 성격, 지적 능력, 지식, 가치관, 인생관 등이 포함된다. 사회적 자기(social self)는 개인이 동료들로부터 받는 인정을 지칭한다. 가족, 연인이나 배우자, 친구, 직장동료들로부터 받는 사랑, 명성, 명예 등이 사회적 자기를 구성한다. 이러한 자기개념의 다양한 구성요소를 도식적으로 제시하면 [그림 17-5]와 같다(권석만, 1996b, 2008c; Marsh, Relich, & Smith, 1983).

(2) 자기개념의 여러 차원

자기개념이라는 인지적 구조의 또 다른 주요 특성은 다차원성이다. 자기개념은 다양한 차원이나 관점에서 기술되고 평가된다. Rogers(1951)는 자기개념이 현실적 자기(real self)와 이상적 자기(ideal self)라는 두 차원으로 나누어질 수 있음을 주장하였다. 현실적 자기는 현재 있는 그대로 자신의 상태에 대한 지각을 의미하며, 이상적 자기는 자신이 바라는 이상적 모습이나 상태를 의미한다. 이러한 현실적 자기와 이상적 자기의 불일치가 개인의 심리적 고통을 초래한다고 주장한다.

부정 정서의 발생과정을 설명하기 위해서 자기불일치 이론(self-discrepancy theory)을 제안한 Higgins(1987)에 따르면, 자기의 평가과정에는 두 가지의 요소, 즉 자기에 대한 관점과 자기의 영역이 중요하다. 자기에 대한 관점은 '나에 대한 나의 관점'과 '나에 대한 타인의 관점'으로 나누어진다. 자기의 영역은 현실적인 자기(actual domain of self), 이상적인 자기(ideal domain

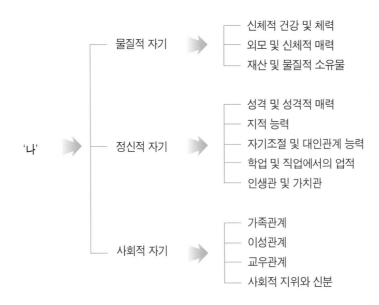

[그림 17-5] **자기개념을 구성하는 주요한 요소들의 위계적 구조**

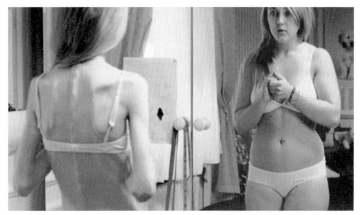

자신을 어떤 관점에서 보느냐에 따라 정서와 행동이 달라진다.

of self), 의무적인 자기(ought domain of self)로 나누어진다. 그에 따르면, 불안이나 우울과 같은 구체적 정서경험은 이러한 인지적 요소들 간의 관계에 의해 결정된다. 이러한 정서경험이 유발되는 과정에는 인지적 요소들 간의 관계에 대한 평가가 중요하다. 평가는 현재 상태에 대한 표상과 원하는 상태에 대한 표상을 비교함으로써 이루어진다. 우울은 '현실적인 자기'와 '이상적인 자기'의 불일치에 의해 유발되는 감정인 반면, 불안은 '현실적인 자기'와 '의무적인 자기'의 불일치에 의해 유발되는 감정이다. 특히 '현실적인 자기'가 '타인의 관점에서의 의무적인 자기'와 불일치하면, 타인으로부터의 징벌과 처벌을 예상하게 되며 불안을 경험하게 된다. 반면, '현실적인 자기'가 '나의 관점에서의 의무적인 자기'와 불일치하면, 죄책감·자기경멸감·불쾌감 등의 형태로 불안을 경험하게 된다.

Markus(1990)는 자기에 대한 표상이 매우 다양한 차원의 배열구조를 가지고 있다고 가정한다. 그에 따르면, 자기표상의 주요한 차원은 긍정적인 나(the good me), 부정적인 나(the bad me), 현실적인 나(the actual me), 이상적인 나(the ideal me), 의무적인 나(the ought me), 실현가능한 나(the possible me), 원치 않는 나(the undesired me), 희망하는 나(the hoped-for me); 두려워하는 나(the feared me), 관계적 나(the shared me; 예: 어머니와의 관계 속에서의 나, 배우자와의 관계 속에서의 나)와 같이 매우 다양하다. 요컨대, 자기개념은 다면성과 다차원성을 지닌 매우 복잡한 구조를 지니고 있는 것으로 추정된다. '나'를 구성하고 있는 다양한 요소들에 대한 중요도, 현재상태의 평가(actual self), 이상적인 기대 수준(ideal self), 중요한 타인이 기대하는 수준(ought self), 실현가능한 수준(possible self) 등이 주요한 차원으로 여겨지고 있다.

이상에서 살펴보았듯이, 자기개념은 자기의 구성요소를 범주화한 다면적 구조와 각 구성요소를 여러 관점에서 평가하는 다차원적 구조를 갖는다. 자기개념의 다면성과 다차원성은 자기와 관련된 수많은 정보를 체계적이고 효율적으로 조직화하려는 인간의 인지적 특성을 반영한 것이라고 볼 수 있다.

자기일관성 동기 대 자기고양 동기

자기개념은 동기와도 밀접한 관련성을 지닌다. 인간은 자신에 관한 생각을 일관성 있게 유지하려는 경향이 있는 동시에 자신을 좀 더 긍정적인 방향으로 발전시키려고 노력한다. 인간은 자기개념과 관련해서 두 가지의 동기, 즉 자기일관성 동기와 자기고양 동기를 지닌다.

Lecky(1945)는 자기개념을 일관성 있게 유지하려는 자기일관성(self-consistency)이 인간 행동의 일차적인 동기라고 주장하며 자기일관성 이론을 제시했다. 자기개념은 사회적 관계에서 서로의 행동을 안정된 방식으로 예측하고 통제할 수 있도록 해 주기 때문에 생존과 적응에 매우 중요하다. 따라서 사람들은 자기개념을 일관성 있게 유지하려는 방향으로 생각하고 행동함으로써 자기개념을 영속화하게 된다(Epstein, 1983; Swann, 1983). 자기일관성 이론에 따르면, 부정적인 자기개념을 지닌 사람들은 자신에 관한 긍정적 피드백보다 부정적 피드백을 더 신뢰할 뿐만 아니라 부정적인 결과를 초래하는 자기패배적인 행동을 함으로써 자신에 관한 부정적인 견해를 확인하고자 한다. 자기일관성 동기는 자기확증(self-verification) 동기라고 불리기도 한다.

반면에, 인간은 자신을 긍정적으로 개선하려는 자기고양(self-enhancement) 동기도 지니고 있다. 여러 성격이론가(Horney, 1937; Rogers, 1961)에 의해서 주장된 자기고양 이론에 따르면, 사람들은 자기가치감을 증가시키려는 동기를 지니고 있다. 그래서 인간은 항상 자신을 개선하고 성장시키려고 부단히 노력함으로써 좀 더 긍정적인 자기개념과 자기존중감을 지니고자 한다. 이 이론에 따르면, 부정적 자기개념을 지닌 사람들은 낮은 자기존중감을 보상하기 위해서 자신에 관한 긍정적 피드백을 더 적극적으로 추구하고 자기개념을 고양하기 위한 노력을 더 많이 기울일 것이다.

자기일관성 이론과 자기고양 이론은 이렇듯이 서로 상반된 예측을 하고 있다. 두 이론의 타당성을 검증하기 위해서 수행된 연구들에서는 피험자로 하여금 다른 사람과 사회적 상호작용을 하게 한 후 피험자에 대한 상대방의 긍정적 또는 부정적 피드백을 제시하고 그에 대한 피험자의 반응을 조사했다. 일부 연구에서는 자기일관성 이론을 지지하는 결과가 도출되었으나 다른 연구들은 자기고양 이론을 지지하는 결과를 얻었다. 이러한 혼란스러운 연구결과에 대해서 Shrauger(1975)는 피험자의 반응에 대한 측정치가 인지적인 것인지 정서적인 것인지에 따라서 결과가 달라질 수 있다고 주장했다. 자기존중감이 낮은 사람들은 정서적으로는 긍정적인 피드백을 더 선호하지만 인지적으로는 부정적인 피드백을 더 신뢰한다는 것이다. 이러한 Shrauger의 가설을 실험적으로 검증한 Swann 등(1987)에 따르면, 사회적 피드백에 대한 인지적 반응은 자기일관성 동기에 의해서 결정되는 반면, 정서적 반응에서는 자기고양 동기가 더 큰 영향력을 미쳤다. 이들은 인지와 정서가 상당히 독립적인 정신체계일 뿐만 아니라 자기일관성과 자기고양 동기의 상대적 중요성은 개인과 상황의 특성에 따라 달라질 수 있다고 주장했다.

예를 들어, 자기애 성향이 강한 사람들은 자신을 실제보다 더 긍정적으로 평가하려는 자기고양 편향이 강하다(John & Robins, 1994). 반면에, 우울한 사람들은 자신에 관한 긍정적인 정보를 평가절하할 뿐만 아니라 자신을 실제보다 부정적으로 평가하는 자기확증 편향을 나타낸다(Beck et al., 1987). 최근의 연구(Weeks, 2010)에 따르면, 사회불안이 높은 사람들은 자신에 관한 부정적 피드백뿐만 아니라 긍정적인 피드백을 두려워하는 경향이 있다. 자신의 사회적 수행에 대한 다른 사람들의 긍정적 평가를 신뢰하지 않았을 뿐만 아니라 긍정적 기대에 대한 두려움을 나타냈다. 연인관계에서도 초기에는 자기고양 동기가 더 많이 작용하지만 관계가 안정되면 자기확증 동기의 영향력이 커지는 경향이 있다(Swann, De La Ronde, & Hixon, 1994).

(3) 자기개념의 복잡성

자기개념의 구조는 개인이 성장하고 다양한 경험을 하게 되면서 점차 세분화되고 정교해진다. 또한 개인의 성장 경험과 심리적 특성에 따라 자기개념의 구조에 있어서 개인차가 나타나게 된다. Linville(1987)은 자기복잡성 가설(self-complexity hypothesis)을 제시하면서 자기구조의 정교성, 변별성, 통합정도에 개인차가 있음을 주장하였다. 어떤 사람들은 자기를 구성하는 요소나 속성들을 매우 다양하고 정교하게 구분하여 이해하고 있을 뿐만 아니라 이러한 요소들의 관계를 통합적으로 잘 파악하고 있다. 반면에, 자신의 다양한 측면을 잘 구분하지 못하고 모호하게 이해하고 있으며 이들 간의 관계 역시 잘 통합하지 못하는 사람들도 있다. 비유컨대, 전자의 경우는 자기라는 건물을 여러 층으로 구분하고 층마다 구획화된 구조를 지니고 있을 뿐만 아니라 연결 통로를 통해 소통이 잘 될 수 있도록 구성된 반면, 후자는 건물의 층이나 방의 구조가 잘 구획화되어 있지 않은 경우라고 할 수 있다.

Linville(1987)에 따르면, 자기개념이 미분화되고 통합정도도 저하되어 있는 사람들은 정서적인 문제를 경험하게 될 가능성이 높다. 왜냐하면 외부로부터 주어지는 스트레스가 그와 관련된 자기 영역에만 국한되지 않고 자기개념 전체로 확산되기 때문이다. 마치 화재가 발생했을 경우, 화염이 빨리 건물 전체로 퍼져 나가는 것과 마찬가지다.

이처럼 자기개념은 다양한 측면에서 개인차를 지닌다. 즉, 사람들은 자기의 구성요소, 배열구조와 차원, 정교성 및 통합정도 등에 있어서 각기 다른 방식으로 자기개념을 구성한다. 이러한 자기개념의 속성은 개인의 성격과 행동에 중요한 영향을 미치는 것으로 여겨지고 있다.

4) 자기개념과 성격의 관계

자기개념은 성격의 핵심적인 인지적 구조다. 자기개념은 개인의 행동에 가장 강력한 영향을 미치는 심리적 요인이기도 하다. 우선, 자기개념은 자기존중감을 결정한다. 자기자신에 대한 긍정적 또는 부정적 평가는 자기존중감의 높낮이를 결정한다. 긍정적인 자기개념은 높은 자기존중감뿐만 아니라 자신감과 자부심의 원천이 되는 반면, 부정적인 자기개념은 자기존중감과 자신감을 훼손할 뿐만 아니라 우울감과 열등감의 근원이 된다.

자기개념은 복잡한 구조와 다양한 차원을 지니고 있기 때문에 개인의 성격에 영향을 미치는 과정 역시 복잡하다. 자기존중감은 자신의 현실적 평가를 반영하는 현실적 자기뿐만 아니라 자신이 바라는 이상적 자기와 부모에 의해서 기대되는 의무적 자기의 상호작용에 의해서 영향을 받는다(Higgins, 1987). 예컨대, 현실적 자기개념이 긍정적이라 하더라도 이상적 자기나 의무적 자기의 수준에 미치지 못하면, 자기자신에 만족하지 못하고 우울이나 불안을 경험하게 된다. 그러나 미래에 자신이 도달할 수 있다고 믿는 가능한 자기의 수준이 높은 사람은 지속적인 노력을 통해서 이상적 자기와 의무적 자기를 실현할 수 있다는 자신감을 갖게 될 것이다. 반면에, 가능한 자기의 수준이 낮은 사람은 이상적 자기나 의무적 자기에 도달하지 못할 것이라는 무기력감을 느끼게 될 것이다. 이처럼 자기개념의 다양한 측면들은 서로 복합적인 영향을 미치며 개인의 정서와 행동에 영향을 미친다.

자기개념의 구조적 특성도 성격에 영향을 미칠 수 있다. Linville(1987)이 제시했듯이, 자기개념의 분화정도에 따라 부정적 사건에 대한 정서적 반응이 달라진다. 자기개념이 정교하게 분화되지 않은 사람은 부정적

자기애성 성격장애자는 자신의 중요성을 지나치게 과장해서 생각한다.

인 생활사건(예: 낙제, 실연, 질병)을 경험하게 될 경우에 그러한 영향이 사건과 관련된 자기개념 영역에 국한되지 않고 다양한 영역으로 확대됨으로써 더욱 심한 스트레스와 정서적 충격을 받게 된다.

자기개념의 구조적 결함으로 인해서 부적응적 행동양상이 다양한 생활장면에서 지속적으로 나타날 수 있다. 자기개념의 구조적 결함을 나타내는 가장 대표적인 경우가 자기애성 성격장애와 경계선 성격장애다. 자기애성 성격장애(narcissistic personality disorder)는 과도한 자기도취와 특권의식이 성격의 일부로 고착되어 다양한 생활장면에서 부적응을 나타내는 성격특징을 의미한다. 이러한 성격장애는 어린 시절의 성장과정에서 과도한 편애와 특권적 혜택을 지속적으로 경험함으로써 자기개념이 과도하게 긍정적이고 자기중심적으로 고착된 것으로 이해되고 있다. 또는 어린 시절의 과도한 좌절로 인해서 부정적인 자기개념을 보상하기 위한 지속적인 보상적 노력으로 인해 자기애성 성격장애로 발전되는 경우도 있다. 자기애성 성격장애자들은 의식적으로는 긍정적인 자기개념을 보고하지만 내현적인 자기개념을 측정하는 인지적 과제에서는 자기개념의 불

안정성을 나타내는 경향이 있다. 이들은 정상인 집단에 비해서 자신과 관련된 부정적인 단어를 무시하지 못하고 더 오래 주의를 기울였을 뿐만 아니라 사회적 상호작용에서도 상대방의 부정적 피드백에 대해서 더 민감한 반응을 나타냈다.

자기개념의 구조적 결함을 나타내는 또 다른 경우는 경계선 성격장애다. 경계선 성격장애(borderline personality disorder)는 강렬한 애정과 분노가 교차하는 불안정한 대인관계를 특징적으로 나타낼 뿐만 아니라 매우 충동적이고 자기파괴적인 행동을 반복적으로 나타내어 때로는 치명적인 결과를 초래하는 성격장애다. 이러한 성격장애를 지닌 사람들은 어린 시절에 어머니와의 불안정한 애착관계를 형성하거나 외상적인 경험(신체적·언어적·성적 학대, 부모와의 이별이나 사별 등)을 함으로써 매우 혼란스럽고 불안정한 자기개념이 고착된 것으로 여겨지고 있다. 이들은 안정된 자기개념이 확립되어 있지 않아 예측하기 힘든 다양한 돌출적 행동을 나타낼 뿐만 아니라 스스로도 자신에 대해 혼란스러움을 경험한다. 또한 이들은 자신에 대한 긍정적 정보와 부정적 정보가 통합되지 못한 채 분리(splitting)되어

자기애: 건강한 자기애와 병적인 자기애

인간은 누구나 자기 자신을 소중하게 여긴다. 자기를 사랑하는 성향, 즉 자기애(narcissism)는 인간의 보편적 특성이다. 자기애라는 용어는 연못에 비친 자신의 아름다운 얼굴을 너무 사랑하여 연못 속에 몸을 던져 죽었다는 그리스 신화 속의 인물 Narcissus에서 연유한다. 자기애가 비현실적인 자기도취 수준으로까지 지나쳐서 사회적 부적응을 초래하는 경우에 자기애성 성격장애로 진단될 수 있다.

Freud는 자기애를 "심리적 에너지가 자신에게로 향해져 자신의 신체를 성적인 대상으로 취급하는 태도"라고 정의했으며, 이러한 성향이 어린 시절에는 정상적일 수 있으나 성장하여 성숙한 형태로 발전하지 못하면 병적인 자기애가 나타날 수 있다고 주장했다. 즉, 신생아는 자신의 몸에 관심이 집중되어 있을 뿐 아니라 부모의 전폭적인 애정과 보살핌을 받으면서 자신이 매우 중요한 존재라고 느끼는 유아기적 또는 일차적 자기애(infantile or primary narcissism)를 지니게 된다. 그러나 자신과 외부세계를 분명하게 구분하게 되면서 심리적 에너지가 부모를 향하게 되는데, 이를 대상애(object-love)라고 한다. 이렇게 부모를 사랑하고 애정을 교환하는 경험을 통해서 자신의 존재가치와 소중함을 느끼게 되는데, 이를 이차적 자기애(secondary narcissism)라고 한다. 즉, 다른 사람에게 따뜻한 관심과 사랑을 베풀고 그들로부터 전달되어 온 사랑과 애정에 근거하여 자신의 가치감을 느끼는 상호적인 성숙한 형태의 자기애를 발전시키게 된다. 그러나 유아기적 자기애에 고착되어 성인이 되어서도 여전히 사랑의 대상이 자기 자신에게 집중되는 경우는 병적인 자기애라는 것이 Freud의 주장이다.

있는 자기개념 구조를 지니고 있어 어떤 시점에서 자각되는 자기정보에 따라 애증이 극단적으로 교차하는 대인관계 양상을 나타내는 것으로 이해되고 있다. 즉, 경계선 성격장애를 지닌 사람들이 나타내는 불안정한 삶은 자신에 관한 다양한 정보를 일관성 있게 통합할 수 없는 자기개념의 구조적 결함에 기인하는 것으로 볼 수 있다.

3. 인지도식과 개인적 신념

성격에 대한 인지주의 이론가들(예: Beck, 1976; Ellis, 1962; Kelly, 1963)은 인지도식과 개인적 신념이 성격과

행동에 강력한 영향을 미친다고 주장한다. 특히 개인이 자신과 세상에 대해서 지니고 있는 인지도식이나 개인적 신념은 성격의 핵심적 요소로서 개인의 행동과 정서에 강력한 영향을 미친다. 인간은 누구나 각기 다른 성장과정과 과거경험을 통해서 독특한 인지도식과 개인적 신념을 형성하게 된다. 개인의 성격과 행동에 영향을 미치는 인지도식과 신념은 매우 다양하다.

1) 인지도식

인지도식(schema)은 개인이 과거경험에 근거하여 자신과 세상을 바라보는 기본적인 인식의 틀을 의미한다. 동일한 생활사건에 대해서 개인마다 각기 다른 반응을

나타내는 것은 이러한 인식의 틀이 다르기 때문이다. 비관주의자의 눈에는 이 세상 모든 것이 부정적으로 보이지만, 낙관주의자는 세상의 밝고 아름다운 측면을 우선적으로 바라본다. 이처럼 인지도식은 개인으로 하여금 환경적 자극에 선택적으로 주의를 기울이게 하고 그 의미를 편향된 방향으로 해석하게 함으로써 개인의 삶에 지대한 영향을 미친다.

인지도식은 자기영속화의 속성을 지닌다. 개인으로 하여금 인지도식과 일치하는 정보에 선택적으로 주의를 기울이게 만들 뿐만 아니라 생활사건의 의미를 도식과 일치하는 방향으로 해석하게 함으로써 도식을 더욱 강화하면서 영속화한다. 이러한 인지도식의 자기영속화 속성은 성격이 다양한 생활경험에도 불구하고 쉽게 변하지 않은 채로 일관성 있게 지속되는 이유다.

성격장애를 지닌 사람들은 특정한 주제에 편향된 인지도식(schema)을 지니고 있다. 심리도식치료를 창안한 Jeffrey Young(1990, 1999; Young et al., 2003)은 성격장애가 근본적으로 어린 시절에 형성된 초기 부적응 도식(Early Maladaptive Schema)에 기인한다고 주장했다. 초기 부적응 도식은 특정한 주제와 관련된 기억, 감정, 인지, 신체감각으로 구성된 심리적 구조로서 아동기나 청소년기에 발달하여 생애 전반을 통해서 인생의 다양한 영역에 현저한 적응적 문제를 유발한다.

제11장에서 상세하게 살펴보았듯이, 그는 성격장애에 영향을 미치는 5개 영역의 18가지 심리도식을 제시하고 있다. (1) '단절 및 거절' 영역의 심리도식(유기/불안정, 불신/학대, 정서적 결핍, 결함/수치심, 사회적 고립/소외)을 지닌 사람들은 안전, 안정감, 돌봄, 공감, 감정 공유, 수용, 존중 등에 대한 욕구가 자신이 예상한 대로 충족되지 않을 것이라고 기대한다. (2) '손상된 자율성 및 손상된 수행'의 심리도식(의존/무능감, 위험/질병에 대한 취약성, 밀착/미발달된 자기, 실패)을 지닌 사람들은 타인으로부터의 독립, 이별, 분리, 생존과 관련해서 그에 대처할 수 있는 자신의 능력을 과소평가하거나 환경과 미래에 대한 위협적 기대를 지니고 있다. (3) '손상된 한계' 영역의 도식(특권의식/과대성, 부족한 자기통제/자기훈육)을 지닌 사람들은 다른 사람의 권리를 존중하지 않으며, 남들과 협동하지 못하고, 타인과 헌신적인 관계를 맺기 힘들며, 현실적인 목표를 설정하고 달성하는 데 어려움을 보인다. (4) '타인-중심성' 영역의 도식(복종, 자기희생, 승인/인정 추구)을 지닌 사람들은 남들에게 사랑과 인정을 받고 싶어 하고 타인과 연결되어 있는 느낌을 유지하려고 하기 때문에 자기 자신의 욕구는 희생한 채 다른 사람의 소망, 감정, 반응에 지나치게 집착한다. (5) '과잉경계 및 억압' 영역의 심리도식(부정성/비관주의, 정서적 억압, 엄격한 기준/과잉비판, 처벌)을 지닌 사람들은 자신의 자연스러운 느낌, 충동, 선택을 지나치게 억제하며 윤리적인 행동과 관련해서 엄격한 규칙이나 기대를 충족시키는 것을 지나치게 강조한다.

2) 부적응을 초래하는 개인적 신념

인지치료를 창시한 Aaron Beck은 정신장애의 근본적 원인을 인지도식으로 여겼다. 그에 따르면, 인지도식은 과거경험을 일반화한 인지적 구조로서 자신과 세상에 대한 개인적 신념으로 구성되어 있다. 정신장애를 지닌 사람들은 특정한 주제에 예민한 인지도식을 지니고 있다. 예컨대, 불안장애를 지닌 사람들은 '위험'에 예민한 인지도식을 지니고 있어 주변환경 속에 내재하는 위험가능성을 과도하게 평가하는 반면, 우울한 사람들의 인지도식은 '상실'이나 '실패'라는 주제에 편향되어 자신의 경험을 비관적으로 평가하는 경향이 있다. 흔히 이러한 인지도식은 역기능적 신념(dysfunctional beliefs)의 형태로 나타나기도 한다(Beck et al., 1979).

자신과 세상에 대해서 긍정적 신념 또는 부정적 신념을 지닌 사람들이 있다.

예컨대, 불안장애를 지닌 사람들은 "세상은 위험으로 가득 차 있다. 항상 조심하고 경계해야 한다. 그렇지 않으면 치명적인 결과를 맞게 될 것이다"와 같은 신념을 지니는 경향이 있으며, 이러한 신념으로 인해 매사에 과민반응을 보이게 되므로 항상 높은 수준의 불안을 경험하게 되는 것이다. 그의 딸인 Judith Beck(1995)은 역기능적 신념을 핵심신념과 중간신념으로 구분하고 있다. 핵심신념(core beliefs)은 어린 시절에 중요한 인물과 상호작용하면서 형성되는 것으로서 가장 근원적이며 깊은 수준의 믿음을 의미하는 반면, 중간신념(intermediate beliefs)은 핵심신념과 자동적 사고를 매개하는 것으로서 핵심신념에 의해서 영향을 받는다. 중간신념은 삶에 대한 태도, 규범, 가정으로 구성되어 있으며 잘 인식되지 못하는 경우가 흔하다.

합리적 정서행동 치료(REBT)의 창시자인 Albert Ellis(1962, 1996)는 심리적인 부적응을 나타내는 사람들이 흔히 지니고 있는 비합리적 신념들을 제시하고 있다. 그에 따르면, 비합리적 신념은 자신, 타인, 세상에 대한 당위적 요구로 이루어져 있다.

그 첫째는 자신에 대한 당위적 요구(self-demandingness)로서 스스로 자기 자신에게 현실적으로 충족되기 어려운 과도한 기대와 요구를 부과하는 것이다. 그 대표적인 예는 "나는 반드시 탁월하게 일을 수행해 내야 한다" "다른 사람들로부터 인정과 칭찬을 받아야 한다"는 믿음이다. 이러한 비합리적 신념으로 인해서 해야 할 일을 자꾸 미루거나 불만족스러워하고, 불안과 우울을 경험하게 되며, 자기비난과 자기혐오에 빠지게 된다.

둘째는 타인에 대한 당위적 요구(other-demandingness)다. 이것은 개인이 타인에게 지니는 과도한 기대와 요구로서 타인이 그러한 기대에 따르도록 일방적으로 요구하는 것이다. 그 대표적인 예는 "사람들은 항상 나에게 친절하고 공평하게 대해야 한다" "진정한 친구라면 항상 내편을 들어줘야 한다" "그렇지 않으면 그들은 존중할 가치가 없는 나쁜 사람들이며 징벌을 받아 마땅하다"와 같은 신념이다. 이러한 과도한 기대와 신념은 필연적으로 실망, 좌절, 배신과 같은 마음의 상처를 받게 될 뿐만 아니라 타인에 대해서 분노, 적개심, 질투, 폭력을 초래하게 된다.

마지막 세 번째는 세상에 대한 당위적 요구(world-demandingness)로서 우리가 살아가는 사회정치적 체제뿐만 아니라 자연세계에 대한 비현실적인 과도한 기대를 의미한다. 예컨대, "우리 사회는 항상 공정하고 정의로워야 한다" "우리가 사는 세상은 안전하고 편안하며 즐거운 곳이어야 한다" "세상은 항상 반드시 내가 원하는 대로 돌아가야 하며 나의 노력에 즉각적인 보상을 주어야 한다"와 같은 신념을 뜻한다. 이러한 신념은 세상에 대한 막연한 분노와 공포, 비관적이고 소극적인 행동, 우울과 자기연민을 초래하게 된다.

당위적 요구는 실현되기 어려운 비현실적인 것일 뿐만 아니라 필연적으로 좌절을 초래하여 건강하지 못한 부정적 감정과 행동을 유발함으로써 우리의 삶을 부적응적인 것으로 몰아가기 때문에 비합리적인 것이라고

할 수 있다. 이러한 비합리적 신념은 우리 자신과 타인 그리고 세상에게 비현실적인 것을 과도하게 요구함으로써 우리의 삶을 고통스럽고 불행한 것으로 몰아간다. Ellis에 따르면, 이러한 절대적이고 당위적인 신념이야말로 인간이 겪는 정서적 문제의 근원이라고 보았다. Karen Horney 역시 당위적 요구의 폭정(tyranny of shoulds)을 신경증의 핵심이라고 보았다. 이러한 당위적 요구는 인간의 본성적인 비합리성에 기인할 뿐만 아니라 사회적 환경으로부터 주입된 것이다. 인간은 누구나 어느 정도의 비합리적 신념을 지니고 있다.

 ## Karen Horney: 당위적 요구의 폭정

Karen Horney(1885~1952)는 Freud의 남성중심적인 정신분석 이론에 반발하여 독자적인 이론을 제시한 여류 정신분석학자다. 독일에서 태어난 그녀는 베를린에서 정신분석훈련을 받았으나 성욕을 지나치게 강조하는 Freud의 리비도 이론을 비판하고 1932년에 미국으로 이주하여 활동했다. 그녀는 미국사회의 문제점을 반영하는 신경증 환자를 치료하면서 독자적인 이론을 제시하였다.

인간은 기본적으로 외롭고 나약한 존재로 태어나서 잠재적으로 적대적인 세계와의 관계 속에서 불안전감(feeling of insecurity)을 경험하는데, 이러한 기본적 불안(basic anxiety)이 신경증의 토대가 된다. 개인은 안전감을 확보하고 기본적 불안을 회피하기 위한 방어적 태도로서 신경증적 욕구(neurotic needs)를 갖게 된다. Horney(1937, 1945)는 10가지의 신경증적 욕구를 제시하면서 그러한 욕구와 관련된 강박적 태도가 세 가지의 신경증적 성격을 유발한다고 주장했다. 세 가지 신경증적 성격과 관련된 신경증적 욕구를 제시하면 다음과 같다.

1. 순종형(moving toward people)은 타인으로부터 애정과 보호를 받기 위해 노력하면서 순종적이고 의존적인 삶을 추구한다.
   (1) 애정과 인정의 욕구: 다른 사람을 즐겁게 만들고 그들로부터 사랑을 받으려는 욕구
   (2) 동반자의 욕구: 사랑할 수 있고 모든 문제를 해결해 줄 파트너를 원하는 욕구

2. 공격형(moving against people)은 타인에 대한 적대감을 지니고 있으며 자신의 우월함과 강함을 추구
　하면서 타인에 대해서 지배적이고 경쟁적인 삶을 추구한다.
　　(3) 권력의 욕구: 다른 사람들을 자신의 마음대로 통제하려는 욕구
　　(4) 타인의 조종 욕구: 다른 사람보다 우월해지고 그들을 이용하여 이득을 취하고자 하는 욕구
　　(5) 사회적 인정의 욕구: 지위와 명예를 얻고자 하는 욕구
　　(6) 개인적 찬양의 욕구: 가치 있는 존재로 추앙받고자 하는 욕구
　　(7) 개인적 성취의 욕구: 필사적으로 성취를 이루고자 하는 욕구
3. 회피형(moving away from people)은 타인과 정서적으로 밀착된 관계를 회피하고 자신의 사생활을 중
　시하면서 개인주의적이고 고립된 삶을 추구한다.
　　(8) 자기충족의 욕구: 자율성과 독립을 원하며 타인을 무시하려는 욕구
　　(9) 완벽의 욕구: 자신의 삶을 완벽하게 영위하면서 작은 실수도 하지 않으려는 욕구
　　(10) 삶의 범위를 축소시키려는 욕구: 가능한 한 다른 사람의 주목을 끌지 않고 살아가려는 욕구

현대인은 누구나 이러한 욕구를 지니고 살아간다. 그러나 신경증적인 사람들은 이러한 욕구를 반드시 충족시켜야 할 당위적 요구로 여기면서 필사적으로 그러한 욕구를 충족시키기 위해 노력한다. 마치 그러한 욕구가 충족되지 않으면 인생이 파멸에 이를 것처럼 느끼면서 욕구충족을 위한 강박적인 삶을 살아간다.

Horney는 개인의 자기체계를 크게 현실적 자기와 이상적 자기로 구분했다. 현실적 자기(real self)는 개인이 주관적으로 생각하는 자기의 모습으로서 흔히 부모로부터 충분히 사랑받지 못하여 자신을 무가치한 열등한 존재로 여기는 자기인식을 뜻한다. 이상적 자기(ideal self)는 반드시 되어야 하는 자기의 모습으로서 자기실현을 위한 원동력이 되기도 하지만 현실적 자기와의 괴리가 크면 신경증적 성격을 유발할 수 있다.

신경증적인 삶을 살아가는 사람들은 현실적 자기에 대해서 경멸적인 태도를 취하면서 이상적 자기의 성취를 통한 '영광의 추구(search of glory)'에 강박적으로 매달린다. 그러나 이상적 자기는 현실적 자기와의 괴리가 크기 때문에 그 성취에 대한 무력감을 경험한다. 따라서 이상적 자기를 반드시 이루어야 한다는 '당위적 요구의 폭정(tyranny of the shoulds)'에 시달리게 된다. Horney(1950)는 미국을 비롯한 현대사회의 구조가 사람들로 하여금 신경증적 욕구와 당위적 요구에 대한 압박을 가하고 있다고 주장한다. 심리치료를 통해서 이러한 신경증적 악순환을 해소하지 않으면 개인이 지닌 잠재능력의 발현을 방해하게 된다. Horney의 신경증적 성격이론은 현대의 여러 성격이론에 영향을 미쳤을 뿐만 아니라 자기개념의 이론적 이해에도 기여했다.

3) 개인적 신념과 성격장애

성격장애의 기저에는 비합리적인 개인적 신념이 존재한다. 비합리적 신념은 비현실적일 뿐만 아니라 개인의 삶을 부적응상태로 유도하는 역기능적 속성을 지닌다. Beck 등(Beck & Freeman, 1990; Beck, Freeman, & Davis, 2004)은 성격장애의 기저에 존재하는 독특한 역기능적 신념을 제시한 바 있다. 성격장애 유형 별로 독특하게 지니고 있는 역기능적 신념의 내용을 요약하여 소개하면 〈표 17-3〉과 같다.

표 17-3 성격장애 유형 별 주요 신념

◆ **편집성 성격장애**: 타인에 대한 강한 불신과 의심, 적대적 태도
- 사람들은 악의적이고 기만적이다.
- 그들은 기회만 있으면 나를 공격할 것이다.
- 긴장하고 경계해야만 나에게 피해가 없을 것이다.

◆ **분열성 성격장애**: 친밀한 관계형성의 동기 부재와 감정표현의 부족
- 나는 혼자 있는 것이 낫다.
- 아무도 나를 간섭하지 않았으면 좋겠다.
- 다른 사람들과 관계를 맺으면 문제만 일어난다.
- 주위에 사람들만 없다면 인생은 별로 복잡하지 않을 것이다.
- 다른 사람들로부터 거리를 유지하는 것이 낫다.
- 나는 사회 속의 무리에 끼어들기에는 부적절한 사람이다.

◆ **분열형 성격장애**: 사회적 고립과 기이한 생각과 행동
- 나는 결함이 많은 사람이다.
- 사람들과 관계를 맺는 것은 매우 위험하다.
- 나는 사람들이 나를 좋아하지 않는다는 것을 알고 있다.
- 나는 다른 사람이 무슨 생각을 하는지 다 안다.
- 내가 느끼는 감정은 앞으로 무슨 일이 벌어질지를 미리 알려 주는 신호다.

◆ **반사회성 성격장애**: 법과 규범의 위배, 무책임하고 폭력적 행동
- 우리는 정글에 살고 있고 강한 자만이 살아 남는다.
- 힘과 주먹이 내가 원하는 것을 얻는 최선의 방법이다.
- 들키지 않는 한 거짓말을 하거나 속여도 상관없다.
- 다른 사람들은 약한 자들이며 당해도 싼 존재들이다.
- 내가 원하는 것을 이루기 위해서는 어떠한 행동도 정당화될 수 있다.
- 내가 먼저 공격하지 않으면 다른 사람이 먼저 나를 공격할 것이다.
- 다른 사람이 나를 어떻게 생각하는지는 중요하지 않다.

◆ **연극성 성격장애**: 지나친 관심끌기와 과도한 감정표현
- 나는 부적절한 존재이며 혼자서 삶을 영위하는 것은 너무 힘들다.
- 나를 돌보아 줄 사람들을 찾아야 한다.
- 모든 사람으로부터 사랑을 받아야 한다.
- 내가 행복하려면 다른 사람의 관심과 애정이 절대적으로 필요하다.
- 나는 다른 사람의 사랑을 독점적으로 가장 많이 받아야 한다.
- 나는 재미있고 다른 사람에게 즐거움을 주는 사람이어야 한다.
- 내가 원하는 것을 얻으려면 다른 사람을 즐겁거나 감탄하도록 만들어야 한다.
- 다른 사람이 나를 싫어하거나 무시하는 것은 참을 수 없는 일이다.
- 나는 지루한 것을 참을 수 없다.

◆ **자기애성 성격장애**: 웅대한 자기상, 특권의식, 착취적 관계
- 나는 매우 특별한 사람이다.
- 나는 너무나 우월하기 때문에 특별한 대우를 받고 특권을 누릴 자격이 있다.
- 인정, 칭찬, 존경을 받는 것은 매우 중요한 일이다.
- 내가 당연히 받아야 할 존경이나 특권을 받지 못하는 것은 참을 수 없는 일이다.
- 사람들은 나를 비판할 자격이 없다.
- 나 정도의 훌륭한 사람만이 나를 이해할 수 있다.

◆ **경계선 성격장애**: 불안정한 인간관계와 감정조절의 곤란
- 세상은 위험하며 악의에 가득 차 있다.
- 나는 힘없고 상처받기 쉬운 존재다.
- 나는 원래부터 환영받지 못할 존재다.

◆ **강박성 성격장애**: 과도한 완벽주의와 세부집착, 성취지향성, 인색함
- 나는 나 자신뿐만 아니라 내 주변 환경을 완벽하게 통제해야 한다.
- 나는 실수를 하지 않아야만 가치 있는 존재다.
- 실수는 곧 실패다.
- 모든 행동과 결정에는 옳고 그름이 있다.
- 구체적이고 명확한 규칙이나 절차가 없으면 나는 아무것도 할 수 없을 것이다.

◆ **의존성 성격장애**: 자율성 부족과 의존적 행동
- 나는 근본적으로 무력하고 부적절한 사람이다.
- 나는 혼자서는 세상에 대처할 수 없으며 의지할 사람이 필요하다.

◆ **회피성 성격장애**: 타인과의 대면 불안과 사회적 상황 회피
- 나는 부적절하고 무가치한 사람이다.
- 타인과의 관계에서 자신이 거부당하거나 비난당할 것이라는 믿음을 지닌다.

4. 상황에 대한 해석방식

사람마다 신념의 내용이 다를 뿐만 아니라 사고방식도 각기 다르다. 어떤 사람은 상황을 너무 극단적인 방향으로 받아들여 격렬한 감정반응을 나타낸다. 어떤 사람은 사소한 정보를 너무 심각하게 받아들여 복잡하게 해석하기 때문에 매우 피곤한 삶을 살아간다. 이처럼 개인의 성격은 특정한 상황의 의미를 해석하는 독특한 사고방식에 의해서 설명될 수 있다.

1) 귀인방식

동일한 결과에 대해서 그 원인을 해석하는 방식이 사람마다 다르다. 귀인(attribution)은 긍정적인 일이든 부정적인 일이든 어떤 결과를 유발한 원인을 귀속시키는 방식을 의미한다. 귀인은 자신이나 타인이 한 행동의 결과에 대해서 그 원인을 추론하는 과정이며, 귀인의 결과는 개인의 행동에 지대한 영향을 미친다.

우리는 한 사람의 행동이나 결과를 보고 그 원인을 여러 가지 방식으로 귀인하게 되는데, 크게 세 가지 방향의 귀인이 이루어진다. 가장 주된 귀인방향은 내부적-외부적 귀인이다. 내부적 귀인(internal attribution)은 행위자의 내부적 요인(예: 성격, 능력, 동기)에 그 원인을 돌리는 것이다. 이와는 반대로 외부적 귀인(external attribution)은 행위자의 밖에 있는 요소, 즉 환경, 상황, 타인, 우연, 운 등의 탓으로 돌리게 되는 경우를 말한다.

귀인의 두 번째 방향은 안정적-불안정적 귀인이다. 안정적 귀인(stable attribution)은 그 원인이 내부적인 것이든 외부적인 것이든 시간이나 상황에 상관없이 비교적 변함이 없는 원인으로 돌리는 경우를 의미한다. 반면, 불안정적 귀인(unstable attribution)은 자주 변화될 수 있는 원인으로 돌리는 경우다. 예를 들면, 내부적 요인 중에서도 성격이나 지적 능력은 비교적 안정된 요인이라고 할 수 있지만 노력의 정도나 동기는 변화되기 쉬운 것이다.

귀인의 또 다른 방향은 전반적-특수적 귀인(global-specific attribution)이다. 이 차원은 귀인요인이 얼마나 구체적으로 한정되어 있는지의 정도를 의미한다. 예를 들면, 이성에게 거부당한 일에 대해서 성격이라는 내부적-안정적 귀인을 한 경우에도 그의 성격 전반에 귀인할 수도 있고 그의 성격 중 '성급하다'는 일면에만 구체적으로 귀인할 수도 있다.

귀인의 방향은 상황에 따라 달라질 수 있지만, 개인마다 독특한 귀인양식(attribution style)을 지니고 있다. 일반적으로 사람들은 자존감을 유지하기 위해서 방어적 귀인(defensive attribution)을 하는 경향이 있다. 즉, 좋은 결과는 자신의 탓으로 돌리고 나쁜 결과는 외부적 요인으로 돌리는 경향(예: 상황탓, 남탓, 조상탓, 묏자리탓 등)이 있다. 그러나 우울한 사람들은 이와는 반대 방향의 귀인양식을 지니고 있다. 우울한 사람들은 실패경험에 대해서는 내부적·안정적·전반적 귀인을 하는 반면, 성공경험에 대해서는 지나치게 외부적·불안정적·특수적 귀인을 하는 경향이 있다(Abramson, Seligman, & Teasdale, 1978). 이러한 귀인방식을 우울유발적 귀인(depressogenic attribution)이라고 부른다. 이러한 귀인방식은 비현실적으로 왜곡되어 있다는 점에서 일종의 귀인오류(attributional error)라고 할 수 있다. 이처럼 개인이 지닌 귀인양식은 생활사건의 의미를 독특한 방향으로 해석하게 만듦으로써 정서와 행동에 영향을 미친다.

낙관주의와 비관주의

미래에 일어날 일을 정확하게 예측할 수 있는 사람은 없다. 인간은 다만 현재의 상황에 근거하여 미래를 예상할 뿐이다. 그런데 동일한 상황 속에서도 긍정적인 미래를 예상하는 사람들이 있는 반면, 미래를 부정적으로 바라보는 사람들이 있다. 낙관주의자와 비관주의자들이 그들이다.

긍정심리학자들의 연구결과에 따르면, 행복과 가장 밀접한 관련성을 지니는 심리적 요인은 낙관주의다. 이러한 결과는 다양한 연구에서 일관성 있게 나타나고 있다. 낙관주의자들은 미래에 대해서 긍정적인 기대와 예상을 하기 때문에 긍정 정서와 희망을 갖게 된다. 따라서 그들은 미래의 긍정적인 결과를 예상하면서 적극적인 활기찬 활동을 하게 되며, 그 결과로서 긍정적인 결과를 만들어 낸다. 그들이 지녔던 긍정적인 결과가 현실화되어 나타나는 것이다. 이처럼 낙관주의는 주관적 행복을 증진할 뿐만 아니라 성공적인 결과를 도출하는 긍정적인 성품으로 여겨지고 있다.

낙관주의자들은 부정적인 면보다 긍정적인 면에 주목하는 경향을 지닌 사람들이다. 이미 지나가 되돌릴 수 없는 과거를 긍정적인 것으로 받아들이려 노력할 뿐만 아니라 현재의 양면성 중에서 밝은 면을 중시하며 미래의 긍정적인 결과를 예상한다. 건강한 낙관주의자들은 인생과 세상의 부정적인 측면을 무시하거나 외면하기보다 그것을 인식하되 수용하며 그것에 저항하지 않는다. 낙관성은 일상적이고 세속적인 삶에 대한 긍정적인 자세일 뿐만 아니라 인간 존재에 대한 긍정적 태도를 포함한다.

Lionel Tiger(1979)는 작은 낙관주의와 큰 낙관주의를 구분했다. 작은 낙관주의(little optimism)는 긍정적인 결과에 대한 구체적인 기대(예: "오늘 저녁에 맛있는 음식을 먹게 될 거야")를 의미하는 반면, 큰 낙관주의(big optimism)는 모호하지만 더 커다란 기대(예: "내 인생은 성공적으로 펼쳐질 것이다")를 뜻한다. 초월적인 긍정적 특질은 주로 큰 낙관주의와 관련된 것이라고 할 수 있다.

낙관주의를 설명하는 가장 대표적인 이론은 Seligman(1991; Buchanan & Seligman, 1995; Gillham, 2000; Peterson, Maier, & Seligman, 1993)이 제시하고 있는 학습된 낙관주의(learned optimism) 이론이다. 이 모델은 역사적으로 Seligman(1975)이 우울증을 설명하기 위해 제시한 학습된 무기력(learned helplessness) 이론에 뿌리를 두고 있다. 이후에 동료들에 의해서 귀인이론을 도입하여 개정판 학습된 무기력 이론으로 발전하였으며 근래에 낙관주의를 설명하는 데 적용된 것이다.

낙관적인 사람들은 어떤 결과의 원인을 귀인하는 독특한 설명방식(explanatory style)을 지닌다. 설명방식은 일어난 사건에 대해서 의미를 부여하는 습관적인 방식을 말한다. 낙관적인 사람들은 부정적 결과에 대해서는 그 원인을 외부적 · 불안정한 · 특수한 요인으로 돌리는 반면, 긍정적인 결과에 대해서는 내부적 · 안정적 · 전반적 요인으로 귀인하는 경향이 있다. 예컨대, 낙관적인 학생은 낮은 학점을 받았을 경우에 그 원인을 공부에 집중하지 못하게 한 집안의 경조사와 같은 외부적 요인으로 돌리는 반면, 높은 학점을 받게 되면 자신의 우수한 지적 능력 때문이라고 생각한다. Seligman(1991)은 이러한 귀인방식을 낙관주의적 설명방식(optimistic explanatory style)이라고 명명했다. 우울한 사람들은 이와 반대방향의 비관주의적인 설명방식을 지니는 경향이 있다.

낙관주의적 설명방식의 기원에 대해서는 아직 충분히 밝혀져 있지 않지만, 유전이나 어린 시절의 양육경험, 외상적 사건을 비롯한 다양한 요인에 의해서 영향을 받는 것으로 보고되고 있다(Peterson & Steen, 2002). Seligman 등(1995)은 사건에 대한 귀인양식을 변화시킴으로써 낙관성을 증진할 수 있다고 주장했다. 청소년을 대상으로 낙관주의 훈련을 통해서 정신장애를 예방하는 Penn Prevention Program을 시행하였다. 이 프로그램에서는 청소년들에게 사건의 원인을 좀 더 낙관적으로 생각하는 인지행동 전략들(예: 탈파국화, 부정적 사고에 대한 논박)을 가르쳤다. 그 결과, 청소년들의 귀인양식이 좀 더 낙관적으로 변화했으며, 우울증이나 불안장애를 예방하는 효과가 있었다.

2) 인지적 오류

Beck(1976; Beck et al., 1979)은 정서장애를 경험하는 사람들이 사건의 의미를 부정적으로 왜곡하는 경향이 있다고 주장했다. 이처럼 사건의 의미를 특정한 방향으로 왜곡하는 추론 과정에는 다양한 인지적 오류(cognitive error)가 개입한다. Beck은 생활사건의 의미를 왜곡함으로써 개인의 정서와 행동에 영향을 미치는 다양한 인지적 오류를 제시하였다.

흑백논리적 사고(all or nothing thinking) 또는 이분법적 사고(dichotomous thinking)는 사건의 의미를 이분법적인 범주의 둘 중 한 가지로 해석하는 오류다. 예를 들어, 타인의 반응을 '나를 좋아하고 있는가' 아니면 '나를 싫어하고 있는가'의 둘 중의 하나로 해석하며 그 중간의 의미를 인정하지 않는 경우다. 자신의 성취에 대해서 '성공' 아니면 '실패'로 판정하며 대인관계에서는 '나를 받아들이는가' 아니면 '나를 거부하는가' '내 편인가' 아니면 '상대편 또는 적인가' 등의 흑백논리적으로 판단하며 회색지대를 생각하지 못하는 경우다.

과잉일반화(overgeneralization)는 한두 번의 사건에 근거하여 일반적인 결론을 내리고 무관한 상황에도 그 결론을 적용시키는 오류다. 이성으로부터 한두 번의 거부를 당한 후부터는 나는 '항상' '누구에게나' '어떻게 행동하든지' 거부를 당한다고 생각하는 것이 예이다.

또는 타인으로부터 비난을 당하고 나서 '모든 사람들은' '항상' '어떤 상황에서나' 적대적이고 공격적이라고 생각하는 경우다.

정신적 여과(mental filter)는 대인상황이나 사건의 주된 내용은 무시하고 특정한 일부의 정보에만 주의를 기울여 전체의 의미를 해석하는 오류다. 친구와의 대화에서 주된 대화내용이 긍정적이었음에도 불구하고 친구의 몇 마디 부정적인 내용에 근거하여 '그 녀석은 나를 비판했다' '그 녀석은 나를 좋아하지 않는다'라고 해석하는 경우가 일 예다.

의미확대 또는 의미축소(magnification or minimization)는 대인사건의 중요성이나 크기를 평가할 때 지나치게 확대하거나 축소하는 오류다. 흔히 부적응적인 사람은 부정적인 일의 의미는 크게 확대하고 긍정적인 일의 의미는 축소하는 오류를 범하는 경향이 있다. 예를 들면, 친구가 자신에게 한 칭찬에 대해서는 듣기 좋으라고 생각없이 한 얘기로 그 중요성을 축소하는 반면, 친구의 비판에 대해서는 평소 친구의 속마음을 드러낸 것으로 중요성을 확대하여 받아들이는 경우다. 자신의 단점이나 약점은 매우 중요한 것으로 걱정하면서 자신의 장점이나 강점을 별 것 아닌 것으로 과소평가하는 경우다.

이 밖에도 자기자신과 무관한 사건을 자신과 관련된 것으로 잘못 해석하는 개인화(personalization), 충분한 근거 없이 막연히 느껴지는 감정에 근거하여 결론을 내리는 감정적 추리(emotional reasoning), 사람의 특성이나 행위를 기술할 때 부적절한 명칭을 사용하여 과장하는 잘못된 명명(mislabelling), 충분한 근거 없이 다른 사람의 마음을 마음대로 추측하고 단정하는 독심술(mind reading), 충분한 근거 없이 미래에 일어날 일을 단정하고 확신하는 예언자적 사고(fortune telling)와 같은 다양한 인지적 오류가 있다.

인지적 오류는 인지도식과 밀접하게 연결되어 작동한다. 성격장애를 지닌 사람들은 생활사건의 의미를 해석하는 과정에서 인지적 오류를 범하여 부적절한 정서와 행동을 나타내는 경향이 있다. 예컨대, 경계선 성격장애자들이 가장 흔하게 범하는 인지적 오류는 흑백논리적 사고로서 이러한 사고방식으로 인해 극단적이고 강렬한 감정과 행동을 나타내게 된다. 예컨대, 사람을 '천사 아니면 악마' 라는 방식으로 평가함으로써 타인을 극단적으로 이상화하거나 아니면 극단적으로 평가절하하게 된다. 다른 사람의 언행을 자신에 대한 '수용 아니면 거부' 로 해석하기 때문에 애정과 분노의 강렬한 감정을 느끼게 된다. 또한 자신의 심리상태를 '천국 아니면 지옥' 으로 평가하고 자신의 행동을 결정할 때도 다른 사람에 대한 '의존 아니면 공격' 으로 선택하는 극단적인 흑백논리적 사고로 인해 강렬한 감정변화와 극단적인 행동을 보이게 된다.

강박성 성격장애자들은 흑백논리적 사고, 재난적 사고, 의미확대 및 의미축소 등의 인지적 오류를 자주 범한다. 흑백논리적 사고는 강박성 성격장애자의 지연행동, 경직성, 완벽주의적 행동에 영향을 미친다. 예컨대, '완벽 아니면 실패' 라는 흑백논리적 사고를 지니고 있기 때문에 어떤 일을 섣불리 시작하지 못하고 꾸물거리게 되

며, 사소한 결점이 생기면 실패한 것으로 간주하고 포기하게 된다. 또한 불완전함이나 실수가 초래할 부정적 결과를 지나치게 과장하는 재난적 사고(catastrophizing)로 인해서 실패에 대한 강한 두려움을 갖게 한다. 의미확대나 의미축소는 세부적인 사항에 과도한 중요성을 부여하여 집착하는 한편, 실제적으로 중요한 일은 그 의미를 축소하여 전반적인 판단에 어려움을 겪게 된다.

의존성 성격장애자는 의존과 독립에 대해서 흑백논리적 사고를 지니고 있다. 이들에게 삶의 방식은 완전히 의존적이거나 아니면 완전히 독립적인 것 중의 하나이며, 독립적인 존재로 혼자 살아가는 것에 대한 두려움은 결국 극단적인 의존적 삶을 선택하게 한다. 또한 이들은 자신의 능력에 대해서도 흑백논리적으로 생각하는데, 어떤 일을 매우 잘 하지 못하면 전적으로 잘못한 것으로 판단하여 자신을 무능하고 무력한 존재로 평가하는 경향이 있다. 그 결과, 다른 사람에게 의존하거나 보살핌을 받을 수밖에 없다는 생각을 하게 된다.

회피성 성격장애자는 사회적 상황에서 다른 사람의 반응을 해석하고 평가할 때 여러 가지 인지적 왜곡을 나타낸다. 예컨대, 타인이 분명한 호의를 보이지 않으면 거부나 비난으로 해석하는 이분법적 사고, 타인의 긍정적인 반응은 무시하고 부정적인 언급은 중시하는 의미확대 및 의미축소, 부정적인 증거에만 주의를 기울이는 정신적 여과 등의 인지적 오류를 나타낸다. 이러한 인지적 왜곡으로 인해 사회적 상황에서 항상 부적절감과 불쾌감을 느끼게 되고 그 결과 사회적 상황을 회피하게 된다. 따라서 자신에 대한 부정적 신념과 인지적 왜곡을 수정할 수 있는 기회를 갖지 못한 채 회피적 행동이 영속화된다.

요약

1. 인간은 생각하는 존재로서 탁월한 인지적 능력을 지니고 있다. 개인의 신념과 사고방식은 성격의 중요한 구성요소로서 현저한 개인차를 나타낸다. 인간의 행동에 영향을 미치는 인지적 요인은 인지적 구조, 인지적 산물, 인지적 과정으로 구분할 수 있다. 인지적 구조는 개인이 자신과 세계에 대한 지식과 정보를 체계적으로 조직하고, 저장하는 기억체계로서 외부자극을 선택적으로 지각하고, 해석하며, 저장하는 기능을 한다. 인지적 구조는 쉽게 변하지 않는 안정된 심리적 구조로서 성격의 기반을 이루며 인지도식, 신념, 태도라고 불리기도 한다.

2. 인간의 인지적 활동은 의식적 또는 무의식적 수준에서 이루어진다. 이중처리 이론에 따르면, 인간의 뇌와 마음에는 두 개의 서로 다른 정보처리 시스템이 존재한다. 시스템 1은 의식되지 않은 채 자동적으로 빨리 판단하는 정보처리체계로서 무의식에 해당한다. 시스템 2는 의식적인 판단과정을 담당하는 정보처리체계로서 한순간에 처리할 수 있는 용량이 제한되어 있으며 처리속도가 느리지만 의식적인 통제가 가능하다. 시스템 1과 2는 서로 상당히 독립적이어서 의식적 경험을 담당하는 시스템 2는 시스템 1에 관해서 무지할 수 있다.

3. 자기개념은 성격의 핵심적 요소로서 자신에 대한 주관적인 인식과 평가를 반영하는 인지적 관념이다. 자기개념은 '나'에 관한 정보를 저장하고 있는 기억체계로서 다면적이고 다차원적인 복잡한 구조를 지닌다. 자기개념은 물질적·정신적·사회적 구성요소를 반영하는 다면성과 현실적 자기, 이상적 자기, 가능한 자기, 의무적 자기의 다차원성을 지니고 있다. 자기복잡성 가설에 따르면, 자기구조는 정교성, 변별성, 통합정도에 있어서 개인차가 있다.

4. 자신과 세상에 대한 개인적 신념과 인지도식은 성격과 행동에 강력한 영향을 미친다. 인지도식은 개인이 과거경험에 근거하여 자신과 세상을 바라보는 기본적인 인식의 틀을 의미한다. 인지도식은 선택적으로 주의를 기울여 생활사건의 의미를 도식과 일치하는 방향으로 해석하게 함으로써 도식을 영속화한다.

5. Beck은 정신장애의 근본적 원인이 역기능적인 인지도식에 있다고 주장했다. 성격장애를 지닌 사람들은 특정한 주제에 편향된 인지도식을 지니고 있어서 생활사건의 의미를 왜곡함으로써 부적응적인 정서와 행동 패턴을 나타낸다. Young은 어린 시절에 경험을 통해서 형성되는 초기 부적응 도식이 성격장애의 핵심적 요인이라고 주장하면서 다양한 주제의 부적응 도식을 제시했다. Ellis에 따르면, 심리적인 부적응을 나타내는 사람들은 자신, 타인, 세상에 대한 당위적 요구로 구성된 비합리적 신념을 지닌다.

6. 인간은 신념의 내용이 각기 다를 뿐만 아니라 사고방식도 각기 다르다. 귀인은 자신이나 타인이 한 행동의 결과에 대해서 그 원인을 추론하는 인지적 과정으로서 개인의 행동에 지대한 영향을 미친다. Beck은 정신장애를 지닌 사람들이 사건의 의미를 부정적으로 왜곡하는 경향이 있다고 주장하면서 흑백논리적 사고, 과잉일반화, 정신적 여과, 의미확대 또는 의미축소, 개인화와 같은 다양한 인지적 오류를 제시했다. 인지적 오류는 생활사건의 의미를 왜곡함으로써 개인의 정서와 행동에 부정적인 영향을 미친다.

제18장
성격과 정서

1. 성격의 정서적 측면

성격의 핵심적 측면 중 하나가 정서를 경험하고 표현하는 방식이다. 사소한 일에도 화를 잘 내는 사람이 있는 반면, 충분히 화날 만한 일에도 무덤덤한 사람이 있다. 평소에 늘 걱정이 많아 불안 수준이 높은 사람이 있는 반면, 위험한 상황에서도 평정심을 잃지 않고 침착하게 행동하는 사람이 있다.

정서는 행복과 불행을 가늠하는 가장 중요한 기준이다. 정서는 쾌락과 고통, 즐거움과 괴로움, 행복감과 불행감을 의미한다는 점에서 인간 삶의 가장 중요한 측면이라고 할 수 있다. 인간의 삶을 고통스럽고 부적응적인 상태로 몰아가는 정신장애는 대부분 정서적 문제와 관련되어 있다.

1) 정서란 무엇인가

정서(emotion)는 외부적 자극에 대한 반응으로 경험하게 되는 느낌을 말한다. 정서는 주로 외부적 자극에 의해 유발되지만 때로는 내부적 자극(예: 기억, 상상, 생각 등)에 의해서 유발되는 경우도 있다. 인간의 정서는 매우 다양하지만 흔히 사회적 맥락에서 체험된다. 정서는 크게 세 가지 요소, 즉 정서적 체험, 생리적 반응 그리고 행동준비성으로 구성된다.

정서의 첫째 요소는 유쾌함-불쾌함 또는 좋음-싫음 등을 포함하는 주관적인 정서적 체험이다. 이러한 정서는 개인이 추구하는 목표와 관련된 사건에 대한 의식적 · 무의식적 평가에 의해서 유발된다. 일반적으로, 목표 달성이 진전되고 있다고 평가될 때는 긍정적인 감정을 느끼는 반면, 목표달성이 방해받고 있다고 평가될 때는 부정적인 감정을 느낀다.

둘째, 정서는 생리적 반응을 수반한다. 특정한 정서

는 그에 상응하는 자율신경계의 생리적 반응을 동반하게 된다. 예컨대, 불안을 느끼게 되면 근육이 긴장되고, 심장이 빨리 뛰며, 소화기 활동이 위축된다.

마지막으로, 정서의 핵심적 요소는 행동준비성 (action readiness)이다. 특정한 감정을 느끼게 되면, 그와 연관된 특정한 행동들을 표출하게 되는 압력을 느낌으로써 그러한 행동을 할 준비를 하게 된다. 예컨대, 두려움을 느끼면 도망가는 행동을 준비하게 되는 반면, 분노를 느끼면 상대방을 공격하는 행동을 준비하게 된다. 특정한 정서와 행동의 연합은 오랜 진화과정에서 생존과 적응을 위해 형성되어 온 것으로 생각된다. 이러한 행동준비성은 정서를 유발한 사건에 대해서 효과적인 대처를 하도록 돕는 정서의 핵심적 기능이라고 할 수 있다.

Robert Plutchik(1980)에 따르면, 정서는 자극에 대해서 추론된 복합적인 반응들의 연쇄로서 인지적 평가, 주관적 느낌, 자율체계 및 신경세포의 각성, 행동 충동성 그리고 복합적인 연쇄를 유발시킨 자극에 영향을 주도록 의도된 행동을 포함한다.

(1) 정서는 관찰되는 것이 아니라 추론된 것이다. 자신의 정서는 느낄 수 있지만 타인의 정서는 추론할 수 있을 뿐이다.

(2) 모든 정서는 자극에 대한 반응이다.

(3) 모든 정서는 인지, 느낌, 행동의 세 가지 측면을 포함한다. 인지는 평가(상황이나 사건을 해석하는 방식)를 포함하며, 느낌은 일종의 감각이다. 행동 경향성이란 특정한 방식으로 행동하려는 충동이다. 인지, 느낌, 행동 경향성이 보통 동시에 일어나기 때문에 그들 사이를 구분하는 것이 어려울 때가 있다.

(4) 정서는 기능적이며 유용하다. 많은 상황에서 정서는 빠르고 효과적으로 우리의 행동을 이끌어 준다.

공포를 느끼면 신속하게 도피하는 행동을 유발함으로써 우리를 위험으로부터 구해 준다.

2) 정서의 분류

인간이 경험하는 정서는 매우 다양하지만, 기본정서와 복합정서로 구분될 수 있다. 기본정서는 모든 인간에게 공통적으로 나타나는 원형적 감정을 뜻하는 반면, 복합정서는 기본정서의 조합에 의해 파생되는 감정을 의미한다. 기본정서의 분류에 초점을 맞추어 온 심리학자들(Ekman, 1993; Plutchik, 1980)은 기본정서의 수를 7~10개 정도로 다양하게 추정하고 있으나 기쁨, 즐거움, 행복감과 같은 정서가 기본정서라는 점에서는 모두 동의하고 있다.

Plutchik(1980)는 8개의 기본정서를 주장하고 있는데, 그것은 공포(fear), 분노(anger), 기쁨(joy), 슬픔(sadness), 수용(acceptance), 혐오(disgust), 기대(expectancy), 놀람(surprise)이다. 그에 따르면, 복합정서는 이러한 기본정서들의 혼합에 의해 생성되는 것이

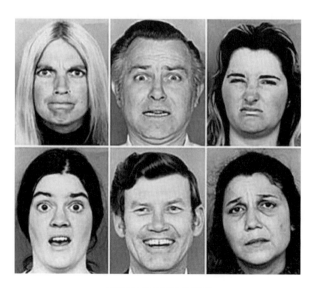

인간의 기본 정서와 표정

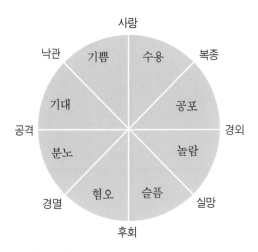

[그림 18-1]　**Plutchik의 정서바퀴**(민경환, 1995)

다. 예를 들면, 사랑은 기쁨과 수용, 실망은 슬픔과 놀람, 경멸은 혐오와 분노, 낙관은 기대와 기쁨이 혼합된 것이다. 이러한 관계를 보여 주는 Plutchik의 정서바퀴(emotion wheel)가 [그림 18-1]에 제시되어 있다. 8개의 기본정서들은 상호인접성의 정도에 따라 상호유사성의 정도가 결정되며, 바퀴의 양극에 있는 정서들은 서로 반대되는 관계의 정서들임을 표시한다(예: 기쁨과 슬픔, 수용과 혐오, 공포와 분노, 놀람과 기대). 한편, 정서는 강도나 흥분 수준에 따라 연속선 상에 놓일 수 있는데 예를 들면, 분노는 격노-분노-짜증으로 약화되다가 수면으로 끝난다(민경환, 1995).

인간이 경험하는 다양한 정서는 서로 밀접한 관계를 맺고 있다. 이러한 다양한 정서를 몇 개의 차원 상에 체계적으로 분류하려는 노력이 시도되었다. 그러한 노력을 기울인 사람 중의 하나인 Russell(1980)은 28개의 정서단어들을 사람들에게 유사성에 근거하여 평정하게 하였다. 다차원기법을 사용하여 자료를 분석한 결과, 정서는 크게 두 차원, 즉 유쾌-불쾌 차원과 각성-비각성 차원 상에 배열될 수 있다는 것을 발견하였다. [그림 18-2]는 다양한 정서단어들이 2차원 상에 공간적으로

배열된 위치를 나타내고 있다.

일반적으로 인간의 어휘 중에서 부정 정서를 기술하는 단어는 매우 다양한 반면, 긍정 정서를 기술하는 단어는 상대적으로 부족하다. 심리학 연구에서도 우울, 불안, 분노 등과 같은 부정 정서에 대해서는 많은 연구가 이루어진 반면, 긍정 정서에 대한 연구는 상대적으로 적다. 이처럼 긍정 정서에 대한 관심이 적었던 이유는 심리학의 문제-초점적인 속성뿐만 아니라 긍정 정서의 특수성 때문이기도 하다. 긍정 정서들은 그와 연관된 행동 경향성이 모호하고, 생존과 적응을 위한 이점을 찾기 어려우며, 수반되는 생리적 반응이나 표정으로 잘 구분되지 않기 때문이다.

그러나 긍정 정서는 다양한 측면에서 구분될 수 있다. 유쾌한 정도에 따라서 황홀감, 환희감, 고양감, 행복감, 만족감, 안락감, 편안감, 이완감, 안도감 등으로 연속선 상에서 분류될 수 있다. 또한 긍정 정서를 유발하는 대상에 따라서 다양하게 구분될 수 있다. 다른 사람에 대해서는 애정감, 친밀감, 유대감, 귀여움, 사랑스러움, 신뢰감, 존경감 등을 경험할 수 있으며 자기자신에 대해서는 자긍심, 자존감, 자신감, 수용감 등의 긍

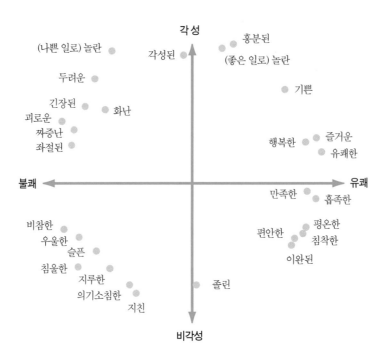

[그림 18-2] **Russell이 제시한 정서의 2차원과 개별정서들의 위치**

출처: Russell(1980); 민경환(2002).

정 정서를 경험할 수 있다. 또한 어떤 대상이나 활동에 대해서는 열광적 흥미, 즐거움, 재미, 유쾌감, 심미감, 경외감 등을 경험할 수 있다.

2. 정서에 영향을 미치는 요인들

1) 뇌와 정서

정서의 생리적 기반은 뇌다. 뇌는 자극에 반응하여 신체적 변화를 일으키고 정서적 느낌을 경험하는 데 중요한 역할을 한다. 정서의 인식과 조절에 관여하는 뇌 부위는 변연계(limbic system)다. 변연계는 종뇌의 일부로서 정서를 비롯하여 동기, 학습, 기억에 관여하며 편도체, 해마, 대상회 등을 포함하고 있다. 특히 편도체

(amygdala)는 정서조절을 담당하는 가장 중요한 뇌의 부위다.

정서를 유발하는 사건이 발생하면 그 사건에 관한 감각정보는 시상(thalamus)을 통해 두 곳의 뇌 구조, 즉 편도체와 대뇌피질로 전달된다. 편도체는 시상으로부터 전달된 감각정보를 신속하게 처리하여 시상하부(hypothalamus)로 전달한다. 시상하부는 자율신경계를 활성화시키는 호르몬을 분비함으로써 외부 자극에 대한 신속한 반응을 하도록 만든다. 편도체는 정서유발 자극에 대해서 어떻게 반응할 것인지에 대한 생각 없이 즉각적인 반응을 유발한다. 편도체는 뇌에 존재하는 초기 정보체계라고 할 수 있으며, 특히 위험 자극에 대해서 신속하게 공포 반응을 유발한다. 편도체는 다른 사람의 분노를 인식하는 기능도 담당한다. 분노를 유발하는 단어나 얼굴사진을 의식적으로 자각하기 어

러울 정도로 빨리 제시해도, 사람들은 정서적 반응을 나타낸다. 이것은 대부분 편도체에 의한 즉각적이고 무의식적인 정보처리에 의한 것이다(LeDoux, 1996). 편도체가 손상된 사람들은 다른 사람의 공포를 인식하지 못한다.

정서를 경험하게 되는 다른 경로는 대뇌피질, 특히 전전두피질(prefrontal cortex)이다. 대뇌피질은 시상으로부터 전달된 감각정보를 느리게 처리한다. 즉, 대뇌피질은 점진적인 처리를 통해서 정서유발 사건에 대한 평가를 하고 신중한 반응을 하도록 유도한다. 특히 전전두피질은 정서에 대한 충분한 의식적 경험을 하게 만들고 이러한 정서적 체험에 근거하여 신중한 방식으로 행동 반응을 하도록 인도한다. 전전두피질 제거수술(prefrontal lobotomy)을 받은 사람은 심한 정서적 고통으로부터는 해방되었으나 그들의 삶을 계획하고 체계화하지 못했다(Valenstein, 1986).

인간의 뇌는 정서유발 자극에 대해서 위와 같이 두 가지 방식의 정서적 반응을 하도록 하는 이중경로를 만들어 놓았다. 그 하나는 편도체를 통해서 신속하고 무의식적인 정서반응을 하는 경로이고, 다른 하나는 대뇌피질을 통해서 느리지만 의식적이고 신중한 정서반응을 하는 경로다.

또한 뇌의 양반구는 각기 상이한 유형의 정서를 처리하는 데 관여하는 것으로 알려지고 있다. EEG나 fMRI를 이용한 연구에서 기쁨이나 만족 같은 긍정 정서를 경험할 때는 좌반구의 전전두피질에서 신경활동이 증가하는 반면, 공포나 혐오와 같은 부정 정서를 경험할 때는 우반구의 전전두피질에서 활동이 증가했다(Davidson, 2003).

2) 정서조절 체계 모델

인간은 다양한 정서를 경험할 뿐만 아니라 그에 대한 행동적 반응도 다양하다. 최근의 연구에 따르면, 뇌에는 다양한 정서를 유발하고 반응하도록 만드는 여러 유형의 신경경로가 존재하는 것으로 밝혀지고 있다. 이러한 연구결과에 근거하여 제시된 정서조절 체계 모델(Depue & Morrone-Strupinsky, 2005; LeDoux, 1998)은 뇌에 세 가지 유형의 정서조절 체계가 존재한다고 주장한다.

그 첫째는 위협-보호 체계(threat-protection system)로서 위험을 빠르게 탐지하여 대처하는 반응을 하도록 한다. 이 체계는 우리에게 불안, 증오, 혐오감과 같은 폭발적 감정을 일으키고 이러한 감정들이 몸으로 전파되어 우리에게 경계심을 갖게 하며 위험에 대처할 수 있는 행동을 취하도록 한다. 이 체계는 편도체와 시상하부-뇌하수체-부신(HPA) 축과 같은 특정한 뇌의 부분에서 작동한다(LeDoux, 1998). 이 체계가 작동하면 우리 마음의 모든 기능들은 안전과 보호라는 목적을 달성하기 위해서 주의, 생각, 추론, 행동, 정서, 동기는 모두 위험에 초점을 맞추게 된다.

두 번째는 추동-활력 체계(drive-excitement system)로서 우리의 생존과 번영을 위해서 필요한 자원을 찾도록 안내하고, 동기를 부여하며, 장려하는 긍정적 감정을 제공해 준다. 우리는 좋은 것(예: 음식, 섹스, 안락, 우정, 인정)을 추구하고, 소비하며, 성취하도록 동기화되고, 성취에 즐거움을 느낀다. 이러한 경향성은 우리 뇌에 있는 도파민이라는 물질에 의해서 영향을 받으며 한번 활성화되면 점점 더 확산되는 경향이 있다. 추동-활력 체계는 단기간 동안에는 마음이 활성화된 긍정적 감정과 동기들에 초점을 맞추도록 돕는다. 그러나 추구하는 것이 방해되거나 좌절되면 위협 체계가 활성화된다.

마지막은 진정-안전 체계(soothing-safeness system)로서 진정과 휴식 그리고 평화로운 느낌을 일으켜 균형을 회복하도록 도와준다. 위협으로부터 자신을 보호할 필요도 없고 또한 무언가를 성취해야 할 필요도 느끼지 못할 때, 현재 상태에 만족하며 행복함을 느낀다. 무언가를 갈망하거나 원하지 않는 내적으로 평온한 상태로서, 고조되거나 흥분된 상태와는 다른 긍정적인 감정이다. 이러한 진정과 안전감은 엔도르핀이나 옥시토신과 같은 신경전달물질이 관여한다. 특히 옥시토신은 사회적 관계에서 안전한 느낌을 받을 때 방출되는 호르몬으로서 타인으로부터 사랑받고 소중하게 여겨지며 보호받는 느낌의 행복감을 유발한다(Carter, 1998; Wang, 2005). 마음의 안전감은 자기 자신과 세상에 대해 만족스럽고 평온감을 갖게 하여, 느긋하게 집중하고 탐색할 수 있게 해 준다. 진정-안전 체계와 가장 관련성이 깊은 것은 따뜻하고 부드러운 온화함(warmth)이다. 최근에 관심을 받고 있는 자기자비(self-compassion)는 진정-안전 체계를 활성화시켜 엔도르핀이나 옥시토신의 방출을 유도하여 안전감과 평온감을 느끼게 해 주는 것으로 여겨지고 있다(Gilbert, 1993).

3) 신체적 반응과 인지적 피드백

정서경험에는 신체적 반응과 인지적 평가의 역할이 중요하다. 정서반응이 동반하는 신체적 변화는 심박률, 혈압, 신체조직 간의 혈류의 변화, 내분비선의 활성화, 특정한 근육의 긴장, 표정 등의 변화를 포함한다. 인지적 요소는 정서경험을 유발한 자극과 상황에 대한 인지적 해석과 평가를 의미한다.

(1) James-Lange 이론

우리는 두렵기 때문에 도망친다고 생각한다. 그러나 William James(1890)는 『심리학의 원리』에서 정서가 신체반응을 유발하는 것이 아니라 신체반응이 정서경험에 선행한다고 주장했다. 심장이 고동치고 떨리기 때문에 두려움을 느낀다는 것이다. James와 비슷한 시기에 덴마크 심리학자인 Carl Lange도 동일한 주장을 제시했다. 그래서 이러한 주장은 James-Lange 이론이라고 지칭되고 있다. 이 이론의 핵심은 정서유발 자극에 대한 신체반응이 의식적인 사고나 느낌 없이 자동적으로 발생하며 개인은 그러한 신체반응에 기초하여 자신의 정서상태를 평가한다는 것이다. 이 이론을 현대적으로 설명하면, 정서유발 자극에 대해서 편도체를 통한 즉각적인 신체반응이 선행하고 이후에 대뇌피질을 통해서 신체반응을 포함한 다양한 정보가 천천히 처리됨으로써 정서경험에 대한 의식적 인식이 가능해지는 것이다.

(2) 안면 피드백 이론

표정은 정서를 표현하는 가장 중요한 신체적 반응이다. 표정은 상대방의 정서를 인식하는 중요한 정보인 동시에 자신의 정서를 인식하는 데에도 핵심적인 역할을 한다. 기본정서가 각기 다른 표정과 관련된다는 점에 근거하여 Ekman(1992)은 표정에 초점을 둔 정서의 안면 피드백 이론을 제시했다. Ekman에 따르면, 신속하게 자동적으로 발생하는 표정에서 전달되는 안면의 말초감각 피드백이 정서적 느낌과 이와 관련된 신체적 반응을 유발한다.

표정, 즉 안면근육의 변화에 대한 피드백이 정서경험에 매우 중요하다. 억지로라도 웃는 표정을 지으면 주관적으로 더 행복한 느낌을 느끼게 된다. 안면 마취제를 통해서 얼굴근육을 움직이지 못하게 하면, 감정이 둔해지거나 느껴지지 않는다. 한 실험(Flack, 2006)에서는 참가자들로 하여금 의식하지 못하는 가운데 공포,

분노, 슬픔, 행복의 표정을 모방하여 얼굴근육을 수축
하도록 유도했다. 그 결과, 특정 정서의 표정을 따라 얼
굴근육을 수축시킨 참가자들은 그가 모방한 정서를 더
많이 경험했다고 보고했다. 이러한 결과는 자신이 특정
정서를 모방하여 얼굴근육을 수축시켰다는 사실을 자
각했는지의 여부와 상관없이 나타났다.

(3) Schachter-Singer 이론: 인지 피드백 이론

정서경험에 있어서 자극상황에 대한 인지적 평가가
중요하다는 것이 여러 연구에서 밝혀졌다. 이러한 연구
결과에 근거하여 Schachter와 Singer(1962)는 인지적
평가가 정서경험에 중요하다는 정서의 인지 피드백 이
론을 제시했다. 이들에 따르면, 정서의 느낌은 신체 반
응에 대한 운동감각적 피드백에 의존할 뿐만 아니라 그
러한 반응을 유발하는 자극상황에 대한 지각과 사고에
의존한다. 자극상황에 대한 인지적 평가는 어떤 정서를
경험할 것인지를 결정하고, 신체적 흥분의 정도에 대한
운동감각적 피드백은 정서의 강도를 결정한다.

Schachter와 Singer(1962)는 실험을 통해서 자신의
주장을 뒷받침했다. 이들은 실험 참가자들에게 신체적
흥분은 유발하지만 특정한 정서를 유발하지 않는 에피
네프린 또는 위약을 주사로 투여한 후에 다양한 정서
유발 상황(유쾌감, 분노, 공포)에 노출시키고 그들이 경
험한 정서의 유형과 강도를 측정했다. 그 결과, 참가자
들이 느낀 정서의 유형은 정서유발 상황에 의해 결정
되었으며 정서의 강도는 에피네프린에 의한 신체적 흥
분에 따라 증가했다. 에피네프린을 투여한 참가자들은
위약집단보다 모욕을 당하는 상황에서는 더 강한 분노
를 보고했으며, 공포스러운 필름을 볼 때는 더 높은 공
포를, 그리고 코미디를 볼 때는 더 높은 유쾌감을 보고
했다. 그러나 신체적 흥분이 에피네프린에 의한 것이
라는 것을 알려 주면 정서의 강도가 저하되는 경향이

나타났다.

4) Lazarus의 인지적 평가이론

정서유발 사건에 대한 인지적 평가는 상당히 복잡한
과정을 통해서 이루어진다. Lazarus(1981)는 정서가 사
건에 대한 인지적 평가에 의해 유발된다는 가정하에, 그
러한 평가과정을 일차적 평가와 이차적 평가로 구분했
다. 일차적 평가(primary appraisal)는 개인이 추구하는 목
표와 관련지어 사건의 의미를 평가하는 과정인 반면,
이차적 평가(secondary appraisal)는 사건 상황에 효과적
으로 대응하기 위한 대처방법을 평가하는 과정을 말한다.

(1) 일차적 평가과정

Lazarus에 따르면, 정서는 일차적 평가의 산물이다.
일차적 평가과정에서 개인은 직면한 사건을 목표관련
성, 목표합치성, 자아관여성의 측면에서 평가한다. 목표
관련성(goal relevance)은 특정한 사건이 현재 추구하는
목표와 관련성을 맺고 있는 정도를 말한다. 자신의 목
표와 무관한 사건에 대해서는 관심을 가지지 않게 되며
정서를 유발하지 않게 된다. 그러나 목표와 매우 밀접
한 관련성을 지닌 사건에 대해서는 강한 관심을 갖게
된다. 목표합치성(goal congruence)은 사건이 목표추구
에 도움이 되는 정도를 뜻한다. 목표추구에 도움이 된
다고 평가되는 사건에 대해서는 긍정적 감정을 느끼게
되는 반면, 오히려 방해가 된다고 평가되는 사건에 대
해서는 부정적 감정을 느끼게 된다. 좀 더 세부적인 감
정은 사건이 개인의 안녕과 자존감에 어떤 영향을 미치
고 있는지에 대한 평가, 즉 자아관여성(ego-involvement)
의 평가에 의해 결정된다. 이처럼 일차적 평가 내용과
그에 따라 체험되는 정서의 관계가 [그림 18-3]에 제시
되어 있다.

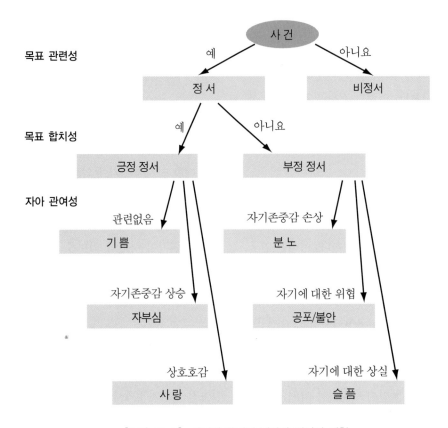

[그림 18-3] **사건의 단계적 평가와 정서의 체험**

정서의 인지적 평가이론은 자극상황에 대한 평가가 정서의 주관적 경험에 강력한 영향을 미친다는 점을 제시하고 있다. Lazarus(1991)는 인지적 평가내용의 핵심적 주제가 특정한 정서를 유발한다고 주장하면서 이를 핵심관계주제(core relational theme)라고 지칭했다. 핵심관계주제란 개인과 상황 간의 특수한 관계를 반영하는 인지적 평가내용을 뜻한다. 예컨대, 분노는 자신과 자신의 속성을 모욕하는 공격의 주제와 관련되고, 불안은 자신과 상황의 위협적 관계에 대한 정서적 반응이며, 슬픔은 자신과 소중한 것의 분리 또는 상실의 주제와 관련된다. Lazarus(1991)는 다양한 정서와 연관된 사고주제를 〈표 18-1〉과 같이 제시하고 있다.

(2) 이차적 평가과정

Lazarus에 따르면, 사람들은 스트레스 사건에 대한 일차적 평가를 하고 나면, 의식적이든 무의식적이든 '무엇을 할 것인가'에 대하여 결정한다. 이처럼 대처방법에 대한 인지적 평가과정이 이차적 평가(secondary appraisal)다. 대처방법을 결정하기 위한 이차적 평가는 대처자원 평가과정과 대처방법 선택과정으로 이루어진다.

대처자원 평가과정은 자신이 동원할 수 있는 대처자원을 평가하는 과정을 뜻한다. 개인은 대처행동을 결정하기 전에 자신이 지니고 있는 대처자원을 고려한다. 대처자원(coping resources)은 자신이 상황에 대처하기 위해 동원할 수 있는 신체적 · 물질적 · 심리적 · 사회적

표 18-1	주요한 정서의 핵심적 사고주제

정서	사고주제
분노(anger)	자신과 자신의 것을 모욕하는 공격
불안(anxiety)	불확실하고 실존적인 위협에 직면
공포(fright)	즉각적, 구체적, 압도적인 신체적 위험에 직면
죄책감(guilt)	도덕적 잘못을 저지름
수치심(shame)	자아이상에 미치지 못함
슬픔(sadness)	돌이킬 수 없는 상실을 경험
시기(envy)	타인이 갖고 있는 것을 원함
질투(jealousy)	어떤 사람의 애정에 대한 위협이나 상실을 이유로 제3자를 미워함
혐오(disgust)	소화할 수 없는 대상이나 생각을 삼키거나 너무 가까이 있음
행복감(happiness)	목표의 실현을 향해서 적당한 정도의 진전을 함
자부심(pride)	가치 있는 대상이나 성취에 대해서 자신의 정체감을 향상시킴
안도감(relief)	고통스러운 목표-불합치 조건이 좋은 쪽으로 변화했거나 사라짐
희망(hope)	최악을 두려워하지만 더 좋아지는 것을 열망함
사랑(love)	보통은 상호적이지만 때로는 일방적인 애정에 대한 욕망이나 참여
연민(compassion)	타인의 고통에 의해서 마음이 움직이고 도와주고 싶어 함

출처: 민경환(2002); Lazarus(1991).

자원을 뜻한다.

　대처방식 선택과정은 대처자원에 대한 평가가 이루어진 후에 동원가능한 대처자원을 사용하여 상황에 대처하기 위한 구체적인 방법을 선택하는 과정을 말한다. 이러한 선택과정에서는 상황에 대처하기 위해 다양한 대처선택안(coping option)의 장단점과 그 결과를 평가한다. 이러한 평가의 결과에 따라 가장 효과적이고 부담이 적은 대처방법을 선택하게 된다.

　Lazarus(1981)는 부정 정서에 대처하는 방식을 크게 두 가지 방식, 즉 문제초점적 대처와 정서초점적 대처로 구분했다. 문제초점적 대처(problem-focused coping)는 갈등이 발생한 상황을 해결하기 위한 대처노력을 의미한다. 즉, 갈등이 발생한 원인을 분석하고 그 원인을 변화시켜 갈등을 해결하고자 하는 현실적이고 직면적인 대처방식이다. 문제초점적 대처는 흔히 자신이 문제해결이나 상황변화를 유도할 수 있다고 생각되는 경우에 적용하게 된다.

　정서초점적 대처(emotion-focused coping)는 갈등으로 인해 발생된 정서적 불쾌감을 해소하기 위한 대처노력을 의미한다. 이러한 대처에는 여러 가지 다양한 방법이 있다. 첫째, 정서적 발산(emotional catharsis)은 불쾌한 감정을 적극적으로 표출하여 불쾌감정을 감소시키는 방식을 말한다. 둘째, 주의전환(distraction)은 다른 일에 주의를 돌림으로써 불쾌한 감정을 잊으려는 노력을 뜻한다. 셋째, 인지적 재구성(cognitive restructuring)의 방법도 있는데, 이는 갈등상황의 중요성이나 그 의미를 재해석함으로써 불쾌감을 감소시키는 방법이다. 넷째, 반추(rumination)는 불쾌한 감정과 그 당시 상황을 자꾸 반복해서 생각하는 것을 의미하는데 흔히 이 방법은 불쾌감정을 지속시키거나 악화시키는 것으로 알려져 있다. 다섯째, 환상추구(fantasy seeking)는 갈등이 잘 해결된 상황을 상상하면서 대리만족을 느끼는 대처방법이다. 마지막으로, 소망적 사고(wishful thinking)는 기도나 기원을 통해서 갈등이 해결되기를 바라고 희망함으로써 갈등상황에 대처하는 방식이다.

3. 부정 정서

어휘사전에는 긍정 정서보다 부정 정서를 묘사하는 단어가 훨씬 더 많다. 인간의 언어에는 긍정적 감정을 기술하는 어휘보다 부정적 감정을 기술하는 어휘가 더 많고 다양하다. 인간이 긍정 정서보다 부정 정서에 더 많은 주의를 기울이기 때문이다. 심리학의 연구 역시 긍정적인 감정보다는 부정적인 감정에 대해서 더 많이 이루어져 왔다. 인간이 기본적으로 긍정적 감정보다 부정적 감정에 더 많은 주의를 기울이는 경향이 있기 때문이다. 인간의 마음은 좋은 것보다 나쁜 것에 더 강력한 영향을 받는데, 이것을 부정성 편향(negativity bias)이라고 한다.

정서의 기본적 기능은 현재의 상황 또는 미래에 겪게 될 상황에 대응하는 현재의 대처방식이 얼마나 적절한지를 알려 주는 것이다. 정서는 우리가 환경에 얼마나 잘 대처하고 있는지를 알려 주는 지속적인 감찰시스템을 제공한다. 우울, 불안, 분노와 같은 부정 정서는 현재의 대처방식이 환경 적응에 부적절하므로 무언가 변화의 노력을 기울이라는 메시지를 전달하는 반면, 기쁨이나 즐거움 같은 긍정 정서는 현재의 대처방식이 적절하므로 더 강화하고 확대하라는 메시지를 전달한다는 것이다.

1) 불안

불안(anxiety)은 위험에 대한 정서적 반응으로서 두려움, 걱정, 근심, 불길함, 안절부절못함 등을 수반한다. 불안을 느끼게 되면 우리의 몸과 마음에는 여러 가지 변화가 일어난다. 우선 자율신경계의 교감반응이 활성화되어 동공이 확대되고, 혈압이 상승하며, 호흡이 가빠지고, 근육이 긴장되며, 땀이 나게 된다. 또한 인지적으로는 위협적인 상황에 주의를 집중하고, 혹시 일어날지 모르는 부정적 사건을 예상하며, 그에 대한 대비방법을 강구하게 된다. 아울러 행동을 조심스럽고, 신중하게 하며, 위협적인 사건이 일어날 경우를 대비하여 긴장상태를 유지한다.

이러한 불안상태는 정서적으로 불쾌하고, 고통스럽게 느껴지기 때문에 이러한 상태에서 벗어나기 위한 행동을 하게 하는 동기를 유발한다. 그래서 우리는 불안을 느끼는 위협적 상황을 회피하거나 부정적인 결과가 발생하지 않도록 위험요인을 제거함으로써 비로소 안도감을 느끼고 신체적 긴장을 풀게 된다. 이처럼 현실적으로 위험을 내포한 위협적인 상황에서 불안을 느끼는 것은 자연스럽고, 적응적인 심리적 반응이며, 정상적인 불안(normal anxiety)이라고 할 수 있다.

불안은 마치 위험한 일이 발생하면 울리는 경계경보와 같은 것이다. 실제적인 위험이 발생할 경우 그에 대비하도록 울리는 경계경보는 우리의 안전을 위해 도움이 된다. 그러나 만약 경계경보 장치가 너무 민감하거나 잘못되어 수시로 경계음을 내게 된다면 우리는 불필요한 경계태세를 취하게 되고, 과도하게 긴장하게 되며, 혼란상태에 빠지게 될 수 있다. 이처럼 불안반응이 부적응적인 양상으로 작동하는 경우를 병적인 불안(pathological anxiety)이라고 할 수 있다. 상황에 부적절한 불안이 지속되면 불안장애로 발전할 수 있다.

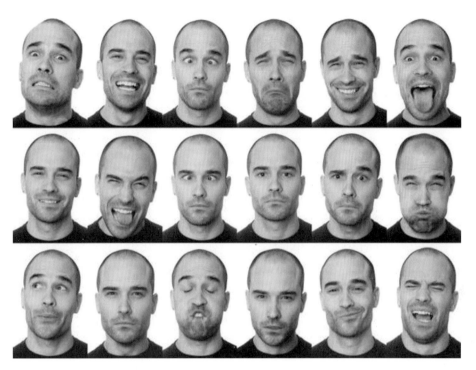

인간이 경험하는 긍정 정서와 부정 정서는 매우 다양하다.

불안은 일시적인 상태이기도 하지만 만성적인 기질로 여겨지기도 한다. 특질 불안(trait anxiety)은 위험이 예상되는 상황에서 불안 상태를 잘 느끼는 안정된 경향성을 의미한다. 이러한 경향성은 성격 5요인의 신경과민성뿐만 아니라 위험 회피 기질 등과 관련된 것으로 여겨지고 있다(Ormel et al., 2013). 또한 불안 성향이 높은 사람들은 위험에 관한 인지도식(schema)을 지니고 있어서 일상생활에서 위험에 관한 자극에 주의를 많이 기울이고 그 의미를 위협적인 것으로 해석하는 경향이 있다(Beck & Emery, 1985; Mathews, Mogg, May, & Eysenck, 1989).

2) 우울

우울(depression)은 상실과 실패에 대한 정서적 반응으로서 슬픔, 침울함, 공허감, 절망감 등을 동반한다. 또한 일상활동에 대한 흥미나 즐거움이 저하되고, 피로감과 활력상실이 나타나며, 자신에 대한 무가치감이나 죄책감을 느낄 수 있다. 아울러 사고력이나 집중력이 저하될 뿐만 아니라 수면, 식욕, 성욕 등에 변화가 나타날 수 있다. 과도한 우울상태가 일정 기간 이상 지속되면 우울장애로 발전할 수 있다.

우울 역시 일시적인 정서상태로 경험될 수 있지만 오랜 기간 지속될 수도 있다. DSM-5에서도 우울증상이 2년 이상 장기간 나타나는 지속성 우울장애를 우울장애의 한 유형으로 제시하고 있다. 성격장애의 대표적인 연구자인 Millon은 성격장애의 하위유형으로 우울성 성격장애(depressive personality disorder)를 제시하고 있다. 이러한 성격장애를 지닌 사람들은 평소에도 침울한 기분에 젖어 있으며 비관적인 사고성향을 지닐 뿐만 아니라 매사에 소극적이며, 은둔적인 삶을 살아간다 (Millon & Davis, 1997).

우울 성향 역시 신경과민성과 밀접한 관련성을 지니며 인지적 요인에 의해서 영향을 받은 것으로 알려져 있다. 우울한 사람들은 자신, 환경, 미래에 대해서 부정적으로 생각하는 독특한 사고방식을 지니고 있다(Beck et al., 1978). 이러한 세 가지의 주제에 대한 독특한 사고패턴을 인지삼제(認知三題, cognitive triad)라고 한다. 이처럼 우울한 사람들은 생활사건의 의미를 부정적으로 해석하게 하는 역기능적인 인지도식을 지니고 있어서 사소한 스트레스에도 쉽게 우울감을 경험하게 된다.

3) 분노

분노(anger)는 개인이 추구하는 목표가 방해받거나 좌절되었을 때 경험하는 정서적 반응을 말한다. 대인관계 상황에서는 타인에 의한 비난이나 공격에 대한 반응으로 분노를 느끼게 된다. 분노는 흥분된 좌절감, 상대방에 대한 적개심, 복수하고 싶은 충동을 수반하는 강렬한 정서로서 상대방에 대한 공격적인 행동을 유발한다. 그러나 때로는 분노감정이 상대방을 간접적으로 괴롭히는 수동공격적 방식으로 표현될 수도 있다.

Spielberger(1980)는 분노를 상태분노와 특성분노로 구분했다. 상태분노(state anger)는 작은 짜증에서 격노에 이르기까지 다양한 강도의 감정상태로서 자율신경계의 흥분을 수반한다. 반면에, 특성분노(trait anger)는 개인이 일상생활에서 분노를 자주 강하게 경험하는 경향성으로서 상태분노를 자주 경험하는 개인의 성격특질이다. 특성분노가 높은 사람은 낮은 사람에 비해서 분노를 더 많은 상황에서 더 자주 더 강하게 경험한다(서수균, 2004; Spielberger, Krasner, & Solomon, 1988).

Ellis가 주장한 바 있듯이, 분노를 쉽게 잘 느끼는 사람들은 타인과 세상에 대한 당위적 요구를 지니는 경향이 있다. 이들은 타인과 세상에 대해서 비현실적인 당위적 기대를 지니며 그러한 기대가 좌절되었을 때 파국화를 통해서 격렬한 분노감정을 느끼는 동시에 상대방에 대한 비난과 공격 행동을 나타내게 된다.

4) 죄책감과 수치감

죄책감과 수치감은 자신이 잘못한 행동에 대해서 느끼는 부정적 감정이다. 죄책감과 수치감은 서로 사촌간이라고 지칭될 만큼 서로 유사하지만 다른 감정이다. 일반적으로 죄책감(guilt)은 도덕적 기준에 비추어 잘못한 행동에 대해서 느끼는 감정인 반면, 수치감(shame)은 이상적인 자기모습에 비추어 잘못한 행동에 대해서 느끼는 감정이라고 구별된다(Lindsay-Hartz, De Rivera, & Mascolo, 1995).

죄책감은 도덕적 기준을 위반했을 때 경험하는 자기처벌적인 감정이다. 달리 말하면, 타인으로부터 비난과 처벌을 당할 수 있는 행동에 대한 자기처벌적 감정이 죄책감이다. 경직된 도덕관념을 지니거나 자기 자신에 대한 당위적 요구가 많은 사람은 죄책감을 느끼기 쉽다. 죄책감은 자신의 잘못을 인정하고 뉘우치는 후회와 더불어 잘못을 사죄하거나 용서를 비는 행동을 유발한다.

수치감은 죄책감과 중복되는 유사한 점이 있지만 이와 구분되는 감정이다. 인간은 누구나 자신의 이상적 모습에 대한 이상적 자기(ideal self)를 지닌다. 자신의 행동이 이러한 자기기대에 미치지 못했을 때 느끼는 감정이 수치감이다. 수치감은 타인으로부터 조롱과 무시를 당할 수 있는 행동에 대한 자기처벌적 감정이라고 할 수 있다. 수치감에 대한 주된 행동적 반응은 숨는 것이다. 죄책감은 사죄와 용서를 통해 해소할 수 있는 반

면에, 수치감은 그 해소방법이 모호하다는 점에서 오래
도록 자신을 괴롭힐 수 있는 고통스러운 감정이다.

5) 시기와 질투

시기와 질투는 인간관계에서 흔히 경험하는 부정적
정서로서 서로 유사하지만 다른 감정이다. 시기(envy)
는 다른 사람의 우월한 특성, 성취, 소유에 대해서 부러
워하는 동시에 적개감을 느끼는 부정적 정서를 뜻한다.
'사촌이 땅을 사면 배가 아프다'는 말과 같이, 시기는
자신보다 나은 상황에 있는 다른 사람과의 비교를 통해
느껴지는 상대적인 결핍감과 실패감에 기인한다. 특히
비교대상이 자신과 유사한 특성과 조건을 가진 사람일
수록 시기의 감정은 강해지는 경향이 있다.

질투(jealousy)는, 시기와 달리, 삼각관계 속에서 느
끼는 감정이다. 두 사람 사이의 애정관계를 위협하는
경쟁상대에 대해 느끼는 감정이 질투다. 질투는 경쟁상
대에 의해 현재의 애정관계가 약화되거나 종결될지도
모르는 위협적인 상황에서 느끼는 감정으로서 불안감
이 질투감정의 주요한 일부를 이룬다. 아울러 이러한
위협적 상황을 초래한 경쟁상대에 대한 분노감정 역시
질투감정의 일부를 구성하고 있다. 이렇듯, 질투는 불
안과 분노가 혼합된 매우 고통스러운 감정이다.

이 밖에도 인간이 경험하는 부정 정서에는 다른 사
람과의 연결이 단절되어 고립된 상태에서 경험하는 외
로움(loneliness), 불쾌감과 거부감을 유발하는 자극이
나 사람에 대해서 느끼는 혐오감(disgust) 등이 있다. 일
반적으로 부정 정서는 성격 5요인 중 신경과민성과 밀
접한 관계를 지니는 것으로 알려져 있다.

4. 긍정 정서

심리학에서는 오랫동안 긍정 정서의 역할이 간과되
어 왔다. 그 이유는 긍정 정서와 부정 정서가 동일한 연
속선상의 양극단에 위치한다는 가정 때문이었다. 따라
서 부정 정서에 영향을 미치는 요인은 자동적으로 긍정
정서에도 영향을 미칠 것이라고 생각되었다. 그러나 이
러한 생각은 잘못된 것으로 판명되었다. 긍정 정서와
부정 정서는 작동 기제나 적응적 기능이 다른 것으로
밝혀지고 있다.

긍정 정서의 대표적 연구자 Barbara Frederickson

긍정 정서에 대한 심리학적 관심은 Barbara Fredrickson
(1998, 2000, 2001, 2004)의 연구를 통해서 높아졌다. 그
녀는 긍정 정서의 적응적 기능을 설명하는 확장-구축
이론(broaden-build theory)을 제시했을 뿐만 아니라 긍
정 정서가 지니는 다양한 긍정적인 기능을 밝히는 데
기여했다. 최근에 Fredrickson(2004)은 긍정 정서를 다
음과 같이 10가지로 구분하여 제시했다.

(1) 평온감(serenity)은 편안하고 고요한 평화로운 마
음이다. 평온한 마음은 어떤 사건이나 변화에 반

응하여 나타나는 감정이 아니라 삶의 상태에 대해서 느끼는 이완된 긍정 감정이다. 모든 것이 갈등 없이 평화롭게 흘러가는 삶의 상태에 대한 감흥이다. 평온감은 행복한 마음의 바탕을 이루며, 그 반대편에는 혼란감·불안감·당혹감이 있다.

(2) 환희감(joy)은 긍정적인 사건이나 변화로 인해 느끼는 흥분된 기쁜 마음이다. 이러한 환희와 기쁨의 원천은 다양하다. 예컨대, 시험의 합격, 자녀의 탄생, 사랑의 성취 등과 같이 소망하던 일들이 이루어졌을 때 느끼는 긍정 정서가 바로 기쁨과 환희다. 환희감의 반대 정서는 슬픔·실망감·우울감이다.

(3) 애정감(love)은 호감을 느끼는 사람이나 대상에 대한 긍정 정서, 즉 사랑의 마음이다. 주로 인간 관계에서 느끼는 행복한 마음으로서 어린 자녀에게 느끼는 부모의 사랑, 부모에게 애착하는 자녀의 사랑, 친구나 동료에게 느끼는 우정과 유대감 그리고 연인 간의 낭만적 사랑이 이에 속한다. 애정감은 사람뿐만 아니라 신, 자연, 반려동물 등 다양한 대상에 대해서도 경험할 수 있으며, 그 반대편의 불행 정서에는 미움·혐오감·증오감·고독감이 있다.

(4) 자존감(pride)은 자기 자신에 대해서 만족스럽게 여기는 긍정적인 마음이다. 자존감은 자신의 긍정적인 특성이나 성취에 대한 긍정 정서로서 "나는 참 괜찮은 사람이다, 나는 유능한 사람이다, 자랑스럽다"는 자기긍지감을 뜻한다. 자존감은 타인의 평판을 의식하는 감정으로서 부모나 주

인간이 느끼는 다양한 긍정 정서

변 사람들로부터 칭찬과 인정을 받을 수 있다는 뿌듯한 행복감의 바탕이 된다. 자존감은 자신감과 성취욕을 자극하여 더 큰 성취를 이루게 할 뿐만 아니라 난관과 장애를 끈기 있게 극복하도록 돕는다. 그 반대 감정으로는 자책감·열등감·자괴감·죄책감이 있다.

(5) 유희감(amusement)은 어떤 활동을 하면서 재미있다고 느끼는 즐거움과 흥겨움의 긍정 정서를 의미한다. 아이들이 놀이를 하면서 배고픔마저 잊고 빠져드는 행복한 마음이 바로 유희감이다. 유희감은 놀이, 오락, 예술 행위, 취미 활동을 하면서 느끼는 유쾌한 마음으로서 흔히 몰입과 무아지경에 빠져들게 만든다. 이러한 유희감의 반대 감정은 지겨움·피곤함·권태감이다.

(6) 영감(inspiration)은 어떤 지적인 깨달음이나 통찰을 경험하며 느끼는 긍정적인 정서를 뜻한다. 무언가를 배우면서 새롭게 이해하고 깨닫거나 새로운 아이디어가 떠올랐을 때 느끼는 유쾌한 마음이 영감이다. 아르키메데스가 목욕탕에서 부력의 원리를 발견하고 옷도 입지 않은 채 길거리로 뛰쳐나가 "유레카(알았다)!"라고 외치게 만들었던 행복감도 바로 이러한 영감이었을 것이다. 영감의 반대편에는 답답함·지루함·무력감이 있다.

(7) 희망감(hope)은 미래에 좋은 일이 벌어질 것이라는 기분 좋은 기대감과 설레임의 긍정 정서를 말한다. 다른 긍정 정서와 달리, 희망감은 현재의 상황이 좋지 않은 경우에도 느낄 수 있는 감정이다. 희망은 현재보다 더 나은 미래가 존재할 것이라는 긍정적인 마음이기 때문이다. 이러한 희망감은 고난과 좌절에도 포기하지 않고 우리의 능력을 발휘하도록 동기를 유발하며 더 나은 미래

를 향해 나아가도록 추진하는 힘을 지니고 있다. 희망감의 반대편에 있는 불행한 마음은 절망감이다.

(8) 사은감(gratitude)은 자신에게 주어진 것에 대해서 감사하는 마음을 뜻한다. 선물을 받았을 때 느끼는 행복한 마음이 바로 사은감이다. 사은감은 선물을 받았다는 기쁨과 더불어 선물을 준 사람에 대한 감사와 존경이 어우러진 기분 좋은 감정이다. 일반적으로, 사은감은 자신의 현재 상태가 과분한 혜택을 받은 것이라는 축복감과 함께 이러한 혜택을 베풀어 준 사람에 대한 감사함이 포함된다. 이러한 사은감의 반대편에는 원망감·결핍감·복수심이 있다.

(9) 흥미감(interest)은 무언가 새롭거나 색다른 것에 관심을 갖고 호기심과 기대감에 가슴이 설레고 벅차오르는 긍정적인 정서를 뜻한다. 무언가에 매료되어 탐구하게 만드는 감정이 흥미감이다. 이러한 흥미감은 우리로 하여금 새로운 것을 탐구하고, 새로운 아이디어를 받아들이며, 더 많이 배우도록 강하게 끌어당긴다. 흥미감의 반대편에는 권태감·따분함·싫증·혐오감이 있다.

(10) 경외감(awe)은 무언가 대단한 것에 직면했을 때 느끼는 압도감과 존경심으로 혼합된 긍정 정서를 말한다. 거대한 산, 넓은 바다, 황홀한 석양, 아름다운 가을 풍경, 별이 반짝이는 밤하늘을 접할 때처럼 자연의 장대함과 아름다움에 직면하면서 입이 딱 벌어지는 가슴 벅찬 감동이 바로 경외감이다. 경외감은 위대함에 압도되어 자신이 한없이 작게 느껴지는 겸허한 마음과 더불어 그것의 일부로 합일되고자 하는 숭배감을 포함하고 있다. 경외감은 자연뿐만 아니라 신(神) 또는 인간의 고매한 인격과 탁월한 능력에 대해서

느낄 수 있는 긍정 정서이기도 하다. 경외감의 반대편에는 경멸감·시시함·혐오감이 있다.

5. 정서조절방략의 개인차

불안이나 우울과 같은 불쾌한 부정 정서를 경험할 때 이러한 부정 정서에 대응하는 방식이 사람마다 다르다. 우울하거나 불안하면 집안에 칩거하며 사람 만나기를 회피하는 사람이 있는 반면, 친구를 만나 대화를 하거나 술을 마시는 사람이 있다. 불쾌한 부정 정서를 잘 해소하여 조절하는 것은 정신건강에 매우 중요하다.

불쾌한 감정을 완화하거나 조절하는 심리적 노력은 방어(defense), 통제(control), 대처(coping) 등의 다양한 용어로 설명되어 왔다. Freud는 불안에 대처하는 방어기제를 제시하고 개인이 자주 사용하는 방어기제에 따라 성격유형과 심리적 적응상태가 달라질 수 있음을 제시한 바 있다. 최근에 심리학 분야에서는 정서조절 (emotional regulation)이라는 개념으로 많은 연구가 이루어지고 있다.

Kopp(1989)는 정서조절을 긍정 정서와 부정 정서 간의 조화를 이루는 것이라고 정의하였다. Westen(1994)은 유쾌한 정서를 극대화하고 불쾌한 정서를 최소화하기 위한 의식적·무의식적 과정이라고 정의한 바 있으나, 부정 정서 역시 적응적 기능을 지니고 있을 뿐만 아니라 긍정 정서도 과도한 경우에는 부적응 상태를 유발할 수 있기 때문에 Westen의 정의는 적절치 않은 것으로 평가되고 있다.

Thompson(1994)은 개인이 자신의 목표를 성취하기 위해 정서적 반응, 특히 정서적 반응의 강력하고 순간적인 특징들을 관찰하고 평가하고 수정하는 외적·내적 과정이라고 제안하였다. Gross(1999)는 정서조절 (emotional regulation)을 "어떤 정서를 언제 어떻게 경험하고 표현할 것인지에 영향을 미치기 위해 사람들이 사용하는 절차"라고 정의했다.

Lazarus와 Folkman(1984)은 스트레스에 대처하는 정서조절방략을 크게 두 가지, 즉 문제초점적 대처와 정서초점적 대처로 구분하였다. 문제초점적 대처 (problem-focused coping)는 문제와 상황 자체를 변화시키기 위한 시도로서 문제를 규정하고 해결 대안을 고려하는 문제해결 전략들이 이에 속한다. 정서초점적 대처 (emotion-focused coping)는 문제로 인해 유발된 정서적 반응을 조절하기 위한 활동들에 참여하는 것으로서 회피, 선택적 주의, 긍정적 측면 보기, 인지적 재평가 등이 해당된다.

Nolen-Hoeksema(1991)는 우울이 심한 사람들이 주로 사용하는 정서조절방략으로 반추와 주의분산을 제시했다. 반추(rumination)는 우울한 기분이 들 때 부정 정서나 피곤함과 같은 우울증상과 그 의미에 주의를 계속 맞추는 사고와 행동을 뜻하며, 주의분산(distraction)은 우울한 기분에서 벗어나기 위해 유쾌하고 중성적인 활동으로 주의를 돌리는 반응을 의미한다. 그녀는 반추가 우울을 보다 유지시키고 심화시키는 반면, 주의전환은 우울을 경감시키고 우울의 지속시간이 짧아지도록 한다고 주장하고 이를 여러 실증적 연구를 통해 입증하였다. 우울이 심한 사람들은 반추와 회피를 주로 사용하지만 지지 추구, 문제해결, 인지적 재구성과 같은 능동적인 방략은 제한적으로 사용하는 것으로 보인다 (Silk, Steinberg, & Morris, 2003).

Parkinson과 Tottedell(1999)은 다양한 정서조절방략을 심리적 수단(인지적 방략과 행동적 방략)과 접근방법(전환적 방략과 관여적 방략)에 따라 네 가지 영역으로 구분하여 〈표 18-2〉와 같이 제시했다.

매일 일상에서 경험하는 우울, 불안, 분노와 같은 부

		인지적 방략	행동적 방략
전환적 방략	**회피 방략**	정신적으로 관심 끄기 마음에서 던져 버리기	상황에서 벗어나기 허드렛일로 회피하기
	분산 방략 이완-지향	명상하기 자유시간에 할 일 생각하기	일광욕하기 목욕/샤워하기
	쾌락-지향	행복한 일거리 생각하기 즐거운 일 상상하기	즐거운 일 하기 맛있는 것 먹기
	숙달-지향	일에 대해서 생각하기 해야 할 일 계획하기	연기했던 일 하기 청소하기, 정돈하기
관여적 방략	**직면 방략** 정서-지향	기분 나쁜 이유 생각하기 감정이 정당한지 생각하기	행동방식을 바꾸기 공감/지지 추구하기
	상황-지향	상황이 나빠진 이유 평가하기 문제해결 할 계획 세우기	현재 문제에 직면하기 실제적인 조언 구하기
	수용 방략 정서-지향	기분 나쁜 대로 내버려 두기 기분 바꾸려고 노력하지 않기	감정을 그대로 방출하기 울기
	상황-지향	상황을 있는 그대로 수용하기 좋은 경험으로 여기기	상황에 순응하기 상황이 변할 때까지 기다리기

표 18-2 정서조절방략의 분류

정 정서를 잘 해소하는 것은 정신건강에 매우 중요하다. 이러한 부정 정서를 적절하게 해소하지 못한 채 오히려 축적, 강화, 악화시킴으로써 더욱 고통스러운 상태를 초래하여 때로는 정신장애를 유발할 수 있기 때문이다. 물질중독은 불쾌한 정서를 감소시키기 위해 알코올이나 마약을 반복적으로 사용한 결과이며, 폭식증은 불쾌한 정서를 감소시키기 위해 폭식을 한 결과라고 할 수 있다. 성격장애 역시 불쾌한 정서를 감소하기 위해서 부적응적인 정서조절방략을 습관적으로 사용한 결과라고 할 수 있다.

정서조절방략은 적응적인 것과 부적응적인 것으로 구분될 수 있다. 적응적인 조절방략은 불쾌한 감정을 완화시켜 현실적인 문제를 극복하고 적응에 기여하는 것이라고 할 수 있다. 물론 문제 상황에 따라 적응적인 조절방략의 유형이 달라질 수 있지만, 그러한 조절방략의 결과로서 불쾌감정의 완화와 문제상황의 해결에 도움이 된다면 적응적인 것으로 평가될 수 있다. Garnefski 등(2001)은 인지적 정서조절방략을 9가지로 구분하고 적응적인 방략으로 (1) 긍정적인 재초점화, (2) 긍정적 재평가, (3) 조망하기, (4) 계획하기, (5) 수용하기를 제시했으며 덜 적응적인 것으로 (1) 반추하기, (2) 자기비난하기, (3) 타인비난하기, (4) 파국화하기를 제시했다. 적응적인 방략을 많이 사용하는 사람일수록 불안과 우울을 덜 보고했으며, 덜 적응적인 방략을 많이 사용하는 사람일수록 불안과 우울을 많이 보고했다.

사람마다 불쾌감정을 경험할 때 주로 사용하는 정서 조절방략이 다르다. 여성은 남성보다 반추, 파국화, 긍정적 재초점화 방략을 더 많이 사용하고, 남성은 여성보다 타인비난을 더 자주 사용하는 것으로 나타났다 (Garnefski et al., 2004). 사람들마다 불쾌한 감정을 경험할 때 주로 사용하는 정서조절방략이 다르다. 어떤 정서조절방략을 주로 사용하느냐에 따라 심리적 적응 상태에 영향을 미칠 수 있다.

6. 정서와 관련된 성격특성

개인마다 일상생활에서 흔히 경험하는 정서반응이 다르다. 또한 동일한 자극상황에서 개인마다 경험하는 정서가 다르다. 이처럼 정서경험은 개인의 성격특성에 따라 달라질 수 있다. 성격은 정서경험의 개인차를 만들어 내는 주요한 요인이라고 할 수 있다. 개인의 정서경험에 영향을 미치는 주요한 성격요인들을 살펴보기로 한다.

1) 신경과민성 또는 부정 정서성

성격의 5요인 중 하나인 신경과민성(Neuroticism)은 불안, 분노, 우울과 같은 부정 정서를 잘 느끼는 성격특성을 뜻하며 부정 정서성 또는 정서적 불안정성이라고 불리기도 한다. 이러한 성향이 높은 사람들은 정서적으로 예민하고, 불안정하며, 사소한 일에도 상처를 잘 받는 경향이 있다. 반면에, 신경과민성이 낮은 사람들은 침착하고, 편안하며, 기분의 변화가 적고, 스트레스에 대한 정서적 반응의 강도가 낮다.

Watson과 Clark(1984)는 부정 정서와 낮은 자기존중감을 경험하는 것과 관련된 성격요인으로 부정 정서성(Negative affectivity)이라는 개념을 제시하였다. 이들에 따르면, 부정 정서성은 신경과민성과 유사한 개념으로서 불안, 우울, 분노, 경멸, 혐오, 죄책감과 같은 다양한 부정 정서를 경험하기 쉬운 성격특성을 뜻한다. 부정 정서성은 특별한 사건에 의해서 유발되는 감정이 아니라 일반적인 기분 성향을 뜻한다. 부정 정서성이 높은 사람들은 사소한 실패나 좌절, 일상생활의 불편함에 민감하다. 이들은 기분의 변화가 잦으며 슬픔, 걱정, 혼란감을 쉽게 느낄 뿐만 아니라 스트레스와 건강문제,

신경과민성이 높은 사람은 부정 정서를 잘 느낀다.

대처기술의 미숙, 불쾌한 생활사건의 경험을 호소한다. 이러한 부정 정서성은 걱정, 불안, 자기비난, 부정적 자기견해와 같이 다양한 부정 정서를 경험하게 하는 선천적인 성격특질로 여겨지고 있다.

진화심리학의 관점에서 보면, 정서는 환경적 도전에 대처하기 위해서 적절한 인지적 전략을 촉진하는 적응적 기능을 지닌다. 긍정 정서는 익숙하고 우호적 상황에서 사용했던 하향적 처리(top-down processing) 전략을 촉발하는 반면, 부정 정서는 낯선 문제 상황에 대한 정서적 반응으로서 상향적 처리(bottom-up processing) 전략과 연결된다. 달리 말하면, 긍정 정서는 기존의 지식과 가정에 근거한 단순한 접근을 촉진하는 반면, 부정 정서는 환경에서 수집한 정보에 근거하여 분석적이고 통제적인 접근을 촉발한다.

Watson과 Clark(1984)에 따르면, 부정 정서는 불쾌한 것이지만 지각, 판단, 기억, 대인관계 등 다양한 영역에서 긍정적인 혜택을 제공한다. 부정 정서는 기존의 방식보다 더 조심스러운 신중한 정보처리를 촉진하기 때문에, 부정 정서성을 지닌 사람들은 속임수, 조종, 인상관리, 고정관념의 영향을 덜 받는다. 긍정 정서는 세부사항을 무시하는 광범위한 도식적 정보처리에 의존하는 반면, 부정 정서는 분석적이고 세밀한 정보처리를 촉진하기 때문에 인지적 오류를 줄인다. 즉, 부정 정서의 정보처리는 잘못된 정보의 영향을 줄이고 세부적인 정확도를 높여 준다. 대인관계에서도 부정 정서성은 타인에게 더 예의 바르고 배려적인 태도를 취하게 만든다. 자기주장적인 접근을 취하게 만드는 긍정 정서와 달리, 부정 정서성은 요청을 할 때 더 정중하고 세심한 행동을 하게 만든다. 또한 부정 정서성은 대인지각과 추론의 정확성을 높인다. 부정 정서성이 높은 사람들은 그들이 다른 사람에 대해서 만드는 인상이 부정적이지만 더 정확하다. 부정 정서성이 낮은 사람들은 다른 사람에 대해서 과도하게 긍정적인 부정확한 인상을 형성함으로써 잘못된 신뢰를 유발할 수 있다.

2) 정서인식 불능증

사회적 부적응과 정신장애를 나타내는 사람에게 흔히 관찰되는 성격특징 중 하나가 정서인식 불능증 (Alexithymia)이다. 정서인식 불능성은 자신의 정서를 인식하고 묘사하는 능력의 미숙함을 의미하며 정서표현 어휘부족증이라고 불리기도 한다.

정서인식 불능증이 높은 사람들은 자신의 감정을 알아차리고, 기술하고, 조작하는 데 어려움을 겪을 뿐만 아니라 다른 사람의 감정을 이해하는 데에도 어려움을 나타낸다. 이들은 상상력의 부족으로 인해서 정서적 반응이 배제된 무미건조한 사실기술적 표현을 하는 경향이 있다. 이들에게 감정과 관련된 질문을 하면, 자신의 감정을 기술하지 못하고 구체적인 감정을 물으면 혼란스러워한다. 이들은 상상력과 공감력이 부족하고, 매우 미분화된 정서를 가지고 있어서 다른 사람과 친밀한 관계를 형성하는 데에 어려움을 겪는다. 또한 삶의 만족도가 낮을 뿐만 아니라 심리신체적 질환이나 약물중독을 나타내기도 한다.

정서인식 불능증은 유전적 요인과 환경적 요인이 복합적으로 작용하여 유발하는 것으로 여겨지고 있다. 정서인식 불능성이 높은 사람들은 양반구의 정보전달에 결함이 있다는 뇌생리학적인 증거가 제시되고 있다. 이들의 경우, 우반구의 정서적 정보가 언어기능을 담당하는 좌반구로 전달되지 않는다. 양반구의 정보를 연결하는 뇌량(corpus callosum)의 감소는 아동기에 심한 학대를 받은 사람에게 나타나는 특성이기도 하다.

정신분석학자인 Joyce McDougall(1989)은 정서인식 불능증을 압도적인 정서경험에 대한 심리적 방어라고 주장한다. 개인의 정체성과 통합성을 공격하는 충격적인 정서경험에 대한 심리적 방어로서 의식으로부터 모든 정서적 표상을 박살내고 추방한 결과가 정서인식 불능증으로 나타난다는 것이다.

정서인식 불능증은 후천적인 정서발달과정에서 부모의 부적절한 양육과 관련된 것으로 알려지고 있다. 아동의 정서적 반응에 대한 부모의 적절한 피드백은 아동의 정서 발달에 매우 중요하다. 아동의 표정에서 나타나는 다양한 변화에 대한 부모의 무관심이나 방임은 아동의 정서발달을 저해하게 된다.

정서인식 불능증은 다양한 정신장애, 즉 불안장애, 우울장애, 신경성 식욕부진증, 폭식증, 물질관련장애, 성적 장애와 연결되며 극단적인 경우에는 자폐스펙트럼장애로 나타날 수도 있다. 정서조절 능력이 부족한 사람은 불쾌한 정서상태에서 유발된 긴장을 충동적 행위나 강박적 행동으로 발산하는 경향이 있기 때문에 폭식, 물질남용, 문란한 성행동을 나타낼 수 있다. 또한 정서를 잘 조절하지 못하면, 자율신경계와 내분비계통의 흥분이 오래도록 지속되어 신체적 질환을 유발할 수 있다.

3) 정서지능

지능은 적응과제를 효과적으로 잘 수행하게 만드는 개인적 능력을 의미하는데, 근래에는 지능이 적응 영역에 따라 다양한 요소로 구성된다는 주장이 지배적이다. 특히 지능을 차가운 인지적 지능(cold intelligence)과 정서, 동기 또는 사회적 관계를 다루는 따뜻한 감성적 지능(hot intelligence)으로 구분하고 있다(Mayer & Mitchell, 1998). 직업적 성취나 사회적 적응에 있어서 인지적 지능보다 감성적 지능이 더 중요하다는 연구결과가 보고되면서 정서지능에 대한 관심이 높아지고 있다. 정서지능(emotional intelligence)은 자신과 다른 사

람의 감정상태를 잘 파악하고 적절하게 정서적 표현을 할 수 있는 능력을 의미하며 사회지능이라고 불리기도 한다. 앞에서 살펴본 정서인식 불능성은 정서지능이 매우 낮은 상태라고 이해할 수 있다.

Mayer, Caruso와 Salovey(1999)에 따르면, 정서지능은 네 가지의 하위능력으로 구성된다. 그 첫째는 정서 지각하기(perceiving emotion)로서 자신과 타인의 정서를 정확하게 지각하는 능력을 의미한다. 정서 지각은 정서적인 메시지가 표정, 목소리 톤, 문화적 장치로 표현될 때 그것에 대한 인상을 형성하고, 주의를 기울이며, 번역하는 것을 포함한다. 둘째는 사고 촉진에 정서 활용하기(using emotions to facilitate thought)로서 사고에 정서를 통합하고 인지적 활동을 촉진하는 방향으로 정서를 사용하는 능력을 뜻한다. 이것은 정서가 어떻게 인지 체계에 영향을 주는지에 초점을 두고 있고, 더 효과적인 문제 해결, 추론, 의사 결정, 창조적 노력이 이루어지게 할 수 있다. 셋째는 정서 이해하기(understanding emotions)로서 정서적 개념과 의미, 정서와 그것이 나타내는 관계들 간의 연결, 시간에 따라 정서가 어떻게 혼합되고 진행되는지를 이해하는 능력을 말한다. 이 하위능력에서 가장 기본적인 것은 정서에 이름을 붙이고, 정서 어휘목록의 예들 간의 관계성을 인식하는 능력에

정서지능은 정서적 건강뿐만 아니라 원만한 대인관계의 기반이다.

관한 것이다. 마지막 넷째는 정서 관리하기(managing emotion)로서 개인적 성장과 사회적 관계를 향상시키기 위해서 정서를 관찰하고 규제하는 능력을 의미한다. 정서지능이 높은 사람은 자신의 상황에 맞게 부정적인 기분과 정서를 수정하고 긍정적인 기분과 정서를 유지할 수 있다. Mayer 등(1999)은 정서지능의 네 하위능력을 측정하는 다요인 정서지능 척도(Multifactor Emotional Intelligence Scale)를 개발했다.

정서지능이 높은 사람들은 삶에 대한 판단력이 우수하며 사회적인 기능도 유연한 것으로 알려져 있다. 정서지능 중에서도 특히 정서이해 척도에서 높은 점수를 얻은 사람들이 좀 더 적응적인 것으로 나타났다(Pelletteri, 1999). 남학생의 경우, 정서지능이 높을수록 약물이나 알코올을 남용할 가능성이 낮았으며(Brackett & Mayer, 2003; Trinidad & Johnson, 2002), 또래에 대한 공격성도 낮았다(Formica, 1998; Rubin, 1999). 사업을 하는 경우, 정서지능이 높은 사람들이 더 좋은 고객 서비스를 제공하는 것으로 나타났다(Rice, 1999). 정서지능이 높은 학생들이 다른 사람들과 더 긍정적인 인간관계를 맺는 것으로 나타났을 뿐만 아니라 학점도 더 높았다(Lam & Kirby, 2002). 높은 정서 지능을 가진 사람들은 폭력적인 행동, 음주, 흡연, 불법 약물 사용도 덜 하는 것으로 나타났다(Brackett & Mayer, 2003; Swift, 2002; Trinidad & Johnson, 2002).

Cooper와 Sawaf(1997)는 "20세기 산업의 동력이 IQ였다면, 동 터오는 21세기의 동력은 EQ가 될 것이다"라고 주장하였으며, Watkin(2002)은 "신입사원의 고용 결정에 있어서 정서지능을 고려할 경우 90%의 성공률을 보인다"라고 주장한 바 있다. 이러한 표현이 과장되어 있다는 비판을 받고 있음에도 불구하고, 정서 지능이 직업 장면뿐만 아니라 다양한 삶의 장면에서 중요하다는 점은 모든 연구자가 동의하고 있다.

4) 고통 감내력

사람마다 불쾌한 감정이나 고통을 참고 견디는 정도가 다르다. 불쾌한 감정을 느낄 때마다 민감하게 반응하여 "힘들어 죽겠다" "화가 나서 미치겠다"는 과장된 표현을 하며 이러한 불쾌감정을 해소하기 위해 애쓰는 사람들이 있다. 반면에, 매우 불쾌한 감정을 경험하면서 "이러다 말겠지" "이 또한 지나가리라"고 여기며 진중하게 잘 견디며 자신이 해야 일을 묵묵히 해 나가는 사람들이 있다. 이러한 두 유형의 사람들을 구분하는 성격적 특성이 바로 고통 감내력이다. 최근에 고통 감내력의 부족은 다양한 정신장애에 영향을 미치는 성격 요인으로 여겨지면서 주목받고 있다.

고통 감내력(distress tolerance)은 주관적으로 혐오스럽거나 위협적인 심리상태를 견디는 능력을 의미한다(Zvolensky, Leyro, Bernstein, & Vujanovic, 2011). 정지현(2015)은 고통 감내력을 정서적 불편감을 경험하는 상태에도 불구하고 목표를 계속해서 추구하는 행동성향이라고 정의하였다. Simons와 Gaher(2005)는 고통 감내력을 부정 정서상태를 경험하면서 참고 견디는 능력이라고 정의했다. 이들에 따르면, 정서적 고통 감내력이 낮은 사람들은 고통을 견디기 어렵고 다룰 수 없는 것으로 지각하며, 고통에 대한 수용이 부족하고, 고통스러운 감정에 주의가 함몰되어 기능이 저하되며, 부정 정서를 회피하려는 경향이 있다. 고통 감내력과 유사한 개념으로는 모호함에 대한 감내력(tolerance to ambiguity), 불확실성에 대한 감내력(tolerance to uncertainty), 좌절에 대한 감내력(tolerance to frustration), 불편한 신체감각을 견디는 능력의 개인차로 정의되는 불편감 감내력 부족(discomfort intolerance) 등이 제시되어 왔다.

Clen, Mennin 및 Fresco(2011)에 따르면, 정서적 고통 감내력(emotional distress tolerance)은 슬픔, 공포, 분

노, 혐오와 같은 부정 정서경험을 감내하는 정도를 나타내며 부정 정서를 경험하는 것에 대한 평가, 신념, 기꺼이 경험하기와 같은 상위인지과정을 의미한다. 정서적 고통 감내력을 구성하는 세 가지 요소는 부정 정서의 부정성이나 위협가에 대한 평가, 부정 정서를 경험하는 상황에서 대처능력에 대한 신념, 이에 따라 결과적으로 나타나는 부정 정서를 기꺼이 경험하려는 의지다. 정서적 고통 감내력이 낮은 사람들은 부정 정서를 혐오적이고 위협적으로 평가하고, 자신이 부정 정서에 효과적으로 대처할 수 없다고 보며, 부정 정서를 경험하는 것을 꺼린다.

고통 감내력이 부족한 사람들은 정서적 불편감이나 고통을 경험할 경우에 회피적 대처방략을 선택하는 경향이 있다. 따라서 이들은 불편감을 유발하는 근본적인 문제해결을 시도하기보다 일시적으로 고통을 감소시키는 알코올이나 약물을 사용하게 된다. 이처럼 고통 감내력의 부족은 우울증, 불안장애, 경계선 성격장애, 약물사용 장애, 외상후 스트레스 장애, 강박장애 등과 같은 다양한 정신장애를 발생시키고 지속시키는 데에 기여하는 것으로 알려지고 있다(서장원, 권석만, 2015).

에 따르면, 자기자비(self-compassion)는 고통에 처했을 때 혹독한 자기비난을 하는 대신 자신을 돌보는 온화한 태도로서 건강한 형태의 자기수용이다. 자기자비는 자신이 겪는 고통에 대해서 수용적으로 마음이 열려 있는 것으로서 고통을 회피하거나 그것과 단절하지 않으면서 고통을 경감시키고 스스로를 치유하려는 친절한 소망을 일으키는 것이다(박세란, 2015).

자기자비는 인생이 나쁘게 흘러갈 때에도 긍정적인 자기감을 유지하는 태도를 의미한다. 자기자비가 높은 사람은 부정적인 사건을 자기에 대한 위협으로 해석하여 방어적으로 대응하기보다 자신의 단점이나 취약성을 인정하면서도 평정심과 긍정적 자기감정을 유지할 수 있다. 또한 자신과 세상의 불완전함에 대해서 수용하고 힘든 일을 겪을 때에도 비교적 담담히 받아들일 수 있다.

Neff(2003)에 따르면, 자기자비는 세 가지 하위개념으로 구성된다. 그 첫째는 자기친절(self-kindness)로서 고통과 실패를 겪을 때에도 혹독하게 자책하기보다 자신을 친절하게 대하고 온화하게 이해하는 태도로 전환하는 것을 뜻한다. 자신의 행동, 감정, 충동이 부적절하

5) 자기자비

심한 불안이나 우울로 고통스러워하는 사람들의 특성 중 하나는 사소한 실수에 대해서 자신을 심하게 비난하고 질책하는 성향이다. 이러한 사람들은 흔히 자신에 대한 완벽주의적이고 당위적인 요구를 지니고 있어서 사소한 실패나 잘못을 용납하지 못하고 자신을 냉혹하게 대하는 경향이 있다. 이러한 자기비판적 태도의 반대쪽에 있는 것이 자기자비다. 자기자비는 최근에 심리치료와 관련하여 많은 심리학자의 주목을 받고 있다.

자기자비에 대한 대표적 연구자인 Kristin Neff(2003)

자기자비는 자신을 돌보는 온화한 태도를 뜻한다.

다고 느껴지더라도 자신의 모든 면에 대해 관대하게 인내하는 것이기도 하다.

둘째는 마음챙김(mindfulness)으로서 고통스러운 생각이나 감정들을 억제하거나 과장하지 않고 비판단적으로 관찰하는 것을 의미한다. 고통에 대해 알아차리고 선명하게 보는 것이 자기자비의 전제조건이다. 비판단적 관찰을 위해서는 습관적이고 자동적으로 일어나는 감정과 생각이 사실이 아님을 깨닫는 것이 필요하다. 부정적 감정과 사고로부터 거리를 두게 하고 현재의 경험을 충분히 살필 수 있는 심리적 여유를 준다. 자기친절이 자칫 객관적인 관점을 상실한 채 자기동정이나 자기합리화로 이어질 수 있기 때문에, 마음챙김을 통해서 자신의 정서상태를 있는 그대로 바라보는 것이 중요하다.

셋째는 인간보편성(common humanity)으로서 부정적 경험을 할 때 자신만의 부족함 때문이라고 생각하여 외로움, 단절감, 고립감을 느끼는 대신에 취약성과 고통을 인간 경험의 일부로 받아들이는 것이다. 자신의 부족함을 자각하게 되면, 마치 타인은 완벽하고 자신만이 부적절하다는 느낌을 갖게 된다. 이러한 느낌은 자기중심성에 의해 왜곡된 과정일 수 있다. 자신 혼자만이 겪는 어려움이 아니라 타인들도 그와 유사한 취약감을 공유하고 있음을 깨달으면, 자신의 경험을 객관화 또는 탈개인화할 수 있다(Neff, 2011).

자기자비 성향에는 개인차가 있다. 자기자비 성향이 높은 사람들은 학업 실패에 대해서 더 긍정적인 대처를 나타냈을 뿐만 아니라 우울, 불안, 스트레스 증상이 더 낮았다(Neff, Hsieh, & Dejitterat, 2005). 또한 자기자비는 반추, 사고억제, 폭식행동, 외상후 스트레스의 회피 증상 등과 같은 정신병리와 부적 상관을 나타냈다. 자기자비는 자살사고에 대한 일종의 보호요인으로 작용한다고 보고되었다(노상선, 조용래, 최미경, 2014). 아울러 자기자비는 삶의 만족도, 행복, 낙관성, 지혜, 호기심과 탐구심 등의 안녕감이나 성격강점과는 정적 상관을 보였다.

자기자비는 자기비난적 태도와 달리 자기 자신에게 온화한 태도를 취하여 뇌 속의 진정-안전 체계(soothing-safety system)를 활성화함으로써 편안하고 안정감을 느끼는 긍정 정서를 증진하는 것으로 여겨지고 있다. 앞에서 살펴보았듯이, 인간의 뇌에는 세 가지의 정서조절 체계, 즉 위협-보호 체계, 추동-활력 체계, 진정-안전 체계가 존재하는 것으로 여겨지고 있다. 자기자비는 위협-보호 체계와 추동-활력 체계의 활성화로 인한 뇌의 과잉흥분을 가라앉히는 진정-안전 체계를 촉진함으로써 정신건강에 기여한다.

자기자비 성향은 어린 시절에 양육자와의 경험을 통해서 육성될 수 있다. 아동이 발달하는 시기에 양육자가 안아 주고 쓰다듬어 주는 애정 어린 돌봄의 상호작용은 아동의 정서발달에 매우 긍정적 효과를 지닌다(Field, 2000). 특히 생의 초기에 온화함을 통한 안전감이 양육자의 달래기, 접촉하기, 쓰다듬기, 안아주기, 어조, 리듬감 있는 말투, 긍정적이고 애정적인 표정, 그리고 수유할 때 일어나는 상호보상적인 교감 등에 의해서 제공되면 애착유대의 토대가 된다(Trevarthen & Aitken, 2001). Bowlby(1969, 1973)가 주장했듯이, 정서적 흥분으로부터 진정되면 사람은 편안한 상태에서 수동적 안전감을 경험하게 되고, 주의를 돌려 환경을 탐색하는 능동적 안전감으로 전환하게 된다.

자기자비는 스스로 진정-안전 체계로 전환할 수 있는 능력을 뜻한다. 심리치료자들은 내담자가 자기자비로 전환하는 능력을 함양함으로써 심리적 고통을 극복하도록 돕고 있다. Gilbert(2010)는 자비초점적 치료(Compassion Focused Therapy)를 개발하였다. 자기자비의 증진을 위해서는 자신을 진정시키는 자비로운 이미지를 일으키는 심상화가 중요하다(Vessantara, 1993).

요약

1. 정서를 경험하고 표현하는 방식은 성격의 핵심적 측면 중 하나다. 정서(emotion)는 외부적 자극에 대한 반응으로 경험하게 되는 느낌으로서 유쾌함-불쾌함의 정서적 체험, 신체생리적 반응, 행동준비성을 유발한다.

2. 인간이 경험하는 다양한 정서는 기본정서와 복합정서로 구분될 수 있다. Plutchik에 따르면, 기본정서는 공포, 분노, 기쁨, 슬픔, 수용, 혐오, 기대, 놀람의 8개 정서로 구성되며, 복합정서는 기본정서들의 혼합에 의해 생성된다. Russell은 다양한 정서가 유쾌-불쾌 차원과 각성-비각성 차원 상에 배열될 수 있다고 주장했다.

3. 정서반응을 유발하는 뇌의 주요한 부위는 변연계의 편도체와 대뇌피질의 전전두피질이다. 편도체는 신속하고 무의식적인 정서반응을 유발하는 반면, 전전두피질은 느리지만 의식적이고 신중한 정서반응을 유발한다. 정서조절 체계 모델에 따르면, 뇌에는 세 개의 정서조절 체계, 즉 위협-보호 체계, 추동-활력 체계, 진정-안전 체계가 존재한다.

4. 정서경험에는 신체생리적 반응과 인지적 평가의 역할이 중요하다. Lazarus의 인지적 평가이론에 따르면, 정서는 일차적 평가와 이차적 평가에 의해서 결정된다. 일차적 평가는 개인이 추구하는 목표와 관련지어 사건의 의미를 평가하는 과정으로서 정서적 느낌을 결정하는 반면, 이차적 평가는 정서유발 사건에 효과적으로 대응하기 위한 대처방법을 평가하는 과정으로서 대처자원의 평가와 대처방법의 선택으로 이루어진다.

5. 인간은 긍정 정서보다 부정 정서에 더 많은 주의를 기울이는 부정성 편향을 지닌다. 부정 정서는 자극상황에 대한 부정적인 인지적 평가에 의해서 유발되며, 주요한 부정 정서로는 불안, 우울, 분노, 죄책감과 수치감, 시기와 질투, 외로움 등이 있다. 긍정 정서의 대표적 연구자인 Fredrickson에 따르면, 긍정 정서는 평온감, 환희감, 애정감, 자존감, 유희감, 영감, 희망감, 사은감, 흥미감, 경외감의 10가지로 구분될 수 있다.

6. 불안이나 우울과 같은 부정 정서를 조절하는 방식이 사람마다 다르다. Lazarus는 스트레스에 대처하는 정서조절방략을 문제초점적 대처와 정서초점적 대처로 구분했다. Nolen-Hoeksema는 우울에 대한 조절방략을 반추와 주의분산으로 그 효과를 탐색했다. Parkinson과 Tottedell은 다양한 정서조절방략을 심리적 수단(인지적 방략과 행동적 방략)과 접근방법(전환적 방략과 관여적 방략)에 따라 세분했다.

7. 개인의 정서경험에 영향을 미치는 주요한 성격요인으로 신경과민성, 정서인식 불능증, 정서지능, 고통 감내력, 자기자비 등이 있다. 신경과민성은 불안, 분노, 우울과 같은 부정 정서를 잘 느끼는 성격특성을 뜻하며 부정 정서성이라고 불리기도 한다. 정서인식 불능증은 자신의 정서를 인식하고 묘사하는 능력의 미숙함을 의미하는 반면, 정서지능은 자신과 다른 사람의 감정상태를 잘 파악하고 적절하게 정서적 표현을 할 수 있는 능력을 뜻한다. 고통 감내력은 주관적으로 혐오스럽거나 위협적인 심리상태를 견디는 능력을 의미하며, 고통 감내력의 부족은 다양한 정신장애의 발달과 유지에 기여하는 것으로 알려지고 있다. 자기자비는 고통에 처했을 때 혹독한 자기비난을 하는 대신 자신을 돌보는 온화한 태도로서 심리적 고통을 완화하는 기능을 지닌다.

제19장
성격과 행동적 표현

1. 성격과 행동의 관계

행동은 성격의 표현이며, 성격은 행동의 근원이다. 우리가 특정한 개인의 성격을 알고자 하는 주된 이유는 그가 앞으로 나타낼 행동을 예측하기 위함이다. 개인이 나타내는 행동은 그의 성격이 외현적으로 표현된 것이기 때문이다. 외향적인 성격의 소유자는 낯선 사람들을 만나는 익숙지 않은 상황에서도 주눅 들지 않고 스스럼없이 관계를 맺어 나갈 것이다. 신경과민성이 높은 사람은 대인관계에서 겪는 갈등에 과민한 정서적 반응을 보이며 스트레스를 많이 받을 것이다.

그러나 성격과 행동의 관계는 그렇게 단순하지 않다. 표리부동(表裏不同)이란 말이 있듯이, 인간의 속마음과 겉모습은 일치하지 않는 경우가 흔하다. 마음속으로는 깊은 적개심을 지니고 있으면서도 상대방에게 전혀 내색하지 않거나 오히려 우호적인 행동을 나타내

다가 결정적인 순간에 본심을 드러내는 사람들이 있다. 이타적인 선행을 하여 다른 사람들로부터 칭송을 받은 사람이 사실은 기부금을 횡령하며 자기이익을 챙기는 이기적인 위선자인 경우도 있다. "열 길 물속은 알아도 한 길 마음속은 알 수 없다"는 말이 회자되듯이, 인간의 행동을 통해서 속마음을 알기는 쉽지 않다.

또한 행동은 상황에 따라 달라질 수 있다. 직장의 상사에게는 매우 순종적인 행동을 나타내지만, 부하직원에게는 매우 지배적인 행동을 나타내는 사람들이 있다. 직장에서는 부지런하고 성실한 행동을 나타내지만, 가정에서는 게으르고 무책임한 행동을 나타내는 사람도 있다. 다른 사람들 앞에서는 도덕적인 모습을 나타내지만, 혼자 있을 때는 도덕적이지 못한 음란한 행동을 하는 사람도 있다. 과연 어떤 모습이 이들의 진정한 모습일까? 이들의 성격을 어떻게 이해할 수 있을까?

우리는 개인의 행동을 보고 그의 성격을 짐작할 뿐

인간은 다른 사람에게 자신의 실제 모습을 쉽게 드러내지 않는다.

만 아니라 성격을 통해 그의 행동을 예측한다. 이렇듯이 성격과 행동은 불가분의 관계를 지니고 있다. 그러나 행동은 상황적 요인에 의해서 크게 영향을 받는 성격의 일부라고 할 수 있다. 인간은 타인의 존재를 의식하며 행동하는 존재다. 인간은 타인의 시선과 평가를 의식하며 신중하게 행동하는 존재다. 또한 어떤 타인과 함께 있느냐에 따라 행동이 크게 달라질 수 있다. 성격과 행동의 관계는 성격심리학의 중요한 연구주제이자 논쟁거리이기도 하다.

성격은 내면적인 구성요소와 외현적인 구성요소로 구분할 수 있다. 내면적 구성요소는 다른 사람에 의해서 직접적으로 관찰되지 않는 성격의 일부로서 마음의 내면적 과정을 통해 일어나는 욕구, 동기, 사고, 판단, 정서 등을 뜻한다. 이러한 성격의 내면적 요소는 흔히 행동을 통해서 표출되지만 그렇지 않을 수도 있다. 우리는 다른 사람의 속마음을 알 수 없다. 다만 외부로 드러난 행동을 관찰함으로써 그의 속마음을 추론할 뿐이다. 행동은 성격의 외현적 구성요소다. 행동은 제3자에 의해서 관찰될 수 있는 개인의 외현적 표현으로서 표정, 신체적 움직임, 언어적 표현, 자기보고, 심리검사

반응 등이 모두 포함된다. 행동은 흔히 성격의 내면적 요소가 겉으로 표현된 것이지만 반드시 그러한 것은 아니다. 행동을 예측하기 위해서 성격적 요인과 상황적 요인을 모두 고려해야 한다.

2. 성격을 통해 행동을 예측할 수 있는가

1) 개인-상황 논쟁

1968년에 Walter Mischel은 『성격과 평가(*Personality and Assessment*)』라는 저서를 출간하면서 Allport 이래로 성격의 핵심으로 여겼던 특질에 대해서 이의를 제기했다. 여러 연구를 반복했음에 불구하고, 개인의 성격특질(예: 외향성, 성실성)이 다양한 상황에서 일관성 있는 행동으로 나타난다는 특질이론의 기본적 가정을 입증하는 데 실패했다. 그의 연구에 따르면, 개인의 행동은 정밀히 관찰했을 때 성격특질보다 상황적 단서에 매우 의존적인 것으로 나타났다. 사람들이 다양한 상황에서 일관성 있게 행동한다는 성격특질의 일관성 가설

은 신화에 불과하다고 주장하면서, 행동은 성격보다 상황에 의해 유발된다고 주장함으로써 성격심리학 분야에 중대한 논쟁을 유발했다. 이것이 바로 개인-상황 논쟁(person-situation controversy)으로서 과연 성격특질이 존재하는 것인지에 대한 논란을 불러 일으켰다.

개인-상황 논쟁은 성격심리학의 역사에서 매우 중요한 위치를 차지하고 있다. 성격은 진정 존재하는가? 과연 인간은 일관성 있게 행동하는 존재인가? 성격은 개인이 다양한 상황에서 나타내는 행동의 일관성을 설명하기 위한 구성개념이다. 인간은 성격특질이라는 내면적 구조로 인해 다양한 상황에서도 일관성 있는 행동을 나타내는 것으로 가정한다. 그러나 Mischel은 성격검사로 측정된 성격특질이 개인의 행동을 예측하지 못한다는 실증적 자료를 제시하면서 성격검사의 타당성뿐만 아니라 성격특질의 개념 자체에 대한 의문을 제기했다.

Mischel로 대표되는 상황론자들(situationists)은 성격이 허구적 개념이라고 주장했다. 개인의 행동은 상황에 따라 달라지며 상황적 요인에 의해 결정되기 때문이다. 개인의 행동에 일관성이 없다는 것은 성격의 개인차가 존재하지 않는다는 증거다. 극단적인 상황론자들에 따르면, 모든 인간은 동일한 존재이고 행동은 상황에 의해 결정될 뿐인데 다만 성격심리학자들이 자신의 눈에 관찰된 개인의 행동 차이를 성격에 의한 것이라고 착각하고 있는 것이다.

이러한 주장에 대해서 성격론자들(personologists)은 성격 개념의 존재와 유용성을 주장하면서 반론을 제기했다. 개인은 출생 시부터 동일한 자극에 대해서 특정한 방식으로 반응하는 기질을 지니고 태어난다. 성격발달은 성장과정의 생활경험을 통해서 이루어지는데, 이러한 생활경험은 처음에 그러한 경험을 하도록 유도한 경향성을 강화함으로써 특정한 성격의 발달을 촉진한

다. 또한 개인이 나타내는 행동의 비일관성도 성격의 개념으로 설명될 수 있다. 개인이 상황마다 다른 행동을 나타내는 것에는 나름대로의 일관성이 있으며 개인의 행동은 직면한 상황과 그의 성격을 함께 고려함으로써 예측이 가능하다. 예컨대, 외향성의 성격특질을 지닌 사람이 항상 외향적이고 사교적인 행동을 나타내는 것은 아니다. 직장에서는 말도 많고 활달하게 행동하지만 가정에서는 그렇지 않을 수 있다. 개인이 상황에 따라 달리 행동하는 개인 내 변화는 동일한 상황에서 개인마다 달리 행동하는 개인 간 변화보다 클 수 있다. 외향성은 개인 간보다 개인 내에서 더 많이 변화하는 것으로 알려져 있다. 달리 말하면, 개인은 어떤 성격특질의 양 극단(예: 외향성-내향성) 사이에서 상황에 따라 진동할 수 있다. 그러나 특정한 행동성향(예: 말이 많고 사교적인 행동성향)이 상황에 따라 진동하는 패턴이 개인마다 다르다. 어떤 상황에서든 유사한 행동을 나타내는 사람이 있는 반면, 상황에 따라 행동변화가 심한 사람도 있다. 이러한 진동패턴은 성격의 한 측면을 보여 주고 있는 것이다.

개인-상황 논쟁은 성격심리학의 침체를 초래했지만 결과적으로 성격심리학의 발전에 기여했다. 성격특질의 존재와 행동설명력에 대한 의문이 제기되면서 성격특질에 관한 연구가 위축된 반면, 사회환경적 요인에 의해서 행동을 설명하고 예측하는 사회심리학적 연구가 활발해졌다. 결과적으로 개인-상황 논쟁은 개인의 성격과 행동의 관계를 더욱 정교하게 설명할 수 있는 다양한 이론을 발달시킴으로써 성격심리학의 발전에 공헌했다. 성격심리학자들은 개인의 행동을 설명함에 있어서 상황의 중요성을 인식하게 되었다. 성격특질을 측정하는 성격검사의 예언타당도를 개선하는 노력이 이루어졌을 뿐만 아니라 개인의 행동을 성격과 상황의 상호작용에 의해서 설명하려는 정교한 이론들이 제시

되었다. 개인-상황 논쟁은 행동을 결정하는 데 있어서 성격과 상황 중 어떤 것의 영향력이 더 강력한지에 대한 논쟁으로 전환되었을 뿐만 아니라 개인의 성격이 상황의 해석에 영향을 미치는 인지적 과정을 통해 행동을 설명하는 사회인지이론을 발전시켰다.

2) 행동은 성격과 환경의 함수

개인-상황 논쟁의 불씨를 지폈던 Mischel 자신도 후속연구를 통해서 성격 개념의 유용성을 인정했다. 개인이 다양한 상황에서 일관성 있게 행동하는 것은 아니지만 '특정한 상황에서는 특정한 방식으로 행동한다'는 if-then 식의 안정된 행동패턴이 존재한다는 점에서 성격의 일관성을 인정했다.

예컨대, 권위주의(authoritarianism)의 성격을 지닌 사람들은 상황에 따라 상반된 행동을 나타낸다. 권위주의는 지위나 권력의 관점에서 사람을 평가하고 반응하는 성격특징을 뜻한다. 이러한 성향이 강한 사람들은 상급자를 대하는 조건에서는 순종적이고 굴종적인 행동을 나타내는 반면, 하급자를 대하는 상황에서는 지배적이고 독재적인 행동을 나타낸다. 즉, 권위주의 성격의 소유자가 상황에 따라 다른 행동을 나타내는 듯이 보이지만, 상황적 조건에 따른 일관성을 지니고 있는 것이다. 상대방이 상급자인가 아니면 하급자인가에 따라 그의 행동을 if-then 방식으로 예측할 수 있다.

성격특성이 모든 상황에서 일관성 있는 행동으로 나타나지는 않기 때문에 성격을 평가할 때는 상황적 조건을 고려하는 것이 중요하다. 성격을 평가할 때는 참조체계 원리를 활용하는 것이 유용하다. 참조체계 원리(frame of reference principle)란 사람들이 자신의 성격을 평가할 때 특정한 사회적 상황을 고려하여 자신의 성격을 떠올리는 경향이 있음을 뜻한다. 성격평가를 하

는 시점에서 가장 두드러지게 의식에 떠오른 사회적 상황이 성격검사의 응답에 영향을 미칠 수 있다. 따라서 성격평가를 할 경우에는 지시문에 사회적 상황을 구체적으로 제시함으로써 성격검사의 예언타당도를 증가시킬 수 있다. 성격검사를 통해서 모든 상황의 행동을 예측할 수는 없지만 참조체계 원리를 활용하면 특정한 상황에서의 행동을 상당히 신뢰롭게 예측할 수 있다(Reddock, Biderman, & Nguyen, 2011).

3. Mischel의 성격체계 이론

개인-상황 논쟁을 불러일으킨 Walter Mischel(1930~현재)은 오스트리아 비엔나에서 태어났으나 나치의 유태인 탄압을 피해서 가족과 함께 8세에 미국으로 이주했다. 그는 뉴욕에서 성장했으며 오하이오 주립대학에서 임상심리학으로 박사학위를 받았다. 그는 콜로라도 대학교, 하버드 대학교, 스탠퍼드 대학교에서 교수로 재직하다가 1983년 이후로 현재까지 콜롬비아 대학교의 심리학과에 재직하고 있다.

Walter Mischel

Mischel은 개인-상황 논쟁을 통해 성격심리학의 발전에 기여했을 뿐만 아니라 만족지연과 자기통제에 대한 연구에서도 선구적인 업적을 남겼다. 1960년대에 그는 마시멜로 실험(Marshmallow experiment)을 통해서 어린 아동이 즉각적인 만족을 억제하고 더 큰 지연된 보상을 얻기 위해 기다리는 심리적 과정과 기제를 규명했다(Mischel, Shoda, & Rodriguez, 1989). 장기종단적 연구를 통해서 학령전 아동기에 측정한 만족지연 반응이 성장한 후의 자기통제능력뿐만 아니라 학교성적, 교육적 성취, 약물중독행동 등을 예측할 수 있음을 밝혔다. 이러한 일련의 연구를 통해서 자기조절을 가능하게 하는 심리적 기제를 밝힘으로써 의지력(willpower)이라는 개념의 비밀을 규명하는 데 기여했다(Mischel & Ayduk, 2004). 그는 *Psychological Review*의 편집장을 역임했으며 미국심리학회로부터 수상한 '탁월한 과학적 공로상'을 비롯하여 많은 상을 수상했다. 그는 1995년에 일본 태생의 심리학자이자 워싱턴 대학교 교수인 Yuichi Shoda와 함께 인지-정서 성격체계 이론을 제시했다.

1) 인지-정서 성격체계

Mischel과 Shoda(1995, 2008)는 개인의 성격을 특징적 행동패턴이라고 정의하고 그러한 행동패턴을 생성하는 성격의 구조와 과정을 설명하는 통합 이론을 제시하고 있다. 개인이 다양한 상황에 반응하는 행동들에는 어떤 독특한 안정성이 있다. "이러한 상황이 벌어지면 이렇게 행동한다(if-then)"는 독특하고 안정된 상황-행동 패턴이 성격의 행동적 특징을 구성한다. 성격은 상황에 대한 행동적 반응패턴의 독특성과 안정성으로 정의될 수 있다.

그렇다면 개인은 어떤 심리적 과정을 통해서 다양한

상황에서 독특하고 안정된 패턴의 행동을 생성하는가? 이러한 물음에 답하기 위해서는 현대 성격심리학의 핵심적인 두 가지 주제를 설명할 수 있어야 한다. 하나는 성격의 성향적 특성에 관한 것으로서 특정한 행동패턴이 다양한 상황에서 일관성 있게 안정적으로 나타나는 이유를 설명해야 한다. 다른 하나는 성격의 과정적 특성에 관한 것으로서 특정한 행동패턴이 나타나는 심리적 과정을 설명할 수 있어야 한다. Mischel과 Shoda(1995, 2008)는 성격심리학의 성향적 접근(특질이론)과 과정적 접근(사회-인지-정서-역동적 이론)을 통합할 수 있는 이론체계를 제시하고 있다.

Mischel과 Shoda(1995, 2008)는 상황적 자극과 행동적 반응을 매개하는 인지-정서 성격체계(CAPS: Cognitive-Affective Personality System) 또는 인지-정서 처리체계(Cognitive-Affective Processing System)를 제안했다. CAPS는 개인이 상황을 해석하여 이해하고 기대와 신념 그리고 목표에 따라 정보를 연결하여 행동적 반응을 생성하는 심리적 체계를 의미한다. CAPS는 다음과 같은 5가지 구성요소, 즉 인지-정서 단위(CAU: Cognitive-Affective Units)로 이루어진다.

(1) 부호화(encoding)는 외부의 상황적 특성을 자기, 타인 및 세상에 관한 특정한 의미로 해석한 내용을 의미한다.

(2) 기대와 신념(expectancies and beliefs)은 개인이 사회적 세계, 즉 특정한 상황에서 행동의 결과, 그리고 자기효능성에 대해 지니고 있는 기대와 신념을 뜻한다.

(3) 정서(affects)는 생리적 반응을 포함한 느낌, 감정, 정서 반응을 말한다.

(4) 목표와 가치(goals and values)는 개인이 소망하는 바람직한 결과와 정서상태 또는 회피하고자

하는 혐오스러운 결과와 정서상태로서 개인적인 목표, 가치, 인생과업을 포함한다.

(5) 역량과 자기조절 계획(competencies and self-regulatory plans)은 선택할 수 있는 행동 가능성과 행동 각본(behavioral scripts)을 포함하여 행위를 조직화하고 결과에 영향을 미치기 위한 계획과 방략을 의미한다.

Mischel과 Shoda(1995)는 특정한 상황에서 독특한 행동패턴이 생성되는 인지-정서 처리체계(CAPS)의 심리적 과정을 [그림 19-1]과 같이 제시하고 있다(실선은 활성화의 증가를 의미하며, 점선은 활성화의 억제를 뜻한다). 개인이 주의를 기울이는 상황적 특성은 부호화 과정을 통해서 가치, 기대, 목표 그리고 정서와 같은 특수한 인지-정서 단위(CAU)를 활성화시킨다. 이러한 활성화는 개인의 성격적 특징을 반영하는 CAU 간의 안정된 연결망을 통해서 이루어지며 다른 CAU를 연쇄적으로 활성화시킨다. 결과적 정서를 표출하고 목표를 성취

하기 위해 사용할 수 있는 익숙한 행동각본이 활성화되면 외현적 행동으로 나타나게 된다. 이러한 행동은 다시 상황에 영향을 미쳐서 CAPS가 지속적으로 작동하게 된다.

CAPS 이론은 개인마다 특정한 인지-정서적 정신표상들(CAU)이 쉽게 활성화되는 정도, 즉 만성적 접근가능성(chronic accessibility)이 다르다고 가정한다. CAPS 내에서 CAU는 서로 연결되어 조직화되어 있다. 이미 많은 심리학자가 CAU의 구성요소와 그들 간의 부분적 관계(예: 인지와 정서의 관계, 개인적 구성개념, 평가-정서 연합, 가치 및 목표와 행동의 관계)를 설명하고 실증적으로 검증한 바 있다. 개인마다 각 CAU의 내용이 다를 뿐만 아니라 그들 간의 연결망과 연결강도가 다르다. 이러한 연결망은 같은 문화권 내에서 공통적인 것도 있고 개인에게만 독특한 것도 있다. 이러한 CAU들은 연결망을 따라 역동적으로 상호작용하여 행동적 반응을 생성한다. 성격의 핵심을 이루는 것은 CAU 간의 연결망으로서 다양한 상황에 대한 행동적 반응패턴에 영향을

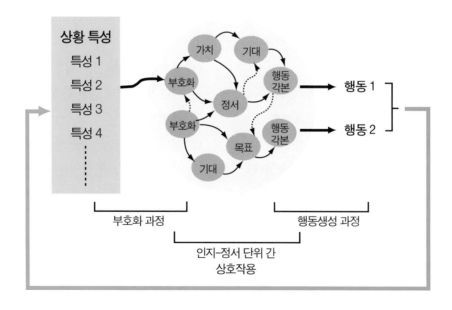

[그림 19-1] **Mischel과 Shoda(1995)가 제시한 인지-정서 처리체계(CAPS)**

미친다.

예컨대, 거부 민감성(rejection sensitivity)을 지닌 사람들은 반복적으로 가정폭력을 행사하고 결과적으로 배우자로부터 거부를 당하는 경향이 있다. 이러한 사람들은 호의적이지 않은 것으로 인식할 수 있는 배우자의 행동을 접하면, "이 사람이 나를 싫어한다"는 부정적인 생각을 쉽게 떠올린다. 이러한 생각은 배우자로부터 거부를 당할 것이라는 예상과 더불어 그와 연관된 정서, 즉 불안과 분노를 활성화시킨다. 이러한 예상과 정서는 상호작용하여 모호한 상황에서도 배우자의 행동을 거부의 의미로 쉽게 인식하도록 만들고 자신이 거부 당했다는 인식으로 인해서 분노의 행동 각본이 활성화된다. 그 결과, 공격적인 폭력 행동을 휘두르는 것은 배우자의 잘못 때문이라고 책망하면서 자신의 행동을 정당화한다. 이러한 행동으로 인해서 그가 가장 두려워했던 결과, 즉 배우자로부터 거부를 당하는 결과를 초래하게 된다. 이러한 인지-정서 처리과정은 그의 대인관계를

자기파괴적인 방식으로 손상시킬 뿐만 아니라 타인에게 거부를 당할 것이라는 예상을 입증함으로써 그러한 예상을 지속적으로 갖도록 만드는 악순환을 나타내게 된다.

2) 성격 표현의 다양한 수준

개인의 성격은 그가 살아가는 사회적 세계라는 맥락 속에서 이해되어야 한다. 개인의 행동은 환경에 영향을 미치고 환경적 변화는 개인의 행동에 다시 영향을 미친다. 이러한 개인과 환경의 지속적인 상호작용은 전 생애에 걸쳐서 성격의 발달과 변화에 영향을 미친다. Mischel과 Shoda(2008)는 개인의 성격이 환경과 상호작용하며 안정적으로 유지되는 과정을 [그림 19-2]와 같이 다섯 수준으로 나누어 제시하고 있다.

수준 1은 성격의 심리적 처리체계로서 CAPS 내의 구조와 역동적 과정을 의미한다. 개인의 성격적 성향은

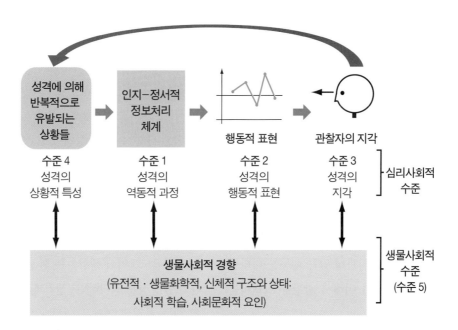

[그림 19-2] **성격의 안정성과 불변성에 대한 다섯 수준 분석**

독특한 CAPS 구조로 설명될 수 있으며 이것은 특징적인 역동적 처리과정을 반복적으로 생성할 뿐만 아니라 그러한 처리과정의 기반이 되는 안정적인 구조를 뜻한다. 앞의 예에서 소개한 바 있듯이, 거부 민감성을 지닌 사람들은 상대방의 행동을 비호의적인 것으로 부호화하고 거부를 당할 것이라는 예상과 더불어 그와 연관된 불안과 분노 정서를 활성화시킨다. 그 결과, 상대방의 행동을 거부적인 것으로 인식하는 성향을 지닐 뿐만 아니라 분노의 행동 각본이 반복적으로 활성화된다. 이처럼 외부 상황에 대한 심리적 처리과정이 일어나는 CAPS의 구조와 역동적 과정은 성격의 핵심적 요소다. 하지만 이러한 처리과정은 내면적인 것이기 때문에 타인에 의해서 관찰될 수 없을 뿐만 아니라 개인은 자동적으로 진행되는 자신의 심리적 과정을 자각하지 못할 수 있다. 또한 이러한 내면적 과정이 억제에 의해서 행동으로 표출되지 않는 한, 타인에게 인식되지 않을 뿐만 아니라 환경에도 영향을 미치지 않는다.

수준 2는 개인의 특징적 행동으로서 CAPS의 처리과정을 통해서 외현적으로 표현된 행동을 의미한다. 성격의 행동적 표현에 있어서 일관성과 안정성은 성격심리학의 역사에서 오랫동안 지속되어 온 논쟁거리였다. 개인이 다양한 상황에서 과연 일관성 있는 패턴으로 행동하는가에 대한 찬반논란이 바로 '일관성 논쟁(consistency controversy)'이다. 이에 관한 많은 연구결과에 따르면, 개인이 다양한 상황에서 나타내는 행동의 일관성은 상당히 낮다. 그러나 특정한 상황에서 개인이 나타내는 행동의 일관성은 상당히 높은 것으로 나타났다. 즉, 개인은 상황에 따라 매우 다양한 행동을 나타내지만, 구체적인 상황별로는 상당히 일관성 있는 행동을 나타낸다. 개인의 행동을 예측하기 위해서 상황을 고려하는 것이 매우 중요하다.

수준 3은 개인의 행동과 성격에 대한 지각으로서 타인지각과 자기지각을 모두 포함한다. 성격의 행동적 표현은 관찰자에 의해서 특정한 성격 유형으로 쉽게 인식될 수 있다. 관찰자는 개인의 행동적 표현에 대한 관찰에 근거하여 그의 성격을 평가하게 되는데, 이러한 평가는 정확하지 않을 뿐만 아니라 관찰자마다 상당히 다를 수 있다. 어떤 사람의 성격에 대한 관찰자의 보고는 무엇을 의미하는가? 관찰자는 개인이 나타낸 행동의 어떤 측면에 근거하여 그의 성격을 지각한 것인가? 특정한 개인의 성격에 대한 여러 관찰자의 평가는 다를 수 있다. 그러나 타인의 성격을 정확하게 포착하는 예리한 관찰자는 개인이 상황에 따라 달리 나타내는 행동패턴을 고려한다. 이러한 관찰자들은 개인의 성격을 일반적으로 광범위하게 평가하기보다 특정한 상황에서 어떤 행동패턴을 나타낼 것인지를 'if-then' 방식으로 평가하는 경향이 있다. 이러한 상황-행동 패턴의 일관성은 성격에 대한 자기지각에서도 유사하게 나타난다. Mischel과 Peake(1982)의 연구에서 대학생의 성실성을 다양한 상황(교실, 도서관, 기숙사 등)에서 관찰하고 평가했다. 연구결과, 스스로 자신을 일관성 있는 사람이라고 평가한 학생들이 다양한 상황에서 나타낸 행동의 일관성은 자신을 일관성 없는 사람이라고 평가한 대학생들보다 더 높지 않았다. 그러나 자신을 일관성 있는 사람으로 평가한 학생들은 그렇지 않은 학생들보다 '상황별 행동'의 안정성에서 훨씬 높았다. 이러한 연구결과는 자신의 행동이나 성격에 대한 일관성의 지각이 다양한 상황에서 나타내는 행동의 일관성보다는 특정한 상황에서 나타내는 특정한 행동의 일관성에 근거한다는 것을 보여 준다.

수준 4는 개인이 생활하는 환경, 즉 심리적인 생활공간의 안정성을 의미한다. 성격과 행동은 개인이 생활하게 되는 환경에 영향을 미친다. 내향적인 사람은 혼자 생활하는 환경을 선택하는 반면, 외향적인 사람은 많은 사람과 섞여 있는 상황을 선택한다. 또한 개인의 성격은 타인의 지각과 행동에 영향을 미쳐 독특한 대인관계 상황을 반복적으로 만들어 낸다. 예컨대, 어떤 사람의 성격에 대한 관찰자의 추론(예: 까칠한 성격)은 그 사람에 대한 관찰자의 행동(예: 접촉 회피)에 영향을 미친다. 개인의 성격과 행동은 대인관계 상황에 의해서 영향을 받을 뿐만 아니라 대인관계 상황을 선택하고 그 상황에 영향을 미침으로써 독특한 대인상황을 지속적으로 만들어 낸다. 이러한 과정을 통해서 개인이 경험하게 되는 독특한 환경은 상당한 정도로 안정성을 유지하게 된다.

수준 1~4는 개인의 인지, 정서, 행동의 흐름을 생성하는 개인내 또는 개인간 역동을 안내하는 개인-환경 체계를 형성한다. 개인이 어떤 행동을 하면, 환경은 그에 대한 반응으로 피드백을 주고, 그러한 피드백에 대해서 개인의 CAPS가 작동하고 그 결과로 다시 환경에 대한 행동을 생성한다. 수준 1~4는 개인-환경 체계 내에서 일어나는 개인의 기능을 보여 주고 있다.

수준 5는 개인의 성격에 영향을 미치는 생물화학적 요인과 사회문화적 요인을 의미한다. 사람들은 다양한 생물화학적-유전적-신체적 요인, 즉 선천적 소질(predisposition)에 있어서 각기 다르다. 이러한 선천적 소질은 성격과 관련된 특성(예: 감각 및 신체운동 민감성, 활동수준과 정서성의 기질, 만성적 기분과 정서상태)에 영향을 미침으로써 성격의 생물화학적-유전적 기초를 이루며 사회적 학습 그리고 사회문화적 요인과 상호작용하면서 성격에 영향을 미친다. 선천적 소질과 관련된 생물화학적 요인(예: 생리적 주기, 호르몬, 신경전달물질)의 미세한 개인차는 발달과정에서 사회문화적 요인과 상호작용하면서 사회적 학습을 통해 개인의 성격에 커다란 차이를 만들어 낸다. 성격의 수준 5는 개인이 선천적으로 물려받은 생물화학적 유산과 더불어 그가 속한 사회와 문화에서 전 생애를 통해 후천적으로 학습해 온 사회문화적 유산을 포함하고 있다. CAPS 이론에서는 생물화학적 영향과 사회인지적 영향, 즉 선천적인 요인과 후천적인 요인이 모두 인지-정서 단위(CAU)에 대한 접근가능성에 영향을 미침으로써 성격체계의 구조적 특성을 결정한다.

4. 행동에 영향을 미치는 요인들

1) 행동활성화 체계와 행동억제 체계

진화과정에서 인간은 다양한 환경에서 적극적으로 행동해야 할 때와 행동을 억제해야 할 때를 잘 구분해야 했다. 예컨대, 먹잇감을 발견하면 그것을 획득하기 위해 전력으로 질주하고, 위험에 직면하면 모든 행동을 중단한 채 상황을 주시해야 한다. 인간은 보상이 기대되는 상황에서 목표접근적인 행동을 하도록 추진하는 행동체계와 더불어 처벌이나 위험이 예상되는 상황에서는 신중하거나 회피적인 행동을 하도록 만드는 행동체계를 발달시켜 왔다.

Jeffrey Gray는 1970년대에 성격의 생물심리적 이론(biopsychological theory of personality)을 제시하면서 인간의 뇌에는 행동반응을 통제하는 두 개의 체계, 즉 행동활성화 체계와 행동억제 체계가 존재한다고 주장했다. 이후에 여러 학자들(Depue & Collins, 1999; Depue & Iacono, 1989; Fowles, 1980; Gray, 1990, 1991)에 의해서 두 가지 유형의 신경심리체계에 대한 많은 연구가 이루어졌다.

행동활성화 체계(Behavioral Activation System: BAS)는 보상이나 그와 관련된 단서가 주어지는 경우에 목표추구 행동을 하도록 만드는 신경심리체계를 말한다. BAS는 음식이나 성(sex)과 같이 유기체가 원하는 대상의 단서를 민감하게 파악하여 그것을 획득하기 위해 적극적으로 행동하도록 추진한다. BAS는 세 가지의 하위요인, 즉 (1) 목표를 추구하려는 열망과 동기를 촉발하고 지속시키는 추동(drive), (2) 보상을 경험하거나 예상할 때 긍정 정서와 에너지가 증가하는 보상 민감성(reward responsiveness), (3) 새로운 보상이나 잠재적인 보상에 대해서 충동적으로 접근하는 재미 추구(fun seeking)로 구성되어 있다(Carver & White, 1994). BAS는 도파민 분비와 관련되며 전전두피질(PFC), 전대상회 피질(ACC) 등 우측 전두엽의 특정한 영역과 관련되어 있는 것으로 여겨지고 있다(Depue & Collins, 1999). 이 체계는 학자에 따라서 행동접근 체계(Behavioral Approach System; Gray, 1981), 행동관여 체계(Behavioral Engagement System; Depue, Karuss, & Spoont, 1987), 행동촉진 체계(Behavioral Facilitation System; Depue & Iacono, 1989) 등으로 불리기도 한다.

행동억제 체계(Behavioral Inhibition System: BIS)는 환경으로부터 주어지는 위협 관련 단서에 대해서 행동반응을 조절하는 신경심리체계로서 불안의 기반이라고 할 수 있다. BIS는 처벌이나 위협을 의미하는 자극을 접했을 때 활성화되며 불안과 같은 부정 정서를 유발한다. 아울러 현재 진행 중인 행동을 멈추고 주변환경을 경계하거나 위험한 상황을 회피하게 만든다. BIS의 과잉활성화는 처벌이나 위험에 대한 민감성을 증가시켜서 불안, 공포, 우울과 같은 부정 정서를 예방하기 위해서 그러한 상황을 회피하게 만든다. 처벌 민감성이 높은 사람들은 처벌을 더 혐오적인 것으로 지각하고 처벌을 받으면 더 많은 혼란을 겪는다. BIS의 낮은 활성상태, 즉 처벌 민감성이 낮은 사람들은 불법적인 행동에 관여하여 법적인 처벌을 받는 경향이 있다. BIS의 생리적 기반은 중격해마 체계(septohippocampal system)와 뇌간의 구심성 모노아민계(monoaminergic afferents)로

여겨지고 있다.

행동활성화 체계와 행동억제 체계는 외부자극에 의해서 촉발될 수 있지만 선천적인 기질로서 사소한 자극에 의해 쉽게 촉발되는 정도가 사람마다 다르다. BAS는 보상 민감성 또는 접근 동기와 관련되는 반면, BIS는 처벌 민감성이나 회피 동기와 관련된다. 신경과민성은 BIS와 정적 상관을 보이지만 BAS와는 부적 상관을 나타낸다. BAS가 활성화되면 행복감이나 고양감과 같은 긍정 정서와 함께 목표지향적 행동이 증가하는 반면, BAS가 비활성화되면 우울이나 무쾌감증과 같은 부정 정서가 유발되고 목표지향적 행동이 감소한다. BIS가 활성화되면 불안이나 공포와 같은 부정 정서와 함께 회피적 행동이 유발된다. 이러한 BAS/BIS의 활성화는 다양한 정서장애를 설명하는 데 적용되고 있다.

Depue 등(Depue & Iacono, 1989; Depue, Krauss, & Spoont, 1987)은 BAS의 활성화 여부가 양극성 장애와 관련된다는 BAS 조절곤란 이론(BAS dysregulation theory)을 주장했다. 이들에 따르면, BAS의 과도한 활성화는 양극성 장애의 조증 또는 경조증 삽화와 관련되는 반면, BAS의 과도한 비활성화는 양극성 장애의 우울증 삽화와 연관된다. BAS의 과도한 활성화는 긍정 정서를 증가시킬 뿐만 아니라 목표지향적인 사고와 행동이 촉발하여 조증 상태를 유발하는 반면, BAS의 과도한 비활성화는 우울감, 침울감, 절망감과 같은 부정 정서를 촉발하고 능동적인 사고와 행동을 위축시켜 우울증 상태를 유발할 수 있다. BAS와 BIS의 비정상적인 상태는 특정한 자극에 민감하게 반응하는 선천적인 기질뿐만 아니라 환경자극에 대한 부적절한 인지적 해석에 의해서도 촉발될 수 있다. 또한 BIS의 과도한 활성화는 불안과 공포를 촉발하여 불안장애를 유발할 수 있다. 정서장애와 BAS/BIS의 관계를 연구하는 학자들(Depue & Collins, 1999; Fowles, 1993)의 주장을 요약하

표 19-1	BAS/BIS의 특성과 정서장애와의 관계		
	BAS 활성화	BAS 비활성화	BIS 활성화
생리적 기반	좌측 전두엽 활성화	좌측 전두엽 비활성화	우측 전두엽 활성화
촉발 자극	획득 및 성공 관련사건	상실 및 실패 관련사건	처벌적 사건
정서 반응	긍정 정서 (기쁨, 의기양양)	부정 정서 (슬픔, 절망감)	부정 정서 (불안, 공포)
행동 반응	목표추구 행동 증가	목표추구 행동 감소	진행 중인 행동 억제 주변환경 경계
병리적 현상	조증, 경조증	우울증	불안장애, 공포증

여 제시하면 〈표 19-1〉과 같다.

2) 보상과 처벌: 강화방식

행동은 성격요인뿐만 아니라 환경적 요인에 의해서 강력한 영향을 받는다. 8장에서 소개했듯이, 행동주의 심리학자들은 새로운 행동을 학습하는 원리뿐만 아니라 특정한 행동을 증가시키거나 감소시키는 환경적 요인을 밝혀냈다. 조작적 조건형성의 원리를 통해서 보상과 처벌이 행동의 증가와 감소에 영향을 미치는 중요한 환경적 요인이라는 것을 밝혔다.

행동은 보상이 주어지면 증가하고 처벌이 가해지면 감소한다. 행동의 증가에 영향을 미치는 자극을 강화물(reinforcer)이라고 하며 정적 강화물과 부적 강화물로 구분된다. 정적 강화물(positive reinforcer)은 제시할 때마다 행동의 증가를 유발하는 자극으로서 개인이 좋아하는 것(예: 먹이, 성적 촉감, 돈), 즉 보상을 의미한다. 이렇게 정적 강화물을 제공함으로써 행동을 증가시키는 절차를 정적 강화(positive reinforcement)라고 한다. 반면에, 부적 강화물(negative reinforcer)은 주지 않을 때 행동을 증가시키는 자극으로서 개인이 싫어하는 것(예:

전기충격, 고통)을 의미한다. 이렇게 부적 강화물을 주지 않음으로써 행동을 증가시키는 절차를 부적 강화(negative reinforcement)라고 한다.

처벌(punishment)은 행동의 감소에 영향을 미치는 자극을 의미한다. 처벌은 개인이 싫어하는 부적 강화물을 제시하거나 좋아하는 정적 강화물을 주지 않는 방식으로 제시될 수 있다. 바람직하지 않은 행동을 제거하기 위해서 처벌을 사용하지만, 처벌은 행동을 제거하는 데 효과적이지 못한 것으로 알려져 있다. 처벌이 지속적으로 주어지지 않으면 행동이 다시 나타난다. 또한 처벌은 개인에게 오래도록 부정적인 영향을 미치는 심리적 상처를 줄 수 있을 뿐만 아니라 기존의 행동을 억제할 뿐 새로운 바람직한 행동을 제시하지는 않는다.

학습과정에서 강화물을 제공하는 강화방식(reinforcement schedule)은 행동의 지속과 소거에 영향을 미친다. 강화방식은 일정한 시간마다 강화물을 주는 간격 강화방식(interval schedule)과 특정한 반응을 나타낸 횟수에 따라 강화물을 주는 비율 강화방식(ratio schedule)이 있다. 또한 강화를 주는 시간간격이나 반응횟수를 일정하게 하는 고정 강화방식(fixed schedule)과 평균만 정해놓고 다양하게 변화시키는 변동 강화방식(variable schedule)이 있다. 이러한 여러 가지 방식을 혼합하면 다양한 강화방식이 가능하다. 어떤 강화방식을 사용하느냐에 따라 새로운 행동이 학습되는 속도뿐만 아니라 학습된 행동이 소거되는 속도도 다르다. 일반적으로 변동-비율 강화방식에 의해 학습된 행동이 가장 오래도록 지속된다. 특히 강화물이 제공되는 시간이나 반응빈도를 예측하기 어려운 복합적 강화방식(compound schedule)에 의해 학습된 행동은 강화물이 더 이상 제공되지 않아도 쉽게 소거되지 않은 채 가장 오래도록 지속되는 것으로 알려져 있다. 그 대표적인 예가 도박중독이다. 대부분의 경우 돈을 잃지만 간헐적으로 돈을 딴 보상경험 때문에 도박행동을 중단하지 못하는 것이다. 이처럼 개인의 행동 성향은 과거의 학습경험에 의해서 결정된다.

3) Rotter의 통제소재

Julian Rotter(1966, 1971, 1990)는 인간의 행동을 예측하기 위해서 기대-가치 모델(expectancy-value model)을 제시했다. 그에 따르면, 어떤 상황에서 특정한 행동이 나타날 가능성은 그 행동이 특정한 결과를 만들어 낼 확률, 즉 기대(expectancy)와 그러한 결과와 연합된 보상가치(reinforcement value)의 함수로 결정된다. 개인마다 특정한 상황에서 판단하는 기대와 보상가치가 다르다. 동일한 상황에서 사람마다 달리 행동하는 이유는 각자가 판단하는 기대와 보상가치가 다르기 때문이다.

개인의 기대와 보상가치는 상황에 따라 달라진다. 그러나 개인이 여러 상황에 대해서 일반적으로 지니는 일반화된 기대(generalized expectancy)가 있다. 예컨대, 자신이 예의바르게 행동하면 상대방이 호의적인 반응을 보일 것이라는 대인간 신뢰가 이러한 일반화된 기대 중 하나다. 이러한 개인의 일반화된 기대는 상황에 따라 일관성을 지닐 뿐만 아니라 그 기대의 내용과 강도에 있어서 개인차가 있기 때문에 일종의 성격변인이라고 할 수 있다.

Rotter가 제시한 통제소재는 가장 널리 알려진 일반화된 기대 중 하나다. 통제소재(locus of control)는 개인이 자신에게 영향을 미치는 사건을 통제할 수 있다고 믿는 정도를 의미한다. 달리 말하면, 통제소재는 어떤 행동을 했을 때 특정한 결과(성공 또는 실패)가 나타날 것이라는 기대와 더불어 그 결과로 인한 보상가치의 결정을 자신이 하는가 아니면 타인이 하는가에 대한 믿음을 뜻한다. 내부적 통제소재(internal locus of control)는 자신의 성공과 실패가 내부 요인(자신의 노력이나 능력)에 의해서 결정된다는 일반화된 기대인 반면, 외부적 통제소재(external locus of control)는 성공과 실패가 자신의 노력보다 외부 요인(운이나 우연 또는 예측할 수 없는 환경의 힘)에 의해서 결정된다는 일반화된 기대다. 통제소재의 내부성과 외부성에 대한 믿음의 정도에 따라 다양한 상황에서 행동경향성이 달라질 수 있다.

예컨대, 내부적 통제소재를 지닌 사람은 자신의 능력에 맞은 자격시험을 응시하고 열심히 노력하는 반면, 외부적 통제소재를 지닌 사람은 어떤 자격시험에 응시해야 합격할 수 있는지를 알기 위해 점을 보거나 타인의 도움을 요청한다. 또한 시험에 떨어진 경우에도, 내부적 통제소재자는 자신의 능력이나 노력의 부족에 귀인하는 반면, 외부적 통제자는 불운이나 시험제도의 문제점을 탓할 것이다.

Rotter(1966)는 개인의 통제소재를 측정할 수 있는 내-외 통제소재 척도(Internal-External Locus of Control: I-E Scale)를 개발했다. 이 척도를 사용하여 건강심리학과 산업심리학 분야에서 많은 연구가 이루어졌다. 건강행동의 경우, 내부적 통제자들은 외부적 통제자들보다 건강정보를 더 적극적으로 구하고 건강을 증진하기 위한 노력을 더 많이 기울이는 것으로 나타났다.

4) Bandura의 사회인지이론

Albert Bandura(1977)는 타인의 행동을 관찰함으로써 새로운 행동을 학습할 수 있다는 사회적 학습이론(social learning theory)을 제시했다. 사회적 학습은 세 가지 방식으로 일어날 수 있다. 첫째는 모방학습(modeling)으로서 다른 사람의 행동을 그대로 따라하는 것이다. 둘째는 관찰학습(observational learning)으로서 다른 사람의 행동을 관찰해 두었다가 특정한 상황에서 그와 유사한 행동을 재생해 내는 경우를 뜻한다. 마지막은 대리학습(vicarious learning)으로서 다른 사람의 경험을 관찰하고 유사한 상황에서 그와 동일한 경험을 하는 것이다. 예컨대, 사람들은 다른 사람이 어떤 대상에 대해서 혐오적인 정서를 표현하는 모습을 관찰함으로써 그러한 대상과 직접 접촉한 경험이 없음에도 불구하고 그 대상에 대한 혐오 정서를 경험할 수 있다. 이러한 현상은 타인을 관찰하는 것만으로도 정서반응이 학습될 수 있음을 보여 주는 대리적 학습의 예다. 대리적 학습은 특정한 사람이나 대상에 대해서 부적절한 편견과 적대감을 갖게 할 수 있다. 빈번하게 폭력물을 보여 주는 대중매체는 특히 아동의 공격행동에 영향을 미칠 수 있다.

Bandura(1986)는 점차적으로 행동에 영향을 미치는 인지적 요인의 중요성을 깨닫게 되면서 행동주의적 관점에서 사회인지적 관점으로 옮겨 갔다. 그는 과제수행 상황에서 개인이 그러한 과제를 해결할 수 있다는 자신의 능력에 대한 믿음이 과제수행에 강력한 영향을 미친다는 사실을 인식하면서 자기효능감의 개념을 제시했다. 자기효능감(self-efficacy)은 과제를 완수하거나 목표를 달성할 수 있다는 개인의 신념으로서 그 정도에 있어서 개인차가 있다. Bandura는 자기효용감이 일반적인 상황에 적용될 수 있는 것이 아니라 특정한 상황에 제한된다는 점을 강조함으로써 개인과 상황의 상호작용을 중시하는 사회인지이론(social cognitive theory)으로 발전시켰다.

Bandura에 따르면, 개인의 자기효용감은 네 가지의 요인, 즉 실제 수행의 성취, 대리적 경험, 언어적 설득, 정서적 각성에 의해서 결정된다. 첫째, 실제 수행의 성취는 자기효능감에 관한 가장 직접적이고 중요한 정보를 제공한다. 실제로 과제를 수행해 본 경험을 통해서 자신의 능력과 한계를 인식할 수 있기 때문이다. 둘째, 대리적 경험은 다른 사람들의 성공과 실패를 관찰하고 자신을 그들과 관련지어 평가함으로써 자기효능감을 발달시키는 것이다. 자신과 능력이 비슷한 사람이 과제에 성공했다면 자신도 그 과제에서 성공할 수 있다는 자기효능감을 갖게 될 것이다. 셋째, 언어적 설득도 자기효능감에 영향을 미친다. 부모와 친구를 포함한 주변 사람들이 자신의 능력에 대해서 신뢰 또는 불신을 표현하는지에 따라서 자기효능감이 달라질 수 있다. 마지막으로, 정서적 각성은 자기효능감에 관한 중요한 정보를 제공한다. 어떤 과제를 하면서 유난히 불안하고 가슴이 두근거리는 정서적 경험은 자신이 과제를 효과적으로 해결하지 못하고 있다는 인식을 통해서 자기효능감을 낮추는 반면, 과제를 수행하면서 평온하고 유쾌한 정서를 경험한다면 자기효능감이 높아질 수 있다.

자기효능감은 과제 수행의 다양한 측면에 영향을 미친다. 자기효능감은 개인으로 하여금 어떤 과제를 선택할 것인지, 얼마나 많은 노력을 기울일 것인지, 얼마나 꾸준하게 과제를 수행할 것인지, 과제수행을 하면서 어떤 정서경험을 하게 되는지에 영향을 미친다. 특정한 상황에서 자신의 능력을 얼마나 신뢰하는지에 따라서

DISC 평가

DISC 평가(DISC Assessment)는 산업장면에서 흔히 사용되는 행동평가 도구 중 하나다. 이 도구는 심리학자인 William Marston이 제시한 행동특질 이론에 근거하고 있다. Marston은 1928년에 출간한 『정상인의 정서(Emotion of Normal People)』에서 인간의 행동은 자신이 처한 환경에 대한 호의성 인식과 그 환경에서 자신이 행사할 수 있는 영향력 인식에 따라 행동방식이 달라진다고 주장했다. 그에 따르면, 개인이 처한 환경을 호의적인 또는 적대적인 것으로 인식하는지 그리고 그러한 환경에서 자신의 영향력을 강한 또는 약한 것으로 인식하는지에 따라 다음과 같은 네 가지 패턴의 행동을 나타내게 된다.

1) 지배형(Dominance)은 환경이 호의적이지 않지만 자신의 영향력은 강하다고 인식할 때 나타내는 행동방식으로서 주도형이라고 불리기도 한다. 이러한 유형은 적극적인 행동파로서 단호하고, 신속하지만 지시적이고, 경쟁적이며, 다른 사람들에 대한 따뜻하고, 공감적 태도가 부족하다.

2) 설득형(Inducement)은 환경이 호의적일 뿐만 아니라 자신의 영향력도 강하다고 인식할 때 나타내는 행동방식으로서 사교형(Influence)이라고 불리기도 한다. 이러한 유형에 속하는 사람들은 사교적이고, 낙관적인 태도를 지니며, 열정적으로 일에 임하고, 친화력이 뛰어나지만 산만한 경향이 있어 세밀한 분석이나 집중이 필요한 일에 취약할 수 있다.

3) 순종형(Submission)은 환경이 호의적이지만 자신의 영향력은 약하다고 인식할 때 나타내는 행동방식으로서 안정형(Steadiness)이라고 불리기도 한다. 이러한 유형은 성실하고, 협력적이며, 다른 사람들과의 갈등이나 충돌을 원하지 않고 평온하고 안정적인 생활을 추구하지만 소극적이고, 수동적이며, 자발성이 부족한 경향이 있다.

4) 동조형(Compliance)은 환경이 호의적이지 않을 뿐만 아니라 자신의 영향력도 약하다고 인식할 때 나타내는 행동방식으로서 신중형(Conscientiousness)이라고 불리기도 한다. 이러한 유형에 속하는 사람들은 매우 조심스럽고, 신중하며, 치밀하고 원칙주의적인 특성을 나타내지만 실수를 두려워하여 일의 속도가 느리고, 과감하지 못하다.

DISC 평가는 성격을 평가하는 도구가 아니라 개인이 특정한 환경에서 나타내는 행동패턴을 평가하는 도구다. 동일한 성격을 지닌 사람도 직장에서 나타내는 행동과 가정에서 나타내는 행동은 다를 수 있기 때문이다. 이러한 DISC 모델에 근거하여 산업심리학자인 Walter Clarke는 1956년에 문항 평정방식으로 구성된 DiSC 평가도구를 개발하였다. 그는 나중에 이를 선택지 형식으로 바꾸어 자기기술(Self Description)이라는 새로운 평가도구를 개발했다. 1970년대에 John Geier는 자기기술을 발전시켜 Personal Profile System을 개발했으며, 개인의 행동패턴을 15가지 유형(예: 성취자, 개발자, 설득자, 연구자, 평가자, 상담자 등)으로 분류했다. DISC 평가도구는 여러 학자에 의해서 개발되었으며, 그 신뢰도와 타당도가 도구마다 다양하므로 이를 잘 파악하여 사용하는 것이 바람직하다.

그 상황에 대한 생각, 정서, 행동이 달라진다.

　Bandura는 과제에 임하는 동기를 설명하기 위해서 사회인지적 개념인 목표와 표준을 제시했다. 목표(goal)는 개인이 추구하여 궁극적으로 도달하고자 하는 종착점을 뜻하는 반면, 표준(standard)은 목표를 추구하는 과정에서 개인이 자신의 행동이나 중간 결과를 평가하는 기준점을 의미한다. 표준은 자신에 의해서 설정될 수도 있고 타인에 의해서 주어질 수도 있는데, 표준에의 도달 여부에 따라서 보상과 처벌을 기대하게 된다. 이러한 표준은 자기평가와 자기강화의 기준이 된다. 개인은 표준에 비추어 자신의 수행을 평가하게 되는데, 표준에 미치지 못하면 좌절감을 느끼는 반면, 표준보다 우수한 결과가 나타나면 만족감과 기쁨을 느낀다. 긍정적인 자기평가는 자기강화로 이어지는데, Bandura는 자기평가를 통한 자기강화가 타인에 의한 외적 강화보다 개인의 행동에 더 강력한 영향을 미친다고 주장했다.

　개인이 어떤 목표를 설정하고, 목표달성을 위해 노력하며, 결과를 도출하기까지 다양한 인지적 과정이 개입한다. 개인은 목표를 표상하고, 다양한 행위가 가져올 결과를 예측하며, 수행의 성공과 실패에 대해서 귀인을 하고, 자기효능성을 평가하며, 과제 수행의 지속 여부를 결정하는 과정을 겪는다. Bandura에 의하면, 과제수행의 동기는 수행 피드백의 평가, 목표와 표준의 인지적 표상, 자기효능성 판단과 같은 인지적 요인에 의해서 영향을 받는다. 첫째, 개인은 목표를 향해 지속적으로 노력하기 위해서 수행 피드백에 의존한다. 목표를 향해서 얼마나 접근하고 있는지에 대한 충분한 피드백 정보가 주어질수록 더 높은 동기를 갖게 된다. 둘째, 목표와 표준을 마음속으로 표상하며 유지하는 것은 동기에 중요하다. 목표의 심상을 통해서 미래의 보상을 예견할 수 있을 뿐만 아니라 표준에 비추어 수행 피드

백을 적절하게 평가하고 그 결과에 따라 자기강화를 할 수 있게 된다. 셋째, 자기효능성의 판단은 목표의 지속적인 추구와 노력에 영향을 미친다. 자신이 목표를 달성할 수 있는 능력을 지니고 있다는 자기효능감은 동기를 고양시킬 수 있다.

　Bandura(1989; Bandura & Cervone, 1983)의 연구결과에 따르면, 높은 목표를 설정한 집단이 낮은 목표를 설정하거나 목표를 설정하지 않은 집단보다 과제수행 동기와 수행결과가 높았다. 목표를 더 구체적이고, 도전적이며, 현실적이고, 단기적으로 세울수록 더 강한 동기가 유발되었다. 또한 표준을 고려한 수행 피드백의 평가가 동기에 강력한 영향을 미쳤다. 자기효능감은 높지만 표준 이하의 수행 피드백으로 인해 불만족을 경험하는 사람들이 과제수행을 위해 가장 많은 노력을 기울인 것으로 나타났다.

5. 목표와 행동

　인간은 목표를 지향하는 존재다. 개인을 이해하기 위해서는 그가 어떤 목표를 지니고 살아가느냐를 이해하는 것이 중요하다. 이런 점에서, 성격이란 개인이 특정한 상황의 요구에 적절히 대응하면서 동시에 일관성 있게 목표를 지향하는 경향성이라고 할 수 있다. 목표는 개인이 행동을 통해 성취하고자 하는 구체적인 지향점일 뿐만 아니라 미래에 대한 기대나 희망의 구체적인 내용이기도 하다.

　성격은 개인이 일상생활에서 어떤 목표를 추구하며, 어떻게 행동하는지를 통해서 이해될 수 있다. 이러한 성격과 일상경험의 연구에서 중요한 이슈는 성격을 반영하는 일상행동의 분석단위를 발견하는 것이다. 그 유망한 방법 중에 하나가 개인이 스스로 제시하는 목표,

즉 개인이 현재 하고 있는 일과 관심을 갖는 일에 초점을 맞추는 것이다. 이러한 분석단위는 학자에 따라서 현재 관심사(current concerns; Klinger, 1975, 1977), 개인 프로젝트(personal project; Little, 1989, 1999), 개인적 열망(personal strivings; Emmons, 1989, 1999), 생애 과제(life tasks; Cantor, 1990; Cantor & Kihlstrom, 1987)로 지칭되고 있지만 모두 목표에 대한 다른 명칭이라고 할 수 있다.

성격심리학자들은 구체적이고 개인적이며 상황-관련 목표의 관점에서 개인의 성격을 이해하려는 경향이 있다. 개인이 어떤 상황에서 성취하려고 시도하는 목표는 그의 행동을 조직화하는 데 중요한 영향을 미친다. 개인의 목표는 활동 선택의 안내자 역할을 할 뿐만 아니라 매일의 사건을 해석하는 참조체계의 역할을 한다. 이러한 목표는 개인이 일상생활에서 나타내는 행동과 경험을 분석하는 데 매우 중요하다.

1) Emmons의 개인적 열망

미국 California 대학(Davis)의 심리학과 교수인 Robert Emmons(1989, 1999)는 '개인적 열망'이라는 개념을 사용하여 개인의 행동과 행복의 관계를 탐구하고 있다. 그에 따르면, 개인적 열망(personal strivings)은 개인이 평소에 이루고자 추구하는 목표의 일관성 있는 패턴이다. 개인적 열망은 개인마다 각기 특수하고 독특할 뿐만 아니라 그 추구방식도 다르다. 이러한 추구내용은 그 주제나 내용에 따라 공통적인 범주(예: 성취, 친화, 권력, 건강, 자율성, 개인적 성숙)로 구분될 수 있지만 삶의 단계나 상황에 따라 변할 수 있다. 개인적 열망은 위계적 구조를 지니며 한 가지 열망은 다양한 행동을 통해서 성취될 수 있고, 하나의 행동은 여러 열망을 추구하기 위한 것일 수 있다.

Robert Emmons

Emmons(1989, 1999)는 개인적 열망의 측정 방법을 다음과 같이 제시하고 있다. (1) 개인에게 그가 매일의 활동에서 전형적으로 하고자 하는 것들의 목록을 제시하게 한다. 긍정적인 것과 부정적인 것의 예를 제시하면서 가능한 한 다양하게 보고하도록 격려한다. 일반적으로 사람들은 10~40개 사이의 개인적 열망을 보고한다. (2) 각 열망마다 그것을 이루기 위해서 하고 있는 구체적인 방법들을 적게 한다. 달리 말하면, 목표를 성취하기 위한 계획을 뜻한다. 예컨대, 개인적 열망이 '좀 더 여유 있는 삶'인 경우에는 산책하기, 명상하기, 운동하기, 영화보기 등의 활동을 제시할 수 있다. 보통 각 열망마다 4~5개의 방법을 보고한다. (3) 개인이 제시한 열망 중에서 15개를 선택하여 각 열망을 여러 차원(긍정성-부정성, 중요성, 성공 가능성, 헌신도, 어려움 등)에서 평정하게 한다. 이러한 차원들을 요인분석 결과에 따르면, 열망은 세 개의 요인, 즉 열망의 강도(긍정성, 중요도, 헌신도), 성공 가능성(과거 성취도, 실천 가능성), 성취 수월성(좋은 여건, 적은 어려움)으로 구성되어 있다. (4) 개인에게 각 열망마다 "이 열망을 이루는 것이 다른 열망을 추구하는 데 도움이 되나요 아니면 방해가 되나요?"라는 질문을 제시하여 열망들 간의 관계를 탐색한다. 이러한 방식으로 만들어진 15×15 매트릭스는 각 열망들 간의 촉진적 또는 갈등적 관계를 파악할 수 있다. 이 매트릭스를 통해서 개인이 지니고 있는 개인적 열망의 촉진 및 갈등 점수를 계산할 수 있다.

Emmons(1986)에 따르면, 개인적 열망이 성격특질보다 주관적 안녕을 더 잘 예측한다고 보고했다. 긍정 정서는 개인적 열망의 성취와 관련되어 있는 반면, 부정 정서는 개인적 열망의 갈등, 양가성, 낮은 성공 가능성과 관련되어 있었다. 삶의 만족도는 개인적 열망이 중요하다는 인식, 열망들 간의 촉진적 관계에 대한 인식, 그리고 높은 성공 가능성과 밀접한 관계를 지니고 있었다. 개인적 열망에서 많은 갈등과 양가성을 지닌 사람들은 주관적 안녕 수준이 낮을 뿐만 아니라 우울, 불안, 신체적 증상, 병원방문 횟수가 많았다.

Emmons의 연구는 개별사례적 접근과 법칙발견적 접근의 통합 가능성을 보여 준다. 개인적 열망이라는 개별사례적 자료를 통해서 열망 간 갈등과 주관적 안녕의 관계를 밝히는 법칙발견적 연구를 할 수 있기 때문이다. 개인적 열망과 성격특질은 다른 개념이지만 서로 밀접하게 연결되어 있다. 예컨대, 자기애의 성격특질이 높은 사람은 다른 사람들을 지배하거나 조정하려는 노력이나 멋진 옷차림새를 꾸미는 노력을 더 많이 하는 반면, 자기애 성향이 낮은 사람은 부모에게 효도하기, 다른 사람의 감정 배려하기, 다른 사람 즐겁게 하기와 같은 개인적 열망을 더 많이 나타냈다. 이러한 개인적 열망의 차이는 개인 자신의 보고뿐만 아니라 또래 친구들에 의해서도 확인되었다.

Emmons(1992)에 따르면, 행복한 삶을 위해서는 서로 조화롭게 밀접히 연결된 목표를 선택하여 추구하는 것이 중요하다. 추구하는 목표들 간의 통합성이 높고 목표들 간의 내적 갈등이 적을수록, 주관적 안녕의 수준이 높다. 또한 목표의 구체성에 따라 행복에 미치는 영향이 다르다. 추상적인 목표를 추구할수록 현재의 행복도가 낮아진다. 왜냐하면 추상적인 목표일수록 그것이 언제 성취될 수 있는지를 알 수 없기 때문이다. 예를 들어, "타인을 배려하는 좋은 사람 되기"보다 "하루에 한 명 이상 도움이 필요한 사람을 도와주기"의 목표가 더 구체적이며 그 성취여부를 즉각적으로 알 수 있다. 그러나 행복에 있어서 더 중요한 것은 구체적인 목표와 더불어 추상적인 장기적 목표를 함께 지니는 것이다. 추상적 목표만을 추구하는 경우는 그 달성 가능성을 확인할 수 없으며, 구체적 목표만을 추구하는 경우는 장기적인 방향감각 없이 우왕좌왕할 수 있다. Little(1989)은 이러한 딜레마를 "장대한 환상과 하찮은 열망"의 갈등이라고 불렀다. 구체적인 목표와 추상적인 목표 간의 균형을 위해서는, 추상적이며 의미 있는 장기적 목표와 더불어 직접 행동으로 연결될 수 있는 구체적인 목표를 세우는 것이 바람직하다.

2) Cantor의 생활과제

현재 미국 Rutgers 대학(Newark)의 총장이자 심리학자인 Nancy Cantor(1990, 1994)는 내면적 동기나 인지가 행동으로 표출되는 목표지향 과정에 관심을 지닌 연구자다. 그녀에 따르면, 개인은 그가 속한 사회문화적 생활환경에서 중요하다고 생각되는 과제들과 씨름하면서 성격을 발달시키며 성장한다. 개인의 성격은 '어떤 성향을 가지고 있는지(having)'보다 '어떤 활동을 하고 있는지(doing)'에 의해서 더 잘 이해될 수 있다. 개인을 이해하기 위해서는 그가 어떤 성격의 소유자인가 하는 관점으로 접근하기보다 그가 일상생활에서 무엇을 하고 있는가의 관점에서 접근하는 것이 더 중요하다.

Cantor는 추상적인 개념을 통한 연구가 아니라 일상

Nancy Cantor

생활의 행동을 통해서 개인을 이해하고자 했다. 따라서 성격특질이라는 광범위한 요인보다는 개인이 특수한 상황적 요구에 대처하기 위한 적응적 노력이 이루어지는 과정에 관심을 지닌다. 이를 위해서 Cantor는 세 개의 개념, 즉 생활과제, 사건도식, 인지적 방략을 강조한다.

생활과제(life tasks)는 개인적 열망과 비슷한 개념이다. 생활과제는 개인이 추구하는 목표를 인생의 특정한 시기에 특수한 상황에서 수행하고자 하는 구체적인 과제로 변환시킨 것이다. 이러한 목표는 인생의 시기와 상황에 특수한 것으로서 개인은 다른 시기와 다른 상황에서 다른 목표를 향해 에너지와 시간을 투자한다. 생활과제는 개인이 추구하는 목표를 이루기 위해서 일상생활과 직업장면에서 직면하는 문제들을 해결하려는 노력에서 관찰될 수 있으며 자기보고가 가능하다. Cantor는 개인을 이해하는 기본적인 분석단위로서 생활과제를 중요하게 여겼다. 생활과제는 개인이 해결하려고 애쓰는 구체적인 문제들로서 그가 영위하는 일상생활의 구조와 의미를 보여 줄 뿐만 아니라 일상생활 맥락에서 그가 지닌 성격특질이나 성향의 표현이라고 할 수 있다.

생활과제는 사람마다 매우 독특하며 그 내용과 실행방법도 다르다. 그 이유는 개인마다 독특한 인지적 도식과 책략을 지니고 있기 때문이다. 다양한 도식 중에서 Cantor는 사회적 상호작용에 대한 인식 틀을 의미하는 사건도식을 중시한다. 사건도식(event schema)은 개인이 특정한 행동과 결과 간의 관계에 대해서 지니고 있는 "~행동하면 ~결과가 유발된다"식의 가설(if-then hypothesis)인 동시에 특정한 상황에서 일어날 것으로 예상하는 연쇄적 행동의 각본(scripts)을 의미한다. 인지적 방략(cognitive strategy)은 개인이 현재의 생활과제를 수행하기 위해 동원하는 수단을 의미한다. 이러한 책략에는 상황의 평가, 결과를 위한 계획, 과거경험의 기억, 만족지연이나 자기조절과 같은 다양한 노력이 있으며 외적인 문제해결 책략뿐만 아니라 욕구, 가치, 정서와 같은 내적인 문제에 대한 해결 방법도 포함된다.

Cantor는 개인의 생활과제와 접근방법을 평가하기 위한 구체적인 방법을 개발했다. Cantor와 Langston (1989)은 대학교 신입생들에게 현재 당면하고 있는 생활과제의 목록을 쓰게 하고, 중요도에 따라 순서를 매기게 했다. 학생들은 평균 8.3개의 과제를 보고했으며, 매우 추상적인 것부터 구체적인 것까지 다양했다. 학생들이 자유롭게 제시한 과제들은 성취 과제와 대인관계 과제로 분류되었고, 각각 세 범주의 과제로 구분되었다. 즉, 성취 과제는 좋은 학점 따기, 미래 계획하기, 시간관리 하기로 구분되었고 대인관계 과제는 가족으로부터 독립하기, 친구 만들기, 자기정체성 발달시키기로 분류되었다. 이렇게 여섯 범주로 분류된 각 과제들을 학생들로 하여금 중요도, 즐거움, 어려움, 도전, 통제 등의 차원에서 평정하게 했다. 아울러 학생들에게 그러한 과제를 수행하는 구체적인 상황과 그 계획을 제시하도록 했다. 마지막으로, 각 과제를 수행하는 것이 다른 과제에 도움이 되는지 아니면 방해가 되는지의 정도를 물었다. 대다수 학생들의 경우에, 성취 과제와 대인관계 과제는 서로 갈등적인 것으로 나타났다.

인지적 방략은 질문지와 반구조화된 면접을 통해서 평가되었다. 학생들이 성취과제에 사용하는 인지적 방략은 낙관주의와 방어적 비관주의로 구분되었다. 낙관주의를 지닌 학생들은 성취과제에 대해서 낮은 불안과 높은 기대를 지니는 반면, 방어적 비관주의(defensive pessimism)를 지닌 학생들은 최악의 상황을 예상하면서 낮은 기대를 설정하고 과제를 하기 위한 계획을 구체적으로 세웠다. 그러나 두 집단의 학생들은 과거의 성적이나 첫 학기의 성적에서 차이가 없었다. 이것은 방어적 비관주의자들이 불필요한 걱정을 많이 하는 사람들이라는 것을 의미한다.

이러한 두 가지 방략은 모두 성취과제에서 적응적인 것으로 나타났지만 그 효과가 나타나는 과정은 달랐다. 낙관주의 방략은 긍정적인 기대에 초점을 맞추게 만들고 잘못될 것에 대한 부정적 사고를 회피하는 데 도움이 되었다. 반면에, 방어적 비관주의 방략은 최악의 상황을 예상함으로써 불안을 통해 자기조절을 유발하여 과제에 매진하도록 하지만 매번 이러한 방략을 사용하게 되면 불안이 지속될 수 있다.

낙관주의와 방어적 비관주의 방략은 학업과제에 대한 접근방식의 개인차를 설명하는 데에는 유용했으나 대인관계과제에서는 그렇지 않았다. 대인관계과제에서의 개인차는 사회적 억제의 측면에서 나타났다. 사회적 억제(social constraints)는 사회적 불안과 관련된 방략으로서 자기주장을 억제하며 타인지향적인 관계방식을 의미한다. 사회적 억제가 높은 사람들은 타인의 감정상태에 민감하고 자신의 사회적 행동이 적절한 것인지에 대해서 불안해하며 대인관계과제에 대해서 더 많은 스트레스를 경험한다. 그러나 이러한 방략은 주도적으로 섣불리 행동함으로써 초래되는 부정적 결과를

줄일 뿐만 아니라 리더보다 추종자나 관찰자의 역할을 함으로써 자기존중감을 보호하는 적응적 기능을 지닌다. 이러한 사회적 억제가 높은 사람들이 낮은 사람들에 비해서 대인관계과제에 대한 불안수준은 높지만 더 우울하거나 자신과 인생에 대해서 더 부정적이지는 않았다.

Cantor는 개인의 삶을 이해하기 위해서 그가 선택하는 생활과제와 그러한 과제를 수행하기 위해 사용하는 방략에 초점을 맞추었다. Cantor가 제시한 접근법 역시 개별사례적 연구와 법칙발견적 연구의 통합 가능성을 보여 준다. 그녀는 개별사례적 접근을 통해서 개인이 처한 인생의 시기와 상황에 따라 직면하고 있는 생활과제뿐만 아니라 그러한 과제에 부여하는 개인적 의미와 해결방략을 탐색하고 있다. 그러나 개인적 자료의 분석을 통해서 생활과제와 인지적 방략을 유형화하고 그 적응적 효과와 과정의 일반적 원리를 밝히고 있다. 개인이 일상생활에서 어떤 생활과제를 중요하게 여기며 그러한 과제를 어떤 방략으로 접근하는지를 밝히는 것은 그 사람의 성격과 구체적인 행동의 관계를 이해하는 데 커다란 도움이 될 수 있다.

6. 자기제시 이론

인간은 위장술에 매우 능한 존재다. 자신의 진심, 즉 속마음을 숨기면서 다른 사람에게는 전혀 다른 모습과 행동을 나타낸다. 그래서 열 길 물속은 알아도 한 길 마음속은 알기 어렵다. 속마음과 겉모습에 현저한 괴리가 있다. 속마음을 투명하게 나타내는 사람이 있는 반면, 속마음을 숨기는 크렘린형 또는 포커페이스형인 사람들도 있다. 그래서 우리는 다른 사람의 속마음을 알고 싶어 하면서 독심술에 관심을 갖는 것이다.

인간을 이해하기 어려운 이유는 그가 자신의 진정한 모습을 있는 그대로 나타내지 않기 때문이다. 인간은 자신이 다른 사람에게 보이기를 원하는 모습으로 자신을 위장하여 나타낸다. 다시 말하면, 인간은 사회적 상황에서 Jung이 말한 페르소나, 즉 가면을 쓰고 생활하는 존재다. 개인의 성격을 이해하기 위해서는 그가 타인이라는 청중에게 자신이 원하는 이미지를 전달하기 위한 자기제시 방식을 잘 이해하는 것이 중요하다.

Sullivan은 대인행동이 자기체계와 일치하는 상대의 반응을 유발하기 위한 것이라고 주장했다. 즉, 개인은 대인행동을 통해서 자기개념과 일치하는 타인의 행동을 이끌어 내려는 자기확증(self-affirmation)의 욕구를 지닌다. 그러나 상대방이 항상 자신이 원하는 반응을 나타내는 것은 아니다. 자기체계와 일치하지 않은 반응에 직면하게 되면 개인은 불안을 느낄 뿐만 아니라 그러한 반응에 저항하거나 반발하게 되고 그 결과 갈등을 초래할 수 있다. 따라서 개인은 이러한 불안과 갈등을 최소화하기 위해서 자신의 행동을 조절하게 된다. 즉, 자신이 원하는 반응을 상대방으로부터 유발해 내기 위해서 자신의 내면적 상태를 제한적으로 표출해야 할 필요성을 느끼게 된다. 따라서 개인은 자기개념과 일치하는 상대의 반응을 유발하기 위해 자신을 제한적으로 나타내게 되는데, 이를 자기제시(self-presentation)라고 한다.

성격의 자기제시 이론(self-presentation theory of personality)에 따르면, 성격이란 개인이 다른 사람들에게 심어 준 자신에 대한 인상이나 이미지를 뜻한다(Leary, 1995; Paulhus & Trapnell, 2008; Schlenker, Britt, & Pennington, 1996). 자기제시 이론에 따르면, 인생은 연극이고, 온 세상은 무대이며, 남자와 여자는 모두 배우다. 성격은 주어진 역할에 따라 청중에게 보일 인상(이미지)이며, 인생은 그러한 인상을 잘 제시하며 연기하는 것이다.

자기제시는 성격의 중요한 요소다. 사람마다 다른 사람에게 자신을 내보이는 모습과 방식이 다르다. 자신을 지나치게 솔직하게 내보이는 사람이 있는 반면, 자신의 내면을 숨기고 사회적으로 바람직한 행동을 내보이는 사람도 있다. 자신을 매우 유능하고 독립적인 사람으로 내보이는 사람이 있는 반면에, 자신을 매우 협동적이고 따뜻한 사람으로 내보이는 사람이 있다. 인간의 내면적 성격은 자신만이 알 수 있으며, 타인은 개인이 내보이는 외현적 대인행동을 통해 그의 성격을 추론할 뿐이다.

1) 공적 자기제시와 사적 자기제시

자기제시는 상황적 요구에 반응하는 것이다. 자신을 응시하는 청중의 유형, 사회적 압력(역할), 보여 주려는 이미지에 따라서 개인의 대인행동이 달라진다. 자기제시의 주요한 두 가지 메커니즘은 (1) 자신의 행동이 공적인 것인지, 즉 중요한 사람에 의해서 관찰되는지를 결정하는 것과 (2) 그 청중에게 제시할 자신의 적절한 이미지를 결정하는 것이다.

자기제시는 청중의 유형, 즉 공적 청중과 사적 청중에 따라 달라진다. 공적 청중(public audience)은 자신의 행동을 관찰하고 평가할 다른 사람들을 뜻하며, 대인관계 상황마다 다양한 유형의 청중이 존재할 수 있다. 인간은 누구나 공적인 상황에서는 청중, 즉 다른 사람들을 의식하며 자신이 원하는 자기이미지를 심어 주기 위해서 행동한다. 사적 청중(private audience)은 자신의 행동을 관찰하고, 평가하는 자기자신을 뜻한다. 완벽주의적인 사람은 매우 까다롭고 기대수준이 높은 사적 청중을 지닌 경우라고 할 수 있다.

또한 자기제시는 청중에게 자신의 어떤 이미지를 심어

인간은 사적인 상황과 공적인 상황에서의 행동이 다르다.

주고자 하느냐에 따라 달라질 수 있다. Paulhus와 Trapnell(2008)은 David Bakan(1966)이 제시한 대인관계의 Big Two, 즉 주체성(agency)과 연대성(communion)의 개념을 통해서 청중에게 보여 줄 자기이미지를 두 유형으로 구분했다. 즉, 자신을 독립적이고 유능한 강한 사람으로 보여 줄 것인지 아니면 따뜻하고 친밀한 협동적인 사람으로 보여 줄 것인지는 사람마다 다를 수 있다. 이처럼 개인의 자기제시는 청중과 자기이미지의 유형에 따라 [그림 19-3]과 같이 구분될 수 있다.

청중을 의식하는 것은 개인의 행동에 다양한 방식으로 영향을 미친다. 특히 효과적인 공적인 자기제시는 상당한 노력과 주의력을 요한다. 많은 사람에 의해서 관찰되고 있는 유명 연예인들은 행동을 조심스럽게 해야 한다. 따라서 이러한 유명 연예인들의 공적인 자기제시 행동은 실제의 모습과 현저하게 다를 수 있다. 특히 진정한 자기모습과 현저하게 다른 모습을 보이고자 할 때는 많은 에너지가 소비되며 심한 스트레스 상태에서 소진(burnout)이 나타날 수 있다.

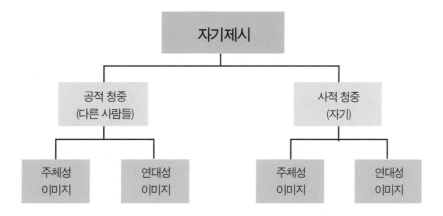

[그림 19-3] **자기제시를 위한 청중과 자기이미지의 유형**

공적인 자기제시와 위선: 인간은 위선적 존재

공적인 자기제시는 일상적 용어로 말하면 위선(僞善) 행위를 뜻한다. 진화심리학의 관점에서 보면, 유기체는 생존과 번식을 위해서 다양한 위장과 속임수 전략을 사용한다. 만물의 영장인 인간은 가장 교묘하고 복잡한 속임수를 구사하는 위장술의 대가라고 할 수 있다.

자기제시 이론에 따르면, 인간의 대인관계는 자신이 원하는 반응을 상대로부터 얻어내기 위해서 자신을 긍정적으로 위장하여 제시하는 위선적 상호작용이다. 다만 사람마다 위선의 정도와 방식이 다를 뿐이다. 위선적 자기제시의 동기 강도(사회적 인정 욕구 또는 사회적 거부의 두려움), 위선적 왜곡의 정도(개인의 실제 모습과 타인에게 제시한 모습의 격차), 위선적 자기제시 능력과 성공 정도, 위선적으로 나타내고자 하는 자신의 이미지, 상대(청중)의 유형에 따른 위선적 자기제시의 변화 정도 등에 있어서 개인차가 있을 뿐이다.

진정한 자기모습을 내보이지 못하는 이유는 두 가지라고 할 수 있다. 첫째는 상대방에게 자신의 진정한 모습을 내보였을 때 입게 될 피해에 대한 두려움 때문이다. 상대방이 자신을 무시하거나 거부하거나 집단에서 축출할 것을 두려워하기 때문이다. 달리 말하면, 거부의 두려움이 큰 사람일수록 위선적 자기제시의 동기가 강할 것이다. 다른 이유는 자신의 이익을 최대화하기 위한 것이다. 실제의 자기모습보다 더 긍정적인 모습으로 내보였을 경우에 추가적인 이익을 얻을 수 있기 때문이다. 대인관계에서 단기적 이익을 얻고자 하는 욕구가 강할수록 위선적 자기제시의 동기가 강할 것이라고 예상할 수 있다.

진정한 자신의 모습과 위선적으로 제시한 자신의 모습 간의 괴리가 클수록, 개인이 느끼는 불안감과 부담감이 증가한다. 다른 사람들이 진정한 자신의 모습을 알게 되었을 경우에 느끼게 될 실망감과 배신감의 강도 그리고 그로 인한 피해의 정도도 클 것이기 때문이다. 따라서 진정한 자신의 모습이 다른 사람들에게 노출되지 않도록 위장을 강화해야 하기 때문에 심리적인 부담감과 스트레스가 증가하게 된다. 이러한 사람들은 자신의 속마음을 내보이지 못한 채 대인관계에서 항상 긴장하며 점점 더 증폭된 위장을 하게 된다.

그러나 인간은 신뢰할 수 있는 소수의 사람에게는 자신의 속마음과 진정한 모습을 내보일 수 있다. 자신을 위선적으로 내보일 필요가 없는 가족이나 친구와의 만남이 편안한 이유가 여기에 있다. 가족과 친구에게조차 자신의 진정한 모습을 내보이기 어려워하는 사람들이 있다. 사실, 심리치료나 상담은 내담자가 자신의 진정한 모습과 속마음을 내보이는 대인관계 상황이다. 심리치료자는 내담자가 거부의 두려움 없이 자신의 속마음과 진정한 모습을 내보일 수 있는 무조건적 수용의 분위기를 조성하는 것이 중요하다.

2) 사회적 선호 반응

사회적 선호 반응(Socially Desirable Responding: SDR)
은 자신을 사회적으로 바람직한 방향으로 나타내려는
반응 방식을 말한다. 흔히 자기보고형 검사에서 자신을
실제보다 더 긍정적인 모습으로 반응하는 경향성을 사
회적 선희도(social desirability)라고 하며 MMPI에서 K
척도나 L척도를 통해서 평가되기도 한다. 사회적 선희
도는 개인의 실제 모습을 평가하는 장애요인이지만 자
신을 긍정적으로 나타내고자 하는 성격적 요인이기도
하다.

인간은 다른 사람에게 긍정적으로 보이기 위해 인상관리를 한다.

(1) 인상관리와 자기기만

사회적으로 인정받기 위해서 우리는 자신의 실제 모습
과 다른 행동을 할 수 있다. 공적 청중을 대상으로 한 공
적인 자기제시를 조절하는 과정을 인상관리(impression
management)라고 한다. 물밑으로는 두 발을 움직이며
정신없이 갈퀴질을 하면서도 물위로는 우아하고 평온
한 모습을 보여 주는 백조처럼, 인간은 자신의 부정적
인 모습을 숨긴 채 타인에게 긍정적인 모습만을 보여
주고자 한다.

반면에, 사적 청중의 경우에는 인상관리를 할 필요
가 없지만 긍정적인 자기상의 유지를 위해서 내부적인
방어적 과정이 작동할 수 있는데, 이를 자기기만(self-
deception)이라고 한다. 인상관리는 자신의 부정적 측
면을 의식적으로 숨기는 것으로서 억제(supression)에
해당하는 반면, 자기기만은 무의식적으로 자신의 부정
적인 측면을 외면하는 억압(repression)에 해당한다.
즉, 인상관리는 의식적/통제적 조절인 반면, 자기기만
은 무의식적/자동적 조절이라고 할 수 있다. 사회적으
로 인정받기 위한 자기제시의 조절과정이 [그림 19-4]

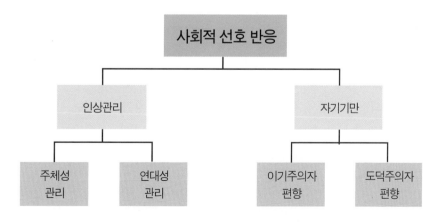

[그림 19-4] **사회적 선호 반응의 유형과 방략**

에 제시되어 있다. MMPI의 L척도는 긍정적인 인상관리를 반영하는 반면, F척도는 긍정적인 자기기만을 반영한다.

관중에 대한 반응, 즉 인상관리도 내용에 따라 구분된다. 어떤 사람은 주체성 또는 연대성에 대한 자신의 특성을 의도적으로 과장하려고 한다. 주체성 관리(agency management)는 강점 홍보하기, 즉 자랑하기로서 유능성, 두려움 없음, 대담성, 창의성과 같은 속성을 강조한다. 이러한 행동은 주로 구직자나 데이트를 신청하는 남자에게서 흔히 관찰된다. 연대성 관리(communion management)는 자신의 협동성과 도덕성을 강조하는 것으로서 핑계 대기와 다양한 위험통제를 포함한다. 자신의 이타성을 과장하는 것은 종교적 상황, 협동성을 과장하는 종업원, 처벌을 피하려는 법적 피고인에게서 흔히 나타난다.

(2) 자기기만과 자기고양

자기기만에 있어서도 주체성과 연대감의 가치가 반영된다. 어떤 사람은 지배성, 두려움 없음, 정서적 안정성, 지성, 창의성, 매력과 같은 주체성 관련 성격특질에 대해서 비현실적인 자기지각을 나타낸다. 이처럼 자기애적이고 영웅적인 특성을 나타내는 자기기만적 왜곡을 이기주의자 편향(egoistic bias)이라고 한다. 반면에, 연대감의 가치에 과도하게 집착하는 사람들은 사회적으로 일탈된 충동을 부정하고 자신의 고결하고 성자 같은 속성을 주장하는 자기기만적 경향성을 나타낸다. 이들은 우호성, 친화성, 책임의식에 대해서 지나치게 긍정적인 자기지각을 나타내는데 이를 도덕주의자 편향(moralistic bias)이라고 한다(Paulhus & John, 1998). 이러한 편향을 지닌 사람들은 사회적으로 부도덕한 자신의 생각과 행동을 부인한다.

인간은 자존감을 유지하고 보호하기 위해서 자신을 실제보다 더 긍정적으로 평가하는 경향이 있다. Taylor와 Brown(1988)은 자신을 실제보다 긍정적으로 평가하는 것이 적응적임을 밝히고 이러한 현상을 긍정적 착각(positive illusion)이라고 지칭했다. 이들에 따르면, 실제보다 긍정적인 자기평가를 한 사람들이 사실적인 자기평가를 한 사람들보다 덜 우울했으며, 대인관계가 더 원만하고 수행에서의 성적도 더 좋았다. 자기 자신을 있는 그대로 사실대로 지각하고 평가하는 것보다 적당한 정도로 긍정적인 평가를 하는 것이 적응적이라는 것이다. 이러한 관점에 개인이 자신을 긍정적으로 평가하려는 경향성을 자기고양(self-enhancement)이라고 한다. 사람들은 사회적 비교를 통해서 자신이 평균보다 상위에 속한다고 생각하거나 자신의 긍정적 속성을 더 중요하게 생각하는 등의 다양한 자기고양 전략을 사용한다. 이러한 자기고양은 자기기만과 유사한 개념이지만 왜곡의 정도에 차이가 있다. 자기기만은 사실과의 괴리가 큰 현저한 왜곡을 통해 부적응적인 결과를 초래하는 반면, 자기고양은 적당한 긍정적 왜곡을 통해 자존감과 의욕을 증가시키는 적응적인 결과를 유발하는 경우라고 할 수 있다.

(3) 인상관리

우리는 타인의 진정한 모습을 알 수 없다. 모든 인간이 나름대로 인상관리를 하고 있기 때문이다. 개인이 나타내는 외현적 행동을 통해서 그의 성격과 내면적 상태를 추론할 따름이다. 특히 자신의 실제 모습과 현저하게 다른 인상관리를 하는 사람의 경우에는 그의 진면목을 알기 어렵다. 자기기만이 심한 사람의 경우에는 자신의 진정한 모습을 자각하기 어렵다.

인간은 누구나 공적인 상황에서는 청중, 즉 다른 사람들을 의식하며 자신이 원하는 자기이미지를 심어 주기 위해서 행동한다. 달리 말하면, 인간은 누구나 인상

인간은 청중의 유형에 따라서 다른 모습을 내보인다.

관리(impression management)를 한다. 사람마다 다른 사람에게 심어 주고자 하는 자기이미지가 다를 뿐만 아니라 그러한 자기제시 방법이 다르다. 이러한 자기제시의 개인차는 성격의 중요한 구성요소라고 할 수 있다.

첫째, 사람마다 자기제시에 대한 관심이나 조절 노력이 다르다. 어떤 사람을 다른 사람들보다 현재 상황의 사회적 요구에 더 많이 주의를 기울이고 적절한 방식으로 행동을 조절한다. 공적인 자기의식이 강한 사람은 인상관리에 많은 노력을 기울이는 반면, 공적인 자기의식이 약한 사람은 다른 사람의 눈을 의식하지 않은 채 행동한다.

둘째, 자기제시에 관여하려는 동기가 다르다. 승인욕구, 방어적 동기, 부정적 평가의 두려움, 자기애적 욕구, 완벽주의적 동기 등이 자기제시에 관여할 수 있다. 때로는 타인을 이용하고 착취하기 위해 자신의 내면적 의도를 위장한 자기제시를 할 수도 있다. 자기제시 동기는 크게 자기보호(self-protection)의 동기와 자기증진(self-promotion)의 동기로 구분할 수 있다.

셋째, 자기제시에서의 왜곡정도가 다를 수 있다. 어떤 사람은 자신의 내면을 약간 과장하거나 약간 축소하여 내보이는 반면, 어떤 사람은 자신의 속성과 반대되는 모습을 내보이기도 한다. 공적인 공간에서의 모습과 사적인 공간에서의 행위의 격차가 사람마다 다르다. 자기제시는 사회적 관계에서 사용하는 가면, 즉 페르소나라고 할 수 있다. 이중인격자, 양의 탈을 쓴 늑대, 표리부동한 사람, 카멜레온 같은 사람, 위선자 등의 용어는 상황에 따라 자기제시의 괴리가 큰 사람들을 지칭한다.

넷째, 사람마다 인상관리의 방략이 다르다. 인상관리의 주된 방략으로는 아첨하기(flattering), 환심 사기 또는 비위 맞추기(ingratiation), 애원하기(supplication), 능력 보여 주기(exemplification), 자기과장하기(self-promotion), 협박하기(intimidation) 등이 있다. 개인이 흔히 사용하는 인상관리 방략은 성격의 한 측면을 반영한다.

진정한 모습과 자기제시의 현저한 차이는 많은 에너지를 소비할 뿐만 아니라 심리적 스트레스를 제공할 수 있다. 왜냐하면 자신의 실제 모습을 숨기기 위해서 항상 긴장해야 하기 때문이다. 긴장을 늦추거나 술에 취하거나 당황하는 경우에 자신의 실제 모습이 불쑥 나타나는 경우가 있다. 가정에서의 행동과 직장에서의 행동에 너무 많은 괴리가 있어서 주변사람들로부터 이중인간이라고 평가받는 사람도 있다.

이 밖에도 사람마다 인상관리를 위한 조절능력이 다르다. 평생 공적인 상황에서 자신의 진정한 모습을 숨기며 살아온 사람이 있는 반면, 흥분하거나 술에 취하면 쉽게 본색을 드러내는 사람도 있다. 공적인 상황에서 자신이 원하는 이미지를 타인에게 잘 내보이는 사람이 있는 반면, 그러한 이미지 전달에 실패하는 사람도 있다. 사적인 상황(혼자 있거나 매우 친밀한 사람들과 함께 있는 상황)에서는 타인에게 내보이는 자신의 이미지에 대해서 수치심과 죄책감을 느끼는 사람도 있다.

7. 성격의 행동적 노출

인간은 자신의 진정한 모습을 잘 드러내지 않는다. 특히 다른 사람에 의해서 평가될 수 있는 사회적 상황에서는 자신의 진면목을 내보이지 않는다. 또한 사회적 상황의 요구에 따라서 무난한 방식으로 행동하기 때문에 개인의 성격을 평가할 수 있는 기회가 많지 않다. 그렇다면 개인은 언제 자신의 성격을 드러내는 것일까? 어떤 상황에서 개인의 진면목이 노출되는 것일까? 어떤 경우에 개인의 성격이 외현적인 행동으로 나타나는 것일까?

Higgins와 Scholer(2008)에 따르면, 성격은 개인이 세상을 바라보거나 세상에 대처하는 방식에서 나타나는 동기화된 선호와 편향(motivated preference and bias)이다. 성격은 개인이 다양한 방식으로 반응할 수 있는 상황에서 그가 어떤 선택을 하는지를 통해서 알 수 있다. 개인은 크게 두 가지의 방식, 즉 세상을 바라보는 방식과 세상에 반응하는 방식에 있어서 독특성을 지닌다.

이러한 개인적 독특성이 가장 노출되기 쉬운 두 가지의 상황은 다음과 같다. 하나는 낮은 요구 상황(low-demand situation)으로서 개인이 특정한 방식으로 반응

인간이 자신의 실제 모습을 노출하는 특별한 상황이 있다.

하도록 요구하는 압력이 적어서 자신의 평소 방식대로 자유롭게 반응할 수 있는 상황을 말한다. 이처럼 자유롭게 반응할 수 있는 모호한 상황에서 나타내는 개인의 지각, 판단, 평가는 그가 세상을 바라보는 익숙한 방식을 보여 주게 된다. 다른 하나는 높은 요구 상황(high-demand situation)으로서 개인이 많은 노력을 했거나 스트레스를 받아서 심리적 에너지를 소진하여 의식적인 자기조절이 어려운 상황을 뜻한다. 이처럼 힘든 상황에서 개인이 자신의 문제와 상황적 압력을 어떻게 다루는지 관찰함으로써 그가 세상에 대응하는 익숙한 방식을 알 수 있게 된다.

1) 세상을 바라보는 방식

세상을 바라보는 방식(way of seeing)은 개인이 세상에 대해서 지니는 기대, 욕구, 신념을 의미하며 자극의 지각과 의미부여에 영향을 미친다. 세상을 바라보는 방식은 다양한 상황에서 노출될 수 있지만 편향된 동기가 나타날 수 있는 모호한 상황, 즉 낮은 요구 상황에서 더 잘 노출될 수 있다. TAT나 로르샤흐 검사와 같은 투사적 검사는 모호한 자극을 제시함으로써 피검자가 그것을 바라보고 해석하는 방식과 그것에 부여한 의미를 통해서 피검자에게 가장 쉽게 떠오를 수 있는 동기와 편향을 평가한다. 낮은 요구 상황은 비구조화된 상황으로서 개인이 세상을 바라보는 편향된 방식이 노출되고 이를 통해서 개인의 동기화된 선호와 편향을 포착할 수 있게 된다.

낮은 요구 상황에서 개인의 동기화된 선호와 편향이 노출되는 방식은 세 가지다. 첫째는 지식의 활성화와 사용으로서 개인이 모호한 자극에 어떤 의미를 부여하는지를 통해서 그가 만성적으로 접근이 가능한 지식의 내용과 인지적 편향을 알 수 있다. 둘째는 특정한 판단

과 결정을 함으로써 그가 성취하기를 선호하는 결과를 알 수 있다. 개인이 모호한 상황에서 어떤 판단과 결정을 하는지를 관찰함으로써 그가 어떤 기대를 지니며 어떤 결과를 원하는지 알 수 있다. 마지막으로, 개인이 그러한 판단과 결정을 어떤 방식으로 도달하는지를 관찰함으로써 그가 결정과 판단을 만드는 과정에서 선호하는 방략을 알 수 있다.

개인은 모호한 상황을 바라보는 초점이 개선이냐 예방이냐에 따라 사용하는 방략의 선호가 다르다 (Higgins, 1997). 증진 지향성(promotion orientation)을 지닌 사람들은 긍정적인 결과(희망, 진보, 성취)가 나타날 것인지 아닌지의 여부에 대한 민감성을 지니며 위험을 회피하기 위한 수단보다 성취를 얻기 위한 수단을 선호한다. 반면에, 예방 지향성(prevention orientation)을 지닌 사람들은 부정적 결과(의무, 책임, 안전)가 나타날 것인지 아닌지의 여부에 촉각을 곤두세우며 성취 지향적 수단보다는 위험 회피적 수단을 선호한다.

2) 세상에 대처하는 방식

세상을 바라보는 방식은 낮은 요구 상황에서 잘 노출되는 반면에, 세상에 대처하는 방식(way of coping)은 높은 요구 상황에서 잘 관찰될 수 있다. 가장 대표적인 높은 요구 상황은 (1) 실패했거나 실패가 예상되는 상황, (2) 대인관계의 거절, (3) 자기조절 능력이 고갈된 조건이다.

첫째, 실패했거나 실패가 예상되는 상황에 대해서 대처하는 방식이 사람마다 다르다. 목표와 동기에 영향을 미치는 자신에 관한 암묵적 신념에 따라 대처방식이 달라질 수 있다. Dweck(1999)은 고정-마음자세와 성장-마음자세를 구분했다. 학업성적은 지능에 의해 결정되며, 지능은 선천적인 능력으로서 고정된 것이라는

믿음이 고정-마음자세(fixed mind-set)다. 반면에, 학업성적은 열심히 배우고 연습하면서 노력한 결과로서 자신의 노력에 따라 얼마든지 변화시킬 수 있다는 믿음이 성장-마음자세(growth mind-set)다. 고정-마음자세를 지닌 사람들은 노력보다 능력이 성공의 조건이라고 생각하고 수행의 결과에 초점을 맞추는 반면, 성장-마음자세를 지닌 사람들은 더 노력하면 성공할 수 있다고 생각하고 경험을 통해서 더 많은 것을 배우는 것에 초점을 맞춘다. 실패에 직면했을 때, 성장-마음자세를 지닌 사람들은 노력에 대한 긍정적 신념과 숙달 지향적 방략을 사용한 반면, 고정-마음자세를 지닌 사람들은 무기력한 방략을 나타냈다.

또한 자기효용성의 신념에 따라 실패에 대한 대처방식이 달라진다. Bandura(1997)가 제시했듯이, 자기효용감은 (1) 장애를 극복한 경험, (2) 다른 사람이 장애를 극복하는 장면을 관찰한 경험, (3) 성공 가능성을 증가시키는 사회적 상황, (4) 자기효능성을 반영하는 정서적 상태에 따라 달라질 수 있다. 자기효용성이 높은 사람은 실패에 대해서 더욱 높은 동기를 지니고 더욱 많은 노력을 기울였을 뿐만 아니라 더 높은 수행결과를 나타냈다.

방어적 비관주의(defensive pessimism)는 실패에 대처하는 방식의 개인차를 잘 보여 준다. 어떤 사람들은 부정적인 결과를 예상하고 노력할 때, 오히려 더 좋은 결과를 나타낸다(Norem & Cantor, 1986; Showers, 1992). 이러한 방어적 비관주의자들은 새로운 상황에 들어갈 때 최악의 결과를 예상한다. 이들은 (1) 미래의 실패에 대비하여 자기보호적 목표를 세울 뿐만 아니라 (2) 부정적 가능성을 예방하기 위해 현재에 증가된 노력을 하려는 동기적 목표를 지닌다. 그러나 이러한 대처방략이 실패했을 때, 방어적 비관주의자들은 더 낮은 결과를 나타냈다.

둘째, 대인관계 거절에 대한 대처방식은 거부 민감성 모델(rejection sensitivity model; Downey & Feldman, 1996)을 통해서 살펴볼 수 있다. 거부 민감성이 높은 사람은 자신이 거부당할 것이라고 예상하고 거부를 쉽게 지각할 뿐만 아니라 거부에 분노로 반응함으로써 그들이 가장 회피하고자 하는 거부를 당하게 된다. 일종의 자기-충족적 예언이 실현되는 셈이다. 거부 민감성이 높은 사람들은 거부로 인식되면 분노 정서가 자동적으로 유발되는 경향성을 나타냈다. 그러나 거부 민감성이 높은 사람들이 다른 패턴의 반응을 나타내기도 한다. 거절이 예상되지만 회복이 가능한 상황에서는 거절을 예방하려는 시도로서 동조, 순종, 비위 맞추기 행동을 나타낸다. 거부 민감성이 높은 사람은 타인이나 집단의 신념이나 가치에 동조하는 경향이 높다. 이러한 경향으로 인해서 거부 민감성이 높은 사람들은 불안정한 자기

감을 지니는 것으로 알려져 있다(Ayduk, Mischel, & Downey, 2002).

마지막으로, 자기조절 능력을 요구하는 상황에서 개인마다 대처하는 방식이 다르다. 특히 작은 단기적 보상과 큰 장기적 보상이 갈등하는 상황에 대처하는 방식은 개인의 삶에 커다란 영향을 미친다. Mischel은 아동에게 마시멜로 실험을 통해 만족지연 능력을 평가하고 이러한 능력이 미래의 학업성적과 사회적 적응을 예측할 수 있었다. 미래의 더 많은 보상을 위해서 눈앞의 마시멜로를 먹지 않고 기다리는 능력은 자기조절 동기(기대와 가치)와 자기조절 능력에 의존한다. 특히 주의를 다른 곳으로 돌리고 더 큰 보상을 정신적으로 표상하는 것이 만족지연 능력을 결정했다(Mischel & Baker, 1975).

요약

1. 행동은 성격의 표현이며, 성격은 행동의 근원이다. 그러나 성격과 행동의 관계는 그렇게 단순하지 않다. 성격과 행동이 일치하지 않는 경우가 흔하다.

2. 개인-상황 논쟁은 성격특질의 존재에 대한 논란을 불러일으켰다. 상황론자들은 성격이 허구적 개념이며, 행동은 성격보다 상황에 의해 결정된다고 주장했다. 성격론자들은 출생 시부터 지니는 기질을 바탕으로 성격이 형성되며, 행동은 성격과 상황을 함께 고려하면 예측 가능하다고 주장한다.

3. Mischel은 개인의 성격을 특징적 행동패턴이라고 정의하고 그러한 행동패턴을 생성하는 인지-정서 성격체계를 제안했다. 이 성격체계는 개인이 상황을 해석하여 이해하고 기대와

신념 그리고 목표에 따라 정보를 연결하여 행동적 반응을 생성하는 심리적 체계를 의미한다.

4. Gray는 행동반응을 통제하는 두 개의 체계, 즉 행동활성화 체계와 행동억제 체계를 제시했다. 행동활성화 체계는 긍정 정서와 목표추구 행동을 촉발하는 신경심리체계인 반면, 행동억제 체계는 불안과 공포를 유발하면 회피행동을 촉발하는 신경심리체계다. 두 행동체계는 양극성 장애를 비롯한 정서장애의 설명에 적용되고 있다.

5. 행동은 성격뿐만 아니라 환경에 의해서 영향을 받는다. 행동은 보상이 주어지면 증가하고 처벌이 가해지면 감소한다. 학습과정에서 강화물을 제공하는 강화방식은 행동의 지속과 소

거에 영향을 미친다.

6. Rotter는 개인이 자신에게 영향을 미치는 사건을 통제할 수 있다고 믿는 통제소재가 행동에 영향을 미친다고 주장했다. Bandura는 사회인지이론을 통해서 개인이 어떤 목표를 설정하고, 목표달성을 위해 노력하며, 결과를 도출하는 데 개입하는 인지적 과정을 설명했다. 과제를 완수하거나 목표를 달성할 수 있다는 믿음을 의미하는 자기효능감은 과제 수행의 다양한 측면에 영향을 미친다.

7. 인간은 목표를 지향하는 존재다. 성격은 개인이 일상생활에서 어떤 목표를 추구하며 어떻게 행동하는지를 통해서 이해될 수 있다. Emmons는 개인이 평소에 추구하는 목표를 뜻하는 개인적 열망이라는 개념을 사용하여 개인의 성격과 일상 행동을 분석하고자 했다. Cantor는 생활과제, 사건도식, 인지적 방략을 강조하며 성격을 내면적 성향보다 일상적 활동으로 이해하고자 했다. 이들의 연구는 개별사례적 접근과 법칙발견적 접근의 통합 가능성을 보여 준다.

8. 인간은 위장술에 능한 존재다. 자기제시 이론은 성격을 개인이 다른 사람들에게 심어 준 자신에 대한 이미지라고 정의한다. 자기제시는 공적 청중과 사적 청중에 따라 달라질 뿐만 아니라 청중에게 어떤 이미지를 심어 주고자 하느냐에 따라 달라질 수 있다. 자신을 사회적으로 바람직한 모습으로 제시하는 사회적 선호 반응은 공적 청중을 위한 인상관리와 긍정적 자기상을 유지하기 위한 자기기만으로 구분된다.

9. 인간은 타인에게 자신의 진정한 모습을 내보이지 않지만, 두 가지 상황에서는 개인의 실제 모습이 노출될 수 있다. 하나는 낮은 요구 상황으로서 개인이 특정한 방식으로 반응하도록 요구하는 압력이 적어서 자신의 평소 방식대로 자유롭게 반응할 수 있는 상황이다. 다른 하나는 높은 요구 상황으로서 개인이 많은 노력을 했거나 스트레스를 받아서 심리적 에너지를 소진하여 의식적인 자기조절이 어려운 상황이다.

제5부

:

성격과 인생의 관계

제20장
성격과 인간관계

1. 인생의 가장 중요한 영역: 인간관계

성격은 인생의 많은 부분을 결정한다. 개인의 성격이 그 사람의 삶에 강력한 영향을 미치기 때문이다. 성격은 매 순간 개인의 삶에 영향을 미친다. 인생의 다양한 상황을 어떻게 받아들이고 어떤 선택을 하며 어떻게 대응하느냐가 개인의 성격에 따라 달라지기 때문이다. 인간관계는 인생의 가장 중요한 영역일 뿐만 아니라 개인의 성격에 의해서 가장 커다란 영향을 받는 삶의 영역이다.

1) 행복과 불행의 가장 큰 원천: 인간관계

"우리의 인생에서 가장 큰 행복은 누군가를 사랑하고 누군가로부터 사랑받고 있다는 확신에서 나온다." 프랑스의 대문호 빅토르 위고의 말처럼, 행복의 가장

큰 원천은 인간관계다. 여러 국가에서 시행된 방대한 조사자료를 종합하여 분석한 Diener(2001)에 따르면, 행복감을 가장 일관성 있게 잘 예측하는 요인은 인간관계였다. 2,000명 이상의 미국인을 대상으로 조사한 연구(Campbell, Converse, & Rodgers, 1976)에 따르면, 인생의 주요한 영역 중에서 전반적인 삶의 만족도를 가장 잘 예측하는 것은 결혼 및 가정생활이었다. 또한 인생에서 가장 소중한 것이 무엇이냐고 물었을 때 가장 흔한 대답은 친밀한 인간관계였다(Emmons, 1999). 사랑에 관한 대표적 연구자인 Reis와 Gable(2003)은 삶의 만족과 행복에 기여하는 가장 중요하면서도 단일한 원천은 다른 사람과의 긍정적인 관계라고 결론 내리고 있다.

인간관계는 행복의 주된 원천인 동시에 불행을 초래하는 가장 주요한 원천이기도 하다. 많은 사람을 대상으로 시행된 연구(Veroff, Douvan, & Kulka, 1981)에서 "최근에 일어난 가장 괴로운 일"이 무엇이냐고 물었을

인간관계는 행복의 가장 중요한 원천이다.

때 응답자의 50% 이상이 인간관계, 특히 중요한 사람과의 이별이나 갈등을 들었다. 특히 배우자의 사망은 가장 고통스러운 생활사건이었으며 심리적·신체적 건강에 모두 심각한 영향을 미쳤다. 사람들이 심리치료를 받게 되는 가장 흔한 문제 역시 인간관계 문제다(Pinsker, Nepps, Redfield, & Winston, 1985). 중요한 사람과의 갈등이나 이별은 우울증을 비롯한 다양한 자기파괴적 행동의 중요한 원인이 된다. 고통스러운 인간관계는 신체적 건강에도 해로운 영향을 끼쳐서 면역기능을 저하시킨다(Kiecolt-Glaser, 1999). 이처럼 인간관계는 우리의 행복과 불행에 심각한 영향을 미치는 매우 중요한 삶의 영역이다.

2) 인간관계의 대상: 의미 있는 타인들

우리는 평생 수많은 사람과 인간관계를 맺으며 살아간다. 그러나 모든 사람이 우리의 행복에 동일한 영향을 미치는 것은 아니다. 우리의 삶에 중요한 영향을 미치는 의미 있는 타인들(significant others)이 있다. 이들과의 관계가 행복에 특히 중요하다. 대인관계 이론의 발전에 기여한 Kiesler(1996)는 다음과 같이 의미 있는 타인들의 속성을 제시하고 있다.

(1) 자신이 매우 좋아하고 또한 자신을 매우 좋아하는 사람
(2) 자신이 닮고 싶어 하는 사람 또는 자신의 이상(理

想)인 사람

(3) 자신이 조언과 충고를 얻기 위해 찾는 사람

(4) 자신의 인생과 관련된 중요한 사안에 대해서 결정권을 지닌 사람

(5) 자신의 의견과 행동에 중요한 영향을 미치는 사람, 즉 자신이 그 사람으로부터 인정받기를 원하며 자신에 대한 그 사람의 평가를 중요시하는 사람

(6) 자신의 개인적 성장을 촉진하는 사람, 즉 그 사람과 함께 있으면 자신이 한 단계 넓고, 깊어지며, 인격적으로 향상되는 긍정적인 영향을 받는 사람

(7) 자신이 정서적으로나 심리적으로 가장 깊게 신뢰하고 관여하는 사람

(8) 자신과 동일한 가치관을 공유하는 사람

(9) 자신이 실제적 관계든 상상적 관계든 많은 시간을 투여하는 사람, 즉 자신이 자주 접촉하고 많은 시간을 보내며 함께 많은 일을 하는 사람

(10) 자신에게 가장 적절하고 유용한 평가적 피드백을 제공하는 사람

(11) 자신에게 친밀감과 안정감을 제공하는 실제적 또는 잠재적 원천이 되는 사람

사람마다 다른 사람을 의미 있는 존재로 여기는 기준이 다르다. 그러나 일반적으로 개인의 자기관과 세계관에 중요한 영향을 주었거나 주는 사람들이 의미 있는 타인이라고 할 수 있다. 대부분의 경우, 의미 있는 타인으로는 부모, 형제자매, 연인이나 배우자, 친구, 교사, 스승이 거명된다.

부정적인 의미에서 개인의 삶에 중요한 영향을 미치는 의미 있는 타인도 있다. 심한 갈등을 유발하거나 심리적 상처를 줌으로써 개인에게 심각한 영향을 미치는 사람들이 있다. 예컨대, 가정에서 폭군처럼 행동하여 가족에 고통과 상처를 안겨 주는 아버지는 부정적인 의미에서 중요한 타인이 된다. 사랑의 깊은 상처를 안겨 준 사람도 개인의 삶에 오래도록 중요한 영향을 미칠 수 있다. 의미 있는 타인들은 개인의 삶에 긍정적인 영향뿐만 아니라 부정적인 영향을 미치는 중요한 인물들을 뜻한다.

3) 인생의 네 가지 동반자

외로움(loneliness)은 현대인의 가장 흔한 심리적 문제 중 하나다. 인간은 타인과의 관계를 통해 친밀감과 애정을 얻고자 하는 깊은 갈망을 지닌 존재다. 만족스럽고 행복한 인간관계는 삶의 의욕과 의미감을 제공하는 주된 원천이다. 인간의 다양한 심리적 욕구는 여러 유형의 사람들과 친밀한 관계를 형성함으로써 충족될 수 있다.

현대인의 외로움을 연구한 Schmidt와 Sermat(1983)는 만족스러운 인간관계를 위해서는 다음과 같은 네 유형의 동반자가 중요하다고 제시했다. 그 첫째는 가족 동반자(familial partner)로서 부모, 형제자매, 자녀를 포함한 가족구성원이다. 둘째는 낭만적 동반자(romantic partner)로서 사랑의 감정과 성적인 열정을 느낄 수 있는 연인이나 배우자를 의미한다. 셋째는 직업적 동반자(working partner)로 직업적 활동을 협동적으로 수행하며 친밀감과 도움을 주고받는 직장동료를 뜻한다. 마지막은 사회적 동반자(social partner)로서 우정을 느끼며 신뢰로운 관계 속에서 서로의 속마음을 나눌 수 있는 친구를 말한다. Schmidt와 Sermat(1983)에 따르면, 이러한 네 가지 동반자 중 어느 하나라도 결여되어 있거나 그들과 심각한 갈등을 겪게 되면 외로움을 느끼게 된다.

그러나 네 유형의 동반자를 비롯하여 의미 있는 타인들과 원만하고 친밀한 관계를 형성하는 것은 결코 쉬운 일이 아니다. 더구나 이들과의 인간관계를 커다란

갈등 없이 안정적으로 잘 유지하는 것은 더더욱 쉬운 일이 아니다. 인간관계는 독특한 성격을 지닌 사람들이 서로 영향을 주고받으며 상호작용하는 매우 오묘하고 복잡한 인생의 영역이기 때문이다.

2. 성격의 대인관계 이론

인간은 사회적인 존재다. 인간은 집단을 이루어 살아가는 군거성(群居性) 동물로서 타인과의 관계 속에서 살아가는 사회적인 존재다. 진화심리학의 관점에서 보면, 인간 사회는 생존과 번식을 위한 협동과 경쟁이 이루어지는 적자생존의 장이다. 타인과의 효율적인 협동과 경쟁을 위해서는 상대방과 자신을 잘 이해하는 지피지기(知彼知己)가 중요하다.

지피지기의 핵심은 상대방과 자신의 성격을 이해하는 것이다. 성격은 상대방이 자신과의 관계에서 어떤 방식으로 협동과 경쟁을 할 것인지를 예측하는 가장 중요한 정보이기 때문이다. 대인관계의 상호작용에서 상대방이 어떤 태도와 행동을 나타낼 것인지 그리고 자신이 어떻게 행동해야 상대방으로부터 원하는 반응을 이끌어 낼 수 있을지를 예측하기 위해서는 상대방의 성격을 잘 파악하는 것이 중요하다. 인간이 다른 사람의 성격에 대해서 강한 호기심을 느끼는 이유가 여기에 있다.

성격은 개인의 대인관계 패턴이라고 할 수 있다. 개인의 성격이 가장 적나라하게 나타나는 상황은 대인관계 상황이다. 성격특성은 다른 사람과의 사회적 관계에서 나타내는 관계방식, 즉 대인관계의 방식에서 나타난다. 성격을 대인관계의 맥락에서 이해하고 설명하려는 시도가 바로 성격의 대인관계 이론이다.

성격의 대인관계 이론(interpersonal theory of personality)은 Harry Stack Sullivan(1953)의 대인관계

이론에 뿌리를 두고 있으며 많은 심리학자에 의해서 발전했다. 특히 Timothy Leary(1957)는 대인행동 원형 모델(interpersonal circumplex model)을 통해서 성격을 대인관계 맥락에서 이해하는 주요한 틀을 제공했으며 Wiggins, Kiesler 등에 의해서 더욱 정교한 이론으로 발전하고 있다.

1) Sullivan의 대인관계 이론

Harry Stack Sullivan(1892~1949)은 개인의 성격과 정신병리를 대인관계의 맥락에서 이해하고자 했던 대인관계 이론의 선구자다. 그는 미국의 뉴욕 주 Norwich에서 태어났으며 불행한 가족환경 속에서 성장했다. 정서적으로 메마른 아버지와 정신적으로 불안정했던 어머니의 외아들로서 외롭고 불행한 아동기와 청소년기를 보냈다. Chicago 대학교에서 의학을 전공하고 정신의학자로 활동하면서 대인관계에 초점을 맞춘 심리치료를 제안했다. 그의 대인관계 이론은 어린 시절에 고통스럽게 겪었던 어머니와의 관계경험을 반영한 것으로 여겨지고 있으며 그는 평생을 독신으로 살

Harry Stack Sullivan

왔다.

Sullivan에 따르면, 성격은 개인의 내부에 존재하는 심리내적인(intrapersonal) 것이 아니라 사회적 맥락에서 이해되어야 하는 대인관계적인(interpersonal) 것이다. 성격은 대인관계 속에서 형성되고 발현된다. Sullivan(1953)은 성격을 "한 인간의 삶을 특징짓는 대인관계의 지속적인 패턴"이라고 정의했다.

Sullivan이 제시한 대인관계 이론의 핵심개념은 불안(anxiety)이다. 인간은 사회적 안전감의 욕구를 지니며 이러한 욕구가 좌절되면 불안을 경험하게 된다. 이런 점에서 불안의 주요한 원천은 대인관계다. 불안을 유발하는 대인관계는 개인의 자기가치감과 유능감을 위협하며 자기존중감을 손상시키게 된다.

Sullivan에 따르면, 아동은 불안으로부터 자신을 보호하고 정서적 안전감을 얻기 위한 자기보호 장치로서 자기체계를 발달시킨다. 자기체계(self-system)는 자신에 대한 인식의 집합체이자 안정된 자기표상으로서 어린 시절에 부모와의 관계경험을 통해서 형성된다. 자기체계는 타인과 접촉하는 동안에 타인에 의해서 반영된 평가(reflected appraisal) 또는 자신이 타인에게 얼마나 가치 있게 여겨지는지에 대한 아동의 경험으로부터 발달한다. 아동은 부모와의 관계에서 여러 수준의 불안을 경험하면서 '좋은 나' '나쁜 나' '내가 아닌 나'로 구성된 자기체계를 형성한다.

좋은 나(good me)는 아동이 어머니와 안정감 있고 만족스러운 유쾌한 관계를 경험하면서 자신에게 주어진 긍정적 피드백에 근거하여 형성한 자기상을 의미한다. 나쁜 나(bad me)는 자녀의 행동에 대한 어머니의 불안정하고 과민한 반응이 내재화된 자기상을 뜻한다. 내가 아닌 나(not me)는 참을 수 없는 강렬한 불안을 경험하면서 자신의 것이 아닌 것으로 거부된 자기의 부분을 의미한다.

대인행동의 목적은 자기체계를 확증하기 위한 것이다. 즉, 대인관계의 목표는 자기체계를 확인하고 강화하기 위해서 타인으로부터 자기체계와 일치하는 반응을 유발하기 위한 것이다. 자기체계와 일치하지 않은 정보는 선택적 부주의(selective inattention)와 병렬적 왜곡(parataxic distortion)을 통해 배제한다. 또는 상대방이 자기체계에 일치하는 반응을 나타내도록 대인행동을 통해 유도한다.

자기체계가 얼마나 현실과 일치하느냐에 따라 성숙과 정신건강이 결정된다. Sullivan은 개인이 타인과 교류하는 세 가지의 소통방식을 제시했다. 그 첫째는 원형적 또는 미분화적 소통(prototaxic communication)으로서 감각과 심상이 조직화되지 않은 채로 흘러가는 유아적이고 원초적인 경험방식을 뜻한다. 둘째는 병렬적 또는 현실괴리적 소통(parataxic communication)으로서 불안을 감소하기 위해서 현실을 왜곡하여 경험하는 것을 뜻한다. 병렬적 소통은 매우 비논리적이고, 경직되어 있으며, 자기체계를 확증하기 위해서 타인의 반응을 편향된 방향으로 몰아가는 제한적인 상호작용을 유발한다. 그 결과로서 개인은 자신과 타인에 대한 독특한 도식을 내면화하는데, Sullivan은 이를 정형화(personification)라고 지칭했다. 정형화는 대인관계의 병렬적 왜곡(예: 전이나 투사)을 통해서 형성한 자기와 타인에 대한 경직된 심상으로서 대인관계의 기본적인 틀이 된다. '좋은 나' '나쁜 나' '내가 아닌 나'는 이러한 정형화의 예라고 할 수 있다. 정형화는 자기체계를 보호하는 기능을 하지만 현실과의 괴리가 커지면 부적응과 정신장애를 초래할 수 있다. 심리치료자는 내담자의 현실괴리적인 정형화를 포착하여 좀 더 현실적인 방향의 통합적 소통으로 이끌어야 한다. 통합적 소통(syntaxic communication)은 현실을 유연하게 수용하고 통합하는 성숙한 정서적 교류방식을 의미한다.

Sullivan의 치료목표는 현실을 왜곡하여 부적응적 대인관계로 몰아가는 개인의 병렬적 소통을 점진적으로 통합적 소통으로 변화시킴으로써 타인과의 성숙한 대인관계로 유도하는 것이다.

Sullivan은 인간의 성격과 정신병리를 대인관계의 관점에서 이해하고 설명하고자 했던 선구자였다. 그의 대인관계 이론은 이후에 대인관계 원형이론을 비롯하여 자기제시 이론, 대인관계 심리치료 등의 발전에 기여했다.

2) 대인관계 원형이론

개인의 성격과 대인관계 패턴은 매우 다양하고 복잡하다. 대인관계 원형이론은 개인의 성격을 대인관계 패턴으로 정의하고 대인행동과 동기를 두 축으로 한 원형구조로 설명하고 있다. 대인관계 원형이론은 Sullivan의 사상에 뿌리를 두고 있으며 성격과 대인관계 패턴의 다양성을 권력(또는 주체성)과 사랑(또는 연대성)의 두

차원으로 파악하려는 Timothy Leary와 David Bakan의 주장에 근거하고 있다.

(1) Leary의 원형모델

Timothy Leary(1957)는 『성격의 대인관계적 진단(*The Interpersonal Diagnosis of Personality*)』이라는 저서를 통해서 개인의 성격을 설명하기 위한 대인관계 원형모델을 최초로 제시했다. 그에 따르면, 개인의 성격은 대인관계 패턴을 의미한다. 인간이 대인관계에서 추구하는 두 가지의 중요한 가치는 권력(power)과 사랑(love)이다. 개인의 대인관계 패턴은 권력과 사랑을 추구하는 정도의 배합에 의해서 이해될 수 있으며 [그림 20-1]과 같이 권력과 사랑의 두 축으로 이루어진 원형구조에서 표시될 수 있다.

Leary가 제시한 원형모델은 권력과 사랑의 축이 직각으로 교차하는 원형 속에서 개인의 성격과 대인관계 패턴을 분류하고 있다. [그림 20-1]에서 볼 수 있듯이, 권력의 축을 지배성-순종성의 양극으로 연결하고 사랑의 축을 사랑-증오의 연속선으로 연결하고 있다. 이러한 원형구조 속에서 다양한 대인관계 패턴을 권력과 사랑의 추구 정도에 따라 분류할 수 있다. 예컨대, 경쟁적인 성격은 지배성과 증오의 조합으로 이해될 수 있는 반면, 의존적인 성격은 순종성과 사랑의 조합으로 설명될 수 있다.

또한 개인이 지닌 성격의 적응도는 원형의 중심으로부터의 거리에 따라 표시될 수 있다. 권력과 사랑의 조화를 통해서 인간세상에서 잘 적응하는 사람은 원형의 중심(두 축의 교차점)에 위치하는 성격을 지니고 있다고 할 수 있다. 반면에, 극단적인 성격을 지닌 사람은 원형의 중심으로부터 멀리 떨어진 외곽에 위치하게 된다. 이러한 원형 모델은 개인의 성격과 대인관계 패턴을 분류하는 데에 여러 가지 장점을 지니고 있다. 성격과 대

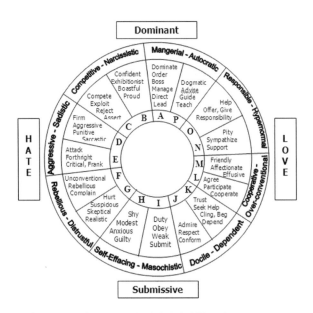

[그림 20-1] **Leary의 대인관계 원형모델**(Leary, 1957)

인관계 특질을 기하학적인 원형 속의 위치로 표시하고 다양한 성격특성들을 원형 구조 속에서 비교할 수 있을 뿐만 아니라 여러 성격특질의 건강성과 적응도까지 표시할 수 있다. Leary가 제시한 원형모델은 이후에 여러 심리학자들에 의해서 더욱 정교하게 발전했다.

(2) 대인관계의 Big Two

Leary가 원형모델에서 제시한 두 축, 즉 권력과 사랑은 인간의 삶을 이해하는 중요한 차원으로서 좀 더 세련된 개념으로 발전되었다. David Bakan(1966)은 『인간 존재의 이중성(*The Duality of Human Existence*)』이라는 획기적인 저술을 통해서 인간이 영위하는 삶의 근본적인 두 가지 양상을 주체성과 연대성이라고 주장했다.

주체성(agency)이란 독립적인 존재로서 자기보호와 자기강화를 위해서 유능성과 권력을 추구하는 개인적 성향을 의미한다. 개인이 생활 속에서 지위와 성취를 추구하려는 삶의 방식이라고 할 수 있다. 주체성은 세상과 분리된 자율적 존재로서 자신의 영향력을 확대하려는 광범위한 성향으로서 독립성, 자율성, 유능성, 권력, 지위, 성취, 책임감, 환경 지배력 등의 개념과 관련된다.

연대성(communion)은 개인이 자신보다 더 큰 어떤 것과 연결하여 친밀한 유대관계를 형성하고자 하는 성향을 뜻한다. 개인이 생활 속에서 사랑과 소속감을 추구하는 상호의존적 삶의 방식이라고 할 수 있다. 연대성은 자신을 타인이나 세상과 연결된 존재로 인식하면서 타인과의 친밀감과 소속감을 강화하려는 전반적인 경향성으로서 사랑, 우정, 친밀감, 협동성, 소속감, 대화, 공유, 돌봄 등의 개념과 연결되어 있다.

주체성과 연대성은 인간 동기의 'Big Two' 라고 불리기도 하며 개인의 성격과 대인관계를 설명하기 위해서 흔히 적용되는 개념이다. Wiggins(1982, 1991)에 따르면, 주체성은 독립적인 개체가 되려는 분화의 경향성을 의미한다. 순종적인 행동을 하기보다 주도적이고 지배적인 행동을 나타내는 사람들에게서 관찰할 수 있듯이, 주체성은 독립과 분화를 증진하는 유능성과 권력을 추구하는 남성적 성향을 의미한다. 반면에, 연대성은 자신보다 더 큰 존재와의 연결, 유대, 합일을 추구하는 경향성으로서 우호적이고 협동적인 행동을 나타내는 여성적인 성향을 반영한다. 주체성과 연대성은 개인의 인간관과 세계관 그리고 대인관계를 기술하는 기본적인 두 차원으로 여겨지고 있다.

Big Two는 자기상과도 연관되어 있다. 주체적 자기상은 강함, 유능함, 현명함의 속성을 반영하는 반면, 관계적 자기상은 협동적임, 따뜻함, 책임감 있음의 속성을 반영한다. 문화의 특성을 구분하는 데에도 적용될 수 있는데, 개인주의(individualism) 문화는 주체성을 중시하는 반면, 집단주의(collectivism) 문화는 연대성을 강조한다. 이렇듯이 Big Two는 개인의 삶과 문화를 구성하는 두 축으로서 자기실현적인 통합적 개인과 조화로운 사회의 핵심적 구성요소라고 할 수 있다.

(3) 대인행동의 원형모델

대인행동의 원형모델은 Sullivan의 사상에 뿌리를 두고 있으며 Leary와 Bakan이 제시한 주장의 토대 위에서 발전했다. Wiggins(1982, 1991)와 Kiesler(1982, 1996)는 주체성(권력)과 연대성(사랑)이라는 개념을 대인행동을 기술하는 용어로 구체화하여 지배성과 친애성이라고 지칭하고 다양한 대인행동이 지배성과 친애성의 두 차원으로 분류될 수 있다고 주장했다.

지배성(dominance)의 차원은 타인의 행동을 자신의 뜻대로 통제하려 하는 정도를 의미하며 지배성-순종성(dominance-submission)의 연속선 상에서 대인행동을 평가한다. 친애성(affiliation)의 차원은 타인을 호의적으로 대하는 정도를 뜻하며 친애성-적대성(friendliness-hostility)의 연속선 상에서 평가한다.

지배성과 친애성의 두 차원을 세로축과 가로축으로 하는 원형구조 상에서 다양한 대인행동을 분류할 수 있는데, 이를 대인행동의 원형모델(circumplex model)이라고 한다. 대인관계 원형은 두 개의 직교축으로 구성되어 있다. 대인관계의 원형모델은 학자에 따라 약간씩 다른 용어로 다양하게 제시되고 있으며, [그림 20-2]는 Kiesler(1982)가 제시한 대인행동의 원형모델이다.

개인의 성격과 대인행동 패턴은 이러한 원형모델의 특정한 위치로 표시될 수 있다. [그림 20-2]에서 볼 수 있듯이, 원형모델의 한 축은 지배성-순종성 차원이고, 다른 축은 친애성-적대성의 차원이다. McCrae와 Costa(1989)의 실증적 연구결과에 따르면, 원형모델의 지배성과 친애성 차원은 각각 성격 5요인의 외향성과 우호

성 차원과 밀접하게 관련된 것으로 나타났다. 외향성은 지배성과 친애성이 모두 높은 성격특질이라고 할 수 있는 반면, 우호성은 높은 친애성과 낮은 지배성을 지닌 특질로 나타났다. 반면에, 신경과민성, 개방성, 성실성은 두 차원과 유의미한 상관관계를 나타내지 않았다.

개인이 각 차원에서 분명하고 강력한 대인행동을 나타낼수록 원형의 중심부터 멀리 떨어진 축의 극단에 위치하게 된다. 축의 중간에 위치하는 것은 두 차원 상에서 특별한 성향이 없음을 의미한다. 다양한 대인관계 패턴은 두 축의 조합에 의해서 표시될 수 있다. 예컨대, 자기과시적이고 연극적인 성격성향을 지닌 사람은 지배성과 친애성의 조합으로 이해될 수 있으며, 의심이 많고 피해의식이 강한 성향을 지닌 사람은 지배성과 적대성의 조합으로 이해될 수 있다.

또한 성격성향의 극단성과 부적응성은 중심부로부

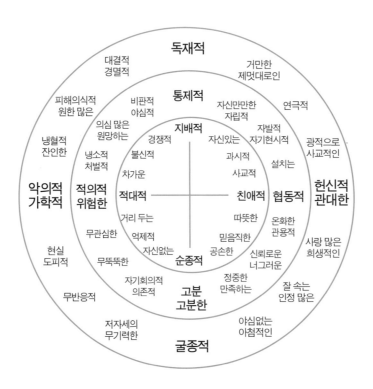

[그림 20-2] **Kiesler가 제시한 대인행동의 원형모델**(Kiesler, 1982)

터의 거리에 의해서 표시될 수 있다. 대인행동 원형의 중심에서 멀리 떨어진 거리, 즉 벡터의 길이는 정신병리의 지표가 되는데, 이를 벡터 길이 원리(the principle of vector length)라고 지칭한다. 벡터 길이는 성격특질의 경직성을 의미하며 이러한 경직되고 융통성 없는 성격은 더 많은 부적응 문제를 유발한다. 친애성의 경우에도 과도하게 경직된 형태로 나타나면 부적응을 유발할 수 있다. 반면에, 적대성의 경우에는 그것이 유연하게 나타나면 더 적은 적응 문제를 나타낸다. [그림 20-2]에 제시되어 있듯이, 대인행동 원형모델은 세 개의 동심원으로 구성되어 있다. 원형의 중심으로부터 멀리 떨어진 곳에 존재하는 성격특성일수록 부적응적인 것이라고 할 수 있다. 가운데의 동심원은 일반적인 성격특질을 제시하고 있으며 가장 큰 동심원은 부적응을 유발할 수 있는 극단적인 성격특질을 의미한다. 인간사회에서 잘 적응하는 사람은 원형의 중앙(두 축의 교차점)에 위치하는 성격을 지니고 있다고 할 수 있으며, 극단적인 성격을 나타내는 사람은 원형의 외부에 위치하게 된다.

(4) 원형모델의 상보성 원리

대인행동 원형모델은 대인관계의 다양한 측면을 이해하고 설명하는 데 활용되고 있다. 특히 원형모델은 두 사람 사이에서 일어나는 대인행동의 상호작용을 설명하는 데에 유용하다. Sullivan이 주장했듯이, 대인행동은 상대방에게 특정한 유형의 반응을 유발하기 위한 의도로 행해진다. 인간은 왜 상대방에게 특정한 반응을 유발하려는 것일까?

이러한 물음에 대해서 Carson(1969)은 대인행동의 안전감 고양 속성(security-enhancing properties)을 제시하고 있다. 그에 따르면, 대인행동의 주된 목적은 개인의 안전감을 높이기 위한 것으로서 크게 세 가지의 방식에 의해 달성된다. 첫째, 다른 사람의 특정한 행동은 개인에게 긍정적인 것을 수반하기 때문이다. 어린 아이의 울음은 어머니의 관심과 주의를 인도하여 수유와 보살핌을 유발함으로써 안전감을 높인다. 둘째, 개인은 다른 사람의 거부나 비난을 회피할 수 있는 대인행동을 통해서 안전감을 확보한다. 개인은 다른 사람과 상호작용하는 나름대로의 책략을 지니고 있는데, 이러한 책략은 대상에 따라 다르다. 학생이 교수에게 인정받기 위해 구사하는 책략은 애인에게 구애할 때 사용하는 것과는 다르다. 이러한 책략이 예상과 달리 성공적이지 못하면 불안이 유발된다. 따라서 개인은 거부당할 가능성이 적은 책략을 사용함으로써 불안을 회피한다. 즉, 개인은 대인행동을 통해 상대방이 자신을 거부하지 않도록 그의 반응범위를 줄임으로써 안전감을 확보한다. 마지막으로, 개인은 자기지각과 상대방의 지각이 일치하는 방향으로 행동하려는 욕구를 지닌다. 상대방의 행동이 자기지각을 확증해 주지 않으면 불안을 느끼게 된다. 자신을 유능한 존재라고 인식하는 사람은 다른 사람들이 자신의 유능성을 인정하도록 대인행동을 하게 된다. 만약 다른 사람들로부터 유능성을 인정받지 못하면 불안을 느낀다. 이처럼 개인은 대인행동을 통해 자기지각과 상대방의 지각을 일치시키도록 노력하는데, 이를 일치성 가설(congruence hypothesis)이라고 한다.

두 사람의 대인관계는 이처럼 서로가 원하는 반응을 상대방으로부터 이끌어 내기 위한 상호작용이다. 두 사람은 언어적·비언어적 행위를 통해서 서로가 원하는 반응을 얻기 위해 협상하는데, 원형모델은 이러한 협상 패턴을 이해하는 데 유용하다. 즉, 지배적인 행동은 상대방으로부터 순종적인 반응을 유발하기 위한 것이며, 우호적인 행동은 상대방의 우호적인 반응을 이끌어 내기 위한 것이다. 이처럼 대인행동은 두 사람이 서로가 원하는 것을 주고받는 상보적 과정이다. 이를 대인관계의 상보성 원리(principle of complementarity)라고 부른다(Carson, 1969; Kiesler, 1983; Orford, 1986; Wiggins, 1982).

Carson(1969)은 상보성 원리를 원형모델의 두 축에 따라 좀 더 정교하게 설명하고 있다. 그에 따르면, 개인의 대인행동은 상대방의 행동을 제약함으로써 자기를 보호하거나 강화하고자 한다. 원형모델에서 친애성(연대성, 사랑)의 축은 대칭적 상보성이 나타나는 반면, 지배성(주체성, 권력)의 축에서는 비대칭적 상호성이 나타난다. 즉, 친애성 축은 친애적 행동이 상대방의 친애적 행동을 유발하고, 적대적 행동은 적대적 행동을 촉발하는 대칭성을 지닌다. 반면에, 지배성 축은 지배적 행동이 상대방의 순종적 행동을 유발하고, 순종적 행동은 상대방의 지배적 행동을 촉발하는 비대칭성을 지닌다. 이처럼 서로가 기대하는 상보적 행동이 교환되는 경우에는 두 사람의 대인관계가 평형상태를 유지하며 안정적으로 지속되지만, 상보성 원리가 깨지면 두 사람 간의 갈등이 발생한다. 대인관계 원형이론은 원형구조를 활용하여 대인관계의 미묘하고 복잡한 상호작용 과정을 설명하는 다양한 이론을 발전시키는 데 기여하고 있다.

(5) 대인행동 패턴의 측정

대인행동 원형모델은 대인행동, 성향, 동기를 측정하는 데에도 다양하게 활용되고 있다. 대인행동 원형은, 피자를 다양한 조각으로 자르듯이, 4개의 넓은 조각에서부터 16개의 좁은 조각으로 분할하여 그 특성을 파악할 수 있다. 원형을 4분면으로 나누는 경우는 지배성-친애성, 지배성-적대성, 순종성-친애성, 순종성-적대성의 네 조각으로 구분될 수 있다. 지배성-친애성의 4분면에 속하는 사람은 주도적, 자기애적, 독재적인 대인행동 패턴을 지니는 반면, 지배성-적대성의 부분

에 위치하는 사람은 경쟁적, 가학적, 공격적인 성격을 나타낸다. 순종성-친애성의 4분면에 속하는 사람은 협동적, 순응적, 의존적인 성향을 지니는 반면, 순종성-적대성의 조각에 위치하는 사람은 수동공격적, 불신적, 피학적인 대인관계 패턴을 나타낸다고 볼 수 있다. 개인이 나타내는 지배성과 친애성의 정도를 측정하면, 그가 어떤 성격과 대인관계 패턴을 지니고 있는지를 파악할 수 있다.

현재 원형구조를 8개의 조각으로 분할하는 방식이 가장 널리 활용되고 있다. 원형구조를 활용한 심리검사들은 대부분 8조각 분할방식을 사용하고 있다(Horowitz et al., 2000; Locke, 2005). [그림 20-3]에 제시되어 있듯이, 그 대표적인 예는 Wiggins(1988)가 개발한 대인관계 형용사 척도(Interpersonal Adjective Scales: IAS)로서 대인관계 원형의 8조각과 연관된 대인관계 특질을 측정한다. 대인관계문제 척도(Inventory of Interpersonal Problems; Horowitz, Alden, Wiggins, & Pincus, 2000; Horowitz, Rosenberg, Baer, Ureno, & Villasenor, 1988)는

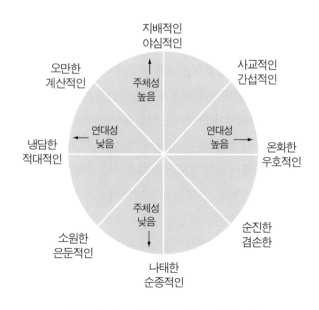

[그림 20-3] **8조각으로 분할한 원형모델**

8조각과 관련된 대인관계 문제를 측정하고 있으며, 대인강점 척도(Inventory of Interpersonal Strengths; Hatcher & Rogers, 2009)는 8조각과 관련된 대인관계 강점을 측정한다. 이 밖에도 원형모델을 활용하여 성격과 대인관계를 평가하는 측정도구는 매우 다양하다.

(6) 부적응적인 대인행동의 특성

대인관계 패턴은 성격장애의 핵심적인 특성이기 때문에 대인관계 원형모델은 성격장애를 구분하거나 평가하는 데에도 유용하게 사용되고 있다. 원형이론에 따르면, 부적응성을 나타내는 대인행동은 다음과 같은 일곱 가지의 특성을 지닌다(Kiesler, 1982, 1996).

첫째는 대인행동의 극단성(extremeness)이다. 대인관계 행동이 극단적일수록 그러한 행동은 부적응적이다. 원형모델의 중심부에서 멀리 벗어난 극단적인 행동은 대인관계에서 상대방에게 부담스럽거나 혐오스러운 효과를 유발하여 부정적인 결과를 초래하기 때문이다.

둘째는 경직성(rigidity)으로서 다양한 대인관계에서 구사할 수 있는 대인행동의 제한성을 의미한다. 부적응적인 사람의 대인행동은 다양하게 변화하는 상황에 적용할 수 있는 행동의 범위가 매우 제한되어 있다. 이들이 나타내는 대인행동의 독특한 패턴은 상황에 따라 변하지 않는다.

셋째 특성은 자기와 타인의 지각 불일치성이다. 개인이 자신의 대인행동과 그 결과에 대해서 지각한 내용이 타인에 의한 지각내용과 일치하지 않을수록 부적응적인 결과가 초래될 수 있다. 부적응적인 사람들은 다른 사람의 대인행동을 왜곡하여 해석하는 경향이 있다.

넷째는 이중적 의사소통이다. 부적응적인 사람의 대인행동은 상대방에게 일관성이 없고 혼란스러운 메시지를 전달한다. 따라서 상대방으로부터 일관성이 없고 혼란스러운 반응을 유발하게 된다.

다섯째는 자기패배적인 악순환 또는 부적응적인 상호작용이다. 부적응적인 사람이 나타내는 경직되고 극단적인 대인행동은 상대방으로부터 부정적인 반응을 유발함으로써 더욱 부적응적인 패턴을 강화하는 악순환에 빠져들게 된다. 예컨대, 차갑고 냉소적인 행동은 상대방으로부터 친절하고 다정한 반응보다 거부적이고 회피적인 반응을 유발함으로써 대인관계가 더욱 고립되어 냉소적인 행동패턴을 강화하게 된다.

여섯째는 스트레스에 대한 민감성이다. 부적응적인 사람은 대인관계 문제에 대처할 수 있는 대인행동의 전체범위가 제한되어 있기 때문에 스트레스나 대인관계 갈등에 더 민감한 반응을 나타낸다. 또한 다양한 자기패배적인 악순환을 통해서 대인관계 갈등이 증폭된다. 그 결과, 개인은 스트레스를 느끼면 더욱 극단적이고 경직된 행동을 나타내게 된다.

마지막은 높은 수준의 대인관계 스트레스다. 대인관계가 부적응적인 사람들은 결과적으로 대인관계에서 많은 스트레스를 경험한다. 대인관계문제 척도(IIP)로 측정했을 때, 부적응적인 사람들은 대인관계에서 정상인들보다 더 높은 수준의 스트레스와 고통을 경험하는 것으로 나타났다(Horowitz, 1988).

3. 성격 5요인과 인간관계

성격은 인간관계의 질과 밀접히 관련되는 것으로 알려져 있다. 인간관계의 질은 관계만족도, 관계안정성, 친밀감, 관계지속기간, 사랑의 스타일, 이혼 등과 같은 다양한 측면에서 측정되고 있다. 성격과 인간관계의 관계에 대해서는 많은 연구가 진행되었으며 여기에서는 성격 5요인과 인간관계의 관련성을 살펴보기로 한다.

1) 신경과민성

신경과민성(Neuroticism)은 불안, 우울, 분노를 비롯한 부정 정서를 잘 느끼는 성격특성을 뜻하며 부정 정서성 또는 정서적 불안정성을 의미한다. 신경과민성이 높은 사람들은 정서적으로 예민하고, 불안정하며, 사소한 일에도 스트레스를 잘 받는 경향이 있다.

신경과민성은 인간관계의 질을 떨어뜨리는 대표적인 성격특질로 밝혀지고 있다. 신경과민성은 다양한 인간관계의 만족도나 결혼생활 안정성과 부적 상관을 나타낼 뿐만 아니라 관계지속기간의 단축이나 상대방에 대한 부정적 귀인과 밀접히 관련되는 것으로 나타났다(Hessling, 2001; Karney & Bradbury, 1995; Kelly & Conley, 1987; Shaver & Brennan, 1992). 특히 여자의 경우, 신경과민성이 높은 사람은 이혼할 가능성이 높은 것으로 보고되었다(Eysenck, 1980; Newcomb & Bentler, 1981).

또한 신경과민성은 사랑의 스타일과도 연관되는 것으로 나타났다. Fehr와 Broughton(2001)에 따르면, 신경과민성은 성적이고 집착적인 사랑과 정적 상관을 나타낸 반면, 우애적인 사랑과는 부적 상관을 보였다. 또한 Lee(1977)가 제시한 사랑 스타일과 관련해서 신경과민성은 마니아(Mania, 집착적 사랑)와 정적 상관을 나타내는 반면, 스토게(Stoge, 우애적 사랑)와는 부적 상관을 나타냈다(Woll, 1989; Middleton, 1993).

2) 외향성

외향성(Extraversion)은 다른 사람과 함께 교류하는 인간관계적 자극을 추구하는 성향을 뜻한다. 외향성이 강한 사람들은 심리적 에너지의 방향이 외부를 향해 있으며, 활동수준이 높아서 사교적이고, 자기주장을 잘

하며, 긍정적인 정서를 잘 느끼는 경향이 있다.

외향성은 인간관계에 양면적인 영향을 미치는 것으로 보고되고 있다. 외향성은 인간관계 만족도, 결혼 성공, 친밀감과 같은 긍정적인 관계변인과 관련되는 것으로 나타났다(Barry, 1970; Karney & Bradbury, 1995; Shadish, 1986). 그러나 외향성은 결혼생활 불안정성과 같은 부정적인 관계변인과도 연관되는 것으로 나타났다(Karney & Bradbury, 1995). 특히 남자의 경우, 외향성은 낮은 관계만족도와 정적 상관을 보였다(Bentler & Newcomb, 1978; Sabatelli et al., 1983). 그로 인해 외향성이 높은 남자는 이혼할 가능성이 높은 것으로 나타났다(Eysenck, 1980; Newcomb & Bentler, 1981).

외향성의 하위요인인 흥분 추구(excitement seeking)는 사랑 스타일 중 프라그마(Pragma, 실용적 사랑)나 스토게와 부적 상관을 나타냈다(Lester & Philbrick, 1988; Woll, 1989). 그러나 외향성은 우애적 사랑과는 정적 상관을 보였다(Fehr & Broughton, 2001). 외향성은 부부관계나 사랑 스타일과의 관계에서 다소 복잡한 양상을 나타내고 있다.

3) 개방성

개방성(Openness to experience)은 호기심이 많고, 새로운 체험을 좋아하며, 다양한 경험과 가치에 대해서 열린 자세를 뜻한다. 개방성이 높은 사람들은 모험적이고, 미적 감수성이 뛰어날 뿐만 아니라 상상력이 풍부하며, 지적인 탐구심이 강하다.

개방성은 결혼생활의 안정성이나 관계만족도와 부적 상관을 나타낸다는 보고가 있다(Karney & Bradbury, 1995). 개방성은 특히 관계지속기간의 단축과 연관되는 것으로 나타났다(Shaver & Brennan, 1992). 그러나 Donnellan, Conger와 Bryant(2004)에 따르면, 개방성

이 부부간의 부정적인 상호작용과 부적 상관을 나타냈다. 특히 아내의 개방성은 성적 만족의 전반적 평가와 정적 상관을 나타냈다. 개방성은 남녀 모두 에로스(Eros, 낭만적 사랑)와 마니아의 사랑 스타일과 정적 상관을 나타냈으며, 여자의 경우는 프라그마와 부적 상관을 나타냈다(Middleton, 1993). 개방성은 이성관계의 친밀성을 증진하는 기능을 지닌 것으로 주목받고 있는 성격요인 중 하나다.

4) 우호성

우호성(Agreeableness)은 다른 사람에 대해서 우호적이고, 협동적인 성향을 뜻하며, 친화성이라고 불리기도 한다. 우호성이 높은 사람들은 따뜻하고, 부드러우며, 공감적이고, 이타적인 행동을 나타낸다.

우호성은 인간관계의 질을 높여 주는 성격변인으로 알려지고 있다. 우호성은 많은 연구에서 인간관계 만족도뿐만 아니라 결혼생활 안정성과도 정적 상관을 나타냈다(Karney & Bradbury, 1995; Kelly & Conley, 1987; Kwan, Bond, & Singelis, 1997). 사랑 스타일과의 관계에 있어서 우호성은 여자의 경우 에로스나 아가페(Agape, 이타적 사랑)와 정적 상관을 나타낸 반면, 프라그마와는 부적 상관을 보였다. 남자의 경우는 스토게와 정적 상관을 나타냈다. 그리고 남녀 모두에서 루더스(Rudus, 유희적 사랑)와는 부적 상관을 나타냈다(Middleton, 1993).

5) 성실성

성실성(Conscientiousness)은 자기조절을 잘 하고, 책임감이 강한 성취지향적인 성향을 말한다. 성실성이 높은 사람들은 주어진 일을 유능하게 잘 처리하며, 계획

적이고, 신중하며, 질서정연한 것을 좋아한다.

성실성과 인간관계의 관계에 대해서 다소 혼재된 결과들이 보고되고 있다. 여러 연구에서 성실성은 인간관계 만족도, 관계안정성 그리고 관계지속기간과 정적 상관을 나타냈다(Karney & Bradbury, 1995; Shaver & Brennan, 1992). 그러나 Newcomb와 Bentler(1981)의 연구에 따르면, 성실성의 하위 요인인 질서정연성(orderliness)은 이혼을 예측하는 변인으로 나타났다. 사랑 스타일과의 관계에서 성실성은 여자의 경우 에로스나 아가페와 정적 상관을 나타낸 반면, 남자의 경우는 마니아와 부적 상관을 나타냈다.

4. 성격과 성인기의 사랑

1) 성격과 사랑 스타일

남녀의 사랑은 매우 다양한 형태로 나타날 수 있다. John Lee(1977, 1988)는 사랑의 스타일을 6가지 유형으로 구분했다. 그리스에는 다양한 사랑의 형태를 지칭하는 다양한 어휘가 존재한다고 한다. Lee는 그리스 용어를 사용하여 사랑 스타일을 지칭하고 있다.

에로스(Eros)는 뜨거운 열정과 욕망이 중요한 요소가 되는 강렬한 낭만적 사랑(romantic love)을 뜻한다. 지속적으로 연인을 생각하고, 연인과 하나가 되고 싶은 욕망을 느끼며, 강렬한 감정과 집착을 나타낸다. 사랑이 영원할 것이라고 믿으며, 사랑을 위해선 무엇이든지 하려는 충동과 더불어 강렬한 성적인 요소가 개입된다.

스토게(Storge)는 친한 친구에게서 느끼는 친밀감과 우정이 주된 요소가 되는 우애적 사랑(companionate love)이다. 이러한 사랑은 서서히 발달하며, 오래도록 지속되는 경향이 있다. 함께 가까이 지내면서 서로 편

안함을 느끼고, 말이 잘 통하며 관심과 취향이 비슷하여 서로를 잘 이해하는 친구처럼 느끼게 된다.

루더스(Ludus)는 마치 놀이를 하듯이 재미와 쾌락을 중시하며 즐기는 유희적 사랑(playful love)을 의미한다. 이러한 유형의 사랑에서는 상대방에 대한 강력한 집착이나 관계의 지속을 위한 장기적인 계획이 없다. 유희적 사랑을 하는 사람들은 흔히 여러 명의 연인을 동시에 사귀며, 고정된 이상적인 연인상을 가지고 있지도 않다.

Lee는 이러한 세 가지 유형을 일차적 사랑이라고 불렀다. 여러 가지 색깔을 만들어 내는 삼원색처럼, 일차적 사랑의 조합을 통해 다른 유형의 사랑 스타일을 도출할 수 있다고 생각했기 때문이다. 세 유형의 일차적 사랑 중 두 가지가 혼합된 것이 이차적 사랑으로서 프라그마, 아가페, 마니아가 이에 속한다.

프라그마(Pragma)는 이성에 근거한 현실주의적이고 합리주의적인 사랑으로서 실용적 사랑(pragmatic love)이라고 불린다. 사랑의 대상을 선택할 때에도 사랑의 관계가 안정적이고 지속적일 수 있는 서로의 현실적인 조건을 고려한다. 상대방의 성격, 가정배경, 교육수준, 종교, 취미 등을 고려하여 자신과 맞는 사람을 선택한다. Lee는 프라그마를 스토게과 루더스가 혼합된 것으로 보았다.

아가페(Agape)는 무조건적이고 헌신적으로 타인을 위하고 보살피는 이타적 사랑(altruistic love)을 뜻한다. 사랑의 대상이 사랑을 받을 자격을 가지고 있는지의 여부나 그로부터 돌아오는 보상적인 대가에 상관없이 변함없이 주어지는 헌신적인 사랑이다. 이런 유형의 사랑에는 자기희생이 중요한 요소가 된다. 아가페는 에로스와 스토게가 혼합된 것이다.

마니아(Mania)는 상대방에 대한 강렬한 소유욕과 의존을 중요한 요소로 하는 집착적 사랑(possessive love)을 말한다. 사랑은 상대방을 완전히 소유하거나 상대방에게 자신이 소유당하는 것이라는 생각에 집착하기 때문에 강한 흥분과 깊은 절망의 극단을 오간다. 마치 사랑의 노예가 된 것처럼, 상대방의 사랑을 확인하기 위해 모든 시간과 정력을 소모한다. 상대방이 자신을 버리고 떠나가지 않을까 하는 불안과 의심으로 항상 마음을 졸이며 잠을 이루지 못한다. 사랑을 얻기 위해서 헌신적인 노력을 기울이지만, 조그만 배신의 기미가 보이면 뜨겁던 사랑이 일순간에 증오로 변한다. Lee는 마니아를 에로스와 루더스가 혼합된 것으로 보았다.

Hendrick과 Hendrick(1986)은 Lee가 구분한 6가지의 사랑 스타일을 측정하기 위해서 사랑 태도 척도(Love Attitudes Scale)를 개발했다. Hendrick, Hendrick과 Adler(1998)에 따르면, 사랑 스타일은 이성관계의 만족도나 안정성에 영향을 미치는 것으로 나타났다. 57쌍의 커플을 대상으로 연구한 결과, 개인의 사랑 스타일은 상대방에 대해 매력을 느끼는 정도와 관계 만족도 모두에 영향을 미치는 것으로 나타났다. 첫째, 연인들은 서로 비슷한 사랑 스타일을 보였다. 예를 들어, 에로스형 사랑에 높은 점수를 나타낸 사람은 역시 에로스형에서 높은 점수를 받은 사람과 연인이 되는 경향이 있었다. 선호하는 사랑의 유형이 비슷하면 서로에게 매력을 느끼게 되어 연인관계로 발전할 가능성이 높아진다. 둘째, 관계 만족도가 높을수록 남녀 모두 에로스형 사랑에서 높은 점수를 나타냈다. 이러한 결과는 열정이 연인관계의 만족에 중요하다는 것을 보여 준다. 반면에, 루더스형 남자들과 마니아형 여자들은 관계만족도에서 낮은 점수를 나타냈다. 흥미로운 결과는 남자가 나타내는 사랑 스타일보다 여자가 나타내는 사랑 스타일이 상대방의 관계만족도에 더 중요한 영향을 미친다는 점이다. 여자가 에로스형과 아가페형의 사랑을 많이 나타낼수록, 남성 연인이 느끼는 관계만족도가 더 높았다. 그러나 남자가 이러한 스타일의 사랑을 많이 나타내더라도 여성 연인의 만족도에는 별 영향을 미치지 못했다. 마지막으로, 남녀 모두가 에로스형 사랑을 많이 나타내고 루더스형 사랑을 적게 나타낼수록 연인관계의 지속기간이 길어졌다.

White, Hendrick과 Hendrick(2004)은 6개월 이상 연애를 하고 있는 196명의 대학생을 대상으로 성격 5요인과 이성관계 변인(사랑의 스타일, 관계만족도, 친밀감)의 관계를 조사했다. 〈표 20-1〉에 제시되어 있는 결과에서 보듯이, 성격 5요인은 사랑 스타일과도 밀접하게 연관된 것으로 나타났다. 신경과민성은 마니아와 루더스 모두와 정적 상관을 보였으나 에로스 및 스토게와는 부적 상관을 나타냈다. 외향성은 에로스, 스토게와 정적 상관을 보인 반면, 개방성은 프라그마와 부적 상관을 나타냈다. 우호성은 에로스와 정적 상관을 나타냈지만 루더스와는 부적 상관을 나타냈다. 성실성은 프라그마, 에로스, 스토게와 정적 상관을 보인 반면, 루더스와는 부적 상관을 나타냈다.

신경과민성은 관계만족도와 친밀감 모두와 부적 상관을 나타냈다. 신경과민성과 관계만족도의 관계는 집착적이고 의존적인 사랑 스타일에 의해서 매개되는 것으로 나타났다. 그리고 외향성, 우호성, 성실성은 관계만족도와 친밀감 모두와 정적인 상관을 나타냈다. 성격과 이성관계 변인의 관계는 남자와 여자에 있어서 다소의 차이가 있었으나 대체로 비슷한 패턴을 나타냈다.

2) 애착유형과 이성관계

어린 시절의 애착경험이 성인기의 인간관계에 영향을 미치는 것으로 알려져 있다. Bowlby(1969, 1973, 1980)에 따르면, 어머니와의 관계경험은 아동이 자기표상과 타인표상을 형성하는 데 강력한 영향을 미친다. 이러한 자기표상과 타인표상은 대인관계의 내적 작동 모델(internal working model)이 되어 개인이 대인관계 상황을 파악하고 예측하며 타인에 대한 대인행동에 영향을 미친다.

영아기에 형성된 애착유형은 전 생애에 걸쳐 지속적

표 20-1	성격 5요인과 이성관계 변인의 상관관계				
	신경과민성	외향성	개방성	우호성	성실성
에로스	-.19**	.22**	.02	.18*	.15*
루더스	.23**	-.01	.04	-.28**	-.16*
스토게	-.17*	.16*	-.03	.12	.15*
프라그마	-.02	.12	-.21**	.00	.17*
마니아	.34**	.00	.03	-.12	-.01
아가페	.06	.03	.13	.09	.13
관계만족도	-.29**	.14*	.05	.19*	.16*
친밀감	-.34**	.29**	-.03	.25**	.17*

* $p < .05$; ** $p < .01$

인 영향을 미치는 것으로 보고되고 있다. George 등 (1985)은 성인 애착 면접(Adult Attachment Interview)을 통해서 성인의 애착유형이 영아기의 애착패턴과 상당히 일치한다는 것을 발견했다. 특히 흥미로운 것은 유아기에 형성된 애착유형이 성인기의 이성관계에서도 유사하게 나타난다는 사실이다.

Bartholomew와 Horowitz(1991)는 성인의 애착유형과 내적 작동 모델의 관계를 구체적으로 제시하고 있다. 그들은 연인관계에서 느끼는 불안의 정도와 친밀한 관계를 회피하는 정도에 따라 성인기 애착 유형을 다음과 같이 네 가지로 구분하였다.

첫째는 불안-집착형(anxious-preoccupied type)으로서 자신에 대한 부정적인 표상을 지니지만 타인에 대해서는 긍정적인 표상을 지닌 사람들이다. 이들은 연인관계에서 불안수준이 높으며 상대방에게 강렬하게 집착하는 관계패턴을 나타내는 사람들로서 연인과의 친밀감을 열망하는 동시에 거부에 대한 불안을 지닌다.

둘째는 거부-회피형(dismissing-avoidant prototype)으로서 자신에 대해서는 긍정적인 표상을 지니지만 타인에 대해서 부정적인 표상을 지닌 사람들이다. 이들은

타인과의 친밀한 관계를 불편해하며, 과도하게 독립적인 삶을 추구하는 사람으로서 연인과 적당한 거리를 두어 서로 구속하지 않는 자유로운 관계를 추구한다. 이들은 서로 집착하는 강렬한 애정관계가 되는 것을 불편해하며 회피한다. 이들은 자신의 애착 욕구를 억압하는 경향이 있으며, 상대방으로부터 거부당하지 않기 위해서 상대방에게 가까이 다가가지 않으려는 방어적인 성향을 지닌다.

셋째는 공포-회피형(fearful-avoidant type)으로서 자신과 타인 모두에 대해서 부정적인 표상을 지닌 사람들이다. 이들은 타인을 두려워하며 회피하는 사람으로서 애정관계에 대해서 양가적인 태도를 지닌다. 한편으론 다른 사람과 가까워지고 싶지만, 다른 한편으론 가까워지는 것이 두렵고 불편하다. 이들은 자신과 타인 모두에 대해서 부정적인 생각을 지니고 있으며, 자신은 좋은 연인이 아니라고 생각하는 동시에 상대방을 신뢰하지도 못한다. 그 결과 이들은 다른 사람과의 친밀한 관계를 잘 맺지 못하거나 회피하는 경향이 있다.

마지막은 안정-애착형(secure-attachment type)으로서 자신과 타인에 대한 긍정적인 표상을 지니고 있기 때문에 자신감을 지니고 다른 사람에게 쉽게 다가간다.

아동기의 애착경험은 성인기의 사랑에 영향을 미친다.

이들은 상대방의 생각이나 욕구를 고려하여 호의적으로 반응하는 따뜻한 상호작용 패턴을 지니고 있으며, 상대방을 신뢰하기 때문에 사소한 갈등이나 좌절에 대해 과도한 감정반응을 나타내지 않는다. 또한 상대방과의 친밀한 관계를 편안하게 느낄 뿐만 아니라 서로의 독립성을 인정하며, 상대방에게 과도하게 집착하지 않는다. 안정된 애착패턴을 지닌 사람은 대인관계에서 의존과 독립의 균형을 잘 이룰 수 있는 사람이라고 할 수 있다. 이러한 안정-애착형의 특성이 사랑 능력의 핵심적 요소라고 할 수 있다.

안정-애착형에 속하는 성인은 자신의 연인관계에 더 만족한다. 그들의 관계는 지속기간, 신뢰, 헌신, 상호의존성이 높다(Feeney, Noller, & Callan, 1994). 안정-애착형의 성인은 연인을 안전기지로 여기면서 세상을 더 적극적으로 탐색하는 경향이 있다(Fraley & Davis, 1997). 또한 안정-애착형의 성인들은 스트레스를 받을 때 연인으로부터 지지받기를 원할 뿐만 아니라 스트레스를 받는 연인에게 지지를 제공한다(Mikulincer & Shaver, 2007; Simpson, Rholes, & Nelligan, 1992). 반면에, 불안-집착형의 성인들은 배우자와 갈등을 겪고 있는 중이거나 갈등이 종료된 후에도 배우자의 행동에 대해서 관계를 악화시키는 방향으로 귀인하는 경향이 있다(Simpson, Rholes, & Phillops, 1996).

일시적 이별에 대한 반응도 애착 유형에 따라서 다른 것으로 나타났다. 공항에서 연인과 헤어지는 성인들의 행동을 조사한 연구(Fraley & Shaver, 1998)에 따르면, 성인의 경우에도 아동기의 애착에서 나타나는 저항과 돌봄의 행동들이 나타났다. 이별하려는 연인들은 일반적인 연인들보다 더 많은 애착행동(만지기, 바라보기, 껴안기)을 더 많이 보였으며, 거부-회피형의 성인들은 이러한 애착행동을 덜 나타냈다.

5. 성격과 결혼생활

행복에 관한 연구에서 일관성 있게 나타나는 결과 중 하나는 결혼한 사람들이 미혼자보다 더 행복하다는 것이다(Argyle, 1987; Diener et al., 1999; Myers, 2000). 그러나 결혼 자체가 행복을 보장하는 것은 아니다. 더 중요한 요인은 결혼생활의 질이다. 부부가 긍정적인 관계를 맺을수록, 결혼은 개인의 행복도에 더 강력한 영향을 미친다(Sternberg & Hojjat, 1997). 긍정적인 상호작용과 정서적 표현을 많이 하고, 역할분담이 잘 되어 있으며, 자기개방을 통해 솔직하고 친밀한 관계를 맺을수록, 결혼만족도가 높아진다.

그러나 부부관계에서 불화와 갈등을 겪게 되면 개인의 행복수준이 저하될 뿐만 아니라 우울증을 유발하는 중요한 요인이 될 수 있다(Paykel, 1979). 결혼 상태에 따른 행복도는 만족스러운 부부관계를 지닌 기혼자들이 가장 높으며, 그다음이 미혼 여성들이고, 미혼 남성들이 뒤를 이으며, 고통스러운 부부관계에 빠져 있는 기혼자들이 가장 낮은 것으로 나타나고 있다.

부부관계가 좋을수록 행복도가 높다.

1) 배우자의 선택

배우자의 선택은 개인의 인생에 매우 중대한 영향을 미친다. 진화심리학의 관점에 따르면, 남자와 여자는 배우자의 선택에 있어서 다양한 차이를 나타낸다(Eagly & Wood, 1999; Looy, 2001; VanLeuwen, 2001). 여자는 남자보다 자녀출산과 양육에 더 많은 투자를 하기 때문에 짝을 더 까다롭게 고른다. 여자가 배우자를 선택할 때 중시하는 기준은 좋은 유전자의 보유, 아버지로서의 돌봄과 헌신, 가족에 대한 물질적 후원 능력으로서 높은 지위와 유능성이다. 반면에, 남자는 자녀를 양육하고, 요리를 잘 하며, 가사를 잘 수행할 수 있는 배우자를 추구한다(Howard et al., 1987). 인간의 결혼체계는 자원제공자로서의 남자 역할과 가정관리자로서의 여자 역할에 기반하고 있기 때문이다.

성격 역시 배우자를 선택하는 매우 중요한 요인이다. 남녀 모두는 바람직한 배우자의 성격특질로 신뢰성, 성실성, 따뜻함, 친절함, 지적 능력, 정서적 안정성, 유머감각, 충성심, 다정다감함을 중시한다(Lauer, Lauer, & Kerr, 1990; Sternberg & Hojjat, 1997). 그러나 사람마다 이성 상대에게 매력을 느끼는 점이 매우 다르다. 때로는 제3자의 관점에서 도저히 서로 호감을 느낄 수 없을 것 같은 사람들이 연인이 되거나 부부가 되는 경우가 있다. 예컨대, 부유한 집안출신이며 좋은 학력을 갖춘 아름다운 여성이 나약하고 장래가 불분명한 문학 지망생에게 강한 매력을 느껴 연인관계를 맺을 수 있다. 소위 일류 신랑감인 남자가 좋은 조건을 지닌 여러 여자들을 마다하고 미모도 출중하지 않은 가난한 집안의 여자를 사랑하여 결혼하기도 한다.

낭만적 사랑을 추구하는 사람들은 상대방의 현실적 조건보다는 개인적인 매력에 매혹되어 급격하게 연인관계로 발전시키는 경향이 있다. 매력(魅力) 또는 매혹(魅惑)이라는 글자 속에는 '이해하기 힘들다'는 뜻의 도깨비 매(魅)자가 포함되어 있듯이, 매력을 느끼게 되는 심리적 이유는 사람마다 각기 다르고 복잡하여 설명하기가 쉽지 않다. 그러나 다음과 같은 요인들이 호감과 매력을 증가시킬 수 있다.

첫째, 성장과정에서 채워지지 않은 대인 동기를 충족시켜 줄 것으로 예상되는 사람에게 매혹을 느낄 수 있다. 매력은 상대방의 특성에 의해 결정되기보다 개인의 내면적 속성에 의해서 결정되는 경향이 있다. 예컨대, 부유하지만 근엄하고 엄격한 부모 밑에서 성장하여 부드럽고 따뜻한 애정의 욕구가 좌절된 사람은 유능성과 경제적 조건을 갖춘 이성보다 부드럽고 따뜻한 성격의 소유자에게 매력을 느끼게 된다.

둘째, 사람들은 자신과 여러 가지 측면에서 동질적이라고 느끼는 사람에게 매력을 느낄 수 있다. 성격이 비슷할 뿐만 아니라 취미나 관심사가 너무 유사하여 대화가 잘 통하고 마음이 잘 맞는 사람에게 강한 호감을 느끼게 된다. 마치 자신을 사랑하듯이, 자신의 외부에 자신과 닮은 이성을 만나게 될 때 사랑의 감정을 느끼게 된다. 성격을 비롯하여 신체적 매력, 가치관과 흥미, 정치적 입장에서 유사성이 높은 부부는 결혼만족도가 높고, 갈등과 외도 가능성이 낮으며, 좀 더 안정된 가정환경에서 자녀를 잘 양육하는 것으로 보고되었다(Buss, 2000; Newman & Newman, 1991).

셋째, 사람들은 자신과 보완적인 속성과 자원을 지닌 이성에게 매력을 느끼는 경향이 있다. 즉, 자신이 소유하고 있지 않지만 매우 선망하는 속성을 지닌 이성에게 매력을 느낀다. 동질성뿐만 아니라 상보성은 대인매력의 중요한 요인이다. 자신이 갖지 못한 것이 크게 보이기 때문이다. 예컨대, 학력에 자신이 없는 사람은 좋은 학력을 지닌 사람에게 매력을 느낀다. 가난의 불편함을 겪어 본 사람은 재력을 갖춘 사람에게 끌리게 된다. 특히 부유하지만 학력에 자신이 없는 사람과 가난하지만 좋은 학력을 갖춘 사람은 서로 보완적인 속성을 지니고 있어서 서로에게 매력을 느끼게 될 가능성이 높다. 외향적인 사람과 내향적인 사람이 성격적인 보완성 때문에 서로에게 호감을 느끼게 될 수도 있다.

마지막으로, 배우자의 선택에는 이성 부모에 대한 태도가 영향을 미칠 수 있다. 가정에서 가장 밀접하게 접하게 되는 이성 부모에 대한 만족도가 연인 선택에 관여할 수 있다. 예컨대, 아버지를 좋아하고 아버지와 좋은 관계를 맺어 온 여자는 아버지와 비슷한 속성을 지닌 남자를 이상적인 배우자로 여기고 그러한 남자에게 매력을 느끼게 된다. 반면에, 아버지에 대해서 부정적인 감정을 지닌 여자는 아버지와 반대되는 성격을 지닌 남자에게 매력을 느낄 수 있다.

비교문화심리학의 연구에 따르면, 여러 문화권의 아동들이 공통적으로 어머니의 따뜻하고 자상한 행동에서 정서적 안정감을 느낀다. Zeifman과 Hazan(1997)에 따르면, 장기적인 관계를 원하는 성인들은 자신의 요구를 민감하게 포착하여 배려해 주는 속성(자상함, 따뜻함, 민감성)을 지닌 이성에게서 매력을 느낀다. 그러나 모든 성인이 안정감을 주는 속성에 대해 매력을 느끼는 것은 아니다. Sullivan을 비롯한 대인관계 이론가들이 주장하듯이, 인간은 자신이 내면적으로 지니고 있는 자기개념과 타인표상을 확증하는 방향으로 행동한다. 자신과 타인에 대한 부정적인 표상을 지닌 사람들 중에는 배우자의 선택에 있어서 자기파멸적인 결정을 하는 경우가 있다. 이들은 부적절한 배우자를 선택함으로써 불행한 결혼생활을 통해 자신과 타인에 대한 부정적 신념을 재확인하기도 한다(Frazier, Byer, Fischer, Wright, & DeBord, 1996). Young 등(2003)에 따르면, 정서적 결핍의 심리도식을 지닌 사람들은 연인이나 배우자로 유능하지만 냉정한 사람에게 매력을 느끼는데,

결과적으로 그러한 사람으로부터 버림을 받음으로써 자신의 정서적 결핍 도식을 재확인하고 영속화하는 경향이 있다고 주장했다.

2) 성격이 부부관계에 미치는 영향

성격은 부부관계에 중요한 영향을 미친다. 최근에 Malouff 등(2010)은 부부관계를 비롯한 이성관계의 만족도와 성격의 관계를 밝히기 위해서 19개의 집단에서 표집된 3,848명의 자료에 대한 메타분석을 실시했다. 특히 개인의 성격특성과 배우자가 지각하는 관계만족도의 관계를 조사했다. 그 결과, 성격의 5요인 중 네 요인이 배우자에 의한 관계만족도와 유의미한 상관을 나타내는 것으로 나타났다. 네 성격특질은 낮은 신경과민성, 높은 우호성, 높은 성실성 그리고 높은 외향성이었다. 이러한 결과는 상대방이 남자든 여자든 그리고 이성관계가 부부관계든 연인관계든 상관없이 유의미한 것으로 나타났다. 달리 말하면, 이성파트너가 신경과민성이 낮고 우호성, 성실성, 외향성이 높은 경우에 부부관계든 연인관계든 남녀 모두 높은 관계만족도를 나타냈다.

신경과민성은 부부관계 만족도를 저하시키는 가장 중요한 성격요인으로 알려져 있다(Sternberg & Hojjat, 1997). Caughlin 등(2000)은 13년간의 종단적 연구를 통해서 신경과민성과 부부의 부정적 의사소통의 관계를 탐색했다. 신경과민성과 결혼만족도의 관계는 부정적 의사소통 패턴에 의한 것으로 나타났다. 신경과민성이 높은 부부는 배우자에게 부정적인 정서를 전달하는 경향이 높았으며 그 결과 결혼만족도에 부정적 영향을 미쳤다.

우호성은 부부관계의 기능성을 예측하는 중요한 성격변인으로 보고되고 있다(Graziano & Eisenberg, 1997;

Tobin, Graziano, Vanman, & Tassinary, 2000). 우호성이 높은 사람은 대인관계에서 정서를 더 잘 조절하며 그 결과 더 부드러운 관계를 만들어 낸다. 또한 우호적인 배우자는 결혼생활에서 나타나는 갈등에 더 잘 대처하며 이러한 성향으로 인해서 부정적 상호작용의 빈도나 강도를 감소시켰다.

Donnellan, Conger와 Bryant(2004)는 418명의 부부를 대상으로 성격 5요인이 부부간의 부정적 상호작용(부부의 자기보고, 관찰자의 보고)과 결혼생활의 전반적 만족도(결혼생활의 질, 성적 만족도)에 어떤 영향을 미치는 조사했다. 그 결과, 신경과민성은 자기보고와 관찰자 보고 모두에서 부정적인 상호작용과 정적 상관을 나타냈으며, 결혼의 전반적 평가와는 부적 상관을 나타냈다. 반면에, 우호성은 결혼의 전반적 평가와 정적인 상관을 나타냈으며, 부정적 상호작용과는 부적 상관을 나타냈다. 개방성은 관찰자 보고에 의한 부정적 상호작용과 부적 상관을 나타냈다. 특히 아내의 개방성은 성적 만족의 전반적 평가와 정적 상관을 나타냈다. 성실성도 자기보고에 의한 부정적 상호작용이나 전반적 만족도와 정적 상관을 나타냈다. 그러나 외향성은 부부관계 변인과 유의미한 상관을 나타내지 않았다. 연구자들은 성격과 결혼생활 만족도가 부부생활 상호작용에 의해 매개될 수 있다고 주장했다. 결혼생활 만족도는 낮은 신경과민성과 높은 우호성에 의해서 가장 강력하게 예측될 수 있지만 우호성과 개방성도 친밀한 부부관계를 이해하는 데에 중요한 성격요인임을 시사하고 있다.

외향성은 부부관계에 양면적인 영향을 미치는 것으로 보고되고 있다. 외향성은 부부만족도와 정적인 상관을 보이지만 결혼생활 불안정성과도 정적인 상관을 나타냈다(Karney & Bradbury, 1995). 특히 남자의 경우는 외향성이 높은 사람들이 이혼할 가능성이 높은 것으로 나타났다(Eysenck, 1980; Newcomb & Bentler, 1981). 반면에, 여자의 경우에는 신경과민성이 높은 사람은 이혼할 가능성이 높은 것으로 보고되었다(Eysenck, 1980; Newcomb & Bentler, 1981). 성실성은 부부만족도와 정적인 상관을 나타내지만 성실성의 하위 요인인 질서정연성(orderliness)은 이혼을 예측하는 변인으로 나타나기도 했다(Newcomb & Bentler, 1981).

Buss(1991)는 결혼기간이 1년 미만인 신혼부부를 대상으로 성격의 5요인과 배우자를 화나게 하는 행동의 관계를 조사했다. 그 결과, 아내를 가장 화나게 하는 남편들은 높은 신경과민성과 낮은 우호성의 성격 조합을

성격은 부부관계에 강력한 영향을 미친다.

지닌 것으로 나타났다. 이러한 남편들은 학대, 신뢰 결여, 배려부족, 자기중심성, 알코올 남용 등을 나타내는 것으로 아내에 의해서 보고되었다. 외향성이 높은 남편은 무시나 멸시를 통해서 아내를 화나게 했고, 개방성이 낮은 남편은 방임, 배려부족, 성적 위축, 알코올 남용 등을 나타냈으며, 성실성이 낮은 남편은 신뢰 결여 행동을 통해서 아내를 화나게 했다. 남편을 화나게 하는 아내의 성격은 약간의 차이를 나타냈으며 대체로 유사했다. 우호성이 낮은 아내는 무시, 멸시, 집착, 의존, 질투, 자기중심성, 신뢰 결여를 통해서 가장 화나게 했으며, 신경과민성이 높은 아내는 과도한 소유욕, 의존, 질투를 통해서 남편을 화나게 만들었다. 개방성이 낮은 아내들은 알코올 남용과 정서적 위축을 통해서 남편을 힘들게 했다. 배우자를 화나게 하는 아내의 독특한 성격특징으로는 외향성이 높은 아내들이 멸시뿐만 아니라 욕설과 신체적 자기도취를 통해서 남편을 화나게 한 점이다.

3) 귀인방식과 의사소통

부부관계에서 배우자의 행동에 대한 귀인 방식이 부부만족도에 중요하다. 여러 연구자들은 배우자에 대한 귀인이 관계만족도와 밀접한 연관성이 있음을 발견했다(Hojjat, 1997). 관계만족도가 높은 부부들은 배우자의 긍정적 행동에 대해서는 내부적이고 안정적인 요인에 귀인을 하는 반면, 부정적 행동에 대해서는 외부적이고 일시적인 요인에 귀인을 하는 경향이 있었다(Bradbury & Fincham, 1990). 예를 들어, 아내가 남편의 친절한 행동에 대해서는 그의 자상한 성품 때문이라고 귀인하는 반면, 남편의 짜증스러운 행동에 대해서는 직장에서의 스트레스 때문이라고 귀인한다면 남편에 대한 만족도가 증가할 것이다. 부부관계가 좋지 않은 부부들은 반대의 귀인 방식을 사용한다. 낙관성은 귀인 방식에 영향을 미치는 성격요인으로 알려져 있다. 낙관성은 행복과 밀접한 관계를 지니고 있듯이, 낙관적인 부부일수록 결혼생활이 더 원만하다(Karney & Bradbury, 1995). 낙관적인 부부들이 만족스럽고 안정된 부부관계를 유지하는 것은 배우자 행동을 더 긍정적인 방향으로 귀인하기 때문이다(Bradbury & Fincham, 1990).

긍정적 상호작용은 부부만족도를 증진한다. Gottman (1994, 1998)에 따르면, 상대방에 대한 존중적 경청, 상대방 행동의 수용, 상대방에 대한 기본적 배려, 상대방의 욕구를 수용하고 절충하려는 노력이 부부만족도를 증진한다. 만족스러운 부부관계를 위해서는 긍정적 배려를 많이 하는 것뿐만 아니라 갈등을 만들지 않는 것이 중요하다. 부부갈등은 결혼만족도를 저하시키는 일차적인 요인이다. 결혼만족도에서 중요한 것은 갈등의 내용이나 횟수보다 갈등을 다루는 의사소통 방식이다.

갈등을 적절하게 해소하지 못하는 의사소통 문제는 이혼을 유발하는 가장 중요한 원인이 되고 있다(Gottman, 1994). 갈등을 해결하지 못하고 증폭시키는 부부들은 다음과 같은 네 가지의 의사소통 특성을 나타낸다. 첫째는 비판적 행동인데, 상대방의 인격과 성품에 대해 비난하거나 공격하는 것이다. 둘째는 경멸적 행동으로서 상대방을 무시하고 모욕감을 주는 것이다. 이러한 행동은 모욕적 언사뿐만 아니라 공격적 농담, 조롱과 비웃음, 혐오적 신체언어를 사용하는 심리적 폭력으로 나타난다. 셋째는 방어적 태도로서 상대방을 솔직하게 대하지 않으며, 자기방어에 급급한 반응을 보인다. 문제를 해결하기보다는 상처를 입지 않기 위해 노력한다. 마지막 네 번째는 장벽 쌓기로서 상대방과의 의사소통을 회피하고, 신체적으로 거리를 두며, 정서적인 무관심을 나타낸다. 이러한 의사소통

패턴들은 부부관계를 파국으로 몰아가는 치명적인 것이다.

Gable, Reis, Impett 및 Asher(2004)는 부부의 대화방식이 결혼만족도에 중요한 영향을 미친다는 점을 밝혔다. 이들은 부부의 대화방식을 적극성-소극성과 건설성-파괴성의 두 차원에서 나누어 정교하게 분석했다. 상대방에게 긍정적/부정적 사건(예: 직장에서의 승진)이 일어났을 때 부부가 반응하는 방식은 다음과 같은 4가지 방식으로 분류되었다: (1) 적극적-건설적 반응(예: "너무너무 잘 됐어요. 앞으로도 당신은 더 승진할 거예요"), (2) 적극적-파괴적 반응(예: "이제 직장에서 당신을 엄청나게 부려 먹겠네요"), (3) 소극적-건설적 반응(예: "좋은 일이네요"), (4) 소극적-파괴적 반응(예: "오늘은 하루 종일 비가 내리네요"와 같이 무관심을 드러내는 반응). 적극적-건설적 반응양식을 주로 교환하는 부부는 행복한 결혼생활을 하는 반면, 다른 반응양식을 주로 사용하는 부부들은 결혼만족도가 낮았다.

6. 성격강점으로서의 사랑

1) 사랑의 능력

긍정심리학자인 Peterson과 Seligman(2004)은 사랑을 성격강점의 하나로 제시하고 있다. 사랑(love)은 다른 사람과 깊은 애정을 형성하고 유지할 수 있는 심리적 능력을 의미한다. 친밀하고 깊이 있는 인간관계를 유지하려면 다른 사람에게 애정을 느끼고 표현할 뿐만 아니라 상대방의 애정을 받아들임으로써 깊이 있는 애착관계를 안정적으로 유지할 수 있는 능력이 뒷받침되어야 한다. 이렇게 사랑을 하고 사랑을 받아들일 수 있는 능력은 개인의 성격적 강점으로서 연인관

사람마다 사랑의 능력이 다르다.

계와 부부관계를 비롯하여 다양한 인간관계에 영향을 미치게 된다.

사랑은 전형적으로 세 가지의 형태를 갖는다. 첫 번째는 애정, 보호, 보살핌을 제공하는 사람들에 대한 사랑으로서 그 전형은 부모에 대한 아이의 사랑이다. 우리는 그러한 사람들에게 의지하며 그들과 함께 있으면 안전감을 느끼기 때문에 그들이 항상 곁에 있어주기를 원한다. 사랑의 두 번째 유형은 안전과 보살핌을 얻기 위해서 우리에게 의지하는 사람들에 대한 사랑으로서 아이에 대한 부모의 사랑이 그 전형이다. 우리는 그러한 사람들을 보호하고 지원할 뿐만 아니라 그들을 위해 희생을 하고, 그들의 필요를 나 자신의 필요보다 우선시하며, 그들이 행복할 때 우리도 행복감을 느낀다. 마지막으로 세 번째 유형은 우리가 특별하다고 생각하고 우리를 특별하게 느끼도록 해 주는 사람과 성적·정서적 친밀함을 형성하려는 열정적 욕망을 느끼는 사랑으로서 그 전형은 연인과의 낭만적 사랑이다.

사랑하고 사랑받을 수 있는 능력은 시간과 상황을 뛰어넘어 지속되는 일종의 특질로 여겨지고 있다. 실제로 유아기에 형성된 부모와의 애착유형은 몇 십 년 후 낭만적인 연인관계에서 반복되어 나타나는 것으로 알려져 있다. 사랑의 능력이 결여되어 안정된 친밀한 인

간관계를 형성하지 못하는 사람들이 있다. 특히 자기애성, 반사회성, 분열성 성격장애를 지닌 사람들은 상호적인 애착관계를 형성하지 못하는 경향이 있다.

2) 애착과 사랑 능력

사랑하고 사랑받을 수 있는 건강한 능력은 어린 시절의 안정 애착과 밀접한 관계를 지니는 것으로 여겨지고 있다. 애착이론을 제시한 Bowlby(1969, 1973, 1980)에 따르면, 애착(attachment)은 특정한 두 사람 간에 형성되는 정서적인 유대관계로서 다음과 같은 네 가지의 특징을 지닌다. 첫 번째 특징은 근접성 유지(proximity maintenance)로서 애착 대상에 가까이 있거나 붙어 있기를 원하는 것이다. 둘째는 애착대상을 안전한 피난처(safe haven)로 여기며 위안이나 확신을 얻기 위해 의지한다. 세 번째 특징은 이별 고통(separation distress)으로서 애착 대상과 예기치 못한 또는 장기간의 이별을 하게 되면 괴로움을 느낀다는 점이다. 마지막으로, 애착 대상은 안전기지(secure base)의 역할을 하게 되며, 세상을 적극적으로 탐색하고 활동하는 기반이 된다.

영아기에 안정 애착을 형성한 아동들은 이후의 삶에서 부모, 교사, 또래와의 관계에 긍정적 영향을 미치는 것으로 나타났다. 안정 애착의 아동들은 그렇지 못한 아동에 비해서 부모에게 '주장적 관계성(assertive relatedness)'을 나타낼 가능성이 높다. 이들은 보다 적극적이고 끈기 있게 도전적 과제들을 탐색하는 동시에 필요할 때에는 도움을 요청하고 위안을 받을 수 있는 접촉을 추구하는 모습을 보였다(예: Londerville & Main, 1981; Waters, Wippman, & Sroufe, 1979). 즉, 자율적 탐색과 의존적 접촉의 건강한 균형을 지니고 있다.

아동은 부모와의 관계경험을 통해서 자신과 타인에 대한 내면적 표상체계를 형성하게 되는데, Bowlby (1973)는 이를 내적 작동 모델(internal working model)이라고 지칭했다. Ainsworth와 그녀의 동료들(Ainsworth, Blehar, Waters, & Wall, 1978)은 유아를 대상으로 한 낯선 상황 검사를 통해서 애착의 네 가지 유형, 즉 안정 애착, 불안 애착, 회피 애착, 혼란 애착을 발견했다. 유아기에 형성된 애착유형은 전 생애에 걸쳐 지속적인 영향을 미치는 것으로 보고되고 있다. George 등(1985)은 성인 애착 면접(Adult Attachment Interview)을 통해서 성인의 애착유형이 유아기의 애착패턴과 상당히 일치한다는 것을 발견했다. 특히 흥미로운 것은 유아기에 형성된 애착유형이 성인기의 이성관계에서 두드러지게 나타난다는 점이다(Bartholomew & Horowitz, 1991).

안정 애착을 형성한 사람은 자신과 타인에 대한 긍정적인 표상을 지니고 있기 때문에 인간관계에서 자신감을 지니고 다른 사람에게 쉽게 다가간다. 이들은 상대방의 생각이나 욕구를 고려하여 호의적으로 반응하는 따뜻한 상호작용 패턴을 지니고 있으며 사소한 갈등이나 좌절에 대해 과도한 감정반응을 나타내지 않는다. 또한 상대방과의 친밀한 관계를 편안하게 느낄 뿐만 아니라 서로의 독립성을 인정하며 상대방에게 과도하게 집착하지 않는다. 안정된 애착패턴을 지닌 사람은 대인관계에서 의존과 독립의 균형을 잘 이룰 수 있는 사람이라고 할 수 있다. 이러한 안정 애착이 사랑 능력의 핵심적 요소라고 할 수 있다.

3) 친밀감 형성 능력

친밀한 유대관계는 만족스럽고 안정된 인간관계의 기반이다. 친밀감(intimacy)을 연구하는 심리학자들은 친밀한 인간관계가 형성되는 상호작용 과정에 초점을 맞추고 있다. Reis와 그의 동료들(Reis & Patrick, 1996;

Reis & Shaver, 1988)은 자기공개와 그에 대한 반응성이 친밀한 관계를 형성하는 핵심적인 요인이라고 주장했다.

친밀감은 대인관계에서 일어나는 상호작용의 산물이다. 친밀감이 형성되기 위해서는 먼저 한 사람이 자신에 관한 정보와 감정을 전달해야 하고 상대방은 그에 대해서 호의적인 적절한 반응을 나타내는 지속적인 상호작용이 일어나야 한다. 즉, 자기공개와 반응성이 친밀감 형성에 필수적이다.

자기공개(self-disclosure)는 개인적인 정보, 생각, 감정을 상대방에게 언어적 또는 비언어적 행동을 통해서 전달하는 행위를 의미한다. 자기공개에는 크게 두 가지 유형이 있다. 그 하나는 사실적 자기공개(factual self-disclosure)로서 자신에 관한 객관적인 사실을 위시한 기술적인 정보를 전달하는 것이며, 다른 하나는 정서적 자기공개(emotional self-disclosure)로서 자신의 사적인 감정, 생각, 판단을 포함하는 평가적인 정보를 전달하는 것이다. 두 유형의 자기공개는 개인의 사적인 측면을 나타내는 것이지만, 정서적 자기공개는 개인의 좀 더 핵심적이고 심층적인 측면을 전달하는 것으로서 친밀감 형성에 더 중요한 역할을 한다.

반응성(responsiveness)은 상대방의 자기공개에 대해서 적절하고 호의적인 반응을 나타내는 것을 뜻한다. Reis와 Shaver(1988)에 의하면, 자기공개에 대해서 상대방이 잘 이해하고 긍정적인 반응을 나타낼 때 친밀감이 증진된다. 친밀감을 증진하기 위해서는 이해 반응(예: 상대방의 바람, 감정, 상황을 정확하게 잘 이해했다는 것), 인정 반응(예: 상대방을 잘 수용하고 긍정적으로 평가하고 있다는 것), 지지 반응(예: 상대방에 대해서 관심, 애정, 보살핌, 도움을 나타내는 것)이 중요하다. Reis와 Shaver(1988)는 이러한 반응을 보여 주는 것도 중요하지만 이러한 반응에 대한 상대방의 지각이 친밀감 형성

에 더 중요하다고 주장한다. 자기공개에 대해서 진정한 반응을 나타내더라도, 상대방은 자신의 욕구나 바람을 잘 이해하고 인정해 주는 것으로 지각하지 않을 수 있다. 친밀감 형성을 위해서는 사실적인 행동보다 그에 대한 지각이 더 중요하다(Laurenceau, Barret, & Pietromonaco, 1998). 상대방으로부터 이해, 인정 그리고 보살핌을 받고 있다고 지각하는 것이 친밀감 형성의 핵심적 요소라고 할 수 있다.

친밀감은 자기공개와 호의적 반응을 주고받는 상호작용을 통해서 점차적으로 증진된다. 실증적인 연구(Reis et al., 2000)에 따르면, 친밀감을 느끼게 만드는 가장 중요한 요인은 '상대방으로부터 이해받고 인정받는다는 느낌'이었으며, 이 밖에 '중요한 일에 관해서 이야기를 나누는 것' '즐겁거나 재미있는 활동을 함께 하는 것'이 중요하다. 그러나 관계에서 겪은 갈등이나 거부 경험의 많고 적음은 친밀감과 아무런 관계가 없는 것으로 나타났다.

Harvey, Pauwels와 Zickmund(2002)는 친밀한 관계를 유지하고 발전시켜 나가기 위해서 세심한 배려가 중요함을 강조하고 있다. 세심한 배려(minding)는 두 사람의 관계에서 생각과 행동이 교류되는 특유의 패턴으로서 관계의 '친밀감'과 '안정성'을 촉진한다(Harvey & Omarzu, 1997, 1999). 세심한 배려는 크게 세 가지 요소로 구성되어 있다. 첫째는 서로를 알고 알림으로써 서로를 잘 이해하는 것이다. 이를 위해서는 자기공개와 더불어 상대방의 생각, 감정 그리고 과거 경험을 물어보고 아는 것이 중요하다. 빈번한 대화를 통해서 정확하고 원활한 의사소통을 하는 것이 중요하며 그 결과로 알게 된 정보는 관계증진에 활용될 수 있다. 둘째는 상대방의 행동에 대한 귀인, 즉 해석이 중요하다. 일반적으로 상대방의 긍정적 행동은 내부적 요인에 귀인하고 부정적 행동은 외부적 요인에 귀인하는 것이 관계를 증

진한다. 예를 들어, 연인이 약속시간보다 일찍 나타난 것에 대해서는 자신과 함께 좀 더 많은 시간을 보내기 위한 애정으로 여기는 반면, 약속시간보다 늦게 나타난 것에 대해서는 바쁜 직장생활 때문인 것으로 해석하는 것이 바람직하다. 상대방에 대한 깊은 이해에 근거하여 유연하고 신중한 귀인을 하는 것이 관계발전에 중요하다. 잘못된 귀인에 의해서 상대방의 의도를 오해하지 않는 것이 중요하다. 마지막으로, 수용과 존중이 중요하다. 수용과 존중은 친밀한 관계의 전형적 특성이다 (Fehr, 1988). 상대방의 행동과 감정을 있는 그대로 수용하고 존중하는 것이 중요하다. 이를 위해서는 상대방의 마음을 잘 이해하고 그의 입장에서 생각해 보는 공감적 태도가 필요하다(Ickes, 1996). 이렇게 서로를 배려하게 되면, 두 사람은 시간이 흐름에 따라 그들의 관계가 매우 특별할 뿐만 아니라 소중하다는 느낌을 갖게

되면서 더 친밀한 관계로 나아가게 된다.

7. 성격장애와 인간관계

성격장애를 지닌 사람들이 가장 심각한 부적응을 나타내는 삶의 영역은 인간관계다. DSM-5에서 제시하고 있는 성격장애의 대안모델에서는 성격장애의 주된 진단기준 중 하나가 대인관계의 특성, 즉 공감과 친밀한 관계형성 능력의 부족이다. 성격장애를 지닌 사람들은 자기정체감과 자기조절의 문제를 지닐 뿐만 아니라 대인관계에서 상대방의 감정상태를 공감하지 못하고 친밀한 관계를 안정되게 형성하지 못하는 부적응을 나타낸다. 성격장애의 유형별로 나타내는 대인관계의 부적응 문제를 제시하면 〈표 20-2〉와 같다.

성격장애를 지닌 사람들은 원만한 인간관계를 맺지 못한다.

표 20-2 성격장애 유형과 대인관계의 부적응 문제

♦ 편집성 성격장애
- 타인이 자신을 속이거나 이용하지 않을까 과도하게 의심한다.
- 타인이 자신을 이용할까 봐 친밀한 관계를 꺼린다.
- 타인의 언행에서 부정적인 의도를 발견하려고 노력한다.
- 자신이 당한 비판이나 공격에 대한 원한을 풀지 않는다.
- 대인관계에서 논쟁적이고 적대적인 행동을 나타낸다.

♦ 분열성 성격장애
- 친밀한 관계를 원하지도 즐기지도 않는다.
- 거의 항상 혼자서 생활하며 고립된 생활을 한다.
- 타인의 칭찬이나 비평에 무관심해 보인다.
- 무관심하거나 둔마된 감정반응을 보인다.

♦ 분열형 성격장애
- 대인관계에서 부적절한 행동이나 정서반응을 나타낸다.
- 대인관계를 오해하거나 망상적 사고를 나타낸다.
- 괴이하고 엉뚱한 행동으로 타인에게 혐오감을 준다.
- 가까운 친구나 친한 사람이 없다.
- 대인관계에서 부적절한 불안을 느낀다.

♦ 반사회성 성격장애
- 도덕과 법을 지키지 않는 반사회적 행동을 나타낸다.
- 자신의 이익을 위해서 거짓말을 반복한다.
- 싸움과 폭력을 통해서 호전성과 공격성을 나타낸다.
- 직장생활이나 대인관계에서 무책임한 행동을 나타낸다.

♦ 연극성 성격장애
- 다른 사람의 관심과 호감을 끌기 위해 과도하게 노력한다.
- 연극조의 극적이고 과장된 감정표현을 나타낸다.
- 성적으로 유혹적이거나 도발적인 행동을 나타낸다.
- 실제의 관계보다 친밀한 행동을 과도하게 나타낸다.

♦ 자기애성 성격장애
- 자신이 특별한 존재라는 과장된 인식을 지니고 있다.
- 과도한 찬사와 찬양을 요구한다.
- 다른 사람으로부터 특별한 대우를 받으려는 특권의식을 지닌다.
- 대인관계가 착취적이며 자신의 목적에 타인을 이용한다.
- 거만하고 방자한 행동을 보인다.

♦ 경계선 성격장애
- 강렬하지만 불안정 대인관계를 나타낸다.
- 상대방으로부터 버림받지 않기 위해서 극단적인 행동을 나타낸다.
- 충동적인 행동(낭비, 폭음, 폭식, 성관계, 자살 시도)을 나타낸다.
- 기분의 변화가 심하고 불안정하다.
- 분노를 조절하지 못하고 부적절하게 심한 분노를 표출한다.

♦ 강박성 성격장애
- 세밀한 것에 집착하며 과도한 완벽주의를 나타낸다.
- 일에 지나치게 몰두하여 인간관계와 여가활동을 희생한다.
- 지나치게 고지식하고, 융통성이 없으며, 감정표현이 적다.
- 매사에 꼼꼼하고 인색하다.

♦ 의존성 성격장애
- 스스로 결정하지 못하고 다른 사람에게 조언과 충고를 구한다.
- 인생의 중요한 영역을 떠맡길 수 있는 타인을 필요로 한다.
- 두려움 때문에 타인에게 반대의견을 말하지 못한다.
- 타인의 보살핌과 지지를 얻기 위해 희생을 감수한다.
- 혼자 버려지는 것에 대한 극심한 불안을 지닌다.

♦ 회피성 성격장애
- 비난과 거절이 두려워 대인관계를 회피한다.
- 대인관계에서 비난이나 거부를 당하는 것에 예민하다.
- 새로운 대인관계에서는 부적절감을 느끼며 위축된다.
- 개인적 위험이 따르는 일이나 새로운 활동에는 참여하지 않는다.

대인관계 심리치료

대인관계 심리치료(Interpersonal Psychotherapy: IPT)는 Gerald Klerman이 개발한 치료법으로서 인지치료와 더불어 우울증의 치료에 효과적인 것으로 입증되었다. IPT는 20회 이내의 단기치료로 시행되며, 내담자의 대인관계 문제에 초점을 맞추는 구조화된 치료법이다. 대인관계 심리치료는 우울증이 개인의 사회적 기능, 즉 대인관계와 밀접하게 관련되어 있으며 그 기저에는 성격적 문제가 존재하고 있다고 가정한다. IPT는 Sullivan이 제시한 대인관계 이론의 영향을 받았으나 과거의 경험보다는 현재의 대인관계 문제에 초점을 맞춘 단기적 개입을 하고 있다(Klerman, Weissman, Rounsaville, & Chevron, 1984).

IPT에서는 개인이 겪고 있는 대인관계 문제를 크게 네 가지 유형으로 분류한다. 그 첫째는 역할 갈등(role conflict)으로서 부부, 가족, 직장, 학교에서 특정한 개인과 대립하게 되는 관계갈등을 뜻한다. 이러한 갈등은 대인관계에 대한 기대의 좌절로 인해 발생하며 이러한 갈등이 심각한 스트레스를 유발하는 경우에 우울증이 나타날 수 있다. 둘째는 역할 변화(role transition)로서 상급학교 진학, 결혼, 취업 등과 같이 대인관계 상황이 변화하거나 중요한 생활사건이 발생하여 새로운 상황에 적응해야 하는 부담을 지닌 경우다. 이러한 대인관계 역할에 대처하지 못하거나 심한 스트레스를 느낄 경우에 우울증이 발생할 수 있다. 셋째는 미해결된 애도(unrevolved grief)로서 중요한 애착대상과의 사별로 인한 상실의 슬픔이 과도하거나 과거의 상실경험이 해결되지 않은 채 현재의 삶에 심각한 영향을 미치는 경우를 뜻한다. 마지막으로, 대인관계가 양적으로나 질적으로 빈약한 경우를 뜻하는 대인관계 결핍(interpersonal deficit)이 있다.

IPT에서 치료자는 내담자의 우울증이 어떤 대인관계 문제와 관련되어 있는지를 탐색하고 그러한 대인관계 문제에 초점을 맞추어 해결함으로써 내담자의 대인관계가 개선되도록 돕는다. 이를 위해서 구체적인 대인관계 상황에서 내담자가 타인에 대해 지니는 잘못된 기대를 탐색하여 바로잡고 의사소통을 향상시킬 뿐만 아니라 새로운 행동을 대인관계 상황에 실천하도록 격려한다.

 요약 -

1. 인간관계는 행복의 주된 원천인 동시에 불행을 초래하는 가장 주요한 원천이다. 행복한 삶을 위해서는 우리의 삶에 중요한 영향을 미치는 '의미 있는 타인들' 과의 관계가 중요하다. 만족스러운 인간관계를 위해서는 네 유형의 동반자, 즉 가족 동반자, 낭만적 동반자(연인), 직업적 동반자(직장동료), 사회적 동반자(친구)가 필요하다. 네 가지 동반자 중 하나라도 결여되어 있거나 그들과 심각한 갈등을 겪게 되면 외로움을 느끼게 된다.

2. Sullivan은 성격을 지속적인 대인관계 패턴으로 정의하면서 성격은 대인관계 맥락에서 이해되어야 한다고 주장했다. 대인관계의 원형 이론은 Sullivan의 사상에 뿌리를 두고 있으며

성격과 대인관계 패턴을 지배성(권력 또는 주체성)과 친애성(사랑 또는 연대성)의 두 차원으로 분류하고 있다.

3. 성격의 5요인은 인간관계의 질에 영향을 미치는 것으로 밝혀졌다. 신경과민성은 인간관계의 질을 떨어뜨리는 대표적인 성격특질인 반면, 우호성은 인간관계의 질을 높여 주는 성격 변인으로 나타났다. 외향성, 개방성, 성실성이 인간관계에 미치는 영향에 대해서는 혼재된 연구결과들이 보고되고 있다.

4. 성격은 사랑 스타일과 밀접히 관련되는 것으로 나타났다. 신경과민성은 마니아와 루더스 모두와 정적 상관을 보였고, 외향성은 에로스와 유의미한 상관을 보였으며, 성실성은 프라그마와 스토게 모두와 정적 상관을 보였다. 반면에, 우호성과 개방성은 각각 루더스, 프라그마와 부적 상관을 나타냈다.

5. 어린 시절의 애착경험은 성인기의 인간관계에 영향을 미치는 것으로 알려졌다. 애착이론에 따르면, 애착경험은 아동의 자기표상과 타인표상에 영향을 미쳐서 이후의 대인관계를 결정하는 내적 작동모델로 기능하게 된다. 성인기의 이성관계 패턴이 영아기의 애착패턴과 상당히 일치한다는 연구결과가 보고되었다.

6. 성격은 배우자의 선택과 더불어 부부관계에 강력한 영향을 미친다. 신경과민성은 부부관계 만족도를 저하시키는 가장 중요한 성격요인인 반면, 우호성은 부부관계의 기능성을 예측하는 중요한 성격변인으로 보고되었다. 외향성은 부부만족도를 증가시키지만 결혼생활의 안정성은 떨어뜨리는 것으로 나타났다. 특히 신경과민성이 높은 여자, 외향성이 높은 남자, 그리고 성실성 중 질서정연성이 높은 남자는 이혼할 가능성이 높은 것으로 보고되었다.

7. 사랑(love)은 다른 사람과 깊은 애정을 형성하고 유지할 수 있는 심리적 능력으로서 중요한 성격강점의 하나로 주목받고 있다. 사랑을 주고 사랑을 받아들일 수 있는 건강한 능력은 어린 시절의 안정 애착과 밀접한 관계를 지니는 것으로 여겨지고 있다. 건강한 인간관계의 바탕인 친밀감을 형성하는 데에는 자기공개와 반응성이 필수적인 것으로 나타났다.

8. 성격장애를 지닌 사람들이 가장 심각한 부적응을 나타내는 삶의 영역은 대인관계다. 성격장애를 지닌 사람들은 공감 능력과 친밀감 형성 능력의 부족으로 인해서 대인관계의 부적응을 나타낸다. 성격장애의 여러 하위유형은 각기 독특한 대인관계 문제와 부적응을 나타낸다.

제21장
성격과 직업활동

1. 직업활동과 인생

직업은 개인의 삶에 있어서 매우 중요한 삶의 영역이다. 일과 사랑, 즉 직업활동과 인간관계는 인생을 구성하는 중요한 두 축이라고 할 수 있다. 현대인은 인생의 가장 많은 시간을 직장에서 보낸다. 따라서 직업활동에서 만족감을 경험하지 못하는 사람은 결코 행복한 삶을 누릴 수 없다. 직업은 개인의 능력과 강점을 발휘함으로써 소중히 여기는 목표와 가치를 구현하는 자기실현의 장이다. 또한 직업은 자기정체감과 사회적 소속감을 줄 뿐만 아니라 동료들과의 사회적 연결망을 제공한다. 개인이 직업적 활동을 통해서 나타내는 행동과 수행성과는 그의 성격에 따라 매우 다양한 양상으로 나타날 수 있다.

1) 직업의 의미

직업(occupation)은 휴식, 놀이, 여가활동을 제외한 모든 생산적인 활동을 의미한다. 직업은 경제적 소득을 얻을 뿐만 아니라 개인의 잠재능력을 발휘하고 인생의 의미를 찾는 행복의 주요한 원천이다. 주관적 행복의 연구자들(Argyle, 2001)에 의하면, 직업은 행복과 밀접한 관계를 맺고 있다. 우선, 직업을 가진 사람들은 미취업자보다 더 행복하다. 전문직이나 숙련직 노동자가 비숙련직 노동자보다 더 행복하다. 그러나 직업의 유형보다는 직업만족도가 중요하다. 행복과 직업만족도의 상관(r)은 약 .40으로서 상당히 높다(Diener et al., 1999). 직업만족은 삶의 만족도뿐만 아니라 정신건강에도 직접적인 영향을 미치는 것으로 알려져 있다(Hart, 1999; Kelloway & Barling, 1991). 또한 행복과 생산성은 서로 촉진적인 영향을 미친다. 행복한 사람은 직업적 활동에 있어서 더 생산적이며, 직장에서 생산적인 성과를

표 21-1	직업의 종류와 구분

우리 사회에는 매우 다양한 직업이 있다. 사회가 발전함에 따라 직업도 보다 세분화되고 전문화되어 다양하게 늘어나고 있다. 산업혁명 당시 약 400종의 직업이 있었으나, 20세기 중엽에는 약 1만 종으로 늘어났고, 그 후 더 많은 직업이 분화되었다. 특히 우리나라는 1957년도에 2,300여 종의 직업이 있었으나, 1986년도에는 1만 450여 종, 1996년에는 1만 2,850여 종으로 늘어났다. 다양한 직업을 살펴보기 위해 흔히 사용되는 직업분류방식을 제시하였다. 직업을 업무의 내용에 따라 크게 전문직, 관리직, 사무직, 판매직, 서비스직, 생산직, 농어민, 미취업으로 나누고 해당하는 세부적 직업을 열거하였다.

전문직
의사 · 약사 · 간호사 · 변호사 · 판사 · 검사 · 회계사 · 대학교수 · 교사 · 언론인 · 방송인 · 종교인 · 체육인 · 예술인 · 엔지니어 · 기타

행정관리직
기업체 · 경영주(5인 이상 고용) · 기업체간부(부장 이상) · 고급공무원(중앙관서 과장 이상) · 사회단체간부(부장 이상) · 군인(영관급 이상) · 경찰(경정 이상) · 기타

사무직
회사원 · 은행원(과장급 이하) · 일반공무원(사무관 이하) · 사회단체직원(과장급 이하) · 타이피스트 · 집배원 · 군인(위관급, 하사관) · 경찰(경감 이하) · 기타

판매직
도 · 소매상인(5인 미만 고용) · 판매점원 · 부동산 중개인 · 외판원 · 행상 · 노점상 · 기타

서비스직
음식점이나 여관 등의 주인 · 음식점이나 여관 등의 종업원 · 이용실이나 미용실 또는 세탁소 주인 · 이용실이나 미용실 또는 세탁소 종업원 · 청소부 · 수위 · 기타

생산직
생산감독(주임 및 반장) · 숙련공 · 기능공 · 공장근로자 · 견습공 · 비숙련공 · 단순노무자 · 막노동자 · 운전사(자동차, 중장비) · 기타

농 · 임 · 수산직
부농(2정보=6,000평 이상) · 중농(1~2정보=3,000~5,999평) · 소농(0.5~1정보=1,500~2,999평) · 빈농 · 소작농(0.5정보=1,500평 미만) · 농업노동자 · 품일군 · 축산업자나 낙농업자 · 선주 · 어부 · 수산업자나 양식업자 · 기타

미취업
학생 · 군인(사병) · 무직자(실업자) · 정년퇴직자 · 연금생활자 · 기타

나타내는 사람은 더 행복하다. 인생의 의미에 관한 연구자들(Ebersole, 1998; Emmons, 1999; Wong, 1998)에 따르면, 대다수의 사람들은 공통적으로 '일과 직업적 성취'를 인생의 중요한 의미로 여기고 있다.

사람들이 자신의 직업에 부여하는 의미가 각기 다를 수 있다. Wrzesniewski와 동료들(Wrzesniewski, McCauly, Rozin, & Schwartz, 1997)에 따르면, 직업인들은 자신의 일을 크게 세 가지 방식으로 인식한다. 첫째는 자신이 직장에서 하는 일을 단지 생계유지를 위해 소득을 얻는 생업(job)으로 여기는 것이다. 이러한 사람

직업활동은 경제적 소득을 얻고, 잠재능력을 발휘하며, 인생의 의미를 찾는 행복의 주요한 원천이다.

들은 일 자체보다 그로 인한 경제적 소득에 초점을 맞춘다. 이들에 있어서 직업의 의미는 가족을 부양하는 수단 정도가 될 것이다.

둘째는 직업을 사회적 성공과 연결된 경력(career)으로 생각하는 것이다. 이러한 사람들은 일을 통해서 성취동기와 경쟁욕구를 충족시킬 뿐만 아니라 사회적 지위와 명성을 얻고자 노력한다. 이들에게 있어서 직업의 의미는 자신의 목표를 성취하고 개인적 자긍심을 얻는 것일 것이다.

마지막으로 직업을 소명(calling)으로 여기는 사람들이 있다. 이러한 사람들은 자신의 직업을 통해서 사회적으로 유용하고 의미 있는 일을 하고 있다고 생각한다. 이들에게 직업적 활동은 자신뿐만 아니라 타인을 위하는 것으로서 공동체에 기반을 둔 개인적 성취감에서 의미를 찾을 것이다. 이처럼 자신의 직업을 바라보는 세 가지 관점에 따라서 직업을 통해 얻게 되는 의미도 달라질 것이다.

Wrzesniewski에 따르면, 직업에 대한 세 가지 관점은 직업의 유형에 상관없이 나타났다. 뿐만 아니라 직업으로 인한 소득, 직장 내의 지위, 직업을 통한 타인의 인정은 사람들이 자신의 직업에 부여하는 의미에 영향을 미치지 않았다. 특히 직업을 소명으로 생각하는 것은 직업적 특성보다 개인적 특성과 관련되어 있는 것으로 알려지고 있다.

2) 직업의 선택

직업의 선택은 개인의 인생에 강렬한 영향을 미치는 중요한 선택 중 하나다. 청년기의 주요한 발달적 과업은 생애과업(life task), 즉 직업을 탐색하고 선택하는 일이다. 직장생활의 만족은 인생의 행복을 결정하는 중요한 요인이기 때문에, 어떤 직업과 어떤 직장을 선택하느냐는 것은 매우 중요한 일이다. 인생을 설계하는 청년에게 가장 중요하고 어려운 문제가 바로 직업선택이다. 미국의 경우, 25세 전후의 청년기는 불확실한 상황에서 직업을 탐색하며 많은 스트레스를 받는 시기로 알려져 있다(Lock, 1988).

Ginzberg 등(1951)은 직업선택이 세 단계, 즉 공상적 단계, 시험적 단계, 현실적 단계를 거쳐 이루어진다고 주장했다. 공상적 단계(fantasy stage)는 약 11세경까지의 아동기에 해당하는 시기로서 현실적인 고려 없이 자신의 소망과 공상에 따라서 대통령, 과학자, 우주인 등이 되겠다는 꿈을 꾸는 시기를 말한다. 시험적 단계(tentative stage)는 11~18세에 해당하는 시기로서 아동기의 공상적 단계에서 성인전기의 현실적 단계로 이행하는 과도기다. 이 단계의 청소년들은 자신의 흥미, 능력, 가치 등을 평가하며 그 결과를 바탕으로 현실적인 가능성을 시험하기 시작한다. 현실적 단계(realistic stage)는 18세 이후부터 20대까지의 청년기에 해당되며 자신에게 가능성이 있는 직업들을 광범위하게 탐색하고 특정한 과업을 집중적으로 고려함으로써 그 과업과 관련된 구체적인 직업을 선택하게 된다.

Super(1967, 1976)는 개인의 자기개념이 직업 선택에 핵심적인 역할을 한다는 진로 자기개념 이론(career self-concept theory)을 제시했다. 그에 따르면, 청년기와 성인기 동안에 직업과 관련된 자기개념에 몇 가지의 변화가 일어난다. 첫 단계는 구체화 단계(crystalization phase)로서 14~18세의 청소년이 되면 자신의 전반적인 자기개념에 적합한 직업들을 구체적으로 생각하기 시작한다. 둘째는 명료화 단계(specification phase)로서 18~22세 사이의 청년들은 고려하고 있는 직업의 범위를 좁히면서 그중의 몇 가지와 관련된 직무를 실험적으로 경험해 본다. 셋째는 실행적 단계(implimentation phase)로서 21~24세의 청년들은 공식적인 학교교육을 마치고 실제적인 직업에 종사하기 시작한다. 넷째인 안정화 단계(stabilization phase)는 25~35세에 해당하는 시기로서 자기개념에 가장 적합하며 생애에 걸쳐 지속할 구체적인 직업의 선택이 이루어진다. 마지막 단계는 공고화 단계(consolidation phase)로서 35세 이후에는 자신이 선택한 직업영역에서 발전과 성취를 위해 노력하게 된다.

청년기에 선택된 직업의 활동은 연령증가와 함께 다양한 양상으로 발달한다. 성인기 동안의 직업발달은 크게 선택, 적응, 유지, 은퇴의 네 과정을 거친다. 성인초기에 직업이 선택되면 대부분의 사람은 자신의 직업에 적응하려고 노력한다. 직업이 요구하는 새로운 역할에 자신을 맞추어 나가는 적응과정은 성인전기 발달의 핵심적 과제다. 이러한 과정에서 직업적응에 실패하거나 재조정이 필요할 경우에는 직장을 그만두거나 이직을 하는 일이 나타나게 된다. 그러나 자신의 직업에 적응하게 되면 그 직업을 안정적으로 유지하면서 보다 높은 발전과 성취를 위해 노력하게 된다. 자신의 직업 분야에서 나름대로의 성취와 절정기를 이룬 후에 중년기 후기에는 직업에서 은퇴하게 된다. 은퇴는 성인기의 직업발달과정을 완결하는 단계라고 할 수 있다. 14장에서 소개한 바 있듯이, Levinson(1978)은 17세부터 65세까지 9단계로 구성된 인생주기 모델을 제시하고 각 시기마다 직업활동을 포함한 인생의 과정에서 경험하는 위기와 성취를 제시하고 있다.

2. 성격과 직업만족

개인의 직업활동은 직업만족과 직무수행이라는 두 가지 측면에서 평가될 수 있다. 자신에게 주어진 직무를 성공적으로 잘 수행하는 것은 직업적 성취를 위해서 매우 중요하다. 그러나 행복의 측면에서는 자신의 직장과 직무에 얼마나 만족하느냐가 더 중요하다.

1) 직업만족

직업은 행복과 매우 밀접한 관계를 지닌다. 특히 직장에서 자신이 맡고 있는 직무에 대한 만족은 행복에 매우 중요한 영향을 미친다. 직업만족 또는 직무만족(job satisfaction)은 개인이 자신의 직무와 직무경험에 대해 평가하고 그 결과로 발생하는 긍정적인 정서 상태를 말한다(Locke, 1976). 달리 말하면, 직업만족은 자신의 직업적 활동이 즐거울 뿐만 아니라 생산적이며 가치 있는 일이라는 인식에 근거한 긍정적인 정서 상태다.

직업만족은 직업활동 전반에 대한 전반적 수준의 만족(global job satisfaction)과 직무활동의 여러 구체적 측면에 대한 세부적 수준의 만족(job facet satisfaction)으로 구분될 수 있다. Specter(1997)는 직무의 세부적 측면을 14개(예: 평가, 의사소통, 동료, 성과급, 직업조건, 업무속성, 개인적 성장, 정책과 절차, 진급기회 등)로 구분하여 직업만족을 평가했다.

최근에는 직업만족이 직무에 대한 개인의 다차원적인 심리적 반응으로 여겨지고 있다. Hulin과 Judge(2003)에 따르면, 직업만족은 인지적 · 정서적 · 행동적 요소로 구성된다. 인지적 만족은 자신의 직무가 도전적이고 흥미롭다고 여기는 인지적 평가를 의미하고, 정서적 만족은 자신의 직무를 통해서 느끼는 유쾌함과 행복감의 정도를 뜻하며, 행동적 만족은 자신이 직무에 책임감 있게 열심히 행동하는 정도를 말한다.

직업만족을 설명하는 이론들은 Maslow(1943)의 욕구위계설, Hertzberg(1968)의 2요인이론, Adam(1965)의 형평성 이론을 비롯하여 매우 다양하다. 그러나 직업만족을 설명하는 가장 대표적인 이론은 Locke(1976)의 정서범위 이론(range of affect theory)이다. 이 이론에 따르면, 직업만족은 개인이 자신의 직업에서 원하는 것과 실제로 경험하는 것 사이의 차이에 의해서 결정된

다. 또한 개인의 기대가 충족 또는 미충족되었을 때의 만족 또는 불만족은 그가 특정한 직무요인을 얼마나 가치 있게 생각하는지에 따라 달라진다. 예컨대, 직장에서의 자율성을 중요하게 여기는 사람은 그렇지 않은 사람과 비교해서 자율성에 대한 기대가 충족되는 일을 할 때 더 강한 만족을 느끼는 반면, 자율성에 대한 기대가 충족되지 않는 일을 할 때는 더 강한 불만을 갖게 된다. 또 다른 대표적인 직업만족이론은 특질이론(dispositional theory)이다. 이 이론에 따르면, 사람들은 자신의 직업에 만족하는 경향성이 각기 다르다(Staw, Bell, & Clausen, 1986). 즉, 직업만족은 상당부분 개인의 성향에 달려 있다. 이러한 주장은 직업만족이 직업의 유형이나 경력 그리고 시간의 흐름에 걸쳐 안정적이라는 사실에 근거하고 있다(Staw & Cohen-Charash, 2005). 일란성 쌍둥이들은 서로 비슷한 수준의 직무 만족을 느낀다(Arvey, Bouchard, Segal, & Abraham, 1989). Judge, Locke와 Durham(1997)에 따르면, 직업만족은 자기존중감, 일반화된 자기효능감, 통제소재, 신경과민성의 네 가지 요소로 구성된 핵심 자기평가(core self-evaluations)에 의해 결정된다.

2) 성격 5요인과 직업만족도

다양한 성격특성이 직업만족도에 영향을 미치는 것으로 보고되고 있다. 성격 5요인 중에서는 외향성과 성실성이 높은 직업만족도와 관련된 성격요인으로 보고되었다. 외향성과 성실성은 다양한 직업 분야에 종사하는 사람들의 직업만족도를 유의미하게 예측하는 것으로 나타났다(De Fruyt & Mervielde, 1999; Schneider, 1999).

대형 컴퓨터회사의 간부급 직원을 대상으로 한 연구(Furnham & Zacherl, 1986)에서는 외향성이 직업만족도

성격에 따라 직업만족도가 다르다.

와 정적 상관을 나타냈다. Day 등(1998)도 외향성이 높을수록 직업만족도가 높아지는 것을 발견했다. 외향성은 동료들과의 사교적인 대인관계와 긍정 정서를 통해서 직업만족도를 높이는 것으로 알려지고 있다.

Schneider(1999)의 연구에서는 성실성이 직업만족도와 유의미한 상관을 나타냈다. 성실성은 직무성과를 높이는 중요한 성격요인으로 일관성 있게 보고되는 성격요인이다. 성실성은 직무수행에 긍정적 영향을 미침으로써 직장에서 성취감과 보상을 통해 직업만족도가 높아지는 것으로 추정된다.

반면에, 신경과민성은 직업만족도와 부적인 관계를 지니는 것으로 보고되고 있다. 다양한 직업영역에서 이루어진 여러 연구(Clark & Watson, 1991; Decker & Borgen, 1993; Tokar & Subich, 1997)에서 신경과민성은 직업불만족을 잘 예측하는 성격요인으로 나타났다. 정서적 안정성, 즉 낮은 신경과민성은 직업만족도와 정적 상관을 나타냈다(Cropanzo, James, & Konovsky, 1993). 다국적기업의 직원을 대상으로 연구한 Tanoff(1999)에 따르면, 신경과민성이 직업만족도의 변량을 설명하는 가장 중요한 요인이었다.

개방성과 우호성은 대체로 직업만족도와 유의미한 관계를 지니지 않은 것으로 보고되고 있다. Schneider (1999)의 연구에서는 개방성이 직업만족도와 유의미한 상관을 나타내지 않았다. 그러나 House, Shane과 Herold(1996)는 개방성이 높은 사람들이 참신성이 부족한 업무를 반복하는 관습적인 직업분야에서 만족도가 저하될 것이라고 주장했다. 우호성은 여러 연구(Day & Bedeian, 1995; Schneider, 1999)에서 직업만족도와 유의미한 상관을 보이지 않았다. 그러나 최근의 연구 (Rothman & Coetzer, 2002)에서는 우호성이 미약하지만 직업만족도와 정적인 상관을 지니는 것으로 나타났다.

여러 연구를 종합하면, 성격 5요인 중에서 외향성과 신경과민성이 직업만족도에 가장 강력한 영향을 미치는 것으로 나타났다. 제약회사에 다니는 159명의 직원을 대상으로 조사한 Rothman과 Coetzer(2002)에 따르면, 직업만족도는 신경과민성과 외향성과 가장 높은 상관을 나타냈으며, 성실성과 우호성도 유의미한 상관을 나타냈다. 이러한 네 가지 성격특질을 모두 고려했을 때, 직업만족도의 개인차 변량 중 28%가 설명되었다.

여러 연구에서 직업만족도는 특히 정서적 기질과 관련되는 것으로 보고되고 있다(House et al., 1996; Motowidlo, 1996). Tokar와 Subich(1997)의 연구에서는 낮은 신경과민성과 높은 외향성이 직업만족도에 영향을 미치는 것으로 나타났다. 특히 신경과민성의 부정 정서성과 외향성의 긍정 정서성이 직업만족도에 커다란 영향을 미치는 것으로 보고되었다. 병리학 실험실의 직원들을 대상으로 한 연구(Cropanzano, James, & Konovsky, 1993)에서는 낮은 부정 정서성과 높은 긍정 정서성이 직업만족도와 유의미한 상관을 나타냈다. 서로 다른 환경에서 성장한 일란성 쌍둥이들의 직업만족도가 유사했다는 연구결과는 유전적 요인이 직업만족도에 영향을 미칠 수 있음을 시사하고 있다(Arvey, Bouchard, Segal, & Abraham, 1989). 정서적 기질과 관련된 유전적 요인이 일란성 쌍둥이의 직업만족도에 영향을 미친 것으로 추정되고 있다. Weiss와 Cropanzano(1996)는 정서적 기질이 직장에서 발생하는 중요한 일들에 대한 정서적 경험에 영향을 미치고 그 결과로서 직업만족도에도 영향을 미친다고 주장했다.

Brief(1998)는 직업만족도를 설명하는 두 가지 모델, 즉 하향 모델과 상향 모델을 제시했다. 하향 모델(top-down model)은 개인이 주어진 직무환경을 어떻게 해석하느냐에 따라서 직업만족도가 결정된다는 설명이다. 성격, 신념, 가치관과 같은 개인적 요인이 직장에서 일어나는 여러 가지 사건의 해석에 영향을 미침으로써 직업만족도에 영향을 미친다는 것이다. 반면에, 상향 모델(bottom-up model)은 직업만족도가 긍정적인 직업조건의 경험에 의해서 결정된다는 설명이다. 직무의 유형과 난이도, 보상의 적절성, 직무환경과 같은 환경적 요인들이 직업만족에 영향을 미친다는 주장이다. 현재의 연구결과들은 직업만족도를 결정하는 과정에 하향 모델과 상향 모델이 모두 적용됨을 시사하고 있다. Arvey, Carter와 Buerkley(1991)는 직업만족도에 영향을 미치는 성격적 요인과 상황적 요인을 구분하고 여러 연구들의 결과를 분석하여 그 영향력을 추정했다. 이들에 따르면, 성격적 요인(성격특질, 욕구, 태도, 선호와 동기를 포함)이 직업만족도의 개인차 변량 중 10~30%를 설명하고, 상황적 요인이 40~60%를, 그리고 두 요인의 상호작용이 10~20%를 설명한다고 제시했다.

3) 핵심 자기평가 모델

Judge, Locke와 Durham(1997)은 직업만족의 개인적 특성을 설명하기 위해서 핵심 자기평가 모델(core self-evaluations model)을 제시했다. 이 모델에 따르면, 개인이 느끼는 직업만족을 결정하는 데에는 자기존중감, 일반화된 자기효능감, 통제소재, 신경과민성의 네 가지 요소가 중요하다. 구체적으로 말하면, 높은 자기존중감과 일반화된 자기효능감, 내부적 통제소재 그리고 낮은 신경과민성을 지닌 사람일수록 직무만족도가 높다. Erez와 Judge(2001)는 독립적인 표본을 사용하여 세 번의 확인적 요인분석을 실시한 결과 이러한 네 가지의 성격적 특성들이 서로 밀접하게 연결된 하나의 구성개념임을 입증했다. 일본에서 진행된 한 연구(Piccolo et al., 2005)에서는 핵심 자기평가가 직업만족뿐만 아니라 삶의 만족도와 전반적인 행복과도 정적 상관을 나타냈다.

핵심 자기평가는 조직몰입과 직무성과에 긍정적인 영향을 미치는 것으로 보고되었다(Judge et al., 1998). Bono와 Judge(2003)에 따르면, 핵심 자기평가는 자기규제, 자기결정, 자기통제를 통해서 동료들에 대한 태도나 혁신행동에 긍정적인 영향을 미쳤다. 핵심 자기평가가 높은 사람들은 자신의 역량에 대한 믿음을 지니고 있었으며, 스스로 목표를 설정하고, 자신의 수행을 평가했다. 이들은 목표 달성을 위한 내재적 동기가 높았고, 더 높은 활동수준을 보였으며, 자신이 맡은 직무의 난이도가 높더라도 스스로 일정과 계획을 설정하여 해결하고자 했다. 또한 스스로 목표를 달성하기 위해 노력하고, 직무 자체로부터 즐거움을 추구하며, 성취에 대한 만족감을 경험했다. 핵심 자기평가의 수준이 높은 사람들은 환경변화에 능동적으로 대처하고, 변화를 수용하여 자신이 몸담고 있는 조직에 대한 높은 충성심을 보였다(Judge et al., 1999).

Judge와 동료들(Judge et al., 1998; Judge, Bono, & Locke, 2000)은 내재적 직무특성(intrinsic job characteristics)이 성격과 직업만족의 관계를 매개한다고 주장했다. 이들은 핵심 자기평가가 직업만족도에 영향을 미치는 과정을 설명하기 위해서 [그림 21-1]과 같은 모델을 제시했다. 이 모델에 따르면, 핵심 자기평가

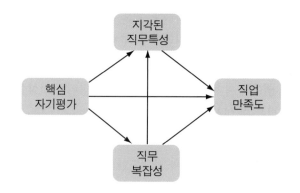

[그림 21-1] **핵심 자기평가와 직업만족도의 내재적 매개요인**

(자기존중감, 일반화된 자기효능감, 통제소재, 신경과민성)는 지각된 직무특성과 직무복잡성의 매개를 통해서 직

 직업만족도를 높이는 직무특성

직업만족에는 개인적 요인뿐만 아니라 직무환경의 특성도 중요한 영향을 미친다. 직무특성 모델(job characteristics model; Hackman & Oldham, 1980; Oldham, 1996)에 따르면, 직무의 일반적인 내용과 구조는 5가지의 특성, 즉 기술 다양성, 업무 정체성, 업무 중요성, 업무 자율성, 업무 피드백으로 분석될 수 있으며, 이러한 요인들이 직업만족도에 영향을 미친다. 즉, 너무 단순하고 기계적인 업무보다는 다양한 기술과 역량을 사용하는 업무, 내용과 범위가 명료한 업무, 중요하고 의미 있는 업무, 자율성과 재량권이 주어지는 업무, 그리고 수행에 대한 적절한 피드백이 주어지는 업무를 수행하는 환경에서 직장인들은 열성적으로 업무를 수행하며 만족감을 느끼게 된다. 이 모델에 따르면, 동기를 강화하는 직무환경의 지표인 동기 잠재력 점수(Motivating Potential Score: MPS)는 다음과 같은 공식으로 수량화될 수 있다.

MPS = (기술 다양성 + 업무 정체성 + 업무 중요성)/3 × (업무 자율성) × (업무 피드백)

MPS가 높을수록 직무동기를 촉진하는 직무환경이라고 할 수 있다. 위의 공식은 특히 업무의 자율성과 피드백이 중요함을 반영하고 있다. 업무에 대한 통제력과 피드백이 많아야 직무에 대한 동기가 증진되어 개인의 역량이 최대한 발휘될 수 있다. 이러한 직무환경의 특성은 객관적인 것뿐만 아니라 개인의 주관적 인식을 통해서 직업만족도에 영향을 미치게 된다. 직장인들은 자신의 직무환경을 긍정적으로 인식함으로써 직업만족도와 전반적 행복감이 증가한다(Hackman & Oldham, 1980; Oldham, 1996).

업만족도에 영향을 미친다. 지각된 직무특성은 개인이 담당하는 직무특성에 대한 주관적 인식으로서 자율성, 피드백, 정체감, 과제 다양성, 중요도를 의미한다. 반면에, 직무복잡성은 객관적 지표에 의해서 평가된 직무의 난이도를 의미한다. 핵심 자기평가가 높은 사람들은 직무복잡성이 높은 도전적인 과제를 선택하는 경향이 있으며, 자신이 하는 직무에 대해 긍정적으로 평가함으로써 직업만족도가 높아진다. Judge와 동료들은 실증적인 연구를 통해서 이러한 모델의 타당성을 입증했다. 아동기와 초기 성인기에 측정된 핵심 자기평가가 성인기 중기에 측정된 직업만족도와 유의미한 상관을 나타냈을 뿐만 아니라 이 과정에서 직무복잡성이 핵심 자기평가와 직업만족도의 관계를 매개한다는 점을 밝혔다. 국내의 연구(양필석, 2008; 이동하, 탁진국, 2008)에서도 핵심자기평가가 조직유효성과 경력성공에 영향을 미치는 것으로 밝혀졌다. 손향신과 유태용(2011)에 따르면, 핵심 자기평가가 새로운 상황에 적응하여 성과를 창출하는 적응수행(adaptive performance)에 영향을 미쳤으며, 특히 변화몰입이 그 과정을 매개하는 것으로 나타났다.

3. 성격과 직무수행

1) 직무수행

직무수행(job performance)은 개인이 자신의 직무를 잘 수행하는 정도를 의미한다. 직무수행은 개인의 직업적 성취나 성공의 중요한 지표가 된다. Campbell (1990)에 따르면, 직무수행은 개인이 직장에서 행하는 다양한 행동을 의미한다. 수행은 결과(outcome)와 구별되어야 한다. 왜냐하면 결과는 개인의 수행에 의한

것이지만 여러 가지의 다른 요인들이 영향을 미치기 때문이다.

직무수행은 다양한 행동으로 구성된 다차원적 구성개념으로 여겨지고 있다. 직무의 유형이나 직급에 따라서 직무수행의 내용은 현저하게 다르다. Campbell (1990)은 모든 직업에 공존하는 직무수행의 차원을 포착하기 위해서 요인분석 연구를 시행하고 다음과 같은 8개 유형의 직무행동을 제시했다.

(1) 과업 특정적 행동(task specific behavior)은 개인이 특정한 직무나 과업을 해결하기 위해 나타내는 일련의 행동을 의미하며, 직무의 유형에 따라 다른 행동이 나타날 수 있다. (2) 과업 불특정적 행동(non-task specific behavior)은 특정한 직무나 과업과 관련되지 않은 일반적인 업무활동을 뜻한다. 영업사원의 경우, 고객을 대상으로 상품을 설명하고 판매하는 것은 과업 특정적 행동에 해당되는 반면, 후배 직원들을 가르치고 격려하는 것은 과업 불특정적 행동이라고 할 수 있다. (3) 의사소통(communication)은 개인이 업무와 관련된 내용을 효과적으로 전달하는 행위를 의미한다. 직장인은 다양한 청중을 대상으로 말이나 문자의 형태로 업무 내용을 잘 전달해야 하는 것이 중요하다. (4) 노력(effort)은 개인이 직무나 과업에 열심히 헌신하는 정도를 반영한다. (5) 개인적 규율(personal discipline)은 근무시간을 비롯하여 직장의 규칙을 잘 준수하는 정도를 의미한다. (6) 동료 지원(helping colleagues)은 직장동료나 조직을 위해서 도움을 자발적으로 제공하는 행위로서 업무를 지원하거나 좋은 역할모델로 행동하거나 후배직원에게 코칭을 하는 행위를 포함한다. (7) 감독 및 리더십(supervision or leadership)은 부하직원에 대한 직접적 감독행위로서 업무진행 상황을 평가하고 보상과 처벌을 제공하는 행위를 뜻한다. (8) 경영 및 행정(management or administration)은 집단이나 조직의 방

향성을 제시하고 인도하는 행위로서 조직의 목표를 설정하고 목표달성을 위해 외부적 상황에 대응하는 일련의 행위를 의미한다.

직무수행은 개인의 직무성과와 생산성을 결정하는 중요한 요인이며, 승진을 비롯한 다양한 보상의 근거가 된다. 직무수행에 영향을 주는 요인들은 매우 다양하다. Campbell(1990)은 수행의 개인차에 영향을 미치는 요인들을 세 가지, 즉 선언적 지식, 절차적 지식, 동기로 구분했다. 선언적 지식(declarative knowledge)은 사실에 대한 지식을 의미하며, 절차적 지식(procedural knowledge)은 기술을 의미한다. 달리 말하면, 선언적 지식은 무엇을 할 것인가(what to do)에 대한 지식인 반면, 절차적 지식은 어떻게 할 것인가(how to do)에 대한 지식을 의미한다. 동기는 과업을 위해 헌신하려는 열의로서 의도적인 노력의 방향, 강도, 지속성을 뜻한다.

2) 성격 5요인과 직무수행

성격은 다양한 직무수행 행동에 영향을 미침으로써 직업적 성취의 개인차를 유발하는 중요한 요인으로 알려지고 있다. 성격과 직무수행의 관계에 대한 많은 연구들이 이루어졌으며 여기에서는 성격 5요인을 중심으로 직무수행과의 관계를 살펴보기로 한다.

(1) 성실성

성실성은 직업적 성취나 직무수행을 가장 잘 예측하는 성격요인으로 보고되고 있다. 성실성은 자기조절을 잘 하며 책임감이 강한 성취지향적인 성향을 말한다. 성실성이 높은 사람들은 질서정연한 것을 좋아하고, 자신의 원칙과 목표에 따라 삶을 계획적으로 영위하며, 약속시간을 잘 지키고, 과제에 체계적으로 접근한다. 반면에, 성실성이 낮은 사람들은 산만하고, 일관성이 없으며, 책임감이 부족하고, 흡연과 음주를 많이 하며, 교통사고와 이혼의 가능성도 더 높다.

다양한 분야의 직장인을 대상으로 시행된 여러 연구(Barrick & Mount, 1991; Hurtz & Donovan, 2000; Thoresen et al., 2004)에서 성실성은 직무수행과 정적 상관을 나타냈다. 성실성이 높은 사람들은 규칙적으로 생활하고 열심히 효율적으로 일하기 때문에 학업에서 좋은 학점을 얻을 뿐만 아니라 다양한 분야의 직업에서도 성공을 거두는 경향이 있다(Paunonen, 2003).

그러나 성실성과 직무수행의 관계는 직선적이지 않으며 다소 복잡하다. 성실성이 지나치게 높으면 일과 효율성에 과도하게 집착하여 인간관계를 희생하고, 사소한 규칙을 완고하게 고수함으로써 직무수행을 저하시킬 수 있기 때문이다(LePine, Colquite, & Erez, 2000; Moscoso & Salgado, 2004). 최근에 이루어진 국내의 연구(최정락, 유태용, 2012)에서도 성실성과 과업수행은 역U자형의 관계를 나타냈다.

Thoresen 등(2004)은 137명의 제약회사 세일즈맨을 대상으로 성격 5요인과 직무수행의 관계를 조사했다. 이들은 종단적 연구를 통해서 세일즈맨의 직무수행을 안정단계와 전이단계로 구분하여 측정하였다. 직무의 안정단계는 직업활동에 필요한 학습이 완료된 상태에서 일상적인 업무를 하는 단계인 반면, 전이단계는 이직이나 부서이동으로 인해 새로운 학습과 적응이 필요한 단계를 뜻한다. 자료를 분석한 결과, 안정단계에서는 성실성과 외향성이 직무수행과 정적 상관을 나타냈다. 특히 성실성은 직무기간에 따른 성과의 성장을 예측할 수 있는 유일한 성격요인이었다. 반면에, 전이과정에서는 호의성과 개방성이 전반적인 직무수행과 정적인 상관을 나타냈다. 특히 개방성은 새로운 변화에 대한 적응이 필요한 상황에서의 직무수행을 예측하는 요인이었다. 이러한 연구결과는 직무수행의 환경적 상황에 따라 영향을 미치는 성격요인이 다를 수 있음을 시사한다.

(2) 외향성

외향성은 성실성과 함께 직무수행과 밀접한 관계를 맺고 있는 성격요인이다. 외향성이 높은 사람들은 다른 사람과 잘 어울리고, 관계를 형성하며, 활력이 있고, 참여적이다. 이러한 외향성은 여러 연구에서 직무수행과 정적인 상관을 지니는 것으로 보고되었다(Barrick & Mount, 1991; Rothman & Coetzer, 2003; Thoresen et al., 2004). Kalish와 Robins(2006)에 따르면, 외향형의 직장인들은 더 넓고 긴밀한 사회적 네트워크를 형성한다. 또한 이들은 대인관계의 범위가 넓을 뿐만 아니라 대인관계의 질도 양호한 것으로 나타났다. 외향성이 높은 사람들은 동료들에게 더 친밀감을 느끼며, 대인관계를 더 소중하게 여기는 것으로 나타났다(Berry, Willingham, & Thayer, 2000).

일반적으로 성실성이 직무수행과 가장 높은 상관을 나타내는 반면, 외향성은 상황이나 직무유형에 따라 수행과의 관련성이 달리 나타난다(Barrick & Mount, 1993; Barrick, Mount, & Stauss, 1993). 외향성이 높은 사람들은 특히 변화상황에 대한 적응력이 뛰어난 것으로 알려져 있다. 외향성이 높은 사람들은 조직변화 상황에서 활동성과 모험을 추구하는 성향으로 인해 내향적인 사람들보다 변화에 대해서 더 긍정적인 태도를 나타낸다. 또한 외향적인 사람들은 성공적인 조직변화를 위해서 더 많은 노력을 기울이고 동료들과의 교제와 상호작용을 통해서 변화지지적인 태도를 동료들에게 확산시킨다. 국내의 연구(손향신, 유태용, 2011; 유태용, 2007)에서도 외향성은 적응수행과 유의미한 정적 상관을 나타내는 것으로 보고되었다. 즉, 외향적인 사람들이 새로운 상황에 더 빨리 적응하고 새로운 과제를 더 빨리 학습

하는 경향을 나타냈다.

(3) 신경과민성

신경과민성도 직무수행과 관련성이 있는 성격요인이다. 낮은 신경과민성, 즉 정서적 안정성은 성실성과 함께 직무의 종류나 평가기준에 상관없이 직무수행을 잘 예측하는 성격변인으로 나타났다(Salgado, 1997). 국내의 연구(유태용, 이도형, 1997)에서도 정서적 안정성은 여러 수행준거들과 정적 상관을 나타냈다. Khul과 Koch(1984)에 따르면, 정서를 잘 통제하는 능력은 과업을 수행하는 데 필요한 주의집중 자원을 빼앗아가는 방해요인들을 극복할 수 있게 돕는다.

그러나 직무수행과 신경과민성의 관계는 다소 복잡하다. 신경과민성이 직무수행을 저하시킨다는 연구도 있지만 직업적 성공과 미약하지만 정적인 상관을 보고한 연구들도 있다. 신경과민성이 높은 사람들은 현실의 부정적 측면과 실패가능성을 민감하게 포착하기 때문에 그에 대한 예방을 철저히 하기 때문이다. 또한 지나치게 높은 정서적 안정성을 지닌 사람은 느긋하고 방심하며 자만하여 수행에 악영향을 나타낼 수 있다. 일반적으로 불안을 비롯한 정서적 반응성의 수준이 양 극단일 경우에는 수행이 저하하고 평균 수준에 가까워질수록 수행이 증가하는 경향이 있다(Yerkes & Dodson, 1908).

(4) 개방성

개방성도 직무수행과의 관련성을 나타내고 있다. 개방성은 호기심이 많고, 새로운 체험을 좋아하며, 다양한 경험과 가치에 대해서 개방적인 성향을 뜻한다. 개방성이 높은 사람들은 상상력이 풍부하고, 호기심이 많으며, 도전적이고, 새로운 것에 대해 열린 자세를 지니고 있다. 개방성은 특히 스트레스가 많은 상황에서 효과적인 대처와 정적 관계를 지니는 것으로 보고되었다

(Judge, Thoresen, Pucik, & Welbourne, 1999; McCrae & Costa, 1986).

개방성은 직무수행과 정적인 상관을 나타낸다 (Rothman & Coetzer, 2003). 특히 새로운 과업이 주어졌을 때 개방성이 높은 사람들의 수행이 더 우수했다 (Barrick & Mount, 1991). 또한 개방적인 사람들이 직업장면에서 더 창의적이고 변화를 더 쉽게 받아들이기 때문에 적응성이 우수하다(Lepine, Coloquitt, & Erez, 2000). Thoresen 등(2004)의 연구에서도 개방성이 높은 사람들은 이직이나 부서이동과 같은 전이단계에서 전반적 업무성과가 우수한 것으로 나타냈다. 즉, 개방성은 새로운 변화에 대한 적응이 필요한 상황에서의 수행성과를 예측하는 요인이었다. 국내의 연구(유태용, 2007)에서도 개방성과 적응수행의 유의미한 정적 상관이 보고되었다.

(5) 우호성

우호성은 직무수행과 정적 상관을 나타내는 것으로 보고되고 있다(Rothman, & Coetzer, 2003). 우호성이 높은 사람들은 관대하고, 배려심이 많으며, 공감적이며, 다른 사람을 잘 돕는다(Costa & McCrae, 1992). 우호적인 사람들은 직장에서 협동을 잘 하며, 동료관계에서 중심적인 역할을 하는 경향이 있다(Klein, Lim, Saltz, & Mayer, 2004). 이들은 친밀한 관계를 좋아할 뿐만 아니라 새로운 동료를 환대하고, 다른 사람을 사회적으로나 정서적으로 잘 지지하기 때문이다(Graziano, Jensen-Campbell, & Hair, 1996). 우호적인 사람들은 집단의 화합을 중시하고, 조화로운 대인관계를 위해 노력하기 때문에 다른 사람들로부터 호감을 얻게 된다(Berry et al., 2000). Thoresen 등(2004)의 연구에서 우호성은 개방성과 마찬가지로 이직이나 부서이동과 같은 전이단계에서 업무성과와 정적인 상관을 나타냈다. 우호성 역시

새로운 변화에 대한 적응이 필요한 상황에서 수행성과를 높이는 성격요인이라고 할 수 있다.

이 밖에도 다양한 성격요인이 직무수행에 영향을 미치는 것으로 알려지고 있다. 특히 핵심 자기평가는 직무수행과 정적 상관이 있는 것으로 나타났다(Bono & Judge, 2003). 자기존중감, 자기효능감, 통제소재, 신경과민성의 네 성격요인으로 구성된 핵심 자기평가는 직업만족을 설명하기 위한 개념이지만 직무수행에도 영향을 미치는 것으로 밝혀졌다. 핵심 자기평가가 높은 사람들은 자신의 능력에 대한 신뢰와 자신감을 지니고 있기 때문에 높은 직무동기를 통해서 우수한 성과를 나타낸다. 동기는 핵심 자기평가와 직무수행의 관계를 매개하는 요인으로 밝혀졌다(Erez & Judge, 2001).

3) 직업만족과 직무수행의 관계

직업만족도와 직무수행은 어떤 관계를 지니고 있을까? 자신의 직업에 만족하는 사람들은 직무수행에서도 우수한 성과를 나타낼까? 또 직무수행과 성과가 우수한 사람들이 자신의 직업에 대한 만족도도 높을까? 직업만족과 직무수행은 어떤 인과적 관계를 지니고 있는 것일까? 이러한 물음에 답하기 위해서 많은 연구가 이루어졌으나 직업만족과 직무수행의 관계는 상당히 복잡한 것으로 나타났다.

직업만족과 직무수행은 거의 관계가 없다는 연구결과에서부터 서로 매우 밀접하게 연결된다는 연구결과까지 매우 다양하다. 이처럼 연구결과가 다양한 것은 연구대상자들의 직업 분야, 직급, 직무 특성, 조직의 특성이 다를 뿐만 아니라 연구에서 사용된 직업만족과 직무수행의 평가도구에 차이가 있기 때문이다. Judge와 동료들(Judge, Thoresen, Bono, & Patton, 2001)은 직업만족과 직무수행의 관계를 조사한 연구들에 대한 메타

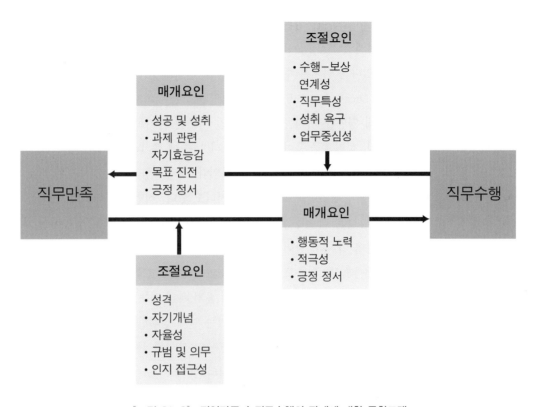

[그림 21-2]　직업만족과 직무수행의 관계에 대한 통합모델

분석을 실시했다. 312개 표집의 5만 4,417명을 대상으로 한 자료를 분석한 결과, 직업만족과 직무수행의 상관계수는 .30인 것으로 잠정적인 결론을 내렸다. 이들은 기존의 연구들을 종합하여 직업만족과 직무수행의 인과관계를 설명할 수 있는 통합적 모델을 [그림 21-2]와 같이 제시했다.

　이 모델에 따르면, 직업만족과 직무수행은 서로 영향을 주고받는다. 우선, 직업만족은 행동적 노력, 적극성, 긍정 정서의 매개요인(mediators)을 통해서 직무수행에 영향을 미친다. 즉, 직업만족도가 높은 사람은 긍정적인 정서를 느끼는 동시에 자신의 직무에 적극적이고 열심히 노력하는 행동을 나타냄으로써 직무수행이 향상될 수 있다. 이 과정에서 개인의 성격, 자기개념, 자율성과 같은 조절요인(moderators)이 영향을 미

칠 수 있다. 예를 들어, 성실성은 직업만족과 직무수행의 관계를 조절하는 것으로 알려지고 있다. 성실성이 낮은 사람들은 직무에 불만족감을 느끼면 직무수행이 급격하게 저하되는 반면, 성실성이 높은 사람들은 직무불만족을 경험하더라도 직무수행이 저하되지 않는 것으로 나타났다(Mount, Harter, Barrick, & Colbert, 2000). 자기개념도 이들의 관계에 영향을 미칠 수 있는데, 직무를 잘 수행하는 것이 자기개념에서 중요한 사람들은 높은 직업만족이 우수한 직무수행으로 이어질 가능성이 높다. 또한 자율성이 높은 직무에서는 개인의 동기가 행동으로 이어질 가능성이 높기 때문에 직업만족과 직무수행의 관계가 더 밀접한 것으로 나타날 수 있다.

　직무수행은 성공과 성취감, 과제 관련 자기효능감, 목표 진전감 등의 매개요인을 통해서 직업만족에 기여

할 수 있다. 성공적인 직무수행을 통해서 느끼는 성취감과 자기효능감은 직업만족도를 증가시킨다(Argyle & Martin, 1991). 목표를 향해 진전되고 있다는 인식은 주관적 행복을 증진한다(Diener, Suh, Lucas, & Smith, 1999). 이처럼 직무수행이 직업만족에 영향을 미치는 과정에서 수행-보상 연계성, 직무특성, 성취욕구 등이 조절요인으로 작용할 수 있다. 수행의 결과에 따라 적절한 보상이 주어질 경우에는 직무수행이 직업만족으로 더 잘 연결될 수 있다. 직무복잡성과 같은 직무특성도 직무수행과 직업만족의 관계에 영향을 미친다. 난이도가 높은 과제를 성공적으로 수행했을 때 직업만족도가 더 높아지기 때문이다. 또한 성취동기가 높은 사람들은 낮은 사람들에 비해서 직무수행이 우수할 경우 직업만족도가 더 높아지는 경향이 있다.

4. 몰입과 직업활동

1) 몰입: 직무성과와 직업만족의 조건

자신의 직업적 활동을 좋아하여 그것에 몰두하는 사람들은 직무성과가 좋을 뿐만 아니라 직업만족도도 높다. 이러한 사람들은 직업적 활동을 하면서 몰입이라는 독특한 심리적 상태를 경험하는 것으로 알려져 있다. 헝가리 태생의 심리학자인 Csikszentmihalyi(1975, 1990)는 매우 창의적인 화가들에 대해 연구하면서 몰입에 관심을 갖게 되었다. 이러한 화가들은 작업할 때 허기와 피로를 잊은 채 휴식도 취하지 않으며 작업에 몰두했다. 이렇게 몰입하는 동안에는 주의가 강렬하게 활동에 집중되어 시간이 흐르는 것도 잊고 심지어 자아의식도 사라진다고 한다. 이들은 성과물에 집착하거나 그로 인한 외재적 보상을 위해서 그토록 몰입하는 것이

아니었다. Csikszentmihalyi는 주로 즐거움 때문에 직업적 활동에 몰두하는 사람들(작곡가, 야구 선수, 체스 선수, 무용가, 암벽 등반가 등)의 심리적 경험을 분석하여 공통적인 요소를 찾아냈다. 그가 이러한 경험에 처음으로 붙인 이름은 자기목적적 경험(autotelic experience)이었으나 나중에 좀 더 친숙한 용어인 몰입(flow)으로 개칭하였다. 몰입경험과 직업만족도는 서로 밀접한 관계를 지니고 있다. 직업 활동에 대한 몰입을 통해 직업만족도가 높아지며, 직업만족도가 높아야 자신이 하는 일에 몰입하게 된다.

Csikszentmihalyi(1975, 1997)에 따르면, 몰입은 '무언가에 흠뻑 빠져 있는 심리적 상태'를 의미한다. 현재 하고 있는 일에 심취한 무아지경 상태라고 할 수 있다. 이러한 몰입 상태에서는 평소와 다른 독특한 심리적 특성이 나타난다.

첫째, 몰입 상태에서는 현재 과업에 대한 강렬한 주의집중이 일어난다. 모든 주의 용량이 완전하게 현재 과업에 투여되기 때문에 과업 이외의 활동에 대한 인식이 현저하게 약화된다. 이러한 주의집중은 애써 노력하여 일어나는 것이 아니라 과제에 대한 흥미와 즐거움으로 인해 자발적으로 일어난다.

둘째, 몰입 상태에서는 행위와 인식의 융합이 일어난다. 현재 하고 있는 활동에 푹 빠져서 그 활동을 관찰하고 평가하는 관찰자적 인식이 존재하지 않는다. 따라서 자아의식도 사라지게 되어 흔히 이러한 상태를 '무아지경' 또는 '몰아지경'이라고 부른다. 그러나 의식을 잃은 혼수상태와는 다른 것이다. Csikszentmihalyi에 따르면, 몰입 상태에서 자아는 완전히 기능하지만 스스로 그것을 인식하지 못할 뿐이다.

셋째, 몰입 상태에서는 자기와 환경의 구분이 거의 사라질 뿐만 아니라 시간의 흐름도 망각하게 된다. 시간의 흐름에 대한 지각이 변형되어 시간이 보통 때보다

몰입의 연구자 Mihaly Csikszentmihalyi

Mihaly Csikszentmihalyi는 Martin Seligman과 더불어 긍정 심리학을 창설한 사람 중 한 명이며 몰입의 연구로 세계적인 명성을 얻고 있는 심리학자다. 그는 헝가리 태생으로서 1934년 9월 29일에 크로아티아에서 태어났다. 제2차 세계대전을 겪으면서 가족과 함께 이탈리아로 이주했다가 1956년에는 미국으로 건너가 여러 가지 직업을 전전하는 등 다양한 인생경험을 했다. 1965년에 시카고 대학에서 박사학위를 받았으며 40여 년간 몰입을 비롯하여 행복, 창의성, 주관적 안녕, 재미에 대한 연구를 해 왔다.

그가 긍정 심리학에 관심을 갖게 된 것은 동물 실험만 하고 정신이상자만을 다루는 심리학에 실망했기 때문이라고 한다. 또한 어린 시절에 전쟁을 겪으면서 어른들이 집과 직장을 잃게 되자 삶의 목적마저 잃어 가는 모습을 목격하게 되었는데, 어른들도 어떻게 살아야 하는지를 잘 모르는 사람들이라는 생각에 실망했었다고 한다. 이러한 경험들로부터 그는 "인생을 정말 가치 있게 만드는 것은 무엇인가?"라는 물음에 깊은 관심을 갖게 되면서 긍정 심리학 연구에 전념하게 되었다.

40여 년 전 미술가, 음악가, 스포츠선수들에 대한 연구를 하면서 이들이 작업을 할 때 다른 모든 것을 잊고 집중하는 모습에 깊은 인상을 받게 되었다. 이러한 경험이 계기가 되어 몰입에 대한 연구에 집중하게 되었으며 세계적인 명성을 얻게 되었다. 그는 시카고 대학에서 심리학과의 과장을 역임하는 등 오랜 기간 재직하였으며 현재는 클레어몬트 대학원(Claremont Graduate University)의 심리학 교수로서 '삶의 질 연구센터' 소장과 피터 드러커 경영대학의 석좌교수직을 맡고 있다. 주요 저서로는 *Beyond Boredom and Anxiety, Flow: The psychology of optimal experience, Being Adolescent, The Evolving Self* 그리고 *Creativity, Flow and the Psychology of Discovery and Invention*이 있다.

빨리 지나가고 많은 일이 짧은 시간 안에 펼쳐지는 것처럼 느껴진다.

넷째, 몰입 상태에서는 현재 하고 있는 활동을 장악하고 있는 듯한 강력한 통제감을 느끼게 된다. 활동의 진행이나 성과에 대한 걱정이 사라지고 주의집중이 일어남에 따라 완전한 통제력을 지니고 있는 것처럼 느끼게 된다.

마지막으로, 몰입 경험은 그 자체가 즐거운 것으로서 자기충족적인 속성을 지닌다. 몰입하고 있는 활동은 다른 목적을 위한 것이 아니라 그 자체를 위한 내재적 동기에 의해서 일어난다.

2) 몰입을 촉진하는 요인

몰입은 많은 사람이 보고하는 상당히 보편적인 경험이다. 그러나 자신이 하는 일에 적극적으로 전념하여 몰입 경험을 자주 하는 사람들이 있다. Csikszentmihalyi (1990)는 이렇게 몰입을 잘 하는 사람의 성격특성을 제시하며 자기목적적 성격(autotelic personality)이라고 지칭한 바 있다. 이러한 성격을 지닌 사람들은 어떤 일을 하더라도 적극적이고 열정적으로 임한다. 내재적 동기가 강한 사람들이어서 외부적 보상보다 일 그 자체를 위해서 열심히 끈기 있게 일한다. 이들은 자율성과 독립성이 강해서 다른 사람의 간섭을 싫어하며, 개인적 목표나 야망으로부터 자유로운 경향이 있다. 즉, 성과에 집착하지 않으며, 다른 사람의 시선과 평가에 신경을 쓰지 않는 경향이 있다.

몰입 경험은 개인의 성격적 특성뿐만 아니라 과제의 특성에 의해서 유발될 수 있다. 자기목적적 성격을 지닌 사람들이 모든 활동에 몰입을 하는 것도 아니며, 보통 사람들도 어떤 활동을 할 때는 몰입을 경험할 수 있다. 즉, 몰입을 촉진하는 과제의 특성이나 조건들이 존재한다(Csikszentmihalyi, 1975, 1997).

첫째, 분명한 목표가 있는 활동에서 몰입이 잘 일어난다. 현재 하고 있는 일의 목표가 모호하거나 장기적인 경우에는 몰입이 잘 일어나지 않는다. 너무 거창하고 원대한 목표보다는 그것을 이루기 위한 분명하고 단기적인 목표들을 위한 활동을 할 때 몰입이 쉬워진다. 예를 들어, "성적을 높여야겠다"는 막연한 목표로 공부하는 학생보다는 "이번 중간고사에서 수학점수를 90점 이상으로 올려야겠다"는 목표로 공부하는 학생이 몰입 경험을 할 가능성이 높다.

둘째, 즉각적인 피드백이 주어지는 활동에서 몰입이 잘 일어난다. 스포츠나 전자오락을 할 때 쉽게 몰입하게 되는 이유는 추구해야 할 분명한 목표가 있을 뿐만 아니라 순간순간마다 즉각적인 피드백이 주어지기 때문이다. 즉각적인 피드백은 목표달성을 위해서 현재 자신이 어떤 위치에 있으며, 어떤 행위를 해야 하는지를 분명하게 알려 주는 기능을 한다.

셋째, 몰입 상태를 촉발하기 위해서는 개인의 기술 수준과 과제의 난이도가 적절한 균형을 이루는 것이 매우 중요하다. 분명한 목표와 즉각적 피드백이 주어지더라도 너무 쉬운 과제는 몰입하기 어렵고 너무 어려운 과제는 흥미를 상실하고 포기하게 될 것이다. 우리는 상당한 기술을 요구하는 도전적인 과제를 할 때 몰입을 경험하게 된다. 즉, 개인의 기술(skill)과 과제의 도

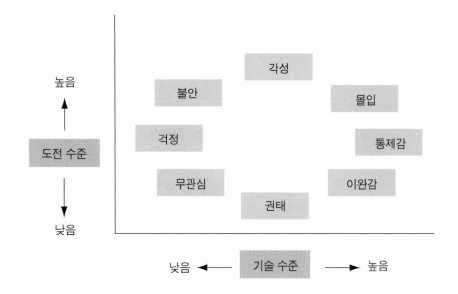

[그림 21-3] **몰입 경험과 도전 및 기술 수준의 관계**(Csikszentmihalyi, 1997)

전(challenge) 간의 균형이 몰입을 촉발하는 중요한 조건이다(Moneta & Csikszentmihalyi, 1996).

[그림 21-3]에서 볼 수 있듯이, 과제의 도전 수준과 개인의 기술 수준이 모두 높을 경우에 몰입 상태를 경험하게 된다. 기술 수준에 비해서 과제의 도전 수준이 높으면 걱정이나 불안을 경험하게 된다. 그와 반대로 기술 수준에 비해서 과제의 도전 수준이 매우 낮으면 권태감을 느끼게 되고, 적당히 낮으면 편안한 이완감을 느끼게 된다.

이 밖에도 몰입 경험을 촉진하는 다양한 요인들이 존재한다. 개인의 흥미와 과제의 특성이 잘 일치해야 한다. 우리는 흥미를 느끼는 활동에서 즐거움을 느끼며 몰입하게 된다. 또한 과제에 대한 내재적 동기와 호기심이 몰입을 촉진한다. 몰입의 가능성을 높일 수 있도록 산만한 자극을 제거하고 집중할 수 있는 상황을 조성하는 것도 도움이 된다.

몰입에는 여러 가지 유형과 수준이 존재한다. 장시간의 강렬한 몰입에서부터 단기간의 불완전한 몰입까지 다양하다. Csikszentmihalyi는 일시적으로 자주 경험하는 단순한 몰두 경험을 '가벼운 몰입(microflow)'이라고 지칭한 바 있다. 흔히 이러한 작은 몰입 경험으로부터 강렬한 몰입으로 발전될 수 있다. Galway(1974)는 테니스 게임에 몰입하게 되는 네 가지 단계를 통해서 그러한 진전과정을 설명하고 있다. 첫 단계는 주의를 기울이는 단계로서 새롭게 시작한 활동에 관심을 갖게 되고 참여하게 된다. 둘째는 흥미를 느끼는 단계로서 그러한 활동에서 즐거움을 느끼게 되며, 지속적인 주의를 기울이게 된다. 이 단계에서 가벼운 몰입을 경험하게 되며, 즐거움과 주의집중이 증가하게 된다. 셋째는 주의가 완전히 집중되는 단계다. 이 단계에서는 지속하는 활동에 몰두하게 되며, 주변 상황에 대한 인식이 약화되고, 시간과 공간에 대한 지각이 변형된다. 마지막은 자아와

활동의 융합이 일어나는 단계로서 진정한 몰입의 상태를 의미한다. 이 단계에서 활동에 흠뻑 빠져 자아의식이 사라지는 무아지경의 상태에 이르게 된다.

Csikszentmihalyi(1997)는 일반적으로 몰입 경험이 많아질수록 행복도가 높아지지만 항상 그런 것만은 아니라고 말한다. 예를 들어, 사람들은 직업적인 일을 할 때 몰입 경험을 자주 하지만 그렇다고 해서 다른 상황보다 직장에서 더 많은 행복감을 느끼는 것은 아니다. 또한 맛있는 음식을 먹는 것은 매우 즐거운 경험이지만 깊은 몰입 상태에서 식사를 하는 것은 아니다. 뿐만 아니라 몰입이 부정적인 결과를 초래할 수도 있다. 예컨대, 도박중독이나 게임중독의 경우처럼 스스로 통제할 수 없거나 자기파멸적인 결과를 초래하는 몰입 경험도 있다. 즉, 행복에 있어서 중요한 것은 몰입 자체이기보다 어떤 일에 몰입하느냐는 것이다.

Nakamura(1995; Nakamura & Csikszentmihalyi, 2003)는 세상과의 관계에서 즐거움과 의미를 발견하는 것이 행복의 비결이라고 주장하였다. 즉, 즐거운 동시에 의미 있는 일을 하는 것이 중요하다는 주장이다. 위대한 창조적 업적을 남긴 과학자나 예술가들은 자신의 일에 남다른 즐거움을 느끼며, 깊이 몰두하고 그 결과 의미 있는 결과물을 얻어 낸다. Nakamura는 이러한 경우처럼 몰입(즐거운 몰두 상태)과 의미(주관적 중요성)를 경험하며 세상에 적극적으로 임하는 태도를 열정적 관여(vital engagement)라고 명명했다. 이는 세상에 분리감과 이질감을 느끼고, 거리를 두며, 소극적으로 임하는 관계방식인 소외(alienation)와 반대되는 것이다. 열정적 관여에서는 자신과 대상과의 강렬한 연결감을 느끼며 그 대상과의 관계에 적극적으로 전념하게 된다.

특히 열정적 관여는 직업 만족과 업무 성과를 높이는 데에 매우 중요하다. 직업적 활동이 아무리 의미가

있고 중요한 것이라도 즐거움을 느낄 수 없다면 지속적인 노력을 기울이기 어려울 것이며 소진상태(burnout)에 빠지게 될 것이다. 예를 들어, 병든 환자를 치료하는 일이 매우 소중하지만 그러한 치료활동에서 즐거움을 느끼지 못하는 의사는 형식적으로 환자를 치료하는 직업적 소진상태에 빠져들게 될 것이다. 반면에, 직업적 활동에서 즐거움을 느끼더라도 그 의미와 소중함을 발견할 수 없다면 공허감을 느끼게 될 것이다. 자신이 의미 있는 중요한 일을 하고 있다고 느낄 때는 그 일을 '소명'으로 여길 수 있게 될 것이다. 직업적 활동을 비롯하여 인생의 주요한 활동에서 의미와 즐거움을 발견하며 열정적으로 살아가는 것이 행복의 관건이라고 할 수 있다.

5. 직업만족도에 영향을 미치는 요인

현대사회에는 매우 많은 직업이 존재하고, 직업마다 업무의 특성과 보상 수준이 각기 다르다. 그러나 직업만족도를 결정하는 가장 중요한 요인은 직업 자체이기보다 개인과 직업의 부합성(person-vocation fit)이다. 소위 '좋은 직업'에 종사한다고 해서 누구나 만족하는 것은 아니며, 우수한 사람이라고 해서 어떤 직업에서나 성공하는 것도 아니다. 자신의 특성을 잘 파악하고 그에 적합한 직업을 선택하는 것이 행복에 있어서 매우 중요하다.

직업만족도에 영향을 미치는 요인들을 개인적 요인과 직업적 요인으로 나누어 살펴보기로 한다. 개인적 요인으로 흥미, 적성, 가치, 성격 등이 있으며, 직업적 요인으로는 직업의 업무 특성, 필요한 능력과 자질, 보상체계 및 미래의 전망 등이 있다. 이러한 두 가지 요인이 서로 부합되는 직업을 선택하는 것이 바람직하다.

1) 흥미

우리는 흥미를 느끼는 일을 할 때 힘든 줄 모르고 몰두하게 된다. 또한 흥미로운 일을 하면 좋은 결과를 얻기 마련이다. 이와 같이, 흥미는 일에 대한 몰두와 성과 그리고 직업만족도에 영향을 미치는 중요한 요인이다.

흥미(interest)는 어떤 종류의 활동이나 사물에 대해서 특별한 주의나 관심을 갖게 하는 개인의 일반화된 행동경향을 의미한다(Renninger, 1990, 2000). 즉, 개인으로 하여금 어떤 일에 즐거움을 느끼고 호기심을 갖게 하는 동기적 성향을 뜻한다. 어떤 일에 몰두하거나 어떤 일을 하고 싶어서 소망하는 것은 흥미에 의한 것이다. 흥미는 좌절과 실패 앞에서도 끈질긴 인내를 나타내게 만든다. 흥미는 개인이 종사하는 직업에 대한 만족도, 노력의 투여량, 지속적 종사기간을 결정하는 중요한 요인으로 알려져 있다.

흥미는 성장함에 따라 발전하고 변화한다. 어릴 때에는 흥미가 단편적이고, 잘 분화되어 있지 않으며, 일시적인 형태로 나타난다. 그러나 성장함에 따라 흥미는 점차 분화되어 구체화되는 경향이 있으며, 지속적인 형태로 변한다. 개인적 흥미는 활동 자체를 통해서 내재적인 보상을 얻기는 하지만, 진공 상태에서 발달하지 않는다. 개인적 흥미는 주변 사람들의 지지와 격려를 통해서 발전한다(Fried, 1996, 2001). 특정한 영역의 흥미를 유발시키고 고취시킴에 있어서 매우 중요한 것이 교사나 멘토의 역할이다. 교사는 교육과 정보를 제공할 뿐만 아니라 아낌없이 지지를 해 주고 도전적 과제를 제시해 주어야 한다(Renninger, 2000). 동료와 부모의 지지 역시 흥미 발달에 도움이 된다.

흥미는 내재적인 만족뿐만 아니라 여러 가지 장기적인 이득을 준다. 명백한 이득은 특정 분야에서 남다른 성취를 나타내는 것이다. 흥미는 도전과 좌절을 잘 견디며 극복하게 만든다(McCombs, 1991). 새로운 것을 배우는 동안 흥미를 많이 느낄수록 스트레스를 덜 경험하며 장기적으로 신체적·심리적 안녕이 증대된다(Helson & Srivastava, 2001; Sansone, Wiebe, & Morgan, 1999). 흥미를 지속적으로 유지하고 새로운 흥미를 계발하는 능력은 건강하고 생산적인 노화에도 중요하다(Snowdon, 2001).

진로발달 이론가인 Holland(1966, 1985)는 직업선택에 있어서 개인과 직업의 부합성을 강조하면서 개인의 흥미와 직업유형의 관점에서 사람들을 크게 6가지 기본유형으로 구분하였다. 개인의 흥미 유형과 직업 특성이 일치할 때 직업만족도가 가장 높으며, 수행성과 역시 최고 수준으로 높아진다(Smart, 1982).

(1) 현실형(realistic type)은 물체, 도구, 기계를 사용하거나 동물을 사육하는 일에 각별한 흥미를 느낀다. 반면에, 대인관계에 다소 소극적이며, 언어적 기술이나 부족하다. 이러한 유형에게 적절한 직업으로는 엔지니어, 건축업자, 차량 운전자나 수리자, 농장경영자 등이 있다.

(2) 탐구형(investigative type)은 물리학, 생물학, 사회과학 등의 분야에서 조직적인 일이나 창의적인 연구에 각별한 흥미를 지닌다. 이러한 사람들은 합리적이고, 분석적이며, 독립적인 성향을 지닌다. 이들에게 적합한 직업으로는 다양한 분야의 과학자나 교수다.

(3) 사회형(social type)은 사람들을 보살피고, 도우며, 가르치는 일에 흥미를 가진다. 언어적 기술과 대인관계 기술이 풍부하며, 대표적 직업으로는 교사, 상담사, 임상심리학자, 사회복지사 등이 있다.

(4) 예술형(artistic type)은 언어, 음악, 미술 등과 관련된 예술적 활동에 흥미를 느끼며, 상상력이 풍부하다. 이들에게 적절한 대표적인 직업으로는 시인, 소설가, 음악가, 조각가, 극작가, 작곡가, 무대지휘자, 디자이너 등이 있다.

(5) 사업형(enterprising type)은 경제적 이익창출을 위해서 조직적인 활동을 하거나 다른 사람을 설득하는 일을 좋아한다. 자신감과 야심을 지니며 활동적인 성향을 지닌다. 사업가, 정치인, 판매업자, 사회자, 관리자 등이 대표적인 직업이다.

(6) 관습형(conventional type)은 자료를 정연하게 분류하여 정리하고 보관하는 사무적인 일에 흥미를 느끼며, 규범적이고 성실한 성향을 지닌다. 대표적인 직업으로는 회계사, 은행가, 도서관 사서 등이 있다.

2) 적성

적성에 잘 맞는 직업을 선택하는 것은 직업만족과 직무수행을 높이는 데 중요하다. 인간은 각기 나름대로 특정한 직업에 필요한 남다른 능력을 지니고 있다. 자신의 우수한 능력을 발휘할 수 있는 직업을 선택하게 되면 뛰어난 성과를 거둘 수 있을 뿐만 아니라 그러한 직업에 대한 만족도가 높아진다. 심리학자들은 이러한 개인적 능력을 지칭하기 위해서 지능(intelligence), 적성(aptitude), 재능(talent), 기술(skill), 역량(capacity) 등의 다양한 용어를 사용하고 있다.

심리학자들은 다양한 직업적 활동에 필요한 수많은 능력을 몇 가지 기본적 능력으로 범주화하여 이해한다. 인간의 지적인 능력은 크게 일반 지능과 특수 지능으로 구분된다. 이 분야의 선구적 심리학자인 Charles Spearman(1904)은 사람들에게 다양한 능력 검사(문학, 수학, 외국어 등)를 시행했을 때 이들의 검사 점수들이

상관되어 있다는 사실에 주목했다. 이러한 결과에 근거하여, 그는 여러 영역의 수행에 공통적으로 영향을 미치는 일반 지능(general intelligence)이 존재한다고 주장했다. 또한 검사의 점수들은 서로 상관되어 있을 뿐만 아니라 각기 독특한 분포를 나타낸다. 이러한 현상은 각 검사에서 측정하는 독특한 능력을 반영하는 것으로서 특수 지능(specific intelligence)이라고 지칭되었다. 일반 지능은 흔히 IQ로 통칭되는 전반적인 지적 능력을 뜻하는 반면, 특수지능은 특수한 분야에 대한 지적 능력을 의미한다고 한다. 적성은 특수지능을 의미하는 것으로서 특정한 직업을 수행하는 데 필요한 능력을 뜻한다.

근래에 들어서 지능을 좀 더 세분화하여 분류하려는 노력이 이루어지고 있다. 일찍이 Guilford(1967)도 지능을 다양한 능력의 복합체로 여겼으며, 이를 구성하는 개별적 능력은 100가지가 넘는다고 주장한 바 있다. 이러한 지능의 다양성을 가장 보여 주고 있는 것은 최근에 Gardner(1983, 1993)가 주장하는 다중 지능(multiple intelligence)이다. 그는 지능을 다음과 같은 8가지 능력으로 구분하였다.

(1) 언어 지능(linguistic intelligence)은 언어를 빠르게 습득할 뿐만 아니라 글과 말을 통해 자신의 생각이나 느낌을 표현하는 능력을 뜻한다. 이러한 지능이 우수한 사람은 연설가, 시인, 작사가와 같이 단어 선택에 민감하고 언어 기억력이 뛰어나서 탁월한 언어구사 능력을 나타낸다.

(2) 논리수학 지능(logical-mathematical intelligence)은 논리적으로 추론하여 규칙이나 법칙을 발견하거나 설명체계를 마련할 수 있는 능력을 말한다. 이러한 지능은 수학자, 물리학자, 사회과학자에게 필요한 것으로서 규칙이나 명제와 같은 상징체계를 익히고, 추상적인 방식으로 사고를 조직화하는 능력을 의미한다.

(3) 공간 지능(spatial intelligence)은 물체나 공간을 시각적 이미지로 떠올리고 변형시킬 수 있는 능력으로서 그림, 지도, 입체 설계 등의 관련된 문제를 해결하는 데 필요하다. 흔히 건축가, 조경사, 비행사, 조각가, 당구 선수에게서 이러한 탁월한 능력을 발견할 수 있다.

(4) 음악 지능(musical intelligence)은 가락, 리듬, 소리 등의 음악적 상징체계에 민감하며, 그러한 음악적 상징을 독창적으로 만들어 내거나 그와 관련된 문제들을 해결하는 능력을 말한다. 이러한 능력을 지닌 사람들은 음악가와 같이 음악을 감상하고 새로운 곡을 창작하거나 해석하는 능력이 탁월하다.

(5) 신체운동 지능(bodily-kinesthetic intelligence)은 신체적 움직임을 쉽게 익히고, 자신의 몸을 운동감각적으로 잘 제어할 수 있는 능력을 뜻한다. 이러한 탁월한 능력을 지닌 사람들은 운동선수, 무용수, 연기자, 외과의사로서 뛰어난 성취를 나타낼 수 있다.

(6) 자기성찰 지능(intrapersonal intelligence)은 개인의 내면적 측면을 세심하게 관찰하고, 이해하며, 조절하는 능력을 의미한다. 인간의 내면세계를 주제로 다루는 소설가나 심리학자들에게서 이러한 탁월한 능력이 관찰된다.

(7) 인간친화 지능(interpersonal intelligence)은 다른 사람의 기분이나 욕구를 잘 이해하고, 적절하게 반응할 수 있는 능력을 뜻한다. 이러한 능력은 정치가, 종교 지도자, 임상가, 영업사원 등에게 필요하다.

(8) 자연친화 지능(naturalist intelligence)은 식물과 동물을 비롯하여 자연 환경과 생태에 관심이 많을

뿐만 아니라 자연 세계를 예리하게 관찰하고, 분류하며, 관리하는 능력을 뜻한다. 동·식물학자, 환경보호 운동가, 동물사육사, 자연생태계 다큐멘터리 제작자 등에게서 이러한 탁월한 능력을 발견할 수 있다.

Gardner(1983, 1999)에 따르면, 지능은 개인이 직면한 곤란을 해결할 수 있는 일종의 문제-해결 기술이다. 다중 지능은 진화의 과정에서 인간의 생존과 적응을 위해 발달한 것으로서 서로 상당히 독립적인 것으로 가정되고 있다. 개인의 직업선택에는 개인이 다양한 지능의 측면에서 어떤 조합을 나타내는지 살펴보는 것이 중요하다. 적성은 타고난 능력이나 소질이라고 할 만큼 유전적인 성향이 강하지만 학습경험이나 훈련에 의해서 계발될 수 있다.

3) 가치

인간은 자신이 가치 있게 여기는 일을 할 때 만족하게 된다. 따라서 직업을 선택할 때는 자신이 인생에서 추구하고자 하는 가치를 분명히 인식하여 고려하는 것이 중요하다. 일반적으로 가치(value)란 어떠한 목표가 더 바람직한지에 대해서 개인이 지니는 지속적인 신념을 말한다(Rokeach, 1973, 1979). 이러한 가치는 자신의 행위와 인생을 평가하고 의미를 부여하는 내면적인 기준이 된다.

인간이 지향하는 가치는 매우 다양하며 연구자에 따라 그 분류방식도 다양하다. Allport(1937; Allport, Vernon, & Lindzey, 1960)는 인간이 추구하는 다양한 가치를 〈표 21-2〉와 같이 6가지로 분류한 바 있다. 그의 분류체계는 오늘날에도 여전히 영향력을 지니고 있으

표 21-2　가치관의 유형과 관련된 직업

유형	특징	관련된 직업
이론형	사물의 진리를 탐구하고, 연구하며, 가르치는 일에 보람과 긍지를 느낀다.	교사, 교수, 연구원, 학자, 과학자, 평론가, 수학자, 교육가 등 연구 및 교육활동에 종사하는 직업
경제형	재산형성에 큰 가치를 부여하며, 돈을 버는 경제적 활동에 관심과 흥미를 갖는다.	소·도매상인, 유통업종사자, 중소기업인, 대기업인, 무역인 등 경제활동에 종사하는 직업
심미형	아름다움의 추구에 가치를 두며, 아름다움을 창조하는 활동을 다른 어떤 일보다 소중하게 여긴다.	음악가, 화가, 무용가, 소설가, 예술평론가 등 예술분야의 직종
사회사업형	고통받는 사람의 삶에 관심이 많으며, 이들을 위해 돕고 봉사하는 일에 높은 가치를 둔다.	사회사업가, 상담교사, 재활상담원, 의사, 간호사, 사회봉사자 직종
정치형	국가 및 사회 발전에 관심이 많으며, 권력을 취득하여 자신의 영향력을 행사하는 일에 가치를 둔다.	정당인, 정치가, 국회의원, 장관, 차관, 행정관료, 기관장, 시도의원 등의 직종
종교형	인생의 궁극적 의미를 추구하며, 절대자의 숭배나 자기초월적 수행을 최고의 가치로 둔다.	목사, 전도사, 승려, 신부, 기타 종교와 관련된 직종

며 특히 직업선택과 관련하여 유용하다.

가치관은 성장과정을 통해 우리가 살아온 환경과 주위 사람들에게 영향을 받아 형성된 것이다. 특히 어린 시절에 부모나 좋아하는 사람들의 행동을 내면화함으로써 가치체계가 형성되는데, 이렇게 형성된 가치관은 점차 성장하면서 구체화된다. 추구하는 가치와 부합하는 직업을 지닌 사람은 자신의 직업을 소중하고 의미 있는 것으로 여기기 때문에 직업만족도가 높다.

6. 직업적 성취에 기여하는 성격강점

성격은 직업적 성취에 영향을 미친다. 성공하는 사람들은 탁월한 능력뿐만 아니라 독특한 성격특성을 지닌다. 성공은 1%의 재능과 99%의 노력으로 이루어진다는 에디슨의 말처럼, 성격은 직업적 성취에 강력한 영향을 미친다. 성격은 직업활동을 위한 성취동기를 비롯한 업무스타일(열정, 노력, 끈기, 추진력, 리더십 등)에 영향을 미칠 뿐만 아니라 직장동료와의 인간관계에서도 강력한 영향을 미치기 때문이다. 강력한 리더십, 사회지능, 협동적 관계형성 역량은 직업적 성취를 촉진하는 성격적 요인이다.

1) 끈기

끈기는 목표의 성취를 위해서 지속적인 노력을 기울이는 심리적 특성을 뜻한다. 목표 성취에 영향을 미치는 두 가지의 중요한 요인은 능력과 노력이다. 아무리 능력이 뛰어나도 노력이 없이는 성취를 이룰 수 없다. 끈기는 성취의 필수적 조건으로서 목표를 향해서 꾸준히 노력하는 근면성과 더불어 난관과 좌절을 이겨내는 인내력을 포함한다. 모든 사회에서 4전5기(四顛五起)와

백절불굴(百折不屈)의 노력과 의지를 강조하는 이유가 여기에 있다.

끈기(persistence)는 여러 가지 난관과 좌절에도 불구하고 목적지향적인 행동을 자발적으로 지속하는 태도를 말한다. 시작한 일을 마무리하여 완성하는 능력으로서 장애물에도 불구하고 일련의 계획된 행동을 지속해 나가면서 과제를 완수할 뿐만 아니라 그로부터 만족감을 느끼는 자세를 말한다. 끈기는 인내(perseverance)나 근면성(industriousness)과 유사한 개념이라고 할 수 있다.

끈기는 성취동기와 관련되어 있지만 여러 측면에서 다르다. 성취동기(need for achievement)는 어떤 보상적 결과를 얻기 위한 욕구의 측면을 의미하는 반면, 끈기는 목표의 성취를 향해 지속적인 노력을 기울이게 만드는 동기적·인지적·행동적 요인을 포함하는 성격적 특징이라고 할 수 있다. 또한 성취동기는 비의식적인 내면적 상태를 뜻하는 반면, 끈기는 구체적인 행동으로 발현되는 성격적 특질이라고 할 수 있다.

끈기는 시간과 상황에 따라 상당히 안정된 심리적 특질로 여겨지고 있다(Eisenberger, 1989; Greenberg, 1977). 인간사회에서 탁월한 성취를 이룬 사람들은 대부분 끈기라는 긍정적 성품을 지닌 사람들이다. 100여 년 전에 Galton(1892)은 사회적으로 탁월한 성취를 이룬 다양한 직업의 인물들(법조인, 정치인, 학자, 문인, 예술가, 체육인 등)이 지닌 특성을 조사한 바 있다. 이들의 전기를 수집하여 분석한 Galton은 능력만으로는 어떤 분야에서든 성공할 수 없다고 결론지었다. 그에 따르면, 탁월한 성취는 지적 능력과 더불어 열정 그리고 끈기 있는 노력이라는 세 가지 조건이 결합되어야 가능하다. Cox(1926)는 사회적 성공을 이룬 301명의 저명인사들을 대상으로 그들의 전기를 분석했다. 연구대상자들의 지명도 순위를 매기고 추정된 지능수준(IQ)과의 상관을 구한 결과, 중간수준 정도의 상관($r = .16$)이 도

출되었다. 이러한 IQ 수준을 배제했을 때, 다음과 같은 어린 시절의 특성이 성인이 된 후 평생의 성취를 예측할 수 있었다: (1) 동기와 노력의 지속성, (2) 자기 능력에 대한 자신감, (3) 인격적인 감화력. 근래에 Howe (1999)는 다윈, 에디슨, 아인슈타인을 비롯한 천재적 위인들의 전기를 상세히 분석하고 나서 탁월한 성취가 비범한 능력에 기인한 것이라는 주장에 이의를 제기했다. 그는 탁월한 성취를 위해서는 "끈기가 적어도 지능만큼 중요하다"고 결론지었다.

실증적인 연구에도 끈기는 개인의 삶에 있어서 다양한 이익과 혜택을 제공하는 것으로 보고되고 있다. 첫째, 끈기는 성취하기 어려운 목표를 달성할 가능성을 높여 줌으로써 성공적인 삶에 기여하게 된다. 목표성취는 자기평가, 심리적 안녕, 건강 그리고 삶의 만족도에 긍정적인 영향을 미치는 것으로 보고되고 있다(Holahan, 1988; Shrauger & Sorman, 1977). 끈기와 근면성은 성실성 중에서도 성취지향성과 밀접한 관계를 맺고 있는 특성이다. 특히 끈기와 불굴의 정신은 단기적 집중력보다 장기적 과제에 대한 지속적인 노력과 관련되어 있으며 탁월한 성취를 예측하는 강력한 요인이다.

2) 신중성

신중성(prudence)은 선택을 조심스럽게 함으로써 불필요한 위험에 처하지 않으며 나중에 후회할 말이나 행동을 하지 않는 능력을 말한다. 신중성은 경솔한 판단과 무모한 행동을 방지하는 절제적 성격강점이다. 신중성은 반사적 충동과 경솔한 행동을 억제하는 조심스러운 태도인 동시에 장기적인 목표의 실현을 위해 심사숙고하여 행동하는 자세를 뜻한다.

우리 주변에는 충동적이고 경박한 언행을 하여 다른 사람과 불필요한 갈등을 불러일으키거나 추진하던 일을 그르치는 사람들을 보게 된다. 때로는 주변 상황에 대한 신중한 고려 없이 성급하고 무모하게 일을 추진하여 실패를 자초하는 사람들을 접하게 된다. 이와 달리, 신중성은 언행을 사려 깊고 조심스럽게 할 뿐만 아니라 자신이 추구하는 장기적 목표가 효과적으로 성취되도록 체계적으로 접근하는 태도를 말한다(Peterson & Seligman, 2004).

Peterson과 Seligman(2004)은 신중성의 강점을 지닌 사람들이 다음과 같은 네 가지의 특성을 지니는 것으로 제시하고 있다. 그 첫째 특성은 자신의 미래에 대한 숙고적 태도다. 자신이 처하게 될 미래의 상황을 미리 내다보고 준비하는 태도를 의미한다. 자신의 미래에 대해 깊이 생각하고, 계획을 세우며, 장기적 목표와 열망을 유지한다. 둘째, 자기파멸적인 충동에 저항하는 능력을 지닌다. 이는 자신의 충동과 감정에 대한 우수한 조절능력을 의미한다. 아울러 즉각적인 매력은 없지만 장기적으로 이득이 되는 행동을 끈기 있게 지속하는 능력을 지닌다. 셋째, 사려가 깊으며 반성적이다. 일상생활에서의 선택에 대해서 현실적인 점들을 심사숙고하여 고려할 뿐만 아니라 자신의 선택과 결과에 대해서 반성적인 태도를 지니고 있다. 마지막으로, 신중한 사람들은 조화와 균형을 중시한다. 자신에게 동기를 부여하는 다양한 목표와 관심사를 조화롭게 유지하면서 인생을 일관성 있고, 안정되며, 통합된 형태로 이끌어 간다.

신중성은 충동성과 상반되는 성격적 특성이라고 할 수 있다. 충동성은 다음과 같은 세 가지 심리적 영역에서 특성을 나타낸다(Evenden, 1999). 첫째, 주의 (attention)의 측면에 있어서 한 가지 주제에 오래 집중하지 못하고 쉽게 싫증을 느낀다. 둘째, 운동(motor)의 측면에 있어서 빨리 행동으로 옮기려는 경향을 지닌다. 어떤 생각이나 충동을 내면적으로 유지하지 못하고 빨리 외현적 행동으로 나타내어 긴장을 해소하려는 성향을 나타낸다. 마지막으로, 인지(cognition)의 측면에 있어서 단계적인 추론보다 전반적 인상에 근거한 직관적인 사고를 하며 미래에 대한 계획을 세우지 못하는 경향이 있다.

신중성은 심리적 안녕뿐만 아니라 대학생의 개인적 목표 성취나 낙관성, 직업 수행이나 학업 성취, 정치적 리더십 등과 정적인 상관을 지닌다는 연구결과들이 있다. 반면에, 신중성이 결여된 충동적인 사람들은 사회 적응에 실패할 뿐만 아니라 반사회적 행동, 범죄행동과 같은 부적응적인 문제들을 나타내는 경향이 있다 (Cooper et al., 2003).

3) 활력 또는 열정

"위대한 것 치고 열정 없이 이루어진 것은 없다"는 에머슨(Ralph Waldo Emerson)의 말처럼, 탁월한 성취를 이룬 사람들의 공통점 중 하나는 그들이 남다른 활력과 열정을 지녔다는 점이다. 그들은 자신이 추구하는 목표를 위해서 뜨거운 열정으로 혼신의 힘을 다한다. 개인의 능력이 최대한 발휘되도록 돕는 에너지원이 바로 열정과 활력이라고 할 수 있다.

활력(vitality)은 활기차게 적극적으로 살아가는 동시에 자신이 하는 일에 강한 흥미를 느끼며 열정적으로 추진하는 성격적 특성이다. 활력을 지닌 사람들은 생동감과 에너지가 넘칠 뿐만 아니라 목표를 추구하는 행동적 추진력을 지닌다. 활력은 영어의 zest, enthusiasm, passion에 해당하는 열정이라는 용어로 지칭되기도 한다. Peterson과 Seligman(2004)은 활력과 열정을 동일한 개념으로 혼용하고 있다.

활력은 개인이 지닌 생명력, 즉 신체적·심리적 에너지를 목표지향적 활동에 집중하는 성격특성이자 능력이다. Thayer(1996, 2001)는 신체적 에너지와 심리적

에너지의 구분이 불가능하다고 주장하면서 생물심리적 모델을 통해서 인간의 각성상태를 두 개의 축으로 설명했다. 〈표 21-3〉에 제시되어 있듯이, 그 하나는 신체적 상태를 반영하는 에너지 충만과 저하의 축이고, 다른 하나는 심리적 스트레스를 반영하는 긍정 정서와 부정 정서의 축이다. 그에 따르면, 활력은 에너지가 충만한 긍정 정서상태라고 할 수 있다. 반면에, 불안과 분노는 에너지가 충만한 부정 정서 상태로서 활력과 구별되어야 한다. 우울은 에너지가 저하된 부정적 정서상태로서 활력과 정반대의 속성을 지니며 그 극단적인 상태가 우울증이다.

표 21-3 활력에 대한 생물심리적 모델

	긍정 정서 (낮은 스트레스)	부정 정서 (높은 스트레스)
에너지 충만	활력/환희	불안/분노
에너지 저하	만족/평온	우울/침체

일반적으로 활력은 주관적 행복감과 기능수준뿐만 아니라 신체적 건강에 긍정적인 영향을 미치는 것으로 보고되고 있다. 여러 척도로 측정된 활력은 삶의 만족도, 긍정 정서, 신체적 효능감 등과 정적 상관을 보인 반면, 우울, 걱정, 분노, 피로감, 신체화 증상과는 부적 상관을 나타냈다(McNair et al., 1971; Ryan & Fredrick, 1997). Penninx 등(1998)에 따르면, 정서적 활력은 신체적 건강상태와 밀접한 관계를 지니고 있다. 장애를 지닌 환자의 경우, 정서적 활력은 새로운 장애나 증상 악화의 위험을 감소시키는 것으로 나타났다(Penninx et al., 2000).

열정을 지닌 사람들은 자주 몰입 경험을 하는 경향이 있다. 몰입의 연구자인 Csikszentmihalyi(1990)는

몰입 경험을 자주 하는 사람들의 성격특성을 자기목적적 성격(autotelic personality)이라고 지칭한 바 있다. 이러한 성격을 지닌 사람들은 어떤 일을 하더라도 적극적이고 열정적으로 임한다. 내재적 동기가 강한 사람들이어서 외부적 보상보다 일 그 자체를 위해서 열심히 끈기 있게 일한다.

4) 창의성

현대사회에서는 창의성이 직업적 성취를 위해 중요한 능력으로 여겨지고 있다. 창의성은 새로운 것을 추구하고 만들어 내는 지적인 능력을 뜻한다. 주어진 익숙한 것에 만족하며, 답습하지 않고 항상 새로움을 추구하는 특성이다. 21세기의 현대사회에서도 창의성은 개인적 성공과 사회적 발전의 가장 중요한 자산이자 원동력으로 여겨지고 있다.

창의성(創意性, creativity)은 독창적이면서도 적응적인 생각과 행동을 만들어 내는 개인적인 특성을 의미한다. 창의성의 가장 핵심적 요소는 바로 독창성이다. 창의적인 사람은 평범하지 않은 기발하고 놀라운 독창적인 생각이나 행동을 나타낸다. 그러나 이러한 특성만으로 창의적이라고 할 수는 없다. 창의성이란 독창적이면서도 유용한 산물을 생성해 내는 능력이라고 할 수 있다. 이처럼 창의성은 '독창성'과 '적응성'이라는 두 가지 요건을 모두 충족시키는 것이어야 한다.

창의성은 개인에 따라 상당한 차이가 있으며 다양한 양상으로 나타난다. 심리학자들은 창의성을 두 가지 유형, 즉 일상적 창의성과 위대한 창의성으로 구분한다(Simonton, 2000). 일상적 창의성(everyday creativity)은 가정이나 직장에서 부딪히는 일상적인 문제들을 독창적으로 해결하는 능력을 의미하며 그 영향력이 가정이나 직장에 한정된다. 반면에, 위대한 창의성(Big

Creativity)은 보통 사람들이 지니지 못하는 탁월한 독창적 능력으로서 많은 사람과 인류에게 광범위한 영향을 미치는 역사적인 공헌을 하는 경우를 말한다. 위대한 창의성은 그 영역에 따라 과학적 창의성(scientific creativity)과 예술적 창의성(artistic creativity)으로 구분되기도 한다.

창의성과 관련된 심리적 특성에 관해서는 수많은 연구가 이루어졌지만 두 가지의 일관된 결과가 나타나고 있다(Simonton, 1999, 2000, 2002). 그 하나는 창의적인 사람들이 반드시 높은 지능을 지니고 있지는 않다는 점이며, 다른 하나는 창의성이 지능보다 성격특징과 밀접한 관련성을 지닌다는 점이다. Feist(1998)에 따르면, 창의적인 사람들은 독립적이고, 비순응적이며, 비인습적일 뿐만 아니라 관심분야가 넓고, 새로운 경험에 대한 개방성을 지니며, 행동적 · 인지적 유연성과 모험적 성향을 가지고 있다. 이러한 일련의 특성들은 '창의적 성격'이라고 불리기도 한다.

창의성 연구의 선구자인 Wallas(1926)는 창의적인 사고과정을 5단계로 나누어 제시하였다. 그 첫째는 준비(preparation) 단계로서 해결문제에 집중하고, 문제해결과 관련된 정보들을 수집하며, 준비하는 과정이다. 둘째는 부화(incubation) 단계로서 문제를 무의식 속에 내면화하면서 암중모색을 하는 과정이다. 셋째는 예견(intimation) 단계로서 무언가 좋은 해결책이 나타날 듯한 느낌을 감지하는 과정이며, 넷째는 통찰(illumination) 단계로서 창의적인 생각이 갑자기 의식에 떠오르며 해결책을 발견하는 과정이다. 마지막은 검증(verification) 단계로서 창의적인 생각을 검토하고, 정교화하여 적용하는 과정이다.

창의성은 개인에 따라 차이가 있을 뿐 모든 사람이 지니고 있는 능력이라는 Guilford(1950)의 주장이 제기되면서, 창의성에 관한 연구는 심리측정적 접근을 통하여 구체적이고 과학적인 양상을 띠게 되었다. Guilford(1950) 이래로 창의성의 핵심요인으로서 확산적 사고가 중요하다는 주장이 제기되었다. 확산적 사고(divergent thinking)는 상상력을 통해 다양한 해결책을 만들어 내는 사고 양식을 뜻한다. 확산적 사고는 가능한 한 많은 해결책을 만들어 내는 유창성, 다양한 범주의 해결책을 만들어 내는 융통성, 그리고 독특한 해결책을 만들어 내는 독창성으로 구성된다.

Osborn(1953)과 Parnes(1967, 1981)는 Osborn-Parnes의 창의적 문제해결(Creative Problem Solving) 모델을 통해서 〈표 21-4〉와 같이 창의적 과정의 6단계를 제시했다.

표 21-4 창의적 과정의 6단계

1단계: 혼란 발견(mess finding)
막연하지만 혼란스러운 도전적인 상황을 인식하는 단계

2단계: 자료 발견(data finding)
도전적인 상황과 관련된 사실과 정보를 수집하는 단계

3단계: 문제 발견(problem finding)
도전적인 상황과 관련된 가장 핵심적인 문제를 발견하여 명료화하는 단계

4단계: 아이디어 발견(idea finding)
문제해결에 초점을 맞추며, 다양한 해결책을 추구하는 단계

5단계: 해결책 발견(solution finding)
다양한 대안 중에서 일련의 기준에 따라 최선의 해결책을 발견하는 단계

6단계: 수용 발견(acceptance finding)
해결책에 대한 수용과 인정을 받고 해결책을 문제 상황에 적용하는 단계

Amabile(1989, 1997)은 창의적 결과물을 생성하기 위해서는 창의적 사고력뿐만 아니라 내재적 동기, 독립성, 위험 감수, 실패 인내 등과 같은 비인지적인 요인이

중요함을 강조하면서 창의성의 3요소를 제시하였다. 창의성의 첫째 요소는 지식과 경험이다. 지식과 경험은 창의성이 발현되기 위한 원재료라고 할 수 있다. 정규 교육에서 배우게 되는 지식과 이론뿐만 아니라 창의성이 발휘되는 특정분야에서 오랜 경험을 통해 터득하고 축적한 경험과 기술을 포함한다. 그러나 창의성을 발현하기 위해서는 이러한 지식과 경험에 매몰되어 자유로운 상상력을 억제하지 않는 것이 중요하다. 둘째는 내재적 동기로서 새로운 것을 창출하려는 내면적 의도와 열의를 말한다. 창의적 작업을 하는 과정에서 겪게 되는 도전과 장애를 이겨 낼 뿐만 아니라 지속적인 노력을 기울이게 만드는 강렬한 동기가 중요하다. 창의적인 사람들은 외부적인 성과나 보상에 집착하기보다 새로운 것을 만들어 내는 창조적 과정에서 느끼는 내면적 만족이 중요한 동기로 작용하는 경우가 흔하다. 셋째 요소가 창의적 사고력이다. 확산적 또는 발산적 사고를 통해서 어떤 문제를 해결할 다양한 방안을 다각적인 관점에서 모색하는 노력과 능력을 뜻한다. Amabile에 따르면, 어떤 문제나 과제를 수행할 때 그와 관련된 지식과 경험을 갖추고 내재적 동기와 열정이 충만한 상태에서 창의적 사고력을 발휘할 때 비로소 창의적인 성과가 나타날 수 있다.

5) 리더십

리더십(leadership)은 집단활동을 조직화하고 그러한 활동이 진행되는 것을 파악하여 관리함으로써 집단을 이끌어 나가는 능력을 말한다. 아울러 자신이 속해 있는 집단구성원을 격려하여 각자의 임무를 완성하게 하는 동시에 구성원 간의 조화로운 관계를 육성하고, 집단적 활동을 조직화하는 능력을 포함한다.

개인적 자질로서의 리더십은 집단 속에서 리더의 역

할을 추구하고, 유지하며, 성공적으로 수행하려는 동기와 능력을 말한다. 리더십은 크게 두 가지 기능을 지닌다. 그 하나는 집단구성원들이 각자의 역할을 잘 해내도록 하는 것이고, 다른 하나는 구성원들을 고무시켜 좋은 관계를 창출해 내고 유지하여 사기를 진작시키는 것이다.

리더십은 직업적 성취에 기여하는 성격강점 중 하나다.

효과적인 리더는 다양한 개인적 자질과 상관을 나타내고 있다. 대표적인 몇 가지 연구결과를 소개하면 다음과 같다. Stogdill(1974)은 독립성, 자기주장성, 판단력, 활력, 자신감 등 30여 개의 개인적 특질이 리더의 자질과 관련된다고 주장하였다. Locke 등(1991)은 인지적 능력, 업무 관련 지식, 정직성과 성실성, 강한 욕구, 자신감, 리더십 동기를 들고 있다. Yukl(2002)은 정서적 안정성, 높은 에너지 수준, 내적 통제소재, 성취지향성, 개인적 성실성, 사회적 권력 추구 성향, 스트레스 저항력 등을 열거하고 있다.

리더십의 발달과정에 대한 체계적인 연구는 많지 않다. 그러나 리더 역할을 맡게 되는 것은 초기 아동기에서 청소년기를 거쳐 성인기에 이르기까지 일관성 있게 나타났다(Yammarino & Bass, 1990). Cox(1926)에 따르면, 성인이 되어 리더가 된 사람들은 대부분 어린 시절부터 리더의 속성을 나타낸다.

전반적으로 리더십 유형과 효과성에 있어서 남녀의 차이는 나타나지 않았다. 그러나 남자 리더들은 과업-지향성 역할을 선호했으며, 여자 리더들은 관계-지향적 역할을 선호했다(Eagly et al., 1995). 연구들을 종합하면, 남성 지도자와 여성 지도자의 차이는 같은 성별 내에서 존재하는 개인차에 비해 훨씬 적다.

7. 직업과 자기실현

직업은 자기실현을 위한 주요한 무대다. 직업은 개인이 자신의 잠재능력을 발휘하여 포부와 야망을 성취하고 사회와 국가를 위해 기여할 수 있는 가장 중요한 인생의 장이라고 할 수 있다. 직업적 활동은 그 자체를 통해서 즐거움과 의미를 느낄 뿐만 아니라 성취와 업적을 남길 수 있는 인생의 중요한 영역이다. 이러한 성취와 업적은 크고 작음에 관계없이 가족, 직장, 공동체, 사회와 국가 그리고 인류를 위한 공헌이 될 수 있다.

1) 직업적 성취의 유형

인류사에는 위대한 성취와 인격적 성숙을 통해서 자기실현을 이루었을 뿐만 아니라 사회와 인류에 공헌한 위인들이 많다. 과연 이들은 어떤 능력과 성격강점을 지니고 있었을까? 어떤 노력을 통해서 그러한 위대한 성취를 이루었을까? 그러한 성취를 이루게 된 사회적 배경은 어떤 것이었을까? 긍정심리학자들은 위대한 성취를 통해 자기실현을 이룬 인물들에 대해서 깊은 관심을 지닌다. 그들이 지닌 재능과 강점들, 성취를 이루게 된 과정, 그리고 그러한 성취를 가능하게 만든 상황과 환경에 대해 연구하고 있다.

Gardner(1993, 1997)는 아인슈타인, 피카소, 스트라

빈스키, 버지니아 울프와 같이 비범한 인물들의 생애와 업적을 분석했다. 이러한 분석결과에 근거하여 Gardner는 비범한 업적과 성취의 네 가지 유형을 제시했다. 그 첫째는 어떤 전문 영역에서 거장(master)이 되는 것이다. 예를 들면, 음악 작곡 분야에서 모차르트가 남긴 업적을 들 수 있다. 이처럼 자신의 직업 분야에서 탁월한 능력과 성취를 통해 최고의 또는 일류의 전문가가 되는 것이다. 우리 사회에는 다양한 직업 분야에서 발군의 역량을 발휘하는 수많은 달인과 명인이 있다. 둘째는 새로운 영역의 창시자(maker)가 되는 것이다. 예를 들어, 프로이트는 정신분석이라는 새로운 학문영역을 창시하는 위대한 업적을 남겼다. 기존의 직업 분야에서 전문가가 되는 것도 소중한 일이지만 창의성을 발휘하여 새로운 분야를 개척하고 확장하는 것도 커다란 공헌이 될 수 있다. 셋째는 사회를 긍정적으로 변화시키는 영향력 있는 인물(influencer)이 되는 것이다. Gardner는 이러한 대표적 인물로 정치 분야에서 간디를 꼽고 있다. 우리 사회를 좀 더 평화롭고 풍요롭게 발전시키는 데 기여하는 것도 매우 소중한 업적이다. 마지막으로 내면적인 삶을 깊이 탐색하고 성찰하는 인물(introspecter)이 되는 것이다. Gardner는 소설가 James Joyce를 들고 있다. 이 밖에도 자신의 삶을 깊이 성찰하고 높은 영적 수준에 이른 사람들이 이러한 유형에 포함될 수 있을 것이다.

Simonton(1997, 2000)은 역사적으로 탁월한 성취를 이룬 저명한 사람들(정치지도자, 작가, 예술가, 장군, 작곡가, 심리학자)의 삶과 성취과정을 분석했다. 그가 내린 결론에 따르면, 어떤 영역에서의 업적도 결코 단일한 요인에 의해서 결정되는 것이 아니라 심리적·사회적·역사적 요인들이 복합적으로 작용한 결과다. 지적인 능력과 성격특질뿐만 아니라 장남이나 장녀라는 형제서열도 성취 정도와 상당한 상관을 보였다. 그러나

그보다 더 중요한 것은 전문분야의 능력과 기술, 공식적인 교육 그리고 역할 모델의 존재였다. 뿐만 아니라 개인의 성취가 영향력을 지니기 위해서는 적절한 시기와 장소에서 활동해야 한다. 시대를 잘 만나는 것도 중요하다는 것이다.

2) 직업적 성취의 조건

Murray(2003)는 다양한 분야에서 위대한 업적을 남긴 사람들에 대해서 양적인 연구를 시도한 바 있다. 그는 위인들의 업적을 그 분야의 전문가들에게 평가하게 하여 수량화했을 뿐만 아니라 위인들의 전기를 분석하여 개인적 특성과 환경적 특성을 수량화하여 이들 간의 관계를 연구했다. 물론 수량화된 자료의 신뢰도와 타당도를 입증하기 위한 기본적인 작업이 이루어졌다. 각 분야의 '정상'에 있었던 수백 명의 인물들에 대한 자료를 분석한 결과, 다음과 같은 일반적인 결론을 내릴 수 있었다.

첫째, 한 전문분야 이상에서 정상에 이르렀던 사람들은 극히 드물었다. 즉, 한 분야의 정상에 이르기 위해서는 고도의 지식과 기술을 갖추는 것이 필요했다. 여러 분야에서 발군의 업적을 남긴 아리스토텔레스나 레오나르도 다빈치와 같은 경우는 극히 예외적인 경우라고 할 수 있다.

둘째, 어떤 분야든 정상적 위치에 도달한 사람들은 엄청난 노력을 기울인 사람들이었다. 천부적 능력을 타고난 인물들도 그러한 능력을 발현시키기까지 피나는 노력을 기울였던 것이다. 그리고 각 분야에서 탁월하다고 평가된 사람일수록 더 많은 시간의 노력을 기울였으며 더 많은 결과물을 만들어 냈다.

셋째, 한 분야에서 정상에 이르기 위해서는 멘토나 스승의 역할이 매우 중요했다. 연구에 포함된 인물들은

대부분 자신의 성취와 인생에 도움을 준 멘토들을 지니고 있었다. 멘토는 대부분 각 분야의 전문가로서 지식과 기술을 전수해 주는 역할을 할 뿐만 아니라 그 분야의 중요성과 의미를 심어 줌으로써 동기를 강화시키는 역할을 수행한다.

넷째, 적절한 시기와 적절한 장소에서 사는 것 역시 중요했다. 즉, 개인의 재능과 역량을 자극하고, 개발하며, 발휘할 수 있는 환경이 중요했다. 일반적으로 번성하는 사회나 정치적·재정적 중심지가 되는 도시에서 보다 탁월한 인물들을 많이 배출하는 경향이 있었다. 뿐만 아니라 개인이 지닌 전문적 지식과 기술을 필요로 하고 소중하게 여기는 시대와의 만남도 중요했다.

마지막으로, 탁월한 업적은 문화적 분위기에 의해서 영향을 받았다. 인간의 삶에는 이기적 목적 이외에 다른 사람과 사회, 나아가서 인류를 위해 기여하는 것이 중요하다는 자기초월적 가치를 강조하는 문화에서 위대한 업적이 성취되는 경향이 있었다. 또한 개인의 역량을 존중하고 개인으로 하여금 자기효능감을 지니도록 만드는 문화적 분위기 역시 중요했다.

이러한 결론은 우리 자신에게도 적용할 수 있다. 특히 직업 분야에서 뛰어난 성취를 이루기 위해서는 우선 자신의 흥미와 능력을 확인하고 그에 적합한 전문 영역을 선택하는 것이 중요하다. 아울러 그 분야의 훌륭한 스승을 찾아 신뢰로운 관계 속에서 배우고 많은 시간을 투자하여 노력해야 한다. 그리고 자신이 하고 있는 전문적 활동이 중요할 뿐만 아니라 그러한 활동에 있어서 자신의 능력과 역할이 중요하다는 것을 확고하게 인식할 필요가 있다(Peterson, 2006).

 요약

1. 직업은 휴식, 놀이, 여가활동을 제외한 모든 생산적인 활동을 의미한다. 직업은 경제적 소득을 얻을 뿐만 아니라 개인의 잠재능력을 발휘하고 인생의 의미를 찾는 행복의 주요한 원천이다. 개인의 직업활동은 직업만족과 직무수행이라는 두 가지 측면에서 평가될 수 있다.

2. 직업만족(job satisfaction)은 개인이 자신의 직무와 직무경험에 대해 평가하고 그 결과로 발생하는 긍정적인 정서 상태를 뜻한다. 성격의 5요인 중 외향성과 성실성은 직업만족도와 정적 상관을 나타내는 반면, 신경과민성은 직업만족도와 부적인 관계를 지니는 것으로 나타났다. 핵심 자기평가 모델에 따르면, 높은 자기존중감과 일반화된 자기효능감, 내부적 통제소재 그리고 낮은 신경과민성을 지닌 사람일수록 직무만족도가 높다.

3. 직무수행(job performance)은 개인이 자신의 직무를 잘 수행하는 정도를 의미하며 직업적 성취나 성공의 중요한 지표가 된다. 성실성은 직무수행과 직업적 성취를 예측하는 가장 강력한 성격요인으로 알려져 있다. 외향성도 직무수행과 정적 상관을 나타내는 반면, 신경과민성은 직무수행과 부적 상관을 보인다. 개방성과 호의성은 새로운 변화에 대한 적응이 필요한 상황에서 수행성과를 높이는 성격요인으로 알려지고 있다.

4. 직업만족과 직무수행은 .30 정도의 상관을 지니는 것으로 보고되었다. 직업만족과 직무수행은 서로 영향을 주고받는다. 직업만족은 행동적 노력, 적극성, 긍정 정서의 매개를 통해 직무수행에 영향을 미친다. 반면에, 직무수행은 성공과 성취감, 과제 관련 자기효능감, 목표 진전감의 매개를 통해서 직업만족에 기여한다.

5. 몰입(flow)은 무언가에 흠뻑 빠져 있는 심리적 상태로서 그 자체가 즐거운 것으로 체험될 뿐만 아니라 과업에 대한 강렬한 주의집중을 유발한다. 직업활동에 대한 몰입은 직업만족도와 더불어 직무수행을 높이는 중요한 심리적 요인이다.

6. 직업만족도를 결정하는 가장 중요한 요인은 직업 자체이기보다 개인과 직업의 부합성(person-vocation fit)이다. 직업만족도에 영향을 미치는 개인적 요인으로는 흥미, 적성, 가치, 성격이 있으며, 직업적 요인으로는 직업의 업무 특성, 필요한 능력과 자질, 보상체계 및 미래의 전망이 있다.

7. 성격은 직업적 성취에 영향을 미친다. 성공하는 사람들은 탁월한 능력뿐만 아니라 독특한 성격특성을 지닌다. 탁월한 직업적 성취에 기여하는 성격강점으로는 끈기, 신중성, 열정, 창의성, 리더십 등이 중요하다.

8. 역사적으로 위대한 성취를 통해 자기실현을 이룬 인물들에 대한 심리학적 관심이 증가하고 있다. 위대한 업적은 어떤 영역이든 심리적 · 사회적 · 역사적 요인들이 복합적으로 작용한 결과다. Murray(2003)에 따르면, 위대한 업적을 남긴 사람들은 자신의 전공분야에서 고도의 전문지식을 지니고 엄청난 노력을 쏟아 부었으며, 좋은 멘토나 스승을 지니고 있었고, 그들의 능력을 발휘할 수 있는 적절한 환경과 문화적 분위기를 만났다는 공통점을 지니고 있었다.

제22장
성격과 여가 및 종교 활동

1. 성격과 여가활동

1) 여가활동

인간은 놀며 즐기는 것을 좋아하는 존재다. 네덜란드 역사학자인 Johan Huizinger(1938)는 인간을 호모 루덴스(Homo Rudens), 즉 유희적 존재라고 지칭한 바 있다. 그에 따르면, 놀이와 장난을 좋아하는 것은 인간의 기본적인 성향으로서 인간 문화의 기반을 이룬다. 유희는 정신적인 창조활동으로서 학문과 예술을 포함한 문화적 활동의 일차적 조건이다. Freud 역시 놀이의 중요성을 역설한 바 있다. 그는 인생에서 가장 중요한 것으로 일과 사랑을 꼽았으며, 한 가지 더 든다면 놀이(play)라고 언급한 바 있다.

여가(leisure)는 의무적인 일이나 직업적인 업무를 떠나 한가하게 즐기는 여유로운 휴식이나 재미를 찾기 위한 취미활동을 의미한다. 이러한 여가활동은 휴식과 즐거움을 제공하는 행복의 주된 원천일 뿐만 아니라 삶에 다양한 긍정적인 영향을 미친다. 현대인은 직업이나 학업과 관련된 일을 하지 않는 시간에 다양한 여가활동을 한다. 여가시간을 어떤 활동에 참여하며 어떤 방식으로 활용하느냐는 것은 개인의 삶에 중요한 영향을 미친다.

John Neulinger는 1974년에 『여가의 심리학(*The Psychology of Leisure*)』을 출간하여 여가에 대한 심리학적 연구를 촉발했다. 그에 따르면, 여가는 심리적인 상태로 지각된 자유가 그 핵심이다. 지각된 자유(perceived freedom)는 개인이 어떤 활동을 스스로 원해서 자유롭게 선택했다고 여기는 마음의 상태다. 개인은 지각된 자유와 내재적 보상을 제공하는 활동에 참여할 때, 그것을 진정한 여가라고 할 수 있다. 반면에, 지각된 자유가 결여되어 있고 외재적 보상을 위해서 활동하는 것은 여가라고 할 수 없다. Neulinger는

여가는 즐거움과 자유로움을 느끼는 행복의 원천이다.

여가의 연속선 모델(continuum model of leisure)을 제시하면서 여가로부터 직무에 이르는 심리상태를 6가지의 유형, 즉 순수한 여가(pure leisure), 여가적 노동(leisure-work), 여가적 직무(leisure-job), 순수한 노동(pure work), 노동적 직무(work-job), 순수한 직무(pure job)로 구분했다. 그는 인류문명이 언젠가는 여가에 근거한 사회로 나아갈 것이라고 믿었다. 과학과 기술문명의 발전으로 인해서 현대인들이 생계로부터 자유로워지는 여가사회(leisure society)에서는 직업이라는 개념은 사라지고 다만 여가를 지향하는 활동만이 존재한다는 것이다. 이러한 사회에서 인간은 누구의 강요도 없이 스스로의 선택에 의해서 내재적으로 동기화된 자기보상적인 활동을 하면서 의미를 추구하게 되는 것이다.

과연 현대인들은 어떤 활동을 하며 여가시간을 보내고 있을까? 2001년에 1,000명의 미국 성인을 대상으로 한 조사(Taylor, 2000)에 따르면, 가장 빈도가 높은 여가활동은 독서(28%)였으며 그다음으로 TV 시청(20%), 가

족과 시간 보내기(12%), 낚시(12%), 정원 가꾸기(10%), 수영(8%), 컴퓨터(7%), 영화관람(7%), 산책(6%), 골프(6%) 등의 순서로 나타났다.

김정운과 이장주(2005)는 한국대학생의 여가활동을 조사하면서 여가활동을 다음과 같이 6가지 범주로 구분했다: (1) 스포츠와 건강 활동(조깅, 헬스 등), (2) 취미와 교양활동(사진 찍기, 악기연주 등), (3) 관람 및 감상활동(영화감상, 연극감상 등), (4) 사교활동(친구 만나기, 이성교제), (5) 관광 및 여행활동(드라이브, 여행 등), (6) 놀이와 오락활동(컴퓨터 게임, 당구, 화투 등). 이들의 연구에 따르면, 한국대학생들이 가장 빈번하게 하는 여가활동은 관람 및 감상(27.2%)이었으며 그다음으로 취미 및 교양(21.6%), 놀이 및 오락(20.2%), 스포츠 및 건강 관련 활동(17%), 사교(9.4%), 관광 및 여행(4.6%)으로 나타났다. 독일대학생들과 비교했을 때, 한국대학생들은 컴퓨터 게임, 채팅, 웹서핑과 같은 인터넷 관련 활동, 당구/포켓볼, 화투 등과 같은 '놀이 및 오락 활

동'과 영화나 연극 관람, TV/비디오 시청 등과 같은 '관람 및 감상 활동'을 많이 하는 반면, 건강과 관련된 스포츠 활동은 적게 하는 것으로 나타났다.

2) 여가와 행복의 관계

대부분의 사람은 일하기보다 놀기를 좋아한다. 삶의 속도를 늦추고 좀 더 여유롭게 살아가기를 원한다. 이처럼 여가활동은 행복한 삶의 중요한 조건이다. 여가활동은 긍정적 체험을 제공할 뿐만 아니라 행복과 삶의 만족도를 증진한다. Campbell, Converse와 Rogers(1976)의 연구에 의하면, 여가생활의 만족도는 전반적인 삶의 만족도를 예측하는 강력한 요인이다. 또한 특정한 지역사회에서 생활하는 만족도는 그 지역에서 이루어지는 여가생활의 만족도와 가장 밀접한 관계를 나타냈다(Allen & Beattie, 1984). Argyle(1999)에 따르면, 여러 연구의 결과들을 종합했을 때 행복도와 여가생활 만족도는 .40 정도의 유의미한 상관을 보이며, 다른 관련변인들의 효과를 배제하더라도 .20 수준의 상관을 나타낸다고 한다.

편안한 이완상태에서 휴식을 하고, 좋은 음식을 즐기며, 취미활동에 참여하는 것은 행복감을 증진시키는 단기적인 효과를 지닌다(Argyle, 2001). 휴가기간 동안에 사람들은 긍정적 기분을 많이 느끼는 반면에, 짜증스러운 기분은 덜 느낀다. 특히 취미활동을 집단적으로 하는 경우에 만족도가 더 높은 경향이 있다. 취미활동 동호회(음악, 댄스, 다양한 스포츠 등)의 구성원들은 행복도가 높은 것으로 나타났다. 그 이유는 같은 취향, 가치관, 활동시간, 사회적 관계를 공유하는 동호인 집단 속에서 유쾌한 흥분감, 협동적 성취, 소속감과 유대감 등을 경험하기 때문일 것이다(Carr, 2004).

여가활동이 행복에 미치는 영향은 청소년기부터 시작되는 듯하다. Willits와 Farrell(1986)이 1,521명의 고등학생을 대상으로 24년간 종단연구를 실시한 결과, 고등학교 시절의 여가활동 참여도가 성인기의 삶의 만족도에 영향을 미치는 것으로 나타났다. 특히 노년기에는 여가활동이 삶의 만족도에 커다란 영향을 미친다. 규칙적인 여가활동이 성공적인 노화에 중요하다. Kelly와 Ross(1989)에 따르면, 노인의 경우 여가활동의 참여도가 삶의 만족도에 기여하는 가장 중요한 요인이었다. 여가활동에 적극적으로 참여하는 것이 알츠하이머 치매의 예방에 도움이 된다는 연구결과도 있다. 요컨대, 여가생활과 삶의 만족도 간에 긍정적 관계가 있다는 것이 여러 연구에서 일관성 있게 보고되고 있다(Leitner & Leitner, 1996).

여가활동이 사람들을 행복하게 하는 것은 분명하지만, 단지 여가시간을 많이 갖는다고 해서 삶의 만족도가 증가되는 것은 아니다. 여가활동의 유형과 경험 내용에 따라 그 영향이 달라질 수 있다. 여가활동을 통해서 긍정적인 경험을 많이 하는 것이 중요하다. 가족여행을 떠나서 즐거운 경험을 하기보다 서로 불평을 하고 부부싸움으로 이어지게 되는 경우도 많기 때문이다. 일반적으로 다양하고 활동적인 여가활동에 참여할수록 삶의 만족도가 높아지는 경향이 있다(Bammel & Burrus-Bammel, 1996). TV나 비디오를 감상하는 활동보다는 활동적인 운동을 하는 여가활동이 우울이나 불안과 같은 부정적 정서를 더 많이 감소시킬 뿐만 아니라 행복 수준을 증가시키는 것으로 알려져 있다(Alfermann & Stoll, 2000).

한국대학생을 대상으로 연구한 김정운과 이장주(2005)에 따르면, '관광과 여행 활동'이나 '사교활동'은 만족도가 높은 반면, '놀이와 오락'(컴퓨터 게임, 채팅, 웹서핑과 같은 인터넷 관련 활동, 당구/포켓볼, 화투 등)은 만족도가 낮은 것으로 나타났다. 또한 노년층의 경

우에는 개인적으로 의미를 느끼는 여가활동에 참여할
수록 행복도가 높았다(Ogilvie, 1987). 여가활동을 통해
행복을 증진하기 위해서는 긍정적인 기분을 느낄 수 있
거나 나름대로 의미를 느낄 수 있는 활동에 참여하는
것이 중요하다.

3) 성격과 여가활동의 관계

사람마다 노는 방식이 다르다. 사람마다 좋아하는
여가활동이 다를 뿐만 아니라 여가시간을 보내는 방식
도 다르다. 성격은 이러한 여가활동의 선호에 영향을
미친다. 성격의 5요인 중에서 특히 외향성과 신경과민
성이 여가활동과 관련된 것으로 보고되고 있다.

(1) 성격과 여가활동의 선호

Furnham(1981)은 외향성과 신경과민성이 여가활동
의 선택, 특히 사회적인 여가활동의 선택과 회피에 영
향을 미치는 성격요인이라고 주장했다. 그는 대학생을
대상으로 지난 한 주 동안 여가활동에 소비한 시간과
그 동기를 조사했다. 또한 사회적 상호작용이 개입하는
여가활동에 대한 선호도를 평정하게 했다. 그 결과, 외
향형들은 자기주장, 친밀감, 경쟁심의 욕구를 충족시
킬 수 있는 자극적인 사회적 여가활동을 선호했다. 반
면에, 신경과민성이 높은 사람들은 사회적 상호작용과
경쟁적 요소를 포함하는 여가활동을 회피하는 것으로
나타났다.

일반적으로 외향적인 사람들이 내향적인 사람들보

사람마다 선호하는 여가활동이 다르다.

다 사교적인 여가활동을 더 많이 선택한다. 외향형들은 팀활동이나 클럽에서 더 많은 시간을 보내고, 시끄러운 파티나 댄스모임에서 더 많이 즐긴다. Argyle와 Lu(1992)에 따르면, 외향적인 사람들은 사회적 모임이나 스포츠에 많은 시간을 보내는 반면, 내향적인 사람들은 책읽기나 TV 시청과 같이 혼자서 하는 활동에 더 많이 참여했다. 중국대학생을 대상으로 한 연구(Lu & Hu, 2005)에 따르면, 외향성은 모든 종류의 여가활동 참여와 유의미한 상관을 나타낸 반면, 신경과민성은 특별한 상관을 나타내지 않았다. 전반적으로 외향형들이 여가활동에 대한 만족도가 높았으며, 신경과민성이 높을수록 여가활동의 만족도가 낮았다.

　음악과 관련된 여가활동에 있어서, 신경과민성이 높은 사람들이 음악감상을 선호하는 것으로 보고되었다(Nias, 1997). 음악밴드의 구성원들은 같은 연령대의 일반 대학생들에 비해서 외향성과 신경과민성이 모두 높은 것으로 나타났다(Dyce & O'Conner, 1994). 전문적인 대중음악가들은 신경과민성뿐만 아니라 정신병질성이 모두 높은 것으로 보고되었다(Wills, 1984).

　성격은 TV 시청과도 관련되는 것으로 나타났다. 신경과민성이 높을수록 TV 시청시간이 많은 것으로 보고되었다(Hills & Argyle, 1998). 또한 외향성이 높은 여자들은 TV 드라마를 더 규칙적으로 시청하는 것으로 밝혀졌다(Lu & Argyle, 1993). 신경과민성이 높은 대학생들은 코미디나 모험과 관련된 프로그램을 회피하는 경향이 있었다(Weaver, 1991).

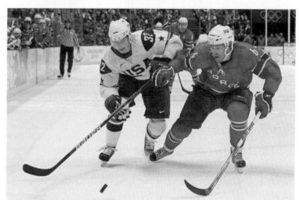

성격에 따라 좋아하는 스포츠가 다르다.

감각추구 성향은 위험한 여가활동뿐만 아니라 다양한 레저 활동과 관련되는 것으로 여겨지고 있다 (Furnham, 2004). Hill과 Argyle(1998)에 따르면, 외향성은 스포츠클럽의 소속 여부와 상관을 지닌 성격요인이다. 특히 외향적인 사람들은 강렬한 신체적 활동을 포함하는 격렬한 스포츠(아이스하기, 봅슬레이, 단거리 달리기)를 좋아한다. 반면에, 신경과민성이 높은 사람들은 스포츠보다 신체적 활동이 적은 취미활동을 선호했다(Lu & Argyle, 1994).

(2) 성격과 스포츠 선호

성격은 선호하는 스포츠와도 관련성이 있는 것으로 밝혀지고 있다. 외향성과 신경과민성은 여가활동으로 어떤 스포츠를 선호하느냐에 대해서 영향을 미치는 것으로 알려져 있다. 여러 연구에서 외향성-내향성 요인은 스포츠의 선호도를 예언하는 데 중요한 요인으로 보고되었다. 운동선수 중에는 남자든 여자든 외향적인 성격을 지닌 사람들이 많다. 내향형인 운동선수들은 팀종목보다는 개인종목의 운동을 선호하는 경향이 있다.

외향형들은 적극적이고, 열정적이며, 격렬한 활동을 하는 운동을 좋아한다(McKelvie, Lemieux, & Stout, 2003; Newcombe & Boyle, 1995). 이들은 충동적이고, 자극을 추구하는 성향을 충족시키기 위해서 다양하고, 강렬한 운동을 좋아하는 경향이 있을 뿐만 아니라 다른 사람들과 함께 있기를 좋아하고, 파티나 사회적 모임에 참여하는 것을 즐긴다. 내향형들은 단거리 경주나 격렬한 운동보다 마라톤과 같이 미세한 변화를 추구하는 스포츠를 선호하는 경향이 있다.

신경과민성도 스포츠 선호에 영향을 미친다. 신경과민성이 높은 사람들은 경쟁적이고, 치열한 게임을 싫어한다(McKelvie et al., 2003). 특히 신경과민성이 높은 여자들은 경쟁적인 게임을 혐오할 뿐만 아니라 사회적 상호작용이 개입되는 여가활동을 회피하는 경향이 있다. 뛰어난 운동선수들 중에는 낮은 신경과민성, 즉 정서적 안정성을 지닌 사람들이 많은데, 이러한 성격특징이 치열한 경쟁의 스트레스를 견디며 이겨 낼 수 있는 면역 기능을 제공하기 때문이다.

Kirkcaldy(1985)에 따르면, 여가활동의 선호에는 외향성이 신경과민성보다 더 중요한 영향을 미친다. 사회적 욕구가 많은 외향형들은 사회적 상황이 포함된 놀이를 좋아하며, 특히 역동적이고 경쟁적인 치열한 스포츠를 좋아한다. 이들은 개인종목의 스포츠(사격, 테니스, 탁구)와 전통적인 팀스포츠(축구, 아이스하키, 야구, 핸드볼)를 가리지 않고 모두 선호했다. 반면에, 내향형들은 경쟁적이고, 사회적인 여가활동을 회피했다. 신경과민성이 높은 사람들도 경쟁적인 유형의 놀이를 싫어했으나 그 정도가 상대적으로 미약했다.

Kirkcaldy와 Furnham(1991)은 Eysenck가 제시한 세 성격특질(외향성, 신경과민성, 정신병질성)과 여가활동 선호의 관계를 조사하면서 다양한 여가활동을 분류했다. 이들은 다양한 전공을 지닌 대학생 306명에게 50개의 여가활동을 제시하여 그 선호도를 평정하게 했다. 이러한 평정자료에 대한 요인분석 결과 네 개의 요인이 산출되었다. 그 첫째는 전투적 여가활동(combative recreation)으로서 복싱, 레슬링, 가라데, 유도, 사격이 포함되었다. 둘째는 창의적 여가활동(creative/crafts recreation)으로서 춤추기, 그림 그리기, 공예하기, 도자기 만들기와 같은 활동으로 구성되었다. 셋째는 경쟁적 구기 여가활동(competitive ball recreation)으로서 공을 사용하는 신체적 활동인 테니스, 야구, 배구, 축구, 핸드볼이 포함되었다. 마지막 넷째는 전략적 여가활동 (strategic recreation)으로서 카드놀이, 퀴즈풀기, 체스놀이, 주사위놀이로 구성되었다. 성격특질과 선호하는 여가활동의 관계를 조사한 결과, 외향성이 높은 사람들은 경쟁적 구기 여가활동을 선호했으며, 특히 팀스포츠를 좋아했다. 외향형의 남자들은 전략적 여가활동을 싫어하는 반면, 내향형인 남자들은 전략적 여가활동을 선호했다. 신경과민성이 높은 사람들은 경쟁적인 구기 여가활동과 전략적인 여가활동을 모두 싫어했으며 이러한 경향은 여자에게서 더 두드러졌다. 정신병질성이 높은 사람들은 남자와 여자 모두 전투적 여가활동을 선호했다. 공격성과 자기주장성이 강한 정신병질성은 성격 5요인의 낮은 우호성과 성실성을 반영하며 가라데, 복싱, 레슬링과 같이 공격적이고 신체적 접촉이 많은 스포츠를 선호했다.

(3) 여가활동과 업무활동의 관계

현대인의 생활은 크게 직업활동과 여가활동으로 양분될 수 있다. 여가활동은 직장에서 주어진 요구, 책임, 업무성과, 시간압박, 직책 역할과 같은 강요된 제약으로부터 자유로운 활동을 뜻한다. 이러한 여가를 효과적으로 잘 보내는 것은 전반적인 삶의 만족도를 결정하는 중요한 요인이다. 그렇다면 직장에서 일하는 스타일과 여가시간을 활용하는 스타일 간에는 어떤 관계가 있을까?

Staines(1980)는 업무활동과 여가활동의 관계를 설명하는 세 가지 방식을 제시했다. 그 첫째는 일반화(generalization)로서 업무태도가 여가활동과 같은 다른 삶의 영역에도 동일하게 전이되어 일반화되는 경우를 뜻한다. 이 경우에 여가활동은 업무방식과 매우 유사한 방식으로 이루어진다. 예컨대, 매우 조직적이고 경쟁적인 업무스타일을 지닌 사람은 여가활동도 비슷한 방식으로 영위할 수 있다.

둘째는 보상(compensation)으로서 업무방식과 반대되는 방식으로 여가활동을 하는 경우를 뜻한다. 여가활동은 직장에서 충족시키지 못한 욕구를 충족시키며 그

결핍을 보상하는 기능을 지닌다. 보상으로 여가를 활용하는 사람들은 복잡한 업무를 수행하며 많은 스트레스를 받았기 때문에 여가시간에는 반대로 느긋하게 게으름을 피우며 여유로운 여가를 즐기게 된다.

마지막은 분리(segmentation)로서 여가활동과 업무방식이 서로 독립적이며, 무관한 경우를 의미한다. 이 경우에는 여가활동이 업무와 아무런 연관성 없이 이루어진다. 직업에 대한 헌신도가 높지 않을 뿐만 아니라 업무로 인한 스트레스도 많지 않은 사람들이 이러한 패턴을 보이는 경향이 있다.

Kabanoff(1980)는 일반화와 보상을 좀 더 세분하여 구분했다. 일반화를 적극적 일반화와 소극적 일반화로 구분했으며, 보상은 보완적 보상과 반응적 보상으로 구분되었다. 적극적 일반화(active generalization)는 업무와 여가의 몰입도가 모두 높은 경우로서 일도 열심히 하고 여가도 열심히 즐기는 패턴을 의미한다. 반면에, 소극적 일반화(active generalization)는 일과 여가에 모두 소극적인 경우를 뜻한다. 보완적 보상(complimentary compensation)은 업무 몰입도는 낮은 반면에, 여가활동의 참여도는 높은 경우를 말한다. 반응적 보상(reactive compensation)은 업무몰입도가 높고 여가활동 참여도는 낮은 경우를 말한다.

Kirkcaldy와 Cooper(1992)에 따르면, 열심히 규칙적인 운동을 하는 여자들은 운동을 하지 않은 여자들에 비해서 업무에서 더 경쟁적이고 성취동기, 직업윤리, 직무숙달성에서 더 높은 점수를 나타냈다. 그러나 남자의 경우에는 이러한 차이가 나타나지 않았다. 여가시간을 활용하는 방식은 개인의 성격뿐만 아니라 직업의 유형이나 스트레스와 관련될 수 있다. 신체적 운동과 관련된 여가활동에 적극적인 사람들은 그렇지 않은 사람들에 비해서 직무와 관련된 압박감, 직무만족도, 일반적 건강 상태에 있어서 차이를 나타낼 수 있다. 업무활

동과 여가활동을 영위하는 방식은 개인이 속한 문화에 의해서도 영향을 받게 된다.

4) 향유하기

여가는 삶의 즐거움과 자유로움을 제공하는 중요한 삶의 영역이다. 행복은 인생에서 누릴 수 있는 자유로움과 즐거움을 충분히 음미하며 만끽하는 것과 밀접하게 연결된다. 최근에 Bryant와 Veroff(2007)는 인생에서 접하는 다양한 긍정 경험을 최대화하여 오래도록 지속시키는 것이 행복 증진에 중요하다고 주장하면서 '향유하기'라는 개념을 제시했다.

삶에서 접하는 긍정적인 경험을 다양한 방식으로 잘 음미하면서 향유하는 사람들이 있다. Bryant(2003; Bryant & Veroff, 2007)에 따르면, 향유하기(savoring)는 긍정적인 경험을 자각하여 충분히 느낌으로써 행복감이 증폭되고 지속되도록 의도적인 노력을 기울이는 것이다. 'savor'는 '맛을 보다' '좋은 맛을 느끼다'라는 어원을 지니고 있어 '음미하기'라고 번역될 수도 있다. 그러나 Bryant가 제시하는 'savoring'은 감각적 즐거움 이상으로 지적인 의미를 부여하는 성찰과정을 포함하고 있다. 대처하기(coping)는 부정적 경험에 대응하기 위한 노력인 반면, 향유하기는 긍정적 경험에 대응하기 위한 노력이라고 할 수 있다.

우리의 삶에는 즐거움을 주는 것들이 많다. 음식, 음악, 가족, 오락, 독서, 자연, 사랑, 성생활, 유머 등 수없이 많다. Bryant(2003)에 따르면, 향유하기는 이러한 즐거움의 원천을 접하면서 지금-여기 현재의 순간에 머물며 긍정적인 감정에 주의를 집중하는 것이다. 또한 현재의 긍정적 경험뿐만 아니라 과거에 경험한 긍정적 사건과 미래에 일어날 긍정적 사건에 대해서도 향유할 수 있다. 즉, 현재의 긍정적 경험을 잘 음미하며 즐길 뿐만 아니라 과거의 긍정적 경험을 회상하여 즐거움을 이끌어 내고 미래의 긍정적 사건을 기대하며 행복감을 느낄 수 있다.

이처럼 긍정적 경험을 향유하는 경향은 습관적인 것으로서 개인마다 상당한 차이가 있다. 향유 경향은 상당히 안정된 개인적 특성으로서 측정될 수 있다. 그 대표적인 측정도구가 향유신념 척도(Savoring Belief Inventory; Bryant, 2003)다. 이 척도는 긍정적 경험을 즐기는 능력에 대한 자기지각을 평가하는 24문항으로 구성되어 있으며 세 하위 요인, 즉 현재의 순간을 즐기는

인생의 긍정적 경험을 잘 음미하고 향유하는 것은 행복감을 증진한다.

능력, 과거 경험을 회상하면서 즐기는 능력, 미래에 예상되는 일을 즐기는 능력을 측정한다. 여러 연구에 따르면, 향유 경향이 높은 사람일수록 삶의 만족도와 행복도가 높았으며 낙관적이었고 덜 우울했다. 이와 같이 향유하기는 긍정적 정서의 경험을 증가시키고 부정적 정서를 감소시킴으로써 행복감을 고양시킬 뿐만 아니라 심리적·신체적 건강을 강화한다. 또한 향유하기는 사랑을 심화시키고 창의성과 영성의 발현에도 긍정적인 영향을 미친다(Bryant & Veroff, 2007).

(1) 향유경험의 네 유형

Bryant와 Veroff(2007)에 따르면, 향유경험은 크게 세계-초점적 향유와 자기-초점적 향유로 구분될 수 있다. 세계-초점적 향유(world-focused savoring)는 외부 대상을 긍정적 느낌의 원천으로 지각하는 경우다. 아름다운 자연환경이나 예술작품을 대하며 경이로움을 느끼거나 호의를 베풀어 준 사람에게 고마움을 느끼는 경우가 이에 해당한다. 반면에, 자기-초점적 향유(self-focused savoring)는 긍정적 느낌의 원천을 자기자신 또는 자신의 특정한 측면(육체, 성격, 행동, 성격, 능력 등)으로 지각하는 경우다. 예를 들어, 어떤 성취(좋은 학점, 자격시험 합격, 승진 등)에 대해서 자신의 능력과 그 동안 기울인 노력을 스스로 인정하며 기쁨을 충분히 만끽할 수 있다.

또한 향유경험의 과정은 경험에 대한 내향적 분석의 여부에 따라 인지적 성찰과 체험적 몰입으로 구분될 수 있다. 인지적 성찰(cognitive reflection)은 긍정적 느낌을 상위 관점에서 관찰하고, 정교화하며, 의미를 부여하는 과정을 의미한다. 반면에, 체험적 몰입(experiential absorption)은 상위 관점에서 관찰하기보다 긍정적 느낌에 자신을 맡기고 푹 빠져서 그러한 느낌을 충분히 체험하는 과정을 뜻한다.

그 첫째는 감사하기(thanksgiving)로서 자신에게 긍정적 경험을 제공해 준 대상에 대해서 고마움을 느끼는 것이다. 자신의 행복에 대해서 감사함을 느낄 뿐만 아니라 그에 기여한 사람이나 환경에 감사함을 느끼고 표현하는 것을 의미한다. 이를 위해서는 긍정적 경험의 원천에 대한 인지적 과정과 외부적 귀인이 필요하다.

둘째는 경탄하기(marveling)로서 긍정적 경험에 몰입하는 동시에 그러한 경험을 제공한 대상에 대해서 경외감 또는 경이로움을 느끼는 것이다. 긍정적 경험을 새

삶의 행복감과 즐거움을 향유하는 원천이 사람마다 다르다.

롭고 놀라운 것으로 여기며 감동하거나 경탄하는 것이다. 예를 들어, 산악인이 높은 산의 정상에 올라 자연의 웅대함에 경외감을 느끼거나 베토벤의 음악에 감동하여 감탄하는 경우가 이에 해당한다.

셋째는 자축하기(basking)로서 긍정적 경험과 성취에 대해서 스스로 축하와 칭찬을 하게 됨으로써 자긍심이 증폭된다. 자신의 몸에 따스한 햇볕을 쪼이며 일광욕을 하듯이, 긍정적 경험에 대해서 스스로에게 따뜻한 축하와 칭찬을 함으로써 행복감이 증진될 수 있다. 지나친 겸손과 자기비하는 행복감을 억제하게 된다. 충분한 자격을 갖추고 누릴 수 있는 행복감은 최대한 누리는 것이 바람직하다.

마지막으로 심취하기(luxuriating)는 긍정적 경험에 수반하는 신체적 쾌감과 정서적 흥분을 자세하게 다각적으로 체험하며 만끽하는 것을 의미한다. 심취하기를 통해서 긍정적 체험이 세밀하고 풍부해질 뿐만 아니라 오랜 기간 연장될 수 있다. 예를 들어, 와인 애호가는 와인을 마시면서 그 맛과 향을 세밀하게 느끼며 심취함으로써 더 많은 즐거움을 경험하게 된다.

(2) 향유하기의 다양한 방식

사람마다 긍정적 경험을 향유하는 방식이 다르다. 동일한 긍정적 경험으로부터 기쁨과 즐거움을 증폭시키고 지속시키는 방식은 사람마다 다를 뿐만 아니라 매우 다양하다. Bryant와 Veroff(2007)는 긍정적인 경험을 하는 동안 사람들이 사용하는 다양한 향유 방식을 다음과 같이 분류하고 있다.

그 첫째는 다른 사람과 공유하기(sharing with others)다. 이것은 자신의 긍정적 경험을 다른 사람에게 이야기하며 기쁨을 함께 나누는 방법이다. 이러한 경험을 자기 일처럼 좋아할 수 있는 사람을 찾아서 기쁨을 함께 나눈다. 만약 그럴만한 사람이 없다면, 그러한 경험이 자신에게 얼마나 소중했는지를 주변 사람에게 이야기한다. 이 방법은 사회적 지지를 통해서 긍정적 감정을 증가시키는 방법이이라고 할 수 있다.

둘째, 기억을 잘 해 두기(memory building)는 긍정적인 경험을 나중에 잘 회상할 수 있도록 하는 것이다. 긍정적 사건에 대한 자세한 내용과 심상을 잘 기억해 두거나 기념이 될 만한 물건을 만들어 보관해 두고 종종 회상해 본다. 즐거운 여행에서 사진을 찍거나 기념품을 모으는 것은 이러한 향유방식의 일환이라고 할 수 있다.

사람마다 인생을 향유하는 방식이 다르다.

셋째, 자축하기(self-congratulation)는 긍정적 경험에 대해서 스스로 칭찬하고 축하하는 것이다. 자신에 대해 자부심을 느끼는 것을 두려워할 필요가 없다. 긍정적 사건으로 인해서 다른 사람들이 얼마나 깊은 인상을 받았는지 스스로 되새기며, 그러한 결과가 일어나도록 얼마나 오랫동안 노력해 왔는지를 돌아보며 자신을 격려하고 축하한다.

넷째, 세밀하게 감각 느끼기(sharpening the sense)는 즐거운 경험에 주의를 기울이며 그 세부적인 내용과 요소들을 음미하는 것이다. 즉, 감각적 즐거움을 세밀하게 그리고 충분히 느끼는 것이다. 와인 애호가들이 와인 한 모금을 입안에 머금은 채 그 오묘하고 복합적인 맛을 천천히 음미하는 것이 이에 해당한다.

다섯째, 비교하기(comparing)는 다른 사람과의 사회적 비교나 과거와의 시간적 비교를 통해서 현재 자신의 긍정적 경험을 충분히 즐기는 것이다. 이 경우, 하향 비교가 즐거움을 증폭시킨다. 예를 들어, 과거의 힘들었던 순간이나 불행한 사람들과의 비교를 통해서 현재 자신이 얼마나 행복한지를 더욱 실감나게 느끼는 것이다.

여섯째, 몰입하기(absorption)는 즐거운 경험에만 주의를 기울이며 다른 것에 대해서 생각하지 않는 것이다. 주의를 산만하게 만드는 것들은 차단하고 즐거운 경험에 몰입한다. 소음이나 방해자극을 차단한 채로 음악 감상에만 몰입할 수 있을 때 더 많은 즐거움과 감동을 맛보게 될 것이다.

일곱째, 행동으로 표현하기(behavioral expression)는 기쁨을 느낄 때 큰 소리로 웃거나 노래를 부르거나 춤을 추는 등 신체적인 행동으로 표출하는 것이다. 이러한 행동적 표현은 긍정적 감정을 더욱 증폭시킨다.

여덟째, 일시성 인식하기(temporal awareness)는 이 순간의 소중함을 인식하며 경험을 깊이 음미하는 것이다. 평생에 한 번 뿐인 결혼식의 경험처럼 지금 이 순간의 경험은 한 번 지나가면 결코 다시 경험할 수 없는 소중한 것이다. 이러한 인식을 하게 되면, 현재의 긍정적 경험을 충분히 만끽하며 즐기고자 하는 노력을 기울이게 될 뿐만 아니라 즐거움의 강도가 더 강렬해진다.

아홉째, 축복으로 여기기(counting blessing)는 긍정적 경험을 행운이자 축복으로 생각하며 이에 감사한 마음을 지니는 것이다. 이처럼 즐거운 긍정적 경험을 하는 데 기여한 모든 사람과 여건들을 생각하며 축복이라고 여기게 되면, 행복감이 더욱 증가하게 된다.

이상의 9가지 방법은 행복감을 증가시키는 것들인 반면에, 마지막 방법인 즐거움을 해치는 생각(kill-joy thinking)은 향유하기를 방해하며 행복감을 감소시키는 것이다. 즐거움을 해치는 생각은 긍정적 경험을 하는 동안 다른 일에 대해서 생각하거나 더 좋았을 상황들을 생각하면서 후회하고 자책하는 것이다. 우울감을 유발하고 지속시키는 부정적인 사고가 이에 해당할 수 있다. Wood 등(2003)에 따르면, 자존감이 낮은 사람들은 긍정적인 경험에 대해서 이처럼 즐거움을 해치는 생각을 많이 하는 경향이 있다.

사람마다 향유하는 방식이 각기 다르다. 이러한 개인차를 평가하는 대표적인 측정도구가 향유방식 체크리스트(Ways of Savoring Checklist; Bryant & Veroff, 2007)이다. 이 밖에도 Adler와 Fagley(2005)는 향유하기와 유사한 개념으로 감상하기(appreciation)라는 용어를 사용하면서 즐거움을 증진하는 여덟 가지 측면을 다음과 같이 제시하고 있다: (1) '지금-여기'에 주의 기울이기, (2) 자신이 갖지 못한 것보다 갖고 있는 것에 주의 기울이기, (3) 세상에 대해 경외심을 지니기, (4) 감사하는 마음으로 경험하기, (5) 상실이나 역경에서 배울 점 찾기, (6) 다른 사람과의 인연을 소중히 여기기, (7) 자신만의 축하의식 거행하기, (8) 과거나 타인과의 하향식 비교하기.

5) 호기심

인간은 다양한 체험을 추구하는 호기심이 많은 존재다. 경험해 보지 못한 새로운 것에 대해서 흥미와 관심을 지닌다. 그리고 그것을 좀 더 자세히 알기 위해 탐색하는 행동을 나타낸다. 이러한 호기심은 여가활동과 밀접한 관련성을 지닌다.

호기심(好奇心)은 새롭고 신기한 것을 좋아하는 마음을 의미한다. 심리학의 연구문헌(Litman & Spielberger, 2003)에 따르면, 호기심(curiosity)은 새로운 정보, 지식, 경험을 얻고자 하는 욕구로서 탐색적인 행동을 유발하는 심리적 성향이라고 정의된다. 이러한 정의에 따르면, 호기심은 긍정적인 정서(활력, 즐거움), 새로운 경험에 대한 수용성, 넓어진 인지적 과정, 과제 몰입, 흥미 원천에 대한 적극적 탐구 등의 요소로 이루어진다.

Berlyne(1954, 1962)은 호기심이 다양한 양상을 지니고 있으며 두 차원에서 분류될 수 있다고 주장했다. 그하나는 호기심이 감각적·지각적 자극에 관한 것인지 아니면 인지적·사유적 정보에 관한 것인지의 차원이다. 지각적 호기심(perceptual curiosity)은 새로운 자극에 의해서 각성되는 것으로서 이러한 자극에 지속적으로 노출되면 감소하는 경향이 있는 반면, 인식적 호기심(epistemic curiosity)은 지식을 추구하는 것으로서 인간에게만 해당하는 것이다. Byman(1993)은 호기심을 그 초점에 따라 정보 추구, 경험 추구, 신체적 스릴 추구의 세 요인으로 구분하기도 했다.

다른 하나는 호기심이 일시적인 심리상태인지 아니면 지속적인 성격특질인지에 관한 차원이다. Naylor(1981)는 평소에 다양한 상황에서 호기심을 느끼는 개인의 성향인 특질 호기심(trait curiosity)과 호기심을 야기하는 상황에 대한 반응인 상태 호기심(state curiosity)을 구분하고 있다. 일반적으로 특질 호기심이 높은 사람은 새롭고 복잡하며 불확실한 것을 선호하고, 이러한 특성을 가진 행동들을 찾으며, 이미 알고 있는 것과 아직 알지 못하는 것 사이의 간격을 민감하게 파악하는 성격을 지니고 있다. 상황 호기심은 다른 사람의 요구와 같은 상황적 압력과 죄책감이나 두려움과 같은 내적 갈등이 없는 상태에서 즐거움을 추구하는 적극적인 상태라고 할 수 있다. 상황 호기심에 대한 강화 반응에 의해서 특질 호기심이 형성된다. 즉, 어떤 대상에 대해서 적극적으로 즐거움을 추구한 뒤 그 활동에 대해서 만족하고 행복감을 경험하는 것을 반복하는 사람은 특질 호기심이 높은 사람이 될 가능성이 커진다.

호기심은 인간의 마음을 수동적이기보다 능동적이고 적극적으로 만듦으로서 인간의 삶에 다양한 긍정적인 효과를 제공한다. 호기심을 지닌 사람은 항상 의문을 지니며 그 해답을 얻기 위해 추구한다. 호기심은 새로운 생각에 대해서 주목하게 만들어 창의성을 증진시킨다. 또한 호기심은 우리의 삶을 신선하고 즐거운 것으로 만드는 흥분감을 전해 준다. 호기심을 지닌 사람들은 자신의 삶을 지루해하기보다 항상 도전적이고 탐색적인 즐거움을 느끼게 된다. 이런 점에서 호기심은 새로운 경험과 학습을 촉진하며, 내재적인 만족과 성취를 이루게 하는 긍정적인 심리적 특성이다.

호기심은 다양한 긍정적인 심리적 특성과 밀접한 관계를 지닌 것으로 보고되고 있다. 예를 들어, 호기심은 긍정 정서, 창의성, 통제감, 일이나 놀이에서의 적극성, 고정관념에 도전하는 성향 등과 정적인 상관을 보이는 반면, 스트레스나 권태와는 부적인 상관을 보였다(Cacioppo, Petty, Feinstein, & Jarvis, 1996; McCrae & Costa, 1997). 호기심은 흥분, 즐거움, 주의력을 향상시키고(Kashdan & Roberts, 2002), 복잡한 의사결정을 수월하게 하며, 목표를 오랜 기간 유지하도록 하는 데 도움을 주었다(Sansone & Smith, 2000). 호기심은 학업 수행이나 자발적 직업 선택과 같은 행동적 변인과도 정적인 상관을 지닐 뿐만 아니라 대인관계에서 다른 사람과의 친밀한 관계를 유도하며, 특히 낯선 사람과 친밀감을 형성하는 데 큰 도움을 준다. 호기심은 지능, 자존감, 주관적인 안녕감, 독립성, 문제해결능력과 같은 긍정적 요인과도 정적 상관을 보였다(Kashdan et al., 2002).

그러나 모든 호기심이 항상 긍정적인 결과를 유발하는 것은 아니다. 호기심은 양날을 지닌 칼과 같다. 호기심은 위험을 떠맡는 무모한 행동을 유발할 수 있기 때문이다. 스카이다이빙을 하거나 향정신성 약물을 실험적으로 복용하는 등 위험하거나 무모한 활동에 참여하게 함으로써 손상을 입거나 자기파괴적인 결과를 초래할 수도 있다. 호기심은 충동성, 폭력적 행동이나 성적 행동에 대한 선호, 분노 표현, 욕구 지연의 어려움, 비행 행동 등의 부정적 행동과 관련될 수 있다(Aluja-Fabregat, 2000; Zuckerman, 1994).

6) 심미안

인간의 삶을 행복하고 풍요롭게 만드는 것 중 하나는 아름다움의 체험이다. 인간은 다양한 대상으로부터 아름다움을 느끼고 감동하는 감수성이 제각기 다르다. 동일한 자연물이나 작품을 접하면서 아무런 감흥을 느끼지 못하는 사람이 있는 반면, 깊은 감동 속에서 소중한 의미를 발견하는 사람이 있다. 심미안은 대상의 아름다움과 탁월함을 민감하게 감지하여 인식하며, 즐거움과 경이로움을 느낄 수 있는 감상능력과 미적 감각을 의미한다. 풀잎에 맺힌 아침이슬 한 방울 속에서 우주의 아름다움과 신비로움을 느끼거나, 예술작품 앞에서 깊은 감동과 전율을 경험하고, 다른 사람의 행위에서 탁월함과 경이로움을 인식함으로써 삶을 행복하고 의미 있는 것으로 승화시키는 개인적 능력이 바로 심미안이다.

심미안(審美眼)은 아름다움과 탁월함에 대한 인식능력을 의미한다. 아름답고 탁월한 것을 민감하게 포착하고 그러한 것들로부터 즐거움과 의미를 감지할 수 있는 심미적 능력을 말한다. Peterson과 Seligman(2004)은 심미안을 아름다움과 수월성의 감상력(appreciation of beauty and excellence)이라고 지칭하면서 경외감(awe), 경이로움(wonder), 고양감(elevation)을 체험하는 능력도 유사한 개념으로 제시하고 있다.

인간의 특성 중 하나는 아름다운 것, 즉 심미적인 것을 추구하고 창조하는 존재라는 점이다. 그래서 호모 에

아름다움을 느낄 수 있는 능력, 즉 심미안은 사람마다 다르다.

스테티쿠스(Homo Aestheticus), 즉 심미적 인간이라고 불리기도 한다. 플라톤은 예술을 통한 심미적 경험이 인간의 영혼에 강력한 영향을 미친다고 믿었다. 심미적 경험의 본질은 아름다움의 파악에 있다. 아름다움을 인식하고, 음미하며, 관조하는 것은 독특한 즐거움, 즉 심미적 정서를 느끼게 해 줄 뿐만 아니라 마음을 치료하는 기능을 지닌다.

심미안을 통해서 긍정적 감정을 느끼게 되는 대상은 크게 네 가지 부류로 나눌 수 있다. 그 첫째는 자연세계의 물리적인 아름다움이다. 산, 바다, 하늘, 노을, 나무, 꽃, 새소리, 꽃향기 등과 같은 자연의 다양한 모습과 속성에 대해서 느끼는 아름다움과 즐거움이다. 계절의 변화에 따라 모습을 달리하는 자연으로부터 다양한 아름다움을 느낄 수 있다. 때로는 자연의 아기자기한 모습에 섬세한 기쁨을 맛볼 수 있고 때로는 거대하고 웅장한 모습에 감동과 경외감을 느끼게 된다. 이처럼 심미안을 지닌 사람은 자연을 접하면서 다양한 아름다움과 감동을 경험하게 된다.

둘째는 예술적인 작품이나 행위로부터 느끼는 아름다움이다. 미술, 음악, 무용, 문학과 같은 다양한 장르의 예술작품과 예술행위를 감상하면서 느끼는 심미적 아름다움이다. 미적 감각이 뛰어난 사람은 미술작품이나 음악연주를 접하면서 섬세하고도 깊은 감동을 경험하게 된다.

셋째는 지식이나 기술의 탁월성에 대한 감동적 경험이다. 이해하기 힘든 복잡한 현상을 명료하게 설명하는 학술적 이론이나 발표를 접하게 되면 감동을 느끼며 경탄하게 된다. 운동선수의 출중한 기량이나 여러 분야의 달인들이 보이는 숙달된 행동을 보게 되면, 그 탁월함과 절묘함에 대한 아름다움을 느끼며 감동하게 된다. 심미안을 지닌 사람은 인간이 나타내는 뛰어난 기량과 수행의 미적 요소를 예리하게 포착하며 남다른 미적 감

흥을 느낀다.

마지막으로 네 번째는 인간의 선한 행위나 미덕에 대해서 느끼는 도덕적 아름다움이다. 매우 친절하고 이타적인 행동을 접하면서 감동과 도덕적 고양감을 느끼게 된다. 예컨대, 자신의 몸을 던져 위험에 처한 사람을 구한 행위는 우리에게 감동을 느끼게 해 준다. 인간의 도덕적 행위나 고결한 인격은 아름다움의 원천이 될 수 있다.

아름다움과 탁월함에 대한 심미안이 뛰어났던 대표적 인물 중 한 명은 미국의 시인 Walt Whitman(1819~1892)이다. 그는 주변의 사람과 풍경들로부터 아름다움을 느끼는 심미적 감수성이 매우 뛰어났다. 그가 가장 즐겨 했던 활동은 집 밖을 돌아다니면서 주변의 나무, 꽃, 하늘, 새, 귀뚜라미, 자연의 다양한 소리 등의 아름다움을 느끼며 경탄하는 것이었다. 그는 평범한 사람들과 달리 이런 것들을 접하면서 매우 큰 기쁨을 느꼈다. 그에게 모든 자연은 매력적으로 보였고, 모든 풍경과 소리는 그를 기쁘게 해 주었으며, 그는 만나는 모든 사람들을 좋아했다. 그래서 Whitman만큼 세상의 많은 것을 좋아한 반면, 적은 것을 싫어한 사람은 없을 것이라고 회자되고 있다.

심미적 경험은 긍정적 정서를 유발함으로써 주관적 행복을 증진하는 것으로 보인다. Konecni와 Sargent-Pollok(1977)에 따르면, 심미적 판단과 긍정 정서는 서로에게 영향을 미친다. 미적 대상에 대한 긍정적 판단은 쾌감을 증가시키며, 긍정적인 기분상태에서는 미적 대상에 대한 긍정적 판단이 높아지는 경향이 있었다. 심미안이 높은 사람은 다양한 미적 대상으로부터 긍정 정서를 경험할 가능성이 높다(Fridrickson, 2001). 한국의 대학생을 대상으로 조사한 연구결과(권석만, 유성진 등, 2010)에 따르면, 성격강점검사로 측정된 심미안은 주관적 안녕과 유의미한 상관($r = .36$)을 나타냈다. 또

한 삶의 만족도와는 .34의 상관을 보였으며 PANAS로 측정된 긍정 정서와는 .24의 상관을 나타냈다.

심미안은 성격특성과도 밀접하게 관련되어 있는 듯하다. 심미안은 특히 성격의 5요인 중 경험에 대한 개방성과 밀접한 관계를 지니고 있다. McCrae(1996)에 따르면, NEO-PI로 측정되는 경험에 대한 개방성은 상당부분 아름다움에 대한 개방성을 포함하고 있다. Walling과 Keltner(2003)는 100명의 표본을 대상으로 조사한 결과 경험에 대한 개방성 척도가 심미안을 반영하는 지표들과 높은 상관(r=.41)이 나타났음을 보고하고 있다. 이러한 상관계수의 크기는 심미안이 경험에 대한 개방성과 밀접한 관계가 있음을 보여 주는 동시에 그와 동일한 특성이 아님을 보여 주고 있다.

또한 Peterson과 Seligman(2004)은 심미안이 외향성과 상당히 밀접한 관계를 지닐 것으로 예상하고 있다. 왜냐하면 외향성은 경험에 대해서 긍정적 정서를 느끼는 성향과 일관된 상관을 보이기 때문이다(예: Watson & Clark, 1992). 성격 5요인 중 우호성 차원은 초월이나 감사와 같이 심미안과 관련된 척도들과 상관을 보인다(Piedmont, 1999). 반면에, 물질주의 성향은 감사를 비롯한 초월적 태도와 부적인 상관을 나타내고 있다(McCullough et al., 2002). 심미적 대상에 대한 민감성은 남성보다 여성이 높음을 시사하는 연구결과가 보고되었다. Haidt와 Algoe(2003)의 연구에 따르면, 여성이 남성보다 아름다운 행위를 보고 더 높은 감흥과 정서적 고양감을 느끼는 것으로 나타났다.

심미안은 인생에서 접하는 다양한 아름다움을 충분히 음미하고, 만끽하며, 향유하게 함으로써 삶을 행복하고 풍요롭게 만드는 긍정적 성품이다. 또한 심미안은 아름다움의 인식을 통해서 자연과 인간을 비롯한 외부세계와 교감하는 능력이기도 하다. 이처럼 심미안은 세상과의 연결감과 유대감을 증진하는 초월적 기능을 지닌 덕목이라고 할 수 있다.

2. 성격과 종교 또는 영성활동

인간은 쾌락을 추구하는 동시에 의미를 추구하는 존재다. 즐겁지만 의미를 느낄 수 없는 활동은 공허감을 줄 뿐이다. 인생의 의미는 인간으로 하여금 고난을 이겨내게 만드는 인내의 원천일 뿐만 아니라 인생에 가치감과 만족감을 부여하는 행복의 원천이기도 하다. 인생의 의미와 가치를 발견할 수 없는 사람은 결코 행복할 수 없다. 물론 의미만으로 행복을 보장할 수는 없지만, 의미는 행복을 위해 필수적인 요소다. 종교 또는 영성은 인간 존재와 인생의 궁극적 의미를 추구하는 중요한 삶의 영역이다.

1) 종교활동과 영적 추구

사람마다 종교에 대한 관심과 참여도가 다르다. 종교성(religiosity)은 특정한 종교의 기본적 교리에 대한 믿음과 종교적 활동에의 참여도를 의미한다. 반면에, 영성(spirituality)은 인생의 궁극적인 의미와 목적을 추구하는 개인적 성향을 의미하며 그러한 추구과정에서의 다양한 경험을 포함한다(Brinkerhoff & Jacob, 1987). 종교성은 특정한 종교와 관련된 심리적 태도인 반면, 영성은 특정한 종교와 무관한 일반적인 심리적 성향이라고 할 수 있다.

종교는 행복과 정신건강에 도움이 되는 것으로 알려져 있다. 종교 활동에 적극적으로 참여하고 종교성이 높은 사람일수록, 육체적으로나 정신적으로 더 건강한 경향을 보인다. 우리 사회에는 다양한 종교가 존재하지만, 서구의 심리학에서는 주로 기독교 또는 유일신교를

종교활동은 인생의 궁극적 의미를 추구하는 삶의 중요한 영역이다.

중심으로 종교와 행복의 관계가 연구되어 왔다.

Peacock과 Poloma(1999)에 따르면, 기독교인의 경우 하나님과 얼마나 친밀한 관계를 맺고 있는가 하는 주관적 인식이 삶의 만족도를 예측하는 강력한 요인이었다. 특히 나이가 많을수록 종교성과 행복이 더 밀접한 관계를 보인다(McFadden, 1995). Okun과 Stock(1987)에 따르면, 종교성과 건강이 노인들의 심리적 안녕을 예측하는 가장 강력한 두 요인이었다. 노인들의 경우에는 사후의 삶에 대한 믿음이 현재의 삶에 대한 만족도와 유의미한 상관을 보였다(Steinitz, 1980). 노년기가 다가오면 사람들은 가치의 우선순위를 새롭게 바꾸고 다가오는 죽음의 현실을 받아들이기 위해 종교를 찾는 경향이 있다.

종교성은 신체적 건강에도 긍정적인 영향을 미치는 것으로 알려져 있다(George et al., 2000). 종교성 척도에서 높은 점수를 얻은 사람일수록 질병에 덜 걸리고 심장마비와 암 발생률이 낮았다. 뿐만 아니라 질병이나 수술로부터 회복이 빠르고, 고통을 잘 참으며, 더 오래 사는 것으로 나타났다. 노인의 경우, 기도와 성경공부가 수명을 연장시킨다는 연구결과도 있다. 그러나 이러한 결과는 신중하게 받아들여야 한다. McCullough(1995)에 따르면, 기도와 건강에 대한 연구들은 대부분 심각한 방법론적인 문제점을 지니고 있어서 좀 더 엄밀한 연구방법을 적용한 체계적인 연구가 필요하다. 일반적으로 종교는 신체적 건강보다 정신적 건강에 더 긍정적인 영향을 미치는 것으로 여겨지고 있다.

그러나 종교성이 행복에 미치는 영향은 크지 않은 것으로 나타나고 있다. 종교성과 주관적 안녕 간의 상관은 유의미하지만 그 크기는 중간보다 약간 작은 정도다(Argyle, 1999). Argyle(1999)에 따르면, 종교성은 삶의 만족도의 5~7%, 정서적 안녕의 2~3%를 설명하고 있을 뿐이다. 또한 모든 연구에서 일관성 있게 유의미한 관계가 나타나지도 않았다(Lewis et al., 1997).

종교성이 행복과 건강을 위한 순기능이 많음에도 불구하고 행복과의 상관이 낮게 나오는 이유는 무엇일까? 그 한 가지 이유는 개인의 종교성을 어떻게 평가하느냐에 따라 종교성과 행복의 관계가 달라질 수 있기 때문이다. 예를 들어, 교회출석률과 같이 겉으로 나타나는 종교활동은 진정한 의미의 종교성과는 상당한 거리가 있을 수 있다.

2) 내재적 종교성과 외재적 종교성

Allport와 Ross(1967)는 종교를 대하는 주된 동기에 따라 내재적 종교성과 외재적 종교성으로 구분했다. 어떤 사람들은 종교를 개인적 또는 사회적 목적을 위한 수단으로 여긴다. 겉으로는 종교적 활동에 열심히 참여하는 듯이 보이지만 진정한 종교성은 낮은 사람들이다. 외재적 종교성(extrinsic religiosity)은 이처럼 종교를 개인적 이익, 심리적 위안, 사교적 활동, 지위 향상 등을 위한 수단으로 접근하는 종교적 태도를 뜻한다. 반면에, 내재적 종교성(intrinsic religiosity)은 어떠한 이해관계와도 무관하게 인생의 의미와 목적을 추구하기 위해 접근하는 종교적 태도를 의미한다.

Allport와 Ross(1967)는 이러한 두 가지 종교성을 평가할 수 있는 내재적-외내적 종교동기 척도(Intrinsic-Extrinsic Religious Motivation Scale)를 개발하여 실증적인 연구를 시행하였다. 그 결과, 긍정적 정신건강과 관련성을 지니는 것은 내재적 종교성이었다. 반면에, 외재적 종교성은 편견, 독단적 태도, 죽음에 대한 두려움과 상관을 나타냈을 뿐만 아니라 이타성과는 상관을 보이지 않았다.

또한 종교성을 종교적 태도 또는 신념보다 구체적인 종교적 행동으로 평가했을 때, 종교와 행복의 관계가 더 강하게 나타났다. 즉, 종교적 신념을 지니고 있는 경우보다 그러한 신념과 관련된 종교활동에 많이 참여할수록 행복도가 높은 경향이 있다. George 등(2000)에 따르면, 종교성과 행복의 관계를 가장 잘 예측하는 요인은 공식적인 종교활동(예배 참석, 기도 등)의 참여도였다. 기독교인의 경우, 하나님을 어떤 존재로 인식하느냐에 따라 행복과의 관계가 달랐다. 하나님을 사랑이 많고 관대하며 따뜻한 존재로 인식하는 사람들은 행복도가 높았다(Kirkpatrick & Shaver, 1992). 반면에, 하나

사람마다 종교활동에 참여하는 동기가 다르다.

님을 엄격하고 처벌적인 두려운 존재로 인식하는 사람들은 심리적 스트레스의 정도가 높았다(Scheweb & Petersen, 1990). 또한 하나님을 문제해결과정의 반려자로 인식하는 사람들이 하나님이 문제를 해결해 줄 것으로 여기며 더 긍정적인 정신건강 수준을 나타냈다(Hathaway & Pargament, 1990).

이 밖에도 다양한 개인적 특성이 종교와 행복의 관계에 영향을 미칠 수 있다. 여자는 남자보다 행복에 있어서 종교가 더 중요한 경향이 있다. 또한 나이가 많을수록 종교와 행복의 관계가 강해진다. 개인의 성격적 요인에 따라 달라질 수도 있다. 외향적인 사람은 종교활동을 통해서 실존적 의미를 얻기보다 실제적인 사회적 보상을 추구하는 경향이 있다. 즉, 내재적 종교성보다 외재적 종교성을 지닐 가능성이 높다. 또한 종교를 중요시하는 사회일수록 종교가 주관적 안녕에 더 강한 영향을 미친다.

3) 종교성과 성격특질의 관계

성격은 종교성과 어떤 관련성을 지닐까? 어떤 성격특성을 가진 사람들이 종교나 영적 활동에 더 많은 관심을 지니고 더 적극적으로 참여할까? 이러한 물음에 답하기 위해서 성격 5요인과 종교성의 관계를 탐색하는 연구들이 이루어졌다.

(1) 성격 5요인과 종교성의 관계

일반적으로 우호성과 성실성이 종교성과 밀접한 관계를 지닌다. 여러 연구(Kosek, 1999; MacDonald, 2000; Taylor & MacDonald, 1999)에서 우호성과 성실성은 종교적 참여도나 내재적 종교성과 정적 상관을 나타냈다. MacDonald(2000)의 연구에서 영성에 대한 인지적 지향성은 외향성, 우호성, 개방성, 성실성과 정적 상관을 나타낸 반면, 영성에 대한 체험적 지향성은 외향성과 개방성과만 정적 상관을 나타냈다. Taylor와 MacDonald (1999)의 연구에서 내재적 종교성은 우호성이나 성실성과 정적 상관을 나타내는 반면, 외재적 종교성은 개방성과 부적 상관을 나타냈다. 개방성은 종교의 경직된 근본주의적 태도와 부적인 상관을 나타내는 성격특질로 알려져 있다.

여러 연구의 결과를 종합적으로 분석한 Saroglou (2002)에 따르면, 내재적 종교성은 우호성과 성실성에 더해서 외향성과 정적 상관을 지닌다. 반면에, 신경과

성격에 따라 종교를 대하는 태도가 다르다.

민성은 외재적 종교성과 정적 상관을 나타냈으며, 개방성은 종교적 근본주의 성향과 부적 상관을 보였다. 전반적으로 종교성과 일관성 있는 관계를 나타내고 있는 성격특질은 성실성과 우호성이다. 개인의 종교적 태도나 행동은 특정한 문화적 환경에서 자신의 성격적 성향을 충족시키거나 표현하기 위해서 채택하는 특징적인 적응방식이다(McCrae & Costa, 1996). 우호성과 성실성이 높은 사람들은 종교활동에 참여함으로써 친사회성, 동조, 질서를 지향하는 성격적 성향을 충족시킬 수 있다. 우호성과 성실성이 높은 사람들은 소속집단의 규율과 관습에 동조하는 경향이 있다(Emmons, Barrett, & Schnitker, 2008). 낮은 우호성과 성실성을 반영하는 정신병질성은 종교의 여러 측면, 즉 종교적 태도, 교회참석 빈도, 개인적 기도와 부적 상관을 나타냈다(Hills, Francis, Argyle, & Jackson, 2004).

우호성이 높은 사람들에게 종교는 다른 사람들과 긍정적인 관계를 맺을 수 있는 사회적 활동이다. 이들은 다른 사람의 감정과 권리를 배려하기 위해서 규칙과 관습을 준수하는 경향이 있다. 또한 가족이 특정한 종교의 신념체계를 공유함으로써 가족구성원 간의 갈등을 완화하고 조화를 증진할 수 있다. 우호적인 사람들은 신과의 긍정적 관계를 유지하려는 열망과 더불어 친절, 이타성, 용서, 사랑을 촉진하는 가치체계에 동참하기 위해서 좀 더 독실하게 종교활동에 참여하는 경향이 있다.

성실성이 높은 사람들에게 종교는 분명하고 구체적인 가치체계와 신념체계를 제공할 뿐만 아니라 규칙과 관습을 준수함으로써 자기통제감을 증진시킬 수 있는 사회적 활동이다. 심리학의 관점에서 보면, 종교는 자기통제를 증진하기 위한 한 방식이다. 또한 역사적으로 종교는 수용하기 어려운 충동, 즉 성과 공격성을 제어하는 기능을 수행해 왔다.

성격과 종교활동의 관계에 대한 많은 연구가 진행되고 있다. 개인의 성격이 종교성과 종교행위에 미치는 영향뿐만 아니라 성격과 종교성의 인과적 관계도 연구의 관심사가 되고 있다. 어린 시절의 종교경험은 성실성과 우호성에 영향을 미칠 수도 있다. 앞으로 성격과 종교성의 세밀한 관계에 대한 연구가 필요하다. 종교심리학(religious psychology)은 성격을 비롯한 심리적 요인이 종교적 체험과 행위에 미치는 영향을 탐구하는 심리학의 한 분야다.

(2) Big Two와 종교성

Bakan(1966)은 인간 삶의 두 가지 근본적인 양상을 주체성과 연대성이라고 주장했다. 20장에서 소개한 바 있듯이, 주체성과 연대성은 여러 연구자들에 의해서 개인의 성격과 대인관계 패턴을 이해하는 중요한 차원으로 여겨지고 있으며 'Big Two'라고 불린다. 주체성(agency)이란 독립적인 존재로서 자기보호와 자기확장을 위해서 유능성과 권력을 추구하는 경향성을 뜻하는 반면, 연대성(communion)은 개인이 자신보다 더 큰 어떤 것과 연결하여 친밀한 유대관계를 형성하고자 하는 경향성을 의미한다.

Big Two가 종교성과 관련된 개인차를 설명하는 중요한 성격차원이라는 주장이 제기되고 있다. 특히 연대성은 종교적 세계관과 연관된 성격차원으로서 종교성과 밀접히 관련되어 있는 것으로 여겨지고 있다. 종교성과 연대성의 관계를 조사한 Trapnell과 Paulhus(2012)에 따르면, 연대성은 종교적 활동에 대한 적극성뿐만 아니라 종교적 윤리에 대한 준수성과도 정적 상관을 나타냈다. 또한 종교적 인생목표는 연대성과 관련되어 있었으며, 강한 종교적 정체감을 지닌 학생들은 주체성보다 연대성을 지향하는 가치를 선호했다.

또한 종교성과 일관성 있게 정적 상관을 나타내는 우호성과 성실성은 Big Two의 연대성과 관련된 성격특질인 반면에, 외향성과 개방성은 주체성과 관련된 특질이다(DeYoung, 2006; Saucier, 2009). 이러한 상관관계는 연대성이 종교성과 밀접하게 관련된 성격차원이라는 점을 보여 준다.

Gebauer, Paulhus와 Neberich(2013)는 Big Two의 성격차원이 어떤 심리적 기제를 통해서 종교성과 연결되는지를 탐색했다. 이들에 따르면, 연대성과 주체성은 개인이 문화와 맺는 관계의 차이를 반영한다. 연대성은 주위문화와의 동화를 추구하는 반면, 주체성은 주위문화와의 분리를 추구한다. 동화(assimilation)는 자신이 속한 문화의 규범에 맞는 가치와 신념을 채택하는 것이다. 연대성이 높은 사람들은 종교성을 강조하는 문화에서 더욱 종교적인 태도를 지니게 된다. 반면에, 분리(differentiation)는 문화적 규범과 다른 가치와 신념을 채택하는 것이다. 주체성이 강한 사람들은 종교성을 강조하는 문화에서 오히려 덜 종교적인 태도를 나타낸다. Gebauer 등(2013)은 11개 문화권의 18만여 명을 대상으로 조사한 결과, 이러한 예상과 부합하는 결과를 얻었다. 이들에 따르면, 연대성 성향이 강한 사람들은 종교적 순응주의자(religious conformists)인 반면에, 주체성이 강한 사람들은 종교적 저항주의자

(religious contrarians)였다.

(3) 애착유형과 종교적 태도의 관계

애착유형이 신과의 관계패턴과 관련성을 지닌다는 주장이 제기되었다. 애착이론에 따르면, 아동이 어린 시절에 양육자와 맺은 애착패턴은 개인의 성격과 미래의 관계에 영향을 미친다. 종교 심리와 관련해서 애착유형은 개인이 전지전능한 권위적 존재인 하나님과 맺는 관계패턴을 예측하는 바탕이 될 수 있다.

개인이 하나님과 맺는 종교적 관계는 애착의 속성을 지니고 있다. 어머니에 대한 어린 아동의 애착과 마찬가지로, 종교인은 의존대상인 하나님과의 긴밀한 관계를 추구하고, 그와 가까이 있고 싶은 욕구를 느끼며, 하나님을 위험과 위협으로부터 보호를 받는 안식처로 여길 뿐만 아니라 환경을 탐색하기 위한 안전기지로 여기며, 하나님과의 이별과 분리를 두려워하고 고통스러워한다. 즉, 하나님과의 관계는 애착관계의 모든 요소를 지니고 있다.

아동의 애착유형에는 안정 애착과 더불어 불안 애착이나 회피 애착과 같은 불안정 애착 유형이 있다. 이러한 애착유형은 개인이 하나님과 맺는 관계에 영향을 미

어린 시절의 애착패턴이 하나님과의 관계에 영향을 미칠 수 있다.

칠 수 있다. 만약 그렇다면 개인이 어린 시절에 양육자와 맺었던 애착유형이 하나님과의 관계에 어떤 영향을 미치는 걸까? 이러한 물음에 대해서 두 가지의 상반된 가설이 존재한다.

그 첫째는 보상 가설(compensation hypothesis)이다. 이 가설에 따르면, 어린 시절에 부모로부터 안정된 애착경험을 하지 못한 사람들이 그러한 애착의 결핍을 보상하기 위해서 하나님과의 유대관계를 더 적극적으로 추구한다. 이러한 사람들은 하나님을 대체적 애착대상(substitute attachment-figure)으로 삼으면서 종교에 귀의한다(Granqvist, Mikulincer, & Shaver, 2010). Granqvist와 Kirkpatrick(2004)에 따르면, 갑자기 종교에 귀의한 사람들은 점진적으로 귀의한 사람이나 비종교인에 비해서 부모의 정서적 민감성을 낮은 것으로 평가했다. 또한 갑자기 종교를 떠난 사람들은 어머니나 아버지에 대해서 불안정 애착유형을 지닌 것으로 나타났다. 아동기의 불안정 애착과 마찬가지로, 연인관계에서 불안정한 애착패턴을 나타냈던 사람들이 갑작스러운 종교 귀의나 종교 이탈을 나타냈다(Granqvist, Mikulincer, & Shaver, 2010; Kirkpatrick, 2005). 그러나 이러한 가설과 일치하지 않는 연구결과들도 제시되고

있기 때문에 추가적인 논의와 연구가 필요하다(Hall et al., 2009).

다른 하나는 대응 가설(correspondence hypothesis)로서 어린 시절에 만족스러운 애착경험을 했던 사람들이 하나님과의 유대관계를 더 추구한다는 주장이다. 애착이론을 제시하면서 Bowlby는 아동이 애착경험을 통해 자신과 타인에 대한 내적 작동모델을 형성함으로써 이후의 대인관계에서 어린 시절의 애착패턴을 반복적으로 나타낸다고 주장했다. 대응가설에 따르면, 종교적 신념과 경험의 개인차는 어린 시절의 애착패턴과 내적 작동모델의 개인차를 반영한다. 즉, 안정애착의 내적 작동모델을 지닌 사람들이 하나님을 더 지지적인 존재로 인식한다. 반면에, 불안정 애착유형을 지닌 사람들은 하나님과 관계에서 더 강렬한 감정을 개입시키면서 관계에 불안정한 집착을 나타내게 된다. 회피적 애착유형을 지닌 사람들은 하나님을 멀리 존재하기 때문에 가까이 갈 수 없는 존재로 인식할 것이다. Granqvist (2002)의 연구에서는 부모로부터 애정을 많이 받았다고 보고한 사람들의 종교성 점수가 높았다. 그러나 이러한 결과는 부모가 높은 종교성을 지닌 경우에만 해당되었다. 애착패턴과 종교적 태도의 관계에 대해서는 좀

신과의 관계도 개인이 맺는 대상관계의 한 유형이다.

더 많은 추가적인 연구가 필요하다.

대상관계이론의 관점에서 종교적 경험을 이해하려는 시도도 이루어지고 있다. 대상관계이론에 따르면, 인간은 관계를 추구하는 존재다. 아동은 어머니와의 경험에 근거하여 좋은 표상과 나쁜 표상으로 구성된 대상관계를 형성한다. Rizzuto(1979)에 따르면, 하나님에 대한 개인의 표상은 일차적으로 어린 시절에 겪은 부모와의 경험과 연결될 뿐만 아니라 그러한 표상의 특성들은 대부분 부모의 양육행동을 통해서 제공된다. 하나님에 대한 최초의 표상은 어린 아동이 소망하는 좋은 어머니의 표상, 즉 친절하고 사랑이 많으며 항상 함께하는 따뜻한 존재다. 그러나 어머니에 대한 아동의 표상이 복잡하게 발달하듯이, 하나님은 항상 자애롭기만 한 것이 아니라 잘못에 대해서 징벌하고 분노하는 측면을 지닌 사랑과 처벌의 양면성을 지닌 존재로 변화한다. 또한 하나님의 표상에는 어머니의 특성뿐만 아니라 아버지의 특성을 포함하는 이중적 구조를 갖게 된다. 전지전능함을 지닌 이상화된 하나님에 대한 전폭적 의존상태에서 복종과 자율성의 갈등을 겪으면서 건강한 자기정체감을 형성하고 하나님과의 성숙한 관계로 나아간다. St. Clair(1994)는 종교적 성인 두 명의 사례를 분석하면서 하나님과의 관계경험이 부모와의 관계경험과 관련되어 있음을 보여 주고 있다.

4) 영성

영성(spirituality)은 인간의 실존적 한계를 초월할 수 있는 궁극적인 것, 절대적인 것, 영원한 것, 성스러운 것을 추구하는 태도를 뜻한다. 달리 말하면, 인생의 초월적 측면에 대한 관심과 믿음 그리고 수행 노력을 의미한다. 이러한 태도를 통해서 인생의 의미와 목적의식을 느끼고 충만한 삶을 살게 된다.

영성은 다양한 의미로 정의되고 있다. Mauritzen(1988)은 영성을 '인간의 자기초월적 노력'으로 정의하였고, Doyle(1992)은 '실존적 의미를 발견하기 위한 노력'으로, Pargament(1999)는 '성스러운 것의 추구'로, 심지어 Twerski(1998)는 '인간이 될 수 있는 최선의 상태'라고 정의한 바 있다. 영성은 삶의 궁극적 의미를 추구할 뿐만 아니라 개별적인 자기를 넘어서 무언가 더 큰 것과 연결되기를 원하는 자기초월적 태도를 말한다.

영성 연구의 대표적 학자인 Pargament(1999)는 영성의 본질을 '성스러운 것(the sacred)'에 대한 추구라고

영성은 궁극적이고 절대적이며 영원한 것을 추구하는 태도를 의미한다.

보았다. 성스러운 것은 일상적인 것과는 현저하게 다른 경이롭고 소중한 것으로서 존경과 경배의 대상이 되는 것이다. 성스러움은 흔히 신이나 초월자와 연관되지만 반드시 그런 것은 아니다. 성스러움을 느낄 수 있는 대상이나 활동은 매우 다양하다. 거대한 산이나 바다와 같은 자연환경, 성자나 위인과 같은 실제적 인물, 위대한 사상이나 이론과 같은 지적 이념, 직업이나 자녀양육과 같은 사회적 역할, 음악이나 문학과 같은 문화적 활동, 민족이나 국가와 같은 사회적 조직체 등에 대해서 성스러움을 느낄 수 있다(Pargament & Mahoney, 2002).

여러 사회과학 문헌에서 영성과 종교성을 동의어로 사용해 왔다. 그러나 최근에는 영성과 종교성의 구분이 이루어지고 있는데, 그 핵심적 차이는 전통적인 종교의 수용 여부에 있다. 종교성이 전통적인 종교와 관련된 영적 추구라면, 영성은 특정한 종교에 의존하지 않는 종교적 추구라고 할 수 있다. 종교는 교리와 조직체를 갖추고 있으며 소속여부의 경계가 있는 반면, 영성은 개인적이고 주관적인 노력에 의해서 추구될 수 있다(Pargament & Mahoney, 2002). 종교성이 특정한 전통적 종교의 믿음과 행동체계를 수용하고 실천하는 경향성이라면, 영성은 특정한 종교와 무관하게 인생의 궁극적 의미나 초월적 경험을 추구하는 성향이라고 할 수 있다. 그러나 영성과 종교성은 모두 우리 삶에 있어서 초월적 차원이 존재한다는 믿음을 반영한다(Mattis, 2000).

유신론적 종교경험에 대한 현대의 심리학적 접근은 종교의 심리적 기원과 더불어 그 기능에 초점을 맞추고 있다. 영성은 '성스러운 것에 대한 추구'로서 신에 대한 추구는 아동기부터 시작된다(Pargament, 1999; Pargament & Mahoney, 2002). 신의 개념은 어린아이들이 초인적 존재를 상상하는 능력에 뿌리를 두고 있으며, 주요한 애착 인물과의 상호작용과 관련되어 있다. Kirkpatrick(2005)은 신에 대한 애착의 특성이 부모에 대한 애착의 특성과 유사하다는 점을 지적하고 있다. 이러한 영성은 인간의 한계를 드러내는 인생의 중요한 사건과 역경으로부터 성장한다고 주장하는 학자들이 있다(Johnson, 1959; Pargament, 1997).

종교는 개인의 실수나 실패를 보상하는 영적인 정화 기능을 지니는 것으로 알려지고 있다. 대부분의 종교적 의식에는 세 가지 단계, 즉 (1) 개인의 죄에 대한 인정, (2) 잘못에 대한 회개와 보상, (3) 신성한 수용, 용서, 과거 청산의 단계가 포함된다. 고해성사와 같은 종교적 의식은 개인의 죄의식과 분노를 정화하는 기능을 지닌다. Pennebaker와 Beall(1986)은 고백의 과정이 단기적으로는 괴로움을 증가시키지만 장기적으로는 정서적 안정과 신체적 건강에 기여한다고 보고하였다.

영성에 대한 서구 심리학계의 관심은 동양 종교의 전파와 더불어 증가했다. 특히 선불교와 명상은 무신론적 입장에서도 영적인 추구가 가능하다는 것을 보여 주었다. 이러한 영적 추구의 핵심은 삶의 본질에 대한 통찰과 자기초월이다. 불교는 인간의 존재와 경험이 수많은 요인들의 결합에 의한 것으로 끊임없이 변화하는 무상한 것임을 강조한다. 실존적 문제의 핵심을 구성하는 자아라는 존재도 하나의 인식체일뿐 실재하는 실체가 아니라고 본다. 이러한 깨달음을 통해서 실존적인 문제로부터 자유로워지는 해탈의 경지에 도달할 수 있는 것이다.

영성과 종교성은 개인의 행복뿐만 아니라 신체적 건강에 긍정적인 영향을 미치는 것으로 보고되고 있다(Krause, 1997; Levin, 1997). 종교성과 영성은 삶의 만족도나 정신건강 지표와 정적 상관을 나타낸 반면, 우울이나 불안 증상과는 부적 상관을 나타냈다(Ellison, Gay, & Glass, 1989; Lockenhoff, Ironson, O'Cleirigh, &

Costa, 2009). 특히 종교성과 영성은 고난과 역경을 극복하는 데 중요한 기여를 하는 것으로 밝혀지고 있다(Ano & Vasconcelles, 2005; Masters & Spielmans, 2007). 종교성이 높은 젊은이들은 반사회적 행동, 약물중독, 마약판매, 불법행동 등을 회피하는 경향이 있었다(Johnson, Larson, Li, & Jang, 2000). 종교성이 높은 부부들은 부부갈등이 적고 배우자에 대한 이해가 높으며 자녀양육에서 지지적이고 일관성이 있었다(Brody et al., 1994).

5) 감사

누군가로부터 아무런 대가없이 선물을 받았을 때, 우리는 선물을 받은 사실에 대한 기쁨과 더불어 선물을 준 사람에 대한 감사의 마음을 느끼게 된다. 감사는 대가없이 또는 노력한 이상으로 주어지는 수혜에 대한 긍정적 정서와 표현을 의미한다. 감사의 감정은 수혜를 베푼 사람에 대한 긍정적 감정과 호의적 행동을 유발할 뿐만 아니라 그 사람과의 긍정적인 연결감을 제공한다.

인간은 분리된 독립적 존재로서 세상과 상호작용하면서 생명을 유지하며 생활을 영위한다. 삶을 영위하기

위해서는 의식주를 해결해야 할 뿐만 아니라 다양한 욕구를 충족시켜야 한다. 이러한 삶의 과정에서 우리는 다른 사람 또는 세상과 무언가를 주고받는 교환적 관계 속에서 살아간다. 우리가 누리는 혜택은 자신의 노력에 의한 것과 더불어 누군가에 의해서 대가없이 주어지는 것들이 있다. 대가없이 주어지는 혜택에 대한 정서적 반응이 바로 감사다.

감사는 종교와 밀접한 관련성을 맺고 있는 덕목이다. 기독교에서는 죄인인 인간에게 죄 사함과 영생의 기회를 준 창조주 하나님에 대한 감사를 중요한 덕목으로 여기고 있다. 불교에서는 모든 것이 인연화합으로 이루어져 있으며 우리의 삶 역시 다른 것들과의 인연에 의해서 지탱되고 있다는 감사와 보은을 중시하고 있다. 감사는 수혜를 베푼 존재와의 유대감을 증대하고 심화시키는 초월적 덕목이라고 할 수 있다. 세상과 분리된 개체로 살아가는 인간이 감사의 인식을 통해서 다른 존재와의 호의적인 상호적 유대감을 형성함으로써 개체의 한계를 넘어서도록 하기 때문이다.

감사(gratitude)는 자신에게 베풀어진 다른 사람의 수고와 배려를 인식하고 고마움을 느낄 뿐만 아니라 그에 보답하려는 개인적 성품을 의미한다. 감사는 다른 사람

감사는 자신에 주어진 것을 인식하고 타자와의 긍정적 연결감을 심화시키는 초월적 덕목이다.

의 행위로 인해서 혜택과 이익을 얻었다는 인식과 더불어 그에 수반하는 긍정적인 감정으로 이루어진다. Ortony, Clore와 Collins(1987)에 따르면, 감사의 감정은 복합적인 것으로서 수혜를 받은 긍정적 상황에 대한 기쁨과 수혜를 베푼 존재에 대한 애정으로 구성되어 있다. 아울러 감사의 감정은 수혜를 베푼 존재에게 보답하려는 동기와 행동을 유발한다. 이처럼 감사는 다음과 같은 세 가지의 구성요소로 이루어져 있다. 그 첫째 요소는 수혜를 받은 사실에 대한 기쁨과 축복감이다. 둘째는 수혜를 베푼 사람에 대한 고마움과 우호적인 감정이다. 마지막 셋째 요소는 수혜를 베푼 사람에게 고마움과 우호적 감정을 표현하려는 행동적 성향이다. 이러한 감사의 감정과 행동에는 개인차가 있다. 자신이 받은 혜택에 고마움을 느끼지 못하고 오히려 악행으로 되갚는 배은망덕한 사람도 있지만, 사소한 혜택에 대해서도 감사함을 느끼며 최선을 다해 보답하려고 노력하는 성격적 성향을 지닌 사람도 있다.

감사는 종교와 밀접한 관련성을 맺고 있는 덕목이다. 기독교에서는 죄인인 인간에게 죄 사함과 영생의 기회를 준 창조주 하나님에 대한 감사를 중요한 덕목으로 여기고 있다. 불교에서는 모든 것이 인연화합으로 이루어져 있으며 우리의 삶 역시 다른 것들과의 인연에 의해서 지탱되고 있다는 감사와 보은을 중시하고 있다. 감사는 수혜를 베푼 존재와의 유대감을 증대하고 심화시키는 초월적 덕목이라고 할 수 있다. 세상과 분리된 개체로 살아가는 인간이 감사의 인식을 통해서 다른 존재와의 호의적인 상호적 유대감을 형성함으로써 개체의 한계를 넘어서도록 하기 때문이다.

감사의 덕목은 개인의 행복을 증진할 뿐만 아니라 타인과의 긍정적 관계를 촉진한다. 나아가서 자신보다 더 큰 것과의 연결감과 유대감을 통해서 개인의 존재감을 확대하는 초월적 기능을 지닌다. 이러한 여러 가지 순기능을 지닌 감사는 대부분의 사회에서 중요한 덕목으로 여겨지고 있다. 최근에 시행된 여러 실증적인 연구들(예: Adler & Fagley, 2005; Friedman & Toussaint, 2006; Kashdan & Breen, 2007; McCullough et al., 2002)에 따르면, 감사의 특질이 높을수록 삶의 만족도, 주관적 안녕, 긍정 정서의 수준이 높았을 뿐만 아니라 이타성, 낙관성, 용서, 신뢰감, 영성도 높은 것으로 나타났다. 반면에, 감사는 분노, 공격성, 우울, 불안, 질투, 스트레스 등과 부적인 상관을 나타냈다. 이러한 결과는 여러 연구에서 일관성 있게 나타나고 있다.

감사는 성격적 특징과도 밀접히 연관된 것으로 보인다. 감사 성향이 높은 사람들은 성격의 5요인 중 개방성, 성실성, 외향성, 우호성이 높은 반면에, 신경과민성은 낮은 것으로 나타났다(Emmons & McCullough, 2004). 감사는 영성 또는 종교성과도 상관이 있는 것으로 나타났다(Friedman & Toussaint, 2006).

동서고금을 막론하고 모든 사회에서는 감사의 경험과 표현을 긍정적인 것으로 여기고 있다. 감사는 자신의 삶에 대한 긍정적 인식과 더불어 만족감, 축복감, 경이로움을 내포하고 있다. 심오한 감사경험은 우주와 세상에 대한 존경스러운 경외감과 연관되어 있다. 감사의 핵심은 다른 존재와의 긍정적인 연결감이다. 즉, 다른 존재로부터 수혜를 받은 축복감과 수혜를 베푼 다른 존재와의 호의적인 연결감이다. 넓은 관점에서 보면 자신의 존재가 신비롭고 기적적인 방식으로 세상과 연결되어 있다는 인식으로부터 감사경험이 우러나온다. 이런 점에서 감사는 다른 존재와의 긍정적 연결감을 통해서 자기 존재감을 확장하는 초월적 덕목이라고 할 수 있다. 감사는 인간을 비롯한 다른 존재와의 호의적인 상호작용을 촉진하는 긍정적 성품이다.

감사의 경험과 표현을 촉진하는 가장 중요한 요인은 삶에 대한 넓은 관점이다. 인생을 넓은 시각에서 바라보게 되면, 많은 것이 자신의 삶과 행복에 기여하고 있다는 인식을 갖게 된다. 인생의 다양한 요소뿐만 아니라 삶 자체가 소중한 선물이라는 인식을 갖게 된다. 감사를 촉진하는 또 다른 요인은 공감능력이다. 수혜 제공자의 관점에서 그가 지닌 호의와 희생을 인식할 수 있는 조망 능력이 중요하다. 아울러 자신의 삶을 긍정적이고 혜택으로 인식하는 낙관성, 자신에게 주어진 것이 과분하다는 겸손, 삶 자체가 축복인 동시에 커다란 존재와 연결되어 있다고 영적인 태도는 감사를 촉진한

다. 반면에, 감사의 경험과 표현을 억제하는 요인으로는 자신이 받은 혜택을 당연시하는 특권의식, 자신의 삶을 넓은 시각에서 바라보는 자기성찰 능력의 부족, 물질적 가치에 집착하는 이기적 성향, 자신을 수동적인 희생자라고 인식하는 피해의식 등이 있다(Emmons, 2004). 감사의 심리적 경험은 물질적 안락함으로 가득한 삶 속에서 유발되기보다 삶의 상황에 상관없이 주어진 것을 감사하게 여기는 내면적 태도에 의해서 우러나는 것이다(Emmons & Shelton, 2002).

 요약

1. 인간은 놀며 즐기는 것을 좋아하는 유희적 존재다. 여가(leisure)는 직업적인 업무에서 벗어나 즐거움과 자유로움을 느끼는 마음의 상태를 뜻한다. 여가생활의 만족도는 전반적인 삶의 만족도를 예측하는 강력한 요인이다.

2. 성격의 5요인 중 외향성과 신경과민성은 여가활동의 선택에 영향을 미친다. 외향적인 사람들이 사교적이고, 자극적인 여가활동을 더 많이 선택하는 반면, 내향적인 사람들은 사회적 활동을 회피하고 혼자서 하는 여가활동을 선호한다. 신경과민성이 높은 사람들은 여가활동으로 음악감상이나 TV시청을 선호하는 경향이 있으며, 여가활동의 만족도가 낮다. 외향형들은 적극적이고, 열정적이며, 격렬한 스포츠 활동을 좋아하는 반면, 내향형은 미세한 변화를 추구하는 스포츠 활동을 선호한다.

3. 향유하기(savoring)는 긍정적인 경험을 자각하여 충분히 느낌으로써 행복감을 증폭시키려는 의도적인 노력을 의미한다. 향유하기는 그 초점과 심리적 과정에 따라 감사하기, 경탄하기, 자축하기, 심취하기로 구분된다. 긍정적 경험을 향유하는

방식은 다른 사람과 공유하기, 기억을 잘 해 두기, 세밀하게 감각 느끼기, 몰입하기, 축복으로 여기기 등과 같이 다양하다.

4. 여가활동과 관련된 주요한 성격강점에는 호기심과 심미안이 있다. 호기심은 새로운 지식과 경험을 얻고자 하는 욕구로서 긍정적 정서, 새로운 경험에 대한 수용성, 넓어진 인지적 과정, 과제 몰입, 흥미 원천에 대한 적극적 탐구로 이루어진다. 심미안은 아름답고 탁월한 것을 민감하게 포착하고 그러한 것들로부터 즐거움과 의미를 감지할 수 있는 능력이다. 심미안은 아름다움의 인식을 통해서 자연과 인간을 비롯한 외부 세계와 교감하는 초월적 덕목이기도 하다.

5. 종교활동은 인생의 궁극적 의미를 추구하는 삶의 중요한 영역이다. 종교성은 특정한 종교의 기본적 교리에 대한 믿음과 종교적 활동에의 참여도를 의미한다. 개인의 행복에 영향을 미치는 것은 내재적 종교성이며 종교활동에의 참여도다.

6. 우호성과 성실성은 내재적 종교성이나 종교적 참여도와 정적 상관을 지닌다. 우호성과 성실성이 높은 사람들은 종교활동

에 참여함으로써 친사회성, 동조, 질서를 지향하는 성격적 성향을 충족시킬 수 있다. 개방성은 종교의 경직된 근본주의적 태도와 부적인 상관을 나타내는 성격특질로 알려져 있다.

7. 애착유형이 신과의 관계패턴에 영향을 미칠 수 있다는 주장이 제기되었다. 보상 가설에 따르면, 어린 시절에 부모로부터 안정된 애착경험을 하지 못한 사람들이 그러한 애착의 결핍을 보상하기 위해서 하나님과의 유대관계를 더 적극적으로 추구한다. 반면에, 대응 가설은 어린 시절에 만족스러운 애착경험을 했던 사람들이 하나님과의 유대관계를 더 추구한다고 주장한다. 하나님에 대한 표상은 어린 시절에 겪은 부모와의 관계경험에 의해서 영향을 받을 수 있다.

8. 종교활동과 관련된 주요한 성격강점은 영성과 감사다. 영성은 인간의 실존적 한계를 초월할 수 있는 절대적이고 영원한 것을 추구하는 태도를 의미하며, 행복과 정신건강을 증진할 뿐만 아니라 고난과 역경을 극복하는 데 기여한다. 감사는 자신에게 베풀어진 다른 사람의 수고와 배려를 인식하고 고마움을 느껴 그에 보답하려는 개인적 성품으로서 행복과 인간관계를 증진할 뿐만 자신보다 더 큰 것과의 연결감을 통해서 개인의 존재감을 확대하는 초월적 기능을 지닌다.

제23장
성격과 건강 및 행복

1. 성격과 신체건강

"돈을 잃으면 조금 잃은 것이요, 명예를 잃으면 반을 잃은 것이요, 건강을 잃으면 전부를 잃는 것이다"라는 말이 있다. 건강은 행복한 삶의 바탕일 뿐만 아니라 활기차고 열정적인 삶을 촉진하는 성취의 조건이기도 하다. 신체건강은 심리적 요인과 밀접히 관련되어 있다. 특히 성격은 신체건강에 영향을 미치는 주요한 심리적 요인 중 하나다.

1) 정신신체장애와 건강심리학

몸과 마음은 밀접한 관계를 맺고 있다. 몸이 아프면 마음이 아프고, 또한 마음이 아프면 몸도 아프게 된다. 현대인이 지니고 있는 신체적 질병 중에는 심리적 요인에 의해 중대한 영향을 받는 것들이 많다. 이러한 신체적 질병을 정신신체장애(psychosomatic disorder)라고 한다. 정신신체장애는 분명한 신체적 이상이나 손상에 의한 것으로서 그 신체적 증상이 심리적 요인에 의해서 발생하거나 악화되는 경우에 진단된다.

심리적인 요인과 관련되지 않는 신체질병이 드물기 때문에, 대부분의 신체적 질병이 정신신체장애에 해당한다고 할 수 있다. 심리적 요인의 영향을 많이 받는 주요한 신체적 질병으로는 심장혈관계 질병(관상동맥질병, 본태성 고혈압, 울혈성 심부전), 호흡계 질병(기관지천식, 과호흡증후군, 결핵), 내분비계 질병(갑상선 기능항진증과 기능저하증, 당뇨병, 췌장암, 여성내분비 장애), 위장관계 질병(소화성 궤양, 과민성 대장 증후군, 궤양성 대장염, 비만), 통증 질병(두통, 류마티스 관절염, 만성 통증), 기타 질병(면역장애, 암, 피부질병 등)이 있다. 이러한 질병에 영향을 미치는 심리적 요인으로는 스트레스, 성격특성 및 대응양식, 부적응적 건강행동, 정신장애 등이 있다.

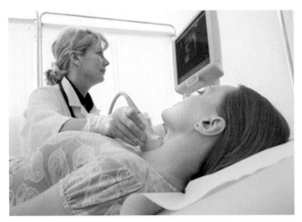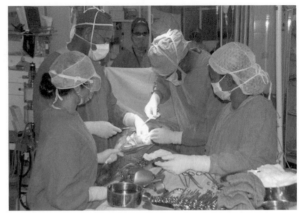

신체건강을 잘 유지하는 것은 행복한 삶의 바탕이다.

스트레스는 만병의 근원이라는 말이 있듯이 부정적 감정을 촉발할 뿐만 아니라 자율신경계를 활성화시켜 내분비계에 영향을 미침으로써 신체에 부정적인 영향을 미친다. 또한 스트레스는 면역기능을 저하시키고 흡연, 과음, 약물복용과 같은 건강악화행동을 유발하여 여러 신체질병을 발생시키거나 악화시킬 수 있다. 관상심장장애를 지닌 환자에게는 스트레스가 흉통이나 부정맥을 유발할 수 있으며, 특히 지속적인 스트레스는 소화위장관계 질병을 유발할 수 있다.

성격특성도 정신신체장애에 영향을 미치는 주요한 요인으로 알려져 있다. 1950년대에 심장병의사인 Meyer Friedman과 Ray Rosenman은 심장혈관장애가 특정한 성격에 의해서 유발될 수 있다고 주장했다. 이러한 주장은 많은 사람의 주목을 끌었으며 성격과 신체질병의 관계에 관한 연구를 촉발하는 계기가 됐다. 성격특성은 개인의 일상행동 전반에 영향을 미침으로써 신체건강에도 영향을 미치는 중요한 심리적 요인으로 알려지고 있다.

잘못된 생활습관도 다양한 신체질병을 유발할 수 있다. 예컨대, 음주와 흡연, 좌식 생활습관, 과식이나 폭식, 지방과 염분이 많은 음식섭취, 약물남용은 다양한 신체질병의 원인으로 잘 알려져 있다. 또한 정신장애나 심리적 증상 역시 신체적 질병에 영향을 미치게 된다. 예컨대, 주요우울장애는 심근경색증의 회복에 부정적인 영향을 미치며 불안과 같은 심리적 증상은 천식을 악화시킨다. 이 밖에도 경쟁적이고 성취지향적인 사회적 풍토, 공해나 환경오염, 화학첨가제가 포함된 음식과 같은 사회환경적 요인도 신체질병을 유발하는 것으로 알려져 있다.

이러한 연구결과들은 과거에 신체질병을 주로 생물학적 요인에 기인하는 것으로 여기고 물리적 방법에 의해서 치료하고자 했던 생물의학적 모델(biomedical model)의 수정을 불가피하게 만들었다. 최근에는 생물학적 요인뿐만 아니라 다양한 심리적 또는 사회환경적 요인을 모두 고려하여 신체적 질병의 원인을 밝히고 치료하는 생물심리사회적 모델(biopsychosocial model)로 대체되고 있는 추세다. 이러한 추세 속에서 신체질병에 영향을 미치는 심리적 요인과 치료방법을 연구하는 심리학의 전문분야로 건강심리학(health psychology)이 대두되어 발전하고 있다.

DSM-5의 신체증상 및 관련 장애

정신신체장애는 정신장애의 한 유형인 '신체증상 및 관련 장애'와 구별되어야 한다. 두 장애는 모두 심리적 요인에 의해서 영향을 받지만, 신체증상 및 관련 장애는 신체적 증상을 설명할 수 있는 실질적인 신체적 손상이 발견되지 않는 경우에 진단되는 반면, 정신신체장애는 신체적인 이상과 손상이 실제로 존재하는 경우에 해당된다.

신체적 통증이나 기능이상의 체험은 매우 주관적인 것이다. 작은 신체적 손상에도 심한 통증을 느끼는 사람이 있는 반면, 심한 손상을 입고도 통증을 호소하지 않는 사람도 있다. 신체적 증상을 호소하는 사람들 중에는 실제적인 신체적 손상이나 기능이상을 지닌 경우와 그렇지 않은 경우가 있다.

DSM-5에서는 주로 심리적 원인에 의한 다양한 신체적 증상을 호소하는 경우를 신체증상 및 관련 장애 (somatic symptom and related disorders)로 분류하고 있다. 이러한 장애를 지닌 사람들은 흔히 다양한 신체적 증상을 호소하지만 의학적 검사에서는 그러한 증상을 설명할 수 있는 신체적 이상이 발견되지 않는다. 따라서 이러한 신체적 증상의 발생과 유지에는 심리적 원인이 기여하는 것으로 추정되고 있다. 신체증상 및 관련 장애의 하위유형에는 신체증상장애, 질병불안장애, 전환장애, 허위성 장애가 있다.

신체증상장애(somatic symptom disorder)는 한 개 이상의 신체적 증상을 고통스럽게 호소하거나 그로 인해 일상생활이 현저하게 방해받는 경우를 의미한다. 이러한 장애를 지닌 사람들은 자신의 신체증상에 대한 과도한 심리적 반응과 건강염려를 다음 중 하나 이상의 방식으로 나타낸다. (1) 자신이 지닌 증상의 심각성에 대해서 과도한 생각을 지속적으로 지닌다. (2) 건강이나 증상에 대해서 지속적으로 높은 수준의 불안을 나타낸다. (3) 이러한 증상과 건강염려에 대해서 과도한 시간과 에너지를 투여한다. 신체증상에 대한 이러한 걱정과 염려가 6개월 이상 지속될 때, 신체증상장애로 진단된다.

질병불안장애(illness anxiety disorder)는 자신이 심각한 질병에 걸렸다는 집착과 공포를 나타내는 경우를 말하며 건강염려증(hypochondriasis)이라고 불리기도 한다. 이러한 장애를 지닌 사람은 자신이 심각한 질병에 걸렸다는 생각에 과도하게 집착하지만 신체적 증상이 존재하지 않거나 존재하더라도 그 강도가 경미하다. 이들은 건강에 대한 불안 수준이 높으며, 개인적 건강상태에 관한 사소한 정보에도 쉽게 놀랄 뿐만 아니라 건강과 관련된 과도한 행동(예: 질병의 증거를 찾기 위한 반복적인 검사)이나 부적응적 회피행동(예: 의사와의 면담 약속을 회피함)을 나타낸다.

전환장애(conversion disorder)는 주로 신경학적 손상을 암시하는 한 가지 이상의 신체적 증상을 나타내는 경우를 말하며 기능성 신경증상 장애(functional neurological symptom disorder)라고 불리기도 한다. 이러한 장애를 나타내는 사람들은 운동 기능이나 감각 기능의 증상을 한 가지 이상 나타내지만 이러한 증상은 신경학적 검사결과와 일치하지 않는다.

허위성 장애(factitious disorder)는 환자의 역할을 하기 위하여 신체적 또는 심리적 증상을 의도적으로 만들어 내거나 위장하는 경우를 말한다. 이러한 증상으로 인하여 아무런 현실적인 이득(예: 경제적 보상, 법적 책임의 회피 등)이 없음이 분명하며, 다만 환자 역할을 하려는 심리적 욕구에 기인한 것으로 추정될 때 이러한 진단이 내려진다.

2) 성격과 신체질병의 관계

현대의학에서는 신체질병이 신체적 요인뿐만 아니라 심리적 · 사회환경적 요인과 밀접히 관련된 것으로 여기고 있다. 과거의 생물의학적 모델(biomedical model)은 모든 질병을 신경생리적 손상이나 생화학적 이상과 같은 신체적 요인에 의한 것으로 여겼으며 심리적이거나 사회적 요인은 질병에 영향을 미치지 않는다고 가정했다. 그러나 생물의학적 모델로 설명할 수 없는 많은 현상과 연구결과가 축적되면서 최근에 그 대안으로 생물심리사회적 모델이 널리 받아들여지고 있다.

생물심리사회적 모델(biopsychosocial model)은 신체질병이 신체적 · 심리적 · 사회환경적 요인의 상호작용에 의해서 발생하는 것으로 여긴다(Suls & Rothman, 2004). 실제로, 대부분의 성인기 신체질병은 생물학적 요인, 심리적 요인 그리고 사회환경적 요인이 복합적으로 작용하여 발생하고 유지되며 악화된다. 특히 성격을 비롯하여 행동습관, 정서경험, 스트레스, 대처행동 등의 심리적 요인이 신체건강에 매우 중요한 영향을 미치는 것으로 밝혀지고 있다.

성격이 건강과 관련된다는 생각의 시초는 로마 시대의 Galen으로 거슬러 올라간다. 그는 인간의 몸을 구성하는 체액에 따라 성격과 건강이 결정된다고 생각했다. 그러나 성격과 신체질병의 밀접한 관계가 널리 인식된 계기는 1959년에 미국의 심장병의사인 Friedman과 Rosenman이 심장혈관장애가 A유형 성격에 의해서 유발될 수 있다고 주장한 것이다. 이들은 A유형 성격(Type A personality), 즉 성급하고, 성취지향적이며, 공격적인 성격을 지닌 사람들이 심장혈관질병에 걸릴 확률이 높다고 주장했다. 이후의 연구에서 A유형 성격과 심장혈관질병의 관계는 단순하지 않은 것으로 나타났지만 Friedman과 Rosenman의 주장은 학계와 일반인에게 커다란 주목을 받았으며, 성격과 신체질병의 관계에 관한 많은 연구를 촉발했다.

성격 5요인 중 성실성과 신경과민성이 신체건강과 밀접한 관련성을 지니는 것으로 보고되고 있다. 성실성은 아동의 경우든 성인의 경우든 신체건강에 긍정적인 영향을 미치는 것으로 밝혀지고 있다. 특히 아동기의 성실성은 성인기까지 이어질 뿐만 아니라 성인기의 신체건강을 예측하는 중요한 성격요인으로 여겨지고 있다. 1921~1922년에 미국의 캘리포니아에 거주하는 11세 아동 1,528명을 대상으로 다양한 심리사회적 변화과정을 추적하는 장기종단연구가 시행되었다. Friedman 등(1993)은 부모와 교사가 기술한 자료에 근거하여 아동의 성격 5요인을 평가하여 그들의 노년기 건강상태와 비교하였다. 그 결과, 아동기의 성실성은 건강상태와 수명을 예측하는 중요한 요인으로 나타났다. 성실성이 높은 아동은 건강을 훼손하는 행동(흡연, 음주, 위험행동)을 덜 했고, 신체중량지수가 낮았으며, 더 많은 건강지식을 지니고 건강증진활동에 더 지속적으로 참여했다. 반면에, 성실성이 낮은 아동은 성장과정에서 낮은 활동량, 과도한 음주, 흡연, 폭력, 위험한 성생활, 자살시도 등의 건강훼손행동을 나타냈다. 성실성이 높은 성인들은 질병에 덜 걸리고 양호한 건강상태를 보였으며, 성인기의 성실성은 아동기의 성실성과 밀접히 연관된 것으로 나타났다(Martin, Friedman, & Schwartz, 2007).

신경과민성 또는 부정 정서성은 신체건강에 부정적인 영향을 미치는 것으로 보고되고 있다. 분노, 불안, 우울을 더 많이 경험하는 신경과민성이 높은 아동들은 더 많은 스트레스를 경험할 뿐만 아니라 더 높은 체중질량지수, 즉 과체중이나 비만을 나타냈다. 특히 우울증을 겪은 아동들은 성인이 되어 비만증을 나타내는 경향이 있었다. 또한 아동기의 과흥분성(조급함과 인내심 부족)은 심장혈관장애의 예측 요인으로 보고되고 있다.

Friedman과 Booth-Kewley(1987)는 분노, 적개심, 우울을 잘 경험하는 부정 정서성을 주된 특징으로 하는 질병 취약 성격(disease-prone personality)이 존재한다고 주장했다. Suls와 Bunde(2005)의 연구에서는 부정 정서성이 심장혈관장애와 연관된 성격특성으로 나타났다. 네덜란드의 건강심리학자인 Johan Denollet와 동료들(Denollet, Sys, Stroobant, Rombouts, Gillebert, & Brutsaert, 1996)은 실증적인 자료에 근거하여 심장혈관장애와 높은 연관성을 지닌 D유형 성격을 제시했

다. D유형 성격(Type D personality)은 부정 정서와 사회적 억제의 조합으로서 만성적으로 부정 정서를 경험할 뿐만 아니라 사회적 거부를 두려워하며 대인관계를 회피하는 성격을 뜻한다. 이러한 성격은 성격 5요인의 높은 신경과민성, 낮은 외향성, 낮은 성실성과 관련된다(De Fruyt & Denollet, 2002). D유형 성격의 소유자는 일반인구의 21%에 해당하지만 심장혈관장애를 지닌 사람들 중에는 무려 53%에 달한다는 보고가 있다(Pedersen & Denollet, 2006). D유형의 성격을 지닌 심장질병 환자는 그렇지 않은 심장질병 환자에 비해서 심

 신체질병과 관련된 A, B, C, D유형의 성격

　신체질병과 관련된 성격특성이 A, B, C, D유형으로 지칭되며 구분되고 있다. 앞에서 언급했듯이, A유형 성격은 1950년대에 Friedman과 Rosenman이 심장혈관장애에 걸리기 쉬운 사람들의 성격특성을 제시하며 지칭한 용어다. 근래에 Friedman(1996)은 『타입 A 행동: 진단과 치료(Type A Behavior: Its Diagnosis and Treatment)』를 통해서 A유형 성격의 핵심적 특성을 (1) 사소한 일에도 쉽게 촉발되는 분노, (2) 조급함과 분노를 유발하는 시간 압박감과 인내심 부족, (3) 스트레스와 성취지향적 태도를 유발하는 경쟁적 욕구라고 제시했다.

　B유형 성격은 A유형과 반대되는 성격을 지칭하며, 침착하고 유연하며 여유로움을 좋아하는 성격특성을 의미한다. 이러한 유형에 속하는 사람들은 스트레스를 잘 받지 않고, 일을 즐기며, 여유로운 생활을 영위하는 삶의 패턴을 나타낸다. 이들은 승리와 패배라는 경쟁에 초점을 두기보다 즐거움을 추구하며 창의적인 일을 하는 직업을 선호하는 경향이 있다.

　C유형 성격은 사소한 것에 과도한 신경을 쓰며 자기주장을 잘 하지 못하는 성격을 뜻한다. C유형 성격은 Lydia Temoshok(1987)가 유방암을 지닌 환자들이 자신의 욕구보다 다른 사람의 욕구를 우선시하며 정서적 억압이 심한 성격을 지닌다고 주장하면서 이러한 성격을 암 취약 성격(Cancer-prone personality)이라고 지칭한 데서 유래한다. 이러한 성격을 지닌 사람들은 갈등을 회피하고, 분노를 억제하며, 사회적으로 선호하는 반응을 과도하게 나타내는 병적인 친절성(pathological niceness)을 나타내는 것으로 알려져 있다. 그러나 C유형 성격과 암의 관계에 대해서 혼재된 연구결과가 나타나고 있다.

　D유형 성격은 부정 정서성과 사회적 억제를 특징적으로 나타내는 성격을 뜻한다. 이러한 성격의 소유자는 걱정이 많고, 우울하며, 만성적으로 부정 정서를 경험할 뿐만 아니라 자신감이 부족하고, 사회적 거부를 두려워하며, 대인관계를 회피하는 경향을 나타낸다. D는 'Distressed'의 첫 자를 의미한다. 앞에서 소개했듯이, D유형 성격은 심장혈관장애와 밀접하게 관련되는 것으로 알려지고 있다(Denollet et al., 1996).

장마비의 가능성이 높은 것으로 밝혀졌다(Denollet, Vaes, & Brutsaert, 2000).

3) 성격이 신체건강에 영향을 미치는 과정

성격은 어떤 경로를 통해서 신체건강에 영향을 미치는 것일까? 성격과 신체건강의 관계를 설명하는 다양한 모델이 제시되었다. Hampson과 Friedman(2008)은 신체건강과 성격의 관계에 대한 주요한 모델들을 다음과 같이 제시하고 있다.

(1) 스트레스-질병 모델

스트레스-질병 모델(stress-disease model)은 스트레스가 질병을 유발하고 성격은 스트레스의 경험과 대처에 영향을 미친다는 주장이다(Selye, 1976). 급격한 환경변화는 스트레스를 유발하는데 이러한 스트레스에 잘 적응하지 못하는 사람들이 있다. 성격은 스트레스를 경험하기 쉬운 취약성뿐만 아니라 스트레스에 대한 대처방식과 밀접하게 연결되어 있다. 특정한 성격은 스트레스의 경험을 증폭하고 부적절한 대처방식을 사용하게 함으로써 신체생리적 체계에 부정적인 영향을 미치게 된다. 증폭된 스트레스는 신체기관의 세포를 손상시키는 결과를 초래하는데, 특히 시상하부-뇌하수체-부신 축(HPA Axis), 심장혈관의 과잉활성화, 면역기능의 손상을 유발한다. 지속적인 스트레스 상태는 신체조직의 손상을 통해서 신체질병을 유발하는 것으로 알려지고 있다(Kemeny, 2007). 그러나 성격과 스트레스 그리고 신체질병의 세부적인 인과관계는 앞으로 연구되어야 할 과제다.

과잉반응모델은 성격과 스트레스의 관계를 설명하는 모델로서 A유형 성격과 심장혈관장애의 관계를 설명하는 과정에서 제시되었다(Contrada & Krantz, 1988).

스트레스에 직면했을 때, A유형 성격의 소유자는 혈압, 심장박동, 카테콜아민 수준 등이 현저하게 높아진다. 이들은 성공을 위한 투쟁심이 강하고 주변환경을 통제하려는 욕구가 강하기 때문에 위험이나 위협이 지각되면 생리적 흥분수준이 높아진다. 이와 같은 과도한 생리적 반응은 관상동맥을 손상시키는 원인으로 작용한다. 이처럼 생리적 과잉반응을 유발하는 A유형 성격은 심장혈관장애의 위험요인이 될 수 있다(Williams, Barefoot, & Shekelle, 1985). 특히 A유형 성격의 소유자들이 자주 경험하는 급성 분노는 교감신경계의 흥분수준, 특히 이완혈압의 수준을 높이는 기능을 한다(Schwartz, Weinberger, & Singer, 1981). 생리적 과잉반응은 심장혈관장애뿐만 아니라 다른 질병을 유발할 수 있다. 교감신경계의 흥분수준이 고조되면, 면역기능을 저하시키는 결과를 초래하여 다양한 신체질병을 유발한다(Kiecolt-Glaser & Glaser, 1987). 종단적 연구에 따르면, A유형 성격을 지닌 사람들은 감기와 같은 사소한 질병에 잘 걸리는 경향이 있다(Suls & Sanders, 1988).

(2) 건강-행동 모델

건강-행동 모델(health-behavior model)은 성격특질이 건강증진행동 또는 건강훼손행동을 선택하고 지속하며 중단하는 데에 영향을 미침으로써 건강에 영향을 미친다는 주장이다. 건강증진행동에는 규칙적 운동, 절제된 식사, 좌식습관의 중단, 폭음·폭식·흡연의 절제 등이 포함되는 반면, 건강훼손행동에는 폭음, 흡연, 폭식, 불면 등이 있다. 성격특질은 이러한 건강증진행동과 건강훼손행동에 영향을 미친다. 예컨대, 성실성이 높은 사람들은 규칙적으로 운동을 하고 식사를 잘 조절할 뿐만 아니라 흡연이나 음주를 잘 절제하기 때문에 양호한 신체건강 상태를 유지할 수 있다. 반면에, 신경과민성이 높고 성실성이 낮은 사람들은 일상생활에

성격은 건강증진행동과 건강훼손행동에 영향을 미친다.

서 부정 정서를 많이 경험하고 다양한 건강훼손행동을 통해 대처함으로써 신체질병을 유발할 수 있다. Taylor (2009)는 다양한 신체질병을 유발할 수 있는 위험요인들을 〈표 23-1〉과 같이 제시했다.

특정한 성격은 건강훼손행동이나 질병촉진행동을 통해서 신체질병을 유발하거나 악화시킬 수 있다. 예를 들어, 우울증은 암을 유발하는 경향이 있는 것으로 보고되었다(Persky, Kempthorne, & Shekelle, 1987). 만성

표 23-1　신체질병과 위험요인

신체질병	위험요인
심상실병	흡연, 높은 콜레스테롤, 고혈압, 신체활동 없음, 비만, 당뇨, 스트레스
암	흡연, 건강하지 못한 식습관, 환경요인
뇌졸중	고혈압, 흡연, 당뇨병, 높은 콜레스테롤, 신체활동 없음, 비만
사고상해	교통사고(안전벨트 매지 않음), 가정에서의 위험상황(낙상, 독극물, 화재)
만성 폐질병	흡연, 환경요인(오염, 라돈, 석면)

적으로 우울한 사람들은 자신의 건강에 대해서 신경을 쓰지 않는다. 따라서 이들은 질병의 증후가 나타나도 적절한 치료를 받지 않고 무심하게 넘겨 버림으로써 신체질병을 초기에 치료하지 못하고 악화시킨다. 이처럼 우울증은 질병예방행동을 하지 않음으로써 신체질병을 악화시키는 요인으로 작용하게 된다. 신경증 환자들은 불안해소를 위해서 담배를 심하게 피우기 때문에 폐암이나 심장장애를 경험할 가능성이 높다(McCrae, Costa, & Bosse, 1978).

그러나 건강관련행동이 신체건강에 영향을 미치는 기제나 결과는 아직 상세하게 밝혀져 있지 않다. 예컨대, 일정한 양의 음주가 어떤 사람에게는 건강에 부정적인 영향을 미치지만 다른 사람에게는 긍정적인 영향을 미치기도 한다. 어떤 성격특성이 어떤 건강관련행동에 영향을 미치고 어떤 신체적·심리적 과정을 통해서 어떤 신체질병을 유발하느냐는 것은 다양한 요인들이 관여하는 복잡한 과정으로서 앞으로의 연구를 통해서 밝혀져야 할 과제다.

(3) 유전 모델

유전 모델(genetic model)은 유전에 의한 선천적 기질이 특정한 성격과 신체질병을 함께 유발한다는 설명이다. 예컨대, 지적장애를 유발하는 유전적 장애는 독특한 성격과 함께 다양한 신체적 문제를 유발한다. 유전모델에 따르면, 성격특징과 신체질병 간의 직접적인 인과관계가 존재하는 것이 아니라 유전에 의한 선천적 기질이 성격특질과 신체질병 취약성 모두에 영향을 미친다. 즉, 성격특질과 신체질병은 모두 유전에 의한 선천적 취약성의 산물인 것이다. 따라서 특정한 신체질병을 유발하는 것으로 알려진 성격특질은 그러한 신체질병에 대한 선천적인 신체적 취약성의 지표가 될 수 있다(Suls & Rittenhouse, 1990). 예컨대, A유형 성격의 소유자는 심장혈관장애에 대한 선천적인 신체적 취약성을 지닌 사람으로 이해될 수 있다.

이러한 A유형의 성격특성은 유전적 요인에 의해 영향을 받는 것으로 나타나고 있다. 일란성과 이란성 쌍둥이를 대상으로 적개심과 경쟁심을 비롯한 성격특성을 조사한 결과, 일란성 쌍둥이들이 이란성 쌍둥이들보다 성격적 유사성이 두 배나 높았다(Matthews et al., 1984). 이러한 결과는 A유형의 성격특성이 유전에 의해 영향을 받을 뿐만 아니라 심장혈관장애도 유전의 영향을 받을 수 있음을 시사한다(Suls & Rittenhouse, 1990).

(4) 축적 모델

성격이 신체질병에 미치는 영향은 전생애의 관점에서 이해될 필요가 있다. 성격특성과 관련된 다양한 건강 훼손요인들이 오랜 시간을 통해 상호작용하며 축적되어 신체질병을 유발하게 된다. Hampson과 Friedman (2008)은 앞에서 소개한 모델들이 성격과 신체건강의 관계를 부분적으로 설명할 뿐이라고 주장하면서 축적모델을 제시했다.

축적 모델(accumulative model)에 따르면, 건강을 훼손하는 다양한 위험요인(흡연, 음주, 과식, X레이, 오염물질 등)에 노출된 효과는 전 생애를 통해 점진적으로 누적되고 다른 위험요인(예: 상황적 스트레스, 사소한 질병, 약물투여)과 상호작용함으로써 신체질병을 유발하게 된다. 이렇게 위험요인들이 축적되어 생체적응에 과도한 부담을 줌으로써 신체건강을 위협하게 된다.

생체적응(allostasis)은 우리의 육체가 변화와 흥분을 겪으면서도 안정된 상태로 회복하는 능력을 뜻한다. 스트레스 상황에 처하게 되면, 우리의 육체는 위협에 대처하기 위해서 자율신경계, HPA축, 심장혈관체계, 신진대사체계, 면역체계를 가동한다. 그러나 반복적인 스트레스와 부적절한 대처는 생체적응 부담(allostasis load)

을 누적시켜 결과적으로 신체질병을 유발하게 된다.

여자는 남자보다 수명이 길다. 이처럼 여자가 남자보다 오래 사는 이유에 대해서는 다양한 설명이 제시되고 있다. 여자는 성격적으로 남자에 비해서 위험한 상황을 덜 선택하고 상대방에게 공격적인 행동을 덜 유발하며 건강훼손행동에 덜 관여한다. 이러한 성향과 행동을 통해서 여자는 남자보다 건강위험요인들이 덜 축적되며 노년기의 치명적 질병에 덜 걸리는 경향이 있다. 여자에 비해서 남자의 짧은 수명은 전 생애에 걸친 위험요인의 축적으로 설명될 수 있다. 여자가 남자보다 오래 사는 원인은 유전적·신체적 요인과 성격적·심리적 요인 그리고 성역할에 대한 사회문화적 요인들이 복합적으로 개입되는 것으로 알려지고 있다.

(5) 기타의 모델

결정적 시기모델(critical period model)은 특정한 발달시기에 위험요인에 노출되는 것이 다른 발달시기보다 더 장기적이고 현저한 효과를 나타낸다고 주장한다. 같은 위험요인이라도 어떤 발달시기에 노출되느냐가 중요하다. 특히 어린 아동기의 영양결핍이나 신체적 질병은 이후의 성장과정에서 신체건강에 지속적인 영향을 미치게 된다. 또한 상호작용 모델(transactional model)은 성격이 신체건강에 영향을 미칠 뿐만 아니라 신체건강이 성격에도 영향을 미칠 수 있다고 주장한다. 성격특질은 건강 위협 상황을 선택하거나 타인으로 하여금 특정한 행동을 촉발시킴으로써 스트레스 경험을 증가시킬 수 있다. 반면에, 신체질병의 경험은 성격에 영향을 미칠 수 있다. 예컨대, 뇌손상은 현저한 성격변화를 유발할 수 있으며, 심각한 신체질병은 그로 인한 실직, 이혼, 약물중독, 우울증 등을 유발하여 성격에 영향을 미칠 수 있다.

4) 성격과 수명의 관계

성격은 수명과도 관계가 있을까? 어떤 성격을 지닌 사람들이 장수할까? 이러한 물음에 관한 연구자료들을 개관한 Chapman, Roberts와 Duberstein(2011)에 따르면, 수명은 성격특성과 관련되어 있다. 첫째, 성실성이 높은 사람들이 장수한다. 성실성이 높은 사람들은 건강증진행동을 꾸준히 실천하기 때문에 노년기에도 양호한 건강상태를 유지하며 장수하는 것으로 나타났다. 둘째, 적개심과 D유형의 성격특성이 낮은 사람들이 장수한다. 적개심, 분노, 우울 등의 부정 정서를 자주 경험할 뿐만 아니라 대인관계가 위축되어 있는 사람들은 신체질병에 취약한 것으로 알려져 있다. 안정된 정서 상태를 유지하며, 여유롭고 낙천적인 생활을 하면서 긍정적인 대인관계를 잘 유지하는 사람들이 장수하는 것으로 나타났다. 셋째, 외향성, 개방성, 지각된 통제력, 낮은 정서적 억제와 같은 성격특성이 장수와 관련된다는 연구결과가 보고되고 있다. 마지막으로, 신경과민성과 수명의 관계는 불확실한 것으로 나타났다. 신경과민성은 부정 정서와 스트레스 수준을 높여 신체건강에 부정적인 영향을 미치는 반면, 건강위험에 대한 민감성으로 인해서 치료나 예방을 위한 적극적인 대처를 유발할 수 있다. 신경과민성과 수명의 관계를 조사한 연구들은 혼재된 결과를 제시하고 있는 상태로서 추가적인 연구가 필요하다.

Chapman 등(2011)은 다양한 연구결과를 종합하여 성격과 수명의 관계를 설명하는 통합적 모델을 [그림 23-1]과 같이 제시하고 있다. 이 모델에 따르면, 성격은 건강관련 행동과 더불어 신체생리적 기능에 영향을 미침으로써 신체질병을 유발하거나 악화시키고 그 결과로서 수명에 영향을 주게 된다.

우선, 성격은 건강과 관련된 선택이나 결정에 영향

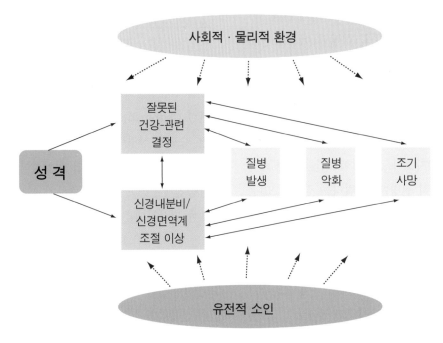

[그림 23-1] 성격과 수명의 관계에 대한 통합적 모델

을 미친다. 흡연, 절식, 운동, 알코올 섭취, 위험 행동 등과 같이 수명에 영향을 미치는 심리적 원인들은 대부분 성격특질과 연결되어 있다. 성격은 건강과 관련된 의사결정의 스타일과 관련될 뿐만 아니라 건강에 관한 위험의 평가에도 영향을 미친다. 또한 성격은 건강증진 행동에도 영향을 미친다. 운동을 규칙적으로 잘 하는 사람들의 특성은 운동하는 가족구성원을 가진 사람, 신체적 활동에 대해 긍정적인 태도를 지닌 사람, 운동에 강한 자기효능감을 가진 사람, 운동에 대해서 사회적 지지를 받는 사람, 자신의 건강에 대한 책임을 스스로 져야 한다고 믿는 사람들로 보고되고 있다.

성격은 생리적 채널을 통해서 신경내분비계와 신경면역계에 직접적인 영향을 미친다. 지속적으로 부정 정서를 경험하고 스트레스에 대한 과잉반응을 나타내는 사람들은 신체생리적인 조절기능의 과부하를 초래함으로써 다양한 질병을 유발할 수 있다. 이처럼 성격은 신체질병 상태로 이끄는 생리적·행동적 경로를 통해서 수명에 영향을 미친다.

이러한 과정은 사회적·물리적 환경과 개인의 유전적 소인의 맥락에서 일어난다. 유전적 요인은 성격특성에 영향을 미침으로써 건강훼손행동을 유발하여 결과적으로 만성질병을 유발할 뿐만 아니라 특정한 질병에 취약한 신체적 취약성에도 영향을 미침으로써 다양한 질병을 유발할 수 있다. 아울러 사회적 환경과 물리적 환경 역시 건강에 중요한 영향을 미친다. 원만한 가족 관계, 사회경제적 안정, 긍정적인 대인관계, 사회적 지지를 비롯한 사회적 환경은 심리사회적 스트레스를 감소시킬 뿐만 아니라 개인의 건강증진행동을 촉진한다. 대기오염, 유해물질에의 노출, 열악한 직무환경과 같은 환경적 요인은 건강을 훼손할 뿐만 아니라 신체질병을 촉발할 수 있다.

2. 성격과 정신건강

행복한 삶을 위해서는 신체건강뿐만 아니라 정신건강이 매우 중요하다. 성격은 정신건강에 강력한 영향을 미치는 매우 중요한 요인이다. 성격적 특성으로 인해서 심리적인 고통을 지속적으로 경험할 뿐만 아니라 대인관계나 직장생활을 원만하게 영위하지 못하면, 개인의 삶이 부적응 상태로 전락하게 되고 정신장애를 유발할 수 있다.

1) 정신장애의 다양성

현재 가장 널리 사용되고 있는 정신장애 분류체계는 DSM-5다. DSM은 미국정신의학회에서 발간하는 『정신장애의 진단 및 통계 편람(*Diagnostic and Statistical Manual of Mental Disorders*)』으로 특정한 이론적 입장에 치우치지 않고 심리적 증후군을 위주로 정신장애의 분류체계와 진단기준을 제시하고 있다. 1952년에 처음으로 DSM-I이 발행된 이후 임상적 유용성과 진전된 연구결과를 반영하여 여러 차례의 개정과정을 거쳤으며 2013년에 DSM-5가 발행되었다. DSM-5는 정신장애를 20개의 주요한 범주로 나누고 그 하위범주로 350여 개 이상의 장애를 포함하고 있다. DSM-5에서 제시하고 있는 주요한 정신장애의 범주를 소개하면 〈표 23-2〉와 같다.

DSM-5와 과거의 DSM 개정판

표 23-2 DSM-5에 제시된 정신장애 범주의 핵심증상과 하위장애

장애 범주	핵심증상	하위장애
불안장애	불안과 공포, 회피행동	범불안장애, 특정공포증, 광장공포증, 사회불안장애, 공황장애, 분리불안장애, 선택적 무언증 등
강박 및 관련 장애	강박적인 집착, 반복적인 행동	강박장애, 신체변형장애, 저장장애, 모발 뽑기 장애, 피부 벗기기 장애 등
외상 및 스트레스 사건 관련 장애	외상이나 스트레스 사건 후에 나타나는 부적응 증상	외상후 스트레스 장애, 급성 스트레스 장애, 반응성 애착장애, 탈억제 사회관여 장애, 적응장애 등
우울장애	우울하고 슬픈 기분, 의욕과 즐거움의 감퇴	주요 우울장애, 지속성 우울장애, 월경전기 불쾌장애, 파괴적 기분조절곤란 장애 등
양극성 장애	기분이 고양된 조증 상태와 우울증 상태의 주기적 반복	제1형 양극성 장애, 제2형 양극성 장애, 순환감정 장애 등
정신분열 스펙트럼 장애 및 기타 정신증적 장애	망상, 환각, 혼란스러운 언어와 행동, 둔마된 감정과 사회적 고립	정신분열증, 분열정동 장애, 정신분열형 장애, 망상장애, 분열형 성격장애, 약화된 정신증적 증후군 등
성격장애	부적응적인 사고, 감정 및 행동 패턴으로 나타나는 성격적 문제	A군 성격장애: 편집성, 분열성, 분열형 B군 성격장애: 반사회성, 연극성, 경계선, 자기애성 C군 성격장애: 강박성, 의존성, 회피성
신체증상 및 관련 장애	원인이 불분명한 신체증상의 호소, 건강에 대한 과도한 염려	신체증상장애, 질병불안장애, 전환장애, 허위성 장애 등
해리장애	의식, 기억, 자기정체감 및 환경지각의 급격한 변화	해리성 기억상실증, 해리성 정체감 장애, 이인증/비현실감 장애 등
수면-각성장애	수면의 양이나 질의 문제로 인한 수면-각성에 대한 불만과 불평	불면장애, 과다수면 장애, 수면발작증, 호흡 관련 수면장애, 일주기 리듬 수면-각성 장애, 비REM 수면-각성 장애, 악몽장애, REM 수면행동 장애, 초조성 다리 증후군 등
급식 및 섭식장애	부적절한 섭식행동으로 인한 신체적 건강과 적응기능의 손상	신경성 식욕부진증, 신경성 폭식증, 폭식장애, 이식증, 반추장애, 회피적/제한적 음식섭취 장애 등
물질-관련 및 중독장애	알코올, 담배, 마약과 같은 물질이나 도박과 같은 행위에 대한 중독	물질-관련 장애(물질 사용 장애, 물질 유도성 장애, 물질 중독, 물질 금단), 비물질-관련 장애(도박 장애) 등
성기능 장애	원활한 성행위를 저해하는 성기능의 문제	남성 성욕감퇴 장애, 발기장애, 조루증, 지루증, 여성 성적 관심 및 흥분장애, 여성 절정감 장애, 생식기-골반 통증/삽입 장애 등
성도착 장애	성적인 욕구를 부적절한 대상이나 방식에 의해서 해소하는 행위	관음 장애, 노출 장애, 접촉마찰 장애, 성적 피학 장애, 성적 가학 장애, 아동성애 장애, 성애물 장애, 의상전환 장애 등
성 불편증	생물학적 성(性)에 대한 심리적 불편감과 고통	아동의 성 불편증, 청소년과 성인의 성 불편증 등
신경발달장애	뇌의 발달 지연이나 손상과 관련된 아동·청소년기의 장애	지적 장애, 의사소통 장애, 자폐 스펙트럼 장애, 주의력 결핍/과잉행동 장애, 특정 학습장애, 운동 장애 등
파괴적, 충동통제 및 품행장애	충동통제의 곤란으로 인한 타인의 권리 침해와 사회적 규범의 위반 행위	적대적 반항장애, 품행장애, 반사회적 성격장애, 간헐적 폭발성 장애, 도벽증, 방화증 등

배설장애	소변이나 대변을 부적절한 장소에서 반복적으로 배설	유뇨증, 유분증 등
신경인지장애	뇌의 손상으로 인한 인지기능의 심각한 저하나 결손	주요 신경인지장애, 경도 신경인지장애, 섬망 등
기타 정신장애	위의 범주에 해당되지 않지만 개인의 적응을 저하하는 심리적 문제들	기타의 신체적 질병으로 인한 정신장애, 기타의 구체화된 정신장애 등

2) 성격과 정신장애의 관계

대부분의 정신장애는 개인의 성격특성과 외부적인 생활사건의 상호작용에 의해서 유발된다. 실연, 이혼, 실직, 사고와 같이 외부로부터 주어지는 부정적인 생활사건은 개인에게 심리적 고통과 부적응을 촉발한다. 그러나 동일한 생활사건에 대한 심리적 반응은 개인마다 다르다. 성격특성에 의해서 부정적인 생활사건의 심리적 영향이 증폭되거나 축소될 수 있다.

(1) 성격 5요인과 정신장애

정신장애는 인지적 · 정서적 · 행동적 측면에서 나타나는 심리적 기능의 손상을 의미하기 때문에 개인의 성격적 요인과 밀접한 연관성을 지닌다. 성격은 정신장애

를 유발하는 취약성 요인으로 작용하며, 정신장애는 병전 성격(premorbid personality)의 맥락에서 발생한다. 부정적인 생활사건이 정신장애를 촉발하는 과정에서 병전 성격은 생활사건의 부정적인 영향력을 증폭시키는 역할을 함으로써 정신장애의 발생에 영향을 미친다.

성격은 정신장애의 발생과 지속 그리고 증상적 표현에 영향을 미친다(Widiger & Smith, 2008). McCrae(1991)는 성격 5요인과 임상적 증상의 관계를 탐색하기 위해서 정상인 274명을 대상으로 NEO-PI와 MMPI를 실시했다. 성격 5요인과 MMPI의 임상척도 간의 상관관계는 〈표 23-3〉과 같이 나타났다.

신경과민성은 정신장애와 가장 밀접한 관계를 지닌 성격요인이다. 〈표 23-3〉에서 볼 수 있듯이, 신경과민성은 MMPI의 대부분의 임상 척도(Pt, Sc, Si, Hs, D)와

성격은 정신장애를 유발하는 취약성 요인으로 작용한다.

| 표 23-3 | 성격 5요인(NEO-PI)과 임상적 증상(MMPI)의 관계 |

MMPI 척도	신경과민성	외향성	개방성	우호성	성실성
Hs(건강염려증)	.35***	-.16**	-.01	.04	-.02
D(우울증)	.34***	-.43***	-.03	.16**	.01
Hy(히스테리)	-.09	.01	.07	.20***	.11
Pd(반사회성)	.21***	.05	.24***	-.21***	-.28***
Mf(남성성-여성성)	.31***	.09	.31***	.31***	.03
Pa(편집증)	.07	-.01	.23***	.12*	.08
Pt(강박증)	.63***	-.30***	.02	-.05	-.21***
Sc(정신분열증)	.39***	-.28***	.12*	-.11	-.25***
Ma(경조증)	.09	.34***	.13*	-.32***	-.19**
Si(사회적 내향성)	.47***	-.63***	-.15*	-.02	.05

* $p < .05$; ** $p < .01$; *** $p < .001$

유의미한 상관을 나타내고 있다. 임상적 연구에서도 높은 신경과민성은 우울증, 양극성 장애, 불안장애, 섭식장애, 해리장애, 정신분열 스펙트럼 장애를 위시한 다양한 정신장애와 연관된 것으로 보고되었다(Malouff, Thorsteinsson, & Schutte, 2005; Ormel et al., 2013).

외향성은 넓은 대인관계와 긍정 정서를 촉진하는 성격특성으로서 정신장애의 억제요인으로 여겨지고 있다. 〈표 23-3〉에서도 외향성은 우울증, 강박증, 정신분열증, 사회적 위축성향과 부적 상관을 나타내고 있다. 임상적 연구에서도 낮은 외향성, 즉 높은 내향성은 우울증과 관련되는 것으로 보고되었다(Holahan & Moos, 1991; Levenson, Aldwin, Bosse, & Spiro, 1988). 내향성과 신경과민성의 조합은 우울증을 유발하는 중요한 성격적 요인으로 알려지고 있다. 특히 내향성은 우울증이 만성화되는 데에 기여하는 것으로 보고되고 있다. 그러나 〈표 23-3〉에서 외향성이 경조증과 정적 상관을 나타내고 있듯이, 과도한 외향성은 정신건강에 부정적인 영향을 미칠 수도 있다.

개방성은 호기심이 많고, 새로운 체험을 좋아하며, 다양한 경험과 가치에 대한 열린 자세를 반영하기 때문에 창의적인 삶을 촉진하지만 관습적인 문화에 부적응을 나타낼 수 있다. 〈표 23-3〉에서도 개방성은 성정체감의 문제, 반사회성, 편집성, 경조증, 정신분열증과 유의미한 상관을 나타내고 있다. 우호성은 히스테리, 우울증, 성정체감의 문제, 편집증과 정적 상관을 나타내는 반면, 경조증이나 반사회성과는 부적 상관을 나타내고 있다. 우호성은 다른 사람에 대한 친화적이고 협동적인 성향으로서 부정 정서의 억압을 유발하여 히스테리나 우울증과 같은 임상적 문제를 유발할 수 있다. 그러나 낮은 우호성은 분노 표현이 주된 증상인 경조증이나 반사회성과 연관될 수 있다. 성실성은 신체건강과 마찬가지로 정신건강에 긍정적인 영향을 미치는 성격요인으로 여겨지고 있다. 〈표 23-3〉에서도 성실성은 대다수의 임상 척도(반사회성, 정신분열증, 강박증, 경조증)와 부적 상관을 나타내고 있다. 성실성은 자기조절을 잘 하고, 신중하며, 책임감이 강할 뿐만 아니라 사회적 가치와 관습에 순응하는 경향성을 지니고 있어서 환경에 대한 심리적 적응에 도움이 될 수 있다.

그러나 성격과 정신장애의 관계는 복잡하다. 일반적으로 정신건강과 긍정적인 관련성을 지닌 성격특성이라 하더라도 극단적인 경우에는 부적응을 유발할 수 있다. 예를 들어, 신체건강과 정신건강 모두에 긍정적인 영향을 미치는 성실성도 극단적인 경우에는 과도한 경직성과 완고성으로 인해서 강박장애, 인간관계의 갈등, 이혼과 같은 문제를 유발할 수 있다. 지나침은 모자람만 못하다는 과유불급(過猶不及)은 성격의 적응성에도 해당되는 말인 듯하다.

성격은 정신장애의 증상 발현, 진행 경과 그리고 치료에도 심각한 영향을 미친다(Millon et al., 1996). 예컨대, 성격특질은 섭식장애의 표현양상에 영향을 미친다. 섭식장애의 하위유형인 신경성 식욕부진증은 완벽주의적이고 강박적인 성격특성과 연관되는 반면, 신경성 폭식증은 충동성의 성격특성과 관련된다(Cassin & von Ranson, 2005). 성격 5요인의 관점에서 보면, 섭식장애의 하위유형은 성실성과 관련되어 있는 듯하다. 높은 성실성을 지닌 여성이 체형에 불만을 느끼고 과도하게 체중감량에 집착할 경우에 식욕부진증의 증상을 나타내는 반면, 성실성이 낮은 여성은 충동적 통제상실로 인해서 폭식증을 나타낼 수 있다(Widiger & Smith, 2008).

(2) 성격 5요인과 성격장애

성격장애는 개인의 내면적 경험과 행동 양식이 사회의 문화적 기대에서 심하게 벗어날 뿐만 아니라 융통성이 없이 생활 전반에 넓게 퍼져 있어 사회적 · 직업적 영역에서 심각한 고통이나 부적응을 초래하는 경우를 말한다. DSM-5는 성격장애를 10가지 하위유형으로 구분하고 있으며 크게 세 군집, 즉 A, B, C군 성격장애

성격장애를 지닌 사람들은 생활전반에서 부적응을 나타낸다.

로 분류하고 있다.

성격 5요인과 성격장애의 관계를 탐색하기 위해서 많은 연구가 이루어졌다. 각기 다른 표집과 측정도구를 사용하여 혼재된 연구결과를 나타내고 있지만, 성격 5요인과 성격장애는 밀접하게 관련된 것으로 나타났다. 성격 5요인과 DSM에서 제시한 10가지 성격장애의 관계에 관한 연구결과를 요약하면 다음과 같다(Saulsman & Page, 2004; Widiger & Costa, 2002).

첫째, 신경과민성은 경계선 · 편집성 · 분열형 · 회피성 · 의존성 성격장애와 정적 상관을 나타냈다. 둘째, 우호성은 의존성 성격장애와는 정적 상관을 나타낸 반면, 반사회성 · 편집성 성격장애와는 부적 상관을 보였다. 셋째, 외향성은 연극성 성격장애와 정적 상관을 나타내지만 분열성 · 회피성 성격장애와는 부적 상관을 보였다. 넷째, 성실성은 강박성 성격장애와는 정적 상관을 보이지만 반사회성 · 경계선 성격장애와는 부적 상관을 나타냈다. 마지막으로, 개방성은 특정한 성격장애와 유의미한 관련성이 발견되지 않았다.

경계선 성격장애를 지닌 사람들은 극단적으로 높은 신경과민성을 나타내는 것으로 보고되고 있다. 반면에, 자기애성 성격장애자의 경우는 높은 외향성, 낮은 우호성 그리고 낮은 신경과민성을 나타낸다. 자기애성 성격장애자가 높은 외향성을 나타내는 것은 이들이 웅대

한 자기상에 근거하여 자신감 있게 사교적 행동과 리더십을 나타내며 성공과 흥분을 추구하는 성향을 지니기 때문이다. 또한 이들이 질투심이 강하고, 공감력이 부족하며, 특권의식을 지니고 있기 때문에 우호성이 낮은 것으로 나타난다. 그러나 자기애성 성격장애자들이 낮은 신경과민성을 지닌 것에 대해서는 논란의 여지가 있다. DSM-5의 진단기준에 따르면, 자기애성 성격장애자들은 비판에 예민하며, 높은 자의식을 지니고 있고, 간헐적으로 우울 정서를 경험하기 때문에 높은 신경과민성을 지닐 것으로 예상된다. 그러한 실증적인 연구결과에서는 이들이 오히려 낮은 신경과민성을 지닌 것으로 나타나고 있다. 이러한 결과는 연구대상과 측정도구의 문제점을 반영하는 것일 수도 있고 자기애성 성격장애에 대한 DSM 진단기준의 문제점을 의미하는 것일 수도 있다(Widiger & Costa, 2002).

성격 5요인은 성격장애의 하위유형과 밀접한 관계를 지니고 있다. Lehne(1994)는 성격 5요인과 성격장애 하위유형의 관계를 살펴보기 위해서 99명의 남자 성범죄자를 대상으로 NEO-PI와 MCMI를 실시했다. MCMI에 의해 측정된 성격장애 하위유형과 성격 5요인의 상관관계가 〈표 23-4〉에 제시되어 있다. 성격 5요인은 모두 성격장애 하위유형과 유의미한 정적 또는 부적 상관을 나타내고 있다. 성격의 5요인이 극단적인 경우에는 특정한 성격장애와 관련될 수 있다. 달리 말하면, 성격장애는 성격특질의 극단적 표현이라고 할 수 있다. 우호성의 경우에도 반사회성·회피성·분열성 성격장애와 부적 상관을 나타내고 있지만 극단적인 경우에는 강박성 성격장애로 연결될 수 있다. Lehne(1994)의 연구결과는 성범죄자라는 특수한 집단의 자료에 근거한 것이므로 일반화하는 것을 경계해야 하지만 성격 5요인과 성격장애의 관계를 잘 보여 주고 있다.

(3) 기질과 성격장애

Cloninger(1986, 2004)는 선천적인 기질이 성격장애

표 23-4 성범죄자의 성격 5요인(NEO-PI)과 성격장애(MCMI)의 상관관계

MCMI 척도		성격의 5요인(NEO-PI)				
		신경과민성	외향성	개방성	우호성	성실성
A군 성격 장애	편집성	.02	.09	-.08	-.31**	.18
	분열성	.54**	-.56**	-.33**	-.47**	-.28**
	분열형	.44**	-.63**	-.30**	-.18	-.22*
B군 성격 장애	반사회성	.09	.13	-.05	-.49**	-.01
	연극성	-.18	.63**	.42**	.04	.02
	자기애성	-.30**	.57**	.25*	-.05	.28**
	경계선	.49**	-.29**	.00	-.16	.13
C군 성격 장애	강박성	-.63**	.21*	-.09	.58**	.36**
	회피성	.63**	-.57**	-.26*	-.43**	-.23*
	의존성	.20*	0.19	.21*	.19	-.10

* $p<.05$; ** $p<.01$

와 밀접한 관계를 지닌다고 주장하고 있다. 2장에서 소개한 바 있듯이, Cloninger는 신경생물학적 근거 위에서 세 가지의 선천적인 기질, 즉 새로움 추구, 위험 회피, 보상 의존성을 제시했다. 새로움 추구(novelty seeking)는 새로운 자극에 의해 행동이 활성화되는 성향으로서 탐색적 흥분성, 충동성, 무절제성, 무질서성의 성향으로 구성되는 반면, 위험 회피(harm avoidance)는 위험한 자극에 의해 행동이 억제되는 경향성을 의미하며 예기적 걱정, 불확실성에 대한 공포, 수줍음, 피로 민감성으로 이루어져 있다. 보상 의존성(reward dependence)은 사회적 보상신호에 대한 민감성을 의미하며 감수성, 따뜻한 의사소통, 애착, 의존성으로 구성되어 있다. Cloninger는 나중에 끈기를 추가하여 기질을 네 가지로 구분했다. 끈기(persistence)는 지속적인 보상 없이도 행동을 지속하는 경향성을 의미한다.

Cloninger(2004)는 세 가지의 기질과 성격장애 하위유형의 관계를 [그림 23-2]와 같이 제시하고 있다. 성격장애 하위유형은 세 가지의 기질, 즉 새로움 추구, 위험 회피, 보상 의존성의 조합에 의해서 설명될 수 있다는 것이다. 예컨대, 반사회성 성격장애는 새로움 추구의 기질이 강하지만 위험 회피와 보상 의존성이 낮은 사람에게서 더 잘 발현될 수 있다. 전반적으로, 사회적 고립을 나타내는 A군 성격장애는 낮은 보상 의존성의 기질과 연관된다. 충동성이 높은 B군 성격장애는 높은 새로움 추구와 연관성을 지니는 반면, 불안수준이 높은 C군 성격장애는 높은 위험회피와 관련되는 경향이 있다. Clininger가 네 번째로 제시한 끈기의 기질은 강박성 성격장애와 관련된다. 기질과 성격장애의 관계에 대해서 여러 문화권에서 독립적으로 이루어진 여러 연구에서 입증되고 있다(Cloninger & Svrakic, 2000).

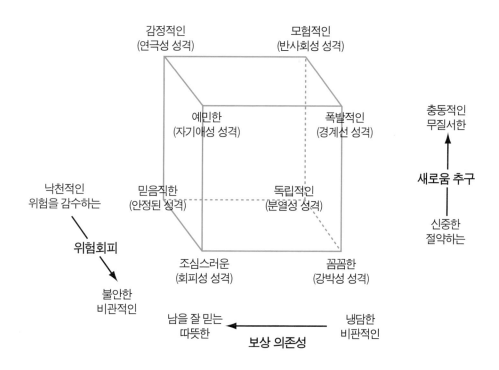

[그림 23-2] **기질과 성격장애의 관계**

3) 성격이 정신장애에 영향을 미치는 과정

성격이 정신장애를 유발하는 과정을 설명하는 대표적인 이론은 Caspi(1993; Caspi & Roberts, 2001; Shiner & Caspi, 2003)가 제시하고 있는 개인-환경 상호작용 이론(person-environment transaction theory)이다. 성격 (예: 신경과민성)이 개인으로 하여금 환경(예: 직장동료)과 부정적인 상호작용을 하도록 만듦으로써 정신장애를 유발하게 한다는 주장이다. Caspi는 개인과 환경의 상호작용이 일어나는 세 가지 방식을 제시하고 있다.

첫째는 반응적 개인-환경 상호작용(reactive person-environment transaction)으로서 개인의 성격이 환경적 사건에 반응하고 그러한 사건을 해석하는 방식에 영향을 미치는 것이다. 사람마다 동일한 사건에 반응하는 방식이 다른 것은 성격의 개인차 때문이다. 예컨대, 신경과민성이 높은 사람들은 낮은 사람들에 비해서 사소한 좌절에 대해서 더 높은 부정 정서를 느낄 뿐만 아니라 더 적대적인 방식으로 반응하여 타인에게 더 강한 심리적 상처를 입히는 경향이 있다.

둘째는 유발적 개인-환경 상호작용(evocative person-environment transaction)으로서 개인의 성격이 다른 사람으로부터 독특한 반응을 유발함으로써 부적응 상태를 악화시키는 경우를 말한다. 적대적인 사람들은 우호적인 사람들보다 다른 사람으로부터 불친절하고 거부적인 반응을 더 잘 유발하는 경향이 있다. 그 결과 이들은 더욱 좌절감과 분노를 느끼며 더욱 적대적인 행동을 나타내는 악순환에 빠져들게 된다. 이처럼 최초의 성격은 환경으로부터 특정한 반응을 유발함으로써 그러한 성격특성을 유지하거나 강화한다(Caspi & Roberts, 2001).

마지막은 전향적 개인-환경 상호작용(proactive person-environment transaction)으로서 성격이 개인으로 하여금 편안하게 느끼는 환경적 상황을 선택하게 함으로써 부적응을 더욱 심화시키는 경우를 의미한다. 내향적인 사람들은 다른 사람과의 상호작용을 최소화하는 상황이나 직업을 선택할 뿐만 아니라 다른 사람들과의 접촉을 회피하는 생활양식을 선택한다. 따라서 이들은 사회적 고립을 심화시키고 내향성을 강화할 뿐만 아니라 사회공포증과 같은 정신장애를 나타낼 수 있다.

Jeronimus 등(Jeronimus, Riese, Sanderman, & Ormel, 2014)은 성격과 생활사건의 관계를 탐색하기 위해서 덴마크인 296명의 참여자를 16년간 추적하면서 5번의 시점에서 그들의 다양한 심리사회적 특성을 측정했다. 이 연구에서 도출된 결과는 다음의 다섯 가지로 요약될 수 있다. 첫째, 신경과민성이 높은 사람일수록 신체질병 뿐만 아니라 정신장애를 더 많이 경험했다. 둘째, 신경과민성은 시간적으로 매우 안정된 패턴을 보였다. 셋째, 장기적인 곤경 속에서 삶의 질이 저하되면, 신경과민성은 작지만 지속적으로 증가했다. 하지만 삶의 질이 증가하는 경우에는 신경과민성이 지속적으로 감소하지 않았다. 넷째, 개인이 경험하는 긍정적 또는 부정적 생활사건의 총량은 신경과민성에 지속적인 영향을 미치지 못했다. 마지막으로, 인생에서 겪는 다양한 경험이 신경과민성을 변화시키기보다는 신경과민성이 인생의 경험에 더 많은 영향을 미쳤다.

4) 성격과 심리치료의 효과

성격은 심리치료의 과정과 효과에도 영향을 미친다 (Widiger & Smith, 2008). 개인의 성격은 심리치료에 적극적으로 참여하고 치료자의 지시에 협조적으로 순응하며 지속적으로 치료를 받는 과정에 영향을 미치기 때문이다. 성격 5요인 중 높은 신경과민성과 낮은 외향성 (즉, 높은 내향성)은 심리치료의 효과를 저하시키는 성격특성으로 알려져 있다(Zinbarg, Uliaszak, & Adler, 2008). 신경과민성의 한 측면인 높은 자의식과 완벽주의는 심리치료의 효과를 제한하는 것으로 보고되었다(Blatt & Zuroff, 2005). 완벽주의자들은 치료자와의 효과적인 동맹형성에 어려움을 나타낼 뿐만 아니라 치료에도 적극적으로 참여하지 않았다. 내향성이 강한 내담자들도 치료자와의 친밀한 관계를 형성하는 데에 어려움을 나타냈다.

반면에, 우호성, 성실성, 개방성은 심리치료의 좋은 효과를 예측하는 성격특성으로 알려져 있다(Ogrodniczuk, Piper, Joyce, McCallum, & Rosie, 2003). 우호성은 치료자와의 신뢰로운 관계형성과 치료과정의 참여에 긍정적인 영향을 미친다(Miller, 1991). 성실성이 높은 내담자는 치료과정에서 적극적인 참여와 협조를 나타낼 뿐만 아니라 과제와 자조활동을 충실하게 함으로써 긍정적인 치료효과를 나타낸다. 개방성이 높은 사람들은 무의식과정이나 치료과정에 흥미를 느끼며 몰두할 수 있다. 또한 한 가지 이상의 성격장애를 지닌 경우에는 심리치료의 효과가 감소하는 것으로 나타났다(Ball, 2005; Rosenbluth et al., 2005).

성격과 정신장애는 서로 영향을 미치는 것으로 나타났다(Widiger & Smith, 2008). 성격이 정신장애에 영향을 미칠 뿐만 아니라 심한 정신병이나 만성적인 정신장애는 성격의 변화를 유발할 수 있다. 신경과민성과 내향성은 우울증을 겪는 동안에 증가하는 경향이 있지만 심리치료든 약물치료든 치료를 받는 과정에서는 감소하는 경향을 나타냈다(Costa, Bagby, Herbst, & McCrae, 2005; Ormel, Oldehinkel, & Vollebergh, 2004). 또한 정신장애는 자기개념에 영향을 미침으로써 성격의 변화에 영향을 미칠 수 있다. 정신병원에 입원한 단기적 경험이 자기보고형 성격검사에서 상당한 점수변화를 초래하는 것으로 나타났다(Piersma, 1987).

3. 성격과 행복

성격은 행복과도 밀접한 관계를 지닌다. 앞에서 살펴보았듯이, 성격은 인간관계와 직업적 활동을 비롯하여 삶의 모든 측면에 영향을 미친다. 행복에 영향을 미치는 다양한 심리적·환경적 요인들을 조사한 긍정심리학자들에 따르면, 성격은 개인의 행복을 예측하는 강력한 요인이다.

행복한 사람은 자신의 삶에 만족하며 긍정 정서를 많이 느낀다.

1) 주관적 안녕으로서의 행복

행복이란 무엇인가? 이 물음에 대해서는 다양한 견해가 존재한다. 대다수 긍정심리학자들은 안락주의(hedonism)의 행복관에 근거하여 행복을 주관적 안녕이라는 개념으로 정의하고 연구한다. 주관적 안녕(subjective well-being)은 자신의 삶에 만족하며 높은 긍정 정서와 낮은 부정 정서의 심리적 상태로 정의된다(Diener, 1984, 1994).

주관적 안녕은 인지적 요소와 정서적 요소로 구분될 수 있다. 인지적 요소는 개인이 나름대로의 기준과 비교하여 자신의 삶을 평가하는 의식적이고 인지적인 판단을 의미하며 삶의 만족도라고 지칭된다. 주관적 안녕의 정서적 요소는 긍정 정서와 부정 정서를 말한다. 긍정 정서와 부정 정서는 서로 연관되어 있으나 상당히 독립적인 것으로 알려져 있다. 반면, 주관적 안녕의 구성요소를 좀 더 자세하게 제시하면 〈표 23-5〉와 같이 요약될 수 있다(Diener, Suh, Lucas, & Smith, 1999).

2) 행복에 영향을 미치는 요인들

개인의 행복은 매우 다양한 개인적 · 환경적 요인들과 관련되어 있다. 어떤 심리적 특성을 지닌 사람들이 행복할까? 행복도가 높은 사람들은 어떤 환경적 특성을 지니고 있을까? 이러한 물음에 답하기 위해서 긍정심리학자들은 주관적 안녕에 영향을 미치는 다양한 요인들에 대한 실증적 연구를 시행했다. 그 주요한 결과들을 요약하여 소개하면 〈표 23-6〉과 같다(Diener et al., 1999; Peterson, 2006).

나이는 사회적 안녕에 영향을 미치지 않는 것으로 알려져 있다. 젊은 사람이 늙은 사람보다 더 행복할 것이라는 생각은 경험적 연구에서 입증되고 있지 않다. 오히려 주관적 안녕은 나이가 많아짐에 따라 다소 증가하는 경향이 있으며, 적어도 떨어지지는 않는 것으로 밝혀졌다. 성별 역시 행복도에 미미한 영향을 미친다. 일반적으로 남자의 행복도가 여자보다 약간 높지만 그 차이는 매우 작다. 교육수준도 주관적 안녕에 영향을 미치는 것으로 생각되었다. 교육수준과 주관적 안녕은 약간의 정적인 상관을 보인다. 특히 교육수준에 따른 수입액과 직업적 지위가 중요한 영향을 미친다. 교육수준은 인생의 목표를 성취하고 변화하는 세계에 대한 적응능력을 높여 준다. 그러나 실업 상태에서는 교육수준이 높은 사람이 낮은 사람보다 불행감을 많이 느끼는데, 이는 기대수준이 높기 때문인 것으로

표 23-5 주관적 안녕의 요소들

긍정 정서	부정 정서	삶의 만족도	만족의 영역
즐거움	죄책감과 수치심	삶의 변화에 대한 욕구	일과 직업
고양된 기분	슬픔	현재 삶에 대한 만족	가족
만족	불안과 걱정	과거 삶에 대한 만족	여가
자긍심	분노	미래에 대한 만족	건강
애정	스트레스		재정상태
행복감	우울감	자신의 삶에 대한	자기
환희	질투	중요한 타인의 견해	소속집단

표 23-6	주관적 안녕과 상관관계를 나타내는 다양한 요인들	
낮은 상관	중간 상관	높은 상관
나이	결혼	낙관성
성별	종교	자기존중감
교육수준	여가활동	직업만족도
사회계층	친구의 수	성적 활동의 빈도
수입액	신체적 건강	긍정 감정의 경험빈도
자녀유무	성실성	행복척도의 검사-재검사 신뢰도
종족	외향성	감사경험
지능수준	정서적 안정성	일란성 쌍둥이의 행복도
신체적 매력도	내부적 통제소재	

해석되고 있다.

경제적 수입은 기본적 욕구를 충족시키고 추구하는 목표를 달성하는 데에 도움을 주기 때문에 주관적 안녕에 중요한 영향을 미치는 것으로 생각되어 왔다. 그러나 실증적 연구에 따르면, 전반적으로 그 영향력이 미미한 것으로 밝혀졌다. 물론 음식, 주거, 질병치료와 같은 기본적 욕구를 충족시키지 못하는 가난은 주관적 안녕에 악영향을 미친다. 그러나 이러한 기본적 욕구가 해결된 상태에서는 수입이나 재산이 주관적 안녕에 미치는 영향은 미미한 것으로 밝혀졌다. 돈이 매우 많은 사람들이 특별히 행복하지는 않았다. 절대적인 재산보다는 수입의 증가가 주관적 안녕에 긍정적 영향을 미치게 되지만, 증가된 수입에 곧 익숙해지기 때문에 주관적 안녕에 미치는 영향은 일시적이다. 국가 간 비교에서 부유한 국가의 국민은 가난한 나라의 국민보다 훨씬 행복했다. 부유한 국가 내에서 부유한 사람은 가난한 사람보다 약간 더 행복했다. 그러나 개인적 평균소득의 증가에 비례해서 주관적 안녕이 증가하는 것은 아니다.

결혼도 주관적 안녕에 영향을 미치는 것으로 알려져 있다. 일반적으로 독신인 사람보다는 결혼한 사람의 주관적 안녕이 더 높다. 주관적 안녕에 있어서 독신 남성이 가장 낮으며 독신 여성은 독신 남성보다 높다. 결혼에 대한 사회적 가치와 인식에 따라서 행복도에 미치는 결혼의 영향력이 달라진다.

종교는 정신건강에 도움이 되며 주관적 안녕에 영향을 미치는 것으로 알려졌다. 종교는 특히 사회적 지지가 부족한 사람에게 커다란 도움이 된다. 그러나 종교는 삶의 만족도의 5~7%, 정서적 안녕의 2~3%를 설명하고 있을 뿐이다. 종교가 주관적 안녕에 미치는 영향은 개인적 특성에 따라 달라진다.

건강은 주관적 안녕과 밀접한 관계에 있다. 질병은 개인이 지향하는 목표달성을 방해하므로 주관적 안녕에 부정적인 영향을 미친다. 특히 질병이 심각하여 다양한 만성적 문제를 야기할 경우에는 더욱 그러하다. 그러나 경미한 질병의 경우에는 쉽게 적응할 수 있기 때문에 그 영향력이 미미한 것으로 밝혀졌다.

이상에서 소개한 인구사회학적 요인들은 모두 합쳐서 주관적 안녕의 20% 정도를 설명할 뿐이다. 개인의 주관적 안녕 수준은 이러한 인구사회학적·환경적 요인보다 성격적 요인과 더 밀접한 관련성을 지닌 것으로 밝혀졌다.

3) 행복에 영향을 미치는 성격특질

주관적 안녕에는 인구사회학적 요인들보다 심리적 또는 성격적 요인들이 더 중요한 영향을 미치는 것으로 보고되고 있다. Andrews와 Withey(1976)는 주관적 안녕의 약 10%는 인구학적 특성으로 설명될 수 있다고 결론지었다. Diener(1984)와 Argyle(1999)은 주관적 안녕에 대한 인구사회학적 요인들의 설명량을 15~20% 정도로 조금 더 높게 추정했다. 반면에, 개인의 성격은 환경과의 상호작용에 영향을 미칠 뿐만 아니라 자신과 환경에 대한 평가에도 영향을 주기 때문에 행복과 매우 밀접한 관계를 지니는 것으로 알려지고 있다.

(1) 성격 5요인과 주관적 안녕

성격과 주관적 안녕의 관계에 대해서는 수많은 연구가 이루어졌다. 그러나 많은 실증적 연구에서 나타난 성격과 주관적 안녕의 상관관계는 상당한 차이를 나타냈다. 이러한 차이는 주관적 안녕에 대한 정의뿐만 아니라 연구에서 사용한 표집과 측정도구의 차이에 기인한 것으로 여겨지고 있다.

Steel, Schmidt와 Sheltz(2008)는 성격 5요인과 주관적 안녕의 관계를 밝히기 위해서 그동안 이루어진 249개의 연구자료를 종합적으로 분석했다. 이들은 각 연구에서 사용한 측정도구에 근거하여 주관적 안녕의 6개 측면을 구분하여 다음과 같은 자료에 대한 메타분석을 실시했다; (1) 행복(happiness)-Oxford 행복척도(Argyle et al., 1989) 등을 사용한 6개 연구(621명); (2) 삶의 만족도(life satisfaction)-삶의 만족척도(Diener et al., 1985) 등을 사용한 36개 연구(9,277명); (3) 긍정 정서(positive affect)는 PANAS(Watson et al., 1988) 등을 사용한 57개 연구(1만 1,788명); (4) 부정 정서(negative affect)-PANAS(Watson et al., 1988) 등을 사용한 73개 연구(1만 6,764명); (5) 전반적 정서(overall affect)-PANAS(Watson et al., 1988) 등을 사용한 15개 연구(3,859명); (6) 삶의 질(quality of life)-심리적 웰빙 척도(Ryff, 1989) 등을 사용한 5개 연구(967명). 이러한 자료를 대상으로 연구자들은 성격 5요인을 예언변인으로 하고 주관적 안녕의 6개 측면을 종속변인으로 다중 회귀분석을 실시했다. 그 결과가 〈표 23-7〉에 제시되어 있다.

신경과민성과 외향성은 주관적 안녕을 예측하는 가장 중요한 성격요인으로 나타났다. 외향성은 주관적

행복에는 외부적 환경보다 심리적 요인이 더 중요하다.

| 표 23-7 | 성격 5요인을 예언변인으로 한 주관적 안녕의 다중 회귀분석 결과 |

	행복	삶의 만족도	긍정 정서	부정 정서	전반적 정서	삶의 질
신경과민성	-.30*	-.30*	-.14*	.52*	-.43*	-.38*
외향성	.35*	.17*	.33*	.00	.20*	.19*
개방성	.01	-.04*	.11*	.03*	-.05*	.07*
우호성	.13*	.03*	-.01	-.08*	-.04	.06*
성실성	.03	.07*	.13*	-.02*	.02	.21*
R^2	.36*	.18*	.24*	.30*	.29*	.39*

* $p < .05$ (주관적 안녕의 측면마다 참여자 수가 다르기 때문에 유의미한 회귀계수의 크기가 다름)

안녕과 정적 관계를 지니는 반면, 신경과민성은 주관적 안녕과 부적 관계를 나타냈다. 그러나 개방성, 우호성, 성실성은 주관적 안녕의 일부 측면과 유의미하지만 미약한 관계를 나타냈다. 성격 5요인은 주관적 안녕의 6개 측면에 따라 약간씩 다른 관계패턴을 나타내고 있다. 행복의 경우는 성격 5요인 모두를 통해서 변량의 36%를 예측할 수 있었다. 반면에, 인지적 평가요인이 많이 개입되는 삶의 만족도에서는 성격 5요인이 상대적으로 적은 변량(18%)을 설명했다. 그러나 심리적 안녕을 반영하는 삶의 질에서는 성격 5요인이 39%의 변량을 예측하는 것으로 나타났다.

(2) 외향성

외향성은 주관적 안녕을 예측하는 가장 강력한 성격 변인으로 알려져 있다(Diener et al., 1999). 외향성은 사교적이고, 자기주장을 잘 하며, 긍정 정서를 잘 느끼는 성격특질을 뜻한다. 이러한 외향성과 주관적 안녕과의 관계는 잘 입증되었으나 상관관계의 크기는 연구참여자와 측정도구에 따라 다소의 차이가 존재한다. Costa와 McCrae(1980)는 외향성이 긍정 정서와 약 .20 정도의 상관을 지닌다고 보고했다. DeNeve와 Cooper

(1998)의 연구에서는 외향성과 주관적 안녕의 상관계수가 .17이었다. Lucas와 Fujita(2000)는 메타분석을 통해서 외향성과 긍정 정서의 평균 상관이 .37이라고 제시했다.

외향성은 어떻게 행복에 영향을 미치는 것일까? 연구자들은 외향성의 구성요소인 사교성이 행복에 영향을 미치는 것으로 생각하고 있다. 친구가 많을수록 행복도가 높아진다는 연구결과(Okun, Stock, Haring, & Witter, 1984)와 관련하여, 사교적인 사람들은 다른 사람들과 긍정적인 관계를 맺을 기회가 많고 그들로부터 긍정적인 피드백을 많이 얻게 되므로 행복도가 높아질 수 있다. 그러나 일부의 연구에 따르면, 외향적인 사람들이 내향적인 사람들보다 더 많은 시간을 다른 사람과 함께 보내는 것은 아니라는 것이 밝혀졌다(Pavot, Diener, & Fujita, 1990). 외향적인 사람들은 혼자서 시간을 보낼 때에도 내향적인 사람들보다 행복도를 높게 보고했다(Diener, Larsen, & Emmons, 1984).

그렇다면 외향적인 사람들은 왜 더 행복하다고 보고하는 것일까? 일부 연구자들(Rusting & Larsen, 1998; Larsen & Ketelaar, 1991, Lucas, Diener, Grob, Suh, & Shao, 2000)은 외향적인 사람들이 긍정적 정서성향, 즉

긍정적 보상에 대한 민감성을 타고나서 긍정적 사건에 더 강하게 반응하기 때문이라고 주장한다. 따라서 이들은 사건들을 긍정적으로 기억하고 나중에 긍정적인 것으로 회상하는 경향이 있다(Seidlitz & Diener, 1993). 또한 외향적인 사람들은 사교적인 상황을 편안하고 즐거운 것으로 느끼고 사회적 상호작용을 통해서 만족스러운 일들이 생겨난다고 여기기 때문에 더 높은 행복감을 보고하는 것일 수 있다(Moskowitz & Cote, 1995).

(3) 신경과민성

신경과민성은 주관적 안녕과 부적 상관을 지니는 것으로 여러 연구에서 보고되었다. 신경과민성은 불안, 분노, 우울과 같은 부정 정서를 잘 느끼는 성격 특성으로서 주관적 안녕 수준을 저하시키는 역할을 하게 된다. Costa와 McCrae(1980)는 신경과민성이 부정 정서와 유의미한 상관을 지닌다고 보고했다. DeNeve와 Cooper(1998)의 연구에서는 신경과민성과 주관적 안녕의 상관이 −.22로 나타났다. NEO-PI로 측정된 신경과민성은 부정 정서와 상관이 .54에 달한다고 보고되었다(Steel et al., 2008).

신경과민성이 높은 사람들은 부정 정서를 잘 느끼고 그러한 정서를 조절하는 데 어려움을 겪기 때문에 주관적으로 괴로움과 불행감을 더 많이 느낀다. 신경과민성이 높은 사람들은 더 많은 스트레스 요인을 보고할 뿐만 아니라 이에 대해서 더 강한 부정 정서를 느낀다. 또한 이들은 부정적 사건과 문제들을 자초하는 경향이 있으며 특히 가족관계를 비롯한 인간관계에서 갈등과 불화를 많이 겪는다.

(4) 기타의 성격요인

다양한 성격특성이 행복에 영향을 미치는 것으로 보고되고 있다. 성격 5요인 외에도 낙관성, 자기존중감, 통제감, 통제소재와 같은 성격적 요인들이 행복에 영향을 미치는 것으로 보고되었다(Argyle, 1987; Diener et al., 1999; Myers, 1992). 낙관성(optimism)은 주관적 안녕을 예측하는 강력한 성격요인으로 알려져 있다. 낙관성은 미래에 대해서 긍정적인 기대와 전망을 하는 인지적 경향성을 의미한다. 낙관적인 사람들은 높은 행복도와 삶의 만족도를 보고한다(Diener et al., 1999). Aspinwall과 Brunhart(2000)에 따르면, 낙관주의자들은 비관주의자들보다 부정적 정보나 피드백을 더 잘 수용하며 인간관계의 문제들을 더 잘 직면했다.

자기존중감(self-esteem) 역시 주관적 안녕의 매우 강력한 예측변인으로 알려져 있다(Campbell, 1981). 자기존중감은 자기 자신에 대한 전반적인 긍정적 평가와 우호적 태도를 의미한다. 긍정적인 자기존중감을 지닌 사람은 인간관계의 만족도, 친밀감, 타인을 배려하는 능력, 생산적 수행능력 등이 높을 뿐만 아니라 분노를 잘 조절하며 반사회적 행동을 하지 않는 경향이 있다(Hoyle, Kernis, Leary, & Baldwin, 1999). 자기존중감은 개인의 건강한 성장과 성취에 따른 결과물인 동시에 인간관계와 생산적 활동에 긍정적인 영향을 미침으로써 행복을 증진하게 된다(Ryan & Deci, 2000).

통제감(sense of perceived control)은 개인적으로 중요한 삶의 사건들에 대해서 자신이 통제할 수 있다는 신념을 의미한다. 자신의 인생을 스스로 통제할 수 있다는 믿음은 자기 유능감, 삶에 대한 자신감, 미래에 대한 긍정적 확신을 심어 주어 행복감을 증진시킨다. 특히 내부적 통제소재(internal locus of control)를 지닌 사람들이 외부적 통제소재를 지닌 사람들보다 주관적 안녕 수준이 더 높은 것으로 나타났다(Lefcourt, 1981).

4) 유전이 행복에 미치는 영향

개인의 행복 정도는 오랜 세월에 걸쳐서 상당히 안정된 패턴을 나타내는 것으로 보고되고 있다. Diener와 Lucas(1999)에 따르면, 6년의 간격을 두고 측정된 주관적 안녕의 상관계수는 .40∼.50 수준이었다. Harker와 Keltner(2001)는 고등학교 졸업앨범을 이용하여 여학생들의 사진에 나타난 긍정 정서의 양(미소의 정도로 측정)을 평가하고 30년이 지난 시점에서 그들의 주관적 안녕을 비교한 결과 유의미한 상관이 있음을 발견했다.

Lykken과 Tellegen(1996)은 행복도가 안정적인 패턴을 보이는 것은 유전적 요인 때문이라고 주장했다. Lykken(1999)은 각기 떨어져 양육된 쌍둥이에 대한 행복도를 측정하여 비교함으로써 주관적 안녕에 대한 유전적 영향력을 분석했다. 자료를 분석한 결과, 일란성 쌍둥이의 행복도는 상당히 높은 상관(r=.44∼.53)을 나타낸 반면, 이란성 쌍둥이의 상관(r=.08∼.13)은 미약했다. 이러한 결과는 유전적 요인이 행복도에 강력한 영향을 미친다는 점을 의미한다.

Lykken과 Tellegen(1996)은 쌍둥이 연구결과에 근거하여 행복 기준점이라는 개념을 제시했다. 행복 기준점(happiness set point)은 유전에 의해서 결정되는 긍정 정서의 설정 수준을 의미한다. 대다수 사람들이 일시적으로 긍정적 또는 부정적 정서경험을 하지만 결국에 되돌아오게 되는 행복감의 평균수준이 있는데, 이것을 행복 기준점이라고 지칭했다. 사람마다 행복 기준점이 다르기 때문에 어떤 사람들은 평소에도 긍정 정서를 많이 느끼며 활기찬 기분 상태를 유지하는 반면, 어떤 사람은 부정 정서 쪽으로 기울어져서 걱정을 많이 하는 경향을 나타낼 수 있다.

Lyubomirsky, Sheldon과 Schkade(2005)는 행복에 영향을 미치는 다양한 요인들을 세 가지의 유형, 즉, 행복 기준점, 삶의 상황, 의도적 활동으로 구분했다. 행복 기준점은 앞에서 설명되었듯이 유전에 의해서 결정되는 것이며, 삶의 상황(life circumstances)은 나이, 성별, 교육수준, 사회적 계층, 수입, 가족 및 자녀, 지능수준, 신체적 매력도와 같이 행복에 영향을 미치는 외부적인 여건들을 의미한다. 의도적 활동(volitional activity)은 개인의 동기와 의지에 의해서 선택된 자발적인 활동들을 의미한다. 즉, 행복은 유전적 요인에 의해 결정되는 기준점, 외부적인 환경 여건, 그리고 개인의 의지와 선택

행복은 유전적 요인에 의해서 영향을 받는다.

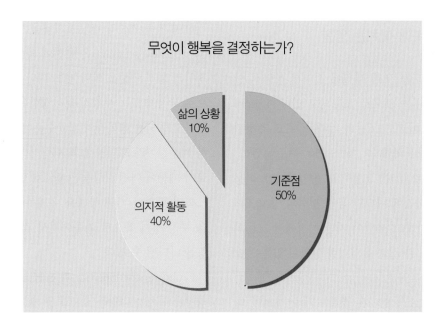

[그림 23-3] **행복의 결정요인**(Lyubomirsky et al., 2005)

에 의한 행위의 산물이라는 것이다.

Lyubomirsky 등(2005)은 행복에 관한 다양한 연구 결과를 종합하여 세 가지 요인이 행복에 미치는 영향력의 정도를 구체적으로 제시했다. [그림 23-3]에 제시되어 있듯이, 행복의 기준점이 행복수준의 50%를 결정하고, 의도적 활동이 40%를 그리고 삶의 상황이 10%를 결정한다는 것이다. 이들의 주장에 따르면, 우리의 행복수준은 상당부분 선천적으로 결정되어 있는 셈이다. 그러나 우리의 의지에 의해서 변화시킬 수 있는 행복의 범위도 상당히 넓다는 점을 주목해야 할 것이다.

유전에 의한 행복 기준점을 주장한 Lykken(1999)은 다음과 같이 말하고 있다. "유전은 상당히 강력하게 정신에 영향을 미친다. 만약 당신의 행복 기준점이 평균 이하라면, 당신의 유전적 운전자가 당신을 비생산적으로 행동하도록 유혹하여 행복을 저하시키는 방향으로 인도해 간다는 것을 의미한다. 만약 당신이 당신의 유전적 운전자가 제멋대로 하도록 내버려 둔다면, 그것이 지향하는 목적지에 도달하게 될 것이다. 그러나 인생은 당신의 것이다. 당신은 상당히 넓은 선택의 범위 내에서 당신 자신의 목적지를 선택할 수 있다"(p. 60).

요약

1. 성격은 신체건강에 영향을 미치는 주요한 심리적 요인이다. 성격 5요인 중 성실성과 신경과민성이 신체건강과 밀접한 관련성을 지닌다. 성실성이 높은 사람은 건강을 훼손하는 행동(흡연, 음주, 위험행동)을 덜 했으며 건강증진활동에 더 지속적으로 참여했다. 신경과민성이 높은 사람들은 더 많은 스트레스를 경험할 뿐만 아니라 더 높은 체중질량지수, 즉 과체중이나 비만을 나타냈다. D유형 성격은 부정 정서와 사회적 억제의 조합으로서 심장혈관장애와 밀접히 연관된 것으로 밝혀지고 있다.

2. 성격이 신체건강에 영향을 미치는 과정은 스트레스-질병 모델, 건강-행동 모델, 유전 모델 등에 의해서 설명되고 있다. 최근에 제시된 축적 모델(accumulative model)에 따르면, 건강을 훼손하는 다양한 위험요인(흡연, 음주, 과식, 오염물질 등)에 노출된 효과는 전 생애를 통해 점진적으로 누적되고 다른 위험요인(예: 상황적 스트레스, 사소한 질병, 약물투여)과 상호작용함으로써 신체질병을 유발하게 된다.

3. 성격은 수명에도 영향을 미치는 것으로 나타났다. 장수하는 사람들은 성실성이 높으며, 적개심과 D유형의 성격특성이 낮다. 또한 이들은 외향성, 개방성, 지각된 통제력, 낮은 정서적 억제와 같은 성격특성을 지니는 것으로 나타났다.

4. 성격은 부정적인 생활사건의 심리적 영향을 증폭시키거나 축소시킴으로써 정신건강에 영향을 미친다. 신경과민성은 정신장애와 가장 밀접한 관계를 지닌 성격요인으로서 우울증, 양극성 장애, 불안장애, 섭식장애 등의 다양한 정신장애와 연관된다. 외향성은 넓은 대인관계와 긍정 정서를 촉진하는 성격특성으로서 정신장애를 억제하는 역할을 한다. 높은 신경과민성과 낮은 외향성(즉, 높은 내향성)은 심리치료의 효과를 저하시키는 성격특성으로 알려져 있다.

5. 성격 5요인은 모두 성격장애 하위유형과 유의미한 관련성을 지니고 있다. 예컨대, 신경과민성은 경계선·편집성·분열형·회피성 성격장애와 정적 상관을 나타낸 반면, 우호성은 의존성 성격장애와 정적 상관을 보였다. 기질 역시 성격장애와 관련성을 지닌다. 새로움 추구, 위험 회피, 보상 의존성의 조합에 의해서 성격장애의 하위유형이 설명될 수 있다. 예컨대, 반사회성 성격장애는 새로움 추구의 기질이 강하지만 위험 회피와 보상 의존성이 낮은 사람에게서 더 잘 발현될 수 있다.

6. 성격은 행복과도 밀접한 관계를 지닌다. 주관적 안녕은 자신의 삶에 만족하며 높은 긍정 정서와 낮은 부정 정서를 느끼는 심리적 상태로 정의된다. 신경과민성과 외향성은 주관적 안녕을 예측하는 가장 중요한 성격요인으로 나타났다. 외향성이 높은 사람들은 다른 사람과 긍정적인 관계를 맺을 기회가 많고 그들로부터 긍정적인 피드백을 많이 얻게 되므로 행복도가 높아진다. 신경과민성이 높은 사람들은 부정 정서를 잘 느끼고 그러한 정서를 조절하는 데 어려움을 겪기 때문에 주관적으로 괴로움과 불행감을 더 많이 느낀다.

7. 개인의 행복도는 오랜 세월에 걸쳐 비교적 안정적인 패턴을 보인다. 이러한 행복도의 안정성은 유전적 요인에 의한 것으로서 개인의 일상적인 정서수준을 뜻하는 행복 기준점(happiness set point)을 구성한다. 행복은 개인의 기준점(50%), 삶의 상황(10%), 의도적 활동(40%)이라는 세 가지 요인에 의해 결정되는 것으로 주장되고 있다.

제24장
성격과 인생이야기

1. 인생이야기를 통한 인간 이해

인간은 사회적 존재로서 이야기를 통해서 서로 소통한다. 인간은 이야기하기를 좋아할 뿐만 아니라 이야기 듣기를 좋아한다. 이야기는 인간이 자신을 다른 사람에게 알리고 또한 다른 사람을 이해하는 매우 중요하고 유용한 소통수단이다. 사람들은 말이나 글로 자신이 살아온 인생이야기를 다른 사람들에게 전달한다. 할아버지는 손자에게 자신의 인생이야기를 들려주며 자신이 어떤 존재이고 어떤 삶을 살아왔는지를 알린다. 자서전은 개인이 자신의 인생이야기를 통해서 많은 사람에게 자신을 알리는 대표적인 수단이다. 인생이야기에는 개인의 인생경험뿐만 아니라 그의 성격과 삶의 방식이 담겨 있다.

"당신은 누구입니까?" "당신은 어떤 사람입니까?"라는 질문을 받았을 때, 어떻게 대답해야 자신이 어떤

사람인지를 잘 전달할 수 있을까? "나는 ○○대학교 ○○학과 3학년 학생입니다" "나는 안동 김 씨 집안의 33대손 김 아무개입니다" "나는 ○○회사의 영업부 과장입니다" "나는 귀여운 두 아들과 사랑스러운 아내와 함께 살고 있는 평범한 가장입니다" "나는 여행을 좋아하고, 누구와도 대화를 나누며, 친밀한 관계를 맺기를 좋아하는 사람입니다" "나는 내성적이고 책읽기를 좋아하며 미래에 소설가가 되기를 원합니다" 이러한 대답으로 자신이 어떤 사람인지를 충분히 전달할 수 있을까? 또는 성격검사의 점수(예: 성격 5요인의 높낮이, MBTI의 유형)나 학력 또는 경력 증명서가 우리 자신을 잘 표현하고 있을까?

다음의 사진에 제시된 네 사람은 어떤 사람들일까? 어떤 성격과 정체감을 지니고 어떤 삶을 살아온 사람들일까? 얼굴이나 옷차림새만으로 사람의 특성을 얼마나 파악할 수 있을까? 한 사람이 어떤 존재인지를 가장 잘 알 수 있는 방법은 그가 어떤 삶을 살아왔고 현재 어

이들은 어떤 사람들일까? 이들이 들려주는 인생이야기는 어떤 것일까?

떻게 살고 있는지에 관한 이야기를 듣는 것이다. 인생 이야기는 개인의 삶뿐만 아니라 그의 성격을 이해할 수 있는 소중한 자료다. 인생이야기에는 개인이 어떤 환경에서 성장하여 어떤 우여곡절을 겪었으며 인생의 중요한 순간에 어떤 선택과 대처를 했고 현재 어떤 상황에 처해 있으며 어떤 미래의 계획을 지니고 있는지가 담겨 있기 때문이다.

심리학자들은 그동안 개인의 인생이야기에 주목하지 않았을 뿐만 아니라 학문적인 가치를 부여하지 않았다. 인생이야기는 개인이 다양한 의도와 형식으로 전달하는 극히 사적이고 주관적인 이야기일 뿐 인간에 대한 보편적인 법칙을 발견할 수 있는 소중한 자료라고 생각하지 않았기 때문이다. 그러나 최근에 많은 심리학자가

인생이야기에 주목하고 있다. 인생이야기에는 개인의 독특한 성격특성이 풍부하게 담겨 있을 뿐만 아니라 많은 사람이 공유하는 공통적인 경험과 심리적 현상이 포함되어 있다. 인생이야기는 성격의 개인차를 이해할 수 있을 뿐만 아니라 인간의 보편적 심리를 발견할 수 있는 소중한 자료로 인식되고 있다.

2. 성격에 대한 이야기 접근

1) 인생이야기에 대한 학문적 관심

성격의 5요인과 같은 몇 가지의 특질만으로 개인의

다양하고 복합적이며 미묘한 성격적 특성을 얼마나 이해할 수 있을까? 1980년대부터 성격심리학자들은 특질 중심의 연구를 넘어서서 좀 더 생생하고 풍부한 삶의 주제를 다루는 연구를 하기 시작했다. 이러한 새로운 시도와 더불어 인생이야기의 중요성이 부각되었다.

Silvan Tomkins(1979)는 각본이론(script theory)을 제시하면서 성격의 핵심적 구성요소는 내면화된 장면이나 각본이라고 주장했다. 그에 따르면, 개인은 마치 희곡작가처럼 자신의 삶을 바라보면서 인생의 중요한 장면들을 중심으로 각본 형태의 줄거리를 지닌 이야기로 구성한다. 성격의 개인차는 개인의 심리적 세계를 구성하고 특정한 행동을 하도록 이끄는 그러한 핵심적 장면과 각본에 의해서 이해될 수 있다.

Tomkins의 주장에 공감하는 여러 성격심리학자들(Cantor & Zirkel, 1990; Emmons, 1986; Hermans & Kempen, 1993; McAdams, 1985)에 의해서 성격에 대한 이야기 접근이 발전하기 시작했다. 성격에 대한 이야기 접근(narrative approach)은 개인이 제시하는 자신에 관한 이야기를 통해서 그의 성격과 심리적 원리를 밝히려는 새로운 연구방법이라고 할 수 있다(McAdams, 2008). 이러한 이야기 접근은 개인이 자신의 삶과 정체감에 대해서 전달하는 이야기를 통해서 그의 성격을 이해하려는 시도를 의미한다. 개인이 어떤 사람인지 그리고 어떤 성격의 소유자인지를 알기 위해서는 그 사람의 인생이야기를 들어야 한다. 그가 어떤 삶을 살아왔는지 그리고 자신의 삶에 대해서 어떤 의미를 부여하는지를 이해함으로써 그 사람의 본질, 즉 성격을 알 수 있다.

현대의 성격심리학에는 인생각본(life script), 자기이야기(self-narrative), 이야기 도식(story schema), 개인적 사건기억(personal event memory), 자기정의적 기억(self-defining memory), 핵심적 장면(nuclear scene)과 같은 다양한 용어들이 사용되고 있다. 이러한 이야기

Dan McAdams

접근은 인간의 성격을 이해하기 위한 개별사례적 접근과 법칙발견적 접근을 통합할 뿐만 아니라 양적 연구와 질적 연구의 장점을 결합할 수 있는 유망한 패러다임으로 부각되고 있다. 성격에 대한 이야기 접근을 주도하고 있는 대표적인 학자는 미국 Northwestern 대학교의 심리학과 교수인 Dan McAdams다.

2) 정체감의 인생이야기 모델

McAdams(1985, 2001, 2008a)에 따르면, 이야기 접근의 핵심 개념은 이야기 정체감이다. 이야기 정체감(narrative identity)은 개인이 다양한 인생 경험을 일관성 있게 통합하여 내면적으로 지니고 있는 자신에 대한 이야기를 의미한다. 노인은 젊은이들에게 자신이 살아온 인생을 이야기하며 자신이 어떤 사람인지를 전달한다. 개인은 이러한 이야기를 통해 자신의 삶에 의미를 부여하게 되는데, 이러한 의미 부여에는 개인이 속한 사회와 문화의 의미체계가 반영되어 있다. 이런 점에서 이야기 정체감은 개인의 독특성과 사회의 의미체계를 통합하고 있다.

McAdams(1985, 1993, 1996)는 정체감의 인생이야기 모델(life story model of identity)을 제시했다. 이 모델에 따르면, 정체감은 이야기의 형태를 지니며 장면, 인물, 줄거리, 주제로 구성된다. 인간은 청년기 초기나 성인기에 자신의 과거를 재구성하고, 현재를 점검하며, 미래를 예상하는 자기에 대한 통합적 이야기를 구성한다. 인생이야기는 자서전적 사실에 근거하지만 그러한 사실을 넘어서 개인은 자신의 경험을 선택하고, 과거와 미래를 재구성하여 자신과 청중에게 전달한다. McAdams(2008)는 정체감에 대한 이야기 접근이 다음과 같은 6개의 원칙에 근거한다고 제시했다.

첫째, 자기(self)는 이야기로 표현된다. 인간은 본질적으로 이야기꾼이다. 인간문화에는 신화, 전설, 영웅담과 같은 수많은 이야기가 존재한다. 이야기는 인간이 어떻게 욕망을 충족하고, 목표를 성취했는지를 전달하는 최선의 매체다. 인간은 스스로 자신에 관한 이야기를 만들고 다른 사람에게 전달한다. 자기는 자신에 관한 이야기를 만들어 전달하는 주체적 자기(I)와 이야기의 대상이 되는 객체적 자기(me)로 구성된다. 자기는

인간은 본래 이야기꾼이다.

이야기꾼인 동시에 이야기의 등장인물이다. 인생이야기에는 이야기를 만드는 자기와 그 이야기를 듣고 반응하는 청중으로서의 자기가 상호작용하며 이야기를 만들어 나간다. 이처럼 개인의 내면에 존재하는 대화적 자기(dialogical self)가 성격의 핵심을 이룬다.

둘째, 이야기는 인생의 다양한 경험을 통합한다. 이야기는 사실과 의견을 전달하고, 교육하며, 토론하는 등의 다양한 기능을 지닌다. 그러나 이야기의 가장 중요한 기능은 통합이다. 개인은 이야기를 통해서 현재 일어나고 있는 다양한 경험 조각들(가정생활, 직장생활, 인간관계, 여가활동 등)을 의미 있는 줄거리로 엮어서 통합한다. 또한 시간적 관점에서 과거의 경험, 현재의 상황, 그리고 미래의 소망을 연결하여 일관성 있는 줄거리를 지닌 이야기로 통합한다.

셋째, 이야기는 사회적 관계 속에서 전달된다. 이야기는 기본적으로 사회적인 현상이다. 말하는 사람과 듣는 사람이 존재해야 한다. 독백의 경우라 하더라도 누군가를 염두에 두고 이야기하게 된다. 실제적이든 상상적이든 청중은 이야기를 촉진할 뿐만 아니라 이야기의 의미가 분명하게 전달되기를 원한다. 이야기는 자신을 표현할 뿐만 아니라 청중과 의미를 공유하는 사회적 활동이라고 할 수 있다.

넷째, 이야기는 시간에 따라 변할 수 있다. 자서전적 기억은 매우 불안정하다. 사람들은 인생의 중요한 사건들을 잘 기억하지만 그 세부적인 내용은 정확하게 기억하지 못하는 경우가 많다. 특히 오래된 경험일수록 세부적인 내용이 왜곡되거나 망각되기 쉽다. 또한 현재의 기분상태에 따라서 과거경험이 편향적으로 회상될 수도 있다. 이처럼 자서전적 기억의 시간적 불안정성으로 인해서 인생이야기는 수시로 변화할 수 있다.

다섯째, 이야기는 문화적 표현이다. 인생이야기는 그 이야기가 만들어지고, 전달되는 문화적 특성을 반영한

다. 개인이 속한 사회에서 지배적인 규범과 전통에 따라서 이야기가 만들어지고, 확장되며, 전파되고, 소멸한다. 인생이야기를 구성하기 위해서 개인이 기억해 내는 것들은 그 문화에서 중요하다고 여기는 경험들이다. 이런 점에서 인생이야기는 개인의 삶에 대한 이야기인 동시에 그가 속한 문화에 대한 이야기이기도 하다.

마지막으로, 어떤 이야기는 다른 이야기보다 개인에게 더 긍정적인 기능을 할 수 있다. 동일한 개인의 삶이라 하더라도 이야기를 구성하는 방식에 따라서 긍정적인 좋은 이야기가 될 수도 있고, 부정적인 나쁜 이야기가 될 수도 있다. 심리적 적응이라는 관점에서 인생이야기는 긍정적인 것과 부정적인 것으로 평가될 수 있다. 이러한 평가에는 물론 사회의 가치관과 규범이 반영되어 있다. 이야기의 내용뿐만 아니라 그 통합성과 정교성은 심리적 성숙과 정신건강을 반영하는 지표와 밀접하게 연결되는 것으로 나타났다. 심리치료는 기본적으로 인생이야기를 재구성하고 수정하는 과정이다. 이야기 치료(narrative therapy)는 내담자의 혼란스럽고 파괴적인 이야기를 적응과 성장으로 이끌 수 있는 새로운 이야기로 변형시키는 치료적 작업이라고 할 수 있다.

3) 성격의 모델과 인생이야기

인생이야기는 개인의 성격을 이해하는 데 있어서 어떤 위치에 있는 것일까? 개인을 이해하려면 성격심리학자는 세 가지 수준에 대한 이해가 필요하다 (McAdams, 2001). 첫째는 개인을 특질 수준에서 이해하는 것이다. 특질은 다양한 상황과 시간에 걸쳐서 일관성 있게 나타나는 심리적 경향성으로서 개인이 지닌 특질의 방향성이나 강도를 파악하는 것이 중요하다. 예컨대, A씨의 성격을 '높은 신경과민성과 외향성, 중간 정도의 개방성, 낮은 우호성과 성실성'으로 이해하는

것이다.

둘째는 개인을 적응 수준에서 이해하는 것이다. 개인이 다양한 발달적 과제와 사회적 역할을 어떤 방식으로 수행하고 있으며, 적응하고 있는지를 파악하는 것이다. 예를 들면, A씨는 '지배적이고 적대적인 대인관계 스타일을 지니고 있고, 위협적인 상황에서 합리화와 주지화의 방어기제로 대처하며, 미래에 대한 포부수준이 높지만 권위적 인물과의 갈등을 겪으며 수동공격적인 행동패턴을 나타내고 있다'는 식으로 이해할 수 있다.

마지막으로, 개인을 인생이야기로 이해하는 것이다. 개인이 자신에 관해서 어떤 인생이야기를 구성하고 있으며 어떤 정체감을 지닌 상태로 미래를 향하고 있는지를 이해하는 것이다. 예를 들면, A씨는 다음과 같은 짧은 인생이야기로 자기소개를 할 수 있다. "나는 가난하고 불행한 집안에서 태어나 초등·중학교 시절에는 또래들과 패싸움을 벌이는 문제아였으나 한 선생님의 격려를 통해 고등학교부터 정신을 차리고 열심히 공부하여 우수한 성적을 나타냈으며, 대학에서 경영학을 전공하고 현재 대기업에 입사하여 매우 힘든 적응과정을 거치고 있지만 초고속 승진을 하여 40대에는 최고경영자의 자리에 오르고 싶습니다."

이러한 세 수준의 정보는 A씨의 각기 다른 성격적 측면을 이해하는 데에 도움이 된다. McAdams(2001, 2008a)는 성격의 이해에 세 수준의 정보가 모두 중요하다고 강조한다. 그에 따르면, 성격은 성향적 특질, 특징적 적응, 인생이야기라는 세 개의 층으로 이해될 수 있다. 성향적 특질은 개인의 성격에 대한 가장 거친 스케치라고 할 수 있으며, 특징적 적응은 성격에 대한 세부적 묘사라고 할 수 있다. 그리고 인생이야기는 개인이 자신의 삶 전체를 통합하는 방식일 뿐만 아니라 자신의 삶에 부여하는 독특한 의미라고 할 수 있다. 세 수준의 정보는 개인이 미래에 나타낼 수 있는 삶의 방향과 행

동을 예측하기 위한 소중한 자료가 될 수 있다.

McAdams(2008; McAdams & Pals, 2006)는 성격심리학에서 제시되고 있는 성격의 구성요소를 통합하여 [그림 24-1]과 같은 성격모델을 제시하였다. 이 모델에 따르면, 성격이란 (1) 인간 심성에 대한 보편적인 진화적 흐름에서 나타난 개인의 독특한 변이현상으로서 (2) 사회문화적 환경 속에서 유발되고 표현되는 (3) 성향적 특질, (4) 특징적 적응방식 그리고 (5) 자기정의적 인생이야기(self-defining life narratives)라고 정의할 수 있다. 즉, 성격은 5개의 구성요소, 즉 인간 본성, 성향적 특질, 특징적 적응, 인생이야기, 문화로 구성되어 있다.

첫째, 인간 본성(human nature)은 진화에 의한 인간의 전반적인 설계를 반영한다. 인간은 진화적 적응환경 (EEA)에 적응하기 위해서 집단구성원 사이의 변이, 즉 개인차를 발달시켰다. 인간의 본성은 진화에 의한 전반적 성향이며, 개인의 성격은 보편적인 진화적 설계의 개인적 변이현상이다. 이러한 개인적 변이의 가장 중요한 표현은 성향적 특질이며 개인의 사회생활에 중요한 영향을 미친다.

둘째, 성향적 특질(dispositional trait)은 광범위한 반응 성향으로서 개인의 유전적 설계에 의해 결정되는 성격의 5요인, 즉 신경과민성, 외향성, 개방성, 우호성, 성실성이 대표적인 것이다. 이러한 성격특질은 환경과 상호작용하는 일반적인 성향으로서 개인의 성격에 대한 스케치, 즉 전반적 골조에 해당하는 것이라고 할 수 있다.

셋째, 특징적 적응(characteristic adaptation)은 개인의

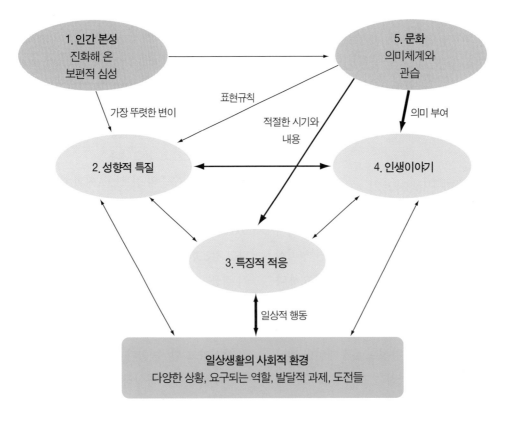

[그림 24-1] **성격의 이론적 체계**

삶과 성격에 대한 구체적인 모습을 의미한다. 인간은 사회적 역할과 환경적 상황에 대한 적응방식이 각기 다르다. 특징적 적응은 개인의 동기, 목표, 계획, 방략, 가치, 미덕, 도식, 자기상, 발달과제 등을 포함한다. Buss와 Cantor(1989)는 특징적 적응을 일반적 특질과 구체적 행동 사이에 위치하는 중간수준의 성격단위라고 지칭한 바 있다. Cantor(1990)는 성격을 소유하고 있는 측면(having side)과 행동하는 측면(doing side)으로 구분한 바 있다. 특질은 소유하고 있는 성격 측면인 반면, 특징적 적응은 행동하는 성격 측면이라고 할 수 있다. 특징적 적응은 개인이 사회환경적 맥락에서 나타내는 목표-지향적이고 인지-매개적인 일상행동의 패턴을 의미한다.

넷째, 인생이야기(life story)는 가족, 직장, 인간관계와 사회문화적 환경 속에서 진행되는 개인의 삶에 대한 이야기를 뜻한다. 인생이야기는 개인의 과거, 현재, 미래를 연결하고 다양한 경험들을 통합함으로써 자신의 인생에 의미를 부여하는 패턴이다. 인생이야기는 개인의 성향적 특질과 특징적 적응에 의한 경험들로 구성되지만 그것들과는 다르다. 성향적 특질이 성격의 전체적 윤곽이고 특징적 적응은 그 세부적 묘사라면, 인생이야기는 개인이 자신의 삶에 부여하는 통합적 의미라고 할 수 있다. 인생이야기는 개인이 살고 있는 문화의 의미체계에 의해서 구성되는 것으로서 개인의 삶에 독특한 의미를 부여한다.

마지막으로, 문화(culture)는 성격에 영향을 미치는 환경적 요인을 의미한다. 문화는 성격의 여러 측면에 다양한 영향을 미친다. 문화는 성향적 특질의 표현에 상당한 영향을 미칠 뿐만 아니라 개인의 목표, 동기, 가치 등의 내용을 통해 특징적 적응에도 많은 영향을 미친다. 또한 문화는 이야기의 형식과 구성을 결정함으로써 인생이야기에도 강력한 영향을 미친다. 문화는 개인이 자신의 삶을 통합하는 이야기 정체감을 만들어 가는 과정에서 그 주제, 심상, 재료를 제공함으로써 인생이야기에 가장 깊고 강한 영향을 미친다. 문화는 개인이 특정한 가치를 추구하는 삶의 방향에 영향을 미칠 뿐만 아니라 개인이 자신의 인생경험에 의미를 부여하는 과정에도 영향을 미친다. 문화와 성격은 서로 미묘하고 복잡한 방식으로 상호작용하여 이야기 정체감을 형성해 나간다.

4) 이야기 접근의 연구방법

McAdams(2001, 2008a)에 따르면, 인간의 성격은 성향적 특질, 특징적 적응, 인생이야기의 세 수준으로 구성된다. 인생이야기는 개인의 성격이 인생의 발달과정에서 표현된 가장 풍부하고 구체적인 정보를 담고 있다. 그러나 그동안 심리학계에서는 인생이야기가 지니고 있는 연구자료로서의 가치를 간과해 왔다. 인생이야기는 개인의 환상과 실제가 마구 뒤섞인 주관적인 것으로 신뢰하기 어려운 자료라고 여겼기 때문이다. 그러나 성격은 객관적 사실과 주관적 경험이 뒤섞여 형성된 심리적 구조로서 개인의 행동에 강력한 영향을 미친다. 이러한 점에서 인생이야기는 개인의 성격과 그 변천과정에 관한 풍부한 정보를 담고 있는 소중한 연구자료라고 할 수 있다.

인생이야기는 사례연구나 질적 연구방법으로만 분석되는 것으로 생각될 수 있지만 사실은 그렇지 않다. 성격에 대한 이야기 접근은 물론 사례연구나 질적 연구와 쉽게 연결될 수도 있지만 양적 연구방법을 사용한 많은 연구가 이루어지고 있다. 이러한 연구에서는 인생이야기 자료를 수집하는 구조화된 방법과 인생이야기를 채점하고 분석하는 체계적인 방법이 개발되어 사용되고 있다. 특히 구조화된 면담도구나 자서전적 질문지가 개발되었을 뿐만 아니라 인생이야기에 제시된 심리적 주제, 정서적 색채, 이야기의 전개과정, 인생의 목표 등을 객관적으로 평가할 수 있는 방법이 개발되었다(McAdams, 2008). Singer(2005; Blagov & Singer, 2004)는 자기정의적 기억(self-defining memory)의 심리적 차원을 평가할 수 있는 양적인 방법을 개발한 바 있다. 또한 Pennebaker, Mayne과 Francis(1997)는 인생이야기의 다양한 측면을 평가하기 위해서 컴퓨터를 기반으로 한 단어계산 방식을 사용하기도 했다. 성격에 대한 이야기 접근은 개별적인 사례의 인생이야기를 양적인 과학적 연구방법론으로 평가하고 분석함으로써 성격의 세부적 측면을 좀 더 객관적으로 탐색할 수 있는 유망한 연구모델이 될 것으로 기대된다.

성격을 연구하는 주요한 방법으로 Allport 이래 법칙정립 접근법과 개별사례 접근법이 병행되었다. 법칙정립 접근법은 많은 사람에게 적용 가능한 보편적인 법칙과 원리를 발견하는 장점이 있으나 개인이 지닌 성격의 미묘하고 복잡한 측면을 포착하기 어렵다. 반면에, 개별사례 접근법은 개인의 독특하고 세밀한 측면을 탐색할 수 있으나 연구결과를 일반화하는 데에 한계가 있다. Freud가 제시한 정신분석이론은 개별사례 접근법에 근거하여 발전된 이론으로서 인간에 관한 풍부한 통찰을 제시했으나 과학적 연구방법을 사용하지 않았기 때문에 그러한 이론의 실증적 타당성이 의심되고 있을 뿐만 아니라 일반화에 많은 문제점을 지니고 있다.

성격에 대한 이야기 접근은 개별사례 접근법과 법칙정립 접근법을 접목함으로써 성격의 세부적 측면에 대한 보편적 원리를 탐색할 수 있는 새로운 연구모델이 될 수 있다. 달리 말하면, 질적 연구와 양적 연구를 통합함으로써 인간의 성격을 구성하는 뼈와 살을 동시에 얻을 수 있는 유망한 연구방법의 가능성을 제시하고 있다. 예컨대, Nasby와 Read(1997)는 특정한 개인의 단

일사례에 대해서 성격 5요인과 인생이야기의 관계를 분석한 바 있다. 이 밖에도 인생이야기와 여러 성격적 측면의 관계, 이야기 정체감의 발달과정, 역경에 대한 의미구성 방식, 자기(self)가 대인관계나 문화적 배경을 통해 형성되는 과정 등에 대한 실증적 연구가 가능하다(McAdams, 2008).

3. 인생이야기의 구성과 분석방법

인생이야기에는 개인의 성격적 특성에 관한 많은 정보가 포함되어 있다. 인생이야기는 개인의 과거경험에 대한 재구성, 현재에 대한 인식 그리고 미래에 대한 상상을 통합하고 있다. 이러한 인생이야기는 등장인물, 에피소드, 이미지, 상황, 구성, 주제를 포함하는 줄거리로 구성되며 서막-본론-종결부 또는 기-승-전-결의 구조를 갖는다. 인생이야기는 구조와 내용의 측면에서 다양하게 평가될 수 있다.

1) 구조

인생이야기의 구조적 측면에서는 응집력(coherence)이 가장 중요한 구성요소다. 아동기에서 성인기로 발달할수록 개인의 인생이야기는 그 응집력이 증가한다. 응집력은 다양한 측면에서 평가될 수 있다. 첫째, 시간적 응집력(temporal coherence)은 다양한 사건들이 얼마나 시간순서에 따라 명료하게 이야기로 구성되는지를 의미한다. 둘째, 인과적 응집력(causal coherence)은 이야기 속에서 언급되는 사건들 간의 원인-결과의 관계와 더불어 사건이 개인에게 미친 영향을 잘 제시하고 있는지를 의미한다. 셋째, 주제의 응집력(thematic coherence)은 자신의 인생경험에 대한 반성적 평가를 의미하며,

이야기 속에서 특정한 주제가 일관성 있게 표현되고, 연속적 흐름을 보여주며, 구체적 의미를 부여하는 정도를 의미한다. 넷째, 전기의 문화적 개념(cultural concept of biography)은 개인이 속한 문화에서 일반적으로 공유하는 자서전의 형식과 표현을 이야기에 포함시키는 정도를 뜻한다.

이야기의 응집력 정도는 전반적인 심리적 웰빙이나 자아발달과 같은 다양한 심리적 특성과 관련되는 것으로 밝혀지고 있다. 예를 들어, 인생이야기의 구조적 응집력이나 정교성에서 나타나는 개인차는 Loevinger (1976)의 자아발달 개념과 연결된다. 자아발달 수준이 높은 사람들은 자신의 인생경험을 독자적인 가치관과 개념틀에 근거하여 정교한 방식으로 의미를 부여하는 반면, 자아발달 수준이 낮은 사람들은 순응주의자의 관점에서 흑백논리로 자신의 경험을 단순하게 기술하는 경향이 있다.

2) 내용과 주제

인생이야기는 내용과 주제에 초점을 맞추어 분석될 수 있다. 이야기 정체감은 개인이 구성하는 인생이야기의 내용과 주제에 반영되어 나타난다. 인생이야기는 다음과 같은 8개의 주제별로 내용을 분석하여 평가하게 된다.

첫째, 회복(redemption)은 인생이야기에서 나쁜 부정적 상태에서 좋은 긍정적 상태로 전환되는 것을 말한다. 이러한 전환은 긍정적 상태를 이끌어 내기 위해서 부정적인 사건을 참고 견디는 희생(sacrifice), 긍정 상태를 잃었다가 되찾는 복구(recovery), 자신이 심리적·신체적으로 발전하는 성장(growth), 그리고 새로운 기술과 지혜를 배우게 되는 학습(learning)으로 세분될 수 있다.

둘째, 퇴락(contamination)은 좋은 긍정적 상태에서 나쁜 부정적 상태로 전환되는 것을 뜻한다. 이러한 전환이 나타나는 이유는 과거의 긍정적 상태를 부정하거나 기억하지 못하기 때문일 수도 있고, 현재의 부정적 상태에 압도되었기 때문일 수도 있다. 이러한 퇴락의 하위범주에는 배신, 상실, 실패, 실망, 환멸 등이 있다.

셋째, 주체성(agency)은 이야기를 하는 사람이 자신을 자율적인 독립적 존재로 기술하며 자신의 능력, 권력, 지위, 명성을 향상시키기 위해 노력하는 정도를 뜻한다. 20장에서 소개한 바 있듯이, Bakan이 제시한 주체성과 연대성의 Big Two는 대인관계뿐만 아니라 인생에서 추구하는 중요한 가치를 평가하는 주요한 두 차원이다. 인생이야기를 분석할 때 주체성은 네 개의 범주, 즉 자기숙달, 지위/승리, 성취/책임감, 역량 강화로 세분되어 평가된다.

넷째, 연대성(communion)은 다른 사람과의 친밀한 관계와 연결을 추구하는 동기를 뜻한다. 다른 사람과의 사랑과 우정을 중시하고, 친밀감을 교류하며, 집단에 소속되어 협동하는 것을 포함한다. 연대성은 네 개의 범주, 즉 사랑/우정, 진실한 대화, 보살핌/도움, 일체감/연결감으로 세분되어 평가된다.

다섯째, 탐색적 이야기 처리(exploratory narrative processing)는 이야기를 하면서 자기탐색을 하는 정도를 말한다. 고난과 역경의 경험을 이야기하면서 자신에 대한 새로운 측면을 발견하고 인생의 지혜를 배우는 이야기 내용을 의미한다. 탐색적 이야기 처리는 자세한 자기탐색과 깊은 자기이해를 통해서 심리적 성숙에 이르게 할 뿐만 아니라 긍정적인 자기변화를 유발한다.

여섯째, 일관성 있는 긍정적 해결(coherent positive resolution)은 긴장과 갈등을 해결하고 만족스러운 결말을 맺는 정도를 말한다. 인생이야기에서 크고 작은 갈등을 인내하며 적극적으로 대처하여 긍정적인 결과를 만들어 내는 패턴은 개인의 자아탄력성, 대처방략, 스트레스 감내력 등을 반영하는 지표가 될 수 있다.

일곱째, 의미 부여(meaning making)는 이야기로부터 의미를 부여하는 정도를 뜻한다. 자신의 인생이야기로부터 얼마나 풍부하고 적절한 교훈이나 통찰을 추출해 내느냐에 따라서 의미 부여의 정도를 평가할 수 있다.

마지막으로, 수행(performance)은 자신이 이룬 성취를 중심으로 인생이야기를 묘사하는 것을 의미한다. 이러한 이야기는 전형적으로 유능한 운동선수의 경우에 나타난다.

3) 인생이야기의 전개

인생이야기는 개인의 독특성에 따라 다양한 방식으로 전개될 수 있다. 그러나 개인이 속한 문화에서 공유하고 있는 인생의 단계나 서술 방식에 의해서 인생이야기가 전개될 수 있다. 일반적으로 인생이야기는 시간의 흐름에 따라 발달단계의 순서로 서술된다. 인생이야기는 한 편의 서사적 드라마로서 〈표 24-1〉에 예시된 바와 같이 유아기부터 시작하여 현재까지의 다양한 사건들이 기술되며 미래에 대한 예상이 추가될 수 있다.

Erickson이 심리사회적 발달단계이론에서 제시한 바 있듯이, 인생의 발달단계마다 주요한 쟁점으로 떠오르는 심리적인 주제와 그에 관한 경험이 이야기의 주된 내용을 구성하게 된다.

인생이야기는 삶의 주요한 영역인 인간관계, 직업활동, 여가활동, 종교생활, 건강상태의 측면에서 경험한 내용들로 구성된다. 각 영역에서의 경험은 개인의 성격과 대처방식을 반영한다. 이러한 경험들은 성격의 표현일 뿐만 아니라 성격의 형성과 발달에 영향을 미칠 수 있다. [그림 24-2]에 도식으로 제시되어 있듯이, 유아기부터 현재의 발달단계에 이르기까지 다양한 인생영역에서 경험한 인생이야기 속에 바로 개인의 성격과 정체감이 표출되고 있다. 인생이야기는 인생의 전체과정에서 경험한 것 중에서 개인이 중요하다고 판단하거나 인상 깊은 기억으로 남아 있는 장면이나 사건들로 구성된다. 이처럼 인생이야기를 구성하는 재료는 개인이 자신의 인생에 부여하는 의미와 가치에 따라 주관적으로 선택될 수 있다. 연구자가 개인의 인생이야기를 수집하는 과정에서는 어린 시절의 인상적인 기억, 역경과 대처과정, 인생의 최고 순간과 최저 순간, 인생의 전환점, 미래의 꿈과 계획 등에 초점을 맞추어 면담하게 된다.

표 24-1　인생의 발달단계별 인생이야기의 측면들(예)

발달단계	측면	핵심주제	이야기의 주요내용
유아기	배경	기본신뢰, 애착	가족배경, 부모와의 관계
아동기	도입	자율성, 유능성	학업, 또래관계, 가족관계
청년기	전개	정체감	취업, 이성관계, 결혼
성년기	발전	친밀감	직장생활, 가정생활, 자녀양육
중년기	결말	생산성	직업적 성취, 자녀독립, 여가
노년기	회고	통합성	인생의 의미, 상실, 종교, 건강

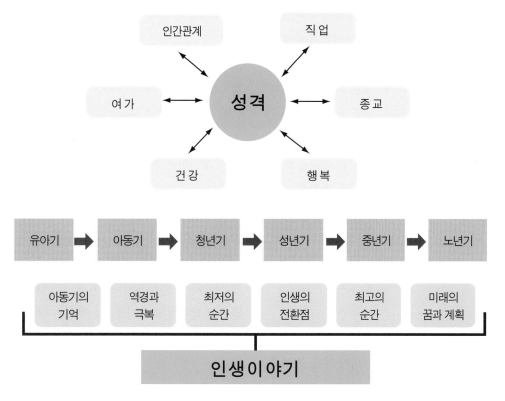

[그림 24-2] **인생이야기의 구성과 전개과정**

4) 인생이야기의 수집과 채점

이야기 접근에서는 인생이야기를 통해서 어떻게 개인의 성격과 심리적 특성을 연구하는 것일까? 인생이야기라는 극히 개인적인 사례를 통해서 어떻게 법칙정립적 연구를 할 수 있을까? 이야기 접근에서는 어떻게 질적 연구와 양적 연구를 통합하고 있을까?

McAdams(2008b)는 구조화된 면담도구나 자서전적 질문지를 개발하여 인생이야기에 제시된 심리적 주제, 정서적 색채, 이야기의 전개과정, 인생의 목표 등을 객관적으로 평가할 수 있는 방법이 개발되었다. 그는 자신이 Northwestern 대학교의 Foley 센터에서 사용하는 인생이야기 면담도구와 채점체계를 공개하고 있다(www.sesp.northwestern.edu/foley/). 이야기 접근의 연구방법을 살펴보기 위해서 인생이야기의 수집을 위한 구조화된 면담도구(Life Story Interview)와 채점체계 그리고 이러한 도구를 사용한 연구를 소개한다.

(1) 인생이야기 면담(Life Story Interview)

① 도입부

이것은 당신의 인생이야기를 듣기 위한 면담입니다. 우리는 사회과학자로서 당신이 기억하는 과거와 상상하는 미래를 포함해서 당신의 인생이야기에 관심을 갖고 있습니다. 이야기는 선택적인 것이기 때문에 당신에게 일어났던 모든 일을 말씀하실 필요는 없습니다. 그 대신 우리는 당신 인생의 몇 가지 중요한 점에 초점을 맞출 것입니다. 여기에는 옳고 그른 대답이 있는 것이 아닙니다. 당신의 인생에서 일어났던 가장 중요한 일들과 당신의 인생이 미래에 어떻게 진전될 것인지에 대해서 이야기해 주시면 됩니다.

이 면담은 임상적 분석을 위한 것도 아니며 치료를 위한 것도 아닙니다. 단지 연구목적을 위한 것입니다. 주된 목적은 당신의 인생이야기를 듣는 것입니다. 우리 사회를 구성하는 다양한 사람들이 각자의 인생을 어떻게 살고 있으며, 자신이 어떤 존재인지를 어떻게 이해하고 있는지를 분석하기 위해서 인생이야기를 수집하는 것입니다. 당신이 말씀하시는 모든 내용은 익명으로 기록될 것이며, 비밀보장이 될 것입니다.

② 인생의 장(Life Chapters)

당신의 인생이 한 권의 책이나 소설이라고 생각해 보십시오. 책은 여러 장(章)으로 구성되어 있고, 장제목을 포함하는 목차가 있습니다. 먼저, 이 책의 주된 목차를 간략히 말씀해 주십시오. 장의 제목과 각 장의 내용을 간략히 말씀해 주십시오. 이야기 작가로서 당신의 인생이야기에 대해서 장별로 전반적인 요약을 제시해 주십시오. 당신이 원하는 만큼 여러 개의 장으로 구성할 수 있지만 2~7개 정도면 좋겠습니다. 20분 이내로 각 장의 내용을 간략히 말씀해 주시기 바랍니다.

③ 인생이야기의 핵심 장면(Key Scenes in the Life Story)

당신 인생의 전반적인 윤곽을 말씀해 주셨습니다. 당신의 인생이야기에서 두드러진 몇 가지 핵심장면에 초점을 맞추도록 하겠습니다. 핵심장면은 특정한 시간과 장소에서 일어난 구체적인 사건을 말합니다. 8개의 핵심장면마다 좀 소상하게 기술해 주시기 바랍니다. 언제 어디서 어떤 일이 일어났으며, 어떤 사람들이 관련되어 있고, 당신은 어떤 생각과 감정을 지녔는지, 그리고 당신이 왜 그 장면이 당신 인생에서 중요하다고 생각하는지를 말씀해 주십시오.

A. 최고의 순간(High Point)

당신의 인생에서 가장 긍정적인 경험으로 꼽을 수 있는 장면이나 사건을 말씀해 주십시오. 당신의 전체 인생에서 최고의 순간을 말입니다. 당신의 인생이야기에서 특별히 행복했거나 기뻤던 순간에 대해서 자세히 말씀해 주십시오. 언제 어디서 어떤 일이 있었나요? 그리고 어떤 사람들이 관련되어 있으며, 당신은 그때 어떤 생각과 감정을 지녔나요? 그 순간이 좋았던 이유를 간단히 말씀해 주십시오. 그 사건은 당신이 어떤 사람인지에 관해서 무엇을 말해 주는지 말씀해 주시기 바랍니다.

B. 최저의 순간(Low Point)

앞의 경우와 반대로, 당신의 인생에서 가장 고통스럽고 힘들었던 장면이나 사건을 말씀해 주십시오. 당신의 전체 인생에서 최저의 순간을 말입니다. 그 사건에 대해서 가능한 한 자세하게 말씀해 주시면 감사하겠습니다. 언제 어디서 어떤 일이 있었나요? 그리고 어떤 사람들이 관련되어 있으며, 당신은 그때 어떤 생각과 감정을 지녔나요? 이 사건이 당신과 당신의 인생에 대해서 어떤 의미를 지니는지 말씀해 주시기 바랍니다.[1]

C. 인생의 전환점(Turning Point)

당신의 인생을 돌아볼 때, 전환점이라고 생각되는 중요한 순간이 있을 겁니다. 당신의 인생이야기에서 중대한 변화를 의미하는 사건을 뜻합니다. 지금이라도 당신의 인생에서 전환점이라고 생각하는 에피소드를 찾

---

1) 에피소드를 상세하게 설명하도록 요청하는 지시문이 다음과 같이 반복되고 있다. * "언제 어디서 어떤 일이 있었나요? 그리고 어떤 사람들이 관련되어 있으며, 당신은 그때 어떤 생각과 감정을 지녔나요? 이 순간(또는 사건)이 당신과 당신의 인생에 대해서 어떤 의미를 지니는지 말씀해 주시기 바랍니다."

아보시기 바랍니다. 만약 그러한 사건을 분명하게 찾기가 어렵다면, 당신에게 중요한 변화를 가져다준 사건을 말씀해 주십시오.*

D. 긍정적인 아동기 기억(Positive Childhood Memory)

다음은 어린 시절의 기억입니다. 아동기부터 청소년기까지 가장 긍정적이라고 생각되는 기억을 뜻합니다. 어린 시절에 가장 행복했던 순간의 기억을 자세히 말씀해 주십시오.*

E. 부정적인 아동기 기억(Negative Childhood Memory)

다음은 아동기부터 청소년기까지 가장 부정적이라고 생각되는 기억입니다. 어린 시절에 가장 불행했던 순간의 기억, 즉 슬픔이나 공포와 같은 고통스러운 감정을 느꼈던 부정적인 기억을 자세히 말씀해 주십시오.*

F. 생생한 성인기 기억(Vivid Adult Memory)

성인기로 나아가서, 앞부분에서 이야기하지 않은 가장 생생하거나 의미 있는 장면을 찾아보십시오. 긍정적이든 부정적이든 당신의 성인기에 특별하게 기억되는 생생하고 중요한 장면을 말합니다. 그러한 장면에 대해서 자세히 말씀해 주십시오.*

G. 지혜 사건(Wisdom Event)

당신의 인생에서 당신이 지혜를 발휘한 사건을 말씀해 주십시오. 당신이 지혜롭게 행동했거나 지혜로운 결정을 한 에피소드를 말합니다.*

H. 종교적·영적·신비적 체험(Religious, Spiritual, or Mystical Experience)

사람들은 종교를 가지고 있든 아니든 자신의 인생에서 초월적이거나 성스러운 체험, 신이나 절대자에 대한 인식, 자연이나 우주와 하나가 된 느낌을 경험했다고 이야기합니다. 인생을 돌아보고 당신이 이와 비슷한 경험을 한 순간을 찾아보십시오. 이것은 당신의 종교와 관련된 것일 수도 있고, 개인적인 영적이고 신비적인 경험일 수도 있습니다. 이러한 초월적 경험을 자세히 말씀해 주십시오.

④ 미래 각본(Future Script)

A. 다음 장(The Next Chapter)

미래에 관해서 이야기해 보도록 하지요. 당신의 인생이야기는 이미 말씀해 주셨듯이 과거의 중요한 사건과 장면을 포함합니다. 마찬가지로 당신이 당신의 미래를 어떻게 생각하고 상상하는지도 포함합니다. 당신의 인생에서 앞으로 어떤 일이 생길 것이라고 예상하시나요? 당신의 인생이야기에서 다음에는 어떤 일들이 일어날까요?

B. 미래의 꿈, 희망, 계획(Dreams, Hopes, and Plans for the Future)

당신이 미래에 대해서 지니고 있는 계획, 꿈, 희망을 말씀해 주십시오. 당신의 인생이야기에서 미래에 성취하고 싶은 것은 무엇인가요?

C. 인생 프로젝트(Life Project)

당신이 인생에서 이루고자 하는 프로젝트가 있나요? 인생 프로젝트란 인생이야기의 미래의 장에서 당신이 성취하고자 하는 것을 말합니다. 그 프로젝트는 당신의 가족, 직업, 취미, 여가에 관한 것일 수 있습니다. 당신이 현재 진행하고 있거나 미래에 진행할 계획을 가지고 있는 프로젝트를 말씀해 주십시오. 그 프로젝트는 무엇이고, 당신은 어떻게 그 프로젝트를 갖게 되었으며, 그 프로젝트가 당신이나 다른 사람들에게 중요한 이유는 무엇인가요?

⑤ 역경(Challenges)

다음은 당신이 인생에서 직면했던 다양한 역경, 투쟁, 문제들에 관한 것입니다. 먼저, 일반적인 역경부터 다루고 이어서 많은 사람이 흔히 경험하는 세 가지 영역의 역경에 대해서 초점을 맞출 것입니다.

A. 인생 역경(Life Challenge)

당신의 인생을 돌아볼 때, 인생에서 직면했던 가장 큰 역경을 하나만 찾아서 말씀해 주십시오. 어떤 역경 또는 문제였나요? 그러한 역경이 어떻게 생겨났나요? 당신은 그러한 역경에 어떻게 대처했나요? 당신의 인생이야기에서 그러한 역경은 어떤 의미를 지니고 있나요?

B. 건강(Health)

당신의 인생을 돌아볼 때, 당신이나 가까운 가족 중에 심각한 건강문제를 겪었던 시기나 장면을 말씀해 주십시오. 건강문제는 무엇이었으며, 어떻게 발생했는지를 자세히 말씀해 주십시오. 당신은 그러한 문제에 어떻게 대처했으며, 그 건강문제가 당신의 인생이야기에 어떤 영향을 미쳤는지 말씀해 주십시오.

C. 상실(Loss)

사람들은 나이를 먹으면서 누구나 상실을 경험합니다. 상실은 죽음이나 이별을 통해서 중요한 사람을 잃은 일을 의미합니다. 인생을 돌아볼 때, 당신이 경험했던 가장 중요한 대인관계의 상실을 말씀해 주십시오. 이것은 당신의 전체 인생, 즉 어린 시절부터 현재까지 어떤 시기에서든 경험한 것일 수 있습니다. 그 상실은 무엇이며 어떻게 일어났는지를 말씀해 주십시오. 당신은 그러한 상실에 어떻게 대처했으며, 그 상실은 당신과 당신의 인생이야기에 어떤 영향을 미치고 있나요?

D. 실패나 후회(Failure, Regret)

대부분의 사람은 성공적인 삶을 살았다 하더라도 인생에서 실패를 경험하고 후회를 합니다. 당신의 인생을 돌아보면서 당신이 경험했던 가장 중요한 실패나 후회를 찾아서 말씀해 주십시오. 실패나 후회는 인생의 어떤 영역, 즉 직업, 가족, 친구 등에 관한 것일 수 있습니다. 그것은 무엇이며, 어떻게 그런 일이 일어났는지를 말씀해 주십시오. 당신은 그러한 실패나 후회에 어떻게 대처했으며, 그 일은 당신과 당신의 인생이야기에 어떤 영향을 미치고 있나요?

⑥ 개인적 신념(Personal Ideology)

당신의 기본적인 신념과 가치 그리고 인생의 의미나 도덕성에 관한 몇 가지 질문을 하겠습니다.

A. 종교적/윤리적 가치(Religious/Ethical Values)

당신 인생의 종교적 · 영적 측면을 잠시만 생각해 보시기 바랍니다. 당신에게 중요한 종교적 신념이나 가치를 간략히 말씀해 주십시오. 당신이 종교를 가졌든 아니든 당신의 윤리적 · 도덕적 관점을 말씀해 주십시오.

B. 정치적/사회적 가치(Political/Social Values)

당신은 종교적 · 사회적 쟁점에 대해서 어떻게 대응하시나요? 당신은 특별한 정치적 입장을 갖고 계시나요? 당신이 강렬한 감정을 경험하는 특별한 사회적 쟁점이나 주제가 있나요?

C. 종교적 · 정치적 견해의 변화와 발달(Change, Development of Religious and Political Views)

당신의 종교적 · 도덕적 · 정치적 견해가 시간을 통해서 어떻게 변화하고 발달했는지를 이야기해 주십시오. 그러한 견해가 현저하게 변했나요?

D. 최고의 가치(Single Value)

인간의 삶에서 가장 중요한 가치는 무엇인가요? 그 이유는 무엇인가요?

E. 기타(Others)

이 밖에 당신이 인생이나 세상에 대해서 지니고 있는 가장 기본적인 신념과 가치가 있다면 말씀해 주십시오. 우리가 당신의 인생관을 이해하는 데 도움이 될 만한 것이 있으면 말씀해 주십시오.

⑦ 인생의 주제(Life Theme)

당신의 인생을 전체적으로 돌아보거나 과거와 미래

를 살펴볼 때, 당신은 인생이야기를 관통하는 중심적인 주제나 메시지 또는 사상이 있다고 생각하시나요? 당신의 인생이야기의 중심적인 주제는 무엇인가요?

⑧ 회고(Reflection)

면담에 감사드립니다. 한 가지만 더 여쭤 보겠습니다. 당신이 말씀해 주신 이야기들은 일상생활에서 겪는 것들 중에 좀 특수한 경험에 관한 것입니다. 인생 최고의 순간, 전환점, 건강문제 등에 관해서 이야기해 주셨습니다. 대다수의 사람들은 이러한 방식으로 인생이야기를 다른 사람과 공유하지 않습니다. 이제 마무리하면서 당신이 이 면담에 대해서 어떻게 느꼈을지 궁금합니다. 면담하는 동안 당신은 어떤 생각과 감정을 가지셨나요? 당신은 이 면담이 당신에게 어떤 영향을 주리라고 생각하시나요? 면담과정에 관해서 더 해 주실 말씀은 없으신가요?

(2) 인생이야기의 채점과 분석

이야기 접근에서는 인생이야기의 채점을 통해서 개인의 성격과 심리적 특성을 수량화하는 작업이 중요하다. 연구의 초점에 따라서 인생이야기의 다양한 측면이 채점되거나 분석될 수 있다. 그러나 채점은 명료하게 구조화된 방식에 따라서 최대한의 객관성을 유지하도록 노력해야 한다. McAdams(2008b)는 인생이야기를 분석할 수 있는 다양한 채점체계를 제시하고 있다 (www.sesp.northwestern.edu/foley/).

인생이야기는 구조적 측면에서 응집력의 수준이 평가될 수 있을 뿐만 아니라 내용과 주제에 초점을 맞추어 평가될 수 있다. 인생이야기의 내용과 주제는 회복, 퇴락, 주체성, 연대성, 탐색적 이야기 처리 등과 같은 다양한 측면에서 분석될 수 있다.

McAdams는 인생이야기에 나타난 주체성과 연대성의 정도를 평가하는 채점체계를 제시하고 있다. 인생이야기에서 주체성과 연대성의 주제가 얼마나 현저하게 나타나는지를 평가하기 위해서 인생이야기의 최고의 순간, 최저의 순간, 전환점, 아동기의 기억과 같은 구체적인 에피소드를 대상으로 채점한다. 주체성과 연대성은 각각 네 개의 소주제로 세분되어 채점된다.

주체성(agency)은 이야기를 하는 사람이 자신을 자율적인 독립적 존재로 기술하며 자신의 능력, 권력, 지위, 명성을 향상시키기 위한 노력하는 정도를 뜻한다. 주체성의 네 가지 소주제는 다음과 같다.

(1) 자기숙달(self-mastery): 자신을 조절하고, 통제하며 완벽하게 만들기 위해 노력한다.

(2) 지위/승리(status/victory): 특별한 인정을 받거나 시합과 경쟁에서 승리함으로써 또래들 중에서 높은 지위를 얻는다.

(3) 성취/책임(achievement/responsibility): 과제나 목표를 성취하거나 중요한 책무를 성공적으로 수행한다.

(4) 역량 강화(empowerment): 자신보다 강한 것(신, 교사, 권위자 등)과의 연계를 통해서 자신을 강화하고 확대하며 개선한다.

연대성(communion)은 다른 사람과의 친밀한 관계와 연결을 추구하는 동기를 뜻하며 사랑과 우정을 중시하고, 집단에 소속되어 협동하는 것을 포함한다. 연대성은 다음과 같은 네 가지의 소주제로 세분된다.

(1) 사랑/우정(love/friendship): 다른 사람을 향한 낭만적 사랑이나 우정이 깊어짐을 경험한다.

(2) 대화(dialogue): 다른 사람과 진정하고 깊이 있는 의사소통과 대화를 경험한다.

(3) 보살핌/도움(caring/helping): 다른 사람을 위해서 보살핌, 도움, 지지, 치료를 제공한다.

(4) 일체감(unity/togetherness): 개인을 넘어 공동체

나 거대한 존재(인류, 우주, 신)와의 일체감, 연결감, 유대감을 경험한다.

채점자는 인생이야기의 각 에피소드마다 주체성과 연대성의 소주제가 포함되었는지를 0점(포함되지 않음) 또는 1점(포함되었음)으로 채점한다. 한 개의 에피소드는 주체성(4개의 소주제)과 연대성(4개의 소주제)에서 각각 0~4점으로 채점될 수 있다. 두 명 이상의 채점자에 의해서 평정되고, 채점자 간의 일치도에 의해서 채점의 신뢰도를 평가한다.

연구자는 자신의 관심사에 따라 인생이야기의 여러 에피소드를 선택하여 채점할 수 있다. 또한 에피소드마다 구조나 내용의 측면에서 다양하게 채점될 수 있다. McAdams(2008b)는 에피소드의 내용이 변화하는 방향성을 평가하기 위해서 회복과 퇴락의 채점체계를 제시하고 있다. 회복 연쇄(redemption sequence)는 인생이야기에서 고통스럽고 부정적인 사건으로부터 행복하고 긍정적인 것을 이끌어 내는 내용의 방향성을 의미한다. 인생이야기 중 핵심 장면(최고의 순간, 최저의 순간, 전환점, 초기 기억 등), 역경(건강, 상실, 실패나 후회), 개인적 신념의 주요한 에피소드를 대상으로 채점한다. 채점자는 각 에피소드마다 주인공이 고통스러운 감정을 표현하는 부정적 사건을 포착하고 이후에 어떤 변화과정과 결과로 전환되는지를 주목한다. 이러한 전환은 긍정적인 결과를 이끌어 내기 위해서 고통스러운 상황을 참고 견디는 희생(sacrifice), 긍정적인 상태를 잃었다가 되찾는 복구(recovery), 자신을 심리적·신체적으로 발전시키는 성장(growth), 새로운 기술과 지혜를 배우게 되는 학습(learning)으로 세분하여 채점된다. 또한 이러한 회복 연쇄의 채점은 주체성, 연대성 또는 궁극적 관심사의 주제별로 채점될 수도 있다. 이 밖에도 McAdams(2008b)는 긍정적 상황이 부정적 결말로 이어지는 퇴락 연쇄(contamination sequence)에 대한 채점체계도 제시하고

있다. 이처럼 개인의 인생이야기에서 제시된 여러 에피소드를 다양한 측면에서 채점하여 양적인 연구에 활용할 수 있다.

(3) 인생이야기 면담도구를 사용한 연구의 사례

최근에 Cox와 McAdams(2014)는 인생이야기 면담(Life Story Interview)을 통해 과거의 인생에 대한 의미부여가 미래의 정서조절을 예측할 수 있는지를 검증하는 연구를 시행했다. 이 연구의 가설은 다음과 같다: 개인이 인생이야기를 통해서 의미를 부여하는 방식은 외향성과 신경과민성의 성격특질에 상관없이 2년 후에 그가 나타내는 정서조절방략을 예측할 수 있을 것이다.

이러한 가설을 검증하기 위해서 이들은 메일과 광고를 통해서 시카고 지역에 거주하는 55~58세 164명을 모집했다. 이들을 대상으로 NEO-FFI를 통해 성격의 5요인을 측정하고 개별적으로 인생이야기 면담을 실시했다. 그리고 2년 후에 인지적 정서조절 질문지(Cognitive Emotional Regulation Questionnaire; Garnefski, Kraaij, & Spinhoven, 2001)를 실시했는데, 이 질문지는 4개의 부정적 방략(자기비난, 타인비난, 반추, 파국화)과 5개의 긍정적 방략(긍정적 재초점화, 계획, 긍정적 재평가, 새로운 관점 취하기, 수용)을 측정하는 36문항의 자기보고형 질문지다.

인생이야기 면담은 최고의 순간과 최저의 순간을 포함하여 전체적으로 이루어졌으며, 모두 녹음한 후에 필사하여 글로 풀었다. 참여자의 의미부여 방식은 최고의 순간과 최저의 순간에 대한 이야기의 마지막 결론부분(각 사건이 자신과 자신의 인생에 대해서 어떤 의미를 지니는지에 관한 이야기)에 초점을 맞추어 평가되었다. 두 명의 채점자(coder)는 각 이야기의 결론부분에서 참여자가 부여한 의미의 긍정성과 부정성을 평정했다. 의미부여의 긍정성 또는 부정성의 정도는 3점 척도, 즉 0(의미

외상후 스트레스 장애와 이야기 노출치료

한 번의 충격적인 사건이 개인의 인생과 정체감을 바꾸어 놓는 경우가 있다. 그러한 대표적인 경우가 바로 외상후 스트레스 장애다. 외상 사건(traumatic event)은 죽음 또는 죽음의 위협, 신체적 상해, 성폭력과 같이 개인에게 심각한 충격을 주는 다양한 사건들(예: 지진이나 화산폭발과 같은 자연재해, 전쟁, 살인, 납치, 교통사고, 화재, 강간, 폭행)을 의미한다. 강력한 외상사건은 단 한 번의 경험으로 인해서 심각한 심리적 상처를 남길 뿐만 아니라 오랜 기간 그 상처가 지속될 수 있다. 외상후 스트레스 장애(Posttraumatic Stress Disorder)는 충격적인 외상사건을 경험하고 난 후에 다양한 심리적 부적응 증상이 지속되는 경우를 뜻한다.

외상후 스트레스 장애를 지닌 사람들의 경우에는 외상사건이 자기정의적 기억의 중요한 일부를 이룬다. 자기정의적 기억(self-defining memory)은 자기개념과 관련된 자서전적 기억으로서 자기정체감의 기반을 이룬다(Blagov & Singer, 2004; Conway, 2005; Conway, Singer, & Tagini, 2004). 자기정의적 기억은 개인의 삶에 중요한 의미를 지니는 사건들에 대한 생생한 감각과 정서체험을 담고 있는 인생이야기로 구성된다. Singer 등(2013)이 제시한 이야기 정체감 모델(narrative identity model)에 따르면, 개인은 자기정의적 기억에 근거하여 이야기의 구조와 내용을 구성하고 이를 바탕으로 자신의 인생이야기를 전개하는데, 이러한 인생이야기가 바로 개인의 정체감이다. 즉, 개인의 정체감은 자기정의적 기억에 근거한 인생이야기에 담겨 있다는 것이다.

외상후 스트레스 장애를 지닌 사람들의 경우, 외상사건은 인생이야기의 흐름을 극적으로 바꾸어 놓는 중요한 사건으로서 개인의 정체감에 급격한 변화를 초래한다. 자기기억체계(self-memory system)는 일관성과 현실성을 유지하려는 경향을 지닌다. 일관성(consistency)은 자신에 관한 정보들 간의 통합성을 의미하며, 현실성(correspondence)은 자신이 경험한 사실적인 정보에 근거하려는 경향을 뜻한다.

외상사건을 경험한 사람들은 기존의 자기기억체계와 일치하지 않는 충격적인 외상사건을 통합하는 데에 어려움을 겪는다. 이들은 자기기억의 일관성을 유지하기 위해서 외상경험을 망각하거나 부인하며 왜곡하는 방식으로 현실성을 희생할 수 있으나 이러한 대처는 지속적인 효과를 거두지는 못한다. 그렇다고 해서 자기기억의 현실성을 위해서 실제로 일어났던 외상사건을 인정하고 자기기억에 통합하기에는 일관성이 위협받게 된다. 외상사건을 경험한 사람들은 이러한 진퇴양난 속에서 정체감의 혼란을 겪게 된다.

외상사건의 경험을 자기정의적 기억 속에 통합시키는 것은 외상후 스트레스 장애의 치료를 위한 핵심적인 과제다. 이야기 노출치료(Narrative Exposure Therapy; Schauer, Neuner, & Elbert, 2011)는 외상기억에 대한 점진적 노출을 통해서 그에 관한 정보처리를 증진하고 외상경험에 대한 대안적인 긍정적 기억을 재구성함으로써 자기정의적 기억과 통합되도록 유도한다. 이야기 노출치료는 외상후 스트레스 장애를 비롯하여 외상사건을 경험한 사람들의 다양한 부적응 증상을 완화하는 데에 효과적인 것으로 보고되었다(Schaal, Elbert, & Neuner, 2009).

최근에 국내에서 최현정(2014)은 성학대와 가정폭력 등의 복합외상을 경험한 사람들을 대상으로 외상경험 후에 나타나는 정체감의 변화양상을 밝히고 자기정의적 기억과의 관계를 조사했다. 이러한 연구의 결과에 근거하여 자기정의적 기억에 초점을 맞춘 구조화된 이야기 노출치료 프로그램을 개발했다. 복합외상 경험자를 대상으로 치료프로그램을 실시한 결과, 이야기 노출치료는 외상기억의 처리를 증진할 뿐만 아니라 외상후 정체감 변화와 외상후 부적응 증상을 완화하는 것으로 나타났다.

부여 없음), 1(정교하지는 않지만 경미한 의미부여), 2(정교하고 중요한 의미부여)로 평정했다. 두 명의 채점자 간 일치도는 긍정적 의미부여에서 .79였으며, 부정적 의미부여에서 .75였다.

이러한 방식으로 인생이야기 자료를 채점하여 수량화한 후에 의미부여 방식과 정서조절방략 간의 상관을 구했다. 그 결과, 최고의 순간과 최저의 순간에 대한 의미부여 방식은 2년 후의 정서조절방략을 예측했다. 두 순간 모두에서의 긍정적 의미부여는 2년 후의 긍정적 정서조절방략을 예측했으며, 최저의 순간에 대한 부정적 의미부여는 부정적 정서조절을 예측했다. 이러한 결과는 외향성, 신경과민성, 이야기의 단어 수에 상관없이 유의미한 것으로 나타났다. 이 연구는 인생이야기에 나타난 개인의 의미부여 방식을 통해서 미래의 정서조절방략을 예측할 수 있음을 보여 주고 있다.

4. 인생의 의미와 인생이야기

인생이야기를 통해서 자신의 삶을 통합하고 의미를 부여하는 일은 중요하다. 인간은 의미를 추구하는 존재로서 인생의 의미는 인간으로 하여금 고난을 이겨 내게 만드는 인내의 원천일 뿐만 아니라 인생에 가치감과 만족감을 부여하는 행복의 원천이기도 하다. 인생의 의미와 가치를 발견할 수 없는 사람은 결코 행복할 수 없다. 물론 의미만으로 행복을 보장할 수는 없지만, 의미는 행복을 위해 필수적인 요소다. 인생이야기는 개인의 삶에 대한 기술인 동시에 의미부여 과정이다. 개인이 자신의 인생 경험을 어떤 이야기의 구조와 내용으로 구성하느냐에 따라 자신의 삶에 대한 인식과 만족감이 변화하게 된다.

1) 인간의 의미 추구

인간은 자신의 삶 속에서 나름대로의 의미를 발견하려고 노력한다. 제2차 세계대전 당시 독일의 유태인 강제수용소에서 가족을 모두 잃었지만 삶의 의미를 붙잡고 살아남아 의미치료(logotherpy)라는 심리치료방법을 창시한 Victor Frankl(1963, 1969)은 의미 추구를 인간의 가장 기본적인 동기라고 주장한다. 의미는 인간이 즉각적인 현실과 욕구를 넘어서 초월할 수 있는 능력을 부여한다. 의미는 인간으로 하여금 극심한 고통을 견디고 이겨 내도록 만드는 동력인 동시에 기쁨과 행복을 느끼게 하는 필수적 요소다.

Baumeister와 Vohs(2002)에 따르면, 의미(meaning)의 본질은 연결이다. 서로 다른 두 개를 연결하여 관련성을 부여하는 것이다. 그 연결성은 물리적 세계 속에 존재하는 것이라기보다 인간의 마음에 의해서 부여되거나 인식된 것이다. 궁극적으로, 의미는 비실재적인 것이다. 그러나 의미가 실질적인 인과적 결과를 유발할 수 있다는 점에서 실재적이다. 즉, 인간은 의미에 따라 행동하고 세상에 실질적인 변화를 만들어 낸다. 이러한 의미는 심리적인 것으로서 물리적 원리에 의해 환원되어 설명될 수 없는 것이다.

인생의 의미(life meaning)라는 개념은 역설적 측면을 지니고 있다. 왜냐하면 인생은 끊임없이 변하는 반면, 의미는 잘 변하지 않는 것이기 때문이다. 물리적인 존재로서의 인간은 순간순간 끊임없이 변화한다. 물리적 측면에서 보면, 우리 인생은 한순간도 고정된 것이 없이 매 순간 변화하는 것이다. 인생의 의미는 이처럼 변화하는 물질적인 과정에 안정성을 부여하는 기능을 지닌다. 이는 인간이 안정된 삶을 선호하기 때문이다. 의미는 우리의 변화무쌍한 삶에 안정성을 부여하는 지적인 수단이라고 할 수 있다.

Viktor Frankl: 인간은 의미를 추구하는 존재

Viktor Frankl(1905~1997)은 실존치료의 한 유형인 의미치료(logotherapy)를 창시한 오스트리아 정신과의사로서 나치에 의한 유대인 대학살의 생존자이기도 하다. 그는 비엔나 대학에서 의학을 공부하여 신경과와 정신과를 전공하였으며 우울증과 자살에 깊은 관심을 지녔다. 젊은 시절에는 Freud와 Adler와 접촉하며 영향을 받았다.

Frankl은 비엔나의 한 병원에 의사로 재직하며 1941년에 결혼하여 신혼생활을 하고 있던 1942년 9월에 가족과 함께 나치의 강제수용소에 수감되었다. 처음에는 수용소에서 일반의로 활동했으며 이후에는 수용자들이 충격과 슬픔을 이겨내도록 돕는 부서에서 일하기도 했다. 나중에는 아우슈비츠와 다카우의 수용소로 이송되어 노역자로 생활했다. 그 와중에 그의 아내, 부모 그리고 여동생 한 명을 제외한 모든 형제자매가 수용소에서 사망했다.

그는 강제수용소 생활을 경험하면서 "아무리 고통스럽고 비참한 비인간적인 상황에서도 삶은 의미를 지닐 수 있으며 그렇기 때문에 고통조차도 의미 있는 것"이라는 깨달음을 얻게 되었다. 수용소 재소자들은 고통 속에서도 사랑하는 사람을 생각하면서 그들의 안위를 걱정하고 다시 만날 희망을 지니면서 절망적인 상황을 견뎌낼 수 있었다. Frankl은 이러한 경험 속에서 "인간의 구원은 사랑을 통해서 그리고 사랑 속에서 이루어지는 것이다"라는 믿음을 지니게 되었다.

1945년에 강제수용소에 풀려난 이후 Frankl은 그해에 『어떤 일에도 불구하고 인생에 '예스'라고 말하기: 한 심리학자의 강제수용소 경험』이라는 책을 저술하였다. 이 책은 『인간의 의미 추구(Man's Search for Meaning)』라는 영어 제목으로 알려졌으며 세계적인 베스트셀러가 되었다. 다음 해엔 비엔나 병원에 복귀하였으며 1947년에 재혼하였다. 1955년에는 비엔나 대학의 신경정신과 교수가 되었다.

Frankl은 강제수용소에서 모진 세월을 보내기 이전부터 실존적인 치료적 접근을 해 왔으나 수용소에서의 경험을 통해 인생에서 의미와 목적이 지니는 중요성을 확신하게 되었다. 그는 인간의 본질이 의미와 목적을 추구하는 데 있다고 믿었다. "의미 추구의 의지"를 인간의 가장 기본적인 욕구로 보았으며, 이러한 가정에 근거하여 의미치료(logotherapy)를 제창하였다. "아무리 험난한 환경에서도 인간에게 자신의 삶을 선택할 자유가 있다" "왜 사는지를 아는 자는 어떤 비극도 견딜 수 있다" "비극은 우리를 죽이지 못하며 오히려 강하게 만든다" "누구도 인간으로부터 빼앗아갈 수 없는 단 한 가지는 어떤 상황에서든 자신의 태도를 선택할 수 있는 마지막 자유다." Frankl에 따르면, 치료자의 가장 중요한 과제는 내담자로 하여금 자신의 삶을 선택할 수 있는 자유를 회복하여 삶의 의미를 발견하도록 돕는 것이다. 그는 많은 저서와 강연을 통해서 의미치료와 실존적 삶에 대한 자신의 생각을 널리 전하였으며 1997년에 심장마비로 사망하였다.

인간은 의미를 부여하고 추구하려는 욕구를 지닌다. Baumeister(1991)는 우리의 삶에서 의미가 필요한 네 가지 이유를 다음과 같이 제시하고 있다. 첫째, 인간은 일관성 있는 삶을 살기 위해서 인생의 방향과 목적의식을 추구하는데, 인생의 의미는 삶의 목적과 방향을 발견하는 데 도움을 준다. 의미는 과거, 현재 그리고 미래의 사건들 간의 연결성을 부여한다. 내가 어디에서 왔고, 현재 어디에 와 있으며, 어디를 향해 갈 것인가를 이해할 수 있게 해 준다. 인생의 목적의식은 현재 사건이 과거 또는 미래 사건과의 연결성 속에서 어떤 의미를 지니는지 알려 줄 뿐만 아니라 어떤 방향으로 행동해야 하는지를 제시하는 데 도움을 준다. 목적은 크게 두 가지 유형으로 분류될 수 있다. 그 하나는 개인이 추구하는 객관적 결과나 상태로서 목표를 의미한다. 현재의 행동은 그러한 미래의 목표와의 관련성 속에서 의미가 부여된다. 다른 하나는 주관적인 것으로서 추구하는 가치를 실현하는 것이다. 행복, 사랑, 해탈, 구원과 같은 가치가 실현될 미래의 상태를 향해서 인생을 살아가는 것이다.

둘째, 인간은 가치 있는 것을 추구한다. 자신이 추구하는 목표나 가치가 소중한 것이기를 바란다. 즉, 사람들은 자신의 삶과 행위가 옳고 선하며 가치 있는 것이라고 정당화할 수 있는 근거를 추구한다. 가치는 행동의 옳고 그름을 결정하는 데 도움을 준다. 이러한 가치에 따라 행동할 때, 사람들은 안정감과 만족감을 느끼게 되며 불안이나 후회, 죄책감을 덜 느끼게 된다. Frankl(1963)에 따르면, 사람들이 추구하는 의미의 주된 형태가 바로 이러한 가치다. 가치는 매우 다양하며 위계적으로 분류될 수 있다. 그러한 위계적 분류에서 최상의 위치에 있는 것, 즉 최고 선(善) 또는 자체적인 가치를 지니는 것이어서 다른 가치에 근거하여 더 이상의 정당화가 필요 없는 최고의 가치가 존재한다. 이것

을 가치 기반(value bases)이라고 하며, 다른 가치의 최종적 기반이 되는 가치를 의미한다(Baumeister, 1991). 예를 들어, 기독교인의 경우에 가치 기반은 하나님의 뜻이 될 수 있다.

셋째, 인간은 인생에 대한 자신의 효능감과 통제감을 추구한다. 즉, 인간은 자신의 인생에 대해서 무언가 변화를 만들어 낼 수 있는 유능한 존재라는 믿음을 갖고자 한다. 그래서 자신이 인생을 통제하고 있다는 느낌을 갖고자 한다. 인생의 목적과 가치를 지니고 있지만 그것을 실현할 능력이 부족한 사람은 불행감을 느낄 수밖에 없다. 반면에, 그러한 목적과 가치를 위해 무언가를 하고 있다고 느낄 때, 우리는 유능감과 통제감을 느끼게 된다. 인생에 대한 통제감을 느끼지 못하게 되면, 심각한 개인적 위기에 봉착할 수 있으며 신체적 · 심리적 건강에 부정적 영향을 미치게 된다.

마지막으로, 인간은 자신이 가치 있는 존재이기를 원한다. 인간은 누구나 자신이 선하고 소중한 존재이기를 바란다. 자기가치감은 개인적 성취와 집단적 소속감에 의해서 추구될 수 있다. 즉, 개인적인 노력을 통해 소중하게 여기는 가치를 달성함으로써 자기가치감을 얻을 수 있다. 이러한 경우에는 자신이 다른 사람보다 우월한 존재라고 여김으로써 자기가치감을 느끼게 된다. 반면에, 자신이 소중하게 여기는 집단에 소속함으로써 자기가치감을 느낄 수도 있다.

이처럼 인간은 자신의 삶에 대한 방향성과 가치 기반, 그리고 자신에 대한 효능감과 가치감을 얻고자 하는 동기를 지닌다. 이러한 네 가지 동기 중 하나라도 충족되지 않으면, 우리는 인생에 대해서 충만한 의미감을 느끼지 못하는 경향이 있다(Baumeister & Vohs, 2002).

일반적으로 사람들은 이러한 네 가지 욕구가 하나의 원천을 통해서 충족될 수 있을 것이라고 생각한다. 그러나 실증적 연구에 의하면, 인생의 의미는 가족, 사랑,

직업, 종교, 개인적 성취 등 다양한 원천으로부터 도출될 수 있다(Emmons, 1997). 인생의 의미를 찾을 수 있는 다양한 원천을 지니는 것은 매우 중요하다. 왜냐하면 인생에 대해서 무의미감을 느끼지 않도록 보호해 주기 때문이다. 예를 들어, 직업적 성취만을 추구했던 사람은 그러한 추구가 실패했을 때 자신의 인생이 무의미하다는 심한 좌절감에 빠질 것이다. 그러나 동일한 실패를 했다 하더라도 가족관계나 종교활동을 소중하게 여겼던 사람은 그로부터 의미감을 유지할 수 있을 것이다. 또한 종교활동에만 과도하게 몰두했던 사람들이 종교에 대한 회의가 밀려올 때 심한 절망감에 빠져드는 것도 마찬가지의 이유다. 아울러 다양한 의미의 원천을 지니게 되면 네 가지의 의미추구 동기들을 골고루 충족시킬 수 있는 이점이 있다. 하나의 원천만으로는 네 가지 동기를 모두 충족시키기 어렵다. 직업적 성취는 인생의 방향성과 효능감을 줄 수 있지만 인생의 가치 기반을 제공하기 어려운 반면에, 가족이나 종교는 가치 기반을 제공할 수 있지만 효능감을 주기 어려울 수 있다. 따라서 "인생의 의미는 무엇인가?"라는 물음처럼 마치 인생에 한 가지만의 의미가 있는 듯한 단수 형태의 물음보다는 "인생에는 어떤 '의미들'이 있는가?"라고 하는 복수형태의 물음을 제기하는 것이 바람직하다(Baumeister & Vohs, 2002; Emmons, 1997).

2) 인생의 의미

인생의 의미와 목표는 우리의 삶에 구조와 질서를 제공한다. 실증적 연구에서도 강한 의미감은 삶의 만족이나 행복과 연관되어 있는 반면, 의미감의 부족은 우울증을 예측하는 변인으로 나타났다(Reker & Wong, 1988; Wong & Fry, 1998). 인생에 대한 의미감을 확고하게 잘 지니고 있을수록 일상생활에서 적응을 더 잘하는

경향이 있었다(French & Joseph, 1999; Robak & Griffin, 2000). 반면에, 인생에 대한 혼란감이나 무의미감은 심리적 불행감과 정신병리를 예측하는 요인으로 보고되고 있다(Baumeister, 1991; Keyes, 1998; Seeman, 1991). 나아가서 Klinger(1998)는 인생의 목표는 개인의 심리적 구조를 이해하는 핵심이라고 주장한 바 있다.

그렇다면 사람들은 인생에 대해서 어떤 의미를 부여하며 살아가고 있을까? 사람들이 추구하고 부여하는 인생의 의미는 크게 두 가지 유형으로 구분할 수 있다. 그 하나는 우주적 의미(cosmic meaning; Yalom, 1980)로서 우리가 살고 있는 세상과 우주에 어떤 목적과 질서가 있는지에 대한 믿음, 즉 세계관을 뜻한다. 이 우주는 어떻게 창조되었으며, 어떤 목적을 지니고 있는가? 이 세상은 어떤 힘에 의해 운행되고 있으며 어디를 향해 가고 있는가? 이러한 물음에 대한 나름대로의 대답이 우주적 의미에 해당된다. 즉, 이 세상과 우주가 운행되는 근본적인 원리와 방향을 파악하려는 시도라고 볼 수 있다.

또 다른 유형은 현세적 의미(secular meaning)로서 사람들이 자신의 삶에서 추구하는 가치와 목적에 관한 개인적 신념을 말한다. 우주적 의미는 흔히 집단이나 조직체가 공유하고 있는 종교적 신념을 받아들임으로써 갖게 되는 것인 반면, 현세적 의미는 개인이 나름대로 창조하여 부여하는 것이다. 그러나 현세적 의미는 우주적 의미에 근거하고 있는 경우가 흔하다. Park과 Folkman(1997)은 이를 상황적 의미(situational meaning)라고 지칭하고 있다.

사람들은 자신의 삶에 어떤 현세적 의미를 부여하며 어떤 목표를 위해서 살고 있을까? 이러한 현세적 의미는 크게 네 가지 주제로 수렴되어 나타났다. 인생의 의미와 목표를 조사한 세 연구(Ebersole, 1998; Emmons, 1999; Wong, 1998)에서 공통적인 네 가지의 주제가 추

출되었다. 세 연구는 서로 다른 집단을 대상으로 각기 다른 연구방법을 사용했다. Emmons(1999)는 투사법에 속하는 문장완성 과제를 사용했고, Wong(1998)은 Q-sort 항목과 비슷한 개인적 의미척도(personal meaning profile)를 개발하여 사용했으며, Ebersole(1998)은 사람들에게 자신의 인생에서 가장 중요한 의미를 말해 보도록 하는 면담법을 사용했다. 그러나 〈표 24-2〉에서 볼 수 있듯이, 사람들이 보고하는 인생의 의미는 네 가지의 주제, 즉 일(성취), 친밀감(관계), 영성(종교), 초월(다산성)로 수렴되었다(Emmons, 2003).

첫째, 사람들은 자신이 하는 일이나 직업에서 인생의 목표를 추구하는 경향이 있었다. 일/성취(work/achievement)는 자신의 직업에 전념하는 것, 소망하는 성과를 이루는 것, 직업분야에서 지위나 권력을 얻는 것 그리고 새로운 영역을 개척하거나 도전을 찾아 나서는 것을 포함하고 있다. 둘째, 다른 사람과의 친밀한 관계 역시 인생의 소중한 목표로 보고되었다. 친밀감/관계(intimacy/relationship)는 다른 사람과 친밀하게 잘 지내는 것, 다른 사람을 신뢰하는 것 그리고 다른 사람에게 도움을 주는 것을 포함한다. 셋째, 인생의 의미를 종교와의 관계 속에서 발견하려는 경향이 있었다. 영성/종교(spirituality/religion)는 신과 개인적인 관계를 맺는 것,

사후의 삶을 믿는 것, 신앙공동체를 위해서 기여하는 것 등을 의미한다. 마지막으로, 개인적 이익을 초월하여 가족이나 사회를 위해서 기여하고 공헌하는 것이 인생의 소중한 의미로 여겨지고 있었다. 초월/다산성(transcendence/generativity)은 사회에 봉사하고 공헌하는 것, 자녀를 키우고 후속세대를 양성하는 것, 유산을 남기는 것, 가족과 사회를 위해 헌신하는 것을 포함한다. 성격을 구성하는 특질에 'Big Five'(openness, conscientiousness, extraversion, agreeableness, neuroticism)가 있다면, 인생의 의미에는 'Big Four'(WIST: Work, Intimacy, Spirituality, Transcendence)가 있는 셈이다(Emmons, 2003).

Emmons(1991, 1999)는 인생에서 추구하는 개인적 목표와 주관적 안녕 간의 관계를 살펴보았다. 대학생과 일반인의 경우에 친밀감, 다산성, 영성과 관련된 목표를 지니는 것은 일관성 있게 주관적 안녕과 연결되어 있었다. 반면에, 직업적 활동과 관련하여 다른 사람에게 영향력을 미치려는 권력의 추구는 오히려 주관적 안녕을 낮추고 부정적 감정을 증가시키는 경향이 있었다. 친밀감 추구는 다른 사람과의 관계에서 서로를 신뢰하고 만족시킬 수 있는 목표를 추구하는 것인 반면, 권력 추구는 다른 사람에게 영향을 미치려는 일방적인 인간

표 24-2 인생의 의미에 대한 분류

연구자	Emmons(1999)	Wong(1998)	Ebersole(1998)
핵심개념	개인적 열망	개인적 의미	인생이야기
연구방법	문장완성과제	개인적 의미척도	면담법
인생의 의미	성취 친밀감 종교/영성 다산성	성취 인간관계 종교 자기-초월	인생과업 인간관계 종교적 신념 봉사

사람들은 성취, 친밀감, 다산성, 종교에서 인생의 의미를 찾는 경향이 있다.

관계를 추구하는 것이기 때문에 상대방의 저항을 유발할 수 있다. 권력 추구성향이 강한 사람들은 주로 외재적인 것(지위, 권력, 재물 등)을 통해서 만족을 얻으려고 노력하기 때문에 관계성이나 자율성과 같은 기본적 욕구를 충족시키기 어려울 것이다(Ryan & Deci, 2000). 일반적으로 재정적 성공, 사회적 인정, 신체적 매력과 같은 외재적 목표를 추구하는 사람들은 주관적 안녕 수준이 낮은 반면, 관계성·자율성·유능성과 관련된 내재적 목표를 추구하는 사람들의 주관적 안녕 수준은 높은 경향이 있다(Emmons, 2003; Kasser & Ryan, 1996).

3) 의미 부여하기

인간의 행복은 물리적 상황 자체보다 그에 부여한 심리적 의미에 의해서 결정된다. 인간은 의미를 부여함으로서 세상을 심리적으로 구성하는 존재다. 자신의 삶에 대해 무언가 의미를 부여하는 것, 특히 긍정적인 의미를 부여하는 것은 행복한 삶을 위해서 매우 중요하다.

의미 부여하기(meaning-making)는 삶 속에서 경험한 사건들을 새로운 관점에서 재구성하여 이해하는 능동적인 과정이다(Baumeister & Vohs, 2002). 의미 부여하기는 외현적으로 전혀 관계가 없는 듯이 보이는 사건들을 서로 연결하고 그로부터 소중한 가치를 발견하는 과정이다. 이처럼 여러 사건들을 연결하여 해석하고 더

인간은 자신의 삶에 의미를 부여하는 인생이야기를 창조한다.

높은 수준의 의미를 구성하는 능력은 인간의 선천적 기능이라고 할 수 있다.

(1) 의미 부여하기의 긍정적 기능

의미 부여는 우리의 삶에 긍정적 영향을 미친다. 첫째, 의미 부여는 사건을 이해하게 하는 기능을 지닌다. 즉, 그러한 사건을 유발한 원인들이나 그 영향을 나름대로 이해함으로써 혼란감이 감소할 뿐만 아니라 상황에 대한 통제감이 증가한다. 둘째, 의미 부여는 사건의 가치를 인식하게 만든다. 의미 부여의 중요한 기능은 가치를 발견하는 것이다. 가치를 발견하는 과정은 의미의 수준에 따라 거시적 의미와 상황적 의미로 나누어 볼 수 있다(Park & Folkman, 1997). 거시적 의미 부여 (global meaning-making)는 인생 전반의 방향, 기본적인 신념체계 그리고 중요한 인생목표의 측면에서 자기 삶의 의미와 가치를 부여하는 것이다. 반면에, 상황적 의미 부여(situational meaning-making)는 특정한 경험의 의미와 가치를 구체적인 상황적 맥락 속에서 발견하고 부여하는 것이다. 셋째, 의미 부여는 인생 경험 속에서 긍정적 측면을 발견하게 하는 기능을 한다. 이처럼 불운을 행운으로 전환하여 받아들이는 것을 의미 부여의 혜택 발견(benefit-finding) 기능이라고 한다(Davis, Nolen-Hoeksema, & Larson, 1998). 이처럼 부정적인 사

건에서 긍정적인 의미를 발견하는 것은 심리적 · 신체적 건강에 매우 유익하다. 마지막으로, 의미 부여는 자기정체감을 확립하고 자기가치감을 증진하는 데에 도움을 준다(Baumeister & Wilson, 1996; McAdams, 1996).

의미 부여를 연구하기 위해서 심리학자들은 다양한 방법을 사용하고 있다. 우선, 면담을 통해서 개인이 사건에 부여하는 의미를 탐색한다. 또 다른 방법은 글을 쓰도록 하는 방법이다. 어떤 특정한 주제(예: 충격적인 부정적 사건, 성공 경험)에 대해서 글을 쓰게 하거나 개인의 인생 전반에 대한 자전적인 글(life story)을 쓰게 할 수 있다. 이러한 면담 및 글쓰기 자료를 다양한 측면에서 분석하게 된다. 이러한 방법을 사용한 실증적 연구에 따르면, 의미 부여는 심리적 · 신체적 건강에 도움을 준다. 예를 들어, 외상사건을 당한 사람들로 하여금 그 사건에 관해서 글을 쓰게 한 결과, 그들의 면역기능이 개선되었고, 신체적 질병이 감소했으며, 간기능이 증진되었다(Pennebaker & Beall, 1986). 또한 이러한 유형의 글쓰기는 학생들의 학업성적을 향상시켰을 뿐만 아니라 실직자가 직업을 구하는 데에도 도움이 되었다 (Pennebaker, Colder, & Sharp, 1990; Spera, Buhrfeind, & Pennebaker, 1994). 이러한 글쓰기의 효과가 처음에는 고통스러운 경험의 자기공개와 표출에 의한 것으로 생각되었다. 그러한 후속연구의 결과, 외상사건에 대한 글쓰기나 말하기는 그들이 겪었던 경험으로부터 의미와 가치를 발견하도록 함으로써 그러한 긍정적 효과를 나타냈다(Esterling et al., 1999). 특히 불운을 행운으로 변화시킬 수 있었던 사람들이 가장 큰 효과를 나타냈다.

(2) 의미 부여하기를 촉진하는 조건

고통은 의미 부여하기를 자극하는 경향이 있다. 사람들은 고통스럽고 불행한 일을 접하게 되면 나름대로

의미를 부여함으로써 대응한다. 만성 통증을 지닌 사람들의 경우, 실제로 증상 해결을 위해 아무것도 할 수 없다 하더라도 자신의 증상에 대해서 병명을 알고 원인을 이해하는 것만으로 통증이 감소되었다(Hilbert, 1984).

Taylor(1983)에 따르면, 사람들은 고통과 불운에 대해서 세 가지 방식의 의미 부여를 한다. 첫째는 그로부터 어떤 목적을 발견하고자 하는 것이다. 예를 들어, 기독교인의 경우 불치의 병을 선고받았을 때 그러한 병을 준 하나님의 의도가 무엇이었을까 생각하는 것이다. 이러한 노력은 인생의 목적의식을 추구하려는 의미 부여 동기와 관련된 것이다. 둘째는 그러한 상황에 대한 통제감을 다시 회복하려는 노력을 한다. 병의 치유를 위해 열심히 기도를 하거나 고통과 불안을 극복하기 위해 신앙심을 더욱 깊게 하려는 노력을 기울일 수 있다. 이러한 노력은 자신이 무력한 존재가 아니라 무언가 상황에 변화를 줄 수 있는 효능감을 회복하려는 동기와 관련된 것이다. 마지막으로, 사람들은 고통과 불운 앞에서 자기가치감을 유지하려고 노력한다. 예를 들어, 자신의 고통을 예수가 십자가를 짊어지며 겪었던 고통과 동일시함으로써 자기가치감을 지탱할 수 있게 된다. 이러한 세 가지 방식은 각각 방향감, 효능감, 자기가치감을 얻기 위해 의미를 추구하는 동기를 충족시키기 위한 것이라고 볼 수 있다. 만약 고통이 어떤 소중한 가치를 위해 기여한다고 생각한다면 가치감의 동기 역시 충족될 수 있을 것이다. 이처럼 의미 부여는 고통과 불운을 견디고 이겨 내는 데 매우 중요한 역할을 한다.

아픈 만큼 성장한다는 말이 있듯이, 고통과 역경은 우리의 삶을 긍정적으로 변화시키는 기회가 될 수 있다. 고통과 역경은 의미 부여를 통해 우리의 삶을 재평가하게 만든다. 그리고 이러한 재평가는 새로운 변화와 성장을 촉진하게 된다. Davis 등(1998)에 따르면, 상실(예: 사별, 실패)을 경험한 사람들이 그러한 상실사건에

나름대로의 의미를 부여하고, 긍정적인 측면을 발견함으로써 우울감이 감소하고, 심리적 적응이 개선되었다. 세계적인 종교들은 대부분 고통을 영적인 성장의 기회로 여기고 있다. 이처럼 고통과 역경이 우리의 삶에 주는 유익함 중 하나는 삶의 의미를 발견하고 인생관을 바꿀 수 있는 기회를 제공하는 것이다(Tedeschi & Calhoun, 1995).

McAdams(1996)에 따르면, 자서전적 글쓰기는 인생의 의미와 가치를 발견하는 데 매우 유용하다. 자전적 글쓰기를 통해서 그동안 간과해 왔던 인생의 중요한 측면을 발견할 수 있고 그 의미를 전환시킬 수 있을 뿐만 아니라 가치를 부여할 수 있다. 때로는 이러한 글쓰기를 통해서 자신의 인생을 새로운 관점에서 재구성하여 소중한 의미와 가치를 부여할 수 있다. 사실, 의미 부여와 자전적 글쓰기는 심리치료의 중요한 요소로 활용되고 있으며 치료효과를 증대시킨다. 특히 이야기 치료(narrative therapy)는 자서전적 이야기를 통해서 자신의 삶을 재구성하면서 소중한 의미와 가치를 발견하도록 촉진한다. 글쓰기(또는 말하기)는 이전에 뒤죽박죽되어 있던 생각과 감정들을 명료하게 정리하여 체계화하는 데 도움을 준다(King & Pennebaker, 1996). 이러한 과정에서 깨달음과 통찰을 얻게 되고 새로운 대처방식을 탐색하게 된다. 글쓰기 과정에서 사건들 간의 인과적 관계를 새롭게 많이 발견하여 이해하게 될수록 심리적·신체적 건강에 더 많은 도움이 되었다(Pennebaker & Francis, 1996). 또한 이야기 전개과정에서 사건들을 배열하는 순서도 중요하다. McAdams 등(1997)에 따르면, 생산적인 사람들은 이야기 초반부에 부정적인 사건들을 소개하고 후반부에 긍정적 사건들을 제시하는 경향이 있다. 즉, 자신의 인생을 역경으로부터 승리한 이야기로 구성하는 경향이 있었다.

의미 부여하기는 고통을 완화하는 것뿐만 아니라 행

이야기 치료

이야기 치료(narrative therapy)는 호주에서 가족치료자로 활동하고 있는 Michael White(1948~2008)에 의해서 개발되었다. 그는 1970년대 후반에 Bateson의 이론을 접하면서 사람들이 어떻게 세계를 구성하는가에 관심을 갖게 되었다. 특히 인간성을 말살하는 사회제도의 폐해를 비판한 미셸 푸코(Michel Foucault)의 영향으로 개인의 문제를 외재화하는 독창적인 생각을 하게 되었다.

Michael White

White와 Epstein(1990)에 따르면, 이야기 치료는 사람들이 행동하는 방식보다 '자신의 삶에 건설적인 의미를 부여하는 방식'에 더 깊은 관심을 갖는다. 인간은 이야기의 창조를 통하여 삶의 의미를 발견하고 새로운 미래를 구성한다. 따라서 치료자는 내담자의 부정적이고 패배적인 견해를 반박함으로써 문제를 해결할 수 있는 힘을 회복하도록 돕는다.

이야기 치료의 핵심적 가정은 인간의 경험이 근본적으로 불확실하다는 것이다. 인간 경험은 명확히 인식하거나 분석될 수 있는 것이 아니다. 인간 경험은 그 요소들을 묶어 주고 그것들에 의미를 부여하고 우선순위를 매기는 과정을 통해서만 이해될 수 있다. 이러한 경험의 해석은 개인이 자기 자신에 대해 지니고 있는 이야기에 바탕을 두고 있다. 이야기는 개인의 인생 전체를 하나의 줄거리로 엮은 자서전적 설명이다. 경험의 진실은 발견되거나 드러나는 것이 아니라 창조되는 것이다. 치료의 목표는 인생 경험의 진실을 밝히는 것이 아니라 긍정적인 인생이야기를 창조하는 것이다. 치료자는 고고학자가 아니라 소설가가 되어야 한다. 이야기 치료자의 역할은 내담자가 자신의 인생을 통합적이고 의미 있는 긍정적인 이야기로 엮을 수 있도록 자신에 관한 사실들을 재구성하도록 돕는 것이다.

이를 위해서 이야기 치료자들은 내담자의 문제를 외재화하도록 촉구한다. 문제의 원인을 외부의 탓으로 돌리는 것이다. 외재화를 통해서 자신과 가족을 자책을 하거나 비난하지 않게 된다. 문제는 내담자나 가족이 아니라 이들에게 영향을 미치는 사회문화적 신념이다. 이야기 치료자들은 내담자가 진리라고 믿고 있지만 그의 삶을 억압하는 사회문화적 신념들을 해체하는 방향으로 인도한다. 내담자가 억압적인 이야기에 의해 어떻게 지배되고 있는지를 이해하고 그로부터 해방되도록 돕는다. 이야기 치료자는 내담자의 파괴적인 문화적 가설에서 그들을 분리시켜 그들 스스로에 대해서 새롭고 더 건설적인 관점을 갖도록 유도한다. 이야기 치료는 비생산적인 인생이야기를 해체하고 새롭고 보다 생산적인 인생이야기를 재구성하도록 돕는 이야기 접근의 심리치료라고 할 수 있다.

이야기 치료는 통합적이고 의미 있는 긍정적인 인생이야기를 창조하도록 돕는다.

복을 증진하는 데에도 중요하다. 의미는 행복의 필수적인 구성요소다. 의미 있는 인생은 그 자체로도 매우 긍정적인 것이다. 인생에서 의미를 발견하는 것은 의미가 삶의 고통을 감소시킨다는 점 이상으로 중요한 의미를 지닌다. 고통이 완전히 없어지더라도 삶의 의미를 발견하지 못한다면 결코 행복할 수 없을 것이다. Ryff와 Singer(1998)에 따르면, 인생의 의미와 목적의식은 행복을 증진하는 요인이라기보다 행복의 본질적 요소다.

5. 이야기 접근과 현대 심리학

인생이야기는 개인을 이해하기 위한 매우 중요한 정보원일 뿐만 아니라 다른 방식으로는 입수할 수 없는 구체적이고, 생생하며, 풍부한 자료를 제공한다. 정체감(identity)은 개인이 내면적으로 지니고 있는 자신의 인생이야기로서 과거-현재-미래를 연결하며 진화하는 것으로 이해될 수 있다. 이러한 이야기 접근은 성격심리학뿐만 아니라 발달심리학, 인지심리학, 문화심리학의 현대 추세와 접목될 수 있다(McAdams, 2001, 2008).

인생이야기는 개인의 성격특질이나 특징적 적응으로 접근할 수 없는 성격의 다른 측면을 보여 준다. 성격은 특질, 적응방식, 인생이야기에 있어서 나타나는 독특한 패턴을 의미한다. 성격 5요인과 같은 특질은 개인의 성격적 독특성에 대한 스케치를 제공하고, 특징적 적응은 개인의 동기나 방어기제와 같은 독특성의 세부적 측면을 묘사하고 있으며, 인생이야기는 자신의 인생경험을 연결하여 통합하고 그것에 의미를 부여하는 서사방식의 독특성을 보여 준다. 인생이야기의 개인차는 다른 성격적 측면의 개인차 못지않게 흥미롭고 풍부하다. 인생이야기에서 탐색할 수 있는 중요한 개인차는 주체성과 연대성의 내용적 주제, 회복과 퇴락의 이야기 전개, 인생이야기의 복잡성과 조직화에서 나타날 수 있다.

개인은 청년기 초기나 성인기에 이르러 자신의 삶을 통합적 이야기로 구성하기 시작한다. 과거의 삶을 재구성하고 상상을 통해 미래를 예상함으로써 자신의 삶에 통일성과 목적성을 부여한다. 이 시기의 젊은이들은 문화적 요구와 격려 속에서 정체감 형성의 발달적 과제를 안고 있다. 정체감 형성에는 자신의 삶을 통합적 이야기로 구성하는 것이 매우 중요하다. 과거-현재-미래를 이어주는 시간적 연결성뿐만 아니라 자신의 경험들을 인과적으로 연결하고 인생에서 중요하게 여기는 주제에 대한 응집력을 지니는 것이 중요하다. 정체감 발달의 수준은 개인이 얼마나 통합적이고, 정교하며, 잘 조직화된 인생이야기를 지니고 있느냐에 의해서 판단될 수 있다.

그러나 인생이야기가 구성되는 발달적 전조는 생의 초기로 거슬러 올라갈 수 있다. 이야기가 구성되는 기반은 유아가 주체적인 자기(I)와 객체적인 자기(me)를 분리함으로써 자신을 행위자로 느끼는 동시에 이야기의 주인공으로 대상화하여 바라볼 수 있는 발달단계와 연결된다. 인생이야기의 기본적인 분위기는 어린 시절의 경험, 특히 애착경험과 연결되어 있다. 아동은 언어발달과 함께 부모나 형제자매 그리고 또래 친구들과 이야기를 통해 자신을 표현하고 구성한다. 다른 한편으로, 인생이야기 만들기(life story making)는 성인기 초기를 넘어서 중년기와 노년기에 매우 중요한 의미를 지닌다. Erikson이 제시했듯이 중년기에는 다산성 또는 생산성(generativity)의 주제가 중요한 발달과제로 부상한다. 중년기에는 다산성의 주제를 중심으로 자신의 삶을 재구성하고 평가하면서 자신의 미래를 예측하고 계획하는 인생이야기의 구성이 중요하다. 노년기에는 자신의 전체 인생을 통합하고 의미를 부여함으로써 멋진 인생이야기를 완결하는 것이 중요하다.

인지심리학자들은 실생활 속에서 이루어지는 개인적 경험이 어떻게 입력되고, 저장되며, 인출되는지에 대해서 관심을 보이고 있다. 이러한 관심사는 자서전적 기억에 관한 연구로 이어지고 있다. 자서전적 기억(autobiographic memory)에서 자기는 인생이야기 속에 존재한다. 인생이야기는 개인이 인생의 단계마다 경험한 중요한 내용들을 반영할 뿐만 아니라 핵심적인 인생사건에 관한 구체적이고 생생한 기억을 포함하고 있기 때문이다. 자서전적 기억은 인생이야기처럼 현재의 목표와 미래의 예상에 대한 윤곽을 제공하지만 인생이야기와 같은 것은 아니다. 자서전적 기억은 개인에 관한 방대한 정보와 경험을 모두 포함하지만, 인생이야기는 시간이나 주제의 측면에서 조직된 좀 더 제한된 장면과 각본으로 구성된다.

인생이야기는 사회적 맥락 속에서 다른 사람을 대상으로 전달되는 것이기 때문에 본질적으로 사회적이다. Thorne(2000)에 따르면, 인생이야기는 사회적인 활동으로서 가족이나 친구와 함께 만들어 가는 것이다. 인생이야기에는 그 이야기가 만들어지고 표현되는 문화가 반영되어 있다. 가족으로 시작하여 초기의 성장과정과 갈등 그리고 문제해결과 전환점으로 이어지는 인생이야기의 구조 역시 문화적 구조를 반영하고 있다. 이야기는 다른 사람에게 전달되기 위한 것이기 때문에 화자와 청자가 서로 공유하고 있는 사회적 맥락과 문화적 기반 위에서 만들어진다. 인생이야기는 심리사회적으로 구성되는 것으로서 개인의 삶에 의미를 부여하는 사회적 가치와 규범이 반영되어 있다. 문화인류학자와 비교문화심리학자들은 이야기 속에 문화의 유사성과 차이점이 잘 나타난다는 점에 주목해 왔다.

특히 현대인에게 있어서 일관성과 응집력을 지닌 인생이야기를 구성하는 것은 매우 중요한 과제인 동시에 매우 어려운 과제이기도 하다. 현대사회는 매우 빠르게 변화하고 있을 뿐만 아니라 현대인에게 많은 사람과 접촉하고 다양한 활동을 해야 하는 복잡한 다면적 환경을 제시하고 있다. 이러한 환경 속에서 현대인은 끊임없이 변화하지만 응집력을 지닌 통합적 정체감, 즉 인생이야기를 지니는 것이 중요하다. 그러한 통합적 인생이야기를 구성하지 못하는 사람들은 삶이 매우 혼란스럽게 느껴질 뿐만 아니라 정체감의 위기를 경험할 수 있다.

Hermans(1996)에 따르면, 자기(self)는 여러 목소리로 구성되는 다중음성적 소설(polyphonic novel)과 유사하다. 그러한 소설은 여러 개의 내면적 음성이 대화하는 형식으로 구성된다. 모든 인생이야기는 마음속에 존재하는 외적·내적 청중을 대상으로 구성된다. 개인의 마음속에는 자신뿐만 아니라 부모, 친구, 연인과 같이 자신의 삶을 바라보고, 평가하며, 대화하는 청중이 존재한다. Freud가 제시한 초자아처럼 부모와 사회의 도덕적 규범을 반영하는 청중이 존재할 뿐만 아니라 내면화된 애착대상이나 신이 존재할 수 있다(McAdams, 1998). 이처럼 다양한 내면적 대화상대를 지니고 있는 개인은 삶의 다면성을 정교하게 통합한 인생이야기로 구성하는 것이 중요하다.

이야기 접근은 인간의 성격과 심리적 원리를 연구하는 새로운 패러다임을 제시하고 있다. 개인이 자신의 삶을 인생이야기로 구성하는 방식에 초점을 맞춤으로써 성격연구의 새로운 지평을 열었다. 또한 이야기 접근은 개별사례 접근법과 법칙정립 접근법, 즉 질적 연구와 양적 연구를 통합할 수 있는 새로운 연구방법을 발전시키고 있다. 나아가서 현대인의 분열적인 삶을 일관성 있게 통합하여 의미 있는 인생이야기로 구성하는 치유와 성장의 길을 제시하고 있다.

요약 -

1. 인간은 사회적 존재로서 이야기를 통해서 서로 소통한다. 인생이야기는 성격의 개인차를 이해할 수 있을 뿐만 아니라 인간의 보편적 심리를 발견할 수 있는 소중한 자료로 인식되고 있다. 성격에 대한 이야기 접근(narrative approach)은 개인이 제시하는 자신에 관한 이야기를 통해서 그의 성격과 심리적 원리를 밝히려는 새로운 연구방법이다.

2. 이야기 접근의 핵심 개념은 이야기 정체감이다. 인간은 본성상 이야기꾼으로서 자기(self)를 이야기로 표현하며 인생의 다양한 경험을 통합한다. 이야기 정체감(narrative identity)은 개인이 다양한 인생경험을 일관성 있게 통합하여 내면적으로 지니고 있는 자신에 대한 이야기를 의미한다.

3. McAdams에 따르면, 성격은 (1) 인간 심성에 대한 보편적인 진화적 흐름에서 나타난 개인의 독특한 변이현상으로서 (2) 사회문화적 환경 속에서 유발되고 표현되는 (3) 성향적 특질, (4) 특징적 적응방식, (5) 인생이야기로 정의될 수 있다. 성격은 성향적 특질, 특징적 적응, 인생이야기의 세 수준으로 이해될 수 있다. 성향적 특질은 성격의 스케치이고, 특징적 적응은 세부적 묘사이며, 인생이야기는 개인이 자신의 삶에 부여하는 독특한 의미라고 할 수 있다.

4. 인생이야기는 개인의 성격과 그 변천과정에 관한 풍부한 정보를 담고 있는 소중한 연구자료다. 성격에 대한 이야기 접근은 개별사례 접근법과 법칙정립 접근법을 접목함으로써 성격의 세부적 측면에 대한 보편적 원리를 탐색할 수 있는 새로운 연구모델을 제시하고 있다. 인생이야기는 구조적 측면뿐만 아니라 내용과 주제에 초점을 맞추어 다양한 방식으로 분석되고 수량화될 수 있다.

5. 이야기 접근에서는 구조화된 면담도구나 자서전적 질문지를 개발하여 인생이야기에 제시된 심리적 주제, 정서적 색채, 이야기의 전개과정, 인생의 목표 등을 객관적으로 평가한다. 구조화된 면담도구의 대표적인 예는 인생이야기 면담(Life Story Interview)으로서 이야기 내용을 통해서 개인의 동기나 의미부여 방식 등을 평가할 수 있는 채점체계가 마련되어 있다.

6. 인간은 의미를 추구하는 존재다. 인생이야기를 통해서 자신의 삶을 통합하고 의미를 부여하는 일은 중요하다. 의미 부여하기(meaning-making)는 삶 속에서 경험한 사건들을 새로운 관점에서 재구성하여 소중한 가치를 발견하는 과정이다. 여러 실증적 연구에 따르면, 사람들이 보고하는 인생의 의미는 네 가지의 주제, 즉 일(성취), 친밀감(관계), 영성(종교), 초월(다산성)로 수렴되고 있다.

7. 이야기 접근은 성격심리학뿐만 아니라 발달심리학, 인지심리학, 문화심리학의 현대 추세와 접목될 수 있다. 이야기 접근은 인간의 성격과 심리적 원리를 연구하는 새로운 패러다임을 제시하고 있을 뿐만 아니라 현대인의 분열적인 삶을 일관성 있게 통합하여 의미 있는 인생이야기로 구성하는 치유와 성장의 길을 제시하고 있다.

제6부

:

성격의 변화와 성숙

제25장
성격의 변화

1. 성격은 변화하는가

성격은 일단 형성되면 잘 변하지 않는 것으로 알려져 있다. 또한 성격의 정의 자체가 안정성을 내포하고 있다. 성격은 정서, 인지, 행동 경향성의 지속적인 패턴으로 정의된다. 성격에 대한 대부분의 정의는 개인이 지닌 심리적 특성의 시간적 안정성을 강조하고 있다. 일관성 없이 상황에 따라 수시로 변하는 개인의 심리적 상태와 행동은 성격적 특성으로 여기지 않는다. 이처럼 성격의 정의에 포함되어 있는 '안정성' '지속성' '일관성'이라는 말에는 성격이 쉽게 변하지 않는 심리적 성향이라는 점을 내포하고 있다. 그렇다면 성격은 일단 형성되면 고정된 상태로 평생 변화하지 않는 것일까?

1) 성격변화에 대한 연구주제

성격은 일단 형성되면 쉽게 변하지 않는다. Freud는 7세 이전에 성격구조가 형성되며 그 이후에는 변화하지 않는다고 주장한 바 있다. 일반적으로 성격은 청소년기를 지나면서 안정된 패턴으로 고정되어 지속되는 것으로 여겨지고 있다. 그러나 이러한 생각은 성격의 불변성에 대한 신화(myth)일 뿐이다.

개인의 성격이 평생 고정되어 있는 것은 아니다. 인간의 마음은 시시각각으로 끊임없이 변한다. 개인의 성격도 시간의 흐름과 인생의 경험을 통해서 변화한다. 다만 성격을 구성하는 심리적 요소 중에서 쉽게 변화하지 않는 것과 상대적으로 변화가 용이한 것이 존재한다. 심리학자들은 시간의 흐름에 따라 성격이 어느 정도나 변화하는지 그리고 어떤 심리사회적 요인들이 어떤 성격변화를 유발하는지에 대해서 깊은 관심을 지니고 있다.

개인의 성격은 시간의 흐름과 인생의 단계를 거치면서 변화한다.

성격이 단기적으로는 변화하지 않지만 장기적으로는 변화한다는 것이 여러 연구(Bleindorn, Kandler, Riemann, Angleitner, & Spinath, 2009; Roberts et al., 2006)의 공통적인 결론이다. 성격이 변화한다는 점은 널리 인정되고 있지만, 성격이 아동기를 지나 어떤 연령대부터 안정된 상태에 이르게 되는지, 그리고 그 이후에는 어떤 심리사회적 요인에 의해서 어떤 패턴의 변화가 나타나는지에 대해서는 많은 논란이 이루어지고 있다. 성격의 변화에 대한 주요한 연구물음은 다음과 같다.

(1) 성격은 전 생애를 통해서 어떤 패턴으로 변화할까? 특히 성격의 5요인은 각각 전 생애를 통해서 어떤 변화패턴을 나타낼까? 어떤 발달시기에 성격의 변화가 현저하게 많이 일어날까?

(2) 성격의 변화가 나타나는 원인은 무엇일까? 성격은 발달단계마다 내재적인 성숙에 의해서 변화하는 걸까 아니면 사회적 요구와 경험에 의해서 변화하는 걸까? 어떤 심리사회적 요인들이 개인의 성격을 변화시키는 걸까?

(3) 성격의 변화는 어떤 심리적 과정을 통해서 일어

날까? 개인은 의도적인 노력을 통해서 자신의 성격을 변화시킬 수 있을까? 성격을 변화시키려면 어떤 노력을 기울여야 할까? 의도적인 노력에 의해서 어떤 성격특성이 얼마나 변화할 수 있을까?

(4) 성격장애는 치료될 수 있는 것일까? 성격장애는 어떤 방법에 의해서 치료될 수 있을까? 특정한 유형의 성격장애에는 어떤 치료방법이 효과적일까?

(5) 긍정적인 성품과 성격강점은 함양될 수 있는 것일까? 성격강점은 어떻게 발달하며 어떤 방법에 의해서 함양될 수 있을까? 특정한 성격강점을 육성하기 위해서는 어떤 노력이 필요할까? 아동과 청소년의 긍정적 성품을 함양하기 위한 인성교육은 어떻게 이루어지는 것이 효과적일까?

(6) 인간이 지향해야 할 바람직한 인간상은 무엇일까? 인간은 과연 어떤 인격적 상태까지 성숙할 수 있을까? 인류의 심성은 어떤 방향으로 진화하고 있을까?

2) 성격변화의 평가기준

성격은 연령의 증가와 함께 변화할까? 어떤 성격특성이 얼마나 변화할까? 성격의 변화패턴은 모든 집단에서 동일하게 나타날까? 이러한 물음에 답하기 위한 실증적인 연구는 쉬운 일이 아니다. 연령을 비롯하여 성별, 교육수준, 사회계층, 직업, 문화 등을 고려한 광범위한 표집을 구성해야 할 뿐만 아니라 다년간의 장기종단적 연구를 해야 하기 때문이다. 성격의 변화를 체계적으로 밝히기 위한 연구는 매우 많은 시간과 노력을 요한다. 따라서 성격의 변화에 대한 실증적 연구는 상대적으로 부족한 것이 현실이다.

또한 성격변화를 어떻게 정의하고 통계적으로 평가할 것인가 하는 문제도 간단하지 않다. 성격변화를 연구하기 위해서는, 특정한 성격특성을 측정하는 평가도구를 사용하여 동일한 사람들에게 장기간에 걸쳐 반복적으로 측정해야 한다. 매번 측정할 때마다 성격검사 점수가 높아진 사람도 있고, 낮아진 사람도 있을 것이다. 표집전체의 평균점수 변화는 시간의 흐름에 따른 실질적인 성격변화를 반영하는 것일 수도 있고, 측정오차를 비롯한 우연한 변수에 의한 것일 수도 있다. 이처럼 많은 요인이 개입하는 연구자료로부터 성격변화의 여부와 그 정도를 어떻게 통계학적으로 평가할 것인지에 대한 논란이 제기되고 있다.

연령에 따른 성격의 변화를 어떻게 평가할 것인가에 대해서 크게 두 가지의 접근이 이루어지고 있다. 그 하나는 연령이 증가함에 따라 개개인의 성격검사 점수의 평균수준이 변화하는 정도를 통해서 성격변화를 평가하는 방법으로서 평균수준 변화(mean-level change)라고 한다. 다른 하나는 집단 내에서 개개인의 성격점수 위치가 다른 사람들과 비교해서 얼마나 변화하는지를 통해서 성격변화를 평가하는 방법으로서 순위 변화(rank-order change)라고 지칭한다. 연령증가에 따른 성격변화를 탐색하는 연구에서는 이러한 두 가지의 접근을 사용하고 있다.

(1) 평균수준 변화

평균수준 변화는 성격변화를 평가하는 주된 방법으로서 시간에 걸쳐 특정한 특질 점수의 절대적 변화를 의미한다. 예컨대, 외향성의 성격특질이 시간의 흐름에 따라 변화하는지를 살펴보기 위해서 100명의 대학생에게 외향성 성격검사를 실시하고 5년, 10년, 20년 후에 동일한 집단에게 동일한 검사를 시행하여 100명의 평균점수가 유의미하게 증가했는지 또는 감소했는지를 평가하는 것이다. 평균수준 변화는 보통 동일한 표집을 대상으로 2회 이상의 시점에서 수집한 정보를 분석하는 종단적 연구에서 사용한다. 평균수준 변화는

성격의 절대적 안정성을 평가하는 기준이라고 할 수 있다. 일반적으로 성격변화에 대한 장기종단연구에서는 시간의 흐름에 따라 평균수준 변화가 일어나는 것으로 보고되고 있다.

(2) 순위 변화

순위(順位) 변화는 어떤 성격특성에 대한 표집 구성원들의 높낮이 순서가 시간의 흐름에 따라 얼마나 변화하는지를 의미한다. 예컨대, 외향성의 성격특질이 시간의 흐름에 따라 변화하는지를 조사하기 위해서 100명의 대학생에게 외향성 성격검사를 실시하고 5년, 10년, 20년 후에 동일한 집단에게 동일한 검사를 시행할 수 있다. 첫 검사에서 100명의 대학생은 외향성 점수의 높낮이에 따라 1~100위까지 순위가 정해질 수 있다. 이후에 시행한 외향성 검사에서 100명의 순위가 얼마나 변화했는지를 평가함으로써 외향성이라는 성격특질이 시간의 흐름에 따라 변화하는 정도를 평가할 수 있다. 만약 첫 검사에서 상위권에 속했던 대학생이 이후의 검사에서 하위권으로 내려가고 하위권에 속했던 학생이 상위권으로 올라온다면, 이처럼 시간의 흐름에 따라 순위가 크게 뒤바뀐다면 외향성은 시간의 흐름에 따른 변화가 많은 성격특질이라고 결론지을 수 있을 것이다. 그러나 시간이 흐른 후에도 상위권 대학생은 여전히 상위권에 속하고 하위권 학생도 여전히 하위권에 속한다면, 외향성은 변화하지 않은 성격특질이라고 할 수 있을 것이다. 또한 개인의 성격 변화를 평가할 경우에 순위 변화는 개인의 성격특질이 다른 사람들과 비교하여 상대적으로 변화하는 정도를 의미한다. 달리 말하면, 순위 변화는 성격의 상대적 안정성을 평가하는 기준이라고 할 수 있다. 일반적으로 성격은 순위 변화가 현저하게 일어나지 않는 것으로 알려지고 있다.

2. 연령에 따른 성격 5요인의 변화

성격의 변화에 대한 연구는 주로 성격의 5요인을 중심으로 이루어졌다. 과연 성격 5요인의 특질은 시간의 흐름에 따라 변화할까? 만약 변화한다면, 각 특질은 어떤 패턴으로 변화할까? 어떤 요인이 성격변화를 유발하는 것일까? 이러한 물음에 답하기 위해서 연령에 따른 성격 5요인의 변화를 조사하는 많은 연구가 이루어졌다. 그러나 연구에서 사용한 표집과 연구방법의 차이로 인해서 상당히 혼재된 결과들이 보고되고 있다.

1) 성격은 성인기에 변화하는가

일반적으로 성격은 어린 시절에 발달하여 청소년기를 지나면 고정되어 변하지 않는 것으로 알려져 있다. 심지어 Freud는 7세 이전에 성격의 기본구조가 형성되어 이후에는 변하지 않는다고 주장했다. 성격의 5요인 이론을 제시한 Costa와 McCrae(1988, 1994)는 성격의 발달이 30세경에 완결된다고 주장한다. 이들에 따르면, 대부분의 성격변화는 30세 이전에 나타나며 그 이후에는 성격이 상당히 안정된 상태를 유지한다. Srivastava 등(2003)은 이러한 주장을 딱딱한 회반죽 가설(hard plaster hypothesis)이라고 불렀다. 회반죽이 처음에는 말랑말랑하지만 시간이 흘러 굳으면 딱딱해져서 모양이 고정되기 때문이다.

Costa와 McCrae(1988, 2002)에 의한 종단적 연구에서는 성격특질의 평균수준이 30세까지는 변화했지만 30세가 되어 성인기에 도달하면 성격 5요인의 평균수준은 변화하지 않는 것으로 나타났다. 물론 성격특질의 미세한 변화가 있었지만, 이는 연령이 증가함에 따른 활동수준의 저하나 치매와 같은 정신질환에 의한 것이

라고 해석되었다. McCrae 등(2000)은 5개의 문화권(독일, 영국, 스페인, 체코, 터키)에서 14~50세의 남녀가 응답한 NEO 5요인의 검사결과를 분석했다. 그 결과, 모든 문화권에서 공통적으로 30세에 이르기까지 신경과민성, 외향성, 개방성은 감소했으나 성실성과 우호성은 증가했다. 그러나 30세 이후에는 변화의 정도가 현저하게 감소했다. 이러한 결과는 성격특질의 평균수준이 성인기 이후에 유의미하게 변화하지 않는다는 것을 의미한다.

이와 반대로, 성격은 30세 이후에도 변화할 뿐만 아니라 전 생애를 통해 지속적으로 변화한다는 주장이 제기되고 있다. Scollon과 Diener(2006)는 외향성과 신경과민성 모두 30세 이전뿐만 아니라 그 이후에도 비슷한 정도의 변화가 일어난다는 것을 발견했다. Roberts와 DelVecchio(2000)는 순위 안정성이 나이와 함께 증가하며 50세경에야 정점에 도달한다는 것을 발견했다. 이러한 결과는 나이가 증가할수록 성격변화의 정도가 감소하지만 50세경에 이를 때까지 성격이 지속적으로 변화한다는 것을 의미한다.

Ardelt(2000)는 메타분석을 통해 50세를 넘어서면 오히려 성격의 안정성이 감소한다는 것을 발견했다. Helen, Kwan, John 및 Jones(2002)는 평균수준 변화에 관한 여러 횡단적·종단적 연구들을 분석했다. 그 결과, 성실성, 우호성, 규범 준수성과 같은 특질은 나이가 많아짐에 따라 증가했지만 사회적 활력은 나이의 증가에 따라 감소하는 것으로 나타났다. 이들은 이러한 연구결과가 성인기 동안에 성격이 변화한다는 것을 보여 주는 증거라고 주장했다.

Roberts 등(2006)은 6개 성격특질(사회적 주도성, 사회적 활력, 정서적 안정성, 성실성, 개방성, 우호성)의 평균수준 변화를 조사하기 위해서 92개의 종단적 연구결과에 대한 메타분석을 실시했다. 그러한 연구에 포함된

성격은 전 생애를 통해 변화하는 것으로 알려지고 있다.

참가자의 연령범위는 10세부터 101세까지였다. 메타분석의 결과, 사회적 주도성, 정서적 안정성, 성실성은 나이와 함께 지속적으로 증가했다. 그러나 사회적 활력과 개방성은 청소년기에 증가했으나 노년기에는 감소했으며, 우호성은 노년기에만 변화가 나타났다. 이들의 연구결과를 요약하면, 6개의 성격특질은 모두 30세 이후에도 통계적으로 유의미하게 변화했다. 6개 중 4개는 중년기와 노년기에도 유의미하게 변했다. 성격특질은 20~40세 사이에 가장 현저하게 변화했으며 이는 성격 발달이 성인기에도 이어진다는 것을 의미한다. 성격의 평균수준 변화는 전 생애를 걸쳐서 일어나며, 특히 성인기 초기에 가장 현저하게 나타난다. 성격의 변화가 직선적인 방향으로 나타나는 것은 아니지만 성인기 전체를 통해서 일어난다고 할 수 있다.

최근에 Specht, Egloff와 Schmukle(2011)은 나이에 따른 성격변화와 관련요인을 조사하기 위해서 성인기의 독일인 1만 4,718명(다양한 연령대, 교육수준, 직장 내 지위, 결혼상태, 종교적 소속을 포함)을 대상으로 4년간의 종단적 연구를 시행했다. 매년 개인적 면담을 통해 참여자들의 주요한 생활사건을 조사했으며, 연구가 시작된 첫 해와 4년 후인 마지막 해에 Big Five Inventory (BFI; John, Donahue, & Kentle, 1991)를 통해 성격 5요인을 측정했다. 이들의 연구에서는 성격이 전 생애를 통해서 평균수준과 순위 모두에서 변화하는 것으로 나타났다. 그러나 성격특질마다 연령증가와 생활사건으로 인한 변화의 정도와 패턴이 달랐다. 연령증가에 따른 성격변화의 세부적인 내용은 다소 복잡하지만, 개인의 성격은 30세 이후에도 상당한 정도로 변화하는 것으로 나타났다. 이들의 연구결과에 따르면, 성격은 30세 이후에도 변화하며 심지어 노년기에도 변했다. 젊은 시기일수록 성격은 더 많이 변했다. 모든 성격특질이 안정성의 정점에 도달하는 특정한 연령대는 없었다. 이러한 연구결과는 성격이 30세 이후에 매우 안정적으로 유지된다는 Costa의 McCrae(1988, 1994)의 딱딱한 회반죽 가설과 일치하지 않는 것이다. 또한 성격 5요인은 평균수준 변화에서 성차가 발견되지 않았다. 성격의 평균수준에서는 남자와 여자가 비슷하게 변화한다는 것을 의미한다. 성격은 전 생애를 통해서 변화한다는 것이 이들의 결론이다.

2) 성격 5요인은 나이에 따라 어떻게 변화하는가

성격은 세월의 흐름과 생활사건의 경험에 따라 변화한다. 최근에 Soto와 동료들(Soto, John, Gosling, & Potter, 2011)은 10~65세의 연령층에 해당하는 약 126만 명을 대상으로 인터넷을 통해 Big Five Inventory를 실시하는 대규모 연구를 진행했다. 방대한 자료를 분석한 결과, 성격 5요인은 연령이 증가함에 따라 평균수준이 변화하는 것으로 나타났다. 성인기의 변화추세는 아동기나 청소년기와 달랐다. 청소년기에는 평균수준 변화뿐만 아니라 순위 변화도 나타났다. 이러한 결과는 청소년기에는 성격이 매우 불안정하다는 사실을 입증하는 것이다. 성인기에도 성격의 변화가 나타났지만 성격특질에 따라서 그 변화패턴이 달랐다. 연구자들은 성격 5요인의 연령대별 변화양상을 [그림 25-1]과 같이 제시하고 있다.

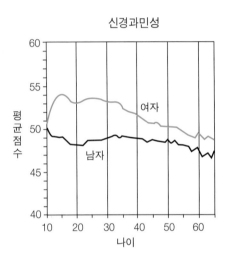
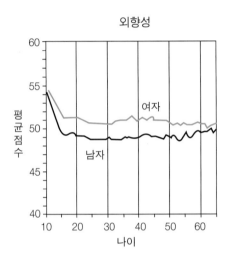
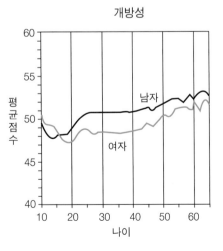
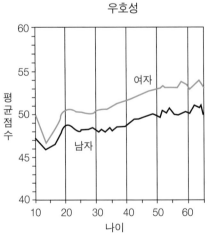
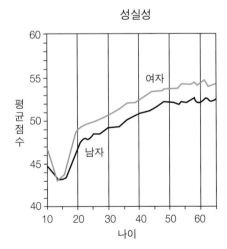

[그림 25-1] **성격 5요인의 연령대별 변화패턴**

(1) 신경과민성

신경과민성(neuroticism)은 불안, 분노, 우울과 같은 부정 정서를 잘 느끼는 성격특질로서 정서적 불안정성이라고 불리기도 한다. Costa와 McCrae(1988, 1994)는 성장함에 따라 신경과민성이 감소하다가 30세경에는 개인의 특질로 고정되어 평균수준이 변화하지 않는다고 주장했다. 그러나 그러한 주장과 일치하는 않는 연구결과가 보고되고 있다. 여러 연구(Bleidorn et al., 2009; Lucas & Donnellan, 2009; Soto et al., 2011)에서 신경과민성은 연령증가와 함께 감소하는 것으로 나타났다.

Soto 등(2011)의 연구에 따르면, 신경과민성은 남녀가 다른 변화패턴을 보였다. 여자는 신경과민성이 아동기에서 청소년기에 증가했고 청소년기에서 성인기까지 유지되다가 성인기부터는 점진적으로 감소했다. 그러나 남자는 아동기에서 청소년기를 거쳐 성인기에 이르기까지 신경과민성이 점진적으로 감소했다. 그러나 Specht 등(2011)의 연구에서는 신경과민성의 변화패턴이 곡선적인 것으로 나타났다. 신경과민성이 30세에 이르는 초기 성인기까지는 약간씩 감소하는 패턴을 보이다가 30세가 넘으면 그 이후로 60~70세까지 증가했으며 그 이후에는 다시 감소하는 패턴을 나타냈다. 신경과민성은 연령에 따라 변화하지만 그 변화량이 크지 않기 때문에 비교적 안정된 성격특질로 여겨지고 있다.

(2) 외향성

외향성(extraversion)은 사교적이며 대인관계 자극을 추구하는 성향을 뜻한다. 나이에 따른 외향성의 변화에 대해서는 상반된 연구결과들이 혼재하고 있다. Soto 등(2011)의 연구에서는 외향성이 아동기에서 청소년기까지 감소했고 그 이후로는 그다지 변화하지 않는 것으로 나타났다. Roberts 등(2006)의 연구에서는 외향성을 구성하는 하위 요소에 따라서 다른 변화패턴이 나타났다. 즉, 사회적 활력(social vitality)은 나이와 함께 감소한 반면, 사회적 주도성(social dominance)은 증가하는 것으로 나타났다.

Specht 등(2011)의 연구에서는 외향성이 연령의 증가와 함께 감소하는 것으로 나타났다. 특히 나이가 많은 사람일수록 시간의 흐름에 따라서 외향성이 더 많이 감소했다. 달리 말하면, 나이 든 사람들은 젊은 사람들에 비해서 연구기간인 4년 동안에 외향성의 감소폭이 더 컸다. 이러한 결과는 외향성이 나이가 많아질수록 덜 안정적이라는 것, 즉 더 많은 변화가 나타난다는 것을 의미한다.

(3) 개방성

개방성(openness to experience)은 호기심이 많고, 새로운 체험을 좋아하며, 다양한 경험과 가치에 대해서 열린 태도를 뜻한다. Soto 등(2011)의 연구에서는 개방성의 변화패턴에서 성차가 발견되었다. 여자의 경우에 개방성은 아동기에서 초기 성인기까지 감소하다가 성인기에 점차적으로 증가했다. 남자는 아동기에서 청소년기까지 감소하다가 그 이후로 성인기 동안에 증가했다. 다른 연구들(Roberts et al., 2006; Terracciano et al., 2005)에서는 개방성이 나이에 따라 곡선적인 변화패턴을 나타내는 것으로 보고되었다. 즉, 성인기 초기까지는 증가하다가 노년기에는 감소하는 양상을 나타냈다. Specht 등(2011)의 연구에서도 개방성은 곡선적인 패턴과 유사한 결과가 나타났다. 30세까지의 젊은 사람들은 개방성에서 평균 이상의 높은 점수를 나타냈으나 70세 이상의 나이 든 사람들은 평균보다 낮은 점수를 보였다. 개방성은 연구기간인 4년에 걸쳐 모든 연령대에서 평균수준의 감소가 나타났는데, 특히 나이가 많은 사람일수록 개방성의 변화량이 많았다.

(4) 우호성

우호성(agreeableness)은 다른 사람에 대해서 우호적이고 협동적인 성향을 뜻한다. 여러 연구(Bleidorn et al., 2009; Lucas & Donnellan, 2009)에서 우호성은 나이가 많아짐에 따라 증가하는 경향을 나타냈다. Soto 등(2011)의 연구에서는 우호성이 후기 아동기부터 청소년기까지 감소하다가 청소년기에서 성인기로 넘어가면서 증가하는 추세를 나타냈다. Specht 등(2011)의 연구에서도 나이 든 사람일수록 우호성에서 더 높은 평균점수를 나타냈다. 특히 30~40세의 사람들과 70세 이상의 사람들이 다른 연령대에 비해서 우호성의 증가량이 더 많았다.

(5) 성실성

성실성(conscientiousness)은 자기조절을 잘 하고 책임감이 강하며 성취지향적인 성향을 말한다. 여러 연구(Lucas & Donnellan, 2009; Neyer & Lehnart, 2007)에서 성실성은 나이와 함께 증가하는 것으로 보고되었다. Soto 등(2011)의 연구에서는 성실성이 아동기 후반부터 청소년기에 낮아졌다가 청소년기에서 성인기로 나아가면서 증가하는 것으로 나타났다. Terracciano 등(2005)의 연구에서는 노년기에 성실성이 감소하는 것으로 보고되기도 했다.

Specht 등(2011)의 연구에서는 성실성이 나이에 따라 복잡한 변화양상을 나타냈다. 젊은 사람들은 30세가 될 때까지 중년기의 사람들에 비해서 현저하게 낮은 성실성을 나타냈다. 그러나 나이가 많아짐에 따라 성실성이 증가하다가 70세경부터 다시 감소했다. 또한 청년기나 노년기에 속한 사람들은 다른 연령대에 비해서 연구기간 4년 동안에 성실성의 변화량이 더 많았다.

3) 나이는 사람들의 성격점수 순위를 변화시키는가

성격 5요인의 경우, 전반적으로 연령의 증가에 따라 평균수준 변화가 나타나는 것으로 보고되었다. 그렇다면, 나이가 많아짐에 따라 순위에서도 변화가 나타날까? Specht 등(2011)의 연구에서는 나이의 증가에 따라 평균수준뿐만 아니라 순위에서도 성격변화가 발견되었다. 순위 변화에 있어서 신경과민성, 외향성, 개방성, 우호성은 U자 모양의 패턴을 보였다. 즉, 거의 모든 성격특질이 나이가 증가함에 따라 변화량이 감소하다가 대략 50세에 최저점을 찍고 다시 증가하는 패턴을 나타냈다. 이러한 결과는 청소년기에서 성인기로 진행되는 과정에서 성격의 안정성이 점차적으로 증가하다가 노년기에 감소한다는 Adelt(2000)의 주장과 일치하는 것이다.

Specht 등(2011)에 따르면, 성격특질마다 순위 변화의 패턴이 달랐다. 즉, 나이에 따른 성격변화의 U자 패턴의 최저점, 즉 성격특질의 안정성이 가장 높은 연령대가 성격특질마다 달랐다. 신경과민성은 순위 변화가 50~60세까지 감소하다가 60대 이후에 증가했다. 외향성은 40~50세 사이에 변화량이 증가한 반면, 개방성과 우호성은 50세경에 변화가 가장 적었다. 성실성은 성인기 동안에 순위 변화가 꾸준히 감소하는 유일한 특질이었다.

Specht 등(2011)의 연구에서 성격의 평균수준 변화에서는 성차가 나타나지 않은 반면, 순위 변화에서는 성차가 나타났다. 여자는 신경과민성과 개방성에서 남자보다 더 적은 변화를 나타냈지만 성실성에서는 더 많은 변화를 나타냈다. 달리 말하면, 신경과민성과 개방성의 경우는 여자들 간에 순위의 변화가 남자들에 비해 적은 반면, 성실성의 경우는 여자들에게 있어서 더 많은 순위 변화가 나타났다. Specht 등(2011)이 연구자료를 정밀하게 분석한 바에 따르면, 연구기간 4년 동안 개인이 경험한 주요 생활사건은 순위 변화에 특별한 영향을 미치지 않는 것으로 나타났다. 순위 변화는 긍정적인 것이든 부정적인 것이든 생활사건에 의해서 변화하지 않는 것으로 나타났다. 따라서 연령에 따른 성격의 순위 변화에서 성차가 나타난 것은 주요생활사건에 대한 남녀의 적응패턴의 차이에 의한 것이 아니라 연구기간 4년 동안 내재적 성숙(intrinsic maturation)에서 남녀의 차이가 있었음을 의미한다.

3. 성격이 변화하는 원인

1) 성격의 변화 가능성

시간의 흐름은 모든 것을 변화시킨다. 성격은 쉽게 변하지 않는 심리적 구조이지만 세월의 흐름에 따라 변화하는 것으로 밝혀지고 있다. 세월의 흐름은 개인의 신체생리적 변화, 생활사건과 인생경험 그리고 사회문화적 변화 등과 같은 많은 요인을 포함한다. 일반적으로, 연령이 증가함에 따라 성격특질의 안정성도 증가하지만 성격은 특정한 연령에서 변화를 중단하지 않는다.

성격은 안정성과 유동성의 양면성을 지니고 있다. 성격은 변하지 않는 것이기도 하고 변하는 것이기도 하다. 이러한 성격의 안정성과 유동성은 성격심리학의 두 가지 논쟁과 연관되어 있다.

그 첫째는 선천론자와 후천론자의 논쟁이다. 선천론자들은 인간의 성격이 선천적으로 주어진 구조적인 것이기 때문에 후천적인 환경적 영향에 의해서 변화하지 않는다고 주장한다. 반면에, 후천론자들은 유전적 요인이 성격의 기본골격을 제공할 뿐 그 세부적인 특성은 후천적 경험에 의해서 채워지는 것이기 때문에 생활경험에 따라 성격은 현저하게 변할 수 있다고 주장한다.

또 다른 논쟁은 적응방식에 관한 것으로서 성격의 동화 기능과 순응 기능 중 어떤 것이 더 우세한가 하는 논

세월의 흐름에 따라 성격이 변화하는 이유는 무얼까?

쟁이다. 환경에 대한 적응은 모든 유기체가 직면하는 생존과제다. 유기체의 욕구가 새로운 환경에서 원활하게 잘 충족되지 않는 경우에 적응의 문제가 발생한다. 새로운 환경에 대한 적응(adaptation)을 위해서는 두 가지의 과정, 즉 동화와 조절의 적응과정이 일어난다. 동화(assimilation)는 자신의 변화 없이 환경을 자신에게 적합하도록 변화시키는 과정인 반면, 조절(accommodation)은 새로운 환경에 적합하도록 자신을 변화시키는 과정이다. 성격의 동화 기능이 우세한 경우에는 환경을 자신에 적합하도록 변화시키는 방식으로 적응문제를 해결하기 때문에 성격이 변화하지 않는다. 반면에, 성격의 순응 기능이 우세한 경우에는 적응문제를 해결하기

위해 자신을 환경에 적합하도록 변화시키기 때문에 성격의 변화가 일어나게 된다.

성격은 변화하지 않는 요소와 변화될 수 있는 요소로 구분할 수 있다. 달리 말하면, 성격은 어떠한 환경에서도 변하지 않는 부분과 생활경험에 의해 점진적으로 변화하는 부분으로 구분할 수 있다. 일반적으로 선천적인 기질이나 신경생물학적 기반을 지닌 성격특질의 기본적 성향은 환경적 요인에 의해서 쉽게 변화하지 않는다. 그러나 후천적 경험에 의해 영향을 받는 성격의 좀더 세부적인 측면, 즉 개인적 신념, 사고방식, 정서표현 방식, 행동적 습관 등은 변화될 수 있다는 것이 일반적인 견해다.

 성격 안정성의 원인: 성격이 변하지 않는 이유

인간의 성격이 수시로 변한다면 어떤 일이 벌어질까? 우리가 매일 새로운 성격의 소유자로 변한다면 우리의 삶이 어떻게 달라질까? 성격이 수시로 변하는 것은 사회적 적응에 도움이 될까? 모든 인간의 성격이 수시로 변한다면 인간관계가 원활하게 영위될 수 있을까?

인간은 자기정체감을 지니고 살아가는 존재다. 자기정체감의 핵심은 시간적 안정성이다. 시간과 상황이 변함에도 불구하고 동일한 존재로서의 자기지각이 자기정체감의 핵심적 요소다. 자기정체감은 기본적으로 변화에 저항적이다. 자기개념과 일치하지 않는 사건이나 상황에 직면했을 때 우리는 심리적 불편감과 갈등을 경험한다. 이러한 심리적 불편감과 갈등을 해결하기 위해서 인간은 동화(assimilation)의 기제를 가동한다. 즉, 자신의 정체감과 성격을 그대로 유지한 상태에서 환경을 변화시키기 위한 노력을 기울인다. 인간이 자신의 성격을 안정된 상태로 유지하기 위해서 사용하는 동화기제는 매우 다양하다.

11장에서 소개했듯이, Millon(1990; Millon & Davis 1996)은 성격의 안정성을 설명하기 위해서 자기영속화(self-perpetuation)라는 용어를 사용하면서 그 다양한 기제를 제시하였다. 우선, 성격형성의 기반이 되는 아동기의 경험은 신경구조 속에 강력한 흔적으로 남기 때문에 그 효과가 강력하고 지속적이다. 또한 아동기의 경험에 의해 형성된 심리적 구조는 이후의 경험을 받아들이는 기본적인 바탕이 되어 그 영향력을 확대하게 된다. 아동기의 행동패턴은 사회적 강화에 의해서 더욱 공고하게 유지된다. 아동의 행동은 부모의 반응에 영향을 미치고 부모의 반응은 아동의 행동을 강화하는 순환적인 상호적 강화를 통해서 아동기의 특정한 행동패턴이 지속적으로 유지된다.

자기영속화 과정은 다양한 방식을 통해서 일어난다. 개인은 자기개념과 일치하는 상황과 경험을 우선적으

로 선택함으로써 자신을 강화할 뿐만 아니라 자기개념과 불일치하는 상황이나 경험은 회피함으로써 자신을 보호한다. 또한 자기개념과 불일치하는 사건이나 경험을 직면할 경우에는 인지적 왜곡을 통해서 그 의미를 자기개념과 일치하도록 변화시켜 받아들인다. 개인은 다른 사람들로 하여금 자신이 원하는 반응을 나타내도록 유도함으로써 자기개념을 확증하려는 노력을 기울인다. 성격은 생활경험을 수동적으로 받아들이는 것이 아니라 생활경험을 능동적으로 유발하고 특정한 방향으로 왜곡을 통해 변형시킴으로써 스스로를 강화하는 자기영속화 과정을 나타낸다.

　성격의 핵심적 구조인 심리도식(schema) 역시 성격의 안정성에 기여하는 다양한 기능을 지닌다. 11장에서 소개했듯이, 심리도식은 과거경험을 내면화한 인식 틀로서 성격의 영속화에 기여한다(Young et al., 2004). 심리도식은 자신과 일치하는 정보에 선택적으로 주의를 기울이고 환경적 자극을 자신과 일치하는 방향으로 해석하거나 왜곡하여 받아들임으로써 스스로를 강화하고 영속화하는 속성을 지닌다. 이러한 과정은 의식되지 않은 채 자동적으로 이루어지기 때문에 심리도식이 부적응적인 경우에도 지속된다. 정서적인 측면에서, 개인은 심리도식에 대한 자각을 유발하는 불편한 정서를 회피함으로써 심리도식의 의식화를 억제하여 심리도식이 변화될 수 있는 기회를 차단한다. 행동적인 측면에서도 개인은 심리도식을 변화시킬 수 있는 인간관계는 회피하는 반면, 심리도식을 촉발하고 영속화시키는 인간관계나 상황을 무의식적으로 선택한다. 또한 대인관계에서도 개인은 다른 사람들로 하여금 자신이 원하는 특정한 반응을 이끌어 내는 방식으로 관계를 맺음으로써 결과적으로 심리도식을 강화한다. 이처럼 심리도식은 자기충족적 예언(self-fulfilling prophecy)을 통해서 개인으로 하여금 도식에 적합한 결과를 예상하고 그러한 결과가 나타나도록 행동하게 만듦으로써 동일한 심리도식을 지속적으로 유지하며 강화한다. 성격의 변화를 유발하려면 이러한 자기영속화의 순환과정을 자각하고 변화시켜야 한다.

2) 내재적 성숙을 통한 변화: 본질주의자의 관점

　성격은 시간과 함께 변화한다. 세월의 흐름, 즉 나이가 증가함에 따라 성격이 변하는 원인은 무엇일까? 이러한 성격변화의 주된 원인은 무얼까? 이러한 물음에 대해서 두 가지의 상반된 입장, 즉 본질주의자와 맥락주의자의 입장이 존재한다.

　본질주의자(essentialist)의 관점은 나이에 따른 성격변화가 유전적으로 정해진 내재적 성숙(intrinsic maturation)에 의한 것이라는 입장이다(McCrae & Costa, 1988). 성격의 5요인 이론을 제시한 Costa와 McCrae(1988, 1994)는 성격 5요인이 기본적으로 유전적인 토대를 지닌 것이라고 주장한다. 이러한 주장은 쌍둥이의 성격특질이 유사하다는 점(Bleidorn et al., 2009), 여러 문화권에서 성격 5요인 구조가 유사하게 나타난다는 점(McCrae, Costa, Del Pilar, Rolland, & Parker, 1998), 그리고 여러 문화권에서 나이에 따른 성격 5요인의 변화가 유사하다는 점(McCrae et al., 1999, 2000)에 근거하고 있다.

　본질주의자에 따르면, 성격특질이 연령증가와 함께 변화하는 것은 환경적 요인에 의한 것이 아니라 생물학적인 성숙에 의한 발달적인 변화다. McCrae와 Costa (2008)에 따르면, 성인기에 속한 사람들은 대체로 동일한 내재적 성숙이 일어나기 때문에 성격특질에 있어서 그들이 나타내는 순위에 유의미한 변화가 나타나지 않는다. 성격의 구조와 기능이 변화하는 데에는 유전과 기질, 뇌의 구조와 신경화학적 상태, 호르몬 분비(사춘기와 갱년기의 성호르몬 변화), 신체적 발달 및 노화와 같은 다양한 생물학적 요인들이 영향을 미친다. 특히 유전이 성격과 밀접하게 관련되어 있다는 점은 많은 가계연구나 쌍둥이 연구를 통해서 잘 알려진 사실이다.

성격특질에 대한 장기종단연구(Costa & McCrae, 1980)에서 성인기 동안 검사-재검사의 순위 상관이 .60~.80으로 높게 나타났으며 이러한 결과는 성격특질의 안정성을 보여 준다. 또한 성격특질은 30세 이후에 남녀 모두 검사-재검사의 상관이 .70 정도로서 상당히 안정적인 상태에 있는 것으로 나타났다. 이러한 결과는 대략 30세에 도달하면 성격이 변화하지 않는다는 것을 의미한다.

또한 여러 문화권에 살고 있는 남자들과 여자들은 나이에 따른 비슷한 성격변화 추세를 나타내고 있다. 특히 사춘기에서 성인기로 전환하는 과정에서 매우 유사한 성격변화가 나타나는데 이것은 다음 세대의 번식을 촉진하기 위한 내재적인 성숙에 의한 것이라고 볼 수 있다. 행동유전학적 연구결과에 근거하여 McGue, Bacon 및 Lykken(1993)은 청소년기에서 성인기로 전환하는 발달적 변화가 상당 부분 유전적 요인에 근거한 것이라고 주장했다. 다른 영장류 동물에서도 나이에 따른 유사한 변화추세가 보고되고 있는데, 이러한 현상은 내재적 성숙의 가설을 간접적으로 지지하는 증거라고 할 수 있다(King, Weiss, & Farmer, 2005). 개의 경우에도 강아지에 비해 늙은 개는 새로운 자극을 쫓아다니는 새로움 추구 성향이 현저하게 저하된다. 이처럼 나이에 따른 성격변화는 생물학적인 내재적 변화에 의한 것이라는 주장이 본질주의자의 입장이다.

3) 사회적 역할 경험을 통한 변화: 맥락주의자의 관점

본질주의자와 달리, 맥락주의자(contextualist)는 성격의 변화가 환경적인 요인에 의한 것이라고 주장한다(Neyer & Asendorph, 2001). 모든 사회에서는 구성원의 연령과 발달단계에 따라 사회적 역할과 적응과제가 변화한다. 이러한 사회적 요구에 적응하는 과정에서 성격이 나이와 함께 변화한다는 것이 맥락주의자의 주장이다.

인생의 발달단계에서 겪게 되는 사회적 역할은 성격변화의 주요한 요인으로 알려져 있다. 예컨대, 결혼하여 가정을 꾸리는 일, 첫아이를 출산하는 일, 첫 직업을 갖는 일과 같이 인생의 전환기에 겪게 되는 사회적 역할의 변화는 성격변화를 유발할 수 있다. 특히 취업에 따른 사회적 역할의 변동은 성격을 변화시키는 중요한 요인으로 알려지고 있다. 사회적 역할과 개인의 성격패턴 간에는 강한 연관성이 있는 것으로 보고되었다. Heller 등(2009)의 연구에 따르면, 사회적 역할이 개인으로 하여금 성실하게 행동하도록 압박하게 되면, 성실성의 검사점수에서 그 사람의 순위가 다른 사람들보다 상승했다. 그러나 그러한 역할을 떠나거나 성실성을 덜 요구받는 역할로 옮겨가면, 성실성의 상대적 순위가 낮아졌다.

사회적 역할은 성격변화를 예측하는 가장 기본적인 요인으로 여겨지고 있다(Ozer & Benet-Martinez, 2006). 종단적 연구에서 개인의 성격변화 패턴은 그가 생애 동안에 담당했거나 사임했던 사회적 역할에 의해서 설명될 수 있었다. 특정한 사회적 역할을 맡아서 성취해야 하는 목표는 그러한 역할을 담당한 사람으로 하여금 특정한 성격특질을 발휘하도록 압박을 가한다. 예를 들어, 여러 사람들을 통솔해야 하는 리더의 역할을 맡게 되면 개인의 외향성이 발휘되어 더욱 사교적이고 지배적인 행동을 나타내게 된다.

지속적인 환경의 변화도 성격변화를 유발할 수 있다. 반복적인 부정적 생활사건, 장기적인 곤경, 피폐화된 삶의 질 등을 경험하게 되면, 개인의 신경과민성이 크진 않지만 지속적으로 증가하는 것으로 알려져 있다. 반면에, 긍정적 생활사건이나 삶의 질의 향상은 신경과민성을 감소시킨다. 신경과민성은 현저하게 급격한 변화를 나타내지는 않지만 인생의 모든 시점에서 환경적 여건에 따라 변화하는 것으로 보고되고 있다.

주요 생활사건(major life event)은 10년 이상의 기간을 통해 지속적으로 성격변화를 유발할 수 있다. 특히 충격적인 외상경험은 성격변화를 초래할 수 있다. 때로는 단 한 번의 매우 심각한 충격적 경험이 개인의 정신세계에 강력한 흔적을 남겨 성격변화를 유발할 수 있다. 외상경험은 개인의 심리적 평형상태를 붕괴시키고 깊은 심리적 상처를 남긴다. 이러한 외상경험으로 인해서 개인은 심리적인 혼란과 더불어 성격적인 변화를 나타낼 수 있다.

맥락주의자들은 성격이 사회적 요구와 생활사건에 의해서 변화될 수 있다는 가소성 원리(plasticity principle)를 주장한다. 특히 급진적인 맥락주의자들은 나이가 증가함에 따라 개인이 경험하는 생활사건의 다양성이 커지기 때문에 성격의 변화가 더 많이 나타날 것이라고 주장한다. 그러나 현재까지 이루어진 연구의 결과들은 이러한 주장을 지지하지 않는다. Hampson과 Goldberg(2006)가 면접을 통해 평가한 아동기 성격특질과 40년 후에 자기보고로 평가된 성격특질의 관계를 조사한 결과, 아동기보다 중년기에 검사-재검사의 안정성이 더 높게 나타났다. 또한 순위 상관이 아동기에는 .36~.55이었으나 40년 후의 성인기에는 .70~.79로 증가했다.

152개의 종단연구에 대한 메타분석을 시행한 Roberts와 DelVecchio(2000)에 따르면, 성격특질의 안정성은 전 생애를 통해 나이가 많아짐에 따라 증가하는 것으로 나타났다. 성격특질의 검사-재검사 상관계수가 아동기에는 .31이었으나 대학생 시기에는 .54로 증가했고, 30세경에는 .64에 이르렀으며, 50~70세 사이에 .74로 최고점에 도달했다. 이러한 연구결과는 순위 안정성이 나이에 따라 직선적으로 증가한다는 것을 의미한다. 성격은 전 생애를 통해 큰 변화 없이 점진적으로 발달하는데, 50세 이후에는 거의 변화하지 않는 것으로 보고되었다(Roberts et al., 2001).

4) 상호작용주의자의 관점

성격변화의 원인에 대한 본질주의자와 맥락주의자의 논쟁은 성격형성에 대한 선천-후천(nature-nurture) 논쟁과 밀접한 관계를 지니고 있다. 성격의 형성과 변화에 대한 유전적 요인과 환경적 요인의 영향을 밝히는 것은 매우 어려운 일이다. 최근에 쌍둥이에 대한 종단적 연구들(Bleidorn et al., 2009; Hopwood et al., 2011)은 나이에 따른 성격변화가 유전과 환경 모두에 기인하는 것이라는 점을 시사하고 있다. 이러한 여러 연구결과들에 근거하여 본질주의자와 맥락주의자의 논쟁은 유전과 환경이 서로 영향을 주고받는다는 상호작용주의자(transactionist)의 관점으로 발전하게 되었다(Roberts et al., 2008). 현재의 주된 연구관심은 유전과 환경 중 어떤 요인이 얼마나 성격변화에 영향을 미치는지, 그리고 어떤 환경적 요인이 어떤 방식으로 성격변화에 영향을 미치는지에 집중되고 있다.

(1) 성격과 생활사건의 상호작용

성격과 생활사건은 서로에게 영향을 미친다. 개인은

성격적 특성으로 인해서 독특한 생활사건을 유발할 수 있을 뿐만 아니라 생활사건으로 인해서 성격특성의 변화가 일어날 수도 있다. 성격변화의 다양한 환경적 요인 중에서 특히 주요생활사건과의 관련성이 주목받고 있다. 주요 생활사건(major life events)은 개인에게 강력한 심리적 변화를 유발하는 사건을 의미하며 그 대표적인 예로는 인생의 전환기 사건(예: 첫 취업, 결혼), 의미 있는 사건(예: 첫아이 출산, 사랑에 빠지는 일), 주요한 개인적 경험(예: 가족구성원의 사망, 실업) 등이 있다. 성격과 생활사건이 서로에게 영향을 미치는 상호작용 과정은 선택 기제와 사회화 기제로 설명되고 있다. 선택 기제는 성격이 생활사건에 영향을 미치는 과정에 개입하는 반면, 사회화 기제는 생활사건이 성격변화를 유발하는 과정에 영향을 미친다.

(2) 선택 기제

선택 기제(selection mechanism)는 개인이 자신의 성격에 적합한 환경을 선택함으로써 성격의 안정성을 유지하는 과정을 말한다. 개인은 성격에 따라서 선호하는 환경, 환경의 지각, 대인관계 방식이 다르다. 개인은 자신의 선호에 따라서 환경을 선택하거나 환경의 일부 측면이나 전체를 자신의 성격에 적합하도록 변화시킨다. 이처럼 개인은 자신에게 적합한 환경을 선택하고 환경의 의미를 성격에 맞도록 재구성함으로써 성격의 안정성을 유지한다.

성격특성에 따라 삶에서 경험하는 생활사건의 유형이 다른 것으로 나타났다. 외향적인 사람들은 긍정적인 생활사건을 더 자주 경험하는 반면, 신경과민성이 높은 사람들은 부정적인 생활사건을 더 자주 경험하는 경향이 있었다(Headey & Wearing, 1989; Kandler et al., 2010; Magnus, Diener, Fujita, & Pavot, 1993).

최근에는 성격변화를 대인관계와 직업경험의 맥락에서 탐색하는 연구들이 이루어지고 있다. Lehnart와 Neyer(2006)의 연구에서는 연애를 하고 있는 사람들을 대상으로 성격특성을 조사하고 1년 후에 연애관계를 지속하고 있는 집단과 연애관계가 깨진 집단의 차이를 비교했다. 그 결과, 관계를 지속한 사람들은 관계가 깨진 사람들보다 신경과민성이 낮았고 우호성은 높았다. 유사한 방법을 사용한 다른 연구(Neyer & Lehnart, 2007)에서는 외향성과 신경과민성이 모두 높은 독신자들이 다음 해에 첫 연애를 시작할 가능성이 높았으며, 이러한 연애경험은 신경과민성을 감소시키고 외향성을 증가시킨 것으로 나타났다. 즉, 성격은 연애의 시작에 영향을 미쳤고, 연애경험은 성격변화를 유발함으로써 성격과 연애는 서로에게 영향을 미치는 것으로 나타났다.

Specht 등(2011)은 4년간의 종단연구를 통해서 성격이 특정한 주요생활사건의 경험에 영향을 미치는지를 조사하여 선택효과를 지지하는 결과를 얻었다. 즉, 외향성이 높은 사람일수록 4년 사이에 연인과 동거를 시작할 확률이 더 높았다. 신경과민성이 높은 여자들은 4년 사이에 결혼할 가능성이 더 높았다. 이러한 결과는 신경과민성이 높은 독신자들이 연애를 시작할 가능성이 더 높았다는 Neyer와 Lehnart(2007)의 연구결과와 일맥상통하는 것이라고 볼 수 있다.

Judge 등(1999)에 따르면, 직업적 성취와 밀접히 관련된 성실성과 우호성이 높은 사람들은 다음 해에 첫 취업을 할 가능성이 높았지만 실직을 하게 될 가능성은 낮았다. 직업경험과 관련하여, 성격은 직업적 지위에도 의미 있는 영향을 미치는 것으로 밝혀졌다. 특히 성실성은 직업 만족도, 연봉, 직장의 지위를 예측하는 데 중요한 역할을 했다(Judge, Higgins, Thoresen, & Barrick, 1999). 청소년기의 긍정 정서성과 부정 정서성은 이후의 여러 가지 직업경험을 예측했으며, 그러한 직업경험으로 인해서 긍정 또는 부정 정서성이 변화했다(Roberts, Caspi, & Moffitt, 2003).

(3) 사회화 기제

사회화 기제(socialization mechanism)는 개인이 생활사건과 사회적 요구에 적응하기 위해서 자신을 변화시키는 과정으로서 성격변화를 설명하는 중요한 심리적 기제다. 인간은 나이가 증가함에 따라 사회적 역할과 생활경험이 변한다. 이처럼 변하는 사회적 역할의 기대와 요구에 의해서 개인의 행동이 영향을 받고 이러한 행동변화에 대한 자기지각과 다른 사람들의 피드백에 의해서 성격변화가 유발될 수 있다. 이처럼 외부의 생활사건과 타인의 반응에 영향을 받아 성격의 변화가 나타나는 과정이 바로 사회화 과정이다. 개인-환경 상호작용 모델은 내재적인 성숙뿐만 아니라 사회적 역할과 주요 생활사건에 초점을 맞추어 전 생애의 성격변화를 설명한다.

Lockenhoff 등(2009)은 부정적 생활사건을 경험하는 사람들의 성격적 개인차를 발견하지는 못했지만 이러한 부정적 사건으로 인해서 그들의 신경과민성이 증가했다고 보고했다. Specht 등(2011)의 연구에서 주요 생활사건의 경험은 독특한 방식으로 개인의 성격변화에 영향을 미쳤다. 성실성은 첫 취업을 시작한 사람들에게서는 증가했지만 은퇴한 사람에게서는 감소했다. 이러한 결과는 취업을 통한 사회적 역할이 개인으로 하여금 더 성실하게 생활하도록 요구했기 때문이라고 볼 수 있다.

그러나 모든 생활사건이 성격의 변화에 영향을 미치는 것은 아니다. Specht 등(2011)에 따르면, 연구에 참여한 남자와 여자는 세 가지의 사건(부모 집에서의 독립, 연인과의 이별, 배우자의 사망)에 의해서 성격변화가 나타났지만 그 변화패턴은 각기 달랐다. 남자 또는 여자의 성역할 고정관념과 관련된 사건들(예: 실업, 아이 출산)은 성격변화에 거의 영향을 미치지 않았다. 또한 여러 가지 생활사건들을 긍정성과 부정성에 따라 통합한 점수는 성격변화를 예측하지 못했다. 이러한 연구결과는 여러 사건들을 통합한 환경적 변화보다 의미 있는 개별적 생활사건이 성격변화에 더 큰 영향을 미친다는

직장생활은 개인의 성실성을 증가시킨다.

것을 뜻한다.

여러 연구결과를 종합하면, 성격과 생활사건은 상호작용한다. 성격은 특정한 생활사건의 발생에 영향을 미칠 뿐만 아니라 생활사건을 경험한 결과로서 변화한다. 성격은 지속적으로 변화하지만, 인생의 발달과정마다 그 변화의 양상이 다르다. 성격변화는 내재적 성숙뿐만 아니라 사회적 요구와 경험에 의해 유발된다. 성격과 생활사건의 상호작용 과정에는 선택 기대와 사회화 기제가 모두 작용한다. 여러 연구에서 다양한 결과가 나타난 것은 연구대상자의 특성과 크기, 생활사건의 분류, 연구방법의 차이에 의한 것이다.

4. 성격변화의 심리적 과정

성격은 변화한다. 성격의 기본적 특질인 5요인도 세월의 흐름과 함께 변화한다. 성격은 개인의 의지와 상관없이 일어나는 내재적 성숙과정과 생활사건을 겪으면서 점진적으로 변화한다. 그렇다면 성격의 변화는 어떤 심리적 과정을 통해서 일어나는 것일까?

성격의 변화는 환경에 적합하도록 자신을 변화시키는 조절(accommodation) 과정을 통해서 일어난다. 인간은 환경을 자신의 성격에 맞도록 동화시키려 하지만, 그럴 수 없는 상황에 직면할 수 있다. 성격의 자기영속화 방략이 효과를 거두지 못하는 상황이 발생한다. 예컨대, 매우 내향적인 사람이 많은 사람과 접촉해야 하는 영업 업무를 담당해야 하는 경우처럼, 자신의 성격과 일치하지 않는 사회적 역할을 수행해야 하는 상황에 처할 수 있다. 또는 외상사건의 경우처럼, 개인의 자기개념이나 신념체계에 심각한 혼란을 초래하는 충격적인 사건에 노출될 수 있다. 이러한 상황에 처하게 되면, 개인은 심한 고통과 스트레스를 경험한다. 이러한 고통이 극심하

거나 장기화될 경우에는 다양한 형태의 정신장애가 나타날 수도 있다. 정신장애는 개인의 성격과 환경 간의 갈등에 의한 것이다. 달리 말하면, 환경에 대한 적응 실패의 결과라고 할 수 있다. 그러나 개인은 자신을 변화시킴으로써 성격과 환경의 갈등을 해소할 수 있다. 성격변화는 이러한 순응 과정을 통해서 일어나게 된다.

성격의 변화 가능성은 성격의 수준과 구성요소에 따라 다르다. 성격의 5요인과 같은 기본적인 성격특질은 쉽게 변화하지 않는다. 내향적인 성격이 단기간에 외향적인 성격으로 변하는 경우는 극히 드물다. 그러나 성격의 좀 더 세부적인 구성요소, 즉 개인적 신념, 사고방식, 습관, 대처행동, 대인기술 등은 변화가 좀 더 용이하다. 예컨대, 수줍음으로 대인관계를 회피하던 사람이 꾸준한 노력과 주변사람의 도움을 통해서 대인관계가 개선될 수 있다. 수줍은 성격 자체가 사라진 것은 아니지만 주변사람들과 심한 불안 없이 자연스럽게 대인관계를 맺을 수 있게 되었다면, 이는 커다란 성격적 변화라고 할 수 있다. 요컨대, 성격변화는 성격의 수준과 구성요소에 따라 다양한 심리적 기제를 통해 일어날 수 있다.

1) 부정적 생활사건에 의한 비자발적 성격변화

인생에서 경험하게 되는 주요 생활사건들은 성격에 영향을 미친다. 특히 커다란 충격을 주는 부정적인 생활사건들은 자기관과 인생관을 뒤흔들어 성격을 변화시킨다. 앞에서 살펴보았듯이, 성격과 생활사건은 서로 영향을 미칠 수 있다. 성격이 부정적 생활사건을 초래할 수도 있고, 부정적 생활사건이 성격에 영향을 미칠 수도 있다. 또한 부정적 생활사건에 대처하는 방식역시 성격에 따라 각기 다르다. 부정적 생활사건이 성격을 변화시킨다면, 과연 어떤 심리적 과정을 통해서 성격변화를 유발하는 것일까?

(1) 외상으로 인한 성격적 변화과정

외상경험은 성격의 변화를 촉발할 수 있다. 충격적인 부정적 생활사건, 즉 외상(trauma)은 매우 고통스러운 경험으로서 개인의 성격에 커다란 변화를 유발할 수 있다. 외상은 그 유발요인에 따라 강간, 폭행, 강도, 살인, 유괴, 납치와 같은 폭력적 범죄(violent crime), 사랑하는 사람을 잃는 관계상실(relational loss), 비행기 추락, 건물 붕괴, 화학물질 유출, 원자로 파괴와 같은 기술적 재해(technological disaster) 그리고 지진, 해일, 산사태, 화산폭발과 같은 자연재해(natural disaster)로 구분할 수 있다. 또한 단 한 번의 충격적 사건으로 인해 커다란 심리적 상처를 입히는 일회적 외상(single-blow trauma)과 아동학대나 성폭행의 경우처럼 가까운 주변사람들에 의해서 반복적으로 상처를 입히는 반복적 외상(repeated trauma)으로 구분되기도 한다.

외상경험은 매우 충격적인 것이기 때문에 심리적 부적응 상태를 유발할 수 있다. 외상으로 인한 부적응 상태가 바로 외상후 스트레스 장애(Post-Traumatic Stress Disorder)다. 외상후 스트레스 장애는 외상사건을 경험한 후에 다음과 같은 네 가지 유형의 심리적 증상이 나타나는 경우를 말한다. 그 첫째는 침투증상(intrusion symptoms)으로서 외상사건과 관련된 기억이나 감정이 자꾸 의식에 침투하여 재경험되는 것을 말한다. 즉, 과거가 현재 속으로 끊임없이 침습하는 것이다. 외상사건에 대한 고통스러운 기억이 자꾸 떠오르거나 꿈에 나타나기도 한다. 둘째, 외상 사건과 관련된 자극을 회피한다. 외상사건의 재경험이 매우 고통스럽기 때문에 그와 관련된 기억, 생각, 감정을 떠올리지 않으려고 노력한다. 외상사건과 관련된 생각이나 대화를 피할 뿐만 아니라 그와 관련된 사람이나 장소를 회피한다. 셋째, 외상사건과 관련된 인지와 감정에 있어서 부정적인 변화가 나타난다. 예컨대, 외상사건의 중요한 일부를 기억

하지 못하거나 외상사건의 원인이나 결과를 왜곡하여 받아들임으로써 자신이나 타인을 책망한다. 마지막으로, 각성과 반응성의 현저한 변화가 나타난다. 평소에도 늘 과민하며 주의집중을 잘 하지 못하고 사소한 자극에 크게 놀라는 반응을 보인다. 사소한 일에도 크게 짜증을 내거나 분노를 폭발하기도 한다. 잠을 잘 이루지 못하거나 쉽게 잘 깨는 등 수면의 곤란을 나타낸다. 이러한 네 가지 유형의 증상들이 1개월 이상 나타나서 일상생활에 심각한 지장을 받게 될 때 외상후 스트레스 장애로 진단된다.

외상은 충격적 사건으로 인한 심리적 상처로서 개인의 삶에 지속적인 파급효과를 미치게 된다. Horowitz (1976, 1986)는 외상경험이 어떤 과정을 통해 인지적으로 처리되어 기존의 사고체계에 통합되는지를 설명하는 스트레스 반응 이론(stress response theory)을 제시했다. 그에 따르면, 외상사건을 경험한 사람들은 일반적으로 다음과 같은 다섯 단계의 심리적 과정을 겪는다.

그 첫째는 절규단계로서 외상 피해자는 심한 충격 속에서 극심한 고통과 스트레스를 느낀다. 이러한 고통 속에서 외상 피해자는 자신에게 일어난 외상사건을 기존의 성격체계에 통합하려고 시도한다. 그러나 외상사건은 기존의 성격과 불일치하는 많은 양의 내적·외적 정보를 던져 줄 뿐만 아니라 일상적인 경험과 너무 동떨어진 것이기 때문에 개인의 인지체계에 의해 잘 수용되지 않는다. 피해자는 수용할 수 없는 외상경험으로 인해 심한 고통과 불안을 겪게 되면서 방어기제를 통해서 자신의 외상경험을 부인하거나 억압하게 된다.

둘째는 회피단계로서 외상경험을 떠올리는 모든 자극을 회피하려 할 뿐만 아니라 외상사건을 잘 기억하지 못한다. 그러나 새로운 사건의 경험을 기존의 사고체계에 통합하려는 인지적 경향성으로 인해서 외상 기억이 수시로 의식에 침투하게 된다. 플래시백이나 악

몽과 같은 침투증상은 인지적으로 처리되지 못한 외상 경험이 원래의 형태로 활성화된 채 의식에 침투하게 되는 것이다.

세 번째의 동요단계에서는 외상 정보가 기존의 인지체계에 통합되지 못한 채 회피 증상과 침투 증상이 함께 나타난다. 외상후 스트레스 장애는 동요의 단계에서 나타나는 부적응 상태를 의미하며, 적절한 치료를 받지 못하면 오랫동안 지속될 수 있다.

넷째는 전이단계로서 시간이 흐르거나 외상의 상처를 치유하는 노력을 통해서 부적응 상태가 완화되고 외상경험에 대한 이해가 증가한다. 외상 정보가 조금씩 인지적으로 처리되면서 기존의 신념체계와 통합이 점진적으로 진행된다.

마지막은 통합단계로서 외상경험의 의미가 충분히 탐색되어 기존의 신념체계에 통합된다. 그 결과로서 비교적 담담하게 외상경험을 회상할 수 있을 뿐만 아니라 기존의 신념체계가 더욱 확대되고 정교해짐으로써 자신과 세상을 확장된 안목으로 바라볼 수 있게 된다.

스트레스 반응이론은 외상사건을 경험한 사람이 성격의 변화에 이르는 심리적 과정을 잘 보여 주고 있다. 충격적인 외상사건은 개인의 신념체계와의 심각한 불일치로 인해 고통과 혼란을 야기한다. 이러한 고통과 혼란 속에서 점진적으로 외상경험을 기존의 신념체계와 통합시키는 노력이 이루어진다. 외상경험의 통합을 통해 개인의 신념체계가 변화함으로써 성격 역시 변화하게 된다. 충격적인 외상경험의 유형과 강도, 그리고 외상경험이 신념체계로 통합되는 넓이와 깊이에 따라 성격변화의 정도와 수준이 달라진다.

(2) 신념과 대처방식의 변화

외상사건은 개인이 자신과 세상에 대해서 지니고 있는 신념과 믿음을 통째로 파괴하기 때문에 심한 고통과 혼란을 유발한다. 개인의 신념과 기대가 현실의 사건을 통해서 무참하게 무너질 때 심한 좌절감과 무력감을 느끼게 된다. Janoff-Bulman(1989, 1992)은 외상사건이 심리적 혼란을 유발하는 심리적 과정을 설명하기 위해서 박살난 가정 이론(theory of shattered assumptions)을 제시했다. 그녀에 따르면, 외상후 스트레스 장애는 외상사건으로 인한 신념체계의 파괴에 기인한다.

외상후 스트레스 장애를 심하게 겪는 사람들은 외상사건을 경험하기 이전에 세 가지의 기본적 신념, 즉 (1) 세상의 우호성에 대한 신념(세상은 안전하고 살기 좋은 곳이다. 사람들은 따뜻하고 우호적이다.), (2) 세상의 합리성에 대한 신념(세상은 합리적으로 움직이는 공정한 곳이다. 모든 일은 이해 가능할 뿐만 아니라 예측 가능하다.), (3) 자신의 가치에 대한 신념(나는 소중한 존재다. 나는 무가치하게 희생되지 않을 것이다.)을 지니는 경향이 있다.

외상경험은 이러한 신념과 정면으로 배치되는 것으로서 그 근간을 흔들며 파괴함으로써 심각한 혼란과 무기력감을 유발하게 된다. 외상사건을 경험한 사람들은 이러한 혼란과 고통 속에서 자신의 신념체계와 외상경험의 점진적인 통합을 이루어 내는 과정에서 신념체계와 성격의 변화를 나타낼 수 있다. 도저히 이해할 수 없고 받아들일 수 없는 사건과 정보들이 서서히 통합되는 과정에서 기존의 신념체계가 변화하게 된다. 현실을 고려하여 좀 더 유연하고 폭넓은 신념체계로 변화하게 되고, 그로 인해 성격의 변화가 일어나게 된다. 그 결과, 과거에는 받아들이기 어려웠던 정보들을 담담히 수용하게 될 뿐만 아니라 유사한 사건이 발생해도 과거와는 다른 인지적·정서적·행동적 반응을 하게 되는 것이다. 이처럼 외상경험으로 인한 신념체계와 대처방식의 변화는 성격의 변화를 유발하게 된다.

(3) 역경후 성장

"아픈 만큼 성장한다"는 말이 있듯이, 외상경험은 고통스럽지만 심리적 성장을 촉진할 수 있다. 외상사건을 통해서 심한 고통을 겪으며 부적응 상태가 지속되는 것이 외상후 스트레스 장애다. 외상경험으로 인해서 자신과 세상에 대한 부정적 신념을 강화하여 더욱 위축되고 부적응적인 삶의 변화가 나타날 수 있다. 그러나 외상경험이 항상 부정적인 영향만을 주는 것은 아니다. 외상은 매우 고통스러운 경험이지만 인간을 성장시키는 촉진제가 될 수 있다. 외상과 같은 고통스러운 경험을 잘 극복하면 심리적 성장을 이룰 수 있다.

최근에 심리학자들은 역경과 시련의 경험을 통해서 오히려 심리적 성장이 일어나는 과정에 깊은 관심을 보이고 있다. Tedeschi와 Calhoun(1996, 2004)은 외상후 성장(Posttraumatic Growth)이라는 개념을 제시하면서 "인간이 살아가면서 경험하는 매우 도전적인 상황에 투쟁한 결과로서 얻게 되는 긍정적인 심리적 변화"라고 정의했다. Linley와 Joseph(2004)은 '역경적 성장(adversarial growth)'이라는 개념을 제시했으며, Fazio와 Fazio(2005)는 9·11테러의 유가족들이 겪은 심리적 경험과 회복과정을 연구하면서 이들의 성장과정을 '상실과 역경을 통한 성장(growth through loss and adversity)'이라고 명명했다. 국내에서도 임선영(2013; 임선영, 권석만, 2012, 2013)은 가족이나 사랑하는 사람의 사망과 같은 관계상실의 사건을 경험한 후에 나타나는 심리적 성장과정을 연구하면서 역경후 성장이라는 용어를 사용한 바 있다. 역경은 외상뿐만 아니라 다양한 유형의 부정적 생활사건을 포함하는 포괄적 용어이므로 여기에서는 역경후 성장이라는 용어를 사용하기로 한다.

역경후 성장은 고통과 혼란 속에서 일어나는 다양한 긍정적인 심리적 변화를 의미한다. 여러 연구자들

(Linley & Joseph, 2004; Park, Cohen, & Murch, 1996; Tedeschi & Calhoun, 1996)은 역경후 성장과정에서 세 영역의 긍정적 변화, 즉 자기와 세상에 대한 관점의 변화, 대인관계의 변화, 삶에 대한 철학적 인식의 변화가 일어난다는 점에 합의하고 있다. Tedeschi과 Calhoun (2004)은 역경후 성장이 일어나는 심리적 과정을 [그림 25-2]와 같이 제시하고 있다(임선영, 2013).

첫째, 역경후 성장과정에서 자신과 세상에 대한 긍정적적인 인식의 변화가 일어난다. 역경이나 외상사건을 경험하게 되면, 세상에 대한 위험과 스스로의 취약성을 인식하는 동시에 자신과 세상에 대한 비현실적인 지각과 신념을 수정하게 된다. 더불어 역경으로 인해 상당한 고통과 혼란에 놓였다가 이를 견디고 극복하는 과정에서 자신의 잠재력과 강점을 새롭게 발견하게 될 뿐만 아니라 스스로에 대한 확신과 통제감이 증가하는 경험을 하게 된다(Tedeschi & Calhoun, 1996, 2004). 결과적으로 개인은 자신의 취약성을 인정하고 강점을 발견함으로써 균형 잡힌 자기상을 형성할 뿐만 아니라 세상에 대해 더욱 합리적이고 현실적인 시각을 갖게 되는 것이다.

둘째, 대인관계의 변화가 나타난다. 충격적이고 예상치 못했던 위기에 빠지게 되면 현재까지의 관계경험에서도 많은 변화가 초래된다. 특히 사랑했던 사람의 사망과 같은 관계상실의 역경사건은 관계의 단절이라는 극단적인 변화를 직접적으로 초래하기 때문에 그로 인해 파생되는 관계에서의 변화가 더 두드러지게 된다. 위기에서 빠져나오기 위해 도움을 청하거나 자기공개를 하고 주변의 지지와 도움을 경험함으로써 관계의 중요성과 친밀감이 더욱 증가하게 된다(Park, Cohen, & Murch, 1996; Tedeschi & Calhoun, 2004). 또한 자신의 아픔과 고통을 통해 다른 사람을 더욱 깊이 이해하고 공감할 뿐만 아니라 함께 살아가는 이들에 대한 감사와

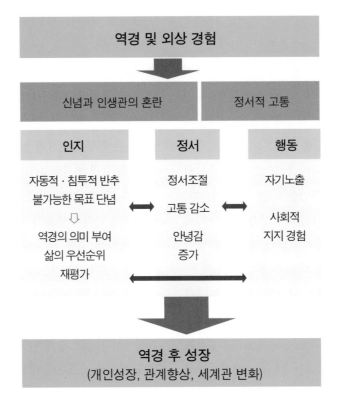

[그림 25-2] **역경후 성장의 심리적 과정**

이타적 태도가 증가하는 긍정적 변화를 나타내게 된다.

마지막으로, 삶의 철학에서의 변화가 나타난다. 인생의 위기와 역경에 직면한 사람들은 종종 신에 대한 분노 또는 자신의 운명과 인생 전반에 대한 회의와 절망을 경험하곤 한다. 종교를 가진 사람이든 아니든 역경을 경험하게 되면 심한 혼란과 좌절에 빠져 초월적 존재를 원망하거나 그러한 존재에 의지하며 매달리는 모습을 나타낸다. Calhoun과 Tedeschi(1999)는 역경으로 인한 충격과 스트레스가 클수록 실존적·영적 변화를 이끌어 낼 가능성이 커진다고 주장했다. 특히 중요한 관계에서의 상실경험은 인간의 운명, 삶과 죽음, 만남과 헤어짐의 인연과 같은 실존적·철학적 물음을 직접적으로 던지게 하기 때문에 인생관 전반에서의 변화가 필연적으로 일어나게 된다. 인생의 유한성을 인정

하고 자신에게 주어진 제한된 시간 동안 어떻게 살아야 행복하고 의미 있는 삶을 살 수 있는지에 대해 깊이 고민함으로써 더 나은 인생관과 가치관을 정립할 수 있게 된다. 역경을 통해 성장한 사람들은 대체로 삶의 의미에 있어서 우선순위가 바뀌고 작은 것들에 대한 고마움을 느낄 뿐만 아니라 영적인 면에서 신의 존재를 느끼거나 종교에 대한 믿음이 확고해지는 변화를 나타낸다 (임선영, 2013).

2) 성격변화에 대한 신념의 변화

스탠포드 대학교의 심리학과 교수인 Carol Dweck (1999, 2006)은 지능과 학업성적의 관계를 연구하면서 새로운 사실을 발견했다. 학업성적은 지능에 의해 결정

Carol Dweck

되고 지능은 선천적인 능력으로서 고정된 것이라고 믿는 사람들이 있는 반면, 학업성적은 열심히 배우고 연습하면서 노력한 결과로서 자신의 노력에 따라 얼마든지 변화시킬 수 있다고 믿는 사람들이 있었다. Dweck (2006, 2012)은 전자에 속하는 믿음을 고정-마음자세 (fixed mind-set)라고 지칭하고, 후자를 성장-마음자세 (growth mind-set)라고 지칭했다. 이러한 마음자세는 개인이 자각하지 못할 수 있지만 실패에 대한 반응을 보면 분명하게 알 수 있다. 고정-마음자세를 지닌 사람들은 실패를 두려워한다. 실패는 자신의 고정된 능력에 대한 부정적 평가를 의미하기 때문이다. 반면에, 성장-마음자세를 지닌 사람은 실패를 두려워하지 않는다. 설혹 실패하더라도 열심히 노력하면 개선될 수 있으며, 실패를 통해서 무언가를 배울 수 있다고 믿기 때문이다. Dweck은 이러한 마음자세가 개인의 인생에 중요한 영향을 미친다고 주장했다. 특히 성장-마음자세는 일상생활 속에서 스트레스를 덜 느끼고 더 성공적인 인생을 영위하도록 돕는다고 주장했다.

Dweck은 이러한 마음자세가 변화될 수 있는 것이라고 주장한다. 마음자세의 변화를 위해서는 성공경험이

나 실패경험에 대한 귀인이 매우 중요하다. 예컨대, 좋은 성적을 받은 학생에게 부모나 교사가 "참 잘했다. 넌 머리가 좋은 아이구나"라고 칭찬할 경우에 학생은 고정-마음자세를 발달시킬 가능성이 높은 반면, "참 잘했다. 넌 참 열심히 노력했구나"라고 칭찬할 경우에는 학생이 성장-마음자세를 발달시킬 수 있다.

Dweck(2008)은 이처럼 성격도 변화될 수 있다고 주장한다. 일란성 쌍둥이의 성격적 유사성에 근거하여 성격은 유전에 의해서 결정되며 변하기 어렵다는 견해가 제시되고 있다. 그러나 성격은 고정된 것이 아니라 유연하고 역동적인 것으로서 평생 동안 경험에 의해 변화될 수 있다(Roberts, Walton, & Viechtbauer, 2006). 기본적 특질, 즉 성격의 5요인은 쉽게 변화하지 않는 것으로 알려져 있지만, 인간 행위의 대부분은 기본적 특질보다 하위 수준의 영역에서 이루어진다. 예컨대, 개인적 신념이나 자기개념, 추구하는 목표, 대인관계에 대한 기대, 대처방략 등은 개인의 행동에 강력한 영향을 미친다. 이러한 신념과 행동패턴은 우리의 삶에 강력한 영향을 미칠 뿐만 아니라 개입을 통해 변화될 수 있다는 것이 Dweck의 주장이다.

개인의 신념은 자기 자신, 대인관계, 세상에 대한 정신적 표상을 포함한다. 이러한 신념은 성격의 기본적 요소다. 자신과 세상에 대한 신념은 개인의 동기와 행동에 영향을 미칠 뿐만 아니라 개인으로 하여금 자신과 자신의 삶에 대한 자기규정의 역할을 하게 된다. Dweck(2008)에 따르면, 사람들은 자신의 능력과 성격에 관한 암묵적 신념으로서 자기이론(self-theory)을 지닌다. 모든 사람은 자신의 능력과 성격이 고정된 것이라는 고정-자기이론(fixed self-theory)과 자신의 능력과 성격이 변할 수 있다는 유동-자기이론(malleable self-theory) 사이에 어디엔가 위치하는 입장을 지닌다.

두 가지 자기이론 중 어떤 이론을 지닌 사람들이 더

높은 동기를 지니고 성공적인 결과를 만들어 낼까? 다른 사람과 원만한 관계를 영위하고 타인을 배려하는 삶을 살아가는 사람들은 어떤 자기이론을 지니고 있을까? Dweck(1999)에 따르면, 유동-자기이론을 지닌 사람들이 무엇이든 배우는 일에 더 적극적이고, 새로운 일에 더 기꺼이 도전하며, 어려운 과제에 더 끈기 있게 매달리고, 실패로부터 더 빨리 회복했다. 이들은 학업, 직업, 대인관계의 영역에서 어려운 과제나 갈등에 직면했을 때 더 긍정적인 결과를 나타냈다(Blackwell, Trzesniewski, & Dweck, 2007: Kammrath & Dweck, 2006; Kray & Haselhuhn, 2007).

유동-자기이론, 즉 성장-마음자세는 가르쳐질 수 있는 것으로 밝혀졌다. 몇몇 연구(Aronson, Fried, & Good, 2002; Blackwell, Trzesniewski, & Dweck, 2007)에서 대학생들에게 뇌의 신경연결망은 경험에 의해서 새롭게 생성될 수 있으며, 뇌는 근육처럼 사용할수록 강해질 수 있다는 체계적 교육을 시켰다. 그리고 이러한 교육을 받은 대학생 집단과 통제집단의 학업 동기와 성적을 비교했다. 그 결과, 변화 가능성에 대한 교육을 받은 대학생 집단은 통제집단에 비해서 공부하려는 동기가 증가했을 뿐만 아니라 실제로 학기말의 학점도 더 높았다.

Dweck(2008)은 대인관계도 신념에 따라 현저하게 달라질 수 있다고 주장한다. 대인관계에서는 다른 사람들이 자신에게 긍정적 반응 또는 부정적 반응을 나타낼 것이라는 기대가 매우 중요하다. 다른 사람들이 자신에게 부정적 반응을 나타낼 것이라는 기대를 지닌 사람은 불안한 상태에서 대인관계를 영위하고, 일상적인 관계에서 자신이 거부당했다는 인식을 더 자주 할 뿐만 아니라 타인의 거부나 갈등에 대해서 관계를 악화시키는 방식으로 반응하며, 학업과정에서도 집중력과 성적이 낮았다(Pietrzak, Downey, & Ayduk, 2005). 이처럼 학교장면에서 대인관계는 물론 학업적 성취에도 영향

을 미치는 대인관계의 기대는 변화시킬 수 있는 것으로 밝혀지고 있다(Baldwin & Dandeneau, 2005; Mikulincer & Shaver, 2007). Walton과 Cohen(2007)은 다른 학생들이 자신을 거부할 것이라는 부정적인 기대를 지니는 흑인 신입생들을 대상으로 처음에 소속감을 느끼지 못하는 것은 당연한 일이며 학년이 올라갈수록 동료학생들과 친해져서 좋은 친구관계로 발전한다는 통계자료를 제시하는 실험적 처치를 하고 그들의 대학생활을 통제집단과 비교했다. 그 결과, 실험집단은 통제집단에 비해서 더 도전적인 과목을 수강하고, 실패를 더 잘 이겨냈으며, 교수를 더 자주 찾아가고, 학점도 더 좋았다.

이러한 연구결과가 보여 주듯이, 자신의 능력이나 성격 그리고 대인관계에 관한 신념은 개인의 삶에 강력한 영향을 미칠 뿐만 아니라 그러한 신념을 변화시키는 것이 가능하다. 신념을 변화시키는 것은 그와 관련된 성격특질의 변화를 유발할 수 있다. 예컨대, Walton과 Cohen(2007)의 연구에서 다른 학생들로부터 긍정적인 반응을 받게 될 것이라는 기대를 증가시키는 체계적 개입활동은 학생들의 신념과 행동뿐만 아니라 성격에도 영향을 미쳤다. 즉, 도전 추구를 통해서 개방성이 증가했고, 공부시간이 증가함으로써 성실성이 높아졌으며, 타인에게 자발적으로 다가가는 행동을 통해서 외향성이 증가했고, 실패로부터 빨리 회복함으로써 신경과민성도 감소했다. 이처럼 성격을 구성하는 신념의 변화는 성격 5요인과 같은 기본적 특질도 변화시킬 수 있다. 신념을 변화시킬 수 있다면 성격도 변화시킬 수 있는 것이다.

3) 의도적인 성격변화의 방법

성격은 기본적으로 변화 가능한 것이지만 쉽게 바꿀 수 없는 심리적 특성 중 하나다. 부모로부터 물려받은

유전적 요인과 오랜 과거경험을 통해 형성된 자신의 성격을 운명처럼 기꺼이 만족스럽게 수용할 뿐만 아니라 그 긍정적 측면과 강점을 발견하여 생산적으로 발휘하는 것이 인생의 지혜다. 그러나 자신의 성격에 만족하지 못하고 성격의 변화를 원하는 사람들이 있다. 또는 사회적 역할이나 과업의 원활한 수행을 위해서 자신의 성격을 변화시켜야 할 필요성을 느끼는 사람들이 있다.

과연 성격은 개인의 바람과 의지에 의해서 변화될 수 있는 것일까? 자신의 성격에 불만감을 느끼고 좀 더 긍정적인 방향으로 성격을 변화시키고자 한다면, 어떤 노력을 기울여야 할까? 개인적 노력을 통해서 어느 정도의 성격변화가 가능할까? 자신과 타인을 불행하게 만드는 성격장애는 과연 치료될 수 있을까? 치료될 수 있다면 어떤 방법으로 어느 정도나 치료될 수 있을까?

성격은 기본적으로 변화에 저항적이다. 그러나 자신의 성격을 변화시키기 위한 의지와 노력에 의해서 성격은 상당 부분 변화될 수 있다. 성격의 기본골격에 해당하는 성격의 5요인을 현저하게 변화시키는 일은 결코 쉽지 않지만 성격을 구성하는 인지도식, 신념, 사고방식, 대처방식, 행동적 습관 등은 좀 더 용이하게 변화시킬 수 있다. 비유컨대, 건물의 골조 자체를 변화시키기는 어렵지만 내부구조와 인테리어 그리고 가구들은 바꿀 수 있듯이, 성격의 기본적 특질을 변화시키기는 어렵지만 성격을 구성하는 좀 더 세부적인 인지적 · 정서적 · 행동적 요소는 상당부분 변화가 가능하다.

(1) 인지적 변화

성격을 변화시키는 첫 번째 방법은 인지적 변화로서 자신과 세상에 대한 신념 그리고 생활사건을 해석하고 평가하는 사고방식을 변화시키는 것이다. 자신이 지니고 있는 비합리적이고 역기능적인 신념을 발견하고 좀 더 합리적이고 기능적인 신념으로 대체하는 노력이 필요하다. 인지치료는 생각의 변화를 통해서 심리적 문제를 개선할 뿐만 아니라 신념의 변화를 통해 성격적 변

성격은 노력에 의해서 변화될 수 있다.

화를 지향한다. 개인적으로는 독서와 교육 그리고 자기성찰 과정을 통해서 인생관과 가치관의 점진적인 변화가 가능하다.

동서고금을 막론하고, 인격수양을 위한 다양한 방법들이 개발되어 전래되고 있다. 이러한 인격수양 방법의 핵심은 외부로 향한 주의와 관심을 내면으로 돌이켜 자신의 마음을 깊이 관찰하는 것이다. 자신과 세상에 대한 신념이나 기대를 자각하고 비현실적인 것을 좀 더 현실적이고 적응적인 것으로 변화시키는 것이 중요하다. 물론 이러한 노력이 결연한 동기와 꾸준한 실천을 통해 지속되어야 성격의 변화가 가능하다. 생각의 변화를 통해서 행동과 습관은 물론 성격의 변화까지 유발할 수 있다. 생각이 바뀌면 행동이 바뀌고, 행동이 바뀌면 습관이 바뀌며, 습관이 바뀌면 성격이 바뀌고, 성격이 바뀌면 인생이 바뀔 수 있다.

(2) 행동적 변화

행동적 변화는 다양한 상황에 대한 적응적인 대처행동을 습득하여 실천하는 것이다. 우선, 중요한 생활장면에서 나타나고 있는 자신의 행동을 스스로 잘 관찰하는 것이 중요하다. 현재의 행동방식이 그러한 상황에서 과연 적절하고 효과적인지를 스스로 평가할 필요가 있다. 만약 적절하지 않다면, 그러한 상황에서 어떤 대안적 행동방식이 있는지를 발견하고 습득해야 한다. Bandura는 다른 사람의 행동을 관찰하고 모방함으로써 새로운 행동의 습득이 가능함을 보여 주었다. 때로는 다양한 적응적인 행동방식과 습관형성을 위한 훈련을 받는 것도 필요하다. 효과적인 일상생활을 위한 문제해결기술훈련, 시간관리훈련, 목표달성훈련 등이 있으며, 대인관계의 개선을 위해서는 의사소통훈련, 자기표현훈련, 자기주장훈련, 갈등해결훈련 등이 있다.

생각의 변화가 행동의 변화로 이어지는 것은 결코 쉬운 일이 아니다. 새로운 행동을 용기 있게 실천하고 그러한 행동의 결과를 객관적으로 평가하여 좀 더 효과적인 행동을 습관으로 익히는 노력이 필요하다. 성격변화를 위한 개인적인 노력이 성공적인 결과를 거두지 못하는 주된 이유는 생각을 행동의 실천으로 이행하기 어려울 뿐만 아니라 실천한 행동의 결과가 만족스럽지 않기 때문이다. 처음으로 시도한 새로운 행동을 통해서 만족스러운 결과를 얻기는 어렵다. 천리 길도 한 걸음부터 시작한다는 마음자세로 좌절하지 않고 꾸준하게 노력하는 것이 중요하다. 작지만 긍정적인 변화에 주목하면서 자기보상을 통해서 새로운 행동변화를 강화하는 노력이 필요하다.

(3) 체험적 변화

체험적 변화는 새로운 경험을 통해 정서적 변화를 유발하는 방법이다. 체험은 개인을 변화시키는 가장 강력한 수단이다. 실제적 체험은 다양한 감각, 감정 그리고 생각을 포함하는 종합적인 심리적 경험으로서 의식적으로 변화시킬 수 없는 정서적 반응이나 기억체계의 변화를 유발할 수 있다. 예컨대, 특정한 상황이나 대상에 대한 두려움을 극복하는 데에는 노출이 매우 중요하다. 노출(exposure)은 두려워하는 상황이나 대상을 회피하지 않고 직면하는 것이다. 노출방법은 두려워하는 대상에 점진적으로 조금씩 접근하는 방법과 용기 있게 단번에 직면하는 방법이 있다. 이러한 반복적 노출경험을 통해서 대상에 대한 정서적 공포가 점차 감소할 수 있다. 노출은 심리치료의 성공적 결과를 유발하는 중요한 치료적 요인으로 알려져 있다.

성격을 변화시키는 일이 어려운 이유는 성격과 불일치하는 불쾌한 체험을 회피하기 때문이다. 새로운 경험에 도전하지 않으면 성격의 변화를 기대하기 어렵다. 새로운 인간관계를 지속적으로 회피하면 친밀한 관계

형성 능력이 개선되기 어렵다. 다른 사람과의 친밀하고 의미 있는 관계체험을 통해서 자신과 타인에 대한 신념이 변화할 수 있기 때문이다. 새로운 일에 도전함으로써 세상에 대한 새로운 관점을 형성할 수 있다. 설혹 실패를 경험하더라도 그로부터 자신과 세상에 대한 현실적인 인식과 교훈을 배울 수 있다. 자신을 변화시킬 수 있는 다양한 체험에 도전하고 그로부터 긍정적인 교훈을 배우는 것은 성격을 변화시키는 가장 강력한 기반이 될 수 있다.

(4) 심리전문가의 안내와 지원

자신의 성격을 스스로 변화시키는 일은 매우 어렵고 힘들다. 따라서 성격변화를 진정으로 원한다면 심리전문가, 즉 코칭 전문가, 상담자, 심리치료자의 도움을 받는 것이 필요하다. 이러한 전문가들은 개인의 성격을 객관적으로 평가하여 장단점을 분석하고, 성격적 변화를 위한 구체적인 방법을 제시할 뿐만 아니라 성격의 변화과정을 안내하고, 격려하며, 지원하는 역할을 하게 된다.

대부분의 심리치료와 상담은 심리적 증상과 문제를 완화하기 위한 것이지만 궁극적으로 성격의 변화를 지향한다. 심리적 문제와 증상은 부정적인 생활사건에 의해서 촉발되지만 개인의 심리적 기저에 존재하는 성격적인 문제와 복합적으로 작용하여 발생하는 경우가 대부분이기 때문이다. 따라서 심리적 부적응의 취약요인을 제거하기 위해서는 성격적 변화가 필수적이다. 긍정적인 성격변화를 통해 정신장애의 취약요인을 제거함으로써 재발을 방지할 수 있다.

정신분석치료는 성격변화를 목표로 하는 대표적인 치료방법이다. 심리적 증상과 부적응 문제는 근본적으로 성격구조의 미숙이나 불안정으로부터 기인하는 것이기 때문이다. 원초아 · 자아 · 초자아 간의 불균형,

미숙한 방어기제의 습관적 사용, 심리성적 발달과정에서 형성된 무의식적인 갈등이 정신장애를 유발하는 근본적인 원인이다. 따라서 정신분석치료의 목표는 겉으로 드러난 증상을 치료하는 것이 아니라 그러한 증상을 유발하는 성격적 문제를 해결하는 것이다. 오랜 세월을 통해서 형성된 견고한 성격을 변화시키기 위해서는 오랜 기간의 치료가 필요하다. 정신분석치료가 수년에 걸친 장기치료로 진행되는 이유가 여기에 있다.

인지행동치료는 부적응 행동의 변화에 초점을 맞추고 있지만 궁극적으로 신념과 성격의 변화를 지향하고 있다. 부적응 증상을 유발하는 부정적 사고는 생활사건뿐만 아니라 역기능적 신념에 의한 것이기 때문이다. 인지행동치료는 부적응 증상을 유발한 부정적인 사고의 감소에 일차적 초점을 두고 있지만 재발방지를 위해서는 역기능적인 신념의 변화가 필수적이다. 특히 성격장애를 치료할 경우에는 역기능적 신념 또는 부적응적 인지도식의 변화에 초점을 맞춘다.

심리도식치료는 성격장애의 치료를 위해서 개발된 통합적 심리치료다. 성격장애는 그 기저에 존재하는 부적응적인 심리도식에 기인한다. 심리도식이란 기억, 정서, 신체감각, 인지의 집합체를 뜻한다. 심리도식이 치유된다는 것은 심리도식과 연결된 기억 · 정서 · 신체감각의 강도가 약화될 뿐만 아니라 도식으로 인해 파생되는 부적응적 인지가 감소하는 것을 의미한다. 심리도식치료에서는 도식의 변화를 위해서 인지적 · 정서적 · 행동적 개입이 다각적으로 이루어진다. 치료과정이 성공적으로 진행됨에 따라 심리도식은 점점 덜 활성화되고, 심리도식이 활성화되더라도 치료 전보다는 덜 압도되는 경험을 하게 되며, 평정 상태로 회복되는 속도가 더 빨라진다.

성격은 노력에 의해서 변화될 수 있다. 성격은 개인 스스로의 노력에 의해서 변화될 수 있을 뿐만 아니라

심리전문가의 도움을 통해서 좀 더 수월하고 효과적으로 변화될 수 있다. 심리학자들은 성격장애의 치료를 비롯하여 성격의 긍정적 변화를 위한 다양한 방법을 제

시하고 있다. 자신의 성격에 대한 깊은 이해와 더불어 성격의 긍정적 변화를 통해서 인생이 좀 더 편안하고 행복하게 변화될 수 있다.

 요약

1. 성격은 일단 형성되면 쉽게 변화지 않는다. 그러나 이러한 생각은 성격의 불변성에 대한 신화(myth)일 뿐이다. 성격이 단기적으로는 변화하지 않지만 장기적으로는 변화한다는 것이 심리학자들의 공통적인 결론이다.

2. 연령에 따른 성격의 변화는 평균수준 변화와 순위 변화를 통해서 평가되고 있다. 평균수준 변화(mean-level change)는 시간의 경과를 통해 나타나는 성격 점수의 절대적 변화를 의미하며, 장기종단연구들은 성격의 평균수준 변화가 일어나는 것으로 보고하고 있다. 순위 변화(rank-order change)는 다른 사람과의 비교를 통한 성격의 상대적 안정성을 의미하며, 일반적으로 성격은 순위 변화가 현저하게 일어나지 않는 것으로 알려지고 있다.

3. 성격은 특정한 시기뿐만 아니라 전 생애를 통해서 지속적으로 변화한다. 성격은 청소년기에 매우 불안정한 패턴을 나타내지만 이후에도 지속적으로 변화한다. 성격 5요인도 연령이 증가함에 따라 평균수준이 변화한다. 신경과민성은 연령증가와 함께 감소하는 반면, 외향성은 아동기에서 청소년기까지 감소하고 그 이후로는 그다지 변화하지 않는다. 개방성은 남자와 여자가 다른 변화패턴을 나타냈고, 우호성과 성실성은 아동기 후반부터 청소년기까지 감소하다가 성인기로 넘어가면서 증가하는 것으로 나타났다.

4. 성격이 시간과 함께 변화하는 원인에 대해서 본질주의자(essentialist)는 나이에 따른 성격변화가 유전적으로 정해진 내재적 성숙에 의한 것이라고 주장하는 반면, 맥락주의자

(contextualist)는 성격의 변화가 사회적 역할과 요구에 의한 것이라고 주장한다. 상호작용주의자(transactionist)는 선택 기제와 사회화 기제를 통해서 성격과 환경이 서로 영향을 주고받는다고 주장한다.

5. 성격의 변화는 환경에 적합하도록 자신을 변화시키는 조절(accommodation) 과정을 통해서 일어난다. 외상사건과 같은 주요 생활사건들은 성격의 변화를 유발한다. 외상경험은 매우 고통스럽지만 성격의 변화와 성장을 촉진할 수 있다. 역경 후 성장은 역경의 고통 속에서 일어나는 긍정적인 심리적 변화를 의미하며 자기와 세상에 대한 관점의 변화, 대인관계의 변화 그리고 삶에 대한 철학적 인식의 변화를 유발한다.

6. Dweck은 개인이 자신의 능력과 성격을 고정된 것으로 여기는지 아니면 변화시킬 수 있는 것으로 여기는지에 따라 동기와 행동이 달라진다고 주장한다. 자신의 능력과 성격이 열심히 노력하면 얼마든지 변화될 수 있는 변화-자기이론 또는 성장-마음자세를 지닌 사람들이 더 열심히 배우고 끈기 있게 일하며 더 긍정적인 결과를 나타냈다. 또한 이러한 신념은 교육적 개입에 의해서 변화될 수 있는 것으로 밝혀졌다.

7. 성격은 기본적으로 변화에 저항적이다. 그러나 의지와 노력을 통해서 자신의 성격을 상당 부분 변화시킬 수 있다. 성격의 기본적 특질은 변화시키기 어렵지만 성격의 좀 더 세부적인 구성요소들은 인지적·정서적·행동적 노력을 통해서 변화될 수 있다. 자신의 성격에 대한 깊은 이해와 성격의 긍정적 변화를 통해서 인생이 좀 더 건강하고 행복하게 변화될 수 있다.

제26장
성격장애의 치료

1. 성격장애라는 인간의 문제

1) 성격장애: 지속적인 부적응과 불행의 원인

성격은 인생의 모든 영역에 영향을 미친다. 성격은 인간관계와 직업활동을 비롯한 거의 모든 삶의 영역에 강력한 영향을 미친다. 사람들의 다양한 성격은 나름대로의 장단점이 있기 때문에 성격 자체의 선악과 우열을 비교하거나 평가할 수는 없다. 다만 개인의 성격이 그가 활동하는 사회적 환경과 얼마나 조화를 이루느냐에 따라서 그 사람의 적응상태가 평가될 수 있을 뿐이다.

개인의 생활환경에는 항상 크고 작은 변화가 있기 마련이므로 그러한 환경적 변화에 맞추어 유연하게 적응하는 것이 중요하다. 누구나 새로운 환경(예: 취업, 결혼, 실직)에 처하게 되면 새롭게 주어진 사회적 역할이나 환경적 요구에 쉽게 적응하지 못하고 일시적인 스트레스와 부적응을 경험하게 된다. 그러나 대부분의 사람은 부적응의 정도가 심각하지 않을 뿐만 아니라 일정한 시간이 지나면 새로운 환경에 적응하게 된다.

새로운 환경적 요구에 맞추어 자신을 변화시킬 수 있는 성격의 유연성은 개인의 중요한 적응 능력이다. 그러나 우리 사회에는 주변사람들이나 사회적 환경에 적응하지 못한 채 끊임없이 인간관계에서 갈등을 경험하거나 사회적 부적응을 나타내는 사람들이 존재한다. 특히 주변사람들과의 불화와 부적응 상태가 현저할 뿐만 아니라 오랜 기간 동안 만성적으로 나타날 경우는 성격 자체가 부적응적인 것으로 판단할 수 있다. 이처럼 성격의 부적응성이 심각한 경우가 바로 성격장애다. 성격장애는 개인이 살아가는 사회적 환경과 지속적인 불화를 나타내는 성격적 특성을 의미한다.

성격장애는 쉽게 변화하지 않기 때문에 주변사람들

과의 갈등과 불화를 유발하여 개인 자신뿐만 아니라 주변사람들에게 지속적인 고통과 불행을 줄 수 있다. 반사회성 성격장애의 경우처럼 반복적인 범법행위를 일삼으며 많은 사람에게 피해를 입히는 사람들도 있다. 성격장애는 개인 자신의 적응뿐만 아니라 주변사람과 사회의 안녕을 위해서 변화와 치료가 필요한 심리적 문제다. 이런 점에서 성격장애를 완화하고 치료하는 일은 심리학의 매우 중요한 과제라고 할 수 있다.

2) 성격장애와 임상적 증후군

정신장애(mental disorder)는 개인을 심리적 고통과 사회적 부적응으로 몰아가는 심리적 문제로서 매우 다양한 유형들이 있다. 정신장애는 크게 두 가지의 유형, 즉 환경적 스트레스에 의해 촉발된 것과 성격적 문제에 기인한 것으로 구분할 수 있다. 전자는 임상적 증후군이라고 불리는 반면, 후자는 성격장애라고 지칭된다.

DSM-IV(American Psychiatric Association, 1994)에서는 임상적 증후군을 축1 장애(axis I disorder)라고 지칭하고, 성격장애를 축2 장애(axis II disorder)라고 지칭하면서 두 유형의 정신장애가 서로 다른 차원에서 평가되어야 함을 강조했다.

임상적 증후군(clinical syndrome)은 정상적으로 잘 적응하던 사람에게 스트레스 사건이 발생하면서 일시적으로 생겨난 부적응 문제를 뜻한다. 부적응 증상의 특성에 따라 우울장애, 불안장애, 섭식장애, 수면장애, 신체증상장애, 해리장애 등으로 다양하게 분류되고 있다. 임상적 증후군은 심리사회적 스트레스가 해소되거나 새로운 상황에 적응하게 되면 사라지는 경우가 대부분이다.

반면에, 성격장애(personality disorder)는 환경적 요인보다 개인의 성격적 특성으로 인해서 부적응 상태가 지속되는 경우를 뜻한다. DSM-5(American Psychiatric Association, 2013)에 제시된 성격장애의 주된 진단기준

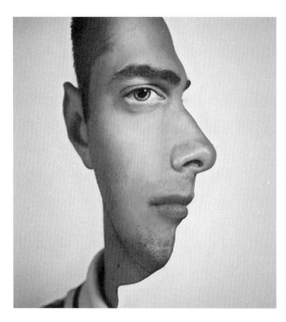

성격장애는 자신과 타인을 고통과 불행으로 이끄는 심리적인 문제다.

은 개인의 지속적인 내적 경험과 행동 양식, 즉 성격이 그가 속한 사회의 문화적 기대에서 심하게 벗어나야 한다. 특히 이러한 사회와의 불일치는 주로 네 개의 영역, 즉 (1) 인지(예: 자신, 타인, 사건을 지각하고 해석하는 방식), (2) 정동(예: 정서 반응의 범위, 강도, 불안정성, 적절성), (3) 대인관계 기능, (4) 충동 조절에서 나타난다. 아울러 개인의 고정된 행동패턴이 융통성이 없고 개인생활과 사회생활 전반에 넓게 퍼져 있어서 사회적, 직업적 그리고 다른 중요한 영역에서 심각한 고통이나 기능의 장애를 초래해야 한다. 3장에서 살펴보았듯이, DSM-5에서는 성격장애를 세 군집의 10가지 유형으로 세분하고 있다. 각 성격장애의 핵심증상은 〈표 26-1〉과 같다.

어떤 사회든 성격장애를 지닌 사람들이 적지 않게 존재한다. Lenzenweger(2008)에 따르면, 성격장애의 유병률은 전체인구의 10.6%로 나타났다. 미국의 경우 2001~2003년 사이에 이루어진 국가적인 공병률 조사에서는 성격장애의 유병률이 9%로 나타났다(Lenzenweger, Lane, Loranger, & Kessler, 2007). 임상적 증후군으로 고통받는 사람 중에는 그 기저에 성격장애의 문제를 지니고 있는 경우가 흔하다. 실제로 임상적 증후군을 호소하며 치료기관을 방문한 환자의 약 30%가 성격장애를 지니고 있는 것으로 알려져 있다.

또한 성격장애를 지닌 사람들은 우울장애, 섭식장애, 물질중독과 같은 임상적 증후군을 함께 나타내는 경우가 매우 흔하다. Lenzenweger 등(2007)에 따르면, 경계선 성격장애를 지닌 사람의 84.5%가 한 개 이상의 임상적 증후군을 지니고 있었으며, 반사회성 성격장애

표 26-1 성격장애의 하위유형과 핵심증상

군집	성격장애	핵심증상
A	편집성	타인의 의도를 적대적인 것으로 해석하는 불신과 의심을 나타냄
	분열성	감정표현이 없고 대인관계를 기피하여 고립된 생활을 함
	분열형	친밀한 인간관계를 불편해하고 인지적 또는 지각적 왜곡과 기괴한 행동을 나타냄
B	반사회성	사회적 규범이나 타인의 권리를 무시하는 행동(거짓말, 사기, 무책임한 행동, 폭력적 행동, 범법행위)을 나타냄
	연극성	과도하고 극적인 감정표현을 하고 지나치게 타인의 관심과 주의를 끄는 행동을 나타냄
	자기애성	웅대한 자기상과 찬양에 대한 욕구를 지니며, 자신을 위해 타인을 이용하지만 공감능력이 결여되어 타인의 감정을 이해하지 못함
	경계선	대인관계, 자기상, 감정이 매우 불안정한 것이 주된 특징으로서 남들로부터 버림받지 않으려는 처절한 노력을 하며 대인관계가 강렬하지만 불안정한 양상을 나타냄
C	강박성	질서정연함, 완벽함, 자기통제, 절약을 과도하게 중시하며, 지나치게 꼼꼼하고 완고하며, 사소한 것에 집착함
	회피성	타인의 부정적 평가에 과도하게 예민하고, 사회적 상황에서 부적절감을 많이 느끼기 때문에 대인관계를 회피함
	의존성	타인의 보살핌을 받고자 하는 과도한 의존욕구를 지니고 있으며, 타인에게 지나치게 순종적이고 굴종적인 행동을 나타냄

의 경우는 70.2%가 한 개 이상의 임상적 증후군을 지니고 있는 것으로 나타났다.

성격장애는 대부분의 경우 청소년기나 성인기 초기에 나타나서 커다란 변화 없이 평생 지속된다. 그러나 성격장애의 하위유형마다 시간의 흐름에 따라 변화되는 정도가 다르다. 예컨대, 경계선 성격장애와 반사회성 성격장애는 연령이 증가하면서 그 부적응성이 덜 드러나거나 완화되는 경향이 있는 반면, 강박성 성격장애와 분열형 성격장애는 시간의 흐름에 따라 거의 변화가 없거나 더욱 악화되기도 한다(권석만, 2013).

또한 성격장애의 발생은 성별에 따라 차이가 있다. A군 성격장애(편집성, 분열성, 분열형)는 여자보다 남자의 유병률이 더 높다. B군 성격장애의 경우, 반사회성과 자기애성 성격장애는 남자에게 더 흔한 반면, 경계선과 연극성 성격장애는 여자에게 더 흔하다. C군의 경우, 강박성 성격장애는 남자에게 더 흔하고, 의존성 성격장애는 여자에게 더 흔하며, 회피성 성격장애는 남자와 여자에게서 비슷하게 나타나는 것으로 보고되고 있다(Tasman et al., 2008).

2. 성격장애와 심리치료

1) 심리치료: 성격장애의 유일한 치료방법

인간이 경험하는 고통과 불행은 성격문제로 인해 유발되는 경우가 많다. 결혼생활의 파탄, 직장동료와의 갈등, 직장에서의 부적응, 개인적인 실패와 좌절은 상황적인 원인에 의한 경우도 있지만 개인의 독특한 성격에 기인한 경우가 흔하다. 특히 다양한 대상과 유사한 갈등이 반복되는 부적응 문제는 성격적 문제로 인한 것일 가능성이 높다.

성격장애는 어떻게 치료할 수 있을까? 우울장애나 불안장애와 같은 임상적 증후군은 약물치료나 심리치료에 의해서 성공적으로 치료될 수 있다. 우울과 불안을 비롯한 심리적 증상을 효과적으로 완화시키는 다양한 약물이 개발되어 있을 뿐만 아니라 환경적 스트레스로 인한 일시적인 심리적 증상은 비교적 단기간의 심리치료를 통해서 효과적으로 치료될 수 있다.

성격장애를 치료하는 유일한 방법은 심리치료다.

그러나 성격장애는 오랜 시간을 통해 형성된 성격의 구조적 문제이기 때문에 쉽게 변화되지 않을 뿐만 아니라 치료적 노력에도 호전되지 않는 경향이 있다. 성격장애를 치료하는 약물은 존재하지 않는다. 성격장애를 치료하는 유일한 방법은 장기적 심리치료다.

2) 성격장애의 치료목표

성격장애는 과연 치료되어야 하는 문제일까? 적응적이든 부적응적이든 성격은 개인의 독특한 삶의 방식이자 한 인간으로서의 개성을 의미한다. 다만 그러한 성격이 타인이나 세상과 조화를 이루지 못하고 충돌하고 있을 뿐이다. 성격장애가 문제시되는 것은 인간이 사회적 존재이기 때문이다. 인간은 다른 사람과의 관계 속에서 서로의 욕구와 신념을 조율하여 살아가는 사회적인 존재다. 외딴 섬에서 혼자 살아가는 사람은 그가 어떤 성격의 소유자이든 문제될 것이 없다. 그러나 인간 사회에서 살아가는 개인이 성격적 특성으로 인해서 다른 사람들과 지속적인 갈등을 유발하고 자신의 사회적 역할을 제대로 수행하지 못한다면, 그러한 성격은 부적응적이며 치료해야 할 심리적 장애라고 할 수 있다.

심리치료에서는 치료목표를 치료자와 내담자가 협의하여 설정하는 것이 기본적인 원칙이다. 그러나 성격장애에 대한 일반적인 치료방향은 내담자의 사회적 적응수준이 향상될 수 있도록 성격의 유연성을 증진하는 것이다. 내담자로 하여금 자신이 속한 사회와 문화에 커다란 갈등 없이 적응할 수 있도록 주요한 성격적 요인들(인지, 정동, 대인관계, 충동조절)을 변화시키는 것이다.

DSM-5의 대안모델에서는 성격장애를 성격의 핵심적 기능, 즉 정체감, 자기주도성, 공감, 친밀감에서의 심각한 결함으로 정의하고 있다(American Psychiatric Association, 2013). 달리 말하면, 건강한 성격이란 명료한 자기정체감을 지니고 건설적인 목표를 추구하며 자신의 삶을 일관성 있게 주도할 뿐만 아니라, 다른 사람의 심리적 상태를 공감하며 친밀한 관계를 형성할 수 있는 능력을 뜻한다. 건강한 성격과 성격장애의 구분은 이분법적인 것이 아니라 부적응의 정도에 따라 여러 수준으로 이루어진다. DSM-5 대안모델의 관점에 따르면, 성격장애의 치료목표는 내담자가 좀 더 분명한 자기정체감을 지니고 건설적인 삶의 목표를 향해 자신의 삶을 주도적으로 영위하는 동시에 다른 사람의 마음을 더 잘 공감하며 친밀한 관계를 형성할 수 있는 능력을 키우는 것이라고 할 수 있다.

3) 성격장애의 치료가 어려운 이유

성격장애는 심리치료자에게 가장 도전적인 치료대상이다. 성격장애는 오랜 기간에 걸쳐 형성되었을 뿐만 아니라 개인의 내면에서 안정된 형태로 자리 잡은 성격특성이기 때문에 쉽게 변화하지 않는다. 따라서 심리치료를 통해서 성격을 변화시키는 일은 결코 쉽지 않을 뿐만 아니라 오랜 기간의 치료적 노력이 필요하다(Beck et al., 2004; Young et al., 2003). 성격장애는 다음과 같은 다양한 이유로 인해서 성공적인 치료효과를 거두기가 어렵다.

첫째, 성격장애를 지닌 사람들은 자신의 성격을 변화시키려는 적극적인 동기가 부족하다. 성격장애는 오랜 기간을 통해서 형성된 것으로서 익숙한 심리적 패턴이기 때문에 성격장애자는 자신의 성격에 대해서 불편감이나 고통을 느끼지 못한다. 성격장애를 지닌 사람들은 대인관계의 지속적인 갈등과 사회적 부적응을 경험하지만 그 원인을 다른 사람의 문제로 전가하기 때문에 자신의 성격을 문제로 여기지 않는 경향이 있다. 이들은 자신의 성격적 문제에 대해서 괴로워하지

성격장애를 치료하기 어려운 다양한 이유가 있다.

않을 뿐만 아니라 변화되어야 할 사람은 자신이 아니라 다른 사람들이라고 생각한다. 심리적인 고통에서 벗어나기 위해서 자발적으로 치료자를 찾아오는 우울장애나 불안장애 환자들과 달리, 성격장애자들은 성격문제로 인한 지속적인 갈등이나 불화에 익숙할 뿐만 아니라 자신의 성격을 문제시하지 않기 때문에 자신을 변화시키려는 동기가 부족하다. 이렇듯 자신을 변화시키려는 적극적인 동기가 부족한 사람을 치료하는 것은 매우 어려운 일이다.

성격장애를 지닌 사람들은 자신의 성격문제보다는 직장생활의 부적응이나 대인관계의 갈등으로 인한 우울장애나 불안장애와 같은 심리적 문제로 치료기관을 방문하게 된다. 심리치료의 과정에서 이들은 자신이 겪고 있는 반복적인 부적응 문제가 자신의 성격 특성에 의한 것임을 자각하면서 성격변화를 위한 적극적인 동기를 갖게 되는 경우가 일반적이다. 또는 가족이나 주변사람들의 적극적인 권유로 심리치료자를 방문하게 되지만 자신의 성격문제를 스스로 인정하고 변화시키려는 적극적인 동기를 지니지 않는 한 성공적인 치료효과를 거두기가 어렵다.

둘째, 성격장애를 지닌 사람들은 성공적인 치료를 위한 치료자와의 건강한 관계형성이 어렵다(Young et al., 2003). 래포(rapport), 즉 치료자와 내담자의 긍정적이고 신뢰로운 관계는 성공적인 치료를 위한 필수적 조건이다. 성격장애자들은 자신의 성격특성으로 인해서 치료자와의 관계형성에 어려움을 나타낸다. 예컨대, 편집성 성격장애자는 치료자를 의심하고 신뢰하지 않으며, 반사회성 성격장애자는 치료자에게 거짓말을 하거나 무책임한 행동으로 치료의 원활한 진행을 방해한다. 자기애성 성격장애자는 치료자와 경쟁하거나 치료자를 질투하며 자신의 우월감을 확인하기 위해 치료자의 노력을 좌절시킨다. 경계선 성격장애자는 치료자에게 강렬한 애증의 감정을 나타낼 뿐만 아니라 버림받지 않기 위한 충동적인 행동으로 치료자를 매우 곤혹스럽고 고통스럽게 만든다. 의존성 성격장애자는 치료자에게 지나치게 의존하며 독립의 요청을 거부로 받아들이는 경향이 있고, 회피성 성격장애자는 치료자와의 친밀한 관계형성을 두려워하거나 회피하려는 경향을 나타낼 수 있다. 이처럼 성격장애의 하위유형마다 독특한 성격적 문제를 치료자와의 관계에서 나타내기 때문에 긍정적인 관계형성을 통해 치료과정이 원활하게 진행되기 어렵다.

셋째, 성격장애는 개인의 뇌신경구조와 심리적 세계에 깊이 각인된 구조적 문제이기 때문에 근본적인 변화가 어렵다(Millon & Davis, 1996). 성격장애는 단기간에 치료되기 어려우며 오랜 기간의 장기치료가 필요하다. 오랜 세월을 통해 형성된 견고한 구조와 영속화 메커니즘을 통해 인생 전반에 영향을 미치고 있는 성격장애를 변화시키기 위해서는 치료자의 탁월한 치료역량과 더불어 오랜 기간의 집중적인 치료가 필요하다. 치료자는 성격장애를 지닌 내담자와 건강한 치료적 관계를 형성하기 위해 노력할 뿐만 아니라 내담자로 하여금 자신의 성격적 문제점을 인정하고 성격을 변화시키려는 적극적인 동기를 유발하기 위한 노력이 필요하다. 또한 내담자의 견고한 부적응적 신념과 정동 그리고 대인관계 패턴을 점진적으로 변화시키기 위한 치료자의 집요한 노력과 인내심 없이는 성공적인 치료효과를 기대하기 어렵다.

넷째, 성격장애를 지닌 내담자들은 심리치료에 대한 강한 저항을 나타낸다. 치료과정에서 치료자는 내담자가 진리인 것처럼 집착하고 있는 여러 가지 부적응적 신념에 도전할 뿐만 아니라 습관처럼 굳어진 자기패배적 정서반응과 행동패턴을 변화시키려고 노력한다. 이러한 치료자의 노력은 내담자에게 익숙한 것들과의 결별을 의미한다. 따라서 자신에게 익숙한 성격을 변화시키려는 치료자의 노력에 의식적이든 무의식적이든 다양한 방법으로 강력하게 저항한다. 저항은 심리치료 과정에서 일반적으로 나타나는 현상이지만, 성격장애를 지닌 내담자의 저항은 매우 강력하고 집요하다. 이러한 저항을 극복하면서 내담자의 변화를 유도하는 것은 결코 쉬운 일이 아니다.

마지막으로, 성격장애의 치료를 위해서는 오랜 기간의 치료가 필요하기 때문에 많은 시간과 치료비를 투자해야 한다. 장기 심리치료는 성격장애를 가장 성공적으로 치료하는 유일한 방법이므로, 장기치료를 받기 위해서 많은 시간과 치료비를 감당할 수 없는 내담자는 성공적인 결과를 기대하기 어렵다. 이러한 이유로 인해서 성격장애자들이 심리치료 과정에서 조기에 탈락하는 경우가 매우 흔하다.

4) 성격장애에 대한 심리치료의 효과

성격장애에 대한 성공적인 심리치료를 위해서는 앞에서 언급한 여러 가지의 현실적 · 심리적 문제들을 극복할 수 있어야 한다. 심리치료를 통해서 과연 성격장애가 호전될 수 있을까? 성격장애에 대한 심리치료의 효과를 실증적으로 검증한 체계적 연구들은 많지 않다. 성격장애에 대한 심리치료 효과를 객관적으로 확인하기 위해서는 매우 정교한 연구설계가 필요하기 때문이다. 우선, 심리치료의 효과는 내담자가 지니고 있는 성격장애의 유형과 심한 정도에 따라 달라질 수 있다. 일반적으로 성격장애의 부적응 정도가 심하고 다른 성격장애나 정신장애를 동반하고 있는 경우에는 치료효과가 낮은 것으로 보고되고 있다. 이 밖에도 내담자의 치료적 동기와 심리적 자원, 내담자의 가족과 주변사람들의 사회적 지지, 치료자의 역량과 치료적 접근법, 치료기간 등의 요인에 따라 치료효과는 달라질 수 있다.

Perry, Banon과 Ianni(1999)는 성격장애의 심리치료 효과를 검증한 15개의 연구결과를 분석했다. 이들은 1974년부터 1998년 사이에 이루어진 연구로서 성격장애의 체계적 진단, 치료 전후 또는 추후의 평가, 타당화된 평가도구의 사용, 수량화된 치료효과 제시 등의 조건을 갖춘 15개의 연구를 선별했다. 15개 연구의 치료대상은 경계선 성격장애를 비롯하여 분열형 · 회피성·반사회성 성격장애로 다양했으며 치료방법도 정신역동적/대인관계적, 인지행동적, 지지적 치료 등으로 다양했다. 이러한 연구결과를 분석하여 Perry 등은 다음과 같은 결론을 제시했다: (1) 심리치료를 받은 성격장애 환자들은 대기상태의 성격장애 환자들보다 자기보고와 타인보고 모두에서 유의미하게 긍정적인 치료효과를 나타냈다; (2) 심리치료를 받은 성격장애 환자의 52%는 평균 1.3년의 치료를 받은 후에 성격장애의 기준에 해당되지 않을 정도로 호전되었다; (3) 심리치료는 성격장애의 자연적인 호전에 비해서 7배나 빠른 회복속도를 나타냈다. 이들의 결론은 일반적으로 심리치료를 통해서 성격장애가 현저하게 호전될 수 있음을 의미한다.

Bateman과 Fonagy(2000)도 성격장애의 치료효과를 다룬 연구문헌들을 분석한 결과 심리치료가 성격장애의 치료에 효과적이라는 증거를 발견했다. 이들에 따르면, 성격장애에 대한 효과적인 치료는 다음과 같은 공통점을 지니고 있다: (1) 치료가 잘 구조화되어 있다; (2) 치료에 대한 환자의 협력과 순응을 유도하기 위해서 많은 노력을 기울인다; (3) 치료의 초점이 분명하다 (예: 대인관계 패턴을 개선할 것인지 아니면 자해행위와 같은 행동적 문제를 개선할 것인지를 분명히 한다); (4) 치료가 이론적으로 일관성 있게 진행된다; (5) 치료가 상대적으로 장기간 시행된다; (6) 치료자와 내담자 간의 강력한 관계형성을 통해서 치료자가 상당히 적극적인 역할을 수행한다; (7) 치료가 환자에게 제공되는 다른 치료들과 잘 통합되어 있다.

심리치료는 성격장애 환자에게 어떤 영향을 미쳐서 치료효과가 나타나는 것일까? Bateman과 Fonagy(2000)의 분석에 따르면, 성격장애 환자는 사려 깊게 잘 구조화되어 있고 일관성 있게 진행되는 치료과정에 참여한 경험을 통해서 많은 긍정적 변화를 나타낸다. 특히 심리치료 과정에서 합의 하에 준수되는 치료적 구조(치료시간, 치료적 규칙 등)의 내면화, 대인관계를 구성하는 다양한 심리적 요소에 대한 명료한 이해, 생각과 행동의 실질적인 변화, 치료자와의 건설적인 상호작용, 신뢰성과 일관성을 지닌 합리적 사고의 주체로서 자신을 경험하는 것이 성격장애 환자에게 긍정적인 영향을 미친다.

이 밖에도 엄격하게 통제된 연구는 아니지만 다양한 성격장애 환자들을 성공적으로 치료했다는 임상적 보고는 매우 많다(Beck et al., 2004). 여러 연구에서 성격장애에 대한 심리치료가 효과적이라는 점이 입증되고 있다. 그러나 어떤 성격장애가 어떤 심리치료에 의해서 더 효과적으로 치료되는지에 대해서는 앞으로 연구가 더 필요하다(Perry et al., 1999). 또한 성격장애의 심리치료 효과를 검증하는 연구들은 치료대상인 성격장애 환자의 특성에 대한 상세한 보고, 치료효과의 다면적 평가, 치료조건에 대한 무선할당과 비교집단의 사용 등과 같은 좀 더 치밀한 연구설계가 필요하다(Bateman & Fonagy, 2000).

3. 정신분석치료

정신분석치료는 Sigmund Freud에 의해서 창시된 심리치료로서 궁극적으로 심리적 증상을 유발한 성격구조를 변화시키는 데에 초점을 맞추고 있다. 정신분석치료는 인간의 심리적 문제를 심층심리학의 관점에서 가장 깊이 있게 접근하는 심리치료라고 할 수 있다. Freud의 사후에 정신분석치료는 많은 발전을 이루었으며, 특히 대상관계치료를 비롯한 현대의 정신분석치료는 다양한 성격장애의 치료에 깊은 관심을 보이고 있다. 정신분석이론은 제6장에서 상세하게 소개한 바 있

으므로 여기에서는 정신분석치료의 과정을 중심으로
살펴볼 것이다.

1) 치료원리

정신분석치료의 궁극적 목표는 내담자의 성격구조
를 건강하게 변화시키는 것이다. 내담자가 호소하는 다
양한 증상들은 근본적으로 성격의 구조적 갈등에 의해
파생된 것이기 때문이다. 내담자의 무의식적 갈등을 해
결하고 건강한 성격을 육성함으로써 정신병리적 증상
은 자연히 해소된다. 정신분석치료는 증상의 제거에 초
점을 맞추기보다 증상을 유발한 무의식적 갈등과 성격
적 문제의 해결을 목표로 한다. 정신분석치료는 무의식
의 의식화를 지향하며 원초아가 있는 곳에 자아가 있도
록 하는 것이다. 달리 말하면, 정신분석치료는 내담자
로 하여금 자신의 무의식적 갈등과 역동을 자각하게 함
으로써 무의식에 휘둘리지 않고 자아를 중심으로 자기
삶의 진정한 주인이 되도록 돕는 것이다.

대부분의 성격장애는 어린 시절의 좌절경험에 뿌리
를 둔 무의식적 갈등에 의한 것이다. 내담자로 하여금
무의식적 갈등을 자각하여 해결함으로써 성격장애가
완화될 수 있다. 정신분석치료에서는 어린 시절을 포함
하여 인생 전체의 경험을 재구성하고 무의식적 갈등을

자각함으로써 자기이해가 심화된다. 정신분석치료를
성공적으로 마친 내담자는 자신의 증상에 대한 무의식
적 의미를 이해하고, 다른 사람과의 관계패턴에 대한
통찰을 얻게 되며, 부적절한 방어기제의 사용을 자제하
게 된다. 정신분석치료의 목표는 증상 제거를 넘어서
건강하게 일하고 사랑할 수 있는 성숙한 성격으로 변화
시키는 것이다.

2) 치료기법

정신분석 치료자는 내담자가 자신의 무의식적 갈등
과 관련된 정보를 많이 내어놓을 수 있도록 유도한다.
이를 위해서 치료자는 중립적인 태도를 취하는 것이 중
요하다. 내담자의 반응에 대한 치료자의 영향력을 최소
화한 상태에서 내담자가 무의식적인 재료들을 떠올리
도록 하는 것이 중요하다. 치료자는 내담자가 어떤 감
정을 나타내더라도 즉각적으로 반응하기보다 그러한
감정을 이해하고 자유연상을 하도록 격려하는 것이 바
람직하다.

또한 치료자는 내담자가 나타내는 모든 반응에 대해
서 '고르게 주의를 기울이는 것(evenly hovering
attention)'이 매우 중요하다. 특정한 반응에 남다른 주
의를 기울이기보다 내담자의 모든 반응에 주의를 고르

정신분석치료에서는 무의식을 의식화하는 작업이 중요하다.

게 기울이며 내담자가 자신의 모습을 자연스럽게 나타낼 수 있도록 해야 한다. 이러한 태도를 유지하며 다양한 방법으로 내담자가 자신의 무의식을 탐색하며 그 의미를 깨달을 수 있도록 유도한다. 무의식을 의식화하는 정신분석적 치료기법에는 자유연상, 꿈 분석, 전이분석, 저항분석 등이 있다.

자유연상(free association)은 내담자가 편안하게 누운 상태에서 아무런 억제나 논리적 판단 없이 마음에 떠오르는 생각을 그대로 솔직하게 이야기하는 방법이다. 이는 의식적 억제를 최소화한 자유로운 상태에서 억압된 무의식 내용이 잘 떠오를 수 있다는 점을 이용한 기법이다. Freud는 자유연상을 촉진하기 위해서 환자를 장의자(couch)에 눕게 하고 눈 맞춤을 피할 수 있도록 그 머리맡에 앉아서 치료했다.

내담자는 누워서 자신의 마음에 떠오르는 것을 자유롭게 이야기한다. 치료자는 그의 이야기를 경청하며 그 내용뿐만 아니라 감정, 목소리, 침묵 등과 같은 다양한 반응을 유심히 관찰한다. 때로는 특정한 주제에 대해서 자유연상을 하도록 권할 수도 있다. 내담자는 자유연상 과정에서 자신의 무의식에 대한 자각이 증진될 수 있다. 치료자는 자유연상 내용을 다른 자료들과 통합하여 내담자의 무의식적 갈등을 이해하고 해석하는 데 활용하게 된다.

꿈 분석(dream analysis)은 꿈에 나타난 주제나 내용들을 면밀히 분석함으로써 무의식의 갈등을 발견하는 방법이다. Freud가 "꿈은 무의식에 이르는 왕도"라고 말한 바 있듯이, 꿈 해석은 무의식의 활동에 관한 지식을 얻는 중요한 수단이다. 수면상태에서는 의식적 억제가 약화되기 때문에 억압되었던 무의식적 내용들이 의식에 떠오르게 된다. Freud는 꿈과 증상이 유사한 구조를 가지고 있다는 점에 주목했다. 꿈과 증상은 모두 수용되기 어려운 욕구나 기억들이 상징적인 형태로 표현된 것이기 때문이다.

꿈은 원초아의 억압된 추동과 자아의 방어 사이에서 이루어진 타협의 산물이라고 할 수 있다. 꿈은 내담자가 기억하는 내용을 의미하는 현재몽(manifest dream)과 꿈에 상징적으로 표현되고 있는 무의식적 동기를 뜻하는 잠재몽(latent dream)으로 구분된다. 꿈 분석의 목적은 현재몽을 통해서 잠재몽을 이해하는 것이다. 꿈은 무의식 내용이 응축, 대치, 상징화 등 다양한 방어에 의해서 변형되어 있기 때문에 그 의미를 이해하기 어렵다. 치료자는 내담자로 하여금 꿈의 다양한 측면에 대해서 자유연상을 하도록 격려하며 통합적인 자료를 검토하여 꿈의 의미를 해석한다.

내담자는 중립적인 태도를 취하는 치료자에게 나름대로의 독특한 감정과 관계패턴을 나타낸다. 전이(transference)는 내담자가 과거에 중요한 타인에게 느꼈던 감정이나 환상을 무의식적으로 치료자에게 나타내는 것이다. Freud는 초기에 전이가 치료를 방해하는 것으로 여겼으나 이러한 전이반응 속에 내담자의 핵심적인 무의식적 갈등이 담겨 있음을 발견하면서 정신분석의 중요한 치료수단으로 발전시켰다. 전이분석(transference analysis)은 내담자가 치료과정에서 치료자에게 나타내는 전이현상을 분석하는 것으로서 정신분석의 핵심적 요소 중 하나다. 치료자가 중립적인 태도를 취하는 이유는 내담자의 전이를 유도하기 위한 것이기도 하다. 내담자가 어린 시절에 부모에게서 느꼈던 감정과 관계패턴을 치료자에게 나타내도록 유도함으로써 그의 무의식적 갈등을 이해할 수 있기 때문이다. 그러므로 치료가 효과적으로 진행되려면 전이관계가 형성되어야 하며 전이분석을 통해서 내담자의 무의식적 갈등과 방어기제가 자각될 수 있다.

저항분석(resistance analysis)은 내담자가 치료과정에서 나타내는 비협조적이고 저항적인 행동의 의미를 분석하는 작업이다. 저항(resistance)은 내담자가 자발적으로 치료를 받기 위해 찾아 왔음에도 불구하고 원활한 치료과정을 방해하는 다양한 반치료적인 행동들을 의미한다. 예를 들어, 치료시간에 늦거나 치료시간을 잊는 일, 꿈을 기억해 오지 않는 일, 자유연상이 잘 되지 않는 것, 치료에 흥미를 잃는 것은 저항의 한 형태라고 할 수 있다. 저항분석을 통해서 내담자의 무의식적 의도와 갈등을 살펴볼 수 있으며 내담자에게 저항의 무의식적 의미를 깨닫게 할 수 있다.

내담자는 치료과정에서 스스로 자신의 무의식적 갈등에 대한 통찰(insight)을 얻게 된다. 그러나 모든 내담자가 스스로 통찰에 이르는 것은 아니며 통찰의 내용과 수준에 한계가 있다. 따라서 치료자는 내담자가 스스로 이해하기 어려운 무의식적 갈등에 대해서는 해석을 해 줄 수 있다. 치료자는 내담자가 내어놓는 다양한 무의식적 재료들을 종합하여 무의식적 갈등이나 방어기제를 해석해 줄 수 있다.

내담자가 자신의 무의식적 갈등을 깨닫게 되면 그러한 갈등에 휘둘리지 않으면서 행동에도 변화가 나타나게 된다. 그러나 무의식에 대한 깨달음이 행동변화로 이어지지 않는 경우도 많다. 무의식적 갈등이 어떻게 현실생활에서 나타나고 있으며 그에 대한 깨달음을 어떻게 적응적 행동으로 실천할 수 있는지를 검토하며 변화하는 점진적인 과정을 훈습(working-through)이라 한다. 치료자는 내담자로 하여금 무의식적 갈등이 자신의 삶을 어떻게 지배하고 있는지를 검토하고 그로부터 벗어나 실제생활에서 적응적 행동을 실천하도록 격려한다. 정신분석의 마지막 단계인 오랜 훈습의 과정에서 내담자는 점차적으로 미숙한 방어와 증상들을 포기하게 되고 충동들을 새로운 적응적 방식으로 충족시키게 된다. 이처럼 자신의 내면세계에 대한 자각능력이 증가하고 새로운 적응적 방어를 사용하게 됨으로써 성격의

구조적 변화가 나타나게 된다. 이러한 변화를 통해서 어린 시절에 경험한 무의식적 갈등에 묶여 있던 에너지가 자아를 더욱 건강하고 성숙하게 만드는 데 사용되면서 더욱 적응적이고 생산적인 삶으로 나아가게 된다.

3) 치료과정

정신분석치료는 일반적으로 장기간에 걸쳐 이루어지며 내담자에 따라 매우 다양하고 변화무쌍한 과정을 거치게 된다. 그러나 정신분석치료의 과정은 편의상 초기, 중기, 종결기로 구분해 볼 수 있다. 일반적으로, 치료가 시작되어 전이관계가 형성되기까지를 치료의 초기라고 볼 수 있으며, 치료 중기는 전이와 저항이 나타나고 훈습이 진행되는 기간을 말한다. 치료 중기는 가장 긴 기간으로서 전이에 대한 통찰이 생기고 이 통찰을 훈습하는 과정에서 많은 시간이 소요된다. 종결기는 치료의 성과가 나타나면서 치료를 마무리하는 시기다. 전이가 해소되어 치료자를 현실적인 대상으로 볼 수 있게 되고 무의식적인 갈등이 해결되면 치료과정을 종료하게 된다. Freud의 방식을 고수하는 정통적인 정신분석에서는 환자를 장의자에 눕히고 치료자는 환자가 볼 수 없게 머리맡에 의자를 두고 앉는 형태로 치료가 진행된다. 치료회기는 매주 4회 이상의 면담을 원칙으로 하지만 보통 2~5회로 이루어진다(McWilliams, 2004).

(1) 치료의 초기

정신분석치료를 시작할 때는 내담자가 정신분석적 치료에 적합한 사람인지를 평가하여 결정하는 것이 중요하다. 내담자의 성격적 구조와 현실적 여건, 그리고 치료자의 여건 등을 고려하여 치료의 적합성이 평가되어야 한다. 치료과정은 치료자가 내담자의 건강한 자아와 치료적 동맹을 맺고 공동작업을 통해 내담자의 무의

내담자의 무의식적 갈등은 치료자와의 관계에 전이되어 나타난다.

식 속에 숨어 있는 신경증적 갈등을 찾아 변형시켜 나가는 과정이다. 따라서 치료의 성패를 결정하는 중요한 요인은 내담자의 자아강도(ego strength)다.

내담자가 정신분석치료에 적절하다고 판단되면, 치료에 필요한 계약을 한다. 먼저, 치료자와 내담자는 치료목표에 대해서 합의를 해야 한다. 치료계약의 구체적인 내용으로는 치료시간, 치료비, 불참 시 지불 문제, 결석 처리, 환자의 개인적 비밀보장 등이 있다. 이 과정에서 치료자는 내담자에게 정신분석치료와 내담자의 역할에 대해서 설명한다. 내담자의 문제와 과거사를 탐색하는 것과 더불어 치료동맹을 형성하는 것은 초기에 해야 하는 중요한 과제다.

(2) 치료의 중기

내담자의 저항과 전이가 나타나면서 치료의 중기에 접어들게 된다. 치료자는 내담자에게 자유연상을 시키거나 꿈을 기억해 오도록 하는데, 어느 시점부터 치료에 협조적이던 내담자가 다양한 방식으로 저항하기 시작한다. 치료시간을 잊어버리거나, 중요하지 않은 자질구레한 이야기를 늘어놓으며 치료시간을 허비하거나, 아무런 생각도 떠오르지 않는다며 침묵하거나, 이유를 알 수 없는 분노를 터뜨리는 행동을 통해서 치료자에게 저항할 수 있다.

치료자의 첫 과제는 내담자의 저항을 인식하는 것이다. 저항의 이면에는 억압된 무의식적 동기가 숨겨져 있다. 저항을 분석하는 것은 정신분석치료의 필수적인 요소다. 저항을 분석하는 첫 단계는 내담자로 하여금 자신이 저항하고 있다는 것을 이해시키는 것이다. 치료자는 내담자가 비난 받는다는 느낌을 갖지 않도록 하면서 저항의 의미를 함께 탐색해 나간다.

치료 중기에는 내담자의 전이가 나타난다. 내담자는 치료자의 의도를 자주 오해하며 부적절한 감정을 표출하거나 또는 지나치게 접근적이거나 회피적인 태도를 취할 수 있다. 전이는 내담자의 어린 시절에 중요한 역할을 했던 사람, 특히 부모에게 느꼈던 감정과 갈등이 치료자에게 반복되어 나타나는 것이다. 내담자는 치료자를 마치 어린 시절의 중요한 사람을 대하듯이 행동하지만 내담자 자신은 이러한 현상을 자각하지 못한다. 치료자는 내담자의 전이를 인식하고 관찰하면서 그 무의식적 근원과 의미를 탐색한다. 이러한 전이분석을 통해서 내담자는 자신의 무의식적 갈등에 대한 통찰을 얻게 된다.

내담자는 저항과 전이를 경험하고 그 무의식적 의미를 이해하게 되면서 자신의 무의식적 갈등에 대한 통찰을 얻게 된다. 통찰은 자기문제에 대한 이해로서 두 가지 유형의 구분이 필요하다. 그 하나는 모호하게 알고 있던 자신의 문제를 이성적인 지식 수준에서 좀 더 분명하게 이해하게 되는 지적 통찰(intellectual insight)이다. 다른 하나는 과거에 경험한 심리적 상처와 감정을 재경험하면서 현재 문제와의 관련성을 가슴 깊이 인식하며 감동적인 깨달음을 얻게 되는 정서적 통찰(emotional insight)이다. 정서적 통찰은 흔히 쏟아지는 눈물이나 웃음과 같은 감정반응을 동반한다. 지적 통찰보다는 정서적 통찰이 더 치유적이며 더 많은 행동변화를 유발한다. 그러나 통찰만으로 내담자의 생활방식이 적응적으로 변화되지 않는 경우가 많다. 치료자는 내담자와 함께 무의식적 갈등이 현실생활에 미치는 영향을 검토하고 통찰에 근거하여 새로운 적응행동을 실천하도록 격려한다. 이러한 훈습과정을 통해서 내담자는 서서히 증상을 해소하고 건강한 생활방식을 습득하게 된다. 이처럼 정신분석치료의 중기는 치료자와 내담자가 저항과 전이를 매개로 실랑이를 하면서 무의식적 갈등에 대한 통찰을 얻고 훈습을 해 나가며 변화하는 기나긴 과정을 포함한다.

(3) 치료의 종결기

통찰과 훈습을 통해서 저항이 극복되고 치료자에 대한 전이가 해소되면 치료자는 치료의 종결을 고려한다. 일반적으로 치료의 종결 여부는 다음과 같은 기준에 따라 결정하게 된다: (1) 심각한 갈등의 해결과 자아기능의 향상, (2) 병리적 방어기제의 사용 감소, (3) 성격구조의 중요한 긍정적 변화, (4) 증상의 상당한 호전 또는 증상을 스스로 극복할 수 있는 능력이 생겼다는 증거의 존재. 치료자는 내담자와 치료효과를 검토하면서 치료의 종결을 암시하며 자연스러운 종결을 준비한다. 정신분석치료는 내담자가 자신의 무의식적 갈등을 이해하고 그것에 휘둘리지 않으면서 적응적인 생활을 해 나갈 수 있는 방법과 능력을 길러 주는 작업이다. 치료자는 내담자가 스스로 자신의 무의식을 탐색하고 분석하는 작업을 계속하도록 권장한다.

 경계선 성격장애의 전이 초점적 심리치료

경계선 성격장애는 여러 유형의 성격장애 중에서도 심리치료자의 가장 많은 관심을 받았다. 경계선 성격장애는 매우 다양하고 심각한 부적응 문제를 유발할 뿐만 아니라 고전적인 정신분석치료로 잘 치료되지 않는 것으로 알려졌기 때문이다. 경계선 성격장애는 크게 네 가지 영역의 결함, 즉 강렬하고 변덕스러운 정서, 격렬하고 갈등적인 대인관계, 자기파괴적인 충동적 행동, 응집력 있는 정체감의 결여를 특징적으로 나타내는 성격장애다. 현대 정신분석치료의 한 유형인 대상관계치료(object relation therapy)는 이러한 경계선 성격장애를 치료하는 데 크게 기여했다.

Otto Kernberg

Otto Kernberg(1928~현재)는 대상관계치료의 대표적인 인물 중 한 명으로서 특히 경계선 성격장애의 치료를 위한 전이 초점적 심리치료(transference-focused psychotherapy: 이하에서 TFP라 칭함)를 제시했다. Kernberg(1975)에 따르면, 경계선 성격장애는 생의 초기에 유아가 양육자와의 관계경험을 통해서 형성하는 자기와 타인 표상의 결함에 기인한다. 유아는 어머니와의 상호작용 경험을 통해서 좋은 어머니와 나쁜 어머니로 분리하여 표상한다. 좋은 어머니 표상은 좋은 자기상과 연결되어 긍정적인 감정을 유발하는 반면, 나쁜 어머니는 나쁜 자기상과 더불어 부정적인 공격적 감정을 촉발한다. 그러나 유아는 성장하면서 이러한 분리를 극복하고 분리된 표상을 하나의 전체로 통합하게 된다. 경계선 성격장애 환자는 초기의 발달과정에서 이러한 통합에 실패함으로써 성인이 되어서도 자신과 타인에 대한 사랑과 분노의 감정을 통합하지 못하고 강렬한 애증의 감정이 교차하는 불안정한 인간관계를 나타내게 된다.

경계선 성격장애 환자는 자신과 중요한 타인에 대한 내면적 표상이 통합되지 못한 채 분리(split)되어 있을 뿐만 아니라 매우 강렬한 정서가 개입되어 있다. 이러한 혼란스러운 내면적 대상관계로 인해서 대인관계의 심각한 갈등이 유발된다. 경계선 성격장애 환자는 치료자와의 관계에서 강렬한 감정과 왜곡된 지각을 나타내는 전이(transference)를 나타내게 된다. TFP는 이러한 전이에 초점을 맞추어 경계선 성격장애 환자로 하여금 자기 및 타인 표상을 인식하여 통합하도록 유도한다.

Kernberg에 따르면, 대상관계 표상은 2자 대상관계(object relation dyad), 즉 자신과 타인 두 사람의 관계표상으로 구성되어 있다. 2자 대상관계는 특정한 자기표상, 특정한 타인표상, 그리고 두 표상을 연결하는 강렬한 정동으로 이루어져 있다. 예컨대, 경계선 성격장애 환자는 굴종적이고 학대받은 자기표상과 가혹하고 학대적인 타인표상이 두려움이라는 강렬한 정동으로 연결된 내면적인 대상관계 표상을 지닌다. 이러한 표상이 전이관계에서 반영되어 환자는 치료자에 대한 두려움을 느낄 수 있다. 또는 어린애 같고 의존적인 자기표상과 이상적이고 보호적인 타인표상이 사랑이라는 감정으로 연결되어 있는 경우, 이러한 대상관계는 치료자를 이상화하며 애정을 느끼게 만든다. 반면에, 강력하고 통제적인 자기표상과 나약하고 노예 같은 타인표상은 분노의 정동으로 연결되어 있는데, 이러한 표상이 활성화되면 환자는 치료자를 무시하고 분노를 표현하게 된다. 이처럼 경계선 성격장애 환자의 내면세계는 자기와 타인에 대해서 분리되고 극단화된 표상들(split and polarized representations)로 구성되어 있다.

TFP에서 치료자는 치료과정이 안정된 방식으로 지속될 수 있도록 환자와 치료적 계약과 구조를 잘 확립한 후에 전이에 초점을 맞추어 본격적인 치료적 작업을 진행한다. 본격적인 치료과정은 크게 네 단계로 구분될 수 있다(Yeoman, Clarkin, & Kernberg, 2002). 첫째, 전이에 나타나는 지배적인 2자 대상관계를 포착하여 명료화한다. 2자 관계에서 나타난 자기와 타인 표상을 분명하게 인식하도록 하기 위해서 그에 적절한 명칭(예: 내담자는 '무력한 아이'의 자기표상과 '화가 난 부모'의 타인표상을 통해 치료자에 대한 두려움을 느낌)을 붙이는 치료적 작업이 이루어지기도 한다. 둘째, 지배적인 2자 관계의 역할반전을 관찰하고 해석한다. 예컨대, 치료시간 중에서 치료자에 대한 내담자의 감정이 두려움에서 분노로 바뀔 수 있는데, 이는 자기와 타인 표상의 반전을 반영한다. 치료자는 이러한 현상에 초점을 맞추어 감정변화의 내면적 과정을 해석한다. 셋째, 내담자 마음에 존재하는 2자 대상관계가 어떻게 내면적 갈등을 촉발하고 표상의 통합을 방해하는지를 관찰하고 해석한다. 내담자의 분열된 내면세계에는 상반된 2자 관계가 존재하는데, 치료자는 해석을 통해서 내담자로 하여금 이들의 존재와 부정적 영향을 자각하도록 돕는다. 마지막으로, 전이에서 나타나는 좀 더 성숙하고 통합된 정서적 경험을 정교하게 발달시키고 훈습하면서 이러한 긍정적 변화가 확산되도록 주요한 인간관계들을 재검토한다. 요컨대, TFP의 치료과정은 전이에서 나타나는 내담자의 대상관계를 포착하고, 내담자의 자기 및 대상 표상을 구체적으로 인식하여 해석하며, 분리된 표상을 통합하도록 시도하는 작업으로 이루어진다.

Kernberg에 따르면, 전이의 분석은 경계선 성격장애 환자의 원초적(분리되고 극단화된) 대상관계를 좀 더 발전된(복합적, 변별적, 통합적) 대상관계로 전환시키는 가장 중요한 수단이다. 내담자의 자기 및 타인 표상은 치료적 관계에서 활성화되고 투사와 동일시의 방어를 통해서 분노와 공포의 강렬한 감정을 유발한다. 자신과 타인에 대한 분리된 표상이 전이과정에 나타날 때마다 치료자는 명료화, 직면, 해석을 통해서 과거경험과 내면적 표상 그리고 전이감정 간의 연결성을 지속적으로 일관성 있게 해석한다. TFP의 치료목표는 자기와 타인에 대해서 분리되고 극단화된 표상과 정동을 좀 더 변별적이고, 세밀하며, 현실적인 것으로 통합하는 것이다. 분리된 표상들이 통합되어 감에 따라 내담자는 자기정체성의 통합감 증진, 대인관계의 균형과 안정성 증가, 분노와 공격충동의 압박감 감소, 자기파괴적 행동의 감소, 전반적인 적응기능의 향상과 같은 긍정적 변화가 나타난다. TFP는 1주일에 2회씩 상당히 구조화된 방식으로 진행되는 시간제한적인 역동적 심리치료다. 이러한 전이초점적 심리치료는 경계선 성격장애의 치료에 효과적인 것으로 보고되고 있다(Clarkin, Levy, Lenzenweger, & Kernberg, 2007; Doering et al., 2010).

이 밖에도 경계선 성격장애의 치료에는 역동적 해체 심리치료, 정신화 기반 치료, 변증법적 행동치료, 심리도식치료가 적용되고 있다. 역동적 해체 심리치료(dynamic deconstructive psychotherapy: DDP)는 약물중독의 문제를 지니고 치료에 저항적인 경계선 성격장애 환자의 치료를 위해서 Robert Gregory가 신경과학, 대상관계이론, 해체철학을 통합하여 개발한 시간제한적인 역동적 심리치료다. Gregory(2005; Gregory & Remen, 2008)에 따르면, 경계선 성격장애는 강력한 정서가 개입하는 관계경험을 처리할 수 있는 신경인지적 결함과 관련된다. 경계선 성격장애 환자들은 일화적 기억을 언어화하고 통합하는 상위수준의 피질 영역보다는 불안, 공포, 충동성을 담당하는 변연계 영역의 원시적 신경경로가 더 활성화되어 있다. DDP는 내담자의 피질 경로를 활성화시키기 위해서 최근의 대인관계 경험을 반복적으로 검토하면서 관련된 정서를 명료화하고 다른 관점에서 생각해 보는 작업으로 이루어진다. 이러한 치료적 작업을 통해서 내담자는 자신의 정서적 경험과 연결됨으로써 자기에 대한 통합감이 증진되고 좀 더 진실한 방법으로 타인과 연결함으로써 대인관계의 질이 향상된다. DDP는 자살행동, 문제음주, 약물중독의 문제를 지닌 경계선 성격장애 환자의 치료에 효과적인 것으로 보고되었다(Gregory, Delucia-Deranja, & Mogle, 2010).

정신화 기반 치료(mentalization-based treatment: MBT)는 경계선 성격장애의 치료를 위해서 Peter Fonagy와 Anthony Bateman이 개발한 구조화된 정신역동적 심리치료의 한 유형이다. Fonagy와 Bateman(2006; Bateman & Fonagy, 2004, 2008a)에 따르면, 경계선 성격장애는 애착관계의 맥락에서 발달하는 정신화 능력의 결여에 기인한다. 정신화(mentalization)는 자신과 타인의 행위를 욕망, 감정, 믿음과 같은 주관적인 심리상태와 정신적 과정으로 이해하는 능력을 의미한다. 이처럼 타인의 행위를 그들의 사고와 감정의 측면에서 이해하는 능력의 발달은 안정된 애착관계에서 촉진된다. MBT의 목표는 정신화 능력을 증진함으로써 정서조절과 대인관계를 개선하는 것이다. MBT는 치료자와의 안전한 애착관계를 통해서 내담자로 하여금 타인의 마음을 탐색할 수 있는 관계적 맥락을 제공한다. 치료자는 전이를 비롯한 현재의 경험에 초점을 맞추며 내담자로 하여금 자신과 타인의 마음을 지각하고 상상하며 그러한 마음이 행동에 어떤 영향을 미치고 어떤 오류가 개입하는지를 생각하도록 돕는다. MBT는 경계선 성격장애 환자의 자살과 자해 행동 감소에 효과적인 것으로 보고되었다(Bateman & Fonagy, 1999, 2001, 2008a, 2008b).

4. 인지치료

인지치료는 Aaron Beck에 의해 창안된 치료방법으로서 다양한 정신장애뿐만 아니라 성격장애의 치료에도 적용되고 있다. Beck과 동료들(Beck & Freeman, 1990; Beck, Freeman, & Davis, 2004)은 『성격장애의 인지치료(*Cognitive Therapy of Personality Disorders*)』를 발간했으며 2004년에 세 번째 개정판을 출간했다. 인지치료에서는 성격장애를 정보처리과정에 강력한 영향을 미치는 인지도식과 신념체계의 특성에 기인한 것으로 여기고 있다. 성격과 정신병리에 대한 Beck의 인지치료 이론은 제9장에서 상세하게 소개한 바 있으므로 여기에서는 성격장애의 인지치료에 초점을 맞추어 살펴볼 것이다.

1) 치료원리

인지치료의 기본적 원리는 정신병리를 유발하는 왜곡된 인지를 수정하여 재구성하는 것이다. 이러한 인지의 수정은 각 수준의 인지(자동적 사고, 중간 신념, 핵심

인지치료자는 내담자의 부적응적 인지를 찾아내어 재구성한다.

신념, 인지도식)에 따라 순차적으로 이루어지는데, 비교적 자각하기 쉽고 수정하기도 용이한 자동적 사고에서 시작하여 점차적으로 깊은 수준의 인지를 수정해 나간다. 깊은 수준의 신념을 수정할수록 정신병리의 재발을 막을 수 있기 때문에, 치료가 어느 정도 진행되면 자동적 사고의 기저를 이루고 있는 역기능적 신념의 변화에 초점을 맞추게 된다.

인지치료는 일차적으로 증상완화에 초점을 맞추지만 궁극적으로는 사고의 유연성과 합리성을 증진하는 것이 주된 목표다. 인지치료는 내담자에게 자신의 사고와 신념을 자각하고 그 타당성과 효용성을 검토한 후에 스스로 자신의 생각을 변화시키는 기술을 가르친다. 이러한 인지치료의 기술을 습득한 내담자는 다양한 상황에서 자신의 사고를 자각하고 유연하게 조절함으로써 증상완화는 물론 치료의 종결 이후에도 재발을 방지할 수 있다. 인지치료는 이처럼 내담자로 하여금 자신의 내면적 사고와 신념을 자각하고 성찰하는 능력을 육성함으로써 유연하고 지혜로운 삶을 영위하도록 돕는 것이 궁극적인 목표다.

인지치료의 관점에 따르면, 성격장애의 핵심은 독특한 신념과 사고방식, 그리고 정서적 · 행동적 반응 방략들로 구성된다. 예컨대, 회피성 성격장애를 지닌 사람들은 다른 사람의 거절과 비판에 민감한 인지도식을 지니며 "사람들에게 거부되고 무시당하는 것은 끔찍한 일이다" "나의 참모습을 알게 되면 사람들은 날 거절할 것이다"와 같은 신념을 지닌다. 따라서 이들은 다양한 사회적 상황에서 부적절감을 느끼며 이러한 상황을 회피하는 방략을 사용한다. 자기애성 성격장애자는 자신의 우월성과 특별대우에 민감한 인지도식을 지니며 "나는 특별한 존재이므로 당연히 특별한 대우를 받아야 한다" "나는 일반인에게 적용되는 규칙을 지키지 않아도 된다"와 같은 신념을 지닌다.

표 26-2	성격장애 하위유형의 핵심적 신념과 행동방략	
성격장애	핵심적 신념	행동방략
편집성	"다른 사람들은 위험해"	의심
분열성	"나만의 공간이 필요해"	고립
반사회성	"나는 사람들을 이길 수 있어"	공격
연극성	"나는 감명을 주어야 해"	극화
자기애성	"나는 특별해"	자기과장
강박성	"나는 실수하면 안 돼"	완벽주의
회피성	"나는 상처받을 거야"	회피
의존성	"나는 무력해"	애착

따라서 평소에 우월감을 느끼며 자신이 인정받지 못하면 심한 분노를 느낀다. 이들은 타인을 이용하거나 헌신하도록 조정하는 방략과 더불어 일상적 규칙을 넘어 자신의 이익을 추구하는 방략을 사용한다. 이처럼 성격장애는 하위유형마다 독특한 내용의 인지적 신념 및 행동적 방략과 밀접하게 연관되어 있다. Beck 등(Beck et al., 2004)은 주요한 성격장애 유형의 핵심적 신념과 주된 방략을 〈표 26-2〉와 같이 제시하고 있다. 인지치료는 이러한 역기능적 신념과 부적응적 행동방략을 구체적으로 찾아내어 변화시키는 것에 초점을 맞추고 있다.

2) 치료과정과 기법

인지치료는 내담자의 임상적 증상과 성격장애에 대한 정교한 평가로부터 시작한다. 치료자는 내담자가 나타내고 있는 부적응 문제를 축1 장애와 축2 장애의 측면에서 면밀히 평가한 후에, 일차적으로 축1 장애에 초점을 맞추어 치료하며, 어느 정도 증상이 완화되면 축2 장애, 즉 성격장애의 치료에 집중한다.

(1) 평가와 사례개념화

치료자는 성격장애의 존재여부를 판단하기 위해서 내담자의 부적응 문제가 일시적인 것인지 아니면 장기간 지속되고 있는지 그리고 이러한 문제가 일부 생활영역에 제한된 것인지 아니면 생활 전반에 광범위한 영향을 미치고 있는지에 초점을 맞추어 평가한다. 인지치료에서는 내담자의 성격장애를 좀 더 객관적으로 평가하기 위해서 면담과 심리검사를 비롯하여 다양한 정보원을 활용한다. 치료자는 내담자와 자유롭게 비구조화된 면담을 실시할 뿐만 아니라 SCID-II, PDE-R, SIDP-R과 같은 구조화된 면담도구를 사용하기도 한다. 또한 성격장애의 진단을 위한 자기보고형 심리검사인 MCMI-III(Millon Clinical Multiaxial Inventory-III; Millon, Davis, & Millon, 1994)와 PDQ-R(Personality Diagnostic Questionnaire-Revised; Hyler & Rieder, 1987)을 사용할 뿐만 아니라 PBQ(Personality Belief Questionnaire: Beck & Beck, 1991)와 SQ(Schema Questionnaire: Young & Brown, 1990)를 통해서 성격장애와 관련된 핵심적 신념과 인지도식을 평가한다. 이 밖에도 내담자의 가족이나 주변사람들로부터 내담자

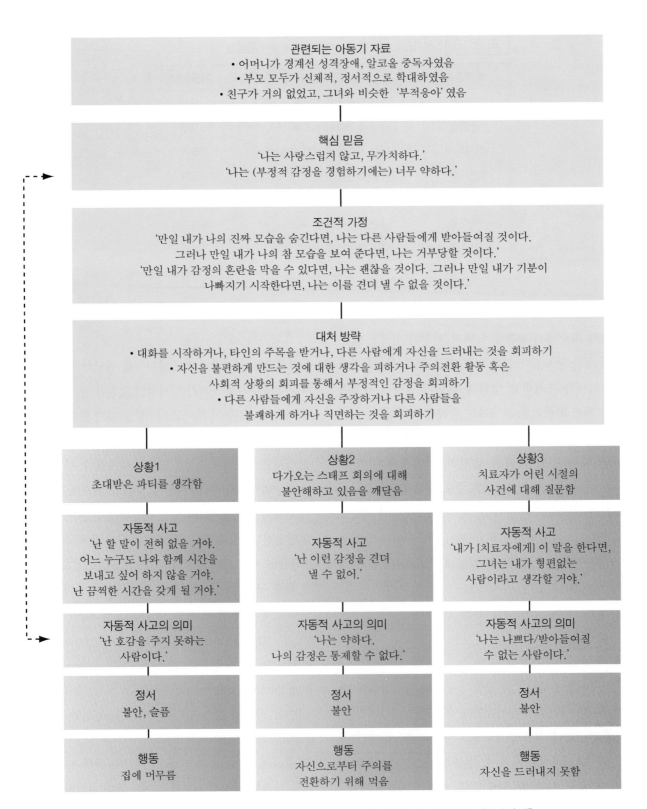

관련되는 아동기 자료
- 어머니가 경계선 성격장애, 알코올 중독자였음
- 부모 모두가 신체적, 정서적으로 학대하였음
- 친구가 거의 없었고, 그녀와 비슷한 '부적응아'였음

핵심 믿음
'나는 사랑스럽지 않고, 무가치하다.'
'나는 (부정적 감정을 경험하기에는) 너무 약하다.'

조건적 가정
'만일 내가 나의 진짜 모습을 숨긴다면, 나는 다른 사람들에게 받아들여질 것이다.
그러나 만일 내가 나의 참 모습을 보여 준다면, 나는 거부당할 것이다.'
'만일 내가 감정의 혼란을 막을 수 있다면, 나는 괜찮을 것이다. 그러나 만일 내가 기분이
나빠지기 시작한다면, 나는 이를 견뎌 낼 수 없을 것이다.'

대처 방략
- 대화를 시작하거나, 타인의 주목을 받거나, 다른 사람에게 자신을 드러내는 것을 회피하기
- 자신을 불편하게 만드는 것에 대한 생각을 피하거나 주의전환 활동 혹은
사회적 상황의 회피를 통해서 부정적인 감정을 회피하기
- 다른 사람들에게 자신을 주장하거나 다른 사람들을
불쾌하게 하거나 직면하는 것을 회피하기

상황1
초대받은 파티를 생각함

상황2
다가오는 스태프 회의에 대해
불안해하고 있음을 깨달음

상황3
치료자가 어린 시절의
사건에 대해 질문함

자동적 사고
'난 할 말이 전혀 없을 거야.
어느 누구도 나와 함께 시간을
보내고 싶어 하지 않을 거야.
난 끔찍한 시간을 갖게 될 거야.'

자동적 사고
'난 이런 감정을 견뎌
낼 수 없어.'

자동적 사고
'내가 [치료자에게] 이 말을 한다면,
그녀는 내가 형편없는
사람이라고 생각할 거야.'

자동적 사고의 의미
'난 호감을 주지 못하는
사람이다.'

자동적 사고의 의미
'나는 약하다.
나의 감정은 통제할 수 없다.'

자동적 사고의 의미
'나는 나쁘다/받아들여질
수 없는 사람이다.'

정서
불안, 슬픔

정서
불안

정서
불안

행동
집에 머무름

행동
자신으로부터 주의를
전환하기 위해 먹음

행동
자신을 드러내지 못함

[그림 26-1] 인지치료에서 사용하는 사례개념화의 기본틀(회피성 성격장애 내담자의 예)

에 관한 정보를 다각적으로 수집하여 내담자의 심리적 문제들을 치밀하게 분석하고 통합한다.

인지치료에서는 내담자의 부적응적 행동을 이해하고 역기능적 신념을 수정하기 위한 개념적 틀을 마련하는 사례개념화(case conceptualization)가 결정적으로 중요하다. 사례개념화를 위해서 치료자는 다양한 정보원으로부터 수집된 자료에 근거하여 내담자의 성격장애와 관련된 핵심적인 인지적 요인들을 분석한다. 내담자가 지니고 있는 핵심 믿음, 조건적 가정, 대처방략, 일상적 상황에서의 인지적·정서적·행동적 반응 등을 구체적으로 파악한다. 사례개념화는 내담자의 부적응 문제와 그 기저에서 작용하는 인지적 요인들의 관계를 통합적으로 파악하는 작업으로서 치료계획을 수립하는 바탕이 된다. 회피성 성격장애를 지닌 한 내담자에 대한 사례개념화의 예가 [그림 26-1]에 제시되어 있다. 이러한 사례개념화를 통해서 치료자는 내담자의 부적응적 행동과 인지적 요인들의 관계를 구체적으로 파악한 후에 내담자와의 관계형성에 노력하면서 역기능적 신념과 도식의 변화를 위해 특화된 기법을 적용한다.

(2) 치료자와 내담자의 관계형성: 내담자의 비협력 극복

성격장애에 대한 인지치료에서는 치료자와 내담자의 관계형성이 매우 중요하다. 만성적인 문제를 나타내고 있는 성격장애 환자들은 비협력적이고 비순응적인 행동을 나타내는 경우가 흔하다. 인지치료자들은 내담자의 반치료적인 행동을 저항이라는 용어보다 비협력(noncollaboration) 또는 비순응(noncompliance)이라는 용어로 지칭하고 있다. 인지치료가 성공적으로 진행되기 위해서는 치료자와 내담자 간의 적극적인 협력이 필수적이다. Beck에 따르면, 인지치료는 협동적 경험주의(collaborative empiricism)에 근거하고 있다. 인지치료에서 치료자와 내담자는 마치 공동연구를 하듯이 동등

한 협동적 관계 속에서 내담자의 경험에 근거하여 함께 역기능적 인지를 찾아내고 그 타당성을 검토하여 대안적인 인지를 발견해 나가는 모든 작업을 해 나간다.

내담자의 비협력은 서로 합의한 계획을 따르지 않는 것처럼 직접적인 행동으로 드러날 수도 있고, 치료시간에 중요한 내용을 보고하지 않는 것과 같이 미묘한 행동으로 나타날 수도 있다. 때로는 치료자를 괴롭히거나 정서적으로 무시하고 신체적으로 폭력을 휘두르는 극단적인 형태의 비협력 행동을 나타내는 경우도 있다. 내담자는 다음과 같은 매우 다양한 이유로 인해서 비협력 행동을 나타낼 수 있다.

- 내담자는 다른 사람과 협력하는 기술이 부족할 수 있다.
- 중요한 타인이 내담자의 변화를 방해하거나 역기능적인 행동을 강화할 수 있다.
- 치료에 대한 실패의 두려움 때문에 비협력 행동을 나타낼 수 있다.
- 치료에 순응하면 자신의 성격이나 자기존재감이 말살될 것이라고 믿는다.
- 내담자가 치료모델을 충분히 이해하지 못해서 치료에 순응하지 않을 수 있다.
- 역기능적 패턴을 유지하는 것이 내담자에게 이차적 이득을 제공할 수 있다.
- 치료목표에 있어서 치료자와 내담자 사이에 불일치하는 부분이 있을 수 있다.
- 내담자가 강제로 치료를 받게 되어서 치료에 대한 동기가 부족할 수 있다.
- 치료의 진전이 늦어서 내담자가 좌절감을 느낄 수 있다.

치료자는 내담자가 비협력 행동을 나타내는 이유를 구체적으로 파악하여 잘 해소하는 것이 매우 중요하다.

비협력 행동을 내담자의 핵심신념, 자기관, 타인관, 대처방략 등의 관점에서 잘 이해해야 한다. 내담자의 비협력과 비순응을 잘 이해하고 극복하는 것은 성격장애의 치료에 있어서 매우 중요한 부분이다.

(3) 특화된 기법의 적용

치료자는 내담자와의 협동적 관계형성에 주력하면서 내담자의 기본적 신념과 인지도식의 변화에 초점을 맞춘 특화된 치료기법을 적용한다. 인지치료의 기법을 효과적으로 적용하기 위해서는 개별적인 사례를 명료하게 개념화하고 긍정적인 치료관계를 형성하는 것이 중요할 뿐만 아니라 치료자의 예술적 기교도 필요하다. 치료의 예술적 기교에는 표준적인 치료기법을 적용하면서 재치 있는 유머, 일화, 비유를 적절하게 사용할 뿐만 아니라 치료자가 자기공개를 하는 것도 포함된다.

내담자의 신념과 행동 변화를 위해서 인지적 · 행동적 · 체험적 기법이 다양하게 적용된다. 가장 대표적인 인지적 기법은 인도된 발견(guided discovery)으로서 치료자가 내담자로 하여금 자신의 부정적 사고, 그 속에 포함된 논리적 오류 그리고 대안적인 사고를 발견하도록 안내하고 인도하는 치료적 과정을 의미한다. 인지치료에서 치료자의 핵심적 역할은 내담자가 스스로 치료적 깨달음에 이르도록 세심하게 인도하는 안내자가 되는 것이다. 치료자는 내담자가 자신의 생각이나 믿음에서 공통적으로 나타나는 주제를 찾아내고 이러한 주제가 과거 경험과 어떤 관련성을 지니고 있는지 인식하도록 인도한다. 또한 치료자는 내담자로 하여금 생각을 바꾸도록 논박하거나 설득하기보다 내담자가 스스로 자신의 논리적 오류와 왜곡을 발견하고 대안적인 사고를 탐색하도록 안내한다.

이 밖에도 다양한 인지적 기법이 성격장애의 치료에 적용된다. 내담자의 이분법적 사고를 극복하기 위해서 극단적인 해석을 차원적인 정도의 문제로 변환시키는 척도화(scaling), 행동과 결과에 대한 책임을 다른 방식으로 귀인하도록 하는 재귀인(reattribution), 특정한 신념의 유지와 변화에 대한 이익과 손해를 검토하는 이득-손해 분석(benefit-cost analysis), 최악의 결과만을 예상하는 사고경향을 극복하도록 돕는 탈재앙화(decatastrophizing)와 같은 다양한 기법을 통해서 내담자의 인지적 변화를 유도한다.

행동적 기법은 내담자의 행동패턴을 변화시키기 위한 것이다. 치료자는 내담자의 자기패배적인 행동을 변화시키기 위해서 직접적인 개입을 할 뿐만 아니라 행동적 기술이 부족한 내담자의 경우에는 적응에 필요한 다양한 기술을 습득시킨다. 때로는 내담자의 부적응적 인지를 발견하고 변화시키는 작업을 돕기 위한 행동과제를 숙제로 부여하기도 한다. 이 밖에도 새로운 적응적 행동을 점진적으로 수행하도록 돕는 단계적 과제부여(graded task assignment), 내담자가 자신의 행동을 자각하고 변화를 계획하도록 하는 활동관찰(monitoring) 및 활동계획 세우기(scheduling), 내담자가 회피하는 상황을 직면하도록 돕는 실제적인 노출(in vivo exposure), 내담자의 불안을 완화하기 위한 이완훈련(relaxation training), 새로운 행동을 시행하도록 돕는 행동시연(behavioral rehearsal) 등이 있다.

체험적 기법은 성격장애의 치료에 효과적인 것으로 알려지고 있다. 체험적 기법은 주로 심상이나 역할연기를 통해서 과거의 사건을 다시 체험하면서 인지적 변화를 유도하는 방법이다. 성격장애는 내담자의 아동기 경험과 밀접하게 관련되어 있는 경우가 많다. 따라서 아동기 경험을 다루는 것은 부적응적인 패턴이 생겨난 근본적인 이유를 이해하는 데 도움이 된다. 치료자는 심상을 활용하여 내담자로 하여금 과거의 외상적 사건을

변증법적 행동치료

변증법적 행동치료(Dialectical Behavior Therapy, 이하 DBT)는 미국의 임상심리학자인 Marsha Linehan이 경계선 성격장애의 치료를 위해서 1993년에 개발한 것으로서 마음챙김이 주요한 구성요소를 이루고 있다. 최근에는 DBT가 진단과 상관없이 강렬한 정서적 고통이나 충동을 경험하는 내담자들에게 효과적인 것으로 알려져 있다. Linehan(1993)에 따르면, 경계선 성격장애 환자는 정서조절에 어려움을 겪게 하는 정서적 취약성(emotional vulnerability)을 지닌다. 이러한 정서적 취약성은 (1) 정서 자극에 매우 예민하고, (2) 정서

Marsha Linehan

자극에 매우 강렬하게 반응하며, (3) 평상시의 정서 상태로 돌아오는 데 시간이 걸리는 특성을 의미한다.

DBT의 치료목표 중 하나는 내담자의 경험에 대한 수용과 변화의 변증법적 갈등을 해결하고 균형을 이루게 하는 것이다. 변화 대 수용의 변증법에 따르면, 치료자는 내담자를 그 순간에 있는 그대로 수용해야 하는 동시에 그들의 목표를 성취하기 위해 일어나야 할 변화들이 무엇인지를 밝혀 준다. DBT 치료자는 회기 내에서의 수용이 변화를 이끌 수 있고, 변화가 다시 수용을 이끌 수 있음을 강조한다.

정서조절을 어렵게 만드는 주된 원인은 내담자가 불쾌감정을 자각하고 싶어 하지 않는다는 점이다. 따라서 마음챙김(mindfulness)을 통해서 내담자가 두려워하고 회피하는 정서에 노출하고 직면하게 함으로써, 자신의 정서에 대해서 거리를 두고 관찰할 수 있는 여유를 갖도록 한다. 즉, 정서적 고통을 알아차리고 이를 있는 그대로 수용하도록 도움으로써 내담자의 정서적 강도를 감소시키고 빠르게 평상시 정서 상태로 되돌아오도록 하여 정서 회피에 대한 욕구를 줄일 수 있다.

DBT는 정서조절장애를 지닌 내담자들에게 다양한 심리적 대처기술을 교육함으로써 격렬한 정서상태에서도 이러한 기술을 활용하는 것이 습관화되도록 지속적으로 훈련시킨다. DBT에서 가장 중요하게 가르치는 기술이 마음챙김 기술이다. 마음챙김 기술은 DBT의 중심이 되는 기술이기 때문에 가장 먼저 가르치는 기술이자 1년 내내 역점을 두고 나머지 모듈을 시작하기 전에 우선적으로 복습하는 기술이기도 하다.

이 밖에도 DBT에서는 대인관계 기술, 정서조절 기술, 고통감내 기술, 의미창출 기술을 가르친다. 대인관계 기술은 내담자가 구체적인 대인관계 문제를 해결하는 방법을 익히는 것으로서 사회적 기술과 자기주장 기술을 습득하면서 궁극적으로 대인관계에서 자신이 원하는 것을 이루도록 하는 것이 목표다. DBT에서의 정서조절 기술은 불쾌한 정서를 제거하는 것이 목표가 아니라 정서적 고통을 줄이면서 강렬한 정서상태의 강도, 지속시간, 빈도를 감소시키기 위한 것이다. 감정을 회피하거나 대항하는 것이 아니라 자신의 감정과 함께 작업하는 것을 배우는 것이다. 고통감내 기술은 인간의 삶에서 필연적인 고통이나 아픔을 수용하고 감내하는 다양한 방법을 의미한다. 고통 감내는 개인의 환경과 현재의 감정을 억지로 바꾸려 하지 않고 있는 그대로 인식하고 경험하며 자신의 생각과 행동방식을 멈추거나 통제하지 않은 채 그대로 관찰하는 것을 의미한다. 고통을 회피하거나 저항하기보다 그것을 감내함으로써 오히려 이차적 정서반응과 회피행동을 감소시킬 수 있다. 의미창출 기술은 자신의 행위와 경험에 대해서 스스로 의미를 부여하고 창조함으로써 생활 속에서 만족감과 충만감을 느끼도록 하는 다양한 방법을 뜻한다.

생생하게 다시 체험하게 하고 그로부터 비롯된 역기능적 신념을 재구성하도록 도울 수 있다. 또는 역할연기나 역할 바꾸기를 통해서 과거에 중요했던 인물과의 핵심적인 상호작용을 재연함으로써 내담자가 강렬한 감정을 재체험하면서 해소하는 것은 핵심도식이나 기본 신념의 변화를 촉발할 수 있다.

여러 가지 특화된 기법을 사용하는 주된 이유는 부적응적인 도식을 수정하고 적응적인 도식을 강화하기 위함이다. 인지도식의 변화는 크게 세 수준에서 이루어질 수 있다. 그 첫째는 도식의 재구성(schematic restructuring)으로서 기존의 도식을 제거하고 새로운 도식을 발달시키는 것이다. 마치 기존의 건물을 허물고 새로운 건물을 짓는 것처럼 인지도식을 전면적으로 재구성하는 경우를 의미한다. 둘째는 도식의 수정(schematic modification)으로서 기존 도식의 부적응성을 완화시키는 것이다. 오래된 낡은 집을 개량하는 것과 같이 부적응적 도식의 경직성과 광범위성을 약화시키는 것이다. 마지막은 도식의 재해석(schematic reinterpretation)으로서 내담자로 하여금 자신의 도식과 생활양식을 좀 더 기능적인 방식으로 이해하고 활용하도록 돕는 것이다. 비유컨대, 기존의 건물을 수리하기보다 그 건물의 장점에 초점을 맞추어 용도를 변경하는 것이다. 예컨대, 타인의 관심과 애정에 집착하는 연극성 성격장애를 지닌 여자 내담자의 경우, 그가 지닌 성격과 신념의 역기능적 측면뿐만 아니라 순기능적 측면을 강점으로 부각시킴으로써 유치원 교사와 같이 아동들과 친밀한 접촉과 애정교환을 통해 만족감을 얻을 수 있는 직업장면에서 활동하도록 도울 수 있다.

치료자는 내담자가 지닌 인지도식의 심각도와 광범위성에 따라 도식의 변화수준을 선택할 수 있다. 인지적 기법이 인지도식의 변화를 이끌어 내는 가장 중요한 수단이지만 행동적·체험적 기법을 적절하게 조합하면 더욱 성공적인 치료효과를 거둘 수 있다. 성격장애를 지닌 내담자를 치료할 때는 더욱 정교하고 지속적인 인지적 작업을 끈기 있게 시행하는 것이 중요하다. Beck 등(2004)은 『성격장애의 인지치료』에서 성격장애의 하위유형별로 인지치료의 적용방법을 상세하게 제시하고 있다.

5. 심리도식치료

심리도식치료(schema therapy)는 Jeffrey Young이 다양한 성격장애를 치료하기 위해 개발한 치료법이다. Young은 Beck과 함께 동료로서 활동한 바 있는 인지치료자였으나 성격장애를 설명하고 치료하는 독자적인 심리도식치료를 제시했다. 심리도식치료는 인지행동치료의 바탕 위에서 애착이론, 대상관계이론, 구성주의 및 정신분석치료, 게슈탈트치료의 요소들을 조합한 통합적인 심리치료라고 할 수 있다.

Young(1990, 1999; Young, Klosko, & Weishaar, 2003)은 성격장애의 근본적 원인이 어린 시절의 경험에 근거하여 형성되는 초기 부적응 도식(Early Maladaptive Schema)에 있다고 보았다. 초기 부적응 도식은 역기능적인 심리적 구조로서 특정한 주제와 관련된 기억, 감정, 인지, 신체감각으로 구성되며, 자기 자신 및 타인과의 대인관계에 대한 평가내용을 포함하고 있다. 그는 성격장애를 유발하는 5개 영역의 18가지 심리도식을 다음과 같이 제시했다: (1) '단절 및 거절' 영역의 심리도식(유기/불안정, 불신/학대, 정서적 결핍, 결함/수치심, 사회적 고립/소외), (2) '손상된 자율성 및 손상된 수행'의 심리도식(의존/무능감, 위험/질병에 대한 취약성, 밀착/미발달된 자기, 실패), (3) '손상된 한계' 영역의 도식(특권의식/과대성, 부족한 자기통제/자기훈육), (4) '타인-

중심성' 영역의 도식(복종, 자기희생, 승인/인정 추구), (5) '과잉경계 및 억압' 영역의 심리도식(부정성/비관주의, 정서적 억압, 엄격한 기준/과잉비판, 처벌). 이러한 심리도식들의 구체적인 내용을 비롯하여 성격장애에 대한 심리도식이론은 제11장에서 상세하게 소개한 바 있으므로 여기에서는 치료의 과정과 기법을 중심으로 살펴볼 것이다.

1) 치료목표

심리도식치료의 궁극적인 목표는 심리도식 치유(schema healing)를 통해서 부적응적 행동을 완화하는 것이다. Young에 따르면, 초기 부적응 도식은 제거될 수 없으면 다만 약화될 수 있을 뿐이다. 심리도식 치유는 부적응 도식과 연결된 기억의 활성화와 확산 속도 그리고 정서적 · 신체적 반응의 강도가 감소되는 것을 의미한다. 달리 말하면, 심리도식이 치유됨에 따라 부적응 도식은 점점 덜 활성화되고, 심리도식이 활성화되더라도 전보다는 덜 압도되는 경험을 하며, 원상태로 회복되는 속도가 더 빨라진다.

심리도식이 부적응적인 것이지만 내담자에게는 자기정체감의 중심을 이루고 있기 때문에 쉽게 포기할 수 없는 것이다. 따라서 내담자는 심리도식을 변화시키려는 시도에 대해서 강력하게 저항하게 된다. 심리도식 치유를 위해서는 내담자가 기꺼이 심리도식에 직면하여 맞서 싸우려는 강렬한 의지가 필요할 뿐만 아니라 반복적인 훈련과 연습에 적극적으로 참여해야 한다. Young에 따르면, 치료는 심리도식과 전쟁을 벌이는 것과 같다. 치료자와 내담자는 부적응 도식을 극복하고 무너뜨리기 위해 동맹을 형성하는 것이 매우 중요하다.

심리도식과 연합된 기억을 완전히 지워버릴 수는 없기 때문에, 대부분의 심리도식은 결코 완전하게 사라지지 않는다. 그러나 심리도식이 치유되면, 심리도식이 활성화되는 빈도가 줄어들고, 이와 관련된 정서의 강도가 약해지며, 그리 오래 지속되지 않는다. 심리도식이 촉발되더라도 건강한 방식으로 반응하게 된다. 그 결과로서 내담자들은 자신을 좀 더 긍정적으로 바라보게 될 뿐만 아니라 좀 더 건강한 방식으로 배우자나 친구를 선택하고 그들과 더욱 안정된 관계를 유지할 수 있게 된다.

2) 치료과정

심리도식치료는 크게 두 단계, 즉 평가 및 교육 단계와 변화 단계로 이루어진다. 첫 단계인 평가 및 교육 단계(Assessment & Education Phase)에서는 내담자가 자신의 심리도식을 알아차리고, 심리도식의 아동기 혹은 청소년기 기원을 이해하며, 현재의 문제를 심리도식과 연결시킬 수 있도록 돕는다. 변화 단계(Change Phase)에서는 다양한 치료전략을 사용하여 심리도식을 치유하고 부적응적 대처방식을 건강한 형태의 대처행동으로 변화시킨다.

(1) 평가 및 교육 단계

심리도식치료에서 평가단계의 주요 목표는 다음의 여섯 가지로 요약할 수 있다: (1) 역기능적 생활패턴을 밝혀낸다; (2) 초기 부적응 도식을 밝혀내고 촉발시킨다; (3) 심리도식의 아동기 및 청소년기 기원을 이해한다; (4) 역기능적 대처방식을 밝혀낸다; (5) 기질을 평가한다; (6) 모든 요소를 종합하여 사례개념화를 한다.

심리도식의 평가는 심리도식 질문지(Schema Questionnaire), 과거의 성장경험에 대한 면담, 일상생활에서의 자기관찰, 현재 문제와 아동기 경험을 정서적으로 연결짓는 심상연습 등과 같은 다각적인 작업을 통해 이루어진다. 치료자는 내담자가 자신의 심리도식을 확인하고 아동기와 청소년기의 경험 속에서 심리도식

의 기원이 무엇인지를 이해할 수 있게 돕는다.

아울러 치료자는 내담자에게 심리도식 모델을 가르친다. 내담자는 자신의 부적응적 대처방식(굴복, 회피,

표 26-3 심리도식치료에서 실시하는 사례개념화의 예

현재 문제

문제 1: 우울증-외로움, 의욕저하, 열등감
- 연관된 도식: 정서적 결핍, 결함, 자기희생

문제 2: 대인관계 문제-부적절한 남자와의 교제, 친밀한 관계 형성 곤란
- 연관된 도식: 정서적 결핍, 불신/학대, 결함, 자기희생

문제 3: 직업상의 문제-과제 완수 곤란, 잦은 이직
- 연관된 도식: 부족한 자기통제/자기훈련, 특권의식/과대성

심리도식 촉발자극

1. 외로움을 느낄 때
2. 남자친구와의 관계가 가까워질 때
3. 지루하거나 반복적인 재미없는 일을 하라는 요구를 받을 때

발달적 기원

1. 어린 시절에 부모 모두 내담자의 정서적 욕구를 충족시켜 주지 않았음.
2. 아버지는 화를 잘 내고 폭발적이었으며, 어머니는 무기력하고 요구적이었음.
   내담자는 아버지로부터 어머니를 보호하는 역할을 할 수밖에 없었음.
3. 어린 시절 내담자에게는 어떤 한계나 규율도 없었음. 자신이 원하는 것은 무엇이든 할 수 있고 가질 수 있었음.

핵심적인 아동기의 기억이나 심상

아버지가 심하게 화를 냈다. 내담자와 어머니는 몹시 두려웠다. 어머니는 내담자에게 도움을 요청했을 뿐, 내담자에게 어떤 보호, 공감, 지지를 해 주지 않았다.

핵심적인 인지적 왜곡

1. 나의 욕구를 들어줄 사람은 아무도 없다. 나는 항상 강한 사람이어야 한다.

2. 정서적 문제가 많은 걸 보면, 나는 무언가 심각한 결함이 있는 사람이다.
3. 대부분의 남자는 예측하기 힘들고 화를 잘 내며 폭력적이다.
4. 지겹거나 재미없는 과제, 활동, 인간관계는 지속하지 않아야 한다.

굴복행동

1. 남들에게 자신을 돌보거나 보호해 달라고 요구를 하지 않음.
2. 어머니를 돌보면서도 그만큼 되돌려 받고 싶다는 요구를 하지 않음.
3. 자신의 취약한 감정을 다른 사람들에게 이야기하지 않음.

회피행동

1. 고통스러운 생각이나 감정에 빠져드는 것을 회피하려고 함.
2. 감정을 회피하기 위해서 자극적이고 새로운 것을 추구함.
3. 남자와의 친밀한 관계를 회피함.

과잉보상행동

1. 자신이 약한 존재라고 느껴질 때, 거칠게 제멋대로 행동하려 함.

관련된 심리도식 양식

1. 외롭고 겁먹은 아동 양식
2. 버릇없는 아동 양식

치료적 관계

내담자는 치료시간에 다소 거칠고 제멋대로 행동하는 편이며, 치료자에게 의지하거나 요구하기를 주저함. 심상연습을 회피하려 하고, 고통스러운 감정이나 사건에 대해서 말하지 않으려 함. 과제가 지겹고 힘들다고 말하면서, 치료시간에 내준 과제를 해오지 않음. 간헐적으로 규칙을 어기고 상대방을 배려하지 않는 행동으로 인해 치료자로 하여금 좌절감을 느끼게 했음. 그러나 내담자는 주저하고 있지만 치료자의 도움을 바라고 있으며, 치료자의 공감과 지지에 감동하는 모습을 보임.

과잉보상)을 자각하게 되고 그러한 대처반응이 어떻게 심리도식을 영속화하고 있는지를 알게 된다. 치료자는 모든 평가자료를 통합하여 내담자와 함께 현재의 문제, 관련된 도식, 심리도식 촉발상황, 발달적 기원, 대처방식, 핵심적인 인지적 왜곡, 주요한 심리도식 양식을 통합적으로 연결하는 심리도식 사례개념화(schema case conceptualization)를 하게 된다. 심리도식치료에서 일반적으로 사용하는 사례개념화의 구조를 예시하면 〈표 26-3〉과 같다.

치료자는 내담자가 지닌 심리도식의 타당성을 다각적으로 검토한다.

(2) 변화 단계

사례개념화가 이루어지면 치료자는 내담자와 함께 치료의 목표와 치료방법에 대해서 논의한다. 치료기법으로 적용하게 될 인지적 · 체험적 · 행동적 기법뿐만 아니라 치료자와 내담자의 관계를 포함하는 심리도식 중심의 치료계획에 대해서 논의하고 합의한다.

심리도식치료의 목표는 내담자로 하여금 부적응적인 심리도식을 자각하고 변화시키도록 돕는 것이다. 심리도식치료자는 인지적 기법, 체험적 기법, 행동패턴 바꾸기 등의 다양한 기법을 사용할 뿐만 아니라 치료자-내담자의 관계를 중요한 치료적 수단으로 활용한다.

3) 치료기법

(1) 인지적 기법

인지적 기법은 내담자의 심리도식을 변화시키기 위해 가장 먼저 적용되는 기법이다. 내담자가 자신의 부적응적 심리도식을 타당한 것으로 생각하는 한, 심리도식은 변화되지 않는다. 심리도식은 절대적인 진실이 아니라 검증되어야 할 가설이다. 치료자는 내담자로 하여금 자신의 삶 속에서 심리도식을 지지하는 증거들과 반박하는 증거들을 찾아내어 제시하도록 하고 그 증거의

타당성을 함께 검토한다.

이러한 과정을 거친 후에 치료자는 게슈탈트치료의 '빈의자 기법'을 응용하여 내담자로 하여금 '심리도식 측면'과 '건강한 측면' 사이에서 대화하는 법을 가르친다. 처음에는 치료자가 건강한 측면을 담당하고 내담자는 심리도식 측면을 담당하지만, 나중에 서로의 역할을 바꾸어서도 연습한다. 이러한 과정을 통해서 내담자가 자연스럽게 자신의 건강한 측면의 역할을 담당하는 방법을 배우게 된다. 아울러 치료자와 내담자는 심리도식에 반하는 건강한 측면의 생각과 신념을 정리한 대처카드(flash card)를 함께 작성한다. 내담자는 이 대처카드를 항상 가지고 다니면서 자주 읽어 보고, 특히 심리도식을 촉발하는 상황과 마주쳤을 때 카드를 읽어 보며 건강한 측면의 관점을 강화한다.

치료자는 인지적 기법을 적용하는 과정에서 공감적 직면 또는 공감적 현실검증의 자세를 취한다. 공감적 직면이란 내담자가 과거에 심리도식과 부적응적 신념을 형성할 수밖에 없는 충분한 이유가 있음을 치료자가 공감해 주는 것이다. 그와 동시에 그러한 심리도식이 현재는 현실을 잘 반영하지 않을 뿐만 아니라 건강하지 못한 것이기 때문에 반드시 변화시켜야만 한다는 사실

을 직면시킨다. 인지적 기법의 목표는 내담자의 '건강한 성인' 양식을 강화하여 내담자가 심리도식을 논박할 수 있는 건강한 목소리를 분명하게 낼 수 있도록 돕는 것이다.

(2) 체험적 기법

체험적 기법의 목표는 심리도식과 관련된 정서를 유발시키는 동시에 이러한 정서를 치유하기 위해서 내담자의 충족되지 못한 아동기 욕구를 충족시켜 주는 것이다. 체험적 기법은 정서적 수준에서 치료자와 내담자가 심리도식을 탐색하고 심리도식에 맞서 싸울 수 있도록 돕는다. 이러한 체험적 기법은 언어적 대화를 통한 인지적 작업을 넘어서 심상을 통한 정서적 체험에 근거하여 심리도식의 기능을 약화시킨다.

심상 대화(imagery dialogue)를 통해서 내담자로 하여금 어린 시절에 자신에게 일어났던 고통스러운 경험들을 떠올리며 그 당시의 분노와 슬픔을 표현하게 한다. 아울러 그들이 어렸을 때 자신에게 꼭 필요했지만 부모에게서 받지 못했던 것들에 대해서 이야기한다. 또한 현재의 삶에서 자신을 괴롭히는 심상들을 아동기 심상과 연결시킨다. 이러한 과정을 통해서 내담자는 심리도식을 직접적으로 직면하면서 그러한 도식에 대항하고 맞서 싸운다. 심상작업과 역할연기(role play)를 통해서 내담자는 현재의 삶에서 중요한 사람들에게 하고 싶은 말을 하는 연습을 한다. 이러한 연습을 통해서 내담자는 자신감을 얻어 심리도식을 영속화하는 악순환을 정서적인 수준에서 약화시킬 수 있게 된다.

심상작업은 심리도식을 약화시키는 강력한 기법이다. 그 이유는 치료장면에서 심리도식을 활성화시켜 내담자가 심리도식들을 직접 느껴 볼 수 있게 해 주기 때문이다. 내담자는 아동기에 뿌리를 둔 심리도식을 머리로만 이해하는 것이 아니라 심리도식과 관련된 어린 시

절의 기억을 떠올려 보고 현재 문제와의 관련성을 체험하면서 심리도식을 직접 가슴으로 느껴 볼 수 있다. 이러한 과정을 통해서 심리도식에 대한 생각이 머리로만 알고 있는 '차가운 인지(cold cognition)'에서 가슴으로 알게 되는 '뜨거운 인지(hot cognition)'로 바뀌게 된다. 즉, 심상작업은 내담자가 인지적 작업을 통해 얻은 지적인 이해를 정서적인 이해로 심화시켜 준다.

(3) 행동패턴 바꾸기

인지적 · 체험적 기법을 통해서 심리도식에 대한 치료적 작업이 어느 정도 성공적으로 진행되면 행동패턴 바꾸기 단계로 넘어간다. 행동패턴 바꾸기(behavioral pattern breaking)는 심리도식으로 인한 내담자의 부적응적 행동패턴을 좀 더 건강한 대처방식으로 바꾸기 위한 다각적인 노력을 뜻한다.

치료자는 내담자로 하여금 부적응적인 대처반응을 보다 새롭고 적응적인 행동패턴으로 변화시키는 행동과제(behavioral homework)를 설계하도록 돕는다. 치료자는 치료시간 동안에 심상작업이나 역할연기를 통해서 내담자가 새로운 행동을 미리 연습하게 하고 이를 통해 내담자가 과제를 효과적으로 수행하도록 돕는다. 치료자는 대처카드와 심상기법을 사용하여 내담자의 행동변화를 가로막는 장애물을 극복할 수 있게 돕는다. 내담자는 과제를 수행하고 나서 치료자와 함께 결과를 논의하고 무엇을 깨닫게 되었는지 검토한다. 이러한 작업을 통해서 내담자는 자신이 배우자 선택이나 삶의 중요한 결정에서 어떻게 자신의 심리도식을 영속화하고 있는지를 깨닫게 될 뿐만 아니라 기존의 자기패배적인 생활패턴을 깨뜨릴 수 있는 보다 건강한 선택을 하게 된다. 내담자는 점차적으로 부적응적 대처방식을 포기하고 적응적인 행동패턴을 익혀 가게 된다.

대부분의 역기능적인 행동은 심리도식에 대한 대처

반응이며, 심리도식 치유를 가로막는 주된 장애물이다. 자신의 삶을 변화시키기 위해서는 내담자 스스로 자신의 부적응적 대처방식을 중단할 의지가 있어야 한다. 행동패턴 바꾸기는 심리도식치료에서 가장 길게 진행되는 가장 중요한 부분이다. 내담자가 심리도식에 대한 통찰을 얻었다 하더라도 행동패턴을 바꾸지 않는다면 심리도식이 재활성화되어 재발할 수 있기 때문이다.

이러한 행동패턴 바꾸기 단계는 심리도식모델의 틀 안에서 일어나게 되며 대처카드, 심상, 대화와 같은 다른 치료기법과 통합되어 이루어진다. 또한 이완훈련, 자기주장훈련, 분노조절훈련, 자기통제훈련을 실시할 뿐만 아니라 두려운 상황에 대한 단계적 노출과 같은 행동적 기법들도 필요에 따라 적절하게 활용할 수 있다.

(4) 치료자–내담자 관계

심리도식치료에서 치료자–내담자 관계는 심리도식의 평가와 변화를 위한 매우 중요한 수단이다. 내담자가 지니고 있는 부적응 도식은 치료자와의 관계에서 나타날 뿐만 아니라 치료자와의 관계를 통해서 변화될 수 있기 때문이다. 이러한 치료자–내담자 관계는 내담자를 교육시키는 데에도 효과적인 수단이 된다. 치료자는 내담자가 자신과의 관계에서 나타내고 있는 행동패턴을 통해서 그의 부적응 도식, 대처방식, 양식을 깨닫도록 교육한다. 심리도식치료자는 내담자와의 관계에 두 가지의 독특한 방식으로 접근한다. 이러한 치료자의 태도는 심리도식치료의 대표적 특징이라고 할 수 있는데, 그것은 공감적 직면과 제한된 재양육이다.

① 공감적 직면

공감적 직면(empathic confrontation)은 치료자가 내담자의 심리도식에 대해서 충분히 이해하고 공감함을 전달하면서 동시에 심리도식을 변화시킬 필요가 있다는 점을 직면시키는 것이다. 공감적 직면은 심리도식 치료자가 내담자의 심리적 성장을 촉진하기 위해서 취하는 기본적인 자세다. 그러나 공감적 직면은 치료기법이 아니라 진정한 관심과 애정을 반영하는 치료자의 자세로서 내담자에 대한 따뜻하지만 확고한 태도를 의미한다.

공감적 직면을 통해서 치료자는 내담자에게 공감하고 심리도식을 직면시킨다. 치료자는 내담자가 심리도식을 가지고 있는 이유와 그것이 얼마나 변화시키기 어려운지 이해하고 있음을 표현하면서, 동시에 변화의 중요성을 인식하여 내담자가 변화할 수 있도록 공감과 직면 사이에 적절한 조화를 이루도록 노력한다. 치료자는 내담자의 심리도식이 치료관계에서 촉발될 때마다 공감적 직면을 사용한다. 내담자로 하여금 자신의 생각과

심리도식치료자는 공감적 직면과
제한된 재양육의 태도로 내담자를 대한다.

느낌을 솔직하고 자유롭게 표현하게 한다. 치료자는 내담자의 관점에서 그의 생각과 감정을 공감해 주고 현실적인 부분들은 인정해 준다. 일단 내담자가 자신의 관점에 대해 이해받았다고 느끼면, 치료자는 현실검증 단계로 넘어간다. 치료자는 논리적이고 경험적인 증거를 사용하여 내담자의 관점에 결함이 있음을 직면시킨다. 이처럼 치료자는 치료관계에서 내담자의 심리도식이 떠오를 때 그러한 심리도식에 공감을 표현하는 동시에 그러한 심리도식과 대처방식이 왜곡된 것이고, 역기능적이라는 점을 직면하도록 돕는다.

② 제한된 재양육

제한된 재양육(limited reparenting)은 어린 시절에 내담자가 원했지만 그들의 부모로부터 얻을 수 없었던 것들을 치료적 관계의 범위 내에서 치료자가 제공해 주는 것을 말한다. 치료자는 이러한 관계적 노력을 통해서 내담자가 심리도식을 극복할 수 있는 심리적 통찰과 지지를 제공할 뿐만 아니라 내담자가 치료자의 태도를 학습하여 '건강한 성인'의 양식을 내면화하도록 돕는다.

제한된 재양육은 단절 및 거절과 관련된 심리도식을 지닌 내담자에게 특히 중요하다. 어린 시절에 학대나 버림을 받고 애정결핍을 경험한 내담자들에게는 제한된 재양육이 필요하다. 다른 영역의 심리도식을 지닌 내담자들 역시 제한된 재양육을 통해서 많은 도움을 얻을 수 있다. 재양육은 치료자가 윤리적이고 직업적인 한계 내에서 내담자가 어린 시절 경험해 보지 못했던 정서적 체험을 제공한다는 점에서 '제한적'이다. 치료자는 실제로 부모의 역할을 대신하는 것도 아니고 내담자를 아동기의 의존상태로 퇴행시키지도 않는다. 제한된 재양육은 내담자의 특별한 심리도식을 치료하기 위해서 고안된 내담자와의 상호작용 방식이다.

제한된 재양육은 체험적 기법, 특히 심상작업을 통해서 이루어진다. 치료자는 내담자로 하여금 아동기 경험의 심상을 떠올리게 하고 부모에게 원했지만 받지 못한 것들을 말하게 한다. 치료자는 그러한 심상장면에 동참하여 내담자의 내부에 존재하는 아이를 공감하고 위로하며 지지하면서 재양육한다. 이렇게 치료자는 건강한 성인의 모델을 보여 줌으로써 내담자 역시 건강한 성인으로 자신의 내부에 존재하는 아이를 스스로 재양육하도록 가르친다.

공감적 직면과 제한된 재양육은 변화단계에서 인지적·체험적·행동적 기법과 함께 혼합되어 사용된다. 이러한 치료자의 태도는 내담자로 하여금 자신을 부적응 상태로 몰아갔던 심리도식을 자각하여 변화시킬 뿐만 아니라 좀 더 적응적인 대처행동을 습득하도록 촉진하게 된다. 심리도식치료자는 경직된 절차나 형식에 얽매이지 않고 다양한 기법을 적절하고 창의적으로 적용할 수 있어야 한다.

요약

1. 성격은 인생의 모든 영역에 영향을 미친다. 성격적 독특성으로 인해서 주변사람들과의 불화와 부적응 상태가 현저할 뿐만 아니라 오랜 기간 동안 만성적으로 나타날 경우를 성격장애라고 한다.

2. 성격장애는 쉽게 변화하지 않기 때문에 주변사람들과의 갈등과 불화를 유발하여 개인 자신뿐만 아니라 주변사람들에게 지속적인 고통과 불행을 초래하게 된다. 성격장애를 완화하고 치료하는 일은 매우 중요한 심리학의 과제다. 성격장애를 치료하는 약물은 존재하지 않는다. 성격장애를 치료하는 유일한 방법은 장기적 심리치료다.

3. 성격장애는 심리치료자에게 가장 도전적인 치료대상이다. 심리치료를 통해서 성격을 변화시키는 일은 결코 쉽지 않을 뿐만 아니라 오랜 기간의 치료적 노력이 필요하다. 성격장애의 심리치료가 어려운 이유는 성격장애자들이 자신의 성격을 변화시키려는 적극적인 동기가 부족하고, 치료자와의 건강한 관계형성이 어려우며, 심리치료에 대한 강한 저항을 나타내고, 오랜 시간과 많은 치료비를 투자해야 하기 때문이다. 여러 실증적 연구에 의하면, 심리치료는 성격장애를 호전시키는 것으로 나타났다.

4. 정신분석치료는 Sigmund Freud에 의해서 창시된 심리치료로서 궁극적으로 심리적 증상을 유발한 성격구조를 변화시키는 데에 초점을 맞추고 있다. 내담자가 호소하는 다양한 증상들은 근본적으로 성격의 구조적 갈등에 의해 파생된 것이기 때문이다. 대부분의 성격장애는 어린 시절의 좌절경험에 뿌리를 둔 무의식적 갈등에 의한 것이다. 정신분석치료자는 자유연상, 꿈의 해석, 전이분석, 저항분석, 훈습 등을 통해 내담자로 하여금 무의식적 갈등을 자각하여 해결함으로써 성격장애를 완화시킬 수 있다. 정신분석치료의 한 유형인 대상관계 치료는 고전적 정신분석에 의해서 잘 치료되지 않았던 경계선 성격장애를 이해하고 치료하는 데 크게 기여했다.

5. 인지치료는 Aaron Beck에 의해 창안된 치료방법으로서 다양한 정신장애뿐만 아니라 성격장애의 치료에도 적용되고 있다. 인지치료의 기본적 원리는 정신병리를 유발하는 왜곡된 인지를 수정하여 재구성하는 것이다. 성격장애의 핵심은 독특한 신념과 사고방식, 그리고 정서적 · 행동적 반응방략들로 구성된다. 인지치료자는 개별적인 사례를 명료하게 개념화하고 긍정적인 치료관계의 형성에 주력하면서 내담자의 기본적 신념과 인지도식의 변화에 초점을 맞춘 인지적 · 행동적 · 체험적 기법을 적용한다.

6. 심리도식치료는 Jeffrey Young이 다양한 성격장애를 치료하기 위해 개발한 통합적인 심리치료다. 성격장애의 근본적 원인은 어린 시절의 경험에 근거하여 형성되는 초기 부적응 도식에 있다. 성격장애를 유발하는 심리도식은 5개 영역의 18가지로 구분된다. 심리도식치료의 목표는 내담자로 하여금 부적응적인 심리도식을 자각하고 변화시키도록 돕는 것이다. 심리도식치료자는 인지적 기법, 체험적 기법, 행동패턴 바꾸기 등의 다양한 기법을 사용할 뿐만 아니라 공감적 직면과 제한된 재양육을 통하여 치료자-내담자의 관계를 중요한 치료적 수단으로 활용한다.

7. 경계선 성격장애는 매우 다양하고 심각한 부적응 문제를 유발할 뿐만 아니라 고전적인 정신분석치료로 잘 치료되지 않는 것으로 알려져서 많은 심리치료자의 주목을 받았다. 경계선 성격장애의 치료에는 전이초점적 심리치료를 비롯하여 역동적 해체 심리치료, 정신화 기반 치료, 변증법적 행동치료, 심리도식치료가 효과적인 것으로 보고되고 있다.

제27장
긍정적 성품의 함양과 인성교육

1. 심리학의 사명: 인간의 행복과 성장 증진

인간의 삶을 고통과 불행으로 몰아가는 정신장애를 치유하는 일은 심리학의 매우 중요한 사명이다. 그러나 그것 못지않게 더욱 중요한 일은 인간의 행복과 성숙을 증진하는 것이다. 행복은 모든 사람이 추구하는 인생의 궁극적인 목표이기 때문이다. 또한 다양한 삶의 과제를 원만하게 해결하며 행복한 삶을 지속적으로 영위하기 위해서는 인격적 성숙이 필수적이다. 동서고금을 막론하고 모든 사회에서는 인격적 덕성을 두루 잘 갖춘 사람을 이상적인 인간으로 여겼다. 덕성(德性, virtue)은 인생의 다양한 과제와 복잡한 이해관계를 원만하게 해결하도록 도울 뿐만 아니라 개인의 자기실현과 사회공헌을 지원하는 긍정적 성품, 즉 성격적 강점을 의미한다(Emmons & Crumpler, 1999). 긍정심리학자들은 인간의 긍정적 성품과 성격적 강점에 깊은 관

심을 보이고 있다. 긍정적 성품을 함양하여 삶의 현장에서 발휘하는 것이 행복과 성숙에 이르는 관건이기 때문이다.

1) 심리학의 잊혀진 사명

심리학은 19세기 후반에 철학으로부터 독립하여 인간의 정신세계를 과학적으로 탐구하는 새로운 학문으로 탄생되었다. 제2차 세계대전 이전의 초기 심리학은 인간의 의식과 행동에 대한 과학적 연구를 통해서 구현하고자 하는 세 가지의 실천적 사명을 지니고 있었다(Seligman, 2000). 그 첫째는 정신장애를 치료하는 일이었고, 둘째는 탁월한 재능과 천재성을 발견하여 육성하는 일이었으며, 셋째는 모든 사람이 좀 더 행복한 삶을 살도록 돕는 일이었다.

그러나 세계를 혼란의 소용돌이로 몰아넣은 제2차 세계대전을 겪으면서, 심리학은 마지막 두 가지 사명

을 망각하게 되었다. 미국의 경우, 전쟁에서 돌아온 수많은 퇴역군인이 참전 후유증으로 다양한 심리적 장애를 나타내게 되었다. 이들을 돕기 위한 퇴역군인 지원법이 1946년에 제정되었고, 그 결과 많은 심리학자가 심리적 장애를 치료하는 일에 종사하게 되었다. 1947년에는 국립정신보건원(National Institute of Mental Health: NIMH)이 창립되었다. 국립정신보건원은 질병모델에 근거하여 정신장애의 연구와 치료에 집중적인 투자를 하였다. 많은 학자 역시 연구비를 받기 위해서 정신장애에 관한 연구에 학술적 관심을 집중하게 되었다. 그 결과, 심리학의 첫 번째 사명과 관련된 많은 성과가 있었던 것은 사실이다. 다양한 정신장애의 원인에 대한 이해가 증대되었으며, 1950년대 초까지 적절한 치료방법이 없었던 주요한 정신장애를 효과적으로 치료할 수 있는 방법들이 개발되었다. 이렇게 정신장애의 연구와 치료에 관심을 집중하는 과정에서 심리학은 초기의 두 가지 사명을 망각한 채 길을 잃게 되었다.

인간이 지니는 다양한 재능과 천재성의 발견 및 육성이라는 두 번째 사명은 심리학의 초기에 지능 발달과 창의성에 대한 연구를 통해 부분적으로 이행되었다. 그러나 극소수의 연구를 통해서 재능과 천재성을 어떻게 육성할 것인지에 대한 관심이 이어져 왔을 뿐, 두 번째 사명은 오랫동안 심리학자들의 주된 관심사에서 벗어나 있었다.

인간의 행복 증진이라는 세 번째 사명 역시 정신장애에 대한 편향적 관심 속에서 망각되었다. 대다수 심리학자들은 부정 정서와 정신장애에 대한 연구에 집중했다. 심리치료자들은 정신장애 환자의 부적응 증상을 제거하는 일에 주된 관심을 쏟았을 뿐 이들의 행복과 성장 증진에는 깊은 관심을 갖지 못했다. 즉, 심리학은 평범한 모든 사람이 좀 더 행복하고 만족스러운 삶을

영위하도록 돕는 사명을 망각했다.

그 결과 심리학은 인간의 어두운 측면만을 다루는 학문분야로 전락하게 되었다. 심리학자들은 정신장애, 심리적 결함, 부적응 행동, 이상 심리와 같이 인간의 부정적 측면에만 관심을 지니는 사람들로 여겨지게 되었다. Myers와 Diener(1995)에 따르면, 1990년대까지 이루어진 심리학 연구 중에서 인간의 부정적 측면을 연구한 논문이 긍정적 측면을 다룬 논문보다 17배나 많았다. 물론 이러한 학술적 노력은 소중한 것이며, 그동안 눈부신 성과를 거둔 것도 사실이다. 그러나 심리학은 인간의 긍정적 측면을 탐구하고 육성하는 두 가지 중요한 사명을 망각한 채 반쪽짜리 심리학으로 전락하게 되었다. 뿐만 아니라 심리학이 담당해야 할 영역을 인간의 부정적 측면에 대한 연구와 치료로 축소시키고 제한하는 결과를 초래하게 되었다.

2) 긍정심리학의 태동

1996년에 저명한 임상심리학자인 Martin Seligman이 미국심리학회 차기회장으로 선출되었다. 그는 심리학계에 새로운 변화가 필요하다고 생각했다. 정신건강의 질병모델에 대해 회의적인 태도를 지니고 있던 그는 심리학계에 활기와 생동감을 불어넣을 수 있는 새로운 관점이 필요하다고 믿었다. 심리학자들은 치료보다 예방에 주력해야 한다고 생각했다. 그러나 당시에는 질병모델에 근거한 예방방법이 주류를 이루었다. 즉, 정신장애를 예방하기 위해서는 장애를 유발하는 부정적인 요인을 사전에 차단하는 것이 중요하다는 관점이 지배적이었다. 하지만 Seligman은 질병모델이 예방에 효과적이지 않을 뿐만 아니라 젊은 심리학자들의 관심과 흥미를 끌기에는 너무 진부한 것이라고 생각했다.

1998년에 미국심리학회장으로 취임한 Seligman은

그동안 심리학자들이 망각하고 있던 사명을 상기시키면서 심리학의 새로운 방향과 입장을 제시했다. "심리학은 인간의 약점과 장애에 대한 학문만이 아니라 인간의 강점과 덕성에 대한 학문이기도 해야 한다. 진정한 치료는 손상된 것을 고치는 것만이 아니라 우리 안에 있는 최선의 역량을 이끌어 내는 것이어야 한다"라고 제안하면서, 이러한 심리학의 새로운 방향을 긍정심리학(Positive Psychology)이라고 명명했다. 긍정심리학은 인간의 강점과 재능을 함양하고 행복을 증진시키는 심리학의 중요한 사명을 재확인하고 구현하려는 노력이라는 것이다. Seligman의 제안을 계기로 인간의 행복과 강점에 대한 연구가 급격하게 증가했다.

 긍정심리학의 창시자: Martin Seligman

　Martin E. P. Seligman은 1942년 8월 12일 뉴욕의 알바니(Albany)에서 태어났다. 프린스턴 대학교에서 철학을 전공하였으며 1967년에 펜실베이니아 대학교에서 임상심리학 박사학위를 받았다. 그는 1975년에 우울증을 설명하는 학습된 무기력 이론(learned helplessness theory)을 발표하여 세계적인 명성을 얻게 되었으며, 이후에는 절망감 이론(hopelessness theory)을 제시한 바 있다. 본래 우울증 연구자였던 Seligman은 1991년에 『학습된 낙관주의(Learned Optimism)』라는 저서를 발표하면서 인간의 긍정적 측면과 행복에 대해 깊은 관심을 갖게 되었으며, 1998년 미국심리학회장에 취임하면서 긍정심리학을 창시하였다.

　그가 1996년 미국심리학회장에 출마를 했을 때, 대학교 연구실에서 평생을 보낸 학자가 15만 명의 심리학자를 이끌어야 하는 힘들고 어려운 일을 왜 하려고 하는지 묻는 사람들이 많았다고 한다. 이러한 물음과 관련하여 그는 다음과 같이 회상하고 있다. "이상하게 들리겠지만, 나는 내가 어떤 사명을 지니고 있다고 믿었다. 하지만 그 당시에는 그 사명이 무엇인지 몰랐다. 그러나 미국심리학회를 이끌어야 하는 위치에 서게 되면서 나의 사명을 발견하게 되었는데, 그것은 긍정심리학을 개척하는 것이었다."

　Seligman은 2002년에 『진정한 행복(Authentic Happiness)』을 발간하여 긍정심리학의 토대를 제시했으며 이 밖에도 『낙관적인 아동(The Optimistic Child)』 『변화시킬 수 있는 것과 없는 것(What You Can Change and What You Can't)』과 같은 베스트셀러의 저자이기도 하다. Haggbloom 등(2002)에 따르면, 그는 심리학 개론서에서 13번째로 많이 인용되는 저명한 심리학자다. Seligman은 현재 펜실베이니아 대학교의 임상심리학 교수로 재직하고 있다. 부인인 Mandy Seligman과의 사이에 일곱 명의 자녀를 두고 있으며, 자녀를 모두 정규학교에 보내지 않고 홈스쿨링을 통해서 양육하고 있다. 그에 따르면, 자녀를 양육하는 체험을 통해서 심리학은 질병, 약점, 결함의 탐구일 뿐만 아니라 행복, 강점, 미덕에 대한 학문이기도 해야 한다는 확신을 얻게 되었다고 한다.

이러한 연유로 긍정심리학은 1998년에 Martin Seligman에 의해 창시된 것으로 여겨지게 되었다. 그러나 긍정심리학이 태동하는 데에는 몰입의 연구자인 Mihaly Csikszentmihalyi, 주관적 안녕 연구의 선구자인 Ed Diener, 성격적 강점과 미덕의 연구자인 Christopher Peterson과 같은 많은 심리학자가 기여했다.

긍정심리학은 인간의 긍정적인 심리적 측면을 과학적으로 연구하고 인간의 행복과 성장을 지원하는 학문이다. 달리 말하면, 긍정심리학은 인간의 긍정적이고, 적응적이며, 창조적이고, 자기실현적인 모습을 이해하고 증진하기 위해서 심리학 이론, 연구방법 그리고 개입방법을 사용한다. Sheldon 등(2000)은 긍정심리학을 "인간이 나타낼 수 있는 최선의 기능 상태에 대한 과학적 연구"라고 정의한 바 있다. 즉, 긍정심리학은 개인, 집단 그리고 사회가 성장하고 번창하도록 만드는 요인들을 발견하고 촉진하는 것을 목표로 한다. 긍정심리학을 소개한 *American Psychologist* 특집호에서, Sheldon과 King(2001)은 긍정심리학을 좀 더 자세하게 소개하고 있다.

긍정심리학이란 무엇인가? 그것은 보통 사람들이 지니는 강점과 덕성에 대한 과학적인 연구다. 긍정심리학은 '평범한 사람들'에게 있어서 그들이 잘 기능하고, 올바르게 행동하며, 그들의 삶을 향상시키도록 만드는 것이 무엇인지를 찾아내려는 것이다. "타고난 적응능력과 학습한 기술들을 성공적으로 활용하면서 효율적으로 잘 살아가는 사람의 특징은 무엇인가? 여러 가지 역경에도 불구하고 목적의식을 가지고 의연하게 살아가는 많은 사람의 삶을 어떻게 심리학적으로 설명할 것인가?" 하는 물음을 탐구한다. … 이런 점에서 긍정심리학은 심리학자들로 하여금 인간이 지니는 잠재력, 동기 그리고 능력을 좀 더 열린 마음으로 높이 평가하는 관점을 취하도록 촉구하는 노력이다(p. 216).

'긍정'심리학이라는 용어로 인해서 다른 심리학자들이 하고 있는 일을 자칫 '부정'심리학으로 간주하게 만들 수 있는 위험성이 있다. 그러나 그렇게 간주하는 것은 이분법적인 잘못이다. 대다수 심리학자가 인간의 긍정적 측면과 부정적 측면을 연결하는 연속선상에서 다양한 활동을 하고 있으며, 부정적 측면의 이해와 극복 역시 중요하고 소중한 일이다. 다만 긍정심리학은 부정적 측면의 제거보다는 긍정적 측면의 향상에 더 많은 관심을 지닌다. 예컨대, 인간의 적응상태를 수치로 표현한다면, 긍정심리학은 −9의 상태를 0의 상태로 변화시키는 일보다 +1의 상태를 +9의 상태로 변화시키는 일에 더 많은 관심을 지닌다. 그동안 심리학이 부정적 측면의 제거에 많은 관심을 기울여 온 데 비해서 긍정적 측면의 향상에는 상대적으로 소홀했기 때문에 이러한 측면에 대해서 좀 더 많은 관심을 기울이려는 노력이 필요한 것이다.

2. 긍정적 성품: 행복한 삶의 바탕

인간의 긍정적 성품은 긍정심리학의 중심적인 연구주제다. 그 이유는 긍정적 성품이 개인의 행복과 사회의 번영을 실현하는 바탕이기 때문이다. "행복이 삶의 목표라면, 덕성은 행복의 바탕이다"라는 Thomas Jefferson의 말처럼, 긍정적 성품을 계발하여 일상생활에 활용하는 것은 행복한 삶을 구현하는 핵심적 조건이라고 할 수 있다. 또한 사회의 발전과 번영은 구성원들이 지닌 역량과 긍정적 성품의 발휘를 통해서 이루어질 수 있는 것이다. 긍정심리학자들은 이러한 성격적 강점과 덕성을 잘 계발하여 발휘하는 것이 행복과 정신건강의 관건이라고 주장한다.

1) 주관적 안녕으로서의 행복

긍정심리학자들은 행복을 주관적 안녕(subjective well-being)이라는 개념으로 정의하고 연구한다. 주관적 안녕은 안락주의적 행복관에 근거하고 있다. 안락주의(hedonism)는 Epicurus를 비롯한 그리스 철학자의 사상에 근거한 것으로서 인간은 근본적으로 심리적 안락과 평화를 추구하는 존재라고 가정한다.

긍정심리학자들은 주관적 안녕을 자신의 삶에 만족하며 높은 긍정 정서와 낮은 부정 정서의 심리적 상태로 정의한다(Diener, 1984, 1994). 주관적 안녕은 정서적 요소와 인지적 요소로 구성되어 있는 것으로 여겨지고 있다. 주관적 안녕의 정서적 요소는 긍정적 정서와 부정적 정서를 말한다.

긍정심리학자들은 주관적 안녕에 영향을 미치는 다양한 요인에 대한 실증적 연구를 시행했다. 주관적 안녕에 영향을 미치는 성별, 나이, 교육수준, 경제적 수입, 결혼, 종교, 건강 등을 포함한 인구사회학적 요인들은 모두 합쳐서 주관적 안녕의 20% 정도를 설명할 뿐이다. 개인의 주관적 안녕 수준은 이러한 인구사회학적·환경적 요인보다 성격적 요인과 더 밀접한 관련성을 지닌 것으로 밝혀졌다. 주관적 안녕에 영향을 미치는 성격적 요인으로는 낙관성, 자존감, 외향성, 낮은 신경과민성, 낙천성, 통제에 대한 긍정적 환상이 중요한 것으로 알려지고 있다. 일반적으로 외향적이고, 낙관적이며, 자기존중감이 높은 사람이 행복감을 많이 느낀다.

이러한 결과를 종합하면, 주관적 안녕은 환경적 요인보다 성격적 요인에 의해서 더 큰 영향을 받는다. 성격은 환경적 여건에 대한 지각뿐만 아니라 환경과의 상호작용에 영향을 미치는 심리적 요인이기 때문이다. 개인의 삶에 주어진 객관적 조건(경제적 여건, 계층, 교육수준 등)을 어떻게 인식하고, 평가하며, 상호작용하는 방식, 즉 성격이 주관적 안녕에 더 강력한 영향을 미친다. 객관적 조건은 다른 사람과의 상대적 비교, 개인의 높은 기대수준, 둔감화의 적응현상 등에 의해서 일반적으로 생각하는 것보다 주관적 안녕에 미치는 영향이 미미하다.

환경적 조건은 개인의 관점에 따라서 평가가 다를

행복한 사람들은 자신의 삶에 만족하며 긍정 정서를 자주 느낀다.

뿐만 아니라 시간과 상황에 따라 변할 수 있는 불안정적인 것이기 때문에 주관적 안녕의 안정된 기반이 되기 어렵다. 성격은 환경과 상호작용하는 안정된 심리적 구조이기 때문에 시간과 상황의 변화에 상관없이 주관적 안녕의 안정된 기반의 역할을 할 수 있다. 아무리 좋은 재료가 주어지더라도 쓰레기로 변화시키는 공장도 있고 아무리 형편없는 재료라도 명품으로 가공하는 공장이 있듯이, 아무리 좋은 환경적 여건에 있더라도 더 높은 기대와 탐욕 그리고 대인관계의 갈등으로 불행한 삶을 살아가는 사람이 있는 반면, 아무리 열악한 여건에 있더라도 긍정적 관점과 희망, 그리고 친밀한 인간관계 속에서 행복한 삶을 살아가는 사람도 있다. 시간과 상황의 변화에 상관없이 주관적으로 안락하고 만족스러운 삶을 지속적으로 누리는 지속가능한 행복(sustainable happiness)에는 환경적 요인보다 성격적 요인이 훨씬 더 강력한 영향을 미친다는 것이 긍정심리학자들의 결론이다.

2) 심리적 안녕으로서의 행복

주관적 안녕은 개인이 자신의 삶에 만족하는 정도와 긍정적인 정서 상태를 보여줄 뿐 그 사람이 어떻게 삶을 영위하고 있는지에 대한 구체적인 내용을 제시해 주지는 않는다. 주관적 안녕은 어떤 방식으로 삶을 영위하는지에 상관없이 주관적으로 즐겁고 만족스러운 것이 최선이라는 안락주의적 관점에 근거하고 있기 때문이다. Carol Ryff는 주관적 안녕의 개념을 비판하면서 그 대안으로 심리적 안녕을 제시하고 있다.

Carol Ryff는 고대 그리스 시대로부터 현대에 이르기까지 인간의 행복과 성숙에 깊은 관심을 지녔던 여러 학자(예: Maslow, Rogers, Jung, Allport, Erikson 등)의 주장을 통합하여 심리적 안녕(psychological well-being)이라는 개념을 제시했다. 예컨대, Abraham Maslow의 자기실현(self-actualization)이나 Carl Jung의 개성화(individuation)와 같은 바람직한 삶의 방식을 분석하고

표 27-1 심리적 안녕의 6가지 구성요소

(1) **환경의 통제**(environmental mastery): 주변 환경에서 발생하는 문제를 잘 처리하는 능력과 이에 대한 통제감을 지닌다. 자신의 환경적 조건을 효과적으로 잘 활용한다. 자신의 가치나 욕구에 적합한 환경을 선택하고 창출해 낸다.

(2) **타인과의 긍정적 인간관계**(positive relations with others): 타인과 따뜻하고 신뢰로운 관계를 형성한다. 타인의 행복에 관심을 지닌다. 공감적이고 애정 어린 친밀한 관계를 형성하는 능력을 지닌다. 인간관계의 상호교환적 속성을 잘 이해한다.

(3) **자율성**(autonomy): 독립적이며 독자적인 결정능력이 있다. 자신을 특정한 방향으로 생각하고 행동하도록 요구하는 사회적 압력에 저항하는 능력을 지니고 있다. 내면적 기준에 의해 행동을 결정한다. 외부적 기준보다 자신의 개인적 기준에 의해 자신을 평가한다.

(4) **개인적 성장**(personal growth): 자신이 지속적으로 성장하고 있다는 느낌을 갖는다. 자신이 발전하고 확장되고 있으며, 자신의 잠재력이 실현되고 있다는 느낌을 지닌다. 새로운 경험에 개방적이다. 자신의 발전과 성장을 위해 노력한다.

(5) **인생의 목적**(purpose in life): 인생의 목적과 방향감을 지니고 있다. 현재와 과거의 삶에 의미가 있다고 느낀다. 인생에 의미를 부여하는 신념체계를 지니고 있다. 삶에 대한 일관성 있는 목적과 목표를 가지고 있다.

(6) **자기수용**(self-acceptance): 자기 자신에 대해서 긍정적 태도를 지닌다. 긍정적 특성과 부정적 특성을 모두 포함한 자신의 다양한 특성을 인정하고 수용한다. 과거의 삶에 대해서 긍정적으로 느낀다.

출처: Ryff(1989).

공통점을 추출하고자 했다. Carol Ryff와 동료들(1989, 1995; Ryff & Keyes, 1995; Ryff & Singer, 1996, 1998)은 심리적 안녕의 구성요소로서 (1) 환경의 통제, (2) 타인과의 긍정적 인간관계, (3) 자율성, (4) 개인적 성장, (5) 인생의 목적, (6) 자기수용을 제시했다. 각 구성요소의 구체적 특징은 〈표 27-1〉과 같다.

　Ryff는 각 구성요소들을 측정할 수 있는 심리적 안녕 척도(Psychological Well-being Inventory; Ryff & Singer, 1996)를 개발하여 많은 실증적 연구를 시행함으로써 경험적인 토대를 마련했다. 심리적 안녕은 심리적 건강뿐만 아니라 육체적 건강과도 밀접한 연관성을 지니는 것으로 밝혀지고 있다(Ryff & Singer, 2001; Singer & Ryff, 2001). 또한 심리적 안녕은 주관적 안녕보다 육체적 건강과 더 밀접한 관계를 보였다(Ryff, Singer, & Love, 2004).

　심리적 안녕 모델은 심리치료에도 활용되고 있다. Fava(1999; Fava & Ruini, 2003)는 Ryff가 제안한 심리적 안녕의 6개 요소에 근거하여 웰빙치료(well-being therapy: WBT)를 개발했다. 웰빙치료는 인지행동치료의 기법을 사용하여 심리적 안녕의 6개 측면을 향상시킨다. 이러한 웰빙치료는 우울장애와 불안장애를 비롯한 다양한 정신장애의 치료에 적용되고 있으며, 특히 재발방지에 효과적인 것으로 보고되고 있다.

3) 정신건강으로서의 행복

　진정한 정신건강은 부적응 증상의 부재상태를 넘어서 행복하고 자기실현적인 삶을 사는 것이라고 할 수 있다(Ralph & Corrigan, 2005). 소극적 의미의 건강은 질병이나 장애가 없는 상태를 뜻하지만, 적극적 의미의 건강은 개인이 행복하고 자신의 능력과 환경을 활용하여 최선의 번성한 삶을 사는 것이다. 세계보건기구

(World Health Organization, 1948)에 따르면, "건강(health)이란 육체적, 정신적 그리고 사회적으로 온전한 웰빙 상태이며, 단순히 질병이나 허약함이 없는 상태가 아니다"(p. 100). 최근에는 건강의 개념이 영적인 안녕, 직업적 만족, 환경적 안전 등을 포함할 뿐만 아니라 이처럼 다양한 구성요소들의 균형과 통합을 아우르는 개념으로 확장되고 있다(Adams, Bezner, & Steinhart, 1997; Owen, 1999).

　'육체적으로 건강하다'는 것이 질병이 없는 상태일 뿐만 아니라 최선의 신체적 기능 상태를 유지하면서 질병에 대한 저항력을 잘 갖춘 상태를 의미하듯이, '정신적으로 건강하다'는 것은 정신장애가 없음을 넘어서 주관적 안녕과 더불어 최선의 심리적 기능을 발휘하는 상태를 의미한다. 최근에 세계보건기구(World Health Organization, 2005)는 정신건강(mental health)을 "개인이 자신의 잠재능력을 발휘하고, 삶의 일상적 스트레스에 대처할 수 있으며, 생산적이고 효과적으로 일을 할 수 있고, 공동체에 기여할 수 있는 웰빙 상태"라고 정의한 바 있다.

　긍정심리학은 질병모델에 근거한 소극적인 정신건강을 넘어서 적극적인 정신건강을 지향할 수 있는 이론적 근거를 제시하고 있다. 정신건강은 결함과 손상의 부재상태가 아니라 개인의 강점과 능력이 최대한 발현되는 상태로 이해되어야 한다. 즉, 긍정적 정신건강(positive mental health)이라는 좀 더 적극적인 개념으로 이해되어야 한다. 긍정적 정신건강은 성장과 행복 증진을 통해서 촉진될 수 있다. 따라서 긍정심리학은 정신건강에 대해서 심리적 웰빙을 지향하는 성장모델을 질병모델의 대안으로 제시하고 있다.

　정신건강의 성장모델(growth model)은 긍정적 정신건강을 지향하며 정신장애의 예방에 초점을 맞추는 '성장-지향적 예방모델'이라고 할 수 있다. 성장모델

은 여러 가지 점에서 질병모델과는 다르다. 첫째, 성장모델은 개인의 행복과 자기실현을 지향함으로써 긍정적 정신건강을 추구한다. 부적응적 장애나 증상의 제거라는 소극적인 목표를 추구하기보다 행복과 자기실현이라는 적극적인 목표를 추구한다.

둘째, 성장모델은 인간의 긍정적 성품과 강점에 초점을 맞춘다. 질병모델처럼 인간의 결함과 장애에 초점을 맞추기보다 긍정적 성품과 강점에 초점을 맞춘다. 개인이 지닌 대표 강점과 재능을 발견하고 육성하여 인

간관계와 직업활동을 비롯한 다양한 삶의 영역에서 발휘하도록 지원한다.

셋째, 성장모델은 정신장애의 예방에 초점을 맞춘다. 즉, 성장모델은 정신장애를 지닌 일부 사람들에게 적용되는 것이 아니라 모든 사람에게 적용되어 행복을 지원함으로써 정신장애의 예방 효과를 거두고자 한다. 대표강점을 잘 발휘함으로써 긍정 정서를 경험하며, 최고의 기능상태에서 의미 있는 활동에 적극적으로 임하게 될 때, 행복과 긍정적 정신건강을 이루게 된다. 이러

 정신장애의 예방

정신장애 예방의 주된 초점은 개인의 약점과 결함을 교정하는 것이 아니라 그들의 강점과 능력을 함양하는 데에 모아져야 한다. 긍정심리학자들은 인간의 강점이 정신장애의 발병을 억제한다는 것을 밝혀내었다(Keyes & Lopez, 2002). 일례로, Seligman은 학습된 낙관주의(learned optimism)를 함양하여 우울증의 발병률을 감소시킬 수 있음을 입증했다. 그와 동료들(Seligman et al., 1995)은 아동과 성인들에게 학습된 낙관주의의 교육프로그램을 실시했다. 이 프로그램은 결함을 교정하는 것이 아니라 낙관주의라는 새로운 삶의 기술을 습득시키는 것이다. 예를 들면, 생활 속에서 일어나는 사건들의 의미를 긍정적인 방향으로 귀인하도록 변화시켰다. 이러한 교육을 받은 아동과 성인 집단은 모두 비교집단에 비해서 우울증의 발병률이 50% 정도 감소했다. 즉, 개인의 강점을 개발하고 육성함으로써 우울증의 발병을 억제할 수 있었다. 21세기에는 정신장애의 예방을 위해서 인간의 강점을 연구하고 함양하는 데에 많은 노력이 집중되어야 한다(Bornstein, Davidson, Keyes, & Moore, 2003).

정신장애의 치료 역시 증상제거를 넘어서 재발방지에 초점이 모아져야 한다. Thunedborg, Black 및 Beck(1995)은 흥미로운 연구결과를 발표했다. 이들은 우울증 치료를 받고 나서 재발한 사람들과 그렇지 않은 사람들의 차이점을 밝히고자 했다. 그 결과, 우울증이 재발한 사람들은 치료를 받은 후에 우울증상은 사라졌지만 일상생활 속에서 행복감을 느끼지 못하는 사람들이었다. 중립적인 기분상태에서 살아가다가 새로운 좌절이나 실패를 경험하면 다시 우울증상을 나타냈다. 반면에, 재발하지 않은 사람들은 즐겁고 행복한 삶을 살고 있었으며, 설혹 좌절과 실패를 경험하더라도 이를 잘 극복할 수 있었다. 즉, 우울증의 재발을 방지하는 것은 증상 제거가 아니라 행복한 삶을 살도록 도움으로써 우울증에 대한 면역력을 길러 주는 것이었다. 이러한 연구결과는 다음과 같은 점을 극명하게 보여 주고 있다: 정신장애에 대한 온전한 치료는 증상 제거를 넘어서 적응 능력과 행복한 삶의 기술을 길러 주는 것이어야 한다. 긍정적 성품을 함양하고 발휘하는 것은 개인의 행복을 증진할 뿐만 아니라 긍정적인 정신건강을 향상시키는 핵심적 요건이라고 할 수 있다.

한 긍정적 상태는 정신장애의 취약성을 억제할 뿐만 아니라 스트레스에 대한 저항력을 강화함으로써 정신장애의 발생을 억제하게 된다.

　마지막으로, 성장모델은 생물·심리·사회적 모델이다. 긍정적 정신건강을 위해서는 신체적 건강이 뒷받침되어야 한다. 신체적 질병이나 장애가 없음은 물론이고 활기차게 최고의 기능을 발휘할 수 있는 육체적 건강을 함양하고 유지할 수 있어야 한다. 또한 개인이 속한 사회적 환경도 매우 중요하다. 가족, 학교, 기업체, 지역사회는 구성원의 행복 증진을 위해서 노력하는 긍정 조직으로 변화해야 한다. 구성원의 긍정적 성품과 강점을 충분히 발휘할 수 있는 사회환경적 지원이 이루어져야 한다. 이처럼 성장모델은 긍정적 정신건강에 영향을 미치는 생물학적, 심리학적 그리고 사회환경적 요인들을 종합적으로 고려한다.

3. 긍정적 성품: 덕목과 성격강점

1) 긍정적 성품에 대한 관심

　Seligman(2002)이 주장했듯이, 심리학은 인간의 약점과 장애에 대한 학문만이 아니라 인간의 강점과 덕성에 대한 학문이기도 해야 한다. 진정한 치료는 손상된 것을 고치는 것이 아니라 우리 안에 있는 최선의 가능성을 이끌어 내는 것이어야 한다. 긍정심리학의 긍정특질론은 자기실현적 행복관에 근거하고 있다. 자기실현적 행복관은 Aristotle이 제시한 '유대모니아(Eudaimonia)'라는 개념에서 기원하는 것으로서 인간이 궁극적으로 추구해야 할 행복한 삶은 개인이 지닌 긍정적 성품과 잠재능력을 충분히 발현함으로써 자신의 인격적 성숙과 더불어 사회적 번영에 기여하는 도덕적인 삶이라는

입장이다. 이러한 자기실현적 삶을 추구하는 과정의 부산물로서 얻게 되는 것이 주관적 안녕이라는 것이다. 이러한 입장을 지닌 연구자들의 주요한 관심사가 바로 긍정적 성품이며, 긍정심리학의 세 기둥 중 하나인 긍정 특질론이다. 자기실현적 입장의 긍정심리학자들은 긍정적 성품과 덕성을 함양하고 발휘함으로써 타자와의 관계 속에서 가치 있는 삶을 구현하는 것이 바로 행복한 삶이라고 본다. 따라서 이들은 긍정적 성품과 덕성의 심리적 구성요소와 발달과정 그리고 그 함양 및 활용 방법에 깊은 관심을 지닌다.

　긍정심리학이 철학자나 종교인에 의해서 제시된 행복 담론과 구별되는 점은 과학적인 연구방법을 적용하여 인간의 행복과 긍정적 성품을 체계적으로 탐구한다는 점이다. 긍정심리학자들은 기존의 심리학에서 사용하고 있는 다양한 연구방법론을 사용하여 연구한다. 인간의 행동과 특성을 객관적으로 측정하기 위해서 면접법, 행동관찰법, 질문지법, 과제수행법 등과 같은 다양한 심리측정법을 사용한다. 아울러 행복이나 긍정적 성품과 관련된 요인들을 탐구하기 위해서 상관연구와 실험연구를 수행할 뿐만 아니라 양적 또는 질적 연구방법론을 적용한다. 또한 행복과 긍정적 성품을 향상시키는 구체적인 개입방법을 개발하고 그 효과를 검증하는 노력을 기울인다.

　긍정심리학의 창시자인 Seligman(2002b)은 진정한 행복(authentic happiness)이란 사람마다 자신의 긍정적 성품을 발견하고 함양하여 일, 사랑, 놀이, 자녀양육과 같은 중요한 삶의 영역에 활용함으로써 만족감과 행복감을 경험하는 것이라고 제시하고 있다. 긍정적 성품을 꾸준히 계발하여 활용하게 되면, 시간이 흐름에 따라 더욱 발전하여 개인의 대표적인 강점과 탁월한 재능이 될 수 있다. 만족(gratification)은 대표 강점과 재능을 발휘하면서 느끼는 정서적 반응이라고 할 수 있다. 좋은

삶(good life)이란 자신의 특징적 강점을 활용하면서 삶의 여러 중요한 영역에서 만족을 얻는 삶이며, 의미 있는 삶(meaningful life)은 자신보다 더 크고 중요한 어떤 것을 위해서 특징적 강점을 사용하여 공헌하는 삶이다. 충만한 삶(full life)은 과거, 현재, 미래에 대해서 긍정 정서를 느끼고 최대한의 만족감을 누리는 삶이다. 즉, 충만한 삶은 자신의 긍정적 성품을 계발하고 그러한 성품을 활용함으로써 성취할 수 있다는 것이다.

긍정적 성품은 개인의 행복뿐만 아니라 사회의 번영을 위한 중요한 조건이기도 하다. 사회의 발전과 번영은 구성원의 역량을 효과적으로 결집함으로써 가능하다. 긍정적 성품은 개인의 역량이 최대한 발현하도록 촉진하는 동시에 구성원들의 화합과 공동체 의식을 지원하는 성격적 강점이다. 인류의 역사는 개인적 향락과 이기적인 물질적 풍요만을 추구했던 사회가 쇠락했던 수많은 사례를 보여 주고 있다. 법률과 제도적 장치만으로 인간사회의 갈등과 불의를 제어할 수는 없다. 구성원 개개인이 자신의 행복과 더불어 사회의 번영을 소중히 여기는 자발적인 노력 없이는 사회와 국가가 건강하게 번영할 수 없다. 사회적 발전과 번영의 중요한 조건은 구성원 개개인의 재능과 긍정적 성품이 역동적으로 충분히 발휘되도록 촉진하는 것이다.

2) 성격장애의 치유와 성격강점의 함양

긍정적 성품은 지속가능한 행복의 기반일 뿐만 아니라 개인과 사회 그리고 자연이 함께 소통하며 상생(相生)할 수 있는 심리적 바탕이다. 세상과 환경은 끊임없이 변화하고 있으며, 특히 현대사회는 매우 빠른 속도로 변화하고 있다. 이렇게 급변하는 환경 속에서 살아가는 인간의 삶은 불안정하다. 어제의 경제적 성장세가 오늘은 하향세로 돌아서고, 어제의 동료가 오늘은 적으

로 변한다. 이처럼 환경적 변화에 따라 일희일비하며 희로애락이 요동치는 삶은 불안정하고 불행하다. 중요한 것은 지속가능한 행복이다. 지속가능한 행복(sustainable happiness)이란 변화하는 상황적 요인에 따라 일희일비하는 일시적 행복이 아니라 상황의 변화를 유연하게 수용하고, 그러한 변화에 지혜롭게 반응하며, 개인의 안정된 정체감과 안락감을 지속적으로 유지하는 삶의 방식을 말한다. 이러한 지속가능한 행복을 위한 심리적 기반이 바로 긍정적 성품이다.

성격이 중요한 이유는 성격이 한 인간의 본질이자 그 사람이 영위하는 인생의 골격이기 때문이다. 성격은 상황의 변화에 따라 수시로 변화하는 개인의 모습이 아니라 그러한 변화에도 불구하고 지속적으로 일관성 있게 유지되고 있는 개인의 실체를 뜻한다. 성격은 인생의 매 순간마다 직면하게 되는 삶의 상황을 지각하여 해석하고, 그러한 상황에 어떻게 반응할 것인지를 선택하고 실행하는 심리적 구조이기 때문에 개인의 인생은 그의 성격에 의해 강력한 영향을 받을 수밖에 없다.

긍정적 성품이란 자신과 타인의 행복과 발전에 기여하는 개인의 성격특성으로서 개인적 노력과 사회적 지원으로 인해 상대적으로 변화와 함양이 용이한 심리적 특성을 의미한다. 심리학자들은 성격과 성품을 구분하여 사용하고 있다. 성격(personality)은 유전적 요인의 영향이 클 뿐만 아니라 환경적 요인에 의해서 쉽게 변화되지 않는 안정성이 높은 심리적 특질을 의미하는 반면, 성품(character)은 유전적 요인보다 후천적 요인의 영향을 상대적으로 더 많이 받는 심리적 특성으로서 사회화 과정을 통해서 육성하거나 함양하기가 상대적으로 용이한 성격적 특성을 뜻한다. 현재 우리 사회에서 커다란 사회적 관심을 받고 있는 인성교육은 성격(personality)을 변화시키기 위한 교육이 아니라 'character education', 즉 긍정적 성품을 함양하는 교

표 27-2	적응성의 측면에서 분류된 인간의 다양한 성격특성

부적응적 성격특성	기본적 성격특성	긍정적 성격특성
성격장애	성격특질	성격강점
A군 성격장애	성격의 5요인	지혜 및 지식 관련 강점
편집성 – 의심과 불신	신경과민성	창의성, 호기심, 개방성
분열성 – 고립과 무관심	외향성	학구열, 지혜
분열형 – 기이한 사고성향	개방성	인간애 관련 강점
	우호성	사랑, 친절성, 사회지능
B군 성격장애	성실성	용기 관련 강점
반사회성 – 충동적 공격성		용감성, 진실성, 끈기, 활력
연극성 – 과도한 관심추구	기질 및 성격이론	절제 관련 강점
자기애성 – 자기중심성	〈기질〉	용서, 겸손, 신중성, 자기조절
경계선 – 정서적 불안정성	새로움 추구	정의 관련 강점
	위험 회피	공정성, 리더십, 시민정신
C군 성격장애	보상 민감성	초월 관련 강점
	끈기	
강박성 – 완벽주의	〈성격〉	감사, 낙관성
의존성 – 낮은 자기주도성	자기주도성	유머감각, 심미안, 영성
회피성 – 거부 민감성	협동성	
	자기초월성	

육적 활동을 뜻한다.

지난 세기 동안 심리학자들은 자신과 타인의 삶을 고통스럽고 불행하게 만드는 부정적인 성격특성, 즉 성격장애에 깊은 관심을 보였다. 그동안 심리학자들은 성격장애를 정교하게 분류할 수 있는 분류체계를 마련하고, 성격장애 하위유형의 원인과 치료방법을 찾아내는 데 많은 노력을 기울여 왔다. 그러나 인간의 긍정적 성품에 대해서는 깊은 관심을 쏟지 못했다. 최근에야 긍정심리학이 태동되면서 긍정적 성품에 대한 관심이 증가하고 있다.

그동안 심리학 분야에서 연구된 주요한 성격적 특성들을 적응성의 측면에서 제시하면 〈표 27-2〉와 같다. 성격의 5요인과 기질은 인간의 성격을 구성하는 기본적 골격이라고 할 수 있다. 성격적 특성이 다양한 유형의 부적응적 양상으로 나타나는 경우가 성격장애인 반면, 성격강점은 개인의 행복과 자기실현을 지원하는 적응적인 성격특성이다. 성격장애를 치유하는 것과 더불어 성격강점을 함양하는 것은 심리학의 중요한 사명이라고 할 수 있다.

3) 인간의 긍정적 성품과 성격강점

Peterson과 Seligman(2004)은 인간이 나타내는 다양한 긍정적 성품에 대한 분류체계를 마련하고자 했다. 이들은 대부분의 문화에서 미덕이나 강점으로 여기는 다양한 성격특질을 추출하고, 그중에서 개념적 명료성과 학문적 접근성의 조건을 갖춘 덕목과 성격강점을 선 발했다. 그 결과가 바로 6개 덕목의 24개 성격강점으로 구성된 VIA 분류체계(Values-in-Action Classification of Character Strengths and Virtues)다. VIA 분류체계는 인 간의 긍정적 성품을 지혜, 인간애, 용기, 절제, 정의, 초월의 6개 덕목(virtues)으로 구분하고 있으며, 각 덕 목은 3~5개의 성격강점(character strengths)으로 세분 되었다. VIA분류체계에서 제시하고 있는 6개의 덕목과

24개의 성격강점은 이 책의 4부에서 상세하게 소개된 바 있다. VIA분류체계의 골격을 이루는 6개의 덕목과 24개의 성격강점은 〈표 27-3〉과 같다(권석만, 2008a, 2011).

인간의 긍정적 성품과 성격강점은 21세기에 심리학 적 관심이 모아져야 할 매우 중요한 연구주제다. 성격 장애의 치료가 어렵듯이, 성격강점을 함양하는 일도 결 코 쉬운 일이 아니다. 긍정적 성품을 함양하기 위해서

표 27-3	VIA 분류체계에서 제시하고 있는 덕목과 성격강점
◆ **지혜 및 지식 관련 강점** 지식을 습득하고 활용하는 것과 관련된 인지적인 강점으로서 지적인 성취와 지혜로운 판단을 돕는다.	
1. 창의성	새롭고 참신하며, 생산적인 방식으로 생각하고 만들어 내는 독창적 능력
2. 호기심	다양한 현상에 대해서 흥미를 느끼고 매혹되어 좀 더 자세하게 탐색하고 추구하는 개방적인 태도
3. 개방성	어떤 주제나 현상을 다양한 측면에서 냉철하게 생각하고, 객관적으로 검토하는 능력
4. 학구열	새로운 지식이나 기술을 배우고 숙달하려는 강렬한 동기와 학구적 태도
5. 지혜	어떤 문제 상황을 전체적인 관점에서 파악하고 최선의 해결책을 찾아내어 다른 사람에게 현명한 조언을 제공하는 능력
◆ **인간애 관련 강점** 다른 사람을 보살피고 친밀해지는 것과 관련된 강점으로서 따듯한 대인관계를 형성하고 심화하는 데 기여한다.	
6. 사랑	다른 사람과의 친밀한 관계를 소중하게 여기고, 실천하며, 깊이 있는 애정을 주고받는 능력
7. 친절성	다른 사람에게 도움을 베풀고, 친절한 행동을 하려는 선한 동기와 실천 능력
8. 사회지능	다른 사람의 동기와 감정을 예민하게 잘 포착하여 적절하게 행동하며, 다양한 대인관계 상황에 효과적으로 대응하는 사회적 능력
◆ **용기 관련 강점** 고난과 역경에 직면하더라도 자신의 목표와 가치를 추구하는 강렬한 의지와 관련된 성격적 특성으로서 과제 완수와 목표 성취에 기여한다.	
9. 용감성	위험, 도전, 난관에 위축되지 않고 자신의 신념에 따라 용기 있게 행동하는 능력
10. 진실성	자신을 거짓 없이 드러내고 솔직하게 행동하며 자신의 감정과 행동에 책임을 지는 태도
11. 끈기	근면하게 노력하여 시작한 일을 완성하며, 난관에 봉착하더라도 계획된 행동을 인내심 있게 지속하는 능력
12. 활력	어떤 일이든 활기차고 열정적으로 추진하는 의욕적인 적극적 태도

◆ 절제 관련 강점	
지나침으로부터 우리를 보호하는 중용적 강점으로서 절제를 통해 극단에 빠지지 않도록 돕는다.	
13. 용서	잘못을 행한 사람을 용서하고 다시 기회를 주며, 앙심을 품지 않는 너그럽고 관대한 태도
14. 겸손	자신이 이룬 성취에 대해서 불필요하게 과장된 허세를 부리지 않고, 다른 사람의 주목을 구하지 않는 겸허한 태도
15. 신중성	조심스럽게 행동함으로써 불필요한 위험이나 후회할 일을 초래하지 않는 능력
16. 자기조절	다양한 충동, 욕구, 감정, 행동을 적절하게 조절하고 통제하는 능력
◆ 정의 관련 강점	
효과적인 집단적 활동에 기여하는 사회적 강점으로서 개인과 집단 간의 건강한 상호작용을 돕는다.	
17. 공정성	편향된 개인적 감정의 개입 없이 모든 사람을 동등하게 대하며, 공평한 기회를 부여하는 태도
18. 리더십	집단 활동을 조직하고, 효과적으로 지휘하며, 관리하는 능력
19. 시민의식	사회나 조직 속에서 자신에게 주어진 임무와 역할을 인식하고 책임감 있게 행동하는 능력과 자세
◆ 초월 관련 강점	
인생과 세상을 대하는 초월적인 태도와 관련된 것으로서 우리의 삶을 긍정적이고 낙관적으로 바라보게 함으로써 삶에 대한 의미와 희망을 갖도록 돕는다.	
20. 감사	자신의 삶에 대해서 긍정적인 면을 잘 알아차리고 감사함과 축복감을 느끼고 표현하는 능력과 태도
21. 낙관성	미래를 긍정적으로 바라보고, 희망 속에서 최선을 예상하며, 그것을 성취하기 위해 노력하는 태도
22. 유머감각	인생의 역설적인 측면을 예리하게 포착하여 유쾌한 즐거움으로 전환시키는 능력으로서 웃고 장난치는 것을 좋아하며 타인에게 웃음을 선사하는 태도
23. 심미안	세상의 다양한 영역으로부터 아름다움과 탁월함을 섬세하게 인식하고 체감하는 능력
24. 영성	인생의 궁극적 의미와 목적을 추구하며, 일관된 종교적 신념을 가지고 살아가는 태도

는 각 성품에 대한 명확한 심리학적 이해와 측정도구의 개발이 필요하다. 이러한 이론적 바탕과 연구방법의 기반 위에서 성격강점의 심리적 특성, 구성요소, 촉진 및 억제요인, 함양방법 및 그 효과 등에 대한 체계적인 연구가 필요하다. VIA분류체계에서 제시하고 있는 24개의 성격강점에 대한 심리학적 연구와 주요한 성과는 『성격강점과 덕목의 분류(*Character Strengths and Virtues*)』(Peterson & Seligman, 2004)와 『인간의 긍정적 성품: 긍정심리학의 관점』(권석만, 2011)에 좀 더 상세하게 소개되고 있다.

4. 한국에서의 인성교육

긍정적 성품과 성격강점을 함양하는 노력은 인성교육과 연결될 수 있다. 아동기와 청소년기는 다양한 성격특성이 발달하고 형성되는 매우 중요한 시기다. 아동과 청소년들에게 긍정적 성품과 성격강점의 발달을 촉진할 수 있는 교육적 환경을 제공하는 것은 부모뿐만 아니라 사회가 관심을 기울여야 할 매우 중요한 과제라고 할 수 있다.

한국의 아동과 청소년들은 행복하지 않다. 2014년에 조사된 한국 아동과 청소년의 주관적 행복도는 경제협력개발기구(OECD) 회원국 중에서 최하위다. 2009년에 조사를 시작한 이래로 한국의 아동과 청소년의 주관적 행복지수는 6년 연속 최하위를 벗어나지 못했다. 한국의 청소년들은 과중한 학업부담과 심리적 스트레스에 시달리고 있을 뿐만 아니라 잦은 비행행동으로 인해 사회적 관심의 대상이 되고 있다. 청소년들이 나타내는 동료학생에 대한 집단 괴롭힘과 왕따 시키기, 거짓말·폭행·가출을 비롯한 다양한 비행행동, 비속어와 욕설의 남발, 다른 사람을 배려하지 않는 자기중심적 행동은 심각한 사회적 문제로 대두되고 있다. 이러한 청소년 문제가 사회적인 관심과 주목을 받게 되면서 인성교육의 중요성이 부각되었다.

 「인성교육진흥법」의 핵심 내용

제1조(목적) 이 법은 「대한민국헌법」에 따른 인간으로서의 존엄과 가치를 보장하고 「교육기본법」에 따른 교육이념을 바탕으로 건전하고 올바른 인성(人性)을 갖춘 국민을 육성하여 국가사회의 발전에 이바지함을 목적으로 한다.

제2조(정의) 이 법에서 사용하는 용어의 뜻은 다음과 같다. ① "인성교육"이란 자신의 내면을 바르고 건전하게 가꾸고 타인·공동체·자연과 더불어 살아가는 데 필요한 인간다운 성품과 역량을 기르는 것을 목적으로 하는 교육을 말한다. ② "핵심 가치·덕목"이란 인성교육의 목표가 되는 것으로 예(禮), 효(孝), 정직, 책임, 존중, 배려, 소통, 협동 등의 마음가짐이나 사람됨과 관련되는 핵심적인 가치 또는 덕목을 말한다. ③ "핵심 역량"이란 핵심 가치·덕목을 적극적이고 능동적으로 실천 또는 실행하는 데 필요한 지식과 공감·소통하는 의사소통능력이나 갈등해결능력 등이 통합된 능력을 말한다. ④ "학교"란 「유아교육법」 제2조 제2호에 따른 유치원 및 「초·중등교육법」 제2조에 따른 학교를 말한다.

제3조(다른 법률과의 관계) 인성교육에 관하여 다른 법률에 특별한 규정이 있는 경우를 제외하고는 이 법에서 정하는 바에 따른다.

제4조(국가 등의 책무) ① 국가와 지방자치단체는 인성을 갖춘 국민을 육성하기 위하여 인성교육에 관한 장기적이고 체계적인 정책을 수립하여 시행하여야 한다. ② 국가와 지방자치단체는 학생의 발달 단계 및 단위학교의 상황과 여건에 적합한 인성교육 진흥에 필요한 시책을 마련하여야 한다. ③ 국가와 지방자치단체는 학교를 중심으로 인성교육 활동을 전개하고, 인성 친화적인 교육환경을 조성할 수 있도록 가정과 지역사회의 유기적인 연계망을 구축하도록 노력하여야 한다. ④ 국가와 지방자치단체는 학교 인성교육의 진흥을 위하여 범국민적 참여의 필요성을 홍보하도록 노력하여야 한다. ⑤ 국민은 국가 및 지방자치단체가 추진하는 인성교육에 관한 정책에 적극적으로 협력하여야 한다.

제5조(인성교육의 기본방향) ① 인성교육은 가정 및 학교와 사회에서 모두 장려되어야 한다. ② 인성교육은 인간의 전인적 발달을 고려하면서 장기적 차원에서 계획되고 실시되어야 한다. ③ 인성교육은 학교와 가정, 지역사회의 참여와 연대 하에 다양한 사회적 기반을 활용하여 전국적으로 실시되어야 한다.

최근에 인성교육을 법으로 의무화하는 「인성교육진흥법」이 제정되었다. 이처럼 법을 통해 인성교육을 의무화한 것은 세계 최초의 일이다. 「인성교육진흥법」은 2014년 말에 일부 국회의원의 발의로 국회에서 통과되었고, 2015년 1월에 정식으로 제정되었으며, 2015년 7월부터 시행되고 있다. 이 법으로 인해서 교육기관은 아동과 청소년에 대한 인성교육을 시행해야 하는 법적인 의무를 갖게 되었다.

1) 인성교육이란 무엇인가

인성교육(人性敎育)은 윤리교육학 분야의 중심적 주제로서 다양하게 정의되어 왔다. 최근에 정창우(2014)는 인성을 '개인적 차원'과 '타인·공동체·자연과의 관계 차원'에서 발현되는 인간다운 성품과 역량이라고 규정하면서 인성교육을 이러한 인간다운 성품과 역량을 지니고 살아갈 수 있도록 도와주고 가르치는 일이라

고 정의했다. 그에 따르면, 인성(character)은 성품, 품성, 기질, 개성, 성격, 사람됨, 전인성, 인격, 도덕성 등의 다양한 의미로 사용되어 왔지만 우리 인간이 지향하고 성취해야 하는 인간다운 면모, 성질, 자질, 성품이라는 의미를 내포한다. 이러한 인성의 요소에는 인류의 보편적 가치와 덕목이 포함되지만 공동체의 전통과 상황적 특수성에 기초한 덕목이 강조될 수도 있다. 이러한 덕목의 실행을 위해서는 공감능력, 소통능력, 갈등해결능력, 문제해결능력, 대인관계능력, 자기관리능력 등의 핵심역량(key competency)이 중요하다. 인성교육이란 개인적 차원에서 '자신의 내면을 바르고 건전하게 가꾸고' 관계적 차원에서 '타인·공동체·자연과 더불어 살아가는 데 필요한 인간다운 성품과 역량을 길러 주는 일'이라고 정의될 수 있다.

인성교육을 위해 적극적인 노력을 기울여야 하는 대상 또는 책임 있는 주체들에는 학교, 가정, 공동체, 대중매체 등이 포함된다. [그림 27-1]에서 제시된 바와

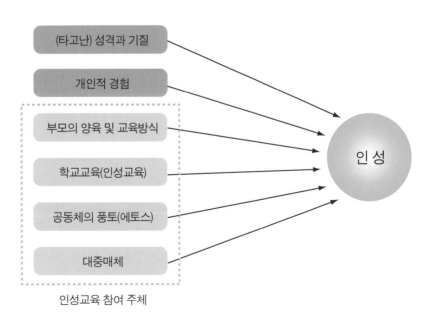

인성교육 참여 주체

[그림 27-1] 인성형성에 영향을 미치는 요인 및 인성교육의 참여주체(정창우, 2014, p. 13)

같이, 학교, 가정 및 공동체의 풍토, 대중매체의 역할 등이 모두 아동과 청소년의 인성 형성에 중대한 영향을 미치는 후천적인 요인이기 때문이다. 따라서 학교, 가정, 공동체는 아동과 청소년들이 존중, 책임, 배려, 공정성, 공감 및 소통능력, 갈등해결능력 등을 함양하도록 인성 함양을 위한 자양분을 공급해야 한다. 이를 위해서 교사, 학부모, 행정가, 공동체 지도자 등은 아동과 청소년에게 좋은 인성의 모델이 되어야 할 뿐만 아니라 이러한 핵심 덕목들을 지원하고 강화하는 것이 중요하다.

2) 인성교육을 위한 핵심덕목과 인성역량

과연 인성교육에서 무엇을 어떻게 가르칠 것인가? 이 시대의 청소년들에게 어떤 긍정적 성품, 즉 덕목(virtue)을 함양할 것인가? 「인성교육진흥법」에 따르면, 인성교육은 자신의 삶과 타자와의 관계에 필요한 인간다운 성품과 역량을 기르는 것이다. 인성교육에서 지향하는 인간다운 성품, 즉 핵심덕목으로는 예(禮), 효(孝), 정직, 책임, 존중, 배려, 소통, 협동이 제시되고 있다. 핵심역량(key competency)은 이러한 핵심덕목을 적극적이고, 능동적으로 실천하고 실행하는 데 필요한 지식뿐만 아니라 타인과 공감하고, 교류하는 의사소통능력과 갈등해결능력 등을 포함한 능력이라고 제시했다.

"어떤 덕목이 인간으로서 바람직한 성품인가?" 하는 물음에 대해서는 매우 다양한 관점이 존재한다. 덕(德, virtue)에 대한 탐구는 Aristotle의 덕 윤리학에서 시작되어 그 전통이 꾸준히 계승되며 발전되어 왔다. 역사주의적 관점을 중시하는 MacIntyre(1984)는 덕을 특정한 역사적 맥락과 사회적 실천 속에서 요구되는 바람직한 인성이라고 규정했으며, Hursthouse(1996)는 인간의 행복을 위해 필요로 하는 인성 특질(character traits)

이라고 제시한 바 있다. 서양의 문화적 전통에서는 정의, 용기, 절제, 지혜, 진실성, 재치, 친애 등과 같은 덕목이 강조되었다.

동양의 유교적 전통에서는 인(仁)·의(義)·예(禮)·지(智)·신(信)의 다섯 가지 덕목, 즉 오상(五常)을 중시했다. 근래에 한국국민윤리학회(1993)는 한국사회가 당면하고 있는 도덕적 혼란을 극복하기 위해 한국민족정신의 요체를 발굴하여 제시한 바 있다. 이러한 한국민족정신의 요체로는 철학적 성격이 강한 경천사상, 조화정신, 생명존중사상과 더불어 정치·경제학적 특성이 짙은 평화애호정신, 선비정신, 장인정신 그리고 사회·문화인류학적인 성격을 지닌 공동체의식, 경로효친사상, 풍류정신이 포함되었다. 이 밖에도 동서양의 다양한 문화권에서 무수하게 많은 덕목이 제시되고 있다.

인성교육을 위해서는 교육의 초점을 명료하게 하기 위해서 핵심덕목을 선정하는 것이 필요하다(정창우, 2014). 인성교육에서 길러야 할 핵심덕목은 이론적 근거(동서양의 덕 윤리학, 인성교육론, 도덕심리학, 긍정심리학)와 더불어 경험적 근거(인성교육을 위해 주요 덕목을 설정한 국내외 사례)를 지니고 있어야 할 뿐만 아니라 교육적 기대효과를 고려하여 선정되어야 한다. 또한 인성교육이 성공하기 위해서는 인성교육의 주된 책임자들(교사, 학교 관리자, 학생, 학부모, 공동체 구성원 등)이 인성교육의 목표와 주된 덕목을 동의하고 지지하는 것이 필요하다. 한국교육과정평가원(2011)에 따르면, 우리나라의 학생, 학부모, 교사 모두 인성교육에 대한 관심도가 높다. 1,600여 명의 학생, 학부모, 교사를 대상으로 설문조사를 실시한 결과, 78.2%가 인성교육에 대해 높은 수준의 관심을 나타냈다. 인성교육을 통해 길러야 할 주요 덕목으로는 '정직'(33.8%)이 가장 높은 응답률을 보였으며, 그다음으로 '배려'(32.0%), '예절'(25.7%), '성실'(21.8%), '바른 생활습관'(11.7%)의 순으로 나타났다.

「인성교육진흥법」 제정을 위한 기초적 연구를 수행한 정창우(2014)는 이론적 · 경험적 근거에 따라 귀납적인 방식으로 우리나라의 인성교육에서 중시해야 할 12개의 핵심덕목, 즉 지혜, 용기, 성실, 절제, 효도, 예절, 존중, 배려, 책임, 협동, 준법, 정의를 제시했다. 이러한 덕목 중에서 지혜, 용기, 성실, 절제는 개인적 차원의 덕목으로 분류된 반면, 효도, 예절, 존중, 배려, 책임, 협동, 준법, 정의는 관계적 차원의 덕목으로 분류되었다. [그림 27-2]에 제시되어 있듯이, 이러한 핵심덕목들은 다양한 삶의 상황에서 윤리적 판단이나 의사결정을 안내하는 역할을 할 뿐만 아니라 학생들이 함양해야 할 덕성을 떠받치는 기둥 역할을 할 것으로 기대되었다. 「인성교육진흥법」의 구체적인 내용이 최종적으로 조정되는 과정에서 핵심덕목으로 예(禮), 효(孝), 정직, 책임, 존중, 배려, 소통, 협동 등이 선정되었다.

핵심역량은 다양한 능력 중에서 바람직한 인성과 정합성을 가지면서도 인성 함양을 위한 기본적이고 필수적인 능력을 의미한다. 이러한 핵심역량은 도덕적인 문제해결과 행동적 실천을 위해 필요한 지식, 기능, 판단, 탐구, 성찰, 태도 등을 포함한 총체적인 특성을 지닌다. 정창우(2014)는 인성교육을 위한 핵심역량을 개인적 차원과 관계적 차원으로 구분하여 제시했다. 개인적 차원의 핵심역량으로는 윤리적 문제해결능력, 긍정적 태도, 자기관리능력, 자기성찰능력이 제시되었으며, 관계적 차원의 핵심역량으로는 의사소통능력, 대인관계

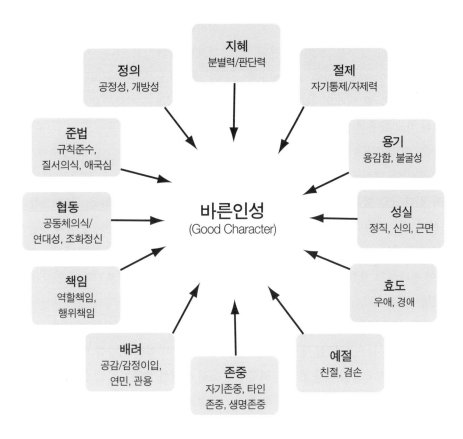

[그림 27-2] **인성교육을 위한 핵심덕목** (정창우, 2014, p. 33)

능력, 시민참여능력, 다문화시민성, 자연친화능력이 포함되었다.

3) 인성교육의 실천과 효과

과연 인성교육을 어떻게 할 것인가? 「인성교육진흥법」에서 제시한 핵심덕목과 핵심역량을 누가 어떻게 학생들에게 육성하고 함양할 것인가? 인성교육이 실효성을 거두기 위해서는 각 핵심덕목과 핵심역량을 함양하기 위한 다양한 교육프로그램이 개발되어야 한다. 또한 이러한 인성교육 프로그램을 효과적으로 운영할 수 있도록 교사에 대한 교육이 필요하다. 뿐만 아니라 인성교육 프로그램의 효과를 체계적으로 검증하고 분석함으로써 좀 더 효과적인 프로그램을 개발하는 노력이 지속적으로 이루어져야 할 것이다.

정창우(2014)는 인성교육이 성공적으로 잘 실천되기 위한 기본원칙을 다음과 같이 제시했다: (1) 인성교육을 통해 길러야 할 핵심덕목 및 인성역량을 선정해야 한다; (2) '잘 조직된 학교 교육과정'을 통해 인성교육을 실천해야 한다; (3) 교과교육을 통해 인성교육이 이루어져야 한다; (4) 학교와 교실을 정의롭고 배려적인 공동체로 만들어야 한다; (5) 학교장의 인성교육 리더십이 발휘되어야 한다; (6) 모든 교사가 인성교육에 대한 책임을 공유하고, 학생들의 인성 변화에 긍정적인 영향을 줄 수 있어야 한다; (7) 가정과 공동체의 성원들을 인성교육의 충실한 협조자로 만들어야 한다; (8) 학교는 학생들의 자기 동기를 유발하는 데 힘써야 한다; (9) 인성 함양을 위하여 학생들은 도덕적 행동을 위한 기회를 필요로 한다; (10) 인성교육의 적용 효과를 과학적·객관적으로 분석하고 그 결과를 환류하여 설계 과정에 재투입해야 한다. 이러한 기본 원칙들은 학교에서 인성교육 실행 계획을 설계하거나 인성교육 실행의 효과를 검증 혹은 평가하기 위한 준거로 활용될 수 있다.

5. 긍정적 성품의 함양방법

한국사회뿐만 아니라 모든 사회는 구성원의 행복과 사회의 발전을 위해서 긍정적인 성품을 육성하고 함양하는 노력이 필요하다. 성격심리학의 이론과 연구결과는 긍정적 성품을 이해하고 함양하는 기반이 될 수 있다. 유전과 환경이 성격형성에 미치는 영향에 대한 연구결과는 긍정적 성품의 함양방법에 대한 여러 가지 시사점을 제공한다. 유전적 요인은 선천적으로 타고나는 것이기 때문에 개인의 노력이나 후천적 경험을 통해서 변화시킬 수 없는 것이다. 그러나 다행히도 대부분의 성격특성은 상당 부분 환경적 요인에 의해서 결정되는 것으로 밝혀지고 있다. 이러한 사실은 긍정적 성품 역시 개인의 노력과 후천적인 경험에 의해서 육성되고 함양될 수 있음을 시사하고 있다.

1) 가정에서의 인성교육

긍정적 성품의 함양을 위한 가장 기본적인 방법은 가정교육이다. 대부분의 긍정적 성품은 어린 시절 부모의 양육방식에 의해서 촉진되거나 억제된다. 영아기로부터 청소년기에 이르기까지 인간은 가정 내에서 부모와의 상호작용을 통해서 성격형성에 가장 많은 영향을 받는다. 부모가 중시하는 가치와 신념을 내면화하고 부모의 행동방식을 모방할 뿐만 아니라 부모의 강화에 의해서 특정한 행동방식을 습득하게 된다. 부모는 아동의 긍정적 성품을 육성하는 가장 일차적인 교육자라고 할 수 있다.

미국의 경우에는 건강한 성품을 지닌 자녀를 양육하

가정은 자녀의 긍정적 성품을 육성하는 가장 중요한 교육의 장이다.

기 위한 부모교육 프로그램이 개발되어 대대적으로 실시되고 있다. 그 대표적인 프로그램은 효과적인 양육을 위한 체계적 훈련(Systematic Training in Effective Parenting: STEP)과 효과적인 부모역할 훈련(Parental Effectiveness Training: PET)이다.

STEP는 1975년에 Dinkmeyer와 McKay에 의해 개발된 구조화된 부모교육 프로그램이다. 이 프로그램은 자녀를 책임감 있는 사람으로 양육하고 좀 더 적절한 부모의 역할을 수행하기 위해서 필요한 지식과 기술을 부모에게 가르치는 것을 목표로 하고 있다. 좀 더 구체적으로 소개하면, 이 프로그램의 목표는 부모들로 하여

금 인간 행동을 잘 이해할 수 있는 실제적인 이론과 지식을 습득하고, 자녀와 효과적인 관계를 형성하는 방식과 더불어 자녀와의 효과적인 의사소통 방법을 훈련하며, 자녀의 긍정적 행동을 강화하는 기술을 배우고, 부모 역할에 대한 자신감을 함양하도록 돕는 것이다. STEP는 9회기에 걸쳐 실시되며 매 회기는 자녀양육에 관한 강의, 양육기술의 훈련, 양육 지식과 기술의 적용 및 토론, 자녀양육의 어려움에 대한 논의, 양육에 관한 책 읽기와 토론 등의 방식으로 진행된다. 각 회기의 주된 내용은 〈표 27-4〉와 같다.

PET는 1975년에 Thomas Gordon에 의해 개발된

표 27-4	STEP의 회기별 내용
회기	회기내용
1회기	자녀의 긍정적 행동과 부정적 행동을 이해하기
2회기	부모로서의 자신을 이해하기: 자녀의 감정과 자신의 감정을 이해하기
3회기	격려하기: 자녀의 자신감을 배양하기
4회기	자녀의 말에 귀 기울이기
5회기	자녀와 대화하기 및 자녀와의 갈등 해결하기
6회기	자녀의 행동을 훈육하는 방법 배우기
7회기	자녀의 행동을 훈육하는 방법을 적용하기
8회기	가족과 함께하기: 즐거운 활동 계획하기 및 공동 작업하기
9회기	부모로서의 자신감 키우기 및 잠재능력 발휘하기

부모교육 프로그램이다. 이 프로그램의 목적은 부모와 자녀 간의 의사소통과 관계 형성을 증진하는 다양한 지식과 기술을 가르침으로써 부모의 역할을 효과적으로 수행하도록 돕는 것이다. PET는 인본주의 심리학자인 Rogers의 긍정적인 인간관에 근거하고 있으며, 수용적이고 생산적인 의사소통 기술, 문제해결을 위한 체계적 절차와 단계, 자녀를 격려하기 위한 기술의 습득을 통해서 자녀와의 갈등을 해소하고 부모와 자녀의 관계 향상을 지향하고 있다.

이 프로그램의 핵심적 개념은 적극적 경청, 나-전달법, 패자 없는 갈등해결, 행동의 창문 등이다. 적극적 경청(active listening)은 자녀의 의견과 감정을 경청하고 부모 자신의 언어로 전달함으로써 자녀 스스로 자신의 문제를 이해하고 해결하도록 돕는다. 나-전달법(I-message)은 자녀의 부정적 행동에 대해서 비난이나 판단을 하지 않고 그러한 행동이 부모에게 어떻게 느껴졌는지를 전달함으로써 자녀로 하여금 자신의 잘못을 인식하고 수정하도록 유도하는 소통 방법이다. 패자 없는 갈등해결(No-lose conflict resolution)은 갈등의 당사자들이 모두 합의할 수 있는 해결책을 찾는 방법으로서 John Dewey가 제시한 창조적인 문제해결의 6단계, 즉 (1) 서로의 바람을 확인하기, (2) 가능한 해결책을 제시하기, (3) 각 해결책에 대해서 평가하기, (4) 모두가 동의하는 해결책 찾기, (5) 동의한 해결책을 실행하기, (6) 실행한 해결책에 대해서 평가하기에 근거하고 있다. 마지막으로 행동의 창문(behavior window)은 어떤 문제의 수용 여부에 따라 문제의 소유자를 가리고 그 해결책을 찾는 방법이다. 예컨대, 어떤 행동이 부모에게는 수용될 수 있지만 자녀에게 고통스러운 것이라면, 문제의 소유자는 자녀이며 이 경우에는 적극적 경청을 통해 해결될 수 있다. 반면에, 어떤 행동이 부모에게 수용될 수 없다면, 문제의 소유자는 부모로서 이 경우에는 나-전달법을 통해 해결될 수 있다. PET는 이와 같은 다양한 의사소통 방식의 습득을 통해서 부모와 자녀 간의 효율적인 관계 형성을 증진하도록 돕는다.

긍정적 성품의 함양을 위해서는 부모의 역할이 매우 중요하다. 이를 위해서 효과적인 자녀양육을 위한 지식과 기술을 부모에게 전달하고 교육하는 다양한 프로그램이 필요하다. Long(1997)은 앞으로 부모교육의 중요성이 증대될 것으로 예상하면서 좀 더 목표가 구체화된 다양한 프로그램, 프로그램 리더의 훈련 강화, 좀 더 체계적인 설명을 포함하는 프로그램, 쉽게 참가할 수 있는 프로그램, 단기적이면서 집중적인 프로그램, 첨단 기술을 활용한 프로그램, 효과가 검증된 프로그램 등이 필요하다는 점을 강조하고 있다.

2) 학교에서의 인성교육

긍정적 성품은 학교에서 이루어지는 체계적인 인성교육을 통해서 함양될 수 있다. 현재의 학교교육은 다양한 교과목을 중심으로 지식을 전달하는 데에 초점이 맞추어져 있다. 우리나라의 경우, 입시위주의 교육과 더불어 공교육 기능의 약화로 인하여 학교에서의 인성교육은 거의 부재한 현실이다. 국가청소년위원회와 한국청소년정책연구원(2007)이 6,000여 명의 중·고등학생을 대상으로 조사한 바에 따르면, 응답자의 54.8%가 교사를 존경하지 않는 것으로 나타났다. 뿐만 아니라 64.6%의 학생들은 교사가 학생들에게 차별 대우를 한다고 응답했다. 국가청소년위원회(2007)에 따르면, 15세 이상의 우리나라 학생들은 전반적으로 학교생활에 만족하지 못하고 있다.

이러한 현실 속에서 인성교육의 방향을 모색하는 이론적인 연구들(강선보 등, 2008; 조난심, 2003; 조정호, 2009)이 이루어지고 있다. 조난심(2003)은 인성교육의

학교는 학생들의 인성교육을 위한 다양한 프로그램을 제공해야 한다.

기본원리로서 통합적 접근, 지속성, 관계성, 자율성, 체험의 원리를 강조하고 있다. 통합적 접근의 원리는 학교교육의 모든 영역에서 덕목의 학습이 이루어져야 한다는 것이고, 지속성의 원리는 학교생활 속에서 덕목의 학습이 지속적으로 이루어져야 한다는 것을 뜻한다. 관계성의 원리는 교사와 학생 간의 관계 속에서 이루어져야 함을 뜻하고, 자율성의 원리는 지시나 명령에 의해서가 아니라 학생의 자율적 선택과 결정에 의해서 이루어져야 함을 의미하며, 체험의 원리는 학생 스스로 덕목과 관련된 행동을 실천하도록 해야 함을 말한다.

강선보 등(2008)은 동서양의 종교와 철학에서 강조하는 덕목을 개관하고 21세기에 필요한 인성교육의 7가지 요소를 제시한 바 있다. 그 첫째는 관계성을 함양하는 것으로서 개인이 타인, 자연, 우주의 모든 것과 연결되어 있다는 점을 깨닫도록 하는 것이며, 둘째는 도덕적 통합성을 함양하는 것으로서 다양한 가치와 덕목을 활동적이고 체험적인 방식으로 길러 주는 것이다. 셋째는 전일성을 함양하는 것으로서 인간의 모든 측면, 즉 지성, 감정, 신체, 상상력, 영성, 창의성, 도덕성, 심미성 등을 골고루 조화롭게 발달시키는 것이며, 넷째는 영성을 함양하는 것으로서 끊임없는 자기성찰을 통해서 자신과 삶의 본질을 통찰해 나가도록 유도하는 것이다. 다섯째는 생명성을 촉진하는 것으로서 인간, 자연, 우주의 모든 것이 하나의 생명인 동시에 서로 연결되어 있다는 것을 인식하도록 하는 것이며, 여섯째는 창의성을 함양하는 것으로서 인생의 많은 문제에 대한 창의적인 해결책을 찾을 수 있도록 촉진하는 것이다. 마지막 일곱 번째는 공동체성을 함양하는 것으로서 민주시민으로서 공동체 속에서 살아가는 데 필요한 자질을 육성해야 한다는 것이다.

이처럼 인성교육의 방향과 원리에 대해서 다양한 주장이 제기되고 있으나 그 이론적 기틀과 구체적 방법에 대해서는 좀 더 체계적인 논의가 필요하다. 긍정적 성품에 대한 VIA분류체계와 연구들은 인성교육을 위한 이론적 기초를 제공하고 있다. 인성교육의 방향은 개인의 행복과 사회의 번영을 촉진하는 긍정적 성품을 함양하는 것이기 때문이다. 학교에서의 인성교육을 위해서는 여러 가지의 노력이 필요하다.

첫째, 인성교육의 중요성에 대한 사회적 합의와 실천적 노력이 필요하다. 교육을 담당하는 정부기관과 교육계가 인성교육의 필요성을 절실하게 인식하고 학교에서 인성교육이 이루어질 수 있는 구체적인 방안을 모색해야 할 것이다.

둘째, 인성교육을 위한 교사의 역량을 강화하는 노력이 이루어져야 한다. 교사양성 과정에는 인성교육을 위해 필요한 지식과 기술이 포함되어야 할 것이며, 학생들의 덕성을 함양할 수 있는 역량과 리더십을 교사 자신이 함양하도록 노력해야 할 것이다.

셋째, 교사들이 인성교육을 체계적으로 실시할 수 있도록 구체적인 인성교육 프로그램이 개발되어야 할 것이다. 학교에서의 인성교육은 교사와 학생의 접촉을 통해서 자연스럽게 이루어질 수도 있지만, 구체적인 프로그램을 통해서 체계적으로 덕성을 함양하는 노력이 필요하다. 인성교육을 위한 교재를 비롯하여 교사용 지

성격강점을 육성하는 교육 프로그램

인성교육이 성공하기 위해서는 체계적인 이론적 기반 위에서 효과적인 교육 프로그램을 갖추어야 한다. 심리학, 특히 긍정심리학은 인간의 다양한 덕목과 성격강점에 대한 측정도구의 개발을 통해서 심리적 구조와 과정을 탐구하고 있으며, 그러한 덕목을 증진하기 위한 개입방법을 개발하고 그 효과를 검증하고 있다. 한국에서 인성교육이 성공하기 위해서는 인간의 덕목과 성격강점에 대한 심리학의 연구에 근거한 체계적인 접근이 필요하다. 긍정심리학자들이 성격강점을 함양하기 위해서 실시했던 몇 가지 프로그램을 소개한다.

Sternberg(1999, 2001)는 지혜를 육성하기 위한 지혜 교육 프로그램(Teaching for Wisdom Program)을 개발하여 시행했다. 이 프로그램은 많은 학생이 지적으로는 우수하지만 지혜롭지 못하다는 연구결과에 근거하고 있다. 이러한 학생들은 학교에서 뛰어난 성적을 나타내고 직업에서도 탁월한 성과를 거두지만 자신의 삶에 있어서 미숙한 판단을 하여 자신과 타인의 삶을 불행하게 만든다. Sternberg는 자신이 주장한 '지혜의 균형 이론'(Sternberg, 1998)에 근거하여 프로그램을 개발하고 중학교 학생들에게 실시했다. 이 프로그램은 학생들에게 문학과 철학의 고전적 작품을 통해서 '위대한 지혜'가 어떤 것인지를 보여 주고, 독서를 통해 배운 교훈들을 이끌어 내기 위해서 글을 쓰거나 토론하게 하며, 자신에게 의미를 지니는 진실과 가치에 대해서 성찰해 보도록 권장하고, 지혜가 사회적 목적을 위해 활용될 수 있음을 강조하며, 교사는 소크라테스식 교수법을 통해 지혜의 모범을 보이는 것으로 구성되어 있다. Sternberg는 '지혜로운 사람'을 양성하는 것이 교육의 목적이라면 지혜 교육 프로그램이 정규 교육과정에 포함되어야 한다고 주장했다.

Seligman 등(1995)은 청소년을 대상으로 낙관주의 훈련을 통해서 정신장애를 예방하는 Penn Prevention Program을 시행하였다. 이 프로그램에서는 청소년들에게 사건의 원인을 좀 더 낙관적으로 생각하는 인지행동 전략들(예: 탈파국화, 부정적 사고에 대한 논박)을 가르쳤다. 그 결과, 청소년들의 귀인양식이 좀 더 낙관적으로 변화했으며, 우울장애와 불안장애를 예방하는 효과가 나타났다.

Miller(1995)는 감사 증진을 위한 4단계의 인지행동적 훈련방법을 다음과 같이 제안한 바 있다: (1) 감사를 느끼지 못하게 하는 생각을 포착한다; (2) 감사를 유발하는 생각들을 고안한다; (3) 감사를 느끼지 못하게 하는 생각을 감사하는 생각으로 대체한다; (4) 감사의 마음을 외적인 행동으로 옮긴다. 인성교육이 성공적으로 이루어지기 위해서 다양한 덕목과 역량을 육성할 수 있는 구체적이고 효과적인 교육 프로그램이 개발되어야 한다.

침서와 시청각 자료 등의 개발을 통해서 교사들이 학생들의 덕성 함양을 위해서 좀 더 체계적인 접근을 할 수 있도록 지원하는 노력이 필요하다. 초등·중·고등학교에서 시행되고 있는 방과 후 교육활동의 일환으로 재미있고 유익한 체험 중심의 다양한 인성교육 프로그램을 실시할 필요가 있다.

마지막으로, 학교교육의 교과목으로서 인성교육이 포함되어야 할 것이다. 현재의 교육 커리큘럼에는 덕성 함양을 위한 교과목을 발견할 수 없다. 현재의 학교는 직업인으로 활동하기 위한 생산기술에 초점이 맞추어져 있다. 학교에서는 생산기술뿐만 아니라 생활기술을 가르쳐야 한다(이정전, 2008). 교육 커리큘럼의 변화에는 많은 이해관계자의 반발과 저항이 있을 수 있지만, 인성교육의 필요성을 인식한다면 교육당국은 교과목의 일부로서 인성교육이 이루어질 수 있는 제도적 장치를 마련해야 할 것이다.

3) 대학에서의 인성교육

인성교육은 대학에서도 이루어질 필요가 있다. 교육은 행복한 삶에 필요한 체(體)·덕(德)·지(智)를 후속세대에게 육성하는 활동이다. 교육의 목표는 체·덕·지를 균형 있게 갖춘 후속세대를 양성하는 것이다. 그러나 한국의 교육 현실은 지식교육에 집중되어 있다. 특히 덕육(德育)을 위한 교육 프로그램은 찾아보기 힘들다.

입시위주 지식중심의 중·고등학교 교육을 받고 대학에 진학한 많은 학생이 대학생활에 적응하지 못하고, 방황하며, 다양한 심리적 문제를 나타내고 있다(권석만, 2010a). 많은 대학생이 자유와 자율성이 주어지는 대학생활에서 자기관리를 하지 못한 채 충동적이거나 나태한 생활을 하고 있다. 원만한 대인관계를 형성하지 못하고 반복적인 갈등을 경험하거나 외톨이로 고립되는

학생들이 많을 뿐만 아니라 다른 사람에 대한 최소한의 배려도 없는 이기적인 태도를 지닌 학생들이 증가하고 있다. 한국의 대학은 지식의 습득과 더불어 다양한 체험과 탐색을 통해 긍정적 성품과 인격을 함양하는 교육기관이 아니라 자격시험이나 취업준비를 위한 학원으로 변해 가고 있다.

교육인적자원부(2004)에 따르면, 대학교육에 대한 의식조사에서 기업의 CEO들은 인성교육에 대한 대학의 교육효과를 낮게 평가하고 있다. 이는 기업의 CEO들이 대학을 갓 졸업하고 입사한 신입사원들의 긍정적 성품에 대해서 회의적인 태도를 나타내고 있음을 시사한다. 전국경제인연합회(2004)에 따르면, 기업들이 신입사원을 교육할 때 가장 중요시하는 항목은 인성 및 태도(44%), 의식 및 기업문화(22%), 업무 관련 지식 및 기술(22%)의 순으로 나타났다. 직업인으로서의 사회생활에는 지식과 기술 못지않게 긍정적 성품과 태도가 중요하다. 기업은 인성교육을 제대로 받지 못한 신입사원들을 위해서 다른 항목보다 인성 및 태도에 치중하여 사원교육을 하고 있다. 이러한 현실은 중·고등학교뿐만 아니라 대학에서도 인성교육의 강화가 필요함을 시사한다.

대학은 사회인으로 진출하기 전에 긍정적 성품을 함양할 수 있는 마지막 기회이자 좋은 장이다. 교과과정과 입시준비로 여유가 없는 중·고등학교에 비해서 대학에서는 자유로운 시간과 선택의 기회가 많기 때문이다. 대학은 인생의 다양한 측면을 심도 있게 배울 수 있는 다양한 교육과목과 더불어 긍정적 성품을 함양할 수 있는 다양한 자기개발 프로그램을 제공할 필요가 있다. 최근에는 국내의 여러 대학에서 덕성교육에 대한 관심이 증가하고 있다.

권석만(2008d, 2009a, 2009b, 2009c)은 대학생을 위한 덕성함양 프로그램을 개발하여 실시했다. 이 프로그램

은 대학생들이 자신의 삶을 효율적으로 관리함으로써
타인과의 관계에서 긍정적인 영향력을 행사할 뿐만 아
니라 상생적인 가치를 추구하여 사회적으로 공헌하는
인격적 성품과 역량을 함양하도록 지원하고 있다. 이
프로그램의 구체적인 목표는 자신을 주도적이고 효율
적으로 관리하는 자기관리 능력, 타인과 긍정적이고 생
산적인 관계를 형성하는 인간관계 능력, 상생적인 가치
를 지향하고 실천하는 건강한 가치관을 함양하는 것이
다. 즉, 수기(修己)·인화(人和)·상생(相生)의 태도를
함양하는 데 그 목적이 있다.

　이 프로그램은 〈표 27-5〉에 제시된 9가지의 기본적
인 역량을 육성하기 위한 것이다. 참가자로 하여금 각
역량의 의미와 증진방법에 대한 이해를 심화하고, 실습
을 통해 이러한 역량을 학습함으로써 일상생활 속에서
실천할 수 있도록 체험학습 위주의 교육 프로그램으로
구성되어 있다.

　이 프로그램은 20개의 회기(회기당 90분)로 구성되어
있으며, 매일 2회기(3시간)씩 10주에 걸쳐 실시된다. 회
기별 프로그램 내용은 〈표 27-5〉와 같다. 이 프로그램

은 30명의 소규모 집단으로 실시되며, 매 회기는 시청
각 자료를 활용한 강의, 조별 활동과 토론, 실습 및 발
표, 실천경험의 공유, 심리검사를 통한 자기평가와 같
은 다양한 체험 중심적 활동으로 구성되어 있다. 프로
그램의 운영은 소정의 강사교육 과정을 이수한 심리전
문가에 의해서 운영되며, 매 회기의 진행내용을 구체적
으로 기술하고 있는 강사 지침서가 마련되어 있다. 참
가학생을 대상으로 프로그램 전후의 변화를 평가한 결
과, 주관적 행복, 자신감, 다양한 정신건강 지표에서 유
의미한 증가가 나타났으며, 프로그램에 대한 높은 만족
도(5점 만점에 4.20)와 추천도(5점 만점에 4.52)를 보였다
(권석만, 2010b).

　송명자와 이현림(2008)은 인간관계 훈련 프로그램을
교양강좌로 실시하여 자기이해와 자기개방의 경험이
자기효능감, 정서적 안정성, 자아정체감과 같은 심리
적 성숙도를 향상시킨다는 것을 보고한 바 있다. 이 밖
에도 대학교에서는 대인관계 증진 프로그램, 리더십 향
상 프로그램, 가치관 및 진로탐색 프로그램, 멘토링 프
로그램, 자원봉사 프로그램 등과 같은 다양한 비교과

표 27-5 덕성함양 프로그램의 세 핵심역량과 하위요소들

자기관리 역량	자기이해	성격, 강점, 능력의 이해
	생활관리	시간, 재정, 건강의 관리
	자기조절	감정, 충동, 행동의 조절
인간관계 역량	의사소통	발표, 경청, 반영 능력의 향상
	관계심화	공감, 격려, 신뢰, 갈등해결 역량의 배양
	집단운영	집단역동, 리더역할, 동기강화의 이해
건강한 가치관	비전설정	인생의 의미와 목표 설정
	상생정신	인간존중과 자리이타(自利利他) 정신의 배양
	사회공헌	사회적 기여와 봉사 정신의 함양

프로그램이 실시되고 있다. 대학교는 대학생의 자기계발과 덕성함양을 위한 다양한 교육 프로그램을 제공할 필요가 있다.

6. 긍정적 성품의 함양을 촉진하는 긍정사회

개인과 사회는 불가분의 밀접한 관계를 맺고 있다. 개인이 건강해야 사회도 건강해질 수 있고, 사회가 건강해야 개인도 건강할 수 있다. 사회구성원의 긍정적 성품을 육성하고 함양함으로써 사회가 건전하게 발전할 수 있다. 그러나 사회가 건전하지 못하면, 그러한 사회에서 성장하고 생활하는 구성원 역시 건강한 성품을 발달시키기 어렵다. 아동과 청소년뿐만 아니라 성인을 포함한 사회의 구성원 모두가 긍정적 성품을 함양하기 위해서는 사회가 긍정적으로 변화되어야 할 것이다.

긍정심리학자들은 구성원의 행복과 조직의 번영을 조화롭게 이루어 나가는 조직을 긍정 조직(positive organization)이라고 지칭한다. 긍정 조직은 구성원의 능력과 덕성을 계발하고 발휘하도록 지원함으로써 그

들이 행복감을 느끼며, 생산적인 활동을 통해 자기실현을 이루도록 촉진한다. 긍정 조직의 특성과 구성요소를 밝히고 긍정 조직을 창출하는 조건을 연구하는 다학문적 분야를 긍정조직학(positive organizational scholarship)이라고 한다(Cameron, Dutton, & Quinn, 2003).

1) 긍정 가족

가족은 자녀를 낳아 양육함으로써 가문을 이어가는 곳일 뿐만 아니라 자녀의 긍정적 성품을 함양하는 가장 중요한 교육의 장이다. 부모는 자녀의 성격형성에 매우 중요한 영향을 미친다. 양육과정에서 부모의 성격특성, 가치관, 도덕적 규범이 자녀에게 학습되어 전달된다. 아울러 언어 및 인지 발달, 정서 발달 그리고 사회성 발달이 가족관계 속에서 이루어진다. 또한 가족은 가장 강력한 정서적 지지원인 동시에 운명공동체로서 가장 강력한 소속감을 제공한다. 이렇듯이 가정은 구성원의 행복과 성장을 위한 가장 중요한 터전이라고 할 수 있다.

그동안 심리학자들은 가족갈등, 가정불화, 부부문제, 이혼 등과 같이 가족의 부정적 측면에 깊은 관심을

자녀의 긍정적 성품을 육성하기 위해서는 가정이 행복해야 한다.

지녀왔다. 긍정심리학에서는 가족 구성원 모두가 좀 더 행복한 동시에 각자의 강점을 발휘하여 자신의 역할을 충실히 수행하는 긍정 가족(positive family)에 대해서 관심을 지닌다. 과연 긍정 가족은 어떤 가족일까? 우리가 지향해야 할 이상적인 가정은 어떤 특성을 지니고 있을까? 긍정 가족은 강조되는 초점에 따라서 건강한 가족(healthy family), 기능적 가족(functional family), 성공적 가족(successful family), 강한 가족(strong family)이라고 불리기도 한다. 이러한 가족의 공통된 특징은 가족 구성원의 욕구를 서로 잘 충족시키며, 부부관계뿐만 아니라 부모-자녀관계의 만족도도 높다(Stinnett, 1985). 긍정 가족은 가족 구성원 모두가 골고루 만족하는 가족관계를 이루어 가는 가족이라고 할 수 있다. 긍정 가족은 일반적으로 다음과 같은 특징은 지닌다(권석만, 2004).

첫째, 가족 구성원은 가족의 행복과 안녕에 깊은 관심을 가지며 이를 무엇보다도 중요시한다. 많은 일을 처리해야 하는 바쁜 사회생활 속에서도 가족의 행복을 우선시하여 이를 중심으로 자신의 생활을 조정한다. 아울러 가족 구성원은 서로의 행복과 안녕을 위해서 적극적으로 관여한다.

둘째, 가족 구성원은 서로에 대한 정서적 지지를 아끼지 않는다. 가족 구성원 상호 간에 긍정적인 감정을 지니며 심리적으로 격려하고 지원한다. 상대방의 장점을 부각시키고 존중하는 노력을 기울인다.

셋째, 가족 구성원 간에 효과적인 의사소통이 이루어진다. 가족구성원이 함께 대화를 나누는 시간이 많으며, 상대방의 견해에 관심을 보이고 적극적으로 경청하며 존중한다. 또한 갈등에 대해서는 개방적이고 솔직하게 논의함으로써 갈등을 효과적으로 처리한다.

넷째, 가족 구성원끼리 함께 많은 활동을 공유한다. 가정의 안팎에서 함께 지내는 시간이 많으며 가족과 함께 있는 것을 즐긴다. 가족 구성원들은 많은 생활영역

에서 가족이 함께 지낼 수 있도록 자신의 생활을 조정한다. 온가족이 운동, 산책, 여행, 종교 활동 등에 함께 참여하면서 가족 간의 유대감을 공고히 한다.

다섯째, 효율적인 문제해결능력을 지니고 있어 가족이 당면하는 여러 가지 문제나 위기를 잘 해결해 나간다. 이런 문제나 위기에 대처할 때, 가족 간에 갈등을 유발하기보다는 온 가족이 결속하여 서로 협동적으로 대처해 나간다.

마지막으로, 가족 구성원은 자신의 가족역할을 잘 수행한다. 가족구성원 각자가 담당해야 할 역할이 잘 분담되어 있으며 이러한 역할을 효율적으로 수행한다. 아울러 가족 구성원들이 지켜야 할 행동규범이 명료하게 정해져 있으며 이의 준수를 통해 가족 내에 불필요한 갈등을 최소화한다.

2) 긍정 학교

우리는 아동기부터 청년기에 이르기까지 학교에서 많은 시간을 보낸다. 학교는 학생들에게 지식을 가르칠 뿐만 아니라 긍정적 성품을 육성하는 가장 중요한 교육의 장이다. 우리나라의 학교는 입시위주의 지식교육에 집중하고 있어 많은 학생이 과중한 학업부담에 시달리고 있을 뿐만 아니라 언어적 · 신체적 폭력, 금품갈취 행위, 괴롭힘과 놀림, 성폭력과 성추행의 문제가 지속적으로 발생하고 있다(김준호, 2006).

긍정심리학은 학생의 행복과 성장을 지원하는 긍정 학교(positive school)를 지향한다. 긍정 학교는 다음과 같은 조건을 갖추어야 한다. 첫째, 학교는 육체적으로나 심리적으로 안전한 분위기를 제공해야 한다(Elias & Weissberg, 2000). 육체적 고통과 심리적 상처를 줄 수 있는 교육환경은 제거되어야 한다. 교사에 의한 체벌, 구타, 인격적 무시와 모욕은 제거되어야 한다. 뿐만 아

학생의 행복과 성장을 위해서는 학교가 민주적이고 합리적으로 운영되어야 한다.

나라 선배 또는 동료 학생에 의한 놀림, 왕따, 폭력, 갈취 등이 일어나지 않는 교육환경을 조성해야 한다.

둘째, 교사와 학생의 민주적인 신뢰관계가 형성되어야 한다. 학생은 학교의 중요한 구성원이다. 교사는 학생들을 무시하거나 권위적으로 억압하기보다 인격적 존재로서 존중해야 한다. 학생들은 교사를 두려워하거나 불신하기보다 스승으로 존경해야 한다. 교사는 학생의 성장에 매우 중요한 멘토 역할을 해야 한다. 학생과 교사뿐만 아니라 학생과 학생, 선배와 후배, 교사와 교사 간의 긍정적인 관계가 필요하다.

셋째, 학교장은 교사, 학생, 학부모의 의견을 효과적으로 종합하여 반영하는 리더십이 필요하다. 모든 기관에서 최고결정권자의 역할이 중요하듯이, 학교장은 교육환경, 교육방식, 교육내용, 교사와 학생의 관계에 세심한 관심을 지니고 긍정적인 방향으로 교사와 학생들을 이끌어 갈 수 있는 리더십을 지녀야 한다. 아울러 학교운영에 대한 학부모의 지지와 참여가 필요하다. 학부모는 학교와 교사의 교육활동을 소중히 여기며 지원하고, 교사 역시 학부모와의 원활한 소통 속에서 학생들을 교육해야 한다. 교육은 학교뿐만 아니라 가정과 학교의 유기적 관계 속에서 효과적으로 이루어질 수 있는 것이다.

넷째, 학교에서 가르치는 교과목은 학생들의 사회적 적응뿐만 아니라 개인적 행복과 성장을 지원하는 것으로 구성되어야 한다. 학교에서 배우는 많은 과목의 지식 중에는 실제 생활에서 거의 활용되지 않는 것들이 많다. 반면에, 학생의 성장과 행복을 지원하는 교과목은 거의 존재하지 않는다. 친구들과 친밀한 관계를 형성하고 효과적인 의사소통을 하며 자신의 생활과 감정을 어떻게 조절해야 하는지에 관한 교과목은 존재하지 않는다. 그러나 이러한 삶의 기술이 개인의 행복과 성장에 매우 중요하다. 현재의 학교는 직업인으로 성장하기 위한 생산기술에 초점이 맞추어져 있다. 학교에서는 생산기술뿐 아니라 생활기술을 가르쳐야 한다(이정전, 2007).

다섯째, 학교는 학생들이 학교생활에 적극적으로 참여하도록 유도해야 한다. 학생은 학교의 중요한 구성원이다. 교장과 교사에 의해 일방적으로 결정된 사항을 순응하도록 요구해서는 안 된다. 학생들로 하여금 배움에 관해서 참여하고 열정을 지니도록 격려하는 학교의 노력이 필요하다(Maehr & Midgley, 1996). 학교에 대한 긍정적 태도와 동기는 학생들로 하여금 학업수행을 향상시킬 뿐만 아니라 학생들을 평생 학습자로 만듦으로써 졸업 후에도 오랫동안 심리적 혜택을 누리게 된다 (Schneider, 2000). 아울러 학교가 추구하는 목적과 비전이 분명하게 제시되고 공유되어야 한다(Maehr, 1991). 학교가 목적을 분명히 드러내야만 학생들이 그것을 인식하고 채택하게 된다. 목표는 배우려는 동기, 배우는 과정에의 참여, 힘든 공부에 대한 전념을 증대시킨다. 서구사회의 경우, 학생의 목소리(student voice)라는 운동을 통해서 학교운영과 교육내용에 관해 학생들의 입장과 의견을 반영하려는 노력이 이루어지고 있다.

마지막으로, 좋은 학교는 학생 개개인을 중시하고 그들의 노력과 향상에 대해서 보상을 준다(Anderson & Maehr, 1994). 학교는 학생의 개성과 강점을 존중하고 이를 육성해야 한다. 학교는 모든 학생을 규격화하는 일률적 교육으로부터 탈피하여 학생의 개인적 특성에 맞는 교육을 지향해야 한다. 아울러 학생들에게 긍정적 성품과 덕성을 함양하고 향상시키는 구체적인 교육 프로그램을 개발하여 시행할 필요가 있다. 서구사회의 경우, 학교와 사회는 긍정적 청소년 발달(positive youth development: PYD)을 촉진하는 노력을 기울이고 있다. 긍정적 청소년 발달은 학생들로 하여금 그들의 관심사, 기술, 능력을 향상시킬 수 있는 기회를 제공함으로써 건강한 성인으로의 발달을 지원하려는 조직적인 노력이다. 학생들로 하여금 지역사회에 봉사하고 학생들의 자치활동뿐만 아니라 학교운영에도 참여하게 함으로써 사회에 대한 배움과 더불어 사회적 책임감과 리더십을 향상하도록 지원하고자 노력한다.

3) 긍정 지역사회

"한 아이를 키우기 위해서는 온 마을이 필요하다(It

지역사회가 건강해야 아이가 건강하게 자랄 수 있다.

takes a whole village to raise a child)"는 아프리카 속담이 있듯이, 지역사회는 아동과 청소년이 긍정적 성품을 발달시키는 생활공간이자 교육현장이다. 지역사회는 쾌적하고 안전한 환경의 조성, 구성원들의 친밀한 관계형성, 다양한 편의시설의 유치, 주요한 쟁점의 민주주의적 결정 등을 통해서 주민의 행복을 증진할 뿐만 아니라 아동과 청소년의 건강한 심신발달을 촉진할 수 있다.

건강한 지역사회(healthy community)는 다음과 같은 속성을 공유한다(World Health Organization, 2002). 첫째, 건강한 지역사회는 모든 구성원의 기본적 욕구를 잘 충족시킨다. 안전, 휴식, 의식주, 건강관리, 놀이공간에 대한 주민들의 기본적 욕구를 충족시킬 수 있는 환경적 여건을 마련한다. 둘째, 건강한 지역사회는 구성원의 경제적·사회적 발달을 지원한다. 경제적 활성화를 통해서 구성원에게 안정된 수입과 고용 기회를 제공할 뿐만 아니라 아동과 청소년의 건강한 사회적 발달을 촉진한다. 셋째, 건강한 지역사회는 신체적·심리적 건강을 지원하기 위한 양질의 환경을 조성한다. 신선한 공기, 깨끗한 수질, 흡연 공간의 제한을 비롯하여 청정한 환경을 조성할 뿐만 아니라 폭력과 범죄를 예방하기 위한 최대한의 조치를 취한다. 마지막으로, 건강한 지역사회는 주민들의 긍정적인 사회적 관계에 높은 가치를 둔다. 지역주민 간의 친밀하고 지지적인 관계를 조성하고 지역사회의 문화와 전통을 중시하며 시민의 적극적인 참여를 유도한다.

과거의 심리학은 사회적 환경이 인간의 행동에 미치는 영향을 경시하는 경향이 있었다. 그러나 지역사회의 환경적 여건이 개인의 행동에 많은 영향을 미친다는 점을 인식하면서 개인과 지역사회의 관계를 연구하는 지역사회 심리학(community psychology)이 태동되었다. 지역사회 심리학은 인간을 사회적 맥락 안에서 연구할 뿐만 아니라 문제해결을 위한 개입에서도 사회적 환경의 역할을 중시한다(Rappaport & Seidman, 2000). 지역사회 심리학자들은 지역사회 주민의 삶을 개선하기 위한 개입에도 관심을 지니며 필요한 경우에는 사회적 정책에 관여하거나 정치적 활동에도 직접적으로 참여한다.

지역사회 심리학의 중요한 개념 중 하나는 역량강화(empowerment)다(Rappaport & Seidman, 2000). 역량강화는 사회적으로 소외되어 혜택을 받지 못하는 사람들이 정당한 권리를 주장할 수 있는 정치적 역량을 갖출 수 있도록 도와주는 과정을 말한다. 달리 말하면, 역량강화는 개인이 자신의 삶에 책임의식을 느끼고 기술과 능력을 함양하여 삶에 대한 자기결정권을 증대시키는 것이다. 이를 통해서 지역사회 구성원이 공평한 혜택을 누리는 동시에 범죄나 폭력과 같은 사회적 문제를 예방할 수 있다.

주민들은 지역사회를 좀 더 살기 좋은 곳으로 만들기 위한 공동의 노력을 기울일 수 있다. 이러한 노력을 Sampson(2001)은 집단적 효능감(collective efficacy)이라고 부르면서 역량강화의 한 형태로 간주했다. 집단적 효능감은 지역 주민의 사회적 일체감에 근거하며, 인간관계망을 형성하여 지역사회를 살기 좋은 곳으로 발전시키려는 의지와 에너지를 만들어 낸다. 지역사회의 집단적 효능감이 높아지면, 이웃과의 친분과 유대감이 증가할 뿐만 아니라 범죄가 감소하고 서로의 불신이 완화된다(Ross & Jang, 2000).

사람들이 자신이 속한 지역사회를 위해 기여할 수 있는 방법 중 하나는 자원봉사다. 사람들은 개인적으로 의미있는 목표를 추구할 때 더 행복하다고 보고하는 경향이 있다(Oishi, Diener, Suh, & Lucas, 1999). 매일 세계적으로 수백만 명의 사람들이 다른 사람의 행복을 위해 자신의 시간과 노력을 들여 자원봉사를 한다. 자원봉사에는 직접적이고 가시적인 보상이 없다. 그러나 자신의 노력으로 인해 도움을 받는 사람의 행복이 증진된다면 그것이 보상의 역할을 하게 된다.

인간은 다른 사람과 동떨어져 살아가는 섬과 같은 존재가 아니다. 주변사람들의 행복을 무시한 채 자신의 행복만을 추구해서는 온전한 행복을 누릴 수 없다. 다른 사람들과 더불어 함께 행복한 삶을 지향함으로써 인생의 소중한 의미를 발견하는 동시에 진정한 행복을 누릴 수 있다.

요약

1. 인간의 행복과 성장을 증진하는 것은 심리학의 중요한 사명이다. Martin Seligman은 이러한 심리학의 사명을 상기시키면서 인간의 긍정적 측면을 탐구하는 긍정심리학을 제창했다. 긍정심리학자들은 인간의 긍정적 성품과 성격적 강점에 깊은 관심을 보이고 있다. 긍정적 성품을 함양하여 삶의 현장에서 발휘하는 것이 행복과 성숙에 이르는 관건이기 때문이다.

2. 주관적 안녕은 자신의 삶에 만족하며 높은 긍정 정서와 낮은 부정 정서의 심리적 상태로 정의된다. 실증적 연구에 따르면, 주관적 안녕은 환경적 요인보다 성격적 요인에 의해서 더 큰 영향을 받는다. 행복을 증진하는 긍정적 성품을 계발하여 발휘하는 것이 지속가능한 행복의 관건이다. Carol Ryff는 행복한 삶을 구성하는 심리적 안녕의 요소로서 환경의 통제, 타인과의 긍정적 관계, 자율성, 개인적 성장, 인생의 목적, 자기수용을 제시했다.

3. 진정한 정신건강은 부적응 증상의 부재상태를 넘어서 행복하고 자기실현적인 삶을 사는 것이다. 정신건강은 "개인이 자신의 잠재능력을 발휘하고, 삶의 일상적 스트레스에 대처할 수 있으며, 생산적이고 효과적으로 일을 할 수 있고, 공동체에 기여할 수 있는 웰빙 상태"라고 정의되고 있다. 긍정심리학은 질병모델에 근거한 소극적인 정신건강을 넘어서 적극적인 정신건강을 지향하는 성장모델(growth model)을 제시하고 있다.

4. Peterson과 Seligman은 인간이 나타내는 다양한 긍정적 성품에 대한 VIA 분류체계를 제시했다. VIA 분류체계는 인간의 긍정적 성품을 지혜, 인간애, 용기, 절제, 정의, 초월의 6개 덕목으로 구분하고 있으며 각 덕목은 3~5개의 성격강점으로 세분되고 있다.

5. 긍정적 성품과 성격강점을 함양하는 노력은 인성교육과 연결될 수 있다. 최근에 우리나라에서는 인성교육을 법으로 의무화하는 「인성교육진흥법」이 제정되었다. 인성교육은 자신의 삶과 타자와의 관계에 필요한 인간다운 성품과 역량을 기르는 것이다. 인성교육에서 지향하는 핵심 덕목으로는 예(禮), 효(孝), 정직, 책임, 존중, 배려, 소통, 협동이 제시되고 있다.

6. 긍정적 성품을 함양하기 위한 인성교육은 가정, 학교, 지역사회의 통합적 노력을 통해서 이루어져야 한다. 긍정적 성품의 함양을 위해서는 가정교육, 특히 부모의 역할이 매우 중요하다. 이를 위해서 효과적인 자녀양육을 위한 지식과 기술을 부모에게 전달하고 교육하는 다양한 프로그램이 필요하다. 학교에서의 인성교육을 위해서는 교사의 역량을 강화할 뿐만 아니라 다양한 인성교육 프로그램이 개발되어야 한다.

7. 개인과 사회는 불가분의 밀접한 관계를 맺고 있다. 구성원의 긍정적 성품을 함양하기 위해서는 조직과 사회가 건강해야 한다. 긍정심리학자들은 구성원의 행복과 조직의 번영을 조화롭게 이루어 나가는 조직을 긍정 조직이라고 지칭한다. 아동과 청소년은 긍정 조직 속에서 자연스럽게 긍정적 성품을 발달시킬 수 있다. 개인의 행복과 성장을 위해서는 가족, 학교, 지역사회를 긍정 조직으로 변화시키는 노력이 중요하다.

제28장
성격의 성숙과 자아초월

1. 현대사회에서 심리학의 역할

19세기 말에 현대 심리학이 출범한 이후로 수많은 심리학자들은 "인간은 어떤 존재인가?"라는 물음에 대해서 실증적 연구결과에 근거하여 다양한 이론과 의견을 제시해 왔다. 기본적으로 심리학은 인간의 실상을 있는 그대로 밝히기 위해서 과학적 접근을 지향하는 학문이다. 이러한 점에서 심리학은 가치중립적 또는 탈가치지향적인 학문이라고 할 수 있다.

그러나 인간은 매 순간 삶의 방향과 행동을 선택해야 하는 가치지향적인 존재다. 이런 점에서 탈가치지향적인 심리학의 연구들은 가치지향적인 인간의 삶과 괴리되어 왔다. 달리 말하면, 심리학은 "어떻게 살아가는 것이 바람직한가?" 또는 "바람직한 이상적 인간상은 무엇인가?"라는 물음에 대해서 침묵해 왔다. 심리학은 인간의 심리적 속성과 인간의 행동에 영향을 미

치는 다양한 원리를 제시할 뿐 어떤 인간상이 바람직하며 인류는 어떤 방향의 성숙을 지향해야 하는지에 대해서 구체적인 대안을 제시하지 않았다.

1) 인간사회의 현실: 이대로 좋은가

인류역사를 통해서 인간은 긍정적인 방향으로 성숙하고 있는가? 인류문명의 발달과 더불어 인간사회는 더 나은 세상으로 진보하고 있는가? 만물의 영장인 인간은 인류와 다른 생명체 그리고 지구생태계에 어떤 영향을 미치고 있는가?

약 200만 년 전, 인류의 조상으로 여겨지는 오스트랄로피테쿠스가 지구상에 출현했다. 현생인류는 오스트랄로피테쿠스로부터 분화와 진화를 거듭하여 지구에서 가장 번성한 종이 되었을 뿐만 아니라 지구의 독보적 지배자가 되었다. 농업이 시작되기 전인 기원전 10,000년경에는 지구상에 약 300백만 명의 인류가 살

았던 것으로 추정되고 있다. 농업의 발명으로 인구는 1,500만 명으로 늘어났고 기원후 4세기의 로마제국시대에는 5~6,000만 명의 인류가 살았던 것으로 추정된다. 세계 인구는 1340년에 4억 5,000만 명에 도달했으며 기근과 전염병으로 많은 사람이 희생되었지만 증가를 거듭하여 1804년에 10억 명을 돌파했고, 1974년에 40억 명으로 급증했으며, 2015년 현재 73억 명에 이르고 있다(United Nation, 2015). 신석기 시대에 20세 전후였던 인간의 평균수명은 중세에 30세 정도로 증가했고, 1950년대에 50세로 늘어났으며, 2010년에는 세계인의 평균수명이 67세로 급증했다(Oded & Omer, 2007). 이런 점에서 인간은 지구상에서 생존과 번식의 진화적 과업을 가장 성공적으로 성취한 종이라고 할 수 있다.

또한 문명의 발전과 함께 의식주를 비롯하여 전반적인 삶의 질이 현저하게 향상되었다. 동물과 다를 바 없는 삶을 살았던 20만 년 전의 인류는 놀라운 기술문명의 발전을 통해서 100층 이상의 고층빌딩을 건설하고, 비행기로 세계를 여행할 뿐만 아니라 인터넷으로 세계인과 소통하며, 스마트폰으로 무장한 현대인으로 발전했다.

그러나 현대사회의 그늘은 깊고 진하다. 인류역사는 끝없는 갈등과 전쟁으로 얼룩져 있다. 과학기술이 급속히 발전한 20세기 초반에는 양차 세계대전을 치르면서 인류 최대의 비극을 겪었다. 현재에도 세계 곳곳에서 국가와 민족 간의 갈등과 투쟁은 계속되고 있다. 미국의 심장부 뉴욕에서 무역센터가 9·11테러로 무너져 내렸다. 중동지역을 비롯한 세계 여러 곳에서는 지금도 전쟁과 테러가 계속되고 있다. 세계의 모든 국가는 군사력 증강을 위한 치열한 군비경쟁을 하고 있으며, 지구를 초

현대사회는 식량부족, 테러와 전쟁, 자원고갈과 환경파괴의 위협에 직면하고 있다.

토화시킬 수 있는 핵무기의 위협이 심화되고 있다.

인구의 폭발적인 증가로 인해서 자원과 식량의 부족이 전 세계적인 문제로 대두되고 있다. 경제의 양극화 현상이 격화되어 1%의 인간이 인류 전체 재화의 80%를 차지하고 있다(Lenoir, 2012). 세계화의 흐름 속에 경쟁은 더욱 치열해지고 있는 반면, 국가와 문화권 간의 갈등은 오히려 깊어지고 있다. 자본주의와 소비문화의 발달로 물질주의적 가치관이 팽배해진 가운데 자연훼손과 환경파괴가 지구생태계를 위협하고 있다. 인간사회는 인류의 진화과정에서 가장 치열한 생존경쟁의 시대에 접어들었을 뿐만 아니라 가속하고 있는 자연파괴는 인류공멸의 위험을 초래하고 있다.

이처럼 현대사회가 직면하고 있는 모든 비극적 현실과 전지구적 위협은 바로 인간이 스스로 만들어 낸 것이다. 과연 인류 진화의 열차는 어디를 향해 달리고 있는 것일까? 행복한 낙원을 향하고 있는 걸까 아니면 인류공멸의 낭떠러지로 달려가고 있는 걸까? 인간사회는 어떤 가치를 지향해야 할까? 그리고 우리 자신은 무엇을 위해 어떻게 살아가야 할까? 인간의 이기주의와 공격성 그리고 물질주의적 탐욕은 극복될 수 없는 것일까? 심리학은 이러한 물음에 대해서 어떤 대답을 제시할 수 있을까?

2) 현대인의 가치부재 현상

현대사회는 물질문화의 급속한 발전과 더불어 정신적 가치에 대한 관심이 감소하고 있다. 또한 전통적인 가치들이 도전받고 해체되는 과정에서 많은 현대인이 인생의 의미를 발견하지 못한 채 방황하고 있다. 현대인의 내면적인 삶을 깊이 접하게 되는 심리치료자들에 따르면, 많은 사람이 무의미감에 시달리고 있다. 많은 돈을 벌고 사회적으로 성공했지만 인생의 의미를 느낄

수 없어 허무하고 우울하다는 것이다. 이러한 상태가 심화되면 소위 실존적 우울증에 이르게 된다(Cohn, 1997; May & Yalom, 2000).

현대사회에서 가치부재 현상이 나타난 것은 가치에 대한 의견일치가 약화되었기 때문이다. 현대사회에서는 가치의 다양성이 증가한 반면, 그 견고성은 약화되었다. 다양성을 존중하기 위해서는 다른 사람의 가치가 자신의 것과 다를 수 있다는 점을 받아들여야 한다. 그런데 이것은 자신의 가치가 보편적이고 절대적인 것이 아니라 임의적이고 대체가능한 것임을 뜻한다. 이러한 가치들은 절대적인 가치기반이 될 수 없다. 일부 종교가 독단적인 배타주의로 흐를 수밖에 없는 이유가 여기에 있다. 다른 종교를 인정하게 되면 자신의 종교적 가치기반이 무너질 수밖에 없다는 위협감을 느끼기 때문이다. 가치의 부재, 즉 확고하게 합의된 가치가 부재하다는 것은 현대인들이 인생의 의미를 추구하는 과정에서 가장 보편적으로 겪고 있는 문제다.

인간에 관한 과학의 발전도 가치부재 현상을 가속화시키고 있다. 최근에는 인간의 마음을 신경생물학적인 현상으로 환원하여 설명하려는 시도들이 이루어지고 있다. 이러한 관점에 따르면, 인간은 물질로 구성된 고깃덩어리일 뿐만 아니라 뇌의 신경화학적 작용에 의해 움직이는 로봇이나 다름없는 존재다. 진화심리학의 관점은 자칫 인간을 생존과 번식 기계로 인식하게 할 수 있다. 진화론의 관점에서 보면, 인생의 의미는 생존경쟁의 정글에서 살아남아 유전자를 후속세대에게 전달하고 사라지는 것이다.

과연 인간의 삶에는 어떤 의미와 가치가 있는 것일까? 우리는 무엇을 위해 어떻게 살아야 하는 걸까? 인생의 의미와 가치는 무엇으로부터 어떻게 발견할 수 있을까? 인간은 심리적으로 얼마나 성숙할 수 있는 것일까? 인생에서 우주적 의미와 충만한 희열을 느끼는 사

람들은 어떤 심리적 상태에 있는 걸까? 심리학은 이러한 물음에 대해서 어떤 대답을 제시할 수 있을까?

3) 인본주의 심리학과 자아초월 심리학

심리학은 인간에 대한 그리고 인간을 위한 학문이어야 한다. 심리학의 역사에서 인간에 대한 긍정적 관점과 성장가능성을 제시하기 위해 노력했던 사람들이 1960년대의 인본주의 심리학자들이었다. 그 당시 심리학계의 양대 주류를 형성했던 정신분석 심리학과 행동주의 심리학은 가치중립적 입장을 표방했을 뿐만 아니라 인간에 대한 비관적인 관점을 시사하고 있었다. 정신분석적 관점에 따르면, 인간은 기본적으로 성적·공격적 욕망의 충족을 추구하는 존재로서 사회문화적 제약 속에서 이러한 욕구를 최대한 잘 충족시키는 것이 최선의 삶이다. 행동주의 심리학에 따르면, 인간은 환경에 의해 얼마든지 조작될 수 있는 존재로서 자율적인 선택은 환상이며, 자신의 학습경험에 따라 로봇처럼 살아갈 뿐이다.

심리학자로서 인간 삶의 방향에 대해서 제시할 수 있는 최선의 대답이 고작 이런 것이란 말인가? 심리학은 과학적 연구를 통해서 인간이해에 크게 기여했지만 인류를 긍정적인 방향으로 인도하고 성장과 성숙의 길을 제시하는 역할에는 부응하지 못했다. 유물론과 실증주의에 근거하여 인간을 정보처리 기계로 간주하는 전통적 심리학은 '영혼 없는 심리학(psychology without soul)'이라는 비판을 받기도 했다.

인간은 다면적인 존재이며, 인간의 본성을 탐구하는 다양한 관점과 방법론이 존재한다. 인간의 본성에 대한 심리학의 이론은 인간을 바라보는 관점에 강력한 영향을 미친다. Gordon Allport(1964)는 "심리학자들은 인간의 본성에 대한 이론을 통해서 인간의 본성을 고양시키기도 하고 떨어뜨리기도 하는 힘을 지니고 있다. 인간 본성의 가치를 떨어뜨리는 가설은 인간의 가치를 떨어뜨린다. 그러나 관대한 가설은 인간을 고양시킨다"라고 말한 바 있다.

1960~1970년대에 Maslow와 Rogers를 비롯한 심리학자들은 정신분석 심리학과 행동주의 심리학을 비판하면서 인간과 인생에 대한 좀 더 긍정적인 관점을 제시하고 노력했으며, 이러한 입장을 인본주의 심리학(Humanistic Psychology) 또는 제3의 심리학(The Third Psychology)이라고 지칭했다. 인본주의 심리학자들은 인간을 자기실현적인 존재로 여겼다. Maslow는 욕구위계설을 주장하면서 인간은 궁극적으로 자기실현과 자기초월을 지향하는 존재라고 주장했다. Rogers는 인간중심치료이론을 제시하면서 인간의 자기실현 경향성을 발현하도록 촉진하는 조건을 제시하였다. 인본주의 심리학자들은 인간이 지향해야 할 자기실현적 인간과 성숙한 삶의 모습을 제시하고자 노력했다.

인본주의 심리학은 심리학자와 대중 사이에서 커다란 인기와 호응을 얻었으나 현상학적인 연구방법에 치중함으로써 과학적인 연구방법론의 취약성으로 인해 지속적으로 발전하지 못하고 퇴조하게 되었다. 그러나 인간에 대한 긍정적 관점과 성장을 지향하는 인본주의 심리학의 지향점은 이후에 두 갈래의 방향으로 부활하게 된다. 그 하나는 긍정심리학(Positive Psychology)으로서 인간의 행복과 긍정적 성품을 과학적으로 연구하는 심리학의 새로운 분야로 많은 관심을 받고 있다. 다른 하나는 영적인 신비체험과 자아초월적 경험을 탐구함으로써 인간의 의식 성장과 영적 성숙을 추구하는 자아초월 심리학(Transpersonal Psychology)이다.

2. 자기실현과 이상적 인간상

어떤 삶이 바람직한 삶일까? 어떤 삶의 모습이 이상적인 인간상일까? 인간으로서 가장 성숙한 삶의 모습은 어떤 것일까? 이러한 물음에 답하기 위해서 노력했던 심리학자들이 있다. 그 대표적인 인물로는 Gordon Allport, Erich Fromm, Abraham Maslow, Carl Rogers 등이 있다. 이들은 인류역사에서 위대한 성취와 인격적 성숙을 이룬 위인들의 삶과 심리적 특성을 분석함으로써 바람직한 인간상을 제시하고자 했다.

1) Allport의 성숙한 인간

초기 성격심리학자인 Allport(1955, 1961)는 바람직한 인간상을 제시한 최초의 인물이다. 그는 미숙하고 부적응적인 삶을 초래하는 신경증적 성격(neurotic personality)에 대응되는 개념으로 성숙한 성격(mature personality)이라는 개념을 제시했다. 그가 제시한 성숙한 성격의 특성은 이후에 인본주의 심리학자들이 자기실현적 인간의 특성을 구체화하는 데에 영향을 미쳤다. Allport는 성숙한 성격의 특징을 다음과 같이 제시했다.

Gordon Allport

첫째, 성숙한 사람은 확장된 자아감(extension of the sense of self)을 지닌다. 인간의 자아는 발달 초기에는 개인 자신에 초점이 맞추어진다. 그러나 자아가 발달함에 따라 다양한 관심과 경험을 통해 자아의 영역이 확대된다. 자기 자신을 넘어선 외부의 다양한 대상과 활동에 애정과 흥미를 갖게 되고 진지하게 참여한다. 성숙한 사람은 의미 있는 다양한 일에 깊은 관심과 열정적 참여를 통해서 자기 자신을 투신하며 확장해 나간다.

둘째, 성숙한 사람은 다양한 사람들과 따뜻한 관계(warm relating to others)를 맺는다. Allport에 의하면, 타인과의 따뜻한 관계는 친밀감과 연민의 두 요소로 구성된다. 성숙한 사람들은 부모, 자녀, 배우자, 친한 친구에게 친밀감과 사랑을 표현할 줄 안다. 연민은 인간 조건에 대한 깊은 이해와 모든 인간에 대한 동류의식을 의미한다. 성숙한 사람은 인간의 고통, 공포, 실패, 기쁨을 이해하는 능력을 지니며, 다른 사람에 대한 관용적인 태도를 나타낸다.

셋째, 성숙한 사람은 정서적 안정감(emotional security)을 지닌다. 이러한 정서적 안정감은 자기수용에 기인한다. 자기수용(self-acceptance)은 자신의 약점과 실패를 포함한 자기존재의 모든 양상을 받아들이는 것을 뜻한다. 정서적 안정의 다른 요인은 좌절에 대한 인내(tolerance to frustration)다. 성숙한 사람은 자기수용과 좌절에 대한 인내를 통해 정서적으로 쉽게 동요하지 않는 안정된 모습을 유지한다.

넷째, 성숙한 사람은 현실적인 지각(realistic perception)을 지닌다. 성숙한 사람은 자신이 처한 상황을 객관적으로 인식한다. 신경증적인 사람들은 자신의 욕망과 두려움을 외부현실에 투사하여 왜곡하는 경향이 있다. 그러나 성숙한 사람은 현실을 있는 그대로 지각하고 받아들인다. 따라서 현실을 객관적으로 판단하고 미래를 정확하게 예측한다.

다섯째, 성숙한 사람은 의미 있는 과업과 봉사(meaningful work and service)에 헌신한다. Allport는 삶에 있어서 일의 중요성과 그에 대한 몰두를 중시했다. 성숙한 사람은 자신의 능력과 열정을 투여할 일과 과업을 지니고 있으며 이에 몰입하여 헌신한다. 또한 이들은 일에 대한 책임감을 지니며 그로부터 삶의 의미를 느낀다. 따라서 긍정적이고 활력적인 건강한 삶을 살아가게 된다.

여섯째, 성숙한 사람은 자기를 객관화하는 능력, 즉 자기통찰(self-insight)을 지니고 있다. 즉, 자신이 어떤 사람이며, 어떤 생각을 지니고 있는지에 대한 통찰력을 지니고 있다. 또한 다른 사람의 의견에 대해 개방적이어서 다른 사람이 자신을 어떻게 생각하고 있는지에 대한 깊은 이해를 지니게 된다. 자기객관화와 자기통찰로 인해서 자신의 부정적 속성을 다른 사람에게 투사하지 않는다.

일곱째, 성숙한 사람은 일관성 있는 삶의 철학(an unifying philosophy of life)을 지닌다. 성숙한 사람은 미래지향적이며, 긴 안목의 목표와 계획을 가지고 일관성 있게 살아간다. 이렇듯이 성숙한 사람은 자신의 삶을 통해 완수해야 할 일에 대한 뚜렷한 목적의식과 의무감을 지닌다.

마지막으로, 성숙한 사람들은 종교적 성향(religious sentiment)을 지닌다. 종교적 성향은 자신을 자연이나 신과 같은 커다란 존재와 연결시켜 살아가는 태도를 의미한다. 따라서 성숙한 사람들은 자신의 행위와 삶을 영적 또는 종교적 관점에서 바라보는 겸손하고 초월적인 태도를 지닌다.

2) Fromm의 생산적 인간

정신분석학자인 Erich Fromm(1941, 1947)은 생산적

Erich Fromm

인간(productive person)이라는 용어로 이상적 인간상을 제시했다. 여기서 '생산적'이라는 것은 인간의 능력과 잠재력을 충분히 발휘한다는 것을 의미한다. 그는 개인이 지닌 긍정적인 잠재가능성을 충분히 발현하는 삶을 생산적이고 성숙한 것이라고 보았다.

Fromm에 따르면, 인간은 5가지의 기본적인 심리적 욕구를 지닌다. 첫째는 관계성(relatedness)의 욕구다. 인간은 개별적으로 분리되어 있고 본질적으로 고독한 존재다. 따라서 인간은 타인이나 세상과 의미 있는 관계를 형성하여 연결감(sense of relatedness)을 얻고자 한다. 이러한 연결감을 얻기 위한 미숙한 방법은 타인을 지배하거나 타인에게 의존하는 것이다. 가장 건강한 관계방식은 사랑이다. 사랑은 타인과의 연결감에 대한 욕구를 충족시킬 뿐만 아니라 독립성과 일체감을 느낄 수 있게 해 준다.

둘째는 초월(transcendence)의 욕구다. 인간은 수동적인 피조물이 아니라 자신의 삶을 능동적으로 만들어 나가려는 욕구를 지닌다. 이러한 욕구를 Fromm은 초월의 욕구라고 불렀다. 자신의 삶을 능동적으로 형성하는 가장 성숙한 방법은 창조적 활동이다.

셋째는 정착성(rootedness)의 욕구로서 어디엔가 뿌리를 내려 정착하려는 성향을 의미한다. 인간에게 있어서 의지할 곳이 없다는 것은 참을 수 없는 상태다. 정착성의 욕구가 충족되는 건강한 방법은 다른 사람들과의 형제애, 사랑, 관심, 일체감 그리고 참여의식을 갖는 것이다.

넷째는 정체감(identity)의 욕구로서 '나는 누구인가?'라는 물음에 대한 나름대로의 확고한 대답을 추구하는 것이다. 정체감의 욕구를 만족시키는 건강한 방법은 개성적인 존재가 되어 자신의 삶에 대한 통제감을 지니며 자신의 삶을 능동적으로 형성하는 것이다. 특정한 집단의 가치나 규범에 자신을 예속시켜 정체감을 느낄 수 있지만 이것은 주체성을 희생시킨 대가로서 진정한 정체감이라고 할 수 없다.

마지막은 정향체계(a frame of orientation)의 욕구로서 세상의 모든 현상을 해석할 수 있는 이해의 틀을 추구하는 것이다. 인간은 세상에 대해서 체계적이고 일관성 있는 이해의 틀을 형성함으로써 삶의 방향을 확립하려는 욕구를 지닌다. Fromm은 이성과 합리성에 근거하여 현실에 대한 객관적 인식을 형성하는 것이 이러한 욕구를 충족하는 건강한 방법이라고 주장했다.

건강하고 성숙한 사람의 가장 큰 특징은 자신의 심리적 욕구를 창의적이고 생산적인 방식으로 충족시킨다는 점이다. 생산적 인간은 타인과 세상을 사랑하며 창조하는 삶을 살아간다. 그들은 이성의 힘이 매우 발달하여 세계와 자신을 객관적으로 지각하며, 확고한 자기 정체감을 소유하고 있다. 나아가 세계와 의미 있는 관계를 맺어 그 안에 뿌리를 내리고 안정된 삶을 살아간다. 성숙한 사람은 자신의 삶을 어떤 것에 예속시키기보다는 자기의 삶을 주체적으로 개척하고 형성해 간다.

생산적인 사람들은 생산적 사랑, 생산적 사고, 행복, 양심의 특징을 지닌다. 첫째, 생산적 사랑은 서로가 개성을 유지할 수 있는 자유롭고 동등한 인간관계에서 나누는 애정행위를 말한다. 인간은 고립된 무력한 존재로서 타자와 관계를 맺고 결합하고자 하는 욕구를 충족시키고자 하는데, 이것이 건강한 삶의 핵심이다. 이러한 욕구의 좌절로 인해서 비이성적이고 부적응적인 행동이 나타나게 된다. 생산적 사랑은 타인과의 연결감을 형성하고 향유하는 건강한 관계를 의미한다. 이러한 사랑에서는 개인의 자아가 다른 사람의 사랑 속으로 흡수되거나 상실되는 것이 아니라 오히려 발현되고 확대된다. 생산적 사랑은 타인에 대한 이해, 돌봄, 책임감 그리고 존경으로 이루어진다.

둘째, 생산적 사고는 이성과 객관성에 근거하여 대상을 이해하려는 강한 흥미를 뜻한다. 생산적 사고를 하는 사람은 탐구하는 대상에 대해서 객관성과 경외심을 지니고 그것을 진지하게 통합적으로 이해하려는 자세를 지닌다. Fromm에 따르면, 위대한 발견이나 통찰에는 겸허한 자세로 문제 전체를 객관적으로 해결하려는 생산적 사고가 관여한다.

셋째, 생산적인 사람은 행복하다. 여기서 행복이라 함은 단순히 즐거운 감정상태가 아니라 개인의 잠재력이 실현되어 생명력과 생동감이 넘치고 개인 전체가 고양되어 있는 상태를 의미한다. 행복감은 삶이라는 예술에서 성공적이었음을 증명하는 것이며, 행복은 개인의 가장 위대한 업적이다.

마지막으로, 생산적인 사람은 내면적이고 개인적인 양심에 의해서 행동한다. 양심은 개인의 내면적 자아에서 들려오는 소리이며 타인의 음성을 대신하는 것이 아니다. Fromm에 따르면, 이러한 양심을 인본주의적 양심(humanistic conscience)이라고 불렀으며, 외부적 규범이 내면화된 권위주의적 양심(authoritarian conscience)과 구별했다. 성숙한 사람은 부모나 문화의 요구에 의해서 행동하는 것이 아니라 자신의 양심에 따라 행동하는 사람이다.

3) Maslow의 자기실현적 인간

Abraham Maslow는 '자기실현(self-actualization)'이라는 용어를 심리학계에 널리 알린 대표적인 인본주의 심리학자다. 그는 욕구위계이론에서 자기실현을 최상위 동기로 제시했다. Maslow(1954, 1968, 1971)에 따르면, 자기실현은 '개인이 잠재적으로 지니고 있는 것을 충분히 발현하려는 경향'으로서 인간을 비롯한 모든 생명체 안에 이미 깃들어 있는 고유한 속성을 표출하고 발현하려는 성향을 의미한다. 인간을 움직이는 동력은 크게 결핍동기와 성장동기로 구분할 수 있다. 결핍동기(deficiency needs)는 무언가 부족하다는 느낌에 의해서 욕구충족을 위해 노력하는 것으로서 생리적 동기, 안전의 동기, 사랑과 소속감의 동기, 존중의 동기가 여기에 포함된다. 이러한 욕구들이 어느 정도 충족되어 안전감과 자기존중감이 견고해지면, 성장동기(growth needs)가 촉발된다. 이러한 성장동기의 핵심은 자기실현의 욕구로서 진리, 정의, 아름다움, 풍요로움, 의미, 선함에 대한 추구를 포함한다.

Maslow는 창조적 업적과 인격적 성숙을 통해 자아실현을 이룬 세계적인 위인들의 삶을 치밀하게 분석하여 자기실현적 인간(self-actualized person)의 15가지 특성을 추출했다. 이러한 분석에는 Abraham Lincoln, Thomas Jefferson, Eleanor Roosevelt, Albert Einstein, Sigmund Freud, Albert Schweitzer 등이 포함되었다. 이러한 위인들은 완벽한 사람이 아닐 뿐만 아니라 15가지 특성을 모두 지니고 있지 않았지만, 대부분 신경증적 갈등으로부터 자유롭고 건강한 성격특성을 지니고 있었다. Maslow가 제시하는 자기실현적 인간의 15가지 특성을 네 범주로 나누어 소개하면 다음과 같다(Compton, 2005).

첫째, 자기실현적인 사람들은 경험에 대한 개방성(openness to experience)을 지닌다. 자신의 경험과 현실을 있는 그대로 수용하여 정확하게 인식할 뿐만 아니라 자신을 자연스럽게 표현하고, 새로운 경험을 즐기며, 감상하는 태도를 지닌다.

(1) 현실에 대한 정확한 인식. 이들은 자신의 욕구, 소망, 두려움으로부터 자유로운 상태에서 긍정적 편향이나 방어적 왜곡 없이 현실을 있는 그대로 객관적으로 인식한다. 자신에게 위협적인 것일지라도 공정하게 받아들일 뿐만 아니라 타인의 부정직함이나 속임수를 예리하게 분별한다.

(2) 수용적 태도. 이들은 자신, 타인, 세상에 대해서 수용적인 태도를 지닌다. 이들은 방어적이지 않기 때문에 자신과 타인의 장점을 자연스럽게 수용할 뿐만 아니라 약점도 불평이나 걱정 없이 받아들인다. 따라서 자신에 대해 교만해하거나 열등감을 갖지 않으며, 타인에 대해서도 원망하거나 비난하지 않는다.

(3) 솔직성과 자발성. 이들은 자신을 가식 없이 솔직하고 자발적으로 자연스럽게 나타낸다. 불필요한 열등감과 수치심으로 자신을 다른 모습으로 위장하지 않으며, 자기표현을 지나치게 억제하지

Abraham Maslow

도 않는다. 그러나 신중한 배려를 통해서 타인에 대한 솔직하고 자연스러운 감정표현에 타인이 상처 입지 않도록 노력한다.

(4) 창의적 태도. 이들은 매사를 창의적으로 접근하려는 태도를 지닌다. 직업적 일에서든 일상적 일에서든 새롭고 독창적인 것을 추구하는 경향이 강하며, 혁신적이고 창의적인 노력을 기울인다.

(5) 예민한 감상능력. 이들은 인생의 다양한 경험을 즐거움과 경이로움으로 신선하게 받아들인다. 다른 사람들은 곧 지루해할 경험에 대해서도 기쁨, 아름다움, 경외감, 감사함을 느끼는 놀라운 감상능력을 지니고 있다.

(6) 절정경험의 체험. 이들은 인생의 과정에서 매우 황홀하며 통찰이 확대되는 절정경험(peak experience)을 종종 체험한다. 절정경험은 종교적 신비체험과 유사하게 강렬한 깨달음과 더불어 자신이 무한히 확장되는 대양적 느낌을 체험하는 짧은 순간을 의미한다.

둘째, 자기실현적인 사람들은 대부분 강한 자율성(autonomy)을 지니며 매우 독립적이고 독자적인 성향이 있다.

(7) 자율성. 이들은 외부의 요구나 압력에 동조하기보다 자신의 독립적인 기준에 따라 자율적으로 판단하고 행동하는 경향을 지닌다. 이들의 자기존중감은 다른 사람의 평가나 문화적인 성공기준에 근거하지 않으며, 외부적 반응보다 내면적 만족을 선호하는 경향이 강하다.

(8) 혼자만의 시간에 대한 욕구. 이들은 고독과 사적인 생활을 즐기는 독특한 성향을 보인다. 이러한 특성은 이들이 비사교적이라는 뜻이 아니라 사회적 환경으로부터 철수하여 고도의 집중을 통한 깊은 사색의 시간을 갖고자 할 뿐만 아니라 혼란

을 느낄 상황에서도 혼자만의 시간을 통해서 평온한 안정감을 회복하려는 노력을 의미한다.

(9) 문화적 압력에 대한 저항. 이들은 자신이 살고 있는 문화로부터 어느 정도 분리되어 자신의 신념과 가치관에 따라 살아간다. 이러한 특성은 사회에 대한 반항적이고 비관습적인 태도를 뜻하는 것이 아니라 지배적인 문화적 성향이나 압력에 의해서 자신의 신념과 태도가 영향을 받지 않는다는 것을 의미한다.

셋째, 자기실현적인 사람들은 타인과 긍정적인 인간관계(positive relationship with others)를 맺으며, 전체로서의 인류와 개인으로서의 인간에 대해서 깊은 관심과 애정을 지닌다.

(10) 깊이 있는 대인관계. 이들은 타인과의 사랑과 우정, 동료애, 가족애에 대한 진지한 관심과 헌신적 노력을 기울인다. 때로는 가까이 하는 사람의 범위가 좁고 수가 적을 수도 있지만 이들은 타인과의 매우 깊이 있는 인간관계를 추구한다.

(11) 인도주의적 성향. 이들은 모든 인간이 처한 상황에 대해서 공감과 연민 그리고 인도주의적 애정을 지닌다. 또한 공동체를 위해 기여하고자 하는 사회적 관심을 지니며, 자율적으로 타인을 보살피고 돕는 행동을 나타낸다.

(12) 비공격적인 유머감각. 이들은 대부분 유머감각이 탁월하다. 다른 사람을 공격하는 적대적인 유머나 음탕하고 조롱적인 유머보다는 누구나 미소 짓고 수긍할 수 있는 교훈적인 깊은 뜻이 담긴 유머와 농담을 적절하게 잘 사용할 줄 안다.

(13) 사명의식과 헌신적 태도. 이들은 자신이 하는 일에 대해서 사명의식을 느끼며, 헌신적이고, 열정적인 태도로 임한다. 이러한 사명의식은 개인적인 이득을 위한 것이 아니라 사회와 타인을 위한

이타적인 것이다. 이들은 자신이 하는 일을 소명으로 여기고 깊은 애정과 열정을 쏟아 몰두하는 경향이 있다.

마지막으로, 자기실현적인 사람들은 확고한 윤리의식(strong ethical standards)을 지닌다.

(14) 민주적인 인격구조. 이들은 모든 사람을 공정하게 대하며, 다른 사람에 대한 배려와 존중 의식을 지닌다. 이들은 사회계층이나 교육수준, 정치적 의견, 학연과 지연, 인종과 피부색에 구애받지 않고 모든 사람에게 관대하고 수용적이며, 그들을 차별 없이 대한다. 자신이 배울 수 있는 사람이라면 누구든지 경청하며 배우려는 자세를 보인다.

(15) 수단과 목적의 분별. 이들은 옳고 그름에 대한 것뿐만 아니라 수단과 목적에 대한 명료한 분별력을 지니고 있어서 윤리적 목적을 위해서라도 비윤리적인 수단을 사용하지 않는 도덕적 기준을 지닌다.

4) Rogers의 온전히 기능하는 인간

Carl Rogers(1957, 1961)는 대표적인 인본주의 심리학자이자 인간중심치료의 창시자로서 자신의 치료경험에 근거하여 심리적으로 건강하고 성숙한 사람을 온전히 기능하는 사람(fully functioning person)이라고 지칭했다. 그에 따르면, 인간은 자신의 잠재능력을 발현하려는 선천적인 경향성을 지니고 있으며, 이러한 자기실현 경향성이 부모나 환경에 의해서 차단되거나 봉쇄될 때 불행감과 심리장애를 나타내게 된다. 그러나 무조건적 존중, 공감적 이해, 진솔함을 갖춘 치료자에 의해 자기자각과 자기수용이 증진되면 자기실현 경향성을 회복하여 잠재능력을 충분히 발현하면서 성장할 수 있다. Rogers(1961)에 따르면, 온전히 기능하는 사람들은 세 가지의 주요특성과 네 가지의 결과적 특성을 나타낸다.

첫째, 온전히 기능하는 사람일수록 경험에 대한 개방성(openness to experience)이 증가한다. 이들은 방어적 성향이 감소하면서 자신의 모든 경험을 충분히 자각하고 수용하는 개방성을 증가한다. 유쾌한 경험뿐만 아니라 불쾌한 경험도 공평하게 자각하게 되는데, 이를 위해서는 강렬한 감정에 압도되지 않을 수 있는 안정된 자기개념을 지니고 있어야 하며, 자신을 있는 그대로 자각하려는 용기가 필요하다.

둘째, 온전히 기능하는 사람일수록 실존적인 삶의 태도(existential lifestyle)가 증가한다. 실존적 삶의 태도란 삶의 과정을 중시하며, 그 과정에서 만나게 되는 경험을 충분히 음미하면서 인생을 주체적으로 만들어 나가려는 태도를 의미한다. '지금 이 순간의 체험'에 몰입하면서 자신의 내면적 선호를 자각하고, 삶의 의미를 음미하며, 주체적인 선택과 결정을 해 나가는 삶을 뜻한다.

셋째, 온전히 기능하는 사람일수록 자신의 유기체적 경험에 대한 신뢰(organismic trust)가 증가한다. 유기체적 경험이란 개인이 하나의 유기체로서 자신의 몸과 마음에 직접적으로 느껴지는 내면적 욕구, 감각, 감정, 육감 등을 의미한다. 온전히 기능하는 사람은 자신의 유

Carl Rogers

기체적 경험을 있는 그대로 잘 자각할 뿐만 아니라 그러한 경험을 신뢰하며 소중하게 여긴다.

충분히 기능하는 사람들은 이상의 세 가지 특성으로 인해서 선택의 자유, 창의성, 신뢰감과 생산성, 그리고 풍요롭고 충만한 삶의 결과적 특성을 나타낸다. 첫째, 이들은 개방적이고 실존적인 삶의 태도로 인해서 선택의 자유(freedom of choice)를 누린다. 방어적 태도가 감소하고 자신의 삶에 대한 주체적 태도가 증가하면서 인생의 매 순간마다 선택의 폭이 확대될 뿐만 아니라 용기 있게 선택하고 그에 대한 책임을 기꺼이 수용한다. 둘째, 온전히 기능하는 사람은 창의성(creativity)이 증진된다. 새로운 경험에 적응하기 위해서 창의성이 요구되는 동시에 그 결과로 창의성이 증가한다. 창의성이란 어떤 문제 상황에서 평범하지 않은 독특한 해결방법을 추구하며 그로 인한 새로운 경험들을 기꺼이 맞아들이는 열린 삶의 자세를 의미한다. 셋째, 온전히 기능하는 사람은 신뢰롭고 건설적인 행동(reliability and constructiveness)이 증가한다. 이들은 자기실현 경향성을 창의적이고 건설적인 방식으로 발현함으로써 타인에게 신뢰로운 존재로 여겨지게 된다. 결과적으로, 이들은 풍요롭고 충만한 삶(rich full life)을 영위하게 된다. Rogers에 따르면, 온전히 기능하는 사람들은 인생의 즐거움과 괴로움, 사랑과 상실, 용기와 공포를 좀 더 강하게 경험하기 때문에 그들의 삶은 풍성하고, 충만하며, 흥미진진하다. 좋은 삶이란 자신의 잠재력을 점점 더 펼치고 키우는 과정으로서 용기가 필요하다.

3. 동양의 지혜와 인격수양에 대한 관심

동양문화권에서는 오래전부터 이상적인 인간상을 제시하며 인격수양을 중요시해 왔다. 동양문화를 대표하는 중국문화와 인도문화는 삶의 문제를 극복하기 위한 다양한 철학적 또는 종교적 사상체계와 수행방법을 발전시켰다. 중국문화는 고대부터 한국인의 삶과 정신세계에 깊은 영향을 미쳤다. 여기에서는 공맹(孔孟)사상을 중심으로 한 유학의 사상체계와 노장(老壯)사상을 주축으로 한 도가의 사상체계를 간략히 살펴보기로 한다. 다양한 사유의 용광로라고 할 수 있는 인도문화에 대해서는 힌두교와 불교의 사상체계를 중심으로 살펴보고자 한다. 특히 불교는 인간의 마음에 대한 매우 심오한 이론체계를 제시하고 있을 뿐만 아니라 삶의 고통에서 벗어나 해탈과 자아초월에 이르는 수행방법을 제시하고 있다는 점에서 이론과 실천을 겸비한 동양의 심리학 체계라고 할 수 있다.

1) 유학의 이상적 인간상과 수양방법

유학(儒學)은 중국 춘추시대의 인물인 공자(孔子: 552~479 B.C.)에 의해서 제창된 철학체계이자 윤리학이며 정치학이라고 할 수 있다. 유학의 사상가들은 인간과 사회의 조화를 추구하기 위해서 인간의 본성에 대한 다

공자(孔子)

양한 주장과 이론을 제시하고 있다. 극심한 정치적 혼란기에 살았던 공자는 조화로운 사회적 관계를 중시하면서 평화롭고 안정된 사회의 구현을 지향하였다. 이를 위해서 인(仁)을 최고의 덕목으로 삼았으며, 수신(修身)·제가(齊家)·치국(治國)·평천하(平天下)의 실천을 강조했다.

공자에 따르면, 인(仁)은 '사람을 사랑하는 것'으로서 효제(孝悌), 즉 부모에 대한 효도와 형제간의 우애를 실천함으로써 함양되는 것이다. 가족구성원 간의 진정한 애정을 중시하는 이러한 가족 윤리를 출발점으로 하여, 공자는 인애(仁愛)를 인간사회의 조화와 평화를 이루는 원리로 삼아 정치에도 확대하여 적용했다. 유교에서는 인간이 지켜야 할 다섯 가지 기본적 덕목인 오상(五常), 즉 인(仁)·의(義)·예(禮)·지(智)·신(信)이 강조되었으며, 구체적인 행동적 강령으로서 삼강오륜(三綱五倫)이 제시되었다. 공자에게 있어서 최선의 삶은 긍정적이고 조화로운 인간관계 속에서 평화로운 사회와 국가를 위해 공헌하는 것이라고 할 수 있다.

공자는 이상적인 인간상으로 군자(君子)를 제시하고 있다. 『논어(論語)』에 나오는 다음의 일화는 공자가 추구했던 삶의 궁극적 지향을 잘 보여 주고 있다.

> 자로(子路)가 군자에 대해 묻자, 공자는 "군자는 자기를 닦음으로써 삼가는 사람이다"(修己以敬)라고 대답했다. 자로가 "그것뿐입니까?" 하고 묻자, 공자는 "군자는 자기를 닦음으로써 사람들을 편안하게 해주는 사람이다"(修己以安人)라고 대답했다. 자로가 거듭 "그것뿐입니까?" 하고 묻자, 공자는 "군자는 자기를 닦음으로써 온 백성들을 편안하게 해 주는 사람이다(修己以安百姓). 자기를 닦음으로써 온 백성들을 편안하게 해 주는 일은 요순도 이를 오히려 어렵게 여겼다"고 대답했다(『論語』, 憲問).

공자는 군자의 특징을 "자기를 닦음으로써 삼가는 일(修己以敬)" "자기를 닦음으로써 주위의 사람들을 편안하게 해 주는 일(修己以安人)" 그리고 "자기를 닦음으로써 온 천하 사람들을 편안하게 해 주는 일(修己以安百姓)"의 세 가지로 제시했다.

수기이경(修己以敬)은 자기수양을 통한 인격적 성숙을 뜻한다. 군자는 인의(仁義)에 바탕을 두고 자기를 닦는 사람이다. 자신에게 잘못이 있을 때 이를 고치기를 꺼리지 않으며 자기를 개선하고자 노력한다. 정서적으로 안정되어 있으며 늘 겸손하다. 또한 자기의 이기적 욕구를 억제할 수 있는 사람이다. 자기표출을 억제하고 말을 아끼며 삼간다.

수기이안인(修己以安人)은 대인관계에서 조화를 의미한다. 군자는 인의를 바탕으로 자기를 닦아 도덕적 수양을 이룬 후에 일상생활에서 주위 사람들과 조화를 이루고 그들을 편안하게 이끌어 주는 사람이다. 가족들에게는 효와 우애를 다하여 가정의 질서를 꾀하고 친척들을 돈독하게 대할 뿐만 아니라 친구들을 보살피고 그들에게 선을 행하도록 정성을 다해 권면한다. 군자는 주위 사람을 공손하고 예의바르게 대하며, 교만하게 행동하지 않고 다른 사람을 긍휼히 여겨 다투지 않으며, 함께 어울리되 편당을 짓지 않는다.

수기이안백성(修己以安百姓)은 사회구성원의 행복에 대한 관심과 책임을 의미한다. 공자는 개인의 인격수양뿐만 아니라 타인에 대한 관심과 배려 그리고 사회에 대한 책임감과 공헌을 이상적 인간의 기본적 특징으로 여겼다. 공자에 따르면, 인간은 도덕적 인격을 완성해야 할 뿐만 아니라 타인과 사회에 대한 배려와 책임감으로 승화시켜야 하는 존재다(조긍호, 2006).

자신을 수양하고 다른 사람들을 편안하게 하기 위한 군자의 실천적 절차가 『대학(大學)』에 제시된 팔조목(八條目)이다. 밝은 덕(明德)을 세상에 펼치고자 하는 자는 격물(格物: 사물의 이치를 궁구함), 치지(致知: 지식을 지극히 함), 성의(誠意: 뜻을 성실히 함), 정심(正心: 마음을 바르게 함), 수신(修身: 몸을 닦음), 제가(齊家: 집안을 가지런히 함), 치국(治國: 나라를 잘 다스림), 평천하(平天下: 세상을 평화롭게 함)의 순서로 노력해야 한다.

주자학(朱子學)에서는 주요한 수양방법으로 거경과 궁리를 제시하고 있다. 거경(居敬)은 내적인 수양방법으로서 항상 몸과 마음을 삼가며 바르게 가지는 일이며, 궁리(窮理)는 외적인 수양방법으로서 널리 사물의 이치를 탐구하여 정확한 지식을 지니는 일이다. 거경의 경(敬)이란 주일무적(主一無適), 즉 마음을 한군데에 집중하여 잡념을 버리는 것을 뜻하며, 주희(朱熹)는 그 구체적인 방법으로서 정좌(靜座)를 권하였다. 궁리란 이른바 격물치지(格物致知)이며 그 방법으로는 박학(博學: 널리 배움), 심문(審問: 의문을 지니고 질문함), 신사(愼思: 깊이 생각함), 명변(明辨: 분명하게 말함), 독행(篤行: 배운 바에 따라 행동함)이 제시되고 있다. 거경과 궁리는 수레의 두 바퀴처럼 함께 수행되어야 비로소 인(仁)을 온전하게 실천할 수 있다고 주장되었다.

유학은 궁극적으로 인간세계의 조화와 평화를 추구하고 있으며, 그에 필요한 개인의 인격적 수양을 강조하고 있다. 특히 절제와 중용을 강조하면서 극단적인 태도보다는 욕망을 잘 조절하며 삼가는 자기조절을 중시하고 있다. 기본적으로 유학은 탁월한 개인적 성취보다 조화로운 긍정적 인간관계를 중시하고 있을 뿐만 아니라 종교적이고 초월적인 태도보다는 현세적이고 이성적인 태도를 강조하고 있다.

2) 도가의 이상적 인간상과 수양방법

중국문화의 또 다른 중요한 축은 노장사상에 바탕을 두고 있는 도가의 전통이다. 도가(道家)는 노자(老子:

노자(老子)

580?~480? B.C.)와 장자(莊子: 369~289 B.C.)의 사상에 바탕을 두고 있다. 노자는 공자와 같은 시대를 살았던 사람으로서 그의 가르침은 『도덕경(道德經)』에 전해지고 있으며, 장자는 맹자와 비슷한 시대를 살았던 사람으로 알려지고 있으며 저서인 『장자(莊子)』를 남겼다.

도가는 무위자연(無爲自然)을 통한 초월적인 삶을 지향한다. 우주만물을 생성하고 운행하는 원리인 도(道)를 따르는 삶을 지향한다. 도(道)는 언어로 표현할 수 없는 심오한 것으로서 우주만물의 운행을 관장하면서도 의도적인 노력 없이 자연스럽게 이루어진다. 노자는 이러한 도를 따르며 살아가는 자연(自然)의 태도를 가장 중요한 덕목으로 여겼다. 인위적 노력을 기울이지 않는 무위(無爲)는 자연의 태도를 사회적 삶에 실현하는 방법이라고 할 수 있다.

노장사상에 따르면, 인간의 지식과 신념은 시대, 지역, 교육 등의 환경에 의해 좌우되는 것이므로 보편적 타당성을 보장할 수 없는 것이다. 이러한 지식과 신념에 입각한 행위를 인위(人爲)라고 한다. 인간은 편향적인 지식과 신념에 사로잡혀 우주만물을 인식하고, 인위적으로 가치판단을 함으로써 도로부터 멀어지게 되며,

타고난 덕을 망각하게 되어 사회적으로도 많은 쟁탈과 갈등을 초래한다.

도(道)는 천지만물의 근본원리로서 어떤 것을 의도하지 않기 때문에 무위(無爲)하다. 아울러 스스로 자기존재를 성립시키며 저절로 움직이므로 자연(自然)하다. 이러한 도가 개별적 존재에 발현된 것을 덕(德)이라고 본다. 도가 천지만물의 공통된 본성이라면, 덕은 개별적인 존재의 본성이라고 할 수 있다. 이러한 덕을 회복하려면 외부적 환경으로부터 오염된 심성(心性)을 닦아야 하는데, 이를 수성반덕(修性反德)이라고 한다. 덕을 회복하게 되면 도에 도달하게 되는데, 그 대표적인 득도방법은 심재(心齋)와 좌망(坐忘)이다. 심재는 제사를 지내기 전에 목욕재계를 하듯이 마음을 비워 깨끗이 한다는 뜻이다. 감각작용을 쉬게 하고 마음을 비움으로써 궁극적으로 허(虛)의 경지에 이르게 되면, 자신과 대상 사이의 간격이 없어지는 물아일체(物我一體)의 상태가 실현된다. 좌망은 조용히 앉아서 자신을 구속하는 일체의 것들을 잊어버리는 것을 의미한다. 앉은 채로 무아의 경지에 들어 모든 시비와 차별을 잊어버리는 상태를 뜻한다. 도가에 따르면, 최선의 삶은 도와 덕을 회복하여 무위자연의 삶을 사는 것이다. 이러한 경지에 이르러 정신적 자유를 누리는 사람을 도가에서는 도인(道人) 또는 지인(至人)이라고 부른다.

노장사상은 몰락한 주(周)나라의 문물제도가 지닌 허위성과 형식성을 비판하며 나타난 사상이라고 할 수 있다. 유학과는 달리, 노장사상은 반문명적(反文明的)이고, 탈가치적(脫價値的)이며, 반형식적(反形式的)인 경향을 지닌다. 또한 인의예지(仁義禮智)와 같이 사회의 질서 유지를 위한 인위적 형식을 비판하면서 집단 중심적 태도로부터 개인 중심적인 태도를 지향하고 있다. 개인적인 삶에 있어서 모든 인위(人爲)를 거부하고 세속적인 생활과 가치 체계를 초월함으로써 자연의 흐름에 내맡기고 살아가는 것을 이상적인 삶으로 여긴다. "최고의 선은 물과 같다. 물은 만물을 이롭게 하면서도 서로 다투는 법이 없고, 뭇 사람들이 싫어하는 낮은 곳을 지향한다"라는 『도덕경』의 문구처럼, 물이 흘러가는 것처럼 자연스럽게 살아가는 상선약수(上善若水)의 삶을 최선의 삶으로 여긴다. 서로 다투지 않는 조화의 미덕과 낮은 곳을 선호하는 겸손의 자세를 강조하고 있다.

3) 힌두교의 이상적 인간상과 수행방법

힌두교(Hinduism)는 인도에서 고대부터 전해 내려오는 바라문교가 복잡한 민간신앙과 결합되며 발전한 종교로서 그 기본적 사상은 『리그베다』와 『우파니샤드』를 비롯한 여러 경전에 바탕을 두고 있다. 신성한 최고신인 브라만(Brahman)을 숭배하는 브라만교에 다양한 신을 모시는 민간신앙과 더불어 윤회, 업, 해탈의 철학사상이 결합되면서 힌두교는 교리와 수행법에 있어서 매우 다양한 양상을 나타내고 있다. 힌두교는 다양한 신에 대한 숭배와 봉헌을 중시하는 유신론적 측면을 지닐 뿐만 아니라 지혜와 자기수련을 강조하는 철학적 측면을 모두 지니고 있다.

힌두교는 생명이 죽은 후에 세상으로 회귀한다는 윤회(輪廻)와 현재의 삶은 과거의 행위에 의해 결정된다는 업(業: Karma)의 사상에 바탕을 두고 있으며, 윤회의 사슬로부터 영원히 벗어나는 해탈(解脫: Moksa)을 궁극적인 목표로 삼는다. 이러한 힌두교의 유신론적 측면과 철학적 측면은 범아일여(梵我一如)의 사상, 즉 대우주의 본체인 브라만(brahman, 梵)과 개인 영혼인 아트만(atman, 我)이 하나라는 베단타 철학으로 통합되었다. 심신수련을 통해서 개인이 최고신과 하나임을 깨닫는 신비한 직관을 체득함으로써 해탈에 이를 수 있다는 입장이다.

　힌두교는 윤회의 속박에서 벗어나 해탈에 이르는 다양한 수행방법을 제시하고 있다. 그 대표적인 수행체계가 요가(yoga)로서 그 기저의 철학과 수행방법에 따라 다양한 유파가 있다. 신에 대한 사랑과 헌신을 강조하는 박티 요가(Bhakti yoga), 지식과 지혜의 계발을 중시하는 지나나 요가(Jnana yoga), 선하고 올바른 행위를 강조하는 카르마 요가(Karma yoga), 금욕과 신체의 정화를 강조하는 하타 요가(Hatha yoga), 정신집중과 명상을 중시하는 라자 요가(Rāja yoga) 등이 있다.

　요가의 경전인 『요가수트라』에 따르면, 일반적으로 요가수행은 8단계로 구성되어 있다. 제1단계는 금계(禁戒, yama)로서 생명을 죽이지 말고, 남의 물건을 훔치지 않으며, 탐욕을 내지 않는 것과 같은 부정적인 행위를 금하는 사회적 계율을 잘 따르는 것이다. 제2단계는 권계(勸戒, niyama)로서 청정(清淨), 만족(滿足), 학습(學習), 고행(苦行), 헌신(獻身)과 같은 긍정적인 행위를 권하는 개인적 규범을 따르는 것이다. 제3단계인 좌법(坐法, asana)은 요가체조를 뜻하며, 신체동작을 통해서 몸의 긴장과 이완을 조절하는 수행법이다. 제4단계는 조식(調息, pranayama)으로서 호흡을 통해서 우주의 에너지를 축적하는 수련을 의미한다. 이 단계에서는 신체를 정화하기 위해서 위장, 구강, 비강을 청정하게 하는 여러 방법과 더불어 단식 수행을 하기도 한다. 1~2단계가 도덕적 통제력을 함양하는 수행이라면, 3~4단계는 육체적 통제력을 육성하는 수행이라고 할 수 있다.

　제5단계인 제감(制感, pratyahara)은 감각기관에 대한 자극을 차단하여 심신의 평정을 이루게 하는 수행이다. 6단계 이후는 수련의 심화과정에 해당되는데, 제6단계인 응념(凝念, dharana)은 하나의 대상에 정신을 집중하여 통일하는 수행이다. 제7단계는 선정(禪定, dhyana)으로서 의식의 대상을 초월하여 무념, 무상, 무심의 상태에 이르는 것이다. 이러한 수행과정을 통한 심신의 평정상태에서 절대 진아(眞我)와 합일되어 무아상태에 이르는 삼매(三昧, samadhi)가 최후의 8단계다. 이 단계

힌두교의 수행자, 사두

에서는 자아와 우주가 하나로 통일되는 범아일여의 경지에 이르게 된다.

힌두교는 궁극적으로 최고의 신인 브라만과 개인의 영혼인 아트만의 합일을 추구하는 종교로서 초월과 영성을 핵심덕목으로 중시한다. 또한 죽은 뒤에서도 생명은 계속하여 순환하며 현생의 업(karma)이 내세의 삶을 결정한다는 윤회사상에 근거하는 힌두교에서는 좀 더 나은 내세의 삶을 위한 자기정화로서 고행과 금욕 등의 실천적 덕목을 강조한다.

힌두교에서는 신도들이 한평생 반드시 거쳐야 하는 네 단계의 생활기를 규정하고 있다. 즉, 배움에 집중하는 학생기(學生期), 성인이 되어 가족을 부양하는 가장기(家長期), 자녀가 성장하면 숲속에 들어가 수행을 하는 임주기(林住期), 그리고 인생의 노년에 세상을 떠도는 유행기(遊行期)로 나누고 있다. 인생의 전반기에는 세속적인 삶의 의무에 충실한 반면, 인생의 후반기에는 영적인 수행에 집중하는 것을 권장하고 있다. 인생의 마지막 네 번째 단계에서 고행과 요가를 실천하며 해탈을 추구하는 종교적 수행자나 성자를 힌두교에서는 사두(sadhu)라고 지칭한다. 힌두교는 신에 대한 헌신, 진언과 주문, 금욕과 신체수련, 선한 행위, 정신집중과 명상을 중시하는 다양한 요가수행법이 제시되고 있으나 모두 범아일여의 체득을 통한 해탈을 지향하고 있다(Smart, 1998).

4) 불교의 이상적 인간상과 수행방법

불교(佛敎)는 인도에서 발원한 종교로서 한국을 비롯하여 중국, 일본, 태국, 미얀마, 티베트 등의 동양문화에 심대한 영향을 미쳤다. 불교는 인도의 북부 카필라 왕국의 고타마 싯다르타(563~484 B.C.)에 의해 창시되었으며 궁극적으로 생로병사(生老病死)의 고통에서 벗

명상 중인 고타마 싯다르타

어나 해탈에 이르는 길을 추구하는 종교이자 철학체계라고 할 수 있다. 불교의 가르침은 네 가지의 진리를 뜻하는 사성제(四聖諦), 즉 고(苦: 인생은 고통스러운 것이다), 집(集: 모든 고통은 집착에서 비롯한다), 멸(滅: 집착을 없애면 열반에 이를 수 있다), 도(道: 열반에 이르는 길은 팔정도를 따르는 것이다)로 집약될 수 있다.

(1) 고제: 고통의 현상론

불교는 고제(苦諦), 즉 인생이 고통으로 가득 차 있다는 깨달음으로부터 출발한다. 고제는 삶의 현실에 대한 인식으로서 인간이 삶속에서 경험하는 고통에 대한 현상론을 구성하고 있다. 불교는 인간이 겪는 고통의 인식에서 출발하여 모든 고통과 번뇌로부터 벗어나는 것을 목표로 한다.

고(苦: dukkha)는 '힘이 드는 것'이라는 어원에서 발전한 개념으로서 '자기의 뜻대로 되지 않는 상태'라는 뜻을 내포하고 있다. 고는 주관적으로 불쾌하고 괴로울 뿐만 아니라 힘들고 아프게 느껴지는 심리적 상태이며,

이로부터 벗어나고 싶은 바람을 유발한다. 불교에서 고는 2고, 3고, 4고, 8고, 110종의 고 등으로 다양하게 분류되고 있다.

불교에서 가장 보편적인 고의 분류는 사고(四苦)와 팔고(八苦)다. 사고는 생로병사(生老病死)의 괴로움을 말한다. 태어남과 삶을 유지하기 위한 생고(生苦), 육신과 정신의 기능이 쇠퇴하며 늙어가는 노고(老苦), 병들어 통증을 느끼는 병고(病苦), 그리고 수명을 다하여 몸과 마음이 사멸하게 되는 죽음에서 느끼는 사고(死苦)가 그것이다. 이러한 사고에 애별이고(愛別離苦: 애착하는 것과 이별하는 고통), 원증회고(怨憎會苦: 미워하는 것과 만나는 고통), 구부득고(求不得苦: 얻고자 하는 것을 얻지 못하는 고통), 오음성고(五陰盛苦: 마음에 떠오르는 모든 것에 집착함으로써 생기는 고통)를 더하여 팔고라고 부르기도 한다.

(2) 집제: 고통의 원인론

집제(集諦)는 고통의 원인론에 대한 교설이다. 불교의 근본교리는 이 세상 모든 것이 마음의 산물이라는 삼계유심(三界唯心)과 만법유식(萬法唯識)의 사상에서 출발한다. 이러한 사상은 모든 것은 마음이 지어낸 것이라는 일체유심조(一切唯心造), 마음을 떠나 존재하는 것은 아무것도 없다는 심외무일물(心外無一物)이라는 말로 표현되기도 한다. 이 세상 모든 것은 마음이라는 거울에 비쳐진 그림자와 같은 것이다. 인간의 고통 역시 마음이 만들어 낸 것이며 마음에 비쳐진 것이다. 따라서 고통의 원인을 밝히고 그로부터 벗어나기 위해서는 인간의 마음에 대한 깊은 탐구가 필요하다. 이러한 입장을 지닌 불교는 근본적으로 심리학적이라고 할 수 있다.

불교의 교설에 따르면, 고통과 번뇌는 마음에 비쳐진 그림자, 즉 망념(忘念)과 그에 대한 집착 때문이다. 이러한 망념과 집착은 그 기원이 무명(無明), 즉 존재의

실상을 알지 못하는 어리석음에 있다. 고통의 원인과 발생에 대한 부처의 근원적 설명이며 존재의 실상에 대한 설명이 연기설(緣起說) 또는 인연설(因緣說)이다. 집제(集諦)라고 할 때 집(集)이라는 글자는 '인연의 모임'이라는 의미를 내포하고 있으며 이러한 연기설을 대변하고 있다. 연기설에 따르면, 이 세상 모든 것은 그 자체로서 독립적인 속성을 지니지 않으며, 다른 것과의 상대적 관계 속에서 존재하는 상의성(相依性)을 지닌다. 모든 것은 다른 것에 의지하여 인연화합으로 생겨나며 변화하는 것이다. 이 세상에는 독립된 주체적 존재, 즉 자아(自我: atman)라고 할 만한 것이 없으며 이 세상 모든 것은 인연에 따라 항상 변하여 찰나도 머무르지 않는 것이 존재의 실상이다. 그런데 인간은 이러한 진리를 알지 못하고 잘못된 생각인 망념에 집착한다. 즉, 육신을 중심으로 하여 자신을 주체적 존재라고 믿고, 바깥의 대상을 항상 존재하는 것으로 믿으며 그에 집착한다. 인간의 고통은 근원적으로 이러한 존재의 실상에 대한 무지와 집착에서부터 생겨난다.

이러한 연기설의 관점에서 고통이 생겨나는 과정을 세분하여 설명한 것이 십이연기설(十二緣起說)이다. 십이연기설은 무명(無明)에서 출발하여 노사(老死)에 이르는 12단계를 설명하는 교설이다. 십이연기설이 고통의 발생과정론이라면, 팔식론(八識論)은 유식학(唯識學)에서 주장하는 마음의 구조론이라고 할 수 있다. 유식학은 불교의 심층심리학이라고 할 만큼 인간의 심층적 심리구조에 대한 체계적 설명을 하고 있다.

(3) 멸제: 수행의 목표론

멸제(滅諦)는 불교가 지향하는 이상적 경지 또는 목표에 대한 교설이다. 불교에서는 열반(涅槃: nirvāṇa)을 이상적 목표로 삼는다. 열반은 '불어서 끄는 것' 또는 '불어서 꺼버린 상태'를 의미하며 마치 바람이 활활 타

오르는 불을 끄는 것과 같이 타오르는 번뇌의 불꽃을 지혜의 바람으로 불어 꺼서 모든 고뇌가 사라진 상태를 지칭한다. 모든 망념과 번뇌를 멸절시켜 모든 고통과 구속으로부터 자유롭게 벗어난 상태라 하여 해탈(解脫)이라고도 표현한다. 또는 번뇌가 생겨나기 이전의 상태 또는 마음의 본자리를 깨달아 체험하는 것이라 하여 견성(見性)이라고도 한다. 이러한 견성을 통해 참지혜를 얻은 사람을 부처(buddha, 覺者) 또는 보살(菩薩)이라고 한다.

이러한 해탈과 열반의 경지는 끊임없는 수행의 결과로 도달하게 된다. 유식학에서는 수행을 시작하여 궁극적인 경지, 즉 구경의 상태에 이르는 과정을 다섯 단계로 구분하는 오위설(五位說)을 제시하고 있다. 유식학에서는 고통으로부터의 해탈이 수행의 진보에 따라 단계적으로 이루어지는 점오설(漸悟說)을 주장하지만 선불교(禪佛敎)에서는 견성(見性), 즉 깨달음이 몰록 일순간에 일어나 일거에 모든 고통으로부터 벗어나게 된다는 돈오설(頓悟說)을 강조한다.

(4) 도제: 수행의 방법론

도제(道諦)는 고통스러운 삶으로부터 해방된 해탈의 경지에 도달하기 위한 실천적 방법론을 의미한다. 불교의 주된 수행법은 팔정도(八正道), 육바라밀(六波羅蜜), 삼학(三學), 지관법(止觀法), 참선법(參禪法) 등으로 요약된다. 석가모니는 괴로움의 소멸에 이르는 길인 도제를 설명하면서 구체적인 수행방법으로 팔정도를 제시하였다. 팔정도는 욕망과 집착에서 벗어나 해탈에 이르는 여덟 가지 수행방법으로서 ① 정견(正見: 올바로 보는 것), ② 정사(正思: 올바로 생각하는 것), ③ 정어(正語: 올바로 말하는 것), ④ 정업(正業: 올바로 행동하는 것), ⑤ 정명(正命: 올바로 생계를 유지하는 것), ⑥ 정근(正勤 또는 正精進: 올바로 부지런히 수행하는 것), ⑦ 정념(正念: 올바로 마음을 바라보는 것), ⑧ 정정(正定: 올바로 마음을 평정하게 하는 것)을 말한다.

육바라밀은 특히 대승불교의 보살이 행해야 할 6가지 수행덕목인 보시, 지계, 인욕, 정진, 선정, 지혜를 의미한다. 보시(布施)는 다른 사람에게 베풀어 주는 것이며, 지계(持戒)는 수행자로서 지켜야 할 계율을 준수하는 것이다. 인욕(忍辱)은 욕된 일을 당하여도 잘 참는 것이며, 정진(精進)은 나태해지려는 자신을 채찍질하면서 끊임없이 노력하는 것이다. 선정(禪定)은 마음을 고요히 가라앉히고 한곳에 집중하는 것이며, 지혜(智慧)는 분별적 사유를 떠나 인간 존재의 실상을 직관하여 얻게 되는 깨달음을 의미한다.

팔정도와 육바라밀은 계·정·혜(戒·定·慧)의 삼학이라고 집약되어 지칭되기도 한다. 삼학의 첫째인 계(戒)는 일상생활에서 '해서는 안 되는 일'과 '해야 할 일'에 대한 행동적 지침이다. 자신의 삶을 변화시키고자 하는 사람은 우선 이러한 행동적 지침에 따라 일상생활 속에서의 행동과 습관을 변화시켜야 함을 의미한다. 정(定)은 한 대상에 대한 주의집중을 통해 안정된 심리상태를 발전시키고 나아가 삼매(三昧)의 경지를 체득하는 것이다. 정은 산란하고 불안정한 마음을 안정시키기 위한 방법으로서 한 대상에 주의를 집중하여 명상하는 것이다. 이러한 선정수행을 통해 궁극적으로 모든 사념이 정지된 청정한 마음상태, 즉 삼매를 체험하게 된다. 삼학의 세 번째인 혜(慧)는 철저한 자기관찰을 통해 삶에 대한 근원적 통찰을 체득하는 방법이다. 이러한 관법(觀法: 위빠사나 또는 마음챙김 명상)은 불교만의 독특한 수행방법이자 가장 핵심적인 수행방법이다. 사념처관(四念處觀)에서 자세히 제시되듯이, 마음의 빛을 내면으로 되돌려 바라보는 회광반조(回光返照)를 통해서 몸의 움직임 하나하나에서부터 가장 심층적인 내면세계까지 세세밀밀(細細蜜蜜)하게 지속적으로 자신의 심리적 경험을 관찰하는 것이다. 자신의 마음을 세세밀

밀하게 관조함으로써 모든 현상이 인연화합으로 생겼
다 사라진다는 연기(緣起)의 깨달음과 삼법인(三法印)
의 깨달음, 즉 일체개고(一切皆苦: 모든 것이 고통이다),
제행무상(諸行無常: 모든 것은 끊임없이 변한다), 제법무
아(諸法無我: 모든 것에는 '나'라고 할 만한 것이 없다)를
체험적으로 증득하게 됨으로써 해탈의 경지에 들어가
게 되는 것이다.

4. 자아초월심리학: 제4의 심리학

인간의 정신세계는 참으로 넓고 깊다. 인간이 인식하
고 체험하는 마음의 세계는 그 끝을 헤아리기 어려울 만
큼 다양하고 심오하다. 과연 현대의 심리학은 이처럼 넓
고 깊은 인간의 마음을 얼마나 이해하고 있는 것일까?
현대 심리학이 제시하고 있는 다양한 이론은 인간의 정
신세계를 얼마나 설명하고 있는 것일까? 논리적 실증주
의에 근거한 과학적 연구방법을 중시하는 현대의 심리
학은 그러한 방법으로 접근하기 용이한 심리적 현상과
행동에만 제한된 연구를 시행하는 경향이 있다. 심지어
심리학 이론의 대부분은 주로 개인주의적인 성향이 강
한 미국의 중산층 백인 대학생을 피험자로 한 연구를 통
해 정립된 것으로서 전 세계인구의 1%에도 미치지 못하
는 극히 제한된 집단의 심리적 현상만을 설명하고 있을
뿐이며 다른 문화권에 적용하기 어렵다는 비판이 제기
되고 있다(조긍호, 2003; Kim, 2000). 심리학은 인간의 정
신세계에 대한 좀 더 온전한 이해를 위해서 연구의 주제
와 방법을 확대하고 다양화할 필요가 있다.

1) 영적인 신비체험에 대한 심리학적 탐구

인간의 정신세계를 이해하는 데에 매우 중요하지만

그동안 심리학에서 외면해 온 심리적 현상이 있다. 그
것은 영적인 신비체험이다. 동양과 서양의 종교적 또는
영적 수행자들은 다양한 신비체험을 보고하고 있다. 이
러한 신비체험은 우주 또는 신과의 합일경험, 자아의식
이 소멸하는 무아경험이나 삼매경험, 주관과 객관의 이
원성 초월, 궁극적 또는 절대적 의미의 인식, 황홀한 절
정경험 등을 포함하고 있다. 서양의 전통적인 심리학은
이러한 신비체험을 매우 특수한 비정상적인 주관적 경
험으로 간주했을 뿐만 아니라 과학적 연구가 어렵다는
이유로 중요한 의미를 부여하지 않았다.

그러나 James, Jung, Assagioli, Maslow와 같은 일
부 심리학자들은 인간의 영적인 신비체험에 대해서 깊
은 관심을 보였다. 초기 심리학의 주요한 인물인
William James는 『종교적 경험의 다양성(The Varieties
of Religious Experience)』이라는 저술을 통해서 종교체
험의 다양한 특성을 심리학의 관점에서 논의했으며,
'자아초월적(transpersonal)'이라는 용어를 최초로 사용
했다. Freud는 『모세와 유일신교(Moses and
Monotheism)』나 『환상의 미래(the Future of an
Illusion)』와 같은 저술을 통해서 종교체험에 대한 깊은
관심을 보였으며, 특히 종교체험의 극치인 대양적 느낌
(oceanic feeling)을 심리학적으로 설명하기 위한 노력
을 기울였다. 특히 Jung은 불교를 비롯한 동양의 종교
에 깊은 이해를 지니고 있었으며, 다양한 종교적 현상
과 체험을 설명할 수 있는 심층심리학 이론을 제시했
다. 이탈리아의 심리치료자인 Roberto Assagioli는 현
실적 적응과 자기실현을 넘어서 영적 성장과 자아초월
에 이르는 정신통합(psychosynthesis)을 제시했다.
Stanislav Grof는 환각제(LSD)의 심리적 효과에 대한
정밀한 연구를 통해서 인간의 의식과 자아초월적 경험
에 대한 체계적 이론을 제시하기도 했다.

Maslow는 인생의 말년에 자기실현을 넘어선 초월적

영적인 신비체험은 인간의 심층심리를 탐구할 수 있는 중요한 연구주제다.

경험에 깊은 관심을 보였다. 그는 사망하기 2년 전에 심한 심장발작을 경험한 이후로 언제든지 죽을 수 있다는 사실에 직면하면서 하루하루의 삶을 새로운 관점에서 음미하며 살았다. 이러한 자신의 체험을 다른 학자들과 나누면서 다음과 같이 말한 바 있다(Cleary & Shapiro, 1995). "삶에 대한 나의 태도가 변했다. 사실 나는 이미 죽은 것이나 다름없다. 지금 나는 일종의 보너스로 삶을 살고 있는 것이다. 이제 권력, 경쟁, 명예 같은 것은 중요치 않게 되었다. 죽음의 두려움이 없어졌기 때문에 하루하루의 삶이 감사하게 느껴지고, 한순간 한순간이 신비롭게 느껴진다." 그는 이처럼 모든 경험이 기적적이고 신비로운 것으로 여겨지고 평온하게 느껴지는 고요한 정서상태를 고원경험(plateau experience)이라고 불렀다. 또한 영적인 성장이 긍정적이고 아름다운 체험에서 촉발되기보다 근사체험(near-death experience)과 같

이 극도로 고통스러운 자기직면을 통해서 이루어진다는 점을 강조하면서 밑바닥 경험(nadir experience)이라는 용어를 사용했다. Maslow는 말년에 동기의 위계를 결핍동기와 성장동기에 더해 초월동기를 추가한 삼중이론을 제시하기도 했다(Battista, 1996).

인본주의 심리학은 인간의 심리적 성장과 잠재력 개발에 관심을 지니고 있었지만 개별적인 자기(individual self)에 초점을 맞추고 있었다. 자아의식을 넘어서 초개인적 심리현상에 공통적인 관심을 지니고 정기적인 토론모임을 지속해 오던 Anthony Sutich, Abraham Maslow, Joseph Adams 등의 심리학자들은 1968년에 자신들의 연구를 인본주의 심리학과 구분하여 자아초월 심리학(Transpersonal Psychology)이라고 명명했다. 이들은 자아초월 심리학을 '영성과 의식의 변성상태(altered state of consciousness)에 대한 심리학적 연구'

라고 정의하고 정신분석학, 행동주의 심리학, 인본주의 심리학을 넘어서는 제4의 심리학이라고 지칭했으며, 자아초월심리학회(Association of Transpersonal Psychology)를 결성하고 1969년부터 『자아초월심리학회지(Journal of Transpersonal Psychology)』를 발간하기 시작했다.

　자아초월 심리학은 현대 심리학의 이론적 체계 내에서 인간경험의 초개인적·자아초월적·영적 측면을 연구하는 심리학의 분야를 의미한다. 전통적으로 '종교적 또는 영적'이라고 간주되어 온 인간의 경험에 대한 과학적인 접근이라고 할 수 있다. 자아초월 심리학의 주된 관심사는 자아초월적인 의식상태, 개인적 자기의 초월경험, 영적인 신비경험, 인간의 궁극적 잠재능력, 영적인 성장과 치유 등이다. 자아초월 심리학은 종교와 과학을 연결할 뿐만 아니라 동양과 서양의 지혜를 통합하려는 시도로서 인간 심성의 심오한 구조를 밝히고 인간으로서 가능한 최고의 심리적 성장과 자아초월을 추구한다.

　Scotton, Chinen과 Battista(1996)에 따르면, 자아초월 심리학은 인간을 생물심리사회영적 존재(biopsychosociospiritual being)로 가정함으로써 인간의 다양한 경험을 몸, 마음, 영혼의 통합적 관점에서 이해하고자

진리란 무엇인가?: 인간의 정신세계를 이해하기 위한 인식론적 기반

　자아초월 심리학은 자칫 비과학적인 유사심리학(pseudopsychology)으로 오해될 수 있다. 그러나 자아초월 심리학은 기본적으로 현대 심리학의 이론적 체계와 과학적 연구방법에 근거하고 있으며, 인간의 마음에 관한 진실에 이르기 위한 방법론적 다양성을 추구하고 있다.

　Chinen(1996)은 자아초월 심리학의 인식론적 기반을 제시하고 있다. 그에 따르면, 현대의 과학은 합리론, 경험론, 유물론에 근거하고 있다. 특히 논리적 실증주의에 근거한 과학은 인간의 감각과 이성 그리고 언어에 의해서 공유할 수 없는 개념과 현상을 거부한다. 따라서 그동안 심리학은 영적 또는 종교적 신비경험을 과학적 연구대상으로 여기지 않았다. 그러나 경험론, 합리론, 유물론에 근거하고 있는 소위 과학적 연구방법은 절대적인 것일까? 논리적 실증주의에 근거한 과학적 방법론은 진실에 이르는 유일하고 절대적인 길일까? 과연 진리란 무엇이며 어떻게 접근할 수 있는 것일까?

　진리(眞理, truth)는 인간의 마음에 의해서 이루어지는 자신과 세상에 대한 올바른 인식으로서 다양한 양식을 지닌다. 그 첫째는 진리의 표상적 개념(representational concept)으로서 어떤 인식이 실제 상황을 정확하게 표상해야 진리라는 입장이다. 이러한 입장은 어떤 경험이 진실하기 위해서는 실재와 동일하게 대응되어야 한다는 진리의 대응이론(correspondence theory)과 일맥상통한다. 진리의 다양한 인식방법을 오감에 비유하면, 표상적 진리는 시각에 해당하는 것으로서 인식주체와 별개로 존재하는 대상에 대한 객관적인 표상과 인식을 제공한다.

　둘째는 진리의 정합이론(coherence theory)으로서 진리란 객관적인 유일한 것이 아니라 개인 또는 집단의 의미체계 내에서 일관성과 일치성을 지니는 인식이라는 입장이다. 이러한 입장에 따르면, 진리는 인식주체와 불가분의 관계를 지니는 주관적인 것으로서 서로 일관성을 지니는 명제들로 구성된 인식체계를 뜻한다. 따라

서 객관적인 진리나 외부의 실재에 대한 질문은 무의미하며, 내면적인 경험과 인식의 관계를 기술하고 분석하는 해석학적 또는 현상학적 방법을 통해서 진리에 접근할 수 있다. 이러한 해석학적 진리는 후각과 같은 것으로서 기존의 인식체계와 정합성 여부에 따라 즉각적인 수용 또는 거부 반응을 촉발한다.

셋째는 진리의 실용주의 이론(pragmatic theory)으로서 어떤 인식이 특정한 상황에 적응하거나 문제를 해결하는 데 도움이 된다면 진리라는 관점이다. 진실한 경험과 신념은 긍정적인 결과를 가져오는 것이다. 예컨대, 어떤 이론이 성공적인 치료효과를 유발한다면 그것은 타당성을 지닌 것이라고 할 수 있다. 실용주의적 진리는 대상과 접촉하거나 그것을 움직임으로써 그 감촉과 무게를 인식하는 촉각과 같은 것이라고 할 수 있다.

넷째는 은유(metaphors)를 포함하는 진리다. 어떤 경험은 매우 복잡한 것이어서 언어로 완전하게 묘사하거나 설명할 수 없다. 그러한 경험을 기술할 수 있는 방법은 언어나 이미지를 초월하는 궁극적 실재에 대한 은유일 뿐이다. 영적 체험은 실재에 대한 표상이 아니라 신비로운 현상에 대한 은유로 이해될 수 있다. 좋은 은유는 신비로움, 경이로움, 해방감, 개방감을 불러일으킨다. 은유적 진리는 그것이 얼마나 충만하고, 풍부하며, 깨달음의 느낌을 불러일으키느냐에 의해 판단될 수 있다. 은유적 진리는 청각과 같은 것으로서 음악을 감상하는 경우처럼 언어로 기술하기 어려운 복잡한 감정을 유발하며, 모든 방향에서 개방적으로 인식될 수 있다.

진리에 대한 마지막 관점은 직각적 개념(presentational concept)이다. 어떤 경험은 개인에게 그 자체로 진실한 것으로 받아들여진다. 직각적 경험은 다른 어떤 것에 대한 표상이나 상징의 개입 없이 그 자체로 완전한 것으로 인식된다. 영적인 깨달음의 경험은 이러한 직각적 진리에 해당한다. 직각적 진리는 미각과 같은 것이어서 맛이 즉각적으로 느껴질 뿐만 아니라 맛을 즐기는 것 그 자체가 목적이 된다.

세계에 대한 좀 더 완전한 이해를 위해서는 다양한 양식의 진리를 추구하는 것이 필요하다. 시각에만 의존하여 진리를 추구한다면 매우 제한된 빈약한 정보만을 얻게 될 것이다. 자아초월적 현상은 다중양식적인 접근 또는 다원적인 인식론을 요구한다. 우주와의 합일, 무아경험, 주관-객관의 이원성 초월, 황홀경 등과 같이 신비체험을 기술하는 다양한 표현들은 신비체험의 복합적인 구조나 과정을 반영하고 있기 때문이다.

이 세상 모든 것이 위계적으로 연결되어 있다는 존재의 대사슬(Great Chain of Being)의 주장처럼, 현대물리학은 우주의 모든 측면이 상호작용하며 단일한 전체의 부분임을 밝히고 있다. 이러한 현대물리학의 발견들은 우주와의 합일로 기술되는 신비체험의 진실성에 대한 증거로 인용되기도 한다. 그러나 과학적으로 유용하기 위해서는 은유적 표현들이 구체적이고 검증가능한 진술로 전환될 수 있어야 한다. 즉, 진리의 은유적 양식에서 표상적 양식으로 전환될 필요가 있다. 현대과학과 밀접히 연결되어 있는 진리의 표상적 양식은 자아초월적 현상을 연구하는 데에 사용될 수 있지만 자아초월 심리학은 표상적 진리에만 집착하지 않는다.

인간 정신의 심층구조를 반영하는 진리는 다양한 양식으로 존재할 수 있다. 인간의 넓고 깊은 경험, 즉 세속적인 것에서부터 숭고한 경험에 이르기까지, 미숙한 아이에서부터 성숙한 성인의 경험에 이르기까지, 그리고 전개인적 수준에서 초개인적 수준에 이르는 다양한 경험의 올바른 이해를 위해서는 진리의 다양한 양식이 필요하다. 철학자이자 수학자인 Alfred Whitehead가 언급했듯이, 자아초월적 경험이 진실인가 아닌가를 묻는 것은 올바른 질문이 아니다. 그 경험이 어떤 의미에서 진실인가를 물어야 올바른 질문이다. 인간의 완전한 잠재력을 다각적으로 이해하고, 실현하기 위해서는 다양한 양식의 접근이 필요하다. 자아초월 심리학은 인간의 마음을 다각적으로 이해하고 그 잠재가능성을 탐색하려는 현대 심리학의 다양성을 보여 주고 있다.

한다. 자아초월 심리학은 양적 · 질적 연구방법을 모두 사용하며 주관적인 자기보고와 객관적인 행동관찰 모두를 중시하는 방법론적 다원성을 추구한다. Wilber (2001)는 앎의 세 가지 눈(three eyes of knowing)이라는 은유로 방법론적 다원성을 강조했다. 세 가지 눈이란 감각(flesh, body)의 눈, 이성(reason, mind)의 눈, 관조 (contemplation, spirit)의 눈을 의미하며, 인간의 정신세계를 통합적으로 접근하려면 이러한 다양한 관점과 인식수단을 포용해야 한다는 주장이다. 또한 자아초월 심리학은 비교문화적 관점을 중시한다. 인간과 세계에 대한 소중한 통찰, 지혜, 지식은 현대의 서구과학에만 존재하는 것이 아니라 문화마다 각기 나름대로의 새롭고 독특한 관점을 제시하고 있기 때문이다. 심리학자는 마음의 신비에 대한 경외감과 호기심 그리고 개방성을 갖는 것이 중요하다. 모든 심리학 이론과 영적 지혜는 완벽하게 포착할 수 없는 심오한 심리적 현상을 설명하려는 나름대로의 시도일 뿐이다. 인간의 마음에 대해서 겸손과 경탄의 태도로 그에 대한 자각과 이해를 심화시키는 것이 심리학자가 지녀야 할 바람직한 자세라고 할 수 있다.

2) 의식과 심리적 발달의 세 수준

동양의 종교적 수행경험과 영적인 신비체험은 일상적인 자기의식을 넘어서는 다양한 자기초월적 의식이 존재할 뿐만 아니라 인습적 관념을 넘어선 초월적인 삶이 가능함을 제시하고 있다. Walsh(2000)에 따르면, 불교를 비롯한 동양의 종교는 인간의 일상적인 마음상태를 역기능적이고 미숙한 것으로 여긴다는 점에서 서양의 관점과 다르다. 동양의 종교적 수행법은 인습적으로 인식된 인간의 한계를 넘어 마음을 훈련하고, 발달시키는 다양한 수련방법을 제시하고 있으며, 이러한 심신수

련을 통해서 고통의 극복은 물론 심리적 성장과 자아초월을 목표로 하고 있다.

인간의 의식은 얼마나 넓고 깊은 영역으로 확장될 수 있을까? 인간의 정신세계는 얼마나 높은 수준까지 발달할 수 있는 것일까? Ken Wilber(1996)가 주장하듯이, 유전자 지도를 마련하는 게놈 프로젝트만큼이나 중요한 것이 인간의 의식 프로젝트다. 즉, 무의식에서부터 일상적 의식을 넘어 초월의식에 이르는 인간의 다양한 의식상태를 규명하는 작업이다.

자아초월 심리학은 인간의 의식과 심리적 발달이 크게 세 단계, 즉 전개인적(전인습적) 단계, 개인적(인습적) 단계, 초개인적(후인습적) 단계로 나아간다는 가정에 근거하고 있다. 인간의 다양한 의식상태는 스펙트럼 상에서 다양하게 세분될 수 있지만 전개인적 · 개인적 · 초개인적 수준으로 구분할 수 있다. Maslow, Kohlberg, Wilber를 비롯하여 인간의 성숙과정을 연구하는 심리학자들은 공통적으로 심리적 발달을 전개인적 · 개인적 · 초개인적 수준으로 구분하고 각 수준을 나름대로 세분하고 있다.

(1) 전개인적 또는 전인습적 단계

신생아는 자기의식, 즉 자신이 세상과 분리된 개별적인 존재라는 의식 없이 태어난다. 또한 그가 속한 사회의 관습적 규범이나 행위에 대한 인식이 전혀 없는 상태에서 세상에 나온다. 이처럼 인간의 발달은 전개인적 또는 전인습적 상태에서 출발한다. '전개인적(prepersonal)'이라 함은 개별적 존재로서의 자기의식이 발달하지 않은 상태를 의미하며, '전자아적(preegoic)'이라고 불리기도 한다. '전인습적(preconventional)'이라 함은 사회적 인습과 규범에 대한 학습이 이루어지기 전의 미숙한 상태를 뜻한다.

이 수준의 발달단계는 자신과 세상에 대한 의식이

명료하게 발달하지 못한 상태로서 현실을 정확하게 인식하지 못할 뿐만 아니라 그에 대한 적응 능력이 미숙하다. Freud가 제시했듯이, 자아가 발달하기 이전의 심리적 상태로서 원초아(id)를 중심으로 기능하는 유아기의 발달단계에 해당한다. 이러한 단계에서는 욕망충족과 쾌락추구가 가장 우선시되며, 사고가 비현실적이고 비논리적이기 때문에 환경에 대한 심각한 부적응을 겪게 된다.

전개인적 의식수준은 유기체가 경험하는 가장 낮은 수준의 의식 상태를 의미한다. 이 단계에 머물고 있는 생명체는 의식의 명료성과 정밀성이 매우 낮으며, 그 극단에는 아무것도 의식하지 못하는 무의식과 혼수상태가 있다. 전개인적 발달단계는 진화과정의 낮은 위계에 존재하는 하등동물을 비롯하여 자아발달이 이루어지지 않은 유아의 미숙한 심리적 상태를 반영한다. 또는 극심한 심리적 혼란으로 현실검증력이 손상된 정신병 상태의 성인은 전개인적 수준의 발달단계로 퇴행한 경우라고 할 수 있다.

(2) 개인적 또는 인습적 단계

유아는 감각 및 인지 기능이 발달하고 사회적 경험이 축적됨에 따라 명료한 자기의식을 형성할 뿐만 아니라 사회의 인습과 규범을 학습하여 그에 따라 행동하게 된다. 이러한 심리적 발달을 통해서 유아는 개인적(personal), 자아적(egoic) 또는 인습적(conventional) 단계로 접어들게 된다. 이러한 발달수준은 대부분의 사람이 공유하는 일상적인 삶의 상태로서 정상적이고 적응적인 것으로 간주된다.

Freud의 성격구조이론에 따르면, 이 단계는 욕망 통제와 현실 적응의 기능을 담당하는 자아(ego)가 발달한 상태일 뿐만 아니라 사회적 규범을 내면화하는 초자아(superego)의 발달이 이루어진 상태라고 할 수 있다. 이 단계의 개인은 명료한 자기의식을 지닌 상태에서 이성과 합리성에 근거한 현실적이고 논리적인 사고를 통해서 자기이익을 추구한다. Kohlberg가 제시한 도덕발달이론에 비추어 보면, 이 단계는 인습적 도덕성(conventional morality)의 수준에 해당하며, 개인은 사회적 규칙을 이해하고 좀 더 객관적인 관점에서 옳고 그름을 판단하게 된다. 이 수준에서 개인은 자신을 집단의 구성원으로 동일시하며 집단의 규범에 충성하는 도덕적 태도를 지니게 된다.

개인적이고 인습적인 발달수준은 대다수의 보통 사람들이 경험하는 정상적인 수준으로서 실존적인(existential) 것으로 간주된다(Walsh, 2000). 이 수준에서는 사회적 현실에 잘 적응하고 있지만 죽음, 무의미, 고립과 같은 실존적 불안을 지니고 살아가기 때문이다. 서양의 심리치료는 전인습적 수준의 부적응 상태에 있는 개인을 인습적 수준으로 끌어올리는 것을 목표로 하고 있다. 실존적 심리치료 역시 개인적 발달수준에서 무의미, 고독, 죽음과 같은 인간이 피할 수 없는 실존적 문제에 대한 대처방식에 초점을 맞추고 있다.

(3) 초개인적 또는 후인습적 단계

동서양의 영적 수행자들은 개인적·인습적 단계를 인간이 도달할 수 있는 최선의 상태라고 여기지 않는다. 오히려 이러한 삶의 단계는 자아에 집착하고 사회적 인습에 의해 속박된 진실하지 못한 상태일 뿐만 아니라 인간의 잠재능력이 충분히 발현되지 못한 미숙한 상태라고 간주한다. 또한 의식의 개인적 수준에서 경험하는 것은 일종의 환상이라고 여긴다. 하지만 대부분의 사람들은 개인적·인습적 상태를 정상적이고 적응적인 것으로 여기며 그 역기능을 인식하지 못한다. 그 이유는 모든 사람이 이러한 역기능을 똑같이 공유하고 있어서 특별한 문제점으로 여기지 않기 때문이다.

불교를 위시한 동양의 종교는 마음의 훈련을 통해서 개인적·인습적 수준을 넘어 실존적 불안을 극복하고 자유로운 삶을 추구한다(Walsh, 2000). 이기적인 자아의식을 초월함으로써 실존적 문제로부터의 해방을 체험할 뿐만 아니라 인습적인 규범과 가치를 뛰어넘어 자유롭고 주체적인 삶으로 나아간다. 또한 편협한 자아의식을 극복함에 따라 고도의 집중력, 자비심, 통찰 및 환희와 같은 정상범위 이상의 심리적 능력을 발휘하게 된다.

자아초월 심리학자들은 인간의 심리적 발달이 개인적·인습적 수준을 넘어 그 이상의 수준까지 가능하다고 본다. 이러한 발달수준이 바로 초개인적(transpersonal) 또는 후인습적(postconventional) 수준이다. 초개인적 의식수준에서는 개인적인 자아의식을 초월하기 때문에 우주와의 합일, 무아경험, 주관-객관의 이원성 초월, 황홀경 등과 같은 영적인 신비체험을 하는 것으로 여겨진다. 이러한 특별한 체험은 개인적·인습적 단계에 머물고 있는 대다수의 사람들에 의해서 이해될 수 없는 것이기 때문에 '신비적인(mystic)' 것이라고 지칭되는 것이다.

자아초월 심리학은 의식의 세 수준을 고려하여 인간의 다양한 경험을 설명하고자 한다. 자기의식이 해체되는 영적 또는 종교적 체험은 정신병리적인 것으로 혼동될 수 있다. 개인적·인습적 수준에서 보면, 전개인적 수준과 초개인적 수준의 심리상태는 모두 비현실적이고 부적응적인 것으로 여겨질 수 있기 때문이다. Wilber(2000)는 전개인적 단계와 초개인적 단계가 모두 비논리적이고 비합리적인 의식을 나타내기 때문에 두 단계를 동일한 것으로 여기는 잘못을 전(前)·초(超)오류(pre-trans fallacy)라고 지칭했다. 일반인의 관점에서는 정신병자와 도인의 언행이 모두 비논리적인 것으로 유사하게 여겨지기 때문이다. 자아초월 심리학은 종교적 또는 영적 수행과 관련된 심리적 현상과 정신병리를 이해할 수 있는 이론적 체계를 제시하고 있다. 나아가서 자아초월 심리학은 초개인적·후인습적 수준으로의 영적인 성장과 치유를 추구한다. 영적 성장을 촉진하는 수행방법은 매우 다양하며 가장 대표적인 것은 명상과 요가다. 자아초월 심리학자들은 명상과 요가의 심리적 기제와 효과를 연구할 뿐만 아니라 심리적 치유와 영적인 성장을 통합한 자아초월 심리치료(transpersonal psychotherapy)를 제시하고 있다.

3) Ken Wilber의 통합심리학

현재 자아초월 심리학의 가장 대표적인 인물은 Ken Wilber(1949~현재)다. Wilber는 모든 심리학적 이론을 비롯하여 동서양의 종교, 인문학, 사회과학, 자연과학의 방대한 연구와 이론을 아우르며, 인간의 정신세계에 대한 거대한 통합적 이론을 제시한 천재적 인물이다. 그는 1949년에 미국의 오클라호마에서 태어났고, 대학교에서 화학과 생물학을 전공했으며, 석사과정에서는 생화학을 전공했다. 그는 도덕경을 비롯한 동양철학에 심취하였으며 24세가 된 1973년에 『의식의 스펙트럼(*The Spectrum of Consciousness*)』이라는 책을 저

Ken Wilber

술했다. 이 책은 20개 이상의 출판사로부터 출판을 거절당했으며 1977년에야 비로소 출간되어 빛을 보게 되었다. Wilber는 이 책에서 인간의 의식 상태를 전개인적·개인적·초개인적 수준으로 구분하고 7개의 층으로 세분했다. 그는 1980년에 발표한『아트만 프로젝트: 인간발달의 자아초월적 관점(*The Atman Project: A Transpersonal View of Human Development*)』을 비롯하여『에덴으로부터의 상승: 인간 진화의 자아초월적 관점(*Up to Eden: A Transpersonal View of Human Evolution*)』『성, 생태, 영성(*Sex, Ecology, Spirituality*)』,『통합심리학(*Integral Psychology*)』등의 많은 저서를 출간하면서 자신의 이론을 발달시켰다. 그의 이론체계는 인류가 밝혀낸 거의 모든 지식을 통합한 것으로서 매우 방대하고 심오하여 이해하기가 쉽지 않다. 그가 제시한 통합심리학의 핵심이라고 할 수 있는 온상한 온수준(AQAL) 이론을 중심으로 Wilber의 이론체계를 살펴보기로 한다.

(1) 홀론과 4상한

Wilber는 인간의 존재와 경험을 이해하기 위해서 홀론(holon)이라는 개념에 주목하고 있다. 홀론은 '하나의 전체' 인 동시에 '다른 것의 부분' 인 어떤 존재를 의미한다. 모든 개체는 전체인 동시에 부분이라는 이중적 역할을 지닌다. 개인은 자율적이고 독자적인 존재인 동시에 사회나 집단이라는 다른 전체의 일부로 기능하고 있다.

인간은 자신에 의한 자기 경험의 인식을 의미하는 '내부적 관점' 과 제3자에 의한 인식과 평가로 이루어지는 '외부적 관점' 에서 이해될 수 있다. 또한 인간은 결코 독자적으로 존재할 수 없으며, 모든 존재는 세계-내-존재다. 개인은 항상 어떤 집단의 일부로 존재하는데, 그 집단에도 내부와 외부가 존재한다. Wilber는 인간의 내부적-외부적 관점과 개인적-집단적 관점을 조합하며 네 가지 관점으로 구성된 4상한(Quadrants)을 제시하고 있다. 인간은 이러한 네 가지의 관점에서 이해되고 설명될 수 있다.

좌상(左上) 상한은 '나(I)' 라는 개인의 주관적인 관점으로서 개인의 내면세계이자 의식의 주관적 측면을 나타낸다. Freud의 정신분석은 개인의 내부적인 주관적 경험세계를 설명하려는 이론의 한 예라고 할 수 있다. 좌상 상한은 '나-언어(I-language)' 라는 일인칭 언어로 표현할 수 있는 의식의 내면적 경험에 대한 주관적 설명을 의미한다. 이러한 좌상 상한은 신체적 감각에서 정신과 영혼에 이르는 모든 것, 즉 개인의 내부에서 나타나는 의식의 스펙트럼 전체를 포함한다.

우상(右上) 상한은 '그것(It)' 이라는 객관적 관점으로서 의식의 내부적 상태에 대한 외부적 상관물을 의미한다. Skinner를 위시한 행동주의 심리학은 제3자의 입장에서 개인을 외현적 행동에 근거하여 객관적으로 설명하려는 시도의 예라고 할 수 있다. 인간은 물질로 이루어져 있으며 뇌에서 일어나는 변화를 객관적으로 관찰할 수 있고 그러한 변화는 의식의 주관적 측면과 밀접히 연관되어 있다. 우상 상한은 '그것-언어(it-language)', 즉 3인칭 언어로 객관적인 관점에서 개인을 이해하기 위해 그의 외부적 행동, 육체, 구성 물질 등을 과학적으로 설명하는 모든 것을 포함한다.

좌하(左下) 상한은 '우리(We)' 라는 집단의 내부적 관점으로서 개인이 속한 사회의 집단적 의식을 의미한다. 개인으로 구성된 집단이 공유하고 있는 가치, 의미체계, 세계관, 도덕과 윤리를 포함한다. 좌하 상한의 대표적인 설명은 독일 철학자 Gadamer에 의한 철학적 해석학으로서 그는 제3자적 관점에서 사회문화와 자연세계를 인식하려는 과학적 입장을 비판하고 '문화적으로 형성된 의식' 을 강조하면서 해석을 통해서 사회의 집

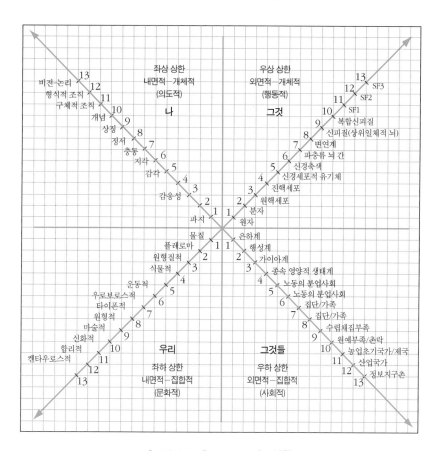

[그림 28-1] Wilber의 4상한

단적 의식을 이해하고자 했다. 좌하 상한은 '우리-언어(we-language)'에 의해서 설명될 수 있는 것으로서 '나와 너'의 상호 이해와 상호 조정을 포함하는 문화적 영역이다.

우하(右下) 상한은 '그것들(Its)'이라는 집단의 객관적 관점으로서 사회와 문화의 외면적 측면에 대한 설명을 의미한다. 모든 집단의 문화적 요소는 그에 대응하는 외면적·물질적·제도적 측면을 지닌다. Marx의 경제학 이론은 사회의 제도적 측면을 객관적인 관점에서 설명한 예라고 할 수 있다. 우하 상한은 인간 집단의 사회문화적 현상뿐만 아니라 자연생태계와 우주를 '그것들-언어(its-language)'를 통해서 객관적으로 설명하려

는 사회과학과 자연과학의 모든 이론을 포함한다.

(2) 온상한 온수준(AQAL)의 통합 모델

Wilber가 제시하고 있는 이론체계의 핵심은 온상한 온수준(All Quadrants All Levels: AQAL) 모델에 있다. AQAL 모델은 개인을 이해하는 다섯 개의 독립적 범주, 즉 모든 상한, 모든 발달라인, 모든 발달수준, 모든 상태, 모든 유형을 고려하여 통합적 설명을 시도한 것이다.

AQAL 모델의 첫 번째 범주는 이해와 설명의 관점으로서 앞에서 소개한 4상한의 모든 관점을 포함한다. 두 번째 범주는 발달라인(line)으로서 개인의 발달이 이루

어지는 20여 개의 지류(streams)를 의미한다. 주요한 발달라인에는 인지, 정서, 욕구, 성(sexuality), 창의성, 심미안, 도덕성, 자기정체성, 세계관, 영성, 유머 등이 있다. 개인은 발달라인마다 각기 다른 발달수준을 나타낼 수 있다. 예컨대, 인지나 창의성이 탁월하게 발달된 사람도 도덕성이나 영성에서는 낮은 발달수준을 나타낼 수 있다.

세 번째 범주는 개인의 발달수준(levels)을 의미한다. 발달수준은 발달라인에 따라 다양하게 구분된다. Wilber는 심리학자들이 제시한 발달단계이론들, 즉 Piaget의 인지발달단계, Kohlberg의 도덕발달단계, Maslow의 욕구발달위계, Erikson의 심리사회적 발달단계, Loevinger의 자아발달단계 등에 근거하고 있다. 특히 Wilber는 의식의 발달과 진화에 깊은 관심을 지니고 의식의 발달수준을 크게 전개인적 · 개인적 · 초개인적 수준으로 나누고 7개 수준으로 세분하고 있다.

네 번째 범주는 상태(states)로서 일시적으로 체험되는 의식의 측면을 의미한다. 의식 상태는 심리적 구조의 발달에 따른 의식수준과 밀접히 관련되어 있으나 구별되어야 한다. 예컨대, 약물이나 종교적 수행에 따라 일시적으로 경험하게 되는 환각경험이나 신비체험은 개인의 구조적 발달에 근거한 의식의 변화가 아니라 일시적인 의식의 변화 상태다. 개인은 매일 각성, 수면, 꿈이라는 의식 상태의 자연적인 변화를 경험한다. 또한 감각, 정서, 사고, 기억, 영감 등에 있어서 의식 상태의 현상학적인 변화를 경험한다. 또한 정상적인 의식범위를 벗어나는 변성 의식 상태(altered states of consciousness)가 존재하는데, 이러한 변성 의식 상태는 약물이나 최면 등에 의한 외부적 요인에 의한 것과 명상이나 이미지 훈련과 같은 자발적인 수행을 통한 것으로 구분될 수 있다.

마지막 다섯 번째 범주는 유형(types)으로서 앞의 범주로 설명할 수 없는 개인의 특성을 의미한다. Wilber는 남성성과 여성성, Jung의 성격유형론, Enneagram의 9가지 유형 등을 포함시키고 있다.

AQAL 모델은 개인을 그야말로 모든 관점과 모든 측면과 모든 수준에서 이해할 수 있는 거대한 통합적 설명모델이라고 할 수 있다.

(3) 의식의 발달단계

과연 인간은 어느 수준까지 발달하고 성장할 수 있는가? 인간의 의식은 어디까지 확대되고 발달할 수 있는가? Wilber는 『의식의 스펙트럼』에서 동서양의 신비사상을 통합하여 의식의 발달단계를 7개의 수준으로 구분하여 소개하고 있다. 자기와 우주의 일체의식을 뜻하는 가장 높고 깊은 일심 수준에서부터 점차로 자기정체감이 협소해지는 과정을 보여 주고 있다. 달리 말하면, 가장 협소하게 자신을 규정하며 살아가는 가면 수준에서 점차로 자기정체감이 확대되어 우주와 합일의식에 이르게 되는 의식의 발달과정을 제시하고 있는 것이다.

(1) 가면 수준: 개인적 윤리관에 의해 수용가능한 것만을 자기라고 여기며 자기정체감이 협소하게 좁혀진 수준이다. 이 상태의 사람들은 자신의 처지, 역할, 지위, 성격, 능력 등을 자신의 모든 것이라고 동일시하며 그 밖의 모든 것은 자기가 아니라고 인식한다. 사회적 역할과 윤리의식에 의해 투영된 자신의 그림자를 자기 자신이라고 여긴다는 점에서 그림자 수준이라고 지칭하기도 한다.

(2) 철학 수준: 개인은 자신의 개인적 신념이나 사고방식, 주의주장과 같은 나름대로의 철학 속에 자신을 가두어 두는 의식수준을 뜻한다. 이러한 철학적 신념은 개인적인 판단의 기준으로 작용하

며, 가면과 자아를 분리시키는 역할을 하게 된다.

(3) 자아 수준: 몸과 마음을 구분하여 자신을 신체와 동일시하는 것에서 벗어나 심리적 자아를 지니는 의식수준을 의미한다. 가장 일상적으로 경험하는 의식수준으로서 신체적 요소에 대한 억압이 지나치면 심리적 불안을 경험할 수 있다. 평균적인 현대인들은 가면 수준에서부터 자아 수준 사이를 오가며 살아가고 있다.

(4) 생물사회적 수준: 개인은 생물사회적 존재로서 언어와 문법구조, 문화적 신념, 가족의 규칙과 관습과 같은 사회적 정보를 무의식적으로 받아들여 내면화한 의식수준을 뜻한다. 특히 언어가 중요한 의미를 지니는데, 언어는 개인이 세계를 구성하는 틀이 되기 때문이다. 이처럼 자신도 의식하지 못한 채 당연한 것으로 받아들이게 되는 생물학적 · 사회문화적 무의식 속에서 살아가는 상태를 의미한다.

(5) 실존 수준: 개인은 자신이 항상 세계와 분리되어 존재하고 있다는 의식을 지니는 수준을 의미한다. 이 수준에서는 '나'와 세계의 분리가 일어나며, 시간과 공간 속에 존재하는 유한한 유기체로서 자기정체감이 형성된다. 개인이 다른 어떤 것으로도 대체될 수 없는 고유한 존재임을 의식하면서 자신의 존재방식을 스스로 선택하고 결단해야 함을 인식하고 있다.

(6) 초개인 수준: 개체의식이 초월될 뿐만 아니라 환경과의 분리의식도 사라져서 시간과 공간을 초월하는 의식수준을 뜻한다. 개인이라는 독립된 자기의식이 소멸하고 타인과의 경계가 희미해진다. 그러나 이 수준은 개체의식을 초월하기는 했지만 아직 우주와 일체화되는 의식수준에는 이르지 못하고 있다.

(7) 일심 수준: 어떠한 분리나 분열이 없으며, 이원적 대립이 존재하지 않는 모든 것이 일체화된 마음 상태, 즉 일심(一心)이라고 지칭되는 수준이다. 이 수준에서는 우주와 자기의 분열이 없으며, 내가 곧 우주이며 우주가 곧 나인 우주의식 수준을 뜻한다. 이 수준은 동서의 신비사상에서 최고신,

인간의 의식은 스펙트럼 상의 다양한 수준으로 구분될 수 있다.

브라만, 공(空), 우주 등과 같은 다양한 용어로 표현되는 것으로서 인간과 모든 존재가 하나라고 보는 궁극적인 의식수준을 의미한다.

Wilber는 인간의 궁극적 목표와 욕구는 초월자가 되어 우주와 하나가 되려는 것으로서 아트만과 일체화가 되는 것이라고 보았다. 인간은 현재의 자기모습을 지닌 채로 현재의 자신이 아닌 아트만이 되려는 모순에 찬 추구를 '아트만 프로젝트'라고 지칭했다. Wilber(1980)는 『아트만 프로젝트: 인간발달의 자아초월적 관점』에서 의식을 발달단계를 전개인적 단계, 개인적 단계, 초개인적 단계로 구분하였다. 인간은 자아의식이 발달하기 이전의 전개인적 단계에서 자아의식이 확립되는 개인적 단계로 나아가 자기주장의 기초를 형성하는 외향적인 발달과정을 거친다. 아트만 프로젝트는 개인적 단계에서 자아를 초월하여 초개인적 단계로 나아가 본래의 자기로 되돌아가려는 내향적인 발달과정이라고 할 수 있다. 이러한 발달과정에서 유의해야 할 점은 초개인적 단계와 전개인적 단계에서는 모두 비합리적인 의식을 나타내기 때문에 두 단계를 혼동하는 전(前)·초(超) 오류(pre-trans fallacy)에 빠지지 않는 것이다.

(4) 개인과 인류의 영적 성장

Wilber는 『아트만 프로젝트』에 이어 1981년에 『에덴으로부터의 상승: 인간 진화의 자아초월적 관점』을 발간하면서 인류도 개인과 동일한 단계를 거쳐서 진화한다는 의견을 제시했다. 그에 따르면, 인류가 무지의 낙원 에덴을 떠난 것은 전개인적 단계에서 개인적 단계로의 발달을 의미하며, 인류 의식의 진화와 성장을 위한 과정이다. 『아트만 프로젝트』에서 제시한 의식의 발달단계론은 개인뿐만 아니라 인류의 진화에 적용될 수

있다. 집단으로서의 인류는 평균적으로 겨우 개인적 단계에 도달한 상태이며 붓다, 예수, 루미, 삼바바, 마하리쉬와 같은 소수의 성자들은 개인적 단계를 초월하여 초개인적 단계에 도달한 사람들이라고 할 수 있다. 인간은 누구나 의식의 발달을 위해서 진실하게 살면서 영적 수행을 하면 자아초월과 함께 영적인 성장을 이룰 수 있다.

Wilber에 따르면, 인간 정신의 가장 깊은 심연에는 본능이 아닌 영혼(spirit)이 존재한다. 인간은 자아를 초월하여 영적인 성장을 이루고자 하는 깊은 욕구를 지니고 있다. 인간의 의식발달은 하위수준에서 상위수준으로 진전될 때마다 분화와 통합, 탈동일시와 동일시의 과제를 수행해야 한다. 현재의 의식구조가 성숙하게 되면 분화가 일어나면서 혼란을 경험하게 된다. 따라서 현재의 의식구조에 대한 탈동일시가 일어나게 되면서 새로운 의식구조를 추구하게 된다. 이러한 추구과정에서 혼란이 새로운 구조로 통합되면서 상위의 의식구조가 나타나게 되고 그러한 의식구조에 대한 동일시를 통해서 한 단계의 의식발달이 완성된다.

인간의 의식발달은 이처럼 분화, 탈동일시, 통합, 동일시의 과정을 통해서 상위의 의식구조로 나아가게 된다. 그러나 이러한 과정이 순조롭게 이루어지지 못할 때 정신병리적 현상이 나타날 수 있다. Wilber는 이러한 정신병리를 해리와 고착의 두 형태로 나누어 제시하고 있다. 해리(dissociation)는 새로운 의식구조가 생성되어 통합과 동일시가 이루어지기 전에 그 구조로부터 분화와 탈동일시가 나타나는 것을 뜻한다. 즉, 새로운 의식구조가 자기의 것으로 정착되기도 전에 상위구조로 옮아가는 것을 말한다. 고착(fixation)은 새로운 의식구조가 생성되었음에도 이전의 구조에 집착하여 탈동일시를 하지 못하는 것을 의미한다. 때로는 전·초 오류로 인해서 새로운 의식구조로의 변화가 전단계로의

퇴행으로 잘못 간주될 수 있다. 초개인적 의식단계와 전개인적 의식단계는 모두 비합리적인 사고양상을 나타내기 때문에 두 단계를 혼동하여 초개인적 수준으로의 발달과정을 전개인적 단계로의 퇴행으로 오인하는 오류를 범할 수 있다.

　Wilber의 주장은 매우 거시적이고 통합적이다. Wilber에 따르면, 개인뿐만 아니라 인류 그리고 우주 역시 진화하며 성장한다. 이 우주는 '하나의 전체'인 동시에 '다른 것의 부분'인 존재, 즉 홀론으로 구성되어 있을 뿐만 아니라 이들은 위계적인 구조, 즉 홀라키(holarchy)를 이루며 진화한다. 홀라키의 진화과정에는 내포와 초월이라는 특징을 수반한다. 즉, 물질은 자체 속성을 내포하면서 이를 초월하여 생명체로 진화한다. 또한 생명체는 유기체적 특성을 내포하면서 이를 초월하는 심리적 존재인 인간으로 진화한다. 인간의 의식발달은 자아의식이 발달하기 이전의 전개인적 수준에서 자아의식이 확립되는 개인적 수준으로 진화하고 나아가서 자아를 초월하는 초개인적 수준으로 나아간다.

인류의 의식발달은 이제 개인적 수준에 도달했으며, 앞으로 초개인적 수준을 향해 진화하게 될 것이라는 견해를 제시하고 있다. 지금까지 붓다나 예수와 같은 소수의 종교적 성자만이 초개인적 수준의 의식발달을 이루었다.

　Ken Wilber가 제시한 통합심리학은 심리학의 연구와 이론을 중심으로 하여 인문학, 사회과학, 자연과학의 학문적 이론뿐만 아니라 동서양의 철학과 종교를 아우르는 것으로서 거대한 이론체계라고 할 수 있다. 미래의 심리학 연구는 신체에서 마음과 영혼에 이르는, 전개인적 의식에서 개인적 의식을 거쳐 초개인적 의식에 이르는, 그리고 수면에서 반각성을 거쳐 완전한 각성에 이르는 모든 과정을 포함해야 할 것이다. 자기초월 심리학은 영성과 과학을 통합함으로써 인간 정신의 성장가능성에 대한 새로운 지평을 개척하고 있다. 지구의 중력을 벗어나 광활한 우주로의 탐험이 이루어지고 있듯이, 자아의식의 한계를 넘어서 자아초월적인 정신세계로의 탐험이 시작되고 있는 것이다.

 요약

1. 심리학은 과학으로서 가치중립적 또는 탈가치지향적 학문이다. 그러나 현대사회가 직면하고 있는 모든 비극적 현실과 전 지구적 위협은 바로 인간이 스스로 만들어 낸 것으로서 심리학은 이러한 현실을 극복하기 위한 바람직한 인간상을 제시할 필요가 있다. 이러한 노력의 일환으로 인본주의 심리학은 1960~1970년대에 정신분석 심리학과 행동주의 심리학에 반대하며 긍정적인 인간관에 근거하여 인간이 지향해야 할 성숙한 또는 자기실현적 인간상을 제시하고자 했다.

2. Gordon Allport는 바람직한 인간상을 제시한 최초의 인물로서 성숙한 성격(mature personality)의 특징을 제시했으며, Erich Fromm은 생산적 인간(productive person)이라는 용어로 이상적 인간상을 기술했다. Abraham Maslow는 창조적 업적과 인격적 성숙을 통해 자아실현을 이룬 세계적인 위인들의 삶을 치밀하게 분석하여 자기실현적 인간(self-actualizing person)의 15가지 특성을 제시했으며, Carl Rogers는 온전히 기능하는 사람(fully functioning person)의 다양한 심리적 특성을 기술했다.

3. 동양문화권은 오래전부터 이상적인 인간상을 제시하며 인격 수양을 중요시해 왔다. 중국문화에서 유학의 전통은 자기수양과 조화로운 대인관계를 지향하는 군자를 이상적 인간상으로 제시하고 있으며, 도가의 전통은 무위자연을 추구하는 도인을 이상으로 여긴다. 인도문화에서는 범아일여(梵我一如)의 사상에 근거한 힌두교와 사성제를 골간으로 하는 불교의 전통이 존재한다. 특히 불교는 인간의 마음에 대한 심오한 이론체계를 제시하고 있을 뿐만 아니라 해탈과 자아초월에 이르는 수행방법을 제시하고 있다는 점에서 이론과 실천을 겸비한 동양의 심리학 체계라고 할 수 있다.

4. 자아초월 심리학은 영적인 신비체험의 탐구를 통해 인간의 성장가능성을 모색하고 있다. 자아초월 심리학은 종교와 과학을 연결할 뿐만 아니라 동양과 서양의 지혜를 통합하려는 시도로서 인간 심성의 심오한 구조를 밝히고, 인간으로서 가능한 최고의 심리적 성장과 자아초월을 추구한다. 자아초월 심리학의 주된 관심사는 자아초월적인 의식상태, 영적인 신비경험, 인간의 궁극적 잠재능력, 영적인 성장과 치유 등이다.

5. 자아초월 심리학은 인간의 의식 및 심리적 발달이 전개인적 · 전인습적 단계, 개인적 · 인습적 단계, 초개인적 · 후인습적 단계로 나아간다는 가정에 근거하고 있다. 동양의 종교는 마음의 훈련을 통해서 개인적 · 인습적 수준을 넘어 초개인적 · 후인습적 발달단계로의 성장을 추구한다. 자아초월 심리학은 초개인적 · 후인습적 수준으로의 영적인 성장을 추구하며 그 대표적인 수행방법은 명상과 요가다.

6. 자아초월 심리학의 대표적 인물인 Ken Wilber는 모든 심리학적 이론을 비롯하여 동서양의 종교, 인문학, 사회과학, 자연과학의 방대한 연구와 이론을 아우르며 인간의 정신세계에 대한 거대한 통합적 이론을 제시하고 있다. 그는 개인과 세상을 다양한 수준과 측면에서 이해할 수 있는 온상한 온수준(AQAL) 이론을 제시했으며 의식의 발달과정을 7개의 수준으로 구분했다. 그에 따르면, 개인뿐만 아니라 인류도 개인적 단계를 지나 초개인적 단계로 이행하는 의식의 진화과정에 있다. 앞으로의 심리학 연구는 전개인적 의식에서 개인적 의식을 거쳐 초개인적 의식에 이르는 모든 과정을 포함할 필요가 있다.

□ 참고문헌 □

강선보, 박의수, 김귀성, 송순재, 정윤경, 김영래, 고미숙(2008). 21세기 인성 교육의 방향설정을 위한 이론적 기초 연구. 교육문제연구, 30, 1-38.

곽금주, 김연수(2014). 영아발달. 서울: 학지사.

교육인적자원부(2004). 교육에 대한 기업 CEO의 의식조사 연구. 교육인적 자원부 정책연구보고서.

국가청소년위원회(2007). 2007년 청소년 백서. 국가청소년 2007-60.

국가청소년위원회, 한국청소년정책연구원(2007). 한국 청소년 가치관 조 사연구. 연구보고 07-R44.

권석만(1995). 정신병리와 인지 I: 정서장애를 중심으로. 한국심리학회 편, 심리학연구의 통합적 탐색(1995년도 동계 연구세미나 자료집, pp. 49-95). 서울: 한국심리학회.

권석만(1996a). 임상심리학에서의 비교문화적 연구. 한국심리학회 편, 심 리학에서의 비교문화 연구(1996년도 동계 연구세미나 자료집, pp. 105-134). 서울: 한국심리학회.

권석만(1996b). 자기개념의 인지적 구조와 측정도구의 개발: 서울대학생 표집의 자기개념 특성. 학생연구(서울대학교 학생생활연구소), 31(1), 11-38.

권석만(2001). 심리학에서 보는 '나'. 불교상담개발원 제2회 여름 워크숍 자료집. 산사에서 만나는 불교와 상담-버려야 할 나, 채워야 할 나. 2001년 8월 10일. 직지사.

권석만(2003). 현대 이상심리학. 서울: 학지사.

권석만(2004). 인간관계의 심리학(개정증보판). 서울: 학지사.

권석만(2008a). 긍정심리학: 행복의 과학적 탐구. 서울: 학지사.

권석만(2008b). 욕망의 자각과 조절. 김종욱 편, 욕망, 삶의 동력인가 괴로 움의 뿌리인가(pp. 243-291). 서울: 운주사.

권석만(2008c). 자기개념의 발달과 구조 그리고 심리장애와의 관련성. 김 종욱 편, 나, 버릴 것인가 찾을 것인가(pp. 337-382). 서울: 운주사.

권석만(2008d). 서울대 리더십 향상 프로그램(SNU Leadership Enhancement Program: SLEP)의 개발(1차 연구). 서울: 서울대학교 기초교육원.

권석만(2009a). 서울대 리더십 향상 프로그램(SNU Leadership Enhancement Program: SLEP)의 개발(2차 연구). 서울: 서울대학교 기초교육원.

권석만(2009b). 서울대학교 리더십 향상 프로그램: 참가자용 지침서. 서울: 서울대학교 대학생활문화원.

권석만(2009c). 서울대학교 리더십 향상 프로그램: 강사용 지침서. 서울: 서울대학교 대학생활문화원.

권석만(2010). 덕성함양을 위한 리더십 향상 프로그램의 실시결과. 미발표 보고서.

권석만(2011). 인간의 긍정적 성품. 서울: 학지사.

권석만(2012). 현대 심리치료와 상담 이론. 서울: 학지사.

권석만(2013). 현대 이상심리학(2판). 서울: 학지사

권석만, 김지영, 하승수(2012). 성격강점검사(Character Strengths Test)-청소년용-지침서. 서울: 학지사심리검사연구소.

권석만, 유성진, 임영진, 김지영(2010). 성격강점검사(Character Strengths Test)-대학생 및 청년용-지침서. 서울: 학지사심리검사연구소.

김경동(1993). 한국사회변동. 서울: 나남.

김광일(1981). 기독교 주변의 치병현상. 한국교회의 성령운동의 구조와 현 상. 서광선, 정진홍, 한완상, 김광일 공저. 서울: 대화출판사.

김민희(2008). 한국인의 지혜 개념 탐색과 중노년기 삶에서 지혜의 의미. 서울대학교 박사학위논문.

김열규(1975). 한맥원류. 서울: 주우.

김열규(1986). 원한, 그 짙은 안개. 서울: 범문출판사.

김영환, 김지혜, 오상우, 임영란, 홍상황(2001). 성격평가 질문지 실시요 강. 서울: 학지사.

김정운, 이장주(2005). 여가와 삶의 질에 대한 비교문화 연구. 한국심리학 회지: 사회 및 성격, 19(2), 1-15.

김정택, 심혜숙(1990). 성격유형검사(MBTI)의 한국표준화에 관한 일 연 구. 한국심리학회지: 상담과 심리치료, 3(1), 44-72.

김준호(2006). 학교폭력의 정의와 현상. 문용린(편저), 학교폭력의 예방과 상담(pp. 27-46). 서울: 학지사.

김중술(1996). 다면적 인성검사: MMPI의 임상적 해석(개정판). 서울: 서울

대학교출판부.

김중술, 한경희, 임지영, 이정흠, 민병배, 문경주(2005). 다면적 인성검사 II 매뉴얼. 서울: 마음사랑.

김태련, 서봉연, 이은화, 홍숙기(1976). 아동용주제통각검사(K-CAT). 서울: 한국가이던드.

민경환(1995). 성격, 정서 및 동기. 권석만 외(공저). 심리학 개론(pp. 240-275). 서울: 박영사.

민경환(2002). 성격심리학. 서울: 법문사.

민병배, 오현숙, 이주영(2007). 기질 및 성격검사 매뉴얼. 서울: ㈜마음사랑.

민중서림 편집부(2005). 국어사전(제5판). 서울: 민중서림.

박세란(2015). 자기자비가 자기조절과정에 미치는 영향: 자기자비 증진 프로그램의 개발 및 효과 검증. 서울대학교 박사학위논문.

백용매, 김영환(2008). 문장완성검사 II(K-FSCT: Korean-Forer Structured sentence Completion Test). 대구: 한국심리.

서수균(2004). 분노와 관련된 인지적 요인과 그 치료적 함의. 서울대학교 박사학위논문.

서장원, 권석만(2015). 고통 감내력과 심리장애: 경험적 연구개관, 심리학회지: 일반, 34(2), 397-427.

손향신, 유태용 (2011). 개방성, 외향성, 핵심자기평가가 변화몰입과 자기수행에 미치는 영향. 한국심리학회지: 산업 및 조직, 24(2), 281-306.

송명자(1998). 발달심리학. 서울: 학지사.

송명자, 이현림 (2008). 대학의 교양강좌를 이용한 인간관계훈련 프로그램의 개발과 효과. 한국심리학회지: 상담 및 심리치료, 20(2), 269-291.

송호근(2003). 한국, 무슨 일이 일어나고 있나: 세대, 그 갈등의 조화와 미학. 서울: 삼성경제연구소.

안현의, 안창규(2008). NEO 성인성격검사. 서울: 한국가이던스.

양필석(2008). 핵심자기평가가 조직유효성에 미치는 영향: 셀프리더십과 심리적 임파워먼트의 매개효과를 중심으로. 울산대학교 박사학위논문.

유민봉, 심형인(2013). 한국 사회의 문화적 특성에 관한 연구: 문화합의이론을 통한 범주의 발견, 한국심리학회지: 문화 및 사회문제, 19(3), 457-485.

유태용 (2007). 성격의 6요인(HEXACO) 모델에 의한 성격특성과 조직구성원 직무수행 간의 관계. 한국심리학회지: 산업 및 조직, 20(2), 285-316.

유태용, 이기범, Ashton, M. C, (2004). 한국판 HEXACO 성격검사의 구성타당화 연구. 한국심리학회지: 사회 및 성격, 18(3), 61-75.

유태용, 이도형 (1997). 다양한 직군에서의 성격의 5요인과 직무수행간의 관계. 기업경영연구, 5, 69-94.

육성필(1994). 성격의 5요인 이론에 기초한 척도구성을 위한 예비연구. 고려대학교 석사학위논문.

윤태림(1969). 한국인의 성격. 서울: 현대교육총서 출판사.

이규태(1983). 한국인의 의식구조. 서울: 신원문화사.

이동하, 탁진국(2008). 주도성과 핵심자기평가가 경력성공에 미치는 영향에 관한 연구: 경력계획을 매개변인으로. 한국심리학회지: 산업 및 조직, 21(1), 83-103.

이수원(1990). 한국인의 인간관계와 정공감, 개인주의와 집단주의: 동서양의 심리학의 만남. 한국심리학회 국제학술회의 자료집. 서울: 한국심리학회.

이정전(2008). 우리는 행복한가-경제학자 이정전의 행복방정식. 서울: 한

길사.

임선영(2013). 역경후 성장에 이르는 의미재구성 과정: 관계상실을 중심으로. 서울대학교 박사학위논문.

임선영, 권석만 (2012). 관계상실을 통한 성장이 성격적 성숙과 정신건강에 미치는 영향. 한국심리학회지: 임상, 31(2), 427-447.

임선영, 권석만(2013). 역경후 성장에 영향을 미치는 인지적 처리방략과 신념체계의 특성: 관계상실 경험자를 대상으로. 한국심리학회지: 임상, 32(3), 567-588.

전국경제인연합회(2004). 기업이 바라는 인재상 및 이의 실현방안. 전국경제인연합회 정책연구보고서.

정수복(2007). 한국인의 문화적 문법: 당연의 세계 낯설게 보기. 서울: 생각의 나무

정옥분(2014). 발달심리학(개정판). 서울: 학지사.

정지현(2015). 고통 감내력과 정신건강의 관계: 주관적·행동적 고통 감내력이 우울 및 불안에 미치는 영향. 서울대학교 박사학위논문.

정창우(2014). 학교급별 인성교육 실태 및 활성화 방안. 2013년 정책연구개발사업 보고서. 교육부.

조긍호(1995). 문화와 인지: 타인이해의 연구를 중심으로. 한국심리학회 편, 심리학연구의 통합적 탐색(1995년 동계 연구세미나 자료집, pp. 121-177). 서울: 한국심리학회.

조긍호(2003). 한국인 이해의 개념들. 서울: 나남출판.

조난심(2003). 인성교육과 도덕과 교육. 조난심, 윤현진, 이명준, 차우규 공저, 도덕교육학신론(pp. 303-336). 서울: 문음사.

조정호(2009). 청소년 인성교육의 발전방향 탐색: 인성교육의 함의를 지닌 사례를 중심으로. 청소년학연구, 16(9), 249-268.

주현덕, 박세니(2006). 혈액형이 사랑을 결정하는 요인이 될 수 있는가?: 혈액형별 사랑유형과 연애태도 특성. 한국심리학회지: 사회 및 성격, 20(3), 67-80.

차재호(1980). 한국인의 성격과 의식. 서울과학연구협의회. 서울: 고려원.

차재호(1983). 국민성의 활성화 시안: 시안의 심리학적 접근. 한국정신문화연구원 편, 한국인의 윤리관(pp. 319-382). 서울: 한국정신문화연구원.

차재호(1994). 문화설계의 심리학. 서울: 서울대학교 출판부.

최상진(1991). '한'의 사회심리학적 개념화 시도. 한국심리학회 편, 1991년도 연차 학술발표대회 논문집(pp. 339-350). 서울: 한국심리학회.

최상진(1993). 한국인의 심정심리학: 情과 恨에 대한 현상학적 한 이해. 한국심리학회 편, 한국인의 특성: 심리학적 탐색(1993년도 추계심포지엄 자료집, pp. 3-22). 서울: 한국심리학회.

최상진(1997). 한국인의 심리특성: 한국인의 고유심리에 대한 분석과 한국인 심리학 이론의 구성. 한국심리학회 편, 현대심리학의 이해(pp. 695-766). 서울: 학문사.

최상진(2000). 한국인 심리학. 서울: 중앙대학교 출판부.

최상진, 윤호균, 한덕웅, 조긍호, 이수원(1999). 동양심리학: 서구심리학에 대한 대안 모색. 서울: 지식산업사.

최상진, 최연희(1989). 눈치의 사회심리학적 구조: 눈치의 개념화를 위한 탐색적 시안. 한국심리학회 편, 1989년도 연차 학술발표대회 논문집(pp. 212-220). 서울: 한국심리학회.

최영안(2002). MCMI-III의 요인구조. 한국심리학회지: 건강, 7(2), 241-255.

최재석(1994). 한국인의 사회적 성격(3판). 서울: 현암사.

최정락, 유태용(2012). 성격과 직무수행 간의 비선형적 관계: 직무창의성의 조절효과. 한국심리학회지: 산업 및 조직, 25(2), 299-324.

최현정(2014). 복합 외상 후 정체성 변화와 통합 과정: 자기정의기억을 중심으로. 서울대학교 박사학위논문.

한국교육과정평가원(2011). 교과교육과 창의적 체험활동을 통한 인성교육 활성화 방안. 연구보고 RRC 2011-7-1.

한덕웅(1992). 성격특성 용어의 사용빈도, 호오도 및 사회적 바람직성. 한국심리학회지: 일반, 11(1), 147-171.

한덕웅(2003). 한국사회에서 안전에 관한 심리학 연구의 과제. 한국심리학회지: 사회문제, 9(1), 35-55.

홍숙기(2011). 성격심리(하)(전면개정판). 서울: 박영사.

홍숙기(2014). 성격심리(상)(수정3판). 서울: 박영사.

Abramson, L. Y., Seligman, M. E. P., & Teasdale, J. D. (1978). Learned helplessness in humans: Critique and reformulation. *Journal of Abnormal Psychology, 87,* 32-48.

Adams, J. S. (1965). Inequity in social exchange. In L. Berkowitz (Ed.), *Advances in experimental social psychology* (Vol. 2, pp. 267-299). New York: Academic Press.

Adams, T., Bezner, J., & Steinhart, M. (1997). The conceptualization and measurement of perceived wellness: Integrating balance across and within dimensions. *American Journal of Health Promotion, 11,* 208-281.

Adler, A. (1927). *Menschenkenntnis.* Frankfurt: Fischer(Tb.) (라영균 역. 《인간 이해》. 서울: 일빛, 2009).

Adler, A. (1929/1964). *Social interests: A challenge to mankind.* New York: Capricorn.

Adler, M. G., & Fagley, N. S. (2005). Appreciation: Individual differences in finding value and meaning as a unique predictor of subjective well-being. *Journal of Personality, 73,* 79-114.

Ainsworth, M. D. S., Blehar, M., Waters, E., & Wall, S. (1978). *Patterns of attachment.* Hillsdale, NJ: Erlbaum.

Alderfer, C. P. (1969). An empirical test of a new theory of human needs. *Organizational Behavior and Human Performance, 4,* 142-175.

Alderfer, C. P. (1972). *Existence, relatedness, and growth: Human needs in organizational settings.* New York: Free Press.

Alexander, G. M., & Wilcox, T. (2012). Sex differences in early infancy. *Child Development Perspectives, 6*(4), 400-406.

Alfermann, D., & Stoll, O. (2000). Effects of physical exercise on self-concept and well-being. *International Journal of Sport Psychology, 31,* 47-65.

Allen, L., & Beattie, R. (1984). The role of leisure as an indicator of overall satisfaction with community life. *Journal of Leisure Research, 16,* 99-109.

Alloy, L. B., Abramson, L. Y., Walshaw, P. D., Cogswell, A., Grandin, L. D., Hughes, M. E., & Hogan, M. E. (2008). Behavioral Approach System and Behavioral Inhibition System sensitivities and bipolar spectrum disorders: prospective prediction of bipolar mood episodes. *Bipolar Disorders, 10*(2), 310-322.

Allport, G. W. (1937). *Personality: A psychological interpretation.* New York: Holt, Rinehart & Winston.

Allport, G. W. (1955). *Becoming.* New Haven: Yale University Press.

Allport, G. W. (1961). *Pattern and growth in personality.* New York: Holt, Rinehart & Winston.

Allport, G. W. (1964). The open system in personality theory. In H. M. Ruitenbeek (Ed.), *Varieties of personality theory* (pp. 149-166). New York: E. P. Dutton & Co.

Allport, G. W., & Ross, J. (1967). Personal religious orientation and prejudice. *Journal of Personality and Social Psychology, 5,* 432-443.

Allport, G. W., Vernon, P., & Lindzey, G. (1960). *A study of values* (Rev. ed.). Boston: Houghton Mifflin.

Aluja-Fabregat, A. (2000). Personality and curiosity about TV and film violence in adolescents. *Personality and Individual Differences, 29,* 379-392.

Amabile, T. M. (1989). *Growing up creative: Nurturing a lifetime of creativity.* New York: Crown Publishing Group. (전경원 역, 《창의성과 동기유발》, 서울: 창지사, 1998).

Amabile, T. M. (1997). Entrepreneurial creativity through motivational synergy. *Journal of Creative Behavior, 31*(1), 18-26.

American Psychiatric Association. (1994). *Diagnostic and statistical manual of mental disorders* (4th ed.). Washington, DC: Author.

American Psychiatric Association. (2000). *Diagnostic and statistical manual of mental disorders, text revision* (4th ed.). Washington, DC: Author.

American Psychiatric Association. (2013). *Diagnostic and statistical manual of mental disorders* (5th ed.). Washington, DC: Author.

Anderson, E. M., & Maehr, M. L. (1994). Motivation and schooling in the middle grades. *Review of Educational Research, 64,* 287-309.

Andrews, F. M., & Withey, S. B. (1976). *Social indicators of well-being: America's perception of life quality.* New York: Plenum Press.

Angst, J., & Maurer-Groeli, Y. A. (1974). Blood groups and personality. *Archiv fur Psychiatric und Nervenkrankbeiten, 218,* 291-300.

Ano, G. G., & Vasconcelles, E. B. (2005). Religious coping and psychological adjustment to stress: A meta-analysis. *Journal of Clinical Psychology, 61,* 461-480.

Ansbacher, H. L. (1968). The concept of social interest. *Journal of Individual Psychology, 24,* 131-141.

Archer, J. (2000). Sex differences in physical aggression to partners: A reply to Frieze (2000), O'Leary (2000), and White, Smith, Koss, & Figuerdo (2000). *Psychological Bulletin, 126,* 697-702.

Ardelt, M. (1997). Wisdom and life satisfaction in old age. *Journal of Gerontology, 52,* 15-27.

Ardelt, M. (2000). Still stable after all these years? Personality stability theory revisited. *Social Psychology Quarterly, 63,* 392-405.

Argyle, M. (1987). *The psychology of happiness.* London: Methuen.

Argyle, M. (1996). *The social psychology of leisure.* London: Routledge.

Argyle, M. (1999). Causes and correlates of happiness. In D. Kahneman,

E. Diener, & N. Schwartz (Eds.), *Well-being: The foundation of hedonic psychology*. New York: Russell Sage Foundation.

Argyle, M. (2001). *The psychology of happiness* (2nd ed.). East Sussex, England: Routledge.

Argyle, M., & Lu, L. (1992). New directions in the psychology of leisure. *The New Psychologist, 1,* 3-11.

Argyle, M., & Martin, M. (1991). The psychological causes of happiness. In F. Strack, M. Argyle, & N. Schwatz (Eds.), *Subjective well-being* (pp. 77-100). Oxford, England: Pergamon Press.

Aronson, J., Fried, C., & Good, C. (2002). Reducing the effects of stereotype threat on African college students by shaping theories of intelligence. *Journal of Experimental Social Psychology, 38,* 113-125.

Arvey, R. D., Bouchard, T. J., Segal, N. L., & Abraham, L. M. (1989). Job satisfaction: Environmental and genetic components. *Journal of Applied Psychology, 74,* 187-192.

Arvey, R. D., Carter, G., & Buerkley, D. (1991). Job satisfaction: Dispositional and situational influences. In C. L. Cooper & I. T. Robertson (Eds.), *International review of industrial and organizational psychology* (pp. 359-383). Chichester, England: Wiley.

Ashton, M. C., & Lee, K. (2007). Empirical, theoretical, and practical advantages of the HEXACO model of personality structure. *Personality and Social Psychology Review, 11*(2), 150-166.

Ashton, M. C., Lee, K., Perugini, M., Szarota, P., de Vries, R. E., Di Blas, L., Boies, K., De Raad, B., (2004). A six-factor structure of personality-descriptive adjectives: Solutions from psycholexical studies in seven languages. *Journal of Personality and Social Psychology, 86*(2), 356-366.

Ashton, M. C., Paunonen, S. V., Helmes, E., & Jackson, D. N. (1998). Kin altruism, reciprocal altruism, and the Big Five personality factors. *Evolution and Human Behavior, 19,* 243-255.

Aspinwall, L. G., & Brunhart, S. M. (2000). What I do know won't hurt me: Optimism, attention to negative information, coping, and health. In J. E. Gillham (Ed.), *Laws of Life Symposia Series. The science of optimism and hope: Research essays in honor of Martin E. P. Seligman* (pp. 163-200). Philadelphia, PA: John Templeton Foundation Press.

Ayduk, O., Mischel, W., & Downey, G. (2002). Attentional mechanisms linking rejection to hostile reactivity: The role of "hot" versus "cool" focus. *Psychological Science, 13,* 443-448.

Bachrach, H. M., Galatzer-Levy, R., Skolnikoff, A. Z., & Waldron, S., Jr. (1991). On the efficacy of psychoanalysis. *Journal of the American Psychoanalytic Association, 39,* 871-916.

Bair, D. (2003). *Jung: A biography*. New York: Little, Brown and Company. (정영목 역.《융》. 경기도 파주: 열린책들, 2008).

Bakan, D. (1966). *The duality of human existence: Isolation and communion in Wester man*. Boston: Beacon Press.

Baldwin, M. W., & Dandeneau, S. D. (2005). Understanding and modifying the relational schema underlying insecurity. In M. Baldwin (Ed.), *Interpersonal cognition* (pp. 62-84). New York: Guilford Press.

Ball, S. A. (2005). Personality traits, problems, and disorders: Clinical applications to substance use disorders. *Journal of Research in Personality, 39,* 84-102.

Bammel, G., & Burrus-Bammel, L. L. (1996). *Leisure and human behavior*. Dubuque, IA: Brown & Benchmark.

Bandura, A. (1973). *Aggression: A social learning analysis*. Englewood Cliffs, NJ: Prentice-Hall.

Bandura, A. (1977). *Social learning theory*. Englewood Cliffs, NJ: Prentice Hall.

Bandura, A. (1986). *Social foundations of thought and action: A social cognitive theory*. Englewood Cliffs, NJ: Prentice-Hall.

Bandura, A. (1989). Self-regulation of motivation and action through internal standards and goal systems. In L. A. Pervin (Ed.), *Goals concepts in personality and social psychology* (pp. 19-85). Hillsdale, NJ: Erlbaum.

Bandura, A. (1989). Social cognitive theory. In R. Vasta (Ed.), *Annuals of child development* (Vol. 6). Greenwich, CT: JAI Press.

Bandura, A. (1991). Social cognitive theory of self-regulation. *Organizational Behavior and Human Decision Processes, 50,* 248-287.

Bandura, A. (1997). *Self-efficacy: The exercise of control*. New York: Freeman.

Bandura, A., & Cervone, D. (1983). Self-evaluative and self-efficacy mechanisms governing the motivational effect of goal systems. *Journal of Personality and Social Psychology, 45,* 1017-1028.

Barclay, P., & Willer, R. (2007). Partner choice creates competitive altruism in humans. *Proceedings of the Royal Society B: Biological Sciences, 274,* 749-753.

Bargh, J. A. (1994). The four horsemen of automaticity: Awareness, intention, efficiency, and control in social cognition. In R. Wyer & T. Srull (Eds.), *Handbook of social cognition* (pp. 1-40), Hillside, NJ: Lawrence Erlbaum.

Barkow, J., Cosmides, L., & Tooby, J. (1992) *The adapted mind: Evolutionary psychology and the generation of culture*. New York: Oxford University Press.

Barrett, P. M., Fox, T., & Farrell, L. J. (2005). Parent-child interaction with anxious children and with their siblings: An observational study. *Behavior Change, 22*(4), 220-235.

Barrick, M. R., & Mount, M. K. (1991). The big five personality dimensions and job performance: A meta-analysis. *Personnel Psychology, 44,* 1-26.

Barrick, M. R., & Mount, M. K. (1993). Autonomy as a moderator of the relationships between the big five personality dimensions and job performance. *Journal of Applied Psychology, 78,* 111-118.

Barrick, M. R., Mount, M. K., & Stauss, J. P. (1993). Conscientiousness and performance of sales representatives: Test of the mediating effects of goal setting. *Journal of Applied Psychology, 78,* 715–722.

Barry, W. A. (1970). Marriage research and conflict: An integrative review *Psychological Bulletin, 73,* 41–54.

Bartholomew, K., & Horowitz, L. M. (1991). Attachment styles among young adults: A test of a four-category model. *Journal of Personality and Social Psychology, 61,* 226–244.

Bartlett, F. C. (1932). *Remembering.* New York: Cambridge University Press.

Bartlett, F. C. (1958). *Thinking.* New York: Basic Books.

Baskett, L. M. (1985). Sibling status effects: Adult expectations. *Developmental Psychology, 21,* 441–445.

Bateman, A. W., & Fonagy, P. (1999). Effectiveness of partial hospitalization in the treatment of borderline personality disorder: A randomized controlled trial. *American Journal of Psychiatry. 56*(10), 1563–1569.

Bateman, A. W., & Fonagy, P. (2000). Effectiveness of psychotherapeutic treatment of personality disorder. *British Journal of Psychiatry, 177*(2), 138–143.

Bateman, A. W., & Fonagy, P. (2001). Treatment of borderline personality disorder with psychoanalytically oriented partial hospitalization: An 18-month follow-up. *American Journal of Psychiatry, 158*(1), 36–42.

Bateman, A. W., & Fonagy, P. (2004). Mentalization-based treatment of BPD. *Journal of Personality Disorders, 18,* 36–51.

Bateman, A. W., & Fonagy, P. (2008a). 8-year follow-up of patients treated for borderline personality disorder: Mentalization-based treatment versus treatment as usual. *American Journal of Psychiatry, 165*(5), 631–638.

Bateman, A. W., & Fonagy, P. (2008b). Comorbid antisocial and borderline personality disorders: Mentalization-based treatment. *Journal of Clinical Psychology, 64,* 181–194.

Battista, J. R. (1996). Consciousness, information theory and transpersonal psychiatry. In B. W. Scotton, A. B. Chinen, & J. R. Battista (Eds.), *Textbook of transpersonal psychiatry and psychology* (pp. 85–95). New York: Basic Books.

Baumeister, R. F. (1991). *Meanings of life.* New York: Guilford Press.

Baumeister, R. F. (1998). The self. In D. T. Gilbert, S. T. Fiske, & G. Lindzey (Eds.), *The handbook of social psychology* (4th ed., Vol. 2, pp. 680–740). New York: McGraw-Hill.

Baumeister, R. F., Heatherton, T. F., & Tice, D. M. (1993). When ego threats lead to self-regulation failure: Negative consequences of high self-esteem. *Journal of Personality and Social Psychology, 64.* 141–156.

Baumeister, R. F., Heatherton, T. F., & Tice, D. M. (1994). *Losing control: How and why people fail at self-regulation.* San Diego, CA: Academic Press.

Baumeister, R. F., & Vohs, K. D. (2002). The pursuit of meaningfulness in life. In C. R. Snyder & S. J. Lopez (Eds.), *Handbook of positive psychology* (pp. 608–618). Oxford, England: Oxford University Press.

Baumeister, R. F., & Wilson, B. (1996). Life stories and the four needs for meaning. *Psychological Inquiry, 7,* 322–325.

Baumrind, D. (1967). Child care practices anteceding three patterns of pre-school behavior. *Genetic Psychology Monographs, 75,* 43–88.

Baumrind, D. (1971). Current patterns of parental authority. *Developmental Psychological Monographs, 4*(1, Part 2).

Baumrind, D. (1977). *Socialization determinants of personal agency.* Paper presented at the biennial meeting of the Society for Research in Child Development. New Orleans.

Baumrind, D. (1991). The influence of parenting style on adolescent competence and substance. *Journal of Early Adolescence, 11,* 56–95.

Beck, A. T. (1967). *Depression: Clinical, experimental, and theoretical aspects.* New York: Harper and Row.

Beck, A. T. (1976). *Cognitive therapy and the emotional disorders.* New York: International University Press.

Beck, A. T. (1983). Cognitive therapy of depression: New perspectives. In P. J. Clayton & J. E. Barrett (Eds.), *Treatment of depression: Old controversies and new approaches.* (pp. 265–284). New York: Raven Press.

Beck, A. T., & Beck, J. S. (1991). *The Personality Belief Questionnaire.* Unpublished assessment instrument. Bala Cynwyd, PA: The Beck Institute for Cognitive Therapy and Research.

Beck, A. T., Brown, G., Steer, R. A., Eidelson, J. I., & Riskind, J. H. (1987). Differentiating anxiety and depression: A test of the cognitive content-specificity hypothesis. *Journal of Abnormal Psychology, 96,* 179–183.

Beck, A. T., & Freeman, A. (1990). *Cognitive therapy of personality disorders.* New York: Guilford Press.

Beck, A. T., Freeman, A., & Davis, D. D. (2004). *Cognitive therapy of personality disorders* (2nd ed.). New York: The Guilford Press. (민병배, 유성진 역. 《성격장애의 인지치료》. 서울: 학지사, 2008).

Beck, A. T., Rush, J., Shaw, B., & Emery, G. (1979). *Cognitive therapy of depression.* New York: The Guilford Press. (원호택 외 공역. 《우울증의 인지치료》. 서울: 학지사, 1996).

Beck, J. S. (1997). *Cognitive therapy: Basics and beyond.* New York: The Guilford Press. (최영희, 이정흠 역. 《인지치료》. 서울: 하나의학사, 1999).

Becker, E. (1973). *The denial of death.* New York: The Free Press. (김재영 역. 《죽음의 부정: 프로이트의 인간 이해를 넘어서》. 서울: 인간사랑, 2008).

Belk, R. W. (1985). Materialism: Trait Aspects of Living in the Material World. *Journal of Consumer Research, 12,* 265–279.

Bellack, L., & Bellack, S. S. (1949). *Children's Apperception Test (C.A.T.).* Oxford, England: C.P.S. Company.

Bem, D. J., & Allen, A. (1973). On predicting some of the people some of the time: The research for cross-situational consistencies in behavior. *Psychological Review, 81,* 506–520.

Bem, S. L. (1987). Masculinity and femininity exist only in the mind of the perceiver. In J. M. Reinisch, L. A. Rosenblum, & S. A. Sanders (Eds.), *Masculinity/femininity: Basic perspectives*. New York: Oxford University Press.

Benet-Martinez, V. (2007). Cross-cultural personality research: Conceptual and methodological issues. In R. W. Robins, R. C. Fralely, & R. Krueger (Eds.), *Handbook of research methods in personality research* (pp. 171-190). New York: Guilford Press.

Bentler, P. M., & Newcomb, M. D. (1978). Longitudinal study of marital success and failure. *Journal of Consulting and Clinical Psychology, 46*, 1053-1070.

Bergeman, C. S., Cipuer, H. M., Plomin, R., Pederson, N. L., McCleam, G., Nesselroade, J. R., Costa, P. T., & McCrae, R. R. (1993). Genetic and environmental effects on openness to experience, agreeableness, and conscientiousness: A adoption/twin study. *Journal of Personality, 61*(2), 159-179.

Berk, L. E. (1994). Vygotsky's theory: The importance of Make-Believe Play. *Young Children, 50*(1), *30-39*.

Berlyne, D. E. (1954). A theory of human curiosity. *British Journal of Psychology, 45*, 180-191.

Berlyne, D. E. (1962). Uncertainty and epistemic curiosity. *Journal of British Psychology, 53*, 27-34.

Berry, D. S., Willingham, J. K., & Thayer, C. A. (2000). Affect and personality as predictors of conflict and closeness in young adults' friendships. *Journal of Research in Personality, 34*, 84-107.

Best, D. L., Williams, J. E., Cloud, J. M., Davis, S. W., Robertson, L. S., Edwards, J. R., Giles, H., & Fowlkes, J. (1977). Development of sex-trait stereotypes among young children in the United States, *England, and Ireland. Child Development, 48*, 1375-1384.

Blackwell, L., Trzesniewski, K., & Dweck, C. S. (2007). Implicit theories of intelligence predict achievement across an adolescent transition: A longitudinal study and an intervention. *Child Development, 78*, 246-263.

Blagov, P. S., & Singer, J. A. (2004). Four dimensions of self-defining memories and their relationship to self-restraint, distress, and repressive defensiveness. *Journal of Personality, 72*, 481-511.

Blashfield, R. K., & Davis, R. T. (1993). Dependent and histrionic personality disorders. In P. B. Sutker & H. E. Adams (Eds.), *Comprehensive handbook of psychopathology* (pp. 395-409). New York: Plenum.

Blatt, S. J., & Zuroff, D. C. (2005). Empirical evaluation of the assumptions in identifying evidence based treatments in mental health. *Clinical Psychology Review, 25*, 459-486.

Bleindorn, W., Kandler, C., Riemann, R., Angleitner, A., & Spinath, F. M. (2009). Patterns and Sources of Adult Personality Development: Growth Curve Analyses of the NEO PI-R Scales in a Longitudinal Twin Study. *Journal of Personality and Social Psychology, 97*(1), 142-155.

Block, J. (1993). Studying personality the long way. In D. C. Funder, R.

D. Parke, C. Tomlinson-Keasy, & K. Widaman (Eds.), *Studying lives through time* (pp. 9-41). Washington, D.C.: American Psychological Association.

Blum, L. (1988). Gilligan and Kohlberg: Implications for moral theory. *Ethics, 98*, 472-491.

Boggiano, A. K., Main, D. S., & Katz, P. A. (1988). Children's preference for challenge: The role of perceived competence and control. *Journal of Personality and Social Psychology, 54*, 134-141.

Boksema, M. A. S., Topsa, M., Westera, A. E., Meijmana, T. F., & Lorist, M. M. (2006). Error-related ERP components and individual differences in punishment and reward sensitivity. *Brain Research, 1101*(1), 92-101.

Bono, J. E., & Judge, T. A. (2003). Core self-evaluations: A review of the trait and its role in job satisfaction and job performance. *European Journal of Personality, 17*(Suppl1), S5-S18.

Bono, J. E., & Judge, T. A. (2003). Self-concordance at work: Toward understanding the motivational effects of transformational leaders. *Academy of Management Journal, 46*, 554-571.

Borgatta, E. F. (1964). The structure of personality characteristics. *Behavior Science, 12*, 8-17.

Bornstein, M. H., Davidson, L., Keyes, C. L. M., & Moore, K. A. (2003). *Well-being: Positive development across the life course*. New York: Lawrence Erlbaum.

Bouchard, T. J., & McGue, M. (2003). Genetic and environmental influences on human psychological differences. *Journal of Neurobiology, 54*, 4-45.

Bowlby, J. (1969). *Attachment and loss: Vol. 1. Attachment*. New York: Basic Books.

Bowlby, J. (1973). *Attachment and loss: Vol. 2. Separation: Anxiety and anger*. New York: Basic Books.

Bowlby, J. (1980). *Attachment and loss: Vol. 3. Loss, sadness, and depression*. New York: Basic Books.

Brackett, M. A., & Mayer, J. D. (2003). Convergent, discriminant, and incremental validity of competing measures of emotional intelligence. *Personality and Social Psychology Bulletin, 29*, 1147-1158.

Bradbury, T. N., & Fincham, F. D. (1990). Attributions in marriage: Review and critique. *Psychological Bulletin, 107*, 3-33.

Brehm, J., & Rahn, W. M. (1997). Individual level evidence for the causes and consequences of social capital. *American Journal of Political Science, 41*, 999-1023.

Brenner, C. (1955). *An elementary textbook of psychoanalysis*. New York: International Universities Press.

Bretherton, I., Fritz, J., Zahn-Waxler, C., & Ridgeway, D. (1986). Learning to talk about emotions: A functionalist perspective. *Child Development, 57*, 529-548.

Brief, A. P. (1998). *Attitudes in and around organizations*. Thousand Oaks, CA: Sage.

Brinkerhoff, M. B., & Jacob, J. C. (1987). Quasi-religious meaning systems, official religion and quality of life in an alternative lifestyle: A survey from the Back-to-the-Land movement. *Journal for the Scientific Study of Religion, 26,* 63-80.

Brody, G., Stoneman, Z., Flor, D., & McCrary, C. (1994). Religion's role in organizing family relationships: Family process in rural, two-parent African American families. *Journal of Marriage and the Family, 56,* 878-888.

Bronfenbrenner, U. (1979). *The ecology of human development: Experiments by nature and design.* Cambridge, MA: Harvard University Press.

Bryant, F. G. (2003). Savoring Beliefs Inventory (SBI): A scale for measuring beliefs about savoring. *Journal of Mental Health, 12,* 175-196.

Bryant, F. G., & Veroff, J. (2007). *Savoring: A new model of positive experience.* London: Lawrence Erlbaum.

Buchanan, G. M., & Seligman, M. E. P. (1995). *Explanatory style.* Hillsdale, NJ: Erlbaum.

Buck, J. N. (1948). The H-T-P technique, a qualitative and quantitative method. *Journal of Clinical Psychology, 4,* 317-398.

Buck, J. N. (1964). *The House-Tree-Person (H-T-P) manual supplement.* Los Angeles: Western Psychological Services.

Bugental, J. F. T. (1987). *The art of psychotherapy.* New York: Norton.

Burns, R. C., & Kaufman, S. H. (1987). *Kinetic Family Drawings (K-F-D): An Introduction to Understanding Children Through Kinetic Drawings,* New York : Brunner/Mazel.

Buss, A. H., & Plomin, R. (1984). *Temperament: Early developing personality traits.* Hillside, NJ: Erlbaum.

Buss, A. H., & Plomin, R. (1986). The EAS approach to temperament. In R. Plomin & J. Dunn (Eds.), *The study of temperament: Changes, continuities and challenges.* Hillside, NJ: Erlbaum.

Buss, D. M. (1989). Sex differences in human mate preferences: Evolutionary hypothesis testing in 37 cultures. *Behavioral and Brain Sciences, 12,* 1-49.

Buss, D. M. (1991). Evolutionary personality psychology. *Annual Review of Psychology, 42,* 459-491.

Buss, D. M. (1995). Evolutionary psychology: A new paradigm for psychological science. *Psychological Inquiry, 6*(1), 1-30.

Buss, D. M. (2000). *The dangerous passion.* New York: The Free Press.

Buss, D. M. (2004). *Evolutionary psychology: The new science of the mind* (2nd ed.). New York: Pearson Education. (김교헌, 권선중, 이홍표 공역. 《마음의 기원: 진화심리학》. 서울: 나노미디어, 2005).

Buss, D. M. (2009). How can evolutionary psychology successfully explain personality and individual differences? *Perspectives on Psychological Science, 4*(4), 359-366.

Buss, D. M., & Cantor, N. (1989). *Personality psychology: Recent trends and emerging directions.* New York: Springer.

Buss, D. M., Larsen, R., Westen, D., & Semmelroth, J. (1992). Sex differences in jealousy: Evolution, physiology and psychology. *Psychological Science, 3,* 251-255.

Buunk, B. P., Angleitner, A., Oubaid, V., & Buss, D. M. (1996). Sex differences in jealousy in evolutionary and cultural perspective: Tests from the Netherlands, Germany, and the United States. *Psychological Science, 7,* 359-363.

Byman, R. (1993). From two-dimensional to three-dimensional curiosity: A reanalysis of depth-breath-factor model. *Australian Journal of Psychology, 45*(3), 155-160.

Cacioppo, J. T., Petty, R. E., Feinstein, J. A., & Jarvis, W. B. G. (1996). Dispositional differences in cognitive motivation: The life and times of individuals varying in need for cognition. *Psychological Bulletin, 119,* 197-253.

Calhoun, L. G., & Tedeschi, R. G. (1999). *Facilitating posttraumatic growth: A clinical guide.* London: Lawrence Erlbaum Associates.

Cameron, K. S., Dutton, J. E., & Quinn, R. E. (2003). Foundations of positive organizational scholarship. In K. S. Cameron, J. E. Dutton, & R. E. Quinn (Eds), *Positive organizational scholarship* (pp. 3-13). San Francisco: Berrett-Koehler.

Campbell, A. (1981). *The sense of well-being in America.* New York: McGraw-Hill.

Campbell, A., Converse, P. E., & Rodgers, W. L. (1976). *The quality of American life.* New York: Sage.

Campbell, J. D., Trapnell, P. D., Heine, S. J., Katz, I, M., Lavallee, L. E., & Lehman, D. R. (1996). Self-concept clarity: Measurement, personality correlates, and cultural boundaries. *Journal of Personality and Social Psychology, 70,* 141-156.

Campbell, J. P. (1990). Modeling the performance prediction problem in industrial and organizational psychology. In M. D. Dunnette & L. M. Hough (Eds.), *Handbook of Industrial and Organizational Psychology* (pp. 687-732). Palo Alto, CA: Consulting Psychologists Press.

Campos, J. J., & Bertenthal, B. I. (1989). Locomotion and psychological development in infancy. In F. J. Morrison, C. Lork, & D. P. Keating (Eds.), *Applied Developmental Psychology* (Vol. 3), New York: Academic Press.

Canli, T. (2008). Toward a "Molecular Psychology" of personality. In O. P. John, R. W. Robins, & L. A. Pervin (Eds.), *Handbook of personality: Theory and research* (3rd ed., pp. 311-327). New York: Guilford Press.

Cantor, N. (1990). From thought to behavior: "Having" and "doing" in the study of personality and cognition. *American Psychologist, 45,* 735-750.

Cantor, N. (1994). Life task problem solving: Situational affordances and personal needs. *Personality and Social Psychology Bullentin, 20,* 235-243.

Cantor, N., & Kihlstrom, J. F. (1987). *Personality and social intelligence.* Englewood Cliffs, NJ: Prentice-Hall.

Cantor, N., & Langston, C. A. (1989). "Ups and downs" of life tasks in a life transiton. In L. A. Pervin (Ed.), *Goal concepts in personality and social psychology* (pp. 127-167). Hillsdale, NJ: Erlbaum.

Cantor, N., & Zirkel, S. (1990). Personality, cognition, and purposive behavior. In L. A. Pervin (Ed.), *Handbook of personality: Theory and research* (pp. 135-164). New York: Guilford Press.

Carr, A. (2004). *Positive psychology: The science of happiness and human strengths.* New York: Brunner-Routledge.

Carson, R. C. (1969). *Interaction concepts of personality.* Chicago: Aldine.

Carter, C. S. (1998). Neuroendocrine perspectives on social attachment and love. *Psychoneuroendocrinology, 23,* 779-818.

Carter, D. B., & McKloskey, L. A. (1984). Peers and maintenance of sex-typed behavior: The development of children's conceptions of cross-gender behavior in their peers. *Social Cognition, 2,* 294-314.

Carver, C. S. (2004). Self-regulation of action and affect. In R. F. Baumeister & K. D. Vohs (Eds.), *Handbook of self-regulation: Research, theory, and applications* (pp. 13-39). New York: The Guilford Press.

Carver, C. S., & Scheier, M. F. (1981). *Attention and self-regulation: A control-theory approach to human behavior.* New-York: Springer-Verlag.

Carver, C. S., & Scheier, M. F. (1982). Control theory: A useful conceptual framework for personality - social, clinical, and health psychology. *Psychological Bulletin, 92,* 111-135.

Carver, C. S., & Scheier, M. F. (2004). *Perspectives of personality* (5th ed.). New York: Pearson Education. (김교헌, 심미영, 원두리 공역. 《성격심리학: 성격에 대한 관점들》. 서울: 학지사. 2005).

Carver, C. S., & White, T. L. (1994). Behavioral inhibition, behavioral activation, and affective response to impending reward and punishment: The BIS/BAS Scales. *Journal of Personality and Social Psychology, 67,* 319-333.

Casement, A. (2001). *Carl Gustav Jung.* London: Sage Publications. (박현순, 이창인 역. 《분석심리학의 창시자 칼 융》. 서울: 학지사, 2007).

Caspi, A. (1993). Why maladaptive behaviors persist: Sources of continuity and change across the life course. In D. C. Funder, R. D. Parke, C. Tomlinson-Keasey, & K. Widenen (Eds.), *Studying lives through time: Personality and development* (pp. 343-376). Washington, DC: American Psychological Association.

Caspi, A., & Roberts, B. W. (2001). Personality development across the life course: The argument for change and continuity. *Psychological Inquiry, 12,* 49-66.

Cassidy, J. (1988). Child-mother attachment and the self in six-year-olds. *Child Development, 59,* 121-134.

Cassin, S. E., & von Ranson, K. M. (2005). Personality and eating disorders: A decade in review. *Clinical Psychology Review, 25,* 895-916.

Cattell, R. B. (1956). Validation and intensification of the Sixteen Personality Factor Questionnaire. *Journal of Clinical Psychology, 12,* 205-214.

Cattell, R. B., Boutourline, H. Y., & Hundleby, J. D. (1964). Blood groups and personality traits. *American Journal of Human Genetics, 16,* 397-402.

Caughlin, J. P., Huston, T. L., & Houts, R. N. (2000). How does personality matter in marriage. An examination of trait anxiety, interpersonal negativity, and marital satisfaction. *Journal of Personality and Social Psychology, 78,* 326-336.

Cervone, D., & Pervin, L. (2009). *Personality: Theory and research* (11th ed.). New York: John Wiley & Sons.

Cervone, D., & Pervin, L. (2013). *Personality: Theory and research* (12th ed.). New York: Wiley.

Chapman, B. P., Roberts, B., & Duberstein, P. (2011). Personality and longevity: Knowns, unknowns, and implications for public health and personalized medicine. *Journal of Aging Research,* http://dx.doi.org/10.4061/2011/759170.

Chatman, J. A., & Barsade, S. G. (1995). Personality, organizational culture, and cooperation: Evidence from a business situation. *Administrative Science Quarterly, 40,* 423-443.

Chinen, A. B. (1996). Western analytic philosophy and transpersonal epistemology. In B. W. Scotton, A. B. Chinen, & J. R. Battista (Eds.), *Textbook of transpersonal psychiatry and psychology* (pp. 217-227). New York: Basic Books.

Chiu, C., Dweck, C. S., Tong, J. Y., & Fu, J. H. (1997). Implicit theories and concepts of morality. *Journal of Personality and Social Psychology. 73,* 923-940.

Church, A. T. (2001). Personality measurement in cross-cultural perspective. *Journal of Personality, 69,* 979-1006.

Church, A. T., & Ortiz, F. A. (2005). Culture and personality. In V. J. Derlaga, B. A. Winstead, & W. H. Jones (Eds.), *Personality: Contemporary theory and research* (3rd ed., pp. 420-456), Belmont, CA: Wadsworth.

Cialdini, R. B., Wosinska, W., Barrett, D. W., Butner, J., & Gornik-Durose, M. (1999). Compliance with a request in two cultures: The differential influence of social proof and commitment/consistency on collectivists and individualists. *Personality and Social Psychology Bulletin, 25,* 1242-1253.

Clark, L. A. (2007). Assessment and diagnosis of personality disorder: Perennial issues and an emerging reconceptualization. *Annual Review of Psychology, 58,* 227-257.

Clark, L. A., & Watson, D. (1991). General affective dispositions in physical and psychological health. In C. R. Snyder & D. R. Forsyth (Eds.), *Handbook of clinical and social psychology* (pp. 221-245). New York: Pergamon Press.

Clark, M. S., & Mills, J. (1979). Interpersonal attraction in exchange and communal relationships. *Journal of Personality and Social Psychology, 37,* 12-24.

Clarkin, J. F., Levy, K. N., Lenzenweger, M. F., & Kernberg, O. F. (2007). A multiwave RCT evaluating three treatments for borderline personality disorder. *American Journal of Psychiatry, 164,* 922-928.

Cleary, T. S., & Shapiro, S. I. (1995). The plateau experience and the post-mortem life: Abraham H. Maslow's unfinished theory. *The Journal of Transpersonal Psychology, 27,* 1–23.

Clen, S. L., Mennin, D. S., & Fresco, D. M. (2011). Major depressive disorder. In M. J. Zvolensky, A. Bernstein., & A. A. Vujanovic (Eds.), *Distress tolerance: Theory, research, and clinical applications* (pp. 149–170). New York: Guilford Press.

Cloninger, C. R. (1986). A unified biosocial theory of personality and its role in the development of anxiety states. *Psychiatric Development, 3,* 167–226.

Cloninger, C. R. (1994). The genetic structure of personality and learning: a phylogenetic perspective. *Clinical Genetics, 46,* 124–137.

Cloninger, C. R. (1994). *The Temperament and Character Inventory (TCI): a guide to its development and use.* Washington University, St Louis, Missouri: Centre for Psychobiology of Personality.

Cloninger, C. R. (1999). A new conceptual paradigm from genetics and psychobiology for the science of mental health. *Australian and New Zealand Journal of Psychiatry, 33,* 174–186.

Cloninger, C. R. (2000). Biology of personality dimensions. *Current Opinions in Psychiatry, 13,* 611–616.

Cloninger, C. R. (2002). The discovery of susceptibility genes for mental disorders. *Proceedings of the National Academy of Sciences USA, 99(21),* 13365–13367.

Cloninger, C. R. (2003). Completing the psychobiological architecture of human personality development: Temperament, Character, &Coherence. In U. M. Staudinger & U. E. R. Lindenberger (Eds.), *Understanding human development: Dialogues with lifespan psychology* (pp. 159–182). Boston: Kluwer Academic Publishers.

Cloninger, C. R. (2004). *Feeling good: The science of well-being.* New York: Oxford University Press.

Cloninger, C. R. (2006). The science of well-being: An integrated approach to mental health and its disorders. *World Psychiatry, 5,* 71–76.

Cloninger, C. R. (2009). On Well-Being: Current Research Trends And Future Directions. Editorial. *Mens Sana Monographs, 6(1),* 3–9.

Cloninger, C. R. (2013). What makes people healthy, happy, and fulfilled in the face of current world challenges? *Mens Sana Monographs, 11(1),* 16–24.

Cloninger, C. R., Przybeck, T. R., & Svrakic, D. M. (1991). The tridimensional personality questionnaire: U.S. normative data. *Psychological Reports, 69,* 1047–1057.

Cloninger, C. R., Przybeck, T. R., Svrakic, D. M., & Wetzel, R. D. (1994). *The Temperament and Character Inventory (TCI): A guide to its development and use.* St. Louis, MO: Center for Psychobiology and Personality, Washington University.

Cloninger, C. R., & Svrakic, D. M. (2000). Personality disorders. In B. J. Sadock & V. A. Sadock (Eds.), *Comprehensive textbook of psychiatry* (pp. 1723–1764). New York: Lippincott Williams & Wilkins.

Cloninger, C. R., Svrakic, D. M., & Przybeck, T. R. (1993). A psychobiological model of temperament and character. Archives of *General Psychiatry, 50,* 975–990.

Cloninger, C. R., Svrakic, D.M., Przybeck, T.R. (2006) Can personality assessment predict future depression? A twelve-month follow-up of 631 subjects. *Journal of Affective Disorder, 92(1),* 35–44.

Cloninger, C. R., Svrakic, N. M., & Svrakic, D. M. (1997). Role of personality self-organization in development of mental order and disorder. *Development and Psychopathology, 9,* 881–906.

Cloninger, C. R., & Zohar, A. H. (2011). Personality and the perception of health and happiness. *Journal of Affective Disorders, 128(1-2),* 24–32.

Cloninger, C. R., Zohar, A. H., Hirschmann, S., & Dahan, D. (2012) The psychological costs and benefits of being highly persistent: personality profiles distinguish mood disorders from anxiety disorders. *Journal of Affective Disorder, 136(3),* 758–66.

Clopton, N. A., & Sorell, G. T. (1993). Gender differences in moral reasoning: Stable or situational? *Psychology of Women Quarterly, 17,* 85–101.

Cohen, C., Teresi, J., & Holmes, D. (1988). The physical well-being of old homeless men. *Journal of Gerontology, 43,* 121–126.

Cohen, R. (1991). *Negotiating across cultures.* Washington, DC: US Institute Peace Press.

Cohn, H. W. (1997). *Existential thought and therapeutic practice: An introduction to existential psychotherapy.* London: Sage.

Cole, S. (1980). Send our children to work? *Psychology Today, 14,* 44–68.

Compton, W. C. (2005). *An introduction to positive psychology.* Belmont, CA: Thomson Wadsworth. (서은국, 성민선, 김진주 역. 《긍정 심리학 입문》. 서울: 박학사, 2007.)

Conger, J. J. (1951). The effects of alcohol on conflict behavior in the albino rat. *Quarterly Journal of Studies on Alcohol, 12,* 1–29.

Conger, J. J. (1956). Alcoholism: Theory, problems and challenge. II. Reinforcement theory and the dynamics of alcoholism. *Quarterly Journal of Studies on Alcohol, 14,* 291–324.

Conn, S. R., & Rieke, M. L. (1994). *The 16PF Fifth Edition Technical Manual.* Champagne, IL: Institute for Personality and Ability Testing, Inc.

Contrada, R. J., & Krantz, D. S. (1988). Stress, reactivity, and Type A behavior: Current status and future directions. *Annuals of Behavioral Medicine, 10,* 64–70.

Conway, M. A. (2005). Memory and the self. *Journal of Memory and Language, 53(4),* 594–628.

Conway, M. A., Singer, J. A., & Tagini, A. (2004). The self and autobiographical memory: Correspondence and coherence. *Social Cognition, 22(5),* 495–537.

Cooley, C. H. (1902). *Human nature and the social order.* New York: Charles Scribner's Sons.

Cooper, M. L., Wood, P. K., Orcutt, H. K., & Albino, A. (2003). Personality and the predisposition to engage in risky or problem behaviors during adolescence. *Journal of Personality and Social Psychology, 84*(2), 390–410.

Cooper, R. K., & Sawaf, A. (1997). *Emotional intelligence in leadership and organizations. Executive EQ*. New York: Grosset/Putnam.

Coopersmith, S. (1967). *The antecedents of self-esteem*. San Francisco: Freeman.

Corsini, R. J., & Wedding, D. (2000). *Current psychotherapies* (6th ed.). F. E. Peacock. (김정희 역. 《현대 심리치료》. 서울: 학지사, 2004).

Cosmides, L., & Tooby, J. (1992). Cognitive adaptations for social exchange. In J. Barkow, L. Cosmides, & J. Tooby (Eds.), *The adapted mind*, New York: Oxford University Press.

Cosmides, L., & Tooby, J. (13 January 1997). *Evolutionary psychology: A primer*. Center for Evolutionary Psychology. Retrieved 2008-02-16.

Costa, P. T. Jr., Bagby, R. M., Herbst, J. H., & McCrae, R. R. (2005). Personality self-reports are concurrently reliable and valid during acute depressive episodes. *Journal of Affective Disorders. 89*, 45–55.

Costa, P. T. Jr., & McCrae, R. R. (1980). Influence of extraversion and neuroticism on subjective well-being: happy and unhappy people. *Journal of Personality and Social Psychology, 54*, 296–308.

Costa, P. T. Jr., & McCrae, R. R. (1984). Personality as a lifelong determinant of well-being. In C. Malatesta & C. Izard (Eds.), *Affective processes in adult development and aging* (pp. 141–157). Beverly Hills, CA: Sage Publications.

Costa, P. T. Jr., & McCrae, R. R. (1988). Personality in adulthood: A six-year longitudinal study of self-reports and spouse ratings on the NEO Personality Inventory. *Journal of Personality and Social Psychology, 54*, 853–863.

Costa, P. T. Jr., & McCrae, R. R. (1990). Personality disorder and the five-factor model of personality. *Journal of Personality Disorders, 4*, 362–371.

Costa, P. T. Jr., & McCrae, R. R. (1992). *Revised NEO Personality Inventory (NEO-PI-R) and NEO Five Factor Inventory (NEO-FFI) professional manual*. Odessa, FL: Psychological Assessment Resources.

Costa, P. T. Jr., & McCrae, R. R. (1992). The five-factor model of personality and its relevance to personality disorders. *Journal of Personality Disorders, 6*, 343–359.

Costa, P. T. Jr., & McCrae, R. R. (1994). "Set like plaster?" Evidence for the stability of adult personality. In T. Heatherton & J. Weinberger (Eds.), *Can personality change?* (pp. 21–40). Washington, DC: American Psychological Association.

Costa, P. T. Jr., & McCrae, R. R. (2002). Looking backward: Changes in the mean levels of personality traits from 80 to 12. In D. Cervone & W. Mischel (Eds.), *Advances in personality science?* (pp. 219–237). New York: Guilford Press.

Costa, P. T. Jr., Terracciano, A., & McCrae, R. R. (2001). Gender differences in personality traits across cultures: Robust and surprising findings. *Journal of Personality and Social Psychology,* 81(2), 322–331.

Cousins, N. (1981). *The anatomy of an illness*. New York: Norton.

Cox, C. M. (1926). *Genetic studies of genius: Vol. 2: The early mental traits of three hundred geniuses*. Stanford, CA: Stanford University Press.

Cox, K., & McAdams, D. P. (2014). Meaning making during high and low point life story episodes predicts emotion regulation two years later: How the past informs the future. *Journal of Research in Personality, 50*, 66–70.

Cramer, K. M., & Imaike, E. (2002). Personality, blood type, and the five-factor model. *Personality and individual differences, 32*(4), 621–626.

Crockenberg, S. B., & Litman, C. (1990). Autonomy as competence in 2-year-olds: Maternal correlates of child defiance, compliance, and self-assertion. *Developmental Psychology, 26*, 961–971.

Cropanzano, R., James, K., & Konovsky, M. A. (1993). Dispositional affectivity as a predictor of work attitudes and job performance. *Journal of Organizational Behaviour, 14*, 595–606.

Crouter, A. C., MacDermid, S, M., McHale, S. M., & Perry-Jenkins, M. (1990). Parental monitoring and perceptions of children's school performance and conduct in dual- and single-career families. *Development Psychology, 26*, 649–657.

Csikszentmihalyi, M. (1975). Play and intrinsic rewards. *Journal of Humanistic Psychology, 15*(3), 41–63.

Csikszentmihalyi, M. (1990). *Flow: The psychology of optimal experience*. New York: Harper & Row.

Csikszentmihalyi, M. (1997). *Finding flow: The psychology of engagement with everyday life*. New York: Basic Books.

Damasio, A. (1999). *The feeling of what happens: Body and emotion in the making of consciousness*. New York: Harcourt Brace.

Davidson, R. J. (2003). Darwin and the neural basis of emotion and affective style. *Annals of the New York Academy of Science, 1000*, 316–336.

Davis, C. G., Nolen-Hoeksema, S., & Larson, J. (1998). Making sense of loss and benefiting from the experience: Two construals of meaning. *Journal of Personality and Social Psychology, 75*, 561–574.

Day, D. V., & Bedeian, A. G. (1995). Personality similarity and work related outcomes among African-American nursing personnel: A test of the supplementary model of person-environment congruence. *Journal of Vocational Behaviour, 46*, 55–70.

Day, D. V., Bedeian, A. G., & Conte, J. M. (1998). Personality as predictor of work-related outcomes: Test of a mediated latent structural model. *Journal of Applied Social Psychology, 28*, 2068–2088.

Day, D. V., & Lord, R. G. (1988). Executive leadership and organizational performance: Suggestions for a new theory and methodology. *Journal of Management, 14*, 453–464.

De Fruyt, F., & Denollet, J. (2002). Type D personality: A five-factor model perspective. *Psychology and Health, 17,* 671–683.

De Fruyt, F., & Mervielde, I. (1999). RIASEC types and Big Five traits as predictors of employment status and nature of employment. *Personnel Psychology, 52,* 701–727.

Deci, E. L., & Ryan, R. M. (1985). *Intrinsic motivation and self-determination in human behavior.* New York: Plenum.

Deci, E. L., & Ryan, R. M. (2000). The "what" and "why" of goal pursuits: Human needs and the self-determination of behavior. *Psychological Inquiry, 4,* 227–268.

Decker, P. J., & Borgen, F. H. (1993). Dimensions of work appraisal: Stress, strain, coping, job satisfaction and negative affectivity. *Journal of Counselling Psychology, 40,* 470–478.

DeNeve, K. M., & Cooper, H. (1998). The happy personality: A meta-analysis of 137 personality traits and subjective well-being. *Psychological Bulletin, 124* (2), 197–229.

Denollet, J., Sys, S. U., Stroobant, N., Rombouts, H., Gillebert, T. C., & Brutsaert, D. L. (February 1996). Personality as independent predictor of long-term mortality in patients with coronary heart disease. *Lancet, 347(8999),* 417–421.

Denollet, J., Vaes, J., & Brutsaert, D. L. (2000). Inadequate response to treatment in coronary heart disease : adverse effects of type D personality and younger age on 5-year prognosis and quality of life. *Circulation, 102*(6), 630–635.

Depue, R. A., & Collins, P. F. (1992). A neurobehavioral system approach to developmental psychopathology: Implications for disorders of affect. In D. Cicchetti, & S. L. Toth (Eds), *Rochester symposium on developmental psychopathology(Vol 4): Developmental perspectives on depression* (pp. 29–101). Rochester, NY: University of Rochester Press.

Depue, R. A., & Collins, P. F. (1999). Neurobiology of the structure of personality: Dopamine, facilitation of incentive motivation, and extraversion. *Behavioral Brain Science, 22,* 491–492.

Depue, R. A., & Collins, P. F. (1999). Neurobiology of the structure of personality: Dopamine, facilitation of incentive motivation, and extraversion. *Behavioral and Brain Sciences, 22,* 491–569.

Depue, R. A., & Iacono, W. G. (1989). Neurobehavioral aspects of affective disorders. *Annual Reviews in Psychology, 40,* 457–492.

Depue, R. A., Karuss, S., & Spoont, M. R. (1987). A two-dimensional threshold model of seasoned bipolar affective disorder. In D. Magnusson & A. Ohmank (Eds.), *Psychopathology: An interactional perspective* (pp. 95–123). New York: Academic Press.

Depue, R. A., & Morrone-Strupinsky, J. V. (2005). A neurobehavioral model of affiliative bonding: Implications for conceptualizing a human trait of affiliation. *Behavioral and Brain Sciences, 28*(3), 313–349.

Depue, R. A., Slater, J., Wolfstetter-Kausch, H., Klein, D., Goplerud, E., & Farr, D. A. (1981). Behavioral paradigm for identifying persons at risk for bipolar depressive disorder: A conceptual framework and five validation studies (Monograph). *Journal of Abnormal*

Psychology, 90, 381–437.

Dewey, J. (1933). *How we think: A restatement of the relation of reflective thinking to the educative process.* Boston: Heath.

DeYoung, C. G. (2006). Higher-order factors of the Big Five in a multi-informant sample. *Journal of Personality and Social Psychology, 91,* 1138–1151.

DeYoung, C. G., Hirsh, J. B., Shane, M. S., Papademetris, X., Rajeevan, N., & Gray, J. R. (2010). Testing predictions from personality neuroscience: Brain structure and the Big Five. *Psychological Science, 21,* 820–828.

Diener, E. (1984). Subjective well-being. *Psychological Bulletin, 193,* 542–575.

Diener, E. (1994). Assessing subjective well-being: Progress and opportunities. *Social Indicators Research, 31,* 103–157.

Diener, E. (2001, Feb.). *Subjective well-being.* Address presented at the annual meeting of the Society for Personality and Social Psychology, San Antonio, TX.

Diener, E., Emmons, R., Larsen, R., & Griffin, S. (1985). The satisfaction with life scale. *Journal of Personality Assessment, 49,* 71–75.

Diener, E., Larsen, R. J., & Emmons, R. A. (1984). Person situation interactions: Choice of situations and congruence response models. *Journal of Personality and Social Psychology, 47,* 580–592.

Diener, E., & Lucas, R. (1999). Personality and subjective well-being. In D. Kahnemann, E. Diener, & N. Schwarz (Eds.), *Well-being: The foundation of hedonic psychology* (pp. 213–229). New York: Russell Sage Foundation.

Diener, E., Suh, E. M., Lucas, R. E., & Smith, H. E. (1999). Subjective well-being: Three decades of progress. *Psychological Bulletin, 125,* 276–302.

Diener, E., Suh, E. M., Smith, H., & Shao, L. (1995). National differences in reported subjective well-being: Why do they occur? *Social Indicators Research, 34,* 7–32.

Digman, J. M. (1997). Higher-order factors of the Big Five. *Journal of Personality and Social Psychology, 73,* 1246–1256.

Dimidjian, S., & Linehan, M. (2003). Defining an agenda for future research on the clinical application of mindfulness practice. *Clinical Psychology: Science and Practice, 10*(2), 166–171.

Dinkmeyer, D., & McKay, G. D. (1975). *Systematic Training in Effective Parenting.* Circle Pines, MI: American Guidance Service.

Dobson, K. S. (1989). A meta-analysis of the efficacy of cognitive therapy in depression. *Journal of Consulting and Clinical Psychology, 57,* 414–419.

Doering, S., Hörz, S., Rentrop, M., Fischer-Kern, M., Schuster, P., Benecke, C., Buchheim, A., Martius, P., & Buchheim, P. (2010). Transference-Focused Psychotherapy vs. treatment by community psychotherapists for borderline personality disorder: A randomised controlled trial. *British Journal of Psychiatry, 196,* 389–395.

Donnellan, M. B., Conger, R. D., & Bryant, C. M. (2004). The Big Five and enduring marriage. *Journal of Research in Personality, 38,*

481-504.

Donnellan, M. B., & Robins, R. W. (2009). The development of personality across the life span. In P. J. Corr & G. Matthews (Eds.), *Cambridge Handbook of Personality* (pp. 191-204). New York: Cambridge University Press.

Downey, G., & Feldman, S. I. (1996). Implications of rejection sensitivity for intimate relationships. *Journal of Personality and Social Psychology, 70,* 1327-1343.

Doyle, D. (1992). Have we looked beyond the physical and psychosocial? *Journal of Pain and Symptom Management, 7,* 302-311.

Dreikurs, R. (1953). *Fundamentals of Adlerian psychology.* Chicago: Alfred Adler Institute.

Dreikurs, R. (1967). *Psychodynamics, psychotherapy, and counseling.* Chicago: Alfred Adler Institute.

Dreikurs, R. (1997). Holistic medicine. *Individual Psychology, 53*(2), 127-205.

Dryden, W. (1984). Rational-emotive therapy. In W. Dryden (Ed.), *Individual therapy in Britain.* Milton Keynes: OUP.

Duke, P. M., Carlsmith, J. M., Jennings, D., Martin, J. A., Dornbusch, S. M., Gross, R. T., & Siegel-Gorelick, B. (1982). Educational correlates of early and late sexual maturation in adolescence. *Journal of Pediatrics, 100,* 633-637.

Duncan, P., Ritter, P. L., Dornbusch, S. M., Gross, R. T., & Carlsmith, J. M. (1985). The effects of pubertal timing on body image, school behavior, and deviance. *Journal of Youth and Adolescence, 14,* 227-235.

Dunn, J., & Kendrick, C. (1980). Studying temperament and parent-child interaction: Comparison of interview and direct observation. *Developmental Medicine and Child Neurology, 22,* 484-496.

Dunn, J., & Kendrick, C. (1982). Interaction between young siblings: Association with the interaction between mother and firstborn. *Developmental Psychology, 17,* 336-343.

Dunn, J., & Plomin, R. (1990). *Separate lives: Why siblings are so different.* New York: Basic Books.

Dweck, C. S. (1999). *Self-theories: Their role in motivation, personality and development.* Philadelphia: Psychology Press.

Dweck, C. S. (2006). *Mindset: The new psychology of success.* New York: Random House.

Dweck, C. S. (2008). Can personality be changed? The role of beliefs in personality and change. *Current Directions in Psychological Science, 17*(6), 391-394.

Dweck, C. S. (2012). *Mindset: How You can fulfill your potential.* New York: Ballantine Books.

Dyce, J. A., & O'Conner, B. P. (1994). The personalities of popular musicians. *Psychology of Music, 22,* 168-173.

Eagly, A. H., Karau, S. J., & Makhijani, M. G. (1995). Gender and the effectiveness of leaders: A meta-analysis. *Psychological Bulletin, 117,* 125-145.

Eagly, A. H., & Wood, W. (1999). The origins of sex differences in human behavior: Evolved dispositions versus social roles. *American Psychologist, 54*(6), 408-423.

Ebersole, P. (1998). Types and depth of written life meanings. In P. T. P. Wong & P. S. Fry (Eds.), *The human quest for meaning* (pp. 179-191). Mahwah, NJ: Erlbaum.

Eisenberg, N., Guthrie, I. K., Cumberland, A., Murphy, B. C., Shepard, S. A., Zhou, Q., et al. (2002). Prosocial development in early adulthood: A longitudinal study. *Journal of Personality and Social Psychology, 82,* 993-1006.

Eisenberg, N., Tryon, K., & Cameron, E. (1984). The relation of preschoolers' peer interaction to their sex-typed toy choices. *Child Development, 55,* 1044-1050.

Eisenberger, R. (1989). *Blue Monday: The loss of the work ethic in America.* New York: Paragon House.

Ekman, P. (1992). Facial expressions of emotion: New findings, new questions. *Psychological Science, 3,* 34-38.

Ekman, P. (1993). Facial expression and emotion. *American Psychologist, 48,* 384-392.

Ekman, P., Friesen, W. V., O'Sullivan, M., Chan, A., Diacoyanni-Tarlatzis, I., Heider, K., et al. (1987). Universals and cultural differences in the judgments of facial expressions of emotion. *Journal of Personality and Social Psychology, 53,* 712-717.

Elias, M. J., & Weissberg, R. P. (2000). Wellness in the schools: The grandfather of primary prevention tells a story. In D. Cicchetti, J. R. Rappaport, I. Sandler, & R. P. Weissberg (Eds.), *The promotion of wellness in children and adolescents* (pp. 243-269). Washington, DC: CWLA Press.

Elkind, D. (1978). *The child's reality: Three developmental themes.* Hillsdale, NJ: Erlbaum.

Ellis, A. (1958). Rational psychotherapy. *Journal of General Psychology, 59,* 35-49.

Ellis, A. (1962). *Reason and emotion in psychotherapy.* New York: Lyle Stuart.

Ellis, A. (1985). *Overcoming resistance: Rational-emotive therapy with difficult clients.* New York: Springer.

Ellis, A. (1996). *My philosophy of psychotherapy.* New York: Albert Ellis Institute for Rational Emotive Behavior Therapy.

Ellis, A. (2000). Spiritual goals and spiritual values in psychotherapy. *The Journal of Individual Psychology, 56,* 277-284.

Ellis, A., & Bernard, M. E. (1985). What is rational-emotive therapy (RET)? In A Ellis & M. E. Bernard (Eds.), *Clinical applications of rational-emotive therapy* (pp. 1-30). New York: Plenum.

Ellis, A., & Dryden, W. (1997). *The practice of rational-emotive therapy* (2nd ed.). New York: Springer.

Ellis, A., & Harper, R. A. (1997). *A guide to rational living* (3rd ed.). North Hollywood, CA: Melvin Powers. (이은희 역, 《마음을 변화시키는 긍정의 심리학》. 서울: 황금비늘, 2007).

Ellis, A., & MacLaren, C. (1995). *Rational emotive behavior therapy: A therapist's guide* (2nd ed.). Atascadero, CA: Impact. (서수균, 김윤희 역.《합리적 정서행동치료》. 서울: 학지사, 2007.)

Ellison, C. (1992). Are religious people nice people? Evidence from the national survey on Black Americans. *Social Forces, 71,* 411-430.

Ellison, C., Gay, D., & Glass, T. (1989). Does religious commitment contribute to individual life satisfaction? *Social Forces, 68,* 100-123.

Emmons, R. A. (1986). Personal strivings: An approach to personality and subjective well-being. *Journal of Personality and Social Psychology, 51,* 1058-1068.

Emmons, R. A. (1989). The personal striving approach to personality. In L. A. Pervin (Ed.), *Goal concepts in personality and social psychology* (pp. 87-126). Hillsdale, NJ : Erlbaum.

Emmons, R. A. (1991). Personal strivings, daily life events, and psychological and physical well-being. *Journal of Personality, 59,* 453-472.

Emmons, R. A. (1992). Abstract versus concrete goals: Personal striving level, physical illness, and psychological well-being. *Journal of Personality and Social Psychology, 62,* 292-300.

Emmons, R. A. (1997). Motives and goals. In R. Hogan & J. A. Johnson (Eds.), *Handbook of personality psychology* (pp. 485-512). San Diego, CA: Academic Press.

Emmons, R. A. (1999). *The psychological of ultimate concerns: Motivation and spirituality in personality.* New York: Guilford Press.

Emmons, R. A. (2003). Personal goals, life meaning, and virtue: Wellsprings of a positive life. In C. L. M. Keyes, & J. Haidt (Eds.), *Flourishing: Positive psychology and the life well-lived* (pp. 105-128). Washington, DC: American Psychological Association.

Emmons, R. A. (2004). Gratitude. In M. E. P. Seligman & C. Peterson (Eds.), *Character strengths and virtues* (pp. 553-568). New York: Oxford University Press.

Emmons, R. A., Barrett, J. L., & Schnitker, S. A. (2008). Personality and the capacity for religious and spiritual experience. In O. P. John, R. W. Robins, & L. A. Pervin (Eds), *Handbook of personality: Theory and research* (3rd ed., pp. 634-653). New York: Guilford Press.

Emmons, R. A., & Crumpler, C. A. (1999). Religion and spirituality? The roles of sanctification and the concept of God. *The International Journal for the Psychology of Religion, 9,* 17-24.

Emmons, R. A., & King, L. A. (1988). Conflict among personal strivings: Immediate and long-term implications for psychological and physical well-being. *Journal of Personality and Social Psychology, 54,* 1040-1048.

Emmons, R. A., & McCullough, M. E., (2004). *The psychology of gratitude.* Oxford: Oxford University Press.

Emmons, R. A., & Shelton, C. M. (2002). Gratitude and the science of positive psychology. In C. R. Snyder & S. J. Lopez (Eds.), *Handbook of positive psychology* (pp. 459-471). Oxford: Oxford University Press.

Epstein, M. (1995). *Thoughts without a thinker: Psychotherapy from a Buddhist perspective,* New York: Basic Books.

Epstein, S. (1973). The self-concept revisited: Or a theory of a theory. *American Psychologist, May,* 404-416.

Epstein, S. (1983). The unconcious, the preconcious, and the self-concept. In J. Suls & A. G. Greenwald (Eds.), *Psychological perspectives on the self* (Vol. 2, pp. 219-247). Hillsdale, N J: Erlbaum.

Epstein, S. (1990). Cognitive-experiential self-theory. In L. A. Pervin (Ed.), *Handbook of personality: Theory and research* (pp. 165-192). New York: Guilford Press.

Erez, A., & Judge, T. A. (2001). Relationship of core self-evaluations to goal setting, motivation, and performance. *Journal of Applied Psychology, 86*(6), 1270-1279.

Erickson, E. H. (1950). *Childhood and society.* New York: Norton.

Erickson, E. H. (1968). *Identity: Youth and crisis.* New York: Norton.

Erikson, E. (1959). *Identity and the life cycle.* New York: Norton.

Erikson, E., & Erikson, J. M. (1982). *The life cycle completed.* New York: Norton.

Esterling, B. A., L'Abate, L., Murray, E. J., & Pennebaker, J. W. (1999). Empirical foundations for writing in prevention and psychotherapy: Mental and physical health outcomes. *Clinical Psychology Review, 19,* 79-96.

Evenden, J. L. (1999). Varieties of impulsivity. *Psychopharmacology, 146,* 348-361.

Exner, J. E. (2003). *The Rorschach: A comprehensive system, Volume I: Basic foundation and principles of interpretation* (4th ed.). New York: Wiley.

Eysenck, H. J. (1967). *The biological basis of personality.* Springfield, IL: Charles C. Thomas.

Eysenck, H. J. (1970). *The Structure of human personality* (3rd. ed.). London: Methuen.

Eysenck, H. J. (1980). Personality, marital satisfaction, and divorce. *Psychological Reports, 47,* 1235-1238.

Eysenck, H. J., & Eysenck, S. B. G. (1975). *Manual of the Eysenck Personality Questionnaire.* San Diego, CA: Educational and Industrial Testing Service.

Fagot, B. I. (1985). Stages in thinking about early sex role development. *Developmental Review, 5,* 83-98.

Fagot, B. I., & Leinbach, M. D. (1983). Play styles in early childhood: Social consequences for boys and girls. In M. B. Liss (Ed.), *Social and cognitive skills: Sex roles and children's play.* New York: Academic Press.

Fagot, B. I., & Leinbach, M. D. (1987). Socialization of sex roles within the family. In D. B. Carter (Ed.), *Current conceptions of sex roles and sex typing: Theory and research.* New York: Praeger.

Fagot, B. I., & Leinbach, M. D. (1989). The young child's gender schema: Environment input and internal organization. *Child Development, 60,* 663-672.

Fagot, B. I., Leinbach, M. D., & Hagan, R. (1986). Quantitative review of the only child literature: Research evidence and theory development. *Developmental Psychology, 22,* 440–443.

Falbo, T., & Polit, D. F. (1986). Quantitative review of the only child literature: Research evidence and theory development. *Psychology Bulletin, 100,* 176–189.

Fava, G. (1999). Well-being therapy: Conceptual and technical issues. *Psychotherapy and Psychosomatics, 68,* 171–179.

Fava, G. A., & Ruini, C. (2003). Development and characteristics of a well-being enhancing psychotherapeutic strategy: Well-being therapy. *Journal of Behavior Therapy and Experimental Psychiatry, 34,* 45–63.

Fazio, R. J., & Fazio, L. M. (2005). Growth through loss: Promoting haeling and growth in the face of trauma, crisis, and loss. *Journal of Loss and Trauma, 10,* 221–252.

Feeney, J. A., Noller, P., & Callan, V. J. (1994). Attachment style, communication and satisfaction in the early years of marriage. In K. Bartholomew & D. Perlman (Eds), *Advances in personal relationships: Vol. 5. Attachment processes in adulthood* (pp. 269–308). London: Jessica Kingsley.

Fehr, B. (1988). Prototype analysis of the concepts of love and commitment. *Journal of Personality and Social Psychology, 55,* 557–579.

Fehr, B., & Broughton, R. (2001). Gender and personality differences in conception of love: An interpersonal theory analysis. *Personal Relationships, 8*(2), 115–136.

Feingold, A. (1994). Gender differences in personality: A meta-analysis. *Psychological Bulletin, 116*(3), 429–456.

Feist, G. J. (1998). A meta-analysis of personality in scientific and artistic creativity. *Personality and Social Psychology Review, 2,* 290–309.

Fenigstein, A., Scheier, M. F., & Buss, A. H. (1975). Public and private self-consciousness: Assessment and theory. *Journal of Consulting and Clinical Psychology, 43,* 522–527.

Ferguson, E. D. (2001). Adler and Dreikurs: Cognitive-social dynamic innovators. *Journal of Individual Psychology, 57,* 324–341.

Field, T. (2000). *Touch therapy.* New York: Churchill Livingstone.

Fishbein, H. D. (1976). *Evolution, development, and children's learning.* Pacific Palisades, CA: Goodyear.

Fitzgerald, P. (1998). Gratitude and justice. *Ethics, 109,* 119–153.

Flack, W. F. (2006). Peripheral feedback effects of facial expression, bodily postures, and vocal expressions on emotional feelings. *Cognition and Emotion, 20,* 177–195.

Flanagan, C. A., Gill, S., & Gallay, L. S. (2005). Social participation and social trust in adolescence: The importance of heterogeneous encounters. In A. Omoto (Ed.), *Social participation in processes of community change and social action* (pp. 149–166). Mahwah, NJ: Erlbaum.

Flanagan, O. J., & Jackson, K. (1987). Justice, care, and gender: The Kohlberg-Gilligan debate revisited. *Ethics, 97,* 622–637.

Flavell, M. J., Green, F. L., Flavell, E., & Grossman, J. B. (1997). The development of children's knowledge about inner speech, *Child Development, 68,* 39–47.

Fonagy, P., & Bateman, A. W. (2006). Mechanisms of change in metalization-based treatment of BPD. *Journal of clinical psychology, 62,* 411–430.

Ford, M. E. (1992). *Motivating humans: Goals, emotions, and personal agency beliefs.* Newbury Park: Sage Publications.

Ford, M. E., & Nichols, C. W. (1987). A taxonomy of human goals and some possible applications. In M. E. Ford & D. H. Ford (Eds.), *Humans as self-constructing living systems: Putting the framework to work* (pp. 289–311). Hillsdale, NJ: Lawrence Erlbaum.

Forer, B. R. (1993). *The Forer Structured Sentence Completion Test.* Los Angeles: Western Psychological Services.

Formica, S. (1998). *Description of the socio-emotional life space: Life qualities and activities related to emotional intelligence.* Unpublished senior honors thesis, University of New Hampshire, Durham.

Fowers, B. J. (1998). Psychology and the good marriage: Social Theory as practice. *American Behavioral Scientist, 41,* 516–541.

Fowles, D. C. (1980). The three arousal model: Implications of Gray's two-factor learning theory for heart rate, electrodermal activity, and psychopathy. *Psychophysiology, 17,* 87–104.

Fowles, D. C. (1993). Biological variables in psychopathology: A psychobiological perspective. In P. B. Sutker & H. E. Adams (Eds.), *Comprehensive handbook of psychopathology* (pp. 57–82). New York: Plenum Press.

Fox, N. A. (1989). Psychological correlates of emotional reactivity during the first year of life. *Developmental Psychology, 25,* 364–372.

Fraley, R. C., & Davis, K. E. (1997). Attachment formation and transfer in young adults' close friendships and romantic relationships. *Personal Relationships, 4,* 131–144.

Fraley, R. C., & Shaver, P. R. (1998). Airport separations: A naturalistic study of adult attachment dynamics in separating couples. *Journal of Personality and Social Psychology, 75*(5), 1198–1212.

Franken, R. E. (2002). *Human motivation* (5th ed.). Belmont, CA: Wadsorth.

Frankl, V. (1946/1963). *Man's search for meaning.* Boston: Beacon.

Frankl, V. (1969). *The will to meaning: Foundations and applications of logotherapy.* New York: New American Library.

Frazier, P. A., Byer, A. L., Fischer, A. R., Wright, D. M., & DeBord, K. A. (1996). Adult attachment style and partner choice: Correlational and experimental findings. *Personal Relationships, 3,* 117–136.

Fredrickson, B. L. (1998). What good are positive emotions? *Review of General Psychology, 2,* 300–319.

Fredrickson, B. L. (2000). Cultivating positive emotions to optimize health and well-being. *Prevention and Treatment, 3,* Document available at http://journals.apa.org/prevention.

Fredrickson, B. L. (2001). The role of positive emotions in positive psychology: The broaden-and-build theory of positive emotions. *Journal of American Psychological Association, 54,* 218-226.

Fredrickson, B. L. (2002). Positive emotions. In C. R. Snyder & S. J. Lopez (Eds.), *Handbook of positive psychology* (pp. 120-134). Oxford, England: Oxford University Press.

Fredrickson, B. L. (2004). The broaden-and-build theory of positive emotions. *Philosophical Transactions of the Royal Society of London (Biological Sciences), 359,* 1367-1377.

French, S., & Joseph, S. (1999). Religiosity and its association with happiness, purpose in life, and self-actualization. *Mental Health, Religion and Culture, 2,* 117-120.

Freud, A. (1936). *The ego and mechanisms of defense.* New York: International Universities Press.

Freud, S. (1900). *The interpretation of dream.* (Standard Edition, Vol. 4).

Freud, S. (1905). *Three essays on sexuality.* (Standard Edition, Vol. 7).

Freud, S. (1909). *Analysis of a phobia of a five year old boy.* (Standard Edition, Vol. 8).

Freud, S. (1917). *Mourning and melancholia.* (Standard Edition, Vol. 14).

Freud, S. (1920). *Beyond the pleasure principle.* (Standard Edition, Vol. 18).

Freud, S. (1923). *The ego and the id.* (Standard Edition, Vol. 19).

Freud, S. (1924). *The loss of reality in neurosis and psychosis.* (Standard Edition, Vol. 19).

Freud, S. (1926). *Inhibitions, symptoms, and anxiety.* (Standard Edition, Vol. 20).

Freud, S. (1927). *The future of an illusion.* London: Hogarth Press.

Freud, S. (1938). *Moses and monotheism.* London: Hogarth Press.

Freund, L. S. (1990). Maternal regulation of children's problem-solving behavior and it's impact on children's performance. *Child Development, 61,* 113-126.

Fried, R. L. (1996). *The passionate teacher.* Boston: Beacon Press.

Fried, R. L. (2001). *The passionate learner: How teachers and parents can help children reclaim the joy of discovery.* Boston: Bacon Press.

Friedman, H. S., & Booth-Kewley, S. (1987). The "disease-prone personality": A meta-analytic view of the construct. *American Psychologist, 42,* 539-555.

Friedman, H. S., Tucker, J. S., Schwartz, J. E., et al. (1995). Childhood conscientiousness and longevity: Health behaviors and cause of death. *Journal of Personality and Social Psychology, 68,* 696-703.

Friedman, H. S., Tucker, J., Tomlinson-Keasey, C., Schwartz, J., Wingard, D., & Criqui, M. H. (1993). Does childhood personality predict longevity? *Journal Personality and Social Psychology, 65,* 176-185.

Friedman, M. (1996). *Type A Behavior: Its Diagnosis and Treatment.* New York: Plenum Press.

Friedman, P. H., & Toussaint, L. (2006). The relationship between forgiveness, gratitude, distress, and well-being. *The International Journal of Healing and Caring, 6*(2), 1-10.

Friese, M., & Hofmann, W. (2009). Control me or I will control you:

Impulse, trait self-control, and the guidance of behavior. *Journal of Research in Personality, 43,* 795-805.

Fromm, E. (1941). *Escape from freedom.* New York: Holt, Rinehart & Winston.

Fromm, E. (1947). *Man for himself.* New York: Holt, Rinehart & Winston.

Fujita, F., Diener, E., & Sandvik, E. (1991). Gender differences in negative affect and well-being: The case for emotional intensity. *Journal of Personality and Social Psychologies, 61*(3), 427-434.

Funder, D. C. (2008). Personality, situations, and person-situation interaction. In O. P. John, R. W. Robins, & L. A. Pervin (Eds.), *Handbook of personality: Theory and research* (3rd ed., pp. 568-580). New York: Guilford Press.

Furnham, A. (1981). Personality and activity preference. *British Journal of Social Psychology, 20,* 57-68.

Furnham, A. (2004). Personality and leisure activity: Sensation seeking and spare-time activities. In R. M. Stelmack (Ed.), *On the psychology of personality: Essays in Honer of Marvin Zuckerman* (pp. 167-183). New York: Elsevier Science.

Furnham, A., & Zazherl, M. (1986). How people make their own environments: A theory of genotype-environment effects. *Child Development, 54,* 424-435.

Furukawa, T. (1927). A study of temperament by means of human blood groups. *Japanese Journal of Psychology, 2,* 612-634.

Gable, S. L., Reis, H. T., Impett, E. A., & Asher, E. R. (2004). What do you do when things go right? The intrapersonal and interpersonal benefits of sharing good events. *Journal of Personality and Social Psychology, 87,* 228-245.

Gallup, G. G., Jr. (1977). Self-recognition in primates: A comparative approach to the bidirectional properties of consciousness. *American Psychologist, 32*(5), 329-338.

Galotti, K. (1989). Gender differences in self-reported moral reasoning: A review and new evidence. *Journal of Youth and Adolescence, 18,* 475-488.

Galton, F. (1892). *Hereditary Genius: An inquiry into its laws and consequence.* London: Macmillan.

Galway, W. T. (1974). *The inner game of tennis.* New York: Random House.

Gardner, H. (1983). *Fames of mind: The theory of multiple intelligences.* New York: Basic Books.

Gardner, H. (1993). *Multiple intelligence: The theory in practice.* New York: Basic.

Gardner, H. (1997). *Extraordinary minds.* New York: Basic.

Gardner, H. (1999). *The disciplined mind: What all students should understand.* New York: Simon & Schuster.

Gardner, W. L., & Martinko, M. J. (1996). Using the Myers-Briggs Type Indicator to study managers: A literature review and research agenda. *Journal of Management, 22,* 45-83.

Garnefski, N., Kraaij, V., & Spinhoven, P. (2001). Negative life events, cognitive emotion regulation and emotional problems. *Personality and Individual Differences, 30,* 1311-1327.

Garnefski, N., Teerds, J., Kraaij, V., Legerstee, J., & Kommer, T. (2004). Cognitive emotion reguation strategies and depressive symptoms: Differences between males and females. *Personality and Individual Differences, 36,* 267-276.

Gebauer, J. E., Paulhus, D. L., & Neberich, W. (2013). Big two personality and religiosity across cultures: Communals as religious conformists and agents as religious contrarians. *Social Psychological and Personality Science, 4*(1), 21-30.

George, C., Kaplan, N., & Main, M. (1985). *The adult attachment interview.* Unpublished manuscript, Department of Psychology, University of California, Berkeley.

George, L. K., Larson, D. B., Koenig, H. C., & McCullough, M. E. (2000). Spirituality and health: What we know, what we need to know. *Journal of Social and Clinical Psychology, 19,* 102-116.

Gilbert, P. (1993). Defence and safety: Their function in social behaviour and psychopathology. *British Journal of Clinical Psychology, 32,* 131-153.

Gilbert, P. (2010). *Compassion focused therapy.* London & NY: Routledge. (조현주, 박성현 역.《자비중심치료》. 서울: 학지사, 2014).

Gillespie, N. A., Cloninger, C. R., Heath, A. C., & Martin, N. G. (2003). The genetic and environmental relationship between Cloninger's dimensions of temperament and character. *Personality and Individual Differences, 35,* 1931-1946.

Gillham, J. E. (Ed.). (2000). *The science of optimism and hope: Research essays in honor of Martin E. P. Seligman.* Radnor, PA: Templeton Foundation Press.

Gilligan, C. (1982). *In a different voice: Psychological theory and women's development.* Cambridge, MA: Harvard University Press.

Gilligan, C. (1987). Moral orientation and moral development. In E. F. Kittary & D. T. Meyers (Eds.), *Women and moral theory* (pp. 19-36). Totowa, NJ: Rowman & Littlefield.

Gintis, H., Bowles, S., Boyd, R., & Fehr, E. (2007). Moral sentiments and material interests: The foundations of cooperation in economic life. *Journal of Economics, 90*(2), 215-218.

Ginzberg, E., Ginzberg, S. W., Axelrad, S., & Herman, J. L. (1951). *Occupational choice.* New York: Columbia University Press.

Gold, K., & Andres, D. (1978). Developmental comparisons between adolescent children with employed and nonemployed mothers. *Merrill-Palmer Quarterly, 24,* 243-254.

Goldberg, L. R. (1990). An alternative "description of personality": The Big Five factor structure. *Journal of Personality and Social Psychology, 59,* 1216-1229.

Goldberg, L. R. (1992). The development of markers for the Big-Five factor structure. *Psychological Assessment, 4,* 26-42.

Goldstein, K. (1934). *The organism: A holistic approach to biology derived from pathological data in man.* New York: Zone Books.

Good, T., & Brophy, J. (1977). *Educational psychology: A realistic approach.* New York: Holt Rinehart.

Goodenough, F. L. (1926). *Measurement of intelligence by drawings.* New York: Harcourt, Brace & World.

Gordon, T. (1975). *P. E. T.: Parental effectiveness training.* New York: American Library.

Gosling, S. D., & John, O. P. (1999). Personality Dimensions in Nonhuman Animals: A Cross-Species Review. *Current Directions in Psychological Science, 8*(3), 69-75.

Gosling, S. D., Rentfrow, P. J., & Swann, W. B. (2003). A very brief measure of the Big-Five personality domains. *Journal of Research in Personality, 37,* 504-528.

Gottesman, I. I. (1963). Heritability of personality: A demonstration. *Psychological Monographs, 77*(Whole No. 572).

Gottman, J. M. (1994). *What products divorce? The relationship between marital processes and marital outcomes.* Hillsdale, NJ: Erlbaum.

Gottman, J. M. (1998). Psychology and the study of marital processes. *Annual Review of Psychology, 49,* 169-197.

Gough, H. G. (1957). *California Psychological Inventory Manual.* Palo Alto: Consulting Psychological Press.

Gough, H. G., & Bradley, P. (1996). *CPI manual* (3rd ed.). Palo Alto, CA: Consulting Psychologists Press.

Granqvist, P. (2002). Attachment and religiosity in adolescence: Cross-sectional and longitudinal evaluations. *Personality and Social Psychology Bulletin, 28,* 260-270.

Granqvist, P., & Kirkpatrick, L. A. (2004). Religious conversion and perceived childhood attachment: A meta-analysis. *International Journal of for the Psychology of Religion, 14*(4), 223-250.

Granqvist, P., Mikulincer, M., & Shaver, P. R. (2010). Religion as attachment: Normative processes and individual differences. *Personality and Social Psychology Review, 14,* 49-59.

Grawe, K., Donati, R., & Bernauer, F. (1998). *Psychotherapy in transition.* Seattle: Hogrefe & Huber.

Gray, J. (1993). *Men are from Mars, women are from Venus.* New York: Harper. (김경숙 역.《화성에서 온 남자, 금성에서 온 여자》. 파주, 친구미디어, 1993).

Gray, J. A. (1970). The psychophysiological basis of introversion-extraversion. *Behaviour Research and Therapy, 8*(3), 249-266.

Gray, J. A. (1981). A critique of Eysenck's theory of personality. In H. J. Eysenck (Ed.), *A model of personality* (pp. 246-276). Berlin: Springer-Verlag.

Gray, J. A. (1987). *The psychology of fear and stress.* New York: Cambridge University Press.

Gray, J. A. (1990). Brain systems that mediate both emotion and cognition. *Cognition and Emotion, 4,* 269-288.

Gray, J. A. (1991). Neural systems, emotion and personality. In J. Madden (Ed.), *Neurobiology of learning, emotion and affect* (pp. 273-306). New York: Raven Press.

Gray, J. A. (1991). The neurophysiology of temperament. In J. Strelau &

A. Angleitner (Eds.), *Explorations in temperament: International perspectives on theory and measurement* (pp. 105-128). New York: Plenum.

Graziano, W. G., & Eisenberg, N. (1997). Agreeableness: A dimension of personality. In R. Hogan, J. Johnson, & S. Briggs (Eds.), *Handbook of personality psychology* (pp. 795-824). San Diego: Academic Press.

Graziano, W. G., Jensen-Campbell, L. A., & Hair, E. C. (1996). Perceiving interpersonal conflicts and reacting to it: The case for agreeableness. *Journal of Personality and Social Psychology, 70*(4), 820-835.

Greenberg, J. (1977). The Protestant work ethic and reactions to negative performance evaluations on a laboratory task. *Journal of Applied Psychology, 62*, 682-690.

Greenberg, J., Pyszczynski, T., & Solomon, S. (1986). The causes and consequences of a need for self-esteem: A terror management theory. In R. F. Baumeister (Ed.), *Public self and private self* (pp. 189-212). New Yorik: Springer-Verlag.

Greening, T. (2006). Five basic postulates of humanistic psychology. *Journal of Humanistic Psychology, 46*(3), 239-239.

Gregory, R. J. (2005). The deconstructive experience. *American Journal of Psychotherapy, 59*, 295-305.

Gregory, R. J., Delucia-Deranja, E., & Mogle, J. A. (2010). Dynamic deconstructive psychotherapy versus optimized community care for borderline personality disorder co-occurring with alcohol use disorders: 30-month follow-up. *Journal of Nervous and Mental Disease, 198*, 292-298.

Gregory, R. J., & Remen, A. L. (2008). A manual-based psychodynamic therapy for treatment-resistant borderline personality disorder. *Psychotherapy: Theory, Research, Practice, Training, 45*, 15-27.

Griffith, R. W., & Hom, P. W. (1988). Locus of control and delay of gratification as moderators of employee turnover. *Journal of Applied Social Psychology, 18*, 1318-1333.

Gross, J. J. (1998). Emotion regulation: Past, present, future. *Cognition and Emotion, 13*(5), 551-573.

Grucza, R. A., Przybeck, T. R., & Cloninger, C. R. (2005). Personality as a mediator of demographic risk factors for suicide attempts in a community sample. *Comprehensive Psychiatry, 46*, 214-222.

Guilford, J. P. (1950). Creativity. *American Psychologist, 5*, 444-454.

Guilford, J. P. (1967). *The nature of human intelligence*. New York: McGraw-Hill.

Gupta, S. (1990). Blood groups and personality characteristics. *Personality and Individual Differences, 3*, 317-318.

Gurtman, M. B. (1997, February 1). *The interpersonal circumplex* [WWW document]. URL http://www.uwp.edu/academic/psychology/faculty/netcirc.htm

Hackman, J. R., & Oldham, G. R. (1980). *Work redesign*. Reading, MA: Addison-Wesley.

Haidt, J., & Algoe, S. (2003). *The elevation-altruism hypothesis:*

Evidence for a new prosocial emotion. Unpublished manuscript, University of Virginia, Charlottesville.

Hall, T. W., Fujikawa, A., Halcrow, S., Hill, P. C., & Delaney, H. (2009). Attachment to God and implicit spirituality: Clarifying correspondence and compensation models. *Journal of Psychology and Theology, 37*(4), 227-242.

Hamilton, N. G. (1990). *Self and others: Object relations theory in practice*. Lanham, Maryland: Jason Aronson. (김진숙, 김창대, 이지연 공역.《대상관계의 이론과 실재: 자기와 타자》. 서울: 학지사, 2007).

Hamilton, W. (1964). The genetical evolution of social behaviour. *Journal of Theoretical Biology, 7*(1), 1-16.

Hammer, E. F. (1969). DAP: Back against the wall? *Journal of Consulting and Clinical Psychology, 33*, 151-156.

Hampson, S. E., & Friedman, H. S. (2008). Personality and health: A lifespan perspective. In O. P. John, R. W. Robins., & L. A. Pervin (Eds), *Handbook of personality: Theory and research* (3rd ed., pp. 770-794). New York: Guilford Press.

Hampson, S. E., & Goldberg, L. R. (2006). A first large cohort study of personality trait stability over the 40 years between elementary school and midlife. *Journal of Personality and Social Psychology, 91*(4), 763-779.

Hansenne, M., Delhez, M., & Cloninger, C. R. (2005). Psychometric properties of the Temperament and Character Inventory-Revised in a Belgian sample. *Journal of Personality Assessment, 85*, 40-49.

Harker, L., & Keltner, D. (2001). Expressions of positive emotion in women's college yearbook pictures and their relationship to personality and life outcomes across adulthood. *Journal of Personality and Social Psychology, 80*, 112-124.

Harkness, A. R., & Lilienfeld, S. O. (1997). Individual differences science for treatment planning: Personality traits. *Psychological Assessment, 9*(4), 349-360.

Harlow, H. (1958). The nature of love. *American Psychologist, 13*, 673-685.

Hart, P. M. (1999). Predicting employee life satisfaction: A coherent model of personality, work and non-work experiences, and domain satisfaction. *Journal of Applied Psychology, 84*, 564-584.

Harter, S. (1985). Competence as a dimension of self-evaluation: Toward a comprehensive model of self-worth. In R. L. Leahy (Ed.), *The development of self*. Orlando. FL: Academic press.

Harter, S. (1988). Developmental processes in the construction of the self. In T. D. Yawkey & J. E. Johnson (Eds.), *Integrative processes and socialization: Early to middle childhood*. Hillside, NJ: Erlbaum.

Harter, S. (1989). Causes, correlates, and the functional role of global self-worth: A life-span perspective. In J. Kolligan & R. Sternberg (Eds.), *Perceptions of competence and incompetence across the life-span*. New Haven: Yale University Press.

Harter, S. (1990). Processess underlying adolescent self-concept formation. In R. Montemayor, G. R. Adams, & T. P. Gullotta (Eds.), *From childhood to adolescence: A transitional period?* Newbury Park, CA: Sage.

Hartman, P. S. (2000). *Women developing wisdom: Antecedents and correlates in a longitudinal sample.* Unpublished doctoral dissertation, University of Michigan, Ann Arbor.

Hartup, W. W. (1983). Peer relations. In E. M. Hetherington (Ed.), *Handbook of child psychology: Vol. 4. Socialization, personality and social development.* New York: Wiley.

Harvey, J. H., & Omarzu, J. (1997). Minding the close relationship. *Personality and Social Psychology Review, 1,* 223–239.

Harvey, J. H., & Omarzu, J. (1999). *Minding the close relationship: A theory of relationship enhancement.* New York: Cambridge University Press.

Harvey, J. H., Pauwels, B. G., & Zickmund, S. (2002). Relationship connection: The role of minding in the enhancement of closeness. In C. R. Snyder & S. J. Lopez (Eds.), *Handbook of positive psychology* (pp. 423–433). Oxford, England: Oxford University Press.

Hatcher, R. L., & Rogers, D. T. (2009). Development and validation of a measure of interpersonal strengths: The Inventory of Interpersonal Strengths. *Psychological Assessment, 21*(4), 554–569.

Hathaway, W., & Pargament, K. I. (1990). Intrinsic religiousness and competence: Inconsistent mediation by different religious coping styles. *Journal for the Scientific Study of Religion, 29,* 423–441.

Hauck, W. E., Martens, M., & Wetzel, M. (1986). Shyness, group dependence and self-concept: Attributes of the imaginary audience. *Adolescence, 21,* 529–534.

Hazan, C., & Shaver, P. R. (1987). Romantic love conceptualized as an attachment process. *Journal of Personality and Social Psychology, 52,* 511–524.

Headey, B., & Wearing, A. (1989). Personality, life events, and subjective well-being: Toward a dynamic equilibrium model. *Journal of Personality and Social Psychology, 57,* 731–739.

Heidegger, M. (1962). *Being and time.* New York: Harper & Row.

Heine, S. J., & Lehman, D. R. (1995). Cultural variation in unrealistic optimism: Does the West feel more vulnerable than the East? *Journal of Personality and Social Psychology, 68,* 595–607.

Heine, S. J., & Lehman, D. R. (2004). Move the body, change the self: Acculturative effects of the self-concept. In M. Schaller & C. S. Crandall (Eds.), *The psychological foundations of culture* (pp. 305–331). Mahwah, NJ: Erlbaum.

Helen, R., Kwan, V. S., John, O. P., & Jones, C. J. (2002). The growing evidence for personality change in adulthood: Findings from research with personality inventories. *Journal of Research in Personality, 36*(4), 287–306.

Heller, D., Ferris, D. L., Brown, D., & Watson, D. (2009). The influence of work personality on job satisfaction: Incremental validity and mediation effects. *Journal of Personality, 77*(4), 1051–1084.

Helson, R., & Srivastava, S. (2001). Three paths of adult development: Conservers, seekers, and achievers. *Journal of Personality and Social Psychology, 80,* 995–1010.

Helson, R., & Wink, P. (1997). Practical and transcendent wisdom: Their nature and some longitudinal findings. *Journal of Adult Development, 4*(1), 1–15.

Hendrick, C., & Hendrick, S. S. (1986). A theory and method of love. *Journal of Personality and Social. Psychology, 50,* 392–402.

Hendrick, S. S., & Hendrick, C. (1992). *Romantic love.* Newbury Park, CA: Sage.

Hendrick, S. S., & Hendrick, C. (2000). Romantic love. In C. Hendrick & S. S. Hendrick (Eds.), *Close relationships: A source book* (pp. 203–215). Thousand Oaks, CA: Sage.

Hendrick, S. S., Hendrick, C., & Adler, N. L. (1998). Romantic relationships: Love, satisfaction, and staying together, *Journal of Personality and Social Psychology, 54,* 980–988.

Hermans, H. J. M. (1996). Voicing the self: From information processing to dialogical interchange. *Psychological Bulletin, 119,* 31–50.

Hermans, H. J. M., & Kempen, H. J. G. (1993). *The dialogical self: Meaning as movement.* San Diego, CA: Academic Press.

Hertzberg, F. (1968). One more time: How do you motivate employees? *Harvard Business Review, 46*(1), 53–62.

Hess, R. D. (1970). Social class and ethnic influences upon socialization. In P. H. Mussen (Ed.), *Carmichael's manual of child development* (Vol. 2). New York: Wiley.

Hessling, R. M. (2001). *An experimental investigation of the role of personality and attributions in influencing the evaluation of social support.* Unpublished doctoral dissertation, Iowa State University.

Hetherington, E. M. (1972). Effects of father absence on personality development in adolescent daughters. *Developmental Psychology, 7,* 313–326.

Hetherington, E. M. (1991). The role of individual differences and family relationships in children's coping with divorce and remarriage. In P. A. Cowan & E. M. Hetherington (Eds.), *Family transitions.* (pp. 165–194). Hillsdale, NJ: Erlbaum.

Hetherington, E. M., & Clingempeel, W. G. (1992). Coping with marital transition. *Monographs of the Society for Research in Child Development, 57,* 213–227.

Hetherington, E. M., & Parke, R. D. (1993). *Child psychology: A contemporary viewpoint* (4th ed.). New York: McGraw-Hill.

Higgins, E. T. (1987). Self-discrepancy: A theory relating self and affect. *Psychological Review, 94,* 319–340.

Higgins, E. T. (1997). Beyond pleasure and pain. *American Psychologist, 52,* 1280–1300.

Higgins, E. T., & Scholer, A. A. (2008). When is personality revealed?: A motivated cognition approach. In O. P. John, R. W. Robins, & L. A. Pervin (Eds.), *Handbook of personality: Theory and research* (pp. 182–207). New York: Guilford Press.

Highfield, R., Wiseman, R., & Jenkins, R. (2009). How your looks betray your personality. *New Scientist*(Magazine issue 2695/11 February 2009).

Hilbert, R. A. (1984). The accultural dimensions of chronic pain: Flawed reality construction and the problem of meaning. *Social Problems, 31*, 365-378.

Hilgard, E. R. (1977). *Divided consciousness: Multiple controls in human thought and action*. New York: Wiley-Interscience.

Hills, P., & Argyle, M. (1998). Musical and religious experiences and their relationship to happiness. *Personality and Individual Differences, 25*, 91-102.

Hills, P., Francis, L. J., Argyle, M., & Jackson, C. J. (2004). Primary personality trait correlates of religious practice and orientation. *Personality and Individual Differences, 36*, 61-73.

Hittelman, J. H., & Dickes, R. (1979). Sex differences in neonatal eye contact time. *Merrill-Palmer Quarterly, 25*, 171-184.

Hjelle, A. L., & Ziegler, J. D. (1981). *Personality theories: Basic assumptions, research and applications*. London: McGraw-Hill.

Hoffman, L. W. (1989). Effects of maternal employment in the two-parent family. *American Psychologist, 44*, 283-292.

Hofstede, G. (1980). *Culture's consequence: International differences in work-related values*. Beverley Hills, CA: Sage.

Hofstede, G. (1991) *Cultures and organizations: software of the mind. Intercultural cooperation and its importance for survival*. London: McGraw-Hill International.

Hofstede, G. (2001). *Culture's Consequences: Comparing values, behaviors, institutions, and organizations across nations* (2nd ed.). Thousand Oaks, CA: Sage.

Hofstede, G. H., & McCrae, R. R. (2004). Personality and culture revisited: Linking traits and dimensions of culture. *Cross-cultural Research, 38*, 52-88.

Hofstede, G., Hofstede, G. J., & Minkov, M. (2010). *Cultures and organizations: Software of the mind* (3rd Ed.), (차재호, 나은영 공역, 《세계의 문화와 조직: 정신의 소프트웨어》. 서울: 학지사, 2014).

Hojjat, M. (1997). Philosophy of life as a model of relationship satisfaction. In R. J. Sternberg & M. Hojjat (Eds.), *Satisfaction in close relationships* (pp. 102-128). New York: Guilford Press.

Holaday, M., Smith, D. A., & Sherry, A. (2000). Sentence completion tests: A review of the literature and results of a survey of members of the society for personality assessment. *Journal of Personality Assessment, 74*, 371-383.

Holahan, C. J., & Moos, R. H. (1991). Life stressors, personal and social resources, and depression: A four-year structural model. *Journal of Abnormal Psychology, 100*, 31-38.

Holahan, C. K. (1988). Relation of life goals at age 70 to activity participation and health and psychological well-being among Terman's gifted men and women. *Psychology and Aging, 3*, 286-291.

Holahan C. K. (1998). Change in psychosocial functioning and health from age 70 to age 80: Findings from the Terman sample. *Journal of Mental Health and Aging, 4*, 335-345.

Holland, J. L. (1966). *The psychology of vocational choice: A theory of personality types and model environments*. Waltham, MA: Blaisdell.

Holland, J. L. (1985). *Making vocational choices: A theory of vocational personalities and work environment* (2nd ed.). Englewood Cliffs, NJ: Prentice-Hall.

Hollon, S. D., & Kriss, M. R. (1984). Cognitive factors in clinical research and practice. *Clinical Psychology Review, 4*, 35-76.

Holtgraves, T. (1997). Styles of language use: Individual and cultural variability in conversational indirectness. *Journal of Personality and Social Psychology, 73*, 624-637.

Hong, Y., Ip, G., Chiu, C., Morris, M. W., & Menon, T. (2001). Cultural identity and dynamic construction of the self: Collective duties and individual rights in Chinese and American cultures. *Social Cognition, 19*(3), 251-268.

Hopwood, C. J., Wright, A. G. C., Ansell, E. B., & Pincus, A. L. (2011). The interpersonal core of personality pathology. *Journal of Personality Disorder, 27*(3), 270-295.

Horney, K. (1937). *The neurotic personality of our time*. New York: Norton.

Horney, K. (1945). *Our inner conflicts: A constructive theory of neurosis*. New York: W. W. Norton and Company, Inc.

Horney, K. (1950). *Neurosis and human growth: The struggle toward self-realization*. New York: W. W. Norton and Company, Inc.

Horowitz, L. M. (1988). *Inventory of Interpersonal Problems: Scoring procedure*. Unpublished manuscript, Stanford University, Stanford, CA.

Horowitz, L. M. (2004). *Interpersonal foundations of psychopathology*. Washington, DC: American Psychological Association.

Horowitz, L. M., Alden, L .E., Wiggins, J. S., & Pincus, A. L. (2000). *Inventory of Interpersonal Problems Manual*. Odessa, FL: The Psychological Corporation.

Horowitz, L. M., Rosenberg, S. E., Baer, B. A., Ureno, G., & Villasenor, V. S. (1988). The Inventory of Interpersonal Problems: Psychometric properties and clinical applications. *Journal of Consulting and Clinical Psychology, 56*, 885-892.

Horowitz, M. J. (1974). Stress response syndromes: Character style and dynamic psychotherapy. *American Journal of Psychotherapy, 27*, 506-515.

Horowitz, M. J. (1976). *Stress response syndromes*. New York: Jason Aronson.

Horowitz, M. J. (1986). Stress-response syndromes: A review of posttraumatic and adjustment disorders. *Hospital and Community Psychiatry, 37*, 241-249.

House, R. J., Hanges, P. J., Javidan, M., Dorfman, P., & Gupta, V. (2004) *Culture, leadership, and organizations: The GLOBE atudy of 62 societies*. Thousand Oaks, CA; Sage.

House, R. J., Shane, S. A., & Herold, D. M. (1996). Rumors of the death of dispositional research are vastly exaggerated. *Academy of Management Review, 21*, 203-224.

Howard, J. A., Blumstein, P., & Schwartz, P. (1987). Social or evolutionary theories: Some observations on preferences in human mate selection. *Journal of Personality and Social Psychology, 53*, 194-200.

Howe, M. J. A. (1999). *Genius explained*. New York: Cambridge University Press.

Hoyle, R., Kernis, M., Leary, M., & Baldwin, M. (1999). *Self-hood: Identity, esteem, and regulation*. Boulder, CO: Westview Press.

Hrdy, S. B. (1999). *Mother nature: A history of mothers, infants and natural selection*. New York: Pantheon. (황의선 역, 《어머니의 탄생》, 서울: 사이언스 북스, 2010).

Huizinga, J. (1938/1971). *Homo Ludens*. Boston, MA: Beacon Press.

Hulin, C. L., & Judge, T. A. (2003). Job attitudes: A theoretical and empirical review. In W. C. Borman, D. R. Ilgen, & R. J. Klimoski (Eds.), *Handbook of psychology* (Vol. 12, pp. 255-276). Hoboken, NJ: Wiley.

Hursthouse, R. (1996). Normatice virtue ethics. In R. Crisp (Ed.), *How should one live?* New York: Oxford University Press.

Hurtz, G. M., & Donovan, J. J. (2000). Personality and job performance: The Big Five revisited. *Journal of Applied Psychology, 85*, 869-879.

Hyler, S. E., & Rieder, R. O. (1987). *PDQ-R: Personality diagnostic questionnaire-revised*. New York: New York State Psychiatric Institute.

Ickes, W. (1996). *Empathic accuracy*. New York: Guilford Press.

Ingram, R. E., & Kendall, P. C. (1986). Cognitive clinical psychology: Implications of an information processing perspectives. In R. Ingram (Ed.), *Information processing approaches to clinical psychology*. New York: Academic Press.

Iyengar, S. S., & Lepper, M. R. (1999). Rethinking the value of chocie: A cultural perspective on intrinsic motivation. *Journal of Personality and Social Psychology, 76*, 349-366.

James, W. (1890/1907). *Principles of psychology*. New York: Holt.

James, W. (1902/1958). *The varieties of religious experience*. New York: Mentor.

Janis, I. L. (1982). *Groupthink: Psychological studies of policy decisions and fiascos*. Boston: Houghton Mifflin.

Janoff-Bulman, R. (1989). Assumptive worlds and the stress of traumatic events: Applications of the schema construct. *Social Cognition, 7*, 113-136.

Janoff-Bulman, R. (1992). *Shattered assumptions: Toward a new psychology of trauma*. New York: The Free Press.

Jaynes, J. (1976). *The origin of consciousness in the breakdown of the bicameral mind*. Boston: Houghton Mifflin.

Jeronimus, B. F., Riese, H., Sanderman, R., & Ormel, J. (2014). Mutual reinforcement between neuroticism and life experiences: A five-wave, 16-year study to test reciprocal causation. *Journal of Personality and Social Psychology, 197*(4), 751-764.

John, O. P., Donahue, E. M., & Kentle, R. L. (1991). *The Big Five Inventory-Versions 4a and 54*. Berkeley, CA: University of California, Berkeley, Institute of Personality and Social Research.

John, O. P., & Robins, R. W. (1994). Accuracy and bias in self-perception: Individual differences in self-enhancement and the role of narcissism. *Journal of Personality and Social Psychology, 66*, 206-219.

Johnson, B., Larson, D., Li, S., & Jang, S. (2000). Escaping from the crime of the inner cities: Church attendance and religious salience among disadvantaged youth. *Justice Quarterly, 17*, 377-391.

Johnson, P. E. (1959). *Psychology of religion*. Nashville, TN: Abingdon.

Johnston, L. D., Bachman, J. G., & O'Malley, P. M. (1992). *Monitoring the future: Questionnaire responses from the nation's high school seniors 1989*. Ann Arbor, MI: Institute for Social Research, University of Michigan.

Jones, E. (1963). *The life and work of Sigmund Freud*. Oxford, England: Doubleday.

Judge, T. A., Bono, J. E., & Locke, E. A. (2000). Personality and job satisfaction: The mediating role of job characteristics. *Journal of Applied Psychology, 85*, 237-249.

Judge, T. A., Higgins, C. A., Thoresen, C. J. & Barrick, M. R. (1999). The big five personality traits, general mental ability, and career success across the life span. *Personnel Psychology, 52*, 621-652.

Judge, T. A., Locke, E. A., & Durham, C. C. (1997). The dispositional causes of job satisfaction: A core evaluations approach. *Research in Organizational Behavior, 19*, 151-188.

Judge, T. A., Locke, E. A., Durham, C. C., & Kluger, A. N. (1998). Dispositional effects on job and life satisfaction: The role of core evaluations. *Journal of Applied Psychology, 83*, 17-34.

Judge, T. A., Thoresen, C. J., Bono, J. E., & Patton, G. K. (2001). The job satisfaction-job performance relationship: A qualitative and quantitative review. *Psychological Bulletin, 127*(3), 376-407.

Judge, T. A., Thoresen, C. J., Pucik, V., & Welbourne, M. (1999). Managerial coping with organizational change. *Journal of Applied Psychology, 84*, 107-122.

Jung, C. G. (1929/1954). Problems of modern psychotherapy. In Collected Works, Vol. 16, The practice of psychotherapy (pp. 53-75). London: Routledge & Kegan Paul.

Jung, C. G., & Jaffé, A. (1965). *Memories, dreams, reflections*. London: Routledge & Kengan Paul. (이부영 역, 《C. G. 융의 회상, 꿈, 그리고 사상》, 서울: 집문당, 2012).

Kabanoff, B. (1980). Work and nonwork: A review of models, methods and findings. *Psychological Bulletin, 88*, 60-77.

Kagan, J. (1964). Acquisition and significance of sex-typing and sex role identity. In M. Hoffman & L. Hoffman (Eds.), *Review of child development research* (Vol. 1, pp. 137-168). New York: Russell Sage.

Kagan, J. (1989). Temperament contributions to social behavior. *American Psychology, 44*, 668-674.

Kagan, J., Reznich, J. S., Snidman, N., Gibbons, J., & Jognson, M. O. (1988). Childhood derivatives of inhibition and lack of inhibition to the unfamiliar. *Child Development, 59*, 1580-1589.

Kagitcibasi, C. (1990). Family and socialization in cross-cultural perspective: A model of change. In J. Berman (Ed.), *Cross-cultural perspectives: Nebraska symposium on motivation, 1989* (pp. 135-200). Lincoln, NE: University of Nebraska Press.

Kagitcibasi, C. (1996). The autonomous-relational self: A new synthesis. *European Psychologist, 1*(3), 180-186.

Kahneman, D. (1999). Objective happiness. In D. Kahnemann, E. Diener, & N. Schwarz (Eds.), *Well-being: The foundation of hedonic psychology* (pp. 3-25). New York: Russell Sage Foundation.

Kahneman, D., & Frederick, S. (2002). Representativeness revisited: Attribute substitution in intuitive judgment. In T. Gilovich, D. Griffin, & D. Kahneman (Eds.), *Heuristics and biases* (pp. 49-81). New York: Cambridge University Press.

Kalish, Y., & Robins, G. (2006). Psychological predispositions and network structure: The relationship between individual predispositions, structural holes and network closure. *Social Networks, 28*(1), 56-84.

Kammrath, L., & Dweck, C. S. (2006). Voicing conflict: Preferred conflict strategies among incremental and entity theories. *Personality and Social Psychology Bulletin, 32*, 1497-1508.

Kandler, C., Riemann, R., Spinath, F. M., & Angleitner, A. (2010). Sources of variance in personality facets: A twin study of self-self, peer-peer, and self-peer (dis-) agreement. *Journal of Personality, 78*, 1565-1594.

Kaplan, H. S., & Gangestad, S. W. (2005). Life history theory and evolutionary psychology. In D. M. Buss (Ed.), *Handbook of evolutionary psychology* (pp. 68-95). New York: Wiley.

Karney, B. R., & Bradbury, T. N. (1995). The longitudinal course of marital quality and stability: a review of theory, method, and research. *Psychological Bulletin, 118*(1), 3-34.

Karney, B. R., & Bradbury, T. N. (1997). Neuroticism, marital interaction, and the trajectory of marital satisfaction. *Journal of Personality and Social Psychology, 72*, 1075-1092.

Kashdan, T. B., & Breen, W. E. (2007). Materialism and diminished well-being: Experiential avoidance as a mediating mechanism. *Journal of Social and Clinical Psychology, 26*, 521-539.

Kashdan, T. B., & Roberts, J. E. (2002). *Individual differences in interpersonally-generated positive and negative affect.* Unpublished manuscript, University at Buffalo, State University of New York.

Kashdan, T. B., Rose, P., & Fincham, F. D. (2002). *Curiosity and exploration: Facilitating positive subjective experiences and personal growth opportunities.* Unpublished manuscript, State University of New York at Buffalo.

Kasser, T., & Ryan, R. M. (1993). A dark side of the American dream: Correlates of financial success as a life aspiration. *Journal of Personality and Social Psychology, 65*, 410-422.

Kasser, T., & Ryan, R. M. (1996). Further examining the American dream: Differential correlates of intrinsic and extrinsic goals. *Personality and Social Psychology Bulletin, 22*, 280-287.

Kasser, V. G., & Ryan, R. M. (1999). The relation of psychological needs for autonomy and relatedness to vitality, well-being, and morality in a nursing home. *Journal of Applied Social Psychology, 29*, 935-954.

Kelloway, E. K., & Barling, J. (1991). Job characteristics, role stress and mental health. *Journal of Occupational Psychology, 64*, 291-304.

Kelly, E. L., & Conley, J. J. (1987). Personality and compatibility: A prospective analysis of marital stability and marital satisfaction. *Journal of Personality and Social Psychology, 52*(1), 27-40.

Kelly, G. A. (1955). *The psychology of personal constructs.* New York: Norton.

Kelly, G. A. (1963). *The theory of personality: The psychology of personal constructs.* New York: Norton.

Kelly, J. R., & Ross, J. E. (1989). Later-life leisure: Beginning a new agenda. *Leisure Sciences, 11*, 47-59.

Kemeny, M. E. (2007). Psychoneuroimmunology. In H. S. Friedman & R. C. Silver (Eds.), *Foundations of health* (pp. 92-116). New York: Oxford University Press.

Kendall, P. C., & Ingram, R. (1987). The future of the cognitive assessment of anxiety: Let's get specific. In L. Michelson & M. Asher (Eds.), *Anxiety and stress disorders: Cognitive-behavioral assessment and treatment.* New York: Guilford.

Kendall, P. C., & Ingram, R. (1989). Cognitive-behavioral perspectives: Theory and research on depression and anxiety. In P. C. Kendall & D. Watson (Eds.), *Anxiety and depression: Distinctive and overlapping features.* New York: Academic Press.

Kernberg, O. F. (1975). *Borderline conditions and pathological narcissism.* New York: Jason Aronson.

Keyes, C. L. M. (1998). Social well-being. *Social Psychology Quarterly, 61*(2), 121-140.

Keyes, C. L. M., & Lopez, S. J. (2002). Toward a science of mental health: Positive directions in diagnosis and intervention. In C. R. Snyder, & S. J. Lopez (Eds.), *Handbook of positive psychology* (pp. 45-59). New York: Oxford University Press.

Kiecolt-Glaser, J. K. (1999). Stress, personal relationships, and immune function: Health implications. *Brain, Behavior, and Immunity, 12*, 61-72.

Kiecolt-Glaser, J. K., & Glaser, R. (1987). Psychological moderators of immune function. *Annual of Behavioral Medicine, 9*, 16-20.

Kiesler, D. J. (1982). Confronting the client-therapist relationship in psychotherapy. In J. C. Anchin & D. J. Kiesler (Eds.), *Handbook of interpersonal psychotherapy* (pp. 274-295). Elmsford, NY:

Pergamon.

Kiesler, D. J. (1983). The 1982 interpersonal circle: A taxonomy for complementarity in human transactions. *Psychological Review, 90,* 185-214.

Kiesler, D. J. (1996). *Contemporary interpersonal theory and research: Personality, psychopathology and psychotherapy.* New York: Wiley.

Kiesler, D. J., Schmidt, J. A., & Wagner, C. C. (1997). A circumplex inventory of impact messages: An operational bridge between emotional and interpersonal behavior. In R. Plutchik & H. R. Conte (Eds.), *Circumplex models of personality and emotions* (pp. 221-244). Washington, DC: American Psychological Association.

Kihlstrom, J. F. (1987). The cognitive unconscious. *Science, 237,* 1445-1452.

Kim, H., & Markus, H. R. (1999). Deviance or uniqueness, harmony or conformity? A cultural analysis. *Journal of Personality and Social Psychology, 77,* 785-800.

Kim, U. (2000). Indigenous, cultural, and cross-cultural psychology: A theoretical, conceptual, and epistemological analysis. *Asian Journal Of Social Psychology, 3,* 265-287.

King, J. E., Weiss, A., & Farmer, K, H. (2005). A chimpanzee (*pan troglodytes*) analogue of cross-national generalization of personality structure: Zoological Parks and an African Sanctuary. *Journal of Personality, 73*(2), 389-410.

King, L. A., & Pennebaker, J. W. (1996). Thinking about goals, glue, and the meaning of life. In R. S. Wyer (Ed.), *Advances in social cognition* (Vol. 9, pp. 97-106). Mahwah, NJ: Erlbaum.

Kirkcaldy, B. D. (1985). The value of traits in sport. In B. D. Kirkcaldy (Ed.), *Individual differences in movement.* (pp. 257-277). Boston: MTP Press.

Kirkcaldy, B. D., & Cooper, C. L. (1992). Work attitudes and leisure pursuits: Sex differences. *Personality and Individual Differences, 13*(3), 329-334.

Kirkcaldy, B. D., & Furnham, A. (1991). Extraversion, neuroticism, psychoticism and recreational choice. *Personality and Individual Differences, 12*(7), 737-745.

Kirkpatrick, L. A. (2005). *Attachment, evolution, and the psychology of religion.* New York: Guilford Press.

Kirkpatrick, L. A., & Shaver, P. R. (1992). Attachment theory and religion: Children attachments, religious beliefs, and conversion. *Journal for the Scientific Study of Religion, 29,* 315-334.

Kirschenbaum, D. S. (1987). Self-regulatory failure: A review with clinical implications. *Clinical Psychology Review, 7,* 77-104.

Kitayama, S., & Karasawa, M. (1997). Implicit self-esteem in Japan: Name letters and birthday numbers. *Personality and Social Psychology Bulletin, 23,* 736-742.

Kitayama, S., Markus, H. R., & Kurokawa, M. (2000). Culture, emotion, and well-being: Good feelings in Japan and the United States. *Cognition and Emotion, 14,* 93-124.

Klein, K., Lim, B. C., Saltz, J. L., & Mayer, D. M. (2004). How do they get there? An examination of the antecedents of network centrality in team networks. *Academy of Management Journal, 47,* 925-963.

Klerman, G. L., Weissman, M. M., Rounsaville, B., & Chevron, E. (1984). *Interpersonal Psychotherapy for Depression.* New York: Basic Books.

Klinger, E. (1975). Consequences of commitment to and disengagement from incentives. *Psychological Review, 82,* 1-25.

Klinger, E. (1977). *Meaning and void: Inner experience and the incentives in people's lives.* Minneapolis: University of Minnesota Press.

Klinger, E. (1998). The search for meaning in evolutionary perspective and its clinical implications. In P. T. P. Wong & P. S. Fry (Eds.), *Handbook of personal meaning: Theory, research, and application* (pp. 27-50). Mahwah, NJ: Erlbaum.

Knight, R. P. (1941). Evaluation of the results of psychoanalytic therapy. *American Journal of Psychiatry, 98,* 434-446.

Kobak, R. R., & Hazan, C. (1991). Attachment in marriage: The effects of security and accuracy of working models. *Journal of Personality and Social Psychology, 60,* 861-869.

Kobasa, S. C., & Maddi, S. R. (1977). Existential personality theory. In R. J. Corsini (Ed.), *Current personality theories* (pp. 243-276). Itasca, IL: Peacock.

Kohlberg, L. (1958). The development of modes of moral thinking and choice in the years 10 to 16. Unpublished doctoral dissertation, University of Chicago.

Kohlberg, L. (1963). The development of children's orientations toward a moral order: I. Sequence in the development of moral thought. Human Development, 6, 11-33.

Kohlberg, L. (1966). A cognitive-developmental analysis of children's sex-role concepts and attitudes. In E. E. Maccoby (Ed.), *The development of sex differences.* Stanford, CA: Stanford University Press.

Kohlberg, L. (1981). *Essay on moral development: Vol. I. The philosophy of moral development.* New York: Harper and Row.

Kohlberg, L. (1984). *The psychology of moral development: The nature and validity of moral stages* (Vol. 2). New York: Harper & Row.

Kohlberg, L., & Ullian, D. Z. (1978). Stage in the development of psychosexual concepts and attitudes. In R. C. Friedman, R. M. Richart, & R. I. Vande Wiele (Eds.), *Sex differences in behavior.* New York: Krieger.

Konecni, V. J., & Sargent-Pollok, D. (1977). Arousal, positive and negative affect, and preference for renaissance and 20th century paintings. *Motivation and Emotion, 1,* 75-93.

Kopp, C. B. (1982). Antecedents of self-regulation: A developmental perspective. *Developmental Psychology, 18,* 199-214.

Kopp, C. B. (1987). The growth of self-regulation: Caregivers and children. In N. Eisenberg (Ed.), *Contemporary issues in developmental psychology.* New York: Wiley.

Kopp, C. B. (1989). Regulation of disress and negative emotions: A developmental review. *Developmental Psychology, 25*, 343–353.

Koppitz, E. M. (1968). *Psychological evaluation of children's human figure drawings.* New York: Grune & Stratton.

Korchin, S. J. (1975). *Modern clinical psychology.* New York: Basic Books.

Korchin, S. J. (1983). The history of clinical psychology: A personal view. In M. Hersen, A. E. Kazdin & A. S. Bellack (Eds.), *The clinical psychology handbook.* New York: Pergamon Press.

Kosek, R. B. (1999). Adaptation of the Big Five as a hermeneutic instrument for religious constructs. *Personality and Individual Differences, 27*, 229–237.

Krause, N. (1997). Religion, aging, and health: Current status and future prospects. *Journals of Gerontology, 52B*, S291–S293.

Kray, L. J., & Haselhuhn, M. (2007). Implicit theories of negotiating ability and performance: Longitudinal and experimental evidence. *Journal of Personality and Social Psychology, 93*, 49–64.

Krueger, M. J. J., & Hanna, R J. (1997). Why adoptees search: An existential treatment perspective. *Journal of Counseling and Development, 75*, 195–202.

Krueger, R. F., & Johnson, W. (2008). Behavioral genetics and personality: A new look at the integration. In O. P. John, R. W. Robins., & L. A. Pervin (Eds.), *Handbook of personality: Theory and research* (3rd ed., pp. 287–310). New York: Guilford Press.

Kuhl, J., & Koch, B. (1984). Motivational determinants of motor performance: The hidden second task. *Psychological Research, 46*, 143–153.

Kushner, M. G., Abrams, K., & Borchardt, C. (2000). The relationship between anxiety disorders and alcohol use disorders: A review of major perspectives and findings. *Clinical Psychology Review, 20*, 149–171.

Kwan, V. S. Y., Bond, M. H., & Singelis, T. M. (1997). Pancultural explanations for life satisfaction: adding relationship harmony to self-esteem. *Journal of Personality and Social Psychology, 73*, 1038–1051.

Lam, L. T., & Kirby, S. L. (2002). Is emotional intelligence an advantage? An exploration of the impact of emotional and general intelligence on individual performance. *The Journal of Social Psychology, 142*(1), 133–143.

Lamb, M. E. (1986). *The father's role: Applied perspectives.* New York: Wiley.

Langlois, J. H., & Downs, A. C. (1980). Mothers, fathers, and peers as socialization agents of sex-typed play behaviors in young children. *Child Development, 51*, 1237–1247.

Lapsley, D. K. (1991). Egocentrism theory and the "new look" at the imaginary audience and personal fable in adolescence. In R. M. Lerner, A. C. Peterson, & J. Brooks-Gunn (Eds.), *Encyclopedia of adolescence.* New York: Garland.

Larsen, R. J., & Ketelaar, T. (1991). Personality and susceptibility to positive and negative emotional states. *Journal of Personality and Social Psychology, 61*, 132–140.

Lauer, R. H., Lauer, J. C., & Kerr, S. T. (1990). The long-term marriage: Perceptions of stability and satisfaction. *International Journal of Aging and Human Development, 31*(3), 189–195.

Laurenceau, J., Barret, L. F., & Pietromonaco, P. R. (1998). Intimacy as an interpersonal process: The importance of self-disclosure, partner disclosure, and perceived partner responsiveness in interpersonal exchange. *Journal of Personality and Social Psychology, 75*(5), 1238–1251.

Laursen, B., & Ferreira, M. (1994, February). *Does parent-child conflict peak at mid-adolescence?* Paper presented at the meeting of the Society for Research on Adolescence, San Diego.

Lazarus, R. S. (1981). The stress and coping paradigm. In C. E. Eisdorfer, D. Cohen, A. Kleinman & P. Maxim (Eds.), *Models for clinical psychopathology* (pp. 177–214). New York: S. P. Medical & Scientific Books.

Lazarus, R. S. (1991). *Emotion and adaptation.* New York: Oxford University Press.

Lazarus, R. S., & Folkman, S. (1984). *Stress, appraisal, and coping.* New York: Springer.

Leary, M. R. (1995). *Self-presentation: Impression management and interpersonal behavior.* Madison, WI: Brown & Benchmark.

Leary, T. (1957). *Interpersonal diagnosis of personality: A functional theory and methodology for personality evaluation.* New York: Ronald Press.

Lecky, P. (1945). *Self-consistency: A theory of personality.* New York: Island Press.

LeDoux, J. E. (1996). *The emotional brain: The mysterious underpinnings of emotional life.* New York: Simon & Schuster.

LeDoux, J. E. (1998). *The emotional brain.* London: Weidenfeld & Nicolson.

Lee, J. A. (1977). A typology of styles of love. *Personality and Social Psychology Bulletin, 3*, 173–182.

Lee, J. A. (1988). Love styles. In R. J. Sternberg & M. L. Barnes (Eds.), *Psychology of love* (pp. 38–67). New Haven, CT: Yale University Press.

Lefcourt, H. M. (1981). *Research with the locus of control construct.* New York: Academic Press.

Lehnart, J., & Neyer, F. J. (2006). Should I stay or should I go? Attachment and personality in stable and instable romantic relationships. *European Journal of Personality, 20*, 475–495.

Lehne, G. K. (1994). The NEO-PI and the MCMI in the forensic evaluation of sex offender. In P. T. Costa & T. A. Widiger (Eds.), *Personality disorders and the five-factor model of personality* (pp. 175~188). Washington, DC: American Psychological Association.

Leitner, M. J., & Leitner, S. F. (1996). *Leisure in later life* (2nd ed.). New York: Haworth Press.

Lenoir, F. (2012). La guerison du monde. Librairie Artheme Fayard. (김수진 역,《네오르네상스가 온다》. 경기도 파주: 도서출판 아름다운 사람들, 2013).

Lenzenweger, M. F. (2008). Epidemiology of Personality Disorders. *Psychiatric Clinics of North America, 31*(3), 395–403.

Lenzenweger, M. F., Lane, M. C., Loranger, A. W., & Kessler, R. C. (2007). DSM-IV personality disorders in the National Comorbidity Survey Replication. *Biological Psychiatry, 62*(6), 553–564.

LePine, J. A., Colquitt, J. A., & Erez, A. (2000). Adaptability to changing task contexts: Effects of general cognitive ability, conscientiousness, and openness to experience. *Personnel Psychology, 53,* 563–593.

Lepper, M., & Greene, D. (1978). *The hidden costs of reward*. Hillsdale, NJ: Lawrence Erlbaum Associates.

Lepper, M., Greene, D., & Nesbitt, R. (1973). Undermining children's intrinsic interest with extrinsic rewards: A test of the "overjustification" hypothesis. *Journal of Personality and Social Psychology, 28,* 129–137.

Lerner, J. V., & Galambos, N. L. (1985). Maternal role satisfaction, mother–child interaction, and child temperament: A process model. *Developmental Psychology, 21,* 1157–1164.

Lester, D., & Gatto, J. (1987). Personality and blood group. *Personality and Individual Differences, 8,* 267.

Lester, D., & Philbrick, J. (1988). Correlates of styles of love. *Personality and Individual Differences, 9,* 689–690.

Levenson, M. R., Aldwin, C., Bosse, R., & Spiro, A. III (1988). Emotionality and mental health: Longitudinal findings from the Normative Aging Study. *Journal of Abnormal Psychology, 97,* 94–96.

Levin, J. (1997). Religious research in gerontology, 1980–1994: A systematic review. *Journal of Religious Gerontology, 10,* 3–31.

Levine, R., Sato, S., Hashimoto, T., & Verma, J. (1995). Love and marriage in eleven cultures. *Journal of Cross-cultural Psychology, 26,* 554–571.

Levinson, D. J. (1978). *The seasons of a man's life*. New York: Knopf.

Levinson, D. J. (1986). A conception of adult development. *American Psychologist, 4,* 3–13.

Levinson, D. J., Darrow, C. N., Klein, E. B., & Levinson, M. (1978). *Seasons of a Man's Life*. New York: Random House.

Levinson, D. J., & Levinson, J. D. (1996). *Seasons of a Woman's Life*. New York: Knopf.

Lewis, C. A., Lanigan, C., Joseph, S., & deFockert, J. (1997). Religiosity and happiness: No evidence for an association among undergraduates. *Personality and Individual Differences, 22,* 119–121.

Lewis, M., & Brooks-Gunn, J. (1979). *Social cognition and the acquisition of self*. New York: Plenum Press.

Liebert, R. M., & Liebert, G. P. (1998). *Personality: Strategies & issues* (8th ed.). Pacific Grove: Brooks/Cole Publishing Company.

Lin, Z. (1997). Ambiguity with a purpose: The shadow of power in communication. In P. C. Earley & M. Erez, (Eds.), *New perspectives on international industrial organizational psychology* (pp. 363–376). San Francisco: The New Lexington Press.

Lindsay-Hartz, J., De Rivera, D., & Mascolo, M. F. (1995). Differentiating guilt and shame and their effects of motivation. In J. P. Tangney & K. W. Fisher (Eds.), *Self-conscious emotions: The psychology of shame, guilt, embarrassment, and pride*. New York: Guilford Press.

Linehan, M. M. (1993). *Cognitive behavioral therapy of borderline personality disorder*. New York: Guilford Press.

Linley, P. A., & Joseph, S. (2004). Positive change following trauma and adversity: A review. *Journal of Traumatic Stress, 17*(1), 11–21.

Linville, P. W. (1987). Self-complexity as a cognitive buffer against self-related illness and depression. *Journal of Personality and Social Psychology, 52,* 663–676.

Litman, J. A., & Spielberger, C. D. (2003). Measuring epistemic curiosity and its diversive and specific components. *Journal of Personality Assessment, 80,* 75–86.

Little, B. R. (1989). Personal projects analysis: Trivial pursuits, magnificent obsessions, and the search for coherence. In D. M. Buss & N. Cantor (Eds.), *Personality psychology: Recent trends and emerging directions* (pp. 15–31). New York: Springer-Verlag.

Little, B. R. (1999). Personality and motivation: Personal action and the conative revolution. In L. A. Pervin & O. P. John (Eds.), *Handbook of personality: Theory and research* (pp. 501–524). New York: Guilford Press.

Livson, N., & Peskin, H. (1980). Perspectives on adolescence from longitudinal reseach. In J. Adelson (Ed.), *Handbook of adolescent psychology*. New York: Wiley.

Lock, R. D. (1988). *Job search and taking care of your career direction*. Pacific Grove, CA: Brooks/Cole.

Locke, E. A. (1976). The nature and causes of job satisfaction. In M. D. Dunnette (Ed.), *Handbook of industrial and organizational psychology* (pp. 1297–1343). Chicago: Rand McNally.

Locke, E. A., Kirkpatrick, S., Wheeler, J. K., Schneider, J., Niles, K., Goldstein, H., Welsh, K., & Chah, D. O. (1991). *The essence of leadership*. New York: Lexington Books.

Locke, K. D. (2000). Circumplex Scales of Interpersonal Values: Reliability, validity, and applicability to interpersonal problems and personality disorders. *Journal of Personality Assessment, 75,* 249–267.

Locke, K. D. (2005). Interpersonal problems and interpersonal expectations in everyday life. *Journal of Social and Clinical Psychology, 24*(7), 915–931.

Locke, K. D. (2006). Interpersonal circumplex measures. In S. Strack (Ed.), *Differentiating normal and abnormal personality* (2nd ed., pp. 383–400). New York: Springer.

Lockenhoff, C. E., Ironson, G. H., O'Cleirigh, C., & Costa, P. T. (2009). Five-factor model personality traits, spirituality/religiousness, and mental health among people living with HIV. *Journal of Personality, 77(5)*, 1411-1436.

Loehlin, J. C. (1992). *Genes and environment in personality development*. Newbury Park, CA: Sage.

Loevinger, J. (1970). *Measuring ego development*. San Francisco: Jossey-Bass.

Loevinger, J. (1976). *Ego development*. San Francisco: Jossey-Bass.

Londerville, S., & Main, M. (1981). Security of attachment, compliance, and maternal training methods in the second year of life. *Developmental Psychology, 17*, 289-299.

Long, N. (1997). Parent education/training in the USA: Current status and future trends. *Clinical Child Psychology and Psychiatry, 2*(4), 501-515.

Looy, H. (2001). Sex differences: Evolved, constructed, and designed. *Journal of Psychology and Theology, 29*, 301-313.

Lorenz, K. (1937). The companion in the bird's world. *Auk, 54*, 245-273.

Lu, L., & Argyle, M. (1993). TV watching, soap opera and happiness. *Kaohsiung Journal of Medical Sciences, 9*, 350-360.

Lu, L., & Argyle, M. (1994). Leisure satisfaction and happiness as s function of leisure activity. *Kaohsiung Journal of Medical Sciences, 10*, 89-96.

Lu, L., & Hu, C. (2005). Personality, leisure experiences and happiness. *Journal of Happiness Studies, 6*, 325-342.

Lucas, R. E., Diener, E., Grob, A., Suh, E. M., & Shao, L. (2000). Cross-cultural evidence for the fundamental features of extroversion. *Journal of Personality and Social Psychology, 79*, 452-468.

Lucas, R. E., & Donnellan, M. B. (2009). Age differences in personality: Evidence from a nationally representative Australian sample. *Developmental Psychology, 45*, 1252-1363.

Lucas, R. E., & Fujita, F. (2000). Factors influencing the relation between extraversion and pleasant affect. *Journal of Personality and Social Psychology, 79*, 1039-1056.

Lund, O. C. H., Tamnes, C. K., Moestue, C., Buss, D. M., & Vollrath, M. (2007). Tactics of hierarchy negotiation. *Journal of Research in Personality, 41*(1), 25-44.

Lykken, D. (1999). *Happiness: The nature and nurture of joy and contentment*. New York: St Martin's Press.

Lykken, D., & Tellegen, A. (1996). Happiness is a stochastic phenomenon. *Psychological Science, 7*, 186-189.

Lynn, R., & Martin, T. (1997). Gender differences in extraversion, neuroticism, and psychoticism in 37 nations. *Journal of Social Psychology, 137*(3), 369-373.

Lyons, L. C., & Woods, P. J. (1991). The efficacy of rational-emotive therapy: A quantitative review of the outcome research. *Clinical Psychology Review, 11*, 357-369.

Lyubomirsky, S., Sheldon, K. M., & Schkade, D. (2005). Pursuing happiness: The architecture of sustainable change. *Review of General Psychology, 9*, 111-131.

Maccoby, E. E. (1980). *Social development: Psychological growth and the parent-child relationship*. New York: Harcourt Brace Hovanovich.

Maccoby, E. E., & Martin, J. A. (1983). Socialization in the context of the family: Parent-child interaction. In E. M. Hetherington (Ed.), *Socialization, personality, and social development, 4, Handbook of child psychology*. New York: Wiley.

MacDonald, D. A. (2000). Spirituality: Description, measurement, and relation to the five factor model of personality. *Journal of Personality, 68*, 153-197.

MacDonald, K. B., & Parke, R. D. (1986). Parent-child physical play: The effects of sex and age of children and parents. *Sex Roles, 15*, 367-378.

MacIntyre, J. (1984). *After virtue*. Notre Dame: University of Norte Dame Press.

Maehr, M. L. (1991). The "psychological environment" of the school: A focus for school leadership. In M. L. Maehr & C. Ames (Eds.), *Advances in educational adminstration: School leadership* (Vol 2, pp. 51-81). Greenwich, CT: JAI Press.

Maehr, M. L., & Midgley, C. (1996). *Transforming school cultures*. Boulder, CO: Westview Press.

Magnavita, J. J. (2002). *Theories of personality: Contemporary approaches to the science of personality*. New York: John Wiley & Sons.

Magnus, K., Diener, E., Fujita, F., & Pavot, W. (1993). Extraversion and neuroticism as predictors of objective life events: A longitudinal analysis. *Journal of Personality and Social Psychology, 65*, 1046-1053.

Mahler, M. S., Pine, F., & Bergman, A. (1975). *The psychological birth of the human infant*. London: Hutchinson.

Malouff, J. M., Thorsteinsson, E. B., & Schutte, N. S. (2005). The relationship between the five factor model of personality and symptoms of clinical disorders. *Journal of Psychopathology and Behavioral Assessment, 27*(2), 101-114.

Malouff, J. M., Thorsteinsson, E. G., Schutte, N. S., Bhullar, N., & Rooke, S. E. (2010). The Five-Factor Model of personality and relationship satisfaction of intimate partners: A meta-analysis. *Journal of Research in Personality, 44*, 124-127.

Marcia, J. E. (1964). *Determination and construct validity of ego identity status*. Unpublished doctoral dissertation, State University of New York, Buffalo.

Marcia, J. E. (1966). Development and validation of ego identity status. *Journal of Personality and Social Psychology, 3*, 551-558.

Marcia, J. E. (1980). Identity in adolescence. In J. Adelson (Ed.), *Handbook of adolescent psychology* (pp. 159-187). New York: Wiley.

Markland, D., Ryan, R. M., Tobin, V., & Rollnick, S. (2005). Motivational interviewing and self-determination theory. *Journal of Social and Clinical Psychology, 24*, 811-831.

Markus, H. R. (1990). Unsolved issues of self-representation. *Cognitive

Therapy and Research, 14, 241-253.

Markus, H. R., & Kitayama, S. (1991). Culture and the self: Implications for cognition, emotion, and motivation. *Psychological Review, 98,* 224-253.

Markus, H. R., & Nurius, P. (1986). Possible selves. *American Psychologist, 41*(9), 954-969.

Marsh, H. W., Relich, J. D., & Smith, I. D. (1983). Self-concept: The construct validity of interpretations based upon the SDQ. *Journal of Personality and Social Psychology*, 45, 173-187.

Marston, W. M. (1928). *Emotion of normal people*. London: Kegan Paul Trench Trubner And Company.

Martin, C. L. (1990). Attitudes and expectations about children with nontraditional and traditional gender roles. *Sex Roles, 22,* 151-165.

Martin, C. L., & Halverson, C. F. (1987). The roles of cognition in sex role acquisition. In D. B. Carter (Ed.), *Current conceptions of sex roles and sex typing*. New York: Praeger.

Martin, L. R., Friedman, H. S., & Schwartz, J. E. (2007). Personality and mortality risk across the lifespan: The importance of conscientiousness as a biopsychosocial attribute. *Health Psychology, 26,* 428-436.

Martin, R. A. (2007). *The psychology of humor: An integrative approach*. Burlington, MA: Elsevier. (신현정 역, 《유머심리학: 통합적 접근》. 서울: 박학사, 2008).

Maslow, A. H. (1943). A theory of human motivation. *Psychological Review, 50*(4), 370-396.

Maslow, A. H. (1954). *Motivation and personality*. New York: Harper & Row.

Maslow, A. H. (1962). *Toward a psychology of being*. New York: John Wiley & Sons.

Maslow, A. H. (1969). Theory Z. *Journal of Transpersonal Psychology, 1,* 31-47.

Maslow, A. H. (1970). *Religion, values and peak experiences*. New York: Viking.

Maslow, A. H. (1971/1976). *The farther reaches of human nature*. New York: Viking.

Masters, K. S., & Spielmans, G. I. (2007). Prayer and health: Review, meta-analysis, and research agenda. *Journal of Behavioral Medicine, 30,* 329-338.

Masuda, T., Ellsworth, P., Mesquita, B., Leu, J., Tanida, S., & Veerdonk, E. (2006). Placing the face in context: Cultural differences in the perception of facial emotion. *Journal of Personality and Social Psychology, 94*(3), 365-381..

Mathews, A., Mogg, K., May, J., & Eysenck, M. W. (1989). Implicit and explicit memory biases in anxiety. *Journal of Abnormal Psychology, 98,* 236-240.

Maton, K. I., & Wells, E. A. (1995). Religion as a community resource for well-being: Prevention, healing, and empowerment pathways. *Journal of Social Issues, 51,* 177-193.

Mattis, J. (2002). Religion and spirituality in the meaning making and coping experiences of African American women: A qualitative analysis. *Psychology of Women Quarterly, 26,* 308-320.

Mauritzen, J. (1988). Pastoral care for the dying and bereaved. *Death Studies, 12,* 111-122.

Mauro, R., Sato, K., & Tucker, J. (1992). The role of appraisal in human emotions: A cross-cultural study. *Journal of Personality and Social Psychology, 62,* 301-317.

May, R. (1950). *The meaning of anxiety*. New York: Norton.

May, R. (1969). *Love and will*. New York: Norton.

May, R. (1992). *The cry for myth*. New York: Norton.

May, R., & Yalom, I. (2000). Existential psychotherapy. In R. J. Corsini & D. Wedding (Eds.), *Current psychotherapies* (6th ed., pp. 273-302). Itasca, IL: F. E. Peacock.

Mayer, J. D., Caruso, D. R., & Salovey, P. (1999). Emotional intelligence meets traditional standards for an intelligence. *Intelligence, 27,* 267-298.

Mayer, J. D., & Mitchell, D. C. (1998). Intelligence as a subsystem of personality: From Spearman's g to contemporary models of hot processing. In W. Tomic & J. Kingma (Eds.), *Advances in cognition and educational practice* (Vol. 5, pp. 43-75). Greenwich, CT: JAI Press.

McAdams, D. P. (1985). *Power, intimacy, and the life story: Personological inquiries into identity*. New York: Guilford Press.

McAdams, D. P. (1993). *The stories we live by: Personal myths and the making of the self*. New York: Morrow.

McAdams, D. P. (1995). What do we know when we know a person? *Journal of Personality, 63*(3), 365-396.

McAdams, D. P. (1996). Personality, modernity, and the storied self: A comtemporary framework for studying persons. *Psychological Inquiry, 7,* 295-321.

McAdams, D. P. (1998). The role of defenses in the life story. *Journal of Personality, 66,* 1125-1146.

McAdams, D. P. (2001). *The person*. (3rd ed.). New York: Harcourt College Publishers.

McAdams, D. P. (2001). The psychology of life stories. *Review of General Psychology, 5,* 100-122.

McAdams, D. P. (2008a). *Life Story Interview*. www.sesp.northwestern.edu/foley/

McAdams, D. P. (2008b). Personal narratives and the life story. In O. P. John, R. W. Robins, & L. A. Pervin (Eds.), *Handbook of personality: Theory and research* (pp. 242-262). New York: Guilford Press.

McAdams, D. P., Diamond, A., de St. Aubin, E., & Mansfield, E. (1997). Stories of commitment: The psychosocial construction of generative lives. *Journal of Personality and Social Psychology, 72,* 678-694.

McAdams, D. P., & Pals, J. L. (2006). A new Big Five: Fundamental principles for an integrative science of personality. *American Psychologist, 61,* 204-217.

McClelland, D. C. (1984). *Human motivation*. Glenview, IL: Scott,

Foresman.

McCombs, B. L. (1991). Motivation and lifelong learning. *Educational Psychologist, 19,* 211-222.

McCrae, R. R. (1991). The Five-Factor Model and its assessment in clinical settings. *Journal of Personality Assessment, 57*(3), 399-414.

McCrae, R. R. (1996). Social consequences of experiential openness. *Psychological Bulletin, 120,* 323-337.

McCrae, R. R. (2001). Trait psychology and culture: Exploring intercultural comparison. *Journal of Psychology, 69*(6), 819-846.

McCrae, R. R. (2004). Human nature and culture: A trait perspective. *Journal of Research in Personality, 38,* 3-14.

McCrae, R. R., & Costa, P. T. Jr. (1986). Personality, coping, and coping effectiveness in an adult sample. *Journal of Personality, 54,* 385-405.

McCrae, R. R., & Costa, P. T. Jr. (1989). The structure of interpersonal traits: Wiggins's circumplex and the five-factor model. *Journal of Personality and Social Psychology, 56*(4), 586-595.

McCrae, R. R., & Costa, P. T. Jr. (1990). *Personality in adulthood.* New York: Guilford Press.

McCrae, R. R., & Costa, P. T. Jr. (1994). The stability of personality: Observations and evaluations. *Current Directions in Psychological Science, 3,* 173-175.

McCrae, R. R., & Costa, P. T. Jr. (1996). Toward a new generation of personality theories: Theoretical contexts for the five-factor model. In J. S. Wiggins (Ed.), *The five-factor model of personality: Theoretical perspectives* (pp. 51-87). New York: Guilford Press.

McCrae, R. R., & Costa, P. T. Jr. (1997). Conceptions and correlates of openness to experience. In R. Hogan, J. Johnson, & S. Briggs (Eds.), *Handbook of personality psychology* (pp. 825-847). San Diego, CA: Academic Press.

McCrae, R. R., Costa, P. T. Jr. (2008). The five-factor theory of personality. In O. P. John, R. W. Robins, & L. A. Pervin (Eds.), *Handbook of personality: Theory and research* (3rd ed., pp. 159-181). New York: Guilford Press.

McCrae, R. R., Costa, P. T. Jr., & Bosse, R. (1978). Anxiety, extraversion, and smoking. *British Journal of Social and Clinical Psychology, 17,* 269-273.

McCrae, R. R., Costa, P. T. Jr., de Lima, M. P. ... Piedmont, R. L. (1999). Age differences in personality across the adult life span: Parallels in five cultures. *Developmental Psychology, 35,* 466-477.

McCrae, R. R., Costa, P. T. Jr., Del Pilar, G. H., Rolland, J. P., & Parker, W. D. (1998), Cross-cultural assessment of the five-factor model: The revised NEO Personality Inventory. *Journal of Cross-Cultural Psychology, 29,* 171-188.

McCrae, R. R., Costa, P. T. Jr., Ostendorf, F. ... Smith, P. B. (2000). Nature over nurture: Temperament, personality, and life span development. *Journal of Personality and Social Psychology, 78,* 173-186.

McCrae, R. R., Costa, P. T. Jr., Terracciano, A., Parker, W. D., Mills, C. J., De Fruyt, F., & Mervielde, I. (2002). Personality trait development from age 12 to 18: Longitudinal, cross-Sectional, and cross-cultural analyses. *Journal of Personality and Social Psychology, 83*(6), 1456-1468.

McCraty, R., Atkinson, M., Tiller, W., Rein, G., & Watkins, A. D. (1995). The effects of emotions on short-term power spectrum analysis of heart rate variability. *American Journal of Cardiology, 76,* 1089-1093.

McCullough, M. E. (1995). Prayer and health: Conceptual issues, research review, and research agenda. *Journal of Psychology and Theology, 23,* 15-29.

McCullough, M. E., Emmons, R. A., & Tsang, J. A. (2002). The grateful disposition: A conceptual and empirical topography. *Journal of Personality and Social Psychology, 82,* 112-127.

McCullough, M. E., & Hoyt, W. T. (2002). Transgression-related motivational dispositions: Personality substrates of forgiveness and their links to the Big Five. *Personality and Social Psychology Bulletin, 28,* 1556-1573.

McCullough, M. E., & Witvliet, C. V. (2001). The psychology of forgiveness. In C. R. Snyder & S. Lopez (Eds.), *Handbook of positive psychology* (pp. 446-458). New York: Oxford University Press.

McDougall, J. (1989). *Theaters of the Body: A Psychoanalytic Approach to Psychosomatic Illness,* Norton.

McFadden, S. H. (1995). Religion and well-being in aging persons in an aging society. *Journal of Social Issues, 51,* 161-175.

McGue, M., Bacon, S., & Lykken, D. T. (1993). Personality stability and change in early adulthood: A behavioral genetic analysis. *Developmental Psychology, 29,* 96-109.

McKelvie, S. J., Lemieux, P., & Stout, D. (2003). Extraversion and neuroticism in contact athletes, no contact athletes and non-athletes: A research note. *Athletic Insight, 5*(3). 19-27.

McNair, D. M., Lorr, M., & Droppleman, L. (1971). *Profile of Mood States manual.* San Diego, CA: Educational and Industrial Testing Service.

McWilliams, N. (2004). *Psychoanalytic psychotherapy: A practitioner's guide.* New York: The Guilford Press. (권석만, 이한주, 이순희 역. 《정신분석적 심리치료》. 서울: 학지사, 2007).

Mead, G. H. (1934). *Mind, self, and society.* Chicago, IL: University of Chicago Press.

Mesquita, B. (2001). Emotions in collectivist and individualist contexts. *Journal of Personality and Social Psychology, 80,* 68-74.

Mesquita, B., & Karasawa, M. (2002). Different emotional lives. *Cognition and Emotion, 16,* 127-141.

Metcalfe, J., & Mischel, W. (1999). A hot/cool system analysis of delay of gratification: Dynamics of willpower. *Psychological Review, 106,* 3-19.

Michael, J. (2003). *Sigmund Freud* (2nd ed.). London: Sage Publications.

(이용승 역. 《지그문트 프로이트》. 서울: 학지사, 2007).

Middleton, C. F. (1993). *The self and perceived-partner: Similarity as a predictor of relationship satisfaction.* Unpublished doctoral dissertation, Texas Tech University.

Mikulincer, M., & Shaver, P. R. (2007). *Attachment in adulthood: Structure, dynamics, and change.* New York: Guilford Press.

Miller, A. (1991). *Personality Types: A modern synthesis.* Calgary: University of Calgary Press.

Miller, G. F. (2007). Sexual selection for moral virtues. *Quarterly Review of Biology, 82*(2), 97-125.

Miller, T. (1995). *How to want what you have.* New York: Avon.

Milliren, A. P., Evans, T. D., & Newbauer, J. F. (2003). Adlerian counseling and psychotherapy. In D. Capuzzi, & D. R. Gross (Ed.), *Counseling and psychotherapy: Theories and interventions* (pp. 91-130). Uppersaddleriver, NJ: Merril Prentice Hall.

Millon, T. (1977). *Millon Clinical Multiaxial Inventory manual.* Minneapolis, MN: National Computer Systems.

Millon, T. (1990). *Toward a new personology: An evolutional model.* New York: Wiley.

Millon, T. (2000). *Personality disorders in modern fife.* New York: John Wiley and Sons.

Millon, T. (2004) *Masters of the mind.* Hoboken, NJ: John Wiley and Sons.

Millon, T., & Davis, R. D. (1996). *Disorders of personality: DSM IV and beyond.* New York: John Wiley & Sons.

Millon, T., Davis, R., & Millon, C. (1994). *MCMI-III manual.* Minneapolis, MN: National Computer System.

Millon, T., Davis, R., Millon, C. M., Wenger, C. M., Van Zuilen, M. H. et al. (1996). *Disorders of personality: DSM-IV and beyond* (2nd ed.). New York: Wiley.

Minsky, M. (1986). *The society of mind.* New York: Simon & Schuster.

Mischel, W. (1968). *Personality and assessment.* New York: Wiley

Mischel, W. (1973). Toward a cognitive social learning reconceptualization of personality. *Psychological Review, 80,* 252-283.

Mischel, W. (1974). Processes in delay of gratification. In L. Berkowitz (Ed.), *Advances in experimental social psychology* (Vol. 7, pp. 249-292). New York: Academic Press.

Mischel, W. (1981). Metacognition and the rules of delay. In J. H. Flavell & L. Ross (Eds.), *Social cognitive development: Frontiers and possible futures.* Cambridge: Cambridge University Press.

Mischel, W. (2004). Toward an integrative science of the person. *Annual Review of Psychology, 55,* 1-22.

Mischel, W., & Ayduk, O. (2004). Willpower in a cognitive-affective processing system: The dynamics of delay of gratification. In R. F. Baumeister & K. D. Vohs (Eds.), *Handbook of self-regulation: Research, theory, and application* (pp. 99-129). New York: Guilford Press.

Mischel, W., & Baker, N. (1975). Cognitive appraisals and transformations in delay behavior. *Journal of Personality and Social Psychology, 31,* 254-261.

Mischel, W., & Peake, P. (1982). Beyond deja vu in the search for cross-situational consistency. *Psychological Review, 89,* 730-755.

Mischel, W., & Shoda, Y. (1995). A cognitive-affective system theory of personality: Reconceptualizing situations, dispositions, dynamics, and invariance in personality structure. *Psychological Review, 102,* 246-268.

Mischel, W., & Shoda, Y. (2008). Toward a unified theory of personality: Integrating dispositions and processing dynamics within the cognitive-affective processing system. In O. P. John, R. W. Robins, & L. A. Pervin (Eds), *Handbook of personality: Theory and research* (3rd ed., pp. 208-241). New York: Guilford Press.

Mischel, W., Shoda, Y., & Peake, P. K. (1988). The nature of adolescent competencies predicted by preschool delay of gratification. *Journal of Personality and Social Psychology, 34,* 687-696.

Mischel, W., Shoda, Y., & Rodriguez, M. L. (1989). Delay of gratification in children. *Science, 244,* 933-938.

Mischel, W., Shoda, Y., & Rodriguez, M. L. (1992). Delay of gratification in children. In Lowenstein, G., & Elster, J. (Ed.), *Choice Over Time* (pp. 147-64). New York: Russell Sage Foundation.

Moneta, G. B., & Csikszentmihalyi, M. (1996). The effect of perceived challenges and skills on the quality of subjective experience. *Journal of Personality, 64,* 275-310.

Money, J. C., & Ehrhardt, A. A. (1972). *Man and woman, boy and girl.* Baltimore: Johns Hopkins University Press.

Montemayor, R., & Eisen, M. (1977). The development of self-conceptions from childhood to adolescence. *Developmental Psychology, 13*(4), 314-319.

Morey, L. C. (1991). *The Personality Assessment Inventory Professional manual.* Odessa, FL: Psychological Assessment Resources.

Mosak, H. H. (2000). Adlerian Psychotherapy. In R. J. Corsini, & D. Wedding (Eds.), *Current psychotherapies* (pp. 89-155). Monument, CO: Peacock Publishers.

Mosak, H. H., & Maniacci, M. (2008). Adlerian psychotherapy. In R. J. Corsini & D. Wedding (Eds.), *Current psychotherapies* (pp. 63-106). Belmont, CA: Brooks/Cole.

Moscoso, S., & Salgado, J. F. (2004). "Dark side" personality style as predictors of task, contextual, and job performance. *International Journal of Selection and Assessment, 12,* 356-362.

Moskowitz, D. S., & Cote, S. (1995). Do interpersonal traits predict affect? A comparison of three models. *Journal of Personality and Social Psychology, 69,* 915-924.

Motowidlo, S. J. (1996). Orientation toward the job and organization. In K. R. Murphy (Ed.), *Individual differences and behavior in organizations* (pp. 175-208). San Francisco: Jossey Bass.

Mount, M. K., Harter, J. K., Barrick, M. R., & Colbert, A. (2000, August). *Does job satisfaction moderate the relationship between conscientiousness and job performance?* Paper presented at the meeting of the Academy of Management, Toronto, Ontario,

Canada.

Mowrer, O. H. (1939). A stimulus-response analysis of anxiety and its role as a reinforcing agent. *Psychological Review, 46,* 553-565.

Mowrer, O. H. (1950). *Learning theory and personality dynamics.* New York: Ronald.

Mowrer, O. H., & Mowrer, W. M. (1938). Enuresis: A method for its study and treatment. *American Journal of Orthopsychiatry, 8,* 436-459.

Muraven, M., & Baumeister, R. F. (2000). Self-regulation and depletion of limited resources: Does self-control resemble a muscle? *Psychological Bulletin, 126,* 247-259.

Muraven, M., Baumeister, R. F., & Tice, D. M. (1999). Longitudinal improvement of self-regulation through practice: Building self-control trength through repeated exercise. *Journal of Social Psychology, 139,* 446-457.

Murray, C. (2003). *Human accomplishment: The pursuit of excellence in the arts and science, 800 BC to 1950.* New York; Harper Collins.

Murray, H. A. (1938). *Explorations in personality.* New York: Oxford University Press.

Murray, H. A. (1943). *Thematic Apperception Test manual.* Boston: Harvard College Fellows.

Myers, D. G. (1992). *The pursuit of happiness.* New York: Avon Books.

Myers, D. G. (2000). The funds, friends, and faith of happy people. *American Psychologist, 55,* 56-67.

Myers, D. G., & Diener, E. (1995). Who is happy? *Psychological Science, 6,* 10-19.

Myers, I. B. (1962). *Manual: The Myers-Briggs Type Indicator.* Princeton, NJ: Educational Testing Service.

Nakamura, J. (1995, May). *The presence and absence of unifying themes in creative lives.* Paper presented at the Wallace National Research Symposium on Talent Development, Iowa City, IA.

Nakamura, J., & Csikszentmihalyi, M. (2003). The construction of meaning through vital engagement. In C. L. M. Keyes & J. Haidt (Eds), *Flourishing: Positive psychology and the life well-lived* (pp. 83-104). Washington, DC: American Psychological Association.

Nasby, W., & Read, N. (1997). The life voyage of a solo circumnavigator: Integrating theoretical and methodological perspectives: Introduction. *Journal of Personality, 65,* 787-794.

Naylor, F. D. (1981). A state-trait curiosity inventory. *Australian Psychologist, 16,* 172-183.

Neff, K. D. (2003). The development and validation of a scale to measure self-compassion. *Self and Identity, 2*(3), 223-250.

Neff, K. D. (2011). Self-compassion, self-esteem, and well-being. *Social and Personality Compass, 5*(1), 1-12.

Neff, K. D., Hsieh, Y. P., & Dejitterat, K. (2005). Self-compassion, achievement goals, and coping with academic failure. *Self-identity, 4*(3), 263-287.

Nettle, D. (2007). *Personality: What makes you the way you are.*

Oxford University Press. (김상우 역,《성격의 탄생》. 서울: 와이즈북. 2009).

Neulinger, J. (1974). *The Psychology of Leisure.* Springfield, IL: Charles C. Thomas Publisher.

Newcomb, M. D., & Bentler, P. M. (1981). Marital breakdown. In S. W. Duck & R. Gilmour (Eds.), *Personal relationships.* (Vol. 3, pp. 57-94). San Diego, CA: Academic Press.

Newcombe, P. A., & Boyle, G. J. (1995). High school students' sports personalities: Variations across participation level, gender, type of sport, and success. *International Journal of Sport Psychology, 26,* 277-294.

Newcomer, S., & Udry, J. R. (1987). Parental marital status effects on adolescent sexual behavior. *Journal of Marriage and the Family, 48,* 235-240.

Newman, B., & Newman, P. (1991). *Development through life* (5th ed.). Pacific Grove, CA: Brooks/Cole.

Neyer, F. J., & Asendorph, J. B. (2001). Personality-relationship transaction in young adulthood. *Journal of Personality and Social Psychology, 81,* 1190-1204.

Neyer, F. J., & Lehnart, J. (2007). Relationships matter in personality development: evidence from an 8-year longitudinal study across young adulthood. *Journal of Personality, 75*(3), 535-568.

Nias, D. K. B. (1997). The structuring of recreational interests. *Social Behaviour and Personality, 5,* 383-388.

Nicholson, N. (1997). Evolutionary psychology: Towards a new view of human nature and organizational society. *Human Relations, 50,* 1053-1079.

Nisbett, R. E. (2004). The geography of thoughts: How Asians and Westerners think differently… and why. New York: Free Press.

Nolen-Hoeksema, S. (1991). Response to depression and their effects on the duration of depressive episodes. *Journal of Abnormal Psychology, 100,* 569-582.

Norcross, J. C., & Goldfried M. R. (2005), *Handbook of psychotherapy integration* (2nd ed.). New York: Oxford University Press.

Norcross, J. C., & Prochaska, J. O. (1982). A national survey of clinical psychologists: Affiliations and orientations. *The Clinical Psychologist, 35*(3), 1-6.

Norem, J. K., & Cantor, N. (1986). Defensive pessimism: Harnessing anxiety as motivation. *Journal of Personality and Social Psychology, 51,* 1208-1217.

O'Malley, P. M., & Bachman, I. G. (1983). Self-esteem: Change and stability between age 13 and 23. *Developmental Psychology, 19,* 257-268.

O'Sullivan, M., Guilford, J. P., & deMille, R. (1965). *Reports from the Psychological Laboratory, University of Southern California* (No. 34). Los Angeles: University of Southern California.

Oaten, M., & Cheng, K. (2006). Longitudinal gains in self-regulation from regular physical exercise. *British Journal of Health Psychology, 11,* 717-733.

Oaten, M., & Cheng, K. (2007). Improvements in self-control from financial monitoring. *Journal of Economic Psychology, 28,* 487-501.

Oded, G., & Omer., M. (2007). The neolithic revolution and contemporary variations in life expectancy. Brown University Working Paper. Retrieved September 12, 2010.

Ogilvie, D. M. (1987). Life satisfaction and identity structure in late middle-aged men and women. *Psychology and Aging, 2,* 217-224.

Ogrodniczuk, J. S., Piper, W. E., Joyce, A., McCallum, M., & Rosie, J. S. (2003). NEO-five factor personality traits as predictors of response to two forms of group psychotherapy. *International Journal of Group Psychotherapy, 53,* 417-443.

Oishi, S., Diener, E., Scollon, C. N., & Biswas-Diener, R. (2004). Cross-situational consistency of affective experiences across cultures. *Journal of Personality and Social Psychology, 86,* 460-472.

Oishi, S., Diener, E., Suh, E., & Lucas, R. E. (1999). Value as a moderator in subjective well-being. *Journal of Personality, 67*(1), 157-184.

Okun, M. A., & Stock, W. A. (1987). Correlates and components of subjective well-being among the elderly. *Journal of Applied Gerontology, 6,* 95-112.

Okun, M. A., Stock, W. A., Haring, M. J., & Witter, R. A. (1984). Health and subjective well-being: A meta-analysis. *International Journal of Aging and Human Development, 19,* 111-132.

Oldham, G. R. (l996). Job design. *International Review of Industrial and Organizational Psychology, 11,* 33-60.

Orford, J. (1986). The rules of interpersonal complementarity: Does hostility beget hostility and dominance, submission? *Psychological Review, 93,* 365-377.

Ormel, J., Jeronimus, B. F., Kotov, R., Riese, H., Bos, E. H, Hankin, B., Rosmalen, J. G. M., & Oldehinkel, A. J. (2013). Neuroticism and common mental disorders: Meaning and utility of a complex relationship. *Clinical Psychology Review, 33*(5), 686-697.

Ormel, J., Oldehinkel, A. J., & Vollebergh, W. (2004). Vulnerability before, during, and after a major depressive episode: A 3-wave population-based study. *Archives of General Psychiatry, 61*(10), 990-996.

Ortony, A., Clore, G. L., & Collins, A. (1987). *The cognitive structure of emotions.* New York: Cambridge University Press.

Osborn, A. (1953). *Applied imagination: Principles and procedures of creative problem solving.* New York: Charles Scribner's Sons.

Ozer, D. J., & Benet-Martinez, V. (2006). Personality and the prediction of consequential outcomes. *Annual Review of Psychology, 57,* 401-421.

Pargament, K. I. (1997). *The psychology of religion and coping: Theory, research, practice.* New York: Guilford Press.

Pargament, K. I. (1999). The psychology of religion and spirituality? Yes and No. *International Journal of the Psychology of Religion, 9,* 3-16.

Pargament, K. I., & Mahoney, A. (2002). Spirituality: Discovering and conserving the sacred. In C. R. Snyder & S. J. Lopez (Eds.), *Handbook of positive psychology* (pp. 646-659). Oxford, England: Oxford University Press.

Park, C. L., Cohen, L. H., & Murch, R. L. (1996). Assessment and prediction of stress-related growth. *Journal of Personality, 64*(1), 71-105.

Park, C. L., & Folkman, S. (1997). Meaning in the context of stress and coping. *Review of General Psychology, 1,* 115-144.

Park, N., & Peterson, C. (2005). The Values in Action Inventory of Character Strengths for Youth. In K. A. Moore & L. H. Lippman (Eds.), *What do children need to flourish? Conceptualizing and measuring indicators of positive development* (pp. 13-23). New York: Springer.

Park, N., Peterson, C., & Seligman, M. E. P. (2004). Strengths of character and well-being. *Journal of Social and Clinical Psychology, 23,* 603-619.

Park, N., Peterson, C., & Seligman, M. E. P. (2005). *Strengths of character and well-being among youth.* Unpublished manuscript, University of Rhode Island.

Parke, R. D. (1981). *Fathers.* Cambridge: Harvard University Press.

Parkinson, B., & Tottedell, P. (1999). Classifying affect-regulation strategies. *Cognition and Emotion, 13*(3), 277-303.

Parnes, S. J. (1967). *Creative behavior guidebook.* New York: Charles Scribner's Sons.

Parnes, S. J. (1981). *The magic of your mind.* Buffalo, NY: Bearly Limited.

Paulhus, D. L., & John, O. P. (1998). Egoistic and moralistic biases in self-perception: The interplay of self-deceptive styles with basic traits and motives. *Journal of Personality, 66,* 1025-1060.

Paulhus, D. L., & Trapnell, P. D. (2008). Self-presentation of personality: An agency-communion framework. In O. P. John, R. W. Robins, & L. A. Pervin (Eds.), *Handbook of personality: Theory and research* (pp. 492-517). New York: Guilford Press.

Paunonen, S. V. (2003). Big Five factors of personality and replicated predictions of behavior. *Journal of Personality and Social Psychology, 84*(2), 411-424.

Pavot, W., Diener, E., & Fujita, F. (1990). Extraversion and happiness. *Personality and Individual Differences, 11,* 1299-1306.

Paykel, E. S. (1979). Recent life events in the development of the depressive disorders. In R. A. Depu (Ed.), *The psychology of the depressive disorders: Implications for the effects of stress* (pp. 245-262). New York: Academic Press.

Peacock, J. R., & Poloma, M. M. (1999). Religiosity and life satisfaction across the life course. *Social Indicators Research, 48,* 321-345.

Pedersen, S. S., & Denollet, J. (2006). Is Type D personality here to stay? Emerging evidence across cardiovascular disease patient groups. *Current Cardiology Review, 2*(3), 205.

Pelletteri, J. (1999). The relationship between emotional intelligence, cognitive reasoning, and defense mechanisms. *Dissertation Abstracts International: Section B: The Sciences & Engineering, 60,* 403. (UMI No. AAM 9917182).

Pennebaker, J. W., & Beall, S. K. (1986). Confronting a traumatic event: Towards an understanding of inhibition and disease. *Journal of Abnormal Psychology, 95,* 274–281.

Pennebaker, J. W., Colder, M., & Sharp, L. K. (1990). Accelerating the coping process. *Journal of Personality and Social Psychology, 58,* 528–537.

Pennebaker, J. W., & Francis, M. E. (1996). Cognitive, emotional, and language processes in disclosure. *Cognition and Emotion, 10,* 601–626.

Pennebaker, J. W., Mayne, T. J., & Francis, M. E. (1997). Linguistic predictors of adaptive bereavement. *Journal of Personality and Social Psychology, 72,* 863–871.

Penninx, B. W. J. H., Guralnik, J. M., Bandeen-Roche, K., Kasper, J. D., Simonsick, E. M., Ferrucci, L., et al. (2000). The protective effects of emotional vitality on adverse health outcomes in disabled older women. *Journal of the American Gerontological Society, 48,* 1359–1366.

Penninx, B. W. J. H., Guralnik, J. M., Simonsick, E. M., Kasper, J. D., Ferrucci, L., & Fried, L. P. (1998). Emotional vitality among disabled older women: The women's health and aging study. *Journal of the American Gerontological Society, 46,* 807–815.

Perkins, D. N., Bushey, B., & Faraday, M. (1986). *Learning to reason.* Unpublished manuscript, Harvard Graduate School of Education, Cambridge, MA.

Perry, J. C., Banon, E., & Ianni, F. (1999). Effectiveness of psychotherapy for personality disorder. *American Journal of Psychiatry, 156*(9), 1312–1321.

Persky, V. W., Kempthorne, R. J., & Shekelle, R. B. (1987). Personality and risk of cancer: Twenty-year follow-up of the Western Electric Society. *Psychosomatic Medicine, 49,* 435–449.

Pervin, L. (2003). *The science of personality* (2nd). New York: Oxford University Press.

Pervin, L., & John, O. P. (1997/2001). *Personality* (2nd ed.). New York: Oxford University Press.

Peterson, A. C. (1988). Adolescent development. *Annual Review of Psychology, 39,* 583–607.

Peterson, C. (2006). *A primer in positive psychology.* New York: Oxford University Press.

Peterson, C., Maier, S. F., & Seligman, M. E. P. (1993). *Learned helplessness: A theory for the age of personal control.* New York: Oxford University Press.

Peterson C., & Seligman, M. E. P. (2004). *Character strengths and virtues: A handbook and classification.* New York: Oxford University Press/Washington, DC: American Psychological Association.

Peterson, C., & Steen, T. A. (2002). Optimistic explanatory style. In C. R.

Snyder & S. J. Lopez (Eds.), *Handbook of positive psychology* (pp. 244–256). New York: Oxford University Press.

Piaget, J. (1926). *The language and thought of the child.* New York: Harcourt, Brace.

Piaget, J. (1932). *The moral judgment of the child.* London: Routledge and Kegan Paul.

Piaget, J. (1936). *Origins of intelligence in the child.* London: Routledge and Kegan Paul.

Piaget, J. (1954). *The construction of reality in the child.* New York: Basic Books.

Picariello, M. L., Greenberg, D. N., & Pillemer, D. B. (1990). Children's sex-related stereotypeing of colors. *Child Development, 61,* 1453–1460.

Piccolo, R. F., Judge, T. A., Takahashi, K., Watanabe, N., & Locke, E. A. (2005). Core self-evaluations in Japan: Relative effects on job satisfaction, life satisfaction, and happiness. *Journal of Organizational Behavior, 26,* 965–984.

Piedmont, R. L. (1999). Does spirituality represent the sixth factor of personality? Spiritual transcendence and the five-factor model. *Journal of Personality, 67,* 985–1013.

Piersma, H. L. (1987). The MCMI as a measure of DSM-III Axis II diagnoses: An empirical comparison. *Journal of Clinical Psychology, 43,* 478–483.

Pietrzak, J., Downey, G., & Ayduk, O. (2005). Rejection sensitivity as an interpersonal vulnerability. In M. Baldwin (Ed.), *Interpersonal cognition* (pp. 33–61). New York: Guilford Press.

Pinker, S. (1997). *How the mind works.* New York: Norton.

Pinsker, H., Nepps, P., Redfield, J., & Winston, A. (1985). Applicants for short-term dynamic psychotherapy. In A. Winston (Ed.), *Clinical and research issues in short-term dynamic psychotherapy* (pp. 104–116). Washington, DC: American Psychiatric Association.

Plomin, R., & Stocker, C. (1989). Behavioral genetics and emotionality: Perspectives on behavioral inhibition. In S, Reznick (Ed.), *Perspectives on behavioral inhibition* (pp. 219–240). Chicago: University of Chicago Press.

Plutchik, R. (1980). *Emotion: A psychoevolutionary synthesis.* New York: Harper & Row.

Popper, K. R. (1959). *The logic of scientific discovery.* London: Hutchinson.

Prochaska, J. O., & Norcross, J. C. (1994). *Systems of psychotherapy: A transtheoretical analysis* (3th ed.), Pacific Grove, CA: Brooks-Cole.

Prochaska, J. O., & Norcross, J. C. (1999). *Systems of psychotherapy: A transtheoretical analysis* (4th ed.), Pacific Grove, CA: Brooks-Cole.

Prochaska, J. O., & Norcross, J. C. (2006). *Systems of psychotherapy: A transtheoretical analysis* (6th ed.), Pacific Grove, CA: Brooks-Cole.

Purcell, P., & Stewart, L. (1990). Dick and Jane in 1989. *Sex Roles, 22,*

177-185.

Putnam, D. (1997). Psychological courage. *Philosophy, Psychiatry and Psychology, 4,* 1-11.

Putnam, R. D. (2000). *Bowling alone: The collapse and revival of American community.* New York: Simon & Schuster.

Rachman, S. (1977). The conditioning theory of fear acquisition: A critical examination. *Behaviour Research and Therapy, 15,* 375-387.

Ralph, R. O., & Corrigan, P. W. (Eds.). (2005). *Recovery in mental illness: Broadening our understanding of wellness.* Washington, DC: American Psychological Association.

Rammstedt, B., & John, O. P. (2007). Measuring personality in one minute or less: A 10-item short version of the Big Five Inventory in English and German. *Journal of Research in Personality, 41,* 203-212.

Rappaport, J., & Seidman, E. (Eds.). (2000). *Handbook of community psychology.* New York: Kluwer/Plenum.

Reddock, C. M., Biderman, M. D., & Nguyen, N. T. (2011). The relationship of reliability and validity of personality tests to frame-of-reference instructions and within person inconsistency. *International Journal Of Selection And Assessment, 19*(2), 119-131.

Reeve, J., Bolt, E., & Cai, Y. (1999). Autonomy-supportive teachers: How they teach and motivate students. *Journal of Educational Psychology, 91*(3), 537-548.

Reis, H. T., & Gable, S. L. (2003). Toward a positive psychology of relationship. In C. L. M. Keyes & J. Haidt (Eds.), *Flourishing: Positive psychology and the life well-lived* (pp. 129-159). Washington, DC: American Psychological Association.

Reis, H. T., & Patrick, B. C. (1996). Attachment and intimacy: Component processes. In A. Kruglanski & E. T. Higgins (Eds.), *Social psychology: Handbook of basic principles* (pp. 523-563). New York: Guilford Press.

Reis, H. T., & Shaver, P. (1988). Intimacy as an interpersonal process. In S. Duck (Ed.), *Handbook of personal relationships* (pp. 367-389). Chichester, UK: John Wiley and Sons.

Reis, H. T., Sheldon, K. M., Gable, S. L., Roscoe, J., & Ryan, R. M. (2000). Daily well-being: The role of autonomy, competence, and relatedness. *Personality and Social Psychology Bulletin, 26,* 419-435.

Reker, G. T., & Wong, P. T. P. (1988). Aging as an individual process: Toward a theory of personal meaning. In J. E. Birren & V. L. Bengston (Eds.), *Emergent theories of aging* (pp. 214-246). New York: Springer.

Renninger, K. A. (1990). Children's play interests, representation, and activity. In R. Fivush & K. Hudson (Eds.), *Knowing and remembering in young children* (pp. 127-165). New York: Cambridge University Press.

Renninger, K. A. (2000). Individual interest and its implications for understanding intrinsic motivation. In C. Sansone & J. M. Harackiewicz (Eds.), *Intrinsic and extrinsic motivation: The search for optimal motivation and performance* (pp. 375-409). New York: Academic Press.

Reznick, J. S., Kagan, J., Snidman, N., Gersten, M., Baak, K., & Rosenberg, A. (1986). Inhibited and uninhibited behavior: A follow-up study. *Child Development, 51,* 660-680.

Rice, C. L. (1999). *A quantitative study of emotional intelligence and its impact on team performance.* Unpublished master's thesis, Pepperdine University Malibu, CA.

Rinieris, P. M., Christodoulou, G. N., & Stefanis, C. N. (1980). Neuroticism and ABO blood types. *Acta Psychiatrica Scandanavica, 61,* 473-476.

Rizzuto, A. (1979). *The birth of the living god.* Chicago: University of Chicago Press.

Robak, R. W., & Griffin, P. W. (2000). Purpose in life: What is its relationship to happiness, depression, and grieving? *North American Journal of Psychology, 2,* 113-119.

Roberts, B. W., Caspi, A., & Moffitt, T. E. (2001). The kids are alright: Growth and stability in personality development from adolescence to adulthood. *Journal of Personality and Social Psychology, 81,* (4), 670-683.

Roberts, B. W., Caspi, A., & Moffitt, T. E. (2003). Work experiences and personality development in young adulthood. *Journal of Personality and Social Psychology, 84*(3), 582-593.

Roberts, B. W., & DelVecchio, W. F. (2000). The rank-order consistency of personality from childhood to old age: A quantitative review of longitudinal studies. *Psychological Bulletin, 126,* 3-25.

Roberts, B. W., & Mroczek, D. K. (2008). Personality trait change in adulthood. *Current Directions in Psychological Science, 17,* 31-35.

Roberts, B. W., Walton, K. E., & Viechtbauer, W. (2006). Patterns of mean-level change in personality traits across the life course: A meta-analysis of longitudinal studies. *Psychological Bulletin, 132,* 1-25.

Roberts, B. W., Wood, D., & Caspi, A. (2008). The development of personality traits in adulthood. In O. P. John, R. W. Robins, & L. A. Pervin (Eds.), *Handbook of personality: theory and research* (3rd ed., pp. 375-398). New York: Guilford Press.

Roberts, G. (1998). Competitive altruism: from reciprocity to the handicap principle. *Proceedings of Royal Society B: Biological Sciences, 265,* 427-431.

Robinson, L. A., Berman, J. S., & Neimeyer, R. A. (1990). Psychotherapy for the treatment of depression: A comprehensive review of controlled outcome research. *Psychological Bulletin, 108,* 30-49.

Rochat, P., & Hespos, S. J. (1997). Differential rooting response by neonates: Evidence for an early sense of self. *Early Development and Parenting, 6,* 105-112.

Rogers, C. R. (1942). *Counseling and psychotherapy.* Boston: Houghton Mifflin.

Rogers, C. R. (1951). *Client-centered therapy*. Boston: Houghton Mifflin.

Rogers, C. R. (1957). The necessary and sufficient conditions of therapeutic personality change. *Journal of Consulting Psychology, 21*, 95-103.

Rogers, C. R. (1961). *On Becoming A Person*. Boston: Houghton Mifflin. (주은선 역. 《진정한 사람되기 : 칼 로저스 상담의 원리와 실제》. 서울 : 학지사, 2009).

Rogers, C. R. (1966). The necessary and sufficient conditions of therapeutic change. In Bard (Ed.), *Counseling and psychotherapy: Classic theories on issues* (pp. 126-141). Palo Alto, CA: Science and Behavior Books.

Rogers, C. R. (1969). *Freedom to learn: A view of what education might become*. Columbus, OH: Charles E. Merrill.

Rogers, C. R. (1970). *Carl Rogers on encounter groups*. New York: Harper & Row.

Rogers, C. R. (1971). Interview with Carl Rogers. In W. B. Frick (Ed.), *Humanistic psychology: Interviews with Maslow, Murphy and Rogers* (pp. 24-47). Columbus, OH: Merrill.

Rogers, C. R. (1980). *A way of being*. Boston: Houghton Mifflin.

Rogers, C. R. (1982). Reply to Rollo May's letter. *Journal of Humanistic Psychology, 22(4)*, 85-89.

Rogers, M., & Glendon, A. I. (2003). Blood type and personality. *Personality and individual differences, 34(7)*, 1099-1112.

Rokeach, M. (1973). *The nature of human values*. New York: Free Press.

Rokeach, M. (1979). *Understanding human values: Individual and social*. New York: Free Press.

Rosenbluth, M., Kennedy, S. H., & Bagby, R. M. (2005). *Depression and personality: Conceptual and clinical challenges*. Washington, DC: American Psychiatric Association.

Rosenthal, R., & Jacobson, L. (1968). *Pygmalion in the classroom*. New York: Holt, Rinehart & Winston.

Ross, C. E., & Jang, S. J. (2000). Neighborhood disorder, fear, and mistrust: The buffering role of social ties with neighbors. *American Journal of Community Psychology, 28*, 401-420.

Ross, M., Heine, S. J., Wilson, A. E., & Sugimori, S. (2005). Cross-cultural discrepancies in self-appraisals. *Personality and Social Psychology Bulletin, 31*, 1175-1188.

Rothbart, M. K. (1986). Longitudinal observation of infant temperament. *Developmental Psychology, 22*, 356-365.

Rothbart, M. K. (1989). Temperament in childhood: A framework. In G. A. Kohnstamm, J. E. Bates, & M. K. Rothbart (Eds.), *Temperament in childhood*. New York: Wiley.

Rothbart, M. K. (2004). Commentary: Differentiated measures of temperament and multiple pathways to childhood disorders. *Journal of Clinical Child and Adolescent Psychology, 33(1)*, 82-87.

Rothbart, M. K. (2007). Temperament, development and personality. *Current directions in psychological science, 16(4)*, 207-212.

Rothbart, M. K., & Hwang, J. (2005). Temperament and the development of competence and motivation. In A. J. Elliot & A. C. Dweck (Eds.), *Handbook of competence and motivation* (pp. 167-184). New York: Guilford Press.

Rothman, S., & Coetzer, E. P. (2002). The relationship between personality dimensions and job satisfaction. *Business Dynamics, 11*(1), 29-42.

Rothman, S., & Coetzer, E. P. (2003). The big five personality dimensions and job performance. *SA Journal of Industrial Psychology, 29*(1), 68-74.

Rothschild, J., & Miethe, T. D. (1999). Whistle-blower disclosures and management retaliation: The battle to control information about organization corruption. *Work and Occupations, 26*, 107-128.

Rotter, J. B. (1966). Generalized expectancies for internal versus external control of reinforcement. *Psychological Monographs, 80* (Whole No. 609).

Rotter, J. B. (1971). Generalized expectancies for interpersonal trust. *American Psychologist, 26*, 443-452.

Rotter, J. B. (1990). Internal versus external control of reinforcement. *American Psychologist, 45*, 489-493.

Rubin, M. M. (1999). *Emotional intelligence and its role in mitigating aggression: A correlational study of the relationship between emotional intelligence and aggression in urban adolescents*. Unpublished doctoral dissertation, Immaculata College, Immaculata, PA.

Ruch, W. (1994). Temperament, Eysenck's PEN system, and humor-related traits. *Humor, 7*, 209-244.

Ruch, W., & Köhler, G. (1998). A temperament approach to humor. In W. Ruch (Ed.), *The sense of humor: Explorations of a personality characteristic* (pp. 203-230). New York: Mouton de Gruyter.

Russell, J. A. (1980). A circumplex model of affect. *Journal of Personality and Social Psychology, 39*, 1161-1178.

Russell, J. A. (1983). Pancultural aspects of the human conceptual organization of emotions. *Journal of Personality and Social Psychology, 45*, 1281-1288.

Rusting, C. L., & Larsen, R. J. (1998). Personality and cognitive processing of affective information. *Personality and Social Psychology Bulletin, 24*, 200-213.

Ryan, R. M., & Connell, J. P. (1989). Perceived locus of causality and internalization: Examining reasons for acting in two domains. *Journal of Personality and Social Psychology, 57*, 749-761.

Ryan, R. M., & Deci, E. L. (2000). Self-determination theory and the facilitation of intrinsic motivation, social development, and well-being. *American Psychologist, 55*, 68-78.

Ryan, R. M., & Frederick, C. (1997). On energy, personality, and health: Subjective vitality as a dynamic reflection of well-being. *Journal of Personality, 65*, 529-565.

Ryan, R. M., & LaGuardia, J. G. (2000). What is being optimized over development?: A self-determination theory perspective on basic psychological needs across the life span. In S. Qualls & N. Abeles (Eds.), *Psychology and the aging revolution* (pp. 145-172). Washington, DC: American Psychological Association.

Rychman, R. M. (2013), *Theories of personality* (8th ed.). Belmont, CA: Wadsworth/Thomson Learning.

Ryff, C. D. (1989). Happiness is everything, or is it? Explorations on the meaning of psychological well-being. *Journal of Personality and Social Psychology, 57,* 1069-1081.

Ryff, C. D. (1995). Psychological well-being in adult life. *Current Direction in Psychological Science, 4*(4), 99-104.

Ryff, C. D., & Keyes, C. L. M. (1995). The structure of psychological well-being revised. *Journal of Personality and Social Psychology, 69,* 719-727.

Ryff, C. D., & Singer, B. (1996). Psychological well-being: Meaning, measurement, and implications for psychotherapy research. *Psychotherapy and Psychosomatics, 65,* 14-23.

Ryff, C. D., & Singer, B. (1998). The contours of positive human health. *Psychological Inquiry, 9*(1), 1-28.

Ryff, C. D., & Singer, B. (2001). *Emotion, social relationships, and health.* New York: Oxford University Press.

Ryff, C. D., Singer, B., & Love, G. D. (2004). Positive health: Connecting well-being with biology. *Philosophical Transactions of the Royal Society of London, 359,* 1383-1394.

Sabatelli, R. M., Dreyer, A., & Buck, R. (1983). Cognitive style and relationship quality in married dyads. *Journal of Personality, 51,* 192-201.

Sackett, P., & Wanek, J. (1996). New developments in the use of measures of honesty, integrity, conscientiousness, dependability, trustworthiness, and reliability for personnel selection. *Personnel Psychology, 49,* 787-829.

Salgado, J. F. (1997). The five factor model of personality and job performance in the European community. *Journal of Applied Psychology, 82,* 30-43.

Sampson, R. J. (2001). How do communities undergird or undermine human development? Relevant contexts and social mechanisms. In A. Booth & A. C. Crouter (Eds.), *Does it take a village? Community effects on children, adolescents, and families* (pp. 3-30). Mahwah, NJ: Lawrence Erlbaum Associates.

Sansone, C., & Smith, J. L. (2000). Interest and self-regulation: The relation between having to and wanting to. In C. Sansone & J. M. Harackiewicz (Eds.), *Intrinsic and extrinsic motivation: The research for optimal motivation and performance* (pp. 341-372). New York: Academic Press.

Sansone, C., Wiebe, D., & Morgan, C. (1999). Self-regulating interest: The moderating role of hardiness and conscientiousness. *Journal of Personality, 67,* 701-733.

Santrock, J. W., & Minnett, A. M. (1981, April). *Sibling interaction in cooperative, competitive, and neutral settings: An observational study of sex of sibling, age spacing, and ordinal position.* Paper

presented at the meeting of the Society for Research in Child Development, Boston.

Saroglou, V. (2002). Religion and the five factors of personality: A meta-analytic review. *Personality and Individual Differences, 32,* 15-25.

Saucier, G. (1994). Separating description and evaluation in the structure of personality attributes. *Journal of Personality and Social Psychology, 66,* 141-154.

Saucier, G. (2009). Recurrent personality dimensions in inclusive lexical studies: Indications for a Big Six structure. *Journal of Personality, 77,* 1577-1614.

Saucier, G., & Goldberg, L. R. (1996). The language of personality: Lexical perspectives on the five-factor model. In J. S. Wiggins (Ed.), *The five-factor model of personality* (pp. 21-50). New York: Guilford Press.

Saulsman, L. M., & Page, A. C. (2004). The five-factor model and personality disorder empirical literature: A meta-analytic review. *Clinical Psychology Review, 23*(8), 1055-1085.

Schaal, S., Elbert, T., & Neuner, F. (2009). Narrative exposure therapy versus group interpersonal psychotherapy: A controlled clinical trial with orphaned survivors of the Rwandan genocide. *Psychotherapy and Psychosomatics, 78,* 298-306.

Schachter, S., & Singer, J. E. (1962). Cognitive, social, and physiological determinants of emotional states. *Psychological Review, 69,* 379-399.

Schafer, R. (1954). *Psychoanalytic interpretation in Rorschach testing: Theory and application.* New York: Grune & Stratton.

Schauer, M., Neuner, F., & Elbert, T. (2011). *Narrative exposure therapy: A short-term treatment for traumatic stress disorders* (2nd ed.). Cambridge, MA: Hogrefe Publishing.

Scheier, M. F., & Carver, C. S. (1985). Optimism, coping, and health: assessment and implications of generalized outcome expectancies. *Health psychology, 4,* 219-247.

Scheweb, R., & Petersen, K. U. (1990). Religiousness: Its relation to loneliness, neuroticism, and subjective well-being. *Journal for the Scientific Study of Religion, 29,* 335-345.

Schimmack, U., Oishi, S., & Diener, E. (2002). Cultural influences on the relation between pleasnat emotions and unpleasant emotions: Asian dialectic philosophies or individualism-collectivism? *Cognition and Emotion, 16,* 705-719.

Schlenker, B. R., Britt, T. W., & Pennington, J. W. (1996). Impression regulation and management: A theory of self-identification. In R. M. Sorrentino & E. T. Higgins (Eds.), *Handbook of motivation and cognition: Vol. 3. The interpersonal context* (pp. 118-147). New York: Guilford Press.

Schmidt, N., & Sermat, V. (1983). Measuring loneliness in different relationships. *Journal of Personality and Social Psychology, 44,* 1038-1047.

Schmmit, D. P., & Allik, J. (2005). Simultaneous administration of the

Rosenberg Self-Esteem Scale in 53 nations: Exploring the universal and culture-specific features of global self-esteem. *Journal of Personality and Social Psychology, 89,* 623-642.

Schneider, M. H. (1999). The relationship of personality and job settings to job satisfaction. *Dissertation Abstracts International: Section B: The Science and Engineering, 59,* 6103.

Schneider, S. F. (2000). The importance of being Emory: Issues in training for the enhancement of psychological wellness. In D. Cicchetti, J. R. Rappaport, I. Sandler & R. P. Weissberg (Eds.), *The promotion of wellness in children and adolescents* (pp. 439-476). Washington, DC: CWLA Press.

Schultz, D. (1977). *Growth psychology: Models of the healthy personality.* New York: Van Nostrand Reihold Co.

Schultz, M. S. (1991). *Linkages among both parents, work roles, parenting style and children's adjustment to school.* Paper presented at the meeting of the SRCD. Seattle, WA.

Schwartz, B., & Sharpe, K. E. (2006). Practical wisdom: Aristotle meets positive psychology. *Journal of Happiness Studies, 7,* 377-395.

Schwartz, G. E., Weinberger, D. A., & Singer, J. A. (1981). Cardiovascular differentiation of happiness, sadness, anger, and fear following imagery and exercise. *Psychosomatic Medicine, 43,* 343-364.

Schwartz, S. H. (1992). Universals in the content and structure of values: Theoretical advances and empirical tests in 20 countries. In M. P. Zanna (Ed.), *Advances in experimental social psychology* (Vol. 25, pp. 1-66). San Diago: Academic Press.

Scollon, C. N., & Diener, E. (2006). Love, work, and changes in extraversion and neuroticism over time. *Journal of Personality and Social Psychology, 91,* 1152-1165.

Scollon, C. N., Diener, E., Oishi, S., & Biswas-Diener, R. (2005). An experience sampling and cross-cultural investigation of the relation between pleasant and unpleasant emotion. *Cognition and Emotion, 19,* 27-52.

Scotton, B., Chinen, A. B., & Battista, J. (1996). Conclusion. In B. W. Scotton, A. B. Chinen, & J. R. Battista (Eds.), *Textbook of transpersonal psychiatry and psychology* (pp. 409-415). New York: Basic Books.

Seeman, M. (1991). Alienation and anomie. In J. P. Robinson & P. R. Shaver (Eds.), *Measures of personality and social psychological attitudes* (pp. 291-371). San Diego, CA: Academic Press.

Seidlitz, L., & Diener, E. (1993). Memory for positive versus negative events: Theories for the differences between happy and unhappy person. *Journal of Personality and Social Psychology, 64,* 654-664.

Seligman, L. (1998). *Selecting effective treatments: A comprehensive systematic guide to treating mental disorders* (2nd ed.). San Francisco: Jossey-Boss.

Seligman, L. (2001). *Systems, strategies, and skills of counseling and psychotherapy.* Uppersaddleriver. NJ: Merril Prentice Hall.

Seligman, M. E. P. (1975). *Helplessness: On Depression, Development,* *and Death.* San Francisco: Freeman.

Seligman, M. E. P. (1991). *Learned optimism.* New York: Knopf.

Seligman, M. E. P. (2000, October). *Positive psychology: A progress report.* Paper presented at the Positive Psychology Summit 2000. Washington, DC.

Seligman, M. E. P. (2002a). Positive psychology, positive prevention, and positive therapy. In C. R. Snyder & S. J. Lopez (Eds.), *Handbook of positive psychology* (pp. 3-9). London: Oxford University Press.

Seligman, M. E. P. (2002b). *Authentic happiness.* New York: Free Press. (김인자 역. 《긍정 심리학》. 서울: 물푸레, 2006.)

Seligman, M. E. P., & Csikszentmihalyi, M. (2000). Positive psychology: An introduction. *American Psychologist, 55,* 5-14.

Seligman, M. E. P., Reivich, K., Jaycox, L., & Gillham, J. (1995). *The optimistic child.* Boston: Houghton Mifflin.

Seligman, M. E. P., Steen, T. A., Park, N., & Peterson, C. (2005). Positive psychology progress: Empirical validation of interventions. *American Psychologist, 60,* 410-421.

Selye, M. (1976). *The stress of life.* New York: McGraw-Hill.

Selz, O. (1935). Versuche zur Hebung des Intelligenzniveaurs: Ein Beitrag zur Theorie der Intelligenz und ihrer erziehlichen Beeinflussung. *Zeitschrift fur Psychologie, 134,* 236-301.

Seuntjens, T. G., Zeelenberg, M., van de Ven, N., & Breugelmans, S. M. (2015). Dispositional greed. *Journal of Personality and Social Psychology, 108*(6), 917-933.

Shadish, W. R. (1986). The validity of a measure of intimate behavior. *Small Group Behavior, 17,* 113-120.

Shaffer, D. R. (1993). *Developmental psychology: Childhood and adolescence* (3rd ed.). California: Brooks/Cole.

Shapiro, D. A., & Shapiro, D. (1982). Meta-analysis of comparative therapy outcome studies: A replication and refinement. *Psychological Bulletin, 92,* 581-604.

Shavelson, R. J., & Bolus, R. (1982). Self-concept: The interplay of theory and methods. *Journal of Educational Psychology, 74,* 3-17.

Shaver, P. R., & Brennan, K. A. (1992). Attachment style and the big five personality traits: Their connection with romantic relationship outcomes. *Personality and Social Psychology Bulletin, 18,* 536-545.

Sheldon, K. M., & Elliot, A. J. (1999). Goal striving, need-satisfaction, and longitudinal well-being: The self-concordance model. *Journal of Personality and Social Psychology, 76,* 482-497.

Sheldon, K. M., Frederickson, B., Rathunde,K., Csikszentmihalyi, M., & Haidt, J. (2000). *A positive psychology manifesto.* Retrieved October 1, 2002 from http://www.positivepsychology.org/akumalmanifestor.htm

Sheldon, K. M., & King, L. (2001). Why positive psychology is necessary. *American Psychologist, 56,* 216-217.

Shiner, R., & Caspi, A. (2003). Personality differences in childhood and adolescence: Measurement, development, and consequences. *Journal of Child Psychology and Psychiatry, 44*(1), 2-32.

Showers, C. (1992). The motivational and emotional consequences of considering positive or negative possibilities for an upcoming event. *Journal of Personality and Social Psychology, 36,* 275-305.

Shrauger, J. S. (1975). Responses to evaluation as a function of initial self-perception. *Psychological Bulletin, 82,* 581-596.

Shrauger, J. S., & Sorman, P. B. (1977). Self-evaluations, initial success and failure and improvement as determinants of persistence. *Journal of Consulting and Clinical Psychology, 45,* 784-795.

Siegler, R. (2006). *How children develop, exploring child develop student media tool kit & scientific American reader to accompany how children develop.* New York: Worth Publishers.

Signorielli, N. (1989). Television and conceptions about sex roles: Maintaining conventionality and the status quo. *Sex Roles, 21,* 341-360.

Silk, J. S., Steinberg, L., & Morris, A. S. (2003). Emotion regulation and understanding implications for child psychopathology and therapy. *Clinical Psychology Review, 22,* 189-222.

Simons, J. S., & Gaher, R. M. (2005). The Distress Tolerance Scale: Development and validation of a self-report measure. *Motivation and Emotion, 29*(2), 83-102.

Simonton, D. K. (1997). Creative productivity: A predictive and explanatory model of career trajectories and landmarks. *Psychological Review, 104,* 66-89.

Simonton, D. K. (1999). Creativity and genius. In L. Pervin & O. John (Eds.), *Handbook of personality theory and research* (2nd ed., pp. 629-652). New York: Guilford Press.

Simonton, D. K. (2000). Creativity: Cognitive, developmental, personal, and social aspects. *American Psychologist, 55,* 151-158.

Simonton, D. K. (2002). Creativity. In C. R. Snyder & S. J. Lopez (Eds.), *The handbook of positive psychology* (pp. 189-201). New York: Oxford University Press.

Simpson, J. A., Rholes, W. S., & Nelligan, J. S. (1992). Support seeking and support giving within couples in an anxiety-provoking situation: The role of attachment styles. *Journal of Personality and Social Psychology, 62,* 434-446.

Simpson, J. A., Rholes, W. S., & Phillips, D. (1996). Conflict in close relationships: An attachment perspective. *Journal of Personality and Social Psychology, 71,* 899-914.

Singer, B. H., & Ryff, C. D. (2001). *New horizons in health: An integrative approach.* Washington, DC: National Academy Press.

Singer, J. A. (2005). *Personality and psychotherapy: Treating the whole person.* New York: Guilford Press.

Singer, J., Blagov, P., Berry, M., & Oost, K. (2013). Self-defining memorys, scripts, and the life story: Narrative identity in personality and psychotherapy. *Journal of Personality, 81*(6), 569-582.

Sirgy, M. J. (1998). Materialism and quality of life. *Social Indicators Research, 43,* 227-260.

Skinner, B. F. (1948) *Walden two.* New York: Macmillan.

Skinner, B. F. (1971). *Beyond freedom and dignity.* New York: Knopf.

Smart, J. C. (1982). Faculty teaching goals: A test of Holland's theory. *Journal of Educational Psychology, 74,* 180-188.

Smith, G. M. (1967). Usefulness of peer ratings of personality in educational research. *Educational Psychology and Measurement, 27,* 967-984.

Smith, M. L., Glass, G. V., & Miller, T. I. (1980). *The benefits of psychotherapy.* Baltimore: Johns Hopkins University Press.

Smith, W. P., Davidson, E. S., & France, A. (1987). Social comparison and achievement evaluation in children. In J. C. Masters & W. P. Smith (Eds.), *Social comparison, social justice, and relative deprivations.* Hillside, NJ: Erlbaum.

Snowdon, D. (2001). *Aging with grace: What the nun study teaches us about leading longer, healthier, and more meaningful lives.* New York: Bantam.

Snyder, C. R. (2002). Hope theory: Rainbows of the mind. *Psychological Inquiry, 13,* 249-275.

Soto, C. J., John, O. P., Gosling, S. D., & Potter, J. (2011). Age Differences in Personality Traits From 10 to 65: Big Five Domains and Facets in a Large Cross-Sectional Sample. *Journal of Personality and Social Psychology, 100*(2), 330-348.

Spearman, C. (1904). "General intelligence" objectively determined and measured. *American Journal of Psychology, 15,* 201-292.

Specht, J., Egloff, B., & Schmuke, S. C. (2011). Stability and change of personality across the life course: The impact of age and major life events on mean-level and rank-order stability of the Big Five. *Journal of Personality and Social Psychology, 101*(4), 862-882.

Spector, P. (1997). *Job satisfaction: Application, assessment, causes and consequences.* Thousand Oaks, CA: Sage.

Spencer-Rodgers, J., Peng, K., Wang, L., & Hou, Y. (2004). Dialectical self-esteem and East-West differences in psychological well-being. *Personality and Social Psychology Bulletin, 30,* 1416-1432.

Spera, S., Buhrfeind, E., & Pennebaker, J. W. (1994). Expressive writing and job loss. *Academy of Management Journal, 37,* 722-733.

Spiegler, M. D., & Guevremont, D. C. (2003). *Contemporary behavior therapy* (4th ed.). Belmont, CA: Wadsworth.

Spielberger, C. D. (1980). *Preliminary manual for the State-Trait Anger scale (STAS).* Tampa, FL: University of South Florida, Human Resources Institute.

Spielberger, C. D., Gorsuch, R. L., Lushene, P. R., Vagg, P. R., & Jacobs, G. A. (1983). *Manual for the State-Trait Anxiety Inventory.* Palo Alto, CA: Consulting Psychologists Press.

Spielberger, C. D., Krasner, S. S., & Solomon, E. P. (1988). The experience, expression, and control of anger. In M. P. Janisse (Ed.), *Health psychology: Individual differences and stress* (pp. 89-108). New York: Springer Verlag.

Srivastava, S., John, O. P., Gosling, S. D., & Potter, J. (2003). Development of personality in early and middle adulthood: Set like plaster or persistent change? *Journal of Personality and Social Psychology, 84,* 1041-1053.

St. Clair, M. (1994). *Human relationships and the experience of God: Object relations and religion.* New York: Paulist Press.

Staines, G. L. (1980). Spillover versus compensation: A review of the literature on the relationship between work and nonwork. *Human Relations, 33,* 111-1129.

Stanovich, K E., & West, R F. (2000). Individual difference in reasoning: implications for the rationality debate?. *Behavioural and Brain Sciences, 23,* 645-726.

Staub, E. (1978). *Positive social behavior and morality.* New York: Academic Press.

Staudinger, U. M., Lopez, D. F., & Baltes, P. B. (1997). The psychometric location of wisdom-related performance: Intelligence, personality, and more? *Personality and Social Psychological Bulletin, 23,* 1200-1214.

Staw, B. M., Bell, N. E., & Clausen, J. A. (1986). The dispositional approach to job attitudes: A lifetime longitudinal test. *Administrative Science Quarterly, 31*(1), 56-77.

Staw, B. M., & Cohen-Charash, Y. (2005). The dispositional approach to job satisfaction: More than a mirage, but not yet an oasis: Comment. *Journal of Organizational Behavior. 26*(1), 59-78.

Steel, P., Schmidt, J., & Schultz, J. (2008). Refining the relationship between personality and subjective well-being. *Psychological Bulletin, 134*(1), 138-161.

Steinitz, L. Y. (1980). Religiosity, well-being and weltanschauung among the elderly. *Journal for the Scientific Study of Religion, 19,* 60-67.

Sternberg, R. J. (1998). A balance theory of wisdom. *Review of General Psychology, 2,* 347-365.

Sternberg, R. J. (1999). Schools should nurture wisdom. In B. Z. Presseisen (Ed.), *Teaching for intelligence* (pp. 55-82). Arlington Heights, IL: Skylight Training and Publishing.

Sternberg, R. J. (2000). Intelligence and wisdom. In R. J. Sternberg (Ed.), *Handbook of intelligence* (pp. 631-649). Cambridge, England: Cambridge University Press.

Sternberg, R. J. (2001). Why schools should teach for wisdom: The balance theory of wisdom in educational settings. *Educational Psychologist, 36,* 227-245.

Sternberg, R. J., & Hojjat, M. (1997). *Satisfaction in close relationships.* New York: Guilford Press.

Stevenson, H. (1997). Managing anger: Protective, proactive, or adaptive racial socialization identity profiles and African American manhood development. *Journal of Prevention and Intervention in the Community, 16,* 35-61.

Stinnett, N. (1985). Strong families. In J. M. Henslin (Ed.), *Marriage and family in a changing society.* New York: Free Press.

Stogdill, R. M. (1974). *Handbook of leadership:* A survey of theory and research. New York: Free Press.

Suh, E. M. (2002). Culture, identity consistency, and subjective well-being. *Journal of Personality and Social Psychology, 83,* 1378-1391.

Suh, E. M., Diener, E., Oishi, S., & Triandis, H. C. (1998). The shifting basis of life satisfaction judgments across cultures: Emotions versus norms. *Journal of Personality and Social Psychology, 74,* 482-493.

Sullivan, H. S. (1953). *The interpersonal theory of psychiatry.* New York: Norton.

Sullivan, S., Cloninger, C. R., Przybeck, T. R., & Klein, S. (2007). Personality characteristics in obesity and relationship with successful weight loss. *International Journal of Obesity, 31,* 667-674.

Suls, J., & Bunde, J. (2005). Anger, anxiety, and depression as risk factors for cardiovascular disease: The problems and implications for overlapping affective dispositions. *Psychological Bulletin, 131*(2), 260-300.

Suls, J., & Rittenhouse, J. D. (1990). Models of linkage between personality and disease. In H. S. Friedman (Ed.), *Personality and disease.* New York: Wiley.

Suls, J., & Rothman, A. (2004). Evolution of the biopsychosocial model: Prospects and challenges for health psychology. *Health Psychology, 23,* 119-125.

Suls, J., & Sanders, G. S. (1988). Type A behavior as a risk factor for physical disorder. *Journal of Behavioral Medicine, 11,* 201-226.

Super, D. E. (1967). *The psychology of careers.* New York: Harper & Row.

Super, D. E. (1976). *Career education and the meanings of work.* Washington, DC: U.S. Office of Education.

Sutich, A. J. (1980). Transpersonal psychotherapy: History and definition. In S. Boorstein (Ed.), *Transpersonal psychotherapy* (p. 8-11), Palo Alto, CA: Science and Behavior Books.

Swann, W. B. (1983). Self-verification: Bringing social reality into harmony with the self. In J. Suls & A. G. Greenwald (Eds.), *Social psychological perspectives on the self* (Vol. 2, pp. 33-66). Hillsdale, NJ: Erlbaum.

Swann, W. B., De La Ronde, C., & Hixon, J. G. (1994). Authenticity and positivity strivings in marriage and courtship. *Journal of Personality and Social Psychology, 66,* 857-869.

Swann, W. B., Griffin, J. J., Predmore, S. C., & Gaines, B. (1987). The cognitive-affective crossfire: When self-consistency confronts self-enhancement. *Journal of Personality and Social Psychology, 52*(5), 881-889.

Sweeney, T. J. (1998). *Adlerian counseling: A practitioner's approach.* Oxford, OX: The Taylor & Francis Group. (노안녕 외 공역. 《아들러 상담이론과 실제》. 서울: 학지사, 2005).

Swift, D. G. (2002). *The relationship of emotional intelligence, hostility, and anger to heterosexual male intimate partner violence.* New York: New York University.

Symons, D. (1979). *The evolution of human sexuality.* New York: Oxford University Press.

Tangney, J. P. (2000). Humility: Theoretical perspectives, empirical findings and directions for future research. *Journal of Social and Clinical Psychology, 19,* 70-82.

Tangney, J. P. (2002). Humility. In C. R. Snyder & S. J. Lopez (Eds.), *Handbook of positive psychology* (pp. 411-419). New York: Oxford University Press.

Tangney, J. P., Baumeister, R. F., & Boone, A. R. (2004). High self-control predicts good adjustment, less pathology, better grade, and interpersonal success. *Journal of Personality, 72,* 272-324.

Tanoff, G. F. (1999). Job satisfaction and personality: The utility of the five-factor model of personality. *Dissertation Abstracts International: Section B: The Sciences and Engineering, 60,* 1904.

Tasman, A., Kay, J., Lieberman, J. A., First, M. B., & Maj, M. (2008). *Psychiatry* (3rd ed.). Hoboken, NJ: John Wiley & Sons.

Taylor, A. H. (2000). Physical activity, anxiety, and stress. In S. J. H. Biddle, K. R. Fox, & S. H. Boutcher (Eds.), *Physical activity and psychological well-being* (pp. 10-45). London: Routledge.

Taylor, A., & MacDonald, D. A. (1999). Religion and the five factor model of personality: An exploratory investigation using a Canadian university sample. *Personality and Individual Differences, 27,* 1243-1259.

Taylor, S. E. (1983). Adjustment to threatening events: A theory of cognitive adaptation. *American Psychologist, 38,* 624-630.

Taylor, S. E., & Brown, J. D. (1988). Illusion and well-being: A social psychological perspective on mental health. *Psychological Bulletin, 103,* 193-210.

Taylor, S. T. (2009). *Health psychology* (7th ed.). New York: McGraw-Hill. (한수미, 이은아, 김현진 역, 《건강심리학》. 서울: 학지사, 2014).

Tedeschi, R. G., & Calhoun, L. G. (1995). *Trauma and transformation: Growing in the aftermath of suffering.* Thousand Oaks, CA: Sage.

Tedeschi, R. G., & Calhoun, L. G. (1996). The posttraumatic growth inventory: Measuring the positive legacy of trauma. *Journal of Traumatic Stress, 9,* 455-471.

Tedeschi, R. G., & Calhoun, L. G. (2004). The posttraumatic growth: Conceptual foundation and empirical evidence. *Psychological Inquiry, 15,* 93-102.

Temoshok, L. (1987). Personality, coping style, emotion and cancer: towards an integrative model. *Cancer Survey, 6,* 545-567.

Terracciano, A., McCrae, R. R., Brant, L. J., & Costa, P. T. Jr. (2005). Hierarchical linear modeling analyses on the NEO-PI-R scales in the Baltimore Longitudinal Study of Aging. *Personality and Aging, 20,* 493-506.

Thayer, R. E. (1996). *The origin of everyday moods: Managing energy, tension and stress.* New York: Oxford University Press.

Thayer, R. E. (2001). *Calm energy.* New York: Oxford University Press.

Thomas, A., & Chess, S. (1977). *Temperament and development.* New York: Bruner Maxel.

Thomas, A., & Chess, S. (1984). Genesis and evaluation of behavior. From infancy to early adult life. *American Journal of Psychiatry, 141,* 1-9.

Thomas, A., & Chess, S. (1986). The New York Longitudinal Study: From infancy to early adult life. In R. Plomin & J. Dunn (Eds.), *The study of temperament: Changes, continuities and challenges.* Hillside, NJ: Erlbaum.

Thomas, A., Chess, S., & Birch, H. G. (1968). *Temperament and behavior disorders in children.* New York: New York University Press.

Thompson, R. A. (1994). Emotion regulation: A theme in search of a definition. In N. A. Fox (Ed.), *The development of emotion regulation: Biological and behavioral considerations* (pp. 73-100). Monographs of the Society for Research in Child Development, 59 (2-3, Serial No. 240).

Thoresen, C. J., Bradley, J. C., Bliese, P. D., & Thoresen, J. D. (2004). The Big Five personality traits and individual job performance growth trajectories in maintenance and transitional job stages. *Journal of Applied Psychology, 89*(5), 835-853.

Thorne, A. (2000). Personal memory telling and personality development. *Personality and Social Psychology Review, 4,* 45-56.

Thunedborg, K., Black, C. H., & Beck, P. (1995). Beyond the Hamilton depression scores in long-term treatment of manic-melancholic patients: Prediction of recurrence of depression by quality of life measurement. *Psychotherapy and Psychosomatics, 64,* 131-140.

Tiger, L. (1979). *Optimism: the biology of hope.* New York: Simon & Schuster.

Tobin, R. M., Graziano, W. G., Vanman, E. J., & Tassinary, L. G. (2000). Personality, emotional experience, and efforts to control emotions. *Journal of Personality and Social Psychology, 79,* 656-669.

Tokar, D. M., & Subich, L. M. (1997). Relative contributions of congruence and personality dimensions to job satisfaction. *Journal of Vocational Behaviour, 50,* 482-491.

Tomkins, s. S. (1979). Script theory. In H. E. Howe & R. A. Dienstbier (Eds.), *Nebraska Symposium on Motivation* (Vol. 26, pp. 201-236). Lincoln: University of Nebraska Press.

Trapnell, P. D., & Paulhus, D. L. (2012). Agentic and communal values: Their scope and measurement. *Journal of Personality Assessment, 94*(1), 39-52.

Trapnell, P. D., & Wiggins, J. S. (1990). Extension of the Interpersonal Adjective Scales to include the Big Five dimensions of personality. *Journal of Personality and Social Psychology, 59*(4), 781-790.

Trevarthen, C., & Aitken, K. (2001). Infant intersubjectivity: Research, theory, and clinical applications. *Journal of Child Psychology and Psychiatry, 42,* 3-48.

Triandis, H. C. (1988). Collectivism v. individualism: A reconceptualization of a basic concept in cross-cultural social psychology. In G. K. Verma & C. Bagley (Eds.), *Cross-cultural studies of personality, attitudes and cognition* (pp. 60-95). London: Macmillan.

Triandis, H. C. (1990). Cross-cultural studies of individualism and collectivism. In J. Berman (Ed.), *Cross-cultural perspectives: Nebraska symposium on motivation, 1989* (pp. 41-133). Lincoln, NE: University of Nebraska Press.

Triandis, H. C., & Suh, E. M. (2002). Cultural influences on personality. *Annual Review of Psychology, 53,* 133-160.

Trinidad, D. R., & Johnson, C. A. (2002). The association between emotional intelligence and early adolescent tobacco and alcohol use. *Personality and Individual Differences, 32,* 95-105.

Trivers, R. L. (1971). The evolution of reciprocal altruism. *The Quarterly Review of Biology, 46*(1), 35-57.

Trivers, R. L. (1972). Parental investment and sexual selection. In B. Campbell (Ed.), *Sexual selection and the descent of man,* 1871-1971 (pp. 136-179). Chicago: Aldine.

Twenge, J. M., & Crocker, J. (2002). Race and self-esteem: Meta-analyses comparing whites, blacks, Hispanics, Asians, and American Indians and comment on Gray-Little and Hafdahl. *Psychological Bulletin, 128,* 371-408.

Twerski, A. J. (1998). *Twerski on spirituality.* Brooklyn, NY: Shaar Press.

United Nations. (2013). UN projects world population to reach 8.5 billion by 2030, driven by growth in developing countries. United Nations Department of Economic and Social Affairs. July 29, 2013. Retrieved July 30, 2015.

Vaillant, G. E. (1971). Theoretical hierarchy of adaptive defense mechanism. *Archives of General Psychiatry, 24,* 107-118.

Vaillant, G. E. (1992). *Ego mechanisms of defense.* Washington, DC: American Psychiatric Association.

Valenstein, E. S. (1986). *Great and desperate cures: The rise and decline of psychosurgery and other radical treatments for mental illness.* New York: Basic Books.

Vallerand, R. J., & Reid, G. (1984). On the causal effects of perceived competence on intrinsic motivation: A test of cognitive evaluation theory. *Journal of Sport Psychology, 6,* 94-102.

Van Boven, L. (2005). Experientialism, materialism, and the pursuit of happiness. *Review of General Psychology, 9*(2), 132-142.

Van Boven, L., & Gilovich, T. (2003). To do or to have? That is the question. *Journal of Personality and Social Psychology, 85*(6), 1193-1202.

van den Boom, D. (1994). The influence of temperament and mothering on attachment and exploration: an experimental manipulation of sensitive responsiveness among lower-class mothers with irritable infants. *Child Development, 65,* 1457-1477.

van den Boom, D. (1995). Do first year intervention effects endure? Follow-up during toddlerhood of a sample of Dutch irritable infants. *Child development, 66,* 1798-1816.

VanLeuwen, M. S. (2001). Of hoggamus and hogwash: Evolutionary psychology and gender relations. *Journal of Psychology and Theology, 30,* 101-111.

Vaughn, B. E., Lefever, G. B., Seifer, R., & Barglow, P. (1989). Attachment behavior, attachment security, and temperament during infancy. *Child Development, 98,* 728-737.

Veenhoven, R. (2003). Hedonism and happiness. *Journal of Happiness Studies, 4,* 437-457.

Verma, J. (1992). Allocentrism and relational orientation. In S. Iwawaki, Y. Kashima, & K. Leung (Eds.), *Innovations in cross-cultural psychology* (pp. 152-163). Lisse, Netherlands: Swets & Zeitlinger.

Veroff, J., Douvan, E., & Kulka, R. A. (1981). *Mental health in America: Patterns of health-seeking from 1957 to 1976.* New York: Basic Books.

Vessantara. (1993). *Meeting the Buddhas: A guide to Buddhas, Bodhisattvas and Tantric deities.* New York: Winhorse Publications.

Vygotsky, L. S. (1932). *Thought and language.* Cambridge, MA: MIT Press.

Walen, S. R., DiGiuseppe, R., & Dryden, W. (1992). *A practitioner's guide to rational-emotive therapy* (2nd ed.). New York: Oxford University Press.

Walen, S. R., DiGiuseppe, R., & Wessler, R. L. (1980). *A practitioner's guide to rational-emotive therapy.* New York: Oxford University Press.

Wallas, G. (1926). *The art of thought.* New York: Harcourt, Brace and Company.

Walling, J., & Keltner, D. (2003). *The epiphanic person.* Unpublished manuscript, University of California-Berkeley.

Walsh, R. N. (2000). Asian psychotherapies. In R. J. Corsini & D. Wedding. *Current psychotherapies* (6th ed.). New York: Peacock Publishers.

Walsh, R. N., & Vaughan, F. E. (1980). Comparative models of the person and psychotherapy. In S. Boorstein (Ed.), *Transpersonal psychotherapy* (pp. 12-27), Palo Alto, CA: Science and Behavior Books.

Walton, G. M., & Cohen, G. L. (2007). A question of belonging: Race, fit, and achievement. *Journal of Personality and Social Psychology, 92,* 82-96.

Wang, S. (2005). A conceptual framework for integrating research related to the physiology of compassion and the wisdom of Buddhist teaching. In P. Gilbert (Ed.), *Compassion: Conceptualisation, research and use in psychotherapy* (pp. 75-120). London: Brunner-Routledge.

Waters, E., Wippman, J., & Sroufe, L. A. (1979). Attachment, positive affect, and competence in the peer group: Two studies in construct validation. *Child Development, 50,* 821-829.

Watson, D., & Clark, L. A. (1984). Negative affectivity: The disposition to experience aversive emotional states. *Psychological Bulletin, 96,* 465-490.

Watson, D., & Clark, L. A. (1992). On traits and temperament: General and specific factors of emotional experience and their relation to the five factor model. *Journal of Personality, 60,* 441-476.

Watson, D., Clark, L. A., & Tellegen, A. (1984). Cross-cultural convergence in the structure of mood: A Japanese replication and a comparison with U. S. findings. *Journal of Personality and Social Psychology, 47,* 127-144.

Watson, D., Clark, L. A., & Tellegen, A. (1988). Development and validation of brief measures of positive and negative affect: The PANAS scales. *Journal of Personality and Social Psychology, 54,* 1063-1070.

Watson, J. B., & Raynor, R. (1920). Conditioned emotional reactions. *Journal of Experimental Psychology, 3,* 1-14.

Way, N. (1998). *Everyday courage: The lives and stories of urban teenagers.* New York: New York University Press.

Weaver, J. B. (1991). Exploring the links between personality and media preferences. *Personality and Individual Differences, 12,* 1293-1299.

Weeks, J. W. (2010). The disqualification of positive social outcome scale: A novel assessment of a long-recognized cognitive tendency in social anxiety disorder. *Journal of Anxiety Disorders, 24,* 856-865.

Weiner, I. B., & Greene, R. L. (2008). *Handbook of personality assessment.* New Jersey: John Wiley & Sons.

Weiner, N., & Mahoney, T. A. (1981). A model of corporate performance as a function of environmental, organizational, and leadership influences. *Academy of Management Journal, 24,* 453-470.

Weinraub, M., & Brown, I. M. (1983). The development of sex-role stereotypes in children: Crushing realities. In V. Franks & E. D. Rothblum (Eds.), *The stereotyping of women: Its effects on mental health.* New York: Springer.

Weishaar, M. E. (1993). *Aaron T. Beck.* London: Sage Publication. (권석만 역.《인지치료의 창시자 아론 벡》. 서울: 학지사, 2007).

Weiss, A., King, J. E., & Hopkins, W. D. (2007). A cross-setting study of chimpanzee (pan troglodytes) personality structure and development: Zoological Parks and Yerkes National Primate Research Center. *American journal of primatology, 69*(11), 1264-1277.

Weiss, H. M., & Cropanzano, R. (1996). Affective events theory: A theoretical discussion of the structure, causes, and consequences of affective experiences at work. *Research in Organizational Behavior, 18,* 1-74.

Weiss, H. M., & Knight, P. A. (1980). The utility of humility: Self-esteem, information search, and problem-solving efficiency. *Organizational Behavior and Human Decision Process, 25,* 216-223.

Weisz, J. R., Weiss, B., Han, S. S., Granger, D. A., & Morton, T. (1995). Effects of psychotherapy with children and adolescents revisited: A meta-analysis of treatment outcome studies. *Psychological Bulletin, 117,* 450-468.

Weng, A., & Montemayor, R. (1997). *Conflict between mothers and adolescent.* Paper presented at meeting of the Society for Research in Child Development. Washington DC.

Westen, D. (1994). Toward an integrative model of affect regulation: Applications to social-psychological research. *Journal of Personality, 62,* 641-667.

White, J. K., Hendrick, S. S., & Hendrick, C. H. (2004). Big five personality variables and relationship constructs. *Personality and Individual Differences, 37,* 1519-1530.

White, M., & Epston, D. (1990). *Narrative means to therapeutic ends.* New York: Norton.

Widiger, T. A., & Costa, P. T. (2002). Five-Factor model personality disorder research. In P. T. Costa, & T. A. Widiger (Eds.), *Personality disorders and the five-factor model of personality* (pp. 59-87). Washington, DC: American Psychological Association.

Widiger, T. A., & Smith, G. T. (2008). Personality and psychopathology. In O. P. John, R. W. Robins., & L. A. Pervin (Eds), *Handbook of personality: Theory and research* (3rd ed., pp. 743-769). New York: Guilford Press.

Wiggins, J. S. (1982). Circumplex models of interpersonal behavior in clinical psychology. In P. C. Kendall & J. N. Butcher (Eds.), *Handbook of research methods in clinical psychology* (pp. 183-221). New York: Wiley.

Wiggins, J. S. (1988). *Interpersonal Adjective Scales. Form IASR-B5.* Vancouver: University of British Columbia.

Wiggins, J. S. (1991). Agency and communion as conceptual coordinates for the understanding and measurement of interpersonal behavior. In W. Grove & D. Cicchetti (Eds.), *Thinking clearly about psychology: Essays in honor of Paul Everett Meehl: Vol 2. Personality and psychopathology* (pp. 89-113). Minneapolis: University of Minnesota Press.

Wiggins, J. S., Phillips, N., & Trapnell, P. (1989). Circular reasoning about interpersonal behavior: Evidence concerning some untested assumptions underlying diagnostic classification. *Journal of Personality and Social Psychology, 56,* 296-305.

Wiggins, J. S., & Trobst, K. K. (1997). When is a circumplex an "interpersonal circumplex"? The case of supportive actions. In R. Plutchik & H. R. Conte (Eds.), *Circumplex models of personality and emotions* (pp. 57-80). Washington, DC: American Psychological Association.

Wilber, K. (1973). *The spectrum of consciousness.* New York: Quest. (박정숙 역.《의식의 스펙트럼》. 서울: 범양사, 2006).

Wilber, K. (1980). *The Atman project: A transpersonal view of human development.* Wheaton, IL: Quest. Boston: Shambhala.

Wilber, K. (1981). *Up to Eden: A Transpersonal View of Human Evolution.* Boston: Shambhala.

Wilber, K. (1995). *Sex, ecology, spirituality: The spirit of evolution.* Boston: Shambhala.

Wilber, K. (1996). *A brief history of everything.* Boston: Shambhala. (조효남 역.《모든 것의 역사》. 서울: 대원출판사, 2004).

Wilber, K. (2000). *Integral Psychology: Consciousness, Spirit, Psychology, Therapy.* Boston: Shambhala. (조옥경 역.《켄 윌버의

통합심리학: 의식·영·심리학·심리치료의 통합》. 서울: 학지사, 2008).

Wilber, K. (2001). *Eye to Eye: The Quest for the New Paradigm* (3rd ed.). Boston: Shambhala.

Williams, R. B., Barefoot, J., & Shekelle, R. B. (1985). The health consequences of hostility. In M. Chesney & R. H. Roseman (Eds.), *Anger and hostility in cardiovascular and behavioral disorders*. Washington, DC: Hemisphere.

Willis, S. (1972). *Formation of teachers' expectations of students' academic performance*. Unpublished doctoral dissertation. The University of Texas at Austin.

Willits, G. M., & Farrell, P. (1986). Adolescent activities and adult success and happiness: Twenty-four years later. *Sociology and Social Research, 70,* 242-250.

Wills, G. I. (1984). A personality study of musicians working in the popular field. *Personality and Individual Differences, 5,* 359-360.

Wilson, E. (1975). *Sociobiology: The new synthesis*. Cambridge, MA: Harvard University Press.

Wilson, S., & Durbin, C. E. (2012). Dyadic parent-child interaction during early childhood: Contributions of parental and child personality traits. *Journal of Personality, 80*(5), 1313-1338.

Wink, P. (1991). Two factors of narcissism. *Journal of Personality and Social Psychology, 61,* 590-597.

Wolberg, L. R. (1977). *The technique of psychotherapy* (3rd ed.). New York: Grune & Stratton.

Wolfe, R. N., & Johnson, S. D. (1995). Personality as a predictor of college performance. *Educational and Psychological Measurement, 55,* 177-185.

Woll, S. B. (1989). Personality and relationship correlates of loving styles. *Journal of Research in Personality, 23*(4), 480-505.

Wong, P. T. P. (1998). Spirituality, meaning, and successful aging. In P. T. P. Wong & P. S. Fry (Eds.), *The human quest for meaning* (pp. 359-394). Mahwah, NJ: Erlbaum.

Wong, P. T. P., & Fry, P. S. (1998). *Handbook of personal meaning: Theory, research, and application*. Mahwah, NJ: Erobaum.

Wood, J. V., Heimpel, S. A., & Michela, J. L. (2003). Savoring versus dampening: Self-esteem differences in regulating positive affect. *Journal of Personality and Social Psychology, 85,* 566-580.

World Health Organization. (1948). *Constitution of the World Health Organization*. Geneva, Switzerland: Author.

World Health Organization, (2002). *Healthy village: A guide for community and community health workers*. Geneva, Switzerland: Author.

World Health Organization. (2005). *Promoting mental health: Concepts, emerging evidence, and practice*. Geneva, Switzerland: Author.

Wrzesniewski, A., McCauly, C. R., Rozin, P., & Schwartz, B. (1997). Jobs, careers, and callings: People's relations to their work. *Journal of Research in Personality, 31,* 21-33.

Wu, K., Lindsted, K. D., & Lee, J. W. (2005). Blood type and the five factors of personality in Asia. *Personality and individual differences, 38*(4), 797-808.

Wuthnow, R. (1991). *Acts of compassion: Caring for others and helping ourselves*. Princeton, NJ: Princeton University Press.

Yalom, I. D. (1970). *The theory of practice of group psychotherapy*. New York: Basic Books.

Yalom, I. D. (1980). *Existential psychotherapy*. New York: Basic Books. (임경수 역. 《실존주의 심리치료》. 서울: 학지사, 2007).

Yalom, I. D. (1989). *Love executioner and other tales of psychotherapy*. (최윤미 역. 《나는 사랑의 처형자가 되기 싫다》. 서울: 시그마프레스, 2005).

Yalom, I. D. (1999). *Momma and the meaning of life*. New York: Basic Books.

Yamaguchi, S., Grennwald, A. G., Banaji, M. R., Murakami, F., Chen, D., Shiomura, K., et al. (2007). Apparent universality of positive implicit self-esteem. *Psychological Science, 18,* 498-500.

Yammarino, F. J., & Bass, B. M. (1990). Long-term forecasting of transformational leadership and its effects among naval officers. In K. E. Clark & M. B. Clark (Eds.), *Measures of leadership* (pp. 151-169). West Orange, NJ: Leadership Library of America.

Yankura, J., & Dryden, W. (1994). *Albert Ellis*. London: Sage Publication. (이동귀 역. 《합리적 정서행동치료의 창시자 앨버트 엘리스》. 서울: 학지사, 2011)

Yeoman, F. E., Clarkin, J. F., & Kernberg, O. F. (2002). A primer of transference-focused psychotherapy for the borderline patient. Lanham, Maryland: Jason Aronson. (윤순임 외 공역, 《경계선 내담자를 위한 전이초점 심리치료》. 서울: 학지사, 2013).

Yerkes, R. M., & Dodson, J. D. (1908). The relation of strengths of stimulus to rapidity of habit formation. *Journal of Comparative Neurology and Psychology, 18,* 459-482.

Young, J. E. (1990). *Cognitive therapy for personality disorder*. Sarasota, FL: Professional Resources Press.

Young, J. E. (1999). *Cognitive therapy for personality disorder: A schema-focused approach* (2nd ed.). Sarasota, FL: Professional Resources Press.

Young, J. E., & Brown, G. (1990). *Young Schema Questionnaire*. New York: Cognitive Therapy Center of New York.

Young, J. E., & Klosko, J. S. (1994). *Reinventing your life*. New York: Plume. (김봉석 역, 《새로운 나를 여는 열쇠》. 서울: 열음사, 2009).

Young, J. E., Klosko, J. S., & Weishaar, M. E. (2003). *Schema therapy: A practitioner's guide*. New York: Guilford Press. (권석만 외 공역 《심리도식치료》. 서울: 학지사, 2005).

Yukl, G. (2002). *Leadership in organizations* (4th ed.). Englewood Cliffs, NJ: Prentice Hall.

Zanarini, M., Gunderson, J., Marino, M., Schwartz, E., & Frankenburg, E. (1989). Childhood experiences of borderline patients. *Comprehensive Psychiatry, 30,* 18-25.

Zeifman, D., & Hazan, C. (1997). Attachment: The bond in pair-bonds. In J. A. Simpson & D. T. Kenrick (Eds.), *Evolutionary social psychology* (pp. 237-263). Mahwah, NJ: Erlbaum.

Zinbarg, R. E., Uliaszak, A. A., & Adler, J. M. (2008). The role of personality in psychotherapy for anxiety and depression. *Journal of Personality, 76*(6), 1652-1688.

Zubin, J. (1950). Tests, construction and methodology. In R. E. Harris, J. G. Miller, G. A. Muench, L. J. Stone, H. L. Teuber, & J. Zubin (Eds.), *Recent advances in diagnostic psychological testing.* Springfield, IL: Charles C. Thomas.

Zuckerman, M. (1979). *Sensation seeking: Beyond the optimal level of arousal.* Hillsdale, NJ: Erlbaum.

Zuckerman, M. (1991). *Psychobiology of personality.* New York: Cambridge University Press.

Zuckerman, M. (1994). *Behavioral expressions and biosocial bases of sensation seeking.* New York: Cambridge University Press.

Zvolensky, M. J., Leyro, T. M., Bernstein, A., & Vujanovic, A. A. (2011). Historical perspectives, theory, and measurement of distress tolerance. In M. J. Zvolensky, A. Bernstein., & A. A. Vujanovic (Eds.), *Distress tolerance: Theory, research, and clinical applications* (pp. 3-27). New York: Guilford Press.

¤ 찾아보기 ¤

[내 용]

저자 소개

권석만(權錫萬, Kwon, Seok-Man)

서울대학교 심리학과 학사 및 석사(임상심리학 전공)
서울대병원 신경정신과 임상심리연수원 과정 수료
호주 퀸즐랜드대학교 철학박사(임상심리학 전공)
서울대학교 심리학과 교수(1993~현재)
서울대학교 학생생활연구소 상담부장 역임
서울대학교 사회과학대학 학생부학장 역임
서울대학교 대학생활문화원장 역임
(사)서울대학교출판문화원 원장(2014~현재)
한국임상심리학회장 역임
임상심리전문가(한국심리학회)
정신보건임상심리사 1급(보건복지부)

〈저서〉
『현대 이상심리학』(대한민국학술원 선정 우수도서)
『현대 심리치료와 상담 이론』(대한민국학술원 선정 우수도서)
『긍정 심리학: 행복의 과학적 탐구』(대한민국학술원 선정 우수도서)
『인간의 긍정적 성품』(대한민국학술원 선정 우수도서)
『젊은이를 위한 인간관계의 심리학』『이상심리학의 기초』
『하루 15분 행복 산책』『인생의 2막 대학생활』『우울증』
『이상심리학 총론』『성격강점검사(CST)-대학생 및 청년용』(공저)
『성격강점검사(CST)-청소년용』(공저)

〈역서〉
『인지치료의 창시자 아론 벡』『마음읽기: 공감과 이해의 심리학』
『정신분석적 사례이해』(공역), 『정신분석적 심리치료』(공역)
『심리도식치료』(공역), 『단기심리치료』(공역)
『인생을 향유하기』(공역), 『인간의 강점 발견하기』(공역)
『역경을 통해 성장하기』(공역), 『정서적 경험 활용하기』(공역)
『인간의 번영 추구하기』(공역)

현대 성격심리학
– 이론적 이해와 실천적 활용 –

Contemporary Personality Psychology
-Theoretical Understanding and Practical Application-

2015년 12월 31일 1판 1쇄 발행
2021년 1월 20일 1판 3쇄 발행

지은이 • 권 석 만
펴낸이 • 김 진 환
펴낸곳 • (주) **학지사**

　　　　04031 서울특별시 마포구 양화로 15길 20 마인드월드빌딩 5층
대표전화 • 02) 330-5114　　팩스 • 02) 324-2345
등록번호 • 제313-2006-000265호

홈페이지 • http://www.hakjisa.co.kr
페이스북 • https://www.facebook.com/hakjisabook

ISBN 978-89-997-0007-1 93180

정가 **32,000원**

파본은 구입처에서 교환하여 드립니다.

이 책을 무단으로 전재하거나 복제할 경우 저작권법에 따라 처벌을 받게 됩니다.

이 도서의 국립중앙도서관 출판시도서목록(CIP)은 서지정보유통지원시스템
홈페이지(http://seoji.nl.go.kr)와 국가자료공동목록시스템(http://www.nl.go.kr/kolisnet)
에서 이용하실 수 있습니다.
(CIP제어번호: CIP2015035170)

출판 · 교육 · 미디어기업 **학지사**

간호보건의학출판 **학지사메디컬** www.hakjisamd.co.kr
심리검사연구소 **인싸이트** www.inpsyt.co.kr
학술논문서비스 **뉴논문** www.newnonmun.com
원격교육연수원 **카운피아** www.counpia.com